Maschmann / Fritz

Matrixorganisationen

Matrixorganisationen

Gesellschaftsrecht, Arbeitsrecht, Datenschutz

Herausgegeben von

Dr. Frank Maschmann
o. Professor an der Universität Regensburg

Dr. Hans-Joachim Fritz
Rechtsanwalt, Fachanwalt für Arbeitsrecht,
Fachanwalt für Handels- und Gesellschaftsrecht,
Frankfurt a.M.

Bearbeitet von
RAin Dr. Veronika Berger, Audi AG, Ingolstadt; RA, FAArbR, FA Handels- und GesR
Dr. Hans-Joachim Fritz, Arnold & Porter Kaye Scholer LLP, Frankfurt a.M.; RAin Dr.
Constance Karwatzki, Gleiss Lutz, Berlin; Prof. Dr. Frank Maschmann, Universität Regensburg;
Prof. Dr. Christian Reiter, Daimler AG, Stuttgart; RA, FAArbR Sven Spieler, Roche
Diagnostics GmbH, Penzberg; Prof. Dr. Thomas Steger, Universität Regensburg; RA beim
BGH Dr. Thomas Winter, Rohnke Winter, Karlsruhe

2019

C.H.BECK

Zitiervorschlag
Maschmann/Fritz Matrixorganisationen/*Bearbeiter* Kap. 1 Rn. 9

www.beck.de

ISBN 978 3 406 72537 1

© 2019 Verlag C.H. Beck oHG
Wilhelmstraße 9, 80801 München
Druck und Bindung: Beltz Grafische Betriebe GmbH
Am Fliegerhorst 8, 99947 Bad Langensalza

Satz: 3w+p GmbH, Rimpar
Umschlaggestaltung: Druckerei C.H. Beck, Nördlingen

Gedruckt auf säurefreiem, alterungsbeständigem Papier
(hergestellt aus chlorfrei gebleichtem Zellstoff)

Vorwort

Matrixorganisationen erfreuen sich zunehmender Beliebtheit. Sie bieten Konzernen in der heutigen von Automatisierung und Digitalisierung geprägten Welt einen idealen Rahmen, schnell und effizient Entscheidungen von oben nach unten durchzusetzen. Denn bei matrixorganisierten Unternehmensverbänden bestimmen nicht mehr die Geschäftsleitungen abhängiger Töchter- und Enkelunternehmen, sondern die von der Konzernführung eingesetzten „Matrixmanager" die Leistungsziele. Als die konzernweit für bestimmte Regionen, Produkte oder Projekte Verantwortliche sind sie die eigentlichen „Herren" der Organisation. Über „Reporting Lines" können sie den ihnen Unterstellten Anweisungen erteilen, mit denen die als zu starr empfundenen Regelungen des Gesellschaftsrechts überbrückt werden sollen. Nicht selten geschieht das sogar vom Ausland aus.

Vor diesem Hintergrund soll unser Handbuch Vorständen, Geschäftsführern und sonstigen Unternehmenspraktikern sowie Rechtsanwälten und Verbandsjuristen einen fundierten Überblick über die rechtliche Ausgestaltung von Matrixorganisationen bieten. Beginnend mit den organisationswissenschaftlichen Grundlagen, die die unterschiedlichen Organisations- und Steuerungsformen der Matrix behandeln, werden darauf aufbauend die gesellschaftsrechtlichen Voraussetzungen und Grenzen für den matrixweiten „Weisungsdurchgriff" in AGs und GmbHs diskutiert. Sie bilden den Rahmen für die arbeitsrechtlichen Fragen des matrixweiten Personaleinsatzes, der im internationalen Konzern auch grenzüberschreitend geschieht. Zentral sind dabei Fragen der Haftung der Geschäftsleiter, Matrixmanager sowie der ihnen unterstellten Mitarbeiter, und zwar sowohl auf Konzernleitungsebene als auch für nachgeordnete Tochter- und Beteiligungsgesellschaften. Sie werden deshalb in einem eigenen Kapitel behandelt. Das Werk schließt mit der Diskussion der wichtigsten datenschutz- und mitbestimmungsrechtlichen Probleme einer Übermittlung von Beschäftigtendaten in der Matrixorganisation, für die sachgerechte Lösungsvorschläge nach dem neuen Datenschutzrecht unterbreitet werden.

Die Darstellung wird durch zahlreiche Fallbeispiele und Muster von gesellschafts-, arbeits- und datenschutzrechtlich relevanten Dokumenten abgerundet, die teilweise in englischer Sprache verfasst sind, um den internationalen Bezug zu verdeutlichen. Sie dürfen natürlich nicht unbesehen übernommen werden, sondern dienen der Orientierung zur Gestaltung der erforderlichen Einzelheiten im jeweiligen Unternehmen.

Das Werk beruht auf der intensiven Zusammenarbeit namhafter Wissenschaftler und Praktiker des Gesellschafts- und Arbeitsrechts. Die Herausgeber danken dem Verlag C.H. BECK, insbes. Herrn Thomas Wilting und Frau Katharina Losso, für die umsichtige Betreuung des Lektorats. Ohne die unermüdliche Unterstützung unserer Mitarbeiterinnen und Mitarbeiter hätte das Buch nicht erscheinen können. Zu danken haben wir deshalb in Frankfurt Dr. Heinz-Bodo Führ und in Regensburg Lukas Blank, Alessandro Corominas-Wittmann, Johannes Götz, Thomas Götz, Sophie Hörer, Corinna Huber, Miriam Kerner und Julian Ziereis. Für die Erstellung der Manuskripte gilt unser besonderer Dank Frau Christine Kaiser.

Regensburg/Frankfurt im August 2018   Prof. Dr. Frank Maschmann
                                         Dr. Hans-Joachim Fritz

Inhaltsverzeichnis

Vorwort V
Abkürzungsverzeichnis XXIII
Verzeichnis der abgekürzt zitierten Literatur XXIX
Literaturverzeichnis XXXV

Kapitel 1: Organisationswissenschaftliche Grundlagen

A. Begriffsbestimmung 1
    I. Grundlegende Merkmale der Matrixorganisation 2
        1. Mehrdimensionale Organisationsstruktur 2
        2. Mehrliniensystem 2
    II. Schlüsselpositionen 3
        1. Matrixleitung 3
        2. Matrixmanagement 3
        3. Matrixzelle 4
    III. Arten und Erscheinungsformen 4
        1. Grundform: Kombination funktionaler und divisionaler Geschäftsbereiche 4
        2. Tensor-Organisation 5
        3. Projekt-Matrixorganisation 5
        4. Zentralbereiche 5
        5. „Geplante" Matrix vs. „ungeplante" Matrix 6
        6. „Dominante" vs. „nachgeordnete" Matrix 6
        7. Internationale Matrixstrukturen 6
    IV. Abgrenzung von anderen Organisationsformen 7
        1. Weitere mehrdimensionale Organisationsformen 7
            a) Funktionsmeister-Modell 7
            b) Stab-Linien-Organisation 7
            c) Ausgliederungen 7
        2. Weitere Modelle organisationsübergreifender Zusammenarbeit 8
            a) Allgemeiner Konzern 8
            b) Holding-Organisation 8
            c) Joint Venture 8
    V. Vor- und Nachteile der Matrixorganisation 8
        1. Vorteile 9
        2. Nachteile 9
    VI. Geschichte der Matrixorganisation 10

B. Funktionsweise 12
    I. Genese der Aufbauorganisation 12
        1. Traditionelles Leitungssystem als Ausgangslage (Phase 1) 12
        2. Entstehung/Entwicklung der Matrixorganisation (Phasen 2 und 3) 12
        3. Festigung/Veränderung der Matrixorganisation (Phasen 4 und 5) 13
    II. Organisatorisch verankerte Kompetenzüberschneidungen 13
        1. Gleichberechtigte/Ungleichberechtigte Matrix 13

Inhaltsverzeichnis

2. Mechanismen zur Lösung von Kompetenzüberschneidungen	14
a) Selbstabstimmung nach dem Prinzip der Gleichberechtigung	14
b) Koordination durch standardisierte Entscheidungsregeln	14
c) Rückdelegation von Entscheidungen	15
d) Steuerung durch die Organisationskultur	15
e) Begrenzung der Kooperation	15
f) Ignorierung der Phänomene bzw. potentiellen Konflikte	16
III. Herausforderungen der Ablauforganisation	16
1. Verbindlichkeit/Justiziabilität	16
2. Zuständigkeiten/Weisungsbefugnisse	16
3. Allokation/Rotation von Arbeitnehmern und Arbeitsplätzen	16
4. Kontrolle	17
5. Haftung/Compliance	17
6. Daten- und Informationsflüsse	17
7. Mitbestimmung	17

Kapitel 2: Gesellschaftsrecht

A. Einleitung und Grundlagen	19
I. Konzern als Voraussetzung für Matrixorganisationen	20
II. Geschäftsführung im Konzern	22
1. Sorgfaltspflicht	22
2. Prinzip der Gesamtverantwortung und seine Grenzen	23
3. Gestaltung von Matrixorganisationen	24
a) Abweichen der Organisation der Konzernstruktur von der gesellschaftsrechtlichen Ordnung	24
b) Definitionen und Begriffsbestimmungen	27
4. Variationen von Weisungsverhältnissen	28
B. Aktiengesellschaft als Matrixgesellschaft	31
I. Eigenverantwortliche Leitung der Gesellschaft	32
1. Umfang der Leitungsaufgaben	32
2. Verbot der Fremdgeschäftsführung	33
a) Leitung als Teil der Geschäftsführung	33
b) Art des Fremdeinflusses auf die Leitungsverantwortung	34
aa) Aufgabenübertragung an unternehmensfremde Dritte	34
bb) Pflicht zur Konzernleitung?	35
c) Zwischenergebnis	36
II. Notwendigkeit eines Unternehmensvertrags zur Durchsetzung von Weisungen gegenüber dem Vorstand einer Aktiengesellschaft als Matrixgesellschaft	37
1. Grundlagen eines Beherrschungsvertrags	37
2. Gestaltung von Regelungen im Unternehmensvertrag	40
a) Begrifflichkeit der Weisung	41
b) Inhaltlicher Umfang von Weisungen	42
aa) Leitungsaufgaben	42
bb) Innerkorporativer Bereich	44
cc) Gewinnabführung	45
c) Grenzen der Leitungsmacht	46
aa) Nachteilige Weisungen	46
bb) Schranken durch den Beherrschungsvertrag, Satzung oder zwingende gesetzliche Bestimmungen	47
cc) Lebensfähigkeit der abhängigen Gesellschaft	48
d) Zwischenergebnis	49

Inhaltsverzeichnis

III. Gestaltung der Weisungslage im mehrstufigen Konzern – Möglichkeiten des Weisungsdurchgriffs 49
    1. Ausgangslage 49
    2. Durchgriff im einheitlichen Vertragskonzern: Mehrstufige Unternehmensverbindung mit aufeinander folgenden Beherrschungsverträgen 52
        a) Einzelfalllösung 52
        b) Delegationslösung 53
        c) Direktlösung 54
        d) Einheitslösung 55
        e) Stellungnahme 56
    3. Durchgriff im gemischt-integrierten Vertragskonzern: Mehrstufige Unternehmensverbindung mit nicht aufeinander folgenden Beherrschungsverträgen 57
        a) Zulässigkeit von nachteiligen Weisungen im faktischen AG-Konzern ... 58
        b) Faktische Abhängigkeit zwischen M und T bei gleichzeitigem Beherrschungsvertrag zwischen T und E 60
        c) Beherrschungsvertrag zwischen M und T bei nur faktischer Abhängigkeit von T und E 61
    4. Exkurs: Mehrstufiger rein faktischer Konzern 62
    5. Zusammenfassung 63

C. GmbH als Matrixgesellschaft 65
I. Prinzip der gebundenen Geschäftsführung in einer GmbH und Konsequenzen 65
    1. Gesetzliches Leitbild im Einheitsunternehmen 65
    2. Voraussetzungen und Folgen der Weisungsgebundenheit nach § 37 Abs. 1 GmBHG 67
II. Grenzen der Weisungsgebundenheit der Geschäftsführung im Konzern einer Matrixorganisation 69
    1. Grundsatz der Weisungsfolgepflicht 70
    2. Gestaltung eines Unternehmensvertrags zur Durchsetzung von Weisungen 71
    3. Konzerndimension der Geschäftsführung der herrschenden Gesellschaft ... 73
        a) Konzernbezug 73
        b) Konzernleitungspflicht 74
    4. Weisungsfolgepflicht für die Geschäftsführung im beherrschten Konzernunternehmen 75
        a) Gesellschaftsinteresse vs. Konzerninteresse 75
        b) Selbstverständnis als Geschäftsführer 76
        c) Unterscheidung gebundene GmbH im faktischen Konzern oder im Vertragskonzern 77
            aa) Im faktischen Konzern 77
            bb) Im GmbH-Vertragskonzern 78
            cc) Mehrstufiger GmbH-Konzern 79
III. Zusammenfassung 80

D. Ausübung des Weisungsrechts durch Dritte und dessen Übertragung 83
I. Möglichkeiten der Übertragung eines beherrschungsvertraglichen Weisungsrechts nach § 308 Abs. 1 AktG 83
    1. Inhaber des Weisungsrechts 85
    2. Übertragung der Ausübung des Weisungsrechts 85
        a) Übertragung des Weisungsrechts 87
        b) Delegation durch Bevollmächtigung 87

Inhaltsverzeichnis

3. Kreis der Bevollmächtigten	88
a) Mitarbeiter des herrschenden Unternehmens	88
aa) Durch direkte Anweisung der Organvertreter	88
bb) Durch Delegation der konzernabhängigen Gesellschaft	88
b) Mitarbeiter einer konzernabhängigen Gesellschaft	90
c) außerhalb des Unternehmensverbunds stehende Dritte	90
d) Zwischenergebnis	91
4. Gestaltung der Vollmacht	91
a) Form der Vollmacht	92
b) Funktionsträgerschaft	93
c) Sachlicher Umfang und Beschränkungen	94
aa) Zulässigkeit einer Generalvollmacht	95
bb) Berichtswege	97
cc) Remonstration und Rücktrittsrecht sowie Pflichten der Prüfung	97
dd) Unterbevollmächtigung	98
ee) Befristung der Vollmacht	99
5. Zwischenergebnis	99
II. Möglichkeiten der Übertragung einer Gesellschafterweisung nach § 37 Abs. 1 GmbHG	100
1. Übertragung des Weisungsrechts	100
2. Gestaltung der Vollmacht	101
III. Zwischenergebnis	101
IV. Gestaltung der Delegation zur Ausübung des Weisungsrechts	102

E. Exkurs: Gestaltung der Organstellung in der Matrixgesellschaft zur Bestimmung der Arbeitgeberfunktion ... 107

I. Erscheinungsformen	107
1. Klassische Funktion der Organvertretung	107
2. Plant Manager in der Matrixorganisation	108
3. Matrixorganisation mit Spartenmanager	108
4. Mischformen	109
II. Kriterien zur Gestaltung des Anstellungsverhältnisses unter besonderer Berücksichtigung der Weisungslage	109
1. Klassischer Organvertreter	110
2. Plant Manager	111
3. Spartenmanager	111
III. Ergebnis	112

Kapitel 3: Arbeitsrecht

A. Das Arbeitsverhältnis in der Matrixorganisation ... 113

I. Grundlagen	113
1. Übertragung von Rechten auf den Matrixmanager	113
a) Grundsatz	113
b) Fachliches und disziplinarisches Weisungsrecht	114
2. Überblick über die rechtlichen Konstruktionsmöglichkeiten	114
II. Einzelarbeitsverhältnis mit aufgespaltenem Weisungsrecht	115
1. Struktur	115
2. Arbeitgeberinterne Delegation	115
a) Struktur	115
b) Innenverhältnis	116
c) Außenverhältnis	117
aa) Grundsatz	117
bb) Auftreten im Namen des Vertragsarbeitgebers	117

cc) Vertretungsmacht	118
d) Mitbestimmung bei der Übertragung des Weisungsrechts	120
3. Übertragung des Weisungsrechts auf einen arbeitgeberfremden Dritten	121
a) Struktur	121
b) Zustimmungspflicht nach § 613 S. 2 BGB	121
aa) Regelungsinhalt	121
bb) Anwendbarkeit	122
cc) Beispiele aus der Rechtsprechung	123
dd) Zustimmungspflicht beim Matrixeinsatz	124
c) Ausübung des Zustimmungsrechts	125
aa) Keine Regelbarkeit durch Kollektivvertrag	125
bb) Individuelle Zustimmung	126
cc) Vorformulierte Zustimmung	126
(1) Unangemessene Benachteiligung	127
(2) Intransparenz	128
d) Konsequenzen: Arbeitnehmerüberlassung?	129
aa) Folgen einer Anwendung des AÜG	129
bb) Anwendungsvoraussetzungen nach der AÜG-Reform 2017	130
cc) Arbeitnehmerüberlassung beim Matrix-Einsatz?	130
4. Konzernversetzungsklausel als Alternative?	133
a) Grundsatz	133
b) Vorübergehender oder dauerhafter Wechsel	134
c) Abordnung in ein anderes Unternehmen	135
aa) Kraft Direktionsrechts?	135
bb) Abordnungsklausel	136
cc) Ausübung des Abordnungsrechts	137
d) Versetzung in ein anderes Unternehmen	139
aa) Rechtliche Konstruktion des vertraglich vorbehaltenen konzerninternen Arbeitgeberwechsels.	139
bb) Bedeutung der Konzernversetzungsklausel	140
cc) Konzernversetzungsklausel im Beendigungs-/Neubegründungsmodell	141
dd) Konzernversetzungsklausel im Vertragsübernahme-Modell	145
(1) Konstruktion der Vertragsübernahme	145
(2) Dreiseitiger Vertrag	146
(3) Übernahmevertrag zwischen den Konzernunternehmen und Zustimmung des Arbeitnehmers	147
ee) AGB-rechtliche Konformität	148
(1) Wechsel des Vertragspartners (§ 309 Nr. 10 BGB)	148
(2) Angemessenheitskontrolle (§ 307 Abs. 1 BGB)	148
(3) Transparenzkontrolle (§ 307 Abs. 1 S. 2 BGB)	150
e) Ergebnis	151
5. Alternative: Anstellung des Matrix-Managers beim Vertragsarbeitgeber	151
III. Einheitliches Arbeitsverhältnis mit mehreren Arbeitgebern	152
1. Struktur	152
a) Begriff	152
b) Zulässigkeit	152
2. Rechtsfolgen	153
a) Pflichten des Arbeitnehmers	153
b) Pflichten der Arbeitgeber	154
c) Beendigung des Vertrags	155
3. Indizien für einen konkludenten Abschluss	155

Inhaltsverzeichnis

    4. Konkludenter Vertragsschluss beim Einsatz in der Matrixzelle? 156
       a) Grundsatz 156
       b) Ausnahmen 157
  IV. Doppel- und Mehrfacharbeitsverhältnisse 158
    1. Struktur 158
    2. Kombination von aktivem und ruhendem Arbeitsverhältnis 158
       a) Voraussetzungen 159
       b) Rückkehrklausel 160
    3. Kombination durch auflösend bedingte Arbeitsverhältnisse 161
    4. Konkludenter Vertragsschluss beim Einsatz in der Matrixzelle? 162

B. Arbeitsleistung unter Anweisung der Matrixmanager 164
  I. Überblick 164
  II. Befolgung und Nichtbefolgung von Weisungen 164
    1. Rechtmäßige Weisungen 164
    2. Rechtswidrige Weisungen 165
       a) Begriff und Abgrenzungen 165
       b) Keine Folgepflicht 165
          aa) Grundsätze 165
          bb) Subjektives Element 166
          cc) Ausländisches Recht 167
          dd) Weitere Rechtsfolgen 169
       c) Verweigerungspflicht? 170
          aa) Straf- und Ordnungswidrigkeitenrecht 170
          bb) Arbeitsrecht 172
    3. Kompetenzwidrige Weisung 174
       a) Unwirksamkeit der Weisung 174
       b) Prüfungspflicht, Nichtbefolgung, Remonstration 174
    4. Einander widersprechende Weisungen 175
    5. Nachteilige Weisung 176
    6. Angeordnete Prüf- und Remonstrationspflicht 178
       a) Gesellschaftsrechtliche Notwendigkeit 178
       b) Anordnung zur Prüfung und Nichtausführung von Weisungen 178
       c) Mitbestimmung 179
          aa) Allgemeines 179
          bb) Mitbestimmung bei der Anordnung einer Prüfungspflicht 180
          cc) Mitbestimmung bei der Einführung eines
              Remonstrationsverfahrens 181
  III. Pflichtverstöße im matrixbezogenen Arbeitsverhältnis 182
    1. Verhaltenspflichten im matrixbezogenen Arbeitsverhältnis 182
    2. Beachtung eines konzern- bzw. matrixweiten Verhaltenskodex 182
       a) Bedeutung und Inhalt 182
       b) Einseitige Einführung ohne Zustimmung des Arbeitnehmers 183
       c) Verhaltensrichtlinien zur Korruptionsbekämpfung 183
       d) Konzern- bzw. matrixweite Verbindlichkeit der Verhaltensrichtlinien 184
          aa) Kraft weisungsrechtlicher Anordnung 184
          bb) Kraft Konzernvereinbarung 185
              (1) Wirksame Bestellung des KBR 185
              (2) Zuständigkeit des KBR 186
    3. Bindung an ausländisches Recht bei der Tätigkeit in einem
       internationalen Matrixkonzern 187
    4. Vorwerfbarkeit 187
       a) Grundsätze 187

		b) Beachtung matrixspezifischer Besonderheiten	189
	5.	Zuständigkeit für die Verhängung von Disziplinarmaßnahmen	189
		a) Grundsätze	189
		b) Zuständigkeit im Einzelnen	190

C. Rechte des Arbeitnehmers im matrixbezogenen Arbeitsverhältnis 192
  I. Verpflichteter Arbeitgeber 192
     1. Einzelarbeitsverhältnis 192
     2. Mehrheit von Arbeitgebern 192
  II. Haftung nach dem allgemeinen Gleichbehandlungsgrundsatz 193
  III. Haftung aus Erklärungen des Matrixmanagers 193
     1. Problemstellung 193
     2. Vertrauenstatbestand (Rechtscheinträger) 194
     3. Zurechnung 197
     4. Keine Bösgläubigkeit des Arbeitnehmers 198
     5. Rechtsfolgen 199
        a) Grundsatz 199
        b) Anfechtung 199
        c) Ansprüche gegen den Matrixmanager 200
  IV. Berücksichtigung von Dienstzeiten für die Geltendmachung von Arbeitnehmerrechten 200
     1. Problem 200
     2. Anrechnungsvereinbarung 200
     3. Fehlende Anrechnungsvereinbarung 201

D. Kündigung im Matrixkonzern 203
  I. Überblick 203
  II. Kündigungserklärung durch den richtigen Arbeitgeber 204
     1. Einzelarbeitsverhältnis mit aufgespaltenem Weisungsrecht 204
     2. Einheitliches Arbeitsverhältnis mit mehreren Arbeitgebern 206
     3. Doppel- und Mehrfacharbeitsverhältnis 207
  III. Verhaltensbedingte Kündigung im Matrixkonzern 208
     1. Grundsatz 208
     2. Einzelarbeitsverhältnis mit aufgespaltenem Weisungsrecht 209
     3. Einheitliches Arbeitsverhältnis mit mehreren Arbeitgebern 209
     4. Doppel- und Mehrfacharbeitsverhältnis 210
  IV. Betriebsbedingte Kündigung im Matrixkonzern 215
     1. Überblick 215
     2. Kontrolle der Unternehmerentscheidung in der Matrix 216
        a) Literatur 216
        b) Rechtsprechung 217
        c) Kündigungsverbot wegen Betriebsübergangs 218
        d) Rechtsmissbräuchliche Unternehmerentscheidung 221
     3. Konzern- bzw. matrixweite Weiterbeschäftigungspflicht 223
        a) Grundsatz 223
        b) Ausnahmen 224
        c) Fallgruppen 227
        d) Einzelarbeitsverhältnis mit aufgespaltenem Weisungsrecht ... 230
        e) Einheitliches Arbeitsverhältnis mit mehreren Arbeitgebern .. 233
        f) Doppel- und Mehrfacharbeitsverhältnis 234
     4. Sozialauswahl 235
        a) Überblick 235
        b) Betriebsbezogenheit der Sozialauswahl 236
        c) Betriebszugehörigkeit 239

Inhaltsverzeichnis

d) Kriterien der Sozialauswahl	242
e) Herausnahme gewisser Arbeitnehmer aus der Sozialauswahl	243

E. Betriebsverfassungsrecht 245
    I. Betriebsverfassungsrechtliche Besonderheiten der Matrixorganisation im Konzern 245
    II. Auswirkungen der Matrixorganisation auf die Betriebsstruktur 248
        1. Anwendbarkeit des traditionellen Betriebsbegriffs im matrixorganisierten Konzern 248
        2. Reichweite und rechtliche Grundlagen der funktionalen Aufgabensteuerung 249
        3. Erscheinungsformen der Matrixorganisation im Konzern ohne Auswirkungen auf die Betriebsstruktur 249
        4. Matrixzellen als eigenständige (virtuelle) Betriebe *neben* den Betrieben der Konzernunternehmen 251
            a) Sicherung einer lückenlosen Interessenvertretung durch eine betriebliche Doppelstruktur? 251
            b) Matrixzellen als eigenständige (virtuelle) Betriebe neben den Betrieben der Konzernunternehmen 252
                aa) Grundsätzlich keine eigene arbeitstechnische Organisation der Matrixzellen 252
                bb) Anerkennung eines virtuellen Betriebs nach dem geltenden Betriebsverfassungsrecht 253
                cc) Anerkennung der Matrixzelle als virtueller Matrixbetrieb 254
                dd) Zuordnung des virtuellen Matrixbetriebs zu einem Rechtsträger 256
        5. Matrixzelle als gemeinsamer Betrieb 257
        6. Bestimmung der betrieblichen Einheiten bei einer komplexen Verteilung der Arbeitgeberfunktionen 259
        7. Matrixmanager als Ansprech- und Verhandlungspartner der Arbeitnehmervertretungsorgane 261
    III. Anpassung der Betriebsstruktur an die Matrixorganisation auf Grundlage von § 3 BetrVG 264
        1. Errichtung eines unternehmenseinheitlichen Betriebsrats oder Zusammenfassung von Betrieben (§ 3 Abs. 1 Nr. 1 BetrVG) 264
        2. Errichtung von Spartenbetriebsräten (§ 3 Abs. 1 Nr. 2 BetrVG) 264
        3. Errichtung einer auf die Matrixzellen bezogenen Arbeitnehmervertretungsstruktur (§ 3 Abs. 1 Nr. 3 BetrVG) 265
            a) Grundsätze 265
            b) Gestaltungsmöglichkeiten 266
        4. Errichtung zusätzlicher Arbeitnehmervertretungsorgane (§ 3 Abs. 1 Nr. 4, Nr. 5 BetrVG) 267
    IV. Betriebszugehörigkeit 268
        1. Betriebszugehörigkeit der Arbeitnehmer im matrixorganisierten Konzern 268
            a) Arbeitsleistung im Betrieb des Vertragsarbeitgebers 268
            b) Mitarbeit an unternehmensübergreifenden Projekten 269
            c) Arbeitsleistung im virtuellen Matrixbetrieb 269
            d) Drittbezogener Personaleinsatz im matrixorganisierten Konzern 270
                aa) Anstellung bei einer konzerninternen Personalführungsgesellschaft oder „Pro forma"-Anstellung bei dem lokal ansässigen Konzernunternehmen 270

Inhaltsverzeichnis

bb) Drittbezogener Personaleinsatz im Rahmen der unternehmensübergreifenden Zusammenarbeit in der Matrixorganisation	271
(1) Eingliederung in die Arbeitsorganisation des Drittunternehmens	271
(2) Arbeitsverhältnis mit dem Drittunternehmen	272
(3) Kein Arbeitsverhältnis mit dem Drittunternehmen	272
(4) Drittbezogener Personaleinsatz für eine „steuernde Einheit"	273
2. Betriebszugehörigkeit der Matrixmanager	273
V. Beteiligungsrechte bei der Einführung einer Matrixorganisation	275
1. Freie Unternehmerentscheidung	275
2. Beteiligungsrechte wegen einer Betriebsänderung (§§ 111 ff. BetrVG)	276
a) Allgemeines	276
b) Einführung einer Matrixorganisation als Betriebsänderung iSd § 111 BetrVG	277
aa) Stilllegung des Betriebes oder von wesentlichen Betriebsteilen (§ 111 S. 3 Nr. 1 BetrVG)	277
bb) Verlegung des ganzen Betriebes oder von wesentlichen Betriebsteilen (§ 111 S. 3 Nr. 2 BetrVG)	277
cc) Spaltung oder Zusammenschluss mit anderen Betrieben (§ 111 S. 3 Nr. 3 BetrVG)	277
dd) Grundlegende Änderung der Betriebsorganisation (§ 111 S. 3 Nr. 4 BetrVG)	278
ee) Grundlegende Änderung des Betriebszwecks (§ 111 S. 3 Nr. 4 BetrVG)	279
ff) Grundlegend neue Arbeits- und Fertigungsmethoden (§ 111 S. 3 Nr. 5 BetrVG)	280
gg) Wesentliche Nachteile als Folge der Betriebsänderung	281
3. Beteiligungsrechte bei Personalplanung und Beschäftigung	281
4. Beteiligungsrecht bei Bildungsmaßnahmen	282
5. Zuständiges Betriebsratsgremium	282
6. Europäischer Betriebsrat (EBRG)	284
7. Unterrichtung des Wirtschaftsausschusses	284
VI. Beteiligungsrechte beim Arbeitnehmereinsatz in der Matrixorganisation	285
1. Einstellung im Einsatzbetrieb	286
2. Eingruppierung und Umgruppierung	288
3. Versetzung	289
a) Grundsätze	289
b) Bestellung zum weisungsberechtigten Matrixmanager	289
c) Zuweisung zum Matrixteam	291
d) Wechsel der Matrixgesellschaft	293
VII. Zuständiges Betriebsratsgremium im Matrixkonzern	294
1. Grundsätze	294
a) Zuständigkeit des Betriebsrats der Anstellungs-Matrixgesellschaft	294
b) Zuständigkeit des Gesamtbetriebsrats und Konzernbetriebsrats	294
2. Mitbestimmungsrechte in sozialen Angelegenheiten (§ 87 BetrVG)	296
a) Veränderung der Arbeitsabläufe: Ordnungs- oder Arbeitsverhalten	296
b) Verhaltensrichtlinien	297
c) Regelungen zur Arbeitszeit (§ 87 Abs. 1 Nr. 2, Nr. 3 BetrVG)	298
d) Datenverarbeitung und Überwachung durch technische Einrichtungen (§ 87 Abs. 1 Nr. 6 BetrVG)	299
e) Entgeltgrundsätze und Anreizsysteme (§ 87 Abs. 1 Nr. 10 BetrVG)	300
f) Vorschlagswesen (§ 87 Abs. 1 Nr. 12 BetrVG)	302

g) Besonderheiten bei der Beteiligung nach § 87 BetrVG im Matrixbetrieb 303
3. Mitbestimmungsrechte in personellen Angelegenheiten 305
   a) Einstellung und Versetzung 305
   b) Eingruppierung/Umgruppierung 305
   c) Personalplanung (§§ 92 ff. BetrVG) 306
4. Mitbestimmungsrechte in wirtschaftlichen Angelegenheiten 306
5. Wahrnehmung der Arbeitgeberfunktion 309
   a) Vertretung des Arbeitgebers durch Matrixmanager 310
   b) Effektive Aufgabenverteilung in der Mitbestimmung (Delegation of authority + tasks) 312
6. Verletzung von Beteiligungsrechten des Betriebsrates 315
VIII. Anwendbare Betriebsvereinbarungen 316
   1. Tätigkeit im Betrieb der Anstellungs-Matrixgesellschaft 316
   2. Betriebs-/Unternehmensübergreifende Tätigkeit 316
   3. Kollidierende betriebliche Regelungen 318
IX. Betriebsverfassungsrecht in der internationalen Matrixorganisation 319
   1. Zuständigkeit des inländischen Betriebsrats: Territorialitätsprinzip ... 319
   2. Ausstrahlungswirkung des deutschen Betriebsverfassungsrechts 320
   3. Betriebsbegriff in der internationalen Matrixorganisation 323
   4. Im Ausland ansässige Entscheidungsträger und deutsche Mitbestimmung 325
   5. Umfang der Beteiligungsrechte des inländischen Betriebsrats 327
      a) Im Ausland tätige Arbeitnehmer des Inlandbetriebes 327
      b) Arbeitnehmer ausländischer Arbeitgeber 328
      c) Auskunftsansprüche 329
   6. Betriebsverfassungsrechtliche Strukturen und Gremien in der internationalen Matrix 332
      a) Gesamtbetriebsrat 332
      b) Konzernbetriebsrat 333
      c) Wirtschaftsausschuss 335
      d) Europäischer Betriebsrat 335
      e) Andere Arbeitnehmervertretungsstrukturen nach § 3 BetrVG 336

F. Unternehmensmitbestimmung 337
   I. Rechtsgrundlagen 337
      1. Paritätische Mitbestimmung (MitbestG) 337
      2. Drittelbeteiligung (DrittelbG) 337
      3. Europäische Aktiengesellschaft und Europäische Genossenschaft 338
      4. Anwendbarkeit des deutschen Mitbestimmungsrechts im internationalen Matrixkonzern 338
   II. Feststellung der Schwellenwerte im Matrixkonzern 339
      1. Verweis auf die Regelungen im BetrVG 339
      2. Allgemeine Grundsätze 340
      3. Berücksichtigung von Arbeitnehmern einer Gesellschaft im Matrixkonzern 340
         a) DrittelbG 340
         b) MitbestG 341
         c) Zurechnung der Arbeitnehmer zur Konzernspitze 342
      4. Einbeziehung im Ausland tätiger Arbeitnehmer 343
      5. Einbeziehung in Deutschland tätiger Arbeitnehmer von Konzern-Enkelgesellschaften oder in Deutschland belegener Niederlassungen ausländischer Konzerntöchter 346

    III. Mitbestimmung in Konzernen mit ausländischer Konzernspitze 346
    IV. Mitbestimmungsvereinbarungen im internationalen Matrixkonzern 348

G. Arbeitsrecht in internationalen Matrixorganisationen 349
    I. Internationaler Arbeitnehmereinsatz in der Matrix: Grundmodelle 349
    II. Die Bestimmung des anwendbaren Rechts: Das Internationale Arbeitsrecht 350
        1. Grundsätze 350
        2. Freie Rechtswahl 352
        3. Objektives Arbeitsvertragsstatut 353
            a) Gewöhnlicher Arbeitsort (Art. 8 Abs. 2 Rom I-VO) 354
            b) Vorübergehende Entsendung 355
            c) Anwendbares Arbeitsrecht beim grenzüberschreitenden Einsatz im Konzern 356
                aa) Vertragsmodelle 356
                bb) Lokaler Arbeitsvertrag 357
                cc) Arbeitgeberstellung im internationalen Matrixkonzern – Doppelarbeitsverhältnis? 357
            d) Subsidiäre Anknüpfung an die einstellende Niederlassung (Art. 8 Abs. 3 Rom I-VO) 359
            e) Ausweichklausel (Art. 8 Abs. 4 Rom I-VO) 360
                aa) Engere Verbindung 360
                bb) Bedeutung des Weisungsrechts in der Matrixstruktur 361
        4. Schranken der Rechtswahl 362
            a) Objektives Arbeitsvertragsstatut 362
            b) Ordre public 363
        5. Eingriffsnormen 364
            a) Begriff 364
            b) Beispiele für Eingriffsnormen 365
            c) Anwendung 367
            d) Geplante Änderungen im Anwendungsbereich der EU-Entsenderichtlinie 367
        6. Umfang des Arbeitsvertragsstatuts 369
            a) Tarifliche Normen 369
            b) Arbeitsvertragliche Haftung 369
        7. Gesonderte Anknüpfung 370
            a) Form 370
            b) Stellvertretung 371
    III. Vertragsgestaltung beim grenzüberschreitenden Einsatz im internationalen Matrixkonzern 373
        1. Einvertragsmodell 373
        2. Zweivertragsmodell 374
        3. Weitere Gestaltungsmöglichkeiten 375
        4. Gerichtsstandsvereinbarung 375
    IV. Typische Problemfelder eines internationalen Matrixeinsatzes 377
        1. Ausländisches Eingriffsrecht 378
            a) Zwingendes Recht des ausländischen Tätigkeitsstaates 378
            b) Beachtlichkeit ausländischen Eingriffsrechts im Inland? 380
        2. Arbeitnehmerüberlassung 382
        3. Kündigungsrecht im internationalen Matrixkonzern 383
            a) Anwendbares Kündigungsschutzrecht 383
            b) Kündigungsberechtigung 385
            c) Anhörung des deutschen Betriebsrats bzw. Sprecherausschusses 386

Inhaltsverzeichnis

	d) Weiterbeschäftigungspflicht bei ausländischer Matrixgesellschaft und grenzüberschreitende Sozialauswahl?	386
4.	Rückruf	387
5.	Status der leitenden Angestellten	388

Kapitel 4: Haftung

- **A. Grundlagen** 389
- **B. Haftung der Geschäftsleitung der Muttergesellschaft** 390
  - I. AG als Matrixgesellschaft 391
    1. Konzernleitungspflichten 391
    2. Legalitätspflicht 392
    3. Besondere Sorgfaltspflicht bei nachteiligen Weisungen 392
    4. Vereinbarkeit des Handelns mit Satzungsbestimmungen 393
    5. Vereinbarkeit der Weisung mit dem Beherrschungsvertrag 393
    6. Prüfpflicht bei existenzgefährdenden Eingriffen 393
    7. Pflichten bei Delegation des Weisungsrechts 394
    8. Pflicht zur Erteilung von Weisungen 394
    9. Verlustübernahme gemäß § 302 AktG 395
    10. Rechtsfolgen einer Pflichtverletzung der Geschäftsleitung 395
        - a) Innenverhältnis 395
        - b) Außenverhältnis 396
  - II. GmbH als Matrixgesellschaft 397
    1. Konzerndimensionale Pflichten der Geschäftsleitung 398
    2. Konzernleitungspflichten 398
    3. Legalitätspflicht 399
    4. Rechtmäßigkeit der eigenen Weisungen 399
    5. Nachwirkende Ingerenzpflichten 400
    6. Erstattungspflicht für unberechtigte Zahlungen, §§ 30, 31 GmbHG 400
    7. Verbot existenzvernichtender Eingriffe 401
    8. Pflicht zur Erteilung von Weisungen in Krisensituation 403
    9. Rechtsfolgen der Pflichtverletzung 403
  - III. Ausländische Muttergesellschaft 404
- **C. Haftung der Matrixmanager** 405
  - I. Gesellschaftsrechtliche Haftung 405
    1. Haftung als faktisches Organ der Matrixgesellschaft 405
    2. Haftung im Vertragskonzern gemäß § 309 AktG analog 406
    3. Haftung aus § 117 Abs. 1 AktG 407
  - II. Vertragliche Haftung kraft Delegation 407
    1. Vertragliche Haftung gegenüber dem Mutterunternehmen 407
    2. Haftung aus Vertrag mit Schutzwirkung zugunsten der Matrixgesellschaft 408
  - III. Deliktische Haftung 409
- **D. Haftung der Geschäftsleitung der Matrixgesellschaft** 410
  - I. Geschäftsleitung der AG mit Unternehmensvertrag 410
    1. „Erste Stufe": Vereinbarkeit der Weisung mit Gesetz, Satzung und Beherrschungsvertrag 411
        - a) Verstoß gegen insolvenz-, steuer- und sozialversicherungsrechtliche Bestimmungen 411
        - b) Verstoß gegen originär aktienrechtliche Bestimmungen (AktG) 412
        - c) Verstoß gegen bilanzrechtliche Normen (HGB) 413
        - d) Verstoß gegen Satzungsbestimmungen 413

Inhaltsverzeichnis

  e) Vereinbarkeit der Weisung mit Beherrschungsvertrag 414
 2. „Zweite Stufe": Bindungswirkung bei nachteiligen Weisungen 414
II. Geschäftsleitung der GmbH 415
 1. Überprüfung der Weisung auf ihre Gesetzesmäßigkeit 416
  a) Verstoß gegen Insolvenzantragspflicht, § 15a InsO 416
  b) Verstoß gegen Kapitalerhaltungsvorschriften, §§ 30, 41 ff., 64 GmbHG 419
  c) Verstoß gegen steuerrechtliche Pflichten, §§ 34, 69 AO 421
  d) Verstoß gegen sozialversicherungsrechtliche Pflichten, § 266a Abs. 1 StGB 422
  e) Verweigerung bei Anfechtbarkeit der Weisung? 423
 2. Überprüfung der Weisung auf Vereinbarkeit mit Satzung 424
 3. Überprüfung ordnungsgemäßer Vertretung durch den Matrixmanager 424
 4. Nachteiligkeit der Weisung für Matrix-Gesellschaft 425
III. Rechtsfolgen der Verletzung der Prüfungspflichten 426
 1. Befolgung einer rechtswidrigen Weisung 426
 2. Nichtbefolgung einer rechtmäßigen Weisung 427
 3. Unsorgfältige Ausführung rechtmäßiger Weisungen 427
 4. Haftungsbefreiung bei verbindlicher unternehmensrechtlicher Weisung 427
 5. Widersprechende Weisungen der Matrixmanager 428
IV. Sonderfälle: Doppelmandate und Geschäftsführer im Nebenamt 429
 1. Doppelmandate in Mutter- und Matrixgesellschaft 429
 2. „Geschäftsführer im Nebenamt" 429
V. Haftung der Geschäftsleiter bei Handeln nachgeordneter Arbeitnehmer aufgrund einer Weisung der Matrixmanager 430

E. Haftung von nachgeordneten Arbeitnehmern 432
 I. Vertragliche Haftung 432
  1. Anstellungsverhältnis mit der Matrix-Gesellschaft 432
  2. Pflichtverletzung des nachgeordneten Arbeitnehmers bei Weisungen des Matrixmanagers 432
   a) Ausführung einer Weisung 432
   b) Nichtbefolgen einer Weisung 433
   c) Pflichtverletzung bei kollidierenden Weisungen 433
  3. Haftung gegenüber dem Vertragsarbeitgeber 433
  4. Verschulden 434
  5. Einschränkung der Haftung 434
   a) Grundsätze 434
   b) Persönlicher Anwendungsbereich 436
  6. Mitverschulden des Arbeitgebers 437
 II. Deliktische Haftung 437

Kapitel 5: Schutz von Beschäftigtendaten

A. Datentransfer in der Matrixorganisation 439
 I. Ausgangslage 439
 II. Überblick über die weitere Darstellung 439

B. Datenschutzrechtliche Grundlagen 441
 I. Grundsätze 441
  1. Datenschutzrecht im Mehrebenensystem der EU 441
   a) Datenschutz-Grundverordnung (DS-GVO) der EU 441
   b) Bundesdatenschutzgesetz 441
   c) Beschäftigtendatenschutz 442

XIX

Inhaltsverzeichnis

2. Anwendungsbereich des deutschen Beschäftigtendatenschutzrechts	442
a) Sachlicher Anwendungsbereich	442
b) Persönlicher Anwendungsbereich	443
c) Internationaler Anwendungsbereich	444
3. Grundsätze der Verarbeitung	445
a) Zweckbindung	445
b) Verhältnismäßigkeit	445
c) Beachtung der allgemeinen Verarbeitungsgrundsätze	446
d) Transparenz der Verarbeitung	446
4. Umgang mit sensiblen Beschäftigtendaten	447
a) Vorgaben der DS-GVO	447
b) Umsetzung im BDSG	447
5. Einwilligung als Verarbeitungsgrundlage	448
a) Vorgaben der DS-GVO	448
b) Freiwilligkeit	448
c) Aufklärung	449
6. Kollektivvereinbarungen	449
a) Allgemeines	449
b) Inhaltliche Anforderungen	450
II. Übermittlung von Beschäftigtendaten in der Matrix	451
1. Übermittlung als erlaubnispflichtige Datenverarbeitung?	451
a) Frühere Rechtslage	451
b) Rechtslage unter Geltung der DS-GVO und des BDSG	452
2. Verarbeitungsgrundlagen	454
a) Einwilligung des Betroffenen (Art. 6 Abs. 1 lit. a, Art. 4 Nr. 11, Art. 7 DS-GVO)	454
b) Generalklausel des § 26 Abs. 1 BDSG	454
c) Kollektivvereinbarungen (§ 26 Abs. 4 BDSG, Art. 88 Abs. 2 DS-GVO)	456
d) Generalklausel des Art. 6 Abs. 1 lit. f DS-GVO	456
3. Auftragsdatenverarbeitung	457
a) Frühere Rechtslage	457
b) Jetzige Rechtslage	458
c) Rechtsfolgen	461
4. Transparenz	462
5. Übermittlung in Drittländer	463
a) Sicheres Drittland	464
b) Unsicheres Drittland	465
aa) Binding Corporate Rules (Art. 46 Abs. 2 lit. b, Art. 47)	465
bb) Standarddatenschutzklauseln der Kommission oder einer Aufsichtsbehörde (Art. 46 Abs. 2 lit. c und d)	466
cc) Genehmigte Verhaltensregeln und genehmigter Zertifizierungsmechanismus (Art. 46 Abs. 2 lit. e und f)	466
C. Zulässigkeit typischer Datenflüsse in der Matrix	**467**
I. Vorbemerkung	467
II. IT-Infrastruktur in der Matrix	467
1. Nutzung eines zentralen Rechenzentrums	467
a) Beschreibung	467
b) Datenschutzrechtliche Beurteilung	468
2. Zentraler E-Mail-/Internet-Server	469
a) Beschreibung	469

		b) Datenschutzrechtliche Beurteilung	469
		aa) Untersagte Privatnutzung	470
		bb) Erlaubte Privatnutzung	471
	3.	Elektronische Kommunikationsverzeichnisse	474
		a) Beschreibung	474
		b) Datenschutzrechtliche Beurteilung	474
III.	Personalmanagement in der Matrix		476
	1.	Human Resources Shared Service Center (HR SSC)	476
		a) Beschreibung	476
		b) Datenschutzrechtliche Beurteilung	477
	2.	Matrixweites Recruiting	479
		a) Beschreibung	479
		b) Datenschutzrechtliche Beurteilung	480
	3.	Übermittlung von Beschäftigtendaten an Matrixmanager	481
		a) Beschreibung	481
		b) Datenschutzrechtliche Beurteilung	482
	4.	Übermittlung von Beschäftigtendaten an die Matrixleitung	483
		a) Beschreibung	483
		b) Datenschutzrechtliche Beurteilung	483
	5.	Skill-Management	484
		a) Beschreibung	484
		b) Datenschutzrechtliche Beurteilung	485

D. Mitbestimmung beim Datentransfer 488

I.	Grundsätze		488
II.	Einschlägige Tatbestände		489
	1.	Mitbestimmung nach § 87 Abs. 1 Nr. 6 BetrVG	489
		a) Grundsatz	489
		b) Mitbestimmung bei automatisierter Datenverarbeitung	490
		c) Reichweite der Mitbestimmung	491
	2.	Mitbestimmung nach § 94 BetrVG	492
	3.	Weitere Mitbestimmungsrechte	493
III.	Zuständiges Gremium		493
	1.	Betriebsrat – Gesamtbetriebsrat – Konzernbetriebsrat	493
		a) Grundsatz	493
		b) Zuständigkeit bei DV-Systemen	494
	2.	Konsequenzen	496
IV.	Regelung durch Betriebsvereinbarung		497
	1.	Bedeutung und Grenzen	497
	2.	Systematischer Aufbau	497
	3.	Typische Inhalte von Rahmenvereinbarungen	498
		a) Präambel	498
		b) Geltungsbereich	499
		aa) Grundsatz	499
		bb) Räumlich-organisatorischer Geltungsbereich	499
		cc) Persönlicher Geltungsbereich	500
		dd) Sachlicher Geltungsbereich	500
		c) Vertrauensvolle Zusammenarbeit	501
		d) Umgang mit Beschäftigtendaten	502
		aa) Allgemeines	502
		bb) Verarbeitungszwecke	503
		cc) Leistungs- und Verhaltenskontrolle	504

Inhaltsverzeichnis

4.	Typische Inhalte von Detailvereinbarungen	505
	a) Aufbau	505
	b) Angaben zur jeweiligen Verarbeitungstätigkeit	506
V. Muster-Betriebsvereinbarungen		507
1.	Muster einer Rahmenbetriebsvereinbarung	507
2.	Muster einer Einzel-Betriebsvereinbarung „Personalentwicklung"	515
3.	Anlage „Rollen und Zugriffsrechte"	518

Stichwortverzeichnis 521

Abkürzungsverzeichnis

aA	andere Ansicht
ABl.	Amtsblatt
abl.	ablehnend
Abs.	Absatz, Absätze
AcP	Archiv für die zivilistische Praxis
aE	am Ende
AEntG	Arbeitnehmerentsendegesetz
aF	alte Fassung
AG	Amtsgericht, Aktiengesellschaft, Die Aktiengesellschaft (Zeitschrift)
AiB	Arbeitsrecht im Betrieb (Zeitschrift)
allg.	allgemein
Alt.	Alternative
Alt.	Alternative
AMR	Academy of Management Review (Zeitschrift)
amtl.	amtlich
Anh.	Anhang
Anm.	Anmerkung
AnzV	Verordnung über die Anzeigen und die Vorlage von Unterlagen nach dem Kreditwesengesetz
AO	Abgabenordnung
ArbGG	Arbeitsgerichtsgesetz
ArbnErfG	Gesetz über Arbeitnehmererfindungen
ArbRB	Arbeits-Rechtsberater (Zeitschrift)
ArbZG	Arbeitszeitgesetz
Arg.	Argumentation
ARSt	Arbeitsrecht in Stichworten (Zeitschrift)
Art.	Artikel
Aufl.	Auflage
AuR	Arbeit und Recht (Zeitschrift)
ausf.	ausführlich
Az.	Aktenzeichen
BAG	Bundesarbeitsgericht
BAnz.	Bundesanzeiger
BaFin	Bundesanstalt für Finanzdienstleistungsaufsicht
BayLDA	Bayerisches Landesamt für Datenschutzaufsicht
BB	Betriebs-Berater (Zeitschrift)
BDiszG	Bundesdisziplinargericht
BDSG	Bundesdatenschutzgesetz
Begr.	Begründung
Beil.	Beilage
Bek.	Bekanntmachung
ber.	berichtigt
Beschl.	Beschluss
BetrVG	Betriebsverfassungsgesetz
BeUrkG	Beurkundungsgesetz
BFH	Bundesfinanzhof
BFHE	Sammlung der Entscheidungen des Bundesfinanzhofs
BGB	Bürgerliches Gesetzbuch
BGBl.	Bundesgesetzblatt
BGH	Bundesgerichtshof

Abkürzungsverzeichnis

Bl.	Blatt
Bln-Bbg	Berlin-Brandenburg
BSG	Bundessozialgericht
BSGE	Sammlung der Entscheidungen des Bundessozialgerichts
bspw.	beispielsweise
Buchst.	Buchstabe
BV	Betriebsvereinbarung
BW	Baden-Württemberg
bzgl.	bezüglich
bzw.	beziehungsweise
ca.	circa
CCZ	Corporate Compliance Zeitschrift
CR	Computer und Recht (Zeitschrift)
CuA	Computer und Arbeit (Zeitschrift)
DB	Der Betrieb (Zeitschrift)
DCGK	Deutschen Corporate Governance Kodex
DesignG	Designgesetz
dh	das heißt
diff.	differenziert, differenzierend
DIS	Deutsche Institution für Schiedsgerichtsbarkeit e.V.
Diss.	Dissertation
DIS-SchO	Deutsche Schiedsordnung
DNotZ	Deutsche Notar-Zeitschrift
DrittelbG	Gesetz über die Drittelbeteiligung der Arbeitnehmer im Aufsichtsrat
Drs.	Drucksache
DSAnpUG-EU	Datenschutz-Anpassungs- und -Umsetzungsgesetz EU
DS-GVO	Datenschutzgrundverordnung
DStR	Deutsches Steuerrecht (Zeitschrift)
DStRE	Deutsches Steuerrecht Entscheidungsdienst (Zeitschrift)
DuD	Datenschutz und Datensicherheit (Zeitschrift)
DZWIR	Deutsche Zeitschrift für Wirtschafts- und Insolvenzrecht
ebd.	ebenda
EFZG	Entgeltfortzahlungsgesetz
Einl.	Einleitung
EMJ	European Management Journal
endg.	endgültig
EstR	Einkommensteuer-Richtlinien
etc.	et cetera
EuGH	Europäischer Gerichtshof
EuGVVO	Verordnung über die gerichtliche Zuständigkeit und die Anerkennung und Vollstreckung in Zivil- und Handelssachen
EuZA	Europäische Zeitschrift für Arbeitsrecht
EuZW	Europäische Zeitschrift für Wirtschaftsrecht
eV	eingetragener Verein
f., ff.	folgend(e)
FG	Finanzgericht
FMStFG	Gesetz zur Errichtung eines Finanzmarktstabilisierungsfonds
Fn.	Fußnote
FS	Festschrift

Abkürzungsverzeichnis

G	Gesetz
GE	Das Grundeigentum – Zeitschrift für die gesamte Grundstücks-, Haus- und Wohnungswirtschaft
geänd.	geändert
gem.	gemäß
GenG	Genossenschaftsgesetz
GewO	Gewerbeordnung
GG	Grundgesetz
ggf.	gegebenenfalls
GmbHG	Gesetz betreffend die Gesellschaften mit beschränkter Haftung
GmbHR	GmbH-Rundschau (Zeitschrift)
GmbH-Stpr	GmbH-Steuerpraxis (Zeitschrift)
GOÄ	Gebührenordnung der Ärzte
GRCh	Grundrechte-Charta
grdl.	grundlegend
grds.	grundsätzlich
GVG	Gerichtsverfassungsgsetz
GWG	Geldwäschegesetz
GWR	Gesellschafts- und Wirtschaftsrecht (Zeitschrift)
HGB	Handelsgesetzbuch
HGÜ	Haager Übereinkommen über Gerichtsstandvereinbarungen
hL	herrschende Lehre
hM	herrschende Meinung
Hs.	Halbsatz
idR	in der Regel
idS	in diesem Sinne
ieS	im engeren Sinne
iHd	in Höhe des
inkl.	inklusive
insbes.	insbesondere
InsO	Insolvenzordnung
IPR	Internationales Privatrecht
IPRax	Praxis des Internationalen Privat- und Verfahrensrechts (Zeitschrift)
iRd	im Rahmen des
iRv	im Rahmen von
iSd	im Sinne des
iSv	im Sinne von
ITRB	IT-Rechtsberater (Zeitschrift)
iÜ	im Übrigen
iVm	in Verbindung mit
iwS	im weiteren Sinne
JA	Juristische Arbeitsblätter, Zeitschrift
Jg.	Jahrgang
JZ	JuristenZeitung
Kap.	Kapitel
KBR	Konzernbetriebsrat
KG	Kammergericht
krit.	kritisch
KSchG	Kündigungsschutzgesetz
KSzW	Kölner Schrift zum Wirtschaftsrecht

Abkürzungsverzeichnis

LG	Landgericht
lit.	litera
LMK	Kommentierte BGH-Rechtsprechung
lt.	laut
max.	maximal
McKQ	McKinsey Quarterly
MDR	Monatsschrift für Deutsches Recht
mE	meines Erachtens
mind	mindestens
MitBestG	Mitbestimmungsgesetz
MoMiG	Gesetz zur Modernisierung des GmbH-Rechts und zur Bekämpfung von Missbräuchen
MontanMitbestG	Gesetz über die Mitbestimmung der Arbeitnehmer in den Aufsichtsräten und Vorständen der Unternehmen des Bergbaus und der Eisen und Stahl erzeugenden Industrie
MontanMitbest ErgG	Montan-Mitbestimmungsergänzungsgesetz
mwN	mit weiteren Nachweisen
mWv	mit Wirkung vom
MV	Mecklenburg-Vorpommern
Nds	Niedersachsen
nF	neue Fassung
NJOZ	Neue Juristische Online-Zeitschrift
NJW	Neue Juristische Wochenschrift
NJW-RR	Neue Juristische Wochenschrift-Rechtsprechungs-Report
NotBZ	Zeitschrift für die notarielle Beratungs- u. Beurkundungspraxis
Nr.	Nummer(n)
NVwZ-RR	Neue Zeitschrift für Verwaltungsrecht Rechtsprechungs-Report
NZA	Neue Zeitschrift für Arbeitsrecht
NZA-RR	Neue Zeitschrift für Arbeitsrecht Rechtsprechungs-Report
NZG	Neue Zeitschrift für Gesellschaftsrecht
NZI	Neue Zeitschrift für das Recht der Insolvenz und Sanierung
NZS	Neue Zeitschrift für Sozialrecht
NZV	Neue Zeitschrift für Verkehrsrecht
NZWiSt	Neue Zeitschrift für Wirtschafts-, Steuer- und Unternehmensstrafrecht
oÄ	oder Ähnliches
OE	OrganisationsEntwicklung (Zeitschrift)
OLG	Oberlandesgericht
OLGZ	Entscheidungen der Oberlandesgerichte in Zivilsachen
og	oben genannten (r, s)
PatG	Patentgesetz
PersR	Der Personalrat (Zeitschrift)
PflVG	Pflichtversicherungsgesetz
RDV	Recht der Datenverarbeitung (Zeitschrift)
RG	Reichsgericht
RGSt.	Amtliche Sammlung der Rechtsprechung des Reichsgerichts in Strafsachen
RhPf	Rheinland-Pfalz

Abkürzungsverzeichnis

RIW	Recht der internationalen Wirtschaft (Zeitschrift)
rkr.	rechtskräftig
RL	Richtlinie
Rn.	Randnummer
RNotZ	Rheinische-Notar-Zeitschrift
Rs.	Rechtssache
s.	siehe
S.	Satz, Seite
sa	siehe auch
SchiedsVZ	Zeitschrift für Schiedsverfahren
SE	Societas Europaea
SEAG	Gesetz zur Ausführung der Verordnung (EG) Nr. 2157/2001 des Rates vom 8. Oktober 2001 über das Statut der Europäischen Gesellschaft (SE)
SG	Sozialgericht
SGB	Sozialgesetzbuch
Slg.	Sammlung
sog.	sogenannt(e/er)
StGB	Strafgesetzbuch
StPO	Strafprozessordnung
stRspr	ständige Rechtsprechung
TKG	Telekommunikationsgesetz
TMG	Telemediengesetz
TzBfG	Teilzeitbefristungsgesetz
ua	und andere, unter anderem
uÄ	und Ähnliches
UAbs.	Unterabsatz
Übk.	Übereinkommen
UmwG	Umwandlungsgesetz
UrhG	Urhebergesetz
usw	und so weiter
Urt.	Urteil
uU	unter Umständen
UWG	Gesetz gegen den unlauteren Wettbewerb
v.	vom, von
Var.	Variante
vgl.	vergleiche
VGR	Gesellschaftsrechtliche Vereinigung (Zeitschrift)
VO	Verordnung
Vorb.	Vorbemerkung
VvaG	Versicherungsverein auf Gegenseitigkeit
WiVerw	Wirtschaft und Verwaltung (Zeitschrift)
WM	Wertpapier-Mitteilungen (Zeitschrift)
WpG	Die Wirtschaftsprüfung (Zeitschrift)
WpHG	Wertpapierhandelsgesetz
WpÜG	Wertpapiererwerbs- und Übernahmegesetz
zB	zum Beispiel
ZD	Zeitschrift für Datenschutz

Abkürzungsverzeichnis

ZfO	Führung + Organisation (Zeitschrift)
ZGR	Zeitschrift für Unternehmens- und Gesellschaftsrecht
ZHR	Zeitschrift für das gesamte Handels- und Wirtschaftsrecht
Ziff.	Ziffer
ZInsO	Zeitschrift für das gesamte Insolvenz- und Sanierungsrecht
ZIP	Zeitschrift für Wirtschaftsrecht
zT	zum Teil
zul.	zuletzt
zust.	zustimmend
zzgl.	zuzüglich

Verzeichnis der abgekürzt zitierten Literatur

AR/*Bearbeiter*	*Dornbusch/Fischermeier/Löwisch* (Hrsg.), AR – Kommentar zum gesamten Arbeitsrecht, 8. Aufl., 2016.
APS/*Bearbeiter*	*Ascheid/Preis/Schmidt* (Hrsg.), Kündigungsrecht, Großkommentar, 5. Aufl., 2017.
Auernhammer/*Bearbeiter* DSGVO/BDSG	*Auernhammer* (Begr.)/*Eßer/Kramer/von Lewinksi* (Hrsg.), Kommentar zur DSGVO und BDSG, 5. Aufl., 2017.
Auer-Reinsdorff/Conrad/*Bearbeiter*	*Auer-Reinsdorff/Conrad* (Hrsg.), Handbuch IT und Datenschutzrecht, 2. Aufl., 2016.
Bamberger/Roth/*Bearbeiter*	*Bamberger/Roth*, Kommentar zum Bürgerlichen Gesetzbuch, 3. Aufl., 2012.
Baumbach/Hueck/*Bearbeiter* GmbHG	*Baumbach/Hueck*, Kommentar zum GmbHG, 21. Aufl., 2017.
BeckFormB GmbHR/*Bearbeiter*	*Lorz/Pfisterer/Gerber* (Hrsg.), Becksch'es Formularbuch GmbH-Recht, 2010.
BeckFormB Wirtschaftsrecht/*Bearbeiter*	*Hoffmann-Becking/Gebele*, Beck'sches Formularbuch Bürgerliches, Handels- und Wirtschaftsrecht, 12. Aufl., 2016.
BeckOK ArbR/*Bearbeiter*	*Rolfs/Giesen/Kreikebohm/Udsching*, BeckOK Arbeitsrecht, 48. Ed. Stand: 1.6.2018.
BeckOK BeamtenR Bund/*Bearbeiter*	*Brinktrine/Schollendorf* (Hrsg.), BeckOK BeamtenR Bund, 11. Ed. Stand: 1.4.2018.
BeckOK DatenschutzR/*Bearbeiter*	*Wolff/Brink*, BeckOK Datenschutzrecht, 24. Ed. Stand: 1.5.2018.
BeckOK StGB/*Bearbeiter*	*v. Heintschel-Heinegg* (Hrsg.), BeckOK StGB, 38. Ed. Stand: 1.5.2018.
Berger Matrixkonzern	*Berger*, Organisation der Betriebsverfassung im matrixorganisierten Konzern, 2017.
BGB-RGRK/*Bearbeiter*	Reichsgerichtsräte-Kommentar BGB, Bd. II, 1. Teil, 12. Aufl., 1976, Bd. II, 2. Teil, 12. Aufl., 1978.
Birk Leitungsmacht	*Birk*, Die arbeitsrechtliche Leitungsmacht, 1973.
BLDH/*Bearbeiter*	*Bauer/Lingemann/Diller/Haußmann*, Anwalts-Formularbuch Arbeitsrecht, 6. Aufl., 2017.
BMH/*Bearbeiter*	*Bergmann/Möhrle/Herb*, Kommentar zum Datenschutzrecht, 54. Aktualisierung, 2018.
Braun/Wisskirchen/*Bearbeiter* Konzernarbeitsrecht	*Braun/Wisskirchen* (Hrsg.), Konzernarbeitsrecht, Handbuch, 2015.

Abgekürzt zitierte Literatur

Däubler Gläserne Belegschaften	*Däubler*, Gläserne Belegschaften, 7. Aufl., 2017.
DBD/*Bearbeiter*	*Däubler/Bonin/Deinert*, AGB-Kontrolle im Arbeitsrecht, 4. Aufl., 2014.
Deinert Beschäftigung	*Deinert*, Beschäftigung ausländischer Arbeitnehmer in Inlandsbetrieben, 2016.
Deinert Int. Arbeitsrecht	*Deinert*, Internationales Arbeitsrecht: Deutsches und europäisches Arbeitskollisionsrecht, 2013.
DKKWB/*Bearbeiter*	*Däubler/Kittner/Klebe/Wedde/Bachner* (Hrsg.), Kommentar zum Betriebsverfassungsgesetz, 16. Aufl., 2018.
DKWW/*Bearbeiter* BDSG	*Däubler/Klebe/Wedde/Weichert*, Kommentar zum BDSG, 5. Aufl., 2016.
Drescher GmbH-Geschäftsführerhaftung	*Drescher*, Die Haftung des GmbH-Geschäftsführers, 8. Aufl., 2017.
Ehmann/Selmayr/ *Bearbeiter*	*Ehmann/Selmayr* (Hrsg.), Datenschutz-Grundverordnung: DS-GVO, Kommentar, 2. Aufl., 2018.
Emmerich/Habersack Aktien- und GmbH-Konzernrecht	*Emmerich/Habersack* (Hrsg.), Aktien- und GmbH-Konzernrecht, 8. Aufl., 2016.
Emmerich/Habersack Konzernrecht	*Emmerich/Habersack*, Konzernrecht, 10. Aufl., 2013.
ErfK/*Bearbeiter*	*Müller-Glöge/Preis/Schmidt* (Hrsg.), Erfurter Kommentar zum Arbeitsrecht, 18. Aufl., 2018.
Erman/*Bearbeiter*	*Westermann/Grunewald/Maier-Reimer* (Hrsg.), Erman Bürgerliches Gesetzbuch, 15. Aufl., 2017.
FHS/*Bearbeiter*	*Forgó/Helfrich/Schneider*, Rechtshandbuch Betrieblicher Datenschutz, 2. Aufl., 2017.
Fitting	*Fitting/Engels/Schmidt/Trebinger/Linsenmaier*, Betriebsverfassungsgesetz, Handkommentar, 29. Aufl., 2018.
Fleischer VorstandsR-HdB/*Bearbeiter*	Fleischer, Handbuch des Vorstandsrechts, 2006.
GK-AktG/*Bearbeiter*	*Hirte/Mülbert/Roth* (Hrsg.), Großkommentar Aktiengesetz, Band 4/1 §§ 76–91, 5. Aufl., 2015, Band 4/2 §§ 92–94, 5. Aufl., 2015.
GK-BetrVG/*Bearbeiter*	*Wiese/Kreutz/Oetker/u. a.* (Hrsg.), Gemeinschaftskommentar zum Betriebsverfassungsgesetz, Band I, §§ 1–73b mit Wahlordnungen und EBRG, 11. Aufl., 2018.
GK-BImSchG/*Bearbeiter*	*Führ* (Hrsg.), GK-BImSchG Gemeinschaftskommentar zum Bundesimmissionsschutzgesetz, Gemeinschaftskommentare zum Umweltrecht, 2016.
GMP/*Bearbeiter*	*Germelmann/Matthes/Prütting*, ArbGG, 9. Aufl., 2017.
Gola/*Bearbeiter*	*Gola* (Hrsg.), Kommentar zur DS-GVO, 2. Aufl., 2018.
Gola/Pötters/Wronka/ *Bearbeiter* Arbeitnehmerdatenschutz-HdB	*Gola/Pötters/Wronka*, Handbuch Arbeitnehmerdatenschutz – Unter Berücksichtigung der Datenschutz-Grundverordnung, 7. Aufl., 2016.

Abgekürzt zitierte Literatur

Gola/Schomerus/*Bearbeiter* BDSG	*Gola/Klug/Körffer*, Kommentar zum Bundesdatenschutzgesetz, 12. Aufl., 2015.
Grooterhorst Vollmachten	*Grooterhorst*, Vollmachten im Unternehmen: Handlungsvollmacht – Prokura – Generalvollmacht, 6. Aufl., 2014.
Hamann Fremdpersonal	*Hamann*, Fremdpersonal im Unternehmen, 5. Aufl., 2017.
Henssler Arbeitsvertrag	*Henssler*, Der Arbeitsvertrag im Konzern, 1983.
HK-ArbR/*Bearbeiter*	*Däubler/Hjort/Schubert/Wolmerath*, Arbeitsrecht, 4. Aufl., 2017.
HK-AÜG/*Bearbeiter*	*Ulrici*, AÜG, Handkommentar, 2017.
HK-BetrVG/*Bearbeiter*	*Düwell* (Hrsg.), Betriebsverfassungsgesetz, Handkommentar, 5. Aufl., 2018.
HK-KSchG/*Bearbeiter*	*Gallner/Mestwerdt/Nägele* (Hrsg.), Kündigungsschutzrecht: Handkommentar, 6. Aufl., 2018.
HMB/*Bearbeiter*	*Henssler/Moll/Bepler*, Der Tarifvertrag. Handbuch für das gesamte Tarifrecht, 2. Aufl., 2016.
Hromadka/Maschmann ArbR Bd. 1	*Hromadka/Maschmann*, Arbeitsrecht, Bd. 1: Individualarbeitsrecht, 7. Aufl., 2018.
Hromadka/Maschmann ArbR Bd. 2	*Hromadka/Maschmann*, Arbeitsrecht, Bd. 2: Kollektivarbeitsrecht und Arbeitsstreitigkeiten, 7. Aufl., 2017.
Hueck/Nipperdey ArbR	*Hueck/Nipperdey*, Lehrbuch des Arbeitsrechts, 7. Aufl., Bd. I 1967; Bd. II, 1. und 2. Halbbd. 1967, 1970.
Hüffer/Bearbeiter AktG	*Hüffer/Koch*, Aktiengesetz, 13. Aufl., 2018.
Hümmerich/Reufels Gestaltung ArbV	*Hümmerich/Reufels* (Hrsg.), Gestaltung von Arbeitsverträgen, 3. Aufl., 2015.
HWGNRH/*Bearbeiter*	*Hess/Worzalla/Glock/Nicolai/Rose/Huke*, BetrVG, Kommentar, 10. Aufl., 2018.
HWK/*Bearbeiter*	*Henssler/Willemsen/Kalb* (Hrsg.), Arbeitsrecht Kommentar, 8. Aufl., 2018.
Junker Internationales Arbeitsrecht im Konzern	Internationales Arbeitsrecht im Konzern, 1992.
Karwatzki Fremdgeschäftsführer	*Karwatzki*, Der Fremdgeschäftsführer im Konzern, 2017.
KDZ/*Bearbeiter*	*Kittner/Däubler/Zwanziger*, KSchR – Kündigungsschutzrecht Kommentar für die Praxis, 10. Aufl., 2017.
KK-OWiG	*Mitsch* (Hrsg.), Karlsruher Kommentar zum Gesetz über Ordnungswidrigkeiten: OWiG, 5. Aufl., 2018.
KKS/*Bearbeiter*	*Kühling/Klar/Sackmann*, Datenschutzrecht, 4. Aufl., 2018.
Köhler Eingriffsnormen	*Köhler*, Eingriffsnormen – Der „unfertige" Teil des europäischen IPR, 2013.
Kölner Komm AktG/*Bearbeiter*	*Zöllner/Noack* (Hrsg.), Kölner Kommentar zum Aktiengesetz: Band 2/1, 3. Aufl., 2010.
Koenig/*Bearbeiter*	*Koenig*, Abgabenordnung, 3. Aufl., 2014.
Koreng/Lachenmann/*Bearbeiter*	*Koreng/Lachenmann* (Hrsg.), Formularhandbuch Datenschutzrecht, 2. Aufl., 2018.

Abgekürzt zitierte Literatur

Krause Verhandlungen	*Krause,* Verhandlungen des 71. Deutschen Juristentages, Essen 2016, Band I, Gutachten, Teil B – Digitalisierung der Arbeitswelt – Herausforderungen und Regelungsbedarf, 2016.
Krieger/Schneider Managerhaftung-HdB	*Krieger/Schneider* (Hrsg.), Handbuch Managerhaftung, 3. Aufl., 2017.
KZB/*Bearbeiter*	*Kelber/Zeißig/Birkefeld,* Rechtshandbuch Führungskräfte, 2016.
Leipold BGB I	*Leipold,* BGB I: Einführung und Allgemeiner Teil, 9. Aufl., 2017.
Lembke/Ludwig Unternehmensmitbestimmung	*Lembke/Ludwig,* Das Recht der Unternehmensmitbestimmung, 2015.
Lutter/Bayer Holding-HdB	*Lutter/Bayer,* Holding-Handbuch, 5. Aufl., 2015.
Lutter/Hommelhoff/ Bearbeiter	*Lutter/Hommelhoff,* GmbH-Gesetz, Köln, 19. Aufl., 2016.
MAH Aktienrecht/ *Bearbeiter*	*Schüppen/Schaub* (Hrsg.), Münchener Anwaltshandbuch Aktienrecht, 2. Aufl., 2010.
MAH GmbHR/*Bearbeiter*	*Römermann* (Hrsg.), Münchener Anwaltshandbuch GmbH-Recht, 3. Aufl., 2014.
MaSiG/*Bearbeiter*	*Maschmann/Sieg/Göpfert* (Hrsg.), Vertragsgestaltung im Arbeitsrecht, 2. Aufl., 2016.
Mauer Personaleinsatz	*Mauer,* Personaleinsatz im Ausland, 2. Aufl., 2013.
Maywald Matrixstrukturen	*Maywald,* Der Einsatz von Arbeitnehmern in Matrixstrukturen multinationaler Konzerne, 2010.
MHdB ArbR/*Bearbeiter*	*Richardi/Wlotzke/Wißmann/Oetker* (Hrsg.), Münchener Handbuch zum Arbeitsrecht, Bd. 1: Individualarbeitsrecht, Bd. 2: Kollektivarbeitsrecht/Sonderformen, 3. Aufl., 2009.
MHdB GesR III/ *Bearbeiter*	*Priester/Mayer/Wicke,* Münchener Handbuch des Gesellschaftsrechts, Bd. 3: Gesellschaft mit beschränkter Haftung, 4. Aufl., 2014.
MHdB GesR IV/ *Bearbeiter*	*Hoffmann-Becking,* Münchener Handbuch des Gesellschaftsrechts, Bd. 4: Aktiengesellschaft, 4. Aufl., 2015.
MüKoAktG/*Bearbeiter*	*Goette/Habersack/Kalss,* Münchener Kommentar zum Aktiengesetz (AktG), 4. Aufl., 2014 ff.
MüKoBGB/*Bearbeiter*	*Säcker/Rixecker/Oetker/Limperg,* Münchener Kommentar zum BGB, 7. Aufl., 2015 ff.
MüKoGmbHG/*Bearbeiter*	*Fleischer/Goette,* Münchener Kommentar zum GmbHG, 2. Aufl., 2015 ff.
NK-BGB/*Bearbeiter*	*Heidel/Hüßtege/Mansel/Noack,* Nomos Kommentar zum Bürgerliches Gesetzbuch – Band 1: Allgemeiner Teil/EGBGB, 3. Aufl., 2016.
Oppenländer/Trölitzsch/ Bearbeiter	*Oppenländer/Trölitzsch,* Praxishandbuch der GmbH-Geschäftsführung, 2. Aufl., 2011.

Abgekürzt zitierte Literatur

Paal/Pauly/*Bearbeiter*	*Paal/Pauly* (Hrsg.), Datenschutz-Grundverordnung, Bundesdatenschutzgesetz: DS-GVO, BDSG, Kommentar, 2. Aufl., 2018.
Palandt/*Bearbeiter*	*Palandt*, Bürgerliches Gesetzbuch, 77. Aufl., 2018.
Plath/*Bearbeiter*	*Plath*, Kommentar zu DSGVO, BDSG und den Datenschutzbestimmungen des TMG und TKG, 3. Aufl., 2018.
Preis/*Bearbeiter*	*Preis*, Der Arbeitsvertrag: Handbuch der Vertragsgestaltung 5. Aufl., 2015.
Rauscher/*Bearbeiter*	*Rauscher* (Hrsg.), Europäisches Zivilprozess- und Kollisionsrecht EuZPR/EuIPR, Band III Rom I-VO, 4. Aufl., 2015.
RegBegr/*Kropff*	*Kropff*, Aktiengesetz vom 6.9.1965, Textausgabe und Einführungsgesetz zum Aktiengesetz vom 6.9.1965 mit Begründung des Regierungsentwurfs, Bericht des Rechtsausschusses des Deutschen Bundestags, 1965.
Richardi BetrVG/*Bearbeiter*	*Richardi* (Hrsg.), Betriebsverfassungsgesetz mit Wahlordnung, 16. Aufl., 2018.
Sachs/*Bearbeiter*	*Sachs*, Grundgesetz Kommentar, 8. Aufl., 2018.
Schaffland/Wiltfang/*Bearbeiter*	*Wiltfang/Schaffland/Holthaus*, Datenschutz-Grundverordnung (DS-GVO) und Bundesdatenschutzgesetz (BDSG), Kommentar, 2/18 Aktualisierung, 2018.
Schantz/Wolff DatenschutzR	Das neue Datenschutzrecht, Datenschutz-Grundverordnung und Bundesdatenschutzgesetz in der Praxis, 2017.
Schaub ArbR-HdB/*Bearbeiter*	*Schaub/Koch/Linck/Treber/Vogelsang*, Arbeitsrechts-Handbuch, 17. Aufl., 2017.
Schaub ArbRFV-HdB/*Bearbeiter*	*Schaub/Schrader/Straube/Vogelsang*, Arbeitsrechtliches Formular- und Verfahrenshandbuch, 12. Aufl., 2017.
Schubert Betriebliche Mitbestimmung	Betriebliche Mitbestimmung in Unternehmen und Konzernen mit Matrixorganisation, HSI-Schriftenreihe, Bd. 23, 2017.
Schüren/*Bearbeiter*	*Schüren* (Hrsg.), Arbeitnehmerüberlassungsgesetz, Kommentar, Bd. 23, 4. Aufl., 2010.
Semler/Peltzer/Kubis/*Bearbeiter*	*Semler/Peltzer/Kubis*, Arbeitshandbuch für Vorstandsmitglieder, 2. Aufl., 2015.
SGL/*Bearbeiter*	*Schulze/Grziwotz/Lauda* (Hrsg.), Bürgerliches Gesetzbuch – Kommentiertes Vertrags- und Prozessformularbuch, 3. Aufl., 2017.
Soergel/*Bearbeiter*	*Soergel*, Bürgerliches Gesetzbuch, Band 2, Allgemeiner Teil 2 §§ 104–240, 13. Aufl., 1999.
Spindler/Schuster/*Bearbeiter*	*Spindler/Schuster* (Hrsg.), Recht der elektronischen Medien, Kommentar, 3. Aufl., 2015.
Spindler/Stilz/*Bearbeiter*	*Spindler/Stilz* (Hrsg.), Kommentar zum Aktiengesetz, 3. Aufl., 2015.

Abgekürzt zitierte Literatur

SPV Kündigung/*Bearbeiter*	*Stahlhacke/Preis/Vossen*, Kündigung und Kündigungsschutz im Arbeitsverhältnis, 11. Aufl., 2015.
Sydow/*Bearbeiter* DS-GVO	*Sydow*, Europäische Datenschutzgrundverordnung, Kommentar, 2017.
Taeger/Gabel/*Bearbeiter* BDSG	*Taeger/Gabel*, Kommentar zu BDSG und Datenschutzvorschriften des TKG und TMG, 2. Aufl., 2013.
Tettinger/Wank/Ennuschat/*Bearbeiter*	*Tettinger/Wank/Ennuschat*, Gewerbeordnung: GewO, 8. Aufl., 2011.
Thommen/Richter HWUO.	*Thommen/Richter*, Matrix-Organisation, in: Schreyögg/v. Werder (Hrsg.): Handwörterbuch Unternehmensführung und Organisation, 4. Aufl., 2004.
Thüsing/*Bearbeiter* AÜG	*Thüsing*, Arbeitnehmerüberlassungsgesetz, 4. Aufl., 2018.
Thüsing/*Bearbeiter* BDSG	*Thüsing*, Beschäftigtendatenschutz und Compliance, 2. Aufl., 2014.
UBH/*Bearbeiter*	*Ulmer/Brandner/Hensen* (Hrsg.), AGB-Recht, Kommentar zu den §§ 305–310 BGB und zum UklaG, 12. Aufl., 2016.
UHH/*Bearbeiter*	*Ulmer/Habersack/Henssler*, Mitbestimmungsrecht, 3. Aufl., 2013.
vHHL/*Bearbeiter*	*v. Hoyningen-Huene/Linck*, Kündigungsschutzgesetz, Kommentar, 15. Aufl., 2013.
Weth/Herberger/Wächter/*Bearbeiter*	*Weth/Herberger/Wächter* (Hrsg.), Daten- und Persönlichkeitsschutz im Arbeitsverhältnis, Praxishandbuch zum Arbeitnehmerdatenschutz, 2013.
WHSS/*Bearbeiter*	*Willemsen/Hohenstatt/Schweibert/Seibt*, Umstrukturierung und Übertragung von Unternehmen, 5. Aufl., 2016.
Windbichler Konzernarbeitsrecht	Windbichler, Arbeitsrecht im Konzern, Bd. 56, 1989.
WKS/*Bearbeiter*	*Wißmann/Kleinsorge/Schubert*, Mitbestimmungsrecht, 5. Aufl., 2017.
ZLH/*Bearbeiter*	*Zöllner/Loritz/Hergenröder*, Arbeitsrecht, 7. Aufl., 2015.

Literaturverzeichnis

Aalderks, Virtuelle Unternehmen im arbeitsrechtlichen Kontext, Arbeitsrechtliche Probleme einer zeitlich befristeten Kooperation in einem virtuellen Unternehmen, 2006 (zit. *Aalderks* Virtuelle Unternehmen).

Abbrent, Personalabbau im Konzern, Möglichkeiten kollektiven und individuellen Bestandsschutzes, BB 1988, 755–761.

Adžić, Matrixstrukturen in multinationalen Unternehmen, 2006 (zit. *Adžić* Matrixstrukturen).

Albrecht, Das neue EU-Datenschutzrecht – von der Richtlinie zur Verordnung. Überblick und Hintergründe zum finalen Text für die Datenschutz-Grundverordnung der EU nach der Einigung im Trilog, CR 2016, 88–98.

Altmeppen, Der Verlustausgleichsanspruch nach § 302 AktG: Noch ein Kunstfehler im „modernen" Verjährungsrecht, DB 2002, 879–880.

Altmeppen, Die Haftung des Managers im Konzern, 1998 (zit. *Altmeppen* Managerhaftung).

Altmeppen, Kapitalersatz und Rangrücktritt unter Geltung der InsO, ZHR 164 (2000), 556–562.

Altmeppen, Zur Delegation des Weisungsrechts im mehrstufigen Konzern, in: Festschrift für Marcus Lutter zum 70. Geburtstag, 2000, S. 975–994.

Altmeppen, Zur Entstehung, Fälligkeit und Höhe des Verlustausgleichsanspruch nach § 302 AktG, DB 1999, 2453–2457.

Altmeppen, Zur vorsätzlichen Gläubigerschädigung, Existenzvernichtung und materiellen Unterkapitalisierung in der GmbH, ZIP 2008, 1201–1207.

Anders, Vorstandsdoppelmandate – Zulässigkeit und Pflichtenkollision, 2006 (zit. *Anders* Vorstandsdoppelmandate).

Annuß, Arbeitsrechtliche Aspekte von Zielvereinbarungen in der Praxis, NZA 2007, 290–296.

Annuß, Schwierigkeiten mit § 3 I Nr. 3 BetrVG?, NZA 2002, 290–294.

Argyris, Today's problems with tomorrow's organizations, Journal of Management Studies 4 (1967), 31–55.

Ascheid/Preis/Schmidt (Hrsg.), Kündigungsrecht, Großkommentar, 5. Aufl., 2017 (zit. APS/*Bearbeiter*).

Aschenbeck, Personenidentität bei Vorständen in Konzerngesellschaften (Doppelmandat im Vorstand), NZG 2000, 1015–1023.

Auernhammer (Begr.)/*Eßer/Kramer/von Lewinksi* (Hrsg.), Kommentar zur DSGVO und BDSG, 5. Aufl., 2017 (zit. Auernhammer/*Bearbeiter* DSGVO/BDSG).

Auer-Reinsdorff/Conrad (Hrsg.), Handbuch IT und Datenschutzrecht, 2. Aufl., 2016 (zit. Auer-Reinsdorff/Conrad/*Bearbeiter*).

Bachner, Gleichbehandlung bei freiwilligen Leistungen unter Berücksichtigung der Besonderheiten im Konzern, ArbR 2009, 31–33.

Bachner, Sozialauswahl und Beteiligung des Betriebsrats bei unternehmens- oder konzernweiten Verlagerungs- und Konzentrationsmaßnahmen, NZA 2006, 1309–1313.

Bachner/Rupp, Die originäre Zuständigkeit des Konzernbetriebsrats bei der Einführung technischer Einrichtungen, NZA 2016, 207–209.

Bälz, Verbundene Unternehmen, AG 1992, 277–311.

Balashova/Wedde, Internationaler Personaleinsatz Entsendung nach Russland, AuA 2008, 82–85.

Ballerstedt, Schranken der Weisungsbefugnis aufgrund eines Beherrschungsvertrags, ZHR 137 (1973), 388–403.

Bamberger/Roth, Kommentar zum Bürgerlichen Gesetzbuch, 3. Aufl., 2012 (zit. Bamberger/Roth/*Bearbeiter*).

Literaturverzeichnis

Barton, E-Mail-Kontrolle durch Arbeitgeber, Drohen unliebsame strafrechtliche Überraschungen?, CR 2003, 839–844.
Battis, Bundesbeamtengesetz, Kommentar, 5. Aufl., 2017 (zit. Battis BBG).
Bauer/Herzberg, Arbeitsrechtliche Probleme in Konzernen mit Matrixstrukturen, NZA 2011, 713–719.
Bauer/Lingemann/Diller/Haußmann, Anwalts-Formularbuch Arbeitsrecht, 6. Aufl., 2017 (zit. BLDH/*Bearbeiter*).
Baumann, Die Generalvollmacht bei der GmbH, in: Freundesgabe für Willi Weichler, 1997, S. 1–11.
Baumbach/Hueck, Kommentar zum GmbHG, 21. Aufl., 2017 (zit. Baumbach/Hueck/*Bearbeiter* GmbHG).
Baums, Bericht der Regierungskommission Corporate Governance: Unternehmensführung, Unternehmenskontrolle, Modernisierung des Aktienrechts, 2001 (zit. *Baums* Bericht).
Bayer, Aktienrecht in Zahlen II, AG Sonderheft Oktober 2015, S. 34.
Bayer, Mehrstufige Unternehmensverträge, in: Beiträge zum Zivil- und Wirtschaftsrecht, Festschrift für Kurt Ballerstedt zum 70. Geburtstag, 1975, S. 157–154.
Bayreuther, Die Durchsetzbarkeit des konzernweiten Kündigungsschutzes, NZA 2006, 819–825.
Bayreuther, Vollständige Arbeitnehmerfreizügigkeit zu Gunsten der MOE-Staaten, DB 2011, 706–711.
Becker, Zum neuen Internationalen Privatrecht der gewillkürten Stellvertretung (Art. 8 und 229 § 41 EGBGB), DNotZ 2017, 835–849.
Beckschulze/Fackeldey, Systematischer Aufbau von Betriebsvereinbarungen zum Schutze von Beschäftigtendaten, RDV 2013, 109–121.
Behme, Die deutsche Mitbestimmung vor dem EuGH – Was bisher geschah und wie es weitergeht, EuZA 2016, 411–427.
Behrend/Weyhing, Compliance mit dem AÜG bei Auslandsentsendungen, BB 2017, 2485–2490.
Bender/Schmidt, KSchG 2004: Neuer Schwellenwert und einheitliche Klagefrist, NZA 2004, 358–366.
Bepler, Der Betriebsbegriff des Kündigungsschutzgesetzes und die Kleinbetriebsklausel, AuR 1997, 54–60.
Berger-Delhey, Die Leitungs- und Weisungsbefugnis des Arbeitgebers, DB 1990, 2266–2270.
Berger, Organisation der Betriebsverfassung im matrixorganisierten Konzern, 2017 (zit. *Berger* Matrixkonzern).
Bergmann/Möhrle/Herb, Kommentar zum Datenschutzrecht, 54. Aktualisierung, 2018 (zit. BMH/*Bearbeiter*).
Berkenbrock, Handeln der herrschenden AG, AG 1981, 69–73.
Bierekoven, Auftragsdatenverarbeitung, Joint Controllership und kleines Konzernprivileg, ITRB 2017, 282–285.
Birk, Betriebsaufspaltung und Änderung der Konzernorganisation im Arbeitsrecht, ZGR 1984, 23–70.
Birk, Die arbeitsrechtliche Leitungsmacht, 1973 (zit. *Birk* Leitungsmacht).
Bissels/Lützeler/Wisskirchen, Facebook, Twitter & Co.: Das Web 2.0 als arbeitsrechtliches Problem, BB 2010, 2433–2439.
Bitsch, Betriebsverfassungsrechtliche Auskunftsansprüche im Konzern, NZA-RR 2015, 617–621.
Bleicher, Organisation – Strategien, Strukturen, Kulturen, 2. Aufl., 1991.
Bloesinger, Grundlagen und Grenzen privater Internetnutzung am Arbeitsplatz, BB 2007, 2177–2184.

Bodenstedt/Schnabel, Betriebsbedingte Kündigung in der Matrixstruktur – insbesondere im grenzüberschreitend tätigen Unternehmensverbund, BB 2014, 1525–1529.
Boemke, „Ausstrahlungen" des Betriebsverfassungsgesetzes ins Ausland, NZA 1992, 112–116.
Boemke, (Un-)Verbindlichkeit unbilliger Arbeitgeberweisungen, NZA 2013, 6–11.
Boemke, Schuldvertrag und Arbeitsverhältnis, 1999 (zit. *Boemke* Schuldvertrag und Arbeitsverhältnis).
Boemke/Lembke, Arbeitnehmerüberlassungsgesetz, 3. Aufl., 2013 (zit. Boemke/Lembke AÜG).
Böker/Demuth, IKT-Rahmenvereinbarungen, 2. Aufl., 2013 (zit. *Böker/Demuth* IKT-Rahmenvereinbarungen).
Boor, Gewinnabführungs- und Beherrschungsverträge in der notariellen Praxis, RNotZ 2017, 65–87.
Bork, Allgemeiner Teil des Bürgerlichen Gesetzbuchs, 4. Aufl., 2016.
Bork/Schäfer (Hrsg.), Kommentar zum GmbH-Gesetz, 3. Aufl., 2015.
Borsutzky, Soziale Netzwerke – Regelungskompetenz des Arbeitgebers und Mitbestimmungsrechte des Betriebsrats, NZA 2013, 647–651.
Bötticher, Einseitige Leistungsbestimmung im Arbeitsverhältnis, AuR 1967, 321–326.
Brachvogel, Leitungsmacht und Verantwortlichkeit im Konzern, 1967 (zit. *Brachvogel* Leitungsmacht).
Brand/Lenk, Probleme des Nötigungsnotstands, JuS 2013, 883–886.
Braun/Wisskirchen, Konzernarbeitsrecht, Handbuch, 2015 (zit. Braun/Wisskirchen/*Bearbeiter* Konzernarbeitsrecht).
Brecher, Vertragsübergang, Betriebsnachfolge u. Arbeitsverhältnis, in: Festschrift zum 70. Geburtstag für Walter Schmidt-Rimpler, 1957, S. 181–235.
Brinktrine/Schollendorf (Hrsg.), BeckOK BeamtenR Bund, 11. Ed. Stand: 1.4.2018 (zit. BeckOK BeamtenR Bund/*Bearbeiter*).
Brodbeck/Frese/Javidan, Leadership made in Germany: Low on compassion, high on performance, Academy of Management Executive 16.1 (2002), 16–29.
Bronner, Entscheidungstheorien, in: Gaugler/Weber (Hrsg.): Handwörterbuch des Personalwesens, 2. Aufl., 1992, 807–818.
Brors, Arbeitnehmerüberlassung und Territorialitätsprinzip, DB 2013, 2087–2089.
Brox/Walker, Die Einschränkung der Arbeitnehmerhaftung gegenüber dem Arbeitgeber, DB 1985, 1469–1478.
Buchholtz, Grundrechte und Datenschutz im Dialog zwischen Karlsruhe und Luxemburg, DÖV 2017, 837–845.
Bundesministerium für Arbeit und Soziales, Weißbuch Arbeiten 4.0, 2016.
Bünemann/Hömpler, Nötigungsnotstand bei Gefahr für nichthöchstpersönliche Rechtsgüter, JURA 2010, 184–187.
Bürkle, Weitergabe von Informationen über Fehlverhalten in Unternehmen (Whistleblowing) und Steuerung auftretender Probleme durch ein Compliance-System, DB 2004, 2158–2161.
Busemann, Das „billige Ermessen" des § 106 Satz 1 GewO und die Rechtsfolge der unbilligen Weisung des Arbeitgebers, ZTR 2015, 63–71.
Busse, Trendbericht: Skill-Datenbanken, Hans-Böckler-Stiftung, 2014, https://www.boeckler.de/pdf/mbf_bvd_hintergrund_skill-datenbanken.pdf (zit. *Busse* Skill-Datenbanken).
Cahn, Zur Anwendbarkeit der §§ 311ff. AktG im mehrstufigen Vertragskonzern, BB 2000, 1477–1483.
Canaris, Bankgeheimnis und Schutzwirkungen für Dritte im Konzern, ZIP 2004, 1781–1789.
Canaris, Die Vertrauenshaftung im deutschen Privatrecht, 1971 (zit. *Canaris* Vertrauenshaftung).

Literaturverzeichnis

Casper, Genussscheine von Banken nach einer Konzernierung des Emittenten, ZIP 2012, 497–504.
Claßen/Gärtner, Schmerzen in der Matrix?, Organisationsentwicklung 31.3 (2012), 87–93.
Clemm, Die Grenzen der Weisungsfolgepflicht des Vorstands der beherrschten AG bei bestehendem Beherrschungsvertrag, ZHR 141 (1977), 197–208.
Coen, Der Kündigungsschutz im Konzern, RdA 1983, 348–353.
Coester, Vertragsübernahme und Anfechtungsrecht, MDR 1974, 803–807.
Commandeur/Kleinebrink, Der Status des Geschäftsführers als Arbeitnehmer-Geschäftsführer als Subjekt unionsrechtlicher Schutzvorschriften, NZA-RR 2017, 449–512.
Conrad, Transfer von Mitarbeiterdaten zwischen verbundene Unternehmen – Fragen der zentralen Personaldatenverwaltung auf die Datenschutzaufsichtsprüfung, ITRB 2005, 164–169.
Damann, Erfolge und Defizite der EU-Datenschutzgrundverordnung, ZD 2016, 307–314.
Dann/Gastell, Geheime Mitarbeiterkontrollen: Straf- und arbeitsrechtliche Risiken bei unternehmensinterner Aufklärung, NJW 2008, 2945–2949.
Däubler, Ausklammerung sozialer und personeller Angelegenheiten aus einem Beherrschungsvertrag?, NZG 2005, 617–621.
Däubler, Die Übermittlung von Arbeitnehmerdaten ins Ausland, CR 1999, 49–57.
Däubler, Digitalisierung – Herausforderung für das Arbeitsrecht, SR-Sonderausgabe Juli 2016, 1–44.
Däubler, Gläserne Belegschaften, 7. Aufl., 2017 (zit. *Däubler* Gläserne Belegschaften).
Däubler, Internet und Arbeitsrecht, 5. Aufl., 2015 (zit. *Däubler* Internet und Arbeitsrecht)
Däubler/Bonin/Deinert, AGB-Kontrolle im Arbeitsrecht, 4. Aufl. 2014 (zit. DBD/*Bearbeiter*).
Däubler/Hjort/Schubert/Wolmerath, Arbeitsrecht, Handkommentar, 4. Aufl., 2017 (zit. HK-ArbR/*Bearbeiter*).
Däubler/Kittner/Klebe/Wedde/Bachner (Hrsg.), Kommentar zum Betriebsverfassungsgesetz, 16. Aufl., 2018 (zit. DKKWB/*Bearbeiter*).
Däubler/Klebe/Wedde/Weichert, Kommentar zum BDSG, 5. Aufl., 2016 (zit. DKWW/*Bearbeiter* BDSG).
Dauner-Lieb, Der innerbetriebliche Fremdfirmeneinsatz auf Dienst- oder Werkvertragsbasis im Spannungsfeld zwischen AÜG und BetrVG, NZA 1992, 817–825.
Davis/Lawrence, Matrix, 1977.
Deilmann, Die Zurechnung von Arbeitnehmern nach dem neuen Drittelbeteiligungsgesetz, NZG 2005, 659–664.
Deinert, Beschäftigung ausländischer Arbeitnehmer in Inlandsbetrieben, 2016 (zit. *Deinert* Beschäftigung).
Deinert, Betriebsverfassungsrechtliche Fragen bei konzerninterner Entsendung von Arbeitnehmern in Inlandsbetriebe, DB 2016, 349–352.
Deinert, Internationales Arbeitsrecht: Deutsches und europäisches Arbeitskollisionsrecht, 2013 (zit. *Deinert* Int. Arbeitsrecht).
Deinert, Konzerninterne Entsendung ins Inland, ZESAR 2016, 107–116.
Deinert, Neues Internationales Arbeitsvertragsrecht, RdA 2009, 144–154.
Denzer, Konzerndimensionale Beendigung der Vorstands- und Geschäftsführerstellung, 2005 (zit. *Denzer* Konzerndimensionale Beendigung).
Dettling, Die Entstehungsgeschichte des Konzernrechts im Aktiengesetz von 1965, 1997 (zit. *Dettling* Entstehungsgeschichte).
Deutsch/Diller, Die geplante Neuregelung des Arbeitnehmerdatenschutzes in § 32 BDSG, DB 2009, 1462–1465.
Diller/Powietzka, Informationsrechte des Betriebsrats im (internationalen) Konzern, DB 2001, 1034–1038.

Literaturverzeichnis

Dölling (Hrsg.), Handbuch der Korruptionsprävention, 2007.
Dörfler/Heidemann, Direktionsrecht und Organisation in Matrixstrukturen, AiB 2012, 196–199.
Dornbusch/Fischermeier/Löwisch (Hrsg.), AR – Kommentar zum gesamten Arbeitsrecht, 8. Aufl., 2016 (zit. AR/*Bearbeiter*).
Dörner, Dynamische Relativität: der Übergang vertraglicher Rechte und Pflichten, 1985 (zit. *Dörner* Dynamische Relativität).
Dovas, Joint Controllership- Möglichkeiten oder Risiken der Datennutzung?, ZD 2016, 512–517.
Dowling/Welch, International Human Resource Management, 2004.
Drescher, Die Haftung des GmbH-Geschäftsführers, 8. Aufl., 2017 (zit. *Drescher* GmbH-Geschäftsführerhaftung).
Drygala/Staake/Szalai, Kapitalgesellschaftsrecht, 2012.
Duden, Zur Mitbestimmung in Konzernverhältnissen nach dem Mitbestimmungsgesetz, ZHR 1977 141, 145–189.
Düwell (Hrsg.), Betriebsverfassungsgesetz, Handkommentar, 5. Aufl., 2018 (zit. HK-BetrVG/*Bearbeiter*).
Düwell/Brink, Beschäftigtendatenschutz nach der Umsetzung der Datenschutz-Grundverordnung: Viele Änderungen und wenig Neues, NZA 2017, 1081–1086.
Düwell/Brink, Die EU-Datenschutz-Grundverordnung und der Beschäftigtendatenschutz, NZA 2016, 665–668.
Dzida, Die Mitbestimmung des Konzernbetriebsrats bei Ethik-Richtlinien, NZA 2008, 1265–1269.
Dzida/Hohenstatt, Errichtung und Zusammensetzung eines Konzernbetriebsrats bei ausländischer Konzernspitze, NZA 2007, 945–949.
Dzida/Schramm, Versetzungsklauseln: mehr Flexibilität für den Arbeitgeber, mehr Kündigungsschutz für den Arbeitnehmer, BB 2007, 1221–1228.
Ebenroth/Lange, Sorgfaltspflichten und Haftung des Geschäftsführers einer GmbH nach § 43 GmbHG, GmbHR 1992, 69–76.
Ebert, Folgepflicht und Haftung des GmbH-Geschäftsführers beim Erhalt und bei der Ausführung von Weisungen, GmbHR 2003, 444–449.
Eckhardt, DS-GVO: Anforderungen an die Auftragsverarbeitung als Instrument zur Einbindung Externer, CCZ 2017, 111–117.
Edenfeld, Die Fürsorgepflicht des Arbeitgebers bei Auslandseinsätzen, NZA 2009, 938–943.
Edenfeld, Haftung und Fürsorgepflicht des Arbeitgebers bei Auslandsentsendungen, DB 2017, 2803–2809.
Ederle, Verdeckte Beherrschungsverträge, 2010 (zit. *Ederle* Beherrschungsverträge).
Ehmann/Selmayr (Hrsg.), Datenschutz-Grundverordnung: DS-GVO, Kommentar, 2. Aufl., 2018 (zit. Ehmann/Selmayr/*Bearbeiter*).
Ehmann, Zur Zweckbindung privater Datennutzung, Zugleich ein Beitrag zum Rechtsgut des Datenschutzrechts mit einer Stellungnahme zu den Entwürfen zur Änderung des Bundesdatenschutzgesetzes, RDV 1988, 221–247.
Einsele, Inhalt, Schranken und Bedeutung des Offenkundigkeitsprinzips – unter besonderer Berücksichtigung des Geschäfts für den, den es angeht, der fiduziarischen Treuhand sowie der dinglichen Surrogation, JZ 1990, 1005–1014.
Emmerich, Zur Organhaftung im Vertragskonzern, in: Gedächtnisschrift für Jürgen Sonnenschein, 2003, S. 651–660.
Emmerich/Habersack (Hrsg.), Aktien- und GmbH-Konzernrecht, 8. Aufl., 2016. (zit. *Emmerich/Habersack* Aktien- und GmbH-Konzernrecht).
Emmerich/Habersack, Konzernrecht, 10. Aufl., 2013 (zit. *Emmerich/Habersack* Konzernrecht).
Engelen/Tholen, Interkulturelles Management, 2014.

Literaturverzeichnis

Engelhardt/Wagenseil (Hrsg.), Der mittelständische Konzern, 2015 (zit. Engelhardt/Wagenseil/*Bearbeiter* Der mittelständische Konzern).
Engesser, Matrixstrukturen – das Ende des Grauens?, AuR 2015, 79.
Eschenbruch, Konzernhaftung, 1996.
Esser/Schmidt, Schuldrecht. Band I Allgemeiner Teil: Teilband 2., Durchführungshindernisse und Vertragshaftung, Schadensausgleich und Mehrseitigkeit beim Schuldverhältnis. Ein Lehrbuch., 8. Aufl., 2000.
Eufinger, Grundsätze der Arbeitnehmerhaftung und Compliance-Verstöße, CCZ 2017, 130–137.
Exner, Beherrschungsvertrag und Vertragsfreiheit: Ein Beitrag zur Gestaltung des aktienrechtlichen Beherrschungsvertrages, 1984 (zit. *Exner* Beherrschungsvertrag).
Exner, Vollmacht und Beherrschungsvertrag, AG 1981, 175–178.
Fabian, Inhalt und Auswirkungen des Beherrschungsvertrags, 1997 (zit. *Fabian* Beherrschungsvertrag).
Falder, Kündigungsschutz für alle – Wunschdenken oder Realität?, NZA 1998, 1254–1258.
Falder, Geschäftsführer bei Auslandsgesellschaften, Geschäftsführer ausländischer Tochtergesellschaften – leitende Angestellte nach deutschem Arbeitsrecht?, NZA 2000, 868–872.
Feige, Personaldaten(über)fluss-Konzerne als illegale Datensammler? Datenübermittlungen in Konzern- und Matrixstrukturen innerhalb Europas, ZD 2015, 116–123.
Felix, Zulässigkeit und Besonderheiten auflösend bedingter Arbeitsverträge, NZA 1994, 1111–1119.
Feudner, Kündigungsschutz im Konzern, DB 2002, 1106–1110.
Feuerborn, Arbeitnehmerüberlassung im Konzern, WiVerw 2001, 190–214.
Ficker, Vertragsübernahme und droits relatifs au bien, AcP 165, 32–45.
Filip, Binding Corporate Rules (BCR) aus der Sicht einer Datenschutzaufsichtsbehörde, Praxiserfahrungen mit der europaweiten Anerkennung von BCR, ZD 2013, 51–60.
Fischer, Datenschutzrechtliche Stolperfallen im Arbeitsverhältnis und nach dessen Beendigung – Ein Leitfaden für Arbeitgeber nach der EU-Datenschutzgrundverordnung, NZA 2018, 8–14.
Fischer, Betriebliche Mitbestimmung nach § 87 BetrVG im internationalen Konzern bei einheitlicher Entscheidungsvorgabe, BB 2000, 562–565.
Fischer, Der ahnungslose Arbeitgeber oder die Betriebsverfassung im (internationalen) konzernrechtlichen Niemandsland?, AuR 2002, 7–12.
Fischermeier, Die betriebsbedingte Kündigung nach den Änderungen durch das Arbeitsrechtliche Beschäftigungsförderungsgesetz, NZA 1997, 1089–1100.
Fischinger, Haftungsbeschränkung im Bürgerlichen Recht, 2015.
Fitting/Engels/Schmidt/Trebinger/Linsenmaier, Betriebsverfassungsgesetz, Handkommentar, 29. Aufl., 2018 (zit. *Fitting*).
Fleck, Die Drittanstellung des GmbH-Geschäftsführers, ZHR 149 (1985), 387–418.
Fleck, Zur Haftung des GmbH-Geschäftsführers, GmbHR 1974, 224–231.
Fleischer, Handbuch des Vorstandsrechts, 2006 (zit. Fleischer VorstandsR-HdB/*Bearbeiter*).
Fleischer, Gestaltungsgrenzen für Zustimmungsvorbehalte des Aufsichtsrats nach § 111 Abs. 4 S. 2 AktG, BB 2013, 835–843.
Fleischer, Haftung des herrschenden Unternehmens im faktischen Konzern und unternehmerisches Ermessen (§§ 317 II, 93 I AktG) – Das UMTS-Urteil des BGH, NZG 2008, 371–374.
Fleischer, Konzernleitung und Leitungssorgfalt der Vorstandsmitglieder im Unternehmensverbund, DB 2005, 759–766.
Fleischer, Zum Grundsatz der Gesamtverantwortung im Aktienrecht, NZG 2003, 449–459.

Fleischer, Zur GmbH-rechtlichen Verantwortlichkeit des faktischen Geschäftsführers, GmbHR 2011, 337–346.

Fleischer, Zur Leitungsaufgabe des Vorstands im Aktienrecht, ZIP 2003, 1–12.

Fleischer, Zur Unveräußerlichkeit der Leitungsmacht im deutschen, englischen und US-amerikanischen Aktienrecht, in: Festschrift für Eberhard Schwark zum 70. Geburtstag, 2009, S. 137–155.

Fleischer/Goette, Münchener Kommentar zum GmbH-Gesetz, 3 Bände, Band 1 (§§ 1–34): 2. Aufl 2015, Band 2 (§§ 35–52): 2. Aufl. 2016, Band 3 (§§ 53–85): 2. Aufl. 2016 (zit. MüKoGmbHG/*Bearbeiter*).

Fleischer/Schmolke, Faktische Geschäftsführung in der Sanierungssituation, WM 2011, 1009–1016.

Fliss, Die örtliche Versetzung, Neue Regeln seit dem 11.4.2006?, NZA-RR 2008, 225–230.

Fölsing, Die Zähmung des Widerspenstigen im Suhrkamp-Fall: Schutzschirmverfahren bei Gesellschafterstreit, ZInsO 2013, 1325–1332.

Fonk, Zur Vertragsgestaltung bei Vorstandsdoppelmandaten, NZG 2010, 368–374.

Forgó/Helfrich/Schneider (Hrsg.), Rechtshandbuch Betrieblicher Datenschutz, 2. Aufl., 2017 (zit. FHS/*Bearbeiter*).

Fornasier, Die Ausweichklausel im europäischen Arbeitskollisionsrecht, IPRax 2015, 517–522.

Fornasier/Werner, Die „anderen Gründe" für die Rechtsunwirksamkeit einer Kündigung im Rahmen des § 4 S. 1 KSchG, NJW 2007, 2729–2734.

Franzen, Arbeitnehmerdatenschutz-rechtspolitische Perspektiven, RdA 2010, 257–263.

Franzen, Datenschutz- Grundverordnung und Arbeitsrecht, EuZA 2017, 313–351.

Franzen, Kündigungsschutz im transnational tätigen Konzern, IPRax 2000, 506–512.

Freitag, Ausländische Eingriffsnormen vor deutschen Gerichten, NJW 2018, 430–435.

Friese, Die Bildung von Spartenbetriebsräten nach § 3 Abs. 1 Nr. 2 BetrVG, RdA 2003, 92–101.

Frisch, Haftungserleichterungen für Geschäftsführer nach dem Vorbild des Arbeitsrechts, 1998 (zit. *Frisch* Haftungsprivileg).

Fritz, Matrixstruktur – Übertragung einer Führungsfunktion als Einstellung, Anmerkung zum Beschluss des LAG Düsseldorf vom 20.12.2017–12 TaBV 66/17, NZA-RR 2018, 298–305.

Fritz, Haftungsbegrenzung bei Führungskräften, NZA 2017, 673–679.

Fuhlrott, „Freie Stellen" bei betriebsbedingter Kündigung – Grenzen der Weiterbeschäftigungspflicht, DB 2014, 1198–1202.

Fuhlrott, Keine Weiterbeschäftigungspflicht auf freien Stellen im Ausland, GWR 2015, 504.

Fuhlrott/Hoppe, Besonderheiten der Sozialauswahl bzw. Weiterbeschäftigungspflicht in Gemeinschaftsbetrieb und Konzern, BB 2012, 253–258.

Führ (Hrsg.), GK-BImSchG Gemeinschaftskommentar zum Bundesimmissionsschutzgesetz, Gemeinschaftskommentare zum Umweltrecht, 2016 (zit. GK-BImSchG/*Bearbeiter*).

Fülbier/Splittgerber, Keine (Fernmelde-)Geheimnisse vor dem Arbeitgeber?, NJW 2012, 1995–2001.

Gadow/Bezzenberger/Heinichen (Hrsg.), Großkommentar Aktiengesetz, Band 4 §§ 291–410, 3. Aufl., 1971 (zit. GK AktG/*Bearbeiter*).

Gallner, Kündigungsschutz im Konzern – Eine Rechtsprechungsanalyse, in: Recht – Politik – Geschichte Festschrift für Franz Josef Düwell zum 65. Geburtstag, 2011, S. 208–224.

Gallner/Mestwerdt/Nägele (Hrsg.), Kündigungsschutzrecht: Handkommentar, 6. Aufl., 2018 (zit. HK-KSchG/*Bearbeiter*).

Gamillscheg, Ein Gesetz über das internationale Recht, ZfA 1983, 307–373.

Literaturverzeichnis

Gaugler, Zukunftsaspekte der anwendungsorientierten Betriebswirtschaftslehre, 1986 (zit. Gaugler/*Bearbeiter*).
Gaul/Köhler, Mitarbeiterdaten in der Computer Cloud: Datenschutzrechtliche Grenzen des Outsourcing, BB 2011, 2229–2236.
Gaul/Mückl, Vereinbarte Betriebsverfassung – Was ist möglich, was ist sinnvoll?, NZA 2011, 657–664.
GDD-Arbeitskreis, „Datenschutz-Praxis" Praxishilfe V, Mitarbeiterdaten im Unternehmensverbund, 2. Aufl., 2014.
Gebhardt/Umnuß, Anonymisierung als Weg aus der Mitbestimmung bei elektronischer Datenverarbeitung gemäß § 87 I Nr. 6 BetrVG, NZA 1995, 103–111.
Gehrlein, Die Behandlung von Gesellschafterdarlehen durch das MoMiG, BB 2008, 846–854.
Gehrlein, Rechtsprechungsübersicht zum GmbH-Recht in den Jahren 2001 bis 2004 (Teil 2), BB 2004, 2585–2595.
Geißler, Der Geschäftsführer der vertraglich konzernierten GmbH im Spannungsfeld gefährdender Weisungen des herrschenden Unternehmens, GmbHR 2015, 729–734.
Germelmann/Matthes/Prütting, ArbGG, 9. Aufl., 2017 (zit. GMP/*Bearbeiter*).
Gimmy/Hügel, Kündigungsschutz für „entgrenzte" Arbeitnehmer?, NZA 2013, 764–769.
Göcke/Rittscher, Cash-Pooling in Krise und Insolvenz, DZWIR 2012, 355–360.
Goette, Das Organverhältnis des GmbH-Geschäftsführers in der Rechtsprechung des Bundesgerichtshofs, DStR 1998, 938–943.
Goette, Gesellschaftsrechtliche Grundfragen im Spiegel der Rechtsprechung, ZGR 2008, 436–453.
Goette, Organisationspflichten in Kapitalgesellschaften zwischen Rechtspflicht und Opportunität, ZHR 175 (2011), 388–400.
Goette/Habersack/Kalss, Münchener Kommentar zum Aktiengesetz (AktG), 7 Bände: Band 1 (§§ 1–75): 4. Aufl. 2016; Band 2 (§§ 76–117): 4. Aufl. 2014; Band 3 (§§ 118–178): 4. Aufl. 2018; Band 4 (§§ 179–277): 4. Aufl. 2016; Band 5 (§§ 278–328): 4. Aufl. 2015; Band 6 (§§ 329–410): 4. Aufl. 2017; Band 7: 4. Aufl. 2017 (zit. MüKo-AktG/*Bearbeiter*).
Gola (Hrsg.), Kommentar zur DS-GVO, 2. Aufl., 2018 (zit. Gola/*Bearbeiter*).
Gola, Der „neue" Beschäftigtendatenschutz nach § 26 BDSG n. F., BB 2017, 1462–1472.
Gola/Klug/Körffer, Kommentar zum Bundesdatenschutzgesetz, 12. Aufl., 2015 (zit. Gola/Schomerus/*Bearbeiter* BDSG).
Gola/Pötters/Wronka, Handbuch Arbeitnehmerdatenschutz – Unter Berücksichtigung der Datenschutz-Grundverordnung, 7. Aufl., 2016 (zit. Gola/Pötters/Wronka/*Bearbeiter* Arbeitnehmerdatenschutz-HdB).
Goold/Campbell, Making matrix structures work, European Management Journal 21.3 (2003), 351–363.
Görling, Die Verbreitung zwei- und mehrstufiger Unternehmensverbindungen, AG 1993, 538–547.
Götz, Leitungssorgfalt und Leitungskontrolle der Aktiengesellschaft hinsichtlich abhängiger Unternehmen, ZGR 1998, 524–546.
Grau/Schaut, Neue Spielregeln für die Verwendung von Bilddateien im Unternehmen, NZA 2015, 981–984.
Greßlin, Umgang mit Bewerberdaten – was geht und was geht nicht?, BB 2015, 117–122.
Grigoleit, Aktiengesetz, Kommentar, 2013 (zit. Grigoleit/*Bearbeiter*).
Grooterhorst, Vollmachten im Unternehmen: Handlungsvollmacht – Prokura – Generalvollmacht, 6. Aufl., 2014 (zit. *Grooterhorst* Vollmachten).
Grosjean, Kündigungsrechtliche Stellung im Ausland eingesetzter Arbeitnehmer, DB 2004, 2422–2426.

Literaturverzeichnis

Guski, Das rechtliche Interesse beim Insolvenzantrag, WM 2011, 103–110.
Haas, § 64 S. 3 GmbHG – Erste Eckpunkte des BGH, NZG 2013, 41–46.
Haas, Aktuelle Fragen zur Krisenhaftung des GmbH-Geschäftsführers nach § 64 GmbHG, GmbHR 2010, 1–8.
Haas, Die Disziplinierung des GmbH-Geschäftsführers im Interesse der Gesellschaftsgläubiger, Teil 2, WM 2006, 1417–1425.
Habersack, Aufsteigende Kredite nach MoMiG, in: Festschrift für Harald Schaumburg 2009, S. 1291–1306.
Habersack, Die Konzernmitbestimmung nach § 5 MitbestG und § 2 DrittelbG, AG 2007, 641–650.
Habersack, Gedanken zur konzernweiten Compliance-Verantwortung des Geschäftsleiters eines herrschenden Unternehmens, in: Festschrift zum 70. Geburtstag von Wernhard Möschel, 2011, S. 1175–1192.
Hager, Das ruhende Arbeitsverhältnis, 2007 (zit. *Hager* Ruhendes Arbeitsverhältnis).
Hamann, „Entwurf eines Gesetzes zur Änderung des AÜG und anderer Gesetze" vom 17.2.2016, AuR 2016, 136–141.
Hamann, Die Reform des AÜG im Jahr 2011, RdA 2011, 321–341.
Hamann, Die Vereinbarkeit der privilegierten Arbeitnehmerüberlassung nach dem AÜG mit der Richtlinie Leiharbeit, ZESAR 2012, 103–111.
Hamann, Fremdpersonal im Unternehmen – Industriedienstleistung statt Leiharbeit?, NZA-Beil. 2014, 3–9.
Hamann, Fremdpersonal im Unternehmen, 5. Aufl., 2017 (zit. *Hamann* Fremdpersonal).
Hamann/Rudnick, Einstellung in einer Matrixorganisation, JurisPR-ArbR 38/2015 Anm. 1.
Hammer/Champy, Reengineering the corporation, 1993.
Hanau, Die wiederholte Reform des arbeitsrechtlichen Kündigungs- und Befristungsschutzes, ZIP 2004, 1169–1175.
Hanau, Fragen der Mitbestimmung und Betriebsverfassung im Konzern, ZGR 1984, 468–494.
Hanau, Rückwirkung der Haftpflichtversicherung auf die Haftung, Festschrift für Egon Lorenz 2004, S. 283–304.
Hansen, Die Gesellschafter größerer GmbH, GmbHR 1980, 99–102.
Happ, Konzern- und Umwandlungsrecht, 2012.
Harbarth, Anforderungen an die Compliance-Organisation in börsennotierten Unternehmen, ZHR 179 (2015), 136–172.
Harms/v. Steinau-Steinrück/Thüsing, Betriebsverfassung 4.0 – Onlinewahl ermöglichen!, BB 2016, 2677.
Härting, Anonymität und Pseudonymität im Datenschutzrecht, NJW 2013, 2065–2071.
Härting, Auftragsdatenverarbeitung nach der DSGVO, ITRB 2016, 137–140.
Härting, Datenschutz-Grundverordnung: Anwendungsbereich, Verbotsprinzip, Einwilligung, ITRB 2016, 36–40.
Härting, E-Mail und Telekommunikationsgeheimnis, Die drei Gesichter der E-Mail: Telekommunikation, Datensatz, elektronischer Brief, CR 2007, 311–317.
Härting, Internetsurfen am Arbeitsplatz, Telekommunikation, Datenschutz, Persönlichkeitsrecht, ITRB 2008, 88–90.
Hartung/Büttgen, Die Auftragsverarbeitung nach der DS-GVO, DuD 2017, 549–554.
Haußmann/Brauneisen, Bestehende IT-Betriebsvereinbarungen – welchen Renovierungsbedarf bringt das neue Datenschutzrecht?, BB 2017, 3065–3067.
Heidel/Hüßtege/Mansel/Noack, Nomos Kommentar zum Bürgerliches Gesetzbuch – Band 1: Allgemeiner Teil/EGBGB, 3. Aufl. 2016 (zit. NK-BGB/*Bearbeiter*).
Helle, Konzernbedingte Kündigungsschranken bei Abhängigkeit und Beherrschung durch Kapitalgesellschaften, 1989.

Literaturverzeichnis

Hellgardt/Majer, Die Auswirkungen nichtiger Grundverhältnisse auf die Vollmacht, WM 2004, 2380–2386.
Hellwig/Behme, Gemeinschaftsrechtliche Probleme der deutschen Unternehmensmitbestimmung, AG 2009, 261–278.
Henssler, 1. Deutscher Arbeitsrechtstag – Generalbericht, NZA-Beil. 2014, 95–104.
Henssler, Der Arbeitsvertrag im Konzern, 1983 (zit. *Henssler* Arbeitsvertrag).
Henssler/Moll/Bepler, Der Tarifvertrag. Handbuch für das gesamte Tarifrecht, 2. Aufl., 2016 (zit. HMB/*Bearbeiter*)
Henssler/v. Westphalen, Praxis der Schuldrechtsreform, 2. Aufl., 2002.
Henssler/Willemsen/Kalb (Hrsg.), Arbeitsrecht Kommentar, 8. Aufl., 2018 (zit. HWK/*Bearbeiter*).
Henze, Ausfallhaftung des GmbH-Gesellschafters, BB 2002, 1011–1012.
Henze/Lübke, „Virtuelle Reorganisation" im mehrstufigen GmbH-Vertragskonzern, Der Konzern 2009, 159–166.
Herfs-Röttgen, Beschäftigung von Arbeitnehmern im Ausland, NZA 2017, 873–879.
Herfs-Röttgen, Betriebsverfassungsrechtliche Aspekte der Auslandstätigkeit, NZA 2018, 150–154.
Herrmann/Zeidler, Arbeitnehmer und interne Untersuchungen – ein Balanceakt, NZA 2017, 1499–1505.
Hess, Im Blickpunkt: Skill-Datenbanken, Computer-Fachwissen 7–8/2003, 24–28.
Hess/Worzalla/Glock/Nicolai/Rose/Huke, BetrVG, Kommentar, 10. Aufl., 2018 (zit. HWGNRH/*Bearbeiter*).
Heuschmid/Ulber, Unternehmensmitbestimmung auf dem Prüfstand des EuGH, NZG 2016, 102–105.
Hill/Fehlbaum/Ulrich, Organisationslehre, Bd. 1, 4. Aufl., 1989.
Hirdina, Die Arbeitnehmerüberlassung – Eine verfassungswidrige Überregulierung?, NZA 2011, 325–330.
Hirte/Mülbert/Roth (Hrsg.), Großkommentar Aktiengesetz, Band 4/1 §§ 76–91, 5. Aufl., 2015, Band 4/2 §§ 92–94, 5. Aufl., 2015 (zit. GK-AktG/*Bearbeiter*).
Hoch, Grenzüberschreitende Arbeitnehmerüberlassung, BB 2015, 1717–1721.
Hoeren, Das Konzerntelefonverzeichnis ein datenschutzrechtlicher Sündenpfuhl?, ZD 2014, 441–443.
Hofmann, Vollmachten, 8. Aufl., 2002 (zit. *Hofmann* Vollmachten).
Hoffmann-Becking, Gibt es das Konzerninteresse?, in: Festschrift für Peter Hommelhoff zum 70. Geburtstag, 2012, S. 433–446.
Hoffmann-Becking, Münchener Handbuch des Gesellschaftsrechts, Bd. 4: Aktiengesellschaft, 4. Aufl., 2015 (MHdB GesR IV/*Bearbeiter*).
Hoffmann-Becking/Gebele (Hrsg.), Beck'sches Formularbuch Bürgerliches, Handels- und Wirtschaftsrecht, 12. Aufl., 2016 (zit. BeckFormB Wirtschaftsrecht/*Bearbeiter*).
Holle, Legalitätskontrolle im Kapitalgesellschafts- und Konzernrecht, 2014 (*Holle* Legalitätskontrolle).
Holly/Friedhofen, Die Abwälzung von Geldstrafen und Geldbußen auf den Arbeitgeber, NZA 1992, 145–153.
Hölzle, Der Insolvenzantrag als Sanierungsoption – auch gegen den Willen von Gesellschaftern? Entscheidungszuständigkeiten und Organkompetenzen in der Krise, ZIP 2013, 1846–1851.
Hommelhoff, Die Konzernleitungspflicht: Zentrale Aspekte eines Konzernverfassungsrechts, 1982 (zit. *Hommelhoff* Konzernleitungspflicht).
Hönn, Nicht-nationale Normen als Grenzen der Gültigkeit von Rechtsgeschäften nach nationalem Recht, in: Gedächtnisschrift für Wilhelm Karl Geck, 1989, S. 321–337.
Hoppe, Die Entsendung von Arbeitnehmern ins Ausland, 1999.

Literaturverzeichnis

Hoppe/Braun, Arbeitnehmer – E-Mails: Vertrauen ist gut – Kontrolle ist schlecht, Auswirkungen der neuen Rechtsprechung des BVerfG auf das Arbeitsverhältnis, MMR 2010, 80–84.
Hromadka, Das allgemeine Weisungsrecht, DB 1995, 2601–2606.
Hromadka, Das Leistungsbestimmungsrecht des Arbeitgebers, DB 1995, 1609–1615.
Hromadka, Grenzen des Weisungsrechts, Zur Auslegung des § 106 GewO, NZA 2012, 233–239.
Hromadka, Unbillige Weisung unverbindlich?, NJW 2018, 7–11.
Hromadka/Maschmann, Arbeitsrecht, Bd. 1: Individualarbeitsrecht, 7. Aufl., 2018 (zit. *Hromadka/Maschmann* ArbR Bd. 1).
Hromadka/Maschmann, Arbeitsrecht, Bd. 2: Kollektivarbeitsrecht und Arbeitsstreitigkeiten, 7. Aufl., 2017 (zit. *Hromadka/Maschmann* ArbR Bd. 2)
Hrubesch, Die betriebsratsfähige Einheit im Wandel der Arbeitswelt, 2002 (zit. *Hrubesch* betriebsratsfähige Einheit).
Hübner, Zur Zulässigkeit der Generalvollmacht bei Kapitalgesellschaften, ZHR 143 (1979), 1–23.
Hüffer/Koch, Aktiengesetz, 13. Aufl., 2018 (zit. *Hüffer/Bearbeiter* AktG).
Hummel/Hilbrans, Übermittlung von Arbeitnehmerdaten im Konzernverbund im Rahmen eines konzerneinheitlichen Datenverarbeitungssystems, ArbuR 2005, 207–210.
Hueck/Nipperdey, Lehrbuch des Arbeitsrechts, 7. Aufl., Bd. I 1967; Bd. II, 1. und 2. Halbbd. 1967, 1970 (zit. *Hueck/Nipperdey* ArbR).
Hümmerich, Gestaltung von Arbeitsverträgen nach der Schuldrechtsreform, NZA 2003, 753–764.
Hümmerich/Reufels (Hrsg.), Gestaltung von Arbeitsverträgen, 3. Aufl., 2015 (zit. *Hümmerich/Reufels* Gestaltung ArbV).
Hüneke/Zimmermann, Skill-Datenbanken, Computer-Fachwissen 8–9/2000, 51–55.
Hunold, Überstunden – Überblick und aktuelle Fragen, DB 2014, 361–365.
Jaspers, Die EU-Datenschutz-Grundverordnung, DuD 2012, 571–575.
Jesgarzewsi/Holzendorf, Zulässigkeit virtueller Betriebsratssitzungen, NZA 2012, 1021–1022.
Joost, Betrieb und Unternehmen als Grundbegriffe im Arbeitsrecht, 1988 (*Joost* Betrieb und Unternehmen).
Jordan, Sachgerechte Wahrnehmung der Arbeitnehmerinteressen als Ordnungskriterium der Betriebsverfassung, Betriebliche Mitbestimmung zwischen Entscheidungs- und Belegschaftsnähe, Bd. 4572, 2007 (zit. *Jordan* Arbeitnehmerinteressen).
Joussen, Der persönliche Anwendungsbereich der Arbeitnehmerhaftung, RdA 2006, 129–137.
Joussen, Der Sorgfaltsmaßstab des § 43 Abs. 1 GmbHG, GmbHR 2005, 441–447.
Jula, Geschäftsführerhaftung gemäß § 43 GmbHG – Minimierung der Risiken durch Regelungen im Anstellungsvertrag, GmbHR 2001, 806–811.
Junker, Arbeitnehmereinsatz im Ausland – Anzuwendendes Recht und Internationale Zuständigkeit, 2007.
Junker, Befristungen bei Lizenzspielern: Europarechtlich bedenklich?, EuZA 2015, 279–280.
Junker, Das Internationale Arbeitsrecht im Spiegel der Rechtsprechung, in: Festschrift 50 Jahre Bundesarbeitsgericht 2004, S. 1197–1218.
Junker, Die Rechtsprechung des EuGH zum europäischen Arbeitsrecht im Jahr 2016, RIW 2017, 397–406.
Junker, Gesetzlicher Mindestlohn und Europäische Grundfreiheiten, EuZA 2015, 399–400.
Junker, Gewöhnlicher Arbeitsort und vorübergehende Entsendung im Internationalen Privatrecht, in: Festschrift für Andreas Heldrich zum 70. Geburtstag, 2005, S. 719–739.

Literaturverzeichnis

Junker, Internationale Zuständigkeit und anwendbares Recht in Arbeitssachen – Eine Einführung für die Praxis, NZA 2005, 199–205.
Junker, Internationales Arbeitsrecht im Konzern, 1992 (zit. *Junker* Internationales Arbeitsrecht im Konzern).
Junker, Internationales Arbeitsrecht in der geplanten Rom I-Verordnung, RIW 2006, 401–408.
Junker, Schuldenkrise und Arbeitsvertragsstatut – Der Fall der griechischen Schule, EuZA 2016, 1–2.
Kainer/Weber, Datenschutzrechtliche Aspekte des „Talentmanagements", BB 2017, 2740–2747.
Kallmeyer, Kapitalaufbringung und Kapitalerhaltung nach dem MoMiG: Änderungen für die GmbH-Beratungspraxis, DB 2007, 2755–2759.
Kania/Klemm, Möglichkeiten und Grenzen der Schaffung anderer Arbeitnehmervertretungsstrukturen nach § 3 Abs. 1 Nr. 3 BetrVG, RdA 2006, 22–27.
Kantzas, Das Weisungsrecht im Vertragskonzern, 1988 (zit. *Kantzas* Weisungsrecht).
Karamarias, Bundesdeutsches Individualarbeitsrecht im Konzern, RdA 1983, 353–364.
Karg, Anonymität, Pseudonyme und Personenbezug revisited?, DuD 2015, 520–526.
Karrer, Bestellung und Rechtsstellung des besonderen Vertreters im Recht der Personengesellschaften, NZG 2009, 932–937.
Karsten, GmbH-Recht, 2009.
Karwatzki, Der Fremdgeschäftsführer im Konzern, 2017 (zit. *Karwatzki* Fremdgeschäftsführer).
Kegel/Schurig, Internationales Privatrecht, 9. Aufl., 2004 (zit. *Kegel/Schurig* Internationales Privatrecht).
Kelber/Zeißig/Birkefeld, Rechtshandbuch Führungskräfte, 2016 (zit. *KZB/Bearbeiter*).
Kets de Vries, Chef-Typen – Zwischen Charisma und Chaos, Erfolg und Versagen, 1990.
Kiel, Anderweitige Beschäftigungsmöglichkeit im Kündigungsschutz: Zugleich ein Beitrag zur „konzerndimensionalen Weiterbeschäftigung" im Individualarbeitsrecht, 1990.
Kieser/Ebers (Hrsg.), Organisationstheorien, 7. Aufl., 2015.
Kieser/Walgenbach, Organisation, 6. Aufl., 2010.
Kindhäuser/Neumann/Paeffgen (Hrsg.), Strafgesetzbuch, 5. Aufl., 2017.
Kittner, Das neue Recht der Sozialauswahl bei betriebsbedingten Kündigungen und die Ausdehnung der Kleinbetriebsklausel, AuR 1997, 182–192.
Kittner/Däubler/Zwanziger (Hrsg.), KSchR – Kündigungsschutzrecht Kommentar für die Praxis, 10. Aufl., 2017 (zit. *KDZ/Bearbeiter*).
Kleindiek, Materielle Unterkapitalisierung, Existenzvernichtung und Deliktshaftung – GAMMA, NZG 2008, 686–690.
Kleinhenz, Tarifverhandlungen, in: Gaugler/Weber (Hrsg.): Handwörterbuch des Personalwesens, 2. Aufl., 1992, 1865–1874 (zit. *Kleinhenz* HWP).
Klösel/Mahnhold, Die Zukunft der datenschutzrechtlichen Betriebsvereinbarung, Mindestanforderungen und betriebliche Ermessensspielräume nach DSGVO und BDSG nF, NZA 2017, 1428–1433.
Knight, Matrix Organisation, Journal of Management Studies 13.2 (1976), 111–130 (zit. *Knight* JMS).
Knoblau, Leitungsmacht und Verantwortlichkeit bei Bestehen eines Beherrschungsvertrags nach der Regelung des neuen Aktiengesetzes vom 6. 9. 1965 (BGBl. I S. 1089), 1968 (zit. *Knoblau* Leitungsmacht).
Knöfel, The Sweet Escape – Zur Ausweichklausel im Europäischen Internationalen Arbeitsvertragsrecht, EuZA 2014, 37–386.
Koch, Rechtsprobleme privater Nutzung betrieblicher elektronischer Kommunikationsmittel, NZA 2008, 911–916.
Koch, Compliance-Pflichten im Unternehmensverbund?, WM 2009, 1013–1020.
Kock, Einführung einer Ethikrichtlinie im Unternehmen, MDR 2006, 673–676.

Köhler, BGB Allgemeiner Teil, 42. Aufl., 2018.
Köhler, Eingriffsnormen – Der „unfertige" Teil des europäischen IPR, 2013 (zit. *Köhler* Eingriffsnormen).
Kolodny, Evolution to a matrix organization, Academy of Management Review 4.4 (1976), 543–553 (zit. *Kolodny* AMR).
Koenig, Abgabenordnung, 3. Aufl., 2014 (zit. Koenig/*Bearbeiter*).
Konzen, Arbeitnehmerschutz im Konzern, RdA 1984, 65–88.
Konzen, Arbeitsrecht im Konzern – Entwicklungsstand des deutschen Rechts, in: Festschrift zum 50-jährigen Bestehen der Arbeitsgerichtsbarkeit Rheinland-Pfalz, S. 171–189.
Konzen, Arbeitsrechtliche Drittbeziehung, ZfA 1982, 259–291.
Konzen, Arbeitsverhältnisse im Konzern, ZHR 1987, 566–607.
Konzen, Geschäftsführung, Weisungsrecht und Verantwortlichkeit in der GmbH und GmbH und Co KG, NJW 1989, 2977–2987.
Konzen, Unternehmensaufspaltungen und Organisationsänderungen im Betriebsverfassungsrecht, 1986 (zit. *Konzen* Unternehmenaufspaltungen).
Koos/Englisch, Eine „neue" Auftragsdatenverarbeitung Gegenüberstellung der aktuellen Rechtslage und der DS-GVO in der Fassung des LIBE-Entwurfs, ZD 2014, 276–285.
Koreng/Lachenmann (Hrsg.), Formularhandbuch Datenschutzrecht, 2. Aufl., 2018 (zit. Koreng/Lachenmann/*Bearbeiter*).
Körner, Beschäftigtendatenschutz im Lichte der DS-GVO, 2016.
Körner, Die Reform des EU-Datenschutzes: Der Entwurf einer EU-Datenschutz-Grundverordnung (DS-GVO) – Teil II, ZESAR 2013, 153–159.
Kort, Arbeitnehmerdatenschutz gemäß der EU-Datenschutz-Grundverordnung, DB 2016, 711–716.
Kort, Der Beschäftigtendatenschutz gem. § 26 BDSG-neu – Ist die Ausfüllung der Öffnungsklausel des Art. 88 DS-GVO geglückt?, ZD 2017, 319–323.
Kort, Der Konzernbegriff i.S. von § 5 MitbestG, NZG 2009, 81–85.
Kort, Eignungsdiagnose von Bewerbern unter der Datenschutz-Grundverordnung, NZA-Beil. 2016, 62–71.
Kort, Einsatz von IT-Sicherheitsmaßnahmen durch den Arbeitgeber: Konsequenzen einer Anwendung des Telekommunikationsgesetzes (TKG), DB 2011, 2092–2094.
Kort, Matrix-Strukturen und Betriebsverfassungsrecht, NZA 2013, 1318–1326.
Kramer, Gestaltung betrieblicher Regelungen zur IT-Nutzung, ArbRAktuell 2010, 164–167.
Kratz/Gubbels, Beweisverwertungsverbote bei privater Internetnutzung am Arbeitsplatz, NZA 2009, 652–656.
Krause, Anmerkung zum Beschluss des LG Frankfurt/M. vom 16.2.2015, ZIP 2015, 634–637.
Krause, Geklärte und ungeklärte Probleme der Arbeitnehmerhaftung, NZA 2003, 577–586.
Krause, Verhandlungen des 71. Deutschen Juristentages, Essen 2016, Band I, Gutachten, Teil B – Digitalisierung der Arbeitswelt – Herausforderungen und Regelungsbedarf, 2016 (zit. *Krause* Verhandlungen).
Krebber, Unternehmensübergreifende Arbeitsabläufe im Arbeitsrecht, 2005 (zit. *Krebber* Arbeitsabläufe).
Kremer/Klahold, Compliance-Programme in Industriekonzernen, ZGR 2010, 113–143.
Kreßel, Anpassung des Betriebsverfassungsrechts an veränderte wirtschaftliche Rahmenbedingungen, AuA 1998, 145–149.
Krieger/Schneider (Hrsg.), Handbuch Managerhaftung, 3. Aufl., 2017 (zit. *Krieger/Schneider* Managerhaftung-HdB).
Krohm, Abschied vom Schriftformgebot der Einwilligung, Lösungsvorschläge und künftige Anforderungen, ZD 2016, 368–373.

Literaturverzeichnis

Kronstein, Die Anwendbarkeit der §§ 311 ff. AktG über die Verantwortlichkeit im „faktischen Konzern" bei mehrstufigen Unternehmensverbindungen, BB 1967, 637–644.

Kropff, Aktiengesetz vom 6.9.1965, Textausgabe und Einführungsgesetz zum Aktiengesetz vom 6.9.1965 mit Begründung des Regierungsentwurfs, Bericht des Rechtsausschusses des Deutschen Bundestags, 1965 (zit. RegBegr/*Kropff*).

Kropff, Der GmbH-Beherrschungsvertrag: Voraussetzung für den Vorrang von Konzerninteressen?, in: Festschrift für Johannes Semler zum 70. Geburtstag, 1993, S. 517–540.

Kühling, Neues Bundesdatenschutzgesetz – Anpassungsbedarf bei Unternehmen, NJW 2017, 1985–2064.

Kühling/Buchner (Hrsg.), Datenschutzgrundverordnung, Bundesdatenschutzgesetz: DS-GVO BDSG, 2. Aufl., 2018 (zit. Kühling/Buchner/*Bearbeiter* DS-GVO/BDSG).

Kühling/Klar/Sackmann, Datenschutzrecht, 4. Aufl., 2018 (zit. KKS/*Bearbeiter*).

Kühling/Martini, Die Datenschutz-Grundverordnung: Revolution oder Evolution im europäischen und deutschen Datenschutzrecht?, EuZW 2016, 448–454.

Kühling/Martini, Die DS-GVO und das nationale Recht, 2016.

Kühn, Rechtsfolgen rechtswidriger Weisungen, NZA 2015, 10–14.

Küttner, Personalbuch 2017, 25. Aufl., 2018 (zit. Küttner/*Bearbeiter* Stichwort).

Lambrich/Happ/Tucci (Hrsg.), Flexibler Personaleinsatz im Konzern, 2015.

Lambrich/Schwab, Betriebsverfassungsrechtliche Fragen beim konzernweiten Personaleinsatz, NZA-RR 2013, 169–174.

Lang/Mutschalle, Suhrkamp-Verlag – Rechtsmissbräuchlichkeit eines rechtmäßig eingeleiteten Insolvenzverfahrens?, NZI 2013, 953–957.

Lange, Mehrfacharbeitsverhältnisse – Nicht nur Fabelwesen, NZA 2012, 1121–1126.

Langenfeld/Miras, GmbH-Vertragspraxis, 7. Aufl., 2015.

Langer/Peters, Rechtliche Möglichkeiten einer unterschiedlichen Kompetenzzuweisung an einzelne Vorstandsmitglieder, BB 2012, 2575–2581.

Leavitt, Applied organizational change in industry – Structural, technical and human approaches, in: Cooper/Leavitt/Shelly II (Eds.): New Perspectives in Organization Research, 1964, 53–71.

Lehmann/Hübner (Hrsg.), Allgemeiner Teil des Bürgerlichen Gesetzbuches, 15. Aufl., 1966.

Leinekugel/Skauradszun, Geschäftsführerhaftung bei eigenmächtig gestelltem Insolvenzantrag wegen bloß drohender Zahlungsunfähigkeit, GmbHR 2011, 1121–1128.

Leipold, BGB I: Einführung und Allgemeiner Teil, 9. Aufl., 2017 (zit. *Leipold* BGB I).

Lembke, Arbeitnehmerüberlassung im Konzern, BB 2012, 2497–2505.

Lembke, Die geplanten Änderungen im Recht der Arbeitnehmerüberlassung, DB 2011, 414–420.

Lembke, Neue Rechte von Leiharbeitnehmern gegenüber Entleihern, NZA 2011, 319–325.

Lembke/Ludwig, Das Recht der Unternehmensmitbestimmung, 2015 (zit. *Lembke/Ludwig* Unternehmensmitbestimmung)

Leumann, Die Matrixorganisation, 2. Aufl., 1980 (zit. *Leumann* Matrixorganisation).

Leumann, Matrix-Organisation, Zeitschrift für Organisation 49.3 (1980), 123–131.

Lewin, Frontiers in group dynamics, Human Relations 1 (1947), 5–41 (zit. *Lewin* HR).

Liebscher, GmbH-Konzernrecht – Die GmbH als Konzernbaustein, 2006 (zit. *Liebscher* GmbH-Konzernrecht).

Lingemann, Weiterbeschäftigung im Konzern – Ein Beitrag zum unternehmensübergreifenden Kündigungsschutz, in: Festschrift für Jobst-Hubertus Bauer zum 65. Geburtstag, 2010, S. 661–676.

Lingemann/v. Steinau-Steinrück, Konzernversetzung und Kündigungsschutz, DB 1999, 2161–2166.

Linnenkohl, Hinzuziehung eines außerbetrieblichen EDV-Sachverständigen, BB 1988, 766–768.

Löbbe, Unternehmenskontrolle im Konzern: die Kontrollaufgaben von Vorstand, Geschäftsführer und Aufsichtsrat, 2002 (zit. *Löbbe* Unternehmenskontrolle).

Lohr, Die Beschränkung der Innenhaftung des GmbH-Geschäftsführers, NZG 2000, 1204–1213.

Lorz/Pfisterer/Gerber, Beck'sches Formularbuch GmbH-Recht, 2010 (zit. BeckFormB GmbHR/*Bearbeiter*).

Löwisch, Fernmeldegeheimnis und Datenschutz bei der Mitarbeiterkontrolle, DB 2009, 2782–2787.

Löwisch/Rieble, Tarifvertragsgesetz, 4. Aufl., 2017 (zit. *Löwisch/Rieble*)

Luchterhandt, Deutsches Konzernrecht bei grenzüberschreitenden Konzernverbindungen, 1971 (zit. *Luchterhand* Deutsches Konzernrecht).

Lück, Der Umgang mit unternehmerischen Risiken durch ein Risikomanagementsystem und durch ein Überwachungssystem, DB 1998, 1925–1930.

Lunk, „Durchschlagen" von Pflichtverletzungen auf ruhendes Arbeitsverhältnis, ArbRB 2009, 232–233.

Lunk, Die originäre Zuständigkeit des Gesamtbetriebsrats gem. § 50 I 1 BetrVG – eine kritische Bestandsaufnahme der Fallgruppen, NZA 2013, 233–238.

Lutter, Beraterverträge mit Aufsichtsratsmitgliedern in Gesellschaft und Konzern, in: Festschrift für Harm Peter Westermann zum 70. Geburtstag, 2008.

Lutter, Haftungsrisiken des Geschäftsführers einer GmbH, GmbHR 1997, 329–335.

Lutter, Haftung und Haftungsfreiräume des GmbH-Geschäftsführers – 10 Gebote an den Geschäftsführer, GmbHR 2000, 301–312.

Lutter, Zustimmungspflichtige Geschäfte im Konzern, in: Liber amicorum Wilhelm Happ zum 70. Geburtstag am 30. April 2006, 2006, S. 143–165.

Lutter/Banerjea, Die Haftung des Geschäftsführers für existenzvernichtende Eingriffe, ZIP 2003, 2177–2180.

Lutter/Bayer, Holding-Handbuch, 5. Aufl., 2015 (zit. *Lutter/Bayer* Holding-HdB).

Lutter/Drygala, Grenzen der Personalverflechtung und Haftung im Gleichordnungskonzern, ZGR 1995, 557–577.

Lutter/Hommelhoff, GmbH-Gesetz, Köln, 19. Aufl., 2016 (zit. Lutter/Hommelhoff/*Bearbeiter*).

Lüttringhaus, Vorboten des internationalen Arbeitsrechts unter Rom I: Das bei „mobilen Arbeitsplätzen" anwendbare Recht und der Auslegungszusammenhang zwischen IPR und IZVR, IPRax 2011, 554–599.

Mahnhold, Compliance und Arbeitsrecht. Insiderrechtliche Verhaltenskonzepte im nationalen und multinationalen Unternehmen, 2004.

Mankowski, Die Unionsrechtskonformität des Mindestlohngesetzes – unter besonderer Berücksichtigung des grenzüberschreitenden Straßenverkehrs, RdA 2017, 273–287.

Mankowski, Drittstaatliche Embargonormen, Außenpolitik im IPR, Berücksichtigung von Fakten statt Normen: Art. 9 Abs. 3 Rom I-VO im praktischen Fall (zu Cour d'appel de Paris, 25. 2. 2015–12/23757), IPRax 2016, 485–493.

Mankowski, Gerichtsstandsvereinbarungen in Tarifverträgen und Art. 23 EuGVVO, NZA 2009, 584–589.

Mankowski, Internet und Telearbeit im Internationalen Arbeitsvertragsrecht, DB 1999, 1854–1858.

Mankowski, Kommentar zu EuGH, Urteil vom 18. 10. 2016, C-135/15, RIW 2016, 815–817.

Mankowski, Stillschweigende Rechtswahl, Günstigkeitsvergleich und Anknüpfung von Kündigungsschutzrecht im Internationalen Arbeitsvertragsrecht, IPRax 2015, 309–317.

Mankowski/Knöfel, On the road again, oder: Wo arbeitet ein Fernfahrer? – Neues vom europäischen Internationalen Arbeitsvertragsrecht, EuZA 2011, 521–536.

Literaturverzeichnis

Martens, Das Arbeitsverhältnis im Konzern in: Festschrift 25 Jahre Bundesarbeitsgericht, 1979, S. 367–391.
Martens, Die Arbeitnehmerüberlassung im Konzern, DB 1985, 2144–2150.
Maschmann, Abordnung und Versetzung im Konzern, RdA 1996, 24–40.
Maschmann, Das Weisungsrecht im Matrix-Konzern, NZA 2017, 1557–1562.
Maschmann, Datenschutzgrundverordnung: Quo vadis Beschäftigtendatenschutz?, DB 2016, 2480–2486.
Maschmann, Virtueller Belegschaftswahlkampf im Netz des Arbeitgebers?, NZA 2008, 613–620.
Maschmann/Sieg/Göpfert, Vertragsgestaltung im Arbeitsrecht, 2. Aufl., 2016 (zit. MaSiG/ *Bearbeiter*).
Mastmann/Stark, Vertragsgestaltung bei Personalentsendungen ins Ausland, BB 2005, 1849–1856.
Matthiesen, EDV-Sachverständige und Betriebsrat, CR 1988, 478–483.
Mauer, Personaleinsatz im Ausland, 2. Aufl., 2013 (zit. *Mauer* Personaleinsatz).
Maunz/Dürig, Grundgesetzkommentar, Band I, 2018 (zit. *Maunz/Dürig*).
Maywald, Der Einsatz von Arbeitnehmern in Matrixstrukturen multinationaler Konzerne, 2010 (zit. *Maywald* Matrixstrukturen).
Medicus/Petersen, Der Allgemeine Teil des BGB, 11. Aufl., 2016 (zit. *Medicus* BGB AT).
Mee, Ideational items: Matrix organization, Business Horizons 7.2 (1964), 70–72.
Mengel, Internal Investigations – Arbeitsrechtliche Lessons Learned und Forderungen an den Gesetzgeber, NZA 2017, 1494–1499.
Mengel, Kontrolle der E-mail- und Internetkommunikation am Arbeitsplatz, BB 2004, 2014–2021.
Mengel, Kontrolle der Telefonkommunikation am Arbeitsplatz, Wege durch einen juristischen Irrgarten?, BB 2004, 1445–1453.
Mengel/Hagemeister, Compliance und arbeitsrechtliche Implementierung im Unternehmen, BB 2007, 1386–1392.
Mennicke, Zum Weisungsrecht der Gesellschafter und der Folgepflicht des GF in der mitbestimmungsfreien GmbH, NZG 2000, 622–626.
Meyer, Von Mehrfachbeschäftigungsverhältnissen bis hin zu Matrix-Strukturen im Konzern – Herausforderungen für den Arbeitsrechtler, NZA 2013, 1326–1332.
Michalski, Ungeklärte Fragen bei der Einlagenrückgewährung im Aktienrecht, AG 1980, 261–267.
Michels, Die Stellenbeschreibung als organisatorisches Hilfsmittel, Personal, Mensch und Arbeit 1980, 151–155.
Mintzberg, The structuring of organizations, Englewood Cliffs, 1979.
Mitsch (Hrsg.), Karlsruher Kommentar zum Gesetz über Ordnungswidrigkeiten: OWiG, 5. Aufl., 2018 (zit. KK-OWiG/*Bearbeiter*).
Mock, Grundfälle zum Stellvertretungsrecht, JuS 2008, 309–313.
Möhlenkamp, Flucht nach vorn in die Insolvenz – funktioniert Suhrkamp?, BB 2013, 2828–2831.
Monreal, Weiterverarbeitung nach einer Zweckänderung in der DS-GVO, ZD 2016, 507–512.
Monz/Wendler, Unternehmensmitbestimmung – unionsrechtliche Zulässigkeit der deutschen Regeln zur Wahl der Arbeitnehmervertreter im Aufsichtsrat – Anmerkung zum Urteil des EuGH vom 18.7.2017 – C-566/15, BB 2017, 1785–1788.
Monz, Der Einbezug von ins Ausland entsandten Arbeitnehmern in die Sozialauswahl, BB 2014, 250–254.
Mülbert, Unternehmensbegriff und Konzernorganisationsrecht, ZHR 163 (1999), 1–53.
Mülbert/Bruinier, Die Anwendung inländischer Schutzbestimmungen am Beispiel ausländischer Kreditverträge, WM 2005, 105–115.

Literaturverzeichnis

Müller, Entrechtung der Gesellschafter im Insolvenzverfahren? – Anmerkungen zum Fall Suhrkamp, DB 2014, 41–46.
Müller-Bonnani/Mehrens, Arbeitsrechtliche Rahmenbedingungen funktionaler Konzernsteuerungsmodelle, ZIP 2010, 2228–2234.
Müller-Glöge/Preis/Schmidt (Hrsg.), Erfurter Kommentar zum Arbeitsrecht, 18. Aufl., 2018 (zit. ErfK/*Bearbeiter*).
Müller-von Münchow, Rechtliche Vorgaben zu Inhalt und Form von Vollmachten, NotBZ 2010, 31–41.
Müllner, Aufgespaltene Arbeitgeberstellung und Betriebsverfassungsrecht, 1978 (zit. *Müllner* Aufgespaltene Arbeitgeberstellung).
Müthlein, ADV 5.0 Neugestaltung der Auftragsdatenverarbeitung in Deutschland, RDV 2016, 74–84.
Nagel/Riess/Theis, Neue Konzernstrukturen und Mitbestimmung, Bd. 17, 1. Aufl., 1994 (zit. *Nagel/Riess/Theis* Neue Konzernstrukturen).
Nägele/Jacobs, Rechtsfragen des Cloud Computing, ZUM 2010, 281–292.
Neufeld, Einsatz in Matrixstrukturen, Arbeitsrechtliche Fragen bei Mehrliniensystemen, AuA 2012, 219–222.
Neufeld, Mehr Rechtssicherheit im Umgang mit Pflichtverletzung bei konzerninternen Entsendungen, BB 2009, 1870–1872.
Neufeld/Michels, Arbeitsrechtliche Fragen des Einsatzes von Arbeitnehmern in Matrixstrukturen, KSzW 2012, 49–57.
Neuhaus, Die zivilrechtliche Organhaftung des Vorstandes einer beherrschten Aktiengesellschaft im sog. „faktischen Konzern" und im Vertragskonzern, 1970 (*Neuhaus* Organhaftung).
Niksova, Keine Anwendung des Mindestlohngesetzes bei Flughafentransfers aus Österreich nach Deutschland – Eine Frage der Auslegung des Art. 9 Abs. 3 Rom I-VO? Entscheidung v. 29.11.2016 – 9 ObA 53/16 h, EuZA 2017, 555–568.
Nink/Müller, Beschäftigtendaten im Konzern- Wie die Mutter so die Tochter?, Arbeits- und datenschutzrechtliche Aspekte einer zentralen Personalverwaltung, ZD 2012, 505–509.
Nörr/Scheyhing, Sukzessionen, Handbuch des Schuldrechts Bd. 2, 1983 (zit. *Nörr/Scheyhing/Pöggeler* Sukzessionen).
Nörr/Scheyhing/Pöggeler, Handbuch des Schuldrechts, Bd. 2, Sukzessionen, 2. Aufl. 1999 (zit. *Nörr/Scheyhing/Pöggeler* Sukzessionen).
Nosch, Die Abmahnung im Zivilrecht, 2012 (zit. *Nosch* Abmahnung).
Oertig/Buergi, The challenges of managing cross-cultural virtual project teams, Team Performance Management 12.1/2 (2006), 23–30 (zit. *Oertig/Buergi* TPM).
Oesterreich, Die Betriebsüberlassung zwischen Vertragskonzern und faktischem Konzern: Zum sogenannten Umgehungsproblem bei den Unternehmensverträgen der §§ 291, 292 I Ziff. 3 AktG, 1979 (zit. *Oesterreich* Betriebsüberlassung).
Oppenländer/Trölitzsch, Praxishandbuch der GmbH-Geschäftsführung, 2. Aufl., 2011 (zit. Oppenländer/Trölitzsch/*Bearbeiter*).
Otto/Mückl, Grenzen der Mitbestimmung des Betriebsrats bei Aktienoptionsplänen, DB 2009, 1594–1598.
Ouchi, Theory Z, 1981.
Paal/Pauly (Hrsg.), Datenschutz-Grundverordnung, Bundesdatenschutzgesetz: DS-GVO, BDSG, Kommentar, 2. Aufl., 2018 (zit. Paal/Pauly/*Bearbeiter*).
Palandt, Bürgerliches Gesetzbuch, 77. Aufl., 2018 (zit. Palandt/*Bearbeiter*).
Paschke, Rechtsfragen der Durchgriffsproblematik im mehrstufigen Unternehmensverbund, AG 1988, 196–206.
Pawlowski, Die gewillkürte Stellvertretung, JZ 1996, 125–132.
Pelz, Die persönliche Haftung des Geschäftsführers einer GmbH, RNotZ 2013, 415–433.

Literaturverzeichnis

Pentz, Die Rechtsstellung der Enkel-AG in einer mehrstufigen Unternehmensverbindung, 1994 (zit. *Pentz* Rechtsstellung Enkel-AG).
Perlitz, Internationales Management, 5. Aufl., 2004 (zit. *Perlitz* Internationales Management).
Peters, Beyond the matrix organization, The McKinsey Quarterly 3 (1979), 10–28 (zit. *Peters* McKQ).
Petersen, Die Abstraktheit der Vollmacht, JURA 2004, 829–832.
Petri, Auftragsdatenverarbeitung – heute und morgen – Reformüberlegungen zur Neuordnung des Europäischen Datenschutzrechts, ZD 2015, 305–309.
Pfeiffer, Anmerkung zu EuGH Urteil vom 18.10.2016 – C-135/15, LMK 2016, 382315.
Pieper, Vertragsübernahme und Vertragsbeitritt, 1963 (zit. *Pieper* Vertragsübernahme).
Plath, Kommentar zu DSGVO, BDSG und den Datenschutzbestimmungen des TMG und TKG, 3. Aufl., 2018 (zit. Plath/*Bearbeiter*).
Pohle/v. Werder, Die Einschätzung der Kernthesen des German Code of Corporate Governance (GCCG) durch die Praxis, DB 2001, 1101–1107.
Preis, Der Arbeitsvertrag: Handbuch der Vertragsgestaltung 5. Aufl., 2015 (zit. Preis/*Bearbeiter*).
Preis, Grundfragen der Vertragsgestaltung im Arbeitsrecht, 1993 (zit. *Preis* Grundfragen der Vertragsgestaltung im Arbeitsrecht).
Preis, Prinzipien des Kündigungsrechts bei Arbeitsverhältnissen, 1987 (zit. *Preis* Prinzipien).
Preis, Unbillige Weisungsrechte und überflüssige Änderungskündigungen NZA 2015, 1–10.
Preis/Genenger, Die unechte Direktionsrechtserweiterung, NZA 2008, 969–977.
Preis/Wieg, Weisungsrecht nach Inhalt, Ort und Zeit der Arbeitsleistung in einer mobilen Arbeitswelt, Kritische Überlegungen zur Rechtsentwicklung, AuR 2016, 313–325.
Priester/Mayer/Wicke, Münchener Handbuch des Gesellschaftsrechts, Band 3: Gesellschaft mit beschränkter Haftung (GmbH), 4. Aufl., 2014 (zit. MHdB GesR III/*Bearbeiter*)
Prinz, Der forschende Jurist oder deutsche Unternehmensmitbestimmung und Europa, SAE 2015, 66–74.
Prütting, Der Vermögensschutz von Gesellschaften gegenüber externer Einflussnahme – geprüft am Beispiel der GmbH, ZGR 2015, 849–886.
Raab, Der erweiterte Anwendungsbereich der Klagefrist gemäß § 4 KSchG, RdA 2004, 321–333.
Rademacher, Kodifikation des internationalen Stellvertretungsrechts – Zum Referentenentwurf des Bundesjustizministerium, IPRax 2017, 56–62.
Raiser/Veil, Recht der Kapitalgesellschaften, 6. Aufl., 2015.
Raiser/Veil/Jacobs, Mitbestimmungsgesetz und Drittelbeteiligungsgesetz, 6. Aufl., 2015 (zit. *Raiser/Veil/Jacobs*).
Rancke, Betriebsverfassung und Unternehmenswirklichkeit, Eine Analyse von Organisation und Formen der betrieblichen Arbeitnehmermitbestimmung in der Praxis von Großunternehmen und Konzernen, Bd. 3134, 1982 (zit. *Rancke* Betriebsverfassung).
Rau, Key Account Management: Konzepte für wirksames Beziehungsmanagement, 1994.
Rauscher (Hrsg.), Europäisches Zivilprozess- und Kollisionsrecht EuZPR/EuIPR, Band III Rom I-VO, 4. Aufl., 2015 (zit. Rauscher/*Bearbeiter*).
Rebhahn, Der Arbeitnehmerbegriff in vergleichender Perspektive, RdA 2009, 154–174.
Redeker, IT-Recht, 6. Aufl., 2017.
Rehberg, Endlich Schluss mit dem arbeitsrechtlichen Territorialitätsprinzip?, EuZA 2015, 369–378.
Rehbinder, Gesellschaftsrechtliche Probleme mehrstufiger Unternehmensverbindungen, ZGR 1977, 581–649.
Rehbinder, Konzernaußenrecht und allgemeines Privatrecht, 1969 (zit. *Rehbinder* Konzernaußenrecht).

Reichel/Spieler, Vertragsgestaltung bei internationalem Arbeitseinsatz, BB 2011, 2741–2748.

Reichsgerichtsräte-Kommentar BGB, Bd. II, 1. Teil, 12. Aufl. 1976, Bd. II, 2. Teil, 12. Aufl. 1978 (zit. BGB-RGRK/*Bearbeiter*).

Reinhard, Mitbestimmungsrechte des Betriebsrats bei der Implementierung von Unternehmen, insbesondere Verhaltensrichtlinien, NZA 2016, 1233–1296.

Reinhard/Kettering, Die schwierige Einordnung von Matrixstrukturen in des System des BetrVG, Neue Fragen erfordern neue Lösungsansätze, ArbRB 2014, 87–90.

Reiter, Anwendbare Rechtsnormen bei der Kündigung ins Ausland entsandter Arbeitnehmer, NZA 2004, 1246–1255.

Reiter, Der Schutz des Whistleblowers nach dem Sarbanes-Oxley Act im Rechtsvergleich und im internationalen Arbeitsrecht, RIW 2005, 168–178.

Reiter, Entsendung zu Tochtergesellschaften im In- und Ausland, NZA-Beil. 2014, 22–27.

Renner, Vollmacht und Untervollmacht bei der Vorsorgevollmacht – Gibt es dazu noch etwas zu sagen?, NotBZ 2009, 207–212.

Reuter, Der Beirat der GmbH, in: Festschrift 100 Jahre GmbH-Gesetz, 1992, S. 631–656.

Reuter, Die Konzerndimension des KonTraG und ihre Umsetzung in Konzernobergesellschaften, DB 1999, 2250–2253.

Richardi, Betriebsratswahlen nach § 3 BetrVG – nicht „Wie es euch gefällt!", NZA 2014, 232–235.

Richardi (Hrsg.), Betriebsverfassungsgesetz, 16. Aufl., 2018 (zit. Richardi BetrVG/*Bearbeiter*).

Richardi/Wlotzke/Wißmann/Oetker (Hrsg.), Münchener Handbuch zum Arbeitsrecht, 3. Aufl., 2009 (zit. MHdB ArbR/*Bearbeiter*).

Richter, Die Änderung von Arbeitsbedingungen kraft des Direktionsrechts des Arbeitgebers unter Beachtung der Beteiligung des Betriebsrats, DB 1989, 2378–2382.

Richter, Die Änderung von Arbeitsbedingungen kraft des Direktionsrechts des Arbeitgebers unter Beachtung der Beteiligung des Betriebsrats (II), DB 1989, 2430–2433.

Rid, Das Arbeitsverhältnis im Konzern und seine Auswirkungen auf den Kündigungsschutz, NZA 2011, 1121–1128.

Rieble, Mitbestimmung in komplexen Betriebs- und Unternehmensstrukturen, NZA-Beil. 2014, 28–30.

Rieble/Latzel, Inlandsmitbestimmung als Ausländerdiskriminierung bei Standortkonflikten, EuZA 2011, 145–170.

Rieger, Die Bindung von Rückforderungsvorbehalten an die Persönlichkeit des Schenkers, in: Festschrift für Hans Wolfsteiner am 70. Geburtstag am 29. November 2007, 2008, S. 153–168.

Ringel/von Busekist, Konzernrevision und Datenschutz, Erleichterungen für Konzernsachverhalte durch die Europäische Datenschutz-Grundverordnung (DS-GVO)?, CCZ 2017, 31–37.

Rittscher, Cash-Management-Systeme in der Insolvenz, 2007 (zit. *Rittscher* Cash-Management-Systeme).

Rolfs/Giesen/Kreikebohm/Udsching (Hrsg.), BeckOK Arbeitsrecht, 48. Ed. Stand: 1.6.2018 (zit. BeckOK ArbR/*Bearbeiter*).

Römermann (Hrsg.), Münchener Anwaltshandbuch GmbH-Recht, 3. Aufl., 2014 (zit. MAH GmbHR/*Bearbeiter*).

Rösler, Formbedürftigkeit der Vollmacht, NJW 1999, 1150–1153.

Roßnagel (Hrsg.), Das neue Datenschutzrecht, 2018.

Roßnagel/Kroschwald, Was wird aus der Datenschutzgrundverordnung? – Die Entschließung des Europäischen Parlaments über ein Verhandlungsdokument, ZD 2014, 495–500.

Literaturverzeichnis

Rost, Die aktuelle Rechtsprechung des Bundesarbeitsgerichts zur Unternehmerentscheidung bei betriebsbedingter Kündigung, JbArbR Bd. 39 (2002), 83–103.

Rost, Kündigungsschutz im Konzern, in: Festschrift für Peter Schwerdtner zum 65. Geburtstag, 2003, S. 169–182.

Roth/Altmeppen, Gesetz betreffend die Gesellschaften mit beschränkter Haftung, 8. Aufl., 2015 (zit. *Roth/Altmeppen*).

Rowedder, Die Rechte des Aufsichtsrates in der beherrschten Gesellschaft, in: Festschrift für Konrad Duden zum 70. Geburtstag, 1977, S. 501–512.

Rowedder/Schmidt-Leithoff (Hrsg.), Gesetz betreffend die Gesellschaften mit beschränkter Haftung, 5. Aufl., 2013.

Roxin, Strafrecht Allgemeiner Teil Band 1: Grundlagen, Der Aufbau der Verbrechenslehre, 4. Aufl., 2006 (zit. *Roxin* AT I).

Ruppmann, Der konzerninterne Austausch personenbezogener Daten: Risiken und Chancen für den Datenschutz, 2000 (zit. *Ruppmann* Austausch).

Rüthers/Bakker, Arbeitnehmerentsendung und Betriebsinhaberwechsel im Konzern, ZfA 1990, 245–335.

Sachs, Grundgesetz Kommentar, 8. Aufl., 2018 (zit. Sachs/*Bearbeiter*).

Säcker, Arbeitnehmerüberlassung im Konzern und Betriebsratsorganisation, in: Festschrift für Karlheinz Quack zum 65. Geburtstag, S. 421–438.

Säcker/Rixecker/Oetker/Limpberg, Münchener Kommentar zum Bürgerlichen Gesetzbuch (BGB), 11 Bände: Band 1: 7. Aufl. 2015; Band 2–4: 7. Aufl. 2016; Band 5/2, 6–10: 7. Aufl. 2017; Band 5/1: 7. Aufl. 2018; Band 11: 7. Aufl. 2018 (zit. MüKoBGB/*Bearbeiter*).

Saenger/Al-Wraikat, Insolvenzrecht versus Gesellschaftsrecht: Wer darf bei der GmbH wann den Schutzschirm öffnen?, NZG 2013, 1201–1206.

Sandmann, Die Haftung von Arbeitnehmern, Geschäftsführern und leitenden Angestellten: zugleich ein Beitrag zu den Grundprinzipien der Haftung und der Haftungsprivilegierung, 2001 (zit. *Sandmann* Haftung).

Sauerzapf, Ruhendes Arbeitsverhältnis und grenzüberschreitende Arbeitnehmerentsendung im Konzern, 2004 (zit. *Sauerzapf* Ruhendes Arbeitsverhältnis).

Schaar, Neues Datenschutzrecht für das Internet, RDV 2002, 4–14.

Schantz/Wolff, Das neue Datenschutzrecht, Datenschutz-Grundverordnung und Bundesdatenschutzgesetz in der Praxis, 2017 (zit. *Schantz/Wolff* DatenschutzR).

Schaub/Koch/Linck/Treber/Vogelsang, Arbeitsrechts-Handbuch, 17. Aufl., 2017 (zit. Schaub ArbR-HdB/*Bearbeiter*).

Schaub/Koch, Arbeitsrecht von A–Z, 21. Aufl., 2017.

Schaub/Schrader/Straube/Vogelsang, Arbeitsrechtliches Formular- und Verfahrenshandbuch, 12. Aufl., 2017 (zit. Schaub ArbRFV-HdB/*Bearbeiter*).

Schauf, Rechte und Kompetenzen des GmbH-Geschäftsführers in einer Matrixstruktur, BB 2017, 2883–2888.

Schaumburg, Internationale Joint Ventures: Management, Besteuerung, Vertragsgestaltung, 1999.

Schauß, Der Umgang mit unbilligen Arbeitgeberweisungen, ArbRAktuell 2016, 518–521.

Schauß, Das Weisungsrecht des herrschenden Unternehmens bei Bestehen eines Beherrschungsvertrages (§ 308 AktG), 1973 (zit. *Schauß* Weisungsrecht).

Scheben/Klos/Geschonneck, Evidence and Disclosure Management (EDM) Eine (datenschutz-) rechtliche Analyse, CCZ 2012, 13–17.

Schein, Organizational culture and leadership. A dynamic view, 1985.

Scherm, Internationales Personalmanagement, 2. Aufl., 1999 (zit. *Scherm* Internationales Personalmanagement).

Schippers, Organvertretende Generalvollmachten, DNotZ 2009, 353–374.

Schlachter, Grenzüberschreitende Arbeitsverhältnisse, NZA 2000, 57–64.

Literaturverzeichnis

Schlachter, Rechtsfragen virtueller Unternehmensorganisation: Telearbeit, in: Noack/Noack-Spindler (Hrsg.), Unternehmensrecht und Internet, 2001, 199–231.
Schliemann, Fürsorgepflicht und Haftung des Arbeitgebers beim Einsatz von Arbeitnehmern im Ausland, BB 2001, 1302–1308.
Schmidl, Datenschutzrechtliche Anforderungen an innereuropäische Personaldatenübermittlungen in Matrixorganisationen, DuD 2009, 364–371.
Schmidl, E-Mail-Filterung am Arbeitsplatz, MMR 2005, 343–348.
Schmidt, Die Anwendbarkeit des Kündigungsschutzgesetzes auf Kleinstbetriebe vor dem Hintergrund der zunehmenden internationalen Unternehmensverflechtungen, NZA 1998, 169–173.
Schmidt, Konzernunternehmen, Unternehmensgruppe und Konzern-Rechtsverhältnis – Gedanken zum Recht der verbundenen Unternehmen nach §§ 15 ff., 291 ff. AktG, in: Festschrift für Marcus Lutter zum 70. Geburtstag, 2000, S. 1167–1192.
Schmidt/Freund, Perspektiven der Auftragsdatenverarbeitung, Wegfall der Privilegierung mit der DS-GVO?, ZD 2017, 14–18.
Schmidt/Lutter, Aktiengesetz, 3. Aufl., 2015 (zit. *Schmidt/Lutter*).
Schmidt/Uhlenbruck, Die GmbH in Krise, Sanierung und Vergleich, 5. Aufl., 2016 (zit. *Schmidt/Uhlenbruck* GmbH in Krise).
Schmitt-Rolfes, (Ex-)Abteilungsleiter als GmbH-Geschäftsführer, NZA-Beil. 1/2014, 37–42.
Schmitz/Dall'Armi, Auftragsdatenverarbeitung in der DS-GVO – Das Ende der Privilegierung? – Wie Daten künftig von Dienstleistern verarbeitet werden müssen, ZD 2016, 427–432.
Schneider, Compliance im Konzern, NZG 2009, 1321–1326.
Schneider, Investigative Maßnahmen und Informationsweitergabe im konzernfreien Unternehmen und im Konzern, NZG 2010, 1201–1207.
Schneider, Konzernleitung durch Weisungen der Gesellschafter der abhängigen GmbH an ihre Geschäftsführer? – Ein Beitrag zur Konzerngründung und zur Konzernleitung im GmbH-Konzern, in: Festschrift für Michael Hoffmann-Becking zum 70. Geburtstag, 2013, S. 1071–1084.
Schneider, Matrixorganisationen, 1974 (zit. *Schneider* Matrixorganisationen).
Schneider/Schneider, Vorstandshaftung im Konzern, AG 2005, 57–66.
Schockenhoff, Haftung und Enthaftung von Geschäftsleitern bei Compliance-Verstößen in Konzernen mit Matrix-Strukturen, ZHR 180 (2016), 197–232.
Scholz, GmbHG, Kommentar, 12. Aufl., 2018.
Scholz, Matrix-Organisation, in: Frese (Hrsg.): Handwörterbuch der Organisation, 3. Aufl., 1992 (zit. *Scholz* HWO).
Schönke/Schröder (Hrsg.), Strafgesetzbuch Kommentar, 29. Aufl., 2014 (zit. *Schönke/Schröder*).
Schöttler, Schutz von E-Mail-Daten durch das Fernmeldegeheimnis, juris-PR-ITR 4/2009 Rn. 2.
Schrader/Straube, Die arbeitsrechtliche (Wieder-)Einstellungszusage, NZA-RR 2003, 337–346.
Schreiber, Der GmbH-Geschäftsführer zwischen Arbeits- und Zivilgerichtsbarkeit, GmbHR 2012, 929–936.
Schreiber, Vertretungsrecht – Offenkundigkeit und Vertretungsmacht, JURA 1998, 606–609.
Schrey/Kielkowski, Die datenschutzrechtliche Betriebsvereinbarung in DS-GVO und BDSG 2018 – Viel Lärm um Nichts?, BB 2018, 629–635.
Schreyögg, Organisation, 5. Aufl., 2008 (zit. *Schreyögg* Organisation).
Schubert, Betriebliche Mitbestimmung in Unternehmen und Konzernen mit Matrixorganisation, HSI-Schriftenreihe Band 23, 2017 (zit. *Schubert* Betriebliche Mitbestimmung).

Literaturverzeichnis

Schug, Risikoeinschränkung und -transfer in der Vorstandshaftung, 2010 (zit. *Schug* Risikoeinschränkung).
Schulte-Zurhausen, Organisation, 2014 (zit. *Schulte-Zurhausen* Organisation).
Schulz, Datenübertragungen innerhalb verbundener Unternehmen, Vom fehlenden Konzernprivileg im deutschen Datenschutzrecht, BB 2011, 2552–2557.
Schulze/Grziwotz/Lauda (Hrsg.), Bürgerliches Gesetzbuch – Kommentiertes Vertrags- und Prozessformularbuch, 3. Aufl., 2017 (zit. SGL/*Bearbeiter*).
Schulze/Hintzen, GmbH-Geschäftsführer als Arbeitnehmer?, ArbRAktuell 2012, 263–267.
Schumacher, Die privilegierte Haftung des Arbeitnehmers, 2012 (zit. *Schumacher* privilegierte Haftung).
Schumacher, Mitbestimmungsrecht des Betriebsrats in internationalen Konzernunternehmen, NZA 2015, 587–591.
Schüppen/Schaub (Hrsg.), Münchener AnwaltsHandbuch Aktienrecht, 2. Aufl., 2010 (zit. MAH Aktienrecht/*Bearbeiter*).
Schüren (Hrsg.), Arbeitnehmerüberlassungsgesetz, Kommentar, Bd. 23, 4. Aufl., 2010 (zit. Schüren/*Bearbeiter*).
Schuster/Darsow, Einführung von Ethikrichtlinien durch Direktionsrecht, NZA 2005, 273–277.
Schuster/Reichl, Cloud Computing & SaaS: Was sind die wirklich neuen Fragen?, CR 2010, 38–43.
Seibt, Zurechnung der Arbeitnehmer ausländischer Konzernunternehmen bei der Unternehmensmitbestimmung, DB 2015, 912–914.
Seibt/Cziupka, Existenzgefährdende Weisungen im Vertragskonzern: Prognosepflichten und Haftungsgefahren für den Vorstand der abhängigen Gesellschaft, AG 2015, 721–732.
Seibt/Wollenschläger, Trennungs-Matrixstrukturen im Konzern, AG 2013, 229–243.
Seifert, Beschäftigtendatenschutz im transnationalen Konzern, 2015 (zit. *Seifert* Beschäftigtendatenschutz).
Semler, Die Rechte und Pflichten des Vorstands einer Holdinggesellschaft im Lichte der Corporate Governance-Diskussion, ZGR 2004, 631–668.
Semler, Fehlerhafte Geschäftsführung in der Einmann-GmbH, in: Festschrift für Reinhard Goerdeler, 1987, S. 551–580.
Semler/Peltzer/Kubis, Arbeitshandbuch für Vorstandsmitglieder, 2. Aufl., 2015 (zit. Semler/Peltzer/Kubis Vorstand HdB/*Bearbeiter*).
Siehr, Deutsche Arbeitsverträge mit der Republik Griechenland und Gehaltskürzungen nach griechischem Recht, RdA 2014, 206–213.
Silberberger, Weiterbeschäftigungsmöglichkeit und Kündigungsschutz im Konzern, 1994 (zit. *Silberberger* Weiterbeschäftigungsmöglichkeit).
Simitis (Hrsg.), Kommentar Bundesdatenschutzgesetz, 8. Aufl., 2014 (zit. Simitis/*Bearbeiter*).
Simon, Administrative behavior, 1945.
Sina, Grenzen des Konzern-Weisungsrechts nach § 308 AktG, AG 1991, 1–10.
Singelnstein, Möglichkeiten und Grenzen neuerer strafprozessualer Ermittlungsmaßnahmen – Telekommunikation, Web 2.0, Datenbeschlagnahme, polizeiliche Datenverarbeitung & Co, NStZ 2012, 593–606.
Soergel, Bürgerliches Gesetzbuch, Band 2, Allgemeiner Teil 2 §§ 104–240, 13. Aufl., 1999 (zit. Soergel/*Bearbeiter*).
Söllner, Einseitige Leistungsbestimmung im Arbeitsverhältnis, 1966 (zit. *Söllner* Leistungsbestimmung).
Sommer, Personalinformationssysteme im radikalen Wandel, CuA 6/2014, 4–8.
Sörup/Marquardt, Auswirkungen der EU-Datenschutzgrundverordnung auf die Datenverarbeitung im Beschäftigungskontext, ArbRAktuell 2016, 103–106.

Literaturverzeichnis

Spelge, Der Beschäftigtendatenschutz nach Wirksamwerden der Datenschutz-Grundverordnung (DS-GVO). Viel Lärm um Nichts?, DuD 2016, 775–781.
Spieler, Fallgestaltungen der Auslandsarbeit, EuZA 2012, 168–182.
Spindler, Compliance in der multinationalen Bankengruppe, WM 2008, 905–918.
Spindler, Die neue EU-Datenschutzgrundverordnung, DB 2016, 937–947.
Spindler/Schuster (Hrsg.), Recht der elektronischen Medien, Kommentar, 3. Aufl., 2015 (zit. Spindler/Schuster/*Bearbeiter*).
Spindler/Stilz (Hrsg.), Kommentar zum Aktiengesetz, 3. Aufl., 2015 (zit. Spindler/Stilz/*Bearbeiter*).
Spitzbart, Die Europäische Aktiengesellschaft (Societas Europaea – SE) – Aufbau der SE und Gründung, RNotZ 2006, 369–424.
Stadler, Allgemeiner Teil des BGB, 19. Aufl., 2017 (zit. *Stadler* BGB AT).
Stahlhacke/Preis/Vossen, Kündigung und Kündigungsschutz im Arbeitsverhältnis, 11. Aufl., 2015 (zit. SPV Kündigung/*Bearbeiter*).
Staudinger, Kommentar zum Bürgerlichen Gesetzbuch, Buch 1, Allgemeiner Teil §§ 164–240, 2014 (zit. Staudinger/*Bearbeiter*).
Steger, Individuelle Legitimität und Legitimation im Transformationsprozeß, 2000 (zit. *Steger* Individuelle Legitimität).
Stegmann, Kommunikation in großen deutschen Unternehmen mit Matrixstrukturen und deren Auswirkungen auf Unternehmen, 2017 (zit. *Stegmann* Kommunikation).
Stephan, Zum Stand des Vertragskonzernrechts, Der Konzern 2014, 1–28.
Stimpel, Die Rechtsprechung des Bundesgerichtshofes zur Innenhaftung des herrschenden Unternehmens im GmbH-Konzern, AG 1986, 117–123.
Stoll, Eingriffsnormen im Internationalen Privatrecht: dargestellt am Beispiel des Arbeitsrechts, 2002 (zit. *Stoll* Eingriffsnormen).
Stopford/Wells, Managing the multinational enterprise, 1972 (zit. *Stopford/Wells* Multinational enterprise).
Straube, Das Bundesarbeitsgericht und Art. 34 EGBGB, IPRax 2007, 395–399.
Ströbel/Böhm/Breunig/Wybitul, Beschäftigtendatenschutz und Compliance: Kontrollen und interne Ermittlungen nach der EU-Datenschutz- Grundverordnung und dem neuen Bundesdatenschutzgesetz, CCZ 2018, 14–21.
Strohn, Existenzvernichtungshaftung – Vermögensvermischungshaftung – Durchgriffshaftung, ZInsO 2008, 706–713.
Sy/Coté, Emotional intelligence, Journal of Management Development 23.5 (2004), 437–455.
Sy/D'Annunzio, Challenges and strategies of matrix organizations, Human Resource Planning 28.1 (2005), 39–48 (zit. *Sy/D'Annunzio* HRP).
Sydow, Europäische Datenschutzgrundverordnung, Kommentar, 2017 (zit. Sydow/*Bearbeiter* DS-GVO).
Taeger/Gabel, Kommentar zu BDSG und Datenschutzvorschriften des TKG und TMG, 2. Aufl., 2013 (zit. Taeger/Gabel/*Bearbeiter* BDSG).
Taeger/Rose, Zum Stand des deutschen und europäischen Beschäftigtendatenschutzes, BB 2016, 819–831.
Taylor/Wallichs, Die Betriebsleitung, 2. Aufl., 1992 (zit. *Taylor/Wallichs* Betriebsleitung).
Temming, Der vertragsbeherrschende Dritte – Drittbeherrschte Schuldverhältnisse und Sonderverbindungen iSd § 311 Abs. 3, 2 Nr. 3 BGB unter besonderer Berücksichtigung des Konzernhaftungsrechts, 2015.
Tettinger/Wank/Ennuschat, Gewerbeordnung: GewO, 8. Aufl., 2011 (zit. Tettinger/Wank/Ennuschat/*Bearbeiter*).
Teusch, Organisationstarifverträge nach § 3 BetrVG, NZA 2007, 124–130.
Thole, Treuepflicht-Torpedo? Die gesellschaftsrechtliche Treuepflicht im Insolvenzverfahren, ZIP 2013, 1937–1945.

Literaturverzeichnis

Thom, Zur Effizienz der Matrix-Organisation, in: Bleicher/Gomez (Hrsg.): Zukunftsperspektiven der Organisation, 1990, 239–270.
Thom/Wenger, Effizienzkonzept zur Auswahl einer Organisationsform, in: Steiner/Ritz (Hrsg.): Personal führen und Organisationen gestalten, 2012, 3–14.
Thommen/Richter, Matrix-Organisation, in: Schreyögg/v. Werder (Hrsg.): Handwörterbuch Unternehmensführung und Organisation, 4. Aufl., 2004 (zit. *Thommen/Richter* HWUO).
Thüsing, Arbeitnehmerüberlassungsgesetz, 4. Aufl., 2018 (zit. Thüsing/*Bearbeiter* AÜG).
Thüsing, Beschäftigtendatenschutz und Compliance, 2014 (zit. Thüsing/*Bearbeiter* BDSG).
Thüsing, Rechtsfragen grenzüberschreitender Arbeitsverhältnisse – Grundlagen und Neuigkeiten im Internationalen Arbeitsrecht, NZA 2003, 1303–1312.
Thüsing, Verbesserungsbedarf beim Beschäftigtendatenschutz, NZA 2011, 16–20.
Thüsing, Vereinbarte Betriebsratsstrukturen, ZIP 2003, 693–706.
Timm, Die Aktiengesellschaft als Konzernspitze. Die Zuständigkeitsordnung bei der Konzernbildung und Konzernumbildung, 1980 (zit. *Timm* Aktiengesellschaft).
Tinnefeld/Petri/Brink, Aktuelle Fragen um ein Beschäftigungsdatenschutzgesetz, Eine erste Analyse und Bewertung, MMR 2010, 727–735.
Trittin/Fischer, Datenschutz und Mitbestimmung- Konzernweite Personaldatenverarbeitung und die Zuständigkeit der Arbeitnehmervertretung, NZA 2009, 343–346.
Turiaux/Knigge, Vorstandshaftung ohne Grenzen? – Rechtssichere Vorstands- und Unternehmensorganisation als Instrument der Risikominimierung, DB 2004, 2199–2206.
Ulber (Hrsg.), AÜG. Arbeitnehmerüberlassungsgesetz – Kommentar für die Praxis, 5. Aufl., 2017.
Ulber, Die Richtlinie zur Leiharbeit, AuR 2010, 10–15.
Ulmer, Gesellschafterpflicht zur Erhaltung des satzungsmäßigen Haftungsfonds der GmbH – Besprechung der Entscheidung des BGH WM 1985, 194, ZGR 1985, 598–608.
Ulmer/Brandner/Hensen, AGB-Recht. Kommentar zu den §§ 305–310 BGB und zum UKlaG, 12. Aufl., 2016 (zit. UBH/*Bearbeiter*).
Ulmer/Habersack/Henssler, Mitbestimmungsrecht, 4. Aufl., 2018 (zit. UHH/*Bearbeiter*).
Ulmer/Habersack/Löbbe (Hrsg.), Großkommentar GmbHG, Band 3, 2. Aufl., 2016, (zit. Ulmer/Habersack/Löbbe/*Bearbeiter*).
Ulrici, AÜG, Handkommentar, 2017 (zit. HK-AÜG/*Bearbeiter*).
Ulrici, Dreiwochenfrist auch für die Klage wegen Vertretungsmängeln der Kündigung, DB 2004, 250–252.
Umnuß, Organisation der Betriebsverfassung und Unternehmerautonomie, Grundlegung für die Reform des organisatorischen Teils der Betriebsverfassung, 1992 (zit. *Umnuß* Organisation der Betriebsverfassung).
Veil, Unternehmensverträge: Organisationsautonomie und Vermögensschutz im Recht der Aktiengesellschaft, 2003 (zit. *Veil* Unternehmensverträge).
Verse, Aufrechnung gegen Verlustausgleichsansprüche im Vertragskonzern, ZIP 2005, 1627–1633.
Vogt, Arbeitsrecht im Konzern, Auslandsentsendung, Arbeitnehmerüberlassung, Kündigungsschutz, Betriebsübergang, Compliance, 2014 (zit. *Vogt* Arbeitsrecht im Konzern).
Vogt, Datenübertragung innerhalb und außerhalb des Konzerns, BB 2014, 245–250.
Voigt, Haftung aus Einfluss auf die Aktiengesellschaft (§§ 117, 309, 317 AktG), 2004 (zit. *Voigt* Haftung).
Voigt, Konzerninterner Datentransfer – Praxisanleitung zur Schaffung eines Konzernprivilegs, CR 2017, 428–433.
Voigts, Konzernausgangsschutz im GmbH-Vertragskonzern, 2004 (*Voigts* Konzernausgangsschutz).
v. dem Bussche/Zeiter/Brombach, Die Umsetzung der Vorgaben der EU-Datenschutz-Grundverordnung durch Unternehmen, DB 2016, 1359–1365.

v. Heintschel-Heinegg (Hrsg.), BeckOK StGB, 38. Ed., Stand: 1.5.2018 (zit. BeckOK StGB/*Bearbeiter*).

v. Holleben/Knaut, Die Zukunft der Auftragsverarbeitung – Privilegierung, Haftung, Sanktionen und Datenübermittlung mit Auslandsbezug unter der DSGVO, CR 2017, 299–306.

v. Hoyningen-Huene, Die Abmahnung im Arbeitsrecht, RdA 1990, 193–212.

v. Hoyningen-Huene, Die Billigkeit im Arbeitsrecht, 1996 (zit. *v. Hoyningen-Huene* Billigkeit im Arbeitsrecht).

v. Hoyningen-Huene, Die Inhaltskontrolle nach § 9 AGBG, 1992.

v. Hoyningen-Huene/Boemke, Die Versetzung, 1991 (zit. *v. Hoyningen-Huene/Boemke* Versetzung).

v. Hoyningen-Huene/Linck, Kündigungsschutzgesetz, Kommentar, 15. Aufl. 2013 (zit. vHHL/*Bearbeiter*).

v. Westphalen/Thüsing, Vertragsrecht und AGB-Klauselwerke, 40. Aufl., 2018, Loseblatt (zit. *v. Westphalen/Thüsing*).

Vormbaum, Finanzierung der Betriebe, 9. Aufl., 1995.

Wagenhals, Der Betriebsführungsvertrag als Gestaltungsinstrument und seine Auswirkungen auf die betriebliche Mitbestimmung, abrufbar unter https://publikationen.uni-tuebingen.de/xmlui/handle/10900/55114 (abgerufen am 29.7.2018) (zit. *Wagenhals* Betriebsführungsvertrag).

Wagner, Ethikrichtlinien – Implementierung und Mitbestimmung, 2008 (zit. *Wagner* Ethikrichtlinien).

Waldenmaier/Ley, Konzernmitbestimmung: Satzungssitz in Deutschland, Verwaltungssitz im Ausland; Neuigkeiten für die Mitbestimmung?, BB 2009, 1694–1699.

Waltermann, Risikozuweisung nach den Grundsätzen der beschränkten Arbeitnehmerhaftung, RdA 2005, 98–109.

Walther/Zimmer, Mehr Rechtssicherheit für Compliance-Ermittlungen, BB 2013, 2933–2937.

Wank, Abschied vom Normalarbeitsverhältnis?, RdA 2010, 193–207.

Wank, Das Verhältnismäßigkeitsprinzip bei der betriebsbedingten Kündigung, Insbesondere Versetzung statt Kündigung, RdA 2012, 139–146.

Wanner, Konzernrechtliche Probleme mehrstufiger Unternehmensverbindungen nach Aktienrecht, 1998 (zit. *Wanner* Konzernrechtliche Probleme).

Wansleben, Zur Europarechtswidrigkeit der unternehmerischen Mitbestimmung, NZG 2014, 213–215.

Weber, Konzeption und Grundsätze des Wirtschaftsstrafrechts (einschließlich Verbraucherschutz), ZStW 96 (1984), 376–416.

Weber/Ehrich, Direktionsrecht und Änderungskündigung bei Veränderung im Arbeitsverhältnis, BB 1996, 2246–2254.

Weber/Lohr, Aktuelle Rechtsprechung zur Innenhaftung von GmbH-Geschäftsführern nach § 43 Abs 2 GmbHG, GmbHR 2000, 698–704.

Weiss/Weyand, Normenkollisionen insbesondere bei Konzernbetriebsvereinbarungen in doppelt konzernzugehörigen Gemeinschaftsunternehmen, AG 1993, 97–107.

Weller, Anmerkung zu LAG Baden-Württemberg v. 28.5.2014 – 4 TaBV 7/13, BB 2014, 2304.

Weller, Betriebsräte in Matrixstrukturen, AuA 2013, 344–347.

Wellkamp, Die Haftung von Geschäftsleitern im Konzern, WM 1993, 2155–2159.

Wellman, Leadership behaviors in matrix environment, Project Management Journal 38.2 (2007), 62–74.

Wenzel, Konzernweite Übermittlung von Mitarbeiterdaten, SPA 2017, 181–183.

Wertenbruch, Gesellschafterbeschluss für Insolvenzantrag bei drohender Zahlungsunfähigkeit?, DB 2013, 1592–1596.

Literaturverzeichnis

Westermann/Grunewald/Maier-Reimer (Hrsg.), Erman Bürgerliches Gesetzbuch, 15. Aufl., 2017 (zit. Erman/*Bearbeiter*).

Weth/Herberger/Wächter (Hrsg.), Daten- und Persönlichkeitsschutz im Arbeitsverhältnis, Praxishandbuch zum Arbeitnehmerdatenschutz, 2013 (zit. Weth/Herberger/Wächter/*Bearbeiter*).

Weyl, Zustimmungsvorbehalte nach § 111 Abs. 4 Satz 2 AktG als Möglichkeit einer Konzernsteuerung, 2015 (zit. *Weyl* Zustimmungsvorbehalte).

Wiebauer, Auslandsarbeit und Arbeitszeitgesetz, EuZA 2012, 485–495.

Wienbracke, Deutsches Mitbestimmungsgesetz arbeitnehmerfreizügigkeitskonform, NZA 2017, 1036–1039.

Wieneke, Leitungsstrukturen bei Integration deutscher Gesellschaften in internationale Konzerne, in: VGR (Hrsg.), Gesellschaftsrecht in der Diskussion 2010, 2011, 91 (zit. *Wieneke* VGR 2011).

Wiese/Kreutz/Oetker/u. a. (Hrsg.), Gemeinschaftskommentar zum Betriebsverfassungsgesetz, Band I, §§ 1–73b mit Wahlordnungen und EBRG, 11. Aufl., 2018 (zit. GK-BetrVG/*Bearbeiter*).

Willemsen/Hohenstatt/Schweibert/Seibt, Umstrukturierung und Übertragung von Unternehmen, 5. Aufl., 2016 (zit. WHSS/*Bearbeiter*).

Willemsen/Rechel, Erweiterte Geschäftsführerhaftung beim Cash-Pooling – Ausweitung der Insolvenzpräventionspflichten in § 64 GmbHG, GmbHR 2010, 349–355.

Wiltfang/Schaffland/Holthaus, Datenschutz-Grundverordnung (DS-GVO) und Bundesdatenschutzgesetz (BDSG), Kommentar, 2/18 Aktualisierung, 2018 (zit. Schaffland/Wiltfang/*Bearbeiter*).

Windbichler, Arbeitnehmermobilität im Konzern, RdA 1988, 95–99.

Windbichler, Arbeitsrecht im Konzern, Bd. 56, 1989 (zit. *Windbichler* Konzernarbeitsrecht).

Windbichler, Gesellschaftsrecht, 24. Aufl., 2017.

Winstel, Unterrichtung der Belegschaftsvertretungen der Tochtergesellschaft im (grenzüberschreitenden) Aktienkonzern, 2011 (zit. *Winstel* Unterrichtung).

Winter/Marx/De Decker, Zählen und wählen Arbeitnehmer im Ausland nach deutschem Mitbestimmungsrecht, NZA 2015, 1111–1115.

Wisskirchen/Bissels, Arbeitsrechtliche Probleme in „Matrix-Strukturen", Kündigungsschutz im multinationalen Konzern bei multinational tätigen Arbeitnehmern, DB 2007, 340–346.

Wisskirchen/Dannhorn/Bissels, Haftung von Geschäftsführern in Matrixstrukturen von Konzernen, DB 2008, 1139–1143.

Wißmann, Die Suche nach dem Arbeitgeber in der Betriebsverfassung, NZA 2001, 409–414.

Wißmann/Kleinsorge/Schubert, Mitbestimmungsrecht, 5. Aufl., 2017 (zit. WKS/*Bearbeiter*).

Witschen, Matrixorganisationen und Betriebsverfassung, RdA 2016, 38–49.

Wolff/Brink (Hrsg.), BeckOK Datenschutzrecht, 24. Ed. Stand: 1.5.2018 (zit. BeckOK DatenschutzR/*Bearbeiter*).

Wolf/Neuner, Allgemeiner Teil des Bürgerlichen Rechts, 11. Aufl., 2016 (*Wolf/Neuner* BGB AT).

Wolf/Weller, (Inter-)nationale Matrixstrukturen, AuA 2015, 210–212.

Wollenschläger, Effektive staatliche Rückholoption bei gesellschaftlicher Schlechterfüllung, 2006 (zit. *Wollenschläger* Rückholoption).

Wurmnest, Das neue Internationale Arbeitsvertragsrecht der Rom I-Verordnung, EuZA 2009, 481–499.

Wurzberger, Anforderungen an Betriebsvereinbarungen nach der DS-GVO, Konsequenzen und Anpassungsbedarf für bestehende Regelungen, ZD 2017, 258–263.

Wybitul, Betriebsvereinbarungen im Spannungsverhältnis von arbeitgeberseitigem Informationsbedarf und Persönlichkeitsschutz des Arbeitnehmers, NZA 2017, 1488–1494.

Literaturverzeichnis

Wybitul, Der neue Beschäftigtendatenschutz nach § 26 BDSG und Art. 88. DSGVO, NZA 2017, 413–419.

Wybitul, EU-Datenschutz-Grundverordnung in der Praxis – Was ändert sich durch das neue Datenschutzrecht?, BB 2016, 1077–1081.

Wybitul, Wie viel Arbeitnehmerdatenschutz ist „erforderlich"?, BB 2010, 1085–1089.

Wybitul/Böhm, E-Mail-Kontrollen für Compliance-Zwecke und bei internen Ermittlungen, CCZ 2015, 133–138.

Wybitul/Pötters, BAG definiert Beschäftigtendatenschutz neu – Beweismittel wegen Datenschutzverstoß im Kündigungsschutzprozess nicht verwertbar, BB 2014, 437–442.

Wybitul/Pötters, Der neue Datenschutz am Arbeitsplatz, RDV 2016, 10–16.

Wybitul/Sörup/Pötters, Betriebsvereinbarungen und § 32 BDSG: Wie geht es nach der DS-GVO weiter? – Handlungsempfehlungen für Unternehmen und Betriebsräte, ZD 2015, 559–564.

Zietz, Der Vertragskonzern: Leitungsmacht und Verantwortlichkeit, 1971 (*Zietz* Vertragskonzern).

Zöllner, Betrieb, Unternehmen, Konzern, in: Festschrift für Theodor Tomandl zum 65. Geburtstag, 1998, S. 407–426.

Zöllner, Betriebs- und unternehmensverfassungsrechtliche Fragen bei konzernrechtlichen Betriebsführungsverträgen, ZfA 1983, 93–106.

Zöllner, Inhalt und Wirkungen von Beherrschungsverträgen bei der GmbH, ZGR 1992, 173–202.

Zöllner/Loritz/Hergenröder, Arbeitsrecht, 7. Aufl., 2015 (zit. ZLH/*Bearbeiter*).

Zöllner/Noack (Hrsg.), Kölner Kommentar zum Aktiengesetz: Band 2/1, 3. Aufl. 2009 (zit. Kölner Komm AktG/*Bearbeiter*).

Zundel, Wirksamkeit arbeitsvertraglicher Klauseln insbesondere unter dem Aspekt der AGB-Kontrolle, NJW 2006, 1237–1242.

Kapitel 1: Organisationswissenschaftliche Grundlagen

Ein rechtswissenschaftliches Grundlagenwerk über die Matrixorganisation mit einer **be-** **triebswirtschaftlichen Betrachtung** einzuleiten mag erstaunen, ist aber durchaus folgerichtig. Zum einen besitzt die Beschäftigung mit Organisationsstrukturen, und damit auch mit der Matrixorganisation, in der BWL eine lange Tradition (→ Rn. 35). Zum anderen existiert hier entsprechend bereits ein großer Fundus von Fachliteratur, der für die nachfolgenden Überlegungen beachtet werden sollte bzw. genutzt werden kann.[1] Damit kann die BWL zwar sicherlich keine exklusive, aber doch immerhin eine maßgebliche Perspektive auf das Thema für sich reklamieren. Und sie kann einen pragmatischen, nicht-juristischen Einstieg in die Thematik eröffnen.

1

Im **weiteren Verlauf** soll zuerst die Matrixorganisation festgelegt und eingegrenzt werden (→ Rn. 3 ff.); dies geschieht anhand der Beschreibung ihrer grundlegenden Merkmale (→ Rn. 5 ff.) und Schlüsselpositionen (→ Rn. 9 ff.), der Betrachtung ihrer wichtigsten Arten und Erscheinungsformen (→ Rn. 14 ff.), der Abgrenzung gegenüber anderen Organisationsformen (→ Rn. 25 ff.) sowie der Erörterung ihrer Vor- und Nachteile (→ Rn. 32 ff.). Der Abschnitt schließt mit einem kurzen historischen Rückblick (→ Rn. 35 ff.). Im zweiten Abschnitt (→ Rn. 38 ff.) wird die Funktionsweise einer Matrixorganisation näher untersucht. Dabei wird zuerst die Genese der Aufbauorganisation beleuchtet (→ Rn. 40 ff.) und anschließend die daraus entstehenden charakteristischen Kompetenzüberschneidungen, unter Einschluss verschiedener Lösungsmechanismen (→ Rn. 47 ff.). Darauf aufbauend wird eine Reihe von zentralen Herausforderungen der Matrixorganisation (als Ablauforganisation) herausgearbeitet (→ Rn. 57 ff.), die im Wesentlichen als Grundlage für die weiteren Ausführungen dieses Bandes dienen sollen.

2

A. Begriffsbestimmung

In der Fachliteratur besteht keine Einigkeit über die Definition von Matrixorganisationen.[2] Vielmehr existiert eine große **Begriffsvielfalt,** die hier wiederzugeben weder genügend Raum ist, noch wirklich zielführend wäre. Ebenso wenig kann an dieser Stelle auf die (juristische) Fachdiskussion eingegangen werden, ob und in wie weit sich die Matrixorganisation vom klassischen Einheitsunternehmen absetzt bzw. das Kriterium der einheitlichen Leitung in diesem Fall noch nützlich oder sinnvoll sein kann.[3] Stattdessen soll im Folgenden eine Definition formuliert werden, die sich aus verschiedenen existierenden Ansätzen speist. Eingedenk der oben beschriebenen generellen Intention dieses Kapitels soll die zu formulierende Definition vor allem zwei Erwartungen erfüllen: Sie soll einerseits die Analyse und Erörterung wichtiger rechtlicher Aspekte und Problemstellungen ermöglichen, indem ein dazu passender begrifflicher Rahmen geschaffen wird. Andererseits soll die Definition auch betriebswirtschaftlich anschlussfähig sein (deshalb auch die Anlehnung an verschiedene dort vorliegende Definitionen[4]), da arbeitsrechtliche Probleme regelmäßig in einem betrieblichen und betriebswirtschaftlichen Rahmen gedacht werden müssen.

3

So verstehen wir nachfolgend unter einer **Matrixorganisation** *eine Klasse innerhalb möglicher Organisationsformen, bei denen sich zwei oder mehr Führungs-, Berichts- oder Kommunikationsdimensionen überlagern, die sich auf dasselbe Element (Organisationseinheit) beziehen und*

4

---

[1] ZB *Bleicher* Organisation S. 566 ff.; *Kieser/Walgenbach* Organisation S. 128 ff.; *Mintzberg* Structuring S. 168 ff.; *Scholz* HWO 1992; *Schreyögg* Organisation S. 148 ff.; *Thommen/Richter* HWUO 2004.
[2] *Maywald* Matrixstrukturen S. 18; *Thommen/Richter* HWUO 2004, 828 (829).
[3] Zu dieser Diskussion vgl. *Berger* Matrixorganisation S. 5.
[4] ZB *Thommen/Richter* HWUO 2004, 828 (829).

dadurch eine Mehrfachunterstellung dieses Elements begründen. Somit können Abweichungen zwischen den faktisch geltenden und gesellschaftsrechtlich vorgegebenen Strukturen entstehen.

I. Grundlegende Merkmale der Matrixorganisation

5 Anknüpfend an die obige Definition sind hier zwei charakteristische Merkmale der Matrixorganisation zu betrachten, nämlich die **mehrdimensionale Organisationsstruktur** und das **Mehrliniensystem,** die sich gegenseitig bedingen bzw. sich aufeinander beziehen.

6 In der Fachliteratur werden darüber hinaus verschiedentlich weitere Kriterien genannt. Dabei handelt es sich zum einen um Aspekte wie die verschiedenen Gliederungsprinzipien (zB „Verrichtung", „Produkt", „Region")[5], die hier noch entbehrlich sind und erst später eingehender behandelt werden sollen (→ Rn. 15 ff.). Zum anderen tauchen in der Diskussion auch immer wieder Kriterien auf (zB die rechtliche Selbständigkeit oder die räumliche Trennung)[6], die weder notwendig noch hinreichend (sondern eher irreführend) für die Erfassung des Phänomens Matrixorganisation sind und deshalb an dieser Stelle ausgeschlossen bzw. zurückgestellt werden müssen.

1. Mehrdimensionale Organisationsstruktur

7 Im Gegensatz zu funktionalen[7] oder divisionalen[8] Organisationen vollzieht sich bei der Matrixorganisation die betriebliche Aufgabenteilung gleichzeitig nach mehreren unterschiedlich ausgerichteten Gliederungskriterien bzw. Dimensionen (zB Funktionen, Objekte, Regionen).[9] Diese **verschiedenen Dimensionen** sind grundsätzlich gleichwertig bzw. gleichberechtigt.[10] Charakteristisch für die Matrixorganisation bestehen diese Dimensionen nicht unabhängig nebeneinander, sondern werden vielmehr übereinander gelegt bzw. überlagern sich in den nachgeordneten Organisationseinheiten. Dadurch entsteht ein besonderer Koordinationsbedarf.

2. Mehrliniensystem

8 Im Gegensatz zu funktionalen oder divisionalen Organisationen ist die Matrixorganisation kein Einliniensystem, das durch die Singularität der Auftragserteilung gekennzeichnet ist,[11] sondern ein **Mehrliniensystem.** Hier wird die eindeutige hierarchische Zuordnung einer Organisationseinheit zu einer übergeordneten, weisungsbefugten Instanz überlagert von einer oder mehreren, gleichberechtigten Beziehungslinien.[12] Dadurch entsteht eine Mehrfachunterstellung der nachgelagerten Organisationseinheiten.

---

[5] *Maywald* Matrixstrukturen S. 19; *Scholz* HWO 1992, 1302 (1302).
[6] *Wolf/Weller* AuA 2015 210 (210).
[7] Die funktionale Organisation gliedert auf der zweiten Hierarchieebene unterhalb der Unternehmensleitung Organisationseinheiten nach Verrichtungen (Aufgaben), s. *Kieser/Walgenbach* Organisation S. 87.
[8] Die divisionale Organisation gliedert auf der zweiten Hierarchieebene Organisationseinheiten nach Objektgesichtspunkten (zB Produkte, Kundengruppen, Absatzgebiete) oder Arbeitsgebieten, s. *Kieser/Walgenbach* Organisation S. 87 f.
[9] *Maywald* Matrixstrukturen S. 18.
[10] *Thom* Effizienz S. 240.
[11] *Thommen/Richter* HWUO 2004 828 (829).
[12] *Sy/D'Annunzio* HRP 2005, 39 (40).

A. Begriffsbestimmung Kapitel 1

II. Schlüsselpositionen

Bei der Beschreibung und Charakterisierung von Matrixorganisationen stehen grundsätzlich **drei Schlüsselpositionen** im Vordergrund. Diese sind auf drei unterschiedlichen hierarchischen Ebenen angesiedelt und so auch in der Lage, vielfältige Aspekte der Matrixorganisation abzubilden.[13]

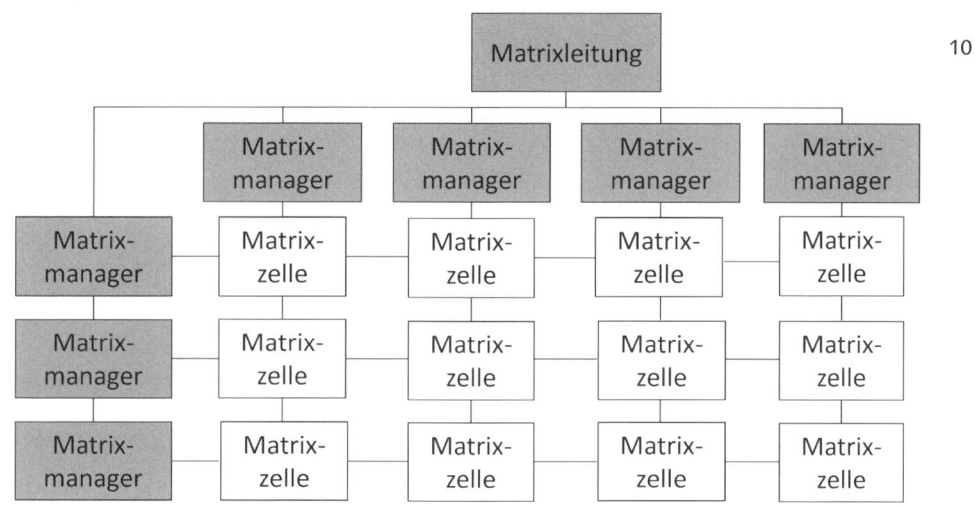

Abb. 1: Die „klassische" Form der Matrix

1. Matrixleitung

Die Matrixleitung bzw. der Matrixleiter ist auf der obersten Hierarchieebene der Matrixorganisation angesiedelt. Entsprechend hat sie in erster Linie **leitende und steuernde Aufgaben.** Sie kann als Singular- oder Pluralinstanz organisiert sein, dh eine Einzelperson oder ein Mehrpersonen-Gremium umfassen. Eine Spezialisierung auf einzelne organisatorische Dimensionen (→ Rn. 7) liegt bei der Matrixleitung normalerweise nicht vor, ebenso wenig wie eine Überlagerung verschiedener Dimensionen. Die Matrixleitung ist auch nicht unmittelbar mit der Koordination der mit diesen Überlagerungen verbundenen Probleme (insb. den Kompetenzüberschneidungen) betraut, sondern soll vielmehr durch diese arbeitsmäßig entlastet werden. Allerdings kommt ihr oftmals aufgrund der Komplexität der Matrixorganisation mittelbar eine Steuerungsfunktion zu (zB Regelfestlegung, Schlichtung).

2. Matrixmanagement

Das Matrixmanagement bzw. die Matrixmanager[14] sind der Matrixleitung direkt nachgeordnet bzw. unterstellt und die **Leitungsinstanzen für die Matrixzellen.** Sie repräsentieren einzelne organisatorische Dimensionen und beinhalten selbst keine Überlagerung verschiedener Dimensionen. Die Matrixmanager haben die Möglichkeit, den ihnen nachgeordneten Matrixzellen Weisungen zu erteilen. Im Falle einer Matrixzelle als rechtlich selbständigem Unternehmen kann der Matrixmanager sogar „durchregieren", dh den Geschäftsleitungen, möglicherweise auch den ihnen unterstellten Mitarbeitern, Anweisungen zur operativen Tätigkeit geben und so bestehende (funktionale bzw. gesellschaftsrechtlich

---

[13] *Scholz* HWO 1992, 1302 (1303).
[14] *Adzic* Matrixorganisation S. 15.

vorgegebene) Leitungsbeziehungen kontrastieren bzw. durchbrechen. Aufgrund der Mehrdimensionalität und der Mehrlinigkeit der Matrixorganisation besitzen die Matrixmanager allerdings nur eine **begrenzte Entscheidungs- und Verfügungsbefugnis** betreffend die Aktivitäten und (sachlichen und personellen) Ressourcen in ihrem Aufgabenbereich. Entsprechend kommt ihnen eine Koordinationsaufgabe mit Blick auf die ihnen (mit-)unterstellten organisatorischen Einheiten mit Dimensions-Überlagerung zu, wobei sie diese selbst wahrnehmen oder auch an die unterstellte Einheit delegieren können. Normalerweise ist der einzelne Matrixmanager den Matrixmanagern anderer Dimensionen, mit denen ein Koordinationsbedarf entsteht, gleichgestellt bzw. gleichberechtigt.

3. Matrixzelle

13 Matrixzellen[15] bilden die eigentlichen Kristallisationspunkte der Matrixorganisation, sie weisen die zentralen Merkmale dieser Organisationsform (→ Rn. 5 ff.) auf. Vor allem kommt es hier zur **Überlagerung der Dimensionen** und damit der Interessen der übergeordneten Matrixmanager: Es sind Aufgabenstellungen aus der Perspektive mehrerer Dimensionen wahrzunehmen, und es besteht eine Mehrfachunterstellung. Entsprechend sind die Matrixzellen vor allem Anweisungsempfänger. Die Matrixzellen können durch einzelne Personen, durch Teams oder auch durch ganze Gesellschaften besetzt sein. Ein Sonderfall ist eine Matrixzelle, die nicht personell besetzt ist, sondern nur als Problem existiert.[16] Die Matrixzelle steht nicht zwingend am (unteren) Ende der Hierarchie, sondern kann ihrerseits wiederum verschiedene Unterstellungsverhältnisse mit nachgelagerten Organisationseinheiten begründen.

III. Arten und Erscheinungsformen

14 Die oben beschriebenen Eigenschaften einer Matrixorganisation öffnen ein weites Feld von Möglichkeiten und Varianten von Matrixstrukturen, wobei diese durchaus in Kombination auftreten können. Die wichtigsten sollen nachfolgend kurz skizziert werden.

1. Grundform: Kombination funktionaler und divisionaler Geschäftsbereiche

15 Eine erste, grundlegende Unterscheidung von Matrixorganisationen orientiert sich an den Merkmalen, nach denen sich die Instanzen der Matrix (i. e. die Matrixmanager) voneinander unterscheiden. Im Vordergrund stehen dabei **Funktion, die Produkt/Produktgruppe und Region.** Darüber hinaus sind aber auch weitere Kriterien denkbar (zB Kundengrößenklassen, Marktsegmente).[17]

16 Aus den Kombinationen der Gliederungskriterien ergeben sich dann die verschiedenen Varianten, also vornehmlich die Funktion-Produkt-Matrix, die Funktion-Region-Matrix und die Produkt-Region-Matrix.[18] Diese werden normalerweise auf der zweiten Hierarchieebene[19] angelegt, können aber durchaus auch auf nachgelagerten Ebenen verwendet werden. Insbesondere bei der Gliederung nach Produkten erhält die Matrixorganisation teilweise die Rolle einer **Sekundärorganisation,** dh die grundsätzlich vorhandene (zB funktionale) Primärstruktur wird – eventuell temporär – ergänzt.

---

[15] *Scholz* HWO 1992, 1302 (1303).
[16] *Leumann* ZfO 1980, 123 (126).
[17] *Thommen/Richter* HWUO 2004, 828 (830).
[18] *Maywald* Matrixstrukturen S. 19.
[19] In Abb. 1 wäre das die Ebene der Matrixmanager.

2. Tensor-Organisation

Bei der Kombination von **drei (oder mehr) Dimensionen bzw. Gliederungskriterien** entsteht eine sog. Tensor-Organisation.[20] Ihre Abbildung verlangt normalerweise eine dreidimensionale Darstellung, zB in Form eines Würfels. Obwohl sie die konsequente Weiterentwicklung der Matrix darstellt, wird sie in der Fachliteratur eher randständig behandelt, wohl vor allem mit Blick auf die mit ihr verbundene Steigerung von Komplexität und Koordinationsbedarf.

17

3. Projekt-Matrixorganisation

Die (zusätzliche) Gliederung nach Projekten stellt eine **typische Form der Sekundärorganisation** dar. Sie kam einerseits in der Frühphase der Entwicklung der Matrixorganisation häufig zur Anwendung,[21] ist andererseits aber oft eine sekundäre Organisationsform in der Frühphase der Entwicklung von Organisationen bzw. in mit der Matrixorganisation noch wenig vertrauten Organisationen.

18

Die hier zum Einsatz kommenden Projektteams sind normalerweise mit dualen Informations- und Berichtspflichten ausgestattet.[22] Je nach **Gewichtung der Projekte** kann auch das Gewicht der beiden Dimensionen ausgeprägt sein. Bei Projekten von nachrangiger Bedeutung (zB Organisation der Betriebs-Weihnachtsfeier) sind Einfluss und Ressourcen[23] eher gering ausgeprägt und von einer Gleichwertigkeit mit der (primären) Linieninstanz kann keine Rede sein – bei Projekten von zentraler Wichtigkeit (zB Task Force im Krisenmanagement) erhält die Matrixinstanz ganz klar Vorrang.[24] Ihre oft temporäre Einrichtung kann auch zu einer Variierung der Einflussnahme der zwei Dimensionen im Zeitverlauf führen (sog. shifting matrix[25]).

19

4. Zentralbereiche

Im Falle von Zentralbereichen, wie sie vor allem in größeren Organisationen vorzufinden sind, werden verschiedene Funktionen in **zentralen Stabsstellen**[26] zusammengefasst, die für die Linienstellen eine **Dienstleisterrolle** (sog. shared services) ausüben sollen. In Abgrenzung von der normalen Stab-Linien-Organisation (→ Rn. 27) besitzen die Zentralbereiche – nicht zuletzt aufgrund ihrer oft sehr ansehnlichen Ressourcenausstattung[27] – auch gewisse Koordinations- und Weisungskompetenzen gegenüber den Linienstellen. Entsprechend stellt sich hier dann teilweise die Frage, wie weit es sich (noch) um eine Stabs- oder (bereits) um eine Linienfunktion handelt, wobei die Unterstellung der Zentraleinheiten eine wichtige Rolle spielt.[28]

20

---

[20] *Bleicher* Organisation S. 566; *Sy/D'Annunzio* HRP 2005, 39 (40).
[21] *Thommen/Richter* HWUO 2004, 828 (830).
[22] *Thommen/Richter* HWUO 2004, 828 (830).
[23] Zu denken ist hier insbesondere an die (formelle oder informelle) Aufteilung des Arbeitspensums der Mitarbeiter zwischen den Dimensionen.
[24] *Scholz* HWO 1992, 1302 (1304).
[25] *Mintzberg* Structuring S. 172 f.
[26] Stabstellen sind grundsätzlich Leitungshilfsstellen, die einer Linienstelle zugeordnet sind, um diese zu unterstützen und zu entlasten, s. *Kieser/Walgenbach* Organisation S. 135 f.
[27] Dies führt auch zu grundsätzlichen Diskussionen über Sinn und Zweck von Zentraleinheiten, zB „think tank" oder „administrativer Wasserkopf", vgl. *Rau* Key Account Management S. 45.
[28] Angesprochen wird hier insbesondere das Phänomen der „Legitimitäts-Infektion", dh dass der Bezug zu sehr einflussreichen Vorgesetzten auch den Einfluss der Zentraleinheit wesentlich stärken kann, vgl. *Steger* Legitimität S. 108.

5. „Geplante" Matrix vs. „ungeplante" Matrix

21 Eine Matrixorganisation ist nicht zwingend das Ergebnis eines (rationalen) Planungsprozesses. Vielmehr kann sie sich **spontan** ergeben (zB im Rahmen des Krisenmanagements oder unternehmensinternen Umstrukturierungen), sie kann sich **unbemerkt, schleichend** entwickeln (zB bei zunehmender Wichtigkeit von produktorientierter gegenüber der angestammten funktionsorientierten Arbeitsweise) oder auch „eingehandelt" werden (zB durch Fusionen oder Firmenübernahmen). Dies ist oft auch mit dem Umstand verbunden, dass das offizielle Organigramm der Organisation (dh die offizielle Darstellung der organisationalen Konfiguration) den tatsächlichen Verhältnissen und Gegebenheiten hinterherhinkt oder aber, der zunehmenden organisationalen Komplexität geschuldet, diese kaum mehr abzubilden in der Lage ist.

6. „Dominante" vs. „nachgeordnete" Matrix

22 Die Matrixorganisation kann als generelles Strukturierungsmuster für alle Hierarchieebenen, unternehmens- bzw. konzernweit, gelten.[29] In manchen Unternehmen kann sie allerdings auch erst **ab der zweiten Hierarchieebene** angewandt werden oder sie wird nur **punktuell** in bestimmten Einheiten der Organisation eingesetzt (zB in einzelnen Betrieben), während andere gleichzeitig eindimensional (zB funktional) gegliedert bleiben. Solche heterogenen Strukturen lassen sich vor allem in größeren Unternehmen häufig finden.

7. Internationale Matrixstrukturen

23 Eine besondere Brisanz erhalten Matrixorganisationen, wenn sie Ländergrenzen überschreiten bzw. international praktiziert werden. Erstens entstehen in diesem Fall fast notwendigerweise größere **räumliche Distanzen** zwischen Mitarbeitern (in der Matrixzelle) und ihren Vorgesetzten, den Matrixmanagern, was Kommunikation und Koordination erschwert.[30] Zweitens kommen oft **unterschiedliche Rechtsordnungen und -systeme** zur Anwendung bzw. es stellt sich die schwierige Frage nach dem anwendbaren Recht.[31] Drittens sind vielfach auch **unterschiedliche Sprachen und Kulturen** zu beachten, was sich etwas in Führungsstilen, Kommunikations- und Verhaltensformen, Hierarchieverständnis oder Erwartungshaltungen etc. niederschlagen kann.[32]

24 Ein spezieller Themenkomplex im Zusammenhang mit der internationalen Matrixstruktur stellt die **(Auslands-)Entsendung** von Mitarbeitern der Matrixzelle oder von Matrixmanagern dar. Hierbei stellen sich dann Fragen nach der Fristigkeit (zB kurz-, mittel- oder langfristige Entsendung) solcher Einsätze,[33] nach der spezifischen Ausgestaltung individueller Rechte und Pflichten der Entsandten[34] sowie nach den zum Einsatz kommenden Arbeitsmitteln und -formen (zB virtuelle Teams, neue Medien). Die betriebswirtschaftliche Literatur hat sich dem Thema der sog. Expatriates in der Vergangenheit sehr ausführlich gewidmet,[35] weshalb eine Vertiefung an dieser Stelle unterbleiben kann.

---

[29] *Scholz* HWO 1992, 1302 (1302).
[30] *Oertig/Buergi* TPM 2006, 23 (23 ff.); *Wolf/Weller* AuA 2015, 210 (210). Eine komplizierte Konstellation ergibt sich insbesondere, wenn sich die räumliche Distanz zu den zwei (oder mehr) Vorgesetzten deutlich unterscheidet, zB wenn der eine Vorgesetzte am selben Standort tätig ist, der andere dagegen an einem (weit entfernten) ausländischen Standort.
[31] *Maywald* Matrixstrukturen S. 30 ff.; *Wolf/Weller* AuA 2015, 210 (212).
[32] *Brodbeck/Frese/Javidan* AME 2002; *Wolf/Weller* AuA 2015, 210 (212).
[33] *Maywald* Matrixstrukturen S. 61 ff.
[34] *Maywald* Matrixstrukturen S. 33 ff., 136 ff.; *Wolf/Weller* AuA 2015, 210 (210 f.).
[35] ZB *Dowling/Welch* International Human Resource Management; *Engelen/Tholen* Interkulturelles Management; *Perlitz* Internationales Management; *Scherm* Internationales Personalmanagement.

A. Begriffsbestimmung

IV. Abgrenzung von anderen Organisationsformen

Nach der Darstellung der wichtigsten Arten von Matrixorganisationen erscheint es angebracht, an dieser Stelle einige Organisationsformen anzusprechen, die in der Diskussion um Matrixorganisationen wiederholt auftauchen, von denen wir uns aber im Blick auf den weiteren Fortgang des vorliegenden Werkes abgrenzen möchten. 25

1. Weitere mehrdimensionale Organisationsformen

a) Funktionsmeister-Modell

Dieses Modell ist ein zentraler Bestandteil des *Taylor*'schen Scientific-Management-Ansatzes aus dem frühen 20. Jahrhundert und kann als **Keimzelle der Matrix-Idee** betrachtet werden (→ Rn. 35 ff.).[36] Im Unterschied zum traditionellen Leitungssystem mit nur einem Werkstattmeister, wurden die Leitungsfunktionen auf verschiedene „Funktionsmeister" des Büros und der Werkstatt (nach *Taylor* optimaler Weise je vier) verteilt, die jeder für einen Funktionsbereich zuständig und darauf spezialisiert waren. Im Ergebnis hatte dies eine Mehrfachunterstellung der Mitarbeiter und somit auch ein Mehrliniensystem zur Folge.[37] Trotz seiner wichtigen Vorreiterrolle stellt das Funktionsmeister-Modell ein Extremfall der Mehrdimensionalität dar, der sich zudem auf eine nachgelagerte Hierarchieebene (Produktions- und Werkstattbereich) beschränkt, weshalb es hier nicht Gegenstand vertiefter Betrachtung sein soll. 26

b) Stab-Linien-Organisation

In dieser Organisationsform besitzen die Stäbe eine **fachliche Weisungsbefugnis** gegenüber den operativen Einheiten, **nicht aber eine disziplinarische.**[38] Insofern kann die Stab-Linien-Organisation nicht als Matrixorganisation interpretiert werden, da sich die verschiedenen Beziehungslinien in ihrer Wertigkeit bzw. Bedeutsamkeit nicht entsprechen.[39] Dazu kommt, dass in der Stab-Linien-Organisation nur eine Stelle, nämlich die Linien-Instanz, Zugriff auf die operativen Ressourcen hat, nicht wie in der Matrixorganisation zwei oder mehr Stellen gleichzeitig.[40] Die entsprechenden Abstimmungsprobleme entfallen hier deshalb weitgehend. 27

c) Ausgliederungen

Bei einer Ausgliederung wird ein Unternehmen oder eine Tochtergesellschaft von der Muttergesellschaft abgespalten und in ein anderes Unternehmen eingegliedert, wobei die bisherige Muttergesellschaft weiterhin an dem ausgegliederten Unternehmen beteiligt bleibt.[41] Dadurch kommt es in der Tat zu einer **Mehrfachunterstellung,** allerdings nicht notwendigerweise zu einer Matrixorganisation, da die Mehrdimensionalität nicht unbedingt gegeben ist. Auch bleibt die Frage bestehen, ob und inwieweit zwischen der (alten) Muttergesellschaft und dem aufnehmenden Unternehmen Gleichgewichtigkeit mit Blick auf das ausgegliederte Unternehmen besteht oder auch nur angestrebt wird.[42] 28

---

[36] *Scholz* HWO 1992, 1302 (1310).
[37] *Kieser/Ebers* Organisationstheorien S. 129; *Schreyögg* Organisation S. 132.
[38] *Thommen/Richter* HWUO 2004, 828 (829).
[39] *Thom* Effizienz S. 240.
[40] *Thommen/Richter* HWUO 2004, 828 (829).
[41] § 123 Abs. 3 UmwG. Hier sieht der Gesetzgeber eine breite Vielfalt von Varianten vor.
[42] § 126 UmwG.

2. Weitere Modelle organisationsübergreifender Zusammenarbeit

a) Allgemeiner Konzern

29 Grundsätzlich begründen weder der sog. **Unterordnungskonzern,** in dem ein oder mehrere abhängige Unternehmen unter der einheitlichen Leitung einer herrschenden Organisation zusammengefasst werden,[43] noch der sog. **Gleichordnungskonzern,** in dem zwei rechtlich selbständige Unternehmen ohne gegenseitige Abhängigkeit unter einer einheitlichen Leitung zusammengefasst werden,[44] eine Matrixstruktur. Wenn von Seiten der herrschenden Organisation oder ihrer Teilbereiche bzw. der einheitlichen Leitung über eine oder mehrere Ebenen hinweg in die beherrschten Unternehmen bzw. deren Teilbereiche „hineinregiert" wird, so wäre das aus klassischer organisationswissenschaflicher Sicht lediglich eine Umgehung bzw. eine Verletzung des Dienstweges – ungeachtet der Frage, ob ein solches Verhalten legitimiert ist oder nicht und welche Rechtsfolgen damit eventuell verbunden sind. Erst eine klare Regelung von Mehrdimensionalität und Mehrlinigkeit (→ Rn. 7f.) unter Beachtung der Gleichgewichtigkeit bzw. Gleichwertigkeit würde eine Matrixorganisation schaffen.[45]

b) Holding-Organisation

30 Ähnliches lässt sich bei der Holding-Organisation feststellen. Eine Holding-Organisation stellt per se keine Matrixorganisation dar, und der bloße Fakt des „Hineinregierens" über den Dienstweg im Einliniensystem hinweg – wiewohl in der Praxis sicherlich häufig praktiziert – lässt uns noch nicht von einer Matrixorganisation in oben skizziertem Sinne sprechen. Nichtsdestotrotz ist die Etablierung einer Matrixstruktur natürlich auch in dieser Organisationsform durchaus möglich (zB mit der Holding in der Rolle der Matrixleitung).

c) Joint Venture

31 Joint Ventures (teilweise wird auch von Gemeinschaftsunternehmen gesprochen) bezeichnen verschiedene Formen der **Organisationskooperation zwischen zwei oder mehr Partnerunternehmen,** wobei diese in der Regel rechtlich und wirtschaftlich voneinander unabhängige Unternehmen darstellen, die die Führungsverantwortung und das finanzielle Risiko am Gemeinschaftsunternehmen gemeinsam tragen.[46] Obwohl es dabei unbestreitbar zu Überschneidungen zwischen den Partnern kommen kann, so konzentrieren sich diese doch vornehmlich auf die oberste Ebene des Gemeinschaftsunternehmens.[47] Auch ist hier zwar von einer Mehrfachunterstellung, aber eher nicht von einer Mehrdimensionalität auszugehen, was eine Aufgabenteilung nach verschiedenen Gliederungskriterien zwischen den Partnern voraussetzen würde (→ Rn. 7).

V. Vor- und Nachteile der Matrixorganisation

32 In der einschlägigen Fachliteratur werden ein Vielzahl von Vor- und Nachteilen der Matrixorganisation genannt.[48] Die wichtigsten von ihnen sollen nachfolgend angeführt und kurz erläutert werden.

---

[43] § 18 Abs. 1 AktG; *Maywald* Matrixstrukturen S. 22.
[44] § 18 Abs. 2 AktG; *Maywald* Matrixstrukturen S. 22.
[45] *Meyer* NZA 2013, 1305.
[46] *Schaumburg* Internationale Joint Ventures.
[47] Wir sehen hier vom bereits oben diskutierten Fall des ebenenüberschreitenden „Hineinregierens" ab (→ Rn. 30).
[48] Überblicke geben zB *Scholz* HWO 1992, 1302 (1308); *Thommen/Richter* HWUO 2004, 828 (832ff.).

1. Vorteile

Durch die Loslösung vom klassischen vertikalen Dienstweg können (Kommunikations-) Wege generell verkürzt und Querschnittabstimmungen erleichtert werden. Dies erhöht die **organisationale Flexibilität,** sowohl mit Blick auf die Informations- als auch die Reaktionsgeschwindigkeit.[49] Auch stärkt die Matrixorganisation die **Fachkompetenzen** gegenüber der hierarchischen Linienorganisation. Dadurch werden organisationale Kompetenzen aufgebaut und letztlich die Qualität von Entscheidungen und Weisungen verbessert.[50] Die Mehrdimensionalität der Matrixorganisation ermöglicht zudem **relativ hierarchiefreie und stärker sachorientierte Diskussionen** von Problemen in größeren Gruppen. Damit wird auch die Interdisziplinarität und Teamorientierung in der Organisation verbessert.[51] Auch der Zwang zum Ausgleich konkurrierender Interessen in der Matrixorganisation (→ Rn. 48ff.), der jenseits rein hierarchischer Überlegungen nach dem Prinzip der Abstimmung und Aushandlung stattfindet, bewirkt eine **effizientere Ressourcenallokation.** Damit wird egoistischem Besitzstandsdenken ebenso entgegengetreten wie dem Aufbau autarker „Fürstentümer" und „funktionaler Silos".[52] Durch die Teilung von fachlicher und disziplinarischer Führung wird auch die **Matrixleitung von Kontroll- und Entscheidungsaufgaben im operativen Bereich entlastet** und erhält dadurch mehr Freiraum, sich auf ihre Aufgaben in der strategischen Planung und Organisationsentwicklung zu konzentrieren.[53] Weiterhin wird durch die Mitwirkung in unterschiedlichen Matrixzellen und den entsprechenden Diskussionsgruppen das **Fähigkeitspotential der Matrixmanager gestärkt** und erhöht.[54] Auch erleichtert die Trennung von fachlicher und disziplinarischer Führung die Besetzung von Führungspositionen.[55] Last but not least, entfällt für die Mitarbeiter in den Matrixzellen das rein bipolare Arbeitsverhältnis. Stattdessen stehen ihnen stets mindestens **zwei kompetente Ansprechpartner** zur Verfügung, was die Qualität von Entscheidungen und indirekt auch der Arbeit insgesamt verbessert.[56]

33

2. Nachteile

In der Matrixorganisation werden die (begrenzten) Informationsaufnahme- und -verarbeitungskapazitäten der beteiligten Manager und Mitarbeiter überschätzt.[57] So sind die Daten- und Kommunikationsflüsse häufig unklar, und es kommt zu einem (unvorhergesehen) **hohen Kommunikationsaufwand,** zu Informationsverlusten und teilweise auch zu einer Vernachlässigung externer Kommunikation.[58] Matrixorganisationen schaffen zudem eine Situation, in der oftmals **Verantwortlichkeiten unklar** bzw. ambivalent sind.[59] Dies führt zu Missverständnissen[60], aber auch zu Kompetenzstreitigkeiten und Machtkämpfen.[61] Dadurch ergeben sich oft vermehrte Rückdelegierungen bzw. entsprechend **erhöhte Aufwendungen für Mediations- und Moderationsprozesse** und mithin

34

---

[49] *Bauer/Herzberg* NZA 2011, 713 (714); *Kolodny* AMR 1979, 543 (548); *Sy/D'Annunzio* HRP 2005, 39 (40); *Thommen/Richter* HWUO 2004, 828 (832f.).
[50] *Thommen/Richter* HWUO 2004, 828 (832).
[51] *Scholz* HWO 1992, 1302 (1305).
[52] *Knight* JMS 1976, 111 (119); *Thommen/Richter* HWUO 2004, 828 (833).
[53] *Bauer/Herzberg* NZA 2011, 713 (714); *Thommen/Richter* HWUO 2004, 828 (832).
[54] *Hill/Fehlbaum/Ulrich* Organisationslehre S. 212ff.; *Knight* JMS 1976, 111 (119).
[55] *Bauer/Herzberg* NZA 2011, 713 (714).
[56] *Bauer/Herzberg* NZA 2011, 713 (714).
[57] *Simon* Administrative behavior S. 154ff.
[58] *Davis/Lawrence* Matrix S. 143f.; *Goold/Campbell* EMJ 2003, 351 (351); *Sy/Coté* JMD 2004, 437 (445); *Thommen/Richter* HWUO 2004, 828 (832).
[59] *Bauer/Herzberg* NZA 2011, 713 (714).
[60] So wird die Matrixorganisation häufig von Linienmanagern dahingehend verstanden, dass ihnen nun ihre Mitarbeiter „weggenommen" oder diese „ferngesteuert" würden, s. *Sy/D'Annunzio* HRP 2005, 39 (43).
[61] *Davis/Lawrence* Matrix S. 129f.

eine Überlastung der Matrixleitung.[62] Aufgrund der hohen institutionalisierten Kommunikationsintensität tendieren die Entscheidungsprozesse in der Matrixorganisation auch häufig zur **Langwierigkeit und Schwerfälligkeit.**[63] Dies führt zu einer überstrukturierten und dadurch **ineffizienten Ressourcenallokation.**[64] Weiterhin bringt die Komplexität der Matrixorganisation einen **erhöhten rechtlichen Regelungsbedarf** mit sich.[65] Vielfach, wie die nachfolgenden Ausführungen dieses Bandes verdeutlichen werden, sind dabei betriebswirtschaftliche Erfordernisse und rechtliche Rahmenbedingungen nur schwierig miteinander in Einklang zu bringen. Da der Aufbau von Matrixorganisationen oftmals nicht mit dem Abbau überalterter Strukturen einhergeht, kommt es nicht zu einer Flexibilisierung, sondern vielmehr zu einer verstärkten **Bürokratisierung der Organisation.**[66]

Auch die in der Matrixorganisation angelegte Erfordernis, sich in mehreren Dimensionen zu spezialisieren führt zu einer **engen Spezialisierung** in der einzelnen Dimension und dadurch zu erhöhten Schwierigkeiten, die erworbenen Fähigkeiten und Kompetenzen auch tatsächlich operativ nutzen zu können.[67] Die Matrixorganisation stellt zudem, insbesondere im Führungsbereich (dh für Matrixleitung und Matrixmanager), **erhöhte Anforderungen bezüglich Menschenbild, Führungsstil oder Kommunikations- und Konfliktlösungsfähigkeiten,** die oftmals nicht gegeben oder sogar unrealistisch sind.[68] Letztlich ist Voraussetzung für eine effiziente Matrixorganisation auch eine **entsprechende Organisationskultur,** welche auf Werten wie Kooperation, Kommunikation, Offenheit, Partizipation und Flexibilität basiert und die Organisationsmitglieder entsprechend sozialisiert.[69] Ohne einen solchen Rahmen ist eine Matrixorganisation wohl zum Scheitern verurteilt.

VI. Geschichte der Matrixorganisation

35 Die wahrscheinlich früheste konkrete Ausprägung einer Matrixorganisation lässt sich im **Funktionsmeisterprinzip** von *Taylor* (→ Rn. 26) finden.[70] Das Produktmanagement wurde erstmals 1919 in den USA eingeführt, seine Verbreitung blieb in der Folgezeit aber noch relativ gering, begrenzt auf wenige Markenartikelhersteller und die Rüstungs- und Weltraumindustrie.[71]

36 Von Bedeutung wurde die Matrixorganisation erst in der **wirtschaftlichen Wachstumsphase der 1950er bis 1970er-Jahre,** die geprägt waren durch eine zunehmende Internationalisierung, beschleunigtem technologischem Wandel und wachsender Verflechtung zwischen verschiedenen Teilbereichen der Wirtschaft. Den Anfang machte das US-amerikanische Luft- und Raumfahrtunternehmen TRW Inc. 1957.[72] Diese, wie zahlreiche weitere Matrixorganisationen, waren vorerst vor allem projektgetrieben und daher meist temporär und als Sekundärorganisation angelegt.[73] In den 1960er-Jahren verbreitete sich die Matrixorganisation im gesamten industriellen Bereich, wobei auch die Nutzungsintentionen vielfältiger wurden (zB Aufbau eines Gegengewichts zur divisionalen Organi-

---

[62] *Peters* McKQ 1979, 10 (11).
[63] *Davis/Lawrence* Matrix S. 138 f.; *Stegmann* Kommunikation S. 86 f.; *Thommen/Richter* HWUO 2004, 828 (833).
[64] *Thommen/Richter* HWUO 2004, 828 (833).
[65] *Bauer/Herzberg* NZA 2011, 713 (714).
[66] *Peters* McKQ 1979, 10 (11).
[67] *Thommen/Richter* HWUO 2004, 828 (834).
[68] *Scholz* HWO 1992, 1302 (1309).
[69] *Scholz* HWO 1992, 1302 (1310).
[70] *Taylor/Wallichs* Betriebsleitung S. 36 ff.
[71] *Scholz* HWO 1992, 1302 (1310).
[72] *Thommen/Richter* HWUO 2004, 828 (830).
[73] *Thommen/Richter* HWUO 2004, 828 (830).

A. Begriffsbestimmung

sation, Verbesserung der Zusammenarbeit zwischen den Divisionen, Strukturprinzip innerhalb einzelner Divisionen).[74] Generell galt die Matrixorganisation in diesen Jahren als Alternative zu stark hierarchischen, starren Organisationsformen.[75] Auch die Fachliteratur beschäftigte sich erstmals intensiver mit der Matrixorganisation.[76]

Gegen Ende der 1970er-Jahre wurde die **Diskussion zur Matrixorganisation deutlich kritischer**,[77] und die 1980er-Jahre führten im Zuge von Rezessionserfahrungen und steigendem Kostendruck auch zu einem Rückgang in der Verbreitung der Matrixorganisation.[78] Die Einführung der sog. **Prozessorganisation**[79] führte dann Ende der 1980er-/Anfang der 1990er-Jahre nochmals zu einer (kurzen) Renaissance der Matrixorganisation. Heute lässt sich die Matrixorganisation nach wie vor in fast allen Branchen finden, allerdings vornehmlich im Sinne einer weniger formal definierten Sekundärorganisation (und nicht als zentrales Strukturprinzip), bei entsprechender Erforderlichkeit und situativer Günstigkeit.[80]

---

[74] *Thommen/Richter* HWUO 2004, 828 (831).
[75] *Thommen/Richter* HWUO 2004, 828 (831).
[76] Vgl. zB *Argyris* JMS 1967, 31; *Mee* BH 1964, 70; *Stopford/Wells* Multinational enterprise.
[77] Vgl. zB *Davis/Lawrence* Matrix; *Peters* McKQ 1979, 10.
[78] *Thommen/Richter* HWUO 2004, 828 (831).
[79] Diese gelangte vor allem unter dem Schlagwort „Business Process Reengineering" (zB *Hammer/Champy* Reengineering) in Mode.
[80] *Scholz* HWO 1992, 1302 (1311); *Thommen/Richter* HWUO 2004, 828 (831).

B. Funktionsweise

38 Während in Teil A die Matrixorganisation noch eher statisch betrachtet worden war, soll es in diesem zweiten Teil nun stärker um die dynamischen Aspekte gehen.

39 In der Fachliteratur werden zwei Bündel von Voraussetzungen für die Einführung der Matrixorganisation genannt.[81] Die eher **statischen Bedingungen** sind:[82]
- mindestens zwei essentielle Gliederungsdimensionen,
- eine komplexe, unsichere Aufgabe sowie
- Zwang zur gemeinsamen Nutzung von Ressourcen.

Die eher **prozedural-dynamischen Bedingungen** sind:[83]
- exakte Definition der organisatorischen Rollen,
- konsequente Modifikation der Organisationskultur,
- Einführung praktikabler Richtlinien zum Verhalten in der Matrix sowie
- Unterstützung durch Planungs-, Kontroll-, Beurteilungs- und Belohnungssystem(e).

I. Genese der Aufbauorganisation

40 Die Entstehung/Einführung und Entwicklung der Matrixorganisation kann vereinfacht in **fünf Phasen** dargestellt werden.[84] Dieser Prozess lässt sich so oder ähnlich in verschiedenen Modellen der Organisationsentwicklung wiederfinden.[85]

1. Traditionelles Leitungssystem als Ausgangslage (Phase 1)

41 Ausgangspunkt ist normalerweise eine klassische pyramidale Aufbauorganisation, die eindimensional und funktional strukturiert ist. Hier entsteht in zunehmendem Maße die **Notwendigkeit zur Kommunikation, Abstimmung und Koordination** über die traditionellen Dienstwege hinweg (sog. Querschnittabstimmungen). Dadurch steigt auch die Wahrnehmung und Einsicht in die Erforderlichkeit für gewisse strukturelle Veränderungen.

2. Entstehung/Entwicklung der Matrixorganisation (Phasen 2 und 3)

42 Phase 2 sieht die Einführung eines **temporären Projektmanagements.** Damit soll den entstandenen Flexibilitätserfordernissen entsprochen werden. Gleichzeitig wird allerdings die ursprüngliche pyramidale Struktur beibehalten – die Matrixorganisation fungiert also noch ganz klar als Sekundärstruktur, die, zumindest offiziell, auch relativ schnell und unproblematisch wieder aufgegeben werden kann. Nichtsdestotrotz kommt es in dieser Phase bereits zu einem gewissen „Hineinregieren" der Matrixmanager in die (funktionalen) Geschäftsbereiche, wobei Einfluss und Intensität dieser Aktivitäten meist noch begrenzt sein dürften (→ Rn. 18 f.).[86]

43 In Phase 3 findet eine **Verfestigung des Projektmanagements mit zunehmender, permanenter Überlagerung** der ursprünglichen Struktur (zB als Produktmanagement) statt. Diese Verstetigung erfordert normalerweise auch eine stärkere Formalisierung, insbesondere die Festlegung von Rechten und Pflichten der Matrixmanager wie auch der Mit-

---

[81] Diese werden hier nur zusammenfassend aufgelistet. Sie werden selbstredend im weiteren Verlauf von Teil B immer wieder angesprochen werden.
[82] *Davis/Lawrence* Matrix S. 7 f.; *Scholz* HWO 1992, 1302 (1307); *Thommen/Richter* HWUO 2004, 828 (834 f.).
[83] *Knight* JMS 1976, 111 (126 f.); *Scholz* HWO 1992, 1302 (1307).
[84] *Scholz* HWO 1992, 1302 (1306).
[85] Vgl. etwa *Lewin* HR 1947; *Kolodny* AMR 1979, 543; s. auch die Erläuterungen → Rn. 21.
[86] *Kolodny* AMR 1979, 543 (545 f.).

arbeiter in den Matrixzellen (zB Informations-, Berichts-, Weisungsrechte) und die Formulierung von Regeln über Beziehungen und Prozesse.[87]

3. Festigung/Veränderung der Matrixorganisation (Phasen 4 und 5)

Die Phase 4 ist gekennzeichnet durch das **Aufrücken der Matrixinstanz** auf ein gleichrangiges Niveau wie die Linieninstanz (sog. „reife Matrix").[88] Die Matrixorganisation verliert dadurch endgültig den Status der Vorläufigkeit und Zeitweiligkeit und tritt aus dem Schatten der „bloßen" Sekundärorganisation. Die oben angesprochenen Regelungen müssen sich nun bewähren.[89] Teilweise werden sie in dieser Phase, mit zunehmendem Bedeutungs- und Einflussgewinn der Matrixstrukturen, auch (kontinuierlich) neu ausgehandelt. 44

Phase 5 schließlich erreicht die Matrix eine höhere Ebene – die Matrix als bloßer Strukturaspekt wird zurückgedrängt zugunsten einer **strukturunabhängigen Matrixkultur.**[90] Diese stellt vor allem Werte wie Kooperation, Toleranz und Akzeptanz, Flexibilität, Interdisziplinarität, Partizipation und Offenheit in den Vordergrund.[91] Ob und inwieweit eine solche Kultur tatsächlich erreicht bzw. umgesetzt werden kann, muss allerdings kritisch hinterfragt werden (→ Rn. 34). 45

Mit Phase 5 ist keinesfalls das Ende des Prozesses erreicht, sondern bestenfalls eine Zwischenstation. Im (Lebens-)Verlauf einer Organisation ist der **stetige Wandel eine feste Komponente,** die auch vor der Matrixorganisation nicht Halt macht. Entsprechend wird diese immer wieder auf den Prüfstand gestellt, möglicherweise modifiziert und weiterentwickelt, möglicherweise auch eingeschränkt und (zu Gunsten einer anderen Organisationsform) wieder aufgegeben.[92] 46

II. Organisatorisch verankerte Kompetenzüberschneidungen

Die Kompetenzüberschneidungen stellen ein zentrales Charakteristikum der Matrixorganisation dar (→ Rn. 7 f.). Aufgrund ihrer hohen **Konflikthaftigkeit** müssen diese kontinuierlich beobachtet und Wege und Möglichkeiten zu ihrer effizienten Bewältigung im betrieblichen Alltag gefunden werden. Diese können im Einklang oder Widerspruch zu geltenden rechtlichen Vorgaben stehen. 47

1. Gleichberechtigte/Ungleichberechtigte Matrix

Grundsätzlich verlangt eine Matrixorganisation eine **ähnliche Wertigkeit bzw. Bedeutsamkeit der verschiedenen Dimensionen** (→ Rn. 7).[93] Dies ist, wenig überraschend, in der Praxis häufig nicht der Fall.[94] Solche Konstellationen können bedingt sein durch die besondere Aufgabenstellung einer der beiden Dimensionen (→ Rn. 19),[95] durch Einflussunterschiede innerhalb einer Dimension,[96] durch Variationen der Einflussstärke über 48

---

[87] *Thommen/Richter* HWUO 2004, 828 (829 f.).
[88] *Scholz* HWO 1992, 1302 (1306).
[89] Zu den Kriterien für die Überprüfung der Effizienz einer Matrixorganisation vgl. *Thom/Wenger* Effizienzkonzept.
[90] *Scholz* HWO 1992, 1302 (1306).
[91] *Scholz* HWO 1992, 1302 (1310).
[92] *Peters* McKQ 1979, 10.
[93] *Thom* Effizienz S. 240.
[94] *Leumann* ZfO 1980, 123 (124).
[95] *Scholz* HWO 1992, 1302 (1304).
[96] Etwa eine starke Leitung der Funktion Produktion bei gleichzeitig schwacher Leitung der Funktion Forschung und Entwicklung.

die Zeit (sog. „shifting matrix" → Rn. 19)⁹⁷ oder durch die Aufteilung von fachlicher und disziplinarischer Zuständigkeit. Ein Spezialfall wäre zudem eine Matrixzelle, die nicht personell besetzt ist, sondern nur als Aufgaben- bzw. Problemstellung besteht.[98] Hier stellt sich natürlich überall die Frage, ob und inwieweit die positiven Effekte der „echten" Matrix in der gleichen Weise erzielt werden können oder nicht und wie diese (divergierenden) Machtverhältnisse geregelt werden sollen. Dies bringt uns zum Kern des Themas.

2. Mechanismen zur Lösung von Kompetenzüberschneidungen

49 Im Zentrum der Betrachtung von Matrixorganisationen steht die Herausforderung der (formellen oder informellen) **Regelung und Lösung der beschriebenen Kompetenzüberschneidungen,** ganz unabhängig davon, ob es sich um eine gleichgewichtige oder ungleichgewichtige Matrix handelt.

50 Grundsätzlich können drei Arten von Koordinations- und Steuerungsinstrumenten (im weitesten Sinne) unterschieden werden:[99] **Strukturelle Koordinationsinstrumente** sind formelle Arrangements, die neben der organisatorischen Grundstruktur zur Koordination organisatorischer Teileinheiten dienen (zB Task Forces, Komitees, Ausschüsse, Kollegien). **Technokratische Koordinationsinstrumente** sind weitgehend entpersonalisierte Formen der Speicherung und Weitergabe von Informationen (zB Verhaltensrichtlinien, Stellenbeschreibungen, Organisationshandbücher). **Personenorientierte Koordinationsinstrumente** basieren auf direkter verbaler Kommunikation zwischen Entscheidungsträgern (zB persönliche Weisungen und Absprachen, partizipativer Führungsstil, Schulungen, Organisationskultur). Verschiedene dieser Instrumente werden in den nachfolgenden Lösungsansätzen konkreter dargestellt.

a) Selbstabstimmung nach dem Prinzip der Gleichberechtigung

51 Kompetenzüberschneidungen können vielfach am besten und effizientesten durch eine (informelle) **Selbstabstimmung zwischen den unmittelbar Betroffenen** – hier sind vor allem die Matrixmanager adressiert – gelöst werden. Dieser Lösungsansatz entspricht der eigentlichen Matrixidee am unmittelbarsten und kann daher auch als „Königsweg" angesehen werden. Matrixorganisationen, die vornehmlich diesen Lösungsweg verfolgen, sind wohl auch am ehesten in der Lage, eine hohe Effektivität und Effizienz zu erreichen. Vorausgesetzt wird hier eine gleichberechtigte, möglichst machtfreie Kommunikation nach dem Prinzip der Gleichberechtigung.[100] Gleichzeitig ermöglicht er, im Sinne des Subsidiaritätsprinzips, dass die Probleme und Konflikte unmittelbar dort gelöst werden, wo sie anfallen.[101]

b) Koordination durch standardisierte Entscheidungsregeln

52 Insbesondere in hoch formalisierten Organisationen sind rein informelle Konfliktlösungen häufig schwer realisierbar, teilweise auch problematisch.[102] An dieser Stelle können **standardisierte Entscheidungs- und Verfahrensregeln** eine wichtige Rolle übernehmen. Einerseits ermöglichen sie die Klärung von regelmäßig auftretenden Überschneidungssituationen. Diese Verhaltensweisen können sich mittel- bis langfristig zu Routinen entwickeln. Andererseits liefern standardisierte Entscheidungsregeln aber auch „Notfallpläne"

---

[97] *Mintzberg* Structuring S. 172 f.
[98] *Leumann* ZfO 1980, 123 (126).
[99] *Adzic* Matrixstrukturen S. 207 ff. Die Unterscheidung geht im Wesentlichen zurück auf *Leavitt* Applied Organizational Change.
[100] *Wellmann* PMJ 2007, 62 (73).
[101] *Kleinhenz* HWP 2159 (2161).
[102] Aus klassischer organisationswissenschaftlicher Sicht haftet informellen Selbstabstimmungen schnell der Ruch des Irrationalen und Illegalen an.

zur Lösung von außerordentlichen Konflikten und tragen so zur Deeskalation von Konflikten in der Matrixorganisation bei.[103]

c) Rückdelegation von Entscheidungen

Eine auf den ersten Blick simpel erscheinende Lösungsvariante ist die **Rückübertragung der Entscheidungskompetenz an die übergeordnete Stelle,** normalerweise die Matrixleitung. Dieser Ansatz ist allerdings in mindestens zweifacher Hinsicht problematisch: Zum einen widerspricht er klar der Matrix-Idee der flexiblen Problemlösung vor Ort. Zum anderen führt er in zunehmendem Maße zu einer Überforderung der Matrixleitung (→ Rn. 34). Ob und inwieweit eine distanzierte Entscheidung einer Entscheidung vor Ort tatsächlich überlegen ist, darf zusätzlich in Frage gestellt werden. Nichtsdestotrotz ist die punktuelle Intervention und Mediation durch die übergeordnete Instanz oftmals wichtig und notwendig, um Blockierungen zu überwinden und den erfolgreichen Fortgang der organisatorischen Abläufe (im letzten häufig auch der Matrixorganisation als solche) sicherzustellen. Entsprechend wäre eine solche Rückdelegation, zumindest aus betriebswirtschaftlicher Sicht, immer dann angezeigt, wenn die Effektivität (dh die Zielerreichung) und/oder Effizienz (dh Verhältnis Aufwand/Ertrag) betrieblicher und/oder unternehmerischer Abläufe gefährdet ist. Wann dies tatsächlich der Fall ist, dürfte eine Einzelfallentscheidung bleiben.

53

d) Steuerung durch die Organisationskultur

Wenn übereinstimmende Werte und Normen vorliegen und die Organisationsmitglieder sich mit ihnen identifizieren, dann können sie unter Umständen ihre Aktivitäten abstimmen bzw. ihre Konflikte lösen ohne auf formelle Vorgaben zurückgreifen zu müssen.[104] Die Organisationskultur spiegelt die grundlegenden, von den Mitgliedern geteilten Werte und Annahmen wider und fungiert hier als zentraler Koordinationsmechanismus.[105] Die **Koordinationswirkung durch die Organisationskultur** erfolgt über a) den Ausbau partizipativer und kollektiver Entscheidungen, b) den Aufbau von Vertrauen, c) die gemeinsame Übernahme von Verantwortung, d) den Ausbau sozialer Fähigkeiten durch Schulung und e) die Entwicklung ganzheitlicher und umfassender Beziehungen zwischen Vorgesetzten und Mitarbeitern.[106] Unbeschadet der hohen Wirkmächtigkeit starker Organisationskulturen muss an dieser Stelle auch auf die vielfältigen Schwierigkeiten beim Aufbau und der Gestaltung von Organisationskulturen (→ Rn. 45), insbesondere auch auf ihre eingeschränkte Steuerbarkeit hingewiesen werden.

54

e) Begrenzung der Kooperation

Ein durchaus denkbarer Lösungsansatz besteht natürlich darin, Überschneidungssituationen, und die damit zusammenhängenden Konflikte, weitest möglich zu minimieren. Dies geschieht vor allem über die **Begrenzung von Interaktionen und Kooperationen** zwischen den betreffenden Stellen und Akteuren in der Matrixorganisation. Dadurch werden allerdings auch die positiven Effekte der Matrix (→ Rn. 33) gefährdet, und letztlich stellt sich die Frage nach dem Sinn der Einführung von Matrixstrukturen. Kurzfristig kann dieser Lösungsansatz sicherlich einen Beitrag zur Konfliktlösung leisten,[107] die längerfristige Verfolgung dieses Lösungsansatzes dürfte in der Praxis allerdings häufig ein Vorzeichen für eine absehbare Abschaffung der Matrixorganisation sein.

55

---

[103] *Bronner* HWP 807 (815); *Claßen/Gärtner* OE 87 (92).
[104] *Adzic* Matrixstrukturen S. 209.
[105] *Schein* Organizational culture, S. 9.
[106] *Ouchi* Theory Z, S. 79 ff.
[107] *Claßen/Gärtner* OE 87 (88 ff.). Dies gilt vor allem, wenn die Konflikte stark personalisiert sind, dh auf der Unverträglichkeit zwischen zwei oder mehreren Schlüsselakteuren (zB Matrixmanagern) basieren.

f) Ignorierung der Phänomene bzw. potentiellen Konflikte

56 Eine (kognitive) Extremform der Konfliktlösung bei Kompetenzüberschneidungen innerhalb von Matrixorganisationen stellt das **Ignorieren,** eventuell sogar das Leugnen, **solcher Konflikte** dar (sog. kognitive Umbewertung). Obwohl diese Vorgehensweise im Interesse einer konstruktiven, problemorientierten Konfliktlösung höchst fragwürdig erscheint, dürfte sie insbesondere unter den Akteuren der Matrixleitung nicht selten sein und als eine Art „Überlastungs-Vermeidungs-Strategie" dienen.[108] Ab einem bestimmten Konflikt-Level dürfte dieser Lösungsansatz kaum mehr tragbar sein oder aber zu pathologischen Phänomenen führen.[109] Fraglich ist darüber hinaus, ob eine Änderung der Lösungsstrategie dann noch greifen kann.

III. Herausforderungen der Ablauforganisation

57 Zusammenfassend – und als Ausblick auf die weiteren Ausführungen in diesem Band – sollen nachfolgend die wichtigsten Herausforderungen der Matrixorganisation knapp aus organisationswissenschaftlicher Perspektive skizziert werden.

1. Verbindlichkeit/Justiziabilität

58 In den bisherigen Ausführungen war wiederholt von informellen Aspekten (zB Selbstabstimmung, Macht, Einfluss) die Rede. An diesen Stellen werden Konfliktlinien zwischen betriebswirtschaftlicher und juristischer Perspektive besonders deutlich. Gerade angesichts der vielfach beschriebenen Komplexität von Matrixorganisationen stellt sich die Frage, welche **Verbindlichkeit verschiedenen Abläufen und Verhaltensweisen** zukommt, und ob und inwieweit diese auch justiziabel sind. Gerade letzteres ist auch aus betriebswirtschaftlicher Perspektive keinesfalls trivial, sondern stellt letztlich die Verlässlichkeit organisationaler Strukturen auf den Prüfstand.

2. Zuständigkeiten/Weisungsbefugnisse

59 Vielfach angesprochen wurde bisher die Frage nach den Zuständigkeiten und Weisungsbefugnissen innerhalb von Matrixorganisationen. Damit wird zweifellos ein Grunddilemma dieser Organisationsform – auch aus organisationswissenschaftlicher Sicht – adressiert, das weit über die bloße Aufteilung von fachlichen und disziplinären Zuständigkeiten hinausreicht. **Verbindlichkeit und Verlässlichkeit von Strukturen und Regelungen** spielen hier ebenso eine Rolle wie die daraus erwachsenden Konsequenzen auf individueller wie auch auf organisationaler Ebene.

3. Allokation/Rotation von Arbeitnehmern und Arbeitsplätzen

60 Die Allokation (Zuordnung) und Rotation (Wechsel) von Arbeitnehmern und Arbeitsplätzen ist eine grundlegende (betriebswirtschaftliche) Problematik – auch über die Matrixorganisation hinaus. Hier erhält sie allerdings eine erhöhte Brisanz, da (wiederum) die **Grenzen zwischen Formalität und Informalität von Strukturen und Regelungen** angesprochen werden, ebenso wie die Grenzen zwischen Unternehmenseinheiten, zwischen Unternehmen oder auch zwischen Rechtssystemen.

---

[108] In der Politik wird dieses Verhalten teilweise auch als „Aussitzen von Problemen" beschrieben und auch auf Politiker in höchsten Ämtern angewandt.
[109] *Kets de Vries* Chef-Typen.

4. Kontrolle

Die Komplexität von Matrixstrukturen im Allgemeinen und die kritischen Fragen nach Verbindlichkeit und Zuständigkeiten verweisen auf das **generelle Problem der Kontrolle.** Das verschiedentlich angesprochene **Phänomen des „Hineinregierens"** macht auch die emotionelle und irrationale Seite dieses Themas sichtbar – wenn jederzeit aus unterschiedlichen Seiten überraschende Interventionen in laufende Aktivitäten erfolgen, so wird die Idee der Kontrolle in der Wahrnehmung der betroffenen Akteure zunehmend zur Illusion.

61

5. Haftung/Compliance

Unklare Verbindlichkeiten und Zuständigkeiten und ein (zumindest wahrgenommenes) Kontroll-Defizit, rücken auch die Frage nach der Sicherstellung ordnungsgemäßen Handelns (Compliance) und – im negativen Fall der Abweichung oder Nichteinhaltung dieses – nach der **Haftung** ins Zentrum der Aufmerksamkeit. Angesichts der generell zunehmenden Bedeutung dieses Themas in den vergangenen Jahren, erscheint die Matrixorganisation mit ihrem hohen Maß an Komplexität und Unsicherheit als Albtraum, dem durch einfache Regeln und Anweisungen kaum wirkungsvoll begegnet werden kann.

62

6. Daten- und Informationsflüsse

Obwohl die (vielfältigen) Daten- und Informationsflüsse in den obigen Ausführungen oftmals – zu Recht – als eine wichtige Stärke der Matrixorganisation dargestellt worden sind, so sind die damit verbundenen Herausforderungen nicht zu unterschätzen. Die **Vielfalt und Komplexität der Flüsse** verringert auch deren Nachvollziehbarkeit und Kontrollierbarkeit. Damit verbunden ist auch die Frage nach den Möglichkeiten und Grenzen eines wirkungsvollen Datenschutzes.

63

7. Mitbestimmung

Im deutschen, aber vermehrt auch im internationalen Kontext, spielen Fragen der **Arbeitnehmermitbestimmung** eine wichtige Rolle. Wenn allerdings Zuständigkeiten und Verantwortlichkeiten zunehmend unklar und komplex werden, so hat dies auch Konsequenzen für den einzelnen Arbeitnehmer und seine individuellen und kollektiven Rechte und Pflichten. Diese „verschwinden" in der Matrixorganisation keinesfalls, sie zu beachten und effizient umzusetzen wird aber umso mehr zur Herausforderung.

64

Kapitel 2: Gesellschaftsrecht

Die vorausgegangene betriebswirtschaftliche Betrachtung von Matrixstrukturen zeigt, dass allen Erscheinungsformen ein Abweichen von einer einenden, gesellschaftsrechtlichen Struktur gemeinsam ist. Der Organisation entlang von Märkten, Kundenbedürfnissen oder sonstigen betriebswirtschaftlichen Erwägungen liegt ein **opportunistisches Verständnis der Arbeitsabläufe** zugrunde. Diese sollen im Allgemeinen effizient sein, um rasche Entscheidungen zu fördern und deren zeitnahe Umsetzung zu ermöglichen. Rechtliche Strukturen werden nur insoweit beachtet, als sie zwingende Handlungsgebote auferlegen; ansonsten sollen sie den Ablauf der Entscheidungs- und Arbeitsprozesse „nicht behindern", sondern eher fördern. Da allerdings die im Wirtschaftsverkehr handelnden Personen regelmäßig sich nicht selbst im Rechtssinne verpflichten (können), sondern nur ein Unternehmen, das der Matrix angehört, sind Anforderungen an die (eventuell noch zu gestaltende) rechtliche Struktur gestellt. Um diese gesellschaftsrechtlichen Verantwortlichkeiten im Sinne der von der Matrix **beabsichtigten Effizienzsteigerung** gerecht zu werden, sind Voraussetzungen zu schaffen, die es den darin handelnden Personen – und zwar unabhängig von einer kraft Organstellung bestehenden umfassenden Vertretungsregelung – ermöglicht, eine Entscheidung unternehmens-, länder- und damit auch jurisdiktionsübergreifend verbindlich umzusetzen. Auf der Grundlage von belastbaren Weisungsverhältnissen können die rechtlichen Bedingungen für ein solches Handeln in der Matrixstruktur geschaffen werden. Damit lässt sich die **Mehrdimensionalität oder Mehrlinigkeit einer Matrixorganisation,** welche die eindimensionale Struktur des traditionellen Leitungssystems eines sog. Einheitsunternehmens überwindet, das seine Kommunikationsprozesse an zugeordneten Funktionen orientiert, bewältigen. 1

Insoweit gibt es gesellschafts- und arbeitsrechtliche Regeln zu beachten, wenn betroffenen Beteiligungs- und Tochtergesellschaften eines Unternehmensverbunds letztlich Kompetenzen entzogen und auf einer anderen Dimension oder Ebene im Unternehmensverbund angesiedelt werden. Zudem sind die Auswirkungen auf die Arbeits- und Anstellungsverhältnisse der handelnden Personen zu behandeln (→ Kap. 3 Rn. 3 ff., 209), zumal der Kompetenzverlust nicht zwingend zu einer Reduzierung der Haftungsrisiken der originär verantwortlichen Organe führen muss. Strategien der Haftungsreduzierung bzw. -vermeidung sind somit besonders von Bedeutung (→ Kap. 4 Rn. 1 ff.). 2

A. Einleitung und Grundlagen

Matrixorganisationen sind unternehmensübergreifend. Daher finden sie sich **typischerweise in einem Unternehmensverbund.** Im Gesellschaftsrecht existiert hierfür der Begriff des Konzerns, der in § 18 AktG definiert ist. Ein **Konzern** liegt vor, wenn zwei oder mehrere rechtlich selbstständige Unternehmen unter einheitlicher Leitung zusammengefasst sind. Der Konzern ist demnach eine als wirtschaftliche Einheit geführte Unternehmensgruppe zu verstehen, welche sich durch das Merkmal der rechtlichen Selbstständigkeit der Gliedunternehmen vom Einheitsunternehmen[1] unterscheidet.[2] Das Tatbestandsmerkmal der **einheitlichen Leitung durch die Konzernspitze** konstituiert die wirtschaftliche und rechtliche Integration der verbundenen Unternehmen zum Konzern im engeren Sinne.[3] 3

---

[1] Die für das Einheitsunternehmen zur Verfügung stehenden Organisationsformen sind die Abteilung, der Betrieb und die Zweigniederlassung, § 13 HGB; *Zöllner* FS Tomandl, 1998, S. 407.
[2] *Raiser/Veil* § 58 Rn. 1.
[3] *Raiser/Veil* § 58 Rn. 3.

4 Unabhängig von der Verbindung über Unternehmensverträge – in der Regel auf der vertraglichen Grundlage eines Beherrschungsvertrags – können bereits die tatsächlichen Verhältnisse zu einer **Abhängigkeit** der operativ tätigen Unternehmen von einer Obergesellschaft führen. Wenn die Geschäftsführung des herrschenden Unternehmens ihre geschäftlichen Interessen durchsetzen will, erteilt sie in der Regel Weisungen. Sofern die Unternehmensgruppe mehrstufig ist, dh mehrere nachgeordnete Gesellschaften voneinander abhängig sind, können auch Personen, die nicht der Geschäftsführung eines der herrschenden Unternehmens angehören, in unserer Betrachtung sog. Matrixmanager (ohne Rücksicht auf ihre Rechtsbeziehung zur jeweiligen Obergesellschaft und unabhängig vom Zweck der Einführung einer Matrix), Weisungen geben, aber auch gleichzeitig deren Empfänger sein. Die Konzernspitze, die über diese Matrixmanager gruppenweit die Geschäfte steuert, nimmt Einflussverluste bei den gesellschaftsrechtlich originär verantwortlichen Organen in Kauf. Denn funktionale Berichtswege und gesetzmäßige Weisungsstrukturen eines traditionellen Leitungssystems werden zunächst ausgeblendet.[4] Typischerweise werden **gesellschaftsrechtlich gegebene Kompetenzen** von nachgeordneten Gesellschaften diesen **entzogen** und auf anderer, virtueller Ebene angesiedelt.[5] Beim Ausführen wie auch im Folgen von diesen Weisungen bestehen regelmäßig Haftungsrisiken für die handelnden Personen (unabhängig von ihrer formalen Stellung). Da die Grundlagen für Weisungen in einer Aktiengesellschaft anders gestaltet sind als in einer Gesellschaft mit beschränkter Haftung, kommt es für die gesellschaftsrechtliche Implementierung von solchen konzernweiten Matrixstrukturen **entscheidend auf** die **Rechtsform** der beteiligten Obergesellschaft an (vgl. im Folgenden unter → Rn. 30 B. für die Aktiengesellschaft und → Rn. 101 C. für die Gesellschaft mit beschränkter Haftung). Andere Kapitalgesellschaftsrechtsformen orientieren sich im Wesentlichen an diesen klassischen Gesellschaftstypen, so dass sie nicht eigens untersucht werden sollen. Die Konzernverflechtung im Personengesellschaftsrecht soll mit Rücksicht auf Matrixstrukturen nicht Gegenstand dieser Betrachtung sein, weil die Differenzierung von Abhängigkeiten häufig nicht diesen organisatorischen Gegebenheiten, sondern eher individuellen Besonderheiten folgt. In einem eigenen Abschnitt ist zu behandeln, wie das Weisungsrecht auf Personen, die nicht kraft Gesetzes zur Vertretung der Gesellschaft berufen sind, übertragen, bzw. in welchem Rahmen es von diesem Kreis ausgeübt werden kann (→ Rn. 134).

I. Konzern als Voraussetzung für Matrixorganisationen

5 Für die Organisation von Unternehmen in einer Matrix sind zwei oder mehrere Gliederungsmerkmale charakteristisch.[6] Solche Merkmale für die Gliederung eines Unternehmensverbunds sind in Abweichung bzw. in Ergänzung klassischer Organisationen **nach Funktionen oder Ressortzuständigkeiten** (sog. Funktionalorganisation) oder arbeitsteilig **nach Sparten** (sog. Divisionalorganisation) häufig gekennzeichnet durch Produkte, Märkte und/oder Regionen.[7] Um Synergien zu erzielen, wird eine solche Matrixstruktur nicht auf die Organisation der Geschäftsleitungsebene beschränkt,[8] sondern auf die gesamte Unternehmensgruppe erweitert. Die Unternehmensorganisation führt in ihrem Zusammenwirken zu einer **Mehrdimensionalität von Geschäftseinheiten.** Dabei ist es nicht ungewöhnlich, dass sich verschiedene Gliederungsmerkmale **überschneiden**[9] und sich der Unternehmensverbund über mehrere Ebenen **in die Tiefe gliedert.**[10]

---

[4] *Wieneke* VGR 2011, 91.
[5] *Henze/Lübke* Der Konzern 2009, 159 ff.; *Seibt/Wollenschläger* AG 2013, 229.
[6] *Leumann* Matrixorganisation S. 5; *S. Schneider* Matrixorganisationen S. 5.
[7] Ausführlich *Leumann* Die Matrixorganisation S. 5; *Spindler/Stilz/Fleischer* AktG § 77 Rn. 39; *Schiessl* ZGR 1992, 64.
[8] *Seibt/Wollenschläger* AG 2013, 229 Fn. 3 mwN.
[9] *S. Schneider* Matrixorganisationen S. 5.

A. Einleitung und Grundlagen

Eine Matrixorganisation setzt bei konzernbezogener Betrachtung in ihrer Ausgangssituation mindestens drei miteinander verbundene Unternehmen voraus. Davon sind wenigstens zwei als rechtlich selbstständige Einheiten (Tochter- bzw. Enkelunternehmen oder nachgeordnete Gesellschaften) unter der einheitlichen Leitung eines herrschenden Unternehmens (Mutterunternehmen oder (Konzern-)obergesellschaft) zusammengefasst (vgl. § 18 Abs. 1 S. 1 AktG). Der Konzern begründet ein *mehrseitiges* Verhältnis, das durch die *einheitliche* Leitung aller zusammengefassten Unternehmen gekennzeichnet ist. Damit ist der Konzern für das Entstehen einer Matrix geradezu typisch, weil sie in ihrer Struktur **unternehmensübergreifend** gestaltet ist. Das Entstehen eines Konzerns begünstigt das Bilden einer Matrix. Selten ist es die Folge eines planvollen korporatistischen Aktes. Stattdessen[11] ergibt sie sich aus einer durch Nützlichkeitserwägungen getragenen Entwicklung der Unternehmensorganisation nach und nach.[12] Der Unterordnungskonzern[13] ist dabei der wirtschaftliche Regelfall.[14]

Wichtig für die Geschäftsführung im Konzern ist die Unterscheidung zwischen einem faktischen Konzern[15] und einem Vertragskonzern. Der **Vertragskonzern** wird regelmäßig durch Abschluss eines oder mehrerer Unternehmensverträge begründet (§§ 291 ff., 18 Abs. 1 S. 2, Alt. 1 AktG). Weisungen kann der Vorstand eines herrschenden Unternehmens dem Vorstand der beherrschten Gesellschaft hinsichtlich der Leitung auf der Grundlage eines Beherrschungsvertrags gemäß § 308 Abs. 1 S. 1 AktG erteilen, wobei es sich in der Regel um zwei Vereinbarungen in der Kombination aus Beherrschungs- und Gewinnabführungsvertrag handelt.[16] Aus steuerlichen Gründen lässt sich eine sog. **Organschaft** im Sinne des § 17 Abs. 1 KStG[17] herstellen. Die Konzernführung des herrschenden Unternehmens erlangt damit das Recht, die Geschäftsführungen der (unmittelbar beteiligten) Tochtergesellschaften direkt und formlos zu bestimmten Handlungen anzuweisen. Gleichzeitig verpflichtet sich die Tochtergesellschaft zum Abführen ihres gesamten Jahresgewinns an das herrschende Unternehmen, während wiederum das herrschende Unternehmen gemäß § 302 AktG einen entstehenden Jahresfehlbetrag des abhängigen Unternehmens ausgleicht. Das herrschende Unternehmen übernimmt im Gegenzug zu der gesteigerten Leitungsbefugnis bzw. zu dem Recht, den Gewinn für sich zu beanspruchen, das wirtschaftliche Risiko des abhängigen Unternehmens.[18]

Im **faktischen Konzern** existieren zwar solche konzernbegründenden Unternehmensverträge nicht. Allerdings lässt sich durch die schlichten Mehrheitsbeteiligungen, wie sie

---

[10] Im juristischen Schrifttum ist dieses Phänomen allerdings stark von den Haftungsthemen geprägt, allgemein: *Rehbinder* ZGR 1977, 581 ff.; *Wanner* S. 21 ff.; zur betriebswirtschaftlichen Betrachtung siehe dort Fn. 6 sowie → Kap. 1 Rn. 5 und 29 f.

[11] Womit sich Überlegungen eines konzernrechtlichen Präventivschutzes im Rahmen einer viel diskutierten Konzerneingangskontrolle relativieren; vgl. ua *Drygala/Staake/Szalai* § 30 S. 641 ff.

[12] *Witschen* RdA 2016, 38 mwN.

[13] Der in der Praxis selten vorkommende Gleichordnungskonzern (§§ 18 Abs. 2, 291 Abs. 2 AktG) ist vom Gesetzgeber für die Fälle einer gleichberechtigten Unternehmenskooperation, die nicht allein auf schuldrechtlichen Absprachen beruht, gedacht worden. Die Verhaltensanforderungen an die Geschäftsleitung sind allerdings die gleichen wie im Unterordnungskonzern, so dass eine Unterscheidung für diese Betrachtung ohne Relevanz ist; vgl. *Lutter/Drygala* ZGR 1995, 557 ff.

[14] *Oppenländer/Trölitzsch/Drygala* § 41 Rn. 21.

[15] Eine vermeintliche dritte Kategorie des qualifiziert-faktischen Konzerns ist zwar in der älteren Rspr. des BGH zunächst anerkannt (BGH 16.9.1985 – II ZR 275/84, BGHZ 95, 330), dann aber wieder unter besonderer Berücksichtigung der Fragen des Gläubigerschutzes aufgegeben worden (BGH 17.9.2001 – II ZR 178/99, BGHZ 149, 10 ff. = ZIP 2001, 1874 – Bremer Vulkan; BGH 25.6.2008 – II ZR 133/07, NZG 2008, 831), zumal sie als Rechtsfigur diejenigen Voraussetzungen zusammenfasst, nach denen letztlich die Haftung beteiligter Organvertreter für existenzschädigendes oder vernichtendes Verhalten begründet werden soll; vgl. zusammenfassend *Oppenländer/Trölitzsch/Drygala* § 41 Rn. 27.

[16] Die Begrifflichkeiten des Konzernrechts erfassen auch Unternehmensverbindungen, welche die aktienrechtlichen Merkmale des Konzerns nicht erfüllen, vgl. *Raiser/Veil* § 58 Rn. 2 zum Konzern unter der Leitung einer GmbH, wo die Regeln der §§ 308 ff. AktG entsprechende Anwendung finden; OLG Stuttgart 29.10.1997 – 20 U 8/97, NZG 1998, 601; ausführlich *Fabian* Beherrschungsvertrag S. 121 (132 ff.).

[17] IdF vom 25.7.2014, BGBl. I S. 1266 mit Wirkung vom 31.7.2014.

[18] *Oppenländer/Trölitzsch/Drygala* § 41 Rn. 26.

in § 16 AktG definiert sind, eine einheitliche Leitung durch das herrschende Unternehmen in tatsächlicher Form herstellen (§ 18 Abs. 1 S. 1 und S. 3 AktG). Die Leitung eines faktischen GmbH-Konzerns[19] erfolgt nicht zwingend im Rahmen von Beherrschungsverträgen, sondern über die Gesellschafterversammlung, insbes. dem sich daraus ergebenden Recht der Gesellschafter, den Geschäftsführern Weisungen nach Maßgabe des § 37 Abs. 1 GmbHG zu erteilen. Ohne Bestehen eines Beherrschungsvertrags steht das Weisungsrecht nicht dem Mehrheitsgesellschafter, sondern nur der Gesellschafterversammlung *insgesamt* zu.[20] Minderheitsgesellschaftern bleibt dann immer noch die Möglichkeit, Weisungsbeschlüsse wegen Verstoßes gegen die gesellschafterliche Treuepflicht anzufechten.[21]

9 Die besondere Herausforderung dieser Betrachtung liegt in der Untersuchung von **mehrstufigen Unternehmensverbindungen,** welche in der Praxis die Regel darstellen. Sie ergeben sich aus konzernrechtlicher Sicht durch das Gründen von Gesellschaften in gegenseitiger Abhängigkeit über mehrere Stufen hinweg. Diese Struktur begünstigt das Herausbilden einer Matrixorganisation mit der Gefahr sich einander widersprechender Weisungen (→ Rn. 68).

II. Geschäftsführung im Konzern

10 Weisungen – ob auf der Grundlage von Unternehmensverträgen oder aufgrund weiterer gesetzlicher Regelungen – erteilen grundsätzlich die Mitglieder der Geschäftsführung der Konzernobergesellschaft. Geschäftsführung umfasst dabei jedes tatsächliche oder rechtliche Handeln des Organs für die Gesellschaft.[22] In der Praxis wird es aber nicht gelingen, jedes geschäftliche Interesse über eine Weisung durch den bestellten Organvertreter in der Konzernspitze um- bzw. durchzusetzen. Insoweit werden – was in der Praxis typisch für eine Matrixorganisation ist – weitere Personen auf Führungsebenen eingesetzt, die allerdings anderen Verantwortlichkeiten, welche haftungsbegründend sind, zu folgen haben als die bestellten Vertreter der (Konzern-)geschäftsleitung. Für die Organvertreter – unabhängig von der Kapitalrechtsform – gelten bei der Wahrnehmung ihrer Aufgaben ein allgemeingültiges Prinzip der Sorgfalt *sowie* das gesetzliche Leitbild der Gesamtverantwortung. Beide Grundsätze stoßen bereits im Konzern an ihre Grenzen. Das gilt umso mehr bei einer Matrix, wenn die Unternehmensorganisation nicht mehr mit der äußeren Konzernstruktur übereinstimmt und anstelle des gesetzlichen Vertreters ein Nichtorgan Weisungen erteilt. Handeln und Verantwortung können auseinanderfallen.

1. Sorgfaltspflicht

11 Jede Verbindung rechtlich selbstständiger Unternehmen unter einheitlicher Leitung im Konzern führt zu einer Trennung der Haftung. Eine allgemeine Verantwortlichkeit des Konzerns oder des herrschenden Unternehmens für Verbindlichkeiten der nachgeordneten Gesellschaften gibt es nicht.[23] Der jeweilige gesetzliche Vertreter ist in jedem Fall derjenigen Gesellschaft zur **Leitung mit der Sorgfalt eines ordentlichen und gewissenhaften Geschäftsleiters** (§ 93 Abs. 1 S. 1 AktG) **oder eines ordentlichen Geschäftsmanns** (§ 43 Abs. 1 GmbHG) verpflichtet, die ihn zum Organ bestellt hat. Da im Konzern aufgrund der einheitlichen Leitung wesentliche unternehmerische Leitungsfunktionen durch ein anderes Unternehmen übernommen werden, bedeutet es für die Ge-

---

[19] Im faktischen AG-Konzern ist die Weisungslage unspezifisch, da eine rechtliche Grundlage für Weisungen stets nur bei Bestehen eines (wirksamen) Beherrschungsvertrags gegeben ist; → Rn. 45 f.
[20] Vgl. umfassend Baumbach/Hueck/*Zöllner/Noack* GmbHG § 43 Rn. 33 mwN.
[21] Lutter/Hommelhoff/*Bayer* GmbHG § 13 Rn. 44.
[22] MüKoAktG/*Spindler* § 77 Rn. 6.
[23] Grundlegend BGH 21.9.1981 – II ZR 104/80, BGHZ 81, 311 (317) – Sonnenring; *Stimpel* AG 1986, 117.

schäftsführung einer nachgeordneten Gesellschaft, dass wesentliche unternehmerische Entscheidungen nicht mehr in der Gesellschaft selbst, sondern in einer externen Entscheidungszentrale fallen.[24] Die Leitung durch die Konzerngeschäftsführung muss sich daher aufgrund der Konzerndimension regelmäßig dem **organisationsrechtlichen Konflikt** stellen, der sich daraus ergeben kann, dass sie mit einem Übermaß an Leitungsdichte die grundsätzliche Trennung der Haftung zwischen Ober- und Untergesellschaft aufhebt.[25] Umgekehrt wird von einer Konzerngeschäftsführung das rechtzeitige Erkennen von Risiken und ein konsequentes Einschreiten für Regeltreue **als wesentlicher Bestandteil ihres am (Konzern-)unternehmensinteresse** ausgerichteten Handelns verlangt.[26]

Es ist allgemein anerkannt, dass sich aus der Konzernlage für die Mitglieder der Konzerngeschäftsleitung persönliche Haftungsrisiken ergeben können.[27] In den Entscheidungen der Zivilgerichte aus der jüngsten Zeit ist eine Tendenz festzustellen, wonach die Haftung der Geschäftsführungsorgane generell ausgeweitet wird und nicht auf die Gesellschafter beschränkt bleibt.[28] Insoweit ist es von Bedeutung, den Umfang der Möglichkeiten von Weisungen in einem Unternehmensverbund und die daran sich eventuell anknüpfende Folgepflicht festzustellen. Da es aufgrund der Mehrdimensionalität in Matrixorganisationen typisch ist, dass diese Weisungen regelmäßig nicht (nur) von den jeweiligen Organvertretern erteilt, sondern **auch von nicht gesellschaftsrechtlich bestellten Repräsentanten** an unterschiedliche Empfänger im Unternehmensverbund gegeben werden, stellt sich für die Gestaltung einer Matrix die Frage, in welchem Rahmen unternehmensrechtliche Leitungsmacht nicht aufgrund einer Bestellung, sondern aufgrund einer Delegation legitimiert ist. Inwieweit die gesetzliche bzw. **gesellschaftsvertragliche Kompetenzordnung** durch die Beteiligten **erweitert** wird, damit die im Rahmen einer Matrixorganisation verfolgten geschäftlichen Interessen umgesetzt oder auch durchgesetzt werden, ist gerade mit Rücksicht auf die Rechtsform für die Gestaltung des Konzerns zu klären. Die hieraus gewonnenen Erkenntnisse sind erheblich für die Bestimmung von Inhalt und Grenzen der Sorgfaltspflichten. 12

2. Prinzip der Gesamtverantwortung und seine Grenzen

Sowohl in der Aktiengesellschaft als auch in der Gesellschaft mit beschränkter Haftung existiert das Leitbild der Gesamtverantwortung (vgl. §§ 77 Abs. 1 AktG; 35 Abs. 2 GmbHG). Danach ist bei einer mehrköpfigen Geschäftsleitung jedes einzelne Mitglied zur Geschäftsführung im Ganzen verpflichtet und somit umfassend für die Belange der Gesellschaft verantwortlich.[29] Es handelt sich um einen allgemeinen Rechtsgrundsatz für Kollegialorgane.[30] Er gilt auch, wenn im Rahmen der Geschäftsverteilung einzelnen Mitgliedern Geschäftsführungsbefugnisse zur eigenständigen Wahrnehmung übertragen werden.[31] Das Prinzip der Gesamtgeschäftsführung erweist sich in einer auf Effizienz ausgerichteten und häufig arbeitsteilig organisierten Unternehmung als wenig praxistauglich. Es ist festzustellen, dass von zahlreichen gesetzlichen Möglichkeiten, diesen gesetzlichen Re- 13

---

[24] Oppenländer/Trölitzsch/*Drygala* § 41 Rn. 1.
[25] Nach der derzeitigen Rspr. des BGH wird nunmehr die Innenhaftung im Konzern an den Maßstäben des § 826 BGB gemessen; vgl. BGH 16.7.2007 – II ZR 3/04, BGHZ 173, 246 – Trihotel; kritisch *Prütting* ZGR 2015, 849 (863), welcher den Vermögensschutz einer GmbH gegenüber externer Einflussnahme über § 117 Abs. 1 AktG analog lösen will; zur Bedeutung der Konzerndimenstion → Rn. 118 ff.
[26] Exemplarisch LG München I 10.12.2013 – 5 HK O 1387/10, NZG 2014, 345 – Neubürger; *Schneider/Schneider* AG 2005, 57; *Kremer/Klarhold* ZGR 2010, 113.
[27] Krieger/U.H. Schneider/*S. H. Schneider* Managerhaftung-HdB § 8 Rn. 8.1 ff.
[28] *Haas* GmbHR 2010, 1; zu den Folgen der verschärften Haftung für liquiditätsgefährdende Zahlungen nach § 64 Abs. 3 GmbHG; vgl. auch *Baums* Bericht S. 107 ff.; *Schockenhoff* ZHR 180 (2016), 197 ff.; *Schauf* BB 2017, 2883 (2884) → Kap. 4 Rn. 137 ff. zu bedeutsamen Kapitalerhaltungsvorschriften.
[29] BGH 15.10.1996 – VI ZR 319/95, BGHZ 133, 370 (376).
[30] *Langer/Peters* BB 2012, 2575 (2577 ff.).
[31] Semler/Peltzer/Kubis/*Richter* § 5 Rn. 15 mwN für den Vorstand einer AG.

gelfall der Gesamtgeschäftsführungsbefugnis[32] zu durchbrechen, regelmäßig Gebrauch gemacht wird (vgl. §§ 37 Abs. 1, 43 Abs. 3 S. 3, 45 GmbHG; 77 Abs. 1 S. 2 Hs. 1 AktG). Demnach hat sich jeder Beteiligte in einer **mehrgliedrigen Geschäftsleitung** an dieser gesetzlichen bzw. gesellschaftsvertraglichen Kompetenzordnung (und damit stets am Unternehmensinteresse) zu orientieren. In Matrixorganisationen führt dieser Umstand regelmäßig zu Schwierigkeiten, wenn Kapitalgeber bzw. Eigner ihre eigenen Interessen über die Geschäftsführung hinweg durchzusetzen versuchen.

3. Gestaltung von Matrixorganisationen

a) Abweichen der Organisation der Konzernstruktur von der gesellschaftsrechtlichen Ordnung

14 Zweck der Matrixorganisation ist die **Optimierung der Arbeitsabläufe.** Mit dem Abkürzen von Abstimmungswegen sollen Entscheidungsprozesse beschleunigt werden. Es wird in Kauf genommen, dass die Entscheidungsträger nicht zwingend die nach den rechtlichen Bedingungen verantwortlichen Manager sind. So lässt sich gewährleisten, dass die Organisation **optimal** den **Marktgegebenheiten angepasst ist.** Indem sogar Kapitalgeber bzw. Eigner Ein- bzw. Zugriff auf Arbeitsabläufen nehmen, übergehen sie die geschäftsführenden Organe und erweitern den Einfluss auf das Geschäft. Der Geschäftsführung der herrschenden Gesellschaft sind Grenzen gesetzt: Zum einen haben sie selbst – konzernbedingt – auf die fortbestehende rechtliche Selbstständigkeit von Tochter- und Beteiligungsgesellschaften Rücksicht zu nehmen.[33] Die Möglichkeit, Weisungen wirksam erteilen zu können, hängt von der vertraglichen Grundlage ab (beherrschungsvertragliche Weisung vs. Abhängigkeit im faktischen Konzern).[34] Im Rahmen der Ausübung der Weisung wird zu beachten sein, ob die Weisungsgeber im Rahmen ihrer Möglichkeiten für die Organe der herrschenden Gesellschaft tätig werden und Raum für die Weisungsempfänger zur Prüfung und eventuellen Zurückweisung bleibt.[35]

15 In Matrixorganisationen sind typischerweise Weisungsberechtigte, Weisungsgeber und Weisungsempfänger an drei *verschiedenen* Stellen im Konzern tätig. Üblicherweise ist hierfür gesellschaftsrechtlich eine Verbundenheit geschaffen, während arbeitsrechtlich keine Verbindung bestehen muss. Für Matrixorganisationen sind Konstellationen denkbar, bei denen sich die **Komplexität durch weitere Gliederungsebenen** im Konzern **erhöhen lässt.** Kern der Betrachtung bleibt ein Dreiecksverhältnis, in dessen Rahmen der Weisungsempfänger **den über einen Weisungsgeber vermittelten Einfluss** zugunsten eines evtl. Weisungsberechtigten beachten muss, ohne sich an diesen direkt wenden zu können, weil es die organisatorischen Bedingungen nicht vorsehen. Damit hebt sich die Matrixorganisation von der Organisation in einem traditionellen, eindimensionalen Unternehmen ab. Die rechtlichen Verhältnisse entsprechen nicht zwingend den tatsächlichen Möglichkeiten der Einflussnahme zur Durchsetzung des geschäftlichen Willens, sondern weichen regelmäßig davon ab.

16 Umso schwieriger ist es, nicht ohne eine Übersicht und Klärung der Begrifflichkeiten eine Matrixorganisation näher zu beschreiben. Die **Grundkonstellation** umfasst üblicherweise drei Gesellschaften, die rechtlich selbstständige Einheiten darstellen und in einem Abhängigkeitsverhältnis zueinander stehen; dabei umfassen diese Gesellschaften mindestens zwei Geschäftseinheiten, die mit den rechtlich selbstständigen Unternehmen regelmäßig nicht deckungsgleich sind.

---

[32] GK-AktG/*Kort* § 77 Rn. 7.
[33] *Holle* Legalitätskontrolle S. 206; → Rn. 7 (sog. Prinzip der Haftungstrennung) sowie → Rn. 30 ff. (AG) und Rn. 101 ff. (GmbH).
[34] → Rn. 45 ff.
[35] → Rn. 134; → Kap. 3 Rn. 169 ff.

A. Einleitung und Grundlagen　　　　　　　　　　　　　　　　　　　　**Kapitel 2**

Grundkonstellation einer Matrixorganisation mit deckungsgleicher gesellschaftsrechtlicher und organisatorischer Struktur (Konstellation 1)   17

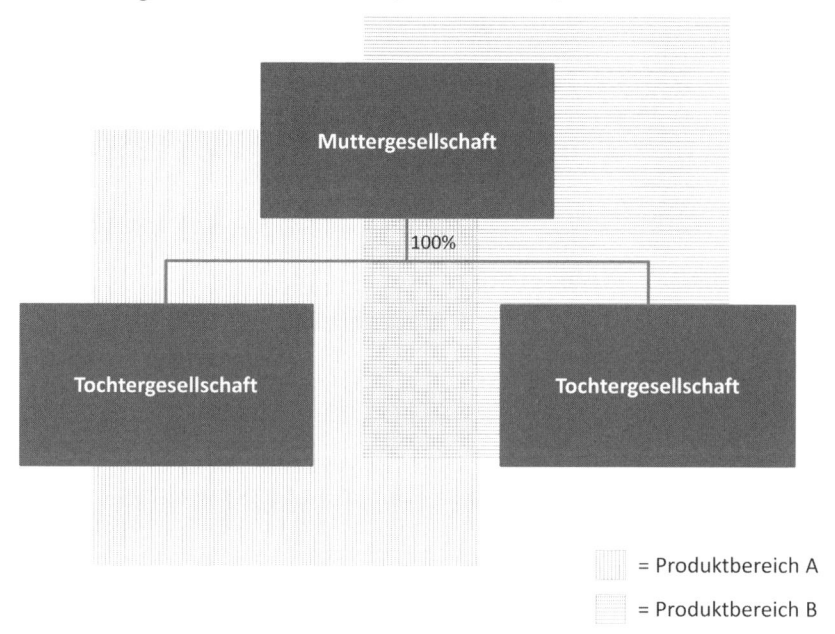

= Produktbereich A

= Produktbereich B

Bei der Grundkonstellation bildet sich die Binnenorganisation der Geschäftseinheiten   18
noch in den rechtlich selbstständigen Unternehmungen, die von der Obergesellschaft abhängig sind, deckungsgleich ab. Für die Geschäftseinheit ist in dieser Darstellung das Beispiel eines Produktbereichs gewählt, was in der Mehrdimensionalität einer Matrixorganisation auch andere Anknüpfungspunkte sein können, wie zB Regionen, Märkte, etc. In der (zweidimensionalen) Darstellung der Konstellation 1 weicht die Binnenorganisation von der Basisstruktur eines Konzerns aber dahingehend ab, dass es bereits eine Überschneidung der Produktbereiche A und B gibt, bei der ein Produktbereich nicht allein einer rechtlich selbstständigen Einheit zuzuordnen ist. Der Produktbereich B wird von der Tochtergesellschaft B nicht allein verantwortet (während der Produktbereich A weiterhin nur von der Tochtergesellschaft A betreut wird). Vielmehr wird ein Teil des Produktbereichs B auch von der Tochtergesellschaft A kontrolliert. Idealtypisch entspricht diese Konstellation 1 noch dem gesetzlichen Leitbild der unmittelbar auf zwei Ebenen oder Stufen verbundenen Unternehmen, **lässt sich aber in zwei Richtungen erweitern:** Mit einer weiteren Gliederung des Konzernverbunds lassen sich zu den bestehenden Tochtergesellschaften *Enkel-, Urenkel- und sonstige Beteiligungsgesellschaften* ergänzen (im Folgenden → Rn. 19 **Konstellation 2**). Es ist denkbar, sowohl die Grundkonstellation als auch den Unternehmensverbund (ob mit weiteren Untergliederungen oder auf gleicher Ebene mit weiteren Schwester- und Beteiligungsgesellschaften) um zusätzliche *Geschäftseinheiten* auszudehnen (im Folgenden → Rn. 20 **Konstellation 3** mit einem Produktbereich C, der mit der Tochtergesellschaft D deckungsgleich ist).

19 Erweiterte Grundkonstellation mit einer weiteren Gliederungsebene im Konzern
(Konstellation 2)

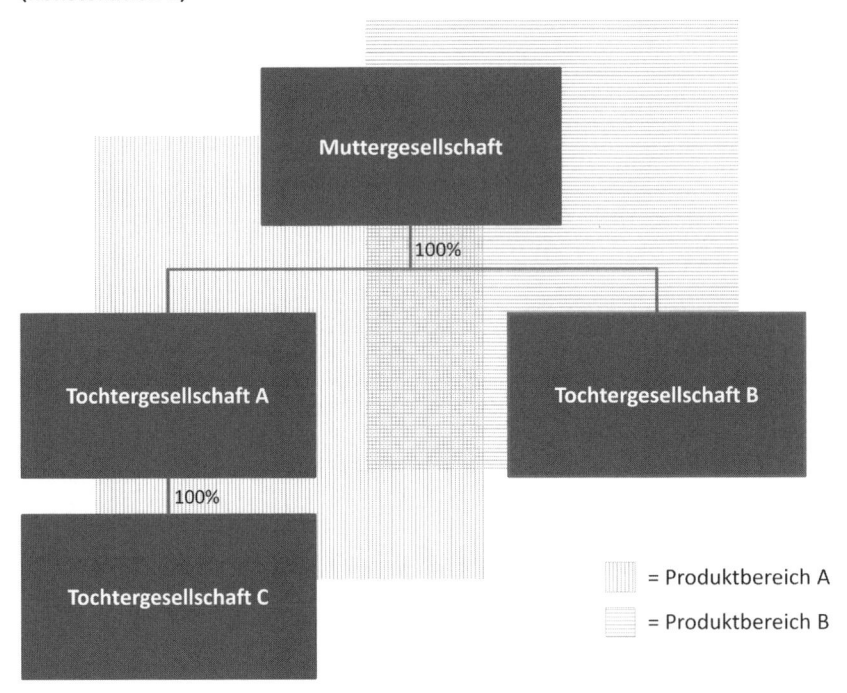

20 Konstellation 2 mit einer (weiteren) dritten Geschäftseinheit (Konstellation 3)

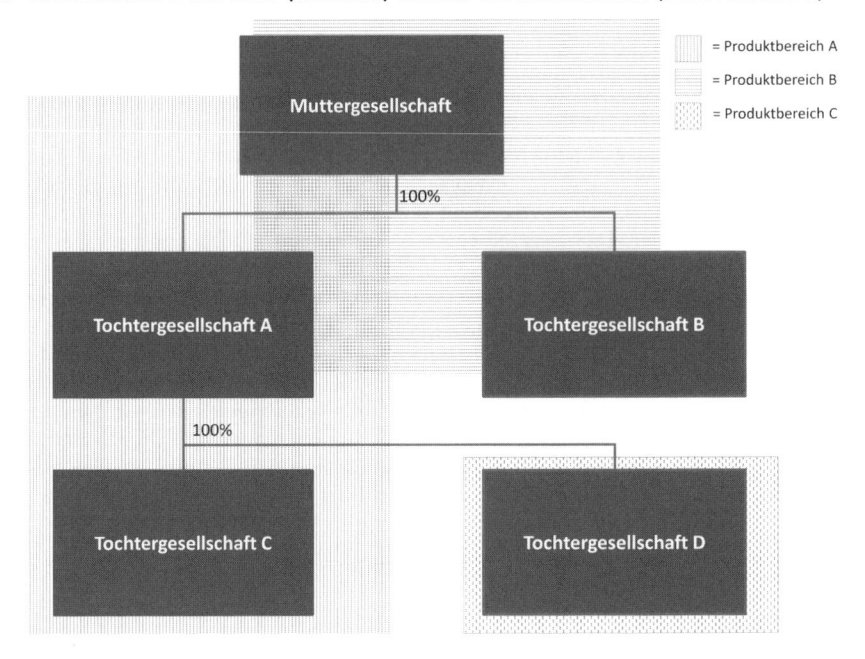

A. Einleitung und Grundlagen **Kapitel 2**

Schließlich sind Matrixorganisationen nicht auf die Jurisdiktion eines Landes beschränkt, 21
so dass hier eine weitere Dimension hinzukommen kann, was allerdings in den Konstellationen 2 und 3 zu keiner grundsätzlichen Änderung führen muss.

Um mehrere Jurisdiktionen erweiterte Konstellation eines mehrstufigen Unternehmens- 22
verbunds mit mindestens drei Geschäftseinheiten (Konstellation 4)

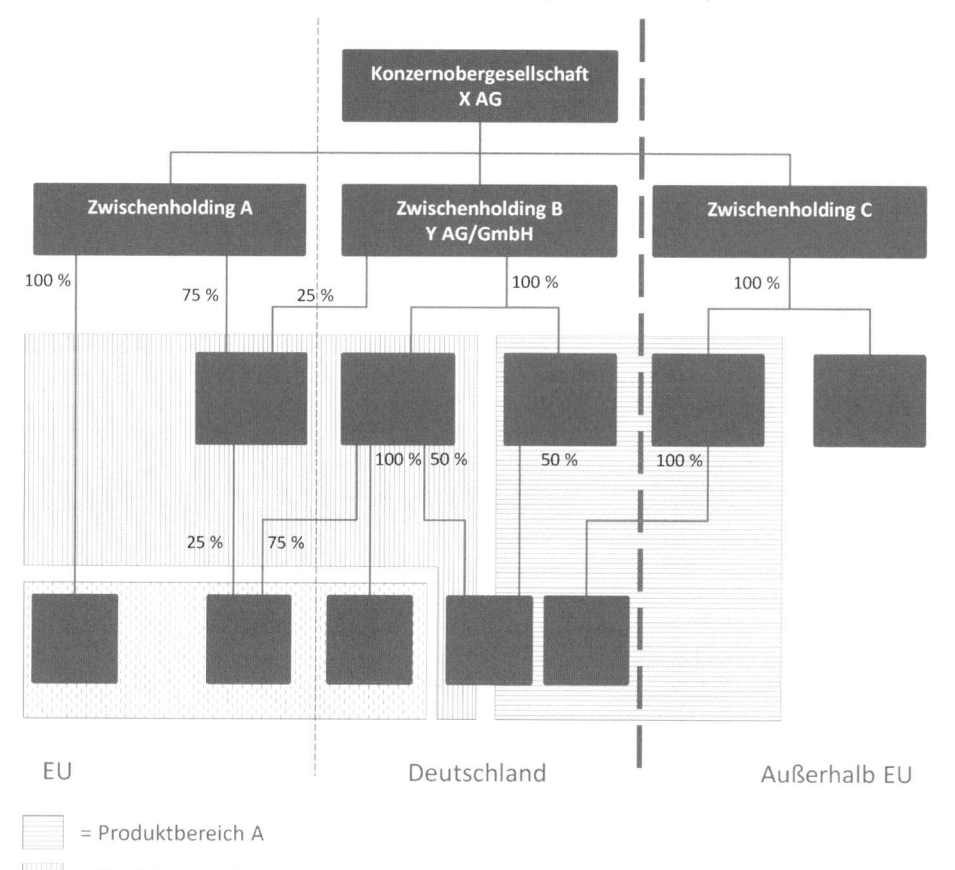

[Diagramm: Konzernobergesellschaft X AG mit Zwischenholding A, Zwischenholding B Y AG/GmbH, Zwischenholding C; Beteiligungen 100 %, 75 %, 25 %, 100 %, 100 %, 100 %, 50 %, 50 %, 100 %, 25 %, 75 %; Aufteilung EU / Deutschland / Außerhalb EU; Produktbereich A, Produktbereich B, Produktbereich C]

Diese Darstellung[36] betrifft bereits eine Matrixorganisation, bei der die rechtlichen Ge- 23
gebenheiten im Rahmen der deutschen Jurisdiktion nur teilweise eine Rolle spielen.

b) Definitionen und Begriffsbestimmungen

In allen Konstellationen ist erkennbar, dass regelmäßig die **rechtlichen Einheiten** von 24
denjenigen Bedingungen, unter denen sich die jeweiligen Geschäftsaktivitäten (in Produktbereichen) entfalten, *abweichen*. Beide Rahmen – die gesellschaftsrechtliche Ordnung wie die betriebswirtschaftlich gewünschte Organisation – sind **nicht in Deckung.** Damit kann eine von der gesellschaftsrechtlichen Struktur abweichende Geschäftsorganisation in Form einer Matrix geschaffen werden. Eine solche Organisation soll im Folgenden **Ma-**

---

[36] Nach *Seibt/Wollenschläger* AG 2013, 229.

trixorganisation genannt werden. Dabei wird vorausgesetzt, dass sie durch mindestens zwei Dimensionen geprägt ist.[37]

25   Die zentrale Gesellschaft, welche in der Lage ist, die Geschäftsvorgänge in der deutschen Jurisdiktion zu beeinflussen, ist dann die **Matrixgesellschaft**. Hier wird vor allem entscheidend sein, ob es sich um ein in der Rechtsform der Aktiengesellschaft oder der Gesellschaft mit beschränkter Haftung organisiertes (herrschendes) Unternehmen handelt, das im Rahmen von vertraglichen Bedingungen oder reiner faktischer Abhängigkeit Einfluss auf nachgeordnete Ebenen (gesellschaftsrechtlich verbundene Unternehmen bzw. nachgeordnete Hierarchien) nehmen kann. Die Matrixgesellschaft muss dabei nicht identisch mit der Konzernobergesellschaft sein, sondern kann wiederum selbst in einer faktisch abhängigen oder vertraglich beherrschten Stellung im Konzern verankert sein.

26   Es ist denkbar, dass die Organvertreter der jeweiligen Matrixgesellschaft selbst nicht Einfluss nehmen. Stattdessen üben Dritte, welche nicht zwingend dem herrschenden Unternehmen angehören müssen, Einfluss aus. Solche Mitarbeiter (ob Konzernangehörige oder außerhalb des Konzerns stehende Dritte) haben Schlüsselrollen inne, in denen das strukturelle Kernelement der Matrix, die hierarchische Doppelunterstellung der einzelnen Schnittstellen, identifizierbar ist.[38] Sie sind als **Matrixmanager** die eigentlichen Weisungsgeber oder Empfänger von Weisungen; wenn sie keine Personalverantwortung tragen, sind sie auch als **Matrixmitarbeiter** zu bezeichnen. Aus Sicht des weisungsempfangenden Mitarbeiters oder Managers wird eine Einheit betroffen sein, in der er tätig ist. Diese ist als **Matrixzelle** zu verstehen. Eine solche Matrixzelle wird gesellschaftsrechtlich nicht zwingend etwas mit der im Konzern als herrschende Obergesellschaft agierenden Einheit zu tun haben. Es ist noch nicht einmal erforderlich, dass die Matrixzelle als Teil des beherrschten Unternehmens verstanden wird. Allerdings handelt es sich um den Teil eines Unternehmens, bei dem der Einfluss der Beherrschung durch Weisung oder kraft faktischer Abhängigkeit geltend gemacht wird, also praktisch auftrifft.[39] Typischerweise fallen disziplinarische und fachliche Weisungsbefugnis auseinander, so dass – zumindest im arbeitsrechtlichen Kontext – eine sog. *solid line* zum Vertragsarbeitgeber besteht, während über eine *dotted line* die Beziehung zwischen Mitarbeiter und eigentlichem Matrixmanager besteht.[40]

4. Variationen von Weisungsverhältnissen

27   Die Weisungsverhältnisse selbst manifestieren sich dann in Kommunikations-, Informations- und sonstigen Berichtslinien, wie sie in den folgenden Schaubildern dargestellt sind. Dabei ist zu unterscheiden, inwieweit die erteilte Weisung auch von dem arbeitsrechtlichen Direktionsrecht gedeckt ist; in einem solchen Fall kommt es den Bedingungen in einem traditionellen Einheitsunternehmen am nächsten. In den folgenden grafischen Darstellungen wird der Einfachheit halber von der Konstellation 2 (→ Rn. 19) ausgegangen, da sie gewissermaßen den Kern einer Matrixstruktur abbildet.

---

[37] Im Ergebnis auch *Witschen* RdA 2016, 38 f.
[38] *Witschen* RdA 2016, 39; *Adžić* Matrixstrukturen S. 3 (23).
[39] *Maywald* Matrixstrukturen S. 124; → Kap. 1. Rn. 13.
[40] Ausführung zur Trennung *Witschen* RdA 2016, 39 f., der von zwei Matrixmanagern ausgeht, was allerdings nicht zielführend ist. Denn jeder Mitarbeiter im Konzern verfügt über mindestens ein vertragliches Arbeitsverhältnis, welches den Bedingungen seiner Beschäftigung nicht gerecht wird, wenn er Weisungen von (einer) davon unabhängigen Person(en) aus dem Konzern erhält; die gerade nicht die Arbeitgeberfunktion repräsentiert; → Kap. 3 Rn. 128 ff. Die Begrifflichkeiten der *solid* **und** *dotted line* entspringen der betriebswirtschaftlichen Organisationslehre, die vor allem im Bereich des Controlling eine Teilung der disziplinarischen und fachlichen Unterordnung mit einer durchgezogenen Linie *(solid)* und einer gestrichelten Linie *(dotted)* kennzeichnet; *Gaugler/Hahn* Zukunftsaspekte S. 267 ff.

A. Einleitung und Grundlagen

Variante 1: Vorstand/Geschäftsführung Ober-/Muttergesellschaft

→ rechtlich begründete Berichtslinie (*solid line*)

--→ tatsächliche, übergreifende Berichtslinie (*dotted line*)

▦ = Produktbereich A

▤ = Produktbereich B

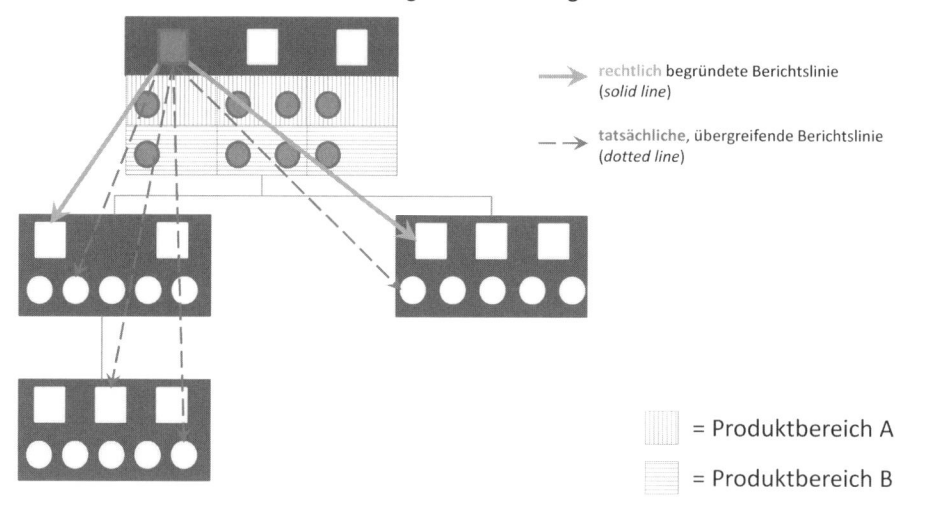

Variante 2: Mitarbeiter Ober-/Muttergesellschaft

▦ = Produktbereich A

▤ = Produktbereich B

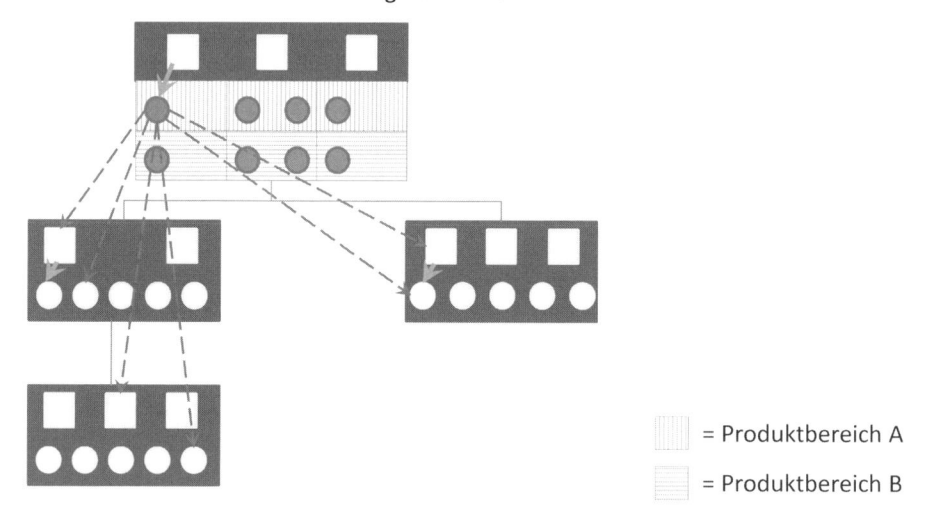

Die Steuerung der geschäftlichen Interessen in einer Matrixorganisation folgt nach den bisher dargestellten Schaubildern **im Zweifel gerade nicht den rechtlichen Gegebenheiten eines Einheitsunternehmens.** Die rechtlichen und tatsächlichen Bedingungen in einem Konzern fallen auseinander. Berichts- und Weisungswege entsprechen nicht den aufgrund der gesellschaftsrechtlichen Rahmenbedingungen vorgegebenen arbeitsrechtlichen Direktionsmöglichkeiten. Effizienzgründe sind der Verteilung klarer Verantwortlichkeiten vorgezogen und prägend.[41] Erwägungen der Nützlichkeit bestimmen die Entwicklung der Organisation – unabhängig von ihren rechtlichen Voraussetzungen. Im Folgenden ist zu untersuchen, unter welchen Voraussetzungen der gesellschaftsrechtliche Rahmen geschaffen oder entwickelt werden kann, um die Bedingungen zur Steuerung der gesellschaftsrechtlichen Interessen in einer Matrixorganisation rechtssicher umzuset-

---

[41] Ausführlich *Wischen* RdA 2016, 40 mwN zu betriebswirtschaftlicher Literatur (dort Fn. 28–45).

zen. Je nach dem gewählten Typ der Rechtsform der Matrixgesellschaft, innerhalb deren die jeweilige Einflussnahme stattfinden soll, sind Weisungsverhältnisse möglich und zulässig.

B. Aktiengesellschaft als Matrixgesellschaft

Zur weiteren Betrachtung ist es wichtig sich vorzustellen, dass die Matrixorganisation **nach Maßgabe der opportunen Entscheidungsabläufe von der aktienrechtlichen Kompetenzordnung abweicht.** Hierbei kann es zwei grundlegende Konstellationen geben, in deren Mittelpunkt die Aktiengesellschaft als Matrixgesellschaft steht: 30

– Der Vorstand der Aktiengesellschaft wird durch einen außerhalb der Kompetenzordnung der Unternehmensgruppe der Y AG stehenden Matrixmanager direkt angewiesen.
– Der Vorstand der Aktiengesellschaft, soweit er selbst eine einheitliche Leitung einer Matrixorganisation über diese Obergesellschaft wahrnimmt, „übergeht" selbst die Kompetenzordnung, indem er als Matrixmanager an den originär verantwortlichen Organvertretern der unmittelbar nachgeordneten Tochtergesellschaft vorbei, entweder an deren Angestellte oder an die Organvertreter und Angestellte der nachgeordneten Enkelgesellschaften direkte Weisungen erteilt (vgl. **Fälle 2 und 3** → Rn. 44) oder – wie in der Praxis üblich – diese über Dritte erteilen lässt (vgl. **Fall 4** → Rn. 135).

Im ersten Fall stellt sich grundsätzlich die Frage des (gesellschaftsrechtlich) zulässigen[42] Umfangs des Fremdeinflusses, wenn die Bestimmung des § 76 AktG die Leitung der Aktiengesellschaft durch den Vorstand „in eigener Verantwortung" postuliert (im Folgenden → Rn. 32 B.1.). In der zweiten Konstellation ist die Aktiengesellschaft (und damit deren Führungspersonal) gewissermaßen Dreh- und Angelpunkt, um die Entscheidungsprozesse einer Matrixorganisation effizient zu gestalten. Die Aktiengesellschaft ist eine Obergesellschaft, selbst wenn sie nicht die Konzernholding bildet, sondern lediglich als zwischengeschaltete Gesellschaft existiert, zB als Zwischenholding; die Situation ergibt sich in der Praxis regelmäßig und ist – für die deutsche Jurisdiktion – mit der Y AG im Schaubild der **Konstellation 4** (→ Rn. 22) abgebildet. Die dortige Zwischenholding selbst kann Empfänger einer Weisung durch die (ausländische) Konzernobergesellschaft sein, welche sich – oft aus ihrem Selbstverständnis als für die strategische Linien verantwortliche Konzernspitze – nicht selbst um die operative Umsetzung selbst kümmern will oder soll. In dieser Konstellation entstehen regelmäßig zusätzliche, auch für die Matrixorganisation zu klärende Fragen der Abgrenzung, ua. 31

– wie über mehrere Konzernebenen hinweg Weisungen umgesetzt werden, wobei das gesetzliche Konzept lediglich von einer unmittelbaren, zweistufigen Beteiligung der unternehmensvertraglich verbundenen Gesellschaften ausgeht (im Folgenden → Rn. 43ff. B.II.1. und 2.),
– insbesondere wenn nicht auf allen Konzernebenen ein Beherrschungsvertrag besteht, mittels dessen eine aktienrechtlich anerkannte Weisungslage iSd § 308 AktG geschaffen wird, die eine Einflussnahme grundsätzlich (durchgängig) ermöglicht[43] (im Folgenden → Rn. 68ff. B.III.1. und 2. für Gestaltungen im mehrstufigen Konzern), und
– die Weisungen von Vertretern aus der nicht unmittelbar übergeordneten Aktiengesellschaft an Organvertreter oder deren Mitarbeiter nachgeordneter, abhängiger Gesellschaften des Konzerns gerichtet werden – unabhängig vom Bestehen eines Beherrschungsvertrags (im Folgenden → Rn. 83 B.III.3. zum möglichen „Weisungsdurchgriff").

---

[42] Die arbeitsrechtlichen Bedingungen werden an anderer Stelle behandelt, → Kap. 3 Rn. 1 ff.
[43] Ob die Einflussnahme auch durchgängig rechtlich zulässig ist, hängt von der rechtlichen Einordnung des Verhältnisses zwischen Obergesellschaft als AG und der mit ihr nicht unmittelbar verbundenen Gesellschaft ab.

I. Eigenverantwortliche Leitung der Gesellschaft

32 Die Existenz von Matrixstrukturen steht im Konflikt mit dem Prinzip der eigenverantwortlichen Leitung der Aktiengesellschaft durch den Vorstand. Denn mit dem Schaffen von Berichtswegen und entsprechenden Leitungsstrukturen, die funktional von der rechtlichen Struktur des Konzerns abweichen, wird die grundsätzliche Weisungsfreiheit des Vorstands bei der Erfüllung seiner Aufgaben beeinträchtigt.[44] Wenn der Gesetzgeber dem Vorstand die Leitungsaufgabe für die Aktiengesellschaft zuweist und diese Leitungsausübung eigenverantwortlich sein soll, will er die Unternehmensführung in der exklusiven Zuständigkeit des Vorstandes belassen und damit die anderen Unternehmensorgane wie Aufsichtsrat und Hauptversammlung von ihr ausschließen.[45] Der Vorstand bildet das Leitungsorgan der Aktiengesellschaft und trägt als **unternehmerisches Führungszentrum**[46] die Leitungsverantwortung.[47] Er ist **primär weisungs*un*abhängig**[48] und verfügt über einen breiten unternehmerischen Ermessensspielraum,[49] welcher seine Grenze lediglich im satzungsmäßig bestimmten Unternehmensgegenstand findet.[50]

33 Wenn nunmehr andere Personen im Konzern Einfluss auf unternehmensbezogene Entscheidungen nehmen können und diesbezüglich Rechte zur Durchsetzung eingeräumt sind, kann diese Konstellation den originär dem Vorstand der Aktiengesellschaft zugeordneten Leitungsauftrag unterlaufen, wenn diese in einer Matrix angesiedelt ist. Allein aufgrund der matrixtypischen Mehrlinigkeit oder Mehrdimensionalität der Struktur kann es zu einer Fremdsteuerung der Aktiengesellschaft kommen, welche zwar aus bekannten Gründen übergeordneter Synergieerwägungen wünschenswert sein mag, allerdings mit den gesellschaftsrechtlichen Vorgaben nur bedingt in Einklang zu bringen ist. Inwieweit also Weisungen von Matrixmanagern diesen Grundsatz der eigenverantwortlichen Leitung berühren, ist davon abhängig, welche Aufgaben man von der Leitung durch den Vorstand als erfasst betrachtet und inwieweit man in der Regelung des § 76 Abs. 1 AktG ein grundsätzliches Verbot der Fremdgeschäftsführung erkennt.

1. Umfang der Leitungsaufgaben

34 Die Leitungsaufgaben ergeben sich aus dem Leitungsauftrag an den Vorstand als Leitungsorgan. Dabei ist regelmäßig die Leitung des Unternehmens gemeint, das von der Aktiengesellschaft als rechtlich verfasster Korporation gemäß ihrem Satzungszweck betrieben wird.[51] Das Gesetz regelt nicht ausdrücklich, welche Aufgaben zu den unverzichtbaren Leitungsaufgaben gehören. Allerdings haben sich unter Berücksichtigung betriebswirtschaftlicher Erkenntnisse im aktienrechtlichen Schrifttum zwei Bereiche wesentlicher Kernaufgaben ergeben: Zum einen gehören dazu die **unentziehbaren und unübertragbaren Leitungsaufgaben,** die sich **typischerweise** aus der Verantwortung für die Planung, Steuerung, Organisation, kaufmännische Verwaltung und damit verbundene Informationsbeschaffung der Geschäftsführung für die Gesellschaft ergibt.[52] Des Weiteren

---

[44] *Schockenhoff* ZHR 180 (2016), 200 f.
[45] Grundsätzlich Spindler/Stilz/*Fleischer* AktG § 76 Rn. 1 mwN.
[46] *Pohle/v. Werder* DB 2001, 1101 (1104) zum TransPuG vom 19.7.2002, BGBl. I S. 2681.
[47] *Fleischer* ZIP 2003, 1.
[48] *Fleischer* BB 2013, 835 ff.: Wo die Grenze der Mitwirkung des Aufsichtsrates an unternehmerischen Entscheidungen, die im Einzelnen, aber nicht generell von seiner Zustimmung abhängig gemacht werden dürfen, verläuft, ist strittig.
[49] BGH 21.4.1997 – II ZR 175/95, BGHZ 135, 244 zum Ermessensspielraum, welcher nicht vorzeitig begeben werden darf und von einer (statthaften) Festlegung einer langfristigen Geschäftsstrategie abzugrenzen ist; *Fleischer* FS Schwark, 2009, S. 137 (151 f.).
[50] Spindler/Stilz/*Fleischer* AktG § 75 Rn. 60 mit Verweis auf OLG Stuttgart 22.7.2006 – 8 W 271, 272/06, AG 2006, 727 f.
[51] Spindler/Stilz/*Fleischer* AktG § 76 Rn. 5.
[52] *Turiaux/Knigge* DB 2004, 2199 (2201), teilweise in Anlehnung an den Begriff des außergewöhnlichen Geschäftes iSv § 116 HGB, teilweise in Orientierung nach der Berichtspflicht nach § 90 Abs. 1 Nr. 4 AktG.

B. Aktiengesellschaft als Matrixgesellschaft

werden zum Kernbereich alle kraft gesetzlicher Anordnung definierten Leitungsaufgaben als sog. **Pflichtaufgaben** gezählt; dieser normativen Sichtweise hat sich auch der BGH angeschlossen.[53] Mit diesen typologischen Aufgaben ist ein **unveräußerlicher Kernbereich des Leitungsauftrags**[54] festgelegt, mit dem das Gesetz die Unternehmensleitung gegen einen übermäßigen Außeneinfluss absichern und damit das Leitungsmonopol des Vorstandes verteidigen will.[55] Mit einer möglichen Fremdsteuerung der Aktiengesellschaft im Rahmen von eingeführten Matrixstrukturen verträgt es sich nicht, wenn in diesen Leistungsauftrag (eventuell auch indirekt) eingegriffen wird. Schwierig ist die Frage zu beantworten, bei welchen Aufgaben ein unstatthafter Einfluss anzunehmen ist, zumal einschlägige Rechtsprechung nicht vorliegt (→ Rn. 50 ff.).

2. Verbot der Fremdgeschäftsführung

a) Leitung als Teil der Geschäftsführung

Dem Vorstand ist also durch das Gesetz bei der Wahrnehmung seiner Verantwortung ein Spielraum eingeräumt. Eine *Fremdsteuerung* ist abzulehnen, wenn sie diesen mit der Leitung gegebenen Spielraum in unvertretbarer Weise einschränkt.[56] Inwieweit damit gleichzeitig ein Verbot der *Fremdgeschäftsführung* postuliert ist, ist fraglich. Immerhin unterscheidet das Gesetz in aufeinander folgenden Bestimmungen des gleichen Abschnitts für das Recht des Vorstandes nach Leitung der Aktiengesellschaft (§ 76 AktG), Geschäftsführung (§ 77 AktG) und Vertretung (§ 78 AktG). Aus systematischen Erwägungen liegt es nahe, **zwischen Leitung und Geschäftsführung zu trennen.**[57] Das wird aber den praktischen Verhältnissen kaum gerecht, so dass der überwiegenden Auffassung zu folgen ist. Danach soll mit dem in § 70 AktG 1937 in das Aktienrecht eingeführten Leitungsbegriff eine Umgrenzung der vom Gesamtvorstand vorbehaltenen Führungsaufgaben vorgenommen werden.[58] Leitung ist demnach als ein Ausschnitt der weiter aufzufächernden Geschäftsführungsaufgaben zu verstehen[59] und entspricht einem **herausgehobenen Teilbereich der Geschäftsführung.**[60] Die Bestimmung des heutigen § 77 AktG will für die vom Vorstand wahrzunehmende eigenverantwortliche Leitung des Unternehmens verdeutlichen, dass sie nur nach dem Leitbild der Gesamtverantwortung wahrgenommen werden kann. Damit können sich naturgemäß Leitungsaufgaben mit Aufgaben des Tagesgeschäftes decken, müssen es aber nicht. Wenn das AktG die Leitung des Unternehmens dem Vorstand zuweist, trifft es mithin eine **Kompetenzzuweisung, die umfassend ist.**[61] In diesem Zusammenhang regelt die Bestimmung des § 78 AktG, welche der Vorschrift des § 35 Abs. 1 GmbHG entspricht, davon getrennt den erforderlichen Umfang der sich aus der Organstellung ergebenden gesetzlichen Vertretung der Aktiengesellschaft. Schließlich können dem Aufsichtsrat Maßnahmen der Geschäftsführung nicht übertragen werden (§ 111 Abs. 4 AktG) und die Hauptversammlung kann über Fragen der Geschäftsleitung nur entscheiden, wenn der Vorstand es verlangt (§ 119 Abs. 2 AktG). Damit sind die verschiedenen Elemente des aktienrechtlichen Kompetenzgefüges voneinander hinreichend

35

---

[53] BGH 12.11.2001 – II ZR 225/99, BGHZ 149, 158 in einer zu diesem Themenkreis singulär gebliebenen Entscheidung zu der Aufgabe des Vorstandes, in der Bekanntmachung der Tagesordnung gemäß § 124 Abs. 3 S. 1 AktG zu jedem Tagesordnungspunkt Vorschläge zu machen; weitere Pflichtaufgaben sind in den Bestimmungen der §§ 83, 90, 91, 92 Abs. 1, 119 Abs. 2, 121 Abs. 2, 161, 170, 245 Nr. 4 AktG; 15a Abs. 1 InsO; 264 HGB angeordnet bzw. festgelegt.
[54] MHdB GesR IV/*Wiesner* § 19 Rn. 29 f.
[55] Spindler/Stilz/*Fleischer* AktG § 76 Rn. 9.
[56] So KölnKomm-AktG/*Mertens*/*Cahn* § 76 Rn. 45.
[57] *Drygala*/*Staake*/*Szalai* § 21 Rn. 32 f.
[58] Spindler/Stilz/*Fleischer* AktG § 76 Rn. 14 mwN.
[59] *Henze* BB 2002, 1011.
[60] Hüffer/*Koch* AktG § 76 Rn. 8; *Schug* Risikoeinschränkung S. 31 Fn. 68 mwN.
[61] Semler/Peltzer/Kubis/*Richter* § 4 Rn. 3.

abgegrenzt und die eigenverantwortliche Leitung der Aktiengesellschaft durch den Vorstand gesichert.[62]

b) Art des Fremdeinflusses auf die Leitungsverantwortung

36 In der Praxis sind grundsätzlich zwei Konstellationen denkbar, mit denen die Geschäftsleitung einer Konzernobergesellschaft, welche als herrschendes Unternehmen einen Konzern zu steuern hat, von außen Einfluss nimmt. Zum einen bedient sich ein solches Organ regelmäßig der Unterstützung dritter Personen, welche teilweise nicht Angehörige des herrschenden Unternehmens sind (→ Rn. 37 aa)). Unabhängig von diesem Phänomen stellt sich vor allem unter dem Aspekt der Haftungsvermeidung die regelmäßige Anforderung an eine solche Geschäftsleitung, ob sie verpflichtet ist, den Konzern im Sinne eines einheitlichen Interesses zu leiten. Daraus könnte sich wiederum eine Pflicht ableiten, wonach die Obergesellschaft dieses Interesse mit entsprechenden Weisungen an die Geschäftsleitungen der nachgeordneten Gesellschaften umzusetzen hat (→ Rn. 39 bb)). Zumindest aus der Sicht des Vorstands einer abhängigen Aktiengesellschaft in einem Konzern, welche wiederum die Obergesellschaft eines weiteren Vertrags(teil)konzerns in einer Matrixorganisation darstellt, müsste sich seine Leitung ausschließlich an dem über das Weisungsrecht vermittelnden Konzerninteresse ausrichten, ohne dass er die Leitung in eigener Verantwortung für das Interesse der Gesellschaft ausüben könnte. Wenn also eine Konzernleitungspflicht bejaht würde, ließe sich insoweit ein für die Steuerung wesentlicher Fremdeinfluss begründen.

37 **aa) Aufgabenübertragung an unternehmensfremde Dritte.** Einflussnahme durch Matrixmanager, die außerhalb der aktienrechtlichen Kompetenzordnung stehen, ist in vielfältiger Weise denkbar. Sie wird meist mit klassischen Aufgaben des Tagesgeschäfts oder der Umsetzung von (langfristigen) Geschäftsmaßnahmen einhergehen.[63] In der Praxis zeigen sich solche Einflussnahmen häufig im Zusammenhang mit dem Einsatz der von Kapitalgebern und Eignern eingebrachten finanziellen Mittel. Zudem ergeben sich in Matrixorganisationen Konstellationen, in denen sich der Vorstand zumindest eines wesentlichen Teils seiner Leitungsmacht **entäußert** hat, wenn er **Leitungsentscheidungen von Dritten vorbereiten und ausführen** lässt. Solange solche Personen seiner arbeitsrechtlichen Direktionsbefugnis unterliegen, was bei unternehmensinternen Fach- und Führungskräften der Fall ist, und die Leitungsentscheidung beim Vorstand verbleibt, wird diese Art der Fremdsteuerung als noch zulässig anzusehen sein.[64]

38 Soweit es aber in Matrixorganisationen nicht unüblich ist, Aufgaben auf unternehmensfremde Dritte zu übertragen,[65] kann der Kernbereich der Leitungsverantwortung des Vorstands betroffen sein. Die Rechtsprechung hat bislang keine Beeinträchtigung erkannt, wenn die sachgerechte Wahrnehmung der ausgelagerten Funktionen dadurch gewährleistet war, dass der Vorstand diese Funktion aufgrund umfassender schuld- und/oder gesellschaftsrechtlicher Informations- und Weisungsrechte eigenverantwortlich weiterhin steuern konnte.[66] Solange ist zumindest keine Einschränkung der eigenverantwortlichen

---

[62] Statt aller: Spindler/Stilz/*Fleischer* AktG § 76 Rn. 1.
[63] Zu den jeweiligen möglichen Anwendungsfällen vgl. Spindler/Stilz/*Fleischer* AktG § 76 Rn. 70 ff.; grundsätzlich → Rn. 30 f.
[64] Vgl. ausführlich MHdB GesR IV/*Wiesner* § 25 Rn. 36 ff.
[65] Sog. *shared service*-Funktionen sind typisch für funktionelle, unternehmensübergreifende Matrixstrukturen, vgl. *Henze/Lübke* Der Konzern 2009, 159 ff.: Typisch ist das Auslagern der EDV auf ein Konzernunternehmen; vgl. LG Darmstadt 6. 5. 1986 – 14 O 328/85, ZIP 1986, 1389.
[66] MHdB GesR IV/*Wiesner* § 19 Rn. 31; OLG Köln 15. 1. 2009 – 18 U 205/07, ZIP 2009, 1469 (1474) für den Fall der Maschinenlogistik in einem Bauunternehmen; OLG Stuttgart 30. 5. 2007 – 20 U 12/06, ZIP 2007, 1210 ff. für den Fall einer Rechtsabteilung eines Bauunternehmens; im Ergebnis zustimmend BGH 25. 6. 2008 – II ZR 133/07, NZG 2008, 831.

Unternehmensführung zu erkennen.[67] Es sind in diesem Zusammenhang aber auch **Vorwegbindungen** des Vorstands **zu vermeiden,** welche nicht mehr als das Ausüben eines weiten unternehmerischen Ermessens im Rahmen der Festlegung von Zielen einer langfristigen Geschäftsstrategie verstanden werden können.[68]

bb) Pflicht zur Konzernleitung? Nach § 90 Abs. 1 S. 2 AktG hat der Vorstand einer Konzernobergesellschaft in seiner Berichterstattung an den Aufsichtsrat auch auf Tochterunternehmen und auf Beteiligungsgesellschaften einzugehen. Mit dieser konzerndimensionalen Berichtpflicht wird in der Regel die Pflicht des Vorstands der Konzernobergesellschaft hinsichtlich der Leitung nach § 76 Abs. 1 AktG, welches sich auch auf abhängige Unternehmen zu erstrecken habe, begründet.[69] Damit trägt der Konzernvorstand Sorge, dass Entscheidungen einheitlich in der gesamten Unternehmensgruppe umgesetzt werden, weil die Vertreter der nachgeordneten Gesellschaften – unabhängig von ihrer Rechtsform – dem Folge zu leisten hätten. Im Grunde wären also die Mitglieder der Geschäftsleitung der *herrschenden* Konzernobergesellschaft verpflichtet, von einem vertraglich begründeten Weisungsrecht in Bezug auf abhängige Gesellschaften im Interesse der (einheitlichen) Konzernbegründung, -leitung und -kontrolle tatsächlich Gebrauch zu machen.[70] Der **Umfang der Konzernkontrolle** liegt aber **im unternehmerischen Ermessen** des Konzernvorstands.[71] Nach überwiegender Ansicht findet dieses Ermessen seine **Grenzen,** wo sich der Vorstand das Fehlen möglicher organisatorischer Vorkehrungen bei abhängigen Unternehmen eventuell als Sorgfaltspflichtverletzung vorwerfen lassen muss.[72] Ob der Vorstand für diese **Steuerungs- und Überwachungsfunktion** eine divisionale oder funktionale Organisation wählt oder eine zentrale oder dezentrale Struktur bevorzugt, gehört insofern zu seinen unternehmerischen Entscheidungen in eigenem Ermessen gemäß § 93 Abs. 1 S. 2 AktG.[73] Nimmt er wiederum seine Informationsrechte wahr, gründet es auf der konzernleitenden Funktion des Vorstandes der Konzernobergesellschaft und entspricht nicht der bloßen Aktionärseigenschaft des herrschenden Unternehmens.[74] Damit orientiert sich der Vorstand bei der Steuerung und Überwachung *abhängiger verbundener* Unternehmen am Interesse der herrschenden Konzernobergesellschaft, womit gerade keine Pflicht zur zentralen Konzernleitung begründet wird.[75]

39

---

[67] OLG Köln 15. 1. 2009 – 18 U 205/07, ZIP 2009, 1469 (1475); nach allgemeiner Ansicht sind allerdings solche Weisungslinien im faktischen Aktienkonzern mit den Vorgaben des § 76 Abs. 1 AktG unvereinbar, vgl. *Seibt/Wollenschläger* AG 2013, 229 (232).

[68] Spindler/Stilz/*Fleischer* AktG § 76 Rn. 64 und 98a; § 77 Rn. 38, insbes. für die Ressortverteilung in einer Spartenorganisation, in der Führungsentscheidungen von Geschäftsbereichsleitern getroffen werden können; LG München I 5. 4. 2012 – 5 HK O 20488/11, NZG 2012, 1152 zur Unwirksamkeit eines Business Combination Agreements wegen Verstoßes gegen die aktienrechtliche Kompetenzordnung.

[69] MüKoAktG/*Spindler* § 76 Rn. 42 mwN zum Streitstand; umfassend *Hommelhoff* Konzernleitungspflicht S. 165 ff.; *Semler* ZGR 2004, 631 (653) „wichtigste und eigentliche Aufgabe des Holdingvorstands".

[70] Dieser Aspekt berührt die Frage, ob den Mitgliedern der Geschäftsleitung einer Konzernobergesellschaft zumindest eines Vertragskonzerns der Vorwurf für das Unterlassen einer Weisung gemacht werden kann, was von einer zunehmenden Anzahl von Autoren mit Bezug auf die Pflicht einer konzernweiten Compliance als Ausdruck des Einhaltens der Grundsätze ordnungsgemäßer Konzerngeschäftsführung (konzernweite Legalitäts- und Schadensabwendungspflicht) vertreten wird, vgl. *Schneider* NZG 2009, 1321 (1325 f.); *Altmeppen* ZHR 164 (2000), 556 (561); im Ansatz OLG Jena 12. 8. 2009 – 7 U 244/07, NZG 2010, 226; anders *Habersack* FS Möschel, 2011, 1175.

[71] *Koch* WM 2009, 1013 ff.; *Harbarth* ZHR 179 (2015), 136 (151).

[72] Vgl. OLG Jena 12. 8. 2009 – 7 U 244/07, NZG 2010, 226; LG München 10. 12. 2013 – 5 HK O 1387/10 – Neubürger, NZG 2014, 345; OLG München 23. 9. 2014 – 3 Ws 599/14, 3 Ws 600/14, StV 2016, 35: Eine originäre gesellschaftsrechtliche Aufsichtspflicht der Muttergesellschaft gegenüber dem Tochterunternehmen besteht im Fall des Fehlens eines Beherrschungsvertrages grundsätzlich nicht; *Schneider* NZG 2009, 1321 (1325 f.); *Fleischer* DB 2005, 759 (761 f.).

[73] MHdB GesR IV/*Wiesner* § 19 Rn. 38; Spindler/Stilz/*Fleischer* AktG § 76 Rn. 94: „konzernorganisationsrechtliche Business Judgment Rule".

[74] LG München I 26. 4. 2007 – 5 HK O 12848/06, Der Konzern 2007, 448 (455); Hüffer/*Koch* AktG § 131 Rn. 38.

[75] MHdB GesR IV/*Wiesner* § 19 Rn. 38.

40 Davon ist der Umfang der Leitungspflichten des Vorstandes eines *abhängigen* Konzernunternehmens in der Form der Aktiengesellschaft zu unterscheiden. Während im Vertragskonzern die Bestimmung des § 76 Abs. 1 AktG nicht gilt, soweit der Vorstand des herrschenden Unternehmens von seinem Weisungsrecht nach §§ 308, 323 AktG Gebrauch macht,[76] verbleibt es im Fall von lediglich faktisch konzernierten Gesellschaften bei der eigenverantwortlichen Leitungsmacht des Vorstands gemäß § 76 Abs. 1 AktG. Die Konzernleitungspflicht der Obergesellschaft findet in diesem Fall ihre Grenzen, dass sich der Maßstab des Vorstands einer abhängigen Aktiengesellschaft ausschließlich am Interesse der abhängigen Gesellschaft orientieren muss.[77] Ein wie auch immer geartetes Konzerninteresse, das für das beherrschungsvertragliche Weisungsrecht im Vertragskonzern als Maßstab dient, ist rechtlich nicht durchsetzbar.

41 In anderen Worten: Eine einheitliche Konzernleitung lässt sich nur im Vertragskonzern durchsetzen, ist allerdings nicht verpflichtend. Im faktischen Konzern braucht der Vorstand hingegen Weisungen des herrschenden Unternehmens nicht zu befolgen, darf es aber im Rahmen seines pflichtgemäßen Ermessens.[78] Anerkannt ist, dass der Vorstand eine nachteilige Weisung nur zu befolgen hat, wenn er mit einem Einzelausgleich rechnen kann.[79] Auf diese Weise ist sichergestellt, dass Vorstände von abhängigen Aktiengesellschaften im Konzern ausschließlich ihre Leitungsmacht im Rahmen des Unternehmensinteresses ausüben und frei von Fremdeinflüssen sind. **Eine einheitliche Konzernleitung lässt sich damit nur bedingt gestalten.**[80] Ein Fremdeinfluss ist über diese Gestaltung begrenzt.

c) Zwischenergebnis

42 Jegliche Form der Fremdsteuerung, die geeignet ist, in den Leitungsspielraum des Vorstandes in unvertretbarer Weise einzugreifen, ist als Verstoß gegen die Regelung des § 76 Abs. 1 AktG zu begreifen. Daraus lässt sich ein **grundsätzliches Verbot der Fremdgeschäftsführung** ableiten. Geschäftsleitungsentscheidungen im Geschäftskreis von Aktiengesellschaften dürfen – unabhängig, ob es sich um herrschende oder beherrschte Unternehmen handelt – nicht aus dem Zugriff des Vorstandes entlassen werden.[81] Es ist ihm untersagt, sich der Leitungsmacht Dritter zu unterstellen oder ihnen maßgebliche Einflussrechte mit Bindungswirkung auf seine Entscheidungen zuzugestehen.[82] Das erfordert geradezu eine unternehmensvertragliche Grundlage, um die gegebene **Abhängigkeit im gebotenen rechtlichen Rahmen zu realisieren,** zumal eine allgemeine Konzernleitungspflicht nicht besteht. Weisungen an Mitglieder des Vorstands einer Aktiengesellschaft bedürfen letztlich der Grundlage eines (wirksamen) Beherrschungsvertrags.

---

[76] *Emmerich/Habersack* Aktien- und GmbH-Konzernrecht AktG § 308 Rn. 49; Spindler/Stilz/*Fleischer* AktG § 76 Rn. 86.
[77] OLG Celle 28.5.2008 – 9 U 184/07, AG 2008, 711 f.; *Hommelhoff* Konzernleitungspflicht S. 43 ff.
[78] MHdB GesR IV/*Wiesner* § 19 Rn. 41 mwN.
[79] OLG München 8.7.2015 – 7 U 3130/14, ZIP 2015, 2472; *Hofmann-Becking* FS Hommelhoff, S. 441 f.; nach *Rowedder* FS Duden, S. 511 handelt es sich sogar um eine besondere Pflicht des Aufsichtsrats, den Vollzug dieses Nachteilsausgleichs zu überwachen.
[80] *Schockenhoff* ZHR 180 (2016), 197 (201) für die Thematik der Durchsetzung einer eventuell (konzerneinheitlichen) Compliance-Organisation.
[81] So auch *Seibt/Wollenschläger* AG 2013, 232; K. Schmidt/Lutter/*Seibt* AktG § 76 Rn. 10.
[82] *Seibt/Wollenschläger* AG 2013, 232.

II. Notwendigkeit eines Unternehmensvertrags zur Durchsetzung von Weisungen gegenüber dem Vorstand einer Aktiengesellschaft als Matrixgesellschaft

Der **Fremdeinfluss** durch Matrixmanager lässt sich jedoch **zielgerichtet gestalten,** um ihn nicht an den – einschränkenden – Grundsätzen einer unveräußerlichen Leitung nach § 76 Abs. 1 AktG scheitern zu lassen. Dazu eignet sich für den Fall, dass die Matrixgesellschaft in der Rechtsform einer Aktiengesellschaft besteht, der Abschluss eines Beherrschungsvertrags nach § 291 Abs. 1 S. 1, 1. Fall AktG. Damit ist die Grundlage für einen Vertragskonzern (§ 18 Abs. 1 S. 2 AktG) geschaffen, in dem sich eine Gesellschaft der Leitung eines anderen Unternehmens unterstellt. Der Beherrschungsvertrag gibt dem herrschenden Unternehmen das Recht, dem Vorstand der abhängigen Aktiengesellschaft oder Kommanditgesellschaft auf Aktien[83] Weisungen hinsichtlich der Unternehmensleitung zu erteilen (§ 308 Abs. 1 S. 1 AktG). Schließlich kann es auch anderen Personen im Konzern, ua Matrixmanagern, eingeräumt werden (→ Rn. 134 Abschnitt D.).[84] Diese durch Unternehmensverträge (→ Rn. 44 1.) herzustellende **Einschränkung der Leitungsmacht ist allgemein anerkannt,**[85] Einzelheiten sind allerdings strittig, insbesondere wie inhaltlich umfassend das Weisungsrecht, mit dem eine Folgepflicht des Vorstands des beherrschten Unternehmens nach § 308 Abs. 2 S. 1 AktG korrespondiert, gestaltet werden kann (→ Rn. 47 2.).

43

1. Grundlagen eines Beherrschungsvertrags

Fall 1:[86] Die X AG ist die Holding der X-Gruppe (vgl. Konstellation 4, → Rn. 22). Sie ist ua an der Y AG beteiligt, die wiederum mehrere Tochter- und Beteiligungsgesellschaften nicht nur in Deutschland hat, an verschiedenen europäischen Standorten ihre Produkte herstellt und die damit verbundenen Dienstleistungen anbietet. Die Y AG ist die Obergesellschaft

44

---

[83] Dabei ist § 308 AktG für Beherrschungsverträge mit abhängigen Gesellschaften anderer Rechtsformen, insbesondere mit Gesellschaften mit beschränkter Haftung, entsprechend anwendbar, OLG Stuttgart 29.10.1997 – 20 U 8/97, NZG 1998, 601; ausführlich *Fabian* Beherrschungsvertrag S. 121 (132ff.); zur Societas Europaea: *Spitzbart* RNotZ 2006, 369; *Boor* RNotZ 2017, 65.
[84] Die **Möglichkeiten des Fremdeinflusses** sind allerdings nicht auf Weisungen nach einem Beherrschungsvertrag beschränkt. Ein herrschendes Unternehmen verfügt über zahlreiche weitere Mittel, mit denen es eine einheitliche Leitung der verbundenen Unternehmen gewährleisten kann. Dazu zählen im Wesentlichen **personelle Verflechtungen** meist über Vorstandsdoppelmandate, die nach Maßgabe des § 88 Abs. 1 Satz 2 AktG grundsätzlich zulässig sind (vgl. BGH 9.3.2009 – II ZR 170/07, BGHZ 180, 105 (110) Rn. 14f. = NZG 2009, 744; *Aschenbeck* NZG 2000, 1015; *Anders* Vorstandsdoppelmandate S. 30f.; *Fleck* ZHR 149 (1985), 387; → Kap. 4 Rn. 180ff.), oder über die Möglichkeit der Konzernsteuerung im Rahmen der **Zustimmungsvorbehalte nach § 111 Abs. 4 S. 2 AktG** (ausführlich *Weyl* Zustimmungsvorbehalte nach § 111 Abs. 4 S. 2 AktG als Möglichkeit einer Konzernsteuerung, 2015) oder (gezielte) **Einsätze über die Hauptversammlung** oder über den Aufsichtsrat der abhängigen Gesellschaft, was zumindest einer mittelbaren Weisung entspricht (vgl. schon Begründung zum Regierungsentwurf des § 310 bei *Kropff* AktG S. 406; *Wellkamp* WM 1993, 2155f.), oder über eine **Bevollmächtigung des herrschenden Unternehmens** durch den Vorstand der abhängigen Gesellschaft, welche allerdings im Hinblick auf das unabdingbare Prüfungsrecht des Vorstandes nicht generell erteilt werden kann (vgl. *Emmerich/Habersack* Aktien- und GmbH-Konzernrecht AktG § 308 Rn. 231f.; zur Vertretung ohne Vertretungsmacht, welche die Genehmigung durch die abhängige Gesellschaft zum bloßen Formalakt macht, ist ebenfalls unter diesen Aspekten abzulehnen, vgl. *Hüffer/Koch* AktG § 308 Rn. 9: Die nach § 177 Abs. 1 BGB vorausgesetzte Willensbildung ist bei Existenz eines Beherrschungsvertrags nicht gegeben. Im Grunde kann der Vorstand der Untergesellschaft seiner Kontrollfunktion nach § 308 Abs. 2 S. 2 2. Hs. AktG bei Vollmachtserteilung nur gerecht werden, wenn er die Geschäfte begrenzt und überschaubar zum Gegenstand der Vollmacht macht; aA OLG München 11.7.1979 – 15 U 1532/78, AG 1980, 272f.; → Rn. 146ff.).
[85] BGH 24.10.1988 – II ZB 7/88, BGHZ 105, 325 = NJW 1989, 295f.; OLG Stuttgart 29.10.1997 – 20 U 8/97, NZG 1998, 601; *Emmerich/Habersack* Aktien- und GmbH-Konzernrecht AktG § 308 Rn. 17.
[86] Muster aus *Happ/Liebscher* Muster 1.01, S. 10f.; weitere Fälle zur Ausübung des Weisungsrechts → Rn. 135.

der in einer Matrix organisierten Y-Unternehmensgruppe. In einem (neben einem Gewinnabführungsvertrag) zusätzlich abgeschlossenen Beherrschungsvertrag legen die Vertragsparteien ua fest:

„§ 1 Leitung

(1) Die Y AG unterstellt sich der Leitung der X AG als herrschendes Unternehmen. Der Vorstand der X AG ist berechtigt, den Mitgliedern des Vorstandes der Y AG sowohl allgemeine als auch einzelfallbezogene Weisungen zu erteilen.

(2) Weisungen bedürfen der Schriftform. Wenn die Angelegenheit eilbedürftig ist, können sie auch mündlich erteilt werden und sind vom Vorstand der X AG innerhalb von 14 Tagen schriftlich zu bestätigen.

(3) Der Vorstand der Y AG ist verpflichtet, den Weisungen der X AG jederzeit Folge zu leisten. Eine Weisung, diesen Unternehmensvertrag aufrecht zu erhalten, zu ändern oder zu beenden, darf nicht erteilt werden.

§ 2 Auskunftsrechte

(1) Die X AG ist jederzeit berechtigt, Bücher und Unterlagen der Y AG einzusehen. Der Vorstand der Y AG ist verpflichtet, dem Vorstand der X AG oder den dazu ermächtigten Dritten jederzeit alle gewünschten Auskünfte über sämtliche Angelegenheiten der Y AG und mit ihr verbundener Unternehmen zu geben.

(2) Unbeschadet des vorstehenden Auskunftsrechtes hat der Vorstand der Y AG den Vorstand der X AG oder den dazu ermächtigten Dritten laufend über die geschäftliche Entwicklung zu unterrichten, insbes. bei wesentlichen Geschäftsvorfällen."

Variante 1: In den Beherrschungsvertrag wird ein weiterer Satz unter § 1 Abs. 3 wie folgt eingefügt:

(3) „... Ebenso sind Weisungen bezüglich personeller und sozialer Angelegenheiten in der Y AG und den mit ihr verbundenen Unternehmen ausgenommen."

Variante 2: Im Beherrschungsvertrag aus dem Grundfall wird zu § 1 noch ein weiterer Absatz 4 wie folgt ergänzt:

(4) „Weisungen für die Y AG beschränken sich auf Personalentscheidungen auf der Führungsebene unterhalb des Vorstandes der X AG bzw. auf die Unternehmensplanung, welche IT-gestützt in der Y AG zusammengeführt ist."

Gleichzeitig erteilt der Vorstand der Y AG der X AG die Weisung, die Instrumente ihrer Unternehmensplanung auf das bei der Y AG geführte System *„IT-technisch umzurüsten, um einen reibungslosen Ablauf der Organisation zu gewährleisten".* Die gleiche Anweisung leitet der Vorstand der Y AG auch dem Leiter der Unternehmensplanung der X AG zu mit dem Hinweis auf mögliche arbeitsrechtliche Konsequenzen, *(„... wenn er dieser Anweisung nicht nachkommen sollte.").*

Fall 2: In dem Beherrschungsvertrag aus dem Fall 1 wird unter § 1 Abs. 4 statt der Ergänzung aus Variante 2 die Bestimmung mit folgendem Wortlaut aufgenommen:

(4) „Die X AG hat für den Zeitraum der Sanierung des Geschäftsbereiches A Vorgaben der allgemeinen Budgetplanung zu beachten und dafür Sorge zu tragen, dass diese Vorgaben in den mit ihr verbundenen Tochter- und Beteiligungsgesellschaften umgesetzt werden. Sie wird angewiesen, in den Gesellschaften der Y1 GmbH, Y4 GmbH und Y5 AG dafür zu sorgen, dass Geschäfte mit einem Investitionsvolumen von mehr als EUR 100.000 von der Zustimmung der Aufsichtsorgane abhängig gemacht werden."

Variante 1: Der Vorstand der X AG erteilt mit Rücksicht auf eine strategische Neuausrichtung der X-Gruppe dem Vorstand der Y AG folgende Weisung:

„... mit Beginn des nächsten Geschäftsjahres (1.1.xxxx) sind die Y AG ausschließlich als Zwischenholding zu führen und die bisher operativen Geschäftsbereiche 1 bis 10 in eigene, eventuell noch auszugründende Gesellschaften oder in andere Konzern- und

B. Aktiengesellschaft als Matrixgesellschaft

Beteiligungsgesellschaften der Y-Gruppe zu übertragen bzw. zu verlagern. Gleichzeitig richten die Gesellschaften ein Cashpooling nach den Maßstäben der X AG ein…"

Variante 2: Die X AG erteilt dem Vorstand der Y AG die Weisung, seine Satzung wie folgt zu ändern:

„… Zweck der Gesellschaft ist mit Wirkung des kommenden Geschäftsjahres xxxx die finanzielle Steuerung der Tochter- und Beteiligungsgesellschaften der Y-Gruppe…"

Zwischen den Leitungsorganen der X AG und der Y AG besteht Einigkeit, dass mit dieser Weisung eine organisatorische Änderung verbunden ist, die Geschäftsbereiche 1 bis 10 der X AG zum gleichen Zeitpunkt auf entweder auszugründende Gesellschaften, an denen die X AG beteiligt ist, oder auf bestehende Tochter- und Beteiligungsgesellschaften zu übertragen. Dabei folgt man der Empfehlung aus einem Gutachten der Z-Unternehmensberatung zur Restrukturierung der Y-Gruppe.

Fall 3: Die X AG ist zu der Auffassung gelangt, dass die europäischen Standorte des Produktbereiches B zu schließen sind und die sonstigen Kapazitäten auf die außereuropäischen Standorte verteilt werden. Davon sind auch drei Standorte in Deutschland betroffen, welche jeweils von unterschiedlichen Tochtergesellschaften der Y AG geführt werden.

Variante 1: Da im Zuge dieser Restrukturierung und Sanierung dieses Produktbereiches Kapitalmaßnahmen erforderlich sind, die in der Hauptversammlung zu beschließen sind, gibt der Vorstand der X AG an den Vorstand der Y AG folgende Weisung:

„… Mit Rücksicht auf die bereits besprochenen Sanierungsmaßnahmen, die den Produktbereich B in Deutschland betreffen, weisen wir Sie an, zum nächstmöglichen Termin eine Hauptversammlung einzuberufen und die entsprechenden Beschlüsse für die erforderlichen Kapitalmaßnahmen vorzubereiten und zu treffen. Auf Fragen der Geschäftsführung in dieser Hauptversammlung ist zu verzichten."

Variante 2: Das für den Produktbereich B umzusetzende Sanierungskonzept erfordert keine weiteren Kapitalmaßnahmen; stattdessen ist entsprechend der Satzung der X AG die Zustimmung des Aufsichtsrates erforderlich. Es ist zu befürchten, dass aufgrund der politischen Verhältnisse in einer Region, in der der betroffene Standort B liegt, die Mehrheit des Aufsichtsrats seine Zustimmung verweigert. Daher erteilt der Vorstand der X AG dem Vorstand der Y AG folgende Weisung:

„…Im Hinblick auf die rasche Umsetzung des Sanierungskonzeptes verlangen wir das umgehende Einberufen der Hauptversammlung, um die Schließung der deutschen Standorte des Produktbereichs B beschließen zu können."

Variante 3: Der Vorstand der X AG befürchtet, dass die politischen Umstände den Vorstand der Y AG ermutigen, in Deutschland eine vom Sanierungskonzept abweichende Geschäftspolitik umzusetzen. Damit droht für den nächsten Abschluss der Y AG ein Jahresfehlbetrag, zu dessen Ausgleich angesichts der drohenden Höhe die X AG keine Veranlassung sieht. In Folge dessen erteilt der Vorstand der X AG dem Vorstand der Y AG folgende Weisung:

„… nach reichlicher Überlegung werden wir daher die Vertragsbeziehung mit Ihnen beenden müssen und erwarten bis zum [Datum] Ihre Zustimmung zur Aufhebung des Beherrschungsvertrags… Das Gleiche gilt für die Aufhebung des Gewinnabführungsvertrages vom [Datum]…"

Auf der Grundlage eines Beherrschungsvertrages ist das herrschende Unternehmen berechtigt, aber nicht verpflichtet,[87] dem Vorstand der abhängigen Gesellschaft, die als Matrixgesellschaft existiert, hinsichtlich der Leitung der Gesellschaft Weisungen zu erteilen (§ 308 Abs. 1 S. 1 AktG). Dieser **Vertragszweck** erfährt durch das Weisungsrecht seine **organisatorische Ausprägung.** Der Unternehmensverbund **erscheint wirtschaftlich**

---

[87] Zur möglichen Konzernleitungspflicht → Rn. 39 mwN.

als **Gesamtunternehmen** oder „wie ein Unternehmen".[88] Die Parteien des Beherrschungsvertrages sind jeweils Gesellschaften, wovon eine herrschend und die andere abhängig ist[89] und ihren Sitz im Inland haben muss.[90] Das herrschende Unternehmen kann eine juristische Person, eine Personengesellschaft, die öffentliche Hand oder auch eine natürliche Person sein, soweit diese außerhalb der Gesellschaft, mit der sie den Vertrag schließt, wirtschaftlich engagiert ist und damit Interessen der Gesellschaft verfolgen kann, die von den anderen Unternehmensinteressen verschieden sind.[91] Der gemäß § 293 Abs. 3 AktG schriftlich zu fassende Beherrschungsvertrag ist nach Zustimmung der Hauptversammlung (§ 293 Abs. 1 AktG) mit der konstitutiv wirkenden Eintragung im Handelsregister gemäß § 294 Abs. 2 AktG frühestens wirksam; eine rückwirkende Inkraftsetzung zwecks Legitimierung vorausgegangener (rechtswidriger) Weisungen ist nicht möglich.[92] Das Gesetz sieht zudem zwingende Regelungen zur konzernweiten Vermögensbindung vor, bei denen der Erhalt des Vermögens der abhängigen Gesellschaft primär im Interesse des Gläubigerschutzes sowohl mittelbar (§ 300 Nr. 3 AktG) als auch unmittelbar (§§ 302 und 303 AktG) besteht; die Interessen von außenstehenden Aktionären sind über die §§ 304 und 305 AktG gesichert. Schließlich sind im Zuge eines Beherrschungsvertrags ein ausführlicher Abhängigkeitsbericht durch die Leitungsorgane der beteiligten Gesellschaften nach § 293a AktG und ein Prüfungsbericht zur Unternehmensbewertung durch einen Sachverständigen nach § 293e AktG zu erstellen.

46 Mithin erfüllt das Muster des **Falls 1** alle Voraussetzungen für das Begründen eines beherrschungsvertraglichen Weisungsrechts, bei dem die Mitglieder des Vorstandes der beherrschten Aktiengesellschaft als Weisungsempfänger den Rahmen der Leitungsunterstellung genau ermessen können. Die Schriftform für eine Weisung hat insoweit lediglich Ordnungsfunktion und dient der Vermeidung von Missverständnissen. Eine Pflicht zur Prüfung einer als offensichtlich unrechtmäßig eingeordneten Geschäftsführungsmaßnahme, die Gegenstand einer Weisung ist, bleibt unberührt.[93] An dieser Stelle ist darauf hingewiesen, dass die Bedeutung des Beherrschungsvertrags als Kern des Rechts der in einem Vertragskonzern verbundenen Unternehmen nicht überschätzt werden darf. Seit dem Steuersenkungsgesetz vom 23.10.2000[94] wird nur noch der Abschluss eines Gewinnabführungsvertrages vorausgesetzt (vgl. § 14 Abs. 1 S. 1 KStG).[95] Gleichwohl bleibt der entscheidende Gedanke der beherrschungsvertraglichen Rechtsfolge bestehen, wonach in der Regel auch nachteilige Weisungen im Rahmen der Leitungsbefugnis gegenüber der abhängigen Gesellschaft durchsetzbar sind. Fremdeinfluss kann damit in einem Unternehmensverbund nachhaltig gestaltet werden.

2. Gestaltung von Regelungen im Unternehmensvertrag

47 Das Weisungsrecht der herrschenden Gesellschaft ist das Herzstück und **notwendiger Mindestinhalt des Beherrschungsvertrags**[96]. Es erstreckt sich nach dem Wortlaut des

---

[88] MüKoAktG/*Altmeppen* § 308 Rn. 101, 103 ff.; *Oesterreich* Betriebsüberlassung S. 55; *Veil* Unternehmensverträge S. 4.
[89] Zwar kann eine Gesellschaft auch von mehreren Unternehmen abhängig sein, soweit sie nicht mehrere Beherrschungsverträge unabhängig voneinander abschließt, vgl. zu den Folgen sog. unkoordinierter Beherrschungsverträge LG Frankfurt a.M. 8.1.1990 – 3/1 O 144/89, DB 1990, 624.
[90] Vgl. K. Schmidt/Lutter/*Langenbucher* AktG § 291 Rn. 21 mwN.
[91] BGH 18.6.2001 – II ZR 212/99, BGHZ 148, 123 (125) = NJW 2001, 2973 (2974); BGH 17.3.1997 – II ZB 3/96, BGHZ 135, 107 (113) = NJW 1997, 1855 f.
[92] *Emmerich/Habersack* Aktien- und GmbH-Konzernrecht AktG § 308 Rn. 4.
[93] *Emmerich/Habersack* Aktien- und GmbH-Konzernrecht AktG § 308 Rn. 66.
[94] BGBl. I Nr. 46/2000, S. 1433.
[95] *Ederle* Beherrschungsverträge S. 29 (Rn. 90 mit Verweis auf verschiedene empirische Untersuchungen der Verbreitung dieses Typs eines Unternehmensvertrags), 58 und 62; Spindler/Stilz/*Veil* AktG Vor § 291 Rn. 56.
[96] Happ/*Liebscher* Muster 1.01 Anm. 4.1; OLG München 18.7.2012 – 7 AktG 1/12, AG 2012, 802 f. „unverzichtbares Merkmal".

§ 308 Abs. 1 AktG auf den Bereich der „Leitung der (abhängigen) Gesellschaft" durch ihren Vorstand. Wenn die Leitung der Aktiengesellschaft umfassend zu verstehen ist, dann können Weisungen (→ Rn. 48 a) zur Begrifflichkeit) auch inhaltlich weitreichend sein (→ Rn. 49 ff. b). Das herrschende Unternehmen muss mit der Unterstellung der abhängigen Gesellschaft unter seine Leitung in der Lage sein, seinen Willen auch gegen den Vorstand der abhängigen Gesellschaft rechtlich durchzusetzen.[97] Damit ist wiederum die **Weisungsfolgepflicht umfassend** zu begreifen. Denn es sollen Meinungsverschiedenheiten über die Nützlichkeit einer Maßnahme vermieden und der Beurteilung durch die Muttergesellschaft der Vorrang eingeräumt werden.[98] Allerdings werden in der Diskussion zu dieser Regelung, die in einer Regel-Ausnahme-Unterausnahme-Struktur des § 308 Abs. 2 AktG verankert ist, zahlreiche Fragen aufgeworfen, welche in der Unternehmenspraxis eine erhebliche Rolle spielen. Zudem gibt es Grenzen für Weisungen, die sich aus dem Beherrschungsvertrag selbst oder aus dem satzungsgemäßen Unternehmensgegenstand ergeben können. Schließlich finden sich Schranken für eine Weisung in zwingenden gesetzlichen Vorschriften sowie mit Rücksicht auf den verfassungsrechtlichen Grundsatz der Verhältnismäßigkeit (→ Rn. 59 c). Diese Grenzen sind letztlich auch von Dritten, die der Vorstand der Konzernobergesellschaft zur Erteilung und Umsetzung von Weisungen einsetzt, zu beachten.

a) Begrifflichkeit der Weisung

Das Aktiengesetz **definiert** den Begriff der Weisung **nicht näher.** Die Bestimmungen der §§ 308, 323 AktG beschränken sich auf die beteiligten Absender und Empfänger der Weisung sowie deren Rechtsfolge. Nach Ausspruch einer Weisung tritt sie an die Stelle der Leitung der abhängigen Gesellschaft durch ihren Vorstand, um eine einheitliche Leitung des vom herrschenden Unternehmen geführten Konzerns zu ermöglichen. Ansonsten bleibt es bei der Leitung in eigener Verantwortung durch den Vorstand der abhängigen Aktiengesellschaft, der Weisungen grundsätzlich Folge zu leisten hat. Mit einer Weisung ist **jede Maßnahme** des herrschenden Unternehmens umfasst, durch die dieses über den Vorstand der abhängigen Gesellschaft **Einfluss auf deren Leitung** nehmen will (§§ 18 Abs. 1 S. 2, 291 Abs. 1 S. 1, 308 Abs. 1 S. 1, 323 Abs. 1 S. 1 AktG). Der Vorstand gefährdet seine (erneute) Bestellung, wenn er der fraglichen Maßnahme nicht folgt.[99]

48

Von einer Weisung sind bloße Empfehlungen und Ratschläge des herrschenden Unternehmens abzugrenzen. Einfluss kann **nur zweckgerichtet ausgeübt** werden und wenn eine Verbindlichkeit für den Vorstand der abhängigen Gesellschaft geschaffen werden soll.[100] Damit sind Weisungen rechtsgeschäftliche oder zumindest rechtsgeschäftsähnliche Handlungen, für die die Bestimmungen über die Willenserklärungen Anwendung finden; sie werden mit Zugang bei einem der Mitglieder des Vorstandes der abhängigen Gesellschaft wirksam und können bis dahin widerrufen (§ 130 Abs. 1 S. 2 BGB) oder gar angefochten werden.[101] **Entscheidend** ist das **Verständnis der Adressaten,** ob sie die Weisung als Maßnahme zur Einflussnahme in dem Grad der Verbindlichkeit verstehen durften, wie es nach den Umständen des Einzelfalls vom Absender erwartet wurde. Für die Realisierung des in einer Matrixorganisation immanenten Fremdeinflusses ist es daher wichtig, dass sowohl hinsichtlich der unternehmensvertraglichen Grundlage als auch bei der Umsetzung der konkreten Weisung möglichst keine Zweifel aufkommen, die ge-

---

[97] Happ/*Liebscher* Muster 1.01 Anm. 4.1 mwN.
[98] Vgl. Spindler/Stilz/*Veil* AktG § 308 Rn. 34 f.
[99] K. Schmidt/Lutter/*Langenbucher* AktG § 308 Rn. 3 mwN.
[100] Insoweit kann es auch durch Ausüben von Zustimmungs- oder Vetorechten eine Weisung geben, sofern dies im Rahmen des Beherrschungsvertrags erfolgt, vgl. *Veil* Unternehmensverträge S. 236 (284, 297 ff.); aA Hüffer/*Koch* AktG § 308 Rn. 10.
[101] Was allerdings mit Rücksicht auf § 309 Abs. 2 AktG nur schwerlich in Betracht kommt, vgl. *Liebscher* GmbH-Konzernrecht Rn. 698.

wünschte Maßnahme **verbindlich umzusetzen**.[102] Davon zu trennen ist die Frage, ob der Gegenstand der Weisung inhaltlich geeignet ist, die Leitung der abhängigen Gesellschaft im Sinne einer einheitlichen Leitungsmacht zu ersetzen; mithin geht es um den inhaltlichen Umfang von Weisungen.

b) Inhaltlicher Umfang von Weisungen

49 Die Möglichkeiten zur Gestaltung von Weisungen sind vielfältig. Eine allgemeine Regelung genügt bereits.[103] Um eine herrschende Stellung zu nutzen und die Unternehmensleitung der beherrschten Gesellschaft auf das Konzerninteresse auszurichten, sind – wie die Praxis zeigt – einzelne Regelungsgegenstände für Weisungen von besonderer Bedeutung; diese lassen sich im Beherrschungsvertrag bereits aufgreifen.[104] Im Folgenden werden die wichtigsten Kategorien dieser Regelungsgegenstände behandelt, um den zulässigen Umfang von Weisungen bestimmen zu können. **Inhaltlich können sich** die zugrunde liegenden **Zwecke überschneiden.** Maßnahmen, die den organisatorischen Leitungsbereich betreffen, können wiederum Auswirkungen auf die Rechnungslegung oder die Finanzverfassung haben, wie umgekehrt Weisungen bezüglich der Gewinnverwendung in die Leitung der abhängigen Gesellschaft ausstrahlen[105].

50 **aa) Leitungsaufgaben.** Eine gewünschte Geschäftspolitik bei abhängigen Gesellschaften lässt sich am besten schon in grundsätzlichen Fragen der Leitung umsetzen.[106] Einfluss auf eine umfassende Leitung des abhängigen Unternehmens kann regelmäßig durch Weisungen auf folgende Geschäftsführungsmaßnahmen erfolgen:[107]
– Personalmaßnahmen, insbes. bei der Besetzung von Schlüsselfunktionen mit Fach- und Führungskräfte, im Rahmen des Abschlusses, der Änderung oder der Aufhebung von Verträgen und den dazugehörenden Entscheidungen über das Einstellen und Entlassen von Personal
– Unterstellung von Teilbereichen der abhängigen Gesellschaften, ua der Unternehmensplanung, -koordination und/oder -kontrolle
– Einführen von Zustimmungsvorbehalten für bestimmte Geschäfte der Töchter[108]
– Einrichten und Durchsetzen konzernweiter Aufsichts- und Kontrollsysteme zur Vermeidung von Haftungsrisiken, insbes. durch Gesetzesverstöße bei Tochtergesellschaften,

---

[102] Insoweit spricht einiges für das Festlegen der Schriftform nach § 126 BGB oder wenigstens der Textform nach § 126b BGB als Vorgabe zur Kommunikation der Weisungen. Zur Bestandsaufnahme für grenzüberschreitende Beherrschungsverträge zwischen dem 1.1.2007 und 31.1.2010, *Bayer* AG Sonderheft Oktober 2015, 49 mwN.
[103] Vgl. die Bestimmung des § 1 Abs. 1 S. 2 des Beherrschungsvertrags im **Fall 1**.
[104] Der **Variante 2 des Falls 2** liegt diese Vertragsgestaltung zugrunde.
[105] *Ballerstedt* ZHR 137 (1973), S. 388 (392 ff., 398) hat mit Verweis auf die beherrschungsvertragliche Leitungsmacht als organisatorische Steuerung des Konzerns einen im Weisungsrecht möglicherweise auch bestehenden vermögensrechtlichen Inhalt davon getrennt. Dabei weist er besonders darauf hin, dass die Ausgestaltung des konzerninternen Lieferungs- und Leistungsverkehr der Gewinn der abhängigen Gesellschaft nicht „planmäßig verlagert" werden kann (womit er bereits das Festlegen von Verrechnungspreisen ablehnt); letztlich können Gewinnverwendungen nur über die Gewinnabführungsverträge, die in der Praxis regelmäßig mit dem Beherrschungsvertrag kombiniert abgeschlossen werden, erfolgen; vgl. kritisch dazu *Veil* Unternehmensverträge S. 5 ff.
[106] *Lutter* FS Happ, S. 143 ff. Daraus schließt eine weit verbreitete Ansicht, dass eine entsprechende Weisung gleichzeitig mit einem entsprechenden Auskunftsrecht zu verbinden ist, vgl. MHdB GesR IV/*Krieger* § 71 Rn. 156 mwN, wofür § 131 Abs. 4 S. 1 AktG keinen Raum bietet, vgl. LG München I 4.9.1997 – 5 HKO 14614/96, AG 1999, 138 f.; vgl. auch den Sonderfall des neu eingefügten § 131 Abs. 4 S. 3 AktG.
[107] Zahlreiche Beispiele bei *Emmerich/Habersack* Aktien- und GmbH-Konzernrecht AktG § 308 Rn. 39.
[108] Allerdings ist diese Maßnahme regelmäßig im Konflikt mit dem Erfordernis der Zustimmung des Aufsichtsrates zu bestimmten Geschäften, vgl. *Weyl*, S. 78.

häufig im Rahmen von Compliance Management Systemen oder internen Kontrollsystemen[109]
– Allgemeine Budgetplanung mit konkreten Vorgaben für die Allokationen
– Tätigwerden in bestimmten Märkten mit bestimmten Produkten bzw. Dienstleistungen (soweit vom Unternehmensgegenstand gedeckt)

In Matrixorganisationen ist es nicht ungewöhnlich, wenn sich die Führung einer Unternehmensgruppe aus strategischen Überlegungen nur auf Teilbereiche oder Sparten konzentriert und damit nicht umfassend ihre Leitungsmacht – auch nicht im Sinne des Beherrschungsvertrags – ausübt. Dieses **Phänomen einer gewissen Teilbeherrschung** des Unternehmensverbunds wird dem für den Konzernbegriff des § 18 AktG maßgebenden Leitungsbegriff gerecht.[110] Nach herrschender Auffassung ist die Leitung der Aktiengesellschaft als Führungsfunktion des Vorstands im Sinne eines herausgehobenen Teilbereichs der Geschäftsführung zu verstehen; bei typologischer Betrachtung geht es daher in der Regel um Unternehmensplanung, -koordination, -kontrolle und Besetzung von Führungsstellen.[111] Somit genügt eine auf Einzelfragen des laufenden Tagesgeschäfts[112] oder eine auf bestimmte Bereiche beschränkte Leitung. Sofern das herrschende Unternehmen in die Lage versetzt wird, eine **auf das Gesamtinteresse der Unternehmensgruppe bezogene Zielkonzeption zu** entwickeln und gegenüber dem Vorstand der beherrschten Gesellschaft durchzusetzen, ist eine beherrschungsvertragliche Leitungsunterstellung realisiert;[113] damit ist zumindest eine einheitliche Planung, Durchführung und Kontrolle in wenigstens einem wesentlichen Bereich unternehmerischer Tätigkeit (zB Produktion, Verkauf, Organisation) erforderlich.[114]

Die Bestimmungen des Beherrschungsvertrages in den **Varianten 1 und 2 des Falls 1** sind zulässige Beschränkungen. Indem der Kreis der Maßnahmen, welche Gegenstand einer Weisung sein können, inhaltlich begrenzt ist, bleiben andere, damit zusammenhängende Aufgaben der Leitungsverantwortung der Geschäftsleitung des beherrschten Unternehmens übertragen. Aufgrund der Ausgrenzung ist das **Feld der Eigenverantwortung hervorgehoben,** was damit einzelfallbezogene Weisungen iSd § 1 Abs. 1 S. 2 des Musters einen Beherrschungsvertrag unmöglich macht, gleichzeitig die Rolle des Vorstands der abhängigen Gesellschaft stärkt. Das zeigt auch die **Variante 2:** Nach der Negativbestimmung des § 1 Abs. 3 S. 2 des Muster-Beherrschungsvertrags werden zusätzlich bestimmte **Bereiche** aus einem Beherrschungsvertrag **ausgeklammert.** Mit Maßnahmen der Dezentralisierung kann eine Leitungsfunktion – in sozialen und personellen Angelegenheiten eventuell zu Lasten des Arbeitsdirektors,[115] welcher bei einer paritätisch mitbestimmten Aktiengesellschaft nach § 33 Abs. 1 MitBestG obligatorisch ist – auf Teilgebiete, Unternehmenssparten oder auf eine bestimmte Geschäftspolitik[116] beschränkt werden. Ein solcher **Teilbeherrschungsvertrag ist zulässig,** es sei denn die mit den unternehmensvertraglichen Beschränkungen sind so weitgehend, dass das Weisungsrecht als vollständig abbedungen anzusehen wäre.[117] Grundsätzlich ist von einem Beherrschungsvertrag auszu-

---

[109] Str., vgl. *Schneider* NZG 2009, 1321 (1325 f.); § 25a KWG stellt hingegen eine aufsichtsrechtliche Organisationsgrundlage für Kreditinstitute dar, *Casper* ZIP 2012, 497.
[110] *Raiser/Veil* § 62 Rn. 2.
[111] → Rn. 37; *Hüffer/Koch* AktG § 76 Rn. 8; OLG Schleswig 27. 8. 2008 – 2 W 160/05, NZG 2008, 868.
[112] MHdB GesR IV/*Krieger* § 71 Rn. 151.
[113] KG 30. 6. 2000 – 14 U 8337/98, AG 2001, 186; LG München I 31. 1. 2008 – 5 HKO 19872/06, ZIP 2008, 555 (560).
[114] *Hüffer/Koch* AktG §§ 18 Rn. 8 ff.; 291 Rn. 10 und 15: Sonderformen wie Teilbeherrschungsverträge oder Beherrschungsverträge bei mehrstufigen Unternehmensverbindungen sind als Beherrschungsverträge ebenfalls zulässig.
[115] *Däubler* NZG 2005, 617; ablehnend *Ederle* Beherrschungsverträge S. 167 f.
[116] *Exner* Beherrschungsvertrag, S. 83 (109 f.) mwN.
[117] K. *Schmidt/Lutter/Langenbucher* AktG § 291 Rn. 33; ausführlich *Ederle* Beherrschungsverträge S. 92 ff.; zB weil der Unternehmensvertrag die Selbstständigkeit der Tochtergesellschaft unberührt lässt, so dass auch eine Abhängigkeit gemäß § 18 Abs. 2 AktG nicht mehr vermutet werden kann.

gehen,[118] mittels dessen herrschende Gesellschaft das zu beherrschende Unternehmen in ihren Verbund „eingliedern", damit ihrer Leitung unterstellen und auf diese Weise die gesamte Unternehmenspolitik bestimmen will.[119] Diese inhaltliche Wirkung lassen die Beschränkungen des Beherrschungsvertrags in den **jeweiligen Varianten 1 und 2** aber nicht erkennen.

53 **bb) Innerkorporativer Bereich.** Von den klassischen Leitungsaufgaben, die Ziel einer Weisung sein können, sind von nicht auf eine bestimmte Geschäftspolitik oder -strategie gerichteten Maßnahmen zu unterscheiden. Es handelt sich im Allgemeinen um **Aufgaben mit verwaltendem Charakter,** entweder weil sie zum Betrieb einer Aktiengesellschaft zwingend vorzunehmen sind oder für bestimmte Geschäftsführungsmaßnahmen vorbereitenden Charakter haben. In der Regel handelt es sich um Maßnahmen aus dem sog. innerkorporativen Bereich,[120] wie ua.
– Einberufen einer Hauptversammlung (str.)
– Ausüben von Bewertungswahlrechten bei der Aufstellung des Jahresabschlusses, meist als Teil allgemeiner Anweisungen im Rahmen des Rechnungswesens
– Bildung von Gewinnrücklagen nach § 272 Abs. 3 S. 2 HGB[121]
– Vorbereitung solcher Maßnahmen, sofern sie nicht in die zwingende Zuständigkeit von Aufsichtsrat und Hauptversammlung eingreifen[122]

54 Soweit es dem Vorstand der beherrschten Gesellschaft im Rahmen der beherrschungsvertraglichen Weisung nicht mehr möglich ist, autonom die Unternehmenspolitik zu bestimmen, ist auch die **Kontrollfunktion des Aufsichtsrats eingeschränkt.** Er hat zwar die Aufgabe, die Geschäftsführung gemäß § 111 Abs. 1 AktG zu überwachen. Die allerdings der Leitungsebene zuzurechnenden Angelegenheiten, über die der Vorstand zu berichten hat, insbes. die Geschäftspolitik und andere grundsätzliche Fragen der Unternehmensplanung (vgl. § 90 Abs. 1 Nr. 1 AktG) werden vom herrschenden Unternehmen bestimmt. Dabei kann der Aufsichtsrat schon mangels Informationen nicht mehr sinnvoll darüber entscheiden, ob er bestimmte Arten von Geschäften, die nur mit seiner Zustimmung vorgenommen werden dürfen (§ 111 Abs. 4 S. 2 AktG), verhindern soll.[123] Selbst wenn er die Maßnahme blockieren wollte, kann sich das herrschende Unternehmen gemäß § 308 Abs. 3 S. 2 AktG darüber hinwegsetzen. Der Aufsichtsrat fungiert **nur noch als Bedenkenträger** und formuliert seine Einwände gegen die Geschäftspolitik auf einer unzureichenden Informationsbasis.[124] Maßnahmen und Weisungen, die in die zwingende Zuständigkeit des Aufsichtsrates und auch der anderen Unternehmensorgane der Hauptversammlung eingreifen, sind unzulässig. Dazu gehören mögliche Weisungen, welche die Änderung der Satzung (§ 179 AktG), Kapitalmaßnahmen (§§ 182, 122 AktG), die Festlegung des Jahresabschlusses im Falle des § 173 Abs. 1 AktG oder den Abschluss, die Änderung oder die Aufhebung von Unternehmensverträgen (§§ 293, 295, 296 AktG) betreffen und der alleinigen Zuständigkeit der Hauptversammlung unterliegen.[125] Die Bestimmung des § 299 AktG wiederholt diesen Grundsatz ausdrücklich. Allerdings kann der Vorstand der herrschenden Gesellschaft *vorbereitende* Maßnahmen anweisen, solange sie in die gesetzlich vorgesehene Organisationsverfassung nicht eingreifen.[126]

55 Exemplarisch hierzu ist **Fall 3.** Denn die gegebenen Weisungen dienen der **Überwindung des Zustimmungsvorbehalts** des Aufsichtsrates. In **beiden Varianten 1 und 2**

---

[118] Happ/*Liebscher* Abschnitt 1.01, Anm. 4.13 mwN; KölnKomm-AktG/*Koppensteiner* § 29 Rn. 22.
[119] *Veil* Unternehmensverträge S. 110 f.
[120] Ausführlich *Voigt* Haftung S. 277 ff. zum Streitstand.
[121] Vgl. hierzu BGH 20.5.1997 – II ZB 9/96, BGHZ 135, 374 (377 f.) = NJW 1997, 2242.
[122] *Denzer* Konzerndimensionale Beendigung S. 88.
[123] *Rowedder* FS Duden, S. 501 (504 f.).
[124] *Veil* Unternehmensverträge S. 111.
[125] *Emmerich/Habersack* Aktien- und GmbH-Konzernrecht AktG § 308 Rn. 42; OLG Karlsruhe 7.12.1990 – 15 U 256/89, AG 1991, 144.
[126] MHdB GesR IV/*Krieger* § 71 Rn. 151.

ist davon auszugehen, dass der Vorstand der herrschenden Y AG in die gesetzlich vorgesehene Organisationsverfassung eingreift. Dabei wäre in der **Variante 1** die Weisung zur Einberufung der Hauptversammlung noch als vertretbar anzusehen, weil der Wortlaut noch erkennen lässt, dass die aktienrechtliche Kompetenzordnung respektiert wird; allerdings ist der letzte Teil (Verzicht auf Fragen der Geschäftsführung) ein Verstoß gegen das zwingende Recht des § 119 Abs. 2 AktG und greift in die Unternehmensverfassung ein. In der **Variante 2** ist das Verlangen der Einberufung der Hauptversammlung noch als zulässig anzusehen, solange nicht mit der Dringlichkeit der Maßnahmen das erwünschte Ergebnis der Hauptversammlung festgelegt werden soll, das sich dem Einfluss des Vorstandes grundsätzlich entzieht.

cc) Gewinnabführung. Besonders bedeutsam in der Praxis sind Weisungen, die die finanzielle Seite des beherrschten Unternehmens betreffen und auf diese Weise **geeignet** sind, wegen des möglichen übermäßigen Abzugs von Liquidität das erforderliche **Kapital** für zukünftige Geschäftsmaßnahmen **zu entziehen;** sie sind nach überwiegender Auffassung unzulässig.[127] Einen Anspruch auf Überweisung des gesamten Jahresgewinns hat das herrschende Unternehmen nicht.[128] Das ist eventuell die Folge eines separat abzuschließenden Gewinn- oder Teilgewinnabführungsvertrags. Allerdings kann das herrschende Unternehmen durch Weisung dafür sorgen, dass der Gewinn der abhängigen Gesellschaft bei ihm und nicht in der Tochter entsteht. Mit dem sog. Konzernprivileg nach § 291 Abs. 3 AktG ergibt sich eine Freistellung von der Vermögensabfindung nach § 57 AktG bzw. von den Regeln ordnungsgemäßer Gewinnverteilung nach §§ 58, 60 AktG. Die Muttergesellschaft kann somit ihre Vorstellungen zur finanziellen Ausstattung nach Belieben umsetzen, ohne durch entsprechende Weisungen Gefahr zu laufen, sich eventuelle Gewinne der abhängigen Gesellschaft als verdeckte Gewinnausschüttung zurechnen lassen zu müssen. In aller Regel konzentriert sich die Leitungsmacht auf die Holdinggesellschaft, um eben **alle Themen einheitlich zu kontrollieren,** selbst wenn – in Einzelfällen – Unternehmensbereiche, wie zB der Unternehmensplanung oder des Berichtswesens, dezentral organisiert sind. Das schließt wiederum zulässige inhaltliche Beschränkungen eines Beherrschungsvertrags wie in der **Variante 2 des Falls 1** nicht aus.

Folgende Weisungen bezüglich geeigneter Maßnahmen sind möglich:
– Teilnahme an einem konzernweiten Cash-Management oder -Pooling[129]
– Übertragung der ertragreichsten Betriebszweige des beherrschten Unternehmens auf andere Konzernunternehmen
– Vornahme bzw. Unterlassen bestimmter Investitionen
– Aufnahme von Krediten nach Konzernrichtlinien
– Festlegen von Konzernverrechnungspreisen und Umlagen an die Obergesellschaft

Insofern sind die im **Fall 2 und dessen Variante 1** erteilten Weisungen sowie die dazu erlassenen Bestimmungen des Beherrschungsvertrags unbedenklich. Die **Variante 2 des Falles 2** erscheint zunächst zu weitgehend, weil sie auf eine unzulässige Satzungsänderung zielt. Allerdings wird sie noch als vertretbar einzustufen sein, wenn mit der Weisung eine inhaltliche Beschränkung oder Konkretisierung der Tätigkeit der maßgeblich mit der „finanziellen Steuerung" tätigen Personen bei der Y Gruppe gemeint sein soll. Die X AG könnte als Hauptaktionärin auch eine Satzungsänderung gemäß § 179 AktG durchsetzen, dass zukünftig die AG den Geschäftszweck einer Finanzholding erfüllt.

---

[127] *Emmerich/Habersack* Aktien- und GmbH-Konzernrecht AktG § 308 Rn. 60 ff. mwN; bei OLG Düsseldorf 7.6.1990 – 19 W 13/86, AG 1990, 490 (492); LG München I 5.4.2012 – 5 HK O 20488/11, NZG 2012, 1152 werden im Rahmen der Zulässigkeit von Weisungen die möglichen ernsten Gefahren für die Überlebensfähigkeit der Gesellschaft – meist verstanden als existenzschädigende oder – vernichtende Eingriffe – diskutiert; zur älteren Schriftform: *Clemm* ZHR 141 (1977), 197.
[128] Spindler/Stilz/*Servatius* AktG § 191 Rn. 17.
[129] OLG Düsseldorf 7.6.1990 – 19 W 13/86, AG 1990, 490 (492).

c) Grenzen der Leitungsmacht

59 Der Weisungsempfänger,[130] welcher gemäß § 308 Abs. 2 S. 1 AktG stets der Vorstand der Untergesellschaft ist, hat jede Weisung zu befolgen. Ausgenommen sind Weisungen, die offensichtlich nicht im Konzerninteresse liegen, dh nicht den Belangen der Gesellschaft bzw. wenigstens einem der konzernverbundenen Unternehmen dienen (§ 308 Abs. 2 S. 2 AktG), oder gar existenzgefährdend wirken; hieraus schließt eine verbreitete Ansicht, dass – neben der Beurteilungskompetenz des herrschenden Unternehmens hinsichtlich der Konzerndienlichkeit einer angewiesenen Maßnahme[131] – auch den Vorstand des abhängigen Unternehmens jeweils eine **Pflicht sowohl zur Prüfung** auf offensichtliche Unrechtmäßigkeit[132] **als auch zum Hinweisen** auf eventuell drohende Nachteile im Fall des Umsetzens der Maßnahme[133] trifft. Immerhin müssen auch die gesetzlichen Vertreter des herrschenden Unternehmens bei der Erteilung von Weisungen die Sorgfalt eines ordentlichen und gewissenhaften Geschäftsleiters anwenden (§ 309 Abs. 1 AktG). Bei Verletzen dieser Pflicht sind sie der Gesellschaft zum Ersatz des daraus entstehenden Schadens als Gesamtschuldner verpflichtet (§ 309 Abs. 2 AktG). Schließlich haften auch die Mitglieder des Vorstandes und des Aufsichtsrats der abhängigen Gesellschaft, wenn sie bei Befolgen einer Weisung unter Verletzung ihrer Pflichten gehandelt haben (§ 310 Abs. 1 S. 1 iVm §§ 93, 116 AktG).[134] Zudem besteht **eventuell** eine **Ersatzpflicht** wegen vertraglicher Pflichtverletzung gemäß §§ 675 Abs. 1, 280 Abs. 1 BGB.[135] Vor dem Hintergrund dieser Konsequenzen stellt sich zu Recht die Frage, wo die Grenzen der Leitungsmacht des beherrschenden Unternehmens liegen.

60 **aa) Nachteilige Weisungen.** Selbst nachteilige Weisungen hat der Vorstand des beherrschten Unternehmens **grundsätzlich zu befolgen** (§ 308 Abs. 2 AktG). Sie sind angreifbar, wenn sie nicht den Belangen des herrschenden Unternehmens oder der mit ihm und der Gesellschaft konzernverbundenen Unternehmen dienen sollten. Die Verpflichtung des Vorstandes der abhängigen Gesellschaft zum Befolgen auch unzulässiger und nachteiliger Weisungen entfällt erst, wenn offensichtlich ist, dass sie einem Konzerninteresse nicht mittelbar dienlich sind.[136] In aller Regel beschränkt sich diese Konstellation auf **wenige evidente Missbrauchsfälle.**[137] Wenn der Vorstand der abhängigen Gesellschaft Zweifel hinsichtlich der Vereinbarkeit haben sollte, hat dieser sich entweder ausreichend zu informieren, dh. eine Überprüfung der Rechtmäßigkeit der Weisung zu veranlassen[138] oder sein Amt aufzugeben. Der Begriff der Nachteiligkeit bestimmt sich wie in §§ 311, 317 Abs. 2 AktG. In der Praxis bestehen regelmäßig unterschiedliche Auffassungen, inwieweit eine Weisung dem „Konzerninteresse" gerecht wird.[139] In der Regel wird man davon ausgehen dürfen, dass Weisungen, die für die abhängige Gesellschaft in ihrem **wohlverstandenen** Interesse liegen, vorteilhaft sind.[140] Die Vornahme entsprechender

---

[130] Zu den Besonderheiten → Rn. 134 ff. (zur Übertragung des Weisungsrechts); → Kap. 3 Rn. 11 ff. (arbeitgeberinterne Delegation).
[131] *Voigt* Haftung S. 269 f. mwN.
[132] *Emmerich/Habersack* Aktien- und GmbH-Konzernrecht AktG § 308 Rn. 66.
[133] *Hüffer/Koch* AktG § 308 Rn. 21; *Spindler/Stilz/Veil* AktG § 308 Rn. 36.
[134] → Kap. 4 Rn. 92 ff.
[135] Damit wird der schuldrechtliche Charakter des Beherrschungsvertrags deutlich; vgl. *Emmerich/Habersack* Aktien- und GmbH-Konzernrecht AktG § 308 Rn. 18, und 68; § 291 AktG Rn. 27 mwN.
[136] Das Saldieren von Vor- und Nachteilen einer Weisung ist anerkannt; vgl. *Spindler/Stilz/Veil* AktG § 308 Rn. 26 mwN; *Hoffmann-Becking* FS Hommelhoff, 433 (441 ff.) mwN zum Streitstand.
[137] *Emmerich/Habersack* Aktien- und GmbH-Konzernrecht AktG § 308 Rn. 53.
[138] Im Konfliktfall trägt er die Beweislast für die Unzulässigkeit der der Weisung zugrunde liegende Maßnahme; *Spindler/Stilz/Veil* AktG § 308 Rn. 35; aA zur Verteilung der Beweislast *Emmerich/Habersack* Aktien- und Konzernrecht AktG § 308 Rn. 53c.
[139] *Hoffmann-Becking* FS Hommelhoff, S. 433 ff.
[140] Vgl. *Voigt* Haftung S. 271 f.

Maßnahmen seitens des Vorstandes der abhängigen Gesellschaft wäre durch § 76 AktG gedeckt.

In der **Variante 2 von Fall 3** zeigt sich die **Interdependenz von Interessenslagen** 61 miteinander verbundener Unternehmen in besonderem Maße: Was allen anderen Gesellschaften eventuell nutzt, so dass ein Konzerninteresse gewahrt bliebe, mag für die für den Standort B verantwortliche Tochtergesellschaft der Y AG von Nachteil sein. Das wiederum kann eben sich ua verfahrenstechnisch auswirken, weil deren Aufsichtsrat seine Zustimmung wie erforderlich nicht erteilt. Sollte sich – eventuell mittels Sachverständigengutachten – feststellen lassen, dass auf der Grundlage einer angemessen Informationsbasis der Nachteil nach Schließung des Standorts B die Summe der Vorteile für die anderen Standorten überwiegt, wäre die Weisung der Einberufung einer (ao.) Hauptversammlung nachteilig. Sie wäre aber erst für den Vorstand der Y AG unbeachtlich, wenn die in Bezug genommenen Tatsachen für ein fehlendes Konzerninteresse offensichtlich wären. Das erscheint beim Einholen eines Sachverständigengutachtens eher fragwürdig.

bb) Schranken durch den Beherrschungsvertrag, Satzung oder zwingende 62 **gesetzliche Bestimmungen.** Während die Frage nach der Nachteiligkeit einer Weisung den Inhalt der beabsichtigten Geschäftsführungsmaßnahme an einem Konzerninteresse misst, gibt es zusätzliche, dem Gesellschaftsrecht immanente Schranken für das Weisungsrecht. Sie orientieren sich an dem selbstverständlichen Grundsatz, dass satzungs- oder gesetzeswidrige Weisungen nicht zu befolgen sind. Ansonsten würde sich der Organvertreter nicht im Rahmen seiner gesetzlichen Pflicht zur Sorgfalt halten. Schließlich zählt dazu der allgemeine Verhältnismäßigkeitsgrundsatz, wonach die **(Über-)lebensfähigkeit der abhängigen Gesellschaft** für die Weisung der Geschäftsleitung des herrschenden Unternehmens eine **zusätzliche Schranke** darstellt.[141]

Wenn Weisungen gegen Bestimmungen des Beherrschungsvertrags verstoßen, sind sie 63 **unzulässig** und daher vom Vorstand der abhängigen Gesellschaft **nicht zu befolgen**.[142] Ähnlich selbstverständlich bleibt der Vorstand der abhängigen Gesellschaft – ohne Rücksicht auf den Beherrschungsvertrag – an den satzungsmäßigen Gegenstand der Gesellschaft gebunden. Mögliche Satzungsänderungen fallen in die alleinige Zuständigkeit der Hauptversammlung nach § 179 AktG und sind damit dem Weisungsrecht des herrschenden Unternehmens entzogen.[143] Insofern darf ein Tätigwerden außerhalb des bisherigen Gegenstandes durch den Vorstand der abhängigen Gesellschaft nicht durch Weisung erzwungen werden. In der Regel betreffen solche Weisungen entweder die Aufnahme komplett neuer Tätigkeiten, für die es keine Grundlage im Gesellschaftsvertrag gibt,[144] oder es sollen ganze Tätigkeitsbereiche eingestellt werden.[145] Unter diesem Aspekt begründet die Weisung in die **Variante 2 des Falles 2** einen Gesetzesverstoß, wenn man ihren Inhalt **nicht als** eine Aufforderung zur Beschränkung oder **Konkretisierung** der Tätigkeit des Vorstands der Y AG als „finanzielle Steuerung" betrachten wollte. Die Weisung, eine Hauptversammlung zu diesem Zweck einzuberufen, wäre nicht zu beachten, eine Tätigkeit auf die „finanzielle Steuerung" der Gruppengesellschaften zu begrenzen, schon.

---

[141] Vgl. MHdB GesR IV/*Krieger*, 4. Aufl. 2015, § 71 Rn. 153 f. mwN.
[142] Vgl. *Emmerich/Habersack* Aktien- und GmbH-Konzernrecht AktG § 291 Rn. 20 ff. mwN; OLG Düsseldorf 7.6.1990 – 19 W 13/86, AG 1990, 490 (492).
[143] OLG Düsseldorf 7.6.1990 – 19 W 13/86, AG 1990, 490 (492); OLG Nürnberg 9.6.1999 – 12 U 4408/98, AG 2000, 228 (229).
[144] Worunter allerdings nicht zusätzliche Sachbearbeitertätigkeiten durch den Geschäftsführer einer abhängigen Gesellschaft gehören, damit er wieder ausgelastet ist; OLG Nürnberg 9.6.1999 – 12 U 4408/98, AG 2000, 228 f.
[145] ZB Verwandeln einer produktiv tätigen Tochtergesellschaft in eine reine Zwischenholding durch Weisung, vgl. *Kantzas* Weisungsrecht S. 106 f.

64 Da auch der Vorstand einer sog. **Legalitätspflicht** unterliegt,[146] ist es selbstverständlich, dass zwingende gesetzliche Vorschriften dem Weisungsrecht des herrschenden Unternehmens Schranken auferlegen.[147] Gesetzeswidrige Weisungen verstoßen gegen §§ 134 oder 138 BGB.[148] Eine Ausnahme von der durchgängigen Gesetzesbindung besteht in dem Konzernprivileg des § 291 Abs. 3 AktG.[149] Danach kann das herrschende Unternehmen in den Grenzen des § 308 Abs. 1 S. 2 AktG sogar die verdeckte Ausschüttung von Gewinnen verlangen.[150]

65 **cc) Lebensfähigkeit der abhängigen Gesellschaft.** Der verfassungsrechtliche **Grundsatz der Verhältnismöglichkeit,** der auch für Weisungen gilt, führt zu einer bedeutsamen, ungeschriebenen Schranke. Eine Weisung kann nicht im Interesse des herrschenden Unternehmens oder anderer Konzernunternehmen sein, wenn daraus die Insolvenz der abhängigen Gesellschaft droht.[151] Dieser Grundsatz klingt selbstverständlich,[152] lässt sich aber in der Praxis nur schwer nachvollziehen.[153] Auch wenn die allgemeine Auffassung besteht, dass eine oder mehrere Weisungen zu einem existenzgefährdenden oder gar -vernichtenden Eingriff führen können, sind zahlreiche Kriterien zur Bestimmung umstritten, insbes. inwieweit der **Ausgleichspflicht des herrschenden Unternehmens** nach § 304 AktG eine überragende Bedeutung zukommt. Von ihr ist auszugehen, solange nicht festzustellen ist, dass das herrschende Unternehmen seinen Pflichten nach §§ 302 AktG (Verlustübernahme) bzw. 303 AktG (Gläubigerschutz) nicht mehr nachkommen kann oder will.[154] Es bleibt dann dem Vorstand der abhängigen Gesellschaft nur noch zu prüfen, ob er mit Rücksicht auf das (schwer zu beweisende) rechtswidrige Verhalten des beherrschenden Unternehmens den Beherrschungsvertrag aus wichtigem Grund kündigen soll (§§ 93, 297 Abs. 1 S. 2, 310 Abs. 1 AktG). Anerkannt ist, dass der Vorstand vor der Ausführung einer Weisung (unabhängig ob sie die Überlebensfähigkeit seiner Gesellschaft trifft) mit der Sorgfalt eines ordentlichen und gewissenhaften Geschäftsleiters handeln muss und daher bei Zweifeln das herrschende Unternehmen zu informieren und sich gleichzeitig um eine umfassende Aufklärung des Sachverhalts zu bemühen hat.[155]

66 Diese kritische Situation zeichnet sich in **Variante 2 von Fall 3** ab und ist in der **Variante 3 von Fall 3** real. Nicht untypisch für die Praxis sind der Inhalt und die Tonalität der Weisung („Weisung zur Zustimmung zur Aufhebung des Beherrschungsvertrags"), welche im konkreten Fall an der Satzungsbestimmung des § 1 Abs. 3 S. 2 scheitert. Damit ist sie grundsätzlich unbeachtlich, aber das Problem wäre nicht gelöst. Es könnte nicht wirklich prognostiziert werden, ob die Schließung des Standortes B offensichtlich nicht dem Konzerninteresse dienlich wäre. Jedoch könnte die Absicht der X AG – sofern es sich belegen ließe –, sich aus der Verantwortung herauszunehmen, einen dienlichen Hinweis, die Weisung als offensichtlich interessenswidrig einzustufen, begründen.

---

[146] Zumindest unter dem Gesichtspunkt der Vermeidung von Schaden in Konzernuntergesellschaften, soweit der eigenen Gesellschaft – der Konzernobergesellschaft – dadurch Schaden entsteht, *Schockenhoff* ZHR 180 (2016), 197 (202); *Harbarth* ZHR 179 (2015), 136 (151).

[147] Bei Kreditinstituten sind die Besonderheiten der §§ 2a Abs. 1; 10a Abs. 1 und 12; 25a KWG zu beachten, dazu BGH 28.5.2013 – II ZR 2/12, zur Sicherung von Genussscheininhabern im Vertragskonzern; zur Vorinstanz OLG Frankfurt a.M. 13.12.2011 – 5 U 56/11, AG 2012, 217f.

[148] Übersicht bei *Emmerich/Habersack* Aktien- und GmbH-Konzernrecht AktG § 308 Rn. 58ff.

[149] Eingefügt durch MoMiG von 2008 (BGBl. I, S. 2026).

[150] IdR über konzernweite Gestaltung von Verrechnungspreisen oder Umlagen für die Konzernobergesellschaft, vgl. ua *Habersack* FS Schaumburg 2009, 1291 (1295ff.).

[151] OLG Düsseldorf 7.6.1990 – 19 W 13/86, AG 1990, 490 (492); umfassend *Emmerich/Habersack* Aktien- und GmbH-Konzernrecht AktG § 308 Rn. 60ff.; auch maßgebend für die Treuepflicht unter Gesellschaftern: OLG München 17.4.2012 – 5 U 2168/11, NZG 2012, 663.

[152] § 92 Abs. 2 S. 3 AktG verbietet in diesem Sinne sogar Zahlungen an Aktionäre, wenn sie zur Zahlungsunfähigkeit der Gesellschaft führen, vgl. *Stephan* Der Konzern 2014, 25.

[153] Vgl. zu verschiedenen Fallkonstellationen bei MHdB GesR IV/*Krieger* § 71 Rn. 153f.

[154] *Emmerich/Habersack* Aktien- und GmbH-Konzernrecht AktG § 308 Rn. 61 mwN.

[155] *Liebscher* GmbH-Konzernrecht Rn. 722.

d) Zwischenergebnis

Das umfassend bestehende Weisungsrecht des herrschenden Unternehmens auf der Grundlage eines Beherrschungsvertrags kann weit gestaltet werden. Selbst Weisungen, die im Ergebnis nachteilig für das beherrschte Unternehmen sind, sind zunächst zu beachten, es sei denn dass das Konzerninteresse offensichtlich nicht gegeben ist. Die erteilten Weisungen können Führungsfunktionen des Vorstands und weitergehende, sich im Gesamtbereich der Geschäftsführung befindende Tätigkeiten, einschließlich der organschaftlichen Vertretung nach § 76 Abs. 1 AktG betreffen.[156] Weisungen, die nach Inhalt oder Form keine Grundlage im Beherrschungsvertrag oder in der Satzung haben, gegen zwingende Vorschriften des Aktienrechts oder des weiteren Unternehmensrechts verstoßen, oder gar eine – wenngleich nur schwerlich offenkundige – existenzgefährdende oder gar existenzvernichtende Maßnahme zum Gegenstand haben, sind unzulässig. In der Praxis empfiehlt sich daher, stets eine Klausel über den Verlustausgleich bei nachteiligen Weisungen in den Beherrschungsvertrag – neben anderen nützlichen, aber nicht zwingend erforderlichen Regelungen[157] – aufzunehmen.[158]

67

III. Gestaltung der Weisungslage im mehrstufigen Konzern – Möglichkeiten des Weisungsdurchgriffs

1. Ausgangslage

Für den Fall einer Matrixorganisation, welche gerade von Synergie- und Effizienzgesichtspunkten getragen ist, stellt sich regelmäßig die Frage, ob und inwieweit Vertreter der Muttergesellschaft mit Vertretern von Enkel- oder Urenkelgesellschaften – eventuell ohne weitere Beteiligung von Vertretern der zwischengeschalteten Tochtergesellschaft(en) – zur Umsetzung von Geschäftsaktivitäten „direkte Organisations- und Leitungswege"[159] nutzen können. Es geht mithin um Weisungen über Konzernebenen hinweg.[160] Die Anliegen der Konzernspitze (welche sich in der schematischen **Darstellung** bei der Muttergesellschaft M befindet → Rn. 17 ff.) lassen sich ohne weitere Anpassung der Konzernstruktur und regelmäßig zur Bündelung eines einheitlichen Konzerninteresses durchsetzen. Mit einer solchen **naheliegenden einheitlichen Steuerung des Unternehmensverbunds** lassen sich schon unter Kostengesichtspunkten die Prozesse standort- und gesellschaftsübergreifend optimal gestalten. Bei dieser Art von **Prozessoptimierung** erspart sich die Konzernspitze aufwändige Anpassungen der gesellschaftsrechtlichen Struktur. Die matrixtypische Mehrdimensionalität verschiedener Geschäftseinheiten oder Unternehmensbereiche wie auch die (meist im Rahmen von Gewinnabführungsverträgen vorgesehene) Sicherstellung einer regelmäßigen Gewinn- oder Dividendenausschüttung zugunsten der M fördern diese Entwicklung. Eine Zusammenfassung der Einheiten findet allenfalls auf virtueller Ebene statt.[161]

68

---

[156] Schüppen/Schaub/*Henkel* § 53 Rn. 10.
[157] Zur tatsächlichen Vertragspraxis vgl. *Bayer* AG Sonderheft Oktober 2015, 49 f. (Zeitraum der Bestandsaufnahme Jan 2007–Jan 2010).
[158] MHdB GesR IV/*Wiesner* § 70 Rn. 7; vgl. auch LG Dortmund 11.3.1998 – 20 AktE 4/97, GmbHR 1998, 941.
[159] *Rehbinder* ZGR 1997, 581 (584), mit ausführlichen Darstellungen der vielfältigen Gestaltungsmöglichkeiten; *Pentz* Rechtsstellung Enkel-AG S. 78.
[160] Womit dann auch gleichzeitig standortübergreifende Weisungen umfasst sind, da nicht unmittelbar beteiligte Gesellschaften durch die Organisationsstruktur regelmäßig andere Standorte – teilweise auch außerhalb der Jurisdiktion der Konzerngesellschaft – umfassen; **Konstellationen 2–4** unter → Rn. 19, 20 und 22. Die Konzernspitze bzw. das herrschende Unternehmen kann dabei auch eine ausländische Rechtsform haben, BGH 13.12.2004 – II ZR 256/02, NZG 2005, 214 – niederländische BV; OLG Frankfurt a.M. 23.3.1988 – 9 U 80/94, AG 1988, 267 (272).
[161] Insgesamt *Henze/Lübke* Der Konzern 2009, 159 f.

69 Real dafür ist das Bedürfnis der Möglichkeit eines sog. **Durchgriffs der Konzernspitze,** mittels der die Konzernobergesellschaft oder Muttergesellschaft[162] auch ihre **nicht unmittelbar beteiligten** (und damit direkt abhängigen) **Unternehmen dirigieren** kann. Obwohl diese in der Praxis – unabhängig von Matrixorganisationen – bedeutsame Konstellation regelmäßig anzutreffen ist, besteht im Gesetz hierfür **keine eigene Regelung.** Das Leitbild des Gesetzgebers geht auch bei einem Konzern zunächst von *unmittelbar* verbundenen, abhängigen Unternehmen (§§ 15 ff. AktG) aus. Zudem ist in der Praxis festzustellen, dass bei einem entsprechenden Durchgriff aufgrund von Weisungen – entgegen der Vorstellungen des Gesetzgebers (ua §§ 308 bis 310; 312, 317 und 318 AktG) – nicht Organvertreter der Konzernobergesellschaft, sondern häufig diesen nachgeordnete Angestellten[163] tätig werden.

70 Die bisherige Darstellung ist von einem **einstufigen Unternehmensvertrag** ausgegangen. Sie entspricht damit dem gesetzlichen Vorbild der § 291 ff. AktG. In der Unternehmensrealität findet sich eher der „polykorporative Verband" eines Konzerns,[164] wonach der Unternehmensverbund nicht nur über eine, sondern *über mehrere* Stufen organisiert ist. **Mehrstufigkeit** ist wiederum ein **typisches Merkmal** von Matrixorganisationen. Es mag dafür verschiedene Gründe geben, wie zB die Eingliederung von anderen Konzernen und Gesellschaften oder Ausgründungen von einzelnen Bereichen, Abteilungen oder Geschäftseinheiten aus einzelnen Gesellschaften, teilweise als Tochter- oder Beteiligungsgesellschaften, zum Teil verbunden mit anderen Unternehmen, die außerhalb des Konzerns stehen.[165] In allen Konstellationen entsteht mindestens eine Gesellschaft, die gesellschaftsrechtlich *nicht direkt* mit der Muttergesellschaft (M) verbunden ist. In einer *idealtypischen* Darstellung eines mehrstufigen Konzerns, die den folgenden Ausführungen zugrunde liegen soll, existiert ein kaskadenförmiger Aufbau aus Sicht dieser Muttergesellschaft (M). Sie ist über einen Beherrschungsvertrag mit der Tochtergesellschaft (T) verbunden, während wiederum die Tochtergesellschaft aufgrund einer unternehmensvertraglichen Vereinbarung mit einer eigenen Gesellschaft verbunden ist. Dieses beherrschte Unternehmen ist deren Tochtergesellschaft und – zur besseren Unterscheidung aus Sicht der Muttergesellschaft betrachtet – die Enkelgesellschaft (E). In dieser **Konstellation aufeinander folgender Beherrschungsverträge** bestehen insgesamt **zwei vertragliche Abhängigkeitsverhältnisse,** und zwar zwischen M und T sowie zwischen T und E; die Tochtergesellschaft T hat dabei die Doppelrolle der herrschenden und der beherrschenden Gesellschaft gleichermaßen.[166]

71 In der Darstellung in diesem Abschnitt ist zunächst davon auszugehen, dass *alle* miteinander verbundenen Unternehmen in der Rechtsform der Aktiengesellschaft existieren. Folgendes Schaubild soll die **Kaskade des Unternehmensverbunds** veranschaulichen:

---

[162] Was wiederum nicht zwingend die Ebene der letztendlichen Eigner sein muss, weil auch eine börsennotierte Aktiengesellschaft abhängig sein kann, wenn die Mehrheit am Stammkapital in der Hand eines oder mehrerer Hauptaktionäre liegt, welche® wiederum seinen Einfluss über eine Personen- oder Kapitalgesellschaft ausübt bzw. ausüben kann.
[163] Typischerweise Matrixmanager oder -mitarbeiter, für den arbeitgeberfremden Dritten → Kap. 3 Rn. 28 ff. Der **Fall 4** unter → Rn. 135 spiegelt diese Realität.
[164] *Rehbinder* Konzernaußenrecht S. 55 ff.; 74 ff.
[165] *Schockenhoff* ZHR 180 (2016), 197 (199) beschreibt einige typische Situationen, die das Entstehen von Matrixstrukturen im mehrstufigen Konzern fördern.
[166] *Henze/Lübke* Der Konzern 2000, 159 (164).

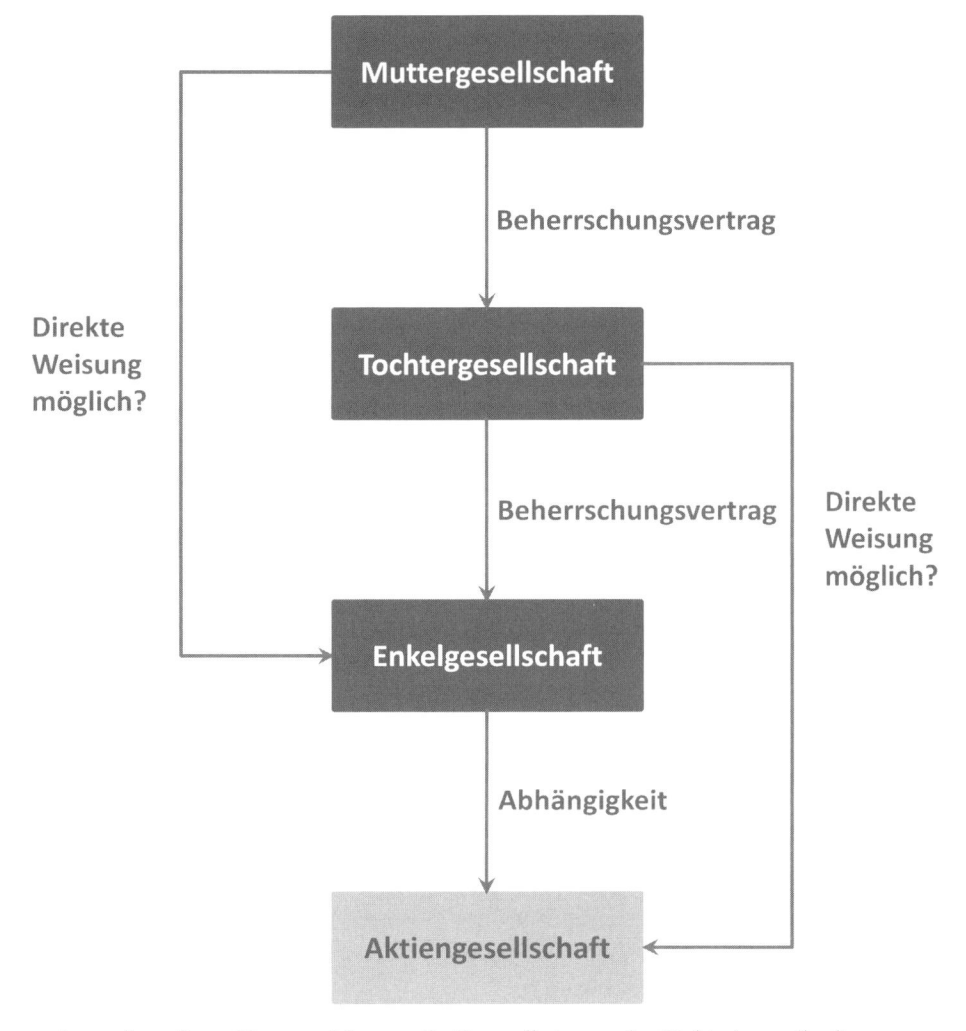

B. Aktiengesellschaft als Matrixgesellschaft Kapitel 2

```
                    ┌──────────────────────┐
                    │   Muttergesellschaft │
                    └──────────┬───────────┘
                               │ Beherrschungsvertrag
                               ▼
 Direkte            ┌──────────────────────┐
 Weisung            │   Tochtergesellschaft│───┐
 möglich?           └──────────┬───────────┘   │ Direkte
    │                          │ Beherrschungsvertrag  Weisung
    │                          ▼                möglich?
    │               ┌──────────────────────┐   │
    └──────────────▶│   Enkelgesellschaft  │   │
                    └──────────┬───────────┘   │
                               │ Abhängigkeit  │
                               ▼               │
                    ┌──────────────────────┐   │
                    │   Aktiengesellschaft │◀──┘
                    └──────────────────────┘
```

Im mehrstufigen Konzern können die Konstellationen der Verbindung allerdings unterschiedlich sein. Idealiter sind Unternehmensverträge, insbes. Beherrschungsverträge, entsprechend der Kaskade zwischen den Gesellschaften direkter Stufen geschaffen und inhaltlich aufeinander abgestimmt, so dass es keine widersprüchlichen Weisungen geben kann. Bei einer solchen **Kette durchlaufender oder durchgängiger Beherrschungsverträge** über alle Stufen des Unternehmensverbundes hinweg kann man von einem *einheitlichen oder integrierten Vertragskonzern* sprechen (im Folgenden → Rn. 73 ff. 2.). Die Realität sieht allerdings anders aus. Durch verschiedene Umwandlungsvorgänge tritt rasch das **Phänomen** auf, dass eine ununterbrochene Kette an (inhaltlich aufeinander abgestimmten) Beherrschungsverträgen gleichmäßig zwischen zwei jeweils direkt beteiligten Gesellschaften *nicht* existiert. Es **fehlen** mithin die **erforderlichen Beherrschungsverträge,** so dass eventuell von einer faktischen Abhängigkeit auszugehen ist, bei der ein **Konzern** angesichts einer möglichen Mehrheitsbeteiligung **vermutet** wird (§§ 16 Abs. 1, 18 Abs. 1 S. 3 AktG). In diesen Fällen, wo eine solche Kette von Beherrschungsverträgen nicht durchgängig existiert, sondern durch eine solche Abhängigkeit de facto „unterbrochen" ist, ist von einem *gemischt-integrierten Vertragskonzern* auszugehen (im Folgenden → Rn. 83 ff. 3.). Bei einem solchen Unternehmensverbund ist zu unterscheiden, ob die

72

Abhängigkeit zwischen Mutter- und direkter Tochtergesellschaft (im Folgenden → Rn. 92 ff. 3.b)) oder zwischen Mutter- und indirekt untergeordneter Enkelgesellschaft (im Folgenden → Rn. 98 ff. 3.c)) existiert, während jeweils zwischen den beiden anderen Gesellschaften ein Beherrschungsvertrag geschlossen ist. Davon sind wiederum der **qualifiziert faktische Konzern,** der zur Begründung von Haftungsansprüchen herangezogen wird, sowie der **rein faktische AG-Konzern** (→ Rn. 96 4.) zu trennen; hierauf ist nur exkursorisch einzugehen, da in diesen Gebilden bereits die Grundlage des Beherrschungsvertrags zur Durchsetzung von Weisungen entfällt.[167] Bei dieser Fragestellung des möglichen Weisungsdurchgriffs handelt es sich nicht allein um ein Phänomen der Matrixorganisation, sondern um einen Klassiker des Konzernorganisationsrechts, der nur durch das vermehrte Auftreten von Matrixstrukturen neu belebt wird. Die sich aus diesem Zusammenhang gebildeten Auffassungen sind einer erneuten Prüfung zu unterziehen.

2. Durchgriff im einheitlichen Vertragskonzern: Mehrstufige Unternehmensverbindung mit aufeinander folgenden Beherrschungsverträgen

73 Die einfachste und damit naheliegende Lösung, geschäftliche Interessen in einer (mehrstufigen) Matrixorganisation durchzusetzen, *wäre* der direkte Leitungsweg.[168] Hier würde die M gegenüber der E eine direkte Weisung erteilen. Trotz der Existenz von aufeinanderfolgenden Beherrschungsverträgen wird diese Form des Weisungsrechts allgemein abgelehnt: Auch in einem mehrstufigen Unternehmensverbund besteht grundsätzlich das Weisungsrecht des herrschenden Unternehmens *allein* in denjenigen Beziehungen, die durch einen Beherrschungsvertrag geregelt sind, welcher **zwischen der M und der E gerade nicht besteht.** Das Weisungsrecht im Sinne des § 308 AktG hat **zwingenden Charakter,** sodass eine Übertragung nicht einfach stattfinden kann;[169] denn es handelt sich nicht um ein selbständiges subjektives Recht iSd §§ 398, 413 BGB.[170] Stattdessen bieten sich vier Ansätze oder Lösungen an, um einen Weisungsdurchgriff in dieser Konstellation zu rechtfertigen, welcher allerdings im Schrifttum unterschiedliche Unterstützung erhalten:
(i) M weist den Vorstand der T an, bestimmte Weisungen an E auszusprechen[171] (sog. **Einzelfalllösung**);
(ii) M weist den Vorstand der T an, ihm oder ermächtigten Mitarbeitern der M das Weisungsrecht der T gegenüber E zu delegieren (sog. **Delegationslösung**);
(iii) M weist den Vorstand der E auf der Grundlage eines eigenen Beherrschungsvertrages entsprechend an (sog. **Direktlösung**);
(iv) M übt das Weisungsrecht als Teil einer wirtschaftlichen Einheit mit der T und der E gegenüber dem Vorstand der E aus (sog. **Einheitslösung**).[172]

a) Einzelfalllösung

74 Die sog. Einzelfalllösung überlässt der Geschäftsleitung der abhängigen Gesellschaft T eine Mitwirkungsmöglichkeit und Informationsquelle. Denn sie wird **im Einzelfall prüfen** müssen, ob die erteilte Weisung auf der Grundlage des bestehenden Beherrschungsvertrages zwischen T und E zulässig ist. Die mittelbare Leitungsmacht der M, mit der sie T anweisen kann, der E wiederum Weisungen zu erteilen, löst allerdings nicht ein eigenes

---

[167] Diese Betrachtung wird im Falle der GmbH als Matrixgesellschaft, in der auch auf der Grundlage des § 37 GmbHG Weisungen erteilt werden können, anders vorzunehmen sein, → Rn. 101 ff.
[168] So noch GK-AktG/*Würdinger* in der 3. Aufl. 1971, § 291 Anm. 30.
[169] *Emmerich/Habersack* Aktien- und GmbH-Konzernrecht AktG § 308 Rn. 6 mwN.
[170] Hüffer/*Koch* AktG § 308 Rn. 5 f. mwN.
[171] Wobei sowohl bei M als auch bei T zum Erteilen bzw. zum Empfang solcher Weisungen ermächtigte Mitarbeiter ohne Organfunktion üblicherweise existieren; zu den arbeitsrechtlichen Fragestellungen, → Kap. 3 Rn. 128 ff.
[172] So insbesondere *Altmeppen* FS Lutter 975, 979.

Weisungsrecht der M direkt gegenüber E aus. Die herrschende Meinung geht unter Berücksichtigung vor allem der Bestimmung des § 308 Abs. 2 AktG davon aus, dass für den Vorstand der (mittleren) abhängigen Gesellschaft T im Vertragskonzern stets ein **rudimentäres Kontrollrecht** gegenüber Weisungen der Obergesellschaft bestehen bleibt.[173]

Allerdings führt diese Lösung gerade **zu einem erhöhten Arbeitsaufwand,** da Weisungen im Einzelfall nicht nur geprüft, sondern auch **nachvollziehbar weitergeleitet** werden müssen.[174] Auch die über aktienrechtlichen Bestimmungen regelmäßig zu vermutende faktische Abhängigkeit zwischen M und E (§§ 16 Abs. 4, 17 Abs. 2 AktG) legitimiert eine mittelbare Einflussnahme nicht. Im Fall einer lückenlosen Kette von Beherrschungsverträgen finden die §§ 311 ff. AktG mit entsprechenden Ausgleichsregelungen gerade keine Anwendung, sonst ließe sich die Weisungslage „abkürzen".[175] Allerdings ist diese Konstellation nur für den Aufbau eines mehrstufigen Vertragskonzerns „von oben nach unten"[176] entschieden. Im umgekehrten Fall des **Aufbaus eines Unternehmensverbundes „von unten nach oben"** gilt die **Rechtslage als ungeklärt.** Wenn ein Beherrschungsvertrag zwischen M und T erst nach dem zwischen T und E geschlossen wird und damit Vermögensinteressen ausstehender Aktionäre berührt werden (was regelmäßig anzunehmen ist), werden diese nachträglich mit dem Auftreten eines weiteren herrschenden Unternehmens konfrontiert, ohne die Möglichkeit gehabt zu haben, auf die Ausgestaltung des (neuen) Unternehmensvertrages mit der unmittelbar herrschenden Gesellschaft entsprechend Einfluss zu nehmen.[177]

b) Delegationslösung

Bei dieser Lösung wird die Sorge um den Verlust der Prüfungskompetenz durch den Vorstand der T nach § 308 Abs. 2 AktG noch deutlicher als bei der Einzelfalllösung.[178] Zudem führt die Übertragung des Weisungsrechts aus dem Beherrschungsvertrag T-E zu einem Auswechseln des im Vertrag bestimmten herrschenden Unternehmens. Das verstößt gegen die in §§ 295 ff. AktG enthaltene Wertung; wonach ein Unternehmensvertrag nur mit Zustimmung der Hauptversammlung geändert werden kann. Zudem ist die Delegationslösung **haftungsträchtig:** Selbst wenn eine Delegation des Weisungsrechts des gleichzeitig beherrschten wie beherrschenden Unternehmens an Dritte außerhalb des Konzerns umfassen kann, sind **mehrere Beteiligte haftbar.**[179] Die Delegaten gelten als Erfüllungsgehilfen des herrschenden Unternehmens (T) bei der Ausübung ihrer Rechte und der Wahrnehmung ihrer Pflichten aus dem Beherrschungsvertrag zwischen E und T, so dass die M bei einer schuldhaften Verletzung des Beherrschungsvertrags durch die vertretenen Personen[180] selbst haften muss (§ 309 AktG iVm §§ 31, 278 BGB).[181] Der Vorstand der T

---

[173] *Rehbinder* ZGR 1977, 609f.; *Pentz* Rechtsstellung Enkel-AG S. 111 f.; *Emmerich/Habersack* Aktien- und GmbH-Konzernrecht AktG § 308 Rn. 6 mwN.
[174] *Henze/Lübke* Der Konzern 2009, 161.
[175] OLG Frankfurt a.M. 4.4.2000 – 5 U 224/98, NZG 2000, 790 f.; aA *Cahn* BB 2000, 1477.
[176] Vgl. *Rehbinder* ZGR 1977, 602 ff., der beide Formen des Aufbaus des mehrstufigen Vertragskonzerns untersucht.
[177] *Rehbinder* ZGR 1977, 605 ff. verlangt für diesen Fall ein erneutes Abfindungsangebot, wenn bei einer festen Dividendengarantie der T gegenüber der M die Minderheitsgesellschafter der E ausfielen; andere Auffassungen vertreten die Möglichkeit der Kündbarkeit des Gewinnabführungsvertrages zwischen T und E nach § 297 Abs. 1 AktG oder analog § 307 AktG oder stellen auf die Nichtigkeit eines solchen Unternehmensvertrags zwischen M und T analog § 304 Abs. 3 Satz 1 AktG ab, zumindest wenn dieser eine Ausgleichsklausel vermissen lässt, vgl. insgesamt *Rehbinder* ZGR 1977, 607 Fn. 68 mwN.
[178] *Pentz* Rechtsstellung Enkel-AG S. 112 mwN.
[179] *Emmerich/Habersack* Aktien- und GmbH-Konzernrecht AktG § 308 Rn. 12 f.; MüKoAktG/*Altmeppen* § 308 Rn. 51 f.
[180] Die Delegation gilt als Akt der Vertretung, vgl. *Emmerich/Habersack* Aktien- und GmbH-Konzernrecht AktG § 308 Rn. 11.
[181] *Emmerich/Habersack* Aktien- und GmbH-Konzernrecht AktG § 308 Rn. 13 f.; § 309 Rn. 15 f. – Die Haftung besteht neben der der gesetzlichen Vertreter der T, obwohl diese kein eigenes Verschulden trifft, *Altmeppen* FS Lutter, 975 (980 f.) sieht darin einen Wertungswiderspruch, da sich die Geschäftsleiter der T

haftet gegenüber E unstreitig gemäß § 309 AktG, wenn er bei Einhalten der ihm obliegenden Sorgfalt hätte erkennen müssen, dass er die von M stammende Weisung nicht hätte befolgen dürfen.[182] Die Gefahr der Haftung ist **nicht gering,** wenn die Delegation in der Sache auf eine Übertragung des Weisungsrechts auf einen Dritten hinausläuft.[183] Insoweit muss die Weisung der M in jedem Fall sachlich und zeitlich so beschränkt bleiben, dass die Verantwortung für deren Ausübung im Sinne aktienrechtlicher Leitungsmacht weiterhin bei der T liegt, welcher das Weisungsrecht nach dem Beherrschungsvertrag gerade zusteht.[184] Es soll letztlich vermieden werden, dass sich M ohne Einflussmöglichkeit von T an deren Stelle setzt.[185] Die Praxis zeigt jedoch, dass die Geschäftsleiter von Tochtergesellschaften in mehrstufigen Konzernen aus der Leitung der Enkelgesellschaften weitgehend herausgenommen werden.[186] Aus organisatorischen Erwägungen lässt es dann diese **Lösung inopportun** erscheinen.[187]

c) Direktlösung

77 Das bisher Gesagte zeigt, dass in einem mehrstufigen Konzern (zumindest für den Fall des Aufbaus von oben nach unten) die T ihr Weisungsrecht auf die Muttergesellschaft zwar delegieren, aber nicht übertragen darf; es muss **regelmäßig noch die Möglichkeit der Prüfung der Zulässigkeit einer Weisung** und der damit verbundenen Ablehnung auf Seiten der Tochtergesellschaft, die droht übergangen zu werden, bestehen bleiben.[188] Damit ist der Anlass gegeben, dass die M mit der E sogar **einen eigenen** (und aus Sicht des Verbundes dritten) **Beherrschungsvertrag abschließt,** um auf dieser Grundlage die Enkelgesellschaft direkt anzuweisen. Obwohl alle bislang aufgeworfenen Themen zur Haftung und Zulässigkeit der Ausübung von Weisungen durch Dritte damit ausgeräumt wären, entstehen mit dieser sogenannten Direktlösung andere Probleme, die **mit** denen einer **Mehrmütterorganschaft vergleichbar** sind.[189] Es kann in einem solchen Fall aus Sicht des Vorstands der E zu widersprüchlichen Weisungen von zwei Müttern, der M und der T, kommen. Nach allgemeiner Ansicht heben diese sich gegenseitig auf, so dass keine Weisung zu beachten wäre (vgl. §§ 711 BGB; 115 Abs. 1 HGB).[190] Wenn ein solches unerfreuliches Ergebnis vermieden werden soll, müssen sich die Mütter koordinieren. Das ist entweder im Beherrschungsvertrag zwischen M und T möglich, indem eine Weisung der M grundsätzlich Vorrang vor einer Weisung der T haben soll, oder in einem eigenen Gesellschaftsvertrag umsetzbar, da die Mütter im Verhältnis zur E letztlich als BGB-Gesellschaft auftreten. Dabei ist es möglich, das Weisungsrecht im Verhältnis zur E eine der Mütter alleine einzuräumen, entweder generell oder nur unter bestimmten Voraussetzun-

---

bis zur Grenze der evidenten Missbrauchsfälle ohnehin an Weisungen zu halten hätten, wenn sie nicht pflichtwidrig iSd § 309 AktG handeln wollten.
[182] *Pentz* Rechtsstellung Enkel-AG S. 116 f. mwN.
[183] Dazu ausführlich → Rn. 134 ff.
[184] *Emmerich/Habersack* Aktien- und Konzernrecht AktG § 308 Rn. 15; *Hüffer/Koch* AktG § 308 Rn. 6.
[185] *Exner* Beherrschungsvertrag, S. 163 ff.; *Pentz* Rechtsstellung Enkel-AG S. 121: Ein solches Auswechseln des im Vertrag bestimmten herrschenden Unternehmens ist durch die Wertung der §§ 295 ff. AktG ausgeschlossen.
[186] *Henze/Lübke* Der Konzern 2009, 161.
[187] Zumindest Zwischenholdings oder Shared Service Gesellschaften sind typischerweise direkt abhängige Tochtergesellschaften, die für einen bestimmten Ausschnitt des Konzernwesens Verantwortung tragen, ohne am wertschöpfenden operativen Geschäft unmittelbar teilzunehmen, vgl. auch *Henze/Lübke* Der Konzern 2009, 159 ff.: Typisch ist das Auslagern der EDV auf ein Konzernunternehmen; vgl. LG Darmstadt 6.5.1986 – 14 O 328/85, ZIP 1986, 1389.
[188] Nach KölnKomm-AktG/*Koppensteiner* § 308 Rn. 6 ist das der entscheidende Grund, weshalb bei hintereinandergeschalteten Beherrschungsverträgen kein Weisungsdurchgriff legitimiert sein kann.
[189] Ausführlich *Emmerich/Habersack* Aktien- und Konzernrecht AktG § 308 Rn. 7 f.
[190] Vgl. K. *Schmidt/Lutter/Langenbucher* AktG § 308 Rn. 14; nach OLG Stuttgart 20.10.1997 – 20 U 8/97, NZG 1998, 601 f. besteht im Fall widersprechender Weisungen eine **Vorrangskompetenz** des aufgrund eines Beherrschungsvertrags herrschenden Unternehmens gegenüber der Gesellschafterversammlung der beherrschten Gesellschaft; allgemein: *Maschmann* NZA 2017, 1557 (1560 f.).

gen. Im Rahmen der Prüfung der Zulässigkeit nachteiliger Weisungen kann es genügen, wenn die Weisungen und Belange wenigstens eine der verschiedenen Mütter im Sinne des § 308 Abs. 1 S. 2 AktG dient.[191] Eine solche Situation entspräche der Einzelfalllösung. Ungeklärt ist allerdings, ob eine solche Konstellation letztlich einer Umgehung der Leitungsmacht der T als ebenfalls herrschendes Unternehmen gleich käme, was aber entsprechend der bei der Delegationslösung ausgeschlossenen (vollen) Übertragung des Weisungsrechts der T gegenüber E auf die M als Dritten abzulehnen ist. Zumindest stünde eine **Vertragsänderung unter dem Vorbehalt** der Hauptversammlung (§ 295 AktG), um ein Auswechseln des herrschenden Unternehmens im Beherrschungsvertrag auf diesem Weg auszuschließen.[192]

d) Einheitslösung

In der Lösung, die der Praxis am ehesten gerecht wird, begreift sich die M als „Geschäftsherrin" eines durchlaufenden Beherrschungsvertrags zwischen ihr und T sowie zwischen T und E und übt insoweit ihr Weisungsrecht gegenüber der E aus. Aufgrund der aufeinander folgenden Beherrschungsverträge stellt der Vertragskonzern eine **wirtschaftliche Einheit** dar, in der das oberste herrschende Unternehmen das Geschäftsrisiko der jeweils abhängigen Gesellschaft kraft Verlustausgleichspflicht nach § 302 AktG übernimmt.[193] Nur auf Grund dieser **wirtschaftlichen Verschmelzung** im integrierten Vertragskonzern darf die jeweils abhängige Gesellschaft geschädigt werden, muss also dessen Vorstand nachteiligen Weisungen Folge leisten (§ 308 Abs. 1 S. 2 AktG), solange es dem anderen Vertragsteil dient. Denn indem M kraft des Vertragskonzerns mit T deren Geschäftsergebnis übernimmt, gelangt das auf Grund des Organschaftsvertrages mit E bei T ankommende Geschäftsergebnis der E auf diesem Wege ebenfalls zur M.

78

Die Einheitslösung mag zunächst widersprüchlich erscheinen. wenn mit der allgemeinen Ansicht gerade eine direkte Weisung der M gegenüber E abgelehnt wird; das Weisungsrecht ist nicht fungibel und mit einer solchen Vorgehensweise würde sich M einfach an die Stelle der T setzen und damit den Vorbehalt der Hauptversammlung für unternehmensvertragliche Änderungen nach § 295 AktG umgehen. Dem lässt sich allerdings folgendes entgegnen: Der Geschäftsleiter der E hat eine Weisung – unabhängig, ob er sie vom Vorstand der T als der unmittelbaren Partnerin des Beherrschungsvertrages oder direkt vom Vorstand der M als dem „nur" mittelbar herrschenden Unternehmen erhält – **regelmäßig zu prüfen,** ob er sie befolgen will oder nicht (§ 308 Abs. 2 AktG). Insbesondere wenn das Weisungsrecht auf der Grundlage des Beherrschungsvertrages mit der T eingeschränkt wäre,[194] müsste er wenigstens feststellen, ob und inwieweit diese vertragliche **Einschränkung** von der Weisung tangiert wäre. E wäre grundsätzlich verpflichtet, der Weisung Folge zu leisten, wenn sie nicht gerade offensichtlich pflichtwidrig wäre, weil sie in evidenter Weise nicht im Konzerninteresse läge (§ 308 Abs. 2 S. 2 AktG). Inwieweit allerdings (vermeintlich pflichtwidrige) Weisungen im Konzerninteresse sind, hat zunächst die Konzernspitze – bei durchlaufenden Beherrschungsverträgen im Rahmen *eigener* Prüfung[195] – zu beurteilen,[196] die auf diese Weise einen Durchgriff herstellt. Dieser folgt aus dem Gedanken, dass M – und nicht etwa T – das **Geschäftsrisiko** der E trägt,

79

---

[191] *Emmerich/Habersack* Aktien- und GmbH-Konzernrecht AktG § 308 Rn. 8.
[192] Vgl. *Emmerich/Habersack* Aktien- und GmbH-Konzernrecht AktG § 295 Rn. 13 ff.; § 308 Rn. 16 mwN.
[193] *Altmeppen* FS Lutter, S. 975 (981 ff.) unter Verweis auf die Begründung zum Regierungsentwurf zum Gesetz zur Bereinigung des Umwandlungsrechts (BT-Drs. 12/6699, 178 = BR-Drs. 75/94, 178), wonach sich Beherrschungs- und Gewinnabführungsverträge bei wirtschaftlicher Betrachtungsweise als Fusionstatbestände auf Zeit darstellen.
[194] Laut MüKoAktG/*Altmeppen* § 308 Rn. 83 ff. mwN in der Praxis ganz unüblich ist. Vgl. **Fall 1** (→ Rn. 44), bei dem die jeweilige einschränkende beherrschungsvertragliche Regelung zulässig ist.
[195] *Pentz* Rechtsstellung Enkel-AG S. 116 ff.
[196] MüKoAktG/*Altmeppen* § 308 Rn. 139, 176 ff.; § 310 Rn. 22 ff., → Kap. 4 Rn. 95 ff.

welches sich als **Korrelat des Weisungsrechts** darstellt.[197] Schließlich realisiert es sich nach § 308 Abs. 1 S. 1 AktG in der Tatsache, wo sich vorher die E der Leitung der T auf der Grundlage des jeweiligen Beherrschungsvertrags nach § 291 Abs. 1 AktG unterstellt hat.

e) Stellungnahme

80 Ein Durchgriff, also die Möglichkeit der direkten Weisung einer Konzernobergesellschaft auf eine nicht unmittelbar nachgeordnete Tochter- und Beteiligungsgesellschaft im integrierten Vertragskonzern, ist möglich. Jeder Ansatz einer Begründung ist diskutabel. Der für die Praxis günstigste Weg ist zu bevorzugen. Im Falle einer durchlaufenden Kette von Beherrschungsverträgen im Konzern haben die Geschäftsleiter der abhängigen Gesellschaften keine Geschäftsführungsbefugnis mehr, weil sie grundsätzlich nach Maßgabe der § 308 AktG weisungsgebunden sind. In diesem Umfang kann das herrschende Unternehmen – wenn auch nur durch Weisung – die Geschicke der abhängigen Gesellschaft bestimmen, selbst wenn sie auf einer der übernächsten Stufen der Konzernstruktur als abhängige (Ur-)Enkelgesellschaft(en) anzutreffen sind. Die Weisung kann *direkt* zugehen, wenn sich M **unter Vorlage eines Beherrschungsvertrages und eines an die T adressierten Schreiben,** mit dem es die Absicht bekundet, ihre Weisungsbefugnis direkt gegenüber der von T abhängigen Gesellschaft E auszuüben, **legitimiert**.[198] Schließlich erhält die E auf Grund der **umfassenden Verlustausgleichspflicht** neben ihrer Schuldnerin T eine weitere Schuldnerin mit der Konzernobergesellschaft der M. Die M hat ebenfalls eine Verlustausgleichspflicht gegenüber der T und muss aus diesem Grund Sorge dafür tragen, dass T als Schuldnerin der E stets solvent bleibt.[199]

81 Zudem stehen noch **weitere Ansprüche auf Schadensersatz** sowohl gegenüber der M analog § 309 AktG sowie ihrer gesetzlichen Vertreter nach § 309 AktG iVm § 278 BGB zur Verfügung.[200] Diese Haftung muss die M bzw. deren gesetzliche Vertreter selbstverständlich auch dann treffen, wenn sie die pflichtwidrige Weisung gegenüber der E nicht nur im Sinne einer möglichen Delegation über die T veranlassten, sondern unmittelbar ausgesprochen haben. Es ist sogar zu erwarten, dass die handelnden Personen der M besser als die Vertreter der T in der Lage sind, die Sorgfaltspflichten einzuhalten. Denn das von ihr bestimmte Konzerninteresse bei hintereinandergeschalteten Beherrschungsverträgen wird ausschließlich von ihr bestimmt.[201] Insofern besteht kein Schutz für dieses **konzerneinheitliche Interesse** bei der T, da der Geschäftsleiter der E (oder dessen mögliche Angestellte[202]) die eigentlichen Adressaten der Weisung sind und damit allein zur Vermeidung ihrer eigenen Haftung die gesetzlich vorgesehene Evidenzkontrolle bei einer Weisung vorzunehmen haben.[203]

82 Ein letztes Bedürfnis möglicher Koordination für den Fall, ob und ggf. in welchem Umfang T selbst noch gegenüber E weisungsbefugt sein soll, kann im Verhältnis zwischen M und T entweder wie in einer Mehrmütterorganschaft geklärt,[204] oder wie im Fall eines

---

[197] *Altmeppen* FS Lutter, 975 (983); MüKoAktG/*Altmeppen* § 308 Rn. 59; RegBegr/*Kropff* S. 391: „Wer die Geschicke der Gesellschaft bestimmen kann oder ihren ganzen Gewinn erhält, muss auch für Verluste einstehen."
[198] Einleuchtender Vorschlag bei *Altmeppen* FS Lutter, 2009, 975 (984), Fn. 38, der zutreffend daraufhin weist, dass hierzu in der Praxis keine wirkliche Bereitschaft zu erwarten sei; die Beteiligten wüssten „intuitiv" um die Verhältnisse.
[199] Deutlich *Altmeppen* DB 1999, 2453 (2455 ff.) mwN.
[200] Hüffer/*Koch* AktG § 309 Rn. 7; *Rehbinder* ZGR 1977, 581 (610 f.).
[201] Vgl. *Altmeppen* FS Lutter, S. 975 (985).
[202] Das hat bereits der Gesetzgeber zum AktG 1965 erkannt, vgl. RegBegr/*Kropff* AktG S. 403; Hüffer/*Koch* AktG § 308 Rn. 7 f. mwN.
[203] Vgl. *Altmeppen* FS Lutter, S. 975 (987).
[204] In der SIG-Gruppe wird dieses Thema der Koordination des Weisungsrechts mit folgender Bestimmung im Mehrmütter-Beherrschungsvertrag geregelt: „Die Obergesellschaft A (M) übt ihr Weisungsrecht nur nach Koordination mit der Obergesellschaft B (T) aus. Bei widersprüchlichen Weisungen geht die Wei-

doppelten Beherrschungsvertrages der E sowohl mit M als auch mit T aufgelöst werden: **Im Rahmen der Evidenzkontrolle** kann der Geschäftsleiter der E es bereits zur **Klärung von möglichen Widersprüchen,** die sich daraus ergeben, dass neben der direkten Weisung noch eine weitere, nicht identisch lautende vom Vorstand der weisungsberechtigten Gesellschaft folgt, für zweckmäßig halten, Nachweise hinsichtlich einer **Koordinationsabrede** zu verlangen. Damit kann er sicherstellen, dass eine ihn erreichende Weisung auch verbindlich im Sinne von § 308 Abs. 2 AktG ist.[205] Eine solche Verbindlichkeit ist in kritischen Unternehmenssituationen sicherlich erstrebenswert und verhilft zu eindeutigen Verantwortlichkeiten, wo sonst Führungslosigkeit zu herrschen droht.

3. Durchgriff im gemischt-integrierten Vertragskonzern: Mehrstufige Unternehmensverbindung mit nicht aufeinander folgenden Beherrschungsverträgen

Wenn der Konzernspitze im mehrstufigen Konzern aus verschiedenen Nützlichkeitserwägungen heraus direkte Weisungsrechte eingeräumt sein sollen, **besteht ein Bedürfnis** der vertraglichen Gestaltung durch Beherrschungsverträge (meist kombiniert mit Gewinnabführungsverträgen). Es lassen sich allerdings Konstellationen denken, in denen *keine durchlaufende* Kette an Beherrschungsverträgen zwischen den jeweils auf verschiedenen Stufen miteinander verbundenen Unternehmen besteht oder hergestellt werden soll.[206] Dann lassen sich entsprechende **direkte Weisungen** der M gegenüber der E (unter eventueller Umgehung der T) **kaum legitimieren,** da gerade eine aus einem Beherrschungsvertrag resultierende Ausgleichspflicht gemäß § 302 AktG und die Befugnis des Vorstands der angewiesenen Gesellschaft, die ihm erteilte Weisung auf ihre Rechtmäßigkeit und Konzerndienlichkeit zu prüfen, nicht bestehen.[207] 83

In der Praxis ergibt sich eine solche Situation im Mehrstufigkeitsverhältnis regelmäßig dann, wenn durch gesellschaftsrechtliche Umwandlungen Verbindungen geschaffen werden, bei denen (zumindest zunächst) keine durchgängigen Unternehmensverträge zur Begründung eines einheitlichen Vertragskonzerns geschlossen werden.[208] Die **rein faktische Abhängigkeit** nach den aktienrechtlichen Vermutungsregeln der §§ 16 Abs. 4, 17 Abs. 2 und 18 Abs. 1 S. 3 AktG vermittelt dem herrschenden Unternehmen allein durch die Anteilsmehrheit einen entsprechenden Einfluss auf Tochter- und Enkelgesellschaften. Im Fall des Fehlens eines Beherrschungsvertrags gelten tatbestandlich die §§ 311 ff. AktG, um eine Verantwortlichkeit des herrschenden Unternehmens für die abhängige Gesellschaft zu begründen. Damit wird ein faktischer Konzern geschaffen, in dem grundsätzlich die unternehmerische Eigenständigkeit der abhängigen Gesellschaft nicht angetastet werden soll. Das herrschende Unternehmen darf seinen Einfluss gerade nicht in einer Weise ausüben, welcher für das abhängige Unternehmen nachteilig wäre. Handelt es sich um einen mehrstufigen faktischen Konzern, wobei es genügt, wenn bereits zwischen zwei Stufen ein Beherrschungsvertrag fehlt (während es auf anderen Stufen wiederum einen oder mehrere Unternehmensverträge gibt), stehen nicht nur das **Schutzbedürfnis** einer einzigen von 84

---

sung durch die Obergesellschaft B (T) derjenigen durch die Obergesellschaft A (M) vor.", berichtet nach *Bayer AG* Sonderheft Oktober 2015, 49f. zu grenzüberschreitenden Beherrschungsverträgen.

[205] So der sinnvolle Vorschlag bei *Altmeppen* FS Lutter, S. 975 (988).

[206] *Rehbinder* ZGR 1977, 581 (602): Das Aktienrecht normiert mit den Vorschriften über Unternehmensverträge nicht eine umfassende Konzernverfassung mit Exklusivanspruch.

[207] Statt aller KölnKomm-AktG/*Koppensteiner* § 308 Rn. 6.

[208] Diese Konstellation entspricht der 4. Konzernstufe der schematischen **Darstellung** → Rn. 71. In diesem Zusammenhang ist regelmäßig an eine Möglichkeit des Aufbaus des Unternehmensverbundes „von unten nach oben" zu denken, die bislang nicht Gegenstand höchstrichterlicher Rechtsprechung war und daher in diesem Abschnitt zum Gegenstand besonderer Betrachtung gemacht werden soll; diese Unterscheidung geht vor allem auf die Abhandlung von *Rehbinder* ZGR 1977, 602 ff. zurück, der **beide Formen des Aufbaus des mehrstufigen Vertragskonzerns** untersucht hat und dabei zu unterschiedlicher Behandlung gelangt ist. K. Schmidt/Lutter/*Vetter* AktG § 311 Rn. 18 zum Streitstand.

M abhängigen Gesellschaft (hier der E), sondern auch das Interesse der sonst (eventuell unmittelbar) verbundenen Gesellschaft (also der T) und deren jeweils außenstehender Aktionäre und Gläubiger **zur Disposition**. In der gesellschaftsrechtlichen Literatur und Rechtsprechung werden diese Themen eher unter der Haftungsthematik behandelt[209] und sind **bisher** in Bezug auf die Besonderheiten einer Matrixorganisation **nahezu unberücksichtigt** geblieben.[210]

85   Es ist daher im folgenden Abschnitt zu untersuchen, ob und inwieweit die M als herrschendes Unternehmen ihren Einfluss – eventuell durch direkte Weisung – auf ihr nicht direkt zugeordnete, aber abhängige Gesellschaften im sog. mehrstufigen gemischt-integrierten Vertragskonzern durchsetzen kann. Dabei sind einige grundsätzliche Aspekte des faktischen und des sog. qualifiziert faktischen Konzerns vorab zu klären, um die Verdichtung der Leitungsmacht nachvollziehen, die **in der Praxis** solcher **Mischformen häufig** anzutreffen ist. Immerhin könnte die Konzernspitze darauf verzichten, Unternehmensverträge durchzusetzen, wenn sie in der faktischen Konzernierung auch auf andere Weise ihren Einfluss auf nicht unmittelbare Beteiligungen ausüben könnte, der in seiner Wirkung einer beherrschungsvertraglich eingeräumten Weisung gleichkäme (im Folgenden → Rn. 86 ff. a)). In der weiteren Betrachtung ist dann auf die beiden Grundkonstellationen des faktischen Konzerns einzugehen. Der Einfachheit halber knüpft die Darstellung für die Mehrstufigkeit des Konzerns an **zumindest drei Hierarchieebenen**. Dabei ist auf die jeweiligen Grundkonstellationen eines faktischen Konzerns einzugehen, einmal in Form der Abhängigkeit zwischen der M und der T (im Folgenden → Rn. 92 ff. b)) und dann zwischen der T und der E (im Folgenden → Rn. 95 ff. c)) bei gleichzeitigem Vorliegen eines Beherrschungsvertrags in der jeweils anderen gesellschaftsrechtlichen Verbindung.[211]

a) Zulässigkeit von nachteiligen Weisungen im faktischen AG-Konzern

86   Im faktischen Konzern soll die unternehmerische Eigenständigkeit der abhängigen Aktiengesellschaft[212] – anders als im Vertragskonzern (§§ 308, 323 Abs. 1 AktG) – grundsätzlich nicht angetastet werden. Wenn das herrschende Unternehmen, insbesondere die Konzernleitung, seinen Einfluss ausübt, darf es nicht zu einem Nachteil für das abhängige Unternehmen führen. Eine konzernleitende Maßnahme muss zumindest auch im eigenen unternehmerischen Interesse der Tochter- oder der Enkelgesellschaft liegen. Ansonsten **droht eine umfassende Haftung aller Beteiligten** (das herrschende Unternehmen selbst, die Vorstandsmitglieder des herrschenden und des abhängigen Unternehmens sowie der Aufsichtsrat der abhängigen Gesellschaft, §§ 317 Abs. 1, Abs. 3; 318 Abs. 1 und 2 AktG). Es ist zudem ein detaillierter **Abhängigkeitsbericht** nach § 312 AktG, der der Prüfung des Aufsichtsrats und des Abschlussprüfers unterliegt (§§ 313, 314 AktG), zu erstellen.

87   Soweit ist die Abgrenzung zum Vertragskonzern, bei dem mit den Bestimmungen der §§ 308, 323 Abs. 1 AktG die Eigenverantwortlichkeit der Unternehmensorgane (im Wesentlichen §§ 76 Abs. 1, 111 Abs. 4, 119 Abs. 2 AktG) eingeschränkt wird, gut nachvollziehbar. Die eventuelle Haftung wegen fehlendem Konzerninteresse ist nur ausnahmsweise begründet. Eine Berichts- und Prüfpflicht existiert lediglich einmalig im Fall der Begründung eines Beherrschungsvertrags nach §§ 293a, 293b AktG, welcher den Haupt-

---

[209] K. Schmidt/Lutter/*Vetter* AktG § 311 Rn. 14; § 317 Rn. 5 ff. mwN.
[210] *Seibt/Wollenschläger* AG 2013, 229 (232) Fn. 25 und 26 gehen nur auf die allgemein Rechtslage ein; *Schockenhoff* ZHR 180 (2016) 197 (203) mit Bezug auf Compliance-Verstöße.
[211] Ohne einen Beherrschungsvertrag, der wenigstens zwischen zwei Konzernstufen besteht, würde es sich um einen *rein faktischen* Konzern handeln, bei dem zumindest die Schutzregeln der §§ 311 ff. AktG anwendbar wären; leitungseinschränkende Weisungen wären nicht gegeben, so dass Ausgleichpflichten nach § 302 f. AktG nicht zur Disposition stünden, sondern eventuelle Nachteile durch entsprechende Einflussnahme anders zu kompensieren wären, was aber nicht Gegenstand der Darstellung in diesem Abschnitt ist.
[212] Zum faktischen GmbH-Konzern → Rn. 96.

versammlungen beider beteiligter Unternehmen vorzulegen ist und spätestens erst mit Eintragung ins Handelsregister einer breiteren Öffentlichkeit gegenüber offengelegt wird. Insoweit wäre die Figur des faktischen Konzerns in der Praxis nur ausnahmsweise von Interesse. Denn die Haftung im Vertragskonzern ließe sich leichter begrenzen, wenn sich die beteiligten Unternehmensorgane ausreichend und rechtzeitig um die beherrschungsvertragliche Strukturierung kümmerten.

Allerdings **verwässert** das Gesetz die strengen Ansätze des Vertragskonzerns, indem es nachteilige Rechtsgeschäfte und Maßnahmen im faktischen Konzern zulässt, sofern die sich daraus ergebenden Nachteile später – „bis zum Ende eines Geschäftsjahres" – wieder ausgeglichen werden (§ 317 Abs. 1 AktG). Der Gesetzgeber hat damit ein ursprünglich vorgesehenes Verbot nachteiliger Weisungen, was bereits ein Sonderfall im Vertragskonzern ist, und die damit verbundene **Erfolgshaftung** mit dieser gesetzlichen Ausgleichsregelung **aufgegeben**.[213] Indem die Rechtsprechung die §§ 311 ff. AktG als Spezialregelungen verstehen, welche wie beim Abschluss eines Beherrschungsvertrags die Regelungen der §§ 57, 58, 60 und 93 Abs. 3 Nr. 1 AktG (vgl. § 291 Abs. 3 AktG) verdrängen und auch die allgemeinen Haftungsvorschriften (§§ 93 Abs. 1, 116, 117 AktG) modifizieren können,[214] wird eine Flexibilität des Zusammenwirkens zwischen herrschendem und abhängigen Unternehmen ermöglicht, welche praktisch eine **spürbare Privilegierung** gegenüber dem allgemeinen Recht darstellt.[215] Das Handeln der Beteiligten lässt sich so gut wie immer legitimieren, wenn im faktischen Konzern Eingriffe in die Leitungsmacht des abhängigen Unternehmens bis zum Beweis des nicht ausgeglichenen Nachteils geduldet werden.[216] Damit stellt das Gesetz das Schutzprinzip der §§ 311 ff. AktG selbst in Frage und leistet den zahlreichen Schwierigkeiten bei der Auslegung Vorschub.[217] Gleichzeitig wird der Anreiz für Unternehmensorgane reduziert, ihre Kompetenzordnung mit Unternehmensverträgen zu unterlegen.[218]

88

Nachteilig sind Weisungen, die Maßnahmen betreffen, die der ordentliche und gewissenhafte Geschäftsleiter einer unabhängigen Gesellschaft, der sich ausschließlich an den Interesse seiner Gesellschaft orientiert, nicht vorgenommen hätte (§§ 76, 93 Abs. 1 S. 1, 311, 317 Abs. 2 AktG).[219] Im Vertragskonzern erscheint es vertretbar, nachteilige Weisungen unter der Voraussetzung zuzulassen, dass den Nachteilen der abhängigen Gesellschaft Vorteile für den Konzern – und sei es nur eine entfernte Schwestergesellschaft – gegenüberstehen, welche sich per Saldo zumindest aufwiegen.[220] Die gesetzliche Regelung des § 308 Abs. 1 S. 2 AktG beruht letztlich auf der Vorstellung, dass ein **Vertragskonzern** im Grunde **ein einziges Unternehmen im wirtschaftlichen Sinne darstellt.**[221] Dieser Grundgedanke kann für den faktischen Konzern mit Rücksicht auf den Wortlaut der §§ 18 Abs. 1 S. 1 und 311 AktG übertragen werden:[222] Im Rahmen faktischer Konzerne sollen zwar die verbundenen Unternehmen grundsätzlich wie selbstständige Gesellschaften geführt werden; dadurch wird es jedoch nicht ausgeschlossen, dass Nachteile für eine Konzerngesellschaft mit Vorteilen für nur faktisch verbundene, andere Konzerngesell-

89

---

[213] Vgl. insgesamt *Dettling* Entstehungsgeschichte S. 213 zur Kritik.
[214] BGH 1.12.2008 – II ZR 102/07, BGHZ 179, 71 (77) – MPS; 31.5.2011 – II ZR 141/09 BGHZ 190, 7 ff. – Dritter Börsengang; BGH 26.6.2012 – II ZR 30/11, NZG 2012, 1030 f.
[215] So deutlich. *Raiser/Veil* § 61 Rn. 3; *Emmerich/Habersack* Konzernrecht § 24 IV 1.
[216] *Mülbert* ZHR 163 (1999), 1 (23).
[217] Vgl. exemplarisch BGH 5.6.1975 – II ZR 23/74, BGHZ 65, 15 – ITT zur Bestimmung des Nachteils.
[218] Allerdings darf trotz der Forderung, den faktischen Konzern zumindest für die AG zu verbieten (*Bälz* AG 1992, 277) nicht vergessen werden, dass die Zusammenfassung von Unternehmen unter einheitlicher Leitung ohne Beherrschungsvertrag gesamtwirtschaftliche Vorteile mit sich bringt, *Drygala/Staake/Szalai* § 31 Rn. 4.
[219] Vgl. die Beispiele bei K. Schmidt/Lutter/*Langenbucher* AktG § 308 Rn. 21; vorteilhaft und daher stets zulässig für die abhängige Gesellschaft Weisungen, die in ihrem wohlverstandenen Interesse liegen, vgl. *Voigt* Haftung S. 271 f.
[220] *Altmeppen* Managerhaftung S. 20 f.
[221] *Emmerich/Habersack* Aktien- und GmbH-Konzernrecht AktG § 308 Rn. 46.
[222] Hüffer/*Koch* AktG § 308 Rn. 18; *Kantzas* Weisungsrecht S. 100; Spindler/Stilz/*Veil* AktG § 308 Rn. 26 f.

schaften kompensiert sind, und sei es auch nur in Gestalt des Ausgleichs von Nachteilen auf Grund des § 311 AktG.[223] Allerdings bleibt es beim Risiko für den Vorstand eines abhängigen Unternehmens: Führt er eine nachteilige Weisung, worüber er in eigener Verantwortung nach § 76 AktG entscheidet,[224] aus, ohne sich um den Ausgleich nach § 311 AktG zu kümmern, haftet er nach § 93 AktG,[225] eventuell auch nach § 319 AktG.[226]

90 Dabei setzt der Ausgleich von Nachteilen voraus, dass sie sich **feststellen lassen,** soweit sie sich durch den Einfluss eines herrschenden Unternehmens ergeben. Idealerweise sollten sie **isolierbar** sein, dh die Fälle des Einflusses lassen sich zahlenmäßig überschauen bzw. hinreichend inhaltlich abgrenzen. Damit kann der Vermögenswert auch hinreichend genau und vor allem ex ante, also zum Zeitpunkt der Veranlassung, ermittelt werden.[227] Viele konzernleitende Maßnahmen sind jedoch nicht von vorneherein nachteilig, sondern neutral in dem Sinne, dass Erfolg und Misserfolg von der späteren Entwicklung der angeordneten Maßnahmen – wie im **Fall 3** – abhängen.[228] Des Weiteren wird ein Unternehmen heutzutage in einen Konzern eher durch laufende Steuerung und ständige innere Umgestaltung eingebunden. Seine **Wertschöpfung** und die es unterstützenden Bereiche werden regelmäßig **auf die Bedürfnisse der Unternehmensgruppe abgestimmt.** Danach richten sich das Produktionsprogramm, seine Bezugsquellen und Vertriebswege, die Finanz- und Liquiditätsplanung – meist im Rahmen eines *Cash Pooling* – und die Personalsteuerung sowie die einzelnen Gesellschaften übergreifenden Stabsfunktionen wie ua IT, Rechts- und Versicherungswesen sowie Compliance und werden nach Maßgabe eines dem einzelnen Gliedunternehmen übergeordneten Konzerninteresses – wie in den **Fällen 1 (Variante 2) und 2 (Varianten 1 und 2)** – von außen gesteuert.

91 Im Folgenden wird zum besseren Verständnis von einer einfachen Konstruktion des (regulären) faktischen Konzerns oder eines noch nicht voll integrierten bzw. gemischtintegrierten Vertragskonzerns auszugehen sein, bei denen noch eine Anwendung der §§ 311 ff. AktG möglich ist. In der Praxis findet sich eine Steuerung durch isolierbare Maßnahmen und den damit verbundenen Weisungen des herrschenden Unternehmens in dezentral oder eher locker geführten Konzernen statt.[229] Ergänzen ließe sich noch der erst aufzubauende Unternehmensverbund,[230] in dem die Absicht zum Abschluss eines Beherrschungsvertrags erst entsteht.

b) Faktische Abhängigkeit zwischen M und T bei gleichzeitigem Beherrschungsvertrag zwischen T und E

92 Die eine mögliche Konstellation eines gemischt faktischen Vertragskonzerns umfasst eine Abhängigkeit zwischen der Mutter- und der Tochtergesellschaft, die wiederum einen Beherrschungsvertrag mit der Enkelgesellschaft geschlossen hat. In dieser Situation gelten in den Fällen zwischen M und T die Schutzregeln der §§ 311 ff. AktG, die eine Schädigung der Konzerntochter T verbieten.[231] Im Verhältnis zwischen der M und der E finden die §§ 311 ff. AktG keine Anwendung, obwohl letztere wie T ebenfalls faktisch abhängig von der M ist (§§ 16 Abs. 4, 17 Abs. 2 AktG). Denn E befindet sich mit T in einem beherrschungsvertraglichen Verhältnis, in dem das gesetzliche Schutzkonzept tatbestandlich nicht greift. Der Geschäftsleiter von E muss sich insofern nicht einer direkten Einflussnahme

---

[223] Vgl. *Emmerich/Habersack* Aktien- und GmbH-Konzernrecht AktG § 308 Rn. 47a.
[224] KG 3.12.2002 – 1 W 363/02, ZIP 2003, 1042 (1049); *Hüffer/Koch* AktG § 76 Rn. 19.
[225] OLG Hamm 10.5.1995 – 8 U 59/94, AG 1995, 512.
[226] MüKoAktG/*Spindler* § 76 Rn. 40.
[227] Vgl. K. Schmidt/Lutter/*Vetter* AktG § 311 Rn. 48 ff.
[228] *Raiser/Veil* § 61 Rn. 5; zu den Einzelfällen vgl. MüKoAktG/*Altmeppen* § 311 Rn. 225 ff.
[229] So auch *Raiser/Veil* § 61 Rn. 5.
[230] *Rehbinder* ZGR 1977, 581 (601) für einen Aufbau des Konzerns sowohl von oben nach unten, was als koordiniert anzusehen ist, als auch von unten nach oben, was sich eher opportunistisch durch einzelne gesellschaftsrechtliche Umstrukturierungsmaßnahmen ergeben kann.
[231] LG Frankfurt a.M. 16.11.1998 – 3/1 O 114/98, 3–01 O 114/98, DB 1999, 271 = AG 1999, 238; *Paschke* AG 1988, 196 (201).

von M aussetzen lassen, weil er auf Grund des Beherrschungsvertrages zwischen T und E **nur von dort leitungseinschränkende Weisungen entgegenzunehmen** hat. Wenn M also Einfluss auf die Geschäfte bei E nehmen will, so wird dies *nur* über die T möglich sein.[232]

Auch in einem so gesehen nicht voll integrierten Vertragskonzern wird ein **unabweisliches Bedürfnis** bestehen, Einflussnahmen der Konzernspitze Geltung zu verschaffen. Die herrschende Ansicht lässt einen tatsächlichen Durchgriff der M auf die E unter bestimmten Voraussetzungen zu und modifiziert die grundsätzlich abzulehnende Anwendung der §§ 311 ff. AktG im Verhältnis zwischen M und E: 93

– Die M nimmt auf die E Einfluss kraft Delegation des Weisungsrechts,[233] indem M und T eine Delegationsvereinbarung schließen. Diese ist als Rechtsgeschäft im Sinne der §§ 311 ff. AktG anzusehen, wenn es die T nicht benachteiligt oder eine eventuelle Benachteiligung binnen Geschäftsjahresfrist ausgeglichen wird. Insoweit wird die T von der M als Delegatarin für die Ausübung des Weisungsrechts ein angemessenes Entgelt erhalten.

– Gleichzeitig wird jede Ausübung des Weisungsrechts im Abhängigkeitsbericht der T zu dokumentieren sein (§ 312 AktG). Denn die angewiesene Geschäftsführungsmaßnahme wirkt sich wirtschaftlich bei der T aus. Nach Sinn und Zweck der §§ 311 ff. AktG erfassen diese Regelungen auch Einflussnahmen auf die Geschäftsführung, welche die abhängige Tochter-AG nur mittelbar, über ihre eigene Tochtergesellschaft, treffen.[234]

Im Abhängigkeitsbericht der Delegantin T ist daher bei **jeder einzelnen Ausübung des Weisungsrechtes** durch die Delegatarin M auch Rechenschaft abzulegen, dass das Weisungsrecht in einer für T nicht nachteiligen Weise ausgeübt wurde bzw. der Vorstand der T, diese für diesen Fall als unabhängige Gesellschaft gedacht, in entsprechender Weise vom Weisungsrecht Gebrauch gemacht hätte (§ 317 Abs. 2 AktG). Anderenfalls müsste über den konkreten Nachteilsausgleich Rechenschaft gelegt werden (§§ 311, 312 AktG). Das setzt schließlich eine **lückenlose Information** des Vorstands der T voraus, was **in Praxis unattraktiv** erscheinen mag. Zudem wird ausgerechnet M als Delegatarin mit der Ausübung des der T zustehenden Weisungsrechts betraut. Schließlich würde eine korrekte Umsetzung dieser Bedingungen dazu führen, dass im Abhängigkeitsbericht der T regelmäßig Auskunft darüber gegeben werden müsste,[235] welche nachgeordneten Personen im Konzern eine solche Weisung erhalten bzw. umgesetzt haben. Dieser nicht unbeträchtliche Aufwand lässt sich nur lösen, wenn M und T einen entsprechenden Beherrschungsvertrag mit umfassenden Weisungsrechten schlössen. 94

c) Beherrschungsvertrag zwischen M und T bei nur faktischer Abhängigkeit von T und E

Eine weitere mögliche Konstellation umfasst einen gemischt-integrierten Vertragskonzern, in dem Mutter- und Tochtergesellschaft eingebunden sind, während die Enkelgesellschaft von der Tochtergesellschaft lediglich faktisch abhängig ist. Im Wesentlichen entspricht diese Konstellation aus Sicht der M dem typischen Fall eines Aufbaus des Konzernverbundes „von oben nach unten", welcher **häufig bei Zukäufen entsteht.** Es fehlt schlichtweg der Beherrschungsvertrag zwischen T und E, um eine durchlaufende Kette zu haben, die eine Weisung direkt ermöglicht. Unabhängig von der Tatsache, dass solche Verhältnisse schon auf Grund einer beherrschungsvertraglichen Weisung zwischen M und T „bereinigt" werden können, entspricht die Rechtslage der Konstellation, dass zwischen M und E nur eine mittelbare Abhängigkeit besteht. Inwieweit die Bestimmungen der 95

---
[232] *Altmeppen* FS Lutter, S. 975 (989 f.) mwN.
[233] Vgl. *Rehbinder* ZGR 1977, 581 (601); *Timm* Aktiengesellschaft S. 170.
[234] Ausführlich *Altmeppen* FS Lutter, S. 975 (991).
[235] Zu den weitreichenden Folgen bei Nichtvorliegens eines Abhängigkeitsberichts gemäß § 312 AktG, vgl. MHdB GesR IV/*Krieger* § 70 Rn. 101 ff.; BGH 15.11.1993 – II ZR 235/92, BGHZ 124, 111 (119).

§§ 311 ff. AktG nicht anwendbar sind (was bei einer durchlaufenden Kette von Beherrschungsverträgen angenommen wird),[236] kann offen bleiben. Denn vor allem im direkten Verhältnis zwischen der T und der E besteht lediglich faktische Abhängigkeit, in dessen Rahmen die Schutzregeln nach § 311 ff. AktG Anwendung finden (müssen). Hier wird man davon auszugehen haben, dass die T ihrer Einzelausgleichspflicht nachkommt, wenn M eine unmittelbare Weisung an die E leitet, welche sie auf Grund ihrer beherrschungsvertraglichen Befugnis über die T hätte anweisen können (vgl. Einzelfalllösung → Rn. 74). Es wird dann der gesetzliche **Vertreter der T** sein (und nicht wie bei der durchgängigen Vertragskette der E), der eine erteilte Weisung daraufhin **zu prüfen hat**, ob sie die im Sinne von § 308 Abs. 2 AktG verbindlich ist.[237]

4. Exkurs: Mehrstufiger rein faktischer Konzern

96 Denkbar ist, dass die Konzernspitze mit einem Minimum an bürokratischem Aufwand und Kapitaleinsatz durchgehende Konzernherrschaft ausüben will, und insoweit **auf das Durchsetzen von Beherrschungsverträgen verzichtet** und sich **allein auf ihren Einfluss** aufgrund der Abhängigkeiten in dem mehrstufigen Unternehmensverbund **verlässt**. Es würden mithin Beherrschungsverträge in diesem mehrstufigen Konzern komplett fehlen. Immerhin besteht seit 2000 zudem nicht mehr der steuerliche Anreiz mittels entsprechender Unternehmensverträge eine Organschaft einzuziehen.[238] **Höchstmögliche Flexibilität** hat Vorrang vor strikter Unternehmensordnung. Insofern stellt sich die Frage, inwieweit Einflussnahmen und insbesondere Durchgriffe noch legitimiert sind. Denn Weisungen auf der Grundlage eines Beherrschungsvertrags mit der unbedingten Folgepflicht des Vorstands der abhängigen Aktiengesellschaft und der eventuellen Pflicht zur Verlustübernahme nach § 302 AktG können nicht erteilt werden. Der **Einfluss** wird **subtiler** stattfinden müssen. In der Praxis ist eine solche Vorgehensweise denkbar in Konzernen, wo eine ausländische Konzernspitze direkte Leitungswege zu den inländischen Enkelgesellschaften unterhält, während die direkte Beteiligung an einer Zwischenholding als Tochtergesellschaft, wovon die Enkelunternehmen abhängig sind, eher finanztechnische oder körperschaftsteuerliche denn operative Bedeutung hat. Eine solche Gestaltung des Unternehmensverbundes findet sich unschwer in Matrixorganisationen, wo ein operativer Bereich von der konzernweiten Finanzverfassung gern getrennt ist.

97 Die im Rahmen eines Beherrschungsvertrag bestehende Möglichkeit der (nachteiligen) Weisung entspricht die **Veranlassung**[239] einer abhängigen Gesellschaft **zur Vornahme eines für sie nachteiligen Rechtsgeschäfts oder einer sonst nachteiligen Maßnahme (§§ 311, 317 AktG)**.[240] Dieses Erfordernis ist schon bei mittelbarer Einwirkung durch die M auf die Geschäftsleitung der E erfüllt, soweit aus deren Perspektive die Verlautbarung als Ausdruck einer gewünschten oder erwarteten konzernleitenden Maßnahme zu verstehen ist.[241] In der Praxis realisiert sich dieses mittelbare Einwirken durch personelle Verflechtungen,[242] Beschlüsse in der Hauptversammlung über Fragen der Geschäftsfüh-

---

[236] OLG Frankfurt a.M. 4.4.2000 – 5 U 224/98, NZG 2000, 790 f.; aA *Cahn* BB 2000, 1477 Rn. 75.
[237] Vgl. *Rehbinder* ZGR 1977, 581 (635 f.).
[238] *Ederle* Beherrschungsverträge S. 58; → Rn. 46.
[239] Dabei reicht schon der Ausdruck einer generellen Erwartungshaltung, zB in sog. Kamingesprächen, vgl. KölnKomm-AktG/*Koppensteiner* § 311 Rn. 3 f.; weitere Beispiele bei *Drygala/Staake/Szalai* § 31 Rn. 2 mwN.
[240] *Emmerich/Habersack* Aktien- und GmbH-Konzernrecht AktG § 311 Rn. 22 f. mwN. Dabei wird auch hier unterstellt, dass es sich um Veranlassungen handelt, die abgrenzbar sind, sonst ist im Falle einer weiteren Verdichtung der konzernleitenden Maßnahmen eher von einem qualifiziert faktischen Konzern auszugehen.
[241] Auf die Qualifizierung als Willenserklärung iSd § 133 BGB kommt es nicht an, mit Rücksicht auf die Rechtsfolgen der §§ 311 ff. AktG reicht ein tatsächliches Verhalten, KölnKomm-AktG/*Koppensteiner* § 311 Rn. 8.
[242] BGH 9.3.2009 – II ZR 170/07, ZIP 2009, 1162; OLG Hamburg 29.6.2007 – 11 U 141/06, ZIP 2007, 1370; *Löbbe* Unternehmenskontrolle S. 63 ff.

rung gemäß § 119 Abs. 2 AktG,²⁴³ bei der Zustimmung zu einem Unternehmensvertrag iSd § 292 AktG²⁴⁴ oder zu sonstigen das Gläubigerinteresse beeinträchtigenden Verträgen²⁴⁵ oder gezieltes Er- oder Bevollmächtigen von Vertretern des herrschenden Unternehmens durch die abhängige Gesellschaft, ein für sie nachteiliges Geschäft vorzunehmen.²⁴⁶

Im Fall von mehrstufigen Unternehmensverbindungen spricht bereits der **erste Anschein** dafür, dass eine von der Tochtergesellschaft ausgehende Einflussnahme auf die Enkel-AG die Vorgaben der Konzernmutter umsetzt und deshalb auch von dieser veranlasst ist, so dass beide – **bis zum Beweis des Gegenteils** – nach §§ 311, 317 AktG haften.²⁴⁷ Dazu reicht allerdings noch nicht die Vermutungswirkung des § 18 Abs. 1 S. 3 AktG,²⁴⁸ welche sich auf die Leitung als Koordinierung der Geschäftspolitik bezieht, während bei der Untergesellschaft noch ein erheblicher Entscheidungsspielraum, ua für Einwirkungen auf die Enkelgesellschaft, verbleibt. Die einheitliche Leitung hat daher mit der Verantwortung für Einzelmaßnahmen, wie sie das Schutzkonzept der §§ 311 ff. AktG zum Gegenstand hat, nichts zu tun.²⁴⁹ Letztlich läuft also die Geschäftsleitung einer herrschenden Gesellschaft bei durchgängig abhängigen Aktiengesellschaften die Gefahr, dass **jede veranlasste Maßnahme auf den Prüfstand** kommt, um den Schutz der abhängigen Unternehmen und ihrer außenstehenden Aktionäre und Gläubiger angemessen zu wahren; deren Interesse müsste die Konzernspitze im Auge behalten, wenn sie Einfluss ausübt.²⁵⁰ Ansonsten wird sie ähnlich umfassend dirigieren können wie auf der Grundlage einer beherrschungsvertraglichen Weisung, wenngleich bei einer größeren Dichte von konzernleitenden Maßnahmen, für die dann die **verschärften Haftungsvoraussetzungen des qualifiziert faktischen Konzerns** gelten.²⁵¹

98

5. Zusammenfassung

Weisungen im mehrstufigen Konzern sind regelmäßig möglich – selbst wenn es keine durchlaufenden Beherrschungsverträge zwischen allen Konzernstufen gibt. Damit besteht keine zwingende Veranlassung, Beherrschungsverträge zu schließen, um als herrschende (Ober-)gesellschaft über das vertragliche Weisungsrecht Leitungsmacht und damit Fremdeinfluss auf die Geschicke nachgeordneter Unternehmen im Verbund auszuüben. Allerdings werden mit Rücksicht auf das Schutzbedürfnis Dritter (Aktionäre der Aktiengesell-

99

---

²⁴³ MüKoAktG/*Altmeppen* § 311 Rn. 118 mwN.
²⁴⁴ Spindler/Stilz/*Müller* AktG § 311 Rn. 21.
²⁴⁵ ZB Verschmelzungs- oder Spaltungsbeschlüsse, ua Hüffer/*Koch* AktG § 311 Rn. 17 mwN.
²⁴⁶ Umfassend: *Emmerich/Habersack* Aktien- und GmbH-Konzernrecht AktG § 311 Rn. 28–31 mwN; BGH 24.2.1997 – II ZB 11/96, BGHZ 134, 392 = NJW 1997, 1923; anders OLG München 8.7.2015 – 7 U 3130/14, ZIP 2015, 2472.
²⁴⁷ *Pentz* Rechtsstellung Enkel-AG S. 197 f.; im Fall von Vorstandsdoppelmandaten ist von einer unwiderlegbaren Veranlassungsvermutung auszugehen, vgl. *Emmerich/Habersack* Aktien- und GmbH-Konzernrecht AktG § 311 Rn. 34 f.; wohl auch LG Köln 23.11.2007 – 82 O 214/06, AG 2008, 327 (331 f.).
²⁴⁸ So aber *Bayer* FS Ballerstedt, S. 157 (180 f.); *Kronstein* BB 1967, 637 (640).
²⁴⁹ *Rehbinder* ZGR 1977, 581 (593); von dieser Einzelfallbetrachtung geht auch die Regelung über den Abhängigkeitsbericht nach § 312 Abs. 1 S. 2 AktG aus.
²⁵⁰ *Rehbinder* ZGR 1977, 581 (592 ff.).
²⁵¹ Rechtsprechung und Literatur haben diese Rechtsfigur über mehrere Stufen hin entwickelt; vgl. bis 2001 mittels einer analogen Anwendung der §§ 302, 303 AktG BGH 16.9.1985 – II ZR 275/84, BGHZ 95, 330 – Autokran; BGH 20.2.1989 – II ZR 167/88, BGHZ 107, 7 – Tiefbau; BGH 23.9.1991 – II ZR 135/90, BGHZ 115, 187 – Video; BGH 25.6.2008 – II ZR 133/07, NZG 2008, 831; dann über die aus dem GmbH-Recht abgeleitete Figur der Durchgriffshaftung wegen Existenzvernichtung BGH 9.2.2009 – II ZR 292/07, BGHZ 149, 10 – Bremer Vulkan und schließlich seit Ende 2008 über die Anwendung des § 826 BGB mit dessen engen Tatbestandsvoraussetzungen, BGH 1.12.2008 – II ZR 102/07, BGHZ 179, 71 – MPS; BGH 31.5.2011 – II ZR 141/09, BGHZ 190, 7 – Dritter Börsengang, vgl. ausführlich *Raiser/Veil* § 61 Rn. 53 ff., welche eher im GmbH-Konzernrecht eine Rolle spielen, vgl. so zu Recht deutlich OLG Hamm 3.11.1986 – 8 U 59/86, NJW 1987, 1030 – Banning; aber auch LG Mannheim 23.10.1989 – 24 O 84/88, 24 O 88/88, AG 1991, 29 (30) – SEN.

schaft, deren Vorstand eine Weisung zu beachten hat; Aktionäre der „übergangenen" Aktiengesellschaft) stets besondere Voraussetzungen zu erfüllen sein. Insoweit sind die **Anforderungen an die Prüfungspflicht** der beteiligten Organe von entscheidender Bedeutung, bei deren Verletzung eine entsprechende Haftung ausgelöst wird: Im Fall des ***voll integrierten Vertragskonzerns*** wird ein besonderer Nachweis durch den Vorstand der anweisenden Obergesellschaft zu erbringen sein, wenn er Maßnahmen auf eine der übernächsten Ebenen im Namen der „Geschäftsherrin" eines durchlaufenden Beherrschungsvertrags durchsetzen will (so die hier vertretene sog. Einheitslösung); diese Prüfungspflicht trifft das Organ *vorrangig* vor der zusätzlich bestehenden Prüfungspflicht des Vorstandes der Aktiengesellschaft, dem die Weisung erteilt wird, und deren Umfang sich nach den Bestimmungen des § 302 Abs. 2 S. 2 AktG richtet. Im ***gemischt-integrierten Vertragskonzern*** trifft die Prüfungspflicht den Vorstand der „übergangenen" Gesellschaft, wenn eine beherrschungsvertragliche Weisungslage nur mit dem herrschenden Unternehmen besteht, welches die faktisch konzernierte Enkelgesellschaft anweist; dabei wird man von den *sowohl* bei dem Vorstand der Obergesellschaft *als auch* dem Vorstand der Gesellschaft auf der Zwischenstufe des Konzerns eine entsprechende Prüfung erwarten, deren Umfang vergleichbar zu der Lage bei einer Kette von durchlaufenden Beherrschungsverträgen für den Vorstand der Obergesellschaft wie für den Vorstand der angewiesenen Gesellschaft ist. Im Falle einer faktischen Konzernierung zwischen Ober- und Tochtergesellschaft, wobei letztere wiederum einen Beherrschungsvertrag mit der Enkelgesellschaft hat, deren Vorstand von der Obergesellschaft angewiesen worden ist, wird sich die Prüfungspflicht *zusätzlich* auf den Umfang der Delegation des Weisungsrechts bei der Einflussnahme der Obergesellschaft erstrecken.

100 In allen Situationen faktischer Abhängigkeit – was vor allem dann im rein *faktischen mehrstufigen Konzern* von Bedeutung sein wird – ist die Ausübung eines Weisungsrechts **im Abhängigkeitsbericht gemäß § 312 AktG zu dokumentieren.** Damit werden Maßnahmen in ein besonderes Licht gerückt, was ggf. eine anweisende Konzernspitze eher zu vermeiden versucht, wenn sie ihre Interessen konzernweit durchzusetzen und dabei für den einzelnen Fall Publizität vermeiden will. Die **Publizität** im Falle des Bestehens von Beherrschungsverträgen beschränkt sich wiederum nur auf das Begründen des unternehmensvertraglichen Verhältnisses. Mit dieser Betonung von Prüfungs- und aktienrechtlichen Dokumentationspflichten wird man dem gesetzlichen Leitbild des umfassend vorrangigen Weisungsrechts auf der Grundlage eines Beherrschungsvertrags sowie der damit verbundenen weitreichenden gesetzlich verankerten Weisungsfolgepflicht auch bei negativen Auswirkungen für das Vermögen der beherrschten Aktiengesellschaft am besten gerecht. Anderenfalls ließen sich Beherrschungslagen nach Belieben gestalten, wobei die Ausgleichspflicht nach §§ 311, 317 AktG eher einem Lippenbekenntniss gleichkäme.

C. GmbH als Matrixgesellschaft

Die **Weisungslage** in einer Gesellschaft mit beschränkter Haftung (GmbH) ist **vielfältiger** als in der Aktiengesellschaft. Das hat Auswirkungen in Matrixorganisationen, unabhängig ob es sich bei der GmbH um eine Holdinggesellschaft handelt, die die Konzernspitze darstellt, oder ob es sich dabei um eine konzernabhängige GmbH handelt, deren Geschäftsführer aus verschiedenen Gründen mit Weisungen rechnen müssen. In beiden Fällen gibt es eine **dominierende Stellung der Gesellschafterversammlung** mit ihrer weitrechenden Weisungsbefugnis gegenüber den Geschäftsführern (§ 37 GmbHG).[252] Darüber hinaus ermöglicht die in § 13 Abs. 2 GmbHG angelegte Haftungsbeschränkung, **typische unternehmerische Risiken** innerhalb der einzelnen GmbH **einzuschließen**, um im Fall der Risikoverwirklichung nicht den gesamten Konzern zu infizieren und so in die Krise getrieben zu werden.[253] Somit bestehen gute Voraussetzungen für die Organisation von Matrixstrukturen, zumal die Pflicht des Geschäftsführers zum Befolgen von Weisungen weitreichend ist.

101

In der folgenden Darstellung soll zunächst auf dieses Prinzip der gebundenen Geschäftsführung nach den gesetzlichen Vorgaben des GmbHG eingegangen werden (→ Rn. 103 ff. I.); die Grenzen der Weisungsfolgepflicht des Geschäftsführers (→ Rn. 112 ff. II.1.) werden dann unter dem Gesichtspunkt betrachtet, ob der Geschäftsleiter in der Geschäftsführung der Konzernobergesellschaft sitzt und Weisungen seiner Gesellschafter umzusetzen hat (→ Rn. 114 ff. II.2.) oder ob er ein Geschäftsführer einer Tochter- oder Beteiligungsgesellschaft ist, bei der er in ein **Spannungsverhältnis** zwischen den Konzerninteressen (→ Rn. 118 ff. II.3.) und dem Eigeninteresse seiner Anstellungsgesellschaft geraten kann (→ Rn. 122 ff. II.4.). Im letzteren Fall wird dann zu klären sein, ob und inwieweit das Weisungsrecht auf der Grundlage eines Beherrschungsvertrags neben das Weisungsrecht auf der Grundlage des Gesellschaftsvertrages bzw. auf der Grundlage eines Beschlusses der Gesellschafter treten kann. Schließlich stellt sich in diesem Zusammenhang dann auch die Frage der entsprechenden Anwendbarkeit von Schutzregeln, namentlich der §§ 311 ff. AktG, wenn es um eine rein faktische Abhängigkeit im (mehrstufigen) GmbH-Konzern geht. Wenn sie nicht für den faktischen GmbH-Konzern gälten, könnte eine Matrix nicht ohne Risiko für die handelnden Vertreter entwickelt und gestaltet werden.

102

I. Prinzip der gebundenen Geschäftsführung in einer GmbH und Konsequenzen

1. Gesetzliches Leitbild im Einheitsunternehmen

Nach dem gesetzlichen Leitbild obliegt die Geschäftsführung der GmbH in erster Linie den Geschäftsführern, die hierfür gegenüber der Gesellschaft verantwortlich sind (§ 43 GmbHG). Im Rahmen der **innergesellschaftlichen Kompetenzordnung** sind allerdings der Geschäftsführung einer GmbH Grenzen gesetzt. Die Geschäftsführer sind gegenüber der Gesellschaft verpflichtet, im **Innenverhältnis** gemäß § 37 Abs. 1 GmbHG „Beschränkungen einzuhalten", welche durch den Gesellschaftsvertrag oder durch die Gesellschafterversammlung festgesetzt sind; darüber hinaus unterliegen bestimmte Aufgaben der Bestimmung der Gesellschafter gemäß § 46 GmbHG, der in zehn Ziffern einen Aufgabenkatalog umfasst.[254] Im **Außenverhältnis** hat diese Weisungsgebundenheit zunächst keine rechtliche Wirkung (§ 37 Abs. 2 S. 1 GmbHG).

103

---

[252] Lutter/Hommelhoff/*Lutter/Hommelhoff* GmbHG Anhang § 13 Rn. 1.
[253] *Geißler* GmbHR 2015, 735; *Windbichler* § 22 Rn. 10 f.
[254] Schließlich können dem Geschäftsführer zusätzliche Beschränkungen im Anstellungsvertrag auferlegt werden, insbesondere Informationspflichten gegenüber der Gesellschafterversammlung oder Zustim-

104 Die Kompetenzordnung hat aus Sicht des Geschäftsführers damit eine Rangfolge, wenn und bevor er Maßnahmen der Geschäftsführung umsetzen will: Soweit es sich nicht um das Beachten der ihm kraft Gesetzes auferlegten **Kardinalspflichten**[255] handelt,[256] welchen stets Vorrang einzuräumen ist, hat er sich zunächst am Gesellschaftsvertrag (§ 45 Abs. 1 GmbHG) und dann[257] (im Wesentlichen) an dem Aufgabenkatalog des § 46 GmbHG zu orientieren. Danach kommt es auf mögliche Weisungen auf der Grundlage von Beschlüssen der Gesellschafter (§ 37 Abs. 1 GmbHG) an, eventuell ergänzt durch einen Beherrschungsvertrag gemäß §§ 291, 308 ff. AktG,[258] welcher im GmbH-Vertragskonzern von Bedeutung ist, und auf dienstvertragliche Beschränkungen. **Erst dann** kann er **in eigenem Ermessen die Geschäftsführung wahrnehmen,** welche aber stets am Interesse der Gesellschaft[259] auszurichten ist.

105 Anders als bei einem Vorstand einer Aktiengesellschaft, dem nach § 76 Abs. 1 AktG das Recht und die Verpflichtung zur Leitung der Gesellschaft „unter eigener Verantwortung" zugewiesen sind,[260] kann – mit Ausnahme der zwingenden gesetzlichen Pflichten und Befugnisse für einen Geschäftsführer – die **Weisungsdichte** einen solchen Umfang annehmen, dass der nach § 35 Abs. 1 GmbHG nach außen vertretungsberechtigte Geschäftsführer **intern zu einem „reinen Befehlsempfänger degradiert"** wird.[261] Den **weisungsfreien Mindestbereich des Geschäftsführers gibt es nicht.**[262] Durch entsprechende Dispositionen kann die Gesellschafterversammlung die Eigenständigkeit des Geschäftsführers ermöglichen. Die Gesellschafter können in der Satzung die Stellung der Geschäftsführer auch stärken und an die von Vorständen der Aktiengesellschaft annähern. Allerdings bleiben hiervon wiederum spezielle Zuständigkeiten der Gesellschafter ausgeklammert.[263] Für die Betrachtung in Matrixorganisationen ist die gesetzliche bzw. im Gesellschaftsvertrag vorgesehene Weisungslage für die Geschäftsführung von Bedeutung. Dort lassen sich abhängigkeitsbedingte Einflussnahmen am ehesten gestalten. Beliebtes

---

mungsvorbehalte bzw. Vorlagepflichten für weniger wichtige Angelegenheiten, die üblicherweise nicht in den Aufgabenkatalog des § 46 GmbH fallen; einer Regelung in der Satzung bedarf es hierfür nicht, vgl. ua BAG 28.4.1994 – 2 AZR 730/93, NJW 1994, 3117.

[255] Das sind im Wesentlichen die öffentlich-rechtlichen Pflichten zur Buchführung nach § 41 GmbHG, zur Kapitalerhaltung gemäß §§ 30, 33, 64 GmbHG, zum rechtzeitigen Stellen eines Insolvenzantrags nach § 15a InsO, zum Abführen der anfallenden Steuern nach § 34 AO sowie entsprechende sozialversicherungsrechtliche Pflichten zum rechtzeitigen und vollständigen Abführen der Sozialversicherungsbeiträge gemäß § 28e Abs. 1 SGB IV.

[256] *Karsten* C.I. Rn. 68.

[257] „in Ermangelung besonderer Bestimmungen des Gesellschaftsvertrags", § 45 Abs. 2 S. 1 GmbHG, wozu auch eine eigens geschaffene Geschäftsordnung für die Geschäftsführung gehört, die außerhalb der strengen Formalitäten einer für Änderungen des Gesellschaftsvertrags möglichen Weise den Rahmen der Maßnahmen einer Geschäftsführung steckt, ua durch eine weitere Präzisierung der Einholung von Zustimmung bei bestimmten Geschäften, vgl. OLG Hamm 28.7.2010 – 8 U 112/09, NZG 2010, 1067.

[258] Die Vorschriften der §§ 302, 308 Abs. 1 S. 1, 309 f. AktG finden mittels differenzierter Rechtsanalogie auch im GmbH-Vertragskonzern Anwendung, vgl. ua BGH 11.10.1999 – II ZR 120/98, NJW 2000, 210; OLG München 16.3.2012 – 31 Wx 70/12, NZG 2012, 590.

[259] „Wohl und Wehe", vgl. BGH 12.6.1989 – II ZR 334/87, NJW-RR 1989, 1255 mwN.

[260] → Rn. 32 f.

[261] BGH 27.6.2005 – II ZR 113/03, NZG 2005, 755 (756); Baumbach/Hueck/Zöllner/Noack GmbHG § 37 Rn. 21: „reines Ausführungsorgan"; *Karsten* C.I. Rn. 69: „bloße Vertretungsmarionette".

[262] Ein so genannter Kernbereich eigenverantwortlicher Geschäftsführung wird überwiegend verneint, *Konzen* NJW 1989, 2979; aA Baumbach/Hueck/Zöllner/Noack GmbHG § 37 Rn. 20 f.; *Mennicke* NZG 2000, 622 (624 f.).

[263] ZB die Entlastung der Geschäftsführer (§ 46 Nr. 5 GmbHG), Maßnahmen zur Prüfung und Überwachung der Geschäftsführung (§ 46 Nr. 6 GmbHG) und für die Entscheidung über die Geltendmachung von Ersatzansprüchen gegen Gesellschafter und Geschäftsführer (§ 46 Nr. 8 GmbHG) sowie bezüglich möglicher Satzungs- und Strukturänderungen, zB im Falle von Kapitalerhöhungen und -herabsetzungen, vgl. Baumbach/Hueck/Zöllner/Noack GmbHG § 46 Rn. 93. Die Überordnung der Gesellschafterversammlung als Organ gegenüber den Geschäftsführern gilt **auch bei mitbestimmten GmbHen,** da das Mitbestimmungsgesetz 1976 der Anteilseignerversammlung als oberstem Unternehmensorgan die Befugnis belässt, „erheblichen Einfluss auf die Geschäftsführung auszuüben"; vgl. BVerfG 1.3.1979 – 1 BvR 532/77; 1 BvR 533/77; 1 BvR 419/78; 1 BvL 21/78, BVerfGE 50, 290 (323 und 346).

Handlungsinstrument für die Gesellschafter ist dabei die für Geschäftsführer eingeführte Geschäftsordnung, mit der diesen bis zur Grenze eines allgemeinen Handlungsrahmens, welcher eine Weisungsgebundenheit im Sinne des § 106 GewO begründen könnte, der unternehmerische Spielraum festgelegt werden kann.[264] Ein Verbot der Fremdgeschäftsführung wie bei der Aktiengesellschaft[265] lässt sich insoweit nicht begründen. Sie ist gerade eine der Konsequenzen der Weisungsunterworfenheit einer GmbH-Geschäftsführung.[266]

2. Voraussetzungen und Folgen der Weisungsgebundenheit nach § 37 Abs. 1 GmbHG

Der Geschäftsführer der GmbH hat seine Aufgaben im **Spannungsfeld von Weisungsgebundenheit und Haftungsrisiko** zu vollziehen. Verbindliche, dh. materiell und formell wirksame **Weisungen** hat er **stets zu befolgen** (Weisungsfolgepflicht). Befolgt er eine nicht verbindliche Weisung, trifft ihn nach den allgemeinen Grundsätzen die Haftung.[267] In kritischen Fällen wird er versuchen, Maßnahmen der Geschäftsführung mit seinen Gesellschaftern abzustimmen bzw. zum Gegenstand einer Beschlussfassung zu machen. Nur ein wirksamer und unanfechtbarer Gesellschafterbeschluss oder eine wirksame Gesellschafterweisung wirken für den Geschäftsführer haftungsbefreiend.[268] Zu seiner Entlastung kann sich der Geschäftsführer im Falle einer eventuellen Haftung nach § 43 Abs. 2 GmbHG darauf berufen, auf (wirksame) Weisung der Gesellschafter oder mit deren Einverständnis gehandelt zu haben.[269] Nichtige Weisungen sind von einem Geschäftsführer nicht zu befolgen.[270] Jedoch wird es ihm regelmäßig nicht (und häufig nicht ohne qualifizierte Rechtsberatung) erkennbar sein, ob eine solche Situation gegeben ist. Eine Weisung sollte zudem nicht im Widerspruch zum wirtschaftlichen Wohl der Gesellschaft stehen, das der Geschäftsführer entsprechend dem gesetzlichen Leitbild stets für seine Verantwortlichkeit im Auge haben muss.[271]

106

Die Haftungsfreistellung des Geschäftsführers endet bzw. seine Haftung beginnt, wo eine wirksame Weisung nicht vorliegt und damit eine Folgepflicht des Geschäftsführers nicht besteht. In aller Regel ist dieser Grundsatz für Fälle existenzvernichtender Eingriffe anerkannt,[272] wenngleich die **Abgrenzung zur unerlaubten, riskanten Geschäftsführung** nach Weisung im Einzelfall **schwierig ist.** Denn den Geschäftsführer treffen zusätzlich Pflichten beim Zustandekommen des Beschlusses der Gesellschafter sowie bei dessen Ausführung, auf die eine Weisung gründet, um von deren Wirksamkeit ausgehen zu können.[273] Nach der Rechtsprechung hat der Geschäftsführer dafür zu sorgen, dass der Gesellschafterwille auf der Grundlage wichtiger Informationen erfolgt. Insofern muss er den Kreis der Gesellschafter über die möglichen Risiken einer Maßnahme kraft Weisung aus-

107

---

[264] Insoweit begründen selbst enge Vorgaben einer Geschäftsordnung nicht die Stellung des Geschäftsführers, um ihn als Arbeitnehmer einzustufen; illustrativ LAG Nürnberg 7.7.2016 – 7 Ta 48/16, BeckRS 2016, 118096; ArbG Stuttgart 21.12.2016 – 26 Ca 735/16, NZA-RR 2017, 69; *Commandeur/Kleinebrink* NZA-RR 2017, 449.
[265] → Rn. 35. ff.
[266] Oppenländer/*Trölitzsch*/*Trölitzsch* § 16 Rn. 17 f.
[267] AllgM vgl. *Konzen* NJW 1989, 2977 ff. zum Umkehrschluss aus § 43 Abs. 3 S. 3 GmbHG; ähnlich § 75 Abs. 4 RegEntw GmbHG 1972, BT-Drs. VI/3088, S. 21 und 125 f.
[268] BGH 26.10.2009 – II ZR 222/08, NJW 2010, 64; 29.3.1993 – NotZ 20/92, BGHZ 122, 136 ff.; 31.1.2000 – II ZR 189/99, NZG 2000, 544; Rechtsgedanke in § 43 Abs. 3 Satz 3 GmbHG, *Goette* DStR 1998, 938 (942).
[269] BGH 26.10.2009 – II ZR 222/08, ZIP 2009, 2335.
[270] BGH 13.4.1994 – II ZR 16/93, BGHZ 125, 366 (372).
[271] Vgl. OLG Frankfurt a.M. 7.2.1997 – 24 U 88/95, ZIP 1997, 450, wonach allerdings das wirtschaftliche Wohl nicht unter dem Schutz der Rechtsordnung steht.
[272] *Lutter/Banerjea* ZIP 2003, 2177; zur Rechtsprechung → Fn. 251.
[273] Zusammenfassend *Mennicke* NZG 2000, 622 ff.

reichend aufgeklärt haben.[274] Der Geschäftsführer hat das weisungsbefugte Organ vor der Beschlussfassung richtig und vollständig zu informieren und auf eventuelle Bedenken gegen eine Weisung, mit der sich das Risiko eines existenzbedrohenden Geschäftes realisieren könnte, hinzuweisen. In Anwendung des Rechtsgedankens des § 665 BGB kann der Geschäftsführer von einer Weisung ausnahmsweise abweichen, wenn er den Umständen nach annehmen darf, dass der Weisungsgeber bei Kenntnis der Sachlage die Abweichung billigen würde. Allerdings hat der dem Weisungsberechtigten die Abweichung mitzuteilen und – sofern zeitlich möglich – um eine neue Weisung zu ersuchen.[275] Schließlich hat der Geschäftsführer die Weisung ordnungsgemäß auszuführen; verstößt er bei der Ausführung gegen den Inhalt der Weisung, so stellt dies einen eigenen Pflichtenverstoß dar.[276]

108 Voraussetzungen für diese Weisungsgebundenheit sind, dass die Weisung vom zuständigen Organ erteilt worden ist. Es muss ein **formwirksamer Beschluss** der Gesellschafterversammlung existieren, selbst wenn sich hier der Minderheitseigner gegenüber den Mehrheitsgesellschaftern durchgesetzt haben sollte.[277] Zudem darf die Weisung nicht gegen zwingende öffentlich-rechtliche Pflichten,[278] gegen die Menschenwürde oder gegen die guten Sitten verstoßen oder zwingenden gesellschaftsrechtlichen Bestimmungen zuwiderlaufen.[279] Ebensowenig sind Weisungen wirksam, die der Satzung widersprechen, es sei denn, es liegt **ausnahmsweise** ein **satzungsdurchbrechender Gesellschafterbeschluss** vor.[280]

109 Das sich aus einer nicht befolgten oder nur unzureichend umgesetzten Weisung ergebende **Haftungsrisiko** für den Geschäftsführer ist also **nicht gering:** Im Falle von Schadensersatzforderungen der Gesellschaft trifft den Geschäftsführer die Beweislast, dass er trotz gesellschaftsschädigenden Verhaltens auf verbindliche Weisung der Gesellschafter gehandelt hat.[281] Insofern stellt es den Geschäftsführer im Falle von nichtigen Weisungen vor ein Dilemma, insbesondere wenn er deren Nichtigkeit möglicherweise nicht ohne weiteres erkennt. Er kümmert sich nicht um Klärung und setzt die (nichtige) Weisung um; dann kann ihm – unabhängig von der Frage der Nichtigkeit und der Verletzung eventueller Hinweispflichten – der Vorwurf gemacht werden, dass er die Unwirksamkeit der Weisung hätte erkennen müssen.[282] Im Fall von anfechtbaren Weisungen, die mit Eintritt der Unanfechtbarkeit zu befolgen sind, kann der Geschäftsführer zwar für die Anfechtung des Gesellschafterbeschlusses Sorge tragen, ist aber selbst nicht aktiv legitimiert.[283] Allerdings sollte ihm in einem solchen Fall die Einrede der Arglist zur Verfügung

---

[274] Exemplarisch OLG Jena 1.9.1998 – 5 U 1816/97, NZG 1999, 121; MAH GmbHR/*Terlau/Hürten* § 10 Rn. 53 und 57.
[275] MHdB GesR III/*Marsch-Barnert/Dickmann* § 44 Rn. 74.
[276] Römermann/*Terlau/Hürten* § 10 Rn. 57; Krieger/U.H. Schneider/*U. H. Schneider* Managerhaftung-HdB § 2 Rn. 2.24f.
[277] Vgl. speziell den Fall des OLG München 14.8.2014 – 23 U 4744/13, NZG 2015, 66ff.; anders im Sinne der Revision BGH 12.4.2016 – II ZR 275/14, NZG 2016, 781.
[278] BGH 13.4.1994 – II ZR 16/93, BGHZ 125, 366 (372).
[279] BGH 21.6.1999 – II ZR 47/98, BGHZ 142, 92; 10.5.1993 – II ZR 74/92, BGHZ 122, 333 = NJW 1993, 1922.
[280] Lutter/Hommelhoff/*Bayer* GmbHG § 53 Rn. 27; davon zu trennen sind wiederum – anfechtbare – Beschlüsse, welche gegen die Treupflicht der Gesellschafter verstoßen analog § 241 Nr. 3 und 4 AktG; vgl. BGH 14.3.1983 – II ZR 103/82, ZIP 1983, 824 = NJW 1983, 1856; BGH 24.11.2003 – II ZR 171/01, BGHZ 157, 72 = NJW 2004, 1111.
[281] BGH 28.4.2008 – II ZR 264/06, BGHZ 176, 204 – Gamma.
[282] OLG Koblenz 20.3.2003 – 6 U 850/00, GmbHR 2003, 1062 für den Fall, dass der Geschäftsführer hätte erkennen können, dass die Weisung unter Missbrauch der Vertretungsbefugnis der Gesellschafter erteilt worden ist; BGH 23.4.2012 – II ZR 251/10, BGHZ 193, 96 zur Missachtung von Kapitalerhaltungsregeln gemäß §§ 30, 31 GmbHG.
[283] BGH 28.1.1980 – II 75 84/79, BGHZ 76, 154; BGH 11.2.2008 – II ZR 187/06, ZIP 2008, 757; zum Streitstand: *Drescher* GmbH-Geschäftsführerhaftung Rn. 221ff. mwN.

stehen,[284] wenn er mit einer Forderung der Gesellschafter auf Schadensersatz wegen Verletzung der Sorgfaltspflichten, insbes. der Pflicht zur Abwendung von Schaden des Gesellschaftsvermögens konfrontiert ist.

Diese **komplizierte Pflichten- und Weisungslage** für den Geschäftsführer einer GmbH wird verschärft, wenn man mit einer verbreiteten Ansicht von einer Pflicht zum Risikomanagement analog § 91 Abs. 2 AktG ausgeht.[285] Das wird entsprechend der in der Begründung des Regierungsentwurfs zum Ausdruck gekommenen Erwartung anzunehmen sein, wenn „Größe, Komplexität der Struktur und die Geschäftstätigkeit (von bestimmten Unternehmensformen) es erfordern".[286] Wesentlich in diesem Zusammenhang ist die **Pflicht zur ausreichenden Vorbereitung von Entscheidungsgrundlagen,** was geradezu die Installation eines Früherkennungssystems für den Fall des Eintritts von Risiken, die sich aus Geschäftsführungsmaßnahmen ergeben können, umfasst.[287] Die Weisungsfolgepflicht und die daran geknüpften Konsequenzen erleichtern in erheblichem Maß das effektive Durchsetzen fremder Interessen und das effiziente Realisieren des Einflusses der Eigner und Kapitalgeber in einer Matrix. 110

II. Grenzen der Weisungsgebundenheit der Geschäftsführung im Konzern einer Matrixorganisation

Matrixorganisationen gedeihen in Konzernen.[288] Abhängigkeitsbedingte Einflussnahmen sind dort regelmäßig möglich. Mit der Weisung an den Geschäftsführer durch die Gesellschafter **erweitert sich das Spektrum der Steuerungsmöglichkeiten** im Konzern. Gleichzeitig wird der **Fremdeinfluss erleichtert,** weil die Beschlussfassung zur Weisung einfacher vollzogen werden kann als im eher formenstrengen Aktienrecht.[289] Gesellschafterweisungen sind grundsätzlich zu befolgen, aber erfahren mit Rücksicht auf den möglichen Umfang der Pflichten eines Geschäftsführers im Konzern Grenzen. Hierbei ist zwischen der – jeweils weisungsgebundenen – Geschäftsführung in der (herrschenden) Konzernobergesellschaft einerseits (→ Rn. 113 ff. 3.) und der Geschäftsführung in der Konzerntochter andererseits (→ Rn. 122 ff. 4.) zu unterscheiden, zumal sich die letztere Form der abhängigen Gesellschaft in der Rechtsform der GmbH in der mittelständischen Wirtschaft zur Gestaltung von Unternehmensverbindungen ohnehin großer Beliebtheit erfreut.[290] Mit Rücksicht auf die Geschäftsführung in der abhängigen Gesellschaft wird noch zu differenzieren sein, ob ein Beherrschungsvertrag zwischen den beteiligten Gesellschaften besteht,[291] so dass von einem Vertragskonzern gesprochen werden kann, oder nicht, so dass die besonderen Anforderungen an die Sorgfalt der Geschäftsführung eines 111

---

[284] So Rowedder/Schmidt-Leithoff/*Koppensteiner/Gruber* GmbHG § 43 Rn. 33; *Mennicke* NZG 2000, 622 (625).
[285] Eingeführt durch das Gesetz zur Kontrolle und Transparenz im Unternehmensbereich vom 27.4.1998, in Kraft getreten am 1.5.1998, BGBl. I 1998, 786 ff. (sog. KonTraG); vgl. Baumbach/Hueck/*Zöllner/Noack* GmbHG § 35 Rn. 33 mwN.
[286] Begründung zum Regierungsentwurf zum KonTraG, BT-Drs. 13/9712, S. 15; zur Ausgestaltung des Kontrollsystems vgl. *Lück* DB 1998, 1925.
[287] Das ist im Wesentlichen zurückzuführen auf die Entscheidung des BGH 14.7.2008 – II ZR 202/07, NJW 2008, 3361, wonach der Geschäftsführer in einer konkreten Entscheidungssituation alle verfügbaren Informationsquellen tatsächlicher und rechtlicher Art ausschöpfen muss; kritisch MüKoGmbHG/*Fleischer* § 43 Rn. 88; aA *Goette* ZGR 2008, 436 (448).
[288] Zu den Bedingungen und Annahmen → Rn. 5 ff.
[289] Vgl. §§ 23 Abs. 5, 119 Abs. 2 AktG.
[290] Zur statistischen Bedeutung: *Hansen* GmbHR 1980, 99; *Görling* AG 1993, 538 (546), die von mindestens 40% der existierenden GmbHs als konzerngebunden ausgehen; zum rechtlichen Befund: BGH 23.9.1991 – II ZR 135/90, BGHZ 115, 187 – Video; insgesamt Oppenländer/Trölitzsch/*Drygala* § 41 Rn. 7 mwN.
[291] Dabei geht diese Untersuchung der Einfachheit halber davon aus, dass der Konzern auf jeder Stufe über GmbHs organisiert ist. Soweit es sich um Aktiengesellschaften handelt, wird auf die früheren Ausführungen verwiesen bzw. an gegebener Stelle auf eine anderweitige rechtliche Betrachtung hingewiesen.

solchen faktischen GmbH-Konzerns zu beachten sind. Erst bei dieser Differenzierung wird dann deutlich, welche Durchschlagskraft Einflussnahmen im mehrstufigen Konzern, die der Mehrdimensionalität von Matrixorganisationen entgegenkommen, haben können.

1. Grundsatz der Weisungsfolgepflicht

112 Die Weisungsgebundenheit nach § 37 Abs. 1 GmbHG (→ Rn. 106) begründet die Pflicht des Geschäftsführers, Weisungen der Gesellschafter zu folgen. Mit Rücksicht auf die **Rangfolge der innergesellschaftlichen Kompetenzordnung** findet das Weisungsrecht der Gesellschafterversammlung regelmäßig seine **Grenze,** wo das Befolgen zu einer Verletzung der dem Geschäftsführer im öffentlichen Interesse auferlegten Pflichten führen würde.[292] Unzulässig sind insoweit regelmäßig Weisungen, die auf sittenwidrige, rechtswidrige oder gar strafbare Geschäftsführungsmaßnahmen gerichtet sind[293] oder von der Satzung abweichen[294] oder dem Gläubigerinteresse zuwider handeln.[295] Diese Einschränkungen entsprechen damit den Bedingungen, unter denen ein eventuell materiell unwirksamer Gesellschafterbeschluss besteht.

113 *Unzweckmäßigen* Weisungen kann sich der Geschäftsführer nicht widersetzen.[296] So lange können ihn die Gesellschafter für die Folgen seines Handelns oder Unterlassens zur Verantwortung ziehen.[297] Der Geschäftsführer wird die **Umstände des Einzelfalles unter rechtlichen Aspekten zu prüfen** haben und entscheiden müssen,[298] wie er sich verhält. Nur in evidenten Fällen eines Rechtsverstoßes oder des Missbrauchs der Vertretungsbefugnis der Gesellschafter wird er nicht zur Verantwortung gezogen.[299] Damit bleibt es auf **Ausnahmefälle** beschränkt, bei denen der Geschäftsführer die interne *Rechtmäßigkeit* des Zustandekommens von Weisungsbeschlüssen zu hinterfragen hat. Eine solche Konstellation ist von besonderer Bedeutung in Konzernen, wo folgepflichtige Geschäftsführer – regelmäßig auf der Grundlage von Gesellschafterbeschlüssen oder von Beherrschungsverträgen – Weisungen erteilt erhalten und für deren korrekte Umsetzung zu sorgen haben. In einer Matrixorganisation kommt hinzu, dass sich die **Erwartungshaltung der Konzernspitze** darauf „beschränkt", die Geschäftsführung möge die an ihr vorbeilaufenden Weisungen als Teil der systemisch bedingten Optimierung hinnehmen, um effizient Geschäftsvorteile zu generieren. Der Geschäftsführer soll darauf vertrauen, dass eine Weisung der Gesellschafterversammlung oder des Alleingesellschafters (bzw. deren Vertreter) formal ordnungsgemäß zustande gekommen ist, selbst wenn sie ihm unzweckmäßig und wirtschaftlich unsinnig erscheint.[300] Bedenken zu äußern wird eher als Systemkritik empfunden. Es bleibt zu klären, inwieweit die Konzerndimension einer Weisung Grenzen setzt.[301]

---

[292] *Goette* DStR 1998, 938 (941 f.) zur älteren Rechtsprechung; für die Kapitalerhaltung gemäß §§ 43 Abs. 3 S. 1, 30, 31 GmbHG: BGH 25.6.2001 – II ZR 38/99, BGHZ 148, 67; 13.3.2006 – II ZR 165/04, NZG 2006, 429 f. – Beweislast; OLG Jena 1.9.1998 – 5 U 1816/97, NZG 1999, 121; für das rechtzeitige Stellen eines Insolvenzantrags gemäß §§ 15a InsO, 64 GmbHG: BGH 5.5.2008 – II ZR 28/07, DB 2008, 1428; für das Abführen von Sozialversicherungsbeiträgen und Steuern: OLG Naumburg 10.2.1999 – 6 U 1566/97, NJW-RR 1999, 1343.
[293] Vgl. Oppenländer/Trölitzsch/*Trölitzsch* § 16 Rn. 21.
[294] Speziell zur Problematik von Satzungsdurchbrechungen, vgl. BGH 7.6.1993 – II ZR 81/92, BGHZ 123, 15.
[295] BGH 14.12.1959 – II ZR 187/57, BGHZ 31, 258 (278); OLG Frankfurt a.M. 7.2.1997 – 24 U 88/95, ZIP 1997, 450 = GmbHR 1997, 346 (348), in der Regel bei der Verletzung von Kapitalerhaltungsvorschriften.
[296] AA *Ebert* GmbHR 2003, 444 (445 f.).
[297] So deutlich BGH 10.5.1993 – II ZR 74/92, NJW 1993, 1922, 333.
[298] Wobei ihm ein gewisses Ermessen zugestanden wird, vgl. BGH 6.7.1990 – 2 StR 549/89, NJW 1990, 2560; BGH 2.8.1995 – 2 StR 221/94, NJW 1995, 2930; *Roth/Altmeppen* GmbHG § 37 Rn. 17.
[299] Im letzten Fall siehe besondere Konstellationen der Entscheidung des OLG Koblenz 20.3.2003 – 6 U 850/00, GmbHR 2003, 1062.
[300] OLG Frankfurt a.M. 7.2.1997 – 24 U 88/95, GmbHR 1997, 346 = ZIP 1997, 450.
[301] Im Folgenden → Rn. 118 ff.

2. Gestaltung eines Unternehmensvertrags zur Durchsetzung von Weisungen

Angesichts der zwischen der AG und GmbH bestehenden **Strukturunterschiede** lässt sich an der Erforderlichkeit eines Beherrschungsvertrags für eine abhängige GmbH zweifeln: Nicht zuletzt beruht die Bestimmung des § 308 Abs. 1 AktG auf dem Gedanken der Durchbrechung des Prinzips der eigenverantwortlichen Leitung der Gesellschaft durch den Vorstand nach § 76 Abs. 1 AktG, während die Gesellschafter alle Angelegenheiten der Geschäftsführung an sich ziehen (§§ 45, 46 GmbHG) und ihr **jederzeit Weisungen** erteilen können. Zudem besteht im Innenverhältnis der Gesellschafter – anders als bei der Aktiengesellschaft (§ 23 Abs. 5 AktG) – ohnehin weitgehende Vertragsfreiheit.[302]

Spätestens seit Inkrafttreten des MoMiG[303] 2008 anerkennt die Rechtsordnung den Charakter des Beherrschungsvertrags (wie auch des häufig zusätzlich abgeschlossenen Gewinnabführungsvertrags) als **Organisationsvertrag** für eine GmbH.[304] Ein wirksam geschlossener Beherrschungsvertrag bezieht sich sinngemäß auf die der Gesellschafterversammlung zustehenden Befugnisse, durch Weisungen an die Geschäftsführung die Unternehmensleitung in die Hand zu nehmen, die bei der Aktiengesellschaft dem Vorstand vorbehalten sind.[305] Zum Schutze der Gläubiger und vor allem der anderen Gesellschafter, welche eventuell einem Beherrschungsvertrag nicht zugestimmt haben, soll – zumindest in mehrstufigen Unternehmensverbindungen[306] – daran festgehalten werden, dass auch bei der verbundenen GmbH nachteilige Weisungen allein unter den Voraussetzungen und Kautelen eines Beherrschungsvertrages erlaubt sind.

Insoweit kommt dem ordnungsgemäßen Zustandekommens eines solchen Unternehmensvertrags **besondere Bedeutung** zu:[307] Erst mit Abschluss eines wirksamen Beherrschungsvertrags geht die Leitung der abhängigen Gesellschaft auf das herrschende Unternehmen über. Die relevanten Bestimmungen der §§ 18 Abs. 1 S. 2, 291 Abs. 1 S. 1, 308 AktG finden damit entsprechende Anwendung auf Vertragskonzerne mit abhängigen GmbHs.[308] Dem Geschäftsführer einer abhängigen Gesellschaft können – soweit nichts anderes bestimmt ist – **Weisungen** erteilt werden, die **grundsätzlich bindend** sind, es sei denn sie lägen – offensichtlich – nicht im Konzerninteresse. Die Weisung wird damit zum alleinigen Mittel der einheitlichen Leitung der verbundenen Unternehmen durch das herrschende Unternehmen.[309] Allerdings ist die Aufnahme eines ausdrücklichen Weisungsrechts nicht Voraussetzung für die Bejahung eines Beherrschungsvertrags.[310] Die Möglichkeit der herrschenden Gesellschaft, der beherrschten Gesellschaft jederzeit ihren Willen aufzuzwingen, muss genügen. Dazu reicht aus, dass der herrschende Vertragspartner in die Lage versetzt wird, eine **auf das Gesamtinteresse** der verbundenen Unternehmen **ausgerichtete Zielkonzeption** zu entwickeln und gegenüber der Geschäftsleitung der beherrschten Gesellschaft durchzusetzen.[311] Der Beherrschungsvertrag bedarf mithin eines Mindestinhalts, woraus sich die Befugnis des herrschenden Unternehmens ergeben muss, dem Geschäftsführer der abhängigen Gesellschaft Weisungen zu erteilen.[312]

---

[302] Insgesamt *Emmerich/Habersack* Aktien- und GmbH-Konzernrecht AktG § 291 Rn. 41 mwN.
[303] BGBl. 2008 I S. 2026.
[304] Bereits seit BGH 14.12.1987 – II ZR 170/87, BGHZ 103, 1 (4) – Familienheim, in der Rechtsprechung anerkannt; bestätigt seit BGH 24.10.1988 – II ZB 7/88, BGHZ 105, 324 (331) – Supermarkt; BGH 11.11.1991 – II ZR 287/90, BGHZ 116, 37 – Stromlieferung.
[305] *Raiser/Veil* § 62 Rn. 10.
[306] So die einschränkende Betrachtung bei *Emmerich/Habersack* Aktien- und GmbH-Konzernrecht AktG § 291 Rn. 42.
[307] Ausführlich Lutter/Hommelhoff/*Lutter/Hommelhoff* GmbHG Anh § 13 Rn. 47 ff.
[308] *Emmerich/Habersack* Aktien- und GmbH-Konzernrecht AktG Vor § 291 Rn. 7 f.; *Emmerich/Habersack* Konzernrecht § 18 Rn. 21.
[309] *Emmerich/Habersack* Konzernrecht § 23 Rn. 3.
[310] LG München I 31.1.2008 – 5 HKO 19872/06, ZIP 2008, 555.
[311] LG München I 31.1.2008 – 5 HKO 19872/06, ZIP 2008, 555; BGH 14.12.1987 – II ZR 170/87, BGHZ 103, 1 (4); → Rn. 51.
[312] OLG Schleswig 27.8.2008 – 2 W 160/05, NZG 2008, 868; OLG München 24.6.2008 – 31 Wx 83/07, NZG 2008, 753 (755).

Zudem muss er eine Bestimmung über den finanziellen Ausgleich für die überstimmte Minderheit enthalten, sonst ist der Unternehmensvertrag gemäß § 304 Abs. 3 S. 1 AktG nichtig.[313] Ein Beherrschungsvertrag wird allerdings erst wirksam, wenn ihm die Gesellschafterversammlungen der abhängigen wie der herrschenden Gesellschaft mit der jeweils erforderlichen Mehrheit[314] zugestimmt haben;[315] die Eintragung im Handelsregister ist für die abhängige Gesellschaft konstitutiv.[316] Damit ist der Umfang der Prüfungspflicht des Geschäftsführers der (zumindest abhängigen) GmbH nicht gering, denn er wird vermeiden müssen, dass Leistungen, die aufgrund eines unwirksamen, aber in Vollzug gesetzten Beherrschungsvertrags ausgetauscht werden.[317]

117 Die entscheidenden **Grenzen für die Weisungsfolgepflicht** finden sich im Fall des Bestehens eines Beherrschungsvertrags für den Geschäftsführer einer verbundenen GmbH mit Rücksicht auf die Beschränkungen nach § 37 GmbHG darin, dass für den Fall des Bestehens einer Minderheit von Gesellschaftern bei der abhängigen Gesellschaft die Notwendigkeit entfällt, für die Ausübung der Weisungsbefugnis die Gesellschafterversammlung einzuschalten; damit entfallen auch die mitunter unangenehmen Anfechtungsrechte der Minderheit gegen einen entsprechenden Beschluss.[318] Das **Weisungsrecht der Gesellschafterversammlung tritt hinter der beherrschungsvertraglichen Weisung zurück,** sofern nicht die Entscheidung gesetzlich zwingend bei der Gesellschafterversammlung liegt, wie zum Beispiel für Satzungsänderungen (§ 53 Abs. 1 GmbHG) oder Kapitalerhöhungen (§ 55 GmbHG).[319] Damit kommt auch dem Stimmverbot der herrschenden Gesellschaft nach § 47 Abs. 4 GmbHG in einer mehrstufigen GmbH besondere Bedeutung zu. Im faktischen Konzern, wo kein Konzernprivileg existiert, ist das herrschende Unternehmen im Hinblick auf konzerninterne Rechtsgeschäfte nicht stimmberechtigt.[320] Diese Schranke lässt sich ua umgehen, wenn der Geschäftsführung statuarisch eingeräumt ist, entsprechende Maßnahmen ohne Gesellschafterbeschluss zu ergreifen[321] oder bei der Abhängigkeitsbegründung ein Gesellschafterbeschluss gefasst wird, wodurch die Zustimmung der Gesellschafter zur einheitlichen Leitung und damit zur Konzernierung zum Ausdruck gebracht wird.[322]

---

[313] KölnKomm-AktG/*Koppensteiner* § 291 Rn. 52; ein gängiges Vertragsmuster findet sich bei Oppenländer/Trölitzsch/*Oppenländer* § 43 Rn. 16f.; im Zweifel ist ein nichtiger Beherrschungs- oder Gewinnabführungsvertrag mit einer GmbH, sofern er vollzogen ist, **nach den Grundsätzen der fehlerhaften Gesellschaft** – zumindest bis zu seinem Ende oder bis sich einer der Vertragspartner auf die Nichtigkeit beruft – als wirksam zu behandeln, BGH 14.12.1987 – II ZR 170/87, NJW 1988, 1326; kritisch für den Fall einer Aktiengesellschaft: OLG Schleswig 27.8.2008 – 2 W 160/05, NZG 2008, 868 (872f.).
[314] Strittig hinsichtlich der Mehrheitsverhältnisse, zum Streitstand: *Emmerich/Habersack* Aktien- und GmbH-Konzernrecht AktG § 293 Rn. 43 mwN.
[315] BGH 24.10.1988 – II ZB 7/88, BGHZ 105, 324 (332) – Supermarkt. Der Zustimmungsbeschluss der Gesellschafterversammlung bedarf der notariellen Beurkundung.
[316] Es gelten die §§ 294 AktG, 54 GmbHG entsprechend, ua BGH 11.11.1991 – II ZR 287/90, BGHZ 116, 37 (39) – Hansa Feuerfest. Einer notariellen Beurkundung bedarf der Zustimmungsbeschluss nur, wenn es sich bei dem herrschenden Unternehmen um eine Aktiengesellschaft handelt, §§ 293 Abs. 2, 130 Abs. 1 AktG, allerdings ist die Eintragung im Handelsregister für das herrschende Unternehmen erforderlich, vgl. AG Duisburg 18.11.1993 – HRB 3196, AG 1994, 568; AG Erfurt 2.10.1996 – HRB 8340, AG 1997, 275; anders wohl LG Bonn 27.4.1993 – 11 T 2/93, AG 1993, 521, zum Streitstand Scholz/*Emmerich* GmbHG § 13 Anh. Rn. 153 mwN.
[317] Denn sie sind nach den Regeln über die fehlerhafte Gesellschaft zu behandeln, statt aller Lutter/Hommelhoff/*Lutter/Hommelhoff* GmbHG Anh. § 13 Rn. 80 mwN; → Fn. 313.
[318] Oppenländer/Trölitzsch/*Drygala* § 43 Rn. 19.
[319] OLG Stuttgart 29.10.1997 – 20 U 8/97, NZG 1998, 601, 603f. – Dornier; *Zöllner* ZGR 1992, 173 (177ff.).
[320] *Karwatzki* Fremdgeschäftsführer S. 84f. mwN; Lutter/Hommelhoff/*Bayer* GmbH § 47 GmbHG Rn. 29.
[321] Rowedder/Schmidt-Leithoff/*Koppensteiner/Schnurbus* GmbHG § 52 Rn. 55.
[322] *Schneider* FS Hoffmann-Becking, 2013, S. 1071ff.

3. Konzerndimension der Geschäftsführung der herrschenden Gesellschaft

Es ist zu fragen, wie dem Geschäftsführer einer *herrschenden* GmbH Grenzen für die Weisungen der Gesellschafterversammlung dieser Gesellschaft gesetzt sind, die sich daraus ergeben können, dass die Einflussnahme der Obergesellschaft auf die Geschäfte der Tochter- und Beteiligungsgesellschaften stets einen Konzernbezug besitzt.

a) Konzernbezug

Der Geschäftsführer der Muttergesellschaft, im Folgenden als sog Konzerngeschäftsführer bezeichnet, ist dieser zur sorgfältigen Wahrnehmung der unternehmerischen Leitungsfunktion verpflichtet (§ 43 GmbHG). Solange die Mutter Tochter- und Beteiligungsgesellschaften hält, erstreckt sich seine unternehmerische Tätigkeit auch auf diese. Deren **Werthaltigkeit** hat der Geschäftsführer nach Kräften **zu fördern**.[323] Geschäftsführung in der Muttergesellschaft gewinnt damit einen *Konzernbezug*[324] oder eine *Konzerndimension*.[325] Davon umfasst sind regelmäßig die **Mitentscheidungsrechte**[326] **der Gesellschafter** und deren Auskunfts- und Einsichtsrechte nach § 51a GmbHG.[327] Das bedeutet, dass der Konzerngeschäftsführer im Falle der Repräsentation der Gesellschafterrechte in den Gesellschafterversammlungen der Tochter- und Beteiligungsgesellschaften nicht alleine entscheiden kann, wenn dort grundlegende Entscheidungen mit Wirkung für die Mutter zu treffen sind. Nach der gesellschaftsrechtlichen Kompetenzordnung sind diese Entscheidungen von den Gesellschaftern zu treffen, woran sich durch die Verlagerung von Tätigkeiten in die Tochtergesellschaften des Konzerns nichts ändert.[328] Diese Entscheidungsfindung kann nur auf der Grundlage umfassender Information ermöglicht werden. Der Geschäftsführer hat auf Verlangen des Gesellschafters sämtliche Auskünfte über die Verhältnisse der Tochter- und Beteiligungsgesellschaften zu erteilen, soweit es keinen rechtlichen Hinderungsgrund gibt.[329] Im Zweifel sind zudem die dienstvertraglichen Pflichten des Geschäftsführers *konzerndimensional* zu verstehen, insbesondere bezüglich seiner Loyalität und des Unterlassens von Wettbewerb.[330] Das Ausnutzen von Geschäftschancen oder Ressourcen ist ihm verboten, nicht nur wenn davon die Muttergesellschaft, sondern auch deren Beteiligungen betroffen sind; das Gleiche gilt auch für Beschränkungen bezüglich der Verschwiegenheit über Geschäfts- und Betriebsgeheimnisse[331] sowie für satzungsmäßige Zustimmungsvorbehalte bei außergewöhnlichen Geschäfte.[332] Damit sind für den Geschäftsführer Anhaltspunkte gegeben, an denen er sich orientieren wird, *wie und mit welchen Befugnissen* er die Leitung der Gruppe aus der Konzernspitze realisiert.[333] Hierbei

---

[323] Oppenländer/Trölitzsch/*Drygala*/*Leinekugel* § 42 Rn. 74; BGH 10.11.1986 – II ZR 140/85, WM 1987, 13 (14 f.) auch im Rahmen von Aufsichtsrats- und Vorstandsmandaten.

[324] Den es allerdings schon bei der Konzernbildung gibt, also bevor eine (abhängige) Beteiligung erworben oder entstanden ist. Dazu muss eine entsprechende Beschlussfassung in der Gesellschafterversammlung der Mutter und nicht nur der abhängigen Gesellschaft erfolgen, unabhängig ob eine sog. Beteiligungsklausel im Gesellschaftsvertrag der Muttergesellschaft existiert, vgl. zur **sog. Konzerneingangskontrolle:** MHdB GesR III/*Decher* § 68 Rn. 14; § 70 Rn. 13; einer besondere Rechtfertigung bedarf ein solcher Beschluss trotz des abhängigkeitsbegründenden Charakter in der Untergesellschaft nicht, vgl. BGH 16.2.1981 – II ZR 168/79, BGHZ 80, 69.

[325] *Lutter* FS Westermann, S. 347 (362, 367).

[326] BGH 25.2.1982 – II ZR 174/80, BGHZ 83, 122 (127) – Holzmüller; OLG Koblenz 9.8.1990 – 6 U 888/90, ZIP 1990, 1570 (1574).

[327] OLG Köln 26.4.1985 – 24 W 54/84, WM 1986, 36 (39); OLG Hamm 6.2.1986 – 8 W 52/85, WM 1986, 740 (741).

[328] Oppenländer/Trölitzsch/*Drygala*/*Leinekugel* § 42 Rn. 71 mwN.

[329] ZB wenn die Tochtergesellschaft eine AG ist, hat der Mehrheitsgesellschafter kein selbstständiges Auskunftsrecht außerhalb der Hauptversammlung (§§ 118, 131 AktG), Hüffer/*Koch* AktG § 118 Rn. 7; vgl. auch BGH 18.12.1988 – I ZB 68/08, NJW 2009, 2308.

[330] Oppenländer/Trölitzsch/*Drygala*/*Leinekugel* § 42 Rn. 73 mwN.

[331] GK-AktG/*Hopt*/*Roth* § 93 Rn. 288 mwN.

[332] OLG Karlsruhe 4.5.1999 – 8 U 153/97, NZG 2000, 264 (266).

[333] Insoweit ist Konzernrecht auch Organisationsrecht, vgl. *K. Schmidt* FS Lutter, S. 1167 (1179).

können durchaus **Interessensgegensätze auftreten,** wenn es um die Durchsetzung von konzernpolitischen Entscheidungen mit einer gewissen Tragweite geht.[334]

b) Konzernleitungspflicht

120 Davon zu unterscheiden ist die Frage nach einer Pflicht zur einheitlichen Leitung des Konzerns.[335] Diese Frage stellt sich unabhängig von satzungsmäßigen Vorgaben zu grundlegenden Fragen der Konzernpolitik oder der jederzeitigen Durchsetzung auf der Grundlage einer Gesellschafterweisung. Nach einer weit verbreiteten Ansicht ist der Geschäftsführer der herrschenden Gesellschaft **regelmäßig** verpflichtet, die **einheitliche Leitung** der verbundenen Gesellschaften herzustellen, zumindest grundlegende Fragen der Konzernstruktur, der Organisation und der Finanz-, Personal-, Investitions- und Produktpolitik für die Gruppe **einheitlich wahrzunehmen** und entsprechend die Geschäfts- und Ergebnisentwicklung in den Tochtergesellschaften in geeigneter Weise zu überwachen.[336] Bei dieser Leitungsaufgabe steht ihm ein weites unternehmerisches Ermessen zur Verfügung.[337] Allerdings sind Pflichten des Konzerngeschäftsführers unmittelbar gegenüber der Tochter nicht anzuerkennen,[338] obwohl die Strafgerichtsbarkeit in besonderen Fällen bereits eine Vermögensbetreuungspflicht gegenüber der Tochtergesellschaft annimmt.[339]

121 Denn der Geschäftsführer ist der Mutter zu einem in jeder Hinsicht legalen Verhalten verpflichtet.[340] Gesetzwidrige Maßnahmen dürfen selbst bei entgegenstehender Gesellschafterweisung nicht umgesetzt werden. **Pflichtwidrig** gegenüber der Muttergesellschaft handelt ein solcher Geschäftsführer, wenn er die **Haftungstrennung im Konzern** dadurch **gefährdet,** dass er für die Tochtergesellschaft existenzvernichtende Maßnahmen vornimmt, welche wiederum zu einer Haftung der Muttergesellschaft nach § 826 BGB führen können.[341] Insoweit haftet er nur ihr gegenüber.[342] Im Ausnahmefall wird sich eine Haftung des Konzerngeschäftsführers gegenüber der Tochtergesellschaft nur für den Fall

---

[334] Das Einholen einer solchen Zustimmung ist ohnehin durch die meisten Satzungsregelungen gegeben, es gilt in der Regel für den Erwerb und die Veräußerung von Beteiligungen sowie für strukturverändernde Vorgänge in Tochtergesellschaften; *Lutter/Bayer* § 7 Rn. 62 f.; dabei stehen den Gesellschaftern **weitgehende Informationsrechte** nach § 51a GmbHG zu, denn sie können über Angelegenheiten von Töchtern in gleichem Umfang Auskunft verlangen wie über die Angelegenheiten der Holding selbst, vgl. OLG Köln 26.4.1985 – 24 W 54/84, WM 1986, 36 (39); OLG Hamm 6.2.1986 – 8 W 52/85, ZIP 1986, 709; enger ist das Recht auf Einsicht in Unterlagen von Tochtergesellschaften, das nach bisher verbreiteter Ansicht nur im Hinblick auf 100 %ige Beteiligungen besteht, vgl. Lutter/Hommelhoff/*Lutter/Bayer* GmbHG § 51a Rn. 20.

[335] Vgl. bereits oben zur Aktiengesellschaft, wo die Konzernleitungspflicht nur in einem Vertragskonzern anzunehmen ist, ansonsten leitet der Vorstand die Gesellschaft gemäß § 76 AktG in eigener Verantwortung, → Rn. 39 f.

[336] Zu letzter Maßnahme vgl. BGH 10.11.1986 – II ZR 140/85, WM 1987, 13; OLG Jena 12.8.2009 – 7 U 244/07, NZG 2010, 226 f.

[337] So Oppenländer/Trölitzsch/*Drygala/Leinekugel* § 42 Rn. 76 f.; Oppenländer/Trölitzsch/*Drygala* § 43 Rn. 42 mwN.

[338] Mit der eventuellen ebenfalls abzulehnenden Folge einer konzernrechtlichen Geschäftsführerhaftung, vgl. Oppenländer/Trölitzsch/*Drygala/Leinekugel* § 42 Rn. 81 f.

[339] BGH 13.5.2004 – 5 StR 73/03, ZIP 2004, 1200; 31.7.2009 – 2 StR 95/09, DB 2009, 2089 zu dem Fall der vermögensschädigenden Überschuldung konzernabhängiger Gesellschaften durch Darlehensgewährung.

[340] Seit BGH 14.12.1959 – II ZR 187/57, BGHZ 31, 278; Lutter/Hommelhoff/*Kleindiek* GmbHG § 37 Rn. 22.

[341] *Altmeppen* Managerhaftung S. 103 f.; gegenüber der (zumindest 100 %igen) Tochtergesellschaft ist das Stammkapital zu erhalten und sie darf nicht einer konkreten und vorhersehbaren Existenzgefährdung ausgesetzt sein, vgl. BGH 17.9.2001 – II ZR 178/99, BGHZ 149, 10 – Bremer Vulkan; im Falle einer GmbH mit Minderheitsgesellschafter dürfen keine Maßnahmen veranlasst werden, die gegen das aus der gesellschaftsrechtlichen Treupflicht folgende Schädigungsverbot verstoßen, vgl. BGH 5.6.1975 – II ZR 23/74, BGHZ 65, 15 – ITT.

[342] Bei einer GmbH kann im Rahmen eines Beschlusses zur Entlastung – anders als bei einer Aktiengesellschaft mit Rücksicht auf § 93 Abs. 4 S. 3 AktG – auf diese Ansprüche verzichtet werden.

der vorsätzlich sittenwidrigen Schädigung nach § 826 BGB ergeben[343] oder bei einem Konflikt zwischen den verbundenen Unternehmen im Rahmen eines Doppelmandats, wo der Geschäftsführer gegenüber beiden Gesellschaften uneingeschränkt zu rechtmäßigem Verhalten verpflichtet ist.[344]

4. Weisungsfolgepflicht für die Geschäftsführung im beherrschten Konzernunternehmen

Für den Geschäftsführer eines *beherrschten* Unternehmens ist die Konzerndimension bedingt bedeutsam, wenn es nicht gleichzeitig herrschend sein sollte (zum Beispiel als typischerweise zwischengeschaltete Tochtergesellschaft). Er wird sich gemäß § 43 GmbHG *ausschließlich* dem Interesse der Gesellschaft verpflichtet sehen, zu deren Organ er bestellt ist, um diese mit der Sorgfalt eines ordentlichen Geschäftsmanns zu leiten. Er wird bei der Geschäftsführung die Interessen *seiner* Gesellschaft wahren und schädliche Einflüsse nach Kräften abwehren müssen; **Gesellschafterinteresse** ist dabei **nicht mit Gesellschaftsinteresse gleichzusetzen.**[345] Allerdings können sich zwei besondere Konflikte ergeben, welche in der Praxis regelmäßig eine Rolle spielen.

a) Gesellschaftsinteresse vs. Konzerninteresse

Die Interessen im Konzern richten sich nicht am – isolierten – Gesellschaftsinteresse der einzelnen rechtlich selbständigen Einheit aus, sondern ob die **Synergien** unter Nutzung aller einzelnen Ressourcen **gruppenweit gehoben** werden und zum Vorteil des größeren Ganzen eingesetzt sind. Für den Konzern vorteilhafte Maßnahmen können **aus der isolierten Sicht** der einzelnen Tochter- oder Beteiligungsgesellschaft **nachteilig** sein.[346] Mit dem Weisungsrecht auf der Grundlage des § 37 Abs. 1 GmbHG steht dafür – anders als in der Aktiengesellschaft und *ohne* dass es auf einen Beherrschungsvertrag ankäme – jederzeit ein wirksames Mittel zur Verfügung. Nur die oben (→ Rn. 106 f.) beschriebene Pflichtenlage des gebundenen Geschäftsführers bleibt für ihn unverändert kritisch bestehen. Denn er ist nach § 43 GmbHG zu rechtmäßigem Verhalten verpflichtet und wird somit zum „Wächter der wirtschaftlichen Integrität"[347] der von ihm vertretenen GmbH. Damit ist der Geschäftsführer einer beherrschten Gesellschaft aber in eine **latente Konfliktstellung** gedrängt, weil er jede konzernbezogene Maßnahme abzulehnen verpflichtet ist, die dem singulär betrachteten Gesellschaftsinteresse nicht von Nutzen ist.[348] Er kann sich später nur auf eine Enthaftung berufen, wenn er darauf verweisen kann, dass die Gesellschafterversammlung mit Rücksicht auf deren gesellschaftsrechtliche Treupflicht unter konzernrechtlichen Maßstäben eine solche nachteilige Weisung nicht hätte erteilen dürfen. Nur schwerlich wird der Geschäftsführer der betroffenen abhängigen Gesellschaft ein Handeln der Gesellschafter in Schädigungsabsicht beweisen können,[349] um sie letztlich **als unzulässige Konzerneinflussnahme** einordnen zu können.[350]

---

[343] Vgl. hierzu die Ausführungen des BGH 28.4.2008 – II ZR 264/06, BGHZ 176, 204 (216) zu einem Fall extremer Unterkapitalisierung; zustimmend *Altmeppen* ZIP 2008, 1201 (1206).
[344] BGH 5.3.2009 – IX ZR 85/07, BGHZ 180, 104 (111): In derartigen Konfliktfällen kann sich der Geschäftsführer nicht aussuchen, welche Pflicht er erfüllt bzw. nicht erfüllt, sondern muss zur Vermeidung persönlicher Haftung zumindest eine Organfunktion niederlegen, *Fonk* NZG 2010, 368 f.; Spindler/Stilz/*Fleischer* AktG § 76 Rn. 97.
[345] Oppenländer/Trölitzsch/*Drygala/Leinekugel* § 42 Rn. 1.
[346] MHdB GesR III/*Decher* § 69 Rn. 2; *Lutter/Drygala* ZGR 1995, 555 (560).
[347] Oppenländer/Trölitzsch/*Drygala/Leinekugel* § 42 Rn. 4.
[348] *Emmerich/Habersack* Aktien- und GmbH-Konzernrecht AktG § 311 Rn. 78.
[349] Vgl. BGH 5.6.1975 – II ZR 23/74, BGHZ 65, 15 – ITT; 11.11.1991 – II ZR 287/90, BGHZ 116, 37 (41) – Stromlieferung; *Altmeppen* Managerhaftung S. 87 ff.
[350] ZB Konzernumlagen sind unzulässige Einflussnahmen, wenn ihnen keine Gegenleistung des herrschenden Unternehmens gegenüberstehen, BGH 5.6.1975 – II ZR 23/74, BGHZ 65, 15 – ITT; weiterge-

b) Selbstverständnis als Geschäftsführer

124 Ein weiteres Konfliktfeld besteht angesichts des grundsätzlich zu vermutenden Selbstverständnisses des Geschäftsführers als einen maßgeblich die Geschicke der Gesellschaft lenkenden Manager oder **Treuhänder fremden Vermögens:**[351] Mit dem Eingehen einer Organstellung verpflichtet sich der Geschäftsführer zur Leitung der Gesellschaft und erbringt in diesem Rahmen Dienste höherer Art.[352] Das geltende (Konzern-)gesellschaftsrecht, das mit den Instrumenten zum Erteilen von Weisungen nach den §§ 37 Abs. 1 GmbHG und 308 AktG das Entziehen von Befugnissen des Geschäftsführers und deren Verlagern auf das herrschende Unternehmen ermöglicht, kann ihn zum **Beobachter ohne operativen Einfluss** reduzieren.[353] Einigkeit besteht nur, dass ein vollständiges oder weitgehendes Verdrängen des Geschäftsführers aus der aktiven Mitwirkung an der Unternehmensleitung der abhängigen Gesellschaft unzulässig ist.[354] Das gilt insbesondere, wenn das herrschende Unternehmen eine den Bedingungen unter einem Beherrschungsvertrag entsprechende Lage herbeiführen würde, ohne dass für den Fall dieses Beschneidens von Kompetenzen entsprechende Sicherungen für die Gesellschafterminderheit oder die Gläubiger im Sinne der §§ 293, 302 und 304 AktG geschaffen wären.[355] In diesem **Fall der praktischen Bedeutungslosigkeit** bliebe dem Geschäftsführer nur das Niederlegen seines Amtes, um sich wirkungsvoll der Haftung, die einer vorsätzlichen sittenwidrigen Schädigung durch die Gesellschafter folgen kann,[356] zu entziehen. Einer aktiven und konstruktiven Tätigkeit auf der Managementebene unterbliebe aber, ganz zu schweigen von der **mangelnden Anpassungsfähigkeit,** die dem Geschäftsführer als Nachteil ausgelegt werden kann.[357] Es lässt sich gut vorstellen, dass diese Konstellation in einer Matrixorganisation am ehesten auftreten kann, insbesondere wenn in durch Effizienzgesichtspunkte geschaffenen Arbeitsprozessen der Organvertreter selbst gerade nicht als produktiver Teil der Wertschöpfungskette vorgesehen ist, sondern **eher als Statthalter der notwendigen rechtlichen Einheit im Konzerngeflecht** eingesetzt ist, um allenfalls für das Erfüllen der Kardinalspflichten zur Verfügung zu stehen.[358]

---

hend sogar Baumbach/Hueck/*Zöllner/Beurskens,* GmbHG, SchlAnhKonzernR Rn. 78 bei wirtschaftlich gesunden Gesellschaften, bei denen ein Schaden sich noch nicht realisiert haben muss.

[351] So MüKoGmbHG/*Fleischer* § 43 Rn. 153 mwN.

[352] Zum Charakter des Anstellungsvertrags und der damit verbundenen Hauptleistungspflicht, mittels deren sich der Geschäftsführer vom Arbeitnehmer abhebt und womit die gesetzlichen Besonderheiten nach §§ 14 Abs. 1 KSchG; 2 Abs. 4, 5 Abs. 1 S. 3 ArbGG legitimiert sind, vgl. auch BGH 14.5.1990 – II ZR 122/89, AG 1990, 459 f.; *Schreiber* GmbHR 2012, 929 (931).

[353] Oppenländer/Trölitzsch/*Drygala/Leinekugel* § 42 Rn. 7 spricht unter Bezugnahme auf OLG Hamm 8.7.1985 – 8 U 295/83, ZIP 1986, 1193 vom Zölibats- oder Kontroll-Geschäftsführer, was bei Vorhandensein einer Minderheit im Konzern Sinn machen kann.

[354] Unabhängig von seinen unentziehbaren Pflichten nach §§ 41, 43 Abs. 3, 49 Abs. 3, 64 GmbHG, welche zu den Kardinalpflichten eines Geschäftsführers gehören, vgl. Scholz/*U.H.Schneider* GmbHG § 37 Rn. 37; → Kap. 4 Rn. 137 ff.

[355] Ebenfalls Oppenländer/Trölitzsch/*Drygala/Leinekugel* § 42 Rn. 7.

[356] Seit der Entscheidung des BGH 16.7.2007 – II ZR 3/04, BGHZ 173, 246 (255 ff.) – Trihotel stützt die Rechtsprechung die Innenhaftung gegenüber der Gesellschaft auf § 826 BGB, insbesondere wenn durch Verringern der Zugriffsmasse zum Vorteil der Gesellschafter und zu Lasten der Gläubiger aufgrund gezielter Maßnahmen (und entsprechender Weisungen an die Geschäftsführung der abhängigen Gesellschaft) das Gesellschaftsvermögen planmäßig entzogen wurde; bestätigt durch BGH 28.4.2008 – II ZR 264/06, BGHZ 176, 204 (211) – Gamma; 9.2.2009 – II ZR 292/07, BGHZ 179, 344 (350) – Sanitary.

[357] Besonders illustrativ: Oppenländer/Trölitzsch/*Drygala/Leinekugel* § 42 Rn. 5 und 68 (mit Rücksicht auf das Wahren von wirtschaftlichen Interessen von Minderheitsgesellschaftern). Denn ständige Widersetzlichkeit gegenüber Gesellschafterweisungen – mögen sie noch so fundiert sein – können sogar die außerordentliche Kündigung des Anstellungsvertrags des Geschäftsführers begründen, OLG Düsseldorf 15.11.1984 – 8 U 22/84, ZIP 1984, 1476 (1478).

[358] Beispiel der Carestream Health Deutschland GmbH, die eine deutsche Beteiligungsgesellschaft der international tätigen US-amerikanischen Unternehmensgruppe der Carestream Inc. ist. Der im Handelsregister eingetragene Geschäftsführer ist zugleich der Financial Controller der EMEA-Region; vgl. auch *Bayer* AG Sonderheft Oktober 2015, 49; vgl. → Rn. 181.

c) Unterscheidung gebundene GmbH im faktischen Konzern oder im Vertragskonzern

Die eben beschriebenen Konfliktfelder und die damit einhergehenden Grenzen für die Weisungsfolgepflicht lassen sich auf die zahlreich auch von der Rechtsprechung behandelten **Fälle des kompensationslosen Entzugs von Gesellschaftsvermögen** aufgrund von Gesellschafterweisungen zur Durchführung letztlich existenzvernichtender Geschäftsführungsmaßnahmen zuspitzen. Der Geschäftsführer wird sich regelmäßig mit den damit verbundenen kritischen Aspekten auseinandersetzen müssen,[359] um seine Pflichtenlage angemessen zu erfassen. Dabei ist zu unterscheiden, ob sich die Abhängigkeit der GmbH und die damit für ihn entstehenden Konflikte aus der rein kapitalrechtlichen Verflechtung gemäß §§ 16, 18 AktG ergeben (sog. faktischer Konzern) oder aus dem Bestehen eines oder mehrerer Beherrschungsverträge mit der von ihm vertretenen GmbH (sog. Vertragskonzern). Schließlich ist die Situation im mehrstufigen Konzern zu betrachten. 125

aa) Im faktischen Konzern. Der Geschäftsführer einer abhängigen Gesellschaft kann eine konstruktive Rolle einnehmen (vorausgesetzt er hält kein Doppelmandat[360]), zumal die Regelungen der §§ 311 ff. AktG zum Schadensausgleich auch nicht entsprechen anzuwenden sind.[361] Mit Rücksicht auf die aktuelle Rechtsprechung zur Binnenhaftung eines Geschäftsführers im Zusammenhang mit existenzvernichtenden Maßnahmen, die einen gezielten, betriebsfremden Zwecken dienenden Entzug von Vermögenswerten darstellen, obwohl die vertretene GmbH sie zur Begleichung ihrer Verbindlichkeiten benötigt,[362] sollte der Geschäftsführer **idealerweise bereits vor entsprechender Einflussnahme einen Finanzplan aufstellen**.[363] Die Pflichtenlage des Geschäftsführers der faktisch konzernierten Gesellschaft ist wie im gesetzlich geregelten Fall der Rückgewähr von Stammkapital gemäß § 43 Abs. 3 GmbHG zu bestimmen. Entsprechende Weisungen, die eine existenzvernichtende Maßnahme zum Gegenstand haben, sind unzulässig und lösen **weder eine Folgepflicht noch eine Freistellungswirkung** aus.[364] Das entspricht im Kern den im öffentlichen Interesse auferlegten Pflichten, wie zB zur Erhaltung des Stammkapitals der Gesellschaft (§ 30 GmbHG) bzw. ihrer Vermögensmasse im Fall der Zahlungsunfähigkeit oder Überschuldung (§ 64 GmbHG).[365] Mit Rücksicht auf diese typischen Merkmale der Insolvenzverursachungshaftung[366] werden nicht nur in dem aufgrund vernünftiger kaufmännischer Kriterien errichteten Finanzplan die Entnahmen und Vermögensverlagerungen zu erfassen, sondern auch die **Gesichtspunkte von deren Vertretbarkeit** zu dokumentieren sein.[367] Aus der Sicht des Geschäftsführers einer faktisch 126

---

[359] Insbesondere durch gesteigerte Prüfpflichten, → Kap. 4 Rn. 126 ff.
[360] *Karwatzki* Fremdgeschäftsführer S. 63 f.; zulässig nach BGH 9.3.2009 – II ZR 170/07, NZG 2009, 744.
[361] BGH 5.6.1975 – II ZR 23/74, BGHZ 65, 15 (18) – ITT; 16.9.1985 – III ZR 275/84, BGHZ 95, 330 (340) – Autokran; 17.9.2001 – II ZR 178/99, BGHZ 149, 10 (16) – Bremer Vulkan.
[362] BGH 28.4.2008 – II ZR 264/06, BGHZ 176, 204 (215).
[363] Darauf geht ausführlich Oppenländer/Trölitzsch/*Drygala/Leinekugel* § 42 Rn. 54 ff. ein.
[364] Oppenländer/Trölitzsch/*Drygala/Leinekugel* § 42 Rn. 55; Lutter/Hommelhoff/*Kleindiek* GmbHG § 43 Rn. 34.
[365] BGH 29.3.1993 – II ZR 265/91, BGHZ 122, 123 – TBB; 17.9.2001 – II ZR 178/99, BGHZ 149, 10 (28) – Bremer Vulkan.
[366] Dabei lässt sich bereits die Nichtigkeit einer Weisung oder sonstigen Veranlassung analog § 241 Nr. 3 AktG feststellen, wenn sie nach objektivem kaufmännischem Ermessen zum Zusammenbruch der abhängigen GmbH führen muss, vgl. Roth/*Altmeppen* GmbHG § 43 Rn. 116.
[367] Vgl. dazu *Vormbaum* S. 471 ff.; 609 ff.; K. Schmidt/Uhlenbruck/*Binz* Rn. 1.111 f.; dazu zählt sicherlich nicht nur das Festhalten des Vorhandenseins der Gesellschafterweisung, sondern auch eine **Prognoserechnung,** die entscheidend ist, wenn es darum geht, fehlendes Verschulden im zivil- und strafrechtlichen Sinne nachzuweisen; vgl. grundlegend zu Prognosen im Rahmen vernünftiger kaufmännischer Beurteilung BGH 21.4.1997 – II ZR 175/95, BGHZ 135, 244 (253) – ARAG und zur strafrechtlichen Seite BGH 13.5.2004 – 5 StR 73/03, NStZ 2004, 559; mAnm *Salditt* NStZ 2005, 269; BGH 20.8.2011 – 3 StR 228/11, NZG 2011, 1238; OLG Stuttgart 14.4.2009 – 1 Ws 32/09, ZIP 2009, 1864 = DB 2009, 2256 zur Strafbarkeit wegen Untreue aufgrund der Verletzung der Vermögensbetreuungspflicht im Rahmen eines konzernweiten Cash-Managements.

abhängigen GmbH geht es vor allem um den Nachweis von Vorgängen in der Konzernbeziehung, welche zum einen die Abwehr von Schäden im Vermögen der vertretenen Gesellschaft betreffen und des Weiteren das Feststellen der Voraussetzungen für einen eigenen Schadensersatzanspruch oder sonstiger Ersatzansprüche der Gesellschaft gegen das herrschende Unternehmen umfassen.[368] Schließlich ist der Geschäftsführer vor dem Hintergrund eigener Haftung nach § 43 GmbHG[369] **nicht frei von Eigeninteressen,** zumal er bei der Ausübung seiner Tätigkeit (jenseits von zustimmungspflichtigen Geschäften) nicht unbedingt – anders als im Vergleich zu einem Geschäftsführer einer unabhängigen GmbH – über einen unternehmerischen Ermessensspielraum verfügt.[370] Wenn sich eine weisungsbedingte Geschäftsführungsmaßnahme nachträglich als nachteilig herausstellt,[371] wird es bei der Festlegung des Nachteils zu berücksichtigen sein, ob der Geschäftsführer gewissermaßen dieses unternehmerische Ermessen wie der Geschäftsführer einer unabhängigen GmbH gehabt hatte.[372] Dabei wird eine **vergleichende Beurteilung** erforderlich sein, die sinnvollerweise der Geschäftsführer des beherrschten Unternehmens vorzubereiten hat, nicht zuletzt um nachweisen zu können, dass seinen Bedenken ausreichend Rechnung getragen worden ist bzw. hätte getragen werden können.[373]

127 bb) Im GmbH-Vertragskonzern. Während die Beziehung zwischen abhängiger und herrschender Gesellschaft im faktischen Konzern von dem Bemühen beeinflusst ist, die Selbständigkeit der abhängigen Gesellschaft zu bewahren, tritt im Vertragskonzern das Interesse des herrschenden Unternehmens in den **Vordergrund** und damit auch die **Interessen von anderen konzernzugehörigen Gesellschaften.**[374] Die Pflichtenlage für den Geschäftsführer der abhängigen GmbH ist damit die gleiche wie beim Vorstand einer beherrschten Aktiengesellschaft, wobei der Sorgfaltsmaßstab des § 43 GmbHG durch die aktienrechtliche Bestimmung des **§ 310 AktG überlagert** wird.[375] Solange es der Beherrschungsvertrag dem herrschenden Unternehmen ermöglicht, die abhängige Tochtergesellschaft an der Gesellschafterversammlung vorbei zu regieren, werden sich die Schranken aus der Satzung der abhängigen Gesellschaft, insbesondere mit Rücksicht auf den Unternehmensgegenstand der Gesellschaft,[376] bei Verstoß gegen geltendes Recht[377] oder im Fal-

---

[368] Oppenländer/Trölitzsch/*Drygala/Leinekugel* § 42 Rn. 57 mwN.
[369] Natürlich in Anspruchskonkurrenz mit §§ 826, 830 Abs. 2 BGB; 823 Abs. 2 BGB iVm 266 StGB und/oder § 64 S. 3 GmbHG.
[370] Grundlegend BGH 21.4.1997 – II ZR 175/95, BGHZ 135, 244 (253) – ARAG; *Fleischer* NZG 2008, 371.
[371] Dabei ist aus einer ex-ante-Perspektive nach der Regel des § 317 Abs. 2 AktG zu bestimmen, ob die Maßnahme im Zweifel für die abhängige Gesellschaft nachteilig ist, weil sie ein Geschäftsführer einer unabhängigen GmbH nicht getroffen hätte, vgl. *Eschenbruch* Konzernhaftung Rn. 3366ff.; Scholz/*Emmerich* GmbHG Anh. § 13 Rn. 73.
[372] OLG Stuttgart 4.2.2000 – 4 W 15/98, DB 2000, 709 (711) = NZG 2000, 744 (747) = BB 2000, 1313f.; Oppenländer/Trölitzsch/*Drygala/Leinekugel* § 42 Rn. 16ff. zu bestimmten Konstellationen innerhalb einer Konzernbeziehung; *Denzer* Konzerndimensionale Beendigung S. 103f. zum Rangverhältnis zwischen Weisungsrecht und Zustimmungsvorbehalt nach §§ 25 Abs. 1 MitbG; 111 Abs. 4 AktG in der mitbestimmten GmbH im Konzern.
[373] Zu den Exkulpationsmöglichkeiten mangels subjektiven Tatbestands MüKoGmbHG/*Fleischer* § 4 Rn. 255ff.: Es sind nur wenige Situationen vorstellbar, in denen zwar eine Pflichtwidrigkeit, aber kein Verschulden vorliegt; vor allem im Falle nicht eigennützen Handelns des Organvertreters, vgl. Schönke/Schröder/*Perron* StGB § 266 Rn. 50.
[374] Oppenländer/Trölitzsch/*Drygala* § 43 Rn. 1; zum sog. Konzerninteresse, das als Maßstab für das Feststellen der Nachteiligkeit einer angewiesenen Maßnahme im Sinne des § 308 Abs. 1 S. 2 AktG heranzuziehen ist, → Rn. 39f.
[375] *Roth/Altmeppen* GmbHG Anh. § 13 Rn. 83f.
[376] OLG Düsseldorf 7.6.1990 – 19 W 13/86, AG 1990, 490 (492) in Folge von BGH 5.2.1979 – II ZR 210/76, NJW 1980, 231; OLG Nürnberg 9.6.1999 – 12 U 4408/98, AG 2000, 228 (229).
[377] Insbesondere bei Fehlen der Verhältnismäßigkeit der Weisung, die als ein Plündern der Kasse der gesunden Tochter verstanden werden kann, um bei anderen Gesellschaften finanzielle Löcher zu stopfen oder sogar den Zusammenbruch der gesamten Gruppe abzuwenden, so zugespitzt Oppenländer/Trölitzsch/*Drygala* § 43 Rn. 27f. Dabei ist das Verhältnis zu den Neuregelungen des MoMiG vom 23.10.2008,

le fehlenden Konzerninteresses ergeben.³⁷⁸ Dabei begründet das Kriterium der (Über-)lebensfähigkeit der abhängigen GmbH eine bedeutsame Fallgruppe, weshalb eventuell eine Weisung zu einer existenzvernichtenden Maßnahme nicht zu befolgen wäre. Aber den Geschäftsführer trifft insoweit regelmäßig eine **gesteigerte Prüfungspflicht,** insbesondere für den Fall der angewiesenen Übertragung von Liquidität zu einer Zeit, in der die Zahlungsfähigkeit der Muttergesellschaft erkennbar zweifelhaft ist³⁷⁹ oder gar wenn noch Minderheitsgesellschafter vorhanden sind.³⁸⁰

cc) Mehrstufiger GmbH-Konzern. In den für Matrixorganisationen typischen mehrstufigen Konzernen, wo also mehrere Gesellschaften entweder infolge der aktienrechtlichen Zurechnungsregeln der §§ 15 ff. AktG (faktischer Konzern)³⁸¹ oder aufgrund von Beherrschungsverträgen, die zwischen der Muttergesellschaft und der Enkelgesellschaft oder durchlaufend zwischen allen miteinander abhängigen Konzerngesellschaften (Vertragskonzern) geschlossen wurden, miteinander verbunden sind, sind der Umfang des Weisungsrechts und damit einhergehend die Grenzen der Weisungsgebundenheit besonders bedeutsam. Im *faktischen Konzern* ergeben sich **keine Besonderheiten** gegenüber einem einstufigen Konzern:³⁸² Jedes Unternehmen hat gegenüber den von ihm abhängigen Gesellschaften die Einflussmöglichkeit, die der Weisungsbeschluss der Gesellschafterversammlung vermittelt, und muss die entsprechenden Einflussgrenzen im Hinblick auf eine eventuell vorhandene Minderheit an Gesellschaftern und die absoluten Einflussgrenzen im Hinblick auf das Wohl der GmbH als solche beachten. Eine rechtliche abgesicherte Einflussmöglichkeit im Verhältnis Mutter-Enkel besteht nicht.³⁸³ Es bleibt beim allgemeinen Schädigungsverbot der Mutter gegenüber der mittelbar von ihr abhängigen GmbH (insbesondere bei Vorhandensein von Minderheitsgesellschaftern). Weisungen können wirksam nur unter Zwischenschaltung der Tochter als Gesellschafterin der Enkelin erteilt werden.³⁸⁴

128

Im *Vertragskonzern* übt der Konzerngeschäftsführer das kraft – wirksamen³⁸⁵ – Beherrschungsvertrags dem herrschenden Unternehmen zustehende Weisungsrecht nach § 308 AktG aus.³⁸⁶ Die zu beachtenden **inhaltlichen Grenzen** und die damit verbundene Haftung entsprechen den für das Mitglied des Vorstands einer Holding-AG als Konzernspitze **geltenden Kriterien.**³⁸⁷ Sofern der Konzern mehrstufig ist, besteht für den Fall durchlaufender Beherrschungsverträge nach der hier vertretenen Auffassung ein abgeleitetes Recht zur Weisung der Muttergesellschaft als „Geschäftsherrin" dieser Gesamtheit aller

129

BGBl. I 2008 S. 2026 zu klären, in dem die Kapitalerhaltungsregelungen neu gefasst wurden; vgl. Lutter/Hommelhoff/*Hommelhoff* GmbHG § 30 Rn. 1 und 8. Bedeutsam ist in diesem Zusammenhang noch die Neuregelung des § 64 S. 3 GmbHG, womit gerade nach allgemeiner Ansicht ein Verbot existenzgefährdender Weisungen akzentuiert wurde, vgl. *Kleindiek* NZG 2008, 686 ff.

³⁷⁸ *Emmerich/Habersack* Konzernrecht § 23 Rn. 27 mwN.
³⁷⁹ BGH 17.9.2001 – II ZR 178/99, ZIP 2001, 1874 – Bremer Vulkan; vgl. zudem Lutter/Hommelhoff/*Hommelhoff* GmbHG § 30 Rn. 6 ff.; Lutter/Hommelhoff/*Bayer* GmbHG § 13 Rn. 29 ff.
³⁸⁰ Vgl. Oppenländer/Trölitzsch/*Drygala* § 43 Rn. 34 f.
³⁸¹ Ist im faktischen Konzern ist der Muttergesellschaft die Beteiligung, welche die Tochter an der Enkelgesellschaft hält, nach § 16 Abs. 4 AktG regelmäßig zuzurechnen, OLG Hamm 26.5.1997 – 8 U 115/96, AG 1998, 588 = NZG 1998, 681; OLG Stuttgart 3.12.2008 – 20 W 12/08, AG 2004, 206; beim Widerlegen der Abhängigkeit kommt es allerdings auf die letzten Stufe an, vgl. MHdB GesR IV/*Krieger* § 69 Rn. 65.
³⁸² Das entspricht generell den gesetzlichen Regelungen zu Unternehmensverbindungen mit Ausnahme des § 305 Abs. 2 Nr. 2 AktG, vgl. *Emmerich/Habersack* Konzernrecht, § 11 Rn. 39.
³⁸³ Vgl. OLG München, 8.7.2015 – 7 U 3130/14, ZIP 2015, 2472.
³⁸⁴ Insgesamt dazu: Oppenländer/Trölitzsch/*Drygala* § 44 Rn. 1.
³⁸⁵ Sonst bleibt es bei den allgemeinen Grenzen des gesellschaftsrechtlichen Weisungsrechts nach § 37 Abs. 1 GmbHG.
³⁸⁶ Die Konstellation ist unkritisch, wenn die GmbH gegenüber einer AG oder KGaA herrschend ist, hier sind nur einzelne Besonderheiten beim Zustandekommen des Unternehmensvertrags zu beachten, vgl. Lutter/Hommelhoff/*Lutter/Hommelhoff* GmbHG Anh § 13 Rn. 73 f.
³⁸⁷ → Kap. 4 Rn. 92 ff.

Beherrschungsverträge,[388] welches der Konzerngeschäftsführer unter Berücksichtigung des Konzerninteresses gegenüber Vertretern der Enkelin ausübt. Dabei hat die Geschäftsführung (sofern es nach Inkrafttreten des MoMiG darauf noch ankommt[389]) die **Grenzen des Weisungsrechts unter Einbeziehen der Interessen der Enkelgesellschaft** zu prüfen. Bei erkennbar unzulässigem Leitungsverhalten der Mutter, dh. ohne Vorliegen eines Konzerninteresses im Sinne des § 308 Abs. 2 S. 2 AktG, haften deren Geschäftsführung analog § 309 AktG[390]; die Geschäftsleitung der Enkelin wird im Fall einer direkten Weisung insoweit den Pflichten eines ordentlichen Geschäftsmanns nach § 43 GmbHG nachzukommen haben, indem sie den erforderlichen **Nachweis einer Koordinationsabrede** zwischen der anweisenden Obergesellschaft und ihrer eigenen Muttergesellschaft, der Tochter, prüft und sich erforderlichenfalls vorlegen lässt, um sicherzustellen, auf der Grundlage einer im Sinne des § 308 Abs. 2 AktG verbindlichen Weisung zu handeln.[391] Ein Zwischenschalten der übergangenen Tochtergesellschaft ist gleichwohl aus praktischen Gründen geboten, um das Wahren der verschiedenen Interessen der konzernierten Gesellschaften nachzuweisen.[392]

130   Nach einer verbreiteten Ansicht wird zu erwarten sein, dass im mehrstufigen Konzern der Geschäftsführer einen Beschluss der Gesellschafter herbeiführt,[393] insbesondere wenn die Weisung nicht nur für die vertretene GmbH, sondern eventuell auch für eine Minderheit von Gesellschaftern Nachteile hätte (unabhängig ob diese von der Maßnahme wusste oder diese gar nicht abgelehnt hätte);[394] allein die Tatsache des formalen Verstoßes begründet die Haftung des Geschäftsführers der Tochtergesellschaft,[395] so dass auch im Fall einer Weisung über mehrere Stufen eines Unternehmensverbundes hinweg der Geschäftsführer der adressierten Konzerntochter bei nachteiligen Eingriffen die für ihn zuständige Gesellschafterversammlung einschalten muss.[396] Dabei wird von ihm im Rahmen seiner Pflichten nicht nur zu erwarten sein, dass er für das **Vorliegen eines wirksamen Beschlusses aller Gesellschafter** sorgt, sondern sich – im Falle der fehlenden Zustimmung einzelner Anteilseigner – hinsichtlich der möglichen Anfechtbarkeit ein **eigenständiges Urteil** bildet,[397] bevor er die beschlossene Weisung vollzieht.[398]

III. Zusammenfassung

131   In Matrixorganisationen wird das **gesetzliche Weisungsrecht** – neben dem aufgrund eines möglichen Beherrschungsvertrags – gerne genutzt. Es **vereinfacht die Entscheidungsprozesse,** die beschleunigt ablaufen. Insoweit eignet sich die Gesellschaft mit be-

---

[388] Das entspricht der sog. Einheitslösung, → Rn. 78 f. aA *Cahn* BB 2000, 1477 (1481 f.) mwN unter Bezugnahme auf BGH 14.5.1990 – II ZR 122/89, AG 1990, 459 f.
[389] Vgl. Oppenländer/Trölitzsch/*Drygala* § 43 Rn. 39 ff.; § 44 Rn. 3.
[390] Für eine Anwendung der §§ 311 ff. AktG ist kein Raum, vgl. OLG Frankfurt a.M. 4.4.2000 – 5 U 224/98, NZG 2000, 790.
[391] *Altmeppen* FS Lutter, S. 975 (987).
[392] → Rn. 80 f.; 99 f.
[393] In diesem Sinne BGH 7.4.2003 – II ZR 193/02, ZIP 2003, 945 (946) = NZG 2003, 528 = DB 2003, 1107; Baumbach/Hueck/*Zöllner/Noack* GmbHG § 43 Rn. 33 f.
[394] Vgl. *Semler* FS Goerdeler, S. 553; OLG Koblenz 9.6.1998 – 3 U 1662/89, GmbHR 1999, 122, das eine formlose Billigung durch sämtliche Gesellschafter nicht genügen lässt und auf einen förmlichen Gesellschafterbeschluss beharrt; aA Roth/*Altmeppen* GmbHG § 43 Rn. 85, welcher wenigstens den stillschweigend gefassten Beschluss ausreichen lassen will, der aber letztlich schwierig zu beweisen sein wird.
[395] *Altmeppen* Managerhaftung S. 82 f.
[396] Lutter/Hommelhoff/*Kleindiek* GmbHG § 37 Rn. 23; zu den praktischen Auswirkungen für einen solchen auf Formalien beharrenden Geschäftsführer, vgl. Oppenländer/Trölitzsch/*Drygala/Leinekugel* § 42 Rn. 67 f.
[397] Baumbach/Hueck/*Zöllner/Noack* GmbH § 37 Rn. 22 ff. mwN – ähnlich wie ein Richter im aktienrechtlichen Freigabeverfahren nach § 246a Abs. 2 Nr. 1 AktG.
[398] Was er immer in eigener Verantwortung vornimmt, *Fleck* GmbHR 1974, 228; Scholz/*Schneider* GmbHG § 43 Rn. 130 ff. → Rn. 112 f.

schränkter Haftung als Kapitalrechtsgesellschaft mehr als die Aktiengesellschaft, die einer gewissen Formenstrenge zu folgen hat. Dabei prägt Weisungsgebundenheit die Geschäftsführung sowohl auf der Ebene der herrschenden als auch der beherrschten GmbH. Denn durch extensiven Gebrauch des Weisungsrechts **kann die Geschäftsführung faktisch bei den Gesellschaftern liegen.**[399] Das entspricht einem Fremdeinfluss, der den effizienzorientierten Strukturen einer Matrix entgegenkommt. Allerdings sind in Bezug auf die Haftungslage des Geschäftsführers – ob als Vertreter der Obergesellschaft oder der abhängigen Gesellschaft – Grenzen gesetzt, welche vor allem in mehrstufigen Konzernen eine besondere Rolle – insbesondere beim Beachten der Interessen einer Minderheit von Gesellschaftern – spielen.

Wenn die GmbH die *Konzernobergesellschaft* ist, handelt der Konzerngeschäftsführer im Rahmen seiner Sorgfaltspflicht ordnungsgemäß, wenn er im Falle von Weisungen die damit verbundene **Konzerndimension berücksichtigt.** Da seine Anstellungsgesellschaft als Konzernspitze Beteiligungen hält und die daraus fließenden Gesellschafterrechte – über die Geschäftsführer, welche häufig in der Gesellschafterversammlung der Töchter den Mehrheitsgesellschafter repräsentieren – ausüben will, wird sich der Geschäftsführer je nach den Verhältnissen zwischen Muttergesellschaft und Tochtergesellschaften daran orientieren müssen, *wie und mit welchen Befugnissen* er die Leitung der Gruppe vornimmt.[400] Der Konzerngeschäftsführer wird im Rahmen der zu befolgenden Weisungen, die die Gesellschafter durch Gesellschaftsvertrag oder durch Gesellschafterbeschluss erteilen können, schon im Hinblick auf seine Haftungsrisiken, die sich speziell aus der Konzernlage ergeben können,[401] darauf achten, dass er – **gerade für den Fall außergewöhnlicher Maßnahmen** – die Zustimmung der Gesellschafterversammlung einholt.[402] Das Einholen einer solchen Zustimmung ist ohnehin durch die meisten Satzungsregelungen vorgegeben.[403] Es gilt in der Regel für den Erwerb und die Veräußerung von Beteiligungen sowie für strukturverändernde Vorgänge in Tochtergesellschaften.[404] Insoweit verlängern sich Rechte und Pflichten in den Konzern hinein. Im Fall eines Beherrschungsvertrags wird sich die Geschäftsführung zudem an den Maßstäben des von der Rechtsprechung für die Binnenhaftung aufgestellten Verbots mit Schädigungsabsicht halten müssen, welches wiederum den Geschäftsführer der abhängigen Gesellschaft eventuell von der unbedingten Folgepflicht entbindet. Trotz des Befolgens auch nachteiliger Weisungen, die per Saldo für eine andere Gruppengesellschaft vorteilhaft sein mag, ist hier das Konzerninteresse – in Anlehnung an die Bestimmung des § 43 Abs. 3 GmbHG und in finanziellen Fragen unter Berücksichtigung des Gedankens der Verhältnismäßigkeit – zu bestimmen, ob Unternehmensfunktionen in einem Umfang entzogen werden, dass die abhängige Gesellschaft allein nicht mehr lebensfähig ist.

Im Fall der *abhängigen Konzerngesellschaft* ist die **Haftungs- und Risikolage der Geschäftsführung,** die nur dem Interesse der von ihr vertretenen GmbH verpflichtet ist, **ungleich heikler.** Im Fall des faktischen Konzerns kann sie sich zwar leichter tun und darauf beschränken, eine abhängigkeitsbedingte Einflussnahme der Gesellschafterver-

---

[399] *Drescher* GmbH-Geschäftsführerhaftung Rn. 218. Zur Annahme der Haftung des Gesellschafters als faktischer Geschäftsführer, für die es auf weitere interne Einwirkungen auf den bestellten Geschäftsführer ankommt, vgl. MüKoGmbHG/*Wißmann* § 82 Rn. 48 mwN.
[400] Insoweit ist Konzernrecht auch Organisationsrecht, vgl. *K. Schmidt* FS Lutter, S. 1167 (1179).
[401] Vgl. Oppenländer/Trölitzsch/*Drygala* § 41 Rn. 4.
[402] Vgl. BGH 29.3.1973 – II ZR 139/70, NJW 1973, 1039.
[403] Vgl. Formulierungsbeispiele aus *Haasen* in BeckFormB GmbHR Muster C.I.3. (S. 160 ff.); *Langenfeld/Miras* GmbH-Vertragspraxis, 7. Aufl. 2015, § 9.
[404] *Lutter/Bayer* § 7 Rn. 62 f.; dabei stehen den Gesellschaftern **weitgehende Informationsrechte** nach § 51a GmbHG zu, denn sie können über Angelegenheiten von Töchtern in gleichem Umfang Auskunft verlangen wie über die Angelegenheiten der Holding selbst, vgl. OLG Köln 26.4.1985 – 24 W 54/84, WM 1986, 36 (39); OLG Hamm 6.2.1986 – 8 W 52/85, ZIP 1986, 709; enger ist das Recht auf Einsicht in Unterlagen von Tochtergesellschaften, das nach bisher verbreiteter Ansicht nur im Hinblick auf 100%ige Beteiligungen besteht, vgl. Lutter/Hommelhoff/*Lutter/Bayer* GmbHG § 51a Rn. 20.

sammlung widerspruchlos hinzunehmen, jedoch stets mit der **latenten Gefahr,** in Folge aus dem Amt abberufen zu werden, wenn sie ihr nicht folgen will. Im Fall des Vertragskonzerns erscheinen – wie beim Vorstand einer abhängigen Aktiengesellschaft – die Bedingungen einfacher. Denn eine Weisung ist – im Zweifel auf der Grundlage des Beherrschungsvertrags – unbedingt zu beachten, es sei denn, sie widerspräche dem Konzerninteresse. Doch wird es nicht so einfach sein, sich auf den Vollzug der erteilten Weisung zu beschränken, wenn – schon im Hinblick auf die Interessen von Minderheitsgesellschaftern – die Geschäftsführer (über den Fall der gesetzlich angenommenen Evidenz hinaus) verpflichtet bleiben, die anweisende Geschäftsführung der Obergesellschaft rechtzeitig über maßgebliche Aspekte zu informieren bzw. im Fall der mehrstufigen Organisation eines Konzerns sich passende Koordinationsabreden der übergeordneten Gesellschaften vorlegen zu lassen.[405] Letztlich ist die **Weisungsgebundenheit** des Geschäftsführers einer GmbH **nicht ohne gleichzeitige Pflicht zur Prüfung** ernsthaft realisierbar. Das Abweichen der Geschäftsorganisation von der Konzernstruktur zwingt ihn geradezu, den Weisungen besondere Beachtung zu schenken, die den Erhalt des Vermögens der Gesellschaft gefährden können, während die Weisungen im Rahmen routinierter Abläufe – insbesondere zwischen den Matrixeinheiten – eventuell nur punktueller Überwachung bedürfen. Dazu sind allerdings besondere Anforderungen zu stellen, wenn das Weisungsrecht an andere Personen delegiert sein sollte (→ Kap. 3 Rn. 168 ff.).

---

[405] Im Fall der Delegationslösung wird sich die Prüfungspflicht der Geschäftsführung der Enkelgesellschaft sogar auf den korrekt erfüllten Tatbestand der Delegation erstrecken, vgl. MüKoAktG/*Altmeppen* § 310 Rn. 29, sowie → Rn. 76.

D. Ausübung des Weisungsrechts durch Dritte und dessen Übertragung

Mit Rücksicht auf die an optimierten Arbeitsprozessen interessierten Verantwortlichen einer Matrixorganisation stellt sich nunmehr die Frage, ob und inwieweit die Mutter- oder Obergesellschaft die Leitungsmacht auf die wiederum für die Arbeitsergebnisse in einer Matrix verantwortlichen Manager, Mitarbeiter und sonstigen Personen übertragen kann. Mit Rücksicht auf das Primat der Effizienz drängt es sich auf, die Entscheidungslinien ebenfalls zu optimieren. Die in der Wertschöpfung operativ tätigen Fach- und Führungskräfte sollen zumindest im Tagesgeschäft direkt miteinander kommunizieren. Die Organe sollen sich auf die strategischen Themen der Geschäftspolitik idealiter beschränken können. Insoweit soll nicht jeder Störfall in der Ablauforganisation auf die nächsthöhere Ebene eskaliert werden, um letztlich in der Konzernspitze zu landen. Die erforderlichen Geschäftsprozesse sollen auf den operativen Ebenen entsprechend den Markterfordernissen rasch und ergebnisorientiert ablaufen. Es hat sich in der Praxis die Übung durchgesetzt, die hierfür **erforderlichen Unternehmensverträge entlang der Unternehmenshierarchie** im Konzern zu schließen und das sich ergebende Weisungsrecht insoweit durch Matrixmanager im operativen Geschäft ausüben zu lassen.[406] Dabei erscheint es **besonders praktikabel,** wenn die **Weisungen durch Dritte, selbst wenn sie nicht Konzern- oder Unternehmensangehörige** sind, ausgeübt werden. Die Weisungsformen umfassen zum einem die in den vorhergehenden Abschnitten beschriebenen Rechte zur Weisung gegenüber Organvertretern auf der Grundlage eines Beherrschungsvertrags (im Folgenden → Rn. 135 ff. I.) und im Fall der GmbH ergänzend auf der Grundlage eines Beschlusses der Gesellschafter (im Folgenden → Rn. 170 ff. II.) bzw. zum anderen die auf der anstellungsvertraglichen Grundlage gegebenen Anweisungen (im Folgenden → Rn. 175 ff. IV.). Schließlich sind zwei in der Praxis hilfreiche Muster zur Gestaltung der Übertragung der Befugnis zur Weisung beigefügt (im Folgenden → Rn. 176 f.). Exkursorisch sind noch die latent gegebenen Fragen zu klären, wer denn die Arbeitgeberfunktion in einer Matrix repräsentiert und wie man diesem Phänomen anstellungsvertraglich gerecht werden kann (im Folgenden → Rn. 178 ff. Abschn. E., Rn. 178 ff.). Insgesamt geht es um den **Umfang und die Grenzen der Delegation** des Weisungsrechts auf Dritte, soweit damit unternehmensrechtliche Leitungsmacht der Obergesellschaft (beginnend mit der Konzernspitze) auf diese Personen übertragen wird.

I. Möglichkeiten der Übertragung eines beherrschungsvertraglichen Weisungsrechts nach § 308 Abs. 1 AktG

Fall 4:[407] Es ist vom Beherrschungsvertrag des Falls 1 (→ Rn. 44) auszugehen. Zu den möglichen Weisungslagen sind folgende Varianten aus der Praxis nachgebildet:

Variante 1: Der Leiter des Konzerncontrollings legt dem Vorstand der X AG eine Übersicht der voraussichtlich zu erwartenden Gewinne für das demnächst ablaufende Geschäftsjahr bei den einzelnen Tochtergesellschaften vor. Hierbei einigt man sich, dass er seinen Ansprechpartnern bei den jeweiligen Gesellschaften, ua bei der Y AG, ein Memorandum mit folgendem Inhalt übermittelt:

„… erfreut. Daher darf ich Ihnen auch nach Abstimmung mit dem Vorstand der X AG mitteilen, dass nach dem Prüftestat der gesamte Gewinn der Unternehmensgruppe zum [Datum] in nach Möglichkeit prognostizierter Höhe auf das Konto des Struktur-

---
[406] *Seibt/Wollenschläger* AG 2013, 229 (232); zum Inhalt des (arbeitsrechtlich relevanten) Weisungsrechts des Matrixmanagers → Kap. 3 Rn. 3 ff.
[407] Weitere Fälle zur Gestaltung eines Beherrschungsvertrags → Rn. 44.

fonds bis zum [Datum] gezahlt wird... Sobald die Sanierungsmaßnahmen abgeschlossen sind, wird der überschüssige Betrag im Verhältnis zu den jetzt geleisteten Beiträgen der jeweiligen Gruppengesellschaften der X-Gruppe zurückgezahlt..."

Variante 2: Der Leiter des Konzerncontrollings sendet folgende Weisung an die Finanzdirektoren der Unternehmensgruppe der X AG, wobei er Bezug auf eine gemeinsame Besprechung nimmt, die ua die Bewertung von betriebsnotwendigen Grundstücken zum Gegenstand hatte:

„Mit Rücksicht auf das ablaufende Geschäftsjahr weise ich Sie nach Abstimmung mit dem Vorstand darauf hin, dass alle nicht betriebsnotwendigen Grundstücke zu veräußern sind..."

Die Y AG sieht sich daraufhin gezwungen, stille Reserven aufzulösen, so dass sie zwar für das laufende Geschäftsjahr zwar keinen Verlust ausweisen muss, allerdings aufgrund der derzeit bestehenden Gesamtlage des Konzerns keine Mittel mehr für geschäftsnotwendige Investitionen zur Verfügung hat. Hierzu holt sie ein bestätigendes Gutachten einer führenden Wirtschaftsprüfungsgesellschaft ein, das zum Ergebnis kommt, mit Befolgen dieser Weisung sei die Existenz der Y AG sogar gefährdet.

Variante 3: Nachdem der Vorstand der Y AG sowohl dem Aufsichtsrat als auch dem Vorstand der X AG das Gutachten der Wirtschaftsprüfungsgesellschaft vorgelegt hat, einigt man sich auf den Einsatz eines Mitarbeiters der X AG, der als Generalbevollmächtigter die Sanierung des am meisten defizitären Produktbereichs C übernehmen soll. In dem Entsendungsschreiben stellt der Vorstand der X AG fest, dass

„... Herr F. für die Dauer seines Einsatzes für die Sanierung des Produktbereiches C der Y-Gruppe funktionell ausschließlich der X AG verantwortlich ist..."

Fall 5: Im Beherrschungsvertrag aus dem Fall 1 (→ Rn. 44) werden die Absätze 1 und 3 der Bestimmung des § 1 wie folgt geändert:

Absatz 1[408]

„(1) Die Y AG unterstellt sich der Leitung der X AG als herrschendes Unternehmen. Der Vorstand der X AG ist berechtigt, den Mitgliedern des Vorstands der Y AG sowohl allgemeine als auch einzelfallbezogene Weisungen zu erteilen. Dem Vorstand der Y AG ist gestattet, sowohl ihm direkt berichtenden Mitarbeitern der Y AG als auch Organvertretern von Gesellschaften, an denen die Y AG direkt und mehrheitlich beteiligt ist, nach Maßgabe der weiteren Bestimmungen dieses Vertrags die Ausübung des Rechts zu Weisungen zu übertragen; im Einzelfall sind Bevollmächtigungen gestattet, solange sie schriftlich erfolgen und jederzeit widerruflich sind."

Absatz 3:[409]

„(3) Die X AG enthält sich aller Weisungen, deren Befolgen bei objektiver Betrachtung für die Belange der Y AG oder deren Beteiligungen nachteilig ist, insbesondere wenn im Zeitpunkt des Empfangs der Weisung abzusehen ist, dass ein Verlustausgleich nur durch Entnahme von Beiträgen aus anderen Gewinnrücklagen möglich ist. Das gleiche gilt, wenn eine Geschäftsführungsmaßnahme so wesentlich ist, dass eine dauernde Erfüllung von sonstigen Verpflichtungen gefährdet ist. Im jeweiligen Fall hat der Vorstand der Y AG über die wesentlichen Umstände, die ein Abstandnehmen von der beabsichtigten Weisung begründen, den Vorstand der X AG unaufgefordert, rechtzeitig und umfassend in Kenntnis zu setzen und einen Vorschlag zu einer alternativen Vorgehensweise schriftlich vorzulegen."

136 Regelmäßig finden sich in Beherrschungsverträgen Bestimmungen, welche das Weisungsrecht nicht durch das herrschende Unternehmen selbst, sondern durch andere Kon-

---

[408] Siehe jeweils Praxisbeispiele bei *Bayer* AG, Sonderheft Oktober 2015, 49 f.
[409] Vgl. zur allgemeinen Verlustübernahmeklausel bei *Schüppen/Schaub* Muster Rn. 185.

zerngesellschaften⁴¹⁰ oder durch sonstige Beauftragte vorsehen. Diese bereits frühzeitig beobachtete Vertragspraxis entspringt dem **Bestreben** nach einer **Optimierung der Konzernorganisation.**⁴¹¹ Im mehrstufigen Konzern kann es sogar sinnvoll sein, das **Weisungsrecht** nicht von der Konzernspitze selbst, sondern **von einer anderen Konzerngesellschaft ausüben zu lassen.**⁴¹² Insofern ist in einem Unternehmensverbund bei der Klärung der Zulässigkeit der Übertragung eines ausgeübten Weisungsrechts auch dessen Inhaberschaft zu klären. Erst dann lassen sich der Kreis der Bevollmächtigten und die mögliche Gestaltung einer Vollmacht näher bestimmen.

1. Inhaber des Weisungsrechts

Das Weisungsrecht steht nach § 308 Abs. 1 S. 1 AktG im Falle eines Beherrschungsvertrags dem herrschenden Unternehmen zu.⁴¹³ Es wird – wie es die Bestimmung des § 309 Abs. 1 AktG festlegt – von dessen gesetzlichen Vertreter ausgeübt. Nach einhelliger Ansicht ist damit im weitesten Sinne **jedes vertretungsberechtigte Organ** des herrschenden Unternehmens einschließlich der vertretungsberechtigten Gesellschafter bei den Personengesellschaften und der Organe der Körperschaft des öffentlichen Rechts gemeint.⁴¹⁴ **Matrixmanagern fehlt** als unmittelbarer Vertragspartner eines Beherrschungsvertrags **die Parteifähigkeit;** sie scheiden daher als Weisungsberechtigte aus.⁴¹⁵ Das herrschende Unternehmen (und damit seine jeweiligen Organvertreter) sind daher Inhaber des Weisungsrechts und haben somit die Möglichkeit, die Ausübung des Weisungsrechts auf Dritte durch Delegation zu übertragen. Dabei wird üblicherweise unterschieden zwischen der Übertragung des Weisungsrechtes und der rechtsgeschäftlichen Bevollmächtigung. 137

2. Übertragung der Ausübung des Weisungsrechts

Wenn die Ausübung des Weisungsrechts den gesetzlichen Vertretern des herrschenden Unternehmens vorbehalten ist, bleibt die Frage bestehen, ob sie **vertraglich hiervon abweichen** können. Nach allgemeiner Ansicht wird es der Leitung des herrschenden Unternehmens möglich sein, die Weisungsbefugnis zu delegieren.⁴¹⁶ Haftungsdefizite darf es aber nicht geben, wenn sich das herrschende Unternehmen bzw. dessen gesetzliche Vertreter des Weisungsrechtes entledigen.⁴¹⁷ Eine zuverlässige Übertragung der Ausübung des Weisungsrechts und *nicht* des Weisungsrechtes selbst liegt vor, wenn es von anderen als den gesetzlichen Vertretern ausgeübt werden soll, aber gleichzeitig die bisherige Interessensbindung nach § 308 Abs. 1 S. 2 AktG an das herrschende Unternehmen und damit an den Konzern aufrecht erhalten bleiben soll. Vom Standpunkt der Konzernspitze handelt es sich dann um die **Wahrnehmung von Aufgaben der Geschäftsführung durch Andere.** Das Weisungsrecht **verbleibt jedenfalls beim herrschenden Unternehmen,** selbst wenn es Dritte kraft Delegation ausüben. 138

Insofern kommt unter **Berücksichtigung der Bindung an das Konzerninteresse** eine Übertragung der Ausübung des Weisungsrechts auf Dritte, dh Konzerngesellschaften, Angestellte oder sonstige Beauftragte, in Betracht.⁴¹⁸ Eine Auffassung sieht darin, dass Per- 139

---

⁴¹⁰ § 2 des Beherrschungsvertrag SEL, vgl. *Luchterhandt* Deutsches Konzernrecht S. 230; *Bayer* FS Ballerstedt, S. 164.
⁴¹¹ Vgl. *Knoblau* Leitungsmacht S. 46.
⁴¹² *Exner* Beherrschungsvertrag S. 155.
⁴¹³ Ebenso § 308 Abs. 2 S. 1; Abs. 3 S. 2 AktG.
⁴¹⁴ Begründung zum Regierungsentwurf des § 309 AktG bei RegBegr/*Kropff* S. 404; *Emmerich/Habersack* Aktien- und GmbH-Konzernrecht AktG § 308 Rn. 11.
⁴¹⁵ *Seibt/Wollenschläger* AG 2013, 229 (231).
⁴¹⁶ Ausführlich zum Streitstand *Exner* Beherrschungsvertrag, S. 156 ff.
⁴¹⁷ Spindler/Stilz/*Veil* AktG § 308 Rn. 12.
⁴¹⁸ Insgesamt *Exner* Beherrschungsvertrag, S. 161 ff.

sonen eine organähnliche Stellung eingeräumt wird, die grundsätzlich unübertragbar ist.[419] Andere stören sich bereits daran, dass eine Übertragung der Ausübung des Weisungsrechts zu einem „Kompetenzwirrwarr" führen muss, so dass vor allem in weit verzweigten multinationalen Unternehmensgruppen kaum überblickt werden kann, wer nun Inhaber des Weisungsrechtes ist.[420] Die Auffassungen betrachten entweder die Delegation des Weisungsrechts als generell unzulässig[421] oder verlangen wenigstens einschränkende[422] Voraussetzungen.[423] Die **herrschende Meinung im Schrifttum** folgt diesen Überlegungen nicht. Sie sieht eine **Delegation für zulässig an, soweit sie sachlich und zeitlich beschränkt ist.**[424] Im **Fall 5** sind die beherrschungsvertraglichen Grundlagen zur Übertragung der Ausübung des Weisungsrechts nach beiden Auffassungen gewahrt, während im **Fall 4** die sog. normative Kraft des Faktischen genutzt wird. Solange keine Delegationspraxis wirksam in Kraft getreten ist, kann der Leiter des Konzerncontrollings nur kraft seiner persönlichen Überzeugungskraft die für das Finanzwesen verantwortlichen Ansprechpartner in den Gruppengesellschaften zur Gewinnabführung **(Variante 1)** oder zur Veräußerung von nicht betriebsnotwendigen Grundstücken **(Variante 2)** bewegen. Die **Variante 3** geht bereits von einem gewissen Handlungsdruck aus. Der entscheidende Passus des Entsendungsschreibens lässt sich ggf. als **generelle Handlungsvollmacht einstufen,** wird aber nur den Voraussetzungen der herrschenden Auffassung im Schrifttum gerecht.[425]

140   Im Ergebnis ist dieser Auffassung zu folgen: Unabhängig ob nur ein Weisungsrecht im Beherrschungsvertrag geregelt ist und nicht zwingend auch dessen Delegation, verbleibt es beim Vorstand der beherrschten Gesellschaft, ob er in Fällen der beherrschungsvertraglichen Weisung „übergangen" wird.[426] Er selbst kann schließlich im Rahmen des Direktionsrechts nach § 106 GewO die eigenen Mitarbeiter anweisen, den Gegenstand der Weisung, die er direkt erhalten hat, entsprechend den arbeitsrechtlichen Voraussetzungen wirksamer Leistungsbestimmung umzusetzen. Auf diesem Weg wird dann eine direkte Weisung der Obergesellschaft gleichsam im Ergebnis umgesetzt. Das einzige Argument für diesen Weg über das **Organ der beherrschten Gesellschaft** liegt darin, dass – trotz direkter Delegation – bei diesem **ein Prüfungsrecht** hinsichtlich der Zuständigkeit und Zulässigkeit einer beherrschungsvertraglichen Weisung **verbleiben muss.**[427] Diese Bedingung **stellt sicher,** dass der nicht unmittelbar involvierte Vorstand oder Geschäftsführer feststellen kann, **ob und inwieweit** sich das von ihm geführte Unternehmen der Leitung der herrschenden Gesellschaft **unterstellen muss.** Eine komplette Übertragung der Leitungsmacht ist damit ausgeschlossen, was dann wiederum Einfluss auf die Art der Delegation hat.[428] Das wird man in der **Variante 3 des Falles 4** bejahen dürfen. In den anderen **Varianten 1 und 2** wird es – nicht nur für den Fall der Y als GmbH – darauf ankommen, ob die Weisungen dem Konzerninteresse dienen oder evident Missbrauch vorliegt (wobei für den Fall einer Y AG unterstellt wird, dass ein Beherrschungsvertrag mit Delegationsbefugnissen an die nächste Ebene existiert). Die Prüfung obliegt der „übergangenen" Geschäftsleitung der Y AG oder GmbH.

---

[419] Vgl. *Kantzas* Weisungsrecht S. 81, der dabei auf die haftungsrechtlichen Themen verweist.
[420] *Zietz* Vertragskonzern S. 67 f.; *Brachvogel* Leitungsmacht S. 46 f.; *Exner* Beherrschungsvertrag, S. 162.
[421] *Kantzas* Weisungsrecht S. 82; *Neuhaus* Organhaftung S. 85.
[422] *Knoblau* Leitungsmacht S. 47 f., Schriftform.
[423] *Kantzas* Weisungsrecht S. 82; *Exner* Beherrschungsvertrag S. 84, welche Delegationen nur an Organmitglieder adressiert sehen wollen, um der Unübertragbarkeit der organähnlichen Stellung sowie der Grundkonzeption der Haftungsregelung gerecht zu werden. Das entspricht einer geübten Vertragspraxis, vgl. *Bayer* AG Sonderheft Oktober 2015, 49.
[424] Vgl. *Emmerich/Habersack* Aktien- und GmbH-Konzernrecht AktG § 308 Rn. 12 ff.; *Hüffer/Koch* AktG § 308 Rn. 6 mwN.
[425] *Spindler/Stilz/Veil* AktG § 308 Rn. 12 f.
[426] Im GmbH-Vertragskonzern gilt das natürlich auch für die Geschäftsführung, die auf diese Weise ihre Leitungsmacht an die Obergesellschaft abgibt, statt aller: *Henze/Lübke* Der Konzern 2009, S. 159 f.
[427] Vgl. dazu *Holle* Legalitätskontrolle S. 208 f. mwN; → Kap. 4 Rn. 98 ff. (AG); → Rn. 126 ff. (GmbH).
[428] Vgl. *Henze/Lübke* Der Konzern 2009, S. 160.

a) Übertragung des Weisungsrechts

Von einer Übertragung wird regelmäßig dann gesprochen, wenn Dritte zur Ausübung des Weisungsrechts *anstelle* der Vertreter des herrschenden Unternehmens „ermächtigt" werden. Eine solche **Zession gilt als unmöglich,** da das Weisungsrecht **kein selbstständiges übertragbares subjektives Recht iSd §§ 398 und 413 BGB ist.**[429] Im Grunde stellt ein solcher Vorgang das Entäußern oder Auswechseln des „herrschenden Unternehmens" iSv § 308 Abs. 1 S. 1 AktG dar. Insofern handelt es sich um eine **Vertragsänderung,** die nur unter den Voraussetzungen des § 295 AktG möglich ist.[430] Diese Übertragungsform ist in einer Matrixorganisation insoweit **unpraktisch.**[431]

141

b) Delegation durch Bevollmächtigung

Wenn die gesetzlichen Vertreter des herrschenden Unternehmens ihr Weisungsrecht nicht persönlich ausüben, können sie sich hierzu der Mithilfe weiterer Personen bedienen. Das Ausüben des Weisungsrechtes selbst stellt einen **Akt der Vertretung** dar, so dass es nach den Regeln der rechtsgeschäftlichen Bevollmächtigung (§§ 164 ff. BGB)[432] übertragen werden kann;[433] damit ist auch das Recht zur **Unterbevollmächtigung** umfasst.[434] Der **Kreis potentieller Vollmachtsempfänger** beschränkt sich zudem nicht auf Mitarbeiter des herrschenden Unternehmens.[435] Hier lassen sich allerdings die Weisungsbefugnisse auch auf der Grundlage bestehender Anstellungsverträge durch entsprechende Vollmachten der Prokura oder Handlungsvollmacht (§§ 48, 54 HGB) regeln. Eine Übertragung der Ausübung des Weisungsrechts ist dann – zumindest wenn es sich vorzugsweise um Angehörige der zweiten Führungsebene handelt – meistens **deckungsgleich** mit einer Weisung im Sinne des Leistungsbestimmungsrechts nach § 106 GewO,[436] welche als Anweisung zu verstehen ist.

142

In der Praxis einer Matrixorganisation ist die Delegation der Ausübung des Weisungsrechts auf beliebige **Dritte,** welche also als Mitarbeiter einer Konzerngesellschaft oder als Auftragnehmer *außerhalb* des herrschenden Unternehmens stehen, eher bedeutsam. Erst mit der rechtsgeschäftlichen Bevollmächtigung werden diese Delegatare zu **Erfüllungsgehilfen des herrschenden Unternehmens** bei der Ausübung seiner Rechte und der Wahrnehmung seiner Pflichten aus dem Beherrschungsvertrag.[437] Eine grundsätzlich zulässige Delegation im Sinne der Bevollmächtigung Dritter kann unzulässig sein, wenn es

143

---

[429] HM *Emmerich/Habersack* Aktien- und GmbH-Konzernrecht AktG § 308 Rn. 16 mwN.
[430] *Emmerich/Habersack* Aktien- und GmbH-Konzernrecht AktG § 308 Rn. 16.
[431] *Seibt/Wollenschläger* AG 2013, 229 (233).
[432] Nach *Hüffer/Koch* AktG § 308 Rn. 5 kann es auch in der Form des Ausübungsermächtigung gemäß § 185 BGB erfolgen; *Rehbinder* ZGR 1977, 581 (610) mwN. Eine Ermächtigung zur Ausübung des Weisungsrechts kommt immer nur dort in Frage, wo ein handelnder Organvertreter an sich keine Vertretungsmacht oder interne Geschäftsführungsbefugnis im Hinblick auf die Ausübung der Konzernleitung hat (§§ 308, 78, 82 AktG); dazu können ihn die anderen Organvertreter ermächtigen, vgl. MüKoAktG/*Altmeppen* § 308 Rn. 7.
[433] *Emmerich/Habersack* Aktien- und GmbH-Konzernrecht AktG § 308 Rn. 13; MüKoAktG/*Altmeppen* § 308 Rn. 35 mwN.
[434] Zu den Voraussetzungen und zur Abgrenzung zur Hauptvollmacht: BGH 5.5.1960 – III ZR 83/59, BGHZ 32, 250.
[435] *Seibt/Wollenschläger* AG 2013, 229, 233 mwN, vgl. sogleich unter → Rn. 144 ff.
[436] *Hüffer/Koch* AktG § 308 Rn. 5; *Exner* Beherrschungsvertrag, S. 154 ff.
[437] Mit entsprechenden Konsequenzen für die Haftung, wonach der Delegatar regelmäßig aus der Verletzung von möglichen Pflichten aus dem Auftrag oder Geschäftsbesorgungsvertrag iVm der Vollmacht gem. §§ 662, 675 Abs. 1, 665, 167 iVm 280 Abs. 1 BGB; §§ 48, 54 HGB haftet. Das herrschende Unternehmen wiederum, das seine Rechte und Pflichten aus dem Beherrschungsvertrag zu beachten hat, wird bei einer schuldhaften Verletzung des Beherrschungsvertrags durch die Delegatare gem. § 309 AktG (analog) iVm §§ 31 und 278 BGB einstehen müssen, während die gesetzlichen Vertreter entweder nach § 309 AktG haften oder zumindest wegen Auswahlverschuldens (§ 664 Abs. 1 S. 2 BGB). Allerdings sind diese Fragen insgesamt strittig; vgl. zum Streitstand *Emmerich* FS Sonnenschein, S. 651 (652); MüKoAktG/*Altmeppen* § 308 Rn. 40 ff.

in der Sache auf eine Übertragung des Weisungsrechtes hinausläuft.[438] Das ist der Fall, wenn die Leitungsmacht vom herrschenden Unternehmen an einen Dritten vollständig abgegeben wird.[439] Somit ist eine **sachliche und zeitliche Beschränkung** der Übertragung des Weisungsrechtes **geboten**,[440] zumal diese Vorgehensweise bei konzernverbundenen Unternehmen häufig naheliegt.[441] Damit sind besondere Anforderungen an die konkrete Gestaltung der Bevollmächtigung gestellt. Insoweit lässt sich zweifeln, ob das Entsendungsschreiben in der **Variante 3 des Falles 4** dem erforderlichen begrenzten Umfang einer zulässigen Delegation gerecht wird. Die modifizierte Fassung des § 1 Abs. 1 des Beherrschungsvertrags in **Fall 5** ermöglicht weitaus rechtssichere Übertragung von Befugnissen, da sie verfahrenstechnisch den Delegatar **diszipliniert;** zudem **präzisiert sie** in der weiteren Ergänzung von § 1 Abs. 3 des Beherrschungsvertrags das Zusammenspiel zwischen herrschender und beherrschter Gesellschaft für den Fall finanzkritischer Situationen. Damit sind inhaltlich und zeitlich Grenzen gesetzt.

3. Kreis der Bevollmächtigten

144 Im Folgenden ist zu unterscheiden zwischen den Personen, die **allesamt nicht Organvertreter** und daher im Rahmen von beherrschungsvertraglichen Weisungslagen **nicht unmittelbar Vertreter der jeweils beherrschten Gesellschaft** sind. In der Regel handelt es sich um Mitarbeiter von konzernabhängigen Gesellschaften oder sonstige im Rahmen von konzernbezogenen Geschäftsbesorgungen tätige Personen. Eine Besonderheit sind Mitarbeiter des herrschenden Unternehmens, soweit an sie das Weisungsrecht von der beherrschten Gesellschaft delegiert, praktisch rückübertragen, ist.

a) Mitarbeiter des herrschenden Unternehmens

145 **aa) Durch direkte Anweisung der Organvertreter.** In der Regel handelt es sich um Mitarbeiter der zweiten Führungsebene, welche aufgrund direkter Berichtslinie an die Mitglieder des Vorstandes bzw. der Geschäftsführung **schon weisungsgebunden** im Rahmen des arbeitgeberseitigen Direktionsrechts sind.[442] Mit Rücksicht auf den Konzernbezug der zu erledigenden Aufgaben[443] sind dieser Weisungsgebundenheit dahingehend Grenzen gesetzt, dass die **Delegation nur im Rahmen der Sachbereiche** stattfinden kann, **in denen sich der Konzernbezug auswirkt.**[444] Damit sind nicht nur dem beherrschungsvertraglichen Weisungsrecht, sondern auch in inhaltlicher Hinsicht dem Weisungsrecht des Arbeitgebers nach § 106 S. 1 GewO Grenzen gesetzt. In diesem Rahmen werden schließlich Mitarbeiter der Konzernspitze, was allerdings dann auch für jedes herrschende Unternehmen im mehrstufigen Unternehmensverbund gilt, ihre Aufgaben zu erledigen haben. Die **Grenzen** der Leitungsmacht, welche im Rahmen des beherrschungsvertraglichen Weisungsrechts übertragen ist, **sind vom Konzerninteresse** gemäß § 308 Abs. 2 S. 2 AktG **vorgegeben.**

146 **bb) Durch Delegation der konzernabhängigen Gesellschaft.** Unternehmen sind üblicherweise hierarchisch strukturiert. Das gilt auch für verbundene Unternehmen. Matrix-

---

[438] → Rn. 138 f.
[439] Für den Fall einer Vertragsübernahme möglich. Spindler/Stilz/*Veil* AktG § 308 Rn. 13.
[440] *Emmerich/Habersack* Aktien- und GmbH-Konzernrecht AktG § 308 Rn. 15; *Altmeppen* Managerhaftung S. 14 ff.
[441] Spindler/Stilz/*Veil* AktG § 308 Rn. 12; Hüffer/*Koch* AktG § 308 Rn. 5.
[442] → Kap. 3 Rn. 11 ff.
[443] → Rn. 118 ff.
[444] Vgl. hierzu *Henze/Lübke* Der Konzern 2009, 160. Im **Fall 4** wäre es zumindest das Finanz- und Rechnungswesen, wenn man es als Teil es (Konzern-)controllings anzusehen wäre. Unter betriebswirtschaftlichen Gesichtspunkten ist das zweifelhaft, zumal das Controlling erst die Erkenntnis liefert, welche zu einem Handeln im Rechnungswesen (Abführen des gesamten Gewinns einer Gruppengesellschaft) führt.

organisationen stellen keine Ausnahme dar. Weisungen werden somit üblicherweise „von oben nach unten" gegeben bzw. das Recht wird zur Ausübung der Weisung entsprechend übertragen. Es sind Konstellationen denkbar, in denen die abhängige Gesellschaft an das herrschende Unternehmen das ihr kraft eines Beherrschungsvertrags zustehende Weisungsrecht delegiert.[445] Das Weisungsrecht wird damit erst einmal **in der untypischen Gegenrichtung „von unten nach oben" übertragen,** bevor es – hierarchisch üblich – ausgeübt wird. Ob und inwieweit eine solche Delegation überhaupt zulässig ist, ist höchstrichterlich bislang nicht entschieden. Das OLG München[446] hat die Vertretung der Tochter durch die Mutter **für grundsätzlich möglich** erachtet, allerdings aufgrund einer zu weit gefassten Vollmacht diese als schwebend unwirksam angesehen, solange nicht eine Weisung der Mutter zur Vornahme des Rechtsgeschäfts hinzukommt. Dabei hat das Gericht es als ausreichend betrachtet, wenn der Tochtervorstand das Geschäft gemäß § 177 Abs. 1 BGB genehmigt, weil er damit die **nötige Kontrolle nachholt.**[447] Eine Vollmacht der abhängigen Gesellschaft an das herrschende Unternehmen, mit der diesem ermöglicht ist, **ohne Weisung direkt** für die abhängige Gesellschaft zu handeln, gilt auf jeden Fall als zu umfassend und damit als **unwirksam.**[448] Denn dadurch würde die Kontrollfunktion des Tochtervorstands gegenüber Weisungen der Muttergesellschaft unterlaufen werden.[449] Daraus wird geschlossen, dass eine Vollmacht so genau umrissen sein soll, um im Vorhinein die möglichen Vertretungshandlungen der Muttergesellschaft einer erforderlichen Kontrolle durch den Tochtervorstand unterziehen zu können. Damit ist die sachliche und zeitliche Beschränkung der delegierten Weisungsbefugnis gewahrt.[450] Die Voraussetzungen erfüllt die Modifikation des Beherrschungsvertrags in § 1 Abs. 1 bei **Fall 5.**

Der **Gegenansicht,** welche eine Delegation des Weisungsrechts an Mitarbeiter des herrschenden Unternehmens ablehnt,[451] ist – vorausgesetzt der Umfang der Vollmacht ist hinreichend bestimmt – entgegenzuhalten, dass sich die Situation zwischen den Delegataren auf der Ebene des herrschenden Unternehmens und einem sonstigen auf der Grundlage eines Geschäftsbesorgungsvertrags tätigen Dritten nicht zwingend unterscheidet. Nach der Bestimmung des **§ 665 S. 1 BGB** ist ein Beauftragter nur berechtigt, von den Weisungen des Auftraggebers abzuweichen, wenn er **nach den Umständen annehmen darf,** dass der Auftraggeber bei Kenntnis der Sachlage **die Abweichung billigen würde.** Die Bestimmung ist damit „hierarchiefrei" zu verstehen. Sie knüpft an die Möglichkeit der nach § 177 Abs. 1 BGB gegebenen Genehmigung eines zunächst vollmachtlos im Namen des vertretenen Unternehmens bewirkten Geschäftes an. Die damit verbundene Kontrolle – im Fall der Weisungen – bezüglich der Zuständigkeit und Zulässigkeit im Sinne des § 308 Abs. 2 S. 2 AktG, also ob die Weisung im Konzerninteresse liegt, wird somit nachgeholt. Die **gemäß § 665 S. 2 BGB bestehende Anzeigepflicht** entspricht den Auskunfts- und Informationspflichten des Delegataren, wenn ihm die für die Ausübung des Leitungsrechts relevanten Umstände, insbesondere sobald sie das Gesellschaftsinteresse nachteilig berühren können, bekannt sind.[452]

---

[445] Im Fall der sog. Delegationslösung in der mehrstufigen Unternehmensverbindung mit aufeinanderfolgenden Beherrschungsverträgen muss das Weisungsrecht sogar delegiert werden, → Rn. 76.
[446] OLG München 11.7.1979 – 15 U 1532/78, AG 1980, 272; *Exner* AG 1981, 175.
[447] Zustimmend *Michalski* AG 1980, 261 (262 f.); aA *Berkenbrock* AG 1981, 69 (70 ff.); KölnKomm-AktG/ *Koppensteiner* § 308 Rn. 25.
[448] Vgl. MHdB GesR IV/*Krieger* § 71 Rn. 159.
[449] Hüffer/*Koch* AktG § 308 Rn. 9; *Exner* AG 1981, 175 (176 ff.).
[450] MHdB GesR IV/*Krieger* § 71 Rn. 156; *Emmerich/Habersack* Aktien- und GmbH-Konzernrecht AktG § 308 Rn. 32.
[451] KölnKomm-AktG/*Koppensteiner* § 308 Rn. 13 f. mwN.
[452] MüKoAktG/*Altmeppen* § 308 Rn. 57, 78 ff.; in diesem Sinne wohl auch Spindler/Stilz/*Veil* AktG § 308 Rn. 12, der allerdings auf die zugunsten außenstehender Aktionäre vorgesehenen Schutzvorschriften hinweist, wonach die dann als Delegation des Weisungsrechts deklarierte Übertragung unwirksam ist (Rn. 14).

b) Mitarbeiter einer konzernabhängigen Gesellschaft

148 Solange das beherrschte Unternehmen Vertragspartner eines Beherrschungsvertrags ist, sind bereits dessen Organvertreter verpflichtet, den Weisungen des herrschenden Unternehmens gemäß § 308 Abs. 1 S. 2 AktG zu folgen. Wie bereits ausgeführt besteht zwischen diesem direkt für die weisungsempfangsberechtigten und -verpflichteten Organvertreter und den Mitarbeitern der konzernabhängigen Gesellschaft zumindest eine anstellungsvertragliche Beziehung, in deren Rahmen wiederum der Tochtervorstand seine Mitarbeiter aufgrund des Direktionsrechts anweisen kann, unmittelbare Weisungen des herrschenden Unternehmens zu befolgen.[453] Nach allgemeiner Ansicht gehören damit auch Mitarbeiter einer konzernabhängigen Gesellschaft zum Kreis der bevollmächtigungsfähigen Personen.[454] Solange also die Organvertreter die **Möglichkeit der Kontrolle des Einwirkens** auf ihre Mitarbeiter haben, können auch diese mit der Ausübung des Weisungsrechts bevollmächtigt werden.[455]

149 Auf diesem Weg stellt zumindest der originäre Weisungsadressat, die Geschäftsleitung der abhängigen Gesellschaft, mit der ein Beherrschungsvertrag besteht, sicher, dass die von ihr zu befolgenden Weisungen umgesetzt werden. Die Geschäftsleitung kann **durch entsprechende Anordnung** gegenüber nachgeordneten Mitarbeitern unmittelbar Weisungen der Muttergesellschaft an die untere Führungsebene der Tochter ermöglichen. Diese Mitarbeiter sind dann zu überwachen, dass von ihnen keine unzulässigen Weisungen ausgeführt werden.[456] Geeignete organisatorische Maßnahmen sicherzustellen müssen allerdings vom Vorstand nicht zwingend selbst erledigt werden.[457]

c) außerhalb des Unternehmensverbunds stehende Dritte

150 Diesem Personenkreis **fehlt** üblicherweise das **Band der Weisungsfolgepflicht** auf der Grundlage eines Anstellungsvertrags gegenüber dem Organ einer beherrschten Gesellschaft. Soweit die mit Konzernbezug ausgestattete Tätigkeit **Geschäftsbesorgungscharakter** besitzt,[458] wird der bereits für den Sonderfall der Delegation des Weisungsrechts an Mitarbeiter des herrschenden Unternehmens durch die beherrschte Gesellschaft erläuterte Gedanke der **schuldvertraglich gegebenen Weisungsgebundenheit nach § 665 S. 1 BGB**[459] hier ebenfalls zum Tragen kommen. Solange eine entsprechende Einflussnahme möglich ist, besteht aus der Sicht der delegierenden Geschäftsleitung des herrschenden Unternehmens auch gegenüber dem außerhalb der Matrixorganisation stehenden dritten Geschäftsbesorger die Möglichkeit, das Weisungsrecht zu übertragen.[460] Es muss den gesetzlichen Vertretern weiterhin möglich sein, die **Ausübung der Leitungsbefugnis** durch Auswahl, Überwachung und Direktion der Dritten **zu steuern** und damit ihrer Pflicht zur ordnungsgemäßen Organisation der Konzern-Geschäftsführung nachzukommen.[461] Da allerdings in diesem Zusammenhang die Verbundenheit nicht im doppelten Maße wie bei sonstigen arbeitsvertraglich angestellten Mitarbeitern im Konzern gegeben ist, wird beim Umfang des Rechts zur Prüfung der Rechtmäßigkeit von Weisungen **besonderes Augenmerk** zuzubilligen sein.[462]

---

[453] RegBegr/*Kropff* S. 403; aA *Kantzas* Weisungsrecht S. 85; → Rn. 145.
[454] *Holle* Legalitätskontrolle S. 208 f.; *Löbbe* Unternehmenskontrolle S. 345 f.
[455] *Spinder/Stilz* AktG § 308 Rn. 12; aus diesem Grund lehnt KölnKomm-AktG/*Koppensteiner* § 308 Rn. 14 f. eine Delegation gegenüber Angehörigen des herrschenden Unternehmens durch die abhängige Gesellschaft ab, da die Kontrollierbarkeit nicht gewährleistet ist.
[456] MHdB GesR IV/*Krieger* § 71 Rn. 57 ff.
[457] MüKoAktG/*Altmeppen* § 308 Rn. 78 ff.
[458] Unabhängig ob es sich hierbei um ein Auftrags- oder dienstvertragliches Verhältnis handeln sollte, → Kap. 3 Rn. 28 ff.
[459] → Rn. 147.
[460] Insgesamt Spindler/Stilz/*Veil* AktG § 308 Rn. 12 mwN.
[461] MüKoAktG/*Altmeppen* § 308 Rn. 57.
[462] KölnKomm-AktG/*Koppensteiner* § 308 Rn. 14 und 125.

d) Zwischenergebnis

Nach allgemeiner Ansicht kann also **jede in der Matrixorganisation eingesetzte Person** zum Kreis der Bevollmächtigten zählen, soweit – spätestens mit der Vollmachtserteilung – feststeht, dass er/sie im Rahmen einer schuldvertraglich gegebenen Weisungsgebundenheit tätig ist.[463] Im Fall von Mitarbeitern anderer Konzerngesellschaften besteht die Möglichkeit der Kontrolle und des Einwirkens über deren Vorgesetzte, welche Organvertreter des beherrschten Unternehmens sind und einer Weisungsfolgepflicht nach § 308 Abs. 2 S. 1 AktG unterliegen; diese können ihre Mitarbeiter wiederum im Rahmen des Direktionsrechts gemäß § 106 GewO entsprechend anweisen, Weisungen unmittelbar zu empfangen, auszuführen und damit zu befolgen.[464] Alternativ besteht die gegenüber einem anderen Dritten aufgrund des geschäftsbesorgungsvertraglichen Weisungsrechts nach § 665 BGB mögliche Einflussnahme. Damit kann die Geschäftsleitung des herrschenden Unternehmens ihre Leitungsbefugnis sowohl gegenüber dem Führungspersonal der beherrschten Gesellschaft als auch gegenüber einem außerhalb der Matrixorganisation stehenden dritten Geschäftsbesorger[465] delegieren. Diese Auffassung ist nicht unumstritten, kann aber angesichts besonderer Prüfungs- und Informationspflichten auf Seiten der beteiligten Organvertreter als vertretbar angesehen werden und wenn sich die Bevollmächtigung auf Einzelfälle beschränkt.[466]

151

4. Gestaltung der Vollmacht

Um die Befugnis, Weisungen zu erteilen, wirksam auf Dritte zu übertragen, bedarf es erhöhter Sorgfalt beim Akt der Bevollmächtigung. Gerade in Matrixorganisationen, die von der gesellschaftsrechtlichen Konzernstruktur abweichen, empfiehlt sich, die gewünschten Zwecke der Optimierung von Arbeitsprozessen und Minimierung von Eskalationsszenarien **bei Aufsetzen des Delegationsdokuments zu berücksichtigen.** Dabei kommt es nicht nur auf die Form (im Folgenden → Rn. 153 ff. a)), sondern auch auf die präzise Identifikation der Aufgaben an, mit denen ein in der Matrixorganisation verantwortlicher Manager bzw. Mitarbeiter betraut ist. Damit wird eine Funktionsträgerschaft begründet (im Folgenden → Rn. 156 ff. b)), die den sachlichen Umfang der Aufgaben und der sich daraus innerhalb der Geschäftsorganisation ergebenden Berichtswege (im Folgenden → Rn. 159 ff. c)) beschreibt. Während der Ausübung der Vollmacht sind zudem verschiedene Regelungen empfehlenswert, die es vor allem den originär Beteiligten einer beherrschungsvertraglichen Weisungslage ermöglichen sollen, ihren Rechten und Pflichten gerecht zu werden. Dabei kommt es nicht nur darauf an, dass der „übergangene" Adressat des Weisungsrechts auf Ebene des beherrschten Unternehmens in der Lage ist, die Recht- und eventuelle Zweckmäßigkeit einer Weisung prüfen zu lassen. Vielmehr wird auf der Ebene des herrschenden Unternehmens der originäre Inhaber des Weisungsrechts auch seiner **Führungsverantwortung durch ausreichende Information** – und für den kritischen Fall – auch mit einem Rücktritt bzw. der Aussetzung der Weisung gerecht werden müssen. Dem entspricht eine Remonstrationsmöglichkeit des (unter-)bevollmächtigten, zweifelnden Weisungsempfängers.

152

---

[463] Hüffer/*Koch* AktG § 308 Rn. 4 f.; aA *Sina* AG 1991, 1 (4); *Schauß* Weisungsrecht S. 92. ff.; *Kantzas* Weisungsrecht S. 82; differenzierend: MüKoAktG/*Altmeppen* § 308 Rn. 38, 41, 56 f.

[464] In diesem Zusammenhang stellt sich die Frage, ob Weisungen unbillig sind, wenn die Übertragung der Befugnis zur Ausübung des Weisungsrechts nicht (mehr) wirksam ist, mit der Folge, dass sie unverbindlich und auch ohne weitere Prüfung nicht mehr zu beachten sind; vgl. BAG 18.10.2017 – 10 AZR 330/16, NZA 2017, 1452; zum Streitstand: *Hromadka* NJW 2018, 7; *Schauß* ArbRAktuell 2016, 518.

[465] Bereits bei Funktionsauslagerungen im Sinne eines Outsourcing ist eine Aufgabenübertragung an unternehmensfremde Dritte nicht zulässig, wenn sie die unübertragbare Führungsverantwortung des Vorstands beeinträchtigen, Spindler/Stilz/*Fleischer* AktG § 76 Rn. 66; *Fleischer* ZIP 2003, 1 (16).

[466] *Emmerich/Habersack* Konzernrecht § 23 Rn. 18.

a) Form der Vollmacht

153 Die Erklärung, mit der eine Vollmacht gemäß § 167 Abs. 1 BGB erteilt wird, ist grundsätzlich **formfrei**. Da allerdings die rechtsgeschäftlichen Vollmachten[467] **in erster Linie Außenwirkung** haben, **empfiehlt sich** bereits aus diesem Grund **Schriftform**. Für den besonders bedeutsamen Fall der Möglichkeit der Zurückweisung bei der Vornahme einseitiger Rechtsgeschäfte, wie zB im Falle einer Kündigung, wenn die Vollmachtsurkunde bei Vornahme des Rechtsgeschäfts nicht vorgelegt wird (§ 174 BGB), empfiehlt es sich ebenfalls, eine Vollmacht schriftlich auszustellen. In bestimmten Fällen kann allerdings die Vollmacht – unabhängig von der Grundregel des § 167 Abs. 2 BGB – nur in einer besonderen Form erteilt werden. Für den Wirtschaftsverkehr[468] sind hier vor allem das Ausüben von Stimmrechten,[469] die Übernahme neuer Stammeinlagen[470], das Gründen von Kapitalgesellschaften[471] oder das Bewirken von Handelsregisteranmeldungen zu nennen.[472] Ansonsten ist der Bevollmächtigte in gleicher Weise wie der Vertretene rechtlich und tatsächlich gebunden, wie die Vollmachtserteilung dem Formerfordernis des intendierten formbedürftigen Rechtsgeschäfts unterworfen ist.[473] Im Falle einer Matrixorganisation werden Grundstücksgeschäfte, für die die strenge Form der notariellen Beurkundung (§§ 311b Abs. 1 BGB, 29 GBO) gilt, noch eine Bedeutung spielen. In der Praxis werden den Organvertretern der Besitzgesellschaften Spezialvollmachten zum Erwerb oder zur Veräußerung ausgestellt sein.[474] In der allgemeinen Prozessorganisation werden **formbedürftige Bevollmächtigungen selten** zum Tragen kommen, da bereits die für besondere Vollmachten bekannten Einschränkungen (§§ 49 Abs. 2, 54 Abs. 2 HGB) auch in einer Matrix Beachtung finden.

154 Um die empfohlene Mindestform an Schriftlichkeit für das Delegationsdokument zu wahren, ist es nicht erforderlich, dass die Urkunde von dem Aussteller eigenhändig durch Namensunterzeichnung oder mittels notariell beglaubigten Handzeichens im Sinne der Schriftform nach § 126 Abs. 1 BGB unterzeichnet ist. Übliche Verbreitung durch sog. Richtlinien oder *Policies* auf elektronischem Wege sind völlig ausreichend, um den Anforderungen an die Erteilung der Vollmacht nach § 167 Abs. 1 BGB gerecht zu werden, wenn die Erklärung gegenüber sowohl dem Bevollmächtigenden als auch einem Dritten abgegeben wird. Jedoch empfiehlt es sich mit Rücksicht auf den Zweck der Vollmacht (sofern es sich nicht um eine Spezialvollmacht für ein bestimmtes Rechtsgeschäft handelt) sowie auf das besondere Vertrauensverhältnis zwischen Vollmachtgeber und Bevollmächtigtem, schriftliche Fassungen[475] oder Ausfertigungen[476] erstellen zu lassen. In dieser Form sollte mit dem **Ergänzen einer Datumsangabe** der **Aktualität** Rechnung getragen

---

[467] Ähnlich wie die Prozessvollmachten nach §§ 80 ff. ZPO; 114 Abs. 2 FamFG; vgl. Schulze/Grziwotz/Lauda/*Lauda* BGB Anh. zu §§ 611 ff. Rn. 86.
[468] *Schippers* DNotZ 2009, 353 (361 f.).
[469] §§ 47 Abs. 3 GmbHG; 134 Abs. 3 S. 3 AktG – Textform; nach § 135 AktG hat die Erklärung eines geschäftsmäßig Handelnden oder des Vertreters des Kreditinstituts gemäß den Absätzen 3 und 4 vollständig, exklusiv und dokumentationsfähig zu sein, vgl. Hüffer/*Koch* AktG § 135 Rn. 13.
[470] § 55 Abs. 1 GmbH – Textform.
[471] §§ 2 Abs. 2 GmbHG; 23 Abs. 1 S. 2 AktG – jeweils öffentliche Beglaubigung.
[472] § 12 Abs. 2 S. 2 HGB – öffentliche Beglaubigung.
[473] StRspr BGH 29.2.1996 – IX ZR 153/95, BGHZ 132, 125; Schulze/Grziwotz/Lauda/*Kristic* BGB § 164 Rn. 32; Sonderfälle bei *Rösler* NJW 1999, 1150.
[474] Beispiel zur Vermeidung unvorhersehbarer Bindungswirkung Hoffmann-Becking/Gebele/*Weidmann* Muster I.40 mwN.
[475] Für Gattungsvollmachten, die für bestimmte Arten von Geschäften erteilt werden, ist das allgemein anerkannt, während eine Generalvollmacht für den Geschäftsleiter einer juristischen Person eher abgelehnt wird; BGH 18.10.1976 – II ZR 9/75, NJW 1977, 199; BGH 18.7.2002 – III ZR 124/01, NJW-RR 2002, 1325; → Rn. 161 ff.
[476] Die Ausfertigung vertritt die in der Verwahrung des Notars verbleibende Urschrift der Urkunde im Rechtsverkehr, §§ 45 Abs. 1, 47 BeurkG. Durch die Erteilung einer Ausfertigung wird der Bevollmächtigte gegenüber Dritten legitimiert, §§ 171, 172 BGB, so dass einer Zurückweisung von Vollmachten älteren Datums wirkungsvoll begegnet werden kann; vgl. Hoffmann-Becking/Gebele/*Weidmann* I.37 Anm. 3.

werden; der Erklärende bringt mit dem **Prioritätsprinzip** zum Ausdruck, dass eventuell frühere Erteilungen von Vollmachten überholt sind, wenn in jüngerer Zeit für den gleichen Kreis an Bevollmächtigten Änderungen der sachlichen Zuständigkeiten eingetreten sind.[477] Schließlich verhindert das schriftliche Erfassen der Delegation des Weisungsrechts das Herausbilden eines Vertrauenstatbestandes, auf dessen Grundlage mögliche Bevollmächtigte wie auch deren Erklärungsempfänger von einer Anscheins- oder Duldungsvollmacht ausgehen könnten.[478]

Die Wahl der Form spielt im Fall der **Erteilung einer Untervollmacht**[479] eine Rolle, wenn sie sich wiederum nach dem der Hauptvollmacht zugrunde liegenden Rechtsverhältnis richtet. Im Falle von Auftrag und Dienstvertrag gilt gemäß §§ 664 Abs. 1 S. 1, 613 BGB, dass die Ausführung einem Dritten im Zweifel nicht überlassen werden darf. Aus den Umständen der Vollmachtserteilung kann sich im Wege der Auslegung etwas anderes ergeben. Damit sollte für diese Fälle ausdrücklich geregelt werden, ob und wie Untervollmacht erteilt werden kann.[480] Das ist insoweit bedeutsam, als die Untervollmacht nicht weitergehender als die Hauptvollmacht reichen kann,[481] aber in der Praxis gerne beschränkt wird auf bestimmte Rechtsgeschäfte im Einzelfall und damit eine Spezialvollmacht darstellt.[482] Um allerdings den Umfang bestimmen zu können, den die eine Untervollmacht begrenzende Hauptvollmacht hat, empfiehlt sich schon eine schriftliche Bestimmung des der Delegation zugrunde liegenden Weisungsrechts in diesem Dokument. 155

b) Funktionsträgerschaft

Die in einer Matrixorganisation verantwortlichen Funktionsträger üben in ihrem Einsatzbereich die Verantwortung für das erfolgreiche Umsetzen der Prozesse in den jeweiligen Geschäftsbereichen aus. Dabei erhalten sie regelmäßig Weisungen nicht von den gesetzlichen Vertretern ihrer Anstellungsgesellschaft, sondern von Dritten, bzw. üben selbst wiederum – kraft rechtsgeschäftlicher Delegation – das Weisungsrecht gegenüber anderen, entweder ihnen direkt über das Direktionsrecht verbundenen Mitarbeitern der gleichen Anstellungsgesellschaft oder gegenüber Mitarbeitern anderer konzernabhängiger Gesellschaften aus. In diesem Zusammenhang ist es daher von Bedeutung, **die den Sachbereich relevanten und kennzeichnenden Aufgaben abstrakt zu bestimmen.**[483] Die Gesamtheit der sich daraus ergebenden Verantwortung kennzeichnet den Funktionsträger, der in einer solchen Matrixorganisation tätig wird. Zur besseren Übersichtlichkeit wird dieser dann als Empfänger von Weisungen wie auch als Weisungsgeber, an den die Befugnis hierzu übertragen worden ist, hervorzuheben sein.[484] 156

Funktionsträger sind damit die **primären Adressaten** einer Bevollmächtigung zur Übertragung des Weisungsrechts. Daneben können auch **sonstige Dritte** zum Kreis der Adressaten gehören (§§ 167, 2. Alt.; 171 Abs. 1 BGB), wenn sie im Zusammenhang mit 157

---

[477] Damit erspart man sich eventuell das ausdrückliche Widerrufen einer Vollmacht, das zu deren Erlöschen gemäß § 168 BGB führt, oder der Erfordernisse nach § 172 Abs. 2 BGB. Ergänzend wäre ein entsprechender allgemeiner Vermerk, dass früher erteilte Vollmachtsregeln durch die jetzige Richtlinie oder *Policy* überholt sind, zu empfehlen; vgl. allgemein MüKoBGB/*Schubert* § 168 Rn. 4 ff. mwN.
[478] Vgl. zu diesen Erscheinungsformen Palandt/*Ellenberger* BGB § 172 Rn. 6 ff.
[479] Speziell → Rn. 166.
[480] *Müller-von Münchow* NotBZ 2010, 31 (35 f.).
[481] Vgl. *Müller-von Münchow* NotBZ 2010, 35 f. zB für den Fall einer widerruflich erteilten Hauptvollmacht, wonach eine Unterbevollmächtigung nicht unwiderruflich erklärt werden kann. Insofern gilt auch eine zunächst unbefristet erteilte Untervollmacht für beendet, wenn die befristete Hauptvollmacht endet, vgl. Palandt/*Heinrichs* BGB § 167 Rn. 12.
[482] Vgl. Schulze/Grziwotz/Lauda/*Kristic* BGB § 164 Rn. 14.
[483] In einem Einheitsunternehmen existieren hierfür üblicherweise Stellenbeschreibungen; vgl. Schaub/Koch ArbR A-Z Stichwort „Stellenbeschreibung"; *Michels* Personal 1980, 151.
[484] Solange es sich dabei um reine Funktionsbeschreibungen handelt, sind diese **mitbestimmungsfrei;** BAG 14.1.1986 – 1 ABR 82/83, NZA 1986, 531; Küttner/*Poeche* Stellenbeschreibung Rn. 2 f., zur Abgrenzung zur Arbeitsplatzbeschreibung, vgl. BAG 21.3.2012 – 4 AZR 292/10, NZA-RR 2012, 604.

dem Vertretergeschäft, also einer Weisung, Bescheid über den Umfang der Delegation wissen müssen. Ansonsten verbleibt es bei den Grundsätzen des Rechtsscheins (§§ 170, 171 Abs. 2 BGB), dh im Zweifel auf dem Stand der Verhältnisse nach der (vorletzten) bekannt gemachten Vollmachts- oder Richtlinienfassung.[485]

158 Insoweit empfiehlt sich insgesamt, in einem Delegationsdokument die **Gliederung und Struktur des jeweils betroffenen Geschäftsbereichs darzustellen** und die jeweils beauftragten Funktionsträger näher zu bezeichnen. Es empfiehlt sich eine **visualisierte Darstellung, die durch einen erläuternden Text ergänzt** wird. Zusätzlich lassen sich der Umfang als auch die Priorität der Vollmacht, insbes. für den Fall von Untervollmachten, farblich darstellen. Eine namentliche Bezeichnung des Funktionsträgers sollte im Hinblick auf beabsichtigte Änderungen und regelmäßig stattfindende Neuordnungen der Geschäftsorganisation nicht vorgenommen werden. Stattdessen empfiehlt es sich, zumindest in einem Anhang zu einer solchen Darstellung die Inhaber der entsprechenden Funktion zu einem bestimmten Zeitpunkt zu benennen. Die Vollmacht ist letztlich an den Funktionsträger bzw. Stelleninhaber im Rahmen einer Matrixorganisation gebunden und nicht an die jeweilige individuelle Person. Das entspricht auch der Abstraktheit einer (rechtsgeschäftlichen) Bevollmächtigung, so dass lediglich der **Inhaber einer Matrixfunktion Adressat der Delegation** sein kann.[486] In der betriebswirtschaftlichen Literatur haben sich hierzu verschiedene Übersichten ergeben, die sowohl die Organisationsstruktur einerseits als auch die damit verbundene Prozessorganisation andererseits abbilden, um der Dichte der Geschäftsvorgänge gerecht zu werden.[487] Dabei sind allerdings die rechtlichen Voraussetzungen zur Realisierung der damit verbundenen Vollmachten zur Ausübung des Weisungsrechts und dessen Übertragung näher zu kennzeichnen.

c) Sachlicher Umfang und Beschränkungen

159 Um im Rahmen der Delegation des Ausübens des Weisungsrechts auf Dritte ein faktisches Abgeben der Leitungsmacht vom herrschenden Unternehmen an diesen Kreis an Personen, welche keine Organfunktionen halten, zu vermeiden, ist (neben einer zeitlichen Komponente) eine **sachliche Beschränkung** der Übertragung des Weisungsrechts geboten.[488] Für die Beschränkung sind zunächst die für die Leitungsmacht bestehenden Grenzen und Schranken zu beachten.[489] Dabei geht es im Wesentlichen um die Frage, **inwieweit Weisungen nachteilig** sind, so dass Weisungsempfänger bereits aus diesem Grund eine entsprechende Bevollmächtigung in Zweifel ziehen können. Allerdings ist die Frage nach der Wirksamkeit einer Weisung von der Feststellung einer wirksamen Bevollmächtigung zu trennen. Sachliche Beschränkungen des Ausübungsrechts, insbesondere wenn es auf bestimmte Aufgabenbereiche begrenzt ist, haben somit eine besondere Bedeutung. Zunächst kommt es darauf an, ob der Gegenstand der Bevollmächtigung vom Satzungszweck bzw. vom Beherrschungsvertrag gedeckt ist. Letztlich verbleibt die Verantwortung für die Ausübung des Weisungsrechts bei demjenigen, dem es originär nach dem Beherrschungsvertrag zusteht.[490]

---

[485] MüKo BGB/*Schubert* § 170 Rn. 14.
[486] OLG Hamm 1.10.1991 – 15 W 266/91, NJW 1992, 1174 für den Fall einer vom wichtigen Geschäftsbesorgungsvertrag abstrakt bestehenden Prozessvollmacht; ausführlich MüKoBGB/*Schubert* § 164 Rn. 206 f.
[487] Vgl. www.conceptdraw.com/How-To-Guide-Matrix-Organization-Structure und das Muster einer Übertragung des Weisungsrechts innerhalb einer Matrix → Rn. 176.
[488] *Emmerich/Habersack* Aktien- und GmbH-Konzernrecht AktG § 308 Rn. 15; *Altmeppen* Managerhaftung S. 14 ff.
[489] → Rn. 62 f.
[490] Zu dieser Restriktion zwingt bereits die Haftungsregelung nach § 309 AktG, vgl. Hüffer/*Koch* AktG § 309 Rn. 6; *Henze/Lübke* Der Konzern 2009, 149 (162 f.).

D. Ausübung des Weisungsrechts durch Dritte und dessen Übertragung   Kapitel 2

Weitere Beschränkungen ergeben sich aus der Art der zu erteilenden Vollmacht: General- 160
vollmachten, welche für alle der Vertretung zugänglichen Rechtsgeschäfte erteilt werden
können, im Gegensatz zu Spezial- oder Gattungsvollmachten, die auf ein bestimmtes
Rechtsgeschäft bzw. auf bestimmte Arten von Rechtsgeschäften begrenzt sind, werden
den rechtlichen Anforderungen kaum gerecht. Dabei eignet sich auf den ersten Blick die
Generalvollmacht besonders gut zur **Konzentration der abzuwickelnden Aufgaben**
im Rahmen der – oftmals konzernweiten – **Zentralisierung von Dienstleistungen,** zB
so genannter *shared services*[491] (im Folgenden → Rn. 161 ff. aa)). Mit einer Kennzeichnung
der Berichtswege räumt der Vollmachtgeber nicht nur für den Empfänger, sondern auch
für die sonst in einer Matrixorganisation Beteiligten die Möglichkeit ein festzustellen, wer
in der **vernetzten Prozessorganisation** für bestimmte Abläufe verantwortlich ist; dabei
sind **übergreifende Berichtswege,** wie sie in einer Matrixorganisation typisch sind, abzubilden (im Folgenden → Rn. 164 bb)). Gleichzeitig sind bei der Gestaltung besondere
Pflichten der Prüfung hinsichtlich der Zuständigkeit zum Empfang von Weisungen wie
auch ihrer Rechtmäßigkeit sowie die Möglichkeit zur Remonstration zu berücksichtigen
(im Folgenden → Rn. 165 cc)). Wenn die Vollmacht keine zeitlichen Grenzen vorsieht
(im Folgenden → Rn. 167 ee)), sollten zumindest für die Vollmachtgeber als originäre Inhaber des Weisungsrechts, insbesondere direkt zugunsten des herrschenden Unternehmens, ein Recht zum Rücktritt oder zur Aussetzung der Delegation des Weisungsrechtes
eingeräumt sein. Schließlich wird die Möglichkeit der Unterbevollmächtigung zu klären
sein (im Folgenden → Rn. 166 dd)).

aa) Zulässigkeit einer Generalvollmacht. Besonders im Fall der **Bündelung von Ver-** 161
waltungsfunktionen, die durch *shared services*-Gesellschaften ausgeübt werden, ist das
Erteilen einer Generalvollmacht, mit der Weisungsrechte konzernweit delegiert werden,
sinnvoll. Kennzeichen der Generalvollmacht ist der unbeschränkte Umfang, für alle – zumindest im Bereich der Verwaltungsfunktionen anfallenden – Geschäfte tätig sein zu können.[492] Formulierungen von Vollmachten, die sich ohne jede Ausnahme auf alle Rechtsakte erstrecken, die sonst dem Organvertreter in seiner Eigenschaft zustehen oder von der
Gesellschaft und ihr gegenüber vorgenommen werden können, sind – zumindest für den
Bereich der GmbH – nach bisher bestehender Rechtsprechung ungültig[493] und können
entweder in geeigneten Fällen als sogenannte Generalhandlungsvollmacht umgedeutet[494]
oder unter besonderen Umständen als eine Einzelvertretungsbefugnis in Untervollmacht
ausgelegt werden[495]. Der Bundesgerichtshof hat dem **Erteilen von Generalvollmachten**
insoweit **Grenzen** auferlegt, als eine umfassende Übertragung der organschaftlichen Vertretungsmacht den Schutz der Gesellschafter vor einer von ihnen nicht gewollten Ausübung einer Geschäftsführungsbefugnis durch Personen, die nicht ihr Vertrauen genießen,
unterlaufen kann. Daran ändert sich auch nichts, wenn alle Gesellschafter der Erteilung
einer solchen Generalvollmacht zustimmten.[496] Schließlich habe der Geschäftsführer auch
öffentliche Pflichten zu beachten, die neben dem Interesse der Gesellschaft zugleich dem

---

[491] Exemplarisch *Schippers* DNotZ 2009, 353 ff. für die zentral auszuführenden Aufgaben und Dienstleistungen einer Konzernrechtsabteilung, welche aufgrund entsprechender Vollmachten für die Umsetzung zahlreicher zu erledigender Rechtsangelegenheiten bevollmächtigt wird; anders hingegen das eventuell als
Generalvollmacht zu verstehende Entsendungsschreiben in **Fall 4 Variante 3.**
[492] Vgl. *Happ/Bednarz* § 2 Abs. 2 in Muster 3.03 (Betriebsüberlassungsvertrag zwischen zwei Aktiengesellschaften) und § 2 Abs. 1 in Muster 3.04 (Betriebsführungsvertrag zwischen zwei Aktiengesellschaften):
„… zur Vertretung bei allen Rechtsgeschäften und Rechtshandlungen, die die Durchführung dieses Betriebsüberlassungsvertrages (oder dieses Betriebsführungsvertrags) mit sich bringt. …"; *Hofmann* Vollmachten S. 4 ff.; Hoffmann-Becking/Gebele/*Weidmann* I.37 bis I.39.
[493] BGH 18.10.1976 – II ZR 9/75, NJW 1977, 199; BGH 18.7.2002 – III ZR 124/01, NJW-RR 2002,
1325; vgl. zur älteren Rspr.: *Hübner* ZHR 143 (1979), 9 ff.
[494] BGH 18.7.2002 – III ZR 124/01, NJW-RR 2002, 1325.
[495] BGH 29.9.2011 – V ZB 1/11, DB 2011, 2842.
[496] So im Fall von BGH 18.7.2002 – III ZR 124/01, NJW-RR 2002, 1325.

Schutz der Gesellschaftsgläubiger diene, so dass seine Aufgaben und die Verantwortung für deren Erfüllung nicht auf einen anderen übertragen werden können.[497] Es können entsprechende Befugnisse zur unbeschränkbaren Vertretung (§ 37 Abs. 2 GmbHG) und zur unbeschränkten Geschäftsführung (§ 35 Abs. 1 GmbHG) nicht insgesamt einem Dritten anvertraut werden, ohne diesen gleichzeitig zum Geschäftsführer zu bestellen. Damit ist nicht nur eine **organersetzende,** sondern auch eine organvertretende **Generalvollmacht schlechthin ungültig.**[498] Diese Argumentation entspricht der im Rahmen der differenzierten Betrachtung der Übertragung des Weisungsrechtes abgelehnten Zession, wenn sich der Dritte, an den das Recht zur Ausübung des Weisungsrechts übertragen wird, an die Stelle des Vertreters des herrschenden Unternehmens setzte.[499] Schließlich entspricht es der Auffassung, dass eine Stellvertretung in Fällen nicht möglich ist, bei denen **Höchstpersönlichkeit im vertretungsrechtlichen Sinne**[500] verlangt wird,[501] mit der Folge, dass ein dennoch vorgenommenes Vertretergeschäft unheilbar nichtig ist.[502]

162 Inwieweit sich die Argumentation der Rechtsprechung im heutigen Rahmen von Matrixorganisationen aufrechterhalten lässt, ist zweifelhaft.[503] Ein mögliches **Gefährdungspotential** für die Gesellschafter ist fraglich, wenn es für den Rechtsverkehr im Außenverhältnis schon bei der Erteilung einer Prokura auf die Zustimmung der Gesellschafterversammlung, welche im Innenverhältnis erforderlich ist, nicht ankommt. Denn es genügt, wenn der Geschäftsführer sie wirksam erteilt hat.[504] Immerhin sind Prokuren und Handlungsvollmachten – trotz ihrer handelsrechtlichen Beschränkungen gemäß §§ 49 Abs. 2 und 54 Abs. 2 HGB – nach § 46 Nr. 7 GmbHG „zum gesamten Geschäftsbetrieb" erteilt. Aber die Entscheidung über die Bevollmächtigung ist in die Hände des Geschäftsführers gelegt. Der Schutz des Rechtsverkehrs wäre nicht gewährleistet, wenn auf diese Weise die sonst unbeschränkte Außenbefugnis des Geschäftsführers zum Erteilen von Vollmachten eingeschränkt würde.[505]

163 Nach dem hier vorgeschlagenen Modell einer ordnungsgemäßen Bevollmächtigung Dritter, in dessen Rahmen das Recht zur Ausübung von Weisungen gegenüber anderen Konzernangehörigen eingeräumt wird, ist eine Beeinträchtigung des Organisationsstatuts zulasten der Schutzzwecke sowohl für Gesellschafter als auch des Rechtsverkehrs nicht zu befürchten. Das Übertragen der Ausübung von Weisungsrechten **zielt auf die Optimierung von Geschäftsabläufen,** die im besagten „gesamten Geschäftsbetrieb" (§ 46 Nr. 7 GmbHG) anfallen. Davon sind im Zweifel **Organbefugnisse,** die nur aufgrund höchstpersönlichen Handelns ausgeübt werden können,[506] **ausgeschlossen.** Die für die Organisationsverfassung einer GmbH[507] erforderlichen Geschäfte werden sinnvollerweise vom satzungsmäßigen Organvertreter erledigt, während das operative Geschäft in der Hand der in der Matrixorganisation betrauten Personen erfolgt. Die Bevollmächtigung zur Übertra-

---

[497] Vgl. OLG Hamm 8.7.1985 – 8 U 295/83, ZIP 1986, 1188 (1194).
[498] Zur Differenzierung vgl. *Schippers* DNotZ 2009, 353 (363 ff.).
[499] → Rn. 142 f.
[500] Vgl. zu den zahlreichen Fällen im Wirtschaftsverkehr *Schippers* DNotZ 2009, 361. Dieser punktuelle Vertretungsausschluss gilt allerdings auch für Spezial- und Gattungsvollmachten.
[501] Allgemein zur Dogmatik: *Rieger* FS Hans Wolfsteiner, 2008, 153 ff.
[502] Vgl. BGH 30.10.1970 – IV ZR 125/69, NJW 1971, 428.
[503] Beachtliche Argumente bei *Schippers* DNotZ 2009, 353 (365 f.).
[504] BGH 14.2.1974 – II ZB 6/73, NJW 1974, 1194 = BGHZ 62, 166 (168).
[505] Vgl. *Schippers* DNotZ 2009, 353 (367); *Baumann* FS Willi Weichler, 1997, 1 (7).
[506] ZB Handelsregisteranmeldungen (§§ 8 Abs. 3, 39 Abs. 3 GmbHG): BayObLG 12.6.1986 – BReg 3 Z 29/86, NJW 1987, 136 f.; aber auch BGH 2.12.1991 – II ZB 13/91, BGHZ 116, 190; im Falle von Umwandlungsvorgängen (zB §§ 16 Abs. 2 S. 1, 52 Abs. 1, 140 UmwG) oder bei Unterzeichnen von Gesellschafterlisten (§§ 8 Abs. 1 Nr. 3, 40 Abs. 1, 57 Abs. 3 Nr. 2 GmbHG und 52 Abs. 2 UmwG) sowie Unterzeichnen von Jahresabschlüssen (§§ 41 GmbHG, 245 HGB).
[507] Insgesamt auch zur AG: *Grooterhorst* Vollmachten S. 132 ff.; Dabei muss die Vertretungsbefugnis des Vorstands erhalten bleiben und die Vollmacht ist widerruflich zu erteilen, vgl. *Hüffer/Koch* AktG § 78 Rn. 10 mwN; zu den Personengesellschaften vgl. BGH 22.1.1962 – II ZR 11/61, BGHZ 36, 292 (295) zur OHG; BGH 5.10.1981 – II ZR 203/80, NJW 1982, 1817 zur KG, wonach eine organvertretende Generalvollmacht ebenfalls mit dem gesetzlichen Regelstatut vereinbar ist.

gung des Weisungsrechts wird von den Organvertretern selbst ausgelöst, wozu sie bereits nach allgemeinen Regeln im Rahmen ihrer unbeschränkbaren Vertretungsbefugnis nach § 37 Abs. 2 GmbHG[508] berechtigt sind.[509] Um allerdings Irritationen hinsichtlich der weiten Fassung einer als Generalvollmacht zu qualifizierenden Bevollmächtigung zu vermeiden, empfiehlt es sich, den Umgang der Übertragung **nach Arten von Geschäften zu spezifizieren** und mit Rücksicht auf **die Abläufe der Matrixorganisation zu individualisieren.** Neben der Bestimmung der Funktionsträgerschaft sind hierfür die nachzuvollziehenden Berichtswege von Bedeutung. Der Umfang einer Vollmacht lässt sich allein im Wege der Auslegung bestimmen, so dass der nicht komplikationsfreie Weg der Umdeutung vermieden wird.[510]

bb) Berichtswege. Da der originäre Inhaber eines Weisungsrechtes weiterhin seiner Führungsverantwortung gerecht werden muss, ist eine **laufende Überwachung** des Bevollmächtigten bzw. des Unterbevollmächtigten **unerlässlich.**[511] Hierzu bedarf es einer regelmäßigen, anlasslosen Information, die parallel zur Bevollmächtigung erfolgen sollte.[512] Hierzu werden üblicherweise geteilte Berichtswege eingerichtet:[513] Dabei ist zwischen der sog. *solid line,* die einer rechtlich begründeten Berichtslinie entspricht, und der *dotted line,* welche typischerweise in Matrixorganisationen einen übergreifenden Berichtsweg abbildet, zu unterscheiden.[514] Üblicherweise müssten Berichtswege doppelt – also gegenüber dem Repräsentanten des eigenen Vertragsarbeitgebers einerseits und dem direkten fachlichen Vorgesetzten in einer Matrixorganisation andererseits – eingehalten werden. Da dies zu einem erhöhten Verwaltungsaufwand führt, haben sich in entwickelten Matrixorganisationen sog. **gewichtende Berichts- oder Informationsordnungen** durchgesetzt, bei denen nur wesentliche Geschäftsvorfälle in gesellschaftsrechtlichen Bahnen und ansonsten funktional in den virtuellen Matrixstrukturen berichtet werden.[515] Die Maßstäbe für die Qualifikation eines Geschäftsvorfalls als wesentlich sollten wiederum in einer Bevollmächtigung niedergelegt werden; sie können mit quantitativen Schwellen, insbesondere Wertgrenzen für bestimmte Geschäfte unter Berücksichtigung möglicher Zustimmungsvorbehalte, verbunden sein. Für den Fall der Missachtung solcher Vorgaben kann die Vollmacht wegen eines wichtigen Grundes widerrufen werden. Damit kann schon aus Haftungserwägungen heraus der originär Weisungsberechtigte seiner Verantwortung zum sog. Rückholen einer Vollmacht gerecht werden.[516] Gleichzeitig bieten solche Informationsordnungen die Möglichkeit, eine Remonstration zu institutionalisieren, insbesondere wenn sich die umzusetzende Weisung als nachteilig und eventuell auch als unwirksam erweisen sollte.

cc) Remonstration und Rücktrittsrecht sowie Pflichten der Prüfung. *Ergänzend* kann die Vollmacht ausdrücklich vorsehen, dass rechtswidrige oder offensichtlich zweckwidrige Weisungen nicht umgesetzt werden dürfen bzw. müssen oder mit einem entsprechenden Remonstrationsvorbehalt zur Prüfung an eine in der Verantwortung nächsthöher gestellte Funktion gerichtet werden können. Das Gleiche gilt für eine Weisung, bei der die Maßnahme einem Zustimmungsvorbehalt des Aufsichtsrats unterliegt. Sie ist nicht erforderlich, wenn der Matrixmanager nach einer unterbliebenen Zustimmung des Aufsichtsrats der Matrixgesellschaft und der Mitteilung hierüber die Weisung gemäß § 308

---

[508] BGH 23. 6. 1997 – II ZR 353/95, NJW 1997, 2678.
[509] Empfehlung von *Grooterhorst* S. 149 ff. analog § 46 Nr. 7 GmbHG mit Zustimmung der Gesellschafter.
[510] Vgl. BGH 29. 9. 2011 – V ZB 1/11, DB 2011, 2842.
[511] *Henze/Lübke* Der Konzern 2009, 159 (162).
[512] MHdB GesR IV/*Krieger* § 71 Rn. 156 geht von einem Auskunftsanspruch über alle für die Ausübung des Leitungsrechts relevanten Umstände als Annex zum beherrschungsvertraglichen Weisungsrecht aus.
[513] *Seibt/Wollenschläger* AG 2013, 229 (237) schlagen hierzu eine sog. Informationsordnung vor.
[514] Vgl. **Darstellung** → Rn. 28.
[515] Vgl. *Seibt/Wollenschläger* AG 2013, 229 (237) mwN.
[516] Vgl. im öffentlich-rechtlichen Kontext *Wollenschläger* Rückholoption S. 125 ff.

Abs. 2 S. 2 AktG wiederholt.[517] Entscheidende Vorteile solcher Rückhol-, Remonstrations- oder Aussetzungsvorbehalte in Vollmachten bestehen für die Haftungsvermeidung, insbesondere wenn der mit den Weisungen verfolgte Zweck gesetzes- oder sittenwidrig sein könnte bzw. in seiner Wirkung existenzvernichtend wäre. Zwar wird der einzelne Matrixmanager und -mitarbeiter **diese Wirkung selten überblicken** können, so dass es – *wiederum ergänzend* – empfehlenswert ist, dass die sonst als Adressat von beherrschungsvertraglichen Weisungen vorgesehene Geschäftsleitung der Matrixgesellschaft in bestimmten Fällen von Weisungen **unaufgefordert ins Bild** zu setzen ist.[518] Vollmachtsregelungen und -richtlinien stellen damit sicher, dass entweder alle Weisungen „über den Schreibtisch" des originären Weisungsempfängers gehen[519] oder eine **Rechtmäßigkeitskontrolle** zumindest durch zuverlässige Dritte übernommen wird.[520] Entsprechende Delegationsregelungen – wie ua in **Fall 5** die ergänzende Bestimmung zum Beherrschungsvertrag des § 1 Abs. 3 – berücksichtigen diese regelmäßig zu beachtende Möglichkeit der Prüfung von Empfangszuständigkeit und Rechtmäßigkeit von Weisungen, damit letztlich der originäre Weisungsempfänger in der Lage ist, die für seine Gesellschaft bestehenden Risiken, vor allem im Fall einer möglichen Nachteiligkeit einer Weisung, angemessen zu bewerten, bevor sie von den Angestellten der Matrixgesellschaft umgesetzt wird.

166 **dd) Unterbevollmächtigung.** Da eventuell die Ausübung des Weisungsrechts nicht nur unmittelbar vom Inhaber auf den Funktionsträger der nächsten Ebene durch Bevollmächtigung übertragen wird, sondern von diesem auch an Dritte weitergegeben werden müsste, um den Abläufen einer Matrixorganisation gerecht zu werden, stellt sich die Frage der Berechtigung zur Erteilung einer entsprechenden Unterbevollmächtigung. In der Regel wird eine Unterbevollmächtigung für **zulässig** erachtet, wenn sie **ausdrücklich schriftlich erwähnt ist**.[521] Die Unterbevollmächtigung **folgt regelmäßig der Ausgestaltung der Hauptvollmacht**. Weitreichende Bevollmächtigungen zur Ausübung des Weisungsrechts sind – ähnlich wie bei Generalvollmachten – für den Fall der Untervollmacht nur geeignet, wenn es ein besonderes Vertrauensverhältnis zwischen dem Vollmachtgeber und dem Bevollmächtigten rechtfertigt.[522] Insofern empfiehlt es sich, im Fall von umfassenden Vollmachten bestimmte Geschäftsvorgänge, die von den Vertretungsbefugnissen erfasst sind, hervorzuheben (unabhängig von der Frage der Vertretung in gesetzlich zulässigen Fällen). Damit ist zumindest auch dann für den aufgrund einer Unterbevollmächtigung weisungsbefugten Dritten in einer Matrixorganisation nachvollziehbar, in welchem geschäftlichen Rahmen er bindende Erklärungen abgeben kann. Mit Rücksicht auf die Abhängigkeit der Untervollmacht von der Hauptvollmacht ist dem Bedürfnis des Rechtsverkehrs Rechnung getragen, dass Erklärungen aufgrund der Weisung eines unterbevollmächtigten Dritten nur für ausdrücklich erwähnte Sachverhalte Geltung entfalten können. **Nicht erwähnte Geschäftsvorgänge** sind daher von einer Unterbevollmächtigung **nicht gedeckt** und können damit nicht Gegenstand einer Weisung sein. Denn der Vollmachtgeber, der ein Interesse an der persönlichen Wahrnehmung der Vertretungsmacht hat, bringt mit diesem Schweigen zum Ausdruck, welchen Umfang nicht nur seine Bevollmächtigung, sondern auch die damit verbundene Befugnis zum Ausüben des Weisungsrechts hat.[523]

---

[517] Vgl. zu diesem Komplex *Seibt/Wollenschläger* AG 2013, 229 (233), der darauf hinweist, dass bei entsprechendem Umsetzen von Matrixstrukturen eine Revision solcher Zustimmungsvorbehalte angezeigt erscheint.
[518] *Kantzas* Weisungsrecht S. 83 ff.; vgl. auch OLG Karlsruhe 7. 12. 1990 – 15 U 256/89, AG 1991, 144 f.
[519] So *Seibt/Wollenschläger* AG 2013, 229 (233); *Maschmann* NZA 2017, 1557 (1560).
[520] Hüffer/*Koch* AktG § 308 Rn. 8; MüKoAktG/*Altmeppen* § 308 Rn. 79; zur Prüfungspflicht von Matrixmanagern und Arbeitnehmern → Kap. 3 Rn. 156 ff. und 168 ff.
[521] In Anlehnung an die §§ 1904 Abs. 2 S. 2, 1906 Abs. 5 S. 1 BGB, vgl. *Renner* NotBZ 2009, 207 (209).
[522] Hoffmann-Becking/Gebele/*Weidmann* I.36 Anm. 1; I.37 Anm. 3; I.38 zum Muster einer ausführlichen, auf bestimmte Rechtsgeschäfte beschränkten Generalvollmacht.
[523] Palandt/*Heinrichs* BGB § 167 Rn. 12, → Rn. 156 f.

ee) Befristung der Vollmacht. Vollmachten sind **nicht befristungsfeindlich.** Allerdings führen sie zu Problemen in der Transaktion, wenn ein Rechtsgeschäft nicht vollzogen werden kann, weil zum Zeitpunkt der verbindlichen Erklärung keine Vollmacht für den Vertreter vorlag. Zwar kann der Vollmachtgeber ein schwebend unwirksames Geschäft nach § 177 Abs. 1 BGB – zumindest nach entsprechender Fristsetzung – genehmigen.[524] Gleichfalls gibt es ein unabdingbares Bedürfnis, in einer sich regelmäßig weiter entwickelnden Matrixorganisation zeitliche Grenzen einzuziehen.[525] Sofern nicht das Recht zum Ausüben von Weisungen einzelner oder mehrerer Funktionsträgern (persönlich) übertragen worden, sondern **im Rahmen einer allgemeinen Richtlinie** geregelt ist, empfiehlt sich, den genauen **Stand** dieser Richtlinie festzuhalten. Damit kann in Abhängigkeit weiterer Entwicklungen und Veränderungen in der Matrixorganisation auf eine frühere Richtlinie Bezug genommen und mit einem ausdrücklichen Hinweis auf den jüngeren Stand im Rahmen des Prioritätsprinzips die Geltung der neueren Richtlinie angezeigt werden, ohne dass wesentliche, meist abstrakte Teile einer solchen Fassung geändert werden müssten.[526] Die Gefahr eines widersprechenden Umfangs von Vollmachten bezüglich des delegierten Weisungsrechts ist gering, wenn der jeweilige Stand der Richtlinie sichtbar für den Kreis der Adressaten ist und für eine geordnete Bekanntgabe Sorge getragen wird.[527]

167

5. Zwischenergebnis

Funktionsträger üben in einer Matrix eine bestimmte Verantwortung aus. Diese lässt sich näher beschreiben, wenn im Rahmen der Delegation von Leitungsmacht konkrete Weisungen in der entsprechenden Organisation erforderlich sind. Das Erteilen einer umfassenden Vollmacht für Delegatare mit organersetzender Wirkung verbietet sich sowohl aus zessionsrechtlicher als auch aus pragmatisch-organisatorischer Hinsicht. In der Praxis üblich ist die genaue Beschreibung des Umfangs des Einsatzbereichs des Matrixmanagers und der damit verbundenen Personal- und Budgetverantwortung. In diesem Zusammenhang spricht man regelmäßig von **Funktionsträgern, deren Verantwortlichkeiten durch die Matrixstruktur beschrieben** wird. Bei der Gestaltung der durch Bevollmächtigung übertragenen Rechte zur Weisung im Sinne des herrschenden Unternehmens empfehlen sich sachliche und zeitliche Beschränkungen.

168

Schon aus der Natur der Sache wird es wenig Anlass geben, Generalvollmachten zu erteilen; nach der derzeitigen Rechtslage sind sie zumindest im GmbH-Konzern ungültig. Stattdessen wird eine solche Bevollmächtigung eher als Gattungsvollmacht auszugestalten sein, wonach das Recht zum Ausüben einer Weisung für *bestimmte* Arten von Geschäften, die im Rahmen einer Matrixstruktur anfallen, delegiert ist. Zur Optimierung dieser Gestaltung von Weisungen empfiehlt sich, parallel eine **entsprechende gewichtende Berichtsordnung aufzubauen,** in deren Rahmen ausreichende Möglichkeiten zur Prüfung und Remonstration hinsichtlich der Empfangszuständigkeit und der Rechtmäßigkeit von Weisungen besteht. Unabhängig von zeitlichen Grenzen zur Übertragung von Weisungen empfiehlt sich das Einräumen eines aktiven Rechts zum Rücktritt, wenn Korrekturen bei der Umsetzung der Weisungslage erforderlich sind. Der originäre Inhaber eines Weisungsrechts begibt sich auf diese Weise nicht seiner bei ihm weiterhin liegenden Führungsverantwortung und Organbefugnis, welche unveräußerlicher Teil seiner Leitungsmacht sind.

169

---

[524] BGH 29.11.1993 – II ZR 107/92, NJW-RR 1994, 291 für den Fall der Genehmigung eines schwebend unwirksamen Vertrags durch den Geschäftsführer oder einen sonst Bevollmächtigten statt der Gesellschafterversammlung.
[525] Allgemein Palandt/*Heinrichs* BGB § 168 Rn. 1 zu weiteren Grenzen der Geltung einer Vollmacht.
[526] → Rn. 155.
[527] Hier empfiehlt sich regelmäßig die Vorgehensweise aus § 77 Abs. 2 S. 3 BetrVG wonach Betriebsvereinbarungen vom Arbeitgeber an geeigneter Stelle auszulegen sind, damit sie als geschlossen gelten (sog. konstitutive Formbestimmung), Richardi BetrVG/*Richardi* § 77 Rn. 37 f. mwN.

Gleichzeitig sollten in der Vollmacht Anpassungen mit Rücksicht auf zustimmungspflichtige Geschäfte nach §§ 46 GmbHG und 111 Abs. 4 S. 2 AktG erfolgen.

II. Möglichkeiten der Übertragung einer Gesellschafterweisung nach § 37 Abs. 1 GmbHG

170 Sofern ein Beherrschungsvertrag nicht besteht, bleibt es bei der Möglichkeit der Weisungen durch die Gesellschafterversammlung (bzw. ihrer Repräsentanten), wenn diese mit Gesetz und Satzung vereinbar sind und zu keiner Existenzgefährdung der Gesellschaft führen.[528] Diese Schranken sind auch in Matrixstrukturen zu berücksichtigen.[529] Mit Rücksicht auf die Tatsache, dass Matrixorganisationen regelmäßig in Konzernen anzutreffen sind, wird bei der Übertragung des Weisungsrechts auf Dritte im Rahmen der rechtsgeschäftlichen Bevollmächtigung nicht nur das Unternehmens-, sondern auch das Konzerninteresse eine ganz besondere Rolle spielen.[530]

1. Übertragung des Weisungsrechts

171 **Einhellige Auffassung** ist, dass auch die Gesellschafterversammlung Dritte bevollmächtigen kann.[531] Jedoch stellt sich bei der **satzungsmäßigen Bevollmächtigung Dritter** die Frage, ob und inwieweit der mit dem Weisungsrecht betraute Dritte Organ der Matrixgesellschaft oder zumindest Organträger aufgrund eines Unternehmensvertrags sein muss.[532] Um zu ermessen, in welchem Umfang die Gesellschafterversammlung Befugnisse im Rahmen der Delegation des Weisungsrechts an Dritte abgeben kann, empfiehlt sich ein **Vergleich zu** den häufig in der Praxis anzutreffenden Organen eines **Gesellschafterausschusses oder Beirats,** denen aus verschiedenen Gründen Kompetenzen übertragen werden. Diese sind gesetzlich nicht umschrieben, sondern bestimmen sich alleine nach der Satzung.[533] Fehlen ausdrückliche Regelungen, ist durch Auslegung und Ergänzung des Gesellschaftsvertrags zu versuchen, die erforderlichen Normen zu gewinnen.[534] Trotz der Zulässigkeit, die Befugnisse der Gesellschafterversammlung durch diese satzungsmäßig zusätzlichen Organe weitgehend zu ersetzen, muss den Anteilseignern ein **„Kernbestand eigener Zuständigkeit"**[535] verbleiben. Die Mitglieder eines Beirats unterliegen denselben **Treubindungen** wie Gesellschafter, so dass sie keine weitergehenden Befugnisse erhalten können.[536] Nach verbreiteter Auffassung ist *auch ohne* eine unternehmensvertragliche Grundlage eine Delegation des Weisungsrechts möglich, wenn die weisungsbezogenen Maßnahmen singulär und hinreichend eingegrenzt sind,[537] die darauf Bezug nehmende Bevollmächtigung Dritter widerruflich ist und sie *nicht* die ursprüngliche Kompetenz der Gesellschafterversammlung verdrängt.[538]

---

[528] Herrschende Meinung, ua BGH 16.7.2007 – II ZR 3/04, BGHZ 173, 246 – Trihotel; 28.4.2008 – II ZR 264/06, BGHZ 176, 204 – Gamma; MüKoGmbHG/*Liebscher* Anh. § 13 Rn. 540.
[529] *Wieneke* VGR 2011, 91 (97).
[530] → Rn. 118 ff.; vgl. *Kropff* FS Semler, 1993, S. 517.
[531] Vgl. Bork/Schäfer/*Jacoby* GmbHG § 37 Rn. 11; zur Möglichkeit der Anweisung von Arbeitnehmern der Matrixgesellschaft nach § 106 GewO zur unmittelbaren Entgegennahme und Ausführung der Weisung der Matrixmanager → Kap. 3 Rn. 3 ff.
[532] *Seibt/Wollenschläger* AG 2013, 229 (234) mwN; Lutter/Hommelhoff/*Kleindiek* GmbHG § 37 Rn. 21.
[533] Vgl. Baumbach/Hueck/*Zöllner/Noack* GmbHG § 45 Rn. 19; aA *Reuter* FS GmbH-Gesetz, 1992, 635 ff.
[534] BGH 27.5.2004 – III ZB 53/03, BGHZ 159, 207.
[535] Baumbach/Hueck/*Zöllner/Noack* GmbHG § 46 Rn. 94; Scholz/*Schmidt* GmbHG § 45 Rn. 5 und 10.
[536] *Voigts* Konzernausgangsschutz S. 37 f. mwN.
[537] Vgl. Lutter/Hommelhoff/*Kleindiek* GmbHG § 37 Rn. 21; *Holle* Legalitätskontrolle S. 218, sofern sichergestellt ist, dass die Geschäftsführer kontrollieren (lassen) können, ob die Weisungserteilung zulässig ist.
[538] *Wieneke* VGR 2011, 91 (98).

2. Gestaltung der Vollmacht

Zu den bereits für die Übertragung eines beherrschungsvertraglichen Weisungsrechts nach § 308 Abs. 1 AktG zu beachtenden Kriterien einer Gestaltung der Vollmacht ist zudem zu berücksichtigen,[539] dass die Gesellschafterversammlung Vollmachten **nur für bestimmte Ressourcen oder konkrete Maßnahmen** einräumen kann.[540] In einer solchen Bevollmächtigung sind dann auch die Mechanismen zur Kontrolle der bevollmächtigten Matrixmanager zu berücksichtigen (insbesondere bezüglich laufender Information, Umfang der Prüfungen, Widerruf der Vollmacht bzw. Remonstration). Das Weisungsrecht kann **funktional aufgespalten** werden, so dass im Ergebnis **mehrere Matrixmanager bevollmächtigt werden können;**[541] dabei sollten die Abgrenzungen untereinander durch Einschränken der jeweiligen Vollmacht erfolgen, was wiederum die Grenzen bei der Delegation des Weisungsrechts nahelegen. 172

Die Umsetzung solcher Vollmachten kann sowohl in Form eines an den jeweiligen bevollmächtigten Dritten gerichteten Schreibens einerseits,[542] in entsprechenden Richtlinien oder auch im Gesellschaftsvertrag andererseits erfolgen. Eine statuarische Bevollmächtigung empfiehlt sich allerdings eher im Zusammenhang mit der Einrichtung von weiteren Organen, welche die Gesellschafterversammlung bei der Erfüllung ihrer Aufgaben entweder entlasten, weitgehend ersetzen oder zumindest beraten.[543] In diesem Fall ist jedoch ein **Mehraufwand** für die Gestaltung von Matrixorganisationen gegeben, welcher gerade mit der bereits beschriebenen gewichtenden Informations- oder Berichtsordnung[544] vermieden werden soll. Gleichzeitig können Arbeitsprozesse damit schlank gehalten werden. Änderungen des Gesellschaftsvertrags – selbst funktional-organisatorischer Art – bedürfen der jeweiligen notariellen Beurkundung und sind somit kontraproduktiv zum Effizienzgedanken. 173

III. Zwischenergebnis

Matrixorganisationen leben davon, dass eine Delegation der Ausübung des Weisungsrechts von den vertretungsberechtigten Organen an Dritte, die dem weisungsberechtigten Unternehmen nicht unbedingt angehören, funktioniert. Solange sich der Weisungsberechtigte nicht ganz seiner Befugnisse entäußert oder die Delegation in der Sache auf eine vollständige Aufgabe dieser Befugnisse hinausläuft, ist die Übertragung des Weisungsrechts durch rechtsgeschäftliche Bevollmächtigung jederzeit zulässig und möglich. Im Rahmen der Übertragung wird vor allem dafür Sorge zu tragen sein, dass der Weisungsempfänger die Möglichkeit zur Remonstration hat, insbesondere wenn sich – im Falle eines beherrschungsvertraglich begründeten Weisungsrechts – mögliche Maßnahmen als nicht dienlich im Sinne des Konzerninteresses erweisen sollten oder wenn die verfolgte Maßnahme dem Satzungszweck widerspräche, gesetzes- oder sittenwidrig wäre oder existenzvernichtende Auswirkungen hätte (wobei Letzteres auch für den Fall einer Gesellschafterweisung gälte). Dem wird die in **Fall 5** eingefügte Vertragsbestimmung für einen Beherrschungsvertrag 174

---

[539] → Rn. 152 ff.
[540] Das entspricht im Wesentlichen auch der Behandlung der **Bestellung eines besonderen Vertreters iSd § 46 Nr. 8 GmbHG**, dessen Befugnisse abgeleiteter Natur sind, so dass er ebenfalls an Weisungen der Gesellschaftergesamtheit gebunden ist, vgl. *Karrer* NZG 2009, 932 (936); MüKoGmbHG/*Liebscher* § 46 Rn. 263 f.; BGH 16. 12. 1991 – II ZR 31/91, NJW 1992, 977.
[541] *Wieneke* VGR 2011, 91 (99 ff.).
[542] Was sich vor allem für den möglichen Fall des unverzüglichen Zurückweisens bei Abgabe gestaltender Willenserklärungen nach § 174 BGB empfiehlt; eine Zurückweisung von gestaltenden Erklärungen von einzelvertretungsberechtigten Organvertretern ist ausgeschlossen, vgl. BAG 18.12.1980 – 2 AZR 980/78, NJW 1981, 2374, zumindest besteht wegen § 15 HGB kein Vergewisserungsbedarf, MüKoBGB/*Schubert* § 174 Rn. 10.
[543] Vgl. MüKoGmbHG/*Spindler* § 52 Rn. 717 ff.
[544] Emmerich/Habersack Aktien- und GmbH-Konzernrecht AktG § 308 Rn. 6 mwN.

zweier Aktiengesellschaften gerecht. Im GmbH-Konzern wird vor dem Hintergrund der besonderen Stellung der Gesellschafterversammlung[545] das zur Ausübung auf gesellschaftsexterne Dritte übertragene Weisungsrecht auf konkret eingegrenzte Einzelmaßnahmen zu beschränken sein. Es empfiehlt sich, die Vollmacht mit besonderer Sorgfalt auszugestalten, weil nicht nur mit Vorbehalten Vorkehrungen zur Haftungsvermeidung für die Organvertreter der weisungsberechtigten Unternehmen ausreichend ergriffen sein sollten, sondern auch um der gewichtenden Berichts- oder Informationsordnung gerecht zu werden, die gerade die ergebnisoptimierte und -effiziente Ablauforganisation einer Matrixorganisation unterstützen soll. Dabei empfiehlt sich, von Generalvollmachten Abstand zu nehmen, da sie zumindest nach bisheriger Rechtslage das Organisationsstatut beeinträchtigen können. Es wird wichtig sein, dass die in einer Weisungskette am Ende stehenden Arbeitnehmer einer Matrixgesellschaft wirksam angewiesen werden können, ohne dass kritische Anlässe eine unnötige, zu den Zwecken einer Matrixorganisation kontraproduktive Eskalation auslösen.

IV. Gestaltung der Delegation zur Ausübung des Weisungsrechts

175 In diesem Abschnitt sind die Möglichkeiten der Ausübung des Weisungsrechts in einer Matrixorganisation und dessen Übertragung auf dritte, nicht organvertretungsberechtigte Personen, häufig als Matrixmanager und -mitarbeiter identifizierbar, erörtert worden. Eine gesellschaftsrechtliche Auseinandersetzung dieses Themas hat hohe praktische Relevanz, zu der allerdings wenig Literatur zur Verfügung steht.[546] Im Folgenden ist der Verfasser dieses Abschnitts interessiert, seine Erfahrungen aus der langjährigen Mandatspraxis zu vermitteln, wenn es um das Thema Übertragung der Ausübung des Weisungsrechts – üblicherweise im Wirtschaftsenglisch als **delegation of powers** bezeichnet – geht. Da dieses Phänomen der Organisation eines Unternehmensgeschäftes vor allem im angelsächsischen Raum auftritt, oder – sofern eine deutsche Konzern(ober)gesellschaft leitend ist – internationale Reichweite besitzt, werden hier zwei Muster der Übertragung des Weisungsrechts in Form einer Richtlinie (Muster 1, → Rn. 176) und des Auszugs eines Bevollmächtigtenschreibens (*authorization letter,* Muster 1, → Rn. 177) zur Verfügung gestellt. Der zugrundeliegende Unternehmenssachverhalt ist gegebenen Realitäten nachgezeichnet und sollte ausreichend nachvollziehbar sein.

---

[545] Im Fall einer Einmann-GmbH werden diese Kriterien nicht anzusetzen sein, vgl. Lutter/Hommelhoff/ *Lutter/Hommelhoff* GmbHG Anh. zu § 13 Rn. 44.
[546] Alle einschlägigen Hand- und Formularbücher beschränken sich üblicherweise auf Teilausschnitte der angesprochenen Aspekte (ua Er- und Bevollmächtigungen), aber eine konsistente Publikation, die praktische Anleitungen liefert, existiert bislang nicht.

D. Ausübung des Weisungsrechts durch Dritte und dessen Übertragung   Kapitel 2

Muster 1: Übertragung des Weisungsrechts innerhalb einer Matrix über eine Richtlinie   176

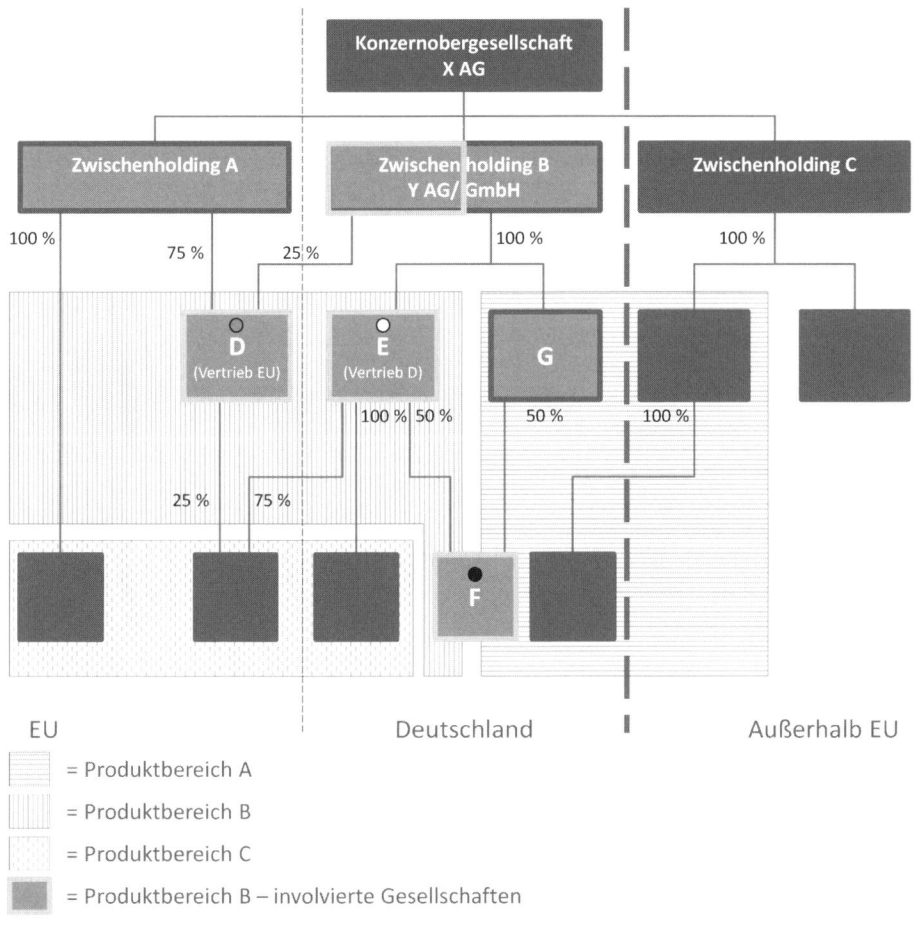

```
                    Konzernobergesellschaft
                            X AG
     ┌───────────────────────┼───────────────────────┐
  Zwischenholding A    Zwischenholding B       Zwischenholding C
                         Y AG/ GmbH
  100%    75%    25%          100%                   100%
                    D              E              G
               (Vertrieb EU)   (Vertrieb D)
                              100% 50%         50%         100%
         25%    75%
                                    F
     EU                    Deutschland             Außerhalb EU
```

▨ = Produktbereich A
▦ = Produktbereich B
▥ = Produktbereich C
■ = Produktbereich B – involvierte Gesellschaften
● = Director or Manager Sales & Marketing Business Unit B

„*Sales/Marketing Policies – Business Unit B (as of 1/1/2019)*
issued by Holding B/Sales & Marketing
<u>General Remarks [...]</u>
<u>Structure of Sales & Marketing Business Unit B</u>
– Management/Work Force
  i) Head: Director of Sales & Marketing Business Unit B ●
  ii) Deputy Head 1: Manager Sales & Marketing Asia Pacific ○
      Deputy Head 2: Manager Sales & Marketing EMEA/Africa ◉
      o each with dotted lines to their country head or head of entity
  iii) Sales and Marketing Manager
      o reporting to Deputy Head 1 or Head 2 (dotted line) and to head of employer
        (solid line) in the event Deputy Head does not have the legal power to represent employer
  iv) Organization Chart with present functions
      [siehe Abbildung der umseitigen Matrixstruktur]

- Scope of Business
  i) Measures of sales and marketing regarding products x, y and z
  ii) Market introduction of product xx as new placement
  iii) Promotion of new products, esp. with respect to markets 1 to 5 (region of EU)
  iv) ...
- Budget/Expenses
  i) Budget sheet as of .../12/2018; finalization tba
  ii) Expenses – Approval of policies
     (...)

Delegation of Powers
- Authorization letters
  Letter 1 (by Managing Director Sales & Marketing Holding B)
  i) Any Director Sales & Marketing of BU as part of Holding B has got general powers within his/her scope of business and approved budget policies
  ii) Instruction to
      corporation D (with written approval by board of directors of entity A as of .../.../2018), and corporation E
      o Directors
         – dotted line to Director Sales & Marketing Holding B
         – solid line to Managing Director of entity
      o Deputy Heads/Manager
         – dotted line to Director Sales & Marketing Business Unit B
         – solid line to Managing Director of entity
      o Delegation of powers (...)
         possible if written approval once a business year
  Letter 2 (by Managing Director of corporation D&E)
  i) Any Director Sales & Marketing of Corporation D&E has got general powers within his/her scope of business and approved budget policies
  ii) Any Manager Sales & Marketing is required to report properly to the Director Sales & Marketing in line with Sales/Marketing Policies and with his/her scope of business and approved by budget policies
  iii) Instructions (...)
  Letter 3 (by Managing Director of corporation F)
  as letter 2 (with written approval by board of directors of entity G as of ... 2018)
- Instruction Policies (addendum, regardless specific aspects in authorization letters)
  i) Approval is required (regardless any budget statements) in the event of ... *
  ii) Right to remonstrate*
  iii) Right to revoke delegation of powers*
  iv) Sub-authorization*
     [* siehe Beispiele in Muster 2: Authorization Letter]
- Attachments (Authorization Letters)"

177 Muster 2: Authorization Letter (Auszug)

„*Authorization Letter*

Holding B – Board of Directors/Member of Board

To Whom It May Concern*

Unlimited Power of Attorney/General Authorization (as of 1/1/2019)

With reference to the re-organized structure of business unit of 1/1/2019, all business functions must be adjusted correspondingly. As a result, the Organization of Sales and Marketing of **Business Unit B** will be structured as follows:

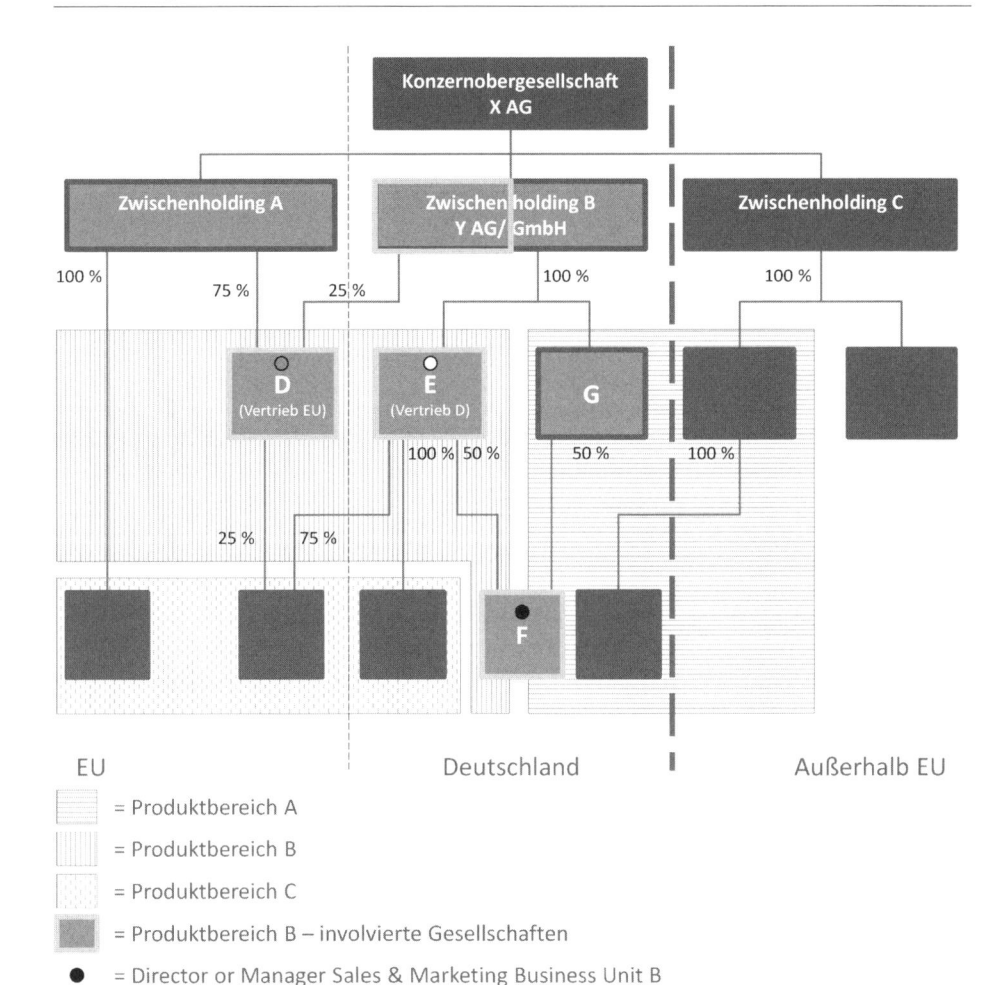

D. Ausübung des Weisungsrechts durch Dritte und dessen Übertragung   Kapitel 2

```
                    Konzernobergesellschaft
                            X AG

   Zwischenholding A      Zwischenholding B      Zwischenholding C
                            Y AG/ GmbH
   100%    75%    25%         100%                    100%
              D        E
         (Vertrieb EU) (Vertrieb D)   G
                    100% 50%     50%       100%
         25%   75%
                                    F
```

EU   Deutschland   Außerhalb EU

▦ = Produktbereich A
▥ = Produktbereich B
▨ = Produktbereich C
▪ = Produktbereich B – involvierte Gesellschaften
● = Director or Manager Sales & Marketing Business Unit B

> For the purpose of efficient and transparent decision-making processes, we herewith authorize the following holders of functions
> – All Directors will have unlimited Power of Attorney to cover all sales and marketing operations regardless their solid line to the Managing Director of entity provided.
>   o decisions are in line with budgets as approved, and
>   o actions are in line with existing Code of Conducts (Sales/Marketing), and
>   o not reserved by law solely for the Board of Management (Managing Directors or partners authorized to represent)
>   – [optional] following major transactions require prior consent of the Board of Management (of entity, Business Unit or Group):
>   – Change of sales and marketing program
>   – Taking out loans or granting loans amounting up to EUR [...] or
>   – Hiring or dismissal of employees whose monthly salary exceeds EUR [...]
>   – ... [further examples]
> – All Managers are Deputy Heads of Director(s) in the event of their absence.
> – All Members of Board of entities involved are instructed to give the right to authorize or to instruct the management and staff of the Business Unit B involved.

This authorization is deemed to be the relevant Power to Act on behalf of the Organization of Sales and Marketing of **Business Unit B**

It ceases to exist, whether of if
- the issuing corporate function may revoke the Powers herewith or bring to a termination of the authorization as
  (i) a major transaction has not been approved under the corporate rules on substantial business (as of [Date]…), or
  (ii) a major transaction may harm the assets of the entity/entities involved and needs (further) approval by the Board of Directors of the entity/entities involved as well as by majority of shareholders, or
  (iii) in the event of (ii.) as the major transaction appears not to be in line with the Group Principles of Business (as of …), or
  (iv) the management of the operating business unit may not be able to clarify whether and if (under certain circumstances) a major transaction shall be operated after careful assessment of all relevant aspects including consultation of legal representatives of the entity/entities as well as the operating functions of the business units involved (so-called right to remonstrate).

[Optional] Sub-authorization is allowed, whether and if
- it is essential to run the business in an efficient way, and
- the conditions of authorization are in line with the General Authorization, and
- the principal may also have the right to revoke or terminate the sub-authorization under the same conditions as described herewith and at any time.

[Optional] *This authorization is limited until (…/20xx or new re-organization of the business units of the Group/Sub-Group or of the **Business Unit B**).*

[Signatures of all Members of Board or of the responsible Member of Board on behalf of Holding B].

*[Optional] This letter of General Authorization has been issued to

■ FUNCTION OF BUSINESS UNIT	■ NAME	■ SUBMITTED	■ REVOKED	■ TERMINATED
■ Director Sales/ Marketing BUB	■ xxx	■ …/2018	■	■
■ Manager	■ yyy	■	■	■
■ Representative	■	■	■	■
■	■	■	■	■

E. Exkurs: Gestaltung der Organstellung in der Matrixgesellschaft zur Bestimmung der Arbeitgeberfunktion

Das „Leben" in einer Matrix ist geprägt vom Abweichen der tatsächlichen Arbeits- und Prozessorganisation von den gesellschaftsrechtlichen Bedingungen. Es bleiben die Rechtsbeziehungen der in der Matrixorganisation handelnden Personen zu ihrer Anstellungsgesellschaft. Je nach Stellung – ob Organvertreter oder Arbeitnehmer – ergeben sich daraus **unterschiedliche Verantwortlichkeiten,** selbst wenn matrixbedingt Aufgaben mit einer Verantwortung gegenüber anderen Stellen im Konzern verbunden sind. Das Organ[547] repräsentiert den sog. Arbeitgeber[548] und steht für die Interessen der Bestellungsgesellschaft ein. Das bestellte Mitglied der Geschäftsleitung ist kraft Gesetzes gesetzlicher Vertreter des Arbeitgebers – zumindest für Einheitsunternehmen mit traditionellem Leistungssystem. 178

Mit der Entwicklung des Phänomens der Matrix haben sich in Abkehr der klassischen Organfunktion, deren Befugnisse nach den gesetzlichen Leitbildern in den Bestimmungen der §§ 76, 77 AktG und 35 GmbHG beschrieben sind, **neue Formen der Repräsentation** entwickelt, um den Gesichtspunkten von Effizienz und raschen Entscheidungen besser gerecht zu werden. Unter den zahlreichen Ausprägungen, die im Wesentlichen die Organstellung betreffen, haben sich zwei besonders hervorzuhebende Erscheinungsformen von Matrixmanagern entwickelt. Es handelt sich zum einen um den sog. *Plant Manager,* der bestellt worden ist und lediglich *pro forma* die Stellung eines Organvertreters wahrnimmt, während der sog. *Spartenmanager* seine Stellung aus der Gliederung der Matrixorganisation herleitet und – gleich einem Vertretungsorgan – die Geschäfte führt, ohne hierzu entsprechend den gesellschaftsrechtlichen Bestimmungen bestellt worden zu sein. Mischformen sind dabei regelmäßig zu beobachten, insbesondere wenn Organvertretungen im Rahmen von Doppelmandaten oder von drittangestellten Personen eines Konzernunternehmens wahrgenommen werden. Diese im Einzelnen bemerkenswerten Phänomene sind Ausdruck einer entwickelten oder sich entwickelnden Matrixorganisation. Es liegt nahe, bei der *Gestaltung* dieser Organstellung mit Rücksicht auf die sich daraus ergebende Pflichtenlage, die diesen Personenkreis aus der Implementierung einer Matrixorganisation treffen kann, näher einzugehen. Dabei befasst sich dieser Abschnitt nur mit den Erscheinungsformen, um die bereits in der Arbeitgeberfunktion matrixbedingte Abweichung aufzuzeigen; in → Kap. 3 Rn. 1 ff. geht es um die arbeitsrechtliche Seite dieser Gestaltungen und in → Kap. 4 Rn. 1 ff. um die Begründung der Haftung. 179

I. Erscheinungsformen

1. Klassische Funktion der Organvertretung

Das Leitbild des Gesetzgebers ist – unabhängig ob die Organstellung im Konzern oder im Einheitsunternehmen besteht – eine **grundsätzliche Gesamtgeschäftsführung mit Einigkeitsprinzip.**[549] In der Praxis erweist sich dieser Grundsatz für das Organhandeln allerdings als **schwerfällig,** so dass sich **in der Praxis** bereits **geschmeidigere Lösungen** 180

---

[547] Kritisch: MüKoGmbHG/*Fleischer* § 43 Rn. 256 f.
[548] BGH 23.1.2003 – IX ZR 39/02, NZA 2003, 439; im Fall eines Geschäftsführers ohne Kapitalanteil an der GmbH lässt sich im Zuge der Danosa-Entscheidung des EuGH zweifeln, vgl. EuGH 11.11.2010 – C-232/09, NZA 2011, 143, welcher von einem unionsrechtlichen Arbeitnehmerbegriff ausgeht, statt aller *Schmitt-Rolfes* NZA-Beil. 1/2014, 37 ff.; bestätigt durch EuGH 9.7.2015 – C-229/14, NZA 2015, 861 – Balkaya; EuGH 10.9.2015 – C-47/14, NZA 2016, 183 – Holtermann; *Commandeur/Kleinebrink* NZA-RR 2017, 449.
[549] Für den Vorstand einer Aktiengesellschaft: MüKoAktG/*Spindler* § 77 Rn. 11; für die mehrköpfige Geschäftsführung einer GmbH: Lutter/Hommelhoff/*Kleindiek* GmbHG § 35 Rn. 26.

(Mehrheitsprinzip, Einzelgeschäftsführung[550] oder CEO-Modell[551]) auf der Grundlage der §§ 77 Abs. 1 S. 2 AktG oder 35 Abs. 2 S. 1 aE GmbHG entwickelt haben.[552] Die Grenze aller Gestaltung bildet dennoch weiterhin das **Prinzip der Gesamtverantwortung des Vorstands oder der Geschäftsführung.** Solange die Organvertreter verpflichtet sind, in den Angelegenheiten der Gesellschaft die Sorgfalt eines ordentlichen und gewissenhaften Geschäftsleiters (§ 93 Abs. 1 S. 1 AktG) oder eines ordentlichen Geschäftsmannes (§ 43 Abs. 1 GmbHG) anzuwenden, und für Pflichtverletzungen – solidarisch – haften (§§ 93 Abs. 2 AktG, 43 Abs. 2 GmbHG), kann auch eine noch so ausgefeilte Geschäftsverteilung daran nichts ändern.[553] Insofern bestehen auch für den Fall einer Ressortverteilung in Abweichung von der Gesamtgeschäftsführung die damit regelmäßig verbundenen Rechte und **Pflichten zur gegenseitigen Information,**[554] zur weitgehenden **Erkundigung,**[555] zur ausnahmsweise zu ergreifenden **Intervention**[556] und – sofern ausdrücklich in der Satzung oder in einer Geschäftsordnung vorgesehen – zum **Widerspruch** mit der Folge, dass eine beanstandete Geschäftsführungsmaßnahme zu unterbleiben hat,[557] fort. Die umfassende Verantwortlichkeit für die jeweilige Gesellschaft auch in einer Matrixorganisation bleibt damit für den jeweiligen bestellten Vorstand oder Geschäftsführer bestehen.

2. Plant Manager in der Matrixorganisation

181 Die Funktion des Plant Managers ist ein **typischer Ausfluss der Matrixorganisation.** Es handelt sich um in der Regel eine Person mit Geschäftsverantwortung in leitender Position für zentral zu steuernde Teile einer Unternehmensorganisation, welche aber als nicht produktiv gelten. Solche meist aufgrund gesetzlicher Grundlage notwendigen Unternehmensfunktionen, die in der Regel keinen eigenen Beitrag zur Wertschöpfung liefern, werden gern in die **Hand eines zuverlässigen Managers** gegeben, der gleichzeitig zum Geschäftsführer oder Mitglied des Vorstands bestellt ist und in der Praxis häufig die Funktionen für mehrere Standorte in einer Landesgesellschaft **bündelt.** Er verfügt über alle formale Kompetenz, ohne diese tatsächlich im Sinne der Erwartung einer bestimmten Wertschöpfung erbringen zu können oder zu sollen. Letztlich übt er seine Stellung entweder mit Rücksicht auf gebündelte Verwaltungsfunktionen (sog. *shared services*) oder als satzungsmäßiger Geschäftsleiter einer Landesgesellschaft in der Matrixorganisation zur notwendigen Erfüllung der Kardinalspflichten eines Organvertreters aus.

3. Matrixorganisation mit Spartenmanager

182 Anders als dem Plant Manager obliegen dem Spartenmanager gerade Aufgaben der Geschäftsleitung, die die **produktiven Bereiche einer Unternehmensorganisation** betreffen. In einer Matrixstruktur trägt er die **Verantwortung für die Wertschöpfung** und insoweit für die wirtschaftlich tragfähigen und werterhaltenden und -steigernden Bereiche des Unternehmensverbunds. Die im Schwerpunkt verwaltenden Aufgaben, die sich häu-

---

[550] Zur Durchbrechung des Einstimmigkeitsprinzips im Vorstand einer Aktiengesellschaft ausführlich: Semler/Peltzer/Kubis/*Richter* § 5 Rn. 80 mwN.
[551] Semler/Peltzer/Kubis/*Richter* § 5 Rn. 33 mwN.
[552] Spindler/Stilz/*Fleischer* AktG § 77 Rn. 10.
[553] BGH 6.7.1990 – 2 StR 549/89, BGHSt 37, 106 (110f.) – Lederspray.
[554] BGH 26.6.1995 – II ZR 109/94, NJW 1995, 2850 (2851); *Fleischer* NZG 2003, 449 (452).
[555] Insbesondere mit Rücksicht auf die öffentlich-rechtlichen Pflichten gerade im Bereich der steuerlichen Aufgaben: OLG Hamburg 16.9.1986 – 3 Ss 26/86 (Owi), NStZ 1987, 79; auch BFH 17.5.1988 – VII R 90/85, GmbHR 1989, 170 (171).
[556] MHdB GesR IV/*Wiesner* § 22 Rn. 24; eine Pflicht besteht allerdings nur bei erkennbarer Pflichtverletzung des hauptsächlich aus dem Ressort zuständigen Mitglieds des Vorstands, BGH 15.10.1996 – VI ZR 319/95, BGHZ 133, 370 (377f.); OLG Hamm 12.7.2012 – I-27 U 12/10, DB 2012, 1975 (1979).
[557] Für die Geschäftsführung einer GmbH vgl. Oppenländer/Trölitzsch/*Trölitzsch* § 16 Rn. 12ff. mwN, wobei sogar die unzuständigen Geschäftsführer der Sache nachzugehen, die Aufgabe in das Gesamtgremium zurückzuholen und die Gesellschafter zu informieren haben.

fig aus den gesetzlichen Anforderungen ergeben, sind nicht Teil seiner Stellenbeschreibung. Die Verantwortung seiner Tätigkeit gleicht der eines Geschäftsführers oder eines Vorstandes, ohne die rechtlichen Befugnisse kraft Bestellung zu besitzen. Seine Autorität leitet dieser Manager **ausschließlich aus seiner Stellung** ab, die sich aus der für die verbundenen Gesellschaften erwarteten wertschöpfenden Rolle ergibt. Er ist **praktisch ein Vertretungsorgan ohne originäre rechtliche Kompetenz.**

4. Mischformen

Nicht untypisch in Matrixorganisationen ist die Mischform zwischen Plant Manager und Spartenmanager. Immerhin haben beide Erscheinungsformen ihren Ursprung in der klassischen Rolle des Organvertreters einer Kapitalgesellschaft, der im Rahmen seiner grundsätzlich unbeschränkbaren Vertretungsbefugnis uneingeschränkt die Geschäfte der Gesellschaft führen kann. In ihrer idealtypischen Form fehlt immer eines dieser Elemente (entweder keine Befugnis zur Geschäftsführung oder keine Befugnis zur Vertretung). Wenn eine **Mischung aus beiden Funktionen** erfolgt, bedeutet es nicht, dass auf diesem Weg die ursprüngliche, vom Gesetzgeber als Leitbild vorgesehene Figur eines vollumfänglich vertretungsberechtigten und geschäftsleitenden Geschäftsführers oder eines Vorstands „wiederhergestellt" werden soll, sondern **eher den Opportunitäten der Ablauforganisation folgt.** Dabei ist in der Praxis vor allem das Herausbilden von Doppelmandaten zu beobachten, dh der Inhaber einer Organstellung (oder einer dieser nahekommenden Funktion als Plant oder Spartenmanager) in einer Matrixgesellschaft hält gleichzeitig noch eine Funktion in einer Konzern- oder herrschenden Gesellschaft. Alternativ handelt es sich um einen leitenden Angestellten, der bei einer Konzern-(ober)gesellschaft angestellt ist und im Nebenamt die Tätigkeit eines Geschäftsführers[558] oder eines Plant bzw. Spartenmanagers ausübt.

183

II. Kriterien zur Gestaltung des Anstellungsverhältnisses unter besonderer Berücksichtigung der Weisungslage

Für den Vorstand einer Aktiengesellschaft wie für den Geschäftsführer einer GmbH, also bei den üblichen Kapitalgesellschaftsrechtsformen, gibt es zahlreiche Muster von Dienstverträgen,[559] so dass in diesem Zusammenhang lediglich darauf verwiesen werden soll. Entscheidend für die Betrachtung dieses Beitrags kommt es auf die Gestaltung der Dienstverträge und eventuell der für deren Tätigkeit leitenden Geschäftsordnungen der jeweiligen Organgremien an, wonach sich der Umgang mit Weisungen und den damit verbundenen Pflichten sowohl hinsichtlich der Prüfung von deren Rechtmäßigkeit als auch korrespondierend bezüglich der ausreichenden Information der weisungserteilenden Stelle (Vorstand, Geschäftsführung der Obergesellschaft bzw. Vertreter der Gesellschafterversammlung) sowie der Möglichkeit zur Remonstration, insbesondere im Fall widersprechender Weisungen, richtet. Die jeweiligen Gestaltungen können unabhängig von den Weisungsregelungen im Rahmen von Bevollmächtigungen oder Richtlinien als sog. *Delegation of Powers*[560] eventuell auch auf die besonderen Erscheinungsformen des Plant oder Spartenmanagers übertragen werden. In Hand- und Formularbüchern existieren hier im Augenblick keine weitergehenden Empfehlungen.

184

---

[558] Dazu ausführlich *Karwatzki* Fremdgeschäftsführer S. 63 ff.
[559] Statt vieler: BLDH/*Lingemann* Kap. 4 für den Geschäftsführer GmbH (S. 145 ff.) und Kap. 5 für den Vorstand einer AG (S. 170 ff.) jeweils mwN.
[560] Ausführlich → Rn. 170 ff.; Muster → Rn. 176.

1. Klassischer Organvertreter

185 Die Pflichten von Vorständen[561] und von Geschäftsführern,[562] welche sich aus der Organstellung ergeben, sind umfassend und hinsichtlich des Grads der Erfüllung regelmäßig am Haftungsmaßstab der §§ 43 Abs. 2 GmbHG und 93 Abs. 2 AktG zu messen. Daneben können sich weitere Pflichten aus dem Dienstvertrag ergeben, die eventuell in **Kollision zu den gesellschaftsvertraglichen oder sonstigen organschaftlichen Pflichten** treten können. Solange vom dispositiven Gesetzesrecht abgewichen wird, sind Erleichterungen oder Verkürzungen möglich, ansonsten regelmäßig nichtig. Weisungen sind zu befolgen, von Vorständen im Falle eines Beherrschungsvertrags und von Geschäftsführern auch im Falle eines wirksamen Beschlusses der Gesellschafter. Entsprechende Gestaltungen sind üblicherweise in der Satzung zu finden.[563] In Dienstverträgen wird eher ausnahmsweise darauf hingewiesen und meist in klausulierter Form.[564] Weitergehende Pflichten, die im Zusammenhang mit einer Weisung stehen, sind üblicherweise nicht zu finden und werden in Formular- und Rechtshandbüchern für Organvertreter regelmäßig nur im Zusammenhang mit gesetzlich festgelegten Berichtspflichten oder Verhaltenspflichten in der Krise thematisiert.[565]

186 Angesichts der umfassenden, durch die Gesellschafterversammlung erweiterten Weisungsgebundenheit von Geschäftsführern, welche bei Mitgliedern des Vorstands auf der Grundlage eines (wirksamen) Beherrschungsvertrags beschränkt bleibt, wird es unerlässlich sein festzustellen, **in welchem Umfang** den Organvertreter Aufklärungs- und Informationspflichten hinsichtlich eines vorzubereitenden Gesellschafterbeschlusses trifft. Nach einer schon älteren Entscheidung des *OLG Jena* hat der Geschäftsführer „*... seine inhaltlichen Bedenken gegen diese Weisung vor deren Ausführung angemessen geltend (zu) machen, was vor allem einschließt, die Gesellschafter ausreichend über Risiken zu informieren ...*". Nur dann kann er mit einer **Haftungsfreistellung** durch Einverständnis aller Gesellschafter im Falle eines risikoreichen und existenzbedrohenden Geschäfts rechnen.[566] Wenngleich diese Betrachtung höchstrichterlich bislang nicht bestätigt wurde, so ist ihr in dieser Deutlichkeit zu folgen. Denn der Geschäftsführer nimmt als ordentlicher Geschäftsmann in leitender Position selbstständig und treuhänderisch fremde Vermögensinteressen wahr.[567] Damit lässt sich der erhöhte Sorgfaltsmaßstab des § 43 GmbHG begründen, an dem auch die Einhaltung der sonst zahlreichen weiteren Pflichten, ua derjenigen im öffentlichen Interesse, gemessen wird. Im Gegenzug müssen einem Geschäftsführer Rechte auf Einsicht in Unterlagen der GmbH und auf Auskunft über relevante Geschäftsvorgänge verbleiben, um wenigstens seine gesetzlichen Mindest- oder Kardinalpflichten erfüllen zu können. Diese sollen ihm erleichtern **zu prüfen, ob und inwieweit Weisungen der Gesellschafter den Kernbereich seiner Tätigkeit berühren**.[568] Diese Auffassung ist grundsätzlich zutreffend: Wenn dem Geschäftsführer ein aktiver Beitrag bei der Willensbildung der Ge-

---

[561] Im Einzelnen: KZB/*Adelhardt* D 118 ff.
[562] Im Einzelnen: KZB/*Adelhardt* C 95 ff.
[563] Muster in **Fall 5** → Rn. 135.
[564] Vgl. Hümmerich/*Reufels*/*Reufels* § 3 Rn. 521, Muster I. für den einfachen Dienstvertrag mit einem Vorstandsmitglied, § 1 lit. a. „*... führt die Geschäfte der Gesellschaft nach Maßgabe der Gesetze ...*", was im Falle eines Beherrschungsvertrags die Berücksichtigung nach § 291 Abs. 1 Satz 1, 308 Abs. 1 AktG umfasst; Hümmerich/*Reufels*/*Reufels* § 2 Rn. 1135, Muster I. Dienstvertrag mit einem Fremdgeschäftsführer: § 2 lit. a. „*... führt die Geschäfte der Gesellschaft nach Maßgabe der Beschlüsse der Gesellschaft ....*", lit. b.: „*... der Geschäftsführer hat den Weisungen der Gesellschafterversammlung Folge zu leisten...*", womit die Beschränkungen nach § 37 Abs. 1 GmbHG gemeint sind.
[565] Vgl. §§ 90 Abs. 1 AktG; 51a GmbHG, die letztlich als Rechte von Aufsichtsrat und Gesellschafter formuliert sind, vgl. ua KZB/*Adelhardt* C 112 ff., D 179 ff.; für den Fall der Krise besonders C 127 ff., D 205 ff. sowie besondere Pflichten für den Fall einer börsennotierten Aktiengesellschaft D 227 ff.
[566] OLG Jena 1.9.1998 – 5 U 1816/97, NZG 1999, 121.
[567] BGH 20.2.1995 – II ZR 143/93, BGHZ 129, 30 (34); OLG Brandenburg 21.2.2001 – 7 U 99/97, NZG 2001, 756 (nur Ls.) = BeckRS 2001, 30163354 mwN.
[568] *Mennicke* NZG 2000, 622 (624 f.), der allerdings einen unantastbaren, weisungsfreien Kernbereich der Tätigkeit als Geschäftsführer sieht.

sellschafter beigemessen wird, indem er auf eventuelle Bedenken hinsichtlich der Rechtmäßigkeit einer Weisung, insbesondere im Bereich eventuell existenzschädigender Maßnahmen, hinweisen soll,[569] was sich **selten von der Zweckmäßigkeit trennscharf unterscheiden lässt,**[570] dann müssen ihm gewisse **Mindestkontroll- und -informationsrechte** verbleiben, die mit den ihm als Geschäftsführer auferlegten unentziehbaren Pflichten korrespondieren.[571] Nur damit wird er in der Lage sein, die Gesellschafter ausreichend hinzuweisen, wenn sie im Begriff sind, einen Beschluss über eine vermutlich gesetzes- oder sittenwidrige Geschäftsführungsmaßnahme zu treffen. Das gilt umso mehr, wenn nach ständiger Rechtsprechung betont wird, dass die Gesellschafter einer GmbH den Geschäftsführer „*auch ohne satzungsmäßige Grundlage Weisungen in jeder beliebigen Angelegenheit der Geschäftsführung und mit jedem beliebigen Inhalt erteilen (können); dabei ist es gleichgültig, ob es sich um allgemeine Richtlinien oder um Einzelfallentscheidungen handelt…*".[572] Mit entsprechender Gestaltung der Geschäftsführungsbefugnis im Dienstvertrag oder in der Geschäftsordnung, insbesondere wenn es dort um die Konkretisierung von Auskunfts- und Einsichtsrechten der Gesellschafter und Informationspflichten von Geschäftsführern geht, lassen sich hier Prüfungs- und Remonstrationspflichten begründen. Solche besonderen Regelungen sind besonders zweckmäßig, wo eine Bestellung als Vertretungsorgan nicht besteht, aber naheliegt.

2. Plant Manager

In der hier interessierenden Konstellation unterscheidet sich der Plant Manager nicht vom Organvertreter hinsichtlich der Pflichten im Rahmen der Weisungslage, so dass auf den vorherigen Abschnitt verwiesen werden kann. 187

3. Spartenmanager

Die Besonderheit eines Spartenmanagers ist, dass er angesichts der für den produktiven Teil des Geschäfts wahrzunehmenden Budget- und Personalverantwortung einem Organvertreter **gleicht, ohne bestellt zu sein.** Die sich aus einer Organstellung ergebenden Pflichten lassen sich weder durch Gesetz noch durch Dienstvertrag begründen. Im Fall einer GmbH könnte in einer solchen Konstellation auf die Figur des sog. *faktischen Geschäftsführers* zurückgegriffen werden, die bislang für das Feststellen einer strafrechtlichen oder insolvenzrechtlichen Haftung herangezogen wurde,[573] aber inzwischen über diesen engeren Rechtsbereich hinaus Anerkennung gefunden hat.[574] Danach kommt es nach der gefestigten Spruchpraxis für die Annahme eines faktischen Geschäftsführers nicht darauf an, dass dieser auf die satzungsmäßigen Organvertreter einwirkt, wie das bei oberen Führungskräften der Regelfall wäre. Vielmehr muss er auch **nach außen wie ein Geschäftsführer in Erscheinung** treten. Diese Voraussetzung ist erfüllt, wenn der Betreffende „*… nach dem Gesamterscheinungsbild seines Auftretens die Geschicke der Gesellschaft – über die interne Einwirkung auf die satzungsmäßige Geschäftsführung hinaus – durch eigenes Han-* 188

---

[569] Immerhin verlangt der BGH 20.2.1995 – II ZR 9/94, NJW-RR 1995, 669 vom Geschäftsführer, für eine Organisation zu sorgen, die ihm die zur Erfüllung seiner Aufgaben erforderliche Übersicht über die wirtschaftliche und finanzielle Situation der Gesellschaft jederzeit ermöglicht (zB durch Aufstellen einer Zwischenbilanz oder eines Vermögensstatus).
[570] Das zeigt auch der der Entscheidung des OLG Jena vom 1.9.1998 – 5 U 1816/97, NZG 1999, 121 zugrundeliegende Fall, wo ua auf die Sinnhaftigkeit des Investments in eine Fertigungsanlage – trotz unzweifelhaften Verstoßes gegen die Bestimmungen der §§ 11, 30, 31 GmbHG – eingegangen wurde. Kritisch *Lutter* GmbHR 1997, 329.
[571] *Mennicke* NZG 2000, 622 (625).
[572] OLG Düsseldorf 15.11.1984 – 8 U 22/84, ZIP 1984, 1476.
[573] Insgesamt: *Karsten* C.I. Rn. 32 ff.
[574] Vgl. ua BGH 21.3.1988 – II ZR 194/87, NJW 1988, 1789.

deln im Außenverhältnis, das die Tätigkeit des rechtlichen Geschäftsführungsorgans nachhaltig prägt, maßgeblich in die Hand genommen hat ...".[575]

189 Diese von der Rechtsprechung festgelegten Voraussetzungen für diese Erscheinungsform sind allerdings **fraglich** und in der Praxis einer Matrixorganisation kaum nachvollziehbar. Dort spielen Effizienzgesichtspunkte eine große Rolle, um eine Geschäftsorganisation zu entwickeln, die breitere Entscheidungsräume und rasche Abläufe zum Zwecke der wettbewerbsfähigen Marktbearbeitung ermöglicht. **Geschäftsführungsersetzende Tätigkeit** durch Einwirken auf die satzungsmäßigen Organe ist eher Folge denn erklärtes Ziel, zumal mit einem Plant Manager (oder Geschäftsführer oder Vorstand einer Landesgesellschaft) ein voll umfänglich bestellter Organvertreter verbleibt. Es ist daher fragwürdig, ob und inwieweit bereits die Existenz eines – im Tatsächlichen umfassend agierenden[576] – Spartenmanagers ihn zum faktischen Geschäftsführer macht und damit vergleichbare Pflichten auslöst. Stattdessen empfelen sich hier die bereits im Rahmen der Bevollmächtigung zur Übertragung der Ausübung des Weisungsrechts entwickelten Kategorien,[577] allerdings sind diese nur anwendbar, wenn sie verbindlicher Teil der rechtsgeschäftlichen Vertretung sind.

III. Ergebnis

190 Auch in einer Matrixorganisation kann es zu den klassischen Erscheinungsformen der Organvertretung kommen, wenn ein sog. Plant Manager Pflichten im Rahmen einer Weisungslage – entweder auf der Grundlage eines Beherrschungsvertrages oder im Zusammenhang mit Gesellschafterbeschlüssen – zu erfüllen hat. Es kommt nicht darauf an, dass er lediglich *pro forma* zur gesetzlichen Vertretung der juristischen Person bestellt worden ist. Kritischer hingegen ist die Situation eines sog. Spartenmanagers, der aufgrund der Geschäftsorganisation erheblichen Einfluss auf die Abläufe des ihm anvertrauten Bereichs nehmen kann, ohne jedoch die entsprechende Vertretungsbefugnis zu haben. In seinem Fall wird zunächst davon auszugehen sein, dass er als Arbeitnehmer seiner Anstellungsgesellschaft einzuordnen ist, wenngleich sein Einfluss vergleichbar dem eines Organvertreters ist. Nur in Einzelfällen wird ein solcher Spartenmanager als faktischer Geschäftsführer anzusehen sein. Umgekehrt wird man auch nicht daraus schließen können, weil die Weisungslage durch dienstvertragliche Regelungen oder eine engmaschige Geschäftsordnung zumindest dem Geschäftsführer einer GmbH enge Grenzen für sein rechtsgeschäftliches Handeln setzt, dass dieser als Arbeitnehmer einzustufen wäre.[578]

---

[575] BGH 11.7.2005 – II ZR 235/03, NZG 2005, 816; vgl. auch BGH 27.6.2005 – II ZR 113/03, NZG 2005, 755 f.
[576] Vgl. hierzu den **Katalog von acht Kriterien,** von denen mindestens sechs zum Bejahen einer faktischen Geschäftsführung erfüllt sein sollen: BayObLG 20.7.1997 – 5 St RR 159/96, NJW 1997, 1936.
[577] → Rn. 175 ff. (inkl. Muster einer Richtlinie).
[578] Strittig, ablehnend die illustrative Entscheidung des ArbG Stuttgart 21.12.2016 – 26 Ca 735/16, NZA-RR 2017, 69; *Commandeur/Kleinebrink* NZA-RR 2017, 449; *Schulze/Hintzen* ArbRAktuell 2012, 263.

Kapitel 3: Arbeitsrecht

Kennzeichen einer **Matrix-Organisation** ist, wie gesehen, die **Mehrlinigkeit** ihrer Leitungsstrukturen. Unterhalb der Konzernleitung als erster Hierarchieebene ist der Konzern nach bestimmten Funktionen (Forschung und Entwicklung, Produktion, Marketing, HR, Finance), Produkten (Produkt A, B, C usw.) und Regionen (Amerika, Europa, Deutschland usw.) gegliedert. Diese funktionalen, regionalen oder produktspezifisch definierten Konzernbereiche werden von Matrixmanagern geleitet, die jeweils für ihre Funktionen, Regionen oder Produkte konzernweit gültige Entscheidungen treffen. Eine solche Entscheidungsmacht setzt voraus, dass die **Matrixmanager** den **Geschäftsleitungen** der von der Konzernleitung beherrschten, aber nach wie vor rechtlich selbständigen Unternehmen **verbindlich Weisungen** erteilen und von ihnen entsprechende Berichte verlangen können. Die Steuerung der zum Konzern gehörenden Unternehmen erfolgt daher nicht mehr nur nach den vom Gesellschaftsrecht vorgegebenen Leitungsstrukturen, also durch Anweisungen der Konzernleitung an die Geschäftsleitung der unmittelbar abhängigen Unternehmen und durch Weiteranweisung der wiederum von diesen abhängigen Unternehmen, sondern auch durch direkte Anweisungen der Matrixmanager an die Geschäftsleitungen der abhängigen Tochter und Enkelgesellschaften. Die **Matrixmanager können** also „**durchregieren**", dh den Geschäftsleitungen Anordnungen zum operativen Geschäft geben. 1

Das **Arbeitsrecht** kommt ins Spiel, wenn die **Matrixmanager** nicht nur die Geschäftsleitungen von konzernabhängigen Tochter- oder Enkelgesellschaften **anweisen** können, sondern auch das bei ihnen **angestellte Personal.** Dieses wird zum „Diener zweier Herren". Denn es hat sowohl die Weisungen der Geschäftsleitung des Arbeitgebers zu befolgen, bei dem es angestellt ist, als auch die Anordnungen der Matrixmanager, denen sie aufgrund der matrixbedingten Leitungsstrukturen unterstellt sind. Zuweilen können sie sogar von mehreren Matrixmanagern angewiesen werden. 2

A. Das Arbeitsverhältnis in der Matrixorganisation

I. Grundlagen

1. Übertragung von Rechten auf den Matrixmanager

a) Grundsatz

Für die Lösung der sich aus der Matrixorganisation ergebenden Probleme kommt es entscheidend darauf an, welche Rechte dem Matrixmanager gegenüber dem ihm unterstellten Personal eingeräumt sind. **Auf der sicheren Seite ist,** wer die **Befugnisse vertraglich** oder in sonstiger Weise eindeutig regelt und dafür Sorge trägt, dass sich die Beteiligten an diese Vorgaben halten. Die **Unternehmenspraxis sieht freilich anders aus.**[1] Hier werden schlicht Anweisungen erteilt und Berichte eingefordert, ohne dass sich die Beteiligten klar darüber sind, welche Konsequenzen damit rechtlich verbunden sind. Zu **Problemen** kommt es spätestens dann, wenn **Weisungen nicht befolgt** werden oder unzulässige Anordnungen zu **zivil- oder gar strafrechtlicher Verantwortlichkeit** führen oder wenn Matrixmanager Versprechungen machen, die der Vertragsarbeitgeber nicht erfüllen will oder kann, weil er sich an dessen Erklärungen nicht gebunden fühlt. 3

Im Regelfall benötigt der Matrixmanager nicht sämtliche Befugnisse aus dem Arbeitsvertrag des ihm unterstellten Arbeitnehmers, zumal mit einer weitgehenden Übertragung von Arbeitgeberrechten entsprechende Pflichten einhergehen, die haftungsrelevant sein 4

---

[1] Braun/Wisskirchen/*Fedder*/*Braner* Konzernarbeitsrecht Teil I Abschn. 3 Rn. 65.

können. In welchem **Umfang** ihm **Befugnisse übertragen werden,** unterliegt der **freien Entscheidung** des Arbeitgebers, bei dem der Arbeitnehmer angestellt ist. Freilich kann dessen Entscheidungsfreiheit selbst wiederum eingeschränkt sein, so etwa wenn ihm kraft gesellschaftsrechtlicher Weisung aufgegeben wird, sein Personal ganz oder teilweise der unmittelbaren Weisungsgewalt eines Matrixmanagers zu unterstellen.

b) Fachliches und disziplinarisches Weisungsrecht

5 Im Schrifttum wird in diesem Zusammenhang zwischen *fachlichem* und *disziplinarischem* **Weisungsrecht** unterschieden.[2] Dem liegt der Gedanke zugrunde, dass dem Matrixmanager nur solche Befugnisse übertragen werden müssen, die ihm ein „Durchregieren" über die rechtlichen Grenzen der Unternehmenseinheiten hinweg ermöglichen.[3] Im Regelfall ist das das in § 611a Abs. 1 S. 2 BGB und § 106 GewO erwähnte **(fachliche) Weisungsrecht** zur Konkretisierung der Arbeitspflicht in inhaltlicher, örtlicher und zeitlicher Hinsicht sowie zur Aktualisierung von Nebenpflichten. In der betrieblichen Praxis ist hier auch häufig von **Berichtslinien** die Rede. Gemeint ist damit die Unterstellung unter eine anweisende Stelle, die sich vor allem darin zeigt, dass diese zu jeder Zeit Auskünfte und Informationen vom Unterstellten verlangen kann, um beispielsweise die Befolgung von Weisungen oder das Erreichen vorgegebener Ziele zu kontrollieren.

6 Dagegen verbleibt das **disziplinarische Weisungsrecht** im Regelfall beim Vertragsarbeitgeber. Freilich ist der Begriff „disziplinarisches *Weisungsrecht*" missverständlich, weil es nicht um bestimmte Anweisungen an den Arbeitnehmer geht, sondern um sonstige Rechte, die dem Arbeitgeber aus dem Arbeitsvertrag gegenüber den Arbeitnehmer zustehen. Da sich diese Terminologie aber eingebürgert hat, soll an ihr festgehalten werden. **Gemeint sind damit** außer den **„Disziplinarbefugnissen",** die üblicherweise einem „Disziplinarvorgesetzten" zustehen, wie das Recht zur Abmahnung[4] und zur Kündigung des Arbeitsvertrags, alle weiteren **Rechte, die sich aus der Gläubigerstellung des Arbeitgebers ergeben.** Dazu gehören: die Erteilung von Erholungsurlaub (als Recht des Gläubigers, auf die geschuldete Leistung zu verzichten), Beurteilungen, Maßnahmen zur Personalentwicklung, Gehaltsverhandlungen, Entscheidung über den Personaleinsatz, Zuweisung von Arbeitsbereichen und Vorgesetzten, Steuerung des Verhaltens durch allgemeine Richtlinien, Entgeltfragen, kurz alle Befugnisse, die letztlich im Arbeitsvertrag wurzeln und nicht direkt mit der Erteilung fachlicher Weisungen zu tun haben.

7 Eine **Übertragung** des **disziplinarischen Weisungsrechts auf einen Dritten** ist **nicht möglich:** weder aufgrund einer Ausübungsermächtigung noch aufgrund einer Abtretung. Da das disziplinarische Weisungsrecht den Kern der Arbeitgeberfunktion darstellt, ist dieses nicht ohne die Arbeitgeberstellung auf einen Dritten übertragbar. Mit anderen Worten: Soll das disziplinarische Weisungsrecht auf einen Dritten übertragen werden, ist davon zwingend auch die Arbeitgeberstellung berührt, die – je nach Fallgestaltung – entweder übergeht oder „verdoppelt" wird.

2. Überblick über die rechtlichen Konstruktionsmöglichkeiten

8 Die Konzernleitungsmacht räumt weder der Konzernobergesellschaft als Matrixleitung noch den von ihr eingesetzten Matrixmanagern ein Weisungsrecht gegenüber dem Perso-

---

[2] *Berger* Matrixkonzern S. 120; *Bodenstedt/Schnabel* BB 2014, 1525; Braun/Wisskirchen/*Lützeler* Konzernarbeitsrecht Teil I Abschn. 3 Rn. 184; *Döffler/Heidemann* AiB 2012, 196 (198); *Kort* NZA 2013, 1318 (1319); *C. Meyer* NZA 2013, 1326 (1329); *Müller-Bonanni/Mehrens* ZIP 2010, 2228 (2229); *Neufeld/Michels* KSzW 2012, 49 (53); *Reinhard/Kettering* ArbRB 2014, 87; *Wisskirchen/Bissels* DB 2007, 340.
[3] *Müller-Bonanni/Mehrens* ZIP 2010, 2228 (2229).
[4] Als abmahnungsberechtigte Personen kommen nicht nur kündigungsberechtigte, sondern alle Mitarbeiter in Betracht, die befugt sind, verbindliche Anweisungen bezüglich des Ortes, der Zeit sowie der Art und Weise der arbeitsvertraglich geschuldeten Arbeitsleistung zu erteilen, BAG 18.1.1980 – 7 AZR 75/78, AP KSchG 1969 § 1 Verhaltensbedingte Kündigung Nr. 3.

nal der konzernabhängigen Unternehmen ein.[5] Das gilt auch für die aktienrechtliche Eingliederung und den Beherrschungsvertrag.[6] Zwar existiert in beiden Fällen ein gesellschaftsrechtliches Weisungsrecht der Konzernobergesellschaft, doch besteht dieses gegenüber den Geschäftsleitungen der von ihr abhängigen Unternehmen und nicht gegenüber deren Arbeitnehmern.[7] Dieser „Umweg" über das Leitungsorgan kann der Effizienz der funktionalen Aufgabensteuerung und den hierfür erforderlichen kurzen und direkten Berichtswegen entgegenstehen und wird daher in der Praxis häufig vermieden.[8] Dazu bedarf es aber besonderer rechtlicher Vereinbarungen.[9]

Die Beschäftigung von Arbeitnehmern in einer Matrixorganisation ist rechtlich auf verschiedene Weise darstellbar. Im Wesentlichen kommen **drei Konstruktionen** in Betracht:[10]

– „**Einzelarbeitsverhältnis**" (= Arbeitsverhältnis nur mit dem Vertragsarbeitgeber unter Verteilung der Arbeitgeberbefugnisse auf verschiedene Personen) → Rn. 10 ff.
– **Einheitsarbeitsverhältnis** mit **mehreren Parteien auf Arbeitgeberseite** → Rn. 102 ff.
– Nebeneinander bestehende **Doppel- und Mehrfacharbeitsverhältnisse,** die aber durch Rückkehrklauseln und auflösenden Bedingungen miteinander verbunden sind → Rn. 117 ff.

9

II. Einzelarbeitsverhältnis mit aufgespaltenem Weisungsrecht

1. Struktur

Bei der hier als „Einzelarbeitsverhältnis" bezeichneten Konstruktion besteht der Arbeitsvertrag nur zum Vertragsarbeitgeber. Allerdings sind die Arbeitgeberbefugnisse auf verschiedene Personen bzw. Stellen verteilt.[11] Das ist an sich nichts Besonderes. Auch außerhalb von Matrixstrukturen sind die Befugnisse häufig nicht bei einer Person konzentriert, sondern auf „Fach-" und „Disziplinarvorgesetzte" aufgeteilt. Kennzeichnend für Matrixstrukturen ist, dass das fachliche Weisungsrecht von Matrixmanagern ausgeübt wird. Diese können beim selben Arbeitgeber angestellt sein wie die ihnen unterstellten Arbeitnehmer oder zu einem anderen Unternehmen des Konzerns oder der Unternehmensgruppe gehören.

10

2. Arbeitgeberinterne Delegation

a) Struktur

Grundsätzlich kommt das Recht zur Ausübung des arbeitsvertraglichen Weisungsrechts (§ 106 GewO) dem Arbeitgeber als natürlicher Person zu. Handelt es sich bei ihm um eine juristische Person oder um eine Personengesellschaft, steht es deren gesetzlichen Vertretern zu, die es im Rahmen ihres Rechts zur Geschäftsführung (§ 76 AktG, § 37 GmbHG, § 114 HGB) für ihn ausüben.[12] Regelmäßig wird es an Personal „delegiert", das der Geschäftsleitung nachgeordnet ist, wie zB Abteilungsleiter, Führungskräfte, Diszipli-

11

---

[5] Braun/Wisskirchen/*Fedder*/*Braner* Konzernarbeitsrecht Teil I Abschn. 3 Rn. 8; *Seibt*/*Wollenschläger* AG 2013, 229 (235).
[6] *Seibt*/*Wollenschläger* AG 2013, 229 (235); *Windbichler* Konzernarbeitsrecht S. 69.
[7] HM, vgl. nur Henssler/Strohn/*Bödeker* AktG § 308 Rn. 6; Emmerich/Habersack/*Emmerich* AktG § 308 Rn. 19; Hüffer/*Koch* AktG § 308 Rn. 7; RegBegr/*Kropff* S. 403; Spindler/Stilz/*Veil* AktG § 308 Rn. 16; *Veil* Unternehmensverträge S. 110 f.
[8] *Berger* Matrixkonzern S. 111.
[9] *Seibt*/*Wollenschläger* AG 2013, 229 (235).
[10] Vgl. zB *Windbichler* Konzernarbeitsrecht S. 68 ff.
[11] Ausf. *Birk* Leitungsmacht S. 160 ff.
[12] Vgl. nur *Birk* Leitungsmacht S. 92 ff.

nar- und Fachvorgesetzte.[13] Kennzeichen einer solchen **„arbeitgeberinternen Delegation"** ist, dass das Weisungsrecht von Arbeitnehmern des Vertragsarbeitgebers für ihn, dh in seinem Namen und für seine betrieblichen Zwecke, ausgeübt wird.[14] Delegation beschreibt dabei lediglich das äußere Phänomen, dass der Anweisende gegenüber dem Angewiesenen keine originären Weisungsbefugnisse wahrnimmt, sondern er seine Rechte vom Vertragspartner des Arbeitnehmers, eben dem Vertragsarbeitgeber oder „Anstellungsunternehmen", herleitet.

12 Rechtlich lässt sich diese Delegation mit den **Regeln des Stellvertretungsrechts** erfassen.[15] Dieses unterscheidet gemäß dem „Trennungsprinzip" bekanntlich zwischen einem „Außen-" und einem „Innenverhältnis".[16] Das **„Außenverhältnis"** beschreibt die Rechtsbeziehungen zwischen Vertreter und Drittem, das **„Innenverhältnis"** zwischen Vertretenem und seinem Vertreter.[17] Im Außenverhältnis geht es um das **„rechtliche Können"**, im Innenverhältnis um das **„rechtliche Dürfen"**.[18] Beide Sphären können auseinanderfallen.[19] Stets bildet aber das „rechtliche Können" die äußerste Grenze für das rechtliche Dürfen. Gibt ein Vorgesetzter seinem Mitarbeiter eine Anweisung, so ist das „Außenverhältnis" betroffen, wenn es um die rechtlichen Beziehungen zwischen dem Vorgesetzten und dem Mitarbeiter geht. Das „Innenverhältnis" ist gemeint, wenn es um das Verhältnis zwischen Vorgesetztem und dem Arbeitgeber bzw. dessen Vertretern geht.

b) Innenverhältnis

13 Welcher Vorgesetzte welchem Mitarbeiter welche Weisungen erteilen kann, regelt der Arbeitgeber im Innenverhältnis. Dabei ist er weitgehend frei. Die Reichweite der Befugnisse im Innenverhältnis lässt sich durch eine **„Ausübungsermächtigung"** bestimmen. Sie regelt nur *innerhalb* der Organisation des Arbeitgebers Zuständigkeiten und Befugnisse. Ihre erstmalige **Festlegung** ist grundsätzlich **mitbestimmungsfrei**; ihre Änderung kann – soweit damit eine grundlegende Organisationsänderung einhergeht, eine Betriebsänderung iSd § 111 BetrVG darstellen. Verbindlich ist die Ausübungsermächtigung insoweit, als mit der Bekleidung einer bestimmten Stelle nicht nur gewisse Aufgaben, sondern auch Befugnisse verbunden sind,[20] die in größeren Unternehmen in mehr oder weniger detaillierten Stellenbeschreibungen niedergelegt sind. Sie einzuhalten, wird dem Vorgesetzten dann kraft Arbeitsvertrags bzw. Weisungsrechts zur Aufgabe gemacht. Mit solchen Ausübungsermächtigungen kann das Unternehmen auch **„compliancegerecht"** aufgestellt werden, zB indem Kompetenzen ausdrücklich geregelt werden. Sie sind dann verbindlich kraft Weisungsrechts. Ferner lässt sich mit einer Ausführungsermächtigung regeln, **welcher Weisungsberechtigte sich bei „kreuzenden Anweisungslinien" durchsetzt**, die für durch Mehrlinigkeit geprägte Matrixstrukturen typisch sind. Überschreitet der Matrixmanager die ihm im Innenverhältnis gesetzten Grenzen, so wirken die von ihm abgegebenen Erklärungen gleichwohl für und gegen den Vertragsarbeitgeber, in dessen Namen er handelt. Allerdings kann sich der Matrixmanager ihm gegenüber schadensersatzpflichtig machen.[21]

---

[13] *Birk* Leitungsmacht S. 159 ff.; *Kort* NZA 2013, 1318 (1319 f.); *Seibt/Wollenschläger* AG 2013, 229 (235); *Wieneke* VGR 2011, 91 (95).
[14] *Müller-Bonanni/Mehrens* ZIP 2010, 2228 (2229); *Neufeld/Michels* KSzW 2012, 49 (51).
[15] *Birk* Leitungsmacht S. 159 ff., 166 ff.; *Kort* NZA 2013, 1323 (1320); *Seibt/Wollenschläger* AG 2013, 229 (235); vgl. weiter *Windbichler* Konzernarbeitsrecht S. 100 ff.
[16] *Hellgardt/Majer* WM 2004, 2380 (2384); *Pawlowski* JZ 1996, 125 (126 f.); *Petersen* Jura 2004, 829 (831); Staudinger/*Schilken* (2014) Vor § 164 Rn. 33.
[17] MüKoBGB/*Schubert* BGB § 164 Rn. 206.
[18] *Wolf/Neuner* BGB AT § 49 Rn. 100.
[19] Staudinger/*Schilken* Vor § 164 BGB Rn. 33.
[20] *Birk* Leitungsmacht S. 166.
[21] Statt aller Erman/*G. Maier-Reimer* BGB Vor § 164 Rn. 6.

c) Außenverhältnis

aa) Grundsatz. Im Verhältnis zum angewiesenen Arbeitnehmer finden, wie gesagt, die Vorschriften über die Stellvertretung Anwendung.[22] Bei **Disziplinarmaßnahmen** liegt das ohne Weiteres auf der Hand. Eine Kündigung ist eine einseitige Willenserklärung, die im Namen des Vertragsarbeitgebers erklärt wird und bei der die Vertretungsmacht nachgewiesen werden muss.[23] Bei **fachlichen Weisungen** ist das nicht anders. Nach hM handelt es sich bei ihnen nicht um Realakte,[24] sondern ebenfalls um einseitige Rechtsgeschäfte, weil erst durch sie die Arbeitspflicht konkretisiert wird.[25] Selbst wenn man annimmt, dass es sich bei den fachlichen Weisungen nur um geschäftsähnliche Handlungen handelt, wären die Vorschriften des BGB über Willenserklärungen zumindest entsprechend anzuwenden.[26]

14

bb) Auftreten im Namen des Vertragsarbeitgebers. Die Anwendung des Stellvertretungsrechts bringt es mit sich, dass der Anweisende seine fachlichen Weisungen im Namen des Vertragsarbeitgebers erteilen muss, den er als Vertreter rechtsgeschäftlich vertritt („Offenkundigkeitsprinzip").[27] Das kann ausdrücklich oder konkludent geschehen (§ 164 Abs. 1 S. 2 BGB). Im Zweifel sind seine Erklärungen mit Rücksicht auf die Verkehrssitte und den objektiven Empfängerhorizont auszulegen (§§ 133, 157 BGB).[28] Bei **unternehmensbezogenen Geschäften** wird allgemein angenommen, dass ein Vertreter für das Unternehmen handelt.[29] Das gilt jedenfalls dann, wenn ein **eindeutiger Bezug zum Unternehmen** besteht. Dieser kann darin liegen, dass der Vertreter im Unternehmen als Arbeitnehmer beschäftigt ist,[30] dass die Erklärungen in den Geschäftsräumen des Unternehmens abgegeben werden[31] oder dass die vertraglich geschuldete Leistung gerade für das Unternehmen bestimmt ist.[32] Ist das zu bejahen, besteht eine tatsächliche Vermutung dafür, dass die Willenserklärungen für den Unternehmensinhaber abgegeben wurden und der Handelnde als Vertreter aufgetreten ist.[33] Diese kann jedoch widerlegt werden.

15

Werden Arbeitnehmer von (vorgesetzten) Beschäftigten desselben Vertragsarbeitgebers angewiesen, ist das Auftreten für den Vertragsarbeitgeber evident. Bei Anweisungen durch Matrixmanager ist das häufig anders. Nicht selten werden sie nicht demselben Unternehmen angehören wie der Angewiesene.[34] **Tritt der arbeitgeberfremde Matrixmanager** dann – wie im Regelfall – **nicht ausdrücklich im Namen des Vertragsarbeitgebers** auf, kann er trotzdem für diesen handeln, wenn der Angewiesene seine Arbeit nach wie

16

---

[22] Statt aller *Birk* Leitungsmacht S. 159 ff.
[23] Für Abmahnung als geschäftsähnliche Handlung gilt Entsprechendes, *v. Hoyningen-Huene* RdA 1990, 193 (199); ErfK/*Niemann* BGB § 626 Rn. 30; *Nosch* Abmahnung S. 191.
[24] Das hat man zuweilen in der Literatur (für ganz unbedeutende) Weisungen behauptet, um damit der strengen Billigkeitskontrolle zu entgehen, zB für das Arbeitskommando *„Hau Ruck!"* MünchArbR/*Richardi* § 7 Rn. 57; *Bötticher* AuR 1967, 321 (327). Diese war früher nur „im Zweifel" erforderlich. Heute muss, so sieht es § 106 GewO ausdrücklich vor, jede Weisung billigem Ermessen entsprechen, vgl. nur MHdB ArbR/*Reichold* § 40 Rn. 26; *Preis/Wieg* AuR 2016, 313.
[25] *Birk* Leitungsmacht S. 198 ff.; *Söllner* Leistungsbestimmung S. 113; HWK/*Lembke* GewO § 106 Rn. 6; Tettinger/*Wank* GewO § 106 Rn. 11.
[26] Ebenso *Windbichler* Konzernarbeitsrecht S. 84.
[27] *Einsele* JZ 1990, 1005 f.; *Mock* JuS 2008, 309 (311); *Schreiber* Jura 1998, 606; Staudinger/*Schilken* (2014) BGB Vor § 164 Rn. 35; NK-BGB/*Stoffels* § 164 Rn. 9; Bamberger/Roth/*Valenthin* BGB § 164 Rn. 17; Erman/*Maier-Reimer* BGB Vor § 164 Rn. 5; *Wolf/Neuner* BGB AT § 49 Rn. 44 f.
[28] MüKoBGB/*Schubert* § 164 Rn. 108.
[29] MüKoBGB/*Schubert* § 164 Rn. 117.
[30] Soergel/*Leptien* § 164 Rn. 15; Erman/*Maier-Reimer* BGB § 164 Rn. 7; MüKoBGB/*Schubert* § 164 Rn. 119.
[31] OLG Düsseldorf 8.3.2012 – I-24 U 162/11, MDR 2012, 835.
[32] RGZ 119, 64 (66); Soergel/*Leptien* BGB § 164 Rn. 15.
[33] BGH 12.12.1983 – II ZR 238/82, NJW 1984, 1347 (1348); OLG Brandenburg NJW-RR 1999, 1606; OLG Düsseldorf MDR 2012, 835; MüKo/*Schubert* BGB § 164 Rn. 120.
[34] Anders aber im Fall LAG BW 28.5.2014 – 4 TaBV 7/13, BeckRS 2014, 70642.

vor im Betrieb des Vertragsarbeitgebers leistet.³⁵ Dasselbe gilt, wenn die Dienste des Angewiesenen allein oder vorrangig seinem **Vertragsarbeitgeber** zugutekommen, dieser also **als Empfänger der vom Arbeitnehmer verrichteten Dienste** anzusehen ist.

17 Sind die weiteren Voraussetzungen für eine wirksame Stellvertretung erfüllt (→ Rn. 19 ff.), **bedarf** es für eine **Anweisung durch den Matrixmanager** auch **keines Einverständnisses des anzuweisenden Arbeitnehmers.** Der Matrixmanager macht nichts anderes geltend als die Arbeitgeberrechte aus dem Arbeitsvertrag mit dem Angewiesenen – insbesondere dessen Weisungsrecht (§ 611a Abs. 1 S. 2, § 106 GewO) – und dies im Namen des Vertragsarbeitgebers.³⁶

18 **Anders** kann es liegen, wenn der Angewiesene seine Arbeit für eine nicht ganz unerhebliche Zeit außerhalb seines bisherigen Betriebs leisten soll und die Tätigkeit von ihrer Zweckbestimmung her nicht mehr dem Vertragsarbeitgeber dient, sondern einem Dritten. Das ist vor allem dann der Fall, wenn der **Angewiesene** in die **Abläufe eines anderen Betriebs eingegliedert** wird.

19 In diesem Fall erteilt der Matrixmanager keine Anweisung im Namen des Vertragsarbeitgebers, sondern eines Dritten. Unter diesen Umständen lässt sich die Pflicht, den Anordnungen nachzukommen, **nicht mehr** über das **Institut der Stellvertretung** konstruieren,³⁷ sondern bedarf **besonderer Vereinbarungen.**³⁸ Dabei kann es sich um ein **Einverständnis** iSd § 613 S. 2 handeln (→ Rn. 29) oder um eine **Abordnungsklausel** (→ Rn. 64) bzw. **Konzernversetzungskausel** (→ Rn. 69 ff.). Da stets das Einvernehmen des Arbeitnehmers nötig ist, kann ihn der Matrixmanager gegen seinen Willen nicht anweisen.³⁹ Lediglich wenn die Einschaltung eines Dritten eine bloße Äußerlichkeit ist, die Weisungsbefugnis beim Vertragsarbeitgeber verbleibt und sich auch die Tätigkeit nicht wesentlich verändert, genügt nach Ansicht der Rechtsprechung das Direktionsrecht zur Einführung solcher Gestaltungen.⁴⁰ Zur Abgrenzung → Rn. 30 ff.

20 **cc) Vertretungsmacht.** Der arbeitgeberfremde Matrixmanager bedarf für Anweisungen im Namen des Arbeitgebers, bei dem der Angewiesene angestellt ist, dessen Vertretungsmacht. Diese ergibt sich nicht bereits aus der **Konzernleitungsmacht** der Konzernobergesellschaft, falls der Matrixmanager bei dieser als Arbeitnehmer angestellt ist. Denn die Leitungsmacht **schließt**, wie gesagt, **kein arbeitsrechtliches Weisungsrecht** gegenüber den Mitarbeitern der konzernabhängigen Unternehmen ein.⁴¹ Das gilt auch für die aktienrechtliche Eingliederung und den Beherrschungsvertrag.⁴² Zwar besteht in beiden Fällen ein gesellschaftsrechtliches Weisungsrecht der Konzernobergesellschaft gegenüber den abhängigen Konzernunternehmen, doch richtet sich dieses an die Vorstände und nicht an die Arbeitnehmer der abhängigen Konzernunternehmen.⁴³ Soll der Arbeitnehmer von einer anderen Person als seinem vertraglichen Arbeitgeber angewiesen werden, bedarf es besonderer Maßnahmen.⁴⁴

21 Im Regelfall muss deshalb der Arbeitgeber dem Matrixmanager eine **Vollmacht** erteilen. Das kann, wie gesagt, nur der Vertragsarbeitgeber, nicht die rechtliche Einheit, bei

---

[35] In diese Richtung *Windbichler* Konzernarbeitsrecht S. 81 ff.
[36] *Seibt/Wollenschläger* AG 2013, 229 (235).
[37] Ebenso *Maywald* Matrixstrukturen S. 50.
[38] Vgl. *Maywald* Matrixstrukturen S. 47 ff.; *Windbichler* Konzernarbeitsrecht S. 84.
[39] *Windbichler* Konzernarbeitsrecht S. 82.
[40] BAG 12.4.1973 – 2 AZR 291/72, AP BGB § 611 Direktionsrecht Nr. 24 mAnm *Schnorr v. Carolsfeld*; BAG 17.1.1979 – 5 AZR 248/78, AP BGB § 613 Nr. 2 mAnm *v. Hoyningen-Huene*; vgl. auch *Windbichler* Konzernarbeitsrecht S. 82.
[41] Braun/Wisskirchen/*Fedder/Braner* Konzernarbeitsrecht Teil I Abschn. 3 Rn. 8; *Seibt/Wollenschläger* AG 2013, 229 (235).
[42] *Windbichler* Konzernarbeitsrecht S. 69.
[43] HM, vgl. nur Henssler/Strohn/*Bödeker* AktG § 308 Rn. 6; Emmerich/Habersack/*Emmerich* AktG § 308 Rn. 19; Hüffer/*Koch* AktG § 308 Rn. 7; RegBegr/*Kropff* S. 403; Spindler/Stilz/*Veil* AktG § 308 Rn. 16; *Veil* Unternehmensverträge 110 f.; *Windbichler* Konzernarbeitsrecht S. 69.
[44] *Seibt/Wollenschläger* AG 2013, 229 (235); *Windbichler* Konzernarbeitsrecht S. 69 (100 ff.).

der der Matrixmanager angestellt ist. Dazu ist sie selbst dann nicht in der Lage, wenn sie den Vertragsarbeitgeber konzernrechtlich beherrscht. Aus der Konzernbindung als solcher folgt keine Befugnis, ein anderes Unternehmen rechtsgeschäftlich zu verpflichten.[45]

Allerdings kann die **Vollmacht formlos erteilt werden.**[46] Das kann auch stillschweigend geschehen. Die Bevollmächtigung kann sich daraus ergeben, dass dem Matrixmanager bestimmtes Personal unterstellt wird, das er anweisen darf und das ihm gegenüber „berichtspflichtig" wird. Diese Unterstellung können, wie gesagt, **nur der Vertragsarbeitgeber** des dem Matrixmanager zugewiesenen Personals und dessen bevollmächtigte Vertreter bewerkstelligen, nicht aber die steuernde Einheit, zu der der Matrixmanager gehört. Freilich wird in der Praxis oft anders verfahren: sei es, dass der Matrixmanager schlicht Anweisungen erteilt, sei es, dass die steuernde Einheit die an sich dem Vertragsarbeitgeber gebührende Unterstellung des bei diesem beschäftigten Personals unter die Weisungsgewalt des Matrixmanagers verfügt. Unter diesen Umständen kann die Anwendung der Grundsätze über die **Duldungs- und Anscheinsvollmacht** in Betracht kommen. (→ Rn. 217 ff.). Liegen deren Voraussetzungen vor, gilt der Matrixmanager ebenfalls als bevollmächtigt, Weisungen im Namen des Vertragsarbeitgebers Weisungen zu erteilen. Allerdings begründet das bloße **„Hineinregieren"** des Matrixmanagers in den Betrieb des Vertragsarbeitgebers für sich allein noch **keine Rechtsscheinvollmacht.** 22

In welchem Umfang der Matrixmanager Erklärungen für den Vertragsarbeitgeber abgeben kann, bestimmt der Vertragsarbeitgeber, der allerdings entsprechende Vorgaben der steuernden Einheit kraft Beherrschungsvertrags zu beachten hat. Im Zweifel bezieht sie sich nur auf den Kompetenzbereich, für den **Matrixmanager** verantwortlich ist.[47] Für diesen benötigt er auch **nur das Recht,** *fachliche* **Weisungen zu erteilen,** also die Vollmacht, im Namen des Vertragsarbeitgebers Anordnungen zur Konkretisierung der Arbeitspflicht zu treffen.[48] Zu sonstigen Erklärungen ist er regelmäßig nicht bevollmächtigt. Insbesondere ist es ihm nicht erlaubt, das *disziplinarische* Weisungsrecht für den Vertragsarbeitgeber auszuüben.[49] Denn dieses verbleibt üblicherweise bei diesem und wird dann von der Geschäfts-, Betriebs- oder Personalleitung des Vertragsarbeitgebers ausgeübt (→ Rn. 6).[50] Das betrifft vor allem das Recht zur Kündigung des Arbeitsvertrags, das nicht selbständig, dh ohne die Stellung als Arbeitsvertragspartei an einen Dritten delegiert werden kann.[51] Das fachliche Weisungsrecht kann auch mit gewissen Einschränkungen übertragen sein. Mit ihnen kann die Geschäftsführung des Vertragsarbeitgebers sicherstellen, dass keine rechtswidrigen Weisungen erteilt werden (→ Rn. 131 ff.) und dass sie ihren konzernrechtlichen Prüfungspflichten (→ Rn. 168 ff.) nachkommen kann. Außerdem lassen sich so Kompetenzkonflikte zwischen gleichrangigen Matrixmanager vermeiden (→ Kap. 1 Rn. 48 ff.). Ferner kann sich der Vertragsarbeitgeber vorbehalten, selbst oder durch seine Mitarbeiter bestimmte fachliche Weisungen weiterhin erteilen zu können. Nicht selten wird es aber so liegen, dass den Matrixmanagern nur Direktiven im Innen- 23

---

[45] *Windbichler* Konzernarbeitsrecht S. 107.
[46] AllgM, BGB-RGRK/*Steffen* § 167 Rn. 4; Erman/*Maier-Reimer* BGB § 167 Rn. 3; Soergel/*Leptien* BGB § 167 Rn. 8; Staudinger/*Schilken* BGB § 167 Rn. 18.
[47] Ebenso *Birk* Leitungsmacht S. 170.
[48] Die Personen, denen der Matrixmanager Weisungen im Namen des Vertragsarbeitgebers erteilen kann, müssen nicht namentlich bezeichnet werden, sondern können sich auch aus einem Stellen- oder Organisationsplan ergeben, zB alle Arbeitnehmer einer Abteilung oder alle mit einem bestimmten Projekt Beauftragten.
[49] *Müller-Bonanni/Mehrens* ZIP 2010, 2228 (2229); *Seibt/Wollenschläger* AG 2013, 229 (235).
[50] *Birk* Leitungsmacht S. 171.
[51] *Müller-Bonanni/Mehrens* ZIP 2010, 2228, (2229); *Seibt/Wollenschläger* AG 2013, 229 (235). Das Recht zur Abmahnung kann dagegen übertragen werden. Sie kann nämlich von jedem Vorgesetzten ausgesprochen werden, der befugt ist, hinsichtlich der Arbeitsleistung verbindliche Weisungen zu erteilen, BAG 18.1. 1980 – 7 AZR 75/78, AP KSchG 1969 § 1 Verhaltensbedingte Kündigung Nr. 3; ErfK/*Niemann* BGB § 626 Rn. 30.

verhältnis gegeben werden, die nach dem „Trennungsprinzip" der Stellvertretung[52] keine Auswirkungen auf das Außenverhältnis haben. Solange diese den unterstellten Arbeitnehmer nicht ausdrücklich bekanntgegeben wurden, müssen diese davon ausgehen, dass ein an sich kraft Stellung anweisungsbefugter Matrixmanager die Vollmacht hat, im Namen des Vertragsarbeitgebers das fachliche Weisungsrecht *vollumfänglich* auszuüben. Unklarheiten gehen zu Lasten des Vertragsarbeitgebers. Denn dieser kann durch entsprechende Erklärungen – im Sinne einer nach außen hin offenbarten „Innenvollmacht"[53] – für klare und eindeutige Verhältnisse sorgen.

24 Die Geltung des Stellvertretungsrechts im Verhältnis zwischen Matrixmanager und den ihm unterstellten Personal führt schließlich zur Anwendbarkeit der §§ 180, 174 BGB. Eine Weisung ist eine einseitige empfangsbedürftige Willenserklärung.[54] Fehlt es an der Vollmacht im Außenverhältnis, so ist die Anordnung nach § 180 BGB unwirksam. Der angewiesene Arbeitnehmer braucht sie nicht zu befolgen. Allerdings muss es sich um einen Mangel in der Vollmacht handeln. Eine Überschreitung der durch die Ausübungsermächtigung im Innenverhältnis erteilten Befugnisse genügt nicht. Das kann zwar anders geregelt sein, muss aber ausdrücklich kommuniziert werden.

25 Auch die Anwendbarkeit des § 174 BGB macht Sinn.[55] Wird ein Arbeitnehmer von einem ihm bislang unbekannten Matrixmanager angewiesen, kann er die Ausführung unter Hinweis darauf verweigern, dass ihm dessen Bevollmächtigung unbekannt ist und er deshalb auf deren Nachweis besteht. Freilich ist ihm dieses Leistungsverweigerungsrecht nach § 174 S. 2 BGB verwehrt, wenn ihm der Arbeitgeber, dh eine ihm an sich weisungsberechtigte Stelle im Unternehmen, zuvor vor ausdrücklich mitgeteilt hat, dass der Matrixmanager zur Anweisung berechtigt ist oder wenn sich diese Befugnis ohne jeden Zweifel aus seiner Stellung ergibt.[56]

d) Mitbestimmung bei der Übertragung des Weisungsrechts

26 Die Übertragung des fachlichen Weisungsrechts auf einen Matrixmanager löst weder bei der Vollmachtsteilung im Außenverhältnis noch bei der Ausübungsermächtigung im Innenverhältnis Beteiligungsrechte des Betriebsrats aus.[57] Das Mitbestimmungsrecht nach § 87 Abs. 1 Nr. 1 BetrVG aus scheidet schon deshalb aus, weil die Ermächtigung eines Dritten zur Erteilung von fachlichen Weisungen nicht das Ordnungsverhalten, sondern das mitbestimmungsfreie Arbeitsverhalten betrifft.[58] Durch die Weisungen konkretisiert der Matrixmanager die Arbeitsleistung selbst unmittelbar. Es handelt sich um arbeitsnotwendige Maßnahmen, die zur arbeitstechnischen Leitung des Betriebs und nicht zum Aufrechterhalten der betrieblichen Ordnung erforderlich sind.[59]

27 Ebenso wenig werden die Voraussetzungen für eine nach § 99 Abs. 1 BetrVG mitbestimmungspflichtige Versetzung gegeben sein.[60] Die dafür notwendige Zuweisung eines

---

[52] Staudinger/*Schilken* BGB Vor §§ 164 ff. Rn. 33; MüKoBGB/*Schubert* § 164 Rn. 206; *Wolf/Neuner* BGB-AT § 49 Rn. 100.
[53] Im Ergebnis ebenso MüKoBGB/*Schubert* § 164 Rn. 207.
[54] Str.; wie hier LAG Berlin 29. 11. 1999 – 9 Sa 1277/99, NZA-RR 2000, 131 (133); *Hromadka* DB 1995, 1610; AR/*Kolbe* GewO § 106 Rn. 6; *Boemke/Keßler* GewO § 106 Rn. 6; HWK/*Lembke* GewO § 106 Rn. 6; vgl. auch MüKoBGB/*Würdinger* § 315 Rn. 34; Palandt/*Grüneberg* BGB § 315 Rn. 11; aA geschäftsähnliche Handlung oder Realakt, vgl. *Böttcher* AuR 1967, 321 (325); *Frey* DB 1964, 298.
[55] Anders aber für den Normalfall einer Anweisung durch einen unternehmensangehörigen Vorgesetzten, *Birk* Leitungsmacht S. 163.
[56] *Birk* Leitungsmacht S. 160 ff.; *Windbichler* Konzernarbeitsrecht S. 84.
[57] Ebenso *Seibt/Wollenschläger* AG 2013, 229 (236).
[58] Zur Abgrenzung BAG 25. 9. 2012 – 1 ABR 50/11 Rn. 14, AP BetrVG 1972 § 87 Ordnung des Betriebs Nr. 47.
[59] *Seibt/Wollenschläger* AG 2013, 229 (236).
[60] Ebenso *Müller-Bonanni/Mehrens* ZIP 2010, 2228 (2231); *Seibt/Wollenschläger* AG 2013, 229 (236).

anderen Arbeitsbereiches[61] liegt nämlich nur dann vor, wenn dem Arbeitnehmer ein neuer Tätigkeitsbereich zugewiesen wird, sodass der Gegenstand der geschuldeten Arbeitsleistung, der Inhalt der Arbeitsaufgabe ist, ein anderer wird, und sich das Gesamtbild der Tätigkeit des Arbeitnehmers ändert.[62] Zwar kann auch eine Änderung der Stellung des Arbeitnehmers innerhalb der betrieblichen Organisation eine Versetzung iSd § 95 Abs. 3 BetrVG darstellen.[63] Das Mitbestimmungsrecht wird laut BAG jedoch dann nicht ausgelöst, wenn die betriebliche Einheit, in der der Arbeitnehmer beschäftigt ist, erhalten bleibt und diese Einheit nur einer anderen Leitungsstelle zugeordnet wird.[64] Der bloße Vorgesetztenwechsel ist daher mitbestimmungsfrei.[65] Das gilt sogar dann, wenn sich dadurch die Umstände, unter denen die Arbeit zu leisten ist, erheblich ändern, aber kein anderer Arbeitsbereich iSd § 95 Abs. 3 BetrVG zugewiesen wird.[66] Anders kann er liegen, wenn ein Arbeitnehmer vor der Einführung einer Matrixstruktur einen bestimmten Arbeitsbereich weitgehend selbständig geleitet hatte, der ihm durch die Unterstellung unter die Weisungsgewalt eines Matrixmanagers entzogen wird. Da hier über einen reinen Vorgesetztenwechsel hinaus die Stellung des Arbeitnehmers in der Betriebsorganisation betroffen ist, sind die Voraussetzungen des § 95 Abs. 3 BetrVG erfüllt.[67]

3. Übertragung des Weisungsrechts auf einen arbeitgeberfremden Dritten

a) Struktur

Die Übertragung des fachlichen Weisungsrechts im Sinne einer Ausübungsermächtigung ist nicht zwingend auf Arbeitnehmer des Anstellungsunternehmens beschränkt, sondern kann auch auf Dritte erfolgen, insbesondere auf Mitarbeiter anderer (Konzern-)Unternehmen.[68]

28

b) Zustimmungspflicht nach § 613 S. 2 BGB

aa) Regelungsinhalt. Die Grenze markiert § 613 S. 2 BGB. Diese ist erreicht, wenn der Anspruch auf die Arbeitsleistung auf einen anderen übertragen wird. Eine solche Übertragung ist nur mit Zustimmung des Arbeitnehmers erlaubt.[69] Dahinter steht der Gedanke, dass der Arbeitnehmer keinen bestimmten Arbeitserfolg, sondern Dienste schuldet, die er höchstpersönlich zu erbringen hat. Aus diesem Grunde soll ihm der Arbeitgeber auch gegen seinen Willen keinen anderen Dienstberechtigten aufzwingen können.[70] Dies würde seine Entscheidung, ob, für wen und in welcher Weise er seine Arbeitskraft einsetzt, be-

29

---

[61] Der Begriff ist räumlich und funktional zu verstehen. Er umfasst neben dem Ort der Arbeitsleistung auch die Art der Tätigkeit und den gegebenen Platz in der betrieblichen Organisation, stRspr, vgl. BAG 10. 4. 1984 – 1 ABR 67/82, AP BetrVG 1972 § 95 Nr. 4.
[62] StRspr, vgl. BAG 9. 10. 2013 – 7 ABR 12/12, AP BetrVG 1972 § 99 Versetzung Nr. 54 mwN.
[63] BAG 17. 6. 2008 – 1 ABR 38/07, AP BetrVG 1972 § 99 Versetzung Nr. 47.
[64] BAG 10. 4. 1984 – 1 ABR 67/82, NZA 1984, 233.
[65] ErfK/*Kania* BetrVG § 99 Rn. 14.
[66] BAG 10. 4. 1984 – 1 ABR 67/82, NZA 1984, 233. Das soll nur dann anders sein, wenn für den Arbeitnehmer aufgrund der neuen Zuordnung ein in seinem Arbeitsalltag spürbares anderes „Arbeitsregime" gilt. Es kann mit den unmittelbaren Vorgesetzten verbunden sein, wenn diese relevante Personalbefugnisse besitzen, die sie eigenverantwortlich wahrnehmen, so BAG 17. 6. 2008 – 1 ABR 38/07, AP BetrVG 1972 § 99 Versetzung Nr. 47.
[67] *Seibt/Wöllenschläger* AG 2013, 229 (236).
[68] BAG 17. 1. 1979 – 5 AZR 248/78, AP Nr. 2 zu § 613 BGB; 10. 3. 1998 – 1 AZR 658/97, NZA 1998, 1242; *Bauer/Herzog* NZA 2011, 713 (714); *Dörfler/Heidemann* AiB 2012, 196 (198); *Kort* NZA 2013, 1318 (1319 f.); *Seibt/Wöllenschläger* AG 2013, 229 (235); *Wieneke* VGR 2011, 91 (95).
[69] *Kort* NZA 2013, 1318 (1319); *Müller-Bonanni/Mehrens* ZIP 2010, 2228 (2229).
[70] BAG 17. 1. 1979 – 5 AZR 248/78, AP BGB § 613 Nr. 2 mAnm *v. Hoyningen-Huene*; MüKoBGB/*Müller-Glöge* § 613 Rn. 20.

einträchtigen. Da sie zur höchstpersönlichen Lebensführung gehört,[71] ist sie dem Zugriff des Gläubigers entzogen.[72] Die gesetzliche Regelung schließt es aber nicht aus, dass der Arbeitgeber den Arbeitnehmer einem anderen für begrenzte Zeit zur Dienstleistung überlässt.[73] Diese Überlassung ist jedoch nur mit Zustimmung des Arbeitnehmers erlaubt.[74]

30 **bb) Anwendbarkeit.** Wann die Voraussetzungen des **§ 613 S. 2 BGB** erfüllt sind und damit eine **Zustimmung des Arbeitnehmers** zur Anweisung durch einen Dritten **notwendig** wird, ist allerdings unklar. Nach dem Wortlaut braucht dazu nicht die gesamte Gläubigerstellung des Vertragsarbeitgebers auf einen anderen übertragen zu werden; erst recht ist kein konzern- oder matrixinterner Arbeitgeberwechsel erforderlich. Es genügt, **wenn** bereits der **Anspruch auf die Arbeitsleistung übertragen** wird.

31 An einer solchen Übertragung fehlt es, wenn der Arbeitnehmer schlicht angewiesen wird, im Betrieb eines anderen tätig zu werden. Denn zu einer solchen Anordnung ist der Arbeitgeber bereits kraft seines Weisungsrechts berechtigt, jedenfalls soweit sich das aus dem vertraglichen Leistungsversprechen des Arbeitnehmers ergibt. Die Stellung des Arbeitgebers und die daraus resultierenden Rechte und Pflichtstruktur bleiben dieselbe.[75] **Wenn** also Monteure, Kundenberater oder andere **im Außendienst Beschäftigte** außerhalb ihres Einstellungs- oder Beschäftigungsbetriebs **tätig werden sollen,** ist **keine Zustimmung** erforderlich. Und daran ändert sich auch dann nichts, wenn den Mitarbeitern von Dritten – wie etwa Kunden – zusätzliche Anordnungen erteilt werden, weil sich diese im Regelfall auf das Arbeitsergebnis beziehen.[76] Die Arbeitsleistung selbst wird weiterhin für den Vertragsarbeitgeber erbracht. Er bleibt der Empfänger der vertraglich geschuldeten Dienste.

32 Ausgelöst wird die **Zustimmungspflicht** hingegen dann, wenn dem Dritten das **Weisungsrecht zur Ausübung im** *eigenen Namen* und für *eigene Zwecke* und ggf. für *eigene Rechnung* **übertragen wird**.[77] Dabei spielt es keine Rolle, ob der Anspruch auf die Arbeitsleistung abgetreten wird und mit diesem – da es sich um fremdbestimmte Arbeit handelt – auch das Weisungsrecht,[78] oder ob ein (echter) Vertrag zugunsten Dritter vorliegt, kraft dessen dieser ein eigenes Forderungsrecht auf die Arbeitsleistung gegen den Angewiesenen hat.[79] Entscheidend ist, dass der **Dritte** nicht mehr nur im Verhältnis zum Vertragsarbeitgeber ermächtigt ist, dessen Weisungsrecht in seinem Namen auszuüben, sondern dass er **im Verhältnis zum Arbeitnehmer selbst als Empfänger** der notwendig weisungsgebundenen, fremdbestimmten **Arbeitsleistung auftritt.** Statt einer Vollmacht des Vertragsarbeitgebers benötigt er deshalb die Zustimmung des Angewiesenen. Ist diese erteilt, kann er als neuer dienstberechtigter Empfänger über die Arbeitskraft des Angewiesenen so verfügen, als ob er selbst der Vertragsarbeitgeber wäre. Unerheblich ist ferner, ob das Weisungsrecht nur vorübergehend oder „bis auf weiteres", dh auf unbestimmte Zeit übertragen wurde. Maßgeblich ist, dass der **Vertragsarbeitgeber** – zumindest eine Zeit

---

[71] BGH 11.12.2003 – IX ZR 336/01, NJW-RR 2004, 696 (697); Staudinger/*Richardi*/*Fischinger* BGB § 613 Rn. 22.
[72] Schaub ArbR-HdB/*Linck* § 45 Rn. 6. Aus denselben Erwägungen steht dem Arbeitnehmer bei einem Betriebsinhaberwechsel nach § 613a Abs. 6 BGB ein Widerspruchsrecht gegen den Übergang seines Arbeitsverhältnisses auf den neuen Inhaber zu, so mit Recht BAG 2.10.1974 – 5 AZR 504/73, AP BGB § 613a Nr. 1; 17.11.1977 – 5 AZR 618/8, AP BGB § 613a Nr. 10.
[73] BGH 11.12.2003 – IX ZR 336/01, NJW-RR 2004, 696 (697).
[74] *Kort* NZA 2013, 1318 (1319); *Müller-Bonanni*/*Mehrens* ZIP 2010, 2228 (2229).
[75] BAG 20.7.2004 – 9 AZR 570/03, AP BGB § 611 Ärzte – Gehaltsansprüche Nr. 65; Staudinger/*Richardi*/*Fischinger* BGB § 613 Rn. 26.
[76] Zur Abgrenzung zwischen arbeitsbezogenen und arbeitsvertraglichen Weisungen *Hamann* NZA-Beil. 2014, 3 (5 f.).
[77] In diese Richtung auch *Müller-Bonanni*/*Mehrens* ZIP 2010, 2228 (2229); *Neufeld*/*Michels* KSzW 2012, 49 (52).
[78] So wohl *Krebber* Arbeitsabläufe S. 162 ff.; Thüsing/*Waas* AÜG § 1 Rn. 50.
[79] Schüren/Hamann/*Hamann* AÜG § 1 Rn. 72; *Hamann* NZA-Beil. 2014, 3 (5); Schüren/Hamann/*Schüren* AÜG Einl. Rn. 168 ff.; HK-AÜG/*Ulrici* § 1 Rn. 34.

lang – **aus der Position des Gläubigers der Dienstleistung verdrängt wird,** er also nicht mehr der alleinige Inhaber des Weisungsrechts ist[80] und er deshalb dessen Ausübung nicht weiter kontrollieren kann.[81] Das muss sich ein zu persönlicher Dienstleistung verpflichteter Arbeitnehmer nach der Regel des § 613 S. 2 BGB **nur mit seiner Zustimmung gefallen** lassen.[82] Sie ist vor allem dann von Nöten, wenn der Dritte den Arbeitnehmer in einen Betrieb mit einer anderen als der bisherigen Zweckbestimmung einzugliedern sucht.

Bei der Arbeitnehmerüberlassung iSd **AÜG** ist das **regelmäßig der Fall.**[83] Bei ihr ist der Vertragsarbeitgeber bekanntlich verpflichtet, einen bei ihm angestellten Arbeitnehmer auszuwählen, um ihn einem Dritten zur Förderung von dessen Betriebszwecken zur Verfügung zu stellen.[84] § 613 S. 2 BGB ist hier deshalb erfüllt, weil dem Dritten die Befugnis eingeräumt wird, den Arbeitnehmer in die betriebliche Organisation seines eigenen Betriebes einzugliedern.[85] Der **Entleiher** nimmt die ihm angebotene **Arbeitsleistung** nicht wie der Besteller einer Werkleistung durch die Erfüllungsgehilfen eines Werkunternehmers entgegen, sondern **gestaltet sie für seine eigenen betrieblichen Zwecke,**[86] und zwar durch **Ausübung des an ihn übertragenen Direktionsrechts.**[87] Die **Arbeitsleistung** wird deshalb nicht mehr für den Vertragsarbeitgeber **erbracht,** sondern **für den Dritten,** dem das Exklusivrecht zusteht, sie für sich selbst zu nutzen.[88] Der Vertragsarbeitgeber ist deshalb für die Dauer der Überlassung – ähnlich wie der Vermieter einer Sache – von der unmittelbaren Nutzung der Arbeitskraft seines Mitarbeiters ausgeschlossen.[89]

cc) Beispiele aus der Rechtsprechung. Die Differenzierung nach den mit der Weisung verfolgten Zwecken und dem Auftreten des Dritten im eigenen oder im fremden Namen liegt auch der einschlägigen Judikatur zugrunde. Die Rechtsprechung unterscheidet ebenfalls danach, ob sich der **betriebsexterne Dritte mit seinen Weisungen** noch **innerhalb** des **Betriebszwecks des Vertragsarbeitgebers bewegt** – dann keine Zustimmungspflicht nach § 613 S. 2 BGB – **oder eigene Zwecke verfolgt;** letztes wird zumeist dann angenommen, wenn die Arbeit in einem anderen Betrieb verrichtet werden soll.

Im **„Pflegerfall"**[90] wurde ein bei einer Dialyseeinrichtung beschäftigter Arbeitnehmer angewiesen, den Anordnungen einer niedergelassenen Ärztin nachzukommen, die als „Freie Mitarbeiterin" für seinen Vertragsarbeitgeber eine Arzneimittelstudie durchführte. Die Ärztin forderte den Pfleger auf, statt eines bisher eingesetzten Medikaments ein anderes zu verabreichen, was dieser mit der Begründung zurückwies, die Ärztin dürfe ihm „als betriebsfremde Externe" Instruktionen nur mit seiner Zustimmung erteilen. Das BAG sah das mit Recht anders. Maßgeblich war für das Gericht nämlich nicht der Status der anweisenden Ärztin als „externer Dritten", sondern dass sie **mit ihren Weisungen** *keine*

---

[80] So auch die Situation bei der Arbeitnehmerüberlassung nach dem AÜG, s. *Hamann* NZA-Beil. 2014, 3 (5).
[81] Ähnlich *Müller-Bonanni/Mehrens* ZIP 2010, 2228 (2230).
[82] *Dörfler/Heidemann* AiB 2012, 196 (198) stellen ebenfalls darauf ab, ob dem Vertragsarbeitgeber die Kontrolle über die Ausübung des Weisungsrechts verbleibt; fehlt es daran, gehen sie vom Entstehen eines Doppelarbeitsverhältnisses sowohl mit dem Vertragsarbeitgeber als auch mit dem Unternehmen des Weisungsgebenden. Das überzeugt jedoch nicht → Rn. 113.
[83] Vgl. BAG 3.12.1997 – 7 AZR 764/96, AP AÜG § 1 Nr. 24, zu I 1 der Gründe mwN; 25.10.2000 – 7 AZR 487/99, NZA 2001, 259 (260) mwN; HK-AÜG/*Ulrici* § 1 Rn. 49.
[84] BAG 20.6.2016 – 9 AZR 735/15, NZA 2017, 49 Rn. 29 f.; 17.1.2017 – 9 AZR 76/16, NZA 2017, 572 Rn. 21.
[85] Ebenso *Windbichler* Konzernarbeitsrecht S. 82, HK-AÜG/*Ulrici* § 1 Rn. 33; ErfK/*Wank* AÜG Einl. Rn. 24.
[86] *Hamann* NZA-Beil. 2014, 3 (5).
[87] Schüren/*Schüren* AÜG Einl. Rn. 160.
[88] *Hamann* NZA-Beil. 2014, 3 (5).
[89] *Hamann* NZA-Beil. 2014, 3 (5).
[90] BAG 10.3.1998 – 1 AZR 658/97, NZA 1998, 1242.

eigenen betrieblichen Zwecke **verfolgte,** wohl aber die des Vertragsarbeitgebers des Pflegers. Dieser habe nämlich die Durchführung der Studie *„in seine eigenen Betriebszwecke"* aufgenommen. Zu denen gehöre es, Patienten durch Verabreichung der erforderlichen Medikamente zu helfen. Für die vom Pfleger versprochene Tätigkeit spiele es keine Rolle, aus welchem Grund ein neues Medikament verabreicht werde. Selbst wenn das Ergebnis seiner Arbeitsleistung auch von Dritten zu eigenen Zwecken benutzt werde, ändere sich allein dadurch die seinem Vertragspartner geschuldete Arbeitsleistung nicht. Auch der Vertragsarbeitgeber habe ein eigenes Interesse daran, die Auswirkungen eines von einem Dritten getesteten Medikaments zu erkennen. Daraus schloss das Gericht, dass die Ärztin die **Anordnungen nicht aus eigenem,** sondern aus einem **vom Vertragsarbeitgeber abgeleiteten Recht erteilt** habe.[91] Zu vermuten steht daher, dass sie die Weisungen auch nicht in ihrem *eigenen Namen* erteilt hatte, weil sie mangels Abtretung des Weisungsrechts dazu gar nicht befugt war.

36   Ähnlich lag es im **Omnibusfahrerfall.**[92] Dort wies die Deutsche Bundesbahn (DB) bei ihr angestellte Busfahrer an, statt auf bahneigenen Linien zu fahren, Strecken einer regionalen Verkehrsgesellschaft mit deren Bussen zu bedienen. Einige Fahrer verweigerten dies unter Hinweis auf § 613 S. 2 BGB. Das BAG hielt ihre Weigerung für rechtswidrig. Das Gericht stützte seine Entscheidung auf den Umstand, dass die Busfahrer während ihres Einsatzes bei der regionalen Verkehrsgesellschaft nur von Vorgesetzten der DB Weisungen erhielten. Im Überlassungsvertrag wurde nämlich zwischen der DB und der Verkehrsgesellschaft ausdrücklich das **Bestehenbleiben der bisherigen Vorgesetztenfunktionen** vereinbart. „Nur in dringenden Fällen" durften die Mitarbeiter der Verkehrsgesellschaft Weisungen erteilen und dies auch nur „vorläufig". Das letzte Wort hatten jedoch die Vorgesetzten der DB. Diese entschieden auch über die Dienstpläne und die sonstigen Fragen des Einsatzes. Den Einwand der Busfahrer, sie erhielten die meisten Weisungen von den Vorgesetzten der Verkehrsgesellschaft und nicht von denen der Bahn, hielt das BAG für unbegründet. Nicht die Verkehrsgesellschaft habe den Einsatz der Busfahrer koordiniert, sondern die DB. Deshalb sei für die Anwendung des § 613 S. 2 BGB kein Raum.

37   **Weisungen,** die Arbeitnehmern **von Dritten** gegeben werden, **mit denen der Arbeitgeber unternehmerisch zusammenarbeitet,** führen jedenfalls dann nicht zur Anwendung des § 613 S. 2 BGB, wenn die beteiligten Arbeitgeber **jeweils eigene Betriebszwecke** verfolgen. So lag es im Fall eines Betriebsschlossers,[93] der bei einem Unternehmen angestellt war, das die ordnungsgemäße Entsorgung von Brennelementen im Auftrag einer Kernforschungsanlage übernommen hatte. Trotz zahlreicher Anordnungen des Anlagebetreibers an den Betriebsschlosser verneinte das BAG der Sache nach eine zustimmungspflichtige Übertragung des Dienstleistungsanspruchs auf den Anlagebetreiber gemäß § 613 S. 2 BGB. Das Entsorgungsunternehmen konnte nämlich deutlich machen, dass es einen anderen Zweck als der Anlagebetreiber verfolgte und es seine **Mitarbeiter** auch **nur zur Erfüllung seiner eigenen Zwecke** und nicht der des Anlagebetreibers **beschäftigt hatte;** dessen Weisungen dienten nur dazu, Ort, Zeit und nähere Umstände des vom Entsorgungsunternehmen versprochenen Werkes zu konkretisieren.

38   **dd) Zustimmungspflicht beim Matrixeinsatz.** Vor diesem Hintergrund ist die Zustimmungspflicht beim Matrixeinsatz eines Arbeitnehmers differenziert zu betrachten.

39   Im Regelfall wird der **Weisungsdurchgriff** eines arbeitgeberfremden Matrixmanagers auf Grundlage einer **Ausübungsermächtigung** umgesetzt.[94] Der Vertragsarbeitgeber bzw. dessen gesetzlicher Vertreter ermächtigt den Matrixmanager, das fachliche Weisungs-

---

[91] BAG 10.3.1998 – 1 AZR 658/97, NZA 1998, 1242 (1243).
[92] BAG 17.1.1979 – 5 AZR 248/72, AP BGB § 613a Nr. 2.
[93] BAG 15.10.2000 – 7 AZR 487/99, NZA 2001, 259.
[94] *Wieneke* VGR 2011, 91 (95).

recht in seinem Namen auszuüben.⁹⁵ Bei der Ausübung der Weisungsbefugnisse durch einen arbeitgeberfremden Matrixmanager in einer Matrixorganisation handelt es sich also regelmäßig um eine – ausdrückliche oder faktische – Ausübungsabrede zwischen dem gesetzlichen Vertreter des Arbeitgeberunternehmens und dem anderen Konzernunternehmen (Vertragsarbeitgeber des Matrixmanagers) bzw. dessen Repräsentanten (Matrixmanager).⁹⁶ Die Arbeitnehmer sind gemäß § 106 GewO verpflichtet, den Weisungen des bevollmächtigten Matrixmanagers nachzukommen, da es sich dabei um **abgeleitete Weisungen ihres Vertragsarbeitgebers** handelt, die der Matrixmanager in dessen Namen erteilt.⁹⁷

Im Schrifttum wird darüber hinaus angenommen, dass eine Zustimmung zur Anweisung durch einen unternehmensexternen Matrixmanager auch dann nicht erforderlich sei, wenn nur das fachliche, nicht aber das disziplinarische Weisungsrecht übertragen werde oder wenn der Vertragsarbeitgeber das fachliche Weisungsrecht jederzeit wieder an sich ziehen könne, die Delegation an den Dritten also nur „vorübergehend" erfolge.⁹⁸ Das überzeugt nicht. Selbst bei der Arbeitnehmerüberlassung iSd AÜG, zu der der Arbeitnehmer nach allgemeiner Ansicht seine Einwilligung erteilen muss, weil der Vertragsarbeitgeber seinen Anspruch auf die Arbeitsleistung auf den Entleiher überträgt (→ Rn. 33), geschieht dies immer nur vorübergehend und nie auf Dauer. Das wäre seit der Neufassung des § 1 AÜG auch nicht mehr zulässig und gäbe darüber hinaus dem Betriebsrat das Recht, die Zustimmung zum Einsatz eines Leiharbeitnehmers zu verweigern.⁹⁹ **Maßgeblich** kann nur sein, **in wessen Namen und für wessen Betriebszweck die Anordnungen erfolgen.** Dass einem Matrixmanager das Weisungsrecht nur vorübergehend übertragen wird, mag zwar in vielen Fällen ein Indiz dafür sein, dass dieser es im Namen des Vertragsarbeitgebers und für dessen Zwecke ausübt; zwingend ist das aber nicht. Wichtiger ist, **wem die Arbeitsleistung überwiegend zugute kommt.** Stellt der Vertragsarbeitgeber (die Matrixgesellschaft) seine Mitarbeiter dem Matrixmanager nur schlicht zur Verfügung, damit er ihre Arbeitskraft allein für die betrieblichen Zwecke der steuernden Einheit nutzen kann, müssen sie dem zustimmen. Da er seine Weisungen nicht im Namen des Vertragsarbeitgebers erteilt, benötigt er auch nicht dessen Vollmacht.

c) Ausübung des Zustimmungsrechts

aa) Keine Regelbarkeit durch Kollektivvertrag. § 613 S. 2 BGB soll verhindern, dass der Arbeitgeber dem Arbeitnehmer gegen seinen Willen einen anderen Dienstherrn aufzwingt.¹⁰⁰ Deshalb ermöglicht ihm die Vorschrift die Bestimmung, wem die Arbeitsleistung zugutekommen soll und wessen Leitungsmacht er sich unterstellen will. Da diese **Entscheidung,** wie gesehen, zum Bereich höchstpersönlicher Lebensführung gehört,¹⁰¹ **kann** sie der **Arbeitnehmer nur persönlich treffen.** Eine Regelung durch Kollektivvertrag scheidet damit aus.¹⁰² Es liegt beim Matrixeinsatz, der die Gefahr mit sich bringt, ungewollt fremder Weisungsgewalt unterstellt zu werden, nicht anders als beim Betriebsinhaberwechsel. Dort sichert § 613a Abs. 6 BGB das **Recht,** nicht ungewollt einen neuen Vertragspartner aufgedrängt zu bekommen. Dieses kann aber nur von jedem Arbeitneh-

---

[95] Müller-Bonanni/Mehrens ZIP 2010, 2228 (2229); Seibt/Wollenschläger AG 2013, 229 (235).
[96] Wieneke VGR 2011, 91 (95).
[97] Wieneke VGR 2011, 91 (95).
[98] Müller-Bonanni/Mehrens ZIP 2010, 2228 (2230); Neufeld AuA 2012, 219 (220); Neufeld/Michels KSzW 2012, 49 (52); ähnlich Dörfler/Heidemann AiB 2012, 196 (198).
[99] BAG 10.7.2013 – 7 ABR 91/11, NZA 2013, 1296; BAG 30.9.2014 – 1 ABR 79/12, NZA 2015, 240.
[100] BAG 17.1.1979 – 5 AZR 248/78, AP BGB § 613 Nr. 2 mAnm v. Hoyningen-Huene; MüKoBGB/Müller-Glöge § 613 Rn. 20.
[101] BGH 11.12.2003 – IX ZR 336/01, NJW-RR 2004, 696 (697).
[102] AA HWK/Thüsing BGB § 613 Rn. 19a, allerdings ohne Begründung.

mer selbst ausgeübt werden. Eine kollektive Ausübung durch tarifliche oder betriebliche Regelung ist deshalb ausgeschlossen.[103]

42 **bb) Individuelle Zustimmung.** Im Regelfall wird die nach § 613 S. 2 BGB erforderliche Zustimmung individuell erteilt.[104] Für sie gilt § 182 BGB. Danach kann, wenn die Wirksamkeit eines Vertrags von der Zustimmung eines Dritten abhängt, die Erteilung sowie die Verweigerung der Zustimmung sowohl dem einen als auch dem anderen Teil gegenüber erklärt werden. Der Arbeitnehmer kann sich also entweder an seinen Vertragsarbeitgeber und den von ihm bevollmächtigten Fach- und Disziplinarvorgesetzten als auch an den Matrixmanager halten. Die Zustimmung bzw. Ablehnung kann ausdrücklich oder stillschweigend erfolgen.[105] Von einer **stillschweigenden Zustimmung** kann ausgegangen werden, wenn sich der **Arbeitnehmer widerspruchslos** von **einem Matrixmanager anweisen** lässt. Es gelten die Grundsätze über stillschweigende Vertragsänderungen.[106] Bekanntlich wertet die Rechtsprechung Schweigen des Mitarbeiters zu einer ihm angetragenen Vertragsänderung zumindest dann als Zustimmung, wenn sich die Arbeitsbedingungen unmittelbar und sogleich ändern.[107] Dabei müssen die Parteien nicht einmal an eine Vertragsänderung gedacht haben. Eine solche stillschweigende Vertragsänderung ist sogar dann möglich, wenn der Vertrag eine einfache oder qualifizierte Schriftformklausel enthält, die die Änderung des Vertrags (und bei der qualifizierten Klausel sogar der Schriftformklausel selbst) an die Einhaltung der Schriftform bindet.[108] Auch darüber können sich die Parteien stillschweigend hinwegsetzen. Die **Anstellung bei einem Vertragsarbeitgeber,** der **Teil einer Matrixorganisation** ist, **genügt** für sich allein freilich noch **nicht**, um von einer konkludent erteilten Zustimmung zur Anweisung durch unternehmensexterne Matrixmanager auszugehen.[109] Mit Recht geht die hM nämlich auch ganz allgemein davon dass, dass die bloße Eingliederung des Arbeitgebers in die (Absatz-)Organisation eines größeren (Konzern-)Unternehmensverbundes nicht die Annahme rechtfertigt, dass § 613 S. 2 BGB stillschweigend abbedungen wurde.[110] Auch dort soll der Dienstberechtigte dem Dienstpflichtigen gegen seinen Willen keinen anderen Dienstherrn aufzwingen können.[111] Der Arbeitnehmer kann nicht ohne seine – ausdrückliche – Zustimmung dem Weisungsrecht eines anderen Arbeitgebers unterstellt werden.[112]

43 **cc) Vorformulierte Zustimmung.** Um die Unsicherheit einer möglicherweise erforderlichen Zustimmung zu einer Unterstellung unter einen unternehmensfremden Matrixmanager zu vermeiden, kann es sich empfehlen, bereits im Arbeitsvertrag die Vorschrift des § 613 S. 2 BGB abzubedingen.[113] Das sollte durch eine ausdrückliche „**Matrixklausel**" erfolgen,[114] da es sonst bei der Zustimmungspflicht des § 613 S. 2 BGB, bleibt. Es ist auch nicht davon auszugehen, dass bereits mit der Tätigkeit in einem Unternehmen, das Teil einer Matrixorganisation ist, die Vorschrift des § 613 S. 2 BGB als abbedungen gilt.[115]

---

[103] Vgl. ErfK/*Preis* BGB § 613a Rn. 102; AK/*Bayreuther* BGB § 613a Rn. 144.
[104] Sie kommt als individuelle Zustimmung insbesondere in Betracht, wenn der Vertrag keine Matrix-Klausel enthält, ebenso *Kort* NZA 2013, 1318 (1320).
[105] Zur konkludenten Abbedingung des § 613 S. 2 BGB, s. BGH 12.11.1962 – VII ZR 223/61, NJW 1963, 100.
[106] Vgl. BAG 21.2.2012 – 9 AZR 461/10, AP TVG § 1 Tarifverträge: Bau Nr. 341; 26.9.2012 – 10 AZR 336/11, AP BGB § 611 Fleischbeschauer-Dienstverhältnis Nr. 25.
[107] BAG 25.11.2009 – 10 AZR 779/08, NZA 2010, 283 Rn. 27; vgl. weiter BAG 10.12.2014, 4 AZR 991/12, AP TVG § 1 Bezugnahme auf Tarifvertrag Nr. 127 Rn. 17.
[108] Vgl. BAG 18.3.2009 – 10 AZR 281/08, NZA 2009, 601.
[109] *Neufeld/Michels* KSzW 2012, 49 (52).
[110] BGH 12.11.1962 – VII ZR 223/61, NJW 1963, 100; HWK/*Thüsing* BGB § 613 Rn. 18.
[111] Vgl. allgemein MüKoBGB/*Müller-Glöge* § 613 Rn. 20.
[112] NK-ArbR/*Boecken* BGB § 613 Rn. 5.
[113] *Neufeld* AuA 2012, 219 (220); vgl. allgemein MüKoBGB/*Müller-Glöge* § 613 Rn. 25.
[114] *Kort* NZA 2013, 1318 (1320); *Maywald* Matrixstrukturen S. 126 f.; *Neufeld/Michels* KSzW 2012, 49 (54).
[115] *Maywald* Matrixstrukturen S. 126 f.; vgl. allgemein HWK/*Thüsing* BGB § 611 Rn. 18.

Denn das würde das Regel-Ausnahme-Verhältnis des § 613 S. 2 BGB in sein Gegenteil verkehren und dem Arbeitnehmer das Recht nehmen, frei über die Person des Empfängers seiner Dienste zu bestimmen.

Das Schrifttum geht ferner mit Recht davon aus, dass eine **„Matrixklausel" nicht** 44 **ohne Weiteres** in einer **Konzernversetzungsklausel enthalten** ist.[116] Abgesehen von der zweifelhaften Wirksamkeit einer Konzernversetzungsklausel,[117] stellt eine Matrixklausel kein „minus", sondern ein „aliud" zu dieser dar. Sie dient lediglich dazu, das Weisungsrecht auf einen unternehmensfremden Dritten zu übertragen, der es im eigenen Namen und zu eigenen Zwecken ausüben darf.[118] *Neufeld*[119] hat hierfür folgenden Vorschlag unterbreitet:

> „Der Arbeitgeber ist berechtigt, den Arbeitnehmer jederzeit ohne Verschlechterung seiner vertraglichen Vergütung und ohne Veränderungen des tatsächlichen Arbeitsorts in einer unternehmensübergreifenden Arbeitsorganisation (zB in einer Matrixstruktur) einzusetzen, in der das fachliche Weisungsrecht nicht vom Vertragsarbeitgeber ausgeübt wird, sofern die Tätigkeit jedenfalls gleichwertig ist und den Fähigkeiten und Qualifikationen des Arbeitnehmers entspricht; das disziplinarische Weisungsrecht verbleibt auch in diesen Fällen weiterhin beim Arbeitgeber."

Dass § 613 S. 2 BGB grundsätzlich auch durch eine vorformulierte Klausel abbedungen 45 werden kann, steht außer Zweifel.[120] Die Grenzen zieht § 307 BGB. Eine **Matrixklausel** ist **zulässig**, wenn der Arbeitnehmer durch die **erweiterte Unterstellung nicht unangemessen benachteiligt** wird (§ 307 Abs. 1 BGB) und die **Klausel nicht** als **intransparent** erscheint.

(1) Unangemessene Benachteiligung. Eine formularmäßige Vertragsbestimmung ist 46 unangemessen, wenn der Verwender durch sie **missbräuchlich eigene Interessen auf Kosten seines Vertragspartners durchzusetzen versucht,** ohne von vornherein auch dessen Belange hinreichend zu berücksichtigen und ihm einen angemessenen Ausgleich zu gewähren.[121] Um festzustellen, ob das Gleichgewicht der Rechte und Pflichten (erheblich) gestört und die vertragliche Risikoverteilung zu Lasten des Arbeitnehmers beeinträchtigt wird, müssen die rechtlich anzuerkennenden Interessen beider Vertragsparteien umfassend gegeneinander abgewogen werden.[122] Ob eine Klausel den Arbeitnehmer unangemessen benachteiligt, kann nur durch **Würdigung des gesamten Vertragsinhalts** entschieden werden. Daher sind auch kompensierende und summierende Effekte zu berücksichtigen.[123]

Legt man diese Maßstäbe zugrunde, **benachteiligt die Matrixklausel den Arbeit-** 47 **nehmer** normalerweise **nicht**. Zwar willigt er damit abweichend vom gesetzlichen Leitbild des § 613 S. 2 BGB in die zumindest zeitweise Übertragung der Dienste auf einen Dritten – den Matrixmanager – ein. Ein relevanter Nachteil liegt allein darin aber noch nicht. Anders als bei einer Konzernversetzungsklausel, die einen konzerninternen Arbeit-

---

[116] *Hamann/Rudnick* JurisPR-ArbR 38/2015 Anm. 1; *Kort* NZA 2013, 1318 (1320); *Maywald* Matrixstrukturen S. 126; *Neufeld/Michels* KSzW 2012, 49 (54).
[117] Vgl nur *Maywald* Matrixstrukturen S. 88 ff. (109); MaSiG/*Tödtmann/Kaluza* Konzernarbeitsvertrag Rn. 20.
[118] *Maywald* Matrixstrukturen S. 127.
[119] AuA 2012, 219 (220).
[120] Ebenso *Maywald* Matrixstrukturen S. 127; vgl. allgemein zur Abdingbarkeit HWK/*Thüsing* BGB § 613 Rn. 4, 17; Schüren/Hamann/*Schüren* AÜG B. Einleitung Rn. 178.
[121] BAG 25. 8. 2010 – 10 AZR 275/09, NZA 2010, 1355.
[122] BAG 23. 9. 2010 – 8 AZR 897/08, NZA 2011, 89 (91), wobei grundrechtlich geschützte Rechtspositionen besonders zu beachten sind, vgl. BAG 9. 5. 2006 – 9 AZR 424/05, NZA 2007, 145.
[123] Vgl. BGH 2. 12. 1992 – VIII ZR 5/92, NJW 1993, 532; 14. 5. 2003 – VIII ZR 308/02, NJW 2003, 2234.

geberwechsel ermöglichen soll, bleibt bei der Matrixklausel das vertragliche Band zum bisherigen Vertragsarbeitgeber erhalten. Durch die Unterstellung unter die Weisungsgewalt einer arbeitgeberfremden Person verschlechtert sich die vertragsrechtliche Position des Arbeitnehmers – insbesondere in kündigungsrechtlicher Hinsicht – grundsätzlich nicht.[124] Auch in Arbeitsverhältnissen ohne Matrixbezug **hat der Arbeitnehmer keinen „Anspruch" auf einen bestimmten Vorgesetzten,**[125] sondern schuldet seine Dienste dem Anstellungsunternehmen, das intern bestimmt, wer für den Vertragsarbeitgeber das Weisungsrecht nach § 611a S. 2 BGB, § 106 GewO ausübt. Selbst dort, wo die Vertragsparteien ein gewerbsmäßiges Leiharbeitsverhältnis iSd § 1 AÜG begründen, geht man wie selbstverständlich davon aus, dass in der vorformulierten Abbedingung des § 613 S. 2 BGB keine unangemessene Benachteiligung liegt,[126] obwohl damit der Vertragsarbeitgeber sogar berechtigt wird, sein arbeitsvertragliches Weisungsrecht an den Entleiher abzutreten. Dann muss eine Matrixklausel erst recht zulässig sein. Denn mit ihr wird der **Arbeitnehmer nur der fachlichen Leitung eines arbeitgeberfremden Dritten unterstellt,** während das disziplinarische Weisungsrecht beim Vertragsarbeitgeber verbleibt. Freilich sollte das in der Klausel deutlich zum Ausdruck kommen,[127] insbesondere um den Einsatz von Arbeitnehmern in Matrixorganisationen von der Versetzung – etwa im Rahmen von Konzernversetzungsklauseln – abzugrenzen. Das ist notwendig, weil die Wirksamkeit von letzteren zweifelhaft ist (→ Rn. 69 ff.).

48 **(2) Intransparenz.** Eine unangemessene Benachteiligung kann sich auch daraus ergeben, dass eine Bestimmung nicht klar und verständlich ist (§ 307 Abs. 1 S. 2 BGB). Klar und verständlich sind Klauseln, wenn sie so gestaltet sind, dass ein „typischer Durchschnittskunde" den Sinn und die Tragweite der Regelung verstehen kann und er **nicht von der Geltendmachung bestehender Rechte abgehalten wird.**[128] Dabei dürfen die Anforderungen nicht überspannt werden.[129] Unzumutbares kann vom Verwender jedenfalls nicht verlangt werden.[130] Das Transparenzgebot gilt nicht nur für Nebenabreden, sondern auch für die Hauptleistungspflichten (Tätigkeit, Entgelt und Arbeitszeit).[131] Der Bestimmtheitsgrundsatz kann verletzt sein, wenn für die gerade im Arbeitsrecht bedeutsamen Leistungsbestimmungsrechte nicht Anlass, Umfang und Grenzen festgelegt werden.[132] Weniger streng ist die Rechtsprechung bei Versetzungsklauseln. Sind diese materiell der Regelung in § 106 S. 1 GewO nachgebildet, ist die Angabe konkreter Versetzungsgründe entbehrlich.[133]

49 Bei Konzernversetzungsklauseln wird verlangt, dass diese so eindeutig formuliert sind, dass der Arbeitnehmer seine berufliche Zukunft und Planung einigermaßen sicher abschätzen kann.[134] Mit einer Matrixklausel sind im Regelfall keine derart gravierenden Änderungen im Arbeitsumfeld verbunden wie bei einer Konzernversetzungsklausel. Soweit nicht erhebliche Änderungen hinsichtlich Art und Ort der Tätigkeit durch den matrixbedingten Arbeitseinsatz beabsichtigt sind, muss das reine **Unterstellen des Arbeitnehmers unter fremde Weisungsgewalt nicht weiter konkretisiert werden:**[135] Wer,

---

[124] Ebenso *Maywald* Matrixstrukturen S. 127.
[125] Wie hier *Maywald* Matrixstrukturen S. 127.
[126] Vgl. nur Schüren/Hamann/*Schüren* AÜG B. Einleitung Rn. 178 ff.; Küttner/*Röller* Personalbuch 2018, Arbeitnehmerüberlassung/Zeitarbeit Rn. 29; ErfK/*Wank* AÜG Einl. Rn. 24.
[127] *Hamann/Rudnick* JurisPR-ArbR 38/2015 Anm. 1 unter C II 2; *Kort* NZA 2013, 1318 (1320); *Neufeld/Michels* KSzW 2012, 49 (54).
[128] BGH 5.10.2005 – VIII ZR 283/04, NJW 2006, 211.
[129] BAG 31.8.2005 – 5 AZR 545/04, NZA 2006, 324.
[130] BGH 6.10.2004 – VIII ZR 215/03, NZM 2004, 903.
[131] BAG 1.9.2010 – 5 AZR 517/09, DB 2011, 61 Rn. 66; 21.6.2011 – 9 AZR 238/10, NZA 2012, 527; ErfK/*Preis* BGB §§ 305–310 Rn. 44.
[132] BAG 12.1.2005 – 5 AZR 364/04, NZA 2005, 465; 31.8.2005 – 8 AZR 303/05, NZA 2006, 1273.
[133] BAG 11.4.2006 – 9 AZR 557/05, NZA 2006, 1149.
[134] Vgl. *Maywald* Matrixstrukturen S. 127; MaSiG/*Tödtmann/Kaluza* C.420 Konzernarbeitsvertrag Rn. 22 ff.
[135] Ebenso *Maywald* Matrixstrukturen S. 127.

warum, für welche Zwecke und für wie lange das fachliche Weisungsrecht an Stelle des Vertragsarbeitgebers ausübt, kann und muss nicht eigens angegeben werden. Selbst bei der Arbeitnehmerüberlassung im Rahmen einer wirtschaftlichen Tätigkeit nach dem AÜG wurde dies bislang noch von niemand verlangt.[136] Vielmehr schreibt § 11 Abs. 2 S. 4 AÜG in seiner Neufassung vom 21.2.2017 vor, dass der Leiharbeitnehmer (erst) vor seiner jeweiligen Überlassung über den Umstand eben dieser Überlassung zu informieren ist, damit er seine Rechte nach dem AÜG geltend machen kann.[137] Das verlangt konkrete Angaben, etwa über den Entleiherbetrieb, die vorgesehene Tätigkeit, die voraussichtliche Dauer des Einsatzes und das Projekt, bei dem der Arbeitnehmer eingesetzt wird.[138] Eine Verpflichtung, den Kreis der in Betracht kommenden Entleiher bereits bei der Einstellung des Leiharbeitnehmers zu konkretisieren, enthält es ausdrücklich nicht.[139] Sie wäre auch kaum zu erfüllen.[140] Stattdessen erfolgt eine mehr oder weniger intensive Ausübungskontrolle am Maßstab des billigen Ermessens (§ 106 GewO, § 315 BGB). Sie umfasst auch die Frage, ob die Unterstellung unter einen arbeitgeberfremden Matrixmanager ausnahmsweise unbillig ist.

d) Konsequenzen: Arbeitnehmerüberlassung?

Übt der Matrixmanager das Weisungsrecht nicht im Namen des Vertragsarbeitgebers aus, sondern eines Dritten, dem die Arbeitsleistung des Arbeitnehmers letztlich auch zugutekommt, könnte dies zur Anwendung des AÜG führen. Die Folgen wären weitreichend. 50

aa) Folgen einer Anwendung des AÜG. Nach der Reform des AÜG durch das G v. 21.2.2017[141] haben die beteiligten Unternehmen die Überlassung von Leiharbeitnehmern ausdrücklich als Arbeitnehmerüberlassung zu bezeichnen (§ 1 Abs. 1 S. 5 AÜG). Das gilt sogar dann, wenn sie sich des Umstandes, dass sie Arbeitnehmerüberlassung betreiben, gar nicht bewusst sind. **Allein die offen ausgewiesene Arbeitnehmerüberlassung ist** nach der Reform **noch erlaubt.**[142] Damit soll der missbräuchliche Fremdpersonaleinsatz durch „Scheinwerkverträge" und andere Formen einer verdeckten Arbeitnehmerüberlassung bekämpft werden. Die Vertragsparteien müssen sich daher klar zu der von ihnen gewählten Vertragsgestaltung „Arbeitnehmerüberlassung" bekennen.[143] Es hilft ihnen auch nicht, wenn sie gleichsam auf Vorrat eine AÜG-Erlaubnis besitzen, um beim Aufdecken eines „Scheinwerkvertrages" das Eingreifen der im AÜG vorgesehenen Rechtsfolgen zu verhindern.[144] Wird gegen die Offenlegungspflicht verstoßen, sind die **Arbeitsverträge zwischen Verleiher und Leiharbeitnehmer unwirksam** (§ 9 Abs. 1 Nr. 1a AÜG). Stattdessen wird ein **Arbeitsverhältnis zwischen Entleiher und Leiharbeitnehmer** fingiert (§ 10 Abs. 1 S. 1 AÜG). Allerdings kann der Arbeitnehmer am Vertrag mit seinem Vertragsarbeitgeber festhalten, wenn er dies innerhalb eines Monats nach dem geplanten Beginn der Überlassung schriftlich nach Maßgabe von § 9 Abs. 2 AÜG erklärt. Zudem können die beteiligten Unternehmen allein wegen der Nichtoffenlegung mit einem **Bußgeld von bis zu 30.000 EUR** belegt werden (§ 16 51

---

[136] Vgl. NK-ArbR/*Boecken* BGB § 613 Rn. 5; Schüren/Hamann/*Hamann* AÜG § 1 Rn. 71ff., B. Einleitung Rn. 176 ff.
[137] Begr. RegE, BT-Drs. 18/9232, S. 20.
[138] HK-AÜG/*Ulrici* § 11 Rn. 57.
[139] § 11 AÜG bestimmt lediglich, dass sich der Nachweis der wesentlichen Vertragsbedingungen nach den Bestimmungen des NachwG richtet.
[140] Ein umfassender, abstrakt alle zukünftigen Einsätze abdeckender Hinweis genügt auch nach dem Wortlaut des § 11 Abs. 2 S. 4 AÜG („jeder") nicht, um die Unterrichtungspflicht zu erfüllen, selbst dann nicht, wenn ein Arbeitnehmer ausschließlich zwecks Überlassung eingestellt wurde, HK-AÜG/*Ulrici* § 11 Rn. 57.
[141] BGBl I S. 258.
[142] Begr. RegE, BT-Drs. 18/9232, S. 19; *Hamann* Fremdpersonal S. 106.
[143] Begr. RegE, BT-Drs. 18/9232, S. 25.
[144] Begr. RegE, BT-Drs. 18/9232, S. 19.

Abs. 1 Nr. 1c, Abs. 2 AÜG). Zuständige Verwaltungsbehörden iSd § 36 Abs. 1 Nr. 1 OWiG sind nach § 16 Abs. 3 AÜG die Behörden der Zollverwaltung, dh die Finanzkontrolle Schwarzarbeit.

52 **bb) Anwendungsvoraussetzungen nach der AÜG-Reform 2017.** § 1 Abs. 1 S. 2 AÜG stellt nun ausdrücklich klar, dass Arbeitnehmer dann zur Arbeitsleistung überlassen werden, wenn sie in die Arbeitsorganisation des Entleihers eingegliedert sind und seinen Weisungen unterliegen. Die durch die AÜG-Novelle erfolgte Präzisierung soll aber weder den bisherigen Anwendungsbereich des AÜG noch die Reichweite der Erlaubnispflicht ändern. Deshalb bleibt es auch künftig bei den von der Rechtsprechung erarbeiteten Kriterien für die Abgrenzung zwischen Werkvertrag und Arbeitnehmerüberlassung.[145] Ob ein Fall von Arbeitnehmerüberlassung gegeben ist, bestimmt sich nach wie vor anhand einer wertenden Gesamtbetrachtung sämtlicher Umstände des Einzelfalls.[146]

53 **cc) Arbeitnehmerüberlassung beim Matrix-Einsatz?** Wie bereits § 1 Abs. 1 S. 2 AÜG verdeutlicht, führt die **Unterstellung** eines Arbeitnehmers **unter das fachliche Weisungsrecht** eines arbeitgeberfremden **Matrixmanagers** für sich allein noch **nicht zur Anwendbarkeit des AÜG. Hinzukommen** muss die **Eingliederung in die fremde Arbeitsorganisation.** Wann das der Fall ist, wird in Rechtsprechung und Lehre kontrovers beurteilt.[147] Einigkeit besteht insoweit, als eine Eingliederung zumindest dann zu bejahen ist, wenn der Arbeitnehmer nicht mehr im Betrieb seines Vertragsarbeitgebers tätig wird, sondern beim Entleiher, auf den auch die „Personalhoheit" für die Dauer der Überlassung übergeht.[148] Außerdem muss der Vertragsarbeitgeber mit der Personalgestellung ausschließlich die Betriebszwecke des Entleihers fördern.[149] Seine Vertragpflicht als Verleiher endet nämlich schon dann, wenn er einen Arbeitnehmer auswählt und ihn dem Entleiher zur Verfügung stellt.[150] Verfolgt er dagegen auch *eigene betriebliche Zwecke, die über die bloße Personalgestellung hinausgehen,* scheidet eine Arbeitnehmerüberlassung sogar dann aus, wenn er das fachliche Weisungsrecht ganz oder teilweise auf einen Dritten überträgt.[151] Dementsprechend liegt keine Arbeitnehmerüberlassung vor, wenn der Vertragsarbeitgeber Arbeitnehmer in einen Gemeinschaftsbetrieb entsendet, zu dessen gemeinsamer Führung er sich mit einem Dritten rechtlich verbunden hat.[152] Dasselbe gilt, wenn es an einem Gemeinschaftsbetrieb fehlt und die beteiligten Arbeitgeber lediglich unternehmerisch zusammenarbeiten. Auch in diesem Fall erschöpft sich der drittbezogene Personaleinsatz nicht darin, einem Dritten den Arbeitnehmer zur Förderung von dessen Betriebszweck zur Verfügung zu stellen.[153]

---

[145] Begr. RegE, BT-Drs. 18/9232, S. 19; ebenso HK-AÜG/*Ulrici* § 1 Rn. 49. Der im Referentenentwurf enthaltene Merkmalskatalog hat keine Gesetzeskraft erlangt.
[146] Begr. RegE, BT-Drs. 18/9232, S. 19.
[147] Vgl. nur ErfK/*Wank* AÜG § 1 Rn. 12 ff.
[148] *Dauner-Lieb* NZA 1992, 817 ff.; ErfK/*Wank* AÜG § 1 Rn. 21 ff.; ähnlich *Hamann* Fremdpersonal S. 35, der die „Fremdsteuerung des Arbeitseinsatzes" durch den Entleiher für entscheidend hält, die er dann bejaht, wenn es zu einer „vollständigen Verlagerung des arbeitsbezogenen Weisungsrechts" vom Vertragsarbeitgeber auf den Inhaber des Einsatzbetriebes kommt.
[149] BAG 3.12.1997 – 7 AZR 764/96, AP AÜG § 1 Nr. 24, zu I 1 der Gründe mwN; 25.10.2000 – 7 AZR 487/99, NZA 2001, 259 (260) mwN; HK-AÜG/*Ulrici* § 1 Rn. 49.
[150] StRspr, vgl. BAG 22.6.1994 – 7 AZR 286/93, AP AÜG § 1 Nr. 16, zu IV 2 a der Gründe; 3.12.1997 – 7 AZR 764/96, AP AÜG § 1 Nr. 24, zu I 1 der Gründe; 25.10.2000 – 7 AZR 487/99, NZA 2001, 259 (260).
[151] BAG 25.10.2000 – 7 AZR 487/99, NZA 2001, 259 (260); 17.1.2017 – 9 AZR 76/17 Rn. 21, NZA 2017, 572; HK-AÜG/*Ulrici* § 1 Rn. 51; krit. aber *Hamann* NZA-Beil. 2014, 3 (5): „unscharfes und entbehrliches Merkmal".
[152] Vgl. BAG 3.12.1997 – 7 AZR 764/96, AP AÜG § 1 Nr. 24, zu I 3 b der Gründe; HK-AÜG/*Ulrici* § 1 Rn. 54.
[153] Vgl. BAG 25.10.2000 – 7 AZR 487/99 Rn. 24, NZA 2001, 259 mwN; vgl. weiter BAG 20.9.2016 – 9 AZR 735/15, Rn. 29 f.; NZA 2017, 49; 17.1.2017 – 9 AZR 76/17 Rn. 31, NZA 2017, 572.

Nach dem Gesagten dürfte der **Matrixeinsatz eines Arbeitnehmers** also allenfalls dann die **Anwendung des AÜG auslösen,** wenn dieser mit einer **Abordnung oder Versetzung in einen anderen Betrieb verbunden** ist.[154] Fehlt es an einer Verlagerung des Tätigkeitsortes, könnte sich die Eingliederung daraus ergeben, dass der Mitarbeiter mittels moderner Informations- und Kommunikationstechnik in den Arbeitsprozess eines anderen Betriebes eingebunden wird.[155] Das könnte bei in **Telearbeit** Beschäftigten eine Rolle spielen, aber auch im **Außendienst.** Allerdings muss zur Verlagerung des – realen oder virtuellen – Tätigkeitsortes stets auch der **Wechsel der Personalhoheit hinzukommen.** Daran wird es häufig fehlen, weil beim Matrixeinsatz nur das fachliche Weisungsrecht übertragen wird, nicht aber das disziplinarische. Aber selbst dann scheitert die Anwendbarkeit des AÜG, wenn der Vertragsarbeitgeber mit dem Matrixeinsatz seines Mitarbeiters überwiegend eigene arbeitstechnische Zwecke verfolgt. Dass das auch für in Matrixform geführte Unternehmen und Betriebe möglich ist, liegt auf der Hand. Denn weder der Konzernbezug noch die Matrixstruktur schließen das von vornherein aus.[156] Umgekehrt **begründen** weder der **Konzernbezug noch eine unternehmerische Zusammenarbeit** von vornherein **die Anwendbarkeit des AÜG,**[157] eben weil die unter einheitlicher Leitung stehenden oder zumindest miteinander kooperierenden Unternehmen und Betriebe nach wie vor selbständig bleiben und frei über die von ihnen verfolgten Ziele bestimmen. Dabei kommt es nicht darauf an, welche arbeitstechnischen Zwecke der Betrieb insgesamt verfolgt, sondern welche Aufgaben der Mitarbeiter erfüllt.[158] Verrichtet er beim Matrixeinsatz andere Dienste als bisher, die auch nicht mehr den Zwecken des Vertragsarbeitgebers dienen, sondern allein oder überwiegend der steuernden Einheit, kann das die Anwendung des AÜG auslösen. 54

Kort[159] will darauf abstellen, wer die **Kosten des Matrixeinsatzes bestreitet.** Trage die steuernde Einheit, der der Matrixmanager angehört, nur die Selbstkosten des Vertragsarbeitgebers, so fehle es an der Gewerbsmäßigkeit der Überlassung. Allerdings kommt es seit der AÜG-Novelle 2011 auf dieses Merkmal nicht mehr an. Es genügt die Überlassung „im Rahmen der wirtschaftlichen Tätigkeit" des Arbeitgebers.[160] „Wirtschaftliche Tätigkeit" wird vom EuGH definiert als „jede Tätigkeit, die darin besteht, Güter oder Dienstleistungen auf einem konkreten Markt anzubieten".[161] Das können sogar gemeinnützige Tätigkeiten sein.[162] Nach der früheren Rechtsprechung des BAG sollte es auch dann an einer Gewinnerzielungsabsicht und damit an der erforderlichen Gewerbsmäßigkeit fehlen, wenn ein konzernangehöriges Unternehmen nur eine Umlage erhielt, die seine Kosten deckte.[163] Auch daran kann nach der AÜG-Reform nicht mehr festgehalten werden.[164] 55

Ob der **Matrix-Einsatz die Anwendung des AÜG** auslöst, lässt sich letztlich nur anhand einer wertenden Gesamtbetrachtung sämtlicher Umstände des Einzelfalls bestimmen.[165] Dabei sind **folgende Gesichtspunkte maßgeblich:** 56

---

[154] Ebenso *Maywald* Matrixstrukturen S. 133.
[155] *Berger* Matrixkonzern S. 308 f.; *Maywald* Matrixstrukturen S. 133.
[156] So mit Recht *Hamann/Rudnik* jurisPR-ArbR 38/2015 Anm. 1; *Neufeld/Michels* KSzW 2012, 49 (54).
[157] Vgl. BAG 3.12.1997 – 7 AZR 764/96, AP AÜG § 1 Nr. 24, zu I 3 b der Gründe; HK-AÜG/*Ulrici* § 1 Rn. 54.
[158] Vgl. BAG 25.10.2000 – 7 AZR 487/99, NZA 2001, 259.
[159] NZA 2013, 1318 (1320).
[160] Dazu im Einzelnen ErfK/*Wank* AÜG § 1 Rn. 31, 34.
[161] EuGH 10.1.2006 – C-222/04, EuZW 2006, 306; 17.11.2016 – C 216/15, NZA 2017, 41 Rn. 44 mwN.
[162] EuGH 3.12.2015 – C-301/14, BeckRS 2015, 81895 Rn. 30 – Pfotenhilfe-Ungarn; 17.11.2016 – C 216/15, NZA 2017, 41 Rn. 46 – Ruhrlandklinik; BAG 21.2.2017 – 1 ABR 62/12, NZA 2017, 662 Rn. 51.
[163] BAG 20.4.2005 – 7 ABR 20/04, NZA 2005, 1006.
[164] Ebenso ErfK/*Wank* AÜG § 1 Rn. 34a.
[165] Begr. RegE, BT-Drs. 18/9232, S. 19.

- Erteilt der Matrixmanager Weisungen im Namen des Vertragsarbeitgebers oder der steuernden Einheit?
- Kommt die Arbeitsleitung im Wesentlichen dem Vertragsarbeitgeber zugute oder der steuernden Einheit?
- Verfolgt der Vertragsarbeitgeber arbeitstechnische Zwecke, die sich nicht mit denen der steuernden Einheit decken?
- Trägt der Vertragsarbeitgeber oder die steuernde Einheit die Kosten des Matrixeinsatzes des Arbeitnehmers?
- Erfüllt der Arbeitnehmer seinen Matrixeinsatz im Betrieb des Vertragsarbeitgebers?
- Erfolgt der Matrixeinsatz nur gelegentlich und vorübergehend, etwa im Rahmen eines auf kurze Zeit angelegten Projektes, oder wird der Arbeitnehmer dauerhaft oder zumindest „bis auf weiteres" dem Weisungsrecht des Matrixmanagers unterstellt?
- Ist es dem Vertragsarbeitgeber rechtlich erlaubt und tatsächlich möglich, jederzeit den Matrixeinsatz eines Mitarbeiters zu beenden? Kann er während des Einsatzes selbst noch fachliche Weisungen erteilen?

57 Kommt die Anwendung des AÜG bei der Anwendung dieser Kriterien in Betracht, löst der Matrixeinsatz – von einigen wenigen Vorschriften abgesehen[166] – trotzdem nicht die Geltung des AÜG aus, wenn einer der **Ausschlusstatbestände des § 1 Abs. 3 AÜG** erfüllt ist. Mit diesen Ausnahmen will der Gesetzgeber bürokratische Förmlichkeiten vermeiden, wo der Schutzzweck des Gesetzes auch ohne Erlaubnis gewährleistet ist.[167] Allerdings erachtet das überwiegende Schrifttum diese Regelungen für **unionsrechtswidrig,**[168] weil die Leiharbeitsrichtlinie[169] keine Ausnahmen für die konzerninterne Arbeitnehmerüberlassung enthält. Das BAG hat diese Frage in einer neueren Entscheidung offengelassen.[170] Das AÜG wurde bei der Novelle des Jahres 2017[171] insoweit nicht geändert.[172] Nach derzeitigem Erkenntnisstand **gilt das AÜG jedenfalls dann nicht,** wenn der **Matrixeinsatz zwischen zwei Konzernunternehmen** im Sinne des § 18 AktG **erfolgt** und der Arbeitnehmer nicht zum Zweck der Überlassung eingestellt und beschäftigt wird (§ 1 Abs. 3 Nr. 2 AÜG). Entsprechendes gilt, wenn die Überlassung zwischen den beteiligten Unternehmen **nur gelegentlich erfolgt** und der Arbeitnehmer nicht zum Zweck der Überlassung eingestellt und beschäftigt wird (§ 1 Abs. 3 Nr. 2a AÜG).

58 Das **Konzernprivileg des § 1 Abs. 3 Nr. 2 AÜG** setzt – kumulativ – voraus, dass die Überlassung zwischen zwei Konzernunternehmen erfolgt und dass der Arbeitnehmer nicht zum Zweck der Überlassung eingestellt wurde. Hinsichtlich des Konzernbegriffs verweist die Vorschrift auf § 18 AktG. Danach genügt es, dass mindestens zwei rechtlich selbständige **Unternehmen unter einer einheitlichen Leistung stehen.** Auf die Rechtsform der beteiligten Unternehmen kommt es nach hM[173] nicht an. Die beteiligten Unternehmen brauchen also nicht als AG oder KGaA verfasst zu sein. Ebenso wenig spielt die Art der Konzernierung – Vertragskonzern oder faktischer Konzern – eine Rolle. Das Privileg gilt gleichermaßen für Unter- wie für Gleichordnungskonzerne.[174] Beim Gleichordnungskonzern kann sich die einheitliche Leitung aus den entsprechenden Ver-

---

[166] Anwendbar sind die §§ 1b S. 1, 16 Abs. 1 Nr. 1f und Abs. 2–5, 17 und 18 AÜG.
[167] Vgl. BT-Drs. 10/3206, S. 33.
[168] *Hamann* RdA 2011, 321 (333); *Hamann* ZESAR 2012, 109; *Hirdina* NZA 2011, 327; Schaub ArbR-HdB/*Koch* § 120 Rn. 25; *Lembke* DB 2011, 414 (415f.); *Lembke* NZA 2011, 319 (320); *Ulber* AuR 2010, 1 (12); *Wank* RdA 2010, 193 (203); HK-ArbR/*Wolmerath* AÜG § 1 Rn. 43; aA HK-AÜG/*Ulrici* § 1 Rn. 156.
[169] RL 2008/104/EG v. 19.11.2008, ABl. L 327 v. 5.12.2008, S. 9.
[170] BAG 20.1.2015 – 9 AZR 735/13, NZA 2015, 816 (818).
[171] G zur Änderung des AÜG und anderer Gesetze v. 21.2.2017, BGBl. I S. 258.
[172] Vgl. *Hamann* AuR 2016, 136; HK-AÜG/*Ulrici* AÜG § 1 Rn. 156.
[173] BAG 5.5.1988 – 2 AZR 795/87, AP AÜG § 1 Nr. 8; Schüren/Hamann/*Hamann* AÜG § 1 Rn. 490; *Rüthers/Bakker* ZfA 1990, 245 (297); ErfK/*Wank* AÜG § 1 Rn. 58; *Windbichler* Konzernarbeitsrecht S. 12ff.
[174] HK-AÜG/*Ulrici* § 1 Rn. 162; ErfK/*Wank* AÜG § 1 Rn. 58.

einbarungen ergeben, aber auch aus einer Personalunion der Vorstandsmitglieder bzw. Geschäftsführer oder aus wechselseitigen Verpflichtungen über die Einhaltung gemeinsamer Produktions- oder Wirtschaftspläne.[175] Dass zwei rechtlich selbständige Unternehmen einen **Gemeinschaftsbetrieb** iSd § 1 Abs. 1 S. 2 BetrVG **führen, genügt nach hM**[176] **allerdings nicht.** Der Gemeinschaftsbetrieb wird zwar von den beteiligten Unternehmen beherrscht, ist aber nicht rechtlich selbständig. Ob der Arbeitnehmer vom beherrschten an das abhängige Unternehmen oder umgekehrt ausgeliehen wird[177] oder von einem Schwesterunternehmen an ein anderes, spielt keine Rolle; es genügt, dass die Überlassung zwischen den Konzernunternehmen geschieht. Der Verleih zwischen den beiden Konzernmüttern untereinander soll dagegen nicht von der Privilegierung erfasst sein.[178] **Anlass und Zweck der Überlassung sind** ebenfalls **ohne Bedeutung.**[179] Der Arbeitnehmer darf nur nicht (allein) zum Zweck der Überlassung eingestellt und beschäftigt werden (§ 1 Abs. 3 Nr. 2 AÜG). Das Konzernprivileg gilt daher nicht für Personalführungsgesellschaften, deren einziger Zweck genau darin liegt.[180]

Sind die beteiligten Unternehmen nicht konzernrechtlich verbunden, kommt das AÜG dann nicht zur Anwendung, wenn die **Überlassung nur gelegentlich** erfolgt und der Arbeitnehmer nicht zum Zweck der Überlassung eingestellt und beschäftigt wird (§ 1 Abs. 3 Nr. 2a AÜG). Mit dieser durch die Novelle des Jahres 2011[181] in § 1 Abs. 3 AÜG eingefügten Ausnahmevorschrift wollte der Gesetzgeber einen Ausgleich für die europarechtlich vorgesehene Ausweitung der Erlaubnispflicht nach § 1 Abs. 1 S. 1 AÜG schaffen.[182] Allerdings sind an das Erfordernis einer „nur gelegentlichen Überlassung" **strenge Anforderungen** zu stellen. Gedacht ist etwa an die Abdeckung eines kurzfristigen Spitzenbedarfs eines anderen Unternehmens. Das überlassende Unternehmen darf einen Arbeitnehmer lediglich ausnahmsweise und nicht gezielt und immer wieder demselben Unternehmen zur Verfügung stellen.[183]

59

4. Konzernversetzungsklausel als Alternative?

a) Grundsatz

Alternativ zu einer Matrixklausel kann eine Konzernversetzungsklausel vereinbart werden. Mit ihr soll der Arbeitnehmer nicht nur dem Weisungsrecht eines unternehmensfremden Matrixmanagers unterstellt, sondern auch in ein anderes Konzernunternehmen versetzt werden können. Das kann vorübergehend oder dauerhaft geschehen. In Anlehnung an die Terminologie des Beamtenrechts wird in der Literatur[184] die nur vorübergehende Tätigkeit in einem anderen Unternehmen als **„Abordnung"** bzw. **„Entsendung"**[185] bezeichnet, die dauerhafte als **„Versetzung".**[186] Dementsprechend kann man zwischen „Abordnungs- bzw. Entsendeklauseln" und „Konzernversetzungsklauseln im eigentli-

60

---

[175] Schüren/Hamann/*Hamann* AÜG § 1 Rn. 500.
[176] Vgl. BAG 3.12.1997 – 7 AZR 727/96, AP AÜG § 1 Nr. 24; 3.12.1997 – 7 AZR 764/96, SAE 1999, 81 mAnm *Windbichler; Feuerborn* WiVerw 2001, 190 (196); Schüren/Hamann/*Hamann* AÜG § 1 Rn. 495.
[177] Schüren/Hamann/*Hamann* AÜG § 1 Rn. 502; ErfK/*Wank* AÜG § 1 Rn. 58.
[178] HK-ArbR/*Wolmerath* AÜG § 1 Rn. 42.
[179] Schüren/Hamann/*Hamann* AÜG § 1 Rn. 504.
[180] Vgl. Begr. RegE BT-Drs. 17/4804, S. 8; GA-AÜG Nr. 1.3.2 (8); HWK/*Kalb* AÜG § 1 Rn. 53; Boemke/Lembke/*Lembke* AÜG § 1 Rn. 233; HK-AÜG/*Ulrici* AÜG § 1 Rn. 163.
[181] G zur Änderung des AÜG und des SchwArbG v. 20.7.2011, BGBl I S. 1506.
[182] Begr. RegE BT-Drs. 17/4804, S. 8.
[183] Vgl. *Hamann* RdA 2011, 321 (333); HWK/*Kalb* AÜG § 1 Rn. 54a; *Lembke* DB 2011, 414 (416); *Leuchten* NZA 2011, 608 (609); *Oberthür* ArbRB 2011, 146 (147); HK-AÜG/*Ulrici* AÜG § 1 Rn. 164; Däubler/Hjort/Schubert/*Wolmerath* Arbeitsrecht, AÜG § 1 Rn. 44.
[184] Braun/Wisskirchen/*Fedder*/Braner Konzernarbeitsrecht Teil I Abschn. 3 Rn. 43; *Maschmann* RdA 1996, 24 (26); *Maywald* Matrixstrukturen S. 34; Preis/*Preis* Vertragsgestaltung II D 30 Rn. 217.
[185] Vgl. § 27 BBG, § 14 BeamtStG.
[186] Vgl. § 28 BBG, § 15 BeamtStG.

chen Sinne" unterscheiden. Während erstere zu einer – im Regelfall unproblematischen – Erweiterung des arbeitgeberseitigen Direktionsrechts führen,[187] ermöglicht letztere weitergehend einen **konzerninternen Arbeitgeberwechsel**. Da dieser auch einseitig, dh im Zweifel auch gegen den Willen des Arbeitnehmers durchsetzbar sein soll, werden **„echte Konzernversetzungsklauseln"** in der Literatur **kontrovers beurteilt**.[188] Das **BAG** hat sich zur Zulässigkeit solcher Klauseln – jedenfalls soweit sie nach der Schuldrechtsreform als vom Arbeitgeber vorformulierte Arbeitsbedingungen einer AGB-Kontrolle unterzogen werden müssen – bislang nicht abschließend geäußert, sondern in der Entscheidung vom 13.4.2010[189] die **Frage ausdrücklich offengelassen.** Das LAG Hamm hält sie unter bestimmten Bedingungen für zulässig.[190]

b) Vorübergehender oder dauerhafter Wechsel

61 Ob ein vorübergehender oder dauerhafter Wechsel zu einem anderen Konzernarbeitgeber gewollt ist, ergibt sich aus den ausdrücklich getroffenen Abreden sowie den Umständen, unter denen die Arbeitsleistung bei einem anderen Unternehmen erbracht wird. Entscheidend ist, ob es zu einem **konzerninternen Arbeitgeberwechsel** kommt oder zumindest kommen kann.[191] Haben die Parteien deutlich zum Ausdruck gebracht, dass der Stammarbeitgeber während des Arbeitseinsatzes bei einem anderen Unternehmen nach wie vor der vertragliche Arbeitgeber bleibt und **nur das fachliche Weisungsrecht übertragen wird,** kommt ein **konzerninterner Arbeitgeberwechsel nicht in Betracht.** Von einem nur vorübergehenden Wechsel zu einem anderen Arbeitgeber ist ferner dann auszugehen, wenn der **Einsatz dort nicht als endgültiger geplant** ist. Das ist der Fall, wenn die Rückkehr des Arbeitnehmers zum Vertragsarbeitgeber ausdrücklich geregelt ist.[192] Unter dieser Voraussetzung spielt die Dauer des Arbeitseinsatzes keine Rolle. Dauerhaft ist der Einsatz jedoch bereits dann, wenn der Arbeitnehmer „bis auf weiteres" bei einem anderen Konzernunternehmen tätig sein soll, weil damit die garantierte Rückkehr zweifelhaft ist. Das gilt erst recht, wenn sein bisheriger Arbeitsplatz zwischenzeitlich abgebaut wurde.[193] Fehlt es an Abreden, die den Bestand des Arbeitsverhältnisses zum Einstellungsunternehmen aufrechterhalten oder sonst garantieren,[194] kommt es darauf an, ob nach der gesamten Gestaltung und Durchführung der Vertragsbeziehungen der **Schwerpunkt des Arbeitsverhältnisses dauerhaft** auf das andere Konzernunternehmen **übergegangen** ist.[195] Von letzterem ist im Zweifel auszugehen, wenn der Arbeitnehmer bei dem anderen Konzernunternehmen Daueraufgaben wahrnimmt, die, würden

---

[187] Dazu statt aller ErfK/*Preis* BGB §§ 305–310 Rn. 55, 55a.
[188] Für zulässig werden sie gehalten zB DBD/*Däubler* Anh. Rn. 324; Braun/Wisskirchen/*Fedder*/Braner Konzernarbeitsrecht Teil I Abschn. 3 Rn. 43; kritisch oder abratend HK-ArbR/*Becker* GewO § 106 Rn. 18; *Dzida*/Schramm BB 2007, 1221 (1227); *Hromadka* NZA 2012, 233 (238); Schaub ArbR-HdB/*Linck* § 45 Rn. 61; Preis/*Preis* Vertragsgestaltung II D 30 Rn. 225; MaSiG/*Tödtmann*/Kaluza C 420 Rn. 25; ablehnend *Maschmann* RdA 1996, 24 (40); ausf. *Maywald* Matrixstrukturen S. 98 ff.
[189] BAG 13.4.2010 – 9 AZR 36/09, AP BGB § 307 Nr. 45.
[190] Eine Konzernversetzungsklausel soll jedenfalls dann zulässig sein, wenn sie frei ausgehandelt wurde, die ordentliche Kündigung des Arbeitsverhältnisses ausgeschlossen wird und im Falle einer betriebsbedingten Kündigung ein Abfindungsanspruch vorgesehen ist, der die Regelung des § 1a KSchG übersteigt, s. LAG Hamm 3.5.2013 – 18 Sa 44/13, BeckRS 2013, 72472.
[191] Braun/Wisskirchen/*Fedder*/Braner Konzernarbeitsrecht Teil I Abschn. 3 Rn. 46; *Maschmann* RdA 1996, 24 (26); *Maywald* Matrixstrukturen S. 61; Preis/*Preis* Vertragsgestaltung II D 30 Rn. 218.
[192] Braun/Wisskirchen/*Fedder*/Braner Konzernarbeitsrecht Teil I Abschn. 3 Rn. 48 mwN.
[193] Braun/Wisskirchen/*Fedder*/Braner Konzernarbeitsrecht Teil I Abschn. 3 Rn. 49; *Maywald* Matrixstrukturen S. 61.
[194] Etwa indem die Parteien die Rechte und Pflichten aus dem Stammarbeitsverhältnis als ruhend bezeichnen oder zumindest Sozialleistungen aus diesem Verhältnis fortführen, soweit es sich nicht ohnehin um konzernweite gewährte Vergünstigungen handelt, vgl. *Windbichler* Konzernarbeitsrecht S. 115. Möglich sind auch Wiedereinstellungsansprüche nach erfolgter Tätigkeit beim anderen Konzernunternehmen.
[195] Braun/Wisskirchen/*Fedder*/Braner Konzernarbeitsrecht Teil I Abschn. 3 Rn. 49; *v. Hoyningen-Huene*/Boemke Versetzung S. 217.

sie von einem neu einzustellenden Arbeitnehmer erledigt, die Befristung des Arbeitsverhältnisses nicht rechtfertigen könnten.[196]

c) Abordnung in ein anderes Unternehmen

aa) Kraft Direktionsrechts? Ob ein bei einem Konzernunternehmen beschäftigter Arbeitnehmer verpflichtet ist, vorübergehend bei einem anderen Unternehmen tätig zu werden, bestimmt sich vorrangig nach dem Inhalt seines Arbeitsvertrages, kann sich aber uU auch aus dem einschlägigen Tarifvertrag ergeben.[197] Allgemein wird davon ausgegangen, dass ohne eine entsprechende Klausel der Arbeitnehmer nicht gegen seinen Willen zu einem anderen Unternehmen abgeordnet werden kann.[198] Das gilt jedenfalls dann, wenn im Arbeitsvertrag ein **bestimmter Betrieb** vereinbart ist, an dem die versprochene Tätigkeit zu verrichten ist. In diesem Fall kann der Arbeitgeber den Arbeitnehmer nur betriebsintern umsetzen, solange sich hierdurch nicht die geschuldete Tätigkeit ändert.[199] Der Umstand, dass der Betrieb zu einem konzernangehörigen Unternehmen gehört, ändert hieran nichts. Zwar muss der Arbeitnehmer jede zumutbare, gleichwertige Tätigkeit innerhalb desselben Betriebs annehmen.[200] Eine Abordnung in einen anderen Betrieb desselben Unternehmens liegt aber nicht mehr in der Reichweite des allgemeinen Direktionsrechts. Erst recht nicht kann dann eine Abordnung zu einem anderen Unternehmen desselben Konzerns erfolgen.[201] Ist damit ein Wechsel des Leistungsempfängers verbunden (→ Rn. 29 ff.), kommt § 613 S. 2 BGB ins Spiel, der im Zweifel eine Überlassung des Arbeitnehmers an einen anderen Arbeitgeber – auch wenn diese nur vorübergehend erfolgt – nur mit dessen Zustimmung erlaubt.[202]

62

Fehlt im Arbeitsvertrag die **Angabe eines Arbeitsortes** und lässt sie sich auch nicht durch Auslegung ermitteln, soll sich nach der umstrittenen Rechtsprechung des BAG,[203] der sich Teile der Literatur angeschlossen haben,[204] das Recht ergeben, den Arbeitnehmer nicht nur innerhalb des Betriebs, sondern **innerhalb ganz Deutschlands zu versetzen,** jedenfalls soweit dem Arbeitnehmer der Wechsel an einen anderen Ort billigerweise zugemutet werden kann, was vor allem eine Frage der Entfernung ist.[205] Eine Begrenzung des in § 106 GewO geregelten Weisungsrechts auf den (Einstellungs-)Betrieb sei nicht er-

63

---

[196] BAG 21.3.1990 – 7 AZR 198/89, BB 1991, 277; ähnlich *v. Hoyningen-Huene/Boemke* Versetzung S. 217; *Windbichler* Konzernarbeitsrecht S. 115; *Maschmann* RdA 1996, 24 (26); *Maywald* Matrixstrukturen S. 62.

[197] BAG 11.6.1958, 16.10.1965, 21.1.1966, AP BGB § 611 Direktionsrecht Nr. 2, 20, 21. Allgemein zu einem durch den Arbeitsvertrag erweiterten Versetzungsrecht MünchArbR/*Blomeyer,* 2. Aufl. 2000, § 46 Rn. 42; *v. Hoyningen-Huene/Boemke* Versetzung S. 90. Beispiel für eine derartige Entsendungs-/Versetzungsklausel: § 16 LTV Arbeiter Bundesbahn; s. hierzu BAG 22.5.1985 – 4 AZR 427/83, AP TVG § 1 Tarifverträge: Bundesbahn Nr. 7.

[198] LAG Hamm 11.12.2008 – 11 Sa 817/08, BeckRS 2009, 53973; ArbG Köln 7.3.1996 – 17 Ca 6257/95, DB 1996, 1342; Braun/Wisskirchen/*Fedder/Braner* Konzernarbeitsrecht Teil I Abschn. 3 Rn. 41; *Maywald* Matrixstrukturen S. 48 f.; *Preis/Preis* Vertragsgestaltung II D 30 Rn. 212; *Windbichler* Konzernarbeitsrecht S. 95.

[199] *Berger-Delhey* DB 1990, 2266 (2269); MHdB ArbR/*Reichold* § 40 Rn. 49 u. 52; *v. Hoyningen-Huene/Boemke* Versetzung S. 49; Schaub ArbR-HdB/*Linck* § 45 Rn. 24; ZLH/*Loritz* Arbeitsrecht § 15 Rn. 23; *Richter* DB 1989, 2378 (2381).

[200] MHdB ArbR/*Reichold* § 40 Rn. 49.

[201] Ebenso *Maywald* Matrixstrukturen S. 49.

[202] So auch *Maywald* Matrixstrukturen S. 53.

[203] BAG 11.4.2006 – 9 AZR 557/05, NZA 2006, 1149; 19.1.2010 – 10 AZR 738/09, NZA 2011, 631; 30.10.2016 – 10 AZR 11/16, NZA 2017, NZA 2017, 1394 Rn. 19; 18.10.2017 – 10 AZR 330/16, NZA 2017, 1452 Rn. 27 mwN.

[204] *Fliss* NZA-RR 2008, 225; *Hunold* DB 2014, 636; ErfK/*Preis* GewO § 106 Rn. 27; *Preis/Genenger* NZA 2008, 969 (971); aA *Hromadka* NZA 2012, 233 (237 f.); Schaub ArbR-HdB/*Linck* § 45 Rn. 22; ZLH/*Loritz* Arbeitsrecht § 15 Rn. 23; *Wank* RdA 2012, 139 (140).

[205] HWK/*Lembke* GewO § 106 Rn. 30; ErfK/*Preis* GewO § 106 Rn. 27.

kennbar.²⁰⁶ Das gelte erst recht, wenn der Arbeitsvertrag neben einer **Versetzungsklausel die Angabe eines bestimmten Tätigkeitsortes** enthalte; diese sei nämlich nur als Angabe des ersten Tätigkeitsortes zu verstehen, nicht aber als Garantie, dass sich daran nichts ändere.²⁰⁷ Auch aus § 269 Abs. 1 BGB folge nicht, dass bei fehlender Bestimmung als Ort der Tätigkeit der Einstellungsbetrieb anzusehen sei.²⁰⁸ Selbst vor diesem Hintergrund kann jedoch **nicht** von einem **Abordnungsrecht zu einem anderen Konzernunternehmen ausgegangen werden,** jedenfalls dann nicht, wenn die Arbeitgeberrechte einem Dritten übertragen werden. Das ist der Fall, wenn der Dritte die Arbeitgeberrechte im eigenen Namen geltend macht und die Arbeitsleistung des an ihn abgeordneten Arbeitnehmers ausschließlich seinen eigenen Zwecken dient. Das ist wegen § 613 S. 2 BGB nur mit Einverständnis des Arbeitnehmers möglich. Seine Zustimmung kann zwar auch stillschweigend erteilt werden. Dass der Einstellungs- oder Tätigkeitsbetrieb zu einem matrixorganisierten Konzernverbund gehört, rechtfertigt diese Annahme jedoch nicht. Notwendig ist wegen § 613 S. 2 BGB eine eindeutige Abordnungsklausel.²⁰⁹ Dasselbe gilt für den bloßen Hinweis, dass das Einstellungsunternehmen zu einer Konzerngruppe gehört. Auch hierin liegt keine Abordnungsklausel, da der Konzerntatbestand als solcher keine unmittelbar arbeitsrechtlichen Konsequenzen hat.²¹⁰

64 **bb) Abordnungsklausel.** Dass sich der Arbeitgeber die Möglichkeit zur vorübergehenden Abordnung in ein anderes Konzernunternehmen ausdrücklich im Arbeitsvertrag vorbehalten darf, wird allgemein anerkannt.²¹¹ Sie entspricht dem praktischen Bedürfnis des Konzernarbeitgebers nach einem möglichst flexiblen Personaleinsatz. Solange die Art der Tätigkeit auch bei der vorübergehenden Beschäftigung in einem anderen Konzernunternehmen in etwa gleichwertig ist und die bisherige Vergütung fortgezahlt wird, **bestehen gegen die Wirksamkeit von Abordnungsklauseln keine Bedenken.**²¹² Denn wo und in welchem Zusammenhang der Arbeitnehmer seine Arbeitsleistung zu erbringen hat, ist keine Arbeitsbedingung, die zum unantastbaren Kernbereich gehört. In jedem Fall unzulässig wäre die Abordnung auf einen Arbeitsplatz mit geringerer Entlohnung, selbst wenn die bisherige Vergütung weiter bezahlt würde,²¹³ aber auch die vorübergehende Beschäftigung auf einem anspruchsvolleren Arbeitsplatz in einem anderen Unternehmen, ist nicht möglich, wenn der Arbeitnehmer der Aufgabe offensichtlich nicht gewachsen ist.²¹⁴ Der grundsätzlichen Zulässigkeit einer Abordnungsklausel steht auch nicht § 613 S. 2 BGB entgegen. Zum einen ist § 613 BGB eine bloße Auslegungsregel, die erst dann zur Anwendung gelangt, wenn die Parteien keine klare Regelung getroffen haben.²¹⁵ Zum anderen bezieht sich § 613 S. 2 BGB nur auf die Übertragbarkeit des Anspruchs auf die Dienstleistung, nicht aber darauf, ob die Dienstleistung beim Dienstberechtigten oder ei-

---

²⁰⁶ Vgl. BAG 13.6.2012 – 10 AZR 296/11 Rn. 17 f., NZA 2012, 1154: 18.10.2017 – 10 AZR 330/16 Rn. 27, NZA 2017, 1452 mwN; ErfK/*Preis* GewO § 106 Rn. 27 mwN.
²⁰⁷ BAG 19.1.2011 – 10 AZR 738/09 Rn. 17 f., NZA 2011, 631; 13.6.2012 – 10 AZR 296/11 Rn. 17 f., NZA 2012, 1154.
²⁰⁸ BAG 13.6.2012 – 10 AZR 296/11, NZA 2012, 1154; ErfK/*Preis* GewO § 106 Rn. 27; aA LAG BW 10.12.2010, 18 Sa 33/10, BeckRS 2011, 68907.
²⁰⁹ Ebenso Braun/Wisskirchen/*Fedder*/*Braner* Konzernarbeitsrecht Teil I Abschn. 3 Rn. 41; *Maywald* Matrixstrukturen S. 53; Preis/*Preis* Vertragsgestaltung II D 30 Rn. 212.
²¹⁰ MünchArbR/*Richardi* § 23 Rn. 18; *Windbichler* Konzernarbeitsrecht S. 70.
²¹¹ Braun/Wisskirchen/*Fedder*/*Braner* Konzernarbeitsrecht Teil I Abschn. 3 Rn. 52; *v. Hoyningen-Huene*/*Boemke* Versetzung S. 89, 216; *Hromadka* NZA 2012, 233 (238); *Preis,* Grundfragen der Vertragsgestaltung im Arbeitsrecht, S. 63, 322; MHdB ArbR/*Reichold* § 36 Rn. 53; MünchArbR/*Richardi* § 23 Rn. 9, 25; *Windbichler* Konzernarbeitsrecht S. 77.
²¹² Schaub ArbR-HdB/*Linck* § 45 Rn. 61.
²¹³ BAG 25.8.2010 – 10 AZR 275/09, NZA 2010, 1355.
²¹⁴ BAG 8.12.1976 – 5 AZR 613/75, AP BetrVG 1972 § 112 Nr. 3; HWK/*Lembke* GewO § 106 Rn. 16; *v. Hoyningen-Huene*/*Boemke* Versetzung S. 98; *Windbichler* Konzernarbeitsrecht S. 94.
²¹⁵ MüKoBGB/*Müller-Glöge* § 613 Rn. 2; ErfK/*Preis* BGB § 613 Rn. 9; MHdB ArbR/*Reichold* § 40 Rn. 7; *Rüthers/Bakker,* ZfA 1990, 260; Schaub ArbR-HdB/*Linck* § 45 II 1; ZLH/*Loritz* Arbeitsrecht § 15 Rn. 3.

nem Dritten zu erfolgen hat.[216] *Preis*[217] hat für eine Abordnungsklausel **folgenden Vorschlag unterbreitet:**

> „Der Arbeitnehmer ist verpflichtet, vorübergehend auch gleichwertige Tätigkeiten, die seinen Fähigkeiten und Kenntnissen entsprechen, in einem anderen zum X-Konzern oder Y-Gruppe gehörenden Unternehmen zu erbringen. Eine solche Abordnung hat auf die Vergütung keinen Einfluss."

Wird nicht ausdrücklich klargestellt, ob sich das Einstellungsunternehmen nicht nur die vorübergehende, sondern auch die **dauerhafte Beschäftigung** des Arbeitnehmers **bei einem anderen Konzernunternehmen** und damit die Möglichkeit eines konzerninternen Arbeitgeberwechsels vorbehält, ist die Klausel auszulegen. Wurde sie nicht individuell ausgehandelt, sondern vom Arbeitgeber vorformuliert, kommt es nicht darauf an, wie sie die Parteien im Einzelfall verstanden haben, sondern wie sie ein durchschnittlicher Vertragspartner verstehen musste.[218] Es gelten die Grundsätze der objektiven Auslegung von Rechtsnormen, nicht die von Willenserklärungen (§§ 133, 157 BGB). Die Auslegung hat sich deshalb nicht am Willen der konkreten Vertragspartner zu orientieren, sondern am Wortlaut der Klausel.[219] Ist der Vertragstext unklar, ist darauf abzustellen, wie er aus der Sicht der typischerweise an Geschäften dieser Art beteiligter Verkehrskreise zu verstehen ist.[220] AGB sind im Allgemeinen so auszulegen, wie sie von verständigen und redlich denkenden Vertragsparteien begriffen werden.[221] Anzustreben ist ein Auslegungsergebnis, das die berechtigten Belange beider Parteien angemessen berücksichtigt.[222] Das anzuerkennende Bedürfnis des Arbeitgebers nach einem flexiblen Personaleinsatz erfordert grundsätzlich nicht die Befugnis, dem Arbeitnehmer eine dauerhafte Beschäftigung bei einem anderen Konzernunternehmen zuzuweisen.[223] Die mit dem dauerhaften Einsatz des Arbeitnehmers bei einem anderen Konzernunternehmen notwendig verbundene endgültige Lösung der vertraglichen Beziehungen zum Einstellungsunternehmen **führt zum vollständigen Verlust des eigenen Weisungsrechts** und kann schon deshalb **nicht im Interesse des Einstellungsunternehmens liegen.** Andererseits ist der konzerninterne Arbeitgeberwechsel für den Arbeitnehmer häufig eine einschneidende Maßnahme, zu der er nur ausnahmsweise bereit sein wird. Bleibt deshalb offen, ob sich der Arbeitgeber nur das Recht zur (vorübergehenden) Abordnung oder auch zur (dauerhaften) Versetzung vorbehalten hat, deckt eine insoweit unklare Klausel allenfalls vorübergehende Maßnahmen.[224]

cc) Ausübung des Abordnungsrechts. Dass Abordnungsklauseln überhaupt vereinbart werden können, besagt noch nichts darüber, welchen Bindungen der Arbeitgeber bei der Ausübung des vorbehaltenen Abordnungsrechts unterliegt. Haben die Parteien nichts anderes vereinbart, so muss die Ausübung des Abordnungsrechts als vertraglich vorbehaltene einseitige Leistungsbestimmung **billigem Ermessen entsprechen,** § 315 Abs. 1 BGB.[225] Eine Entscheidung nach Billigkeitsgesichtspunkten erfordert eine Abwägung der wesentlichen Interessen beider Vertragsparteien im konkreten Einzelfall am Maßstab der verfassungsrechtlichen und gesetzlichen Wertentscheidungen unter Berücksichtigung von Art

---

[216] MüKoBGB/*Müller-Glöge,* BGB § 613 Rn. 23; ZLH/*Loritz* Arbeitsrecht § 15 Rn. 4.
[217] Preis/*Preis* Vertragsgestaltung II D 30 Rn. 217.
[218] BAG 24.10.2007 – 10 AZR 825/06, NZA 2008, 40 (41); 4.8.2011 – 6 AZR 436/10, NZA 2012, 112.
[219] BGH 17.2.1993 – VIII ZR 37/92, NJW 1993, 1381 (1382).
[220] BAG 10.12.2008 – 10 AZR 1/08, NZA-RR 2009, 576.
[221] BAG 25.8.2010 – 10 AZR 275/09, NZA 2010, 1355; 4.8.2011 – 6 AZR 436/10, NZA 2012, 112.
[222] Palandt/*Ellenberger* BGB § 133 Rn. 20.
[223] Schaub ArbR-HdB/*Linck* § 45 Rn. 61.
[224] *Windbichler* Konzernarbeitsrecht S. 115 (583).
[225] BAG 20.4.2011 – 5 AZR 191/10, NZA 2011, 796; *v. Hoyningen-Huene/Boemke* Versetzung S. 96f. *Hromadka* RdA 1992, 240; *Rüthers/Bakker* ZfA 1990, 245 (265); *Söllner* Leistungsbestimmung S. 118ff.; *Windbichler* Konzernarbeitsrecht S. 94.

und Intensität der veränderten Arbeitsbedingungen.[226] Der Maßstab kann allerdings nicht höher sein als bei einer Änderungskündigung, denn wenn bereits unter den Voraussetzungen des § 2 KSchG alle Vertragsbedingungen geändert werden können, selbst wenn im Arbeitsvertrag kein Änderungsvorbehalt vereinbart wurde, so muss dies erst recht gelten, wenn ein derartiger Vorbehalt besteht und der Arbeitnehmer grundsätzlich mit einer Abordnung zu rechnen hat.[227]

67 Eine **Abordnung** ist deshalb jedenfalls dann **zulässig,** wenn **dringende betriebliche Erfordernisse die Abordnung bedingen** und die **Abordnung** für den Arbeitnehmer **billigerweise hinzunehmen ist.**[228] Unzulässig sind rechtsmissbräuchliche Abordnungen. Davon ist auszugehen, wenn für die vorübergehende Übertragung einer anderen Tätigkeit und ihre Dauer kein sachlicher Grund gegeben ist,[229] sondern allein der unberechtigten Maßregelung des Arbeitnehmers dient.[230] Zugunsten des Arbeitnehmers sind Gründe zu berücksichtigen, die entweder in seiner Person oder in seinem sozialen Umfeld liegen. Eine Abordnung würde billigem Ermessen widersprechen, wenn die neu zugewiesene Tätigkeit zwar ihrem Inhalt nach der arbeitsvertraglich geschuldeten entspricht, der Arbeitnehmer diese gleichwohl aber aus körperlichen oder gesundheitlichen Gründen nicht verrichten kann[231] oder sie ihm aus Gewissensgründen nicht zumutbar ist.[232] Ist die **Abordnung** zugleich **mit einem Ortswechsel verbunden,** so sind soziale Belange des Arbeitnehmers insoweit zu berücksichtigen, als sie eine beachtenswerte Ortsbindung begründen und sich nicht durch zusätzliche Leistungen des Arbeitgebers kompensieren lassen, wenn etwa schulpflichtige Kinder vorhanden sind, der Ehegatte selbst einer Beschäftigung nachgeht oder zu Wohnzwecken genutztes Grund- oder Wohnungseigentum am Ort besteht.[233] Wurden **bestimmte Anlässe für die Ausübung des Abordnungsrechts vereinbart,** erstreckt sich die Ausübungskontrolle auch darauf, ob die verabredeten Voraussetzungen erfüllt sind. Entsprechendes gilt für die Vereinbarung konkreter Ausübungsgrenzen.[234]

68 Zu prüfen ist schließlich stets, ob andere geeignete Arbeitnehmer vorhanden sind, die von der Abordnung weniger schwer betroffen wären.[235] Ob die Notwendigkeit einer derartigen **„Sozialauswahl"** aus dem arbeitsrechtlichen Gleichbehandlungsgrundsatz hergeleitet wird[236] oder spezieller Ausdruck des allgemeinen Verhältnismäßigkeitsgrundsatzes ist, der im Zivilrecht immer dann Anwendung finden kann, wenn in bestehende Rechtspositionen eingegriffen wird,[237] kann im Ergebnis dahinstehen.[238] Freilich kommen für die

---

[226] StRspr, vgl. BAG 23.6.2009 – 2 AZR 606/08, NZA 2009, 1011; vgl. grundlegend *v. Hoyningen-Huene* Billigkeit im Arbeitsrecht S. 17 ff. (119 ff.); MaSiG/*Vetter* C 550 Rn. 31 f.
[227] *Hromadka* RdA 1992, 240; ähnlich MHdB ArbR/*Reichold* § 40 Rn. 39.
[228] *Berger-Delhey* DB 1990, 2266. Manche Autoren halten es für ausreichend, dass zumindest ein sachlicher Grund für die Abordnung gegeben ist, vgl. *Rüthers/Bakker* ZfA 1990, 266; *v. Hoyningen-Huene/Boemke* Versetzung S. 97.
[229] Sachlicher Grund für die befristete Änderung einzelner Arbeitsbedingungen können etwa die Vertretung eines anderen Mitarbeiters, der Wunsch des Arbeitgebers, Zeit für weitere Überlegungen zu gewinnen, mit welchem Mitarbeiter die Stelle endgültig besetzt werden soll, oder ein noch nicht genau vorhersehbarer Personalbedarf sein, vgl. BAG 13.6.1986 – 7 AZR 650/84, AP KSchG 1969 § 2 Nr. 19; APS/*Greiner* TzBfG Vor § 14 Rn. 45 mwN.
[230] *Berger-Delhey* DB 1990, 2267; *Hueck/Nipperdey* ArbR I S. 203.
[231] *V. Hoyningen-Huene/Boemke* Versetzung S. 98. Die bloße Berufung auf das Alter oder das absehbare altersbedingte Ausscheiden des Arbeitnehmers sind für sich genommen keine anerkennenswerten Gründe.
[232] BAG 20.12.1984 – 2 AZR 436/83, AP BGB Direktionsrecht § 611 Nr. 27; 24.2.2011 – 2 AZR 636/09, NZA 2011, 1087; MHdB ArbR/*Reichold* § 40 Rn. 29 mwN.
[233] Ähnlich *v. Hoyningen-Huene/Boemke* Versetzung S. 97; *Rüthers/Bakker* ZfA 1990, 266.
[234] MaSiG/*Maschmann* A Rn. 150 mwN.
[235] *V. Hoyningen-Huene/Boemke* Versetzung S. 99; MHdB ArbR/*Reichold* § 40 Rn. 26.
[236] *Birk* Leitungsmacht S. 309 ff.; *Rüthers/Bakker* ZfA 1990, 266 f.
[237] *V. Hoyningen-Huene* RdA 1990, 195 ff.
[238] In seiner neuesten Rechtsprechung hat das BAG die Anwendung des § 1 Abs. 3 KSchG auf Versetzungsentscheidungen ausdrücklich abgelehnt, allerdings ohne Begründung, BAG 30.10.2016 – 10 AZR 11/16 Rn. 31, NZA 2017, 1394.

Sozialauswahl **nur solche Arbeitnehmer in Betracht,** die nicht nur auf ihren innegehabten Arbeitsplätzen gegeneinander austauschbar sind, sondern **auch für die Tätigkeit, die** im **anderen Konzernunternehmen verlangt wird, wenigstens annähernd gleich geeignet sind.**[239] Wenn daher aus betrieblichen Gründen nur eine bestimmte Person für die Tätigkeit im anderen Konzernunternehmen in Frage kommt, kann die Abordnung auch dann noch billigem Ermessen entsprechen, wenn der Arbeitnehmer zugunsten seines Verbleibs gewichtige soziale Belange geltend macht.[240]

d) Versetzung in ein anderes Unternehmen

aa) Rechtliche Konstruktion des vertraglich vorbehaltenen konzerninternen Arbeitgeberwechsels. Soll ein Arbeitnehmer nicht nur vorübergehend, sondern dauerhaft von einem anderen Konzernunternehmen beschäftigt werden, kommt es zu einem konzerninternen Arbeitgeberwechsel, wenn die **vertragliche Verbindung zum Einstellungsunternehmen vollkommen gelöst** und **eine neue mit dem anderen** Konzernunternehmen **begründet wird.** Diesen kann das Einstellungsunternehmen nicht einseitig kraft seines allgemeinen Direktionsrechts anordnen. Denn im Arbeitsvertrag erkennt der Arbeitnehmer nur das Einstellungsunternehmen als seinen Vertragspartner an. Nur ihm bietet er eine bestimmte Dienstleistung an, nicht aber einem beliebigen Konzernunternehmen.[241] Auch die **Konzernleitungsmacht** der Konzernobergesellschaft gibt dieser kein arbeitsrechtliches Weisungsrecht gegenüber den Arbeitnehmern konzernabhängiger Unternehmen, das eine Versetzung rechtfertigen könnte, da keine arbeitsrechtlichen Beziehungen zwischen der herrschenden Konzernobergesellschaft und den abhängigen Konzerngesellschaften bestehen.[242]

69

Ob anderes gilt, wenn im Arbeitsvertrag mit dem Einstellungsunternehmen eine **konzernweite Versetzungsklausel** vereinbart wurde, lässt sich nur beurteilen, wenn zuvor der Frage nachgegangen wird, auf welche Weise der nachträgliche Wechsel einer Vertragspartei erfolgen kann. Zwei Wege sind denkbar.[243] Zum einen kommt die Beendigung des bestehenden und die anschließende Begründung eines neuen Arbeitsverhältnisses mit einem anderen Arbeitgeber im Konzern **(Beendigungs-/Neubegründungs-Lösung)** in Betracht, zum anderen die rechtsgeschäftliche Auswechslung einer Vertragspartei **(Vertragsübernahme).**[244]

70

Welche Gestaltung im konkreten Fall gewählt wird, ist Sache der Parteien.[245] Da sich diese regelmäßig über rechtstechnische Details nicht ausdrücklich erklären, muss die gewählte Gestaltungsform jeweils einzelfallbezogen im Wege der Auslegung ermittelt werden.[246] Maßgebliche Bedeutung kommt den für die Beteiligten erkennbaren Begleitum-

71

---

[239] BAG 13.6.1986 – 7 AZR 623/84, NZA 1987, 155; 18.1.2007 – 2 AZR 796/05, NZA 2008, 1208.
[240] *V. Hoyningen-Huene/Boemke* Versetzung S. 98. Dies entspricht auch dem Wertungsmodell des § 1 Abs. 3 S. 2 KSchG.
[241] LAG Hamm 11.12.2008 – 11 Sa 817/08, BeckRS 2009 53973; LAG Hamm 3.5.2013 – 18 Sa 44/13, BeckRS 2013, 72472; *Abrrent* BB 1988, 758; *Birk* Leitungsmacht S. 407; Braun/Wisskirchen/*Fedder*/Braner Konzernarbeitsrecht Teil I Abschn. 3 Rn. 41; *Henssler* Arbeitsvertrag S. 41; *Maschmann* RdA 1996, 24 (32); *Maywald* Matrixstrukturen S. 59; *v. Hoyningen-Huene/Boemke* Versetzung S. 216; Preis/*Preis* Vertragsgestaltung II D 30 Rn. 212; MünchArbR/*Richardi* § 23 Rn. 20, 23; *Windbichler* Konzernarbeitsrecht S. 95.
[242] So bereits *Kronstein* Die abhängige juristische Person (1931, Neudruck 1973), S. 135; vgl. auch *Karamarias* RdA 1983, 353 (357); *Konzen* RdA 1984, 85; *Martens* FS 25 Jahre BAG, S. 371 (373); MünchArbR/*Richardi* § 23 Rn. 24; *Zöllner* ZfA 1983, 93 (100). Die Konzerndirektiven der Obergesellschaft richten sich nur an die Führungsorgane der abhängigen Gesellschaften; nur diese haben die Möglichkeit, die Konzerndirektiven in an die Arbeitnehmer adressierte arbeitsvertragliche Weisungen umzusetzen.
[243] Zu einem (praktisch kaum relevanten) dritten Weg – dem „Vertragsbeitrittsmodell" – *Maywald* Matrixstrukturen S. 72 ff.; *Windbichler* Konzernarbeitsrecht S. 71 f.
[244] *Maschmann*, RdA 1996, 24 (36); *Maywald* Matrixstrukturen S. 62 ff.; *Windbichler* RdA 1988, 95 (96); *Windbichler* Arbeitsrecht im Konzern S. 95 f.
[245] *Nörr/Scheyhing* Sukzessionen § 17 I; *Pieper* Vertragsübernahme S. 124.
[246] Zur Beweislast BAG 1.2.1971 – 3 AZR 7/70, AP ZPO § 282 Nr. 2.

ständen der Versetzung zu, insbesondere der Vorgeschichte des Wechsels, dem damit verfolgten Zweck, der bestehenden und für alle offenkundigen Interessenlage sowie der Verkehrsanschauung.[247] Wollen die Parteien bei sonst unveränderten Vertragsbedingungen **lediglich eine Partei auswechseln**, ist regelmäßig von einer **Vertragsübernahme** auszugehen, denn diese lässt die bestehenden Vertragsbedingungen unberührt.[248] Ist hingegen mit dem Parteiwechsel **zugleich eine Änderung des sonstigen Vertragsinhalts beabsichtigt**, so muss zunächst das **alte Vertragsverhältnis beendet** und im Anschluss daran **ein neues**, nun allerdings mit verändertem Inhalt, **begründet werden**.[249] Das BAG will im Anschluss an *Pieper* eine Vertragsübernahme nur dann annehmen, wenn die Identität des Arbeitsverhältnisses erhalten bleibt.[250] Das sei der Fall, wenn der Arbeitnehmer in seiner bisherigen Stellung an seinem bisherigen Arbeitsplatz weiter beschäftigt werde. Wo aber die Einheit des Arbeitsverhältnisses, die sich in der betrieblichen Eingliederung des Arbeitnehmers sowie deren Aufrechterhaltung zeige, nicht mehr gewahrt sei, scheide eine bloße Vertragsübernahme von vornherein aus. Dasselbe gilt, wenn die verbleibende und die eintretende Partei das Arbeitsverhältnis ausdrücklich auf eine neue Vertragsgrundlage stellen.[251]

72 **bb) Bedeutung der Konzernversetzungsklausel.** Wird bereits zum Abschluss des Arbeitsvertrages eine Konzernversetzungsklausel vereinbart, so lässt sich der Arbeitgeber damit bereits anfänglich ein Gestaltungsrecht einräumen. Dieses soll ihn für den Fall, dass nach Abschluss des Arbeitsvertrages ein **konzerninterner Arbeitgeberwechsel** erforderlich wird, in die Lage versetzen, ohne Mitwirkung des Arbeitnehmers – möglicherweise sogar gegen seinen Widerstand – das Arbeitsverhältnis auf ein anderes Konzernunternehmen zu übertragen.[252] Bei *Preis*[253] findet sich hierfür folgendes Muster:

> „Wir behalten uns vor, Sie innerhalb unseres Gesamtunternehmens, dh auch bei angeschlossenen Gesellschaften und Werken innerhalb Deutschlands, in einer anderen Ihrer Vorbildung und Ihren Fähigkeiten entsprechenden Stellung mit gleichen Bezügen und Vertragsbedingungen zu beschäftigen und Sie in ein anderes mit uns verbundenes Unternehmen zu versetzen. Außer bei dringenden betrieblichen Notwendigkeiten werden wir hierbei eine Ankündigungsfrist beachten, die Ihrer vertraglichen Kündigungsfrist entspricht. Vertragspartner wird dann allein das aufnehmende Unternehmen. Der Mitarbeiter ist damit einverstanden, eine vergleichbare Tätigkeit zu denselben Vertragsbedingungen auch im Dienste einer anderen zur X-Gruppe gehörenden Gesellschaft auszuüben. (…)"

73 Die Frage, ob derartige **Versetzungsklauseln zulässig** sind, wurde bislang eher kursorisch behandelt. Das **BAG** geht ohne weitere Begründung offenbar von der Wirksamkeit solcher Klauseln aus,[254] hatte jedoch **bislang keinen Fall zu entscheiden** gehabt, in dem ein konzerninterner Arbeitgeberwechsel gegen den Willen des Arbeitnehmers allein aufgrund einer Versetzungsklausel erfolgt wäre. Das LAG Hamm hält sie unter bestimm-

---

[247] *Pieper* Vertragsübernahme S. 124; *Windbichler* Konzernarbeitsrecht S. 96.
[248] LAG Hamm 3.5.2013 – 18 Sa 44/13, BeckRS 2013, 72472 unter II 1 b der Gründe.
[249] *Nörr/Scheyhing* Sukzessionen § 17 II; *Pieper* Vertragsübernahme S. 118.
[250] BAG 24.10.1972 – 3 AZR 102/72, AP HGB § 74 Nr. 31.
[251] *Nörr/Scheyhing* Sukzessionen § 17 II.
[252] Soweit eine Versetzungsklausel das Einverständnis des Arbeitnehmers mit der Versetzung ausdrücklich erwähnt, gehen die Parteien ersichtlich davon aus, dass dem Arbeitgeber gerade kein Gestaltungsrecht zukommen soll und der Arbeitnehmer deshalb nicht verpflichtet ist, seine Zustimmung zu erteilen, vgl. *Windbichler* Konzernarbeitsrecht S. 114.
[253] Preis/*Preis* Vertragsgestaltung II D 30 vor Rn. 225.
[254] Vgl. zB BAG 14.10.1982 – 2 AZR 568/80, AP KSchG 1969 § 1 Konzern Nr. 1; 27.11.1991 – 2 AZR 255/91, AP KSchG 1969 § 1 Konzern Nr. 6; 10.1.1994 – 2 AZR 489/93, AP KSchG 1969 § 1 Konzern Nr. 8; 23.3.2006 – 2 AZR 162/05 Rn. 27, NZA 2007, 30.

ten Bedingungen für zulässig.²⁵⁵ In der Literatur sind die Meinungen geteilt. Während die einen Versetzungsklauseln ohne Weiteres für zulässig halten,²⁵⁶ lehnen andere derartige Klauseln kategorisch ab.²⁵⁷

Eine **differenzierte Betrachtung** muss bei den beiden konstruktiv möglichen Wegen eines konzerninternen Arbeitgeberwechsels ansetzen.²⁵⁸ Soweit die Arbeitsbedingungen im wesentlichen gleich bleiben, soll durch die Klausel eine **Vertragsübernahme** erfolgen; weichen die Arbeitsbedingungen voneinander ab, so kann dies nur im Wege der **Beendigungs-/Neubegründungslösung** geschehen. Die Zulässigkeit einer bereits zum Vertragsschluss eingeräumten Möglichkeit, einseitig die Partei des Arbeitsverhältnisses zu ändern, muss sich grundsätzlich an den Maßstäben der nachträglichen Parteiänderung orientieren. Sie darf jedenfalls zu keiner Schlechterstellung der verbleibenden Vertragspartei führen. 74

cc) Konzernversetzungsklausel im Beendigungs-/Neubegründungsmodell. Die Konzernversetzungsklausel muss zugleich Beendigungs- und Neubegründungstatbestand enthalten. Da das Angebot auf Abschluss eines Arbeitsvertrages mit einem neuen Konzernunternehmen im Wesentlichen unproblematisch ist,²⁵⁹ soll im Folgenden **nur der Frage der Beendigung des alten Arbeitsverhältnisses** nachgegangen werden. 75

(1) Im Hinblick auf die zunächst erforderliche Beendigung des Arbeitsverhältnisses mit dem ersten Konzernarbeitgeber kann die Klausel deklaratorischen oder konstitutiven Inhalt aufweisen.²⁶⁰ Das Recht, ein Arbeitsverhältnis einseitig zu beenden, braucht sich der Arbeitgeber nicht besonders vorzubehalten, denn jedes Dauerschuldverhältnis kann zumindest dem Grundsatz nach ohne Mitwirkung der anderen Partei durch Kündigung beendet werden. Ist die **Versetzungsklausel nur rein deklaratorisch** gemeint,²⁶¹ dann will der Arbeitgeber mit der Klausel nur auf die Möglichkeit einer betriebsbedingten Beendigungskündigung hinweisen, die er im Falle eines konzerninternen Arbeitgeberwechsels auszusprechen gedenkt. 76

(2) Ist die **Klausel** allerdings **konstitutiv** gemeint, dann soll sich der **Wechsel ipso iure, dh ohne vorherige Kündigung** durch das Einstellungsunternehmen, vollziehen. Das lässt sich auf zweierlei Weise bewerkstelligen: Entweder vereinbaren die Parteien zugleich mit dem Abschluss des ersten Arbeitsvertrages einen auf diesen Arbeitsvertrag bezogenen aufschiebend bedingten Aufhebungsvertrag, oder sie schließen den ersten Arbeitsvertrag von vornherein auflösend bedingt ab. Bedingung ist in beiden Fällen die zur Zeit des Vertragsabschlusses noch ungewisse Notwendigkeit eines betrieblich bedingten konzerninternen Arbeitgeberwechsels. Da beide Fälle spiegelbildlich zusammenhängen,²⁶² wird nur die Zulässigkeit des **auflösend bedingten Arbeitsvertrags** behandelt. 77

---

²⁵⁵ LAG Hamm 3.5.2013 – 18 Sa 44/13, BeckRS 2013, 72472.
²⁵⁶ *Birk* Leitungsmacht S. 407; *Birk* ZGR 13 (1984), S. 67; *Braun/Wisskirchen/Fedder/Braner* Konzernarbeitsrecht Teil I Abschn. 3 Rn. 59; *Hanau* ZGR 13 (1984), S. 485; *Karamarias* RdA 1983, 358f.; *Konzen* RdA 1984, 73; *Lingemann/v. Steinau-Steinrück* DB 1999, 2161 (2162); *Martens* DB 1985, 2147; *Preis* Grundfragen der Vertragsgestaltung im Arbeitsrecht S. 322; MünchArbR/*Richardi* § 23 Rn. 20, 25; *Rüthers/Bakker* ZfA 1990, 245 (260); MünchArbR/*Schüren* § 319 Rn. 4.
²⁵⁷ *Abbrent* BB 1988, 758; HK-ArbR/*Becker* GewO § 106 Rn. 18; *Himmerich* NZA 2003, 753 (758); MHdB ArbR/*Blomeyer* (2. Aufl.) § 46 Rn. 81; DBD/*Bonin* BGB § 307 Rn. 192a; *v. Hoyningen-Huene/Boemke* Versetzung S. 218; *Hromadka* NZA 2012, 233 (238); Schaub ArbR-HdB/*Linck* § 45 Rn. 61; MaSiG/*Tödtmann/Kaluza* C 420 Rn. 21; *Zundel* NJW 2006, 1237 (1238); abratend Preis/*Preis* Vertragsgestaltung II D 30 Rn. 225 ff.
²⁵⁸ *Maschmann* RdA 1996, 24 (36 ff.); *Maywald* Matrixstrukturen S. 62 ff.
²⁵⁹ Fraglich ist nur, ob dieses neue Angebot bereits zur Zeit des Abschlusses des Arbeitsvertrages mit dem Einstellungsunternehmen bestehen muss und ob es vom Einstellungsunternehmen für das andere Konzernunternehmen abgegeben werden kann, vgl. hierzu *Windbichler* Konzernarbeitsrecht S. 77.
²⁶⁰ *Windbichler* Konzernarbeitsrecht S. 114.
²⁶¹ Davon ist auch auszugehen, wenn nach der Klausel die Versetzung nur mit dem Einverständnis des Arbeitnehmers erfolgen soll.
²⁶² BAG 5.12.1985 – 2 AZR 61/85, AP BGB § 620 Bedingung Nr. 10; *Felix* NZA 1994, 1115.

78 (3) An sich kann ein Arbeitsvertrag wie jeder andere Vertrag unter einer auflösenden Bedingung iSd § 158 Abs. 2 BGB abgeschlossen werden.[263] Seit 2001 wird das durch § 21 TzBfG ausdrücklich klargestellt. Für den Arbeitnehmer ist diese Vertragsgestaltung insoweit problematisch, als die Vorschriften über den allgemeinen und den besonderen Kündigungsschutz nur im Falle einer Kündigung unmittelbar anwendbar sind, nicht aber, wenn das Arbeitsverhältnis ohne Weiteres mit Eintritt einer Bedingung endet.[264] **Vor Inkrafttreten des TzBfG** ging die Rechtsprechung zunächst von der Unzulässigkeit auflösender Bedingungen aus, sofern sie nicht vornehmlich den Interessen des Arbeitnehmers dienten oder ihr Eintritt allein vom Willen des Arbeitnehmers abhingen.[265] Diese eher restriktive Handhabung hat die Rechtsprechung sehr bald revidiert und auch solche auflösenden Bedingungen zugelassen, die nicht nur den Interessen des Arbeitnehmers dienten. Möglich seien auflösende Bedingungen, die die Parteien in einem gerichtlichen Vergleich zur Beilegung eines Rechtsstreits über die Wirksamkeit einer Kündigung[266] oder einer Befristung eines Arbeitsvertrages[267] vereinbart hätten; hier verhindere regelmäßig die Mitwirkung des Gerichts, dass die Interessen einer Partei unangemessen berücksichtigt würden. Dasselbe galt für Regelungen, die die Tarifparteien getroffen hatten; ihnen gestand die Rechtsprechung eine materielle Richtigkeitsgewähr zu.[268] Zuletzt **verlangte** die **Rechtsprechung** nur dann einen **sachlichen Grund,** wenn dem Arbeitnehmer durch die auflösende Bedingung seines Arbeitsvertrags der Schutz zwingender Kündigungsvorschriften genommen wurde.[269] Eine auflösende Bedingung unterlag keiner richterlichen Kontrolle, wenn sie das Arbeitsverhältnis zu einem Zeitpunkt beendete, in dem der Arbeitnehmer noch keinen gesetzlichen Kündigungsschutz genoss und auch keine andere Kündigungsschutzvorschrift umgangen werden konnte.[270]

79 **Unter Geltung des TzBfG** bedarf jeder auflösend bedingte Arbeitsvertrag eines sachlichen Grundes, und zwar selbst dann, wenn keine Umgehung des Kündigungsschutzrechts droht.[271] Das ergibt sich aus § 21 TzBfG, der auf das Sachgrunderfordernis des § 14 Abs. 1 TzBfG verweist. Materiell **kann die auflösende Bedingung** daher unter den gleichen Bedingungen vereinbart werden **wie eine Befristung mit Sachgrund.** Dass für die auflösende Bedingung strengere Anforderungen gelten, ergibt sich nicht aus dem Gesetz.[272] Da § 21 TzBfG nur auf § 14 Abs. 1 TzBfG, nicht aber auf die Abs. 2 und 3 verweist, kommt eine **sachgrundlos vereinbarte auflösende Bedingung** allerdings **nicht in Betracht.**[273]

80 Durchmustert man die in § 14 Abs. 1 S. 2 TzBfG (nicht abschließend) aufgeführten sachlichen Gründe, kommen für Konzernversetzungsklauseln die Fälle des vorübergehenden Arbeitskräftebedarfs (Nr. 1), der Erprobung (Nr. 5) und Gründe in der Person des Arbeitnehmers (Nr. 6) in Betracht. Die Nr. 1 und 5 dürften jedoch in aller Regel als sachlicher Grund ausscheiden. Denn der erforderliche Sachgrund muss im Verhältnis zum

---

[263] BAG 19.12.1974 – 2 AZR 565/73, AP BGB § 620 Bedingung Nr. 3.
[264] BAG 20.10.1999 – 7 AZR 658/98, NZA 2000, 717.
[265] BAG 9.7.1981 – 2 AZR 788/78, AP BGB § 620 Bedingung Nr. 4. Unbedenklich sind auflösende Bedingungen im Umkehrschluss dann, wenn sie für den Arbeitnehmer eindeutig voraussehbar und vom Willen des Arbeitgebers oder von betrieblichen Faktoren unabhängig sind, vgl. BAG 20.12.1984 – 2 AZR 3/84, AP BGB § 620 Bedingung Nr. 9.
[266] LAG BW 15.12.1981 – 1 Sa 39/81, AP BGB § 620 Bedingung Nr. 5.
[267] BAG 9.7.1981 – 2 AZR 788/78, AP BGB § 620 Bedingung Nr. 4.
[268] BAG 20.12.1984 – 2 AZR 3/84, AP BGB § 620 Bedingung Nr. 9.
[269] BAG 4.12.1991 – 7 AZR 344/90, AP BGB § 620 BedingungNr. 17.
[270] BAG 20.10.1999 – 7 AZR 658/98, NZA 2000, 717.
[271] StRspr, vgl. BAG 19.3.2008 – 7 AZR 1033/06, NZA-RR 2008, 570; APS/*Backhaus* TzBfG § 21 Rn. 9; Schaub ArbR-HdB/*Koch* § 38 Rn. 36 f.; KR/*Lipke* TzBfG § 21 Rn. 21; ErfK/*Müller-Glöge* TzBfG § 21 Rn. 1 ff.
[272] BAG 15.2.2017 – 7 AZR 82/15, NZA-RR 2017, 398; 4.12.2002 – 7 AZR 492/01, NZA 2003, 611; KR/*Lipke* BGB § 620 Rn. 114; ErfK/*Müller-Glöge* TzBfG § 21 Rn. 3; aA APS/*Backhaus* TzBfG § 21 Rn. 5; Staudinger/*Preis* BGB § 620 Rn. 254: „strengere Anforderungen".
[273] ErfK/*Müller-Glöge* TzBfG § 21 Rn. 3.

Anstellungsunternehmen bestehen, nicht zum Unternehmen, zu dem der Arbeitnehmer versetzt werden soll. Deshalb lässt sich die **Konzernversetzungsklausel nicht auf Nr. 1** stützen, wenn der bloß vorübergehende Bedarf an der Arbeitskraft nur bei dem aufnehmenden Konzernunternehmen besteht, nicht aber beim Anstellungsunternehmen.[274] **Ebenso wenig dürfte der Sachgrund der Erprobung** einschlägig sein. Die Erprobung müsste im Anstellungsunternehmen erfolgen, bei deren erfolgreichem Abschluss das Arbeitsverhältnis automatisch mit dem Ziel beendet würde, den Arbeitnehmer zu einem anderen Konzernunternehmen zu versetzen. Das erscheint lebensfremd. Das andere Konzernunternehmen möchte den Arbeitnehmer gerade wegen seiner Qualifikationen länger und auch konzernweit einsetzen.[275]

Unbedenklich sind **Auflösungsklauseln,** wenn sie **vornehmlich den Interessen des Arbeitnehmers dienen.**[276] Davon geht die Rechtsprechung aus, wenn sie auf freien Wunsch des Arbeitnehmers vereinbart werden.[277] Hierzu müssen Tatsachen festgestellt werden, aus denen ein Interesse des Arbeitnehmers gerade an einer befristeten Beschäftigung folgt. Entscheidend ist, ob der Arbeitnehmer auch bei einem Angebot auf Abschluss eines unbefristeten Vertrags nur ein befristetes Arbeitsverhältnis vereinbart hätte.[278] Das kann zu bejahen sein, wenn dieser von sich aus die Klausel anbietet.[279] Anderenfalls muss die Klausel dem objektiven Eigeninteresse des Arbeitnehmers entsprechen.[280] Ein derartiges Eigeninteresse hat die Rechtsprechung in Fällen angenommen, in denen der **Arbeitnehmer zur eigenen Aus- oder Fortbildung beschäftigt** wird, bei der ihm durch die Tätigkeit zusätzliche Erfahrungen oder Kenntnisse vermittelt werden, die bei der üblichen Berufstätigkeit allenfalls als Nebeneffekt eintreten.[281] Versetzungsklauseln wären demnach insbesondere bei **Trainees** und anderen **Berufsanfängern** zulässig, die den Konzern durch Tätigkeit bei unterschiedlichen Unternehmen kennenlernen wollen.[282] Ob das allerdings auch für sonstige Arbeitnehmer gilt, die insbesondere als **Führungskräfte** umfassende Kenntnisse der Strukturen ihres Konzerns benötigen, ist zweifelhaft. Zwar kann die Versetzungsklausel bei diesem Personenkreis im wohlverstandenen Eigeninteresse der Führungskraft liegen, so etwa wenn sie sich von einer erhöhten, weil konzernweiten Mobilität ein schnelleres berufliches Fortkommen verspricht oder den Wunsch nach einer Tätigkeit bei einer ausländischen Konzerntochter bekundet hat;[283] in diesen Fällen hätte sie sicher auch einen Aufhebungsvertrag zur Beendigung des alten Arbeitsverhältnisses mit dem Stammunternehmen abgeschlossen. Ohne derartige Anhaltspunkte kann ein überwiegendes Eigeninteresse des Arbeitnehmers aber nicht unterstellt werden. Denn auch die Führungskraft hat ein schützenswertes Interesse daran, dass ihr nicht gegen ihren Willen ein anderes Konzernunternehmen als Vertragspartner aufgezwungen wird. Daran ändert der Umstand nichts, dass bereits aufgrund der nicht unerheblichen Vergütung die Erwartungen des Konzernunternehmens im Hinblick auf die Mobilität seiner Führungskräfte groß sind. Selbst wenn die Versetzungsklausel ausnahmsweise zulässig ist, sind in jedem Fall die **Schranken, die § 315 Abs. 1 BGB der Ausübung** der durch die Klausel begründeten Versetzungsbefugnis zieht, **zu beachten.** Insoweit kann auf die Ausführungen zur Abordnung verwiesen werden (→ Rn. 66 ff.).

---

[274] *Maywald* Matrixstrukturen S. 65.
[275] *Maywald* Matrixstrukturen S. 65.
[276] BAG 9.7.1981 – 2 AZR 788/78, AP BGB § 620 Nr. 4 Bedingung.
[277] So für die Befristung eines Arbeitsverhältnisses BAG 11.2.2015 – 7 AZR 17/13, NZA 2015, 1066.
[278] BAG 19.1.2005 – 7 AZR 115/04, NJOZ 2005, 3009.
[279] BAG 26.4.1985 – 7 AZR 316/84, AP BGB § 620 Befristeter Arbeitsvertrag Nr. 91; ErfK/*Müller-Glöge* § TzBfG 14 Rn. 61 zum vergleichbaren Fall der Befristungsabrede.
[280] BAG 26.4.1985 – 7 AZR 316/84, AP BGB § 620 Befristeter Arbeitsvertrag Nr. 91.
[281] BAG 18.12.1986 – 2 AZR 717/85 nv; 22.4.2009, AP TzBfG § 14 Nr. 60; 24.8.2001 – 7 AZR 368/10, AP TzBfG § 14 Nr. 85; APS/*Backhaus* TzBfG § 14 Rn. 146 mwN.
[282] Allerdings werden hier vielfach bloße Abordnungen vom Stammunternehmen ausreichen, da auch in den anderen Konzernunternehmen keine dauerhafte Beschäftigung erforderlich ist.
[283] *Windbichler* RdA 1988, 96.

82 Da die Versetzungs-(Beendigungsklausel) nicht allein der Beendigung des alten Arbeitsverhältnisses dient, sondern im Beendigungs-/Neubegründungsmodell notwendige Zwischenstufe ist, um dem Arbeitnehmer einen neuen Arbeitsplatz zu verschaffen, fragt es sich, ob der **Nachteil des Verlustes des alten Arbeitsplatzes** durch das unmittelbar mit der Beendigung des ersten Arbeitsverhältnisses verbundene Angebot eines neuen Arbeitsvertrages ohne Weiteres **kompensiert werden** kann und deshalb keine nachteilige Abweichung von kündigungsrechtlichen Vorschriften vorliegt. Betrachtet man die Versetzung insgesamt, ist nämlich – anders als im Normalfall der auflösenden Bedingung – gar kein Arbeitsplatzverlust gegeben. Aus diesem Grund gehen eine Reihe von Autoren[284] und offensichtlich auch das BAG[285] von der **Wirksamkeit der Versetzungsklausel** aus.

83 Das **Kompensationsargument** verschlägt jedoch nur, wenn es sich um funktionsgleiche Kompensationen handelt, die den Vertragspartner hinsichtlich desselben Interesses nicht wesentlich schlechter stellen,[286] dh wenn Vor- und Nachteil in einem offensichtlichen (inneren) sachlichen Zusammenhang stehen und deshalb miteinander verglichen werden können.[287]

84 Vor die Wahl gestellt, einen Arbeitsvertrag mit einem anderen Konzernunternehmen zu schließen oder den Arbeitsplatz gänzlich zu verlieren, ist der neue Arbeitsplatz gewiss das kleinere Übel und insoweit von „Vorteil". Indes braucht sich der Arbeitnehmer gar nicht vor diese Wahl stellen zu lassen. Zwar vermag er der unternehmerischen Entscheidung, ihn in ein anderes Konzernunternehmen zu versetzen, nichts entgegenzuhalten. Er muss sich aber nur dann versetzen lassen, wenn betriebliche Gründe dies rechtfertigen, wenn also aufgrund der Unternehmerentscheidung die Beschäftigungsmöglichkeit im Einstellungsunternehmen entfällt, nicht aber schon dann, wenn ein anderes Konzernunternehmen die Dienste des Arbeitnehmers benötigt.[288] Darüber hinaus darf es kein anderes Mittel geben, die Unternehmerentscheidung umzusetzen. Kommen schließlich mehrere miteinander vergleichbare Arbeitnehmer auch für die Beschäftigung in einem anderen Konzernunternehmen in Betracht, so hat der Arbeitnehmer auch Anspruch auf eine Auswahl nach sozialen Gesichtspunkten, damit nur derjenige versetzt wird, dem diese Versetzung unter sozialen Belangen am ehesten zuzumuten ist. Mit der Vereinbarung einer Versetzungsklausel hätte sich das Einstellungsunternehmen seiner Darlegungs- und Beweislast im Hinblick auf die soziale Rechtfertigung der Beendigung des alten Arbeitsverhältnisses bereits dadurch entledigt, dass einfach ein neuer Arbeitsvertrag angeboten würde. Der **Vorteil eines neuen Arbeitsverhältnisses kann jedoch den Verlust des alten Arbeitsverhältnisses nicht kompensieren,** da der Arbeitnehmer nicht schlechthin Dienste zu leisten verspricht, sondern nur innerhalb ein und desselben Arbeitsverhältnisses,[289] und ihm ohne sein Einverständnis kein neuer Vertragspartner aufgezwungen werden kann. Beendigung des alten und Begründung des neuen Arbeitsverhältnisses stehen deshalb

---

[284] So ausdrücklich *Preis* Grundfragen der Vertragsgestaltung im Arbeitsrecht S. 322, der allerdings aus anderen Gründen von einer solchen Klausel abrät; s. a. Preis/*Preis* Vertragsgestaltung II D 30 Rn. 225 ff.; vgl. weiter *Birk* Leitungsmacht S. 407; *Hanau* ZGR 13 (1984), S. 485; *Hensller* Arbeitsvertrag S. 39; *Martens* FS 25 Jahre BAG, S. 376 f., *Martens* DB 1985, 2147; MHdB ArbR/*Richardi* § 23 Rn. 21 ff.; offengelassen von *Windbichler* Konzernarbeitsrecht S. 115.

[285] Vgl. BAG 14.10.1982 – 2 AZR 568/80, AP KSchG 1969 § 1 Konzern Nr. 1; 27.11.1991 – 2 AZR 255/91, AP KSchG 1969 § 1 Konzern Nr. 6; 10.1.1994 – 2 AZR 489/93, AP KSchG 1969 § 1 Konzern Nr. 8; 23.3.2006 – 2 AZR 162/05 Rn. 27, NZA 2007, 30.

[286] *Preis,* Grundfragen der Vertragsgestaltung im Arbeitsrecht, S. 320 (322); aA v. *Hoyningen-Huene* Die Inhaltskontrolle nach § 9 AGBG, 1991, Rn. 173: Sachzusammenhang ist nicht erforderlich.

[287] BGH 29.11.2002 – V ZR 105/02, NJW 2003, 888; BAG 11.4.2006 – 9 AZR 557/05, NZA 2006, 1149; 23.8.2012 – 8 AZR 804/11, NZA 2013, 268; MASIG/*Maschmann* Grundfragen Rn. 134.

[288] Dass der Arbeitgeber nach ständiger Rechtsprechung – vgl. insoweit nur BAG 24.9.2015 – 2 AZR 562/14, NZA 2016, 366 – vor Ausspruch einer Beendigungskündigung dem Arbeitnehmer eine anderweitige Beschäftigungsmöglichkeit anzubieten hat, hat keine Bedeutung für die Frage, ob der Arbeitnehmer dieses Angebot anzunehmen hat, wenn die Beschäftigungsmöglichkeit im Einstellungsbetrieb gar nicht entfallen ist.

[289] *Birk* Leitungsmacht S. 407; *Windbichler* Konzernarbeitsrecht S. 77 (151 f.).

nicht in einem untrennbaren inneren Zusammenhang, auch wenn die Beendigungsregelung ohne die Neubegründungsabrede sinnlos wäre. Weder ist der Arbeitnehmer zur Annahme des Angebots auf Abschluss eines neuen Arbeitsvertrags verpflichtet, noch ist davon auszugehen, dass der Arbeitnehmer bereits im Voraus auf die Geltendmachung der sozialen Rechtfertigung einer Beendigungskündigung verzichtet habe, wenn ihm ein neuer Arbeitsplatz präsentiert würde.[290] Auf der Grundlage der **Versetzungsklausel** kann deshalb im **Beendigungs-/Neubegründungsmodell kein dauerhafter konzerninterner Arbeitgeberwechsel** erfolgen.[291]

dd) Konzernversetzungsklausel im Vertragsübernahme-Modell. (1) Konstruktion der Vertragsübernahme. Der mit der Versetzung zu einem anderen Konzernunternehmen verbundene konzerninterne Arbeitgeberwechsel kann auch im Wege der Vertragsübernahme erfolgen. Die Vertragsübernahme ist im BGB nicht als eigenständiges Rechtsinstitut ausgestaltet worden, gleichwohl wird sie von der ganz hM anerkannt.[292] Ursache für das Schweigen des Gesetzes ist, dass früher das gesamte Schuldverhältnis nur als die Summe der einen Partei gegenüber der anderen zustehenden Einzelforderungen angesehen wurde, die Übernahme eines Vertrages also nur durch eine Addition von Forderungsabtretung und Schuldübernahme erfolgen konnte (sogenannte **Zerlegungstheorie**).[293] Erst in neuerer Zeit konnte sich die Überzeugung Bahn brechen, das Schuldverhältnis als ein Gefüge von Rechten, Rechtslagen und Pflichten anzusehen, das im ganzen unu actu zu übertragen ist.[294] Insoweit ist die **Vertragsübernahme ein Rechtsgeschäft eigener Art,**[295] bei dem der **austretende, eintretende und verbleibende Vertragspartner** zu beteiligen sind, da niemandem einseitig ein neuer Vertragspartner aufgezwungen werden kann.[296]

Der mit der konzerndimensionalen Versetzung verbundene Parteiwechsel durch Vertragsübernahme kann auf **zweierlei Weise** erfolgen: Entweder als **dreiseitiger Vertrag** zwischen den beiden Konzernunternehmen und dem Arbeitnehmer, dessen Arbeitsverhältnis übergehen soll, oder aber als **Übernahmevertrag** zwischen altem und neuem Arbeitgeber und der **Zustimmung** des Arbeitnehmers.[297] Die Zulässigkeit der Versetzungsklausel im Vertragsübernahme-Modell ist für beide Formen der Vertragsübernahme getrennt zu beurteilen.

---

[290] Das übersieht *Hanau* ZGR 13 (1984), S. 485, wenn er das Beendigungs-/Neubegründungsmodell mit der Situation, die bei § 613a BGB besteht, vergleicht und der Ansicht ist, das vorherige Einverständnis mit der konzerndimensionalen Versetzung trage dem vom KSchG intendierten Bestandsschutz hinreichend Rechnung. Denn aus der Klausel ergibt sich das Einverständnis nur dann, wenn es objektiv den Interessen des Arbeitnehmers dient.

[291] So zu Recht MHdB ArbR/*Blomeyer,* 2. Aufl. 2000, § 46 Rn. 81; *v. Hoyningen-Huene/Boemke* Versetzung S. 218; *Maschmann* RdA 1996, 24 (39); *Maywald* Matrixstrukturen S. 67.

[292] BGH 20.6.1985 – IX ZR 173/84, NJW 1985, 2528; 11.5.2012 – V ZR 237/11, NJW 2012, 2354, BGH, 30.1.2013 – XII ZR 38/12, NJW 2013, 1083; *Dörner* Dynamische Relativität S. 187 ff.; *Esser/Schmidt* § 37 IV 2a; *Ficker* AcP 165, 32; Palandt/*Grüneberg* BGB § 398 Rn. 41.

[293] So noch BGH 10.11.1960 – VIII ZR 167/59, NJW 1961, 453 (454).

[294] BGH 20.6.1985 – IX ZR 173/84, BGHZ 95, 88 (94 ff.); BAG 24.10.1972 – 3 AZR 102/72, AP HGB § 74 Nr. 31; *J. Blomeyer,* Anm. zu BAG AP ZPO § 282 Nr. 2; *Brecher* FS Schmitt-Rimpler, 1957, S. 189 ff.; *Coester* MDR 1974, 803; Palandt/*Grüneberg* BGB § 398 Rn. 42; *Hueck/Nipperdey* ArbR I § 54 III; *Larenz* Schuldrecht I § 35 III; *Nikisch* Arbeitsrecht I § 46 I 3; ausführlich zur dogmatischen Entwicklung *Pieper* Vertragsübernahme S. 33 ff.

[295] *Windbichler* Konzernarbeitsrecht S. 96, Fn. 155. In §§ 566, 613a und 1251 Abs. 2 hat das BGB Fälle des gesetzlichen Übergangs eines Schuldverhältnisses geregelt. Wenn aber Schuldverhältnisse mit allen darin beschlossenen Rechten und Pflichten von Gesetzes wegen auf eine andere Person übergehen, so muss der gleiche Erfolg auch durch Rechtsgeschäft erzielbar sein, vgl. *Larenz* Schuldrecht I § 35 III mwN.

[296] *Larenz* Schuldrecht I § 35 III; *Nikisch* Arbeitsrecht I S. 540, Anm. 7; *Nörr/Scheyhing* Sukzessionen § 19 I 1; *Pieper* Vertragsübernahme S. 193.

[297] *Windbichler* Konzernarbeitsrecht S. 96; allgemein zu den Formen des Übernahmevertrages *Larenz* Schuldrecht I § 35 III; *Nörr/Scheyhing* Sukzessionen § 19 I 1.

87 **(2) Dreiseitiger Vertrag.** Für das Zustandekommen des dreiseitigen Übernahmevertrages ist nicht erforderlich, dass sich die **Parteien gleichzeitig erklären,** er kann auch **zeitlich gestreckt erfolgen,** etwa indem sich zunächst die beiden Konzernunternehmen verständigen und erst im Anschluss daran eine vertragliche Vereinbarung zwischen dem neuen Arbeitgeber und dem Arbeitnehmer herbeigeführt wird.[298] Letzteres dürfte der Regelfall sein. Soweit keine besonderen Formvorschriften bestehen,[299] kann diese Vereinbarung **auch konkludent** erfolgen; freilich kann man im **widerspruchslosen Weiterarbeiten** des Arbeitnehmers, wie auch sonst, nur dann das Einverständnis des Arbeitnehmers mit der Vertragsänderung erblicken, wenn sich die **Änderungen unmittelbar und sogleich** im Arbeitsverhältnis **auswirken.**[300]

88 Häufig wird angenommen, dass der Arbeitnehmer seine für das Zustandekommen des dreiseitigen Vertrages erforderliche **Willenserklärung bereits in dem Zeitpunkt** wirksam abgeben kann, zu dem er den **Arbeitsvertrag mit dem ersten Konzernarbeitgeber schließt.**[301] Dadurch könnte ein „**konzerndimensionales Arbeitsverhältnis**"[302] begründet werden. Dieser Ansicht stehen jedoch erhebliche Bedenken entgegen. Zum einen entspricht die lange und letzten Endes vollkommen ungewisse Dauer, während der der Arbeitnehmer an sein Angebot zum Abschluss eines dreiseitigen Übernahmevertrages gebunden ist, nicht dem Regelmodell der §§ 147ff. BGB. Dieses ist ersichtlich darauf gerichtet, Klarheit über die Länge der Bindungsfrist herbeizuführen, indem entweder den Parteien gestattet wird, eine Frist zu bestimmen (§ 148 BGB), oder indem darauf abgestellt wird, wie lange der Antragende den Eingang der Annahmeerklärung unter regelmäßigen Umständen erwarten darf. Zu einer Fristbestimmung gehört stets eine klare Bestimmung ihres Endpunktes. Ein solcher kann jedoch bei der Konstruktion eines konzerndimensionalen Arbeitsverhältnisses gerade nicht angegeben werden. Denn beim Abschluss des Arbeitsvertrages steht noch nicht fest, ob der Arbeitnehmer überhaupt zu einem anderen Konzernunternehmen wechselt. Zum anderen ist das Angebot im Regelfall an eine bestimmte Person zu richten. Zwar kennt die Rechtsordnung auch ein Angebot ad incertas personas;[303] dies setzt jedoch den Willen des Antragenden voraus, sogleich in einer Weise gebunden zu sein, dass es nur noch der Annahmeerklärung bedarf, um die gewollte Rechtsfolge herbeizuführen. Dieser Wille kann bei einem Arbeitnehmer, der einen Arbeitsvertrag mit einem im Konzernverbund stehenden Arbeitgeber schließt, nicht ohne weiteres angenommen werden.[304] Zwar ist der Kreis der möglichen neuen Vertragspartner für den Arbeitnehmer insofern überschaubar, als es sich lediglich um ein anderes Konzernunternehmen handeln kann.[305] Das kann für sich genommen noch nicht ausreichend sein, denn der Arbeitnehmer kann aus den verschiedensten Gründen Bedenken gegen seine Beschäftigung bei einem anderen Konzernunternehmen haben, und in diesem Fall muss ihm unbenommen bleiben, seine im Voraus erteilte Erklärung rückgängig zu machen.

---

[298] *Nörr/Scheyhing* Sukzessionen § 19 I 1, 2.
[299] Denkbar wären allenfalls tarifliche Bestimmungen; diese betreffen regelmäßig aber die Änderung des Vertragsinhalts, nicht aber Fragen des rechtsgeschäftlichen Parteiwechsels; zu Schriftformklauseln bereits oben Anm.
[300] BAG 25.11.2009 – 10 AZR 779/08, NZA 2010, 283 Rn. 27; 10.12.2014, 4 AZR 991/12, AP TVG § 1 Bezugnahme auf Tarifvertrag Nr. 127 Rn. 17.
[301] *Nörr/Scheyhing* Sukzessionen § 19 I 1, 2; *Windbichler* Konzernarbeitsrecht S. 97. Davon ist ersichtlich auch der Gesetzgeber ausgegangen, wenn er in § 309 Nr. 10 BGB das in AGB erklärte Einverständnis mit dem Wechsel eines Vertragspartners nicht schlechthin verbietet, sondern nur unter bestimmten Kautelen zwängt.
[302] *Martens* FS 25 Jahre BAG, S. 367f.; in ähnliche Richtung Braun/Wisskirchen/*Fedder/Braner* Konzernarbeitsrecht Teil I Abschn. 3 Rn. 59; *Lingemann/v. Steinau-Steinrück* DB 1999, 2161 (2162); MHdB ArbR/ *Schüren* § 319 Rn. 4.
[303] Palandt/*Ellenberger* BGB § 145 Rn. 7; *Wolf/Neuner* BGB AT § 37 Rn. 10.
[304] *Pieper* Vertragsübernahme S. 201f.
[305] *Windbichler* Konzernarbeitsrecht S. 96.

(3) Übernahmevertrag zwischen den Konzernunternehmen und Zustimmung des Arbeitnehmers. Wenn man die zwischen altem und neuem Arbeitgeber abgeschlossene Vereinbarung der Vertragsübernahme als **Verfügung über die Rechtsstellung des Arbeitnehmers,** insbesondere über die Rechte gegen den ausscheidenden Arbeitgeber begreift,[306] liegt darin ein Eingriff in die Rechtssphäre der verbleibenden Vertragspartei, der nicht ohne Weiteres in der Rechtsmacht der anderen liegt. Da aus- und eintretende Parteien insoweit als **Nichtberechtigte** verfügen, ist **§ 185 BGB unmittelbar anwendbar.** Die Rechtswirksamkeit der Verfügung **hängt demnach von der Zustimmung** des Berechtigten, dh des Arbeitnehmers als der verbleibenden Partei ab. Sie kann im Voraus als **Einwilligung (§ 185 Abs. 1 BGB)** oder im Nachhinein als **Genehmigung** erteilt werden **(§ 185 Abs. 2 BGB).**[307] Die Genehmigung des Übernahmevertrages durch den Arbeitnehmer, die auch konkludent erteilt werden kann,[308] wirft beim konzerninternen Arbeitgeberwechsel keine besonderen Probleme auf.[309] Hier hat es der Arbeitnehmer unmittelbar selbst in der Hand, den Übergang seines Vertragsverhältnisses auf das neue Konzernunternehmen zustandekommen oder scheitern zu lassen. Eine andere Frage ist, ob der Arbeitnehmer zur Erteilung einer Genehmigung verpflichtet ist. Da eine solche Verpflichtung vor allem aus einer vertraglichen Vereinbarung herrühren kann,[310] wird wiederum die Frage nach der Zulässigkeit und den Grenzen der Konzernversetzungsklausel berührt.

In der Versetzungsklausel könnte die bereits zur Zeit des Abschlusses des Arbeitsvertrages mit dem Einstellungsunternehmen erteilte Einwilligung des Arbeitnehmers in einen erst später erfolgenden Vertragsübergang zu sehen sein. Auf den ersten Blick scheint das berechtigte Interesse des Arbeitnehmers, nicht ohne oder gegen seinen Willen einseitig einen neuen Vertragspartner aufgezwungen zu erhalten, ausreichend geschützt. Die bereits mit Abschluss des Arbeitsvertrages erklärte **Einwilligung** ist nämlich nach § 183 S. 1 HS 1 BGB bis zur tatsächlichen Vornahme des Arbeitgeberwechsels **frei widerruflich.**[311] Die Parteien können jedoch nach § 183 S. 1 HS 2 BGB etwas anderes vereinbaren. Das kann ausdrücklich geschehen. Die **Unwiderruflichkeit der Einwilligung** kann sich aber auch aus dem Zweck des zugrundliegenden Rechtsgeschäfts ergeben.[312] Einen stillschweigenden Ausschluss des Widerrufsrechts wird man allgemein anzunehmen haben, wenn die Einwilligung im Interesse der die Einwilligung benötigende(n) Partei(en) liegt und dieser nicht überwiegende Interessen des Einwilligenden entgegenstehen.[313] Wenn sich das Einstellungsunternehmen vom Arbeitnehmer schon zum Abschluss des Arbeitsvertrages die Einwilligung zu einem späteren Vertragsübergang auf ein anderes Konzernunternehmen erteilen lässt, so macht das für dieses aber nur Sinn, wenn es auf diese Einwilligung ohne weiteres zurückkommen kann, falls ein konzerninterner Arbeitgeberwechsel nötig werden sollte. Es will gerade nicht dadurch an einer konzerninternen Versetzung gehindert sein, dass der Arbeitnehmer dieser Versetzung doch noch widerspricht, dh rechtstechnisch gesehen seine bereits erteilte Einwilligung widerruft, und hat mithin ein praktisches Interesse an einer unwiderruflich erteilten Einwilligung. Diese zu vereinbaren, ist aber nur zulässig, wenn nicht überwiegende Interessen des Arbeitnehmers entgegenstehen. Von den erwähnten Ausnahmen abgesehen hat der Arbeitnehmer jedoch ein durch die zwingenden Kündigungsvorschriften anerkanntes, überwiegendes Interesse am Bestand seines

---

[306] *Pieper* Vertragsübernahme S. 194 ff. 202; ähnlich BGH 20.6.1985 – IX ZR 173/84, NJW 1985, 2528 (2529 ff.).
[307] Dazu BGH 20.6.1985 – IX ZR 173/84, NJW 1985, 2528 (2530) mwN.
[308] *Nörr/Scheyhing* Sukzessionen § 19 I 3.
[309] Fraglich könnte allenfalls sein, ob der Arbeitnehmer seine Genehmigung von einer Bedingung abhängig machen kann, bejahend *Nörr/Scheyhing* Sukzessionen § 19 III.
[310] Zu weiteren, hier allerdings nicht einschlägigen Verpflichtungsgründen, *Nörr/Scheyhing* Sukzessionen § 19 I 3.
[311] *Windbichler* Konzernarbeitsrecht S. 97.
[312] Palandt/*Ellenberger* BGB § 183 Rn. 2.
[313] BGH 13.12.1990 – III ZR 333/89, NJW-RR 1991, 439, zum ähnlich gelagerten Problem der Widerrufbarkeit einer erteilten Vollmacht.

konkreten, identischen Arbeitsverhältnisses mit ein und demselben Arbeitgeber. Deshalb kann der Arbeitnehmer **im Regelfall** seine **Einwilligung nicht unwiderruflich** durch Vereinbarung einer Versetzungsklausel erteilen. Alles andere wäre eine unzulässige Umgehung des insoweit unverzichtbaren Kündigungsschutzrechts.[314]

91 **ee) AGB-rechtliche Konformität.** Wurde die Konzernversetzungsklausel einseitig vom Arbeitgeber vorformuliert, wird sie für Verträge, die nach dem 1.1.2002 geschlossen wurden, zusätzlich einer Inhalts- und Transparenzkontrolle anhand der §§ 307 ff. BGB unterzogen. Die **Versetzungsklausel** ist einer solchen **Kontrolle zugänglich,** weil sie nicht unmittelbar die vertragliche Hauptleistung betrifft,[315] sondern eine Nebenbestimmung, die das Hauptleistungsversprechen modifiziert.[316] Es handelt sich auch um **keine deklaratorische Klausel,** die wegen § 307 Abs. 3 BGB kontrollfrei bleibt.[317] Das wäre zu bejahen, wenn die Klausel in jeder Hinsicht mit einer bestehenden gesetzlichen Regelung übereinstimmt. Das ist allerdings nicht der Fall, weil das Gesetz – abgesehen von den hier nicht einschlägigen Vorschriften der §§ 566, 613a BGB – gerade keinen allgemeinen Vertragsübergang auf eine andere Partei vorsieht.

92 **(1) Wechsel des Vertragspartners (§ 309 Nr. 10 BGB).** Problematisch könnte in diesem Zusammenhang § 309 Nr. 10 BGB sein. Danach sind Klauseln, die einen Wechsel des Vertragspartners ermöglichen, wirksam, wenn entweder (a) der Dritte namentlich bezeichnet wird oder (b) dem anderen Vertragsteil für diesen Fall das Recht eingeräumt wird, sich vom Vertrag zu lösen. Ob diese **Vorschrift auf Arbeitsverträge anwendbar** ist, wird in der Literatur **kontrovers** diskutiert.[318] Die wohl **hL verneint das** mit Hinweis auf die im Arbeitsrecht geltenden Besonderheiten, die dem nach § 310 Abs. 4 S. 2 HS 2 BGB entgegenstehen.[319] Die Person des Arbeitgebers sei beim Arbeitsvertrag von größerer Bedeutung als bei anderen Verträgen, was nicht zuletzt das Widerspruchsrecht beim Betriebsübergang (§ 613a Abs. 6 BGB) zeige. Auch die zweite vom Gesetz vorgesehene Alternative (einseitige Loslösung vom Vertrag, vgl. § 309 Nr. 10b BGB) passe nicht, da die Kündigung für den Arbeitnehmer angesichts der allgemeinen Arbeitsmarktlage keine akzeptable Option darstellt.[320] Da im Ergebnis § 309 Nr. 10 BGB keine Anwendung finde, könne eine Konzernversetzungsklausel nur nach der Generalklausel des § 307 Abs. 1 einer Angemessenheits- und Transparenzkontrolle unterzogen werden.[321]

93 **(2) Angemessenheitskontrolle (§ 307 Abs. 1 BGB).** Maßstab für die Inhaltskontrolle ist § 307 Abs. 1 S. 1 BGB. Danach sind Klauseln in AGB unwirksam, wenn sie den Vertragspartner entgegen Treu und Glauben unangemessen benachteiligen. Eine formularmäßige Vertragsbestimmung ist unangemessen, wenn der Verwender durch sie missbräuchlich eigene Interessen auf Kosten seines Vertragspartners durchzusetzen versucht, ohne von vornherein auch dessen Belange hinreichend zu berücksichtigen und ihm einen angemes-

---

[314] MHdB ArbR/*Blomeyer,* 2. Aufl. 2000, § 46 Rn. 44.
[315] Kontrollfrei bleiben insoweit aber nur Abreden, ohne der der Vertrag mangels Bestimmtheit oder Bestimmbarkeit seines Inhalts nicht wirksam zustandekommt, vgl. BAG 27.7.2005 – 7 AZR 486/04, NZA 2006, 40; 13.6.2007 – 5 AZR 564/06, NZA 2007, 974; 25.8.2010 – 10 AZR 275/09, NZA 2010, 1355; 13.6.2007 – 5 AZR 564/06, NZA 2007, 974.
[316] Zur Kontrollfähigkeit solcher Klauseln BAG 27.7.2005 – 7 AZR 486/04, NZA 2006, 40; BGH 6.2.1985 – VIII ZR 61/84, NJW 1985, 3013.
[317] BAG 27.7.2005 – 7 AZR 486/04, NZA 2006, 40.
[318] Zum Streitstand *Maywald* Matrixstrukturen S. 89 f.
[319] DBD/*Bonin* BGB § 309 Nr. 10 Rn. 2; HWK/*Gotthard/Roloff* BGB § 309 Rn. 13; Schaub ArbR-HdB/*Linck* § 45 Rn. 61; ErfK/*Preis* BGB §§ 305–310 Rn. 86; MaSiG/*Tödtmann/Kaluza* C 420 Rn. 19; wohl auch *Maywald* Matrixstrukturen S. 92 f.; aA Tschöpe/*Wisskirchen/Bissels* Teil 1D Rn. 66; Praxis der Schuldrechtsreform/*Henssler* § 310 Rn. 19.
[320] MaSiG/*Tödtmann/Kaluza* C 420 Rn. 19.
[321] ErfK/*Preis* BGB § 305–310 Rn. 86.

senen Ausgleich zu gewähren.[322] Um festzustellen, ob das Gleichgewicht der Rechte und Pflichten (erheblich) gestört und die vertragliche Risikoverteilung zu Lasten des Arbeitnehmers beeinträchtigt wird, müssen die rechtlich anzuerkennenden Interessen beider Vertragsparteien umfassend gegeneinander abgewogen werden.[323] Ob eine Klausel den Arbeitnehmer unangemessen benachteiligt, kann nur durch Würdigung des gesamten Vertragsinhalts entschieden werden. Daher sind auch kompensierende und summierende Effekte zu berücksichtigen.[324] Eine Kompensation ist allerdings nur durch Klauseln möglich, die in Wechselbeziehung zueinander stehen.[325] Vor- und Nachteile müssen in einem inneren Zusammenhang stehen.[326] Führt die **Abweichung vom Leitbild** des Arbeitsvertrags – so wie ihn das dispositive Recht prägt – **zu einer Benachteiligung des Arbeitnehmers,** ist weiter zu prüfen, ob es hierfür einen **sachlichen Grund** gibt. Dabei sind Art und Gegenstand, Zweck und besondere Eigenart des jeweiligen Geschäfts zu berücksichtigen.[327]

Nach diesen Maßstäben würde eine **Konzernversetzungsklausel** den Arbeitnehmer **wohl auch im Vertragsübernahme-Modell unangemessen benachteiligen.** Wie bereits ausgeführt, wäre der Arbeitgeber damit in der Lage, sich jederzeit grundlos von einem Arbeitnehmer zu trennen und ihm einen neuen Vertragspartner aufzuzwingen.[328] Die Nachteile der Klausel werden auch nicht durch einen **verbesserten Kündigungsschutz** aufgewogen.[329] Dieser könnte darin bestehen, dass der Arbeitgeber vor Ausspruch einer betriebsbedingten Kündigung prüfen müsste, ob eine Weiterbeschäftigung nicht nur in einem anderen Betrieb desselben Unternehmens, sondern konzernweit in Betracht kommt. Eine solche unternehmensübergreifende Weiterbeschäftigungspflicht besteht nach der Rechtsprechung allerdings nur dann, wenn das **Einstellungsunternehmen „bestimmenden Einfluss"** auf die Versetzung hat.[330] Die Entscheidung über die Versetzung muss es im Wesentlichen allein bewerkstelligen können. Sie darf nicht dem zur Übernahme bereiten Unternehmen vorbehalten sein. Keine Rolle spielt, ob die Einflussmöglichkeit auf einer rechtlichen Grundlage beruht (zB auf einem Beherrschungsvertrag) oder ob sie rein faktisch besteht.[331] Fehlt es an einem derartigen Einfluss, dürfte der verbesserte Kündigungsschutz wertlos sein.[332] Ob die Klausel anders zu beurteilen ist, wenn sie eine Versetzung nur unter Gründen zulässt, die auch eine betriebsbedingte Kündigung erlauben würde, ist streitig.[333] Manche wollen die Klausel zumindest dann anerkennen, wenn dem Arbeitnehmer gegen eine Konzernversetzung ein Widerspruchsrecht ähnlich wie bei § 613a Abs. 6 BGB zusteht.[334] Eine derartige Klauselgestaltung würde dem Arbeitgeber jedoch wenig nützen, da er auf das Einverständnis des Arbeitnehmers zu einer

---

[322] BAG 25.8.2010 – 10 AZR 275/09, NZA 2010, 1355.
[323] BAG 23.9.2010 – 8 AZR 897/08, NZA 2011, 89 (91).
[324] Vgl. BGH 2.12.1992 – VIII ARZ 5/92, NJW 1993, 532; 14.5.2003 – VIII ZR 308/02, NJW 2003, 2234.
[325] BGH 29.11.2002 – V ZR 105/02, NJW 2003, 888.
[326] BAG 23.8.2012 – 8 AZR 804/11, NZA 2013, 268; BDB/*Deinert* BGB § 307 Rn. 95; UBH/*Fuchs* BGB § 307 Rn. 151.
[327] MaSiG/*Maschmann* Grundlagen Rn. 134 mwN.
[328] *Hromadka* NZA 2012, 233 (238); *Maywald* Matrixstrukturen S. 96 f.
[329] *Dzida/Schramm* BB 2007, 1221 (1227); MaSiG/*Tödtmann/Kuluza* C 420 Rn. 22; aA *Lingemann/v. Steinau-Steinrück* DB 1999, 2161 (2162).
[330] Erstmals BAG 14.10.1982 – 2 AZR 568/80, AP KSchG 1969 § 1 Konzern Nr. 1, dann stRspr, vgl. BAG 22.5.1986 – 2 AZR 612/85, NZA 1987, 125; 21.2.2002 – 2 AZR 749/00, NJOZ 2003, 1650; 18.9.2003 – 2 AZR 79/02, NZA 2004, 375 (378) mwN.
[331] BAG 23.3.2006 – 2 AZR 162/05, NZA 2007, 32; APS/*Kiel* KSchG § 1 Rn. 594; KR/*Etzel* KSchG § 1 Rn. 539 f.
[332] *Dzida/Schramm* BB 2007, 1221 (1227).
[333] Tendenziell bejahend *Dzida/Schramm* BB 2007, 1221 (1227); MaSiG/*Tödtmann/Kuluza* C 420 Rn. 21; aA DBD/*Bonin* BGB § 307 Rn. 192a.
[334] *Hromadka* NZA 2012, 233; zustimmend DBD/*Bonin* BGB § 307 Rn. 192a.

Versetzung angewiesen bleibt und eine einseitige Versetzung dadurch gerade nicht ermöglicht wird.[335]

95 **(3) Transparenzkontrolle (§ 307 Abs. 1 S. 2 BGB).** Eine unangemessene Benachteiligung kann sich auch daraus ergeben, dass eine Bestimmung nicht klar und verständlich ist (§ 307 Abs. 1 S. 2 BGB). **Klar und verständlich** sind Klauseln, wenn sie so gestaltet sind, dass ein „typischer Durchschnittskunde" den Sinn und die Tragweite der Regelung verstehen kann und er nicht von der Geltendmachung bestehender Rechte abgehalten wird.[336] Dabei dürfen die **Anforderungen nicht überspannt werden.**[337] Unwirksam ist eine Klausel erst dann, wenn der Vertragspartner wegen ihrer Unklarheit davon abgehalten wird, seine Rechte geltend zu machen.[338] Dass der Vertragspartner eine Klausel nicht oder nur schwer verstehen kann, genügt nicht.[339] Das **Bestimmtheitsgebot** verlangt, dass die tatbestandlichen Voraussetzungen und Rechtsfolgen einer Klausel im Rahmen des Möglichen so klar und präzise gefasst werden, dass für den Verwender keine ungerechtfertigten Beurteilungsspielräume entstehen.[340] Bei **Versetzungsklauseln** ist die **Rechtsprechung allerdings wenig streng.** Sind diese materiell der Regelung in § 106 S. 1 GewO nachgebildet, ist weder die Angabe konkreter Versetzungsgründe,[341] noch eines gewissen Entfernungsradius noch einer bestimmten Ankündigungsfrist erforderlich.[342] Auch ohne diese Informationen wisse der Arbeitnehmer, was auf ihn zukomme, nämlich dass ihn der Arbeitgeber in alle zum Unternehmen gehörenden Betriebe versetzen könne. Eine Pflicht zur genaueren Beschreibung würde entweder zu **Leerformeln** wie „sachlicher Grund" oder zu einer ausufernden Aufzählung aller in einer möglicherweise fernen Zukunft einmal in Betracht kommenden Sachverhalte führen. Das trage nicht notwendigerweise zur Erhöhung der Transparenz bei.[343] Vor unbilliger Überforderung schützt die Rechtsprechung den Arbeitnehmer, indem sie die **konkrete Versetzungsanordnung** einer **intensiven Ausübungskontrolle unterzieht,**[344] die sowohl die Frage der zulässigen Entfernung als auch die Berücksichtigung von Ankündigungsfristen betrifft.

96 **Bei Konzernversetzungsklauseln** will die hM[345] allerdings **strengere Maßstäbe** anlegen. Zwar erkennt sie überwiegend auch im Konzern ein spezifisches Anpassungs- und Flexibilisierungsbedürfnis des Arbeitgebers an. Die Risiken, die mit einer Konzernversetzungsklausel einhergehen, sind aber größer. Wie bereits § 309 Nr. 10 BGB zeigt, hält der Gesetzgeber die Nennung der alternativ in Betracht kommenden Vertragspartner für wichtig. Versetzungsklauseln, die versuchen, sämtliche in Frage kommenden Konzernunternehmen ausdrücklich zu bezeichnen, sind allerdings nur von begrenztem Wert sind. Abgesehen davon, dass bei großen Konzernen die Aufzählung sämtlicher zur Unternehmensgruppe gehörenden Gesellschaften schwierig ist, wird sich seine Zusammensetzung im Regelfall auch laufend ändern. Ständig werden neue Unternehmen hinzukommen oder wegfallen. Zudem genügt die bloße Nennung der für eine Versetzung in Betracht kommenden Unternehmen nicht, wenn für den Arbeitnehmer offen bleibt, unter welchen Voraussetzungen er versetzt werden kann. Eine bloße Ausübungskontrolle wie bei

---

[335] Ebenso MaSiG/*Tödtmann/Kuluza* C 420 Rn. 21.
[336] BGH 5.10.2005 – VIII ZR 283/04, NJW 2006, 211.
[337] BAG 31.8.2005 – 5 AZR 545/04, NZA 2006, 324.
[338] BAG 24.9.2008 – 6 AZR 76/07, NZA 2009, 154.
[339] BAG 14.3.2007 – 5 AZR 630/06, NZA 2008, 45.
[340] BAG 31.8.2005 – 5 AZR 545/04, NZA 2006, 324.
[341] BAG 11.4.2006 – 9 AZR 557/05, NZA 2006, 1149; 13.4.2010 – 9 AZR 36/09, NJOZ 2010, 2625.
[342] BAG 13.4.2010 – 9 AZR 36/09, AP BGB § 307 Nr. 45; HWK/*Lembke* GewO § 106 Rn. 73.
[343] BAG 11.4.2006 – 9 AZR 557/05, AP BGB § 307 Nr. 17; 13.4.2010 – 9 AZR 36/09, AP BGB § 307 Nr. 45.
[344] BAG 13.4.2010 – 9 AZR 36/09, AP BGB § 307 Nr. 45.
[345] *Dzida/Schramm* BB 2007, 1221 (1227); *Hromadka* NZA 2012, 233 (238); *Maywald* Matrixstrukturen S. 99; MaSiG/*Tödtmann/Kuluza* C 420 Rn. 21; aA offenbar Braun/Wisskirchen/*Fedder/Braner* Konzernarbeitsrecht Teil I Abschn. 3 Rn. 59; *Lingemann/v. Steinau-Steinrück* DB 1999, 2161 (2162).

„einfachen" Versetzungsklauseln genügt wegen der mit dem konzerninternen Arbeitgeberwechsel verbundenen weitreichenden Folgen daher nicht.

e) Ergebnis

Klauseln, die den Arbeitgeber berechtigen, dem Arbeitnehmer dauerhaft einen Arbeitsplatz in einem anderen Unternehmen des Konzerns zuzuweisen, sind nach § 307 Abs. 1 BGB **unwirksam**.[346] Der durch sie ermöglichte **konzerninterne Arbeitgeberwechsel umgeht zwingendes Kündigungsschutzrecht.** Ein Arbeitgeberwechsel ist nur mit Zustimmung des Arbeitnehmers möglich. Diese kann nicht schon im Voraus bei Abschluss des Arbeitsvertrags mit dem ersten Arbeitgeber erteilt werden. **Zulässig ist nur die vorübergehende Abordnung** eines Arbeitnehmers zu einem anderen Konzernunternehmen, wenn der Arbeitnehmer dort mit im Wesentlichen gleichwertiger Arbeit wie bisher betraut wird. Eine entsprechend gestaltete Abordnungsklausel verstößt nicht gegen § 307 Abs. 1 BGB. Die Geltendmachung unterliegt einer richterlichen Billigkeitskontrolle am Maßstab des § 315 BGB.

97

5. Alternative: Anstellung des Matrix-Managers beim Vertragsarbeitgeber

Als Alternative könnte in Betracht kommen, den Matrixmanager beim Vertragsarbeitgeber anzustellen.[347] Das könnte sich anbieten, **um die notwendige Zustimmung der** seiner **Weisungsgewalt unterworfenen Arbeitnehmer nach § 613 S. 2 BGB überflüssig zu machen** und die Anwendung des AÜG zu vermeiden. Diese Beweggründe genügen für sich allein allerdings nicht. Denn dafür kommt es – jedenfalls nach hier vertretener Ansicht (→ Rn. 31) – nicht darauf an, ob der Matrixmanager beim Vertragsarbeitgeber angestellt ist, sondern in wessen Namen er seine Weisungen erteilt und für welche Zwecke und auf wessen Rechnung der ihm unterstellte Mitarbeiter arbeitet.

98

Übt der Matrixmanager das fachliche Weisungsrecht im Namen und für die Zwecke des Vertragsarbeitgebers aus, bedarf es keiner Anstellung beim Vertragsarbeitgeber, jedenfalls dann nicht, wenn er die Weisungen im Betrieb und für den Betriebszweck des Vertragsarbeitgebers erteilt. Umgekehrt genügt die Anstellung beim Vertragsarbeitgeber für sich allein nicht, wenn der Matrixmanager das Weisungsrecht für die Matrixleitung oder einen anderen Dritten ausübt und darüber hinaus sogar einen betriebs- oder sogar unternehmensübergreifenden Einsatz der ihm unterstellten Arbeitnehmer anordnet.

99

Eine **Anstellung des Matrixmanagers beim Vertragsarbeitgeber** ist **notwendig, wenn dieser ihm Weisungen erteilen können will.** Sie kann sich auch bei unklaren Verhältnissen empfehlen, so etwa, wenn zweifelhaft ist, ob der Matrixmanager das Weisungsrecht nur für den Vertragsarbeitgeber oder (auch) für einen Dritten ausübt und wem die Arbeit des Angewiesenen letztlich zugute kommt. Auch um die Anwendung des AÜG zu vermeiden, ließe sich argumentieren, dass der vom Matrixmanager Angewiesene nur für den Vertragsarbeitgeber und nicht auch für einen Dritten arbeitet, weil der Matrixmanager ja selbst beim Vertragsarbeitgeber angestellt ist.

100

Freilich **bereitet eine solche Anstellung neue Probleme.** Der Matrixmanager, der bislang bei einem anderen Arbeitgeber angestellt ist, wird nicht bereit sein, dieses nur deshalb zu beenden, um das fachliche Weisungsrecht über das ihm unterstellte Personal zu erhalten. Daher wird der **Abschluss eines weiteren Arbeitsverhältnisses notwendig,** was kündigungsrechtlich Schwierigkeiten bereiten kann (→ Rn. 259). Überdies setzt eine solche Strategie voraus, dass die **Anstellung nicht nur vorgeschoben wurde.** Zudem ist die Eingliederung des Matrixmanagers in den Betrieb, in dem und für den der Angewiesene tätig wird, erforderlich. Sie bedarf eines Umstandes, der die Zugehörigkeit des Matrixmanagers zum „Anweisungsbetrieb" markiert. Das ist unproblematisch, wenn der

101

---

[346] Statt aller Schaub ArbR-HdB/*Linck* § 45 Rn. 61.
[347] So im Fall LAG Baden-Württemberg 28.5.2014 – 4 TaBV 7/13, BB 2014, 2298.

Matrixmanager dort seinen Arbeitsplatz erhält, an dem er sich auch überwiegend aufhält. Denkbar wäre auch seine eigene Unterstellung unter eine Führungskraft des dortigen Betriebs oder die Betriebs- oder Geschäftsleitung. All dies sind aber eher schwache Indizien. Die Anstellung beim Vertragsarbeitgeber unter gleichzeitiger Eingliederung in einen Betrieb macht jedoch dann keinen Sinn, wenn dem Matrixmanager Arbeitnehmer verschiedener Arbeitgeber aus unterschiedlichen Betrieben unterstellt sind, weil dann das Konstrukt zu kompliziert wird. Der Matrixmanager müsste dann ja mit einer Vielzahl von Arbeitsverträgen ausgestattet werden. Gerade in diesem Fall liegt die Annahme nahe, dass der Matrixmanager Weisungen im eigenen Namen (und nicht im Namen aller Vertragsarbeitgeber) erteilt. Die Erteilung einer Vollmacht durch alle Vertragsarbeitgeber kommt daher auch nicht in Betracht. Hinzu kommen die mitbestimmungsrechtlichen Probleme. Wird der Matrixmanager in den Betrieb, in dem er das Weisungsrecht über die dort zugehörigen Arbeitnehmer erhält, auch persönlich eingegliedert – wobei eine solche Eingliederung auch neben eine bereits bestehende Zugehörigkeit zu einem anderen Betrieb hinzutreten kann – löst dies das Mitbestimmungsrecht des dort zuständigen Betriebsrats aus.[348] Zusammenfassend ist daher festzustellen, dass die **(zusätzliche) Anstellung des Matrixmanagers beim Vertragsarbeitgeber** des ihm unterstellten Personals **kaum Vorteile** bringt.

III. Einheitliches Arbeitsverhältnis mit mehreren Arbeitgebern

1. Struktur

a) Begriff

102 Der für die Matrixorganisation typische Weisungsdurchgriff lässt sich auch über einen drei- (oder sogar mehr-)seitigen Arbeitsvertrag konstruieren. Dabei **steht dem Arbeitnehmer auf Arbeitgeberseite** nicht nur sein **ursprünglicher Vertragsarbeitgeber** gegenüber, sondern auch der **Rechtsträger, zu dem der Matrixmanager gehört,** also die steuernde Einheit, die das fachliche Weisungsrecht ausübt.[349] Das BAG spricht in diesem Zusammenhang etwas simplifizierend von einem „einheitlichen Arbeitsverhältnis".[350] Dabei hat es vor allem die Kündigung eines solchen mehrseitigen Arbeitsvertrags vor Augen, die von der Arbeitgeberseite eben nur einheitlich erklärt werden kann und überdies im Verhältnis zu allen Arbeitgebern gerechtfertigt sein muss.[351]

b) Zulässigkeit

103 Dass sich auf einer (oder auf beiden) Seiten eines Vertrages mehrere Vertragsparteien befinden, ist im Grundsatz zulässig. Wie die §§ 420 ff. BGB zeigen, **geht das Gesetz** selbst **davon aus,** dass **auf einer Seite eines Rechtsverhältnisses mehrere Personen stehen können,** ohne dass es dabei auf das zwischen ihnen bestehende Innenverhältnis (zB eine BGB-Gesellschaft oder familienrechtliche Beziehungen) abstellt.[352] Insbesondere im **Mietrecht** sind solche Gestaltungen gang und gäbe, wenn etwa Wohnraum von Ehegatten, Lebens- oder Wohngemeinschaften gemeinsam angemietet wird und der Vermieter darauf drängt, statt mehrerer Mietverträge einen einheitlichen Vertrag mit allen das Mietobjekt nutzenden Personen abzuschließen, nicht zuletzt um Teilkündigungen durch einen ein-

---

[348] LAG BW 28.5.2014 – 4 TaBV 7/13, BB 2014, 2298.
[349] Braun/Wisskirchen/*Fedder/Braner* Konzernarbeitsrecht Teil I Abschn. 3 Rn. 64; *Kort* NZA 2013, 1318 (1320); *Maywald* Matrixstrukturen S. 128 ff.; *Meyer* NZA 2013, 1326 (1328); *Vogt* Arbeitsrecht im Konzern § 3 Rn. 10; *Wisskirchen/Bissels* DB 2007, 3240 (341).
[350] BAG 27.3.1982 – 7 AZR 523/78, NJW 1984, 1703.
[351] *Vogt* Arbeitsrecht im Konzern § 3 Rn. 10.
[352] BAG 27.3.1982 – 7 AZR 523/78, NJW 1984, 1703.

zelnen Mieter zu verhindern.³⁵³ Im **Arbeitsrecht** sind **solche Gestaltungen** ungewohnt, aber keineswegs unzulässig.³⁵⁴ Gerade bei der Beschäftigung von Arbeitnehmern in einer Matrixorganisation liegt ein solcher Gedanke nahe. Denn dort gerieren sich die Beteiligten nicht selten zumindest äußerlich als Parteien eines (einheitlichen) Arbeitsverhältnisses, ohne sich über die weitreichenden Konsequenzen im Klaren zu sein.³⁵⁵ Zuweilen werden solche mehrseitigen Verträge ganz bewusst geschlossen, etwa um Probleme beim Austausch personenbezogener Daten zwischen dem Vertragsarbeitgeber und dem Beschäftigungsunternehmen zu vermeiden. Allerdings müssen sich die Parteien dann auch in anderer Hinsicht – zB kündigungsrechtlich – an das einheitliche Arbeitsverhältnis halten, das sie vereinbart haben. Ob jedoch beim Fehlen ausdrücklicher Regelungen den Parteien ohne weiteres der Wille zum Abschluss eines einheitlichen Arbeitsverhältnisses zu unterstellen ist, lässt sich nicht ohne Blick auf die Rechtsfolgen beurteilen. Sie sollen daher im Überblick dargestellt werden.³⁵⁶

2. Rechtsfolgen

a) Pflichten des Arbeitnehmers

Die Hauptpflicht des Arbeitnehmers besteht auch bei einem einheitlichen Arbeitsverhältnis mit mehreren Arbeitgebern in einer weisungsgebundenen Tätigkeit (§ 611a Abs. 1 S. 2 BGB, § 106 S. 1 GewO). Die mehreren Arbeitgeber können hinsichtlich der Arbeitsleistung Teilgläubiger (§ 420 Alt. 2 BGB), Gesamtgläubiger (§ 428 BGB) oder Mitgläubiger (§ 432 BGB) sein. Maßgeblich für die Qualifizierung ist zunächst, ob die vom Arbeitnehmer geschuldete Arbeitsleistung **teilbar** iSd § 420 BGB ist. Ist das zu bejahen, kommt eine Teilgläubigerschaft der Arbeitgeber in Betracht, ist sie es nicht, eine Gesamt- oder Mitgläubigerschaft. Allgemein ist eine Leistung teilbar, wenn sie sich ohne Wertminderung und ohne Beeinträchtigung des Leistungszwecks in Teilleistungen zerlegen lässt.³⁵⁷ Das ist **bei der Arbeitsleistung der Fall.** Sie kann, da der Arbeitnehmer eine im Kern zeitbestimmte Tätigkeit im Rahmen des Arbeitsverhältnisses als Dauerschuldverhältnis verspricht, in verschiedenen zeitlichen Abschnitten erbracht werden, die hintereinander liegen. Anderes gilt, wenn die Vertragsauslegung ergibt, dass insgesamt nur eine Vollbeschäftigung des Arbeitnehmers gewollt ist.³⁵⁸

104

Sind die mehreren Arbeitgeber **Teilgläubiger der Arbeitsleistung,** steht jedem von ihnen ein bestimmter zeitlich und gegebenenfalls inhaltlich begrenzter Bereich der Arbeitsleistung zu. Innerhalb dieses Bereichs wäre nur der jeweilige Arbeitgeber zur Ausübung des Direktionsrechts berechtigt. Der Arbeitnehmer könnte insoweit nur an diesen Arbeitgeber mit Erfüllungswirkung leisten und auch nur diesen Arbeitgeber in Annahmeverzug setzen.³⁵⁹ Nur diesem gegenüber hätte er einen Anspruch auf vertragsgemäße Beschäftigung, der aber auch nicht durch den oder die anderen Arbeitgeber erfüllt werden könnte.

105

Sind die mehreren Arbeitgeber **Gesamtgläubiger,** kann jeder von ihnen die gesamte Arbeitsleistung fordern, der Arbeitnehmer ist jedoch nur verpflichtet, sie ein einziges Mal zu bewirken (§ 428 S. 1 BGB), wobei ihm die Wahl freisteht, an welchen Arbeitgeber er leisten will, jedenfalls solange nichts anderes vereinbart ist. Im Innenverhältnis der Arbeit-

106

---

³⁵³ OLG Hamburg 18. 5. 2001 – 8 U 177/00, NJW-RR 2001, 1012; *Hülsemann* NZM 2004, 124 (127); *Sonnenschein* NZW 1999, 977 (979).
³⁵⁴ BAG 27. 3. 1982 – 7 AZR 523/78, NJW 1984, 1703; *Henssler* Arbeitsvertrag S. 40; *Lange* NZA 2012, 1121.
³⁵⁵ Ebenso *Maywald* Matrixstrukturen S. 129.
³⁵⁶ S. im Einzelnen *Lange* NZA 2012, 1121 ff.; *Maywald* Matrixstrukturen S. 72 ff.; *Windbichler* Konzernarbeitsrecht S. 70 ff.
³⁵⁷ Statt aller Palandt/*Grüneberg* BGB § 420 Rn. 1.
³⁵⁸ Vgl. dazu BAG 27. 3. 1982 – 7 AZR 523/78, NJW 1984, 1703.
³⁵⁹ *Lange* NZA 2011, 1121 (1122).

geber zueinander sind diese – mangels abweichender Vereinbarung – zu gleichen Anteilen berechtigt.[360] Bei einer **Mitgläubigerschaft** können die mehreren Arbeitgeber die Arbeitsleistung nur an alle fordern, der Arbeitnehmer kann auch nur an alle leisten (§ 432 Abs. 1 S. 2 BGB).

107 In der Praxis läuft die Unterscheidung zwischen Teil-, Gesamt- und Mitgläubigerschaft auf die Frage hinaus, welcher der Arbeitgeber das Direktionsrecht ausüben darf und ob ihm dies allein, dh ohne die Zustimmung der anderen Arbeitgeber möglich ist.[361] Ist nichts geregelt, steht das Weisungsrecht den mehreren Arbeitgebern „zu gleichen Anteilen" zu (vgl. § 430 BGB). Im Außenverhältnis gilt die **Mitgläubigerschaft** aufgrund der ausdrücklichen Formulierung in § 432 BGB **als Regelfall** der Gesamtgläubigerschaft vor.[362] Von daher kann nicht davon ausgegangen werden, dass jeder Arbeitgeber das Direktionsrecht durch Weisungen alleine ausüben darf und der Arbeitnehmer seine arbeitsvertragliche Verpflichtung gegenüber allen Arbeitgebern ordnungsgemäß erfüllt, wenn er diesen Weisungen nachkommt.[363] Erst recht nicht gilt das Prioritätsprinzip, wonach sich der Arbeitgeber, der das Direktionsrecht zuerst ausübt, gegenüber den anderen Arbeitgebern durchsetzen würde. Vielmehr muss der Arbeitnehmer beide Arbeitgeber zu einer eindeutigen Erklärung über die Empfangszuständigkeit auffordern, da die von § 432 Abs. 1 S. 2 BGB an sich für diese Fälle vorgesehene Hinterlegungs- bzw. Ablieferungspflicht an einen Verwahrer ersichtlich ungeeignet ist. **Sache der mehreren Arbeitgeber ist es dann,** dem **Arbeitnehmer einen einzigen Vorgesetzten zuzuordnen,** der im Namen beider oder nur eines Arbeitgebers handelt.[364] Umgekehrt wirkt der Annahmeverzug des einen Arbeitgebers auch nicht automatisch für alle anderen Arbeitgeber, so wie es § 429 Abs. 1 BGB für die Gesamtgläubigerschaft bestimmt. Vielmehr wirkt eine Tatsache – wie etwa der Annahmeverzug –, die nur bei einem der beiden Arbeitgeber eintritt, nicht für und gegen die anderen Arbeitgeber (§ 432 Abs. 2 BGB).

b) Pflichten der Arbeitgeber

108 Hinsichtlich der Vergütungspflicht ordnet § 427 BGB für den Fall, dass sich mehrere gemeinschaftlich zu einer teilbaren Leistung – wie etwa einer Entgeltzahlung – verpflichtet haben, die **gesamtschuldnerische Haftung** an. Der Arbeitnehmer kann sich also aussuchen, an welchen Arbeitgeber er sich hält, er kann die Vergütung aber insgesamt nur ein einziges Mal fordern (§ 421 S. 1 BGB). Die Vertragsparteien können jedoch davon abweichend etwa auch eine Teilschuld vereinbaren. Die gemeinschaftliche Verpflichtung besteht nicht nur bei einem **gleichzeitigen Vertragsabschluss,** sondern auch bei getrennten Verträgen, sofern diese eine Einheit bilden,[365] sowie beim **Vertragsbeitritt.** Ein bedeutsames **Indiz** für den bestehenden Einheitlichkeitswillen kann deshalb auch gerade darin liegen, dass **beide Arbeitgeber** als Gesamtschuldner **für die Vergütung haften.**[366] Das ist in grenzüberschreitenden Matrix-Organisationen aber eher nicht der Fall. Eine ausländische Gesellschaft wird nämlich schon wegen der Wechselkursschwankungen kaum dazu bereit sein, für einen Beschäftigten einer deutschen Gesellschaft eine Vergütung zu zahlen.[367] Liegt trotzdem eine gesamtschuldnerischen Verpflichtung vor, ist eine interne Regelung zur Kostenverteilung empfehlenswert. Dabei sollten auch die Kosten für die

---

[360] BAG 27.3.1982 – 7 AZR 523/78, NJW 1984, 1703 (1705).
[361] *Lange* NZA 2011, 1121 (1122).
[362] Statt aller Palandt/*Grüneberg* BGB § 432 Rn. 1.
[363] So aber *Lange* NZA 2011, 1121 (1122).
[364] *Lange* NZA 2011, 1121 (1122).
[365] BGH 29.9.1959 – VIII ZR 105/58, 2160 (2161); Palandt/*Grüneberg* BGB § 427 Rn. 1.
[366] BAG 27.3.1982 – 7 AZR 523/78, NJW 1984, 1703 (1705 f.); Braun/Wisskirchen/*Braner* Konzernarbeitsrecht Teil II Abschn. 3 Rn. 189.
[367] Braun/Wisskirchen/*Braner* Konzernarbeitsrecht Teil II Abschn. 3 Rn. 190.

c) Beendigung des Vertrags

Ein einheitliches Arbeitsverhältnis kann jedenfalls im Regelfall **nur von und gegenüber allen auf einer Vertragsseite Beteiligten gekündigt werden.**[369] Dabei müssen die **Kündigungsvoraussetzungen** grundsätzlich **im Verhältnis zu jedem der Beteiligten gegeben** sein. Allerdings kann sich das Vorliegen eines Kündigungsgrundes (§ 1 Abs. 2 KSchG, § 626 Abs. 1 BGB) im Verhältnis zu einem der Beteiligten auch im Verhältnis zu den übrigen Beteiligten auswirken. Bei einer gesamtschuldnerischen Beschäftigungspflicht aller Arbeitgeber ist eine ordentliche Kündigung des Vertragsverhältnisses sozialwidrig, solange auch nur ein Arbeitgeber den Arbeitnehmer beschäftigen kann und im Verhältnis zu ihm weder ein personen- noch ein verhaltensbedingter Kündigungsgrund vorliegt.[370]

Eine andere Frage ist, ob ein einzelner **Arbeitgeber** aus einem einheitlichen Arbeitsverhältnis **„herausgekündigt" werden kann.** Zu denken ist dabei vor allem an eine **„Teilkündigung".**[371] Sie ist jedoch nur dann zulässig, wenn ein Teilkündigungsrecht klar und verständlich im Vertrag **vereinbart** ist. Ob auch materielle Gesichtspunkte zu berücksichtigen sind, ist umstritten. *Lange*[372] will an eine solche Teilkündigung dieselben Anforderungen wie an eine Änderungskündigung zur „Herauskündigung" des jeweiligen Arbeitgebers stellen. Demgegenüber hält *Maywald*[373] eine Teilkündigung nur dann für erlaubt, wenn damit ein Arbeitgeber aus dem Arbeitsverhältnis entlassen werden soll, der ihm erst später beigetreten ist; die Herauskündigung des ursprünglichen Arbeitgebers sei unzulässig. Nur die letzte Auffassung überzeugt. In der Tat besteht beim Herauskündigen eines einzelnen Arbeitgebers nicht die sonst bei Teilkündigungen drohende **Gefahr einer Störung des vertraglichen Gesamtgefüges** von Leistungen und Gegenleistungen. Wird nur ein dem Arbeitsvertrag beigetretener neuer Arbeitgeber aus dem Arbeitsverhältnis entlassen, steht der Arbeitnehmer nicht schlechter als vor dem Vertragsbeitritt. Kündigt jedoch der ursprüngliche Arbeitgeber, so käme dies im Ergebnis einer Vertragsübernahme durch den neuen Arbeitgeber gleich. Diese ist jedoch nur mit Zustimmung des Arbeitnehmers erlaubt und lässt sich nicht einseitig durch eine Teilkündigung bewirken.[374]

3. Indizien für einen konkludenten Abschluss

Steht ein Arbeitnehmer zu mehreren Arbeitgebern in arbeitsrechtlichen Beziehungen, geht die Rechtsprechung[375] von einem einheitlichen Arbeitsverhältnis dann aus, wenn die Parteien keine getrennten Verträge wollen, sondern die **Vereinbarungen nur gemeinsam gelten** und zusammen durchgeführt werden sollen. Die **Abreden müssen** derart voneinander abhängen, dass sie **„miteinander stehen und fallen".** Dabei genügt es, wenn nur einer der Beteiligten einen einheitlichen Vertrag wollte, falls dieser Wille für den anderen erkennbar war und von ihm gebilligt oder zumindest hingenommen wurde.[376] Maßgeblich ist die tatsächliche Durchführung, jedenfalls soweit sie durchgängig er-

---

[368] *Lange* NZA 2012, 1121 (1123).
[369] BAG 27.3.1982 – 7 AZR 523/78, NJW 1984, 1703 (1704); APS/*Kiel* KSchG § 1 Rn. 552; *Henssler* Arbeitsvertrag S. 62; *Rid* NZA 2011, 1121 (1122); Braun/Wisskirchen/*Röhrborn* Konzernarbeitsrecht Teil I Abschn. 3 Rn. 118; *Windbichler* Konzernarbeitsrecht S. 139.
[370] BAG 27.3.1982 – 7 AZR 523/78, NJW 1984, 1703 (1706).
[371] *Lange* NZA 2012, 1121 (1123); *Maywald* Matrixstrukturen S. 73.
[372] *Lange* NZA 2012, 1121 (1123).
[373] *Maywald* Matrixstrukturen S. 73 f.
[374] Ebenso *Maywald* Matrixstrukturen S. 74.
[375] BAG 27.3.1982 – 7 AZR 523/78, NJW 1984, 1703 unter Berufung auf RGZ 103, 295 (298); BGHZ 78, 346 (349).
[376] BGH 30.4.1976 – V ZR 143/74, NJW 1976, 1931; 6.12.1979 – VII ZR 313/78, NJW 1980, 829; 6.11.1980 – VII ZR 12/80, NJW 1981, 274.

folgt. Aus ihr lassen sich nämlich Rückschlüsse darauf ziehen, von welchen Rechten und Pflichten die Vertragsparteien ausgegangen sind, was sie also wirklich gewollt haben. Der so ermittelte wirkliche Wille der Vertragspartner bestimmt dann den Geschäftsinhalt.[377]

112　Die **formalen Anforderungen,** die die Rechtsprechung[378] für einen einheitlichen Vertrag aufstellt, sind **eher gering.** Sie verlangt nicht, dass die vertraglichen Vereinbarungen in einem einheitlichen Akt, insbesondere in einer gemeinsamen Vertragsurkunde, getroffen werden. Da sich Arbeitsverträge konkludent schließen lassen, ist auch eine nachträgliche Parteierweiterung in Form eines **Vertragsbeitritts auf der Arbeitgeberseite** denkbar.[379] Ebenfalls keine Rolle spielt die Ausgestaltung des „Innenverhältnisses" zwischen den Arbeitgebern, also ob sie zueinander in einer (gesellschaftsrechtlichen) Rechtsbeziehung stehen, ob sie gemeinsame Interessen verfolgen oder ob sie voneinander abhängig sind. Es genügt, dass der eine auf den Abschluss oder die Durchführung des mit dem anderen geschlossenen Arbeitsvertrags Einfluss nimmt. Dabei kann die Ausgestaltung des Innenverhältnisses Anhaltspunkte für den Inhalt der Vereinbarungen im Außenverhältnis liefern. Maßgeblich bleibt aber stets die Art und Weise der Durchführung des Vertrages, die einvernehmlich erfolgen muss. **Indizien für einen einheitlichen Vertrag** können sein: das Verfolgen eines gemeinsamen Zwecks – insbesondere in Form einer Gesellschaft bürgerlichen Rechts – sowie die Abgabe von Willenserklärungen im (gemeinsamen) Namen aller beteiligten Arbeitgeber.

4. Konkludenter Vertragsschluss beim Einsatz in der Matrixzelle?

a) Grundsatz

113　Dass ein Arbeitgeber konkludent in einen bereits bestehenden Arbeitsvertrag als weitere Vertragspartei einbezogen wird, **beurteilt die hL mit Recht skeptisch.**[380] Sie lehnt dies sowohl für arbeitsrechtliche Dreiecksbeziehungen im Allgemeinen, wie auch für den Arbeitnehmereinsatz in Matrixorganisationen im Besonderen ab.[381] Nur vereinzelt wird das anders gesehen.[382] Grund für die Zurückhaltung ist die Struktur des Leistungsversprechens in Dreipersonenverhältnissen. Während in Zweipersonenverhältnissen bereits die bewusste und gewollte Annahme einer entgeltlich angebotenen Dienstleistung im Regelfall zur Begründung eines entsprechenden schuldrechtlichen Leistungsverhältnisses führt,[383] ist das **in Dreipersonenverhältnissen** anders. Denn hier **verfügt der Dienstleistende bereits über einen Vertragspartner,** dem er zur Leistung verpflichtet ist. Schon von daher ist die Annahme fernliegend, dass ein Dritter allein durch die ihm gewährte Leistung zu einem zusätzlichen Gläubiger des Dienstleistenden würde. Denn damit wären in synallagmatischen Verträgen unmittelbar Zahlungspflichten verbunden, ganz abgesehen von den diversen Nebenpflichten zum Schutze des Dienstleistenden. Überdies kann das Kündigungsrecht nur noch einheitlich von allen Arbeitgebern ausgeübt werden. Auch der Dienstleistende ist nicht ohne weiteres an einer Vermehrung der Parteien auf Gegenseite

---

[377] Vgl. allgemein BGH 21.1.2003 – X ZR 261/01, NZA 2003, 616.
[378] BAG 27.3.1982 – 7 AZR 523/78, NJW 1984, 1703 unter Berufung auf RGZ 103, 295 (298); BGHZ 78, 346 (349); vgl. weiter BAG 23.11.2004 – 2 AZR 24/04 NZA 2005, 929 (931).
[379] KR/*Griebeling/Rachor* KSchG § 1 Rn. 591; APS/*Kiel* KSchG § 1 Rn. 552; *Maywald* Matrixstrukturen S. 72 ff.
[380] Vgl. *Birk* ZGR 1984, 24 (30); Braun/Wisskirchen/*Fedder/Braner* Konzernarbeitsrecht Teil I Abschn. 3 Rn. 65; *Kort* NZA 2013, 1318 (1320); *Konzen* ZfA 198, 259 (265); *Krebber* Arbeitsabläufe S. 124; *Maywald* Matrixstrukturen S. 130; *Müllner* Aufgespaltene Arbeitgeberstellung S. 56; *Rüthers/Bakker* ZfA 1990, 245 (278); *Vogt* Arbeitsrecht im Konzern § 3 Rn. 10; *Windbichler* Konzernarbeitsrecht S. 71 (123 ff., 279).
[381] Braun/Wisskirchen/*Fedder/Braner* Konzernarbeitsrecht Teil I Abschn. 3 Rn. 65; *Kort* NZA 2013, 1318 (1320); *Krebber* Arbeitsabläufe S. 124; *Maywald* Matrixstrukturen S. 130; *Vogt* Arbeitsrecht im Konzern § 3 Rn. 10.
[382] *Henssler* Arbeitsvertrag S. 51; *Rost* FS Schwerdtner, S. 172; *Wisskirchen/Bissels* DB 2007, 340 (342).
[383] Vgl. BGH 18.5.2017 – I ZR 205/16, BeckRS 2017, 114636; *Krebber* Arbeitsabläufe S. 124; *Maywald* Matrixstrukturen S. 130.

interessiert. Jeder zusätzliche Arbeitgeber hätte dann nämlich das Recht, die Leistung an alle Arbeitgeber und nicht nur an ihn allen zu verlangen (vgl. § 432 Abs. 1 S. 1 BGB). Konflikte auf der Arbeitgeberseite könnten so auf dem Rücken des Arbeitnehmers ausgetragen werden.[384] Beim Arbeitnehmereinsatz in Matrixstrukturen kommt hinzu, dass dem Matrixmanager im Regelfall nur das fachliche, nicht aber das disziplinarische Weisungsrecht übertragen wird. Da damit ganz wesentliche Rechte, vor allem aber auch (Zahlungs-)pflichten beim Vertragsarbeitgeber verbleiben,[385] kann der **Matrixeinsatz für sich allein** noch **kein einheitliches Arbeitsverhältnis** begründen.[386]

b) Ausnahmen

In Ausnahmefällen können die Dinge anders liegen. Dann muss es Anzeichen geben, die darauf hindeuten, dass entweder das zwischen Vertragsarbeitgeber und Arbeitnehmer bestehende Rechte- und Pflichtengefüge auf einen Dritten verlagert wurde oder dass dieser als gleichberechtigter Vertragspartner dem bestehenden Arbeitsverhältnis beigetreten ist.[387] Ersteres kann der Fall sein, wenn sich der **Arbeitnehmer von seinem Vertragsarbeitgeber in größerem Rahmen löst**, **als es für seinen Einsatz beim Dritten erforderlich** ist. Letzteres kommt in Betracht, wenn der **Dritte Risiken des Vertragsarbeitgebers übernehmen** soll, wie etwa die Entgeltfortzahlung im Krankheitsfall. In seiner Leitentscheidung vom 27. 3. 1982[388] hat es das BAG als Indiz für die Annahme eines einheitlichen Arbeitsvertrags genügen lassen, dass der **Arbeitnehmer für zwei Gesellschaften eines Konzerns tätig** wurde, die ihm gegenüber **beide anteilig die Vergütung leisteten**. Das dürfte in „normalen" Matrixstrukturen eher die Ausnahme sein.[389] 114

Vereinzelt ist im Schrifttum der Versuch unternommen worden, bei Konzernsachverhalten die Einbeziehung von weiteren Konzerngesellschaften in den mit dem Vertragsarbeitgeber geschlossenen Arbeitsvertrag mit **Gesichtspunkten des Vertrauensschutzes** zu begründen.[390] Freilich lässt man dazu weder die wirtschaftliche Verflechtung der beteiligten Unternehmen noch deren einheitliche oder gemeinsame Leitung genügen. Selbst die Pflicht des Arbeitnehmers, die versprochenen Dienste bei einer anderen Konzerngesellschaft zu verrichten, reiche nicht. Notwendig sei vielmehr, dass die **beteiligten Konzernunternehmen** beim Arbeitnehmer den berechtigten Eindruck erwecken, sie wollten mit ihm ein einheitliches Arbeitsverhältnis begründen. Dazu müssten sie ihm gegenüber als **„Einheit"** auftreten.[391] Das könne der Fall sein, wenn Vertreter verschiedener Konzernunternehmen an den Vertragsverhandlungen mit dem Arbeitnehmer teilnehmen, ohne ihm die rechtliche Trennung der verschiedenen Gesellschaften ausdrücklich offenzulegen. 115

Allerdings ist die Lehre von der Vertrauenshaftung zur Einbeziehung Dritter in den Vertrag überwiegend auf Ablehnung gestoßen. Mit Recht verweist man darauf, dass es der Lehre von der Vertrauenshaftung heute schon deshalb nicht mehr bedarf, weil nach moderner Rechtsgeschäftsdogmatik[392] für die Wirksamkeit einer Willenserklärung kein Erklärungsbewusstsein des Erklärenden von Nöten ist, dessen Fehlen mit der Lehre von der Vertrauenshaftung überbrückt werden müsste.[393] Liegt der objektive Tatbestand einer Willenserklärung vor, wird sie dem Erklärenden nach der „Theorie der Erklärungsfahrlässigkeit" zugerechnet. Fehlt es bereits an einem solchen Tatbestand, besteht auch kein An- 116

---

[384] *Krebber* Arbeitsabläufe S. 124.
[385] *Kort* NZA 2013, 1318 (1320).
[386] Braun/Wisskirchen/*Fedder*/*Braner* Konzernarbeitsrecht Teil I Abschn. 3 Rn. 65.
[387] *Krebber* Arbeitsabläufe S. 125.
[388] BAG 27. 3. 1982 – 7 AZR 523/78, NJW 1984, 1703.
[389] Braun/Wisskirchen/*Lützeler* Konzernarbeitsrecht Teil II Abschn. 3 Rn. 191.
[390] *Henssler* Arbeitsvertrag S. 47 ff.
[391] *Henssler* Arbeitsvertrag S. 50.
[392] Vgl. nur BGH 7. 6. 1984 – IX ZR 66/83, NJW 1984, 2279.
[393] *Krebber* Arbeitsabläufe S. 127.

knüpfungspunkt für eine Vertrauenshaftung.[394] Die Lehre von der Vertrauenshaftung bringt insoweit also keinen zusätzlichen Erkenntnisgewinn. Für den Regelfall ist daher davon auszugehen, dass der **Matrixeinsatz nicht** zu einem **einheitlichen Arbeitsverhältnis** mit mehreren Arbeitgebern **führt**.

IV. Doppel- und Mehrfacharbeitsverhältnisse

1. Struktur

117 Die für die Matrixorganisation typische Unterstellung des Arbeitnehmers unter das Weisungsrecht verschiedener Personen lässt sich auch durch Doppel- oder Mehrfacharbeitsverhältnisse konstruieren. Anders als im Fall eines einheitlichen Arbeitsverhältnisses mit mehreren Arbeitgebern schließt der **Arbeitnehmer** hier **mit jedem Arbeitgeber einen eigenen Arbeitsvertrag**. Im Ergebnis stehen damit mehrere Arbeitsverhältnisse nebeneinander.

118 Dass ein Arbeitnehmer aus mehreren Arbeitsverhältnissen zugleich berechtigt und verpflichtet wird, ist an sich nichts Besonderes. Außerhalb von Konzern- und Matrixorganisationen kann das bei einer Teilzeitkraft der Fall sein, die über mehrere Arbeitsstellen verfügt – etwa als Reinigungs- oder Pflegehilfe –, oder wenn ein Arbeitnehmer neben seiner Haupttätigkeit noch einer untergeordneten Nebentätigkeit nachgeht. Die **matrixtypische Besonderheit** liegt darin, dass die **beteiligten Arbeitgeber konzernrechtlich verbunden** sind. Die Arbeitsverhältnisse stehen also nicht beziehungslos nebeneinander, sondern sind miteinander verknüpft (→ Rn. 120 ff.).[395] Das ist grundsätzlich zulässig.[396]

119 Im Gegensatz zum einheitlichen Arbeitsverhältnis, bei dem nur ein einziges Weisungsrecht besteht, das die beteiligten Arbeitgeber nur gemeinsam ausüben können, **verfügt bei Doppel- oder Mehrfacharbeitsverhältnissen jeder Arbeitgeber über ein eigenes Weisungsrecht** aus dem jeweils mit dem Arbeitnehmer geschlossenen Vertrag. Damit sind Konflikte vorprogrammiert. Diese lassen sich entweder dadurch lösen, dass die Arbeitgeber durch Absprachen die Ausübung des Weisungsrechts koordinieren (→ Kap. 1 Rn. 48 ff.), oder dass der Arbeitnehmer die Befolgung der Weisungen für sich selbst priorisieren muss. Denkbar ist auch eine Kombination verschiedener Teilzeitbeschäftigungen. Dabei kommen zwei Varianten in Betracht. Bei der einen bleibt die Beschäftigung zum Einstellungsunternehmen die Hauptbeschäftigung, zu der die Tätigkeit bei einem anderen Konzernunternehmen als eine Art Nebenbeschäftigung hinzutritt. Bei der anderen werden die Tätigkeiten mehr oder weniger gleichmäßig auf alle Unternehmen aufgeteilt, bei denen der Arbeitnehmer arbeiten soll. In der Summe geben sie dann wieder eine vollzeitige Beschäftigung.[397]

2. Kombination von aktivem und ruhendem Arbeitsverhältnis

120 Im Regelfall wird der Konflikt dadurch gelöst, dass man **eines der beiden Arbeitsverhältnisse ruhend stellt** und das **andere aktiv** in Vollzeit **durchführt**.[398] Bei einem ruhenden Arbeitsverhältnis werden die wechselseitigen Hauptpflichten aus dem Arbeitsvertrag suspendiert, während die Nebenpflichten fortbestehen.[399] Der Arbeitnehmer schuldet keine Arbeitsleistung, der Arbeitgeber kein Entgelt. Da das Ruhen der Arbeitspflicht zum

---

[394] *Maywald* Matrixstrukturen S. 131.
[395] *Windbichler* Konzernarbeitsrecht S. 72 mwN in Fn. 23.
[396] BAG 19.6.1956 – 1 AZR 565/57, AP BGB § 611 Doppelarbeitsverhältnis Nr. 1; 14.7.2005 – 8 AZR 392/04, AP BGB § 611 Ruhen des Arbeitsverhältnisses Nr. 4.
[397] *Windbichler* Konzernarbeitsrecht S. 72.
[398] *Windbichler* Konzernarbeitsrecht S. 73.
[399] Schaub ArbR-HdB/*Link* § 32 Rn. 78; ZLH/*Loritz* Arbeitsrecht § 15 Rn. 28 ff.; ErfK/*Preis* BGB § 611 Rn. 694; MHdB ArbR/*Reichold* § 37 Rn. 26.

Ruhen des Weisungsrechts führt, unterliegt der Arbeitnehmer nur dem Weisungsrecht aus dem aktiv durchgeführten Arbeitsverhältnis. Das **Ruhendstellen** eines Arbeitsverhältnisses kommt insbesondere in Betracht, wenn der **Arbeitnehmer ins Ausland entsandt**[400] oder **zum Organmitglied** bestellt wird.[401]

a) Voraussetzungen

Ein Ruhen des Arbeitsverhältnisses setzt eine rechtswirksame Vereinbarung zwischen Arbeitgeber und Arbeitnehmer voraus,[402] soweit nicht eine Rechtsnorm das Ruhen anordnet, wie zB die §§ 1, 10 ArbPlSchG, § 1 EignungsübungsG, § 78 ZDG. Die Vereinbarung kann ausdrücklich oder stillschweigend[403] getroffen werden. Ein konkludenter Abschluss kann gegeben sein, wenn der Arbeitnehmer der Arbeit fernbleibt und der Arbeitgeber die Entgeltzahlungen einstellt.[404] Ausnahmsweise kann das Ruhen durch einseitige Erklärung herbeigeführt werden. Hierfür bedarf es einer besonderen Rechtsgrundlage.[405] Normalerweise treffen die Parteien eine Vereinbarung, in der auch die Verknüpfung von ruhendem und aktivem Arbeitsverhältnis geregelt wird. Eine ausdrückliche Ruhendregelung empfiehlt sich auch, um zu vermeiden, dass es eine der Parteien als beendet betrachtet.[406] Das gilt insbesondere in Fällen, in denen ein Arbeitnehmer zum Geschäftsführer oder Organmitglied bestellt wird, weil die neuere Rechtsprechung bei fehlenden ausdrücklichen Regelungen im Zweifel von einer Beendigung des Arbeitsvertrags ausgeht.[407] Für einen Entsendungsfall hatten die Parteien folgende, vom BAG gebilligte Abrede getroffen:[408]

121

> „Sehr geehrter Herr S.,
> Sie treten voraussichtlich mit dem …. von der Erdöl-Raffinerie Em. in L. über zur Zentrale nach K. An die Stelle Ihres Dienstvertrages mit der Erdöl-Raffinerie tritt deshalb für die Zeit Ihres Auslandseinsatzes diese Entsendungsvereinbarung; für diesen Zeitraum ruht Ihr vorerwähnter Dienstvertrag:
>
> 1. Aufgabe
> Wir übertragen Ihnen voraussichtlich ab dem …. – den genauen Termin werden wir in Abhängigkeit von der Erteilung des Resident-Visums und Ihrer nachfolgenden Einreise nach Libyen noch festlegen – die Aufgaben eines Schichtführers in den Anlagen unserer Konzessionen in Libyen.
>
> 2. Vertragsdauer
> Dieses Dienstabkommen gilt zunächst für die Dauer von 4 Jahren. Danach läuft es auf unbestimmte Zeit mit einer Kündigungsfrist von 3 Monaten zum jeweiligen Quartalsende.

---

[400] BAG 14.7.2005 – 8 AZR 392/04, AP BGB § 611 Ruhen des Arbeitsverhältnisses Nr. 4.
[401] BAG 9.5.1985 – 2 AZR 330/84, NZA 1986, 792. Allerdings soll nach neuerer Rechtsprechung mit Abschluss des Geschäftsführerdienstvertrages das bisherige Arbeitsverhältnis nicht ruhend gestellt, sondern im Zweifel beendet werden, vgl. BAG 8.6.2000 – 2 AZR 207/99, NZA 2000, 1013.
[402] BAG 14.7.2005 – 8 AZR 392/04, AP BGB § 611 Ruhen des Arbeitsverhältnisses Nr. 4; 10.1.2007 – 5 AZR 84/06, NZA 2007, 384 (385); ZLH/*Loritz* Arbeitsrecht § 15 Rn. 29; MHdB ArbR/*Reichold* § 41 Rn. 27.
[403] BAG 9.5.1985 – 2 AZR 330/84, NZA 1986, 792.
[404] Schaub ArbR-HdB/*Link* § 32 Rn. 78; ErfK/*Preis* BGB § 611 Rn. 691.
[405] S. im Einzelnen BeckOGK/*Maschmann* GewO § 106 Rn. 120 ff.
[406] Preis/*Preis* Vertragsgestaltung II A 30 Rn. 40.
[407] BAG 24.10.2013 – 2 AZR 1078/12, NZA 2014, 540; krit. *Schmitt-Rolfes* NZA-Beil. 1/2014, S. 37.
[408] BAG 14.7.2005 – 8 AZR 392/04, AP BGB § 611 Ruhen des Arbeitsverhältnisses Nr. 4.

> Wir behalten uns das Recht vor, Sie jederzeit, insbesondere bei Beendigung oder Einschränkung unserer Tätigkeit in Libyen, nach Deutschland zurückzurufen oder Sie an einem anderen zumutbaren Arbeitsplatz zu beschäftigen.
>
> Die in diesem Dienstabkommen festgelegten Bedingungen, insbesondere auch die auf diesen Einsatz abgestellten Bezüge, verlieren ihre Gültigkeit nach Abschluss Ihres Einsatzes in Libyen.
>
> Bei Ihrer Rückkehr nach Deutschland werden wir Sie – vorbehaltlich des allgemeinen Kündigungsrechts – in einer Stellung beschäftigen, die der entspricht, die Sie vor Ihrem Auslandseinsatz innehatten. Sollte eine solche Stelle zum Zeitpunkt Ihrer Rückkehr nicht verfügbar sein, behalten wir uns vor, Ihnen bis zum Freiwerden einer geeigneten Stelle qualifizierte Sonderaufgaben zu übertragen."

122 Nach hM **verstoßen Ruhendvereinbarungen** wegen einer anderen Tätigkeit im selben Konzern[409] oder wegen eines Auslandseinsatzes[410] **nicht gegen § 307 Abs. 1 BGB**. Der Arbeitgeber kann damit die personellen Ressourcen konzernweit besser ausschöpfen, der Arbeitnehmer Aufstiegschancen nutzen, die häufig mit der Bekleidung einer anderen Position einhergehen.[411] Anders als im Schulhausreinigungsfall,[412] bei dem der Arbeitsvertrag mit einer Reinigungskraft für die Dauer der Schulferien nur deshalb ruhendgestellt wurde, weil das Reinigungsobjekt geschlossen war und Reinigungsarbeiten nicht anfielen, dient die Suspendierung der Arbeitspflicht beim Doppelarbeitsverhältnis gerade nicht dazu, das Beschäftigungsrisiko des Arbeitgebers auf den Arbeitnehmer abzuwälzen. Vielmehr soll sie es dem **Arbeitnehmer ermöglichen,** ein **weiteres Arbeitsverhältnis einzugehen** und auch zu erfüllen, **ohne das bestehende beenden zu müssen.** Denn nicht selten wird der Arbeitnehmer seiner Entsendung, Abordnung oder Bestellung als Organvertreter nur dann zustimmen, wenn ihm bei seiner Rückkehr die Weiterbeschäftigung auf einer Stelle in Aussicht gestellt wird, die seinen Kenntnissen und Fähigkeiten entspricht.[413]

b) Rückkehrklausel

123 Ohne eine Rückkehrklausel[414] müsste ein Mitarbeiter befürchten, zu einem anderen Konzernunternehmen oder ins Ausland „abgeschoben" zu werden. Ein konzerninterner Arbeitgeberwechsel ist gegen seinen Willen jedoch unzulässig. Allerdings sind die **rechtlichen Folgen einer Rückkehrklausel** – soweit es sich um eine reine Absichtserklärung handelt[415] – **höchstrichterlich nicht abschließend geklärt.** Nach – umstrittener – Auffassung der Rechtsprechung soll diese den temporären Ausschluss einer betriebsbedingten

---

[409] *Windbichler* Konzernarbeitsrecht S. 72 f. (75).
[410] BAG 14.7.2005 – 8 AZR 392/04, AP BGB § 611 Ruhen des Arbeitsverhältnisses Nr. 4; Preis/*Preis* Vertragsgestaltung II A 140 Rn. 40 ff.
[411] *Windbichler* Konzernarbeitsrecht S. 72 f.
[412] BAG 10.1.2007 – 5 AZR 84/06, NZA 2007, 384 (386). Dass wegen des Ruhens des Arbeitsverhältnisses auch die Ansprüche auf aufrechterhaltene Vergütung (ua §§ 2, 3 EntgeltfortzahlungsG) entfielen, stand dem nicht entgegen. Ebenso wenig konnte das BAG einen Verstoß gegen § 615 BGB erkennen. Die Ruhensvereinbarung regele nicht die Folgen des Annahmeverzugs, sondern beschränke Arbeitspflicht und Vergütungspflicht von vornherein auf festbestimmte Zeiträume. Es handele sich um eine von § 611a Abs. 2 BGB abweichende Regelung, die nur indirekt auch § 615 BGB betreffe; der Arbeitgeber könne nicht in Verzug geraten, soweit keine Dienste geschuldet würden.
[413] MaSiG/*Göpfert* Auslandseinsatz Rn. 26; *Mauer* Personaleinsatz Rn. 439; Preis/*Preis* Vertragsgestaltung II A 140 Rn. 45; *Windbichler* Konzernarbeitsrecht S. 75 (99).
[414] Auch „Re-Entry-Klausel" genannt. Im Gegensatz dazu wird eine „Re-Contracting" Klausel vereinbart, wenn das bisherige Arbeitsverhältnis aufgehoben wird, aber die Verpflichtung besteht, es nach der Rückkehr wieder neu abzuschließen, *Mauer* Personaleinsatz Rn. 439m. Formulierungsbeispiel.
[415] *Windbichler* Konzernarbeitsrecht S. 99.

Kündigung enthalten,[416] weshalb der Arbeitnehmer in einem späteren Kündigungsschutzprozess die Rechtsmissbräuchlichkeit der Kündigung (§ 242 BGB) rügen kann.[417] Jedenfalls darf sich der Arbeitgeber bei der Rückkehr eines Entsandten nicht schlicht darauf berufen, dass er über keinen freien Arbeitsplatz verfüge, auf dem der Rückkehrer wiederbeschäftigt werden könnte.[418] Vielmehr trifft ihn die **Pflicht, das ruhende Arbeitsverhältnis zu reaktivieren,** soweit ihm das möglich und zumutbar ist.[419] Mangels abweichender Vereinbarungen genügt es für die **Aktivierungspflicht,** dass die Zweitbeschäftigung endet. Dem Arbeitnehmer kann nicht zugemutet werden, gegen ihre Beendigung vorzugehen, etwa im Wege eines Kündigungs- oder Entfristungsprozesses.[420] Dies würde dem Schutzzweck der Ruhendvereinbarung zuwiderlaufen.[421] Freilich kann umgekehrt das ruhende Arbeitsverhältnis auch nicht einseitig vom Arbeitnehmer in ein aktives verwandelt werden. Hierzu bedarf es einer Einigung der Arbeitsvertragsparteien.[422]

3. Kombination durch auflösend bedingte Arbeitsverhältnisse

Das zweite, **zusätzliche Arbeitsverhältnis** kann mit der **auflösenden Bedingung** versehen werden, dass der **Arbeitnehmer auf einen Stammarbeitsplatz zurückkehrt.** Denkbar ist auch, dass die Beendigung des einen Arbeitsverhältnisses (durch Kündigung oder Aufhebungsvertrag) die Bedingung dafür bildet, dass das andere Arbeitsverhältnis erlischt, etwa wenn die Tätigkeit bei einer anderen Konzerngesellschaft nur von Interesse ist, solange das Stammarbeitsverhältnis zum Einstellungsunternehmen besteht. Eine auflösende Bedingung ist nach **§ 21 TzBfG** nur dann erlaubt, wenn es hierfür einen **sachlichen Grund** gibt. Bereits vor Inkrafttreten des TzBfG hat die Rechtsprechung[423] den Fortbestand eines Arbeitsverhältnisses zum bisherigen Arbeitgeber und die gesicherte Rückkehrmöglichkeit in dieses Arbeitsverhältnis als sachlichen Grund für die Zweckbefristung oder auflösende Bedingung des zweiten Arbeitsverhältnisses anerkannt.[424] Daran hat die neuere Rechtsprechung festgehalten.[425] Bei befristeten Auslandsentsendungen kommt als weiterer Sachgrund hinzu, dass § 4 SGB IV für die Ausstrahlung der Sozialversicherungsberechtigung von ins Ausland entsendeten Arbeitnehmern gerade die zeitliche Begrenzung der Entsendung voraussetzt, mithin eine Befristungsvereinbarung der Parteien erfordert.[426] Sind sich die beteiligten Unternehmen beim Abschluss des zweiten Arbeitsvertrags über die endgültige Dauer der Entsendung noch nicht einig, kann der Arbeitsvertrag auf die Zeit befristet werden, für die das Einstellungsunternehmen der Billigung des anderen Konzernunternehmens sicher sein kann.[427]

124

---

[416] Vgl. BAG 28.11.1968 – 2 AZR 76/86, NJW 1969, 679; anders aber LAG Düsseldorf 8.10.1997 – 4 Sa 1061/97 nv.
[417] Hümmerich/Reufels/*Borgmann* Gestaltung ArbV § 1 Rn. 1018; MaSiG/*Göpfert* Auslandseinsatz Rn. 26; *Grosjean* DB 2004, 2425; BLDH/*Lingemann* S. 481 Fn 29; Preis/*Preis* Vertragsgestaltung II A 140 Rn. 32.
[418] Preis/*Preis* Vertragsgestaltung II D 140 Rn. 32.
[419] BAG 3.9.1963 – 3 AZR 115/62, AP BGB § 611 Ruhen des Arbeitsverhältnisses Nr. 1.
[420] Ebenso *Windbichler* Konzernarbeitsrecht S. 140.
[421] In diese Richtung wohl auch BAG 14.7.2005 – 8 AZR 392/04, AP BGB § 611 Ruhen des Arbeitsverhältnisses Nr. 4.
[422] BAG 3.9.1963 – 3 AZR 115/62, AP BGB § 611 Ruhen des Arbeitsverhältnisses Nr. 1.
[423] BAG 22.3.1985 – 7 AZR 487/84, AP BGB § 620 Befristeter Arbeitsvertrag Nr. 89; 28.8.1996 – 7 AZR 849/95, AP BGB § 620 Befristeter Arbeitsvertrag Nr. 181; 6.12.2000 – 7 AZR 641/99, ZTR 2001, 46: zum befristeten Einsatz einer beurlaubten beamteten Lehrerin als Angestellte im Auslandsschulwesen der Bundesrepublik Deutschland.
[424] Vor Inkrafttreten des TzBfG bedurfte die Befristung eines Arbeitsvertrags nur dann einer Rechtfertigung, wenn dem Arbeitnehmer durch die Befristung der ihm ansonsten zustehende gesetzliche Kündigungsschutz vorenthalten wurde, vgl. nur BAG 11.2.2004 – 7 AZR 362/03, AP BGB § 620 Befristeter Arbeitsvertrag Nr. 256.
[425] BAG 14.7.2005 – 8 AZR 392/04, AP BGB § 611 Ruhen des Arbeitsverhältnisses Nr. 4.
[426] BAG 14.7.2005 – 8 AZR 392/04, AP BGB § 611 Ruhen des Arbeitsverhältnisses Nr. 4.
[427] Vgl. für den Fall der Auslandsentsendung eines Lehrers BAG 22.3.1985 – 7 AZR 487/84, AP BGB § 620 Befristeter Arbeitsvertrag Nr. 89.

125 **Problematisch sind dagegen Klauseln,** nach denen das ursprüngliche Arbeitsverhältnis nur dann wieder aufleben soll, wenn die Tätigkeit im zweiten Arbeitsverhältnis vertragsgemäß, etwa nach Ablauf einer vereinbarten Befristung oder auf Betreiben der Muttergesellschaft, beendet wurde oder die Beendigung des Zweitvertrages nicht vom Arbeitnehmer zu vertreten ist.[428] Damit wird nicht der zweite, zusätzlich geschlossene Arbeitsvertrag, sondern **das bisherige Arbeitsverhältnis unter eine auflösende Bedingung gestellt.** Hierfür bedarf es, selbst wenn diese Vereinbarung erst nach Abschluss des bisherigen Arbeitsvertrags getroffen wurde, eines **sachlichen Grundes** (§§ 21, 14 Abs. 1 TzBfG). An diesem wird es **zumeist fehlen.** Denn Grund für das endgültige Erlöschen des ersten Arbeitsverhältnisses ist nicht, dass im Einstellungsunternehmen nur ein vorübergehender Arbeitsbedarf besteht, sondern dass die Beendigung des Auslandsarbeitsverhältnisses auf das ruhende Arbeitsverhältnis durchschlagen soll. Das ist nicht ohne weiteres zulässig.[429] Abgesehen davon, dass ein Sachverhalt, der eine Kündigung rechtfertigen soll, für ein aktives Arbeitsverhältnis eine andere Bedeutung haben kann als für ein ruhendes, soll der ruhende Vertrag dem Arbeitnehmer eine gewisse Sicherheit zur Rückkehr bieten, die bei einer engen Koppelung der beiden Verträge gefährdet wäre. Vermeiden lässt sich dieses Problem, indem der aktive Arbeitsvertrag befristet abgeschlossen und die ordentliche Kündigung für beide Verträge ausgeschlossen wird. Eine außerordentliche Kündigung wäre für beide Verträge getrennt zu beurteilen.

4. Konkludenter Vertragsschluss beim Einsatz in der Matrixzelle?

126 Wenngleich Arbeitsverträge nicht schriftlich vereinbart werden müssen, beurteilt das Schrifttum den konkludenten **Abschluss eines weiteren Arbeitsvertrags** zu einem bereits bestehenden und damit die Begründung eines Doppel- oder Mehrfacharbeitsverhältnisses mit Recht **kritisch.**[430] Hiergegen sprechen im Wesentlichen dieselben Argumente, die bereits oben gegen die Annahme eines einheitlichen Arbeitsvertrags mit mehreren Arbeitgebern ins Felde geführt wurden.

127 Der Abschluss eines weiteren Arbeitsverhältnisses neben dem zum Vertragsarbeitgeber ist abzulehnen, solange das Drittunternehmen nicht wesentliche Teile der Arbeitgeberstellung vom Vertragsarbeitgeber übernommen hat und es umgekehrt keine objektiven Anzeichen dafür gibt, dass das erste Arbeitsverhältnis ruhend gestellt wird.[431] Der Umstand, dass die Arbeitsleistung des Mitarbeiters auch einem anderen Konzernunternehmen in der Matrix zur Verfügung gestellt wird, genügt für sich allein jedenfalls solange nicht,[432] wie der Arbeitnehmer noch bei seinem Anstellungsunternehmen eingegliedert ist.[433] **Anders** kann es liegen, wenn die Arbeitsleistung im Wesentlichen dem anderen Konzernunternehmen zugute kommt und der Arbeitnehmer auch nicht mehr in den Betrieb des Anstellungsunternehmens eingegliedert ist. Das kann etwa **bei Führungskräften** der Fall sein,[434] insbesondere wenn sie nur deshalb in den Betrieb eines anderen Unternehmens eingegliedert werden, **weil sie dort Weisungsrechte gegenüber den dort Beschäftigten ausüben sollen.**[435] Trotzdem muss man auch unter diesen Umständen zurückhaltend sein. Die Eingliederung in den Betrieb der steuernden Einheit, in dem sich der Matrixmanager befindet, kann zwar im dortigen Betrieb Mitbestimmungsrechte auslösen. Sie allein begründet aber noch keinen Arbeitsvertrag mit der steuernden Einheit, weil die Mit-

---

[428] Preis/*Preis* Vertragsgestaltung II A 140 Rn. 45.
[429] Ebenso Preis/*Preis* Vertragsgestaltung II D 140 Rn. 45.
[430] *Bauer/Herzberg* NZA 2011, 713 (714); *Kort* NZA 2013, 1318 (1320); Braun/Wisskirchen/*Lützeler* Konzernarbeitsrecht Teil II Abschn. 3 Rn. 192 f.; *Maywald* Matrixstrukturen S. 132; *Neufeld/Michels* KSzW 2012, 49 (54); *Vogt* Arbeitsrecht im Konzern § 3 Rn. 11; *Wisskirchen/Bissels* DB 2007, 340 (341 f.).
[431] Ebenso *Neufeld/Michels* KSzW 2012, 49 (54).
[432] Wie hier *Maywald* Matrixstrukturen S. 130.
[433] Braun/Wisskirchen/*Fedder/Braner* Konzernarbeitsrecht Teil I Abschn. 3 Rn. 66.
[434] *Wisskirchen/Bissels* DB 2007, 340 (342).
[435] Vgl. LAG BW 28. 5. 2014 – 4 TaBV 7/13, BB 2014, 2298.

bestimmungsrechte auch bei der Beschäftigung von Personen bestehen, zu denen der Inhaber des Betriebs in keinem Arbeitsverhältnis steht. Überdies führt auch die Ausübung des fachlichen Weisungsrechts für sich allein noch nicht zu einem Arbeitsvertrag mit der steuernden Einheit.[436]

---

[436] Wie hier *Kort* NZA 2013, 1318 (1320); *Maywald* Matrixstrukturen S. 130.

B. Arbeitsleistung unter Anweisung der Matrixmanager

I. Überblick

128 Dass Arbeitnehmer, die einem Matrixmanager unterstellt sind, dessen Weisungen zu befolgen haben, wenn die Unterstellung ordnungsgemäß erfolgt ist, dh die oben unter A. dargestellten Voraussetzungen erfüllt sind, leuchtet ohne weiteres ein. Die Schwierigkeiten beginnen, wenn sich **Weisungen** als **rechtswidrig** erweisen. Sie sind jedenfalls dann unbeachtlich, wenn sie gegen ein gesetzliches Verbot iSd § 134 BGB verstoßen (→ Rn. 134 ff.) oder sittenwidrig iSd § 138 BGB sind. Zweifel bestehen, wenn das Verbot nur in Deutschland, nicht aber im Ausland gilt, von dem aus der Matrixmanager seine Weisungen erteilt (→ Rn. 136 ff.). Auch solche Anordnungen braucht der Arbeitnehmer nicht zu befolgen, ohne dass ihm Sanktionen drohen. Ob ihn darüber hinaus sogar eine **Verweigerungspflicht** trifft, und was passiert, wenn er dagegen verstößt, wird kontrovers beurteilt (→ Rn. 144 ff.). Die Frage spielt im Hinblick auf eine matrixweite Compliance eine große Rolle, weil nur bei einer Pflicht zur Nichtbefolgung dafür Sorge getragen werden kann, dass die Matrixleitung für rechtswidriges Handeln ihrer Mitarbeiter nicht zur Verantwortung gezogen wird.

129 Die Anweisung eines Matrixmanagers setzt ferner das **Bestehen seiner Kompetenz** voraus, die ihm der Vertragsarbeitgeber des Mitarbeiters, der an ihn berichtet, einräumen muss (→ Rn. 155). Ob der Mitarbeiter diese **Befugnisübertragung genauso prüfen muss**, wie der Geschäftsführer einer Matrixgesellschaft, der von der Matrixleitung angewiesen wird, ist zweifelhaft (→ Rn. 156 ff.). Arbeitnehmer unterliegen – anders als Vorstände und Geschäftsführer als Organwalter – keiner Legalitätspflicht, sondern haben Weisungen ihrer Vorgesetzten zu befolgen. Die matrixtypische Aufteilung des Weisungsrechts auf mehrere Ausübungsberechtigte birgt überdies die **Gefahr, dass einander widersprechende Weisungen** erteilt werden. Lassen sich derartige Widersprüche nicht durch im Voraus festgelegte Entscheidungsregeln klären (→ Kap. 1 Rn. 48 ff.), sind sie nach allgemeinen juristischen Grundsätzen aufzulösen, da es sonst für den Angewiesenen zu Pflichtenkollisionen kommen kann (→ Rn. 162 ff.). Dass der Arbeitnehmer an sich auch Weisungen befolgen muss, die für das Unternehmen, bei dem er angestellt ist, wirtschaftlich nachteilig sind, entspricht der hM (→ Rn. 164). Ob dasselbe in Matrixorganisationen gilt, ist zweifelhaft. Kommt es infolge einer nachteiligen Direktanweisung „über die Köpfe der Geschäftsleitung hinweg" bei der Matrixgesellschaft zu einem Schaden, kann dafür die Geschäftsleitung haften. Ratsam ist daher die Anordnung, dass Anweisungen eines Matrixmanagers nicht ohne weiteres befolgt werden dürfen, sondern von Angewiesenen überprüft und – falls notwendig – auch beanstandet werden müssen (→ Rn. 168 ff.). Freilich kann das den Angewiesenen in Schwierigkeiten bringen, wenn er die Rechtslage falsch beurteilt oder sich nicht traut, eine nachteilige Weisung nicht zu befolgen. Hier können nur eindeutige **„Remonstrationsregeln"** helfen, so wie die das Beamtenrecht seit langem kennt (§ 63 BBG). Sie können auch in mitbestimmten Betrieben mitbestimmungsfrei eingeführt werden (→ Rn. 174 ff.). **Zweifel** daran, **wie sich der Arbeitnehmer bei rechtswidrigen Weisungen zu verhalten** hat, gehen **stets zu Lasten des Arbeitgebers,** vor allem, wenn er Sanktionen gegen einen Arbeitnehmer verhängen will.

II. Befolgung und Nichtbefolgung von Weisungen

1. Rechtmäßige Weisungen

130 Rechtmäßigen Weisungen hat der Arbeitnehmer nachzukommen. Verweigert er die Leistung, so verletzt er den Arbeitsvertrag, und der Arbeitgeber ist zu Sanktionen berech-

tigt.[437] **Verweigert er sie beharrlich,** liegt darin eine **erhebliche Pflichtverletzung,** die sogar eine außerordentliche Kündigung rechtfertigen kann.[438] **Beharrlich** ist die Weigerung dann, wenn der Arbeitnehmer die ihm angewiesene **Arbeit bewusst und nachdrücklich nicht leisten** will.[439] Ob er zur Arbeitsleistung verpflichtet ist, entscheidet sich nach der **objektiven Rechtslage.** Verweigert er die Arbeit in der Annahme, er handele rechtmäßig, trägt er das Risiko, dass sich seine Rechtsauffassung als falsch erweist.[440] Auf einen **Rechtsirrtum** kann er sich nur dann berufen, wenn er **sorgfältig gehandelt** hat. Dafür gelten strenge Maßstäbe.[441] Nach der Rechtsprechung genügen nämlich nicht schon gehörige Prüfung und sachgemäße Beratung. Unverschuldet ist ein Rechtsirrtum nur, wenn der **Arbeitnehmer** bei einem späteren Rechtsstreit **nicht mit seinem Unterliegen rechnen musste**[442]. Um Sanktionen zu vermeiden, sollte er deshalb die Weisung befolgen, sich aber die gerichtliche Klärung der Wirksamkeit vorbehalten.[443] Möglich ist auch die Einschaltung des Betriebsrats, wenn diesem nicht bereits ein zwingendes Mitbestimmungsrecht zusteht. Erst recht darf der Arbeitnehmer die Leistung nicht verweigern, wenn er der Meinung ist, sie sei unzweckmäßig, selbst wenn das offenkundig der Fall ist.

2. Rechtswidrige Weisungen

a) Begriff und Abgrenzungen

Rechtswidrig ist eine **Weisung** dann, wenn sie die in **§ 106 GewO** genannten **Grenzen missachtet,** dh gegen zwingendes höherrangiges Gesetzes- oder Kollektivvertragsrecht verstößt. **Vertragswidrig** ist sie, wenn sie **einzelvertraglichen Abreden zuwiderläuft.** Der terminologische Unterschied ist hinsichtlich der Rechtsfolgen relevant. Verlangt der Arbeitgeber eine zwar nicht – gesetzlich oder kollektivvertraglich – verbotene, aber vertraglich nicht geschuldete Leistung und kommt der Arbeitnehmer der Weisung nach, so kann das **konkludent** zum **Abschluss eines Änderungsvertrages** führen.[444]   131

b) Keine Folgepflicht

aa) Grundsätze. Rechtswidrige Weisungen sind für den Arbeitnehmer **unbeachtlich,** wenn sie **unwirksam** sind. Für eine nichtige Weisung besteht **keine Folgepflicht.**[445] Da   132

---

[437] BAG 22.10.2015 – 2 AZR 569/14, NZA 2016, 417 Rn. 22; 29.8.2013 – 2 AZR 273/12, NZA 2014, 533; 12.5.2010 – 2 AZR 845/08, NZA 2010, 1348; 6.9.2007 – 2 AZR 368/06, NZA-RR 2008, 291; HWK/*Lembke* GewO § 106 Rn. 8; MHdB ArbR/*Reichold* § 40 Rn. 33; BeckOK ArbR/*Tillmanns* GewO § 106 Rn. 54; AR/*Kolbe* GewO § 106 Rn. 62; Tettinger/Wank/Ennuschat/*Wank* GewO § 106 Rn. 31.
[438] BAG 22.10.2015 – 2 AZR 569/14, NZA 2016, 417 Rn. 22; 29.8.2013 – 2 AZR 273/12, NZA 2014, 533 Rn. 29, 32.
[439] BAG 23.5.2013 – 2 AZR 54/12, NZA 2013, 1197 Rn. 39; 29.8.2013 – 2 AZR 273/12, NZA 2014, 533 Rn. 29.
[440] BAG 29.8.2013 – 2 AZR 273/12, NZA 2014, 533 Rn. 32; LAG Düsseldorf 25.1.1993 – 19 Sa 1360/92, LAGE § 626 BGB Nr. 70.
[441] BAG 12.11.1992 – 8 AZR 503/91, NZA 1993, 500; 29.8.2013 – 2 AZR 273/12, NZA 2014, 533 Rn. 34.
[442] BAG 29.8.2013 – 2 AZR 273/12, NZA 2014, 533 Rn. 34; vgl. auch BGH 6.12.2006 – IV ZR 34/05, NJW-RR 2007, 382 Rn. 15; 27.9.1989 – IV a ZR 156/88, NJW-RR 1990, 160 (161).
[443] *Hromadka* DB 1995, 1609 (1610); MHdB ArbR/*Reichold* § 40 Rn. 33; *Richter* DB 1989, 2430. Eine Änderungsschutzklage nach § 2 iVm § 4 S. 2 KSchG kann der Arbeitnehmer allerdings nicht erheben, da diese eine (wirksame) Änderungskündigung voraussetzt, vgl. BAG 19.7.2012 – 2 AZR 25/11, NZA 2012, 1038 Rn. 21.
[444] BAG 1.8.2001 – 4 AZR 129/00, NZA 2003, 924 (927); 18.3.2009 – 10 AZR 281/08, NZA 2009, 601 Rn. 15; 25.11.2009 – 10 AZR 779/08, NZA 2010, 283.
[445] BAG 22.2.2012 – 5 AZR 249/11, NZA 2012, 858 Rn. 24; LAG Hamm 17.3.2016 – 17 Sa 1660/15 Rn. 150; *Boemke* NZA 2013, 6; *Kühn* NZA 2015, 10 (12); *Preis* NZA 2015, 1 (7).

es sich bei den Weisungen um einseitige, empfangsbedürftige Willenserklärungen – also um Rechtsgeschäfte – handelt,[446] ist § 134 BGB einschlägig. Danach ist ein Rechtsgeschäft, das gegen ein **gesetzliches Verbot verstößt,** unwirksam, wenn sich nicht aus dem Gesetz ein anderes ergibt. Gesetz im Sinne des BGB ist nach Art. 2 EGBGB **jede Rechtsnorm** im materiellen Sinne.[447] Dazu gehören neben förmlichen Parlamentsgesetzen und Rechtsverordnungen auch kollektivvertragliche Regelungen[448] aus Tarifverträgen[449] und Betriebsvereinbarungen,[450] soweit sie normativ, dh mit Gesetzeskraft gelten. Das ist bei Betriebsvereinbarungen wegen § 77 Abs. 4 BetrVG stets der Fall, bei Tarifverträgen nur bei beiderseitiger Tarifgebundenheit oder Allgemeinverbindlichkeit.

133　　Ob eine Norm ein gesetzliches Verbot iSd § 134 BGB enthält, ist durch **Auslegung** zu ermitteln.[451] Entscheidend ist, ob sich das **Verbotsgesetz** nur **gegen** den Abschluss des Geschäfts oder auch gegen **seine privatrechtliche Wirksamkeit** und damit gegen seinen wirtschaftlichen Erfolg wendet.[452] Das bemisst sich nach dem Zweck des Verbots.[453] Bliebe dieser bei Wirksamkeit **des verbotenen Geschäfts** unerreicht, ist davon auszugehen, dass ein Verstoß die Nichtigkeit des verbotswidrigen Rechtsgeschäfts nach sich ziehen soll.[454] Einen ersten Anhaltspunkt liefert die sprachliche Fassung der Norm. So kann etwa die Wendung „soll nicht" auf eine bloße Ordnungsvorschrift hindeuten, die die Wirksamkeit eines Rechtsgeschäfts unberührt lässt,[455] ein „ist unzulässig" oder „ist unwirksam" dagegen auf eine Einschränkung der Gestaltungsmacht.[456] **Richtet sich eine Verbotsvorschrift gegen beide** Teile, ist in der Regel anzunehmen, dass das Rechtsgeschäft nach § 134 BGB unwirksam ist,[457] vor allem wenn die Handlung für beide Parteien mit **Strafe oder Bußgeld** bedroht ist.[458] Ist das Rechtsgeschäft nur für einen Teil verboten, ist das verbotswidrige Geschäft regelmäßig gültig, insbesondere dann, wenn der Gesetzesverstoß ein bloßes Internum in der Sphäre einer Partei bleibt. Trifft das Verbot nur die äußeren Umstände des rechtsgeschäftlichen Handelns, so ist das Rechtsgeschäft idR gültig.[459] § 134 BGB begründet als Auslegungsregel die **Vermutung,** dass der Gesetzesverstoß das Rechtsgeschäft **unwirksam** macht.[460] Vorschriften, die dem Schutze des Arbeitnehmers dienen, begründen in der Regel die **Unbeachtlichkeit** einer entgegenstehenden **Weisung.**[461]

134　**bb) Subjektives Element.** Die Weisung ist **auch dann unwirksam,** wenn **weder der anweisende Matrixmanager** noch der **angewiesene Arbeitnehmer** vom Bestehen des

---

[446] BAG 16.4.2015 – 6 AZR 242/14, NZA-RR 2015, 532 Rn. 24 mwN; LAG Berlin 29.11.1999 – 9 Sa 1277/99, NZA-RR 2000, 131, 133; *Hromadka* DB 1995, 1610; AR/*Kolbe* GewO § 106 Rn. 6; *Boemke/Keßler* GewO § 106 Rn. 6; HWK/*Lembke* GewO § 106 Rn. 6; vgl. auch MüKoBGB/*Würdinger* § 315 Rn. 34; Palandt/*Grüneberg* BGB § 315 Rn. 11; aA geschäftsähnliche Handlung oder Realakt, vgl. MünchArbR/*Richardi* § 7 Rn. 57; *Bötticher* AuR 1967, 321 (325); *Frey* DB 1964, 298.
[447] Palandt/*Ellenberger* BGB § 134 Rn. 2; BeckOK BGB/*Wendtland* BGB § 134 Rn. 5.
[448] ErfK/*Preis* GewO § 106 Rn. 4.
[449] Palandt/*Ellenberger* BGB § 134 Rn. 2; BeckOK BGB/*Wendtland* BGB § 134 Rn. 6; aA Erman/*Arnold* BGB § 134 Rn. 9; vgl. auch BGH NJW 2000, 1186 (1187).
[450] BAG 14.5.2013 – 1 AZR 44/12, AP BetrVG 1972 § 75 Nr. 59; aA Erman/*Arnold* BGB § 134 Rn. 9.
[451] BGH 10.7.1991 – VIII ZR 296/90, NJW 1991, 2955 Rn. 20; Palandt/*Ellenberger* BGB § 134 Rn. 7.
[452] BGH 17.6.2004 – III ZR 271/03, NJW-RR 2004, 1545 (1546).
[453] BGH 14.12.1999 – X ZR 34/98, NJW 2000, 1186 (1187).
[454] BGH 21.10.2010 – IX ZR 48/10, NJW 2011, 373 (374); Jauernig/*Mansel* BGB § 134 Rn. 8 ff.; *Monreal* DNotZ 2015, 173 (177).
[455] Palandt/*Ellenberger* BGB § 134 Rn. 6a.
[456] Palandt/*Ellenberger* BGB § 134 Rn. 6a.
[457] StRspr, vgl. BGH 9.10.1980 – VII ZR 332/79, NJW 1981, 224; 10.7.1991 – VIII ZR 296/90, NJW 1991, 2955; 14.12.1999 – X ZR 34/98, NJW 2000, 1186.
[458] BGH 12.7.1962 – VII ZR 28/61, BGHZ 37, 365; 12.1.1970 – VII ZR 48/68, BGHZ 53, 157; 10.7.1991 – VII ZR 296/90, BGHZ 115, 123; Palandt/*Ellenberger* BGB § 134 Rn. 8.
[459] Jauernig/*Mansel* BGB § 134 Rn. 9. Beispiel: Verkauf außerhalb der gesetzlichen Ladenschlusszeit.
[460] Str.; wie hier Palandt/*Ellenberger* BGB § 134 Rn. 78; Staudinger/*Sack/Seibl* BGB § 134 Rn. 58 f.
[461] BAG 25.1.2001 – 8 AZR 465/00, NZA 2001, 653; *Birk* Leitungsmacht S. 349.

Verbotsgesetzes **wissen.** Das gilt jedenfalls dann, wenn Sinn und Zweck des Verbots dies erfordern.[462] § 134 BGB statuiert die Nichtigkeit nicht als Strafe, sondern verwehrt mit der Rechtsordnung unverträglichen Rechtsgeschäften die Wirksamkeit. Dafür ist die **Kenntnis des Verbots idR irrelevant.**[463]

Freilich wird ein Arbeitnehmer die rechtswidrige Anweisung eines Matrixmanagers nur dann nicht befolgen, wenn ihm das Verbot, gegen das die Anordnung verstößt, bekannt ist. Eine andere Frage ist, ob dem Arbeitnehmer **Sanktionen drohen,** wenn er in Unkenntnis des Verbots eine Weisung befolgt. Das hängt von der jeweiligen Sanktion ab. Die **strafrechtliche Verantwortlichkeit** kann sich bei fehlender Kenntnis der Verbotsnorm auf eine Haftung zumindest für fahrlässiges Verhalten beschränken (§ 16 Abs. 1 StGB). Verantwortlich bleibt er, wenn er die Strafbarkeit seines Tuns bei einer „Parallelwertung in der Laiensphäre" hätte erkennen und sein Verhalten daraufhin ändern können, indem er die Anordnung nicht befolgt, sondern zurückweist. Ein Handeln auf Weisung oder Befehl befreit ihn nicht von eigener Verantwortlichkeit (→ Rn. 145 ff.). Eine **Abmahnung** oder gar eine **Kündigung** kommen ebenfalls nur in Betracht, wenn dem Arbeitnehmer die Unkenntnis vorgeworfen werden kann. Das kann sie dann nicht, wenn sich der Arbeitnehmer in einem unverschuldeten Rechtsirrtum befindet.[464] Unverschuldet ist dieser allerdings nur, wenn ihn der Arbeitnehmer auch unter Anwendung der zu beachtenden Sorgfalt nicht erkennen konnte.[465] Hierfür gelten strenge Maßstäbe (→ Rn. 150 ff.).[466] 135

cc) Ausländisches Recht. Unverbindlich ist die Weisung nach § 134 BGB nur, wenn sie gegen eine **in Deutschland unmittelbar geltende Verbotsnorm** verstößt.[467] Verstöße gegen ausländische Verbote werden von § 134 BGB nicht erfasst. Die im Ausland geltende Vorschrift ist aber dann beachtlich, wenn auf das Rechtsverhältnis kraft kollisionsrechtlicher Verweisung ausländisches Sachrecht anwendbar ist (→ Rn. 774 ff.). Das ist noch nicht allein deshalb der Fall, wenn der Matrixmanager Anweisungen aus dem Ausland erteilt und der Angewiesene seine Tätigkeit im Wesentlichen in Deutschland erbringt (→ Rn. 791)[468]. Ob der Verstoß zur Unwirksamkeit der Weisung nach ausländischem Recht führt, entscheidet dieses, nicht das deutsche Recht. 136

Ist deutsches Recht anwendbar, kann sich die **Unwirksamkeit** einer **Weisung, die gegen ausländisches Recht verstößt,** auch aus **§ 138 BGB** ergeben.[469] Das betrifft das Problem der „Eingriffsnormen". Deren Anwendbarkeit bestimmt sich unabhängig vom Vertragsstatut. Einzelheiten regelt Art. 9 Rom I-VO (→ Rn. 825). Eine Unwirksamkeit nach § 138 BGB nimmt die Rechtsprechung an, wenn die ausländische Verbotsnorm auch deutsche Interessen schützt oder wenn deren Umgehung „allgemein zu achtenden Interessen aller Völker zuwiderläuft"[470]. Ob das zu bejahen ist, kann nur im Einzelfall 137

---

[462] Allgemein zur Unbeachtlich des subj. Elements für die Unwirksamkeit eines Rechtsgeschäfts nach § 134 BGB, BGH 11.12.1991 – VIII ZR 4/91, NJW 1992, 737 (740); 25.3.1993 – IX ZR 192/92, NJW 1993, 1638 (1640); MüKoBGB/*Armbrüster* § 134 Rn. 110; *Canaris* Vertrauenshaftung S. 23; Jauernig/ *Mansel* BGB § 134 Rn. 8.
[463] MüKoBGB/*Armbrüster* § 134 Rn. 110.
[464] BAG 14.2.1978 – 1 AZR 76/76, AP GG Art. 9 Arbeitskampf Nr. 58 Rn. 33.
[465] BAG 15.12.2016 – 2 AZR 42/16, NZA 2017, 703 Rn. 16.
[466] BAG 22.10.2015 – 2 AZR 569/14, NZA 2016, 417.
[467] BGH 22.6.1972 – II ZR 113/70, NJW 1972, 1575 (1576); 29.9.1977 – III ZR 164/75, NJW 1977, 2356; MüKoBGB/*Armbrüster* § 134 Rn. 40; Staudinger/*Sack*/*Fischinger* BGB § 138 Rn. 740; *Medicus* BGB AT Rn. 658; Staudinger/*Sack*/*Seibl* BGB § 134 Rn. 48; BeckOK/*Wendtland* BGB § 134 Rn. 6.
[468] Dies ist im Schuldvertragsrecht jedenfalls dann der Fall, wenn deutsches Recht vereinbart ist und der sonstige Sachverhalt ausschließlich Bezüge zu einem anderen Staat aufweist (Art. 3 Abs. 4 Rom I-VO; Art. 27 Abs. 3 EGBGB aF; MüKoBGB/*Armbrüster* § 134 Rn. 7).
[469] MüKoBGB/*Armbrüster* § 134 Rn. 40 und § 138 BGB Rn. 17; Staudinger/*Sack*/*Fischinger* BGB § 138 Rn. 742 mwN; BeckOK BGB/*Wendtland* BGB § 134 Rn. 6.
[470] BGH 22.6.1972 – II ZR 113/70, NJW 1972, 1575, 1576; 29.9.1977 – III ZR 164/75, NJW 1977, 2356.

entschieden werden. Es wäre jedenfalls bedenklich, jeden Verstoß, der nicht unter § 134 BGB fällt, stets nach § 138 BGB zu ahnden.[471] Das gilt umso mehr, als für die Konkretisierung der Sittenwidrigkeit nicht ausländische, sondern inländische Maßstäbe gelten.[472] Nicht anzuerkennen sind deshalb ausländische Gesetze, die inländischen Rechtsvorstellungen widersprechen[473] oder aus handelspolitischen Gründen zur Schädigung der deutschen Wirtschaft erlassen wurden.[474]

138   **Sittenwidrig** sind dagegen Anweisungen, die ein **Ausfuhrverbot** verletzen, das dem Schutz des nationalen Kulturguts des Auslands dient[475], oder zum Verstoß gegen ausländische Zoll- oder Einfuhrbestimmungen auffordern und damit unmittelbar auf die Förderung (gewerbsmäßigen) Schmuggels abzielen[476] oder die zur **Bestechung** eines ausländischen Amtsträgers auffordern,[477] soweit die Anweisung nicht bereits wegen Verstoßes gegen §§ 332 ff., 335a StGB nach § 134 BGB unwirksam ist.[478] Sittenwidrig und damit unbeachtlich können schließlich auch Anweisungen sein, wenn sie gegen **Embargovorschriften des Auslands** verstoßen. Das gilt jedenfalls dann, wenn das Embargo auch den deutschen Interessen dient.[479] Geht dagegen eine Embargobestimmung weit über diejenigen Interessen Deutschlands oder der EU hinaus, begründet ein Verstoß selbst dann nicht die Sittenwidrigkeit nach deutschem Recht, wenn ein Unternehmen mittelbar betroffen ist, weil die Muttergesellschaft in dem Land ansässig ist, das das Embargo erlassen hat.[480] Eine Sonderregelung findet sich in § 31 AWG.[481]

139   Umgekehrt gilt: Weist ein Anweisungsfall nur einen Bezug zum Inland auf, lässt sich § 138 BGB nicht durch eine kollisionsrechtliche Rechtswahlvereinbarung ausschalten.[482] Die **Abbedingung zwingender Vorschriften des deutschen Rechts** ist im **reinen Binnensachverhalt** nach Art. 3 Abs. 3 Rom I-VO **ausgeschlossen,** im Rahmen von Arbeitsverträgen nach Art. 8 Abs. 1 S. 2 Rom I-VO, wenn deutsches Recht objektives Vertragsstatut ist.[483] Anderes gilt, wenn ein Anweisungsfall einen Auslandsbezug aufweist (→ Rn. 772). Die Parteien können dann zwar grundsätzlich ein gegenüber den deutschen Vorschriften weniger strenges Recht vereinbaren.[484] Eine Grenze zieht aber der **ordre public-Vorbehalt** des Art. 6 EGBGB und Art. 8 Rom I-VO (→ Rn. 822).[485]

---

[471] BGH 29.9.1977 – III ZR 164/75, NJW 1977, 2356; MüKoBGB/*Armbrüster* § 138 BGB Rn. 17.

[472] BGH 29.9.1977 – III ZR 164/75, NJW 1977, 2356; 22.4.1997 – 1 StR 701/96, NJW 1997, 2689; MüKoBGB/*Armbrüster* § 138 BGB Rn. 16.

[473] BGH 29.9.1977 – III ZR 164/75, NJW 1977, 2356 (verbotene Fluchthilfe aus der DDR).

[474] BGH 21.12.1960 – VIII ZR 1/60, BGHZ 34, 169 (176f.); Staudinger/*Sack*/*Fischinger* BGB § 138 Rn. 742 mwN.

[475] BGH 22.6.1972 – II ZR 113/70, NJW 1972, 1575 – Nigerianische Masken; MüKoBGB/*Armbrüster* § 138 Rn. 17; Staudinger/*Sack*/*Fischinger* BGB § 138 Rn. 744 mwN.

[476] So schon RGZ 96, 282f.; RG JW 1920, 1027; 1924, 1359; 1926, 2169; 1927, 2287; 1929, 244; 1931, 928, 930; OLG Köln 29.5.1956 – 4 U 221/55, MDR 1957, 34; aA OLG Hamburg 6.5.1993 – 6 U 3/93, RIW 1994, 686, 687: keine Sittenwidrigkeit, wenn die Einfuhrbestimmungen allein handelspolitischen Beschränkungen des freien Warenverkehrs, fiskalischen Interessen an der Erlangung von Einfuhrzoll sowie der Verhinderung verschleierten Devisentransfers ins Ausland dienen. Diese Ansicht übersieht, dass alle Staaten in irgendeiner Weise Zoll- und Einfuhrbestimmungen vorsehen; daher mit Recht aA (zu § 826 BGB) BGH 20.11.1990 – VI ZR 6/90, NJW 1991, 634 (635); ebenso Staudinger/*Sack*/*Fischinger* BGB § 138 Rn. 746 mwN.

[477] BGH 8.5.1985 – IVa ZR 138/83, BGHZ 94, 268, 272f.; OLG Hamburg 8.2.1991 – 1 U 134/87, NJW 1992, 635, *Hönn*, GS Geck, 1989, 321 (336); Palandt/*Ellenberger* BGB § 138 Rn. 43.

[478] Staudinger/*Sack*/*Fischinger* BGB § 138 Rn. 750. Dagegen kann die Anweisung zu einer Schmiergeldzahlung an Privatpersonen im Ausland – vorbehaltlich einer Verbotswidrigkeit nach § 299 StGB nF – wirksam sein, wenn solches dort üblich ist, MüKoBGB/*Armbrüster* § 138 Rn. 18.

[479] BGH 21.12.1960 – VIII ZR 1/60, BGHZ 34, 169 (177); 24.5.1962 – II ZR 199/60, NJW 1962, 1436 (1437); MüKoBGB/*Armbrüster* § 138 Rn. 17.

[480] Vgl. zB LG Hamburg 3.12.2014 – 401 HKO 7/14, VersR 2015, 1024 (1025) mAnm *Looschelders* (Lieferung von Lakritzpulver in den Iran entgegen eines Embargos der USA); Staudinger/*Sack*/*Fischinger* BGB § 138 Rn. 745.

[481] Dazu *Hönn* GS Geck, 1989, S. 321 (332).

[482] MüKoBGB/*Armbrüster* § 138 Rn. 19.

[483] *Mülbert*/*Bruinier* WM 2005, 105 (115f.).

[484] MüKoBGB/*Armbrüster* § 138 Rn. 19.

Dem Arbeitgeber steht es frei anzuordnen, dass Weisungen, die ausländischen Verboten 140
widersprechen, auch dann nicht befolgt werden dürfen, wenn sie in Deutschland weder
nach § 134 BGB noch nach § 138 BGB unwirksam sind. Das kann kraft arbeitsvertraglichen Direktionsrechts geschehen (§ 611a Abs. 1 S. 2 BGB, § 106 GewO): entweder allgemein durch Richtlinien oder durch eine Weisung im konkreten Einzelfall. Die darin liegende **„Verschärfung" der Rechtslage** ist nicht unbillig iSd § 315 BGB. Denn dafür kann es gute Gründe geben. Der Arbeitgeber kann beispielsweise ein Interesse daran haben, dass eine weltweit gültige Compliance-Richtlinie (→ Rn. 181 ff.) auch in Deutschland umgesetzt wird, weil er bei Rechtsverstößen um sein Image fürchtet, auch und gerade im Ausland. Der Arbeitgeber kann nicht nur die Befolgung, sondern auch die Erteilung von Weisungen verbieten, jedenfalls soweit er befugt ist, dem Matrixmanager Anordnungen zu erteilen. Das ist der Fall, wenn er bei ihm als Arbeitnehmer angestellt ist (→ Rn. 98).

dd) Weitere Rechtsfolgen. Rechtswidrige Weisungen braucht der Arbeitnehmer nicht 141
zu befolgen.[486] Überschreitet der Anweisende die Grenzen des Direktionsrechts, kann der
Arbeitnehmer regelmäßig die Arbeit verweigern, ohne dass der Arbeitgeber deshalb zur
Abmahnung oder gar zu Kündigung berechtigt ist.[487] Die hM bejaht in diesen Fällen ein
Leistungsverweigerungsrecht. Dieses lässt sich aber weder auf § 273 BGB, noch auf
§ 275 Abs. 3 BGB, noch auf § 320 BGB stützen[488]. Es ergibt sich vielmehr daraus, dass
eine gegen § 106 GewO verstoßende Weisung von vornherein nicht geeignet ist, die vertragliche Leistungspflicht des Arbeitnehmers zu konkretisieren.[489] Da kein Anspruch auf
die angeordnete Tätigkeit entstanden ist, ist die Berufung auf ein Leistungsverweigerungsrecht überflüssig.

Mitunter kann die **Rechtswidrigkeit** einer Weisung **zweifelhaft** sein. Dies zutreffend 142
zu beurteilen, wird den Arbeitnehmer nicht selten überfordern. Trotzdem trägt er und
nicht der Arbeitgeber das **Risiko einer Fehlbeurteilung.**[490] Das wird seit langem kritisiert,[491] weil an sich dem Arbeitgeber die Darlegungs- und Beweislast für das Vorliegen
der Voraussetzungen des § 106 GewO obliegt.[492] Die Unwirksamkeit einer Weisung kann
der Arbeitnehmer zwar im Wege der allgemeinen Feststellungsklage (§ 256 ZPO) geltend
machen.[493] Einen Anspruch darauf, dass der Arbeitgeber die Zuweisung einer vertraglich
nicht geschuldeten Arbeit oder eine nicht vertragsgemäße Beschäftigung bis zu einer Entscheidung des Gerichts unterlässt, hat der Arbeitnehmer jedoch nicht. Deshalb fehlt einer
entsprechenden einstweiligen Verfügung sowohl der Verfügungsanspruch als auch der Verfügungsgrund. Eine „Feststellungsverfügung" kennt das ArbGG nicht.[494]

---

[485] *Mülbert/Bruinier* WM 2005, 105 (109 ff.).
[486] BAG 22.2.2012 – 5 AZR 249/11, NZA 2012, 858 Rn. 24; 14.5.2013 – 1 AZR 44/12, NZA 2013, 1160 (1362); LAG Hamm 17.3.2016, BeckRS 2016, 68957 Rn. 150; *Boemke* NZA 2013, 6; *Kühn* NZA 2015, 10 (12); *Preis* NZA 2015, 1 (7).
[487] *Birk* Leitungsmacht S. 415; BeckOK GewO/*Hoffmann/Schulte* § 106 Rn. 117; MHdB ArbR/*Reichold* § 40 Rn. 31; BeckOK ArbR/*Tillmanns* GewO § 106 Rn. 57.
[488] Ebenso MHdB ArbR/*Reichold* § 40 Rn. 31; BeckOK ArbR/*Tillmanns* GewO § 106 Rn. 57; aA BAG 19.2.1997 – 5 AZR 982/94, NZA 1997, 821; 17.2.1998 – 9 AZR 130/97 – NZA 1999, 33, 34; BeckOK GewO/*Hoffmann/Schulte* § 106 Rn. 117.
[489] Ebenso AR/*Kolbe* GewO § 106 Rn. 63; BeckOK ArbR/*Tillmanns* GewO § 106 Rn. 57.
[490] BAG 22.10.2015 – 2 AZR 569/14, NZA 2016, 417 Rn. 22; 29.8.2013 – 2 AZR 273/12, NZA 2014, 533 Rn. 32; LAG Düsseldorf 25.1.1993 – 19 Sa 1360/92, LAGE § 626 BGB Nr. 70.
[491] *Birk* Leitungsmacht S. 416 ff.; BeckOK ArbR/*Tillmanns* GewO § 106 Rn. 57; vgl. auch AR/*Kolbe* GewO § 106 Rn. 65, der den Irrtum im Rahmen der bei einer verhaltensbedingten Kündigung vorzunehmenden Interessenabwägung zugunsten des Arbeitnehmers berücksichtigen will.
[492] BAG 13.3.2007 – 9 AZR 433/06, AP BGB § 307 Nr. 26 Rn. 81.
[493] Für diese gilt nicht die Frist des § 4 KSchG, sondern nur die allgemeine Grenze der Verwirkung BAG 12.12.2006 – 9 AZR 747/06, NZA 2007, 396.
[494] LAG MV 29.6.2006, BeckRS 2011, 67565; LAG Köln 10.2.2017 – 4 SaGa 3/17, BeckRS 2017, 104749; dazu *Preis* NZA 2015, 1 (4 f.).

143 Beharrt der Matrixmanager auf seiner Weisung, behält der Arbeitnehmer, der nur zu den geschuldeten und erlaubten Diensten bereit ist, den Anspruch auf die Gegenleistung, weil der Arbeitgeber in **Annahmeverzug** gerät (§ 615 S. 1 BGB).[495] Da es beim Annahmeverzug weder auf ein Verschulden noch auf die Kenntnis des Gläubigers von irgendwelchen Umständen ankommt, wird der Arbeitgeber nicht damit gehört, dass ihm die Überschreitung des Weisungsrechts durch den Matrixmanager unbekannt war oder er ihm eingeschärft hatte, nur rechtmäßige Weisungen zu erteilen. Der **Arbeitnehmer** wird aber gehalten sein, den **Matrixmanager auf die Überschreitung aufmerksam zu machen,** damit er eine neue, rechtmäßige Weisung erteilen kann.[496]

c) Verweigerungspflicht?

144 Eine andere Frage ist, ob der **Arbeitnehmer** rechtswidrige Weisungen, zu deren Befolgung er nicht gezwungen werden kann, zumindest ausführen darf oder ob ihn nicht vielmehr eine **Verweigerungspflicht trifft.** Die hM geht mit Recht von letzterem aus.[497] Bei Weisungen, die Straf- und Bußgeldvorschriften verletzen, leuchtet das unmittelbar ein. Aber auch Weisungen, die aus anderen Gründen rechtswidrig sind, dürfen nicht befolgt werden. Das gilt zumindest dann, wenn der Arbeitgeber kraft Direktionsrechts ein entsprechendes Verbot erlassen hat. Denn dieses genießt stets den Vorrang vor einer Anweisung durch den Matrixmanager. Der Arbeitnehmer verhält sich also selbst rechtswidrig, wenn er eine rechtswidrige Weisung befolgt, weshalb ihn auch Sanktionen treffen können. Ob bei ihrer Verhängung zu seinen Gunsten berücksichtigt werden darf, dass er auf Anweisung gehandelt hat, bestimmt das Strafrecht etwas anders als das Arbeitsrecht.

145 **aa) Straf- und Ordnungswidrigkeitenrecht.** Wen eine straf- oder bußgeldrechtliche Sanktion trifft, ergibt sich aus der Norm, gegen die verstoßen wurde.[498] Vorschriften, die dem Schutze des Arbeitnehmers dienen, richten ihre Sanktion meist nur gegen den Arbeitgeber.[499] Ist dieser – wie im Regelfall größerer Unternehmen – keine natürliche Person, bestimmen § 14 StGB und § 9 OWiG den Verantwortlichen. Das kann unter Umständen **auch ein Matrixmanager** sein, der Anweisungen erteilt, wenn er als Beauftragter des Unternehmens handelt, an das sich die Norm an sich richtet. An die **Beauftragung** im Sinne des **§ 14 Abs. 2 Nr. 2 StGB** sind indes **strenge Anforderungen** zu stellen, da hierdurch eine persönliche Normadressatenstellung des Beauftragten begründet wird, die ihm (strafbewehrt) die Erfüllung betriebsbezogener Pflichten überbürdet. Die Beauftragung muss daher **zweifelsfrei** erfolgen und **ausreichend konkret** sein, damit für den Beauftragten das Ausmaß der von ihm zu erfüllenden Pflichten eindeutig erkennbar ist.[500] Die **bloße Einräumung von Leitungsbefugnissen als Fachvorgesetzter** reicht hierfür allerdings ebenso wenig aus wie die Einbeziehung in eine unternehmerische Mitverantwortung.[501] Vielmehr müssen **gesetzliche Arbeitgeberpflichten in die eigenverantwortliche Entscheidungsgewalt des Beauftragten übergehen.**[502] Das beurteilt sich im Einzelfall nicht zuletzt danach, ob überhaupt eine sachliche Notwendigkeit für eine derart weitgehende Aufgabenübertragung besteht. Je

---

[495] BAG 14.5.2013 – 1 AZR 44/12, NZA 2013, 1160 (1162); BeckOK ArbR/*Tillmanns* GewO § 106 Rn. 57.
[496] *Busemann* ZTR 2015, 63 (70); Schaub ArbR-HdB/*Linck* § 45 Rn. 19a; MHdB ArbR/*Reichold* § 40 Rn. 31. BeckOK ArbR/*Tillmanns* GewO § 106 Rn. 57.
[497] Ebenso AR/*Kolbe* GewO § 106 Rn. 64; *Kolbe* NZA 2009, 228; für strafbare Handlung auch *Birk* Leitungsmacht S. 359 f.
[498] Instruktiv BAG 25.1.2001 – 8 AZR 465/00, NZA 2001, 653 Rn. 17.
[499] Beispiel hierfür ist das Arbeitszeitrecht. Die §§ 22, 23 ArbZG richten sich nur gegen den Arbeitgeber.
[500] BGH 12.9.2012 – 5 StR 363/12, NStZ 2013, 408 Rn. 14 ff.; 7.4.2016 – 5 StR 332/15, NStZ 2016, 460 Rn. 16.
[501] BGH 12.9.2012 – 5 StR 363/12, NStZ 2013, 408 Rn. 15; NK-StGB/*Marxen*/*Böse* § 14 Rn. 60.
[502] BGH 12.9.2012 – 5 StR 363/12, NStZ 2013, 408 Rn. 14; Satzger/Schmitt/Widmaier/*Bosch* StGB § 14 Rn. 16.

weniger eine solche erkennbar ist, umso ferner liegt es, eine Übertragung genuiner Arbeitgeberpflichten anzunehmen.[503] Allerdings sind Straf- und Bußgeldvorschriften zuweilen nicht nur an den Arbeitgeber, sondern auch unmittelbar an den Arbeitnehmer adressiert.[504] Dann haftet der dagegen verstoßende Mitarbeiter direkt.

Straf- und Bußgeldvorschriften, die sich an jedermann richten, müssen selbstredend auch von Arbeitnehmern beachtet werden. Das gilt selbst dann, wenn ein Arbeitnehmer von seinem Vorgesetzten oder von einem Matrixmanager angewiesen wird, eine Straftat oder Ordnungswidrigkeit zu begehen.[505] Ein **Handeln auf Weisung beseitigt** im Grundsatz **nicht** die **straf- oder bußgeldrechtliche Verantwortlichkeit** des Angewiesenen. Das gilt schon deshalb, weil eine solche Weisung wegen Sittenwidrigkeit nach § 138 BGB unwirksam ist[506] und vom Arbeitnehmer nicht befolgt werden muss. Sie kann daher sein eigenes strafbares Verhalten nicht legitimieren. Befolgt er die Weisung trotzdem, macht er sich jedenfalls dann strafbar bzw. bußgeldpflichtig, wenn er freiwillig gehandelt hat. Von daher muss ein Arbeitnehmer seine eigene straf- und bußgeldrechtliche Verantwortlichkeit ernst nehmen und sich einem **rechtswidrigen Ansinnen** seines Vorgesetzten oder des Matrixmanagers **widersetzen**.[507]

Anders kann es allenfalls dann liegen, wenn der Mitarbeiter vom Vorgesetzten oder Matrixmanager **genötigt** wird, eine Straftat oder Ordnungswidrigkeit zu begehen, etwa indem man ihm bei Nichtbefolgung der entsprechenden Weisung mit einem empfindlichen Übel droht (§ 240 StGB). Ob in Fällen eines solchen **„Nötigungsnotstands"** die **Strafbarkeit wegen § 34 StGB entfällt,** wird **kontrovers** beurteilt.[508] Die wohl hM[509] verneint das. Wer unter Nötigungsdruck in ein fremdes Rechtsgut eingreift – wenn auch gezwungenermaßen –, stellt sich auf die Seite des Unrechts. Das kann die Rechtsordnung, wenn sie nicht auf eine elementare Voraussetzung ihres eigenen Geltungsanspruchs verzichten will, nicht billigen.[510] Andere Stimmen geben zu bedenken, dass auch ein „Nötigungsopfer" in Ansehung einer Gefahr iSd § 34 StGB handele. Eine vermittelnde Ansicht hält eine Rechtfertigung nach § 34 StGB für grundsätzlich möglich, erachtet den Umstand des „Nötigungsnotstandes" aber nur dann für rechtfertigend, wenn das angedrohte Übel besonders schwerwiegend ist (Tod, schwerwiegende Gesundheits- oder Freiheitsbeeinträchtigungen), die abgenötigte Handlung aber nur ein leichtes Delikt darstellt, das nicht mit Eingriffen in die körperliche Integrität oder persönliche Freiheit des Notstandsopfers verbunden ist, wie etwa einen Hausfriedensbruch.[511]

In allen anderen Fällen bleibt nur der Weg über den **entschuldigenden Notstand nach § 35 StGB**.[512] Dieser ist in praxi allerdings regelmäßig versperrt, weil sich auf ihn nur berufen kann, wer eine Gefahr für Leben, Leib und Freiheit abwenden will.[513] Daran

---

[503] Fehlt dem mit solchen Aufgaben Betrauten die eigene Entscheidungsfreiheit, dann handelt er nicht wie ein organschaftlicher Vertreter, BGH 12.9.2012 – 5 StR 363/12, NStZ 2013, 408 Rn. 14 mwN.
[504] Lenk- und Ruhezeiten im Güterkraftverkehr müssen von angestellten Fahrern eingehalten werden; die Bußgeldandrohungen (§ 8 Abs. 1 Nr. 2 FPersG iVm Art. 6 Abs. 1 und Art. 8 Abs. 1 Verordnung (EWG) Nr. 3820/85) richten sich unmittelbar gegen sie.
[505] BAG 25.1.2001 – 8 AZR 465/00, NZA 2001, 653; AR/*Kolbe* GewO § 106 Rn. 64; *Kolbe* NZA 2009, 228.
[506] BAG 25.1.2001 – 8 AZR 465/00, NZA 2001, 653; vgl. auch BAG 15.9.2009 – 9 AZR 757/08, NZA 2009, 1333; Palandt/*Ellenberger* BGB § 138 Rn. 42 mwN; ErfK/*Preis* GewO § 106 Rn. 4; *Birk* Leitungsmacht S. 360, stellt auf § 134 BGB ab; ebenso *Weber/Ehrich* BB 1996, 2246 (2247).
[507] Ebenso *Birk* Leitungsmacht S. 360; *Kolbe* NZA 2009, 228 (231).
[508] *Brand/Lenk* JuS 2013, 883ff.; *Bünemann/Hömpler* JURA 2010, 127; MüKoStGB/*Erb* § 34 Rn. 145f.
[509] Schönke/Schröder/*Perron* StGB § 34 Rn. 41b; MüKoStGB/*Erb* § 34 Rn. 144ff.; BeckOK StGB/*Momsen/Savic* § 34 Rn. 17.
[510] Ebenso Schönke/Schröder/*Perron* StGB § 34 Rn. 41b.
[511] BeckOK StGB/*Momsen/Savic* § 34 Rn. 17.
[512] BeckOK StGB/*Momsen/Savic* § 34 Rn. 17.
[513] Schönke/Schröder/*Perron* StGB § 354 Rn. 4 mwN; *Roxin* AT I § 22 Rn. 22ff.

wird es jedoch zumeist fehlen.[514] Wird der Arbeitnehmer „nur" **zur Begehung einer Ordnungswidrigkeit angehalten,** wird das zum Teil anders gesehen. Die Wertigkeit des Rechtsguts spielt bei dem dann einschlägigen § 16 OWiG keine Rolle. Als nicht ausdrücklich genannte „andere" von der Rechtsordnung geschützte Güter, auf die sich der Täter einer Ordnungswidrigkeit bußgeldbefreiend berufen kann, kommen vor allem berufliche und wirtschaftliche Interessen in Betracht.[515] Außerdem soll der entschuldigende Notstand auch annähernd gleich gravierende Drucksituationen erfassen. Die hM hält daher **Arbeitnehmer, die unter Androhung einer Kündigung** zu einer **Ordnungswidrigkeit** gedrängt werden, für **entschuldigt.**[516]

149 Hat der **Arbeitnehmer** in Befolgung einer Weisung eine Straftat oder Ordnungswidrigkeit begangen, muss er die gegen ihn verhängte **Sanktion grundsätzlich selbst auf** sich **nehmen.** Freilich ist die Erstattung einer von ihm getragenen Geldstrafe oder Geldbuße nicht verboten.[517] Es ist auch nicht strafbar, einem Täter im Voraus die zur Zahlung der Strafe oder Geldbuße erforderlichen Geldmittel zur Verfügung zu stellen.[518] Allerdings wird die **Zusage des Arbeitgebers,** dem Arbeitnehmer bei der Arbeitsausübung auferlegte Geldstrafen oder Geldbußen **zu übernehmen,** regelmäßig **gegen die guten Sitten verstoßen,** weil sie dem Zweck von Straf- und Bußgeldvorschriften zuwiderläuft und geeignet ist, die Hemmschwelle des Arbeitnehmers, Straftaten oder Ordnungswidrigkeiten zu begehen, herabzusetzen. Die Verleitung zu einer solchen Tat kann auch die Allgemeinheit gefährden. Das kann die Rechtsordnung nicht hinnehmen.[519]

150 **bb) Arbeitsrecht.** Die Begehung einer Straftat oder einer Ordnungswidrigkeit kann eine **verhaltensbedingte Kündigung** rechtfertigen, wenn der Arbeitnehmer damit zugleich seine vertraglichen Haupt- oder Nebenpflichten erheblich und in der Regel schuldhaft verletzt hat und eine dauerhaft störungsfreie Vertragserfüllung in Zukunft nicht mehr zu erwarten steht.[520] Maßgeblich ist dabei nicht die strafrechtliche Würdigung, sondern die Frage, ob der Arbeitnehmer seine **Pflicht zur Rücksichtnahme** auf die Interessen seines Arbeitgebers (§ 241 Abs. 2 BGB) **schuldhaft und erheblich verletzt hat.**[521] Daran fehlt es, wenn der Arbeitnehmer aus vertretbaren Gründen annehmen durfte, er handele nicht pflichtwidrig.[522]

151 Ob das zu bejahen ist, wenn ein Mitarbeiter von seinem Vorgesetzten oder von einem Matrixmanager zu einer strafbaren Handlung oder einer Ordnungswidrigkeit angewiesen wird, ist streitig.[523] Letztlich entscheiden die Umstände des Einzelfalles. Maßgeblich sind die **Erkennbarkeit der Rechtswidrigkeit** der Handlung, zu der der Mitarbeiter angewiesen wird, sowie die **Möglichkeit und Zumutbarkeit, sich** gleichwohl **rechtsgetreu zu verhalten,** dh beim Vorgesetzten selbst oder bei dessen Vorgesetzten zu remon-

---

[514] So soll eine Geschwindigkeitsüberschreitung nach § 16 OWiG gerechtfertigt sein, wenn der Fahrer durch Schläge vom Beifahrer dazu gezwungen wird, OLG Düsseldorf 20.2.1996 – 2 Ss (OWi) 3/96, NZV 1996, 250; Schönke/Schröder/*Perron* StGB § 34 Rn. 41b.
[515] KK-OWiG/*Rengier* § 16 Rn. 5.
[516] OLG Oldenburg, 16.5.1978 – Ss (OWi) 224/78, NJW 1978, 1869; BayObLG, 29.6.1994 – 3 ObOWi 54/94, NJW 1994, 2303 (2306); BayObLG 21.6.1999 – 3 ObOWi 49–99, NStZ-RR 1999, 312; KK-OWiG/*Rengier* OWiG § 16 Rn. 5; *Weber* ZStW 96 (1984), 376 (396f.); GK-BImSchG/*Weber* vor § 62 Rn. 122; aA NK-*Neumann* StGB § 34 Rn. 26.
[517] BAG 25.1.2001 – 8 AZR 465/00, NZA 2001, 653; vgl. weiter BGH 14.11.1996 – IX ZR 215/95, NJW 1997, 518 (519).
[518] BGH 7.11.1990 – 2 StR 439/90, BGHSt 37, 226.
[519] BAG 25.1.2001 – 8 AZR 465/00, NZA 2001, 653 Rn. 19; LAG Hamm 30.7.1990 – 19 (14) Sa 1824/89, NJW 1991, 861; *Holly/Friedhofen* NZA 1992, 145 (148ff., 153).
[520] BAG 9.6.2011 – 2 AZR 284/10, NZA-RR 2012, 12; 21.6.2012 – 2 AZR 694/11, NZA 2013, 199.
[521] BAG 21.6.2012 – 2 AZR 694/11, NZA 2013, 199.
[522] BAG 28.8.2008 – 2 AZR 15/07, NZA 2009, 193, 21.6.2012 – 2 AZR 694/11, NZA 2013, 199 (201).
[523] Bejahend *Kolbe* NZA 2009, 228 (230); eher verneinend BAG 21.6.2012 – 2 AZR 694/11, NZA 2013, 199 (201); ArbG München 2.10.2008 – 13 Ca 17197/07, NZA-RR 2009, 134.

strieren oder schlicht die Ausführung der Weisung zu verweigern.[524] Auf den Gesichtspunkt einer **rechtfertigenden Pflichtenkollision** kann sich der Mitarbeiter im Regelfall allerdings nicht berufen, weil die Anweisung, eine strafbare oder bußgeldbewährte Handlung zu begehen, wegen § 138 BGB unwirksam ist. Von daher besteht nur eine einzige Rechtspflicht, nämlich die strafbewährte Handlung zu unterlassen oder vorzunehmen.[525]

Gleichwohl gehen die wenigen Judikate zu diesem Problem überwiegend davon aus, dass dem auf Anweisung handelnden Arbeitnehmer jedenfalls solange **keine Pflichtwidrigkeit** vorgeworfen werden kann, wie er nicht **kollusiv** mit seinem Vorgesetzten zum Schaden des Arbeitgebers zusammenarbeitet.[526] Das soll sogar dann gelten, wenn der Vorgesetzte sich über unternehmensinterne Regelungen, wie zB Ethik-Richtlinien, Business Conduct Guidelines oder Social Media Vorschriften, hinwegsetzt, die der Arbeitgeber einseitig kraft seines Direktionsrechts aufgestellt hat. Kollidiert dann die konkrete Anweisung eines Vorgesetzten zu einer rechtwidrigen Handlung mit einer abstrakten Anweisung der Firmenleitung, ein bestimmtes Verhalten zu unterlassen, liegt der Gedanke einer wegen Perplexität unwirksamen Willenserklärung nahe. Diese Sichtweise ist aber zu formal. Im Regelfall kann, darf und muss der Mitarbeiter davon ausgehen, dass sein Vorgesetzter die allgemeinen Anweisungen berücksichtigt. Folglich muss er nur die „nähere", konkrete Weisung beachten. Diese ist aber, wie gesehen, wegen Verstoßes gegen höherrangiges Recht unwirksam und kann sein Verhalten nicht legitimieren.[527]

152

Zuweilen wird eine **Kündigung** auch aus dem Gesichtspunkt der Treuwidrigkeit (§ 242 BGB) für **unwirksam** gehalten. Treuwidrig ist eine Kündigung insbesondere dann, wenn sie gegen das Verbot **widersprüchlichen Verhaltens („venire contra factum proprium") verstößt.**[528] Das wird von der Rechtsprechung ua bejaht, wenn der Arbeitgeber das dem Arbeitnehmer vorgeworfene Verhalten selbst initiiert oder zumindest geduldet hat oder wenn er in sonstiger Weise vorwerfbar an der Entstehung des Kündigungsgrundes mitgewirkt hat.[529]

153

Ob sich der **Arbeitgeber** das **rechtswidrige Verhalten** seiner Führungskräfte und Matrixmanager **zurechnen lassen** muss, hängt von § 278 BGB ab. Das ist bei der Einschaltung von Führungspersonal, das Mitarbeitern Weisungen erteilen darf, grundsätzlich zu bejahen, weil sie als seine **Erfüllungsgehilfen** anzusehen sind.[530] Erforderlich ist zwar, dass die schuldhafte Handlung in einem inneren sachlichen Zusammenhang mit den Aufgaben steht, die der Schuldner dem Erfüllungsgehilfen im Hinblick auf die Vertragserfüllung zugewiesen hat, und nicht nur bei „Gelegenheit" der Aufgabenwahrnehmung geschieht.[531] Den notwendigen Zurechnungszusammenhang durchbrechen aber selbst vorsätzliche Straftaten nicht, solange sie nur im (vermeintlichen) Interesse des Arbeitgebers begangen werden.[532] Erst wenn der Vorgesetzte oder Matrixmanager mit dem Arbeitnehmer zum Nachteil des Arbeitgebers kollusiv zusammenwirkt, muss sich der Ar-

154

---

[524] *Kolbe* NZA 2009, 228 (230).
[525] Ebenso *Kolbe* NZA 2009, 228 (230).
[526] BAG 21.6.2012 – 2 AZR 694/11, NZA 2013, 199 (201); ArbG München 2.10.2008 – 13 Ca 17197/07, NZA-RR 2009, 134.
[527] Ebenso *Kolbe* NZA 2009, 228 (230).
[528] BAG 21.3.1980 – 7 AZR 314/78, DB 1980, 1701; 21.6.2012 – 2 AZR 694/11, NZA 2013, 199 (201); LAG Bremen 12.4.2011 – 1 Sa 36/09; LAG Hamm 24.4.2012 – 14 Sa 175/12, LAGE § 242 BGB Nr. 3; ArbG München 2.10.2008 – 13 Ca 17197/07, NZA-RR 2009, 134; KR/*Friedrich/Lipke* BGB § 242 Rn. 27; APS/*Preis* Grundl D Rn. 101.
[529] ArbG München 2.10.2008 – 13 Ca 17197/07, NZA-RR 2009, 134; KR/*Friedrich/Lipke* BGB § 242 Rn. 29; krit. *Kolbe* NZA 2009, 228 (230).
[530] BAG 16.5.2007 – 8 AZR 709/06, NZA 2007, 1154 (1161); 25.10.2007 – 8 AZR 593/06, NZA 2008, 223 (227).
[531] BAG 16.5.2007 – 8 AZR 709/06, NZA 2007, 1154 (1161); 25.10.2007 – 8 AZR 593/06, NZA 2008, 223 (227).
[532] BGH 11.10.1994 – XI ZR 238/93, NJW 1994, 3344 (3345); BGH 4.2.1997 – XI ZR 31/96, NJW 1997, 1360 (1361); BGH 15.3.2012 – III ZR 148/11, WM 2012, 837.

beitgeber dieses Verhalten nicht mehr nach § 278 BGB zurechnen lassen.[533] Dieses nachzuweisen, dürfte allerdings schwerfallen. Denn verteidigt sich ein Arbeitnehmer gegen eine verhaltensbedingte Kündigung mit der Behauptung, sein Verhalten sei durch die Erlaubnis des Arbeitgebers gerechtfertigt, trägt der Arbeitgeber nach der Rechtsprechung die Beweislast für das Nichtvorliegen des Rechtfertigungsgrundes im Rahmen des Kündigungsvorwurfs.[534]

3. Kompetenzwidrige Weisung

a) Unwirksamkeit der Weisung

155 Die Anweisung eines Matrixmanagers setzt ferner das Bestehen seiner Kompetenz voraus. Handelt er im Namen des Vertragsarbeitgebers als dessen Stellvertreter, ist eine **Anweisung ohne gehörige Vertretungsmacht** an sich **unwirksam** (§ 180 S. 1 BGB). Hat der Angewiesene dies nicht beanstandet oder ist er mit der Weisung einverstanden, findet über § 180 S. 2 BGB die Vorschrift des § 177 BGB Anwendung. Die Anweisung ist dann nur schwebend unwirksam und kann vom Vertragsarbeitgeber genehmigt werden. Wird sie genehmigt, ist sie vom Arbeitnehmer auszuführen. Wird sie verweigert, ist sie endgültig unwirksam und für den Arbeitnehmer unbeachtlich. Als Vertretungsmacht kommt vor allem eine Vollmacht in Betracht. Da sie formlos erteilt werden kann, kann sie sich auch aus der Stelle ergeben, die der Matrixmanager konkret bekleidet (→ Rn. 22). Dabei finden die Grundsätze über Rechtsscheinvollmachten Anwendung (→ Rn. 217 ff.).

b) Prüfungspflicht, Nichtbefolgung, Remonstration

156 Eine andere Frage ist, ob das Bestehen der Kompetenz zu prüfen und ihr Fehlen zu beanstanden ist. Das bejaht die hM **nur für die Geschäftsleitung einer Matrixgesellschaft**. Weist ein Matrixmanager die Geschäftsleitung einer Matrixgesellschaft zu einem bestimmten Verhalten an, so muss diese kontrollieren, ob sich die Weisung im Rahmen der dem Matrixmanager eingeräumten Vertretungsmacht bewegt. Überschreitet er sie, ist die Weisung rechtswidrig und darf von der Geschäftsleitung nicht ausgeführt werden[535]. Die Überschreitung ist anzuzeigen (→ Kap. 4 Rn. 158). Da sich die Geschäftsleitung nicht von vornherein darauf verlassen kann, dass die Weisungen eines Matrixmanagers – anders als die Beschlüsse der Gesellschafterversammlung in einer GmbH – in formeller Hinsicht ordnungsgemäß sind,[536] muss sie darauf bestehen, dass die Reichweite der Vertretungsmacht eindeutig definiert wird: sei es in der Vollmacht, sei es in der Satzung.

157 Ob **entsprechendes auch für Arbeitnehmer gilt,** die von einem Matrixmanager angewiesen werden, ist **zweifelhaft**. Arbeitnehmer unterliegen – anders als Vorstände und Geschäftsführer als Organwalter – keiner Legalitätspflicht, sondern haben **Weisungen ihrer Vorgesetzten zu befolgen.** Im Normalfall besteht auch keinerlei Grund, deren Vertretungsmacht anzuzweifeln. Üblicherweise ergibt sie sich schon aus der Stelle, die sie innerhalb der Betriebshierarchie bekleiden. Denn diese erfordert die Übertragung des Weisungsrechts gegenüber den ihnen unterstellten Mitarbeitern. Zuweilen wird sie in einem Stellenplan sogar ausdrücklich eingeräumt. Da all das den Arbeitnehmern regelmäßig bekannt ist, kommt auch die Nichtbefolgung von Anweisungen aus dem Gedanken des § 174 S. 1 BGB nicht in Betracht.

158 Nichts anderes gilt, wenn **Arbeitnehmer** der **Weisungsgewalt eines Matrixmanagers unterstellt** werden. Auf diesen Unterstellungsakt haben sie ohnehin keinen Einfluss.

---

[533] Das ist in Fällen „altruistischer" Korruptionsstrafbarkeit gerade nicht der Fall, so zutreffend *Kolbe* NZA 2009, 228 (230).
[534] LAG Bremen 12.4.2011 – 1 Sa 36/09, BeckRS 2013, 65669 Rn. 187; ebenso BAG 21.6.2012 – 2 AZR 694/11, NZA 2013, 199 (201).
[535] *Seibt/Wollenschläger* AG 2013, 229 (234, 242).
[536] Vgl. zu Gesellschafterbeschlüssen MüKoGmbHG/*Stephan/Tieves* § 37 Rn. 121.

Das gilt sowohl dann, wenn der Matrixmanager seine Weisungen im Namen des Vertragsarbeitgebers erteilt, als auch in Fällen einer Überlassung (→ Rn. 29 ff.), also dann, wenn der Matrixmanager Weisungen im Namen eines Dritten erteilt, dem die Arbeitsleistung zugutekommt. Stets wird dem Arbeitnehmer nur die Kompetenzeinräumung mitgeteilt.[537] Das muss nicht ausdrücklich geschehen, sondern kann sich auch aus den Umständen ergeben. Praktisch kann das zB dadurch erfolgen, dass ein Arbeitnehmer in ein neues Projektteam aufgenommen wird, das unter der Leitung eines Matrixmanagers steht. Denkbar ist auch, dass er nach einer Umstrukturierung infolge eines Unternehmenszukaufs einen Matrixmanager als neuen Vorgesetzten erhält.

Mit vollzogener Unterstellung **kann und muss der Arbeitnehmer davon ausgehen,** dass ihn der Matrixmanager anweisen darf.[538] Er hat deshalb weder Grund noch Anlass, genauer zu überprüfen, ob sich dessen Weisungen innerhalb der ihm eingeräumten Vertretungsmacht bewegen.[539] **Anderes** gilt allenfalls dann, wenn der Matrixmanager den Rahmen seiner **Vertretungsmacht** erheblich und für den Arbeitnehmer erkennbar **überschreitet.** Das kann der Fall sein, wenn er Weisungen zu Projekten erteilt, die ihm überhaupt nicht anvertraut wurden. Eine Pflicht zur Prüfung seiner Kompetenzen oder gar die Nichtbefolgung von Weisungen oder die Einleitung eines Remonstrationsverfahrens besteht aber nur ausnahmsweise. Sie könnte sich aus dem Gesichtspunkt der den Arbeitnehmer treffenden Schadensabwendungspflicht ergeben. Eine solche besteht aber nur hinsichtlich von Schäden, die dem Arbeitgeber konkret drohen – also zB bei nachteiligen Weisungen – und auch nur insoweit, als dem Arbeitnehmer ein Einschreiten möglich und zumutbar ist (→ Rn. 166 ff.). 159

4. Einander widersprechende Weisungen

Die für das Arbeitsverhältnis in Matrixorganisationen typische Aufspaltung des arbeitgeberseitigen Weisungsrechts auf mehrere Ausübungsberechtigte birgt die Gefahr, dass einander widersprechende Weisungen erteilt werden. Die Weisungen können **logisch inkonsistent** sein, so wenn Vorgesetzter A in derselben Angelegenheit das genaue Gegenteil von dem anordnet, was Vorgesetzter B bereits angeordnet hat. Sie können auch nur **faktisch unvereinbar** sein, wenn zB A etwas anordnet, was zu „tatsächlichen Konflikten" mit B führt.[540] Kollidieren können nicht nur konkrete Einzelweisungen von Vorgesetzten, die hierarchisch auf derselben Stufe stehen[541] – wie etwa die eines projektverantwortlichen Matrixmanagers mit der des an sich zuständige Fachvorgesetzten des Arbeitnehmers –, sondern auch solche von Personen unterschiedlichen Ranges, wie die eines Matrixmanagers mit der des zuständigen Geschäftsführers, Betriebsleiters oder Geschäftsgebietsverantwortlichen. Davon zu unterscheiden ist die **Kollision von Einzelweisungen und allgemeinen Richtlinien.** Solche generellen Regelungen können wiederum von Personen erlassen worden sein, die auf derselben hierarchischen Ebene stehen wie die Personen, die die Einzelanweisungen erteilen, oder von Personen, die auf einer höheren Ebene stehen. 160

Wie sich derartige Kollisionen **organisationswissenschaftlich lösen** lassen, wurde bereits oben ausgeführt (→ Kap. 1 Rn. 48 ff.). Misslingt eine einvernehmliche Selbstab- 161

---

[537] Im Doppelarbeitsverhältnis → Rn. 117 ff. wird mit dem Arbeitnehmer auch nur ein neuer Arbeitgeber vereinbart. Wer ihm gegenüber weisungsbefugt ist, wird nicht gesagt. Es gelten daher dieselben Grundsätze.
[538] BAG 9.12.2009 – 4 AZR 495/08, NZA 2010, 895 Rn. 65; 24.8.2011 – 4 AZR 565/09, NZA 2012, 696; anders aber für die Beförderungsentscheidung des Leiters einer Dienststelle der Wehrbereichsverwaltung, für die er nach dem Geschäftsverteilungsplan nicht zuständig war, BAG 16.4.2015 – 6 AZR 242/14, NZA-RR 2015, 532.
[539] BAG 9.12.2009 – 4 AZR 495/08, NZA 2010, 895 Rn. 65; 24.8.2011 – 4 AZR 565/09, NZA 2012, 696.
[540] *Birk* Leitungsmacht S. 269 f.
[541] *Birk* Leitungsmacht S. 267 ff.

stimmung nach dem Prinzip der Gleichberechtigung, sollten standardisierte Entscheidungsregeln zur Verfügung stehen, die zB ein Letztentscheidungsrecht der obersten Matrixleitung oder der Geschäftsführung einer abhängigen Matrixgesellschaft vorsehen können. Sie sind nach den üblichen Methoden verbindlich zu machen – etwa als kraft Weisungsrechts geltende Verhaltensregeln[542] – und müssen sodann auch allen Betroffenen bekanntgegeben werden.

162 Fehlt es an ausdrücklichen Vorgaben, muss der Widerspruch nach allgemeinen juristischen Regeln aufgelöst werden, da es sonst für den angewiesenen Arbeitnehmer zu einer Pflichtenkollision kommt.[543] Das kann jedoch nur im Einzelfall geschehen, weil die Anwendung der bekannten Kollisionsregeln zuweilen zu kuriosen Ergebnissen führt. So verbietet sich der Vorrang der späteren Weisung vor einer früheren nach der **„lex posterior"-Regel,** wenn der später Anweisende hierarchisch unter dem zuerst Anweisenden steht. Umkehrt kann zwar eine Einzelanweisung einer generellen Anordnung nach dem **Spezialitätsprinzip** vorgehen. Das dahinter durchscheinende Prinzip der größeren Sachnähe gilt aber dann wiederum nicht, wenn die generelle Anordnung einen Sachverhalt abschließend geregelt hat und keinerlei Abweichungen zulässt. Wurde einem **Matrixmanager** das **fachliche Weisungsrecht** für die ihm unterstellten Arbeitnehmer **vollständig zur Ausübung übertragen,** muss davon ausgegangen werden, dass der früher an sich zuständige **Fachvorgesetzte seine Weisungsbefugnisse verloren** hat und es schon deshalb zu keiner Kollision kommen kann, weil diese voraussetzt, dass Anordnungen wirksam getroffen werden können. Freilich kann die Delegation oder Übertragung des Weisungsrechts an den Matrixmanager ihrerseits von der Einhaltung gewisser Bedingungen abhängig gemacht werden. Werden diese missachtet, ist die Weisung unverbindlich, so dass es auch deshalb wieder zu keiner echten Kollision kommt.

163 Für den Regelfall kann man jedoch davon ausgehen, dass nach dem **Rangprinzip** Weisungen einer „höheren Instanz", gleichviel, ob diese als Einzelanordnung oder als generelle Richtlinie ergehen, den Direktiven einer „unteren Instanz" vorgehen, soweit sich die höhere Instanz dabei **an geltendes Recht hält.**[544] Gegen zwingendes Gesetzesrecht (→ Kap. 4 Rn. 126) darf sie ebenso wenig verstoßen wie gegen Bestimmungen der Satzung und des Beherrschungsvertrags (→ Kap. 4 Rn. 154). Derartige Weisungen können aber ohnehin keine Kollisionsfälle auslösen, weil sie nach § 134 bzw. § 138 BGB unwirksam sind und von niemandem befolgt werden müssen. Offen bleibt freilich, ob eine Anweisung einer höheren Instanz **noch Spielraum für Konkretisierung** durch eine untere Instanz erlaubt. Die höhere Instanz kann diese durch eine eindeutige Regelung ausschließen und auch jede Abweichung nach dem Günstigkeits- oder Spezialitätsprinzip verbieten.

5. Nachteilige Weisung

164 Die Zweckmäßigkeit einer Weisung ist vom **Arbeitnehmer** nicht zu prüfen. Vielmehr muss er – bis zur Grenze der Rechtswidrigkeit – auch ihm zweckwidrig erscheinende Weisungen auszuführen.[545] Ein Widerspruchs- oder Leistungsverweigerungsrecht steht ihm nach hM nicht zu. Von daher hat er auch **Weisungen eines Matrixmanagers zu befolgen,** die für das Unternehmen, bei dem er angestellt ist, **wirtschaftlich nachteilig**

---

[542] *Hromadka* DB 1995, 2601; aA *Birk* Leitungsmacht S. 253 ff., der meint, dass generelle Anordnungen „Rechtsakte" darstellten, die sich nicht unter den üblichen Begriff des Rechtsgeschäfts fassen ließen.
[543] Zu den Rechtspflichten des Arbeitnehmers in diesem Fall *Birk* Leitungsmacht S. 278 ff.: der Arbeitnehmer müsse den Konflikt anzeigen und die Anweisenden um Abstimmung bitten; fehle hierfür die Zeit, weil die Situation ein aktives Handeln verlange, müsse der Arbeitnehmer selbst entscheiden, was er im Einzelnen tun wolle.
[544] Im Ergebnis ebenso *Birk* Leitungsmacht S. 265.
[545] *Hromadka/Maschmann* ArbR Bd. 1 § 6 Rn. 23.

sind.⁵⁴⁶ Nur der Vorstand einer abhängigen Matrixgesellschaft ist berechtigt und sogar verpflichtet, nachteilige Anordnungen eines Matrixmanagers zurückzuweisen, wenn sie weder den Belangen des herrschenden Unternehmens noch den mit ihm verbundenen Unternehmen dienen,⁵⁴⁷ und auch nur dann, wenn dies offensichtlich ist.⁵⁴⁸ Diese Befugnis, die sich unmittelbar aus § 308 Abs. 2 AktG ergibt, gilt lediglich für konzernverbundene Aktiengesellschaften. Schon im (faktischen) GmbH-Konzern findet die Vorschrift keine Anwendung und gilt auch nicht entsprechend (→ Kap. 4 Rn. 160). Die dortige Geschäftsführung muss auch wirtschaftlich nachteilige Weisungen ausführen, jedenfalls bis zur Grenze der – nach § 266 StGB sogar strafbewehrten – Betreuungspflicht für das Vermögen der von ihr geführten Gesellschaft (→ Kap. 4 Rn. 161).

Von dem bei einer GmbH angestellten Arbeitnehmer kann dann erst recht nichts anderes verlangt werden. Auch er hat nachteilige Weisungen grundsätzlich zu befolgen. Ob anderes bei **Weisungen** gilt, die die **GmbH evident und massiv schädigen,** ist offen. Will sich der Angewiesene nicht der Gefahr einer Kündigung wegen beharrlicher Arbeitsverweigerung aussetzen, muss er beim Matrixmanager oder bei der von seinem Vertragsarbeitgeber eingesetzten Person oder Stelle **remonstrieren.** 165

Eine **Rechtspflicht** hierzu besteht nur in Ausnahmefällen. Grundlage hierfür bildet die sog. **Schadensabwendungspflicht.**⁵⁴⁹ Nach ihr ist der Arbeitnehmer gehalten, drohende Schäden vom Arbeitgeber abzuwenden bzw. zu beseitigen, soweit ihm dies möglich und zumutbar ist.⁵⁵⁰ Im Zusammenhang damit steht seine Verpflichtung, bemerkbare oder voraussehbare Schäden oder Gefahren dem Arbeitgeber unverzüglich anzuzeigen.⁵⁵¹ Das betrifft nicht nur Gefahren, die von Maschinen ausgehen, sondern auch solche, die von Menschen herrühren.⁵⁵² Ob der Arbeitnehmer aber verpflichtet ist, dem Arbeitgeber jede schädigende Handlung eines Betriebsangehörigen mitzuteilen, hat die Rechtsprechung bislang offengelassen.⁵⁵³ 166

Eine entsprechende Anzeigepflicht soll aber jedenfalls dann bestehen, wenn sich die **schädigende Handlung in dem Aufgabenbereich abspielt, mit dem der betreffende Arbeitnehmer betraut ist,** und wenn eine **Wiederholungsgefahr** droht, die sich durch die Mitteilung beseitigen lässt. Insoweit handelt es sich weder um eine „permanente", noch eine unbedingte Überwachungspflicht, sondern um eine „aktualisierte". Sie soll sich nach der Rechtsprechung aus der Stellung des Arbeitnehmers ergeben. Nur wenn die schädigende Handlung im Aufgabenbereich des Arbeitnehmers geschieht und es für ihn auf der Hand liegt, dass durch sein Nichtstun ein dem Arbeitgeber bereits entstandener Schaden nicht behoben oder sogar vergrößert wird, hat er den Arbeitgeber zu unterrichten.⁵⁵⁴ Rechtlich zur Remonstration verpflichtet ist der Arbeitnehmer aber nur, soweit ihm ein entsprechender Hinweis **möglich und zumutbar** ist. Kommt der Arbeitnehmer 167

---

⁵⁴⁶ Zum Begriff des Nachteils → Kap. 4 Rn. 14.
⁵⁴⁷ Dabei werden lediglich grobe Plausibilitätserwägungen möglich sein. Die Weisungen sind bereits dann zu befolgen, wenn die Vorteile für den Konzern und insbesondere für das herrschende Unternehmen in einem vernünftigen Verhältnis zu den Nachteilen der abhängige Gesellschaft infolge der fraglichen Weisung stehen, vgl. *Emmerich/Habersack* Aktien- und GmbH-KonzernR AktG § 308 Rn. 49.
⁵⁴⁸ Die Missbräuchlichkeit der Weisung muss für jeden Sachkenner ohne weitere Nachforschungen auf der Hand liegen, wobei von dem Wissensstand des Vorstandes der abhängigen Gesellschaft auszugehen ist, dessen Wissensstand über die Konzerninterna durchaus auch dem außenstehender Dritter überlegen sein kann. *Emmerich/Habersack* Aktien- und GmbH-KonzernR AktG § 308 Rn. 53.
⁵⁴⁹ BAG 12.5.1958 – 2 AZR 539/56, NJW 1958, 1747; 18.6.1970 – 1 AZR 520/69, NJW 1970, 1861; MaSiG/*Fritz* C. 170 Rn. 24ff.: Schaub ArbR-HdB/*Linck* § 53 Rn. 38; ErfK/*Preis* BGB § 611a Rn. 744.
⁵⁵⁰ BAG 28.8.2008 – 2 AZR 15/07, NZA 2009, 193.
⁵⁵¹ Vgl. nur BAG 11.6.1980 – 4 AZR 443/78, NJW 1981, 365; 1.6.1995 – 6 AZR 912/94, NZA 1996, 135; 10.3.2005 – 6 AZR 217/04, NZA 2005, 812; Schaub ArbR-HdB/*Linck* § 53 Rn. 38; ErfK/*Preis* BGB § 611a Rn. 744.
⁵⁵² BAG 12.5.1958 – 2 AZR 539/56, NJW 1958, 1747 (1748).
⁵⁵³ BAG 18.6.1970 – 1 AZR 520/69, AP BGB § 611 Haftung des Arbeitnehmers Nr. 57.
⁵⁵⁴ BAG 12.5.1958 – 2 AZR 539/56, NJW 1958, 1747; 18.6.1970 – 1 AZR 520/69, NJW 1970, 1861.

dem nicht nach, verletzt er selbst eine vertragliche Nebenpflicht, weshalb er abgemahnt und – in sehr schweren Fällen – sogar gekündigt werden kann.

6. Angeordnete Prüf- und Remonstrationspflicht

a) Gesellschaftsrechtliche Notwendigkeit

168 Die Pflicht zur Ausführung auch nachteiliger Weisungen, die ein Matrixmanager einem Arbeitnehmer ohne vorherige Rücksprache mit der Matrixgesellschaft erteilen kann, birgt für deren **Geschäftsleitungen** ein erhebliches **Risiko.** Zwar ist streitig, ob die Geschäftsleitung eines abhängigen Unternehmens ihren Mitarbeitern bedingungslos gestatten darf, die Anordnungen des herrschenden Unternehmens unmittelbar zu befolgen.[555] Nach wohl hM ist das aber nur dann erlaubt, wenn der Geschäftsleitung die Möglichkeit bleibt, gegen unzulässige Weisungen des herrschenden Unternehmens einzuschreiten. Dies ergebe sich aus der Pflicht des Vorstands, offensichtlich rechtswidrige Weisungen nach § 308 Abs. 2 S. 2 AktG nicht zu befolgen und seiner insoweit bestehenden Prüfungspflicht, die er als fortbestehende Leitungsverantwortung nicht aufgeben darf.[556] Er müsse deshalb **sicherstellen, rechtzeitig und umfassend von ihren Mitarbeitern informiert zu werden.**[557] Kommt es infolge einer nachteiligen Direktanweisung „über die Köpfe der Geschäftsleitung hinweg" bei der Matrixgesellschaft zu einem Schaden, haftet dafür die Geschäftsleitung. Andere Stimmen in der Literatur lehnen das mit dem Argument ab, dass § 308 Abs. 2 AktG keine persönliche Überprüfung des Vorstands verlange; diese wäre bei größeren Unternehmen in der Praxis auch gar nicht möglich.[558] Es genüge deshalb, das eigene **Personal ordnungsgemäß auszuwählen** und so **anzuleiten,** dass allein rechtmäßige Weisungen befolgt werden dürfen. Nur hierfür hafte der Vorstand im Rahmen des § 310 AktG, falls es aufgrund einer rechtswidrig erteilten Weisung zu einem Nachteil oder Schaden komme.[559]

b) Anordnung zur Prüfung und Nichtausführung von Weisungen

169 Die **Geschäftsleitung** tut in jedem Fall gut daran **anzuordnen,** dass **Anweisungen** eines Matrixmanagers nicht ohne weiteres befolgt werden dürfen, sondern **vom Angewiesenen überprüft** und – falls notwendig – auch **beanstandet** werden müssen. Eine solche Anordnung kann kraft Direktionsrechts erteilt werden (§ 106 GewO): entweder als allgemeine Richtlinie oder durch Einzelanweisung für einen ganz bestimmten Fall. Umfang und Grenzen der damit bewirkten Überwälzung von Prüfungspflichten, die an sich der Geschäftsleitung obliegen, ergeben sich aus der jeweiligen Regelung.

170 Unproblematisch kann verfügt werden, dass **Anweisungen zu strafbaren Handlungen** oder zur Begehung von Ordnungswidrigkeiten **nicht befolgt** werden dürfen. Damit unterstreicht die Geschäftsführung nur, dass solche Weisungen nach § 134 BGB unwirksam und damit unbeachtlich sind. Das entsprechende Befolgungsverbot kann mit der Belehrung verbunden werden, dass ein „Handeln auf Weisung" den Arbeitnehmer weder seiner straf- noch seiner zivilrechtlichen Verantwortlichkeit enthebt und eine entsprechende Prüfung deshalb in seinem wohlverstandenen Eigeninteresse liegt.

---

[555] So schon RegBegr/*Kropff* S. 403; ähnlich MüKoAktG/*Altmeppen* § 308 Rn. 79 ff.; Spindler/Stilz/*Veil* AktG § 308 Rn. 16; dagegen bereits *Ballerstedt* ZHR 137 (1973), S. 388 (399 ff.).
[556] *Veil* Unternehmensverträge 110 f.; *Emmerich/Habersack* Aktien- und GmbH-KonzernR AktG § 308 Rn. 66.
[557] Henssler/Strohn/*Bödeker* AktG § 308 Rn. 6; Hüffer/*Koch* AktG § 308 Rn. 8; Fleischer VorstandsR-HdB/*Fleischer* § 18 Rn. 42.
[558] MüKoAktG/*Altmeppen* § 308 Rn. 79 f.
[559] Allerdings hafte dann auch der Delegatar, der für den Vorstand die Kontrollbefugnisse ausübe, und zwar persönlich entsprechend § 310 AktG, vgl. weiter MüKoAktG/*Altmeppen* § 308 Rn. 81 ff.

Schwieriger sind die Fälle, in denen Anweisungen zwar gegen geltendes Recht verstoßen, die verlangte Handlung aber nicht mit einer Strafe oder Geldbuße bewehrt ist. Solange die Weisung nicht wegen § 134 BGB unwirksam ist, ist sie verbindlich und vom Mitarbeiter zu befolgen. Freilich kann die Geschäftsführung der Matrixgesellschaft auch deren Befolgung untersagen. Dann kommt es zu **widersprechenden Anweisungen,** die der Arbeitnehmer nach dem oben Gesagten auflösen muss. Im Zweifel hat er der Anweisung der Matrixgesellschaft nachzukommen und darf die Anordnung des Matrixmanagers nicht befolgen. Es empfiehlt sich, den Arbeitnehmer nur bei offensichtlicher Rechtswidrigkeit von der Folgepflicht zu entbinden, da sonst Konflikte vorprogrammiert sind, die die Ordnung des Betriebes und den Betriebsfrieden gefährden. Entsprechendes gilt für die Anweisung, keine Anordnungen zu befolgen, die für die Matrixgesellschaft nachteilig sind oder zu deren Erteilung dem Matrixmanager die Vertretungsmacht fehlt. Auch hier wird man die Anforderungen an den Umfang und die Reichweite von Prüfungspflichten des unterstellten Mitarbeiters nicht überspannen dürfen. Von daher darf nur die Befolgung offenkundig nachteiliger oder stellvertretungsrechtlich nicht hinreichend legitimierter Weisungen untersagt werden.

Freilich können all diese Direktiven den **Arbeitnehmer** in Schwierigkeiten bringen, wenn er die **Rechtslage falsch beurteilt.** Führt er eine unzulässige Weisung aus, verstößt er gegen die Direktive und damit gegen arbeitsvertragliche Pflichten. Verweigert er die Arbeit in der irrigen Ansicht, der Matrixmanager sei nicht zur Anweisung berechtigt, verletzt er ebenfalls seinen Arbeitsvertrag, und es drohen ihm ebenso Sanktionen. Um diesem Dilemma zu entgehen, muss er die Rechtslage sorgfältig prüfen und sich gegebenenfalls rückversichern: sei es beim Matrixmanager, sei es bei der Leitung der Matrixgesellschaft oder einer von ihr benannten Person.

Für **Beamte** enthält § 63 BBG hierfür sogar eine ausdrückliche Regelung.[560] Beamte tragen danach für die Rechtmäßigkeit ihrer dienstlichen Handlungen die volle persönliche Verantwortung (§ 63 Abs. 1 BBG). Deshalb sind sie verpflichtet, die Rechtmäßigkeit dienstlicher Anweisungen ihrer Vorgesetzten zu überprüfen.[561] Hält ein Beamter eine Weisung für rechtswidrig, muss er bei seinem Vorgesetzten, ggf. dem nächst höheren Vorgesetzten remonstrieren. Wird er weiterhin angewiesen, die rechtswidrige Handlung vorzunehmen, darf er diese Anordnung trotzdem nicht ausführen, wenn das aufgetragene Verhalten erkennbar strafbar oder ordnungswidrig ist (§ 63 Abs. 2 S. 4 BBG).[562] Kommt er der Weisung nach, macht er sich strafbar oder bußgeldpflichtig.

c) Mitbestimmung

aa) Allgemeines. Die Einrichtung eines Prüf- und Remonstrationsverfahrens kann **Mitbestimmungsrechte** nach **§ 87 Abs. 1 Nr. 1 BetrVG** auslösen. Regelt der Arbeitgeber das betriebliche Zusammenleben und Zusammenwirken der Arbeitnehmer, ist daran der Betriebsrat zu beteiligen.[563] **Mitzubestimmen** hat er aber nur bei Regelungen, die das „Ordnungsverhalten" der Arbeitnehmer im Betrieb betreffen. Anordnungen, mit denen die Arbeitspflicht unmittelbar konkretisiert und abgefordert wird – also das „Arbeitsverhalten", bleiben dagegen mitbestimmungsfrei.[564] Freilich fällt die Abgrenzung zwischen „Ordnungsverhalten" und bloßem „Arbeitsverhalten" schwer, wenn es nicht

---

[560] Die Regelung gilt für Bundesbeamte. Eine wortgleiche Bestimmung enthält § 36 BStG als Vorgabe für das Beamtenrecht der Länder.
[561] AllgM, vgl. *Battis* BBG § 63 Rn. 3.
[562] BDiszG 16.7.1987 – I BK 5/86, DÖD 1987, 233; *Battis* BBG § 63 Rn. 6; BeckOK BeamtenR Bund/*Leppek* BBG § 63 Rn. 19; noch weitergehend VG Berlin 10.2.1988 – VG Disz. 76/85, NVwZ 1988, 757: Der Beamte darf die Ausführung einer dienstlichen Anordnung verweigern, wenn die ihm angesonnene Amtshandlung offensichtlich rechtswidrig ist.
[563] StRspr, vgl. zB BAG 25.9.2012 – 1 ABR 50/11, AP BetrVG 1972 § 87 Ordnung des Betriebes Nr. 43 Rn. 14.
[564] BAG 22.7.2008 – 1 ABR 40/07, AP BetrVG 1972 § 87 Nr. 14 Rn. 57f.

um Einzelanweisungen geht, sondern um allgemeine Verhaltensrichtlinien wie hier beim Prüf- und Remonstrationsverfahren.[565] Mit Recht weist das BAG allerdings darauf hin, dass eine **Standardisierung des an sich mitbestimmungsfreien „Arbeitsverhaltens"** für sich allein noch **nicht** zu einem **mitbestimmungspflichtigen Ordnungsverhalten** führt.[566] Nicht jede Anweisung löst das Mitbestimmungsrecht aus,[567] und zwar selbst dann nicht, wenn sie gegenüber einer Gruppe oder eine Abteilung ergeht, weil es sonst nicht eines detailliert ausgeformten Katalogs von Mitbestimmungstatbeständen bedurft hätte.[568] Das zeigt bereits § 87 Abs. 1 Nr. 6 BetrVG. Danach unterliegt nicht jede Mitarbeiterkontrolle der Mitbestimmung, sondern nur der Einsatz von *technischen* Überwachungseinrichtungen.[569] Der Gesetzgeber hat einzelne Mitbestimmungstatbestände geschaffen und nicht generell die Ausübung des Direktionsrechts der Mitbestimmung unterworfen.[570]

175 Bereits die frühere Rechtsprechung,[571] die noch zum gleichlautenden § 56 Abs. 1 lit. f BetrVG 1952 erging, unterschied deshalb zwischen „*arbeitsnotwendigen Maßnahmen*", die mitbestimmungsfrei bleiben sollten, und Regelungen zur „Ordnung des Betriebes", die der Mitbestimmung unterfielen. „Arbeitsnotwendig" waren Anweisungen, die mit dem eigentlichen Arbeitsvorgang eines einzelnen Arbeitnehmers zu tun hatten. Sie sollten mitbestimmungsfrei bleiben, weil die *arbeitstechnische Leitung* des Betriebs alleinige Sache des Arbeitgebers bleiben sollte. **Mitbestimmungspflichtig** waren dagegen alle Regelungen, deren Ziel darin bestand, „*um bei dem engen Zusammenleben und Zusammenwirken vieler Menschen in einem Betrieb eine Ordnung aufrechterhalten zu können, die Voraussetzung für ein gedeihliches Funktionieren des Betriebs ist*"[572]. Gemeint waren damit **Maßnahmen, die nicht der Koordination des eigentlichen Arbeitsablaufes dienen,** sondern das Verhalten der Arbeitnehmer untereinander betreffen. In der Folgezeit hat die Rechtsprechung dann klargestellt, dass nicht nur Einzelanweisungen mitbestimmungsfrei bleiben müssen, sondern auch allgemeine Richtlinien, soweit sie nicht die „soziale Ordnung" betreffen. **Keiner Mitbestimmung** unterliegen daher abstrakt-generelle Aufgabenzuweisungen in Stellenbeschreibungen[573], aber auch **Führungsrichtlinien,** mit denen bestimmt wird, welche Aufgaben die jeweiligen Vorgesetzten wahrzunehmen haben und welche Instrumente ihnen hierbei zur Verfügung stehen. Entsprechendes gilt, wenn unterstellten Sachbearbeitern abstrakt-generell aufgegeben wird, ihre Führungskräfte zu informieren und zu beraten.[574] Auch hier scheidet die Mitbestimmung aus, weil eine solche Anordnung nicht das betriebliche Zusammenleben der Kollegen untereinander betrifft, sondern die Arbeitspflicht unmittelbar konkretisiert und abfordert.[575]

176 **bb) Mitbestimmung bei der Anordnung einer Prüfungspflicht.** Vor diesem Hintergrund erscheint es evident, die einem Matrixmanager unterstellten Arbeitnehmer **mitbestimmungsfrei** prüfen zu lassen, ob eine von ihm erteilte Weisung rechtmäßig ist, bevor sie ausgeführt wird. Denn eine solche Anordnung betrifft das Arbeits- und nicht das Ord-

---

[565] Das konzediert sogar das BAG 23.10.1984 – 1 ABR 2/83, AP BetrVG 1972 § 87 Ordnung des Betriebes Nr. 8.
[566] So zutreffend BAG 25.9.2012 – 1 ABR 50/11, AP BetrVG 1972 § 87 Ordnung des Betriebes Nr. 43 Rn. 16.
[567] So aber DKKW/*Klebe* BetrVG § 87 BetrVG Rn. 57.
[568] Ebenso *Raab* Anm. zu BAG, AP BetrVG 1972 § 87 Ordnung des Betriebes Nr. 24.
[569] BAG 23.10.1984 – 1 ABR 2/83, AP BetrVG 1972 § 87 Ordnung des Betriebes Nr. 8 mAnm v. *Hoyningen-Huene*; aA DKKW/*Klebe* BetrVG § 87 BetrVG Rn. 57; *Pfarr* Anm. zu AP BetrVG 1972 § 87 Ordnung des Betriebes Nr. 2; *Weiss* Anm. zu EzA § 87 BetrVG 1972 Betriebliche Ordnung Nr. 7.
[570] BAG 23.10.1984 – 1 ABR 2/83, AP BetrVG 1972 § 87 Ordnung des Betriebes Nr. 8.
[571] BAG 27.5.1960 – 1 ABR 11/59, AP BetrVG 1972 § 56 Ordnung des Betriebes Nr. 1; 15.12.1961 – 1 ABR 3/60, AP BetrVG 1972 § 56 Ordnung des Betriebes Nr. 3.
[572] BAG 27.5.1960 – 1 ABR 11/59, AP BetrVG 1972 § 56 Ordnung des Betriebes Nr. 1.
[573] BAG 31.1.1984 – 1 ABR 63/81, AP BetrVG 1972 § 95 Nr. 3.
[574] BAG 23.10.1984 – 1 ABR 2/83, AP BetrVG 1972 § 87 Ordnung des Betriebes Nr. 8.
[575] BAG 27.1.2004 – 1 ABR 7/03 NZA, 2004, 556 Rn. 20; 27.9.2005 – 1 ABR 32/04, NJOZ 2006, 1776 Rn. 28f.; 22.7.2008 – 1 ABR 40/07, NZA 2008, 1248f. Rn. 57.

nungsverhalten. Das Verbot, strafbare oder ordnungswidrige Anweisungen zu befolgen, unterliegt schon deshalb nicht der Mitbestimmung, weil es sich um einen schlichten Hinweis auf die geltende Rechtslage handelt. Aber selbst dort, wo den Mitarbeitern weitergehende Prüfpflichten aufgegeben werden – etwa die Kontrolle der Zweckdienlichkeit einer Anordnung – erfolgt eine Regelung, die nur den technischen Arbeitsablauf[576] und nicht das Zusammenleben der Belegschaftsangehörigen betrifft. Sie bleibt daher mitbestimmungsfrei.

cc) Mitbestimmung bei der Einführung eines Remonstrationsverfahrens. Schwieriger wird es, wenn Arbeitnehmer aus ihrer Sicht rechts- oder zweckwidrige Weisungen ihres Matrixmanagers melden sollen, um ggf. ein Konsultationsverfahren einzuleiten. Zweifel bestehen wegen einer BAG-Entscheidung zur **Mitbestimmungspflicht bei Ethik-Richtlinien.** Darin war das Gericht zu dem Ergebnis gelangt, dass die Einführung und Ausgestaltung eines – jedenfalls in gewissem Umfang standardisierten – Meldeverfahrens der Mitbestimmung nach § 87 Abs. 1 Nr. 1 BetrVG unterliegt.[577] Allerdings bezog sich die dortige **Meldepflicht** auf Normverstöße von Kollegen und nicht von Vorgesetzten. Da die gesamte Belegschaft aufgefordert wurde, sich gegenseitig zu kontrollieren, sei das Ordnungsverhalten betroffen, zumal die Anordnung auch weit über das hinausging, was zur unmittelbaren Konkretisierung der Arbeitspflicht erforderlich war. Nach Ansicht des Gerichts wurde mit ihr nicht bloß die Nebenpflicht konkretisiert, den Arbeitgeber bei der Abwehr schädigenden Verhaltens zu unterstützen, sondern es ging darum, das Verhalten der Belegschaft im Betrieb zu beeinflussen und zu koordinieren. Mit der Meldepflicht sollte nämlich nichts weniger als eine **„Betriebskultur" der Regelbefolgung durchgesetzt werden.** Das aber unterliegt laut BAG der Mitbestimmung.

177

Bei einem **„Matrix"-Remonstrationsverfahren** handelt es sich dagegen um eine **schlichte Verfahrensregelung.** Mit ihr soll lediglich der Arbeitsablauf gesteuert werden. Sie zielt nicht auf das „Zusammenleben der Arbeitnehmer untereinander", sondern sie will sicherstellen, dass die Geschäftsleitung der Matrix-Gesellschaft nicht die Kontrolle über ihre Mitarbeiter verliert, die ihr durch die Weisungsbefugnisse der Matrixmanager droht. Folglich geht es nicht um die „soziale Ordnung" des Betriebs, sondern um die Koordination des arbeitsteiligen Leistungsprozesses. Es ist das Arbeits- und nicht das Ordnungsverhalten betroffen, weil der Arbeitnehmer ohne die – freilich zu überprüfende – Arbeitsanweisung nicht tätig werden kann. Von daher handelt es sich um „arbeitsnotwendige" Weisungen, die nach dem Gesagten selbst dann **nicht der Mitbestimmung unterliegen,** wenn dem Arbeitnehmer aufgegeben wird, diese im Zweifelsfall der Geschäftsführung der Matrix-Gesellschaft oder einer von ihr bestimmten Person oder Stelle zu melden. Das Konsultationsverfahren steht in einem untrennbaren Zusammenhang mit der Erbringung der Arbeitsleistung und ist Voraussetzung für deren ordnungsgemäße Erbringung in Zweifelsfällen. Es betrifft folglich das mitbestimmungsfreie Arbeitsverhalten. Dessen Standardisierung bewirkt, wie gesagt, für sich allein keine Zuordnung zum mitbestimmungspflichtigen Ordnungsverhalten.[578]

178

---

[576] BAG 27.9.2005 – 1 ABR 32/04, NJOZ 2006, 1776 Rn. 28f.; 25.9.2012 – 1 ABR 50/11, AP BetrVG 1972 § 87 Ordnung des Betriebes Nr. 43 Rn. 14.
[577] BAG 22.7.2008 – 1 ABR 40/07, NZA 2008, 1248 Rn. 57f.; LAG Düsseldorf 14.11.2005 – 10 TaBV 46/05, NZA-RR 2006, 81; *Mengel/Hagemeister* BB 2007, 1386 (1392); *Kock* MDR 2006, 673 (675); DKKW/*Klebe* BetrVG § 87 Rn. 50.
[578] BAG 25.9.2012 – 1 ABR 50/11, AP BetrVG 1972 § 87 Ordnung des Betriebes Nr. 43.

III. Pflichtverstöße im matrixbezogenen Arbeitsverhältnis

1. Verhaltenspflichten im matrixbezogenen Arbeitsverhältnis

179 Das Verhalten der in Matrixorganisationen Beschäftigten wird nicht nur durch **konkrete Weisungen** der Matrixmanager im Einzelfall geregelt. Nicht selten versucht die Matrixleitung, bestimmte **Verhaltenspflichten konzern- oder matrixweit zu vereinheitlichen,** nicht zuletzt um damit auch die Anordnungsbefugnisse der Matrixmanager zu steuern. Hintergrund sind matrixweit aufgesetzte Compliance-Programme, die der Einhaltung gesetzlicher Vorschriften dienen, vor allem solcher, die strafbewehrt sind, weil deren Nichtbefolgung die Haftung der Matrixleitung auslösen kann. Sollen die **Verhaltensrichtlinien** matrixweit verbindlich gemacht werden, kann das im Regelfall zwar einseitig im Wege des **Direktionsrechts** geschehen. Dieses steht aber nur dem jeweiligen Vertragsarbeitgeber zu, nicht der Matrixleitung. Alternativ bietet sich der Abschluss von **Konzernbetriebsvereinbarungen** an, die für alle unter ihren Anwendungsbereich fallenden Arbeitnehmer unmittelbar und zwingend gelten (§ 77 Abs. 4 BetrVG). Dazu bedarf es des Einvernehmens mit dem Konzernbetriebsrat, der wirksam für die Matrixgesellschaft bestellt sein und für die Regelung, die getroffen werden soll, das zuständige Belegschaftsgremium bilden muss (§ 58 BetrVG).

180 Ist es zu einem Pflichtverstoß gekommen, darf nur der Vertragsarbeitgeber Disziplinarmaßnahmen verhängen. Welche Person hierfür zuständig ist, bestimmt sich nach den Aufgaben und Befugnissen, die mit der von ihr bekleideten Stelle verbunden sind. In Betracht kommen Fachvorgesetzte, Disziplinarvorgesetzte, Matrixmanager, aber auch Mitglieder der Geschäfts- bzw. Betriebsleitung sowie der zuständige Personalleiter. Entscheidend ist die Art der verhängten Sanktion. **Abmahnungsberechtigt** sind außer den Disziplinarvorgesetzten die Fachvorgesetzten und damit auch die Matrixmanager, soweit sie das fachliche Weisungsrecht für den Vertragsarbeitgeber in dessen Namen ausüben, nicht aber die Matrixleitung. **Kündigen** kann das Arbeitsverhältnis nur der Vertragsarbeitgeber, weil nur er Partei des Arbeitsvertrags ist. Wer für ihn wirksam eine Kündigung erklären kann, hängt von der Reichweite der bestehenden Vertretungsmacht ab. Zur Kündigung eines einheitlichen Arbeitsverhältnisses mit mehreren Arbeitgeber → Rn. 257, zur Kündigung von Doppel- und Mehrfacharbeitsverhältnissen → Rn. 259.

2. Beachtung eines konzern- bzw. matrixweiten Verhaltenskodex

a) Bedeutung und Inhalt

181 In zahlreichen Matrixorganisationen ist die Matrixleitung bestrebt, bestimmte Verhaltenspflichten konzern- oder matrixweit zu vereinheitlichen. Das geschieht zumeist durch einen von der Matrixleitung zentral erlassenen Verhaltenskodex. Dieser enthält einen für den Arbeitnehmer verbindlichen **Katalog von Ge- und Verboten.** Mit ihm soll das regelkonforme Verhalten aller Konzernangehörigen, dh Geschäftsleitung, Matrixleitung, Mitarbeiter, sichergestellt werden. Als Baustein in einem **„Compliancesystem"** ist er ein wichtiges Element guter Unternehmensführung **(Corporate Governance).** Viele Unternehmen verfügen bereits über solche Bestimmungen. Sie tragen Bezeichnungen wie etwa **„Ethik-Richtlinien",** „Code of Conduct" oder „Business Conduct Guidelines".[579] Eine für alle Unternehmen geltende Pflicht zur Einführung eines betrieblichen Verhaltenskodex besteht derzeit zwar noch nicht.[580] Allerdings kann der Arbeitgeber mit dessen Erlass und tatsächlicher Durchsetzung einen Beitrag zur Erfüllung seiner Aufsichtspflichten leisten, die etwa nach § 130 OWiG bestehen.

---

[579] *Wagner* Ethikrichtlinien S. 17.
[580] Zu Verpflichtungen aus Spezialgesetzen *Wagner* Ethikrichtlinien S. 20 ff.

Ob und inwieweit der Arbeitgeber einen Verhaltenskodex **rechtlich verbindlich** machen kann, **muss für jedes darin enthaltene Ge- oder Verbot einzeln beurteilt werden.** Entsprechendes gilt für die betrieblichen Mitbestimmungsrechte; auch sie hängen jeweils von der einzelnen Regelung ab.[581] Die meisten Vorgaben kann der Arbeitgeber einseitig kraft Direktionsrechts aufstellen. Dieses erlaubt nicht nur Einzelanweisungen an die Mitarbeiter, sondern auch generelle Richtlinien, die beim Eingreifen von Mitbestimmungsrechten in Form von Betriebsvereinbarung ergehen, die genauso wie Einzelanweisungen zu beachten sind, weil ihre Normen für alle Betriebsangehörigen unmittelbar und zwingend gelten (§ 77 Abs. 4 BetrVG). Eines Einverständnisses oder einer Bestätigung seitens des Arbeitnehmers benötigt der Arbeitgeber nicht. Im Regelfall besteht deshalb auch keine Nebenpflicht, sich ausdrücklich zur Einhaltung des Kodex zu bekennen. Eine solche kommt nach § 241 Abs. 2 BGB allenfalls dann in Betracht, wenn der Arbeitgeber aus internationalen oder ausländischen Rechtsvorschriften oder aufgrund von AGB seiner Kunden gezwungen ist, entsprechende Erklärungen einzuholen.

182

b) Einseitige Einführung ohne Zustimmung des Arbeitnehmers

Regeln, die zur Einhaltung der im Zusammenhang mit der Tätigkeit zu beachtenden Gesetze auffordern oder Vorschriften nur erläutern, ohne sie unternehmens- oder betriebsspezifisch zu konkretisieren, beschreiben Pflichten, denen die Mitarbeiter ohnehin unterliegen. Einer Verbindlichmachung kraft Direktionsrechts bedarf es nicht.[582] Da es an einer eigenen, konstitutiven Regelung des Arbeitgebers fehlt, kommen auch keine Mitbestimmungsrechte in Betracht. Die meisten „Ethikrichtlinien" dienen der Korruptionsbekämpfung.[583] Soweit Ethikregeln **allgemeine ethisch-moralische Programmsätze** enthalten, wie den Appell an ein faires, höfliches, vertrauensvolles und respektvolles Miteinander, können daraus keine hinreichend bestimmten Verhaltenspflichten abgeleitet werden. Mit diesen Regelungen ist daher auch keine Beeinträchtigung berechtigter Arbeitnehmerinteressen verbunden. Vielmehr wird auf Umgangsformen hingewiesen, die nicht justiziabel sind.[584]

183

c) Verhaltensrichtlinien zur Korruptionsbekämpfung

Die meisten „Ethikrichtlinien" dienen der Korruptionsbekämpfung.[585] Kraft Direktionsrechts kann der Arbeitgeber bestimmen, ob und inwieweit Arbeitnehmer **Geschenke** und andere Zuwendungen (Einladung zum Besuch eines Restaurants, Theater- und Konzertkarten, Reisen usw.) **annehmen** dürfen. Das ist unproblematisch, wenn Anlass und Umfang der Einladung angemessen sind und die Ablehnung der Einladung dem Gebot der Höflichkeit widersprechen würde. Einer eigenen Regelung bedarf es ohnehin nicht, soweit solche Zuwendungen den Tatbestand der Bestechlichkeit (§§ 299, 332 StGB) oder Vorteilsannahme (§ 331 StGB) erfüllen. Freilich kann der Arbeitgeber die Grenzen konkretisierend nachzeichnen und auch jegliche Annahme von Geschenken verbieten[586] oder sie unter einen Genehmigungsvorbehalt stellen oder den Arbeitnehmer zur Anzeige erhaltener Vorteile verpflichten.[587] Auch das **Gewähren von Vorteilen** kann der Arbeitgeber untersagen, gleichviel ob diese aus dem Vermögen des Arbeitgebers oder des Arbeitnehmers stammen.[588] Zulässig wäre überdies ein **Verbot, private Aufträge von Firmen**

184

---

[581] BAG 22.7.2008 – 1 ABR 40/07, NZA 2008, 1248 (1252).
[582] *Mahnhold* Compliance und Arbeitsrecht S. 173; *Schuster/Darsow* NZA 2005, 273 (275).
[583] Dölling/*Maschmann* Handbuch der Korruptionsprävention Kap. 3 Rn. 1, 44 f.
[584] *Wagner* Ethikrichtlinien S. 115 f.
[585] Dölling/*Maschmann* Handbuch der Korruptionsprävention Kap. 3 Rn. 1, 44 f.
[586] So BAG 11.4.2006 – 9 AZR 500/05, NZA 2006, 1089 bezüglich dienstlich erworbener Bonusmeilen; vgl. ausführlicher *Wagner* Ethikrichtlinien S. 94 f.
[587] Vgl. Schaub ArbR-HdB/*Linck* § 53 Rn. 28; kritisch MHdB ArbR/*Blomeyer,* 2. Aufl. 2000, § 53 Rn. 104.
[588] *Wagner* Ethikrichtlinien S. 98.

ausführen zu lassen, mit denen der Arbeitnehmer geschäftlich zu tun hat, wenn ihm dadurch Vorteile entstehen könnten. Hier kommen vor allem Mitarbeiter in Betracht, die Aufträge für den Arbeitgeber erteilen oder ihre Vergabe maßgeblich beeinflussen können. Kraft Direktionsrechts lassen sich ferner **Verschwiegenheitspflichten** hinsichtlich von Geschäfts- und Betriebsgeheimnissen (§ 17 UWG) sowie von sonstigen vertraulichen Angaben regeln. Die geheimhaltungsbedürftigen Tatsachen müssen jedoch hinreichend bestimmt sein. Unzulässig sind daher sog. All-Klauseln, wonach der Arbeitnehmer über sämtliche während der Tätigkeit bekannt gewordene Vorfälle zu schweigen hat.[589]

185   Umgekehrt kann der Arbeitgeber kraft Direktionsrechts auch eine **Pflicht zur Meldung von Verstößen gegen gesetzliche Vorschriften und den Verhaltenskodex** statuieren. Damit wird die arbeitsvertragliche Nebenpflicht konkretisiert, Schaden vom Arbeitgeber abzuwenden, soweit dies dem Arbeitnehmer möglich und zumutbar ist[590] Unzumutbar wäre eine Pflicht zur Selbstanzeige.[591] Andererseits ist es dem Anzeigenden zuzumuten, seine Identität offen zu legen, sofern ihm zugesichert wird, hierdurch keine Nachteile befürchten zu müssen und die Identität vom Arbeitgeber vertraulich behandelt wird.[592] Umfassendere Anzeigepflichten können in formularvertraglichen Regelungen nur bedingt getroffen werden. Klauseln, die den Arbeitnehmer zu jedweder Anzeige unabhängig von der Schwere des Rechts- oder Richtlinienverstoßes verpflichten, sind unwirksam. Dies gilt auch für die Verpflichtung zur Selbstanzeige. Der Verhaltenskodex kann einen allgemeinen Hinweis auf die **Sanktionen** enthalten oder diese im Einzelnen benennen. Fehlt ein entsprechender Hinweis, heißt das nicht, dass keine Sanktionen verhängt werden dürfen. Ein Verstoß gegen den Verhaltenskodex bedeutet in aller Regel zugleich die Verletzung einer vertraglichen Nebenpflicht (§ 241 Abs. 2 BGB). Besonderer Vereinbarung bedürfen nur Vertragsstrafeversprechen.

d) Konzern- bzw. matrixweite Verbindlichkeit der Verhaltensrichtlinien

186   **aa) Kraft weisungsrechtlicher Anordnung.** Sollen die Verhaltensrichtlinien konzernweit verbindlich gemacht werden, kann das zwar einseitig im Wege des **Direktionsrechts** geschehen. Dieses steht aber nur dem jeweiligen **Vertragsarbeitgeber** eines im Konzern beschäftigten Arbeitnehmers zu. Allerdings kann die Konzernleitung kraft Beherrschungsvertrags oder Anteilsmehrheit die Geschäftsleitungen der von ihr abhängigen Unternehmen anweisen, Richtlinien, die konzernweit gelten sollen, auch für deren Mitarbeiter verbindlich zu machen.[593] Ein Recht zur Direktanweisung der bei den konzernabhängigen Matrixgesellschaften angestellten Arbeitnehmer hat sie – wie gesehen – jedoch nicht.[594]

187   Folglich bedarf es einer **Umsetzung durch die Geschäftsleitungen** der Matrixgesellschaften. Diese Transformation kann explizit erfolgen, etwa indem die Geschäftsleitungen die Konzernvorgaben wortgleich oder sinngemäß als eigene Regelung übernehmen und kraft ihres arbeitsrechtlichen Weisungsrechts für die bei ihnen angestellten Mitarbeiter verbindlich machen. Denkbar ist auch, dass sie diese „formlos" in ihren Willen aufnehmen, indem sie ihre Mitarbeiter schlicht auf die Verhaltensrichtlinie der Matrixleitung hinweisen und zu deren Beachtung auffordern.[595] Für die ordnungsgemäße Unterrichtung

---

[589] *Wagner* Ethikrichtlinien S. 124.
[590] BAG 18.6.1970 – 1 AZR 520/69, NJW 1970, 1861.
[591] *Schuster/Darsow* NZA 2005, 273 (276).
[592] *Wagner* Ethikrichtlinien S. 128; aA *Bürkle* DB 2004, 2158 (2161).
[593] Das gilt auch für den Fall, dass die Matrixleitung ihren Sitz im Ausland hat.
[594] HM, vgl. nur Henssler/Strohn/*Bödeker* AktG § 308 Rn. 6; *Emmerich/Habersack* Aktien- und GmbH-KonzernR AktG § 308 Rn. 19; *Hüffer/Koch* AktG § 308 Rn. 7; RegBegr/*Kropff* S. 403; Spindler/Stilz/*Veil* AktG § 308 Rn. 16.
[595] In Betracht kommt ferner, die anweisenden Matrixmanager an die Einhaltung der Verhaltensrichtlinien zu binden. Das kann die Matrixleitung kraft ihres eigenen arbeitsvertraglichen Weisungsrechts bewerkstelligen, wenn die Matrixmanager bei dem die Matrix steuernden Unternehmen angestellt sind.

der Arbeitnehmer über die jeweils zu beachtenden Inhalte trägt der jeweilige Vertragsarbeitgeber die Darlegungs- und Beweislast. Von daher empfiehlt sich zumindest ein ausdrücklicher Hinweis auf die einschlägigen Verhaltensrichtlinien sowie die Veröffentlichung ihrer Inhalte in der jeweiligen Fassung.

bb) Kraft Konzernvereinbarung. Eine Alternative zur Verbindlichmachung kraft Weisungsrechts ist der Abschluss entsprechender Konzernbetriebsvereinbarungen. Diese gelten für alle unter ihren Anwendungsbereich fallenden Arbeitnehmer unmittelbar und zwingend (§ 77 Abs. 4 BetrVG). Sie sind deshalb sowohl von den anweisenden Matrixmanagern als auch von den ihnen unterstellten Mitarbeitern zu beachten. Einer Umsetzung durch die Matrixgesellschaften bedarf es ebenso wenig wie eines besonderen Hinweises oder einer eigenen Veröffentlichung. Da zahlreiche Regelungen der Mitbestimmung unterliegen – etwa nach § 87 Abs. Nr. 1 und 6 BetrVG[596] – kann durch den Abschluss einer Konzernbetriebsvereinbarung auch dieser Anforderung Rechnung getragen werden. Stets ist die Zustimmung der zuständigen Belegschaftsvertretung erforderlich, und zwar sowohl bei der Einführung der Verhaltensrichtlinie als auch bei jeder Änderung. Im Falle einer Kündigung würden die Bestimmungen bis zum Erlass einer neuen Regelung fortgelten (§ 77 Abs. 6 BetrVG). **Zwei** weitere **Probleme** sind darüber hinaus noch zu lösen. Zum einen muss ein Konzernbetriebsrat (KBR) wirksam für die Matrixgesellschaft bestellt worden sein, für die die Konzernbetriebsvereinbarung gelten soll (§ 54 BetrVG). Zum anderen muss er für jede Regelung, die getroffen werden soll, das zuständige Belegschaftsgremium bilden (§ 58 BetrVG).

(1) Wirksame Bestellung des KBR. Eine wirksame Bestellung des KBR setzt voraus, dass überhaupt ein Konzern iSd BetrVG besteht und dass die Matrixgesellschaft zu diesem Konzern gehört. Das BetrVG definiert den Konzernbegriff nicht selbst. Allerdings verdeutlicht der Hinweis im Klammerzusatz in § 54 Abs. 1 BetrVG, dass ein KBR nur in einem **Unterordnungs-** (§ 18 Abs. 1 AktG), nicht aber in einem Gleichordnungskonzern (§ 18 Abs. 2 AktG) errichtet werden kann.[597] Ein Unterordnungskonzern liegt vor, wenn **abhängige Unternehmen unter der einheitlichen Leitung eines herrschenden Unternehmens zusammengefasst sind.** Keine Rolle spielt, in welcher Rechtsform die Konzernunternehmen geführt werden – juristische Person, Personengesellschaft, Verein, Stiftung usw. –,[598] und ob ein Vertragskonzern (§ 291 Abs. 1 S. 1 AktG), ein faktischer Konzern[599] oder ein qualifiziert faktischer Konzern besteht.[600] Diese Unterscheidungen sind nur haftungsrechtlich von Belang, nicht aber für die Errichtung eines KBR. Es genügt, dass das herrschende Unternehmen direkt oder indirekt Einfluss auf wesentliche Unternehmensbereiche (zB Produktion, Personal, Finanzen, Vertrieb, Forschung und Entwicklung) des unter seiner Leitung stehenden Unternehmens nehmen kann. Für Unternehmen, die miteinander einen Beherrschungsvertrag iSd § 291 AktG geschlossen haben, vermutet § 18 Abs. 1 S. 2 AktG unwiderleglich das Bestehen eines Konzerns. Fehlt es daran, besteht nur eine **Konzernvermutung,** und zwar dann, wenn das eine Unternehmen im Mehrheitsbesitz eines anderen steht. Diese kann aber widerlegt werden (§ 17 Abs. 2, § 18 Abs. 1 S. 3 AktG). Zwar sind die Hürden für eine solche **Widerlegung** hoch. In einer Matrixorganisation kann sie aber dann erfolgreich sein, wenn die Matrix gerade nicht zentral geführt wird und die Matrixleitung nicht in die abhängigen Unternehmen „hineinregiert".

---

[596] BAG 22.1.2008 – 1 ABR 40/07, NZA 2008, 1248 (1252); *Dzida* NZA 2008, 1265 (1267 ff.).
[597] BAG 13.10.2004 – 7 ABR 56/03, AP BetrVG 1972 § 54 Nr. 9; 11.2.2015 – 7 ABR 98/12, AP BetrVG 1972 § 54 Nr. 18.
[598] BAG 13.10.2004 – 7 ABR 56/03, AP BetrVG 1972 § 54 Nr. 9.
[599] BAG 30.10.1986 – 6 ABR 19/85, AP BetrVG 1972 § 55 Nr. 1.
[600] BAG 6.10.1992 – 3 AZR 242/91, NZA 1993, 316.

190 Das hat das ArbG Düsseldorf[601] in einem Fall angenommen, in dem die Konzernleitung zwar ihren Sitz im Ausland hatte, aber über eine in Deutschland ansässige Zwischengesellschaft 100% der Anteile an den Untergesellschaften hielt. Diese wurden „business units" zugeordnet, die über ihre Matrixmanager die Unternehmensplanung steuerten, ohne dass die Geschäftsführung der Zwischengesellschaft Entscheidungs- oder Weisungsbefugnisse in Bezug auf die Planungen hatte. Aus diesem Grund sah das Gericht die **Konzernvermutung** nach § 18 Abs. 2 S. 1 AktG als **widerlegt** an. Die **Bildung eines Konzernbetriebsrats** nach § 54 Abs. 1 BetrVG kam deshalb **nicht mehr in Betracht.**

191 Der KBR wird regelmäßig beim herrschenden Unternehmen gebildet. Ist dieses im **Ausland** ansässig, kann im Inland nur dann ein KBR errichtet werden, wenn mindestens zwei abhängige Unternehmen ihren Sitz in Deutschland haben und für diese eine sog. **Teilkonzernspitze** besteht.[602] Eine solche liegt vor, wenn in einem mehrstufigen vertikal gegliederten Konzern ein bestimmtes Tochterunternehmen – eben die Teilkonzernspitze – die wesentlichen Entscheidungen in wirtschaftlichen, personellen oder sozialen Angelegenheiten selbst treffen kann, und zwar nicht nur für das eigene, sondern auch für die von ihm beherrschten („Enkel"-)Unternehmen, und es diese Entscheidungen auch tatsächlich trifft.[603] Stets gilt: der KBR kann, er muss aber nicht errichtet werden.[604] Wird ein KBR gebildet, enthalten die §§ 54 ff. BetrVG zwingende Vorgaben, von denen weder durch Tarifvertrag noch durch Betriebsvereinbarung abgewichen werden kann.[605]

192 **(2) Zuständigkeit des KBR.** Zu diesen Vorgaben gehört auch § 58 BetrVG. Dieser regelt zwingend, welche Angelegenheiten der KBR überhaupt behandeln darf. Nach dieser Vorschrift ist primär der Betriebsrat „vor Ort" für die Wahrnehmung von Mitbestimmungsrechten zuständig. Denn nur er ist unmittelbar durch eine Wahl legitimiert. Der KBR ist deshalb lediglich dann zu Regelungen befugt, wenn es um die Behandlung von **Angelegenheiten** geht, die den **Konzern insgesamt betreffen oder mindestens zwei Konzernunternehmen** berühren. Hinzukommen muss, dass eine solche Angelegenheit nicht durch die einzelnen Gesamtbetriebsräte innerhalb ihrer Unternehmen geregelt werden kann (§ 58 Abs. 1 S. 1 Hs. 1 BetrVG). Ob das der Fall ist, bestimmt sich objektiv.[606] Allein der Wunsch der Konzernleitung nach einer konzerneinheitlichen oder unternehmensübergreifenden Regelung genügt ebenso wenig wie ein reines Koordinierungsinteresse.[607] Notwendig ist ein „objektiv zwingendes" Erfordernis. Dieses kann sich aus technischen oder rechtlichen Umständen ergeben.[608] Die Beweislast für das zwingende Erfordernis einer Regelung auf Konzernebene trägt die Konzernleitung. Fehlt dem KBR die Zuständigkeit, ist die Konzernvereinbarung unwirksam. Dann bleibt nur der Weg, die Verhaltensrichtlinien kraft Direktionsrechts der Matrixgesellschaften konzernweit verbindlich zu machen.

193 Für die **Einführung eines Verhaltenskodexes** hat das BAG[609] die **Zuständigkeit des KBR bejaht,** wenn die Konzernleitung mit einem solchen Kodex eine konzerneinheitliche „Unternehmensphilosophie" umsetzen will. Ein derart „ethisch-moralisch einheitliches Erscheinungsbild" verbietet unterschiedliche Regelungen auf Unternehmens- oder gar auf Betriebsebene. Es lässt sich „identitätsstiftend" nur auf Konzernebene einheitlich umsetzen.[610] Entsprechendes gilt, wenn die Konzernleitung das Verhalten ihrer

---

[601] ArbG Düsseldorf 29.9.2010 – 9 BV 71/10, BeckRS 2011, 72434.
[602] BAG 14.2.2007 – 7 ABR 26/06, NZA 2007, 999.
[603] BAG 21.10.1980 – 6 ABR 41/78, AP BetrVG 1972 § 54 Nr. 1.
[604] GK-BetrVG/*Franzen* § 54 Rn. 9, 46.
[605] HWGNRH/*Glock* BetrVG § 54 Rn. 6.
[606] BAG 19.6.2007 – 1 AZR 454/06, AP BetrVG 1972 § 58 Nr. 4 Rn. 18.
[607] BAG 22.7.2008 – 1 ABR 40/07, NZA 2008, 1248 Rn. 66.
[608] BAG 19.6.2007 – 1 AZR 454/06, AP BetrVG 1972 § 58 Nr. 4 Rn. 17, 20 mwN.
[609] BAG 22.7.2008 – 1 ABR 40/07, NZA 2008, 1248 Rn. 67.
[610] Bestätigt durch BAG 17.5.2011 – 1 ABR 121/09, NZA 2012, 112; ebenso *Dzida* NZA 2008, 1265 (1266).

Mitarbeiter in den sozialen Netzwerken regeln will, wenn der Konzern dort mit einem einheitlichen Profil auftreten möchte. Dazu können etwa zB Vorgaben zur Benutzung des Konzernnamens oder des Konzernlogos nötig sein. Diese können aber nur konzerneinheitlich erfolgen.[611]

3. Bindung an ausländisches Recht bei der Tätigkeit in einem internationalen Matrixkonzern

Arbeitnehmer, die gewöhnlich **in Deutschland tätig** werden und deren Arbeitsverhältnis sich deshalb nach deutschem Recht richtet, sind grundsätzlich **nur an die in Deutschland geltenden Rechtsvorschriften gebunden,** nicht jedoch an ausländisches Recht. Anders kann es in Fällen liegen, in denen Arbeitnehmer, deren Arbeitsvertrag nach ausländischem Recht begründet wurde, eine Zeitlang bei einem deutschen Tochterunternehmen im Inland tätig sind. Diese können während ihrer Beschäftigung in Deutschland weiterhin an das Recht des Landes gebunden sein, von wo aus sie nach Deutschland entsandt wurden. Entsprechendes gilt im umgekehrten Fall, also wenn Arbeitnehmer, deren Arbeitsverhältnis nach deutschem Recht begründet wurde, vorübergehend im Ausland tätig werden sollen. Es liegt auf der Hand, dass sie bei einer solchen Tätigkeit auch ausländisches Recht zu beachten haben. 194

Eine zumindest **mittelbare Bindung an ausländisches Recht** kann sich daraus ergeben, dass konzern- oder matrixweit Verhaltensrichtlinien bestehen, die von einer im Ausland ansässigen Konzern- bzw. Matrixleitung erlassen wurde. Soweit in diesen Richtlinien ausländisches Recht aufgenommen wurde, gilt dieses auch für die Mitarbeiter in Deutschland, wenn es nach dem oben Gesagten (→ Rn. 186 ff.) für sie als deutsches Recht verbindlich gemacht wurde. Allerdings darf bei der Umsetzung durch allgemeine Weisungen oder (Konzern-)betriebsvereinbarungen nicht gegen zwingende deutsche Rechtsvorschriften verstoßen werden.[612] Arbeitnehmer können auch durch ihren deutschen Vertragsarbeitgeber angewiesen werden, in bestimmten Einzelfällen ausländisches Recht zu beachten. Eine solche Anweisung kann ebenso ein Matrixmanager erteilen, der das Weisungsrecht für den Vertragsarbeitgeber in dessen Namen ausübt. Natürlich kann auch die Matrixleitung den Matrixmanager anweisen, ausländisches Recht zu befolgen. Stets muss dieses im Einklang mit dem deutschen Recht stehen, wenn Arbeitnehmer ihre Aufgaben nicht nur vorübergehend in Deutschland ausüben (→ Rn. 136 ff.). 195

4. Vorwerfbarkeit

a) Grundsätze

Der **objektive Verstoß** gegen eine Verhaltenspflicht **genügt** bereits, damit der Arbeitgeber für die Zukunft **Unterlassung** und für die Gegenwart, falls durch die Pflichtverletzung noch eine Störung besteht, deren Beseitigung verlangen kann (vgl. § 1004 Abs. 1 BGB). 196

Sollen darüber hinaus Disziplinarmaßnahmen verhängt werden oder beansprucht der Arbeitgeber **Schadensersatz,** muss die Pflichtverletzung dem Arbeitnehmer auch vorgeworfen werden können.[613] Das kann sie dann, wenn der Arbeitnehmer bewusst und gewollt gegen eine Verhaltenspflicht verstoßen hat[614] – also bei einem vorsätzlichen Verhalten –, oder wenn er sich den Vorwurf gefallen lassen muss, dass er den schädlichen Erfolg seines Verhaltens hätte vorhersehen und vermeiden können, wenn er sorgfältiger gehan- 197

---

[611] Ebenso *Borsutzky* NZA 2013, 647 (651).
[612] Vgl. BAG 22.7.2008 – 1 ABR 40/07, NZA 2008, 1248; LAG Düsseldorf 14.11.2005 – 10 TaBV 46/05, NZA-RR 2006, 81.
[613] Statt aller Palandt/*Grüneberg* BGB § 276 Rn. 3, 5, 12.
[614] BGH 20.12.2011 – VI ZR 309/10, NJW-RR 2012, 404.

delt hätte.[615] Für die Geltendmachung von Schadensersatzansprüchen ergibt sich das Erfordernis der subjektiven Vorwerfbarkeit unmittelbar aus § 280 Abs. 1 BGB und § 823 BGB, die beide den Arbeitnehmer nur bei Vorsatz oder Fahrlässigkeit haften lassen.

198 Für die **Verhängung von Disziplinarmaßnahmen** liegen die Dinge ein wenig komplizierter. Abmahnung und Kündigung bedeuten keine Sanktionen für ein vergangenes Fehlverhalten, sondern dienen dazu, die Zusammenarbeit der Arbeitsvertragsparteien für die Zukunft zu sichern[616] bzw. diese zu beenden, falls sie dem Arbeitgeber nicht länger zugemutet werden kann.[617] Dafür spielt die Frage der subjektiven Vorwerfbarkeit an sich keine Rolle.[618] Bei der Abwägung aller für und gegen die Kündigung sprechenden Interessen wird sie dann aber doch berücksichtigt.[619] Die Pflichtverletzung ist vorwerfbar, wenn der Arbeitnehmer sein Verhalten steuern konnte.[620] Ein Verhalten ist steuerbar, wenn es der Arbeitnehmer willentlich beeinflussen kann,[621] was zB im Falle von Krankheit regelmäßig ausgeschlossen ist.[622] Vorgeworfen werden kann die Pflichtverletzung auch dann nicht, wenn sich der Arbeitnehmer in einem **unverschuldeten Rechtsirrtum** befindet.[623] Ein solcher Irrtum ist bei der Interessenabwägung stets **zu seinen Gunsten** zu berücksichtigen.[624] Durfte der Arbeitnehmer mit vertretbaren Gründen annehmen, dass sein Verhalten nicht vertragswidrig ist,[625] kommt statt der Kündigung allenfalls eine **Abmahnung** in Betracht.[626]

199 **Unverschuldet** ist ein Rechtsirrtum allerdings nur, wenn ihn der Arbeitnehmer auch unter Anwendung der zu beachtenden **Sorgfalt** nicht erkennen konnte.[627] Hierfür gelten **hohe Anforderungen.**[628] Besonders streng ist die Rechtsprechung, wenn der Arbeitnehmer seine Arbeit beharrlich verweigert, weil er meint, ihm stehe ein Leistungsverweigerungs- oder Zurückbehaltungsrecht zu. Das Risiko, dass sich seine Rechtsauffassung als falsch erweist, hat er grundsätzlich selbst zu tragen.[629] Ist die Rechtslage besonders unklar, kann es jedoch genügen, dass der Arbeitnehmer seinen eigenen Rechtsstandpunkt sorgfältig prüft und er zu einer zumindest vertretbaren rechtlichen Beurteilung gelangt.[630] Erkennt der Arbeitnehmer später die Pflichtwidrigkeit seines Tuns und bemüht er sich er-

---

[615] BGH 31.10.2006 – VI ZR 223/05, NJW 2007, 762.
[616] Statt aller *v. Hoyningen-Huene* Anm. zu BAG 11.12.1997, AP BGB § 626 Nr. 151.
[617] StRspr, vgl. BAG 22.10.2015 – 2 AZR 569/14, NZA 2016, 417 Rn. 46; 20.10.2016 – 6 AZR 471/15, NZA 2016, 1527 Rn. 30; 15.12.2016 – 2 AZR 42/16, NZA 2017, 703.
[618] So mit Recht ErfK/*Niemann* BGB § 626 Rn. 40 mwN.
[619] BAG 15.12.2016 – 2 AZR 42/16, NZA 2017, 703; ErfK/*Niemann* BGB § 626 Rn. 40 mwN.
[620] BAG 3.11.2011 – 2 AZR 748/10, NZA 2012, 607; ErfK/*Oetker* KSchG § 1 Rn. 188.
[621] vHHL/*Linck* KSchG § 1 Rn. 461.
[622] In einem Kündigungsschutzprozess hat er dies zunächst genau anzugeben. Erst dann ist es Sache des Arbeitgebers, darauf näher einzugehen. Er kann sich nämlich zunächst darauf beschränken, den objektiven Tatbestand einer Arbeitspflichtverletzung darzulegen und muss nicht jeden erdenklichen Rechtfertigungs- oder Entschuldigungsgrund vorbeugend ausschließen BAG 3.11.2011 – 2 AZR 748/10, NZA 2012, 607.
[623] BAG 14.2.1978 – 1 AZR 103/76, AP GG Art. 9 Arbeitskampf Nr. 58.
[624] BAG 14.2.1996 – 2 AZR 274/95, NZA 1996, 873; BAG 26.3.2015 – 2 AZR 517/14, NZA 2015, 1180 Rn. 42.
[625] BAG 30.6.1983 – 2 AZR 524/81, NJW 1984, 1917; 14.2.1996 – 2 AZR 274/95, NZA 1996, 873.
[626] Eine Kündigung scheidet aus, wenn schon mildere Mittel und Reaktionen vonseiten des Arbeitgebers – wie etwa eine Abmahnung – geeignet gewesen wären, beim Arbeitnehmer künftige Vertragstreue zu bewirken (BAG 19.11.2015 – 2 AZR 217/15, NZA 2016, 540 Rn. 24; 31.7.2014 – 2 AZR 434/13, NZA 2015, 358 Rn. 19). Einer Abmahnung bedarf es nur dann nicht, wenn bereits ex ante erkennbar ist, dass die Verhaltensänderung auch nach Ausspruch einer Abmahnung nicht zu erwarten steht oder die Pflichtverletzung so schwerwiegend ist, dass selbst deren erstmalige Hinnahme durch den Arbeitgeber nach objektiven Maßstäben unzumutbar und offensichtlich (auch für den Arbeitnehmer erkennbar) ausgeschlossen ist, stRspr, vgl. nur BAG 15.12.2016 – 2 AZR 42/16, NZA 2017, 703 Rn. 11 mwN.
[627] BAG 15.12.2016 – 2 AZR 42/16, NZA 2017, 703 Rn. 16.
[628] BAG 22.10.2015 – 2 AZR 569/14, NZA 2016, 417.
[629] BAG 29.8.2013 – 2 AZR 273/12, NZA 2014, 533; 22.10.2015 – 2 AZR 569/14, NZA 2016, 417.
[630] BGH 18.1.2011 – XI ZR 356/09, NJW 2011, 1063 mwN. Das gilt vor allem dann, wenn höchstrichterliche Leitentscheidungen für die Auslegung der maßgeblichen Gesetzesbestimmungen fehlen, vgl. Palandt/*Grüneberg* BGB § 276 Rn. 22.

folgreich um die Schadensbeseitigung, kann das die Interessenabwägung zu seinen Gunsten beeinflussen.[631] Strenger ist die Rechtsprechung – wie gesagt – nur bei der beharrlichen Nichtbefolgung von Weisungen.

b) Beachtung matrixspezifischer Besonderheiten

In der Matrixorganisation kann die Rechtslage unklar sein, weil die Steuerung der konzernabhängigen Matrixgesellschaften nicht mehr entlang der vom Gesellschaftsrecht vorgegebenen Leitungsstrukturen geschieht, sondern mittels Direktanweisung der Matrixmanager. Auf diese Weise werden die Mitarbeiter zu „Dienern zweier Herren", die sowohl Weisungen und Richtlinien ihres Vertragsarbeitgebers zu beachten haben als auch Anordnungen und Direktiven des für sie zuständigen Matrixmanagers. Kollisionen sind damit vorprogrammiert. Zwar lassen sich diese durch vorsorgende Regelungen vermeiden oder auflösen. Trotzdem bleibt der **Arbeitnehmer** einem **hohen Risiko ausgesetzt,** wenn er die **Rechtslage falsch beurteilt.** Führt er eine Weisung aus, die ihm der Matrixmanager unzulässig erteilt, verletzt er seine eigenen arbeitsvertraglichen Pflichten, wenn er die Direktive der Matrixgesellschaft missachtet, nur zulässige Weisungen zu befolgen. Verweigert er die Arbeit in der irrigen Ansicht, der Matrixmanager sei nicht zur Anweisung berechtigt, drohen ihm Sanktionen wegen Arbeitsverweigerung. Der Weg, sich gegebenenfalls beim Matrixmanager oder bei der Matrixgesellschaft „rückzuversichern", ist in der Praxis häufig versperrt. Das kann hinsichtlich der Ahndung eines Pflichtverstoßes aber nicht zu Lasten des Arbeitnehmers gehen. Erst recht muss sich der Arbeitgeber ein Mitverschulden oder zumindest ein „Organisationsrisiko" entgegenhalten lassen, wenn er nicht für klare Verhältnisse sorgt, also eindeutige Kollisionsregeln formuliert und Remonstrationsverfahren schafft, die auch praktisch nutzbar sind.

5. Zuständigkeit für die Verhängung von Disziplinarmaßnahmen

a) Grundsätze

Disziplinarmaßnahmen gegen einen Arbeitnehmer kann grundsätzlich **nur der Vertragsarbeitgeber** verhängen. Welche Person hierfür im Einzelfall zuständig ist, bestimmt sich nach den Aufgaben und Befugnissen, die mit der von ihr bekleideten Stelle verbunden sind. Diese kann der Arbeitgeber grundsätzlich frei bestimmen. Mitbestimmungsrechte bestehen insoweit nicht. In größeren Unternehmen sind sie in Stellenbeschreibungen schriftlich niedergelegt. Auf sie wird mitunter in den Arbeitsverträgen mit den Stelleninhabern hingewiesen, zuweilen werden sie sogar ausdrücklich zum Inhalt des Arbeitsvertrags erhoben, etwa indem eine von beiden Vertragsparteien unterzeichnete Stellenbeschreibung als Anlage zum Vertrag aufgenommen wird.[632] Als **Personen,** die zur Verhängung von Sanktionen befugt sind, kommen danach grundsätzlich in Betracht: **Fachvorgesetzte, Disziplinarvorgesetzte, Matrixmanager, aber auch Mitglieder der Geschäfts- bzw. Betriebsleitung sowie der zuständige Personalleiter.**

Grundsätzlich **nicht befugt sind die Konzern- bzw. Matrixleitung** sowie die von ihr beauftragten Vertreter. Die Konzernleitung kann nur die unter ihrem (konzern-) gesellschaftsrechtlichen Weisungsrecht stehenden Geschäftsleitungen anweisen, entsprechende Disziplinarmaßnahmen gegen die bei ihr angestellten Mitarbeiter zu verhängen. Disziplinarbefugnisse aus eigenem Recht stehen ihr dagegen nicht zu, **auch nicht einer zentralen Personalabteilung** im Fall von „Shared Services".[633] Über sie verfügt allein der Vertragsarbeitgeber, der sie auch nur im eigenen Namen geltend machen kann.[634]

---

[631] BAG 27.4.2006 – 2 AZR 415/05, NZA 2006, 1033.
[632] Zu deren Bedeutung MaSiG/*Vetter* C. 550 Rn. 15f.
[633] → Kap. 5 Rn. 90ff.
[634] Eine zentrale Personalabteilung kann also nur als „Dienstleister" im Namen des Vertragsarbeitgebers auftreten.

Welche Person bei ihm zuständig ist, richtet sich nach der jeweils ins Auge gefassten Sanktion. Deren Zulässigkeit hängt wiederum davon ab, wie schwer der Arbeitnehmer seine vertraglichen Pflichten verletzt hat und wie intensiv dadurch das Arbeitsverhältnis gestört ist.

b) Zuständigkeit im Einzelnen

203 Mit der **Abmahnung** beanstandet der Arbeitgeber in einer für den Arbeitnehmer hinreichend deutlich erkennbaren Weise die Verletzung einer Vertragspflicht und verbindet damit den Hinweis, dass im Wiederholungsfall der Bestand des Arbeitsverhältnisses gefährdet ist.[635] **Abmahnungsberechtigt** sind der Arbeitgeber und die von ihm Bevollmächtigten. Dazu gehören regelmäßig die kündigungsberechtigten Personen und die Mitarbeiter, die nach ihrer Aufgabe befugt sind, Anweisungen zu Inhalt, Ort und Zeit der Arbeitsleistung zu erteilen, dh sowohl die zu Personalentscheidungen befugten **Dienstvorgesetzten** („Disziplinarvorgesetzter") als auch die **Fachvorgesetzten**.[636] Da **Matrixmanager** das fachliche Weisungsrecht für den Vertragsarbeitgeber in dessen Namen ausüben, sind auch sie zur Abmahnung berechtigt.

204 Für die Abmahnung selbst gilt das **Verhältnismäßigkeitsprinzip**.[637] Wegen einer geringfügigen Pflichtverletzung darf keine Abmahnung ausgesprochen werden. Zulässig ist allenfalls eine **Ermahnung,** mit der der Arbeitgeber vertragsgemäßes Verhalten verlangt, ohne mit weiteren Maßnahmen zu drohen. Diese darf von denselben Personen ausgesprochen werden, die auch zur Abmahnung berechtigt sind.

205 **Betriebsbußen** dienen der Ahndung von Verstößen gegen die betriebliche Ordnung. Sie können nur dann verhängt werden, wenn sich Arbeitnehmer gemeinschaftswidrig verhalten, dh wenn sie gegen verbindliche Verhaltensregeln zur Sicherung des ungestörten Arbeitsablaufs oder des reibungslosen Zusammenlebens und Zusammenwirkens im Betrieb verstoßen[638]. Die Betriebsbuße hat Strafcharakter, denn sie enthält ein Unwerturteil über ein Fehlverhalten[639]. Formen der Betriebsbuße sind:
– **Verwarnung** (bei geringeren Verstößen)
– **Verweis,** häufig mit Kündigungsandrohung (für schwerere oder wiederholte leichtere Verstöße) und
– **Geldbuße.**

206 Die Verhängung von Betriebsbußen setzt das Bestehen einer ordnungsgemäß bekannt gemachten Bußordnung voraus. Bußordnungen werden in aller Regel durch Betriebsvereinbarung geschaffen. Das Weisungsrecht des Arbeitgebers genügt als Rechtsgrundlage nicht.[640] Die Tatbestände, bei deren Verwirklichung die Betriebsbuße droht, müssen abstrakt formuliert und eindeutig bestimmt sein.

Beispiele:
Rauchen am Arbeitsplatz in feuergefährdeten Betrieben; Dienstzeitversäumnisse; Verstöße gegen das Verbot von Sammlungen oder des Handeltreibens im Betrieb, gegen das Verbot der Verteilung parteipolitischer Schriften, gegen das Gebot, Betriebsmittel und Arbeitsstoffe pfleglich zu behandeln; Stechkartenbetrug; Diebstahl.

207 Außerdem müssen die Art und der Umfang der Bußen sowie das Verfahren zur Verhängung geregelt sein[641]. Das verlangt auch Bestimmungen hinsichtlich der für die Sank-

---

[635] BAG 4.3.1981 – 7 AZR 104/79, AP LPVG BW § 77 Nr. 1; 30.6.1983 – 2 AZR 524/81, NJW 1984, 1917.
[636] BAG 18.1.1980 – 7 AZR 75/78, AP KSchG 1969 § 1 Verhaltensbedingte Kündigung Nr. 3.
[637] BAG 13.11.1991 – 5 AZR 74/91, AP BGB § 611 Abmahnung Nr. 7.
[638] BAG 23.9.1975 – 1 ABR 122/73, AP BetrVG 1972 § 87 Betriebsbuße Nr. 1.
[639] BAG 30.1.1979 – 1 AZR 342/76, AP BetrVG 1972 § 87 Betriebsbuße Nr. 2; 17.10.1989 – 1 ABR 100/88, AP BetrVG 1972 § 87 Betriebsbuße Nr. 12.
[640] Zu Vorstehendem BAG 17.10.1989 – 1 ABR 100/88, AP BetrVG 1972 § 87 Betriebsbuße Nr. 12.
[641] BAG 12.9.1967 – 1 AZR 34/66, AP BetrVG § 56 Betriebsbuße Nr. 1.

tionierung zuständigen Stelle. Das wird im Zweifel die **Betriebsleitung** oder die für den Betrieb zuständige **Personalleitung** sein, dem der Arbeitnehmer angehört, nicht aber der Fach- oder Disziplinarvorgesetzte und erst recht **nicht der Matrixmanager oder die Matrixleitung.** Das liegt daran, dass dem für den Betrieb zuständigen Betriebsrat nicht nur bei der Aufstellung der Bußordnung ein erzwingbares Mitbestimmungsrecht zusteht, sondern auch bei jeder Verhängung einer Betriebsbuße[642].

Kündigen kann das Arbeitsverhältnis **nur der Vertragsarbeitgeber,** weil nur er Partei des Arbeitsvertrags ist. Wer für ihn und in seinem Namen wirksam eine Kündigung erklären kann, hängt von der Reichweite der bestehenden Vertretungsmacht ab. Die gesetzlichen Vertreter des Vertragsarbeitgebers können dies als Organwalter ohne weiteres. Die Matrixleitung ist dazu grundsätzlich nicht befugt, kann aber die Geschäftsleitung einer Matrixgesellschaft anweisen, eine Kündigung zu erklären. Fachvorgesetzte und Matrixmanager sind im Regelfall nicht zur Kündigung befugt, weil ihnen nur das fachliche, nicht aber das disziplinarische Weisungsrecht übertragen wurde. Ob sich der Vertragsarbeitgeber eine von ihnen erklärte Kündigung zurechnen lassen muss, ist eine Frage des Einzelfalls (→ Rn. 249 ff.). Zur Kündigung eines einheitlichen Arbeitsverhältnis mit mehreren Arbeitgebern → Rn. 257, zur Kündigung von Doppel- und Mehrfacharbeitsverhältnissen → Rn. 259.

208

---

[642] BAG 23.9.1975 – 1 ABR 122/73, AP BetrVG 1972 § 87 Betriebsbuße Nr. 1; 17.10.1989 – 1 ABR 100/88, AP BetrVG 1972 § 87 Betriebsbuße Nr. 12.

C. Rechte des Arbeitnehmers im matrixbezogenen Arbeitsverhältnis

I. Verpflichteter Arbeitgeber

1. Einzelarbeitsverhältnis

209 Auch im matrixbezogenen Arbeitsverhältnis gilt der Grundsatz, dass sich der **Arbeitnehmer** wegen der Erfüllung seiner vertraglichen Ansprüche **an seinen Vertragspartner halten muss**.[643] Vertragspartner ist aber nicht der der „Matrix-Konzern", weil dieser selbst nicht rechtsfähig ist, und auch nicht die den Konzern beherrschende Gesellschaft als Matrixleitung, weil diese über ihre Matrixmanager nur tatsächlich Weisungen erteilt, sondern das Unternehmen, mit dem der Arbeitnehmer seinen Arbeitsvertrag geschlossen hat. Das ist im Normalfall des „Einzelarbeitsverhältnisses" (→ Rn. 10 ff.) das **Einstellungsunternehmen**.

210 **Dabei bleibt es** selbst dann, wenn das dem Vertragsarbeitgeber zustehende „**fachliche Weisungsrecht" auf einen Matrixmanager übertragen** wurde. Allein durch diesen Übertragungsakt wird die rechtliche Einheit, bei der der Matrixmanager angestellt ist, weder zum Vertragsarbeitgeber, noch zu einem weiteren „Haftungssubjekt." Zur Entgeltzahlung verpflichtet bleibt der „Stammarbeitgeber". Das gilt sogar dann, wenn der Matrixmanager Anweisungen trifft, die den Umfang der Entgeltansprüche beeinflussen, wie etwa die Anordnung von Überstunden. Ein konkludenter Vertragsbeitritt erfolgt in aller Regel nicht (→ Rn. 113). Deshalb haftet nur der „Stammarbeitgeber", nicht die rechtliche Einheit, für die die Arbeitsleistung tatsächlich erfolgt.

211 Das zum Vertragsarbeitgeber bestehende **Arbeitsverhältnis** kann aber auf die Matrixleitung oder **auf die rechtliche Einheit übergehen, für die die Arbeitsleistung erfolgt,** wenn die Unterstellung unter die Weisungsgewalt des Matrixmanagers den Tatbestand einer **unerlaubten Arbeitnehmerüberlassung** erfüllt (→ Rn. 50 ff.). Ferner kann die **Matrixgesellschaft,** der die Arbeitsleistung zugutekommt, **eigene Verpflichtungen** eingehen, für die sie dann selbst verantwortlich ist.[644] Beispiel hierfür wäre die Gewährung unmittelbar betriebsbezogener Vergünstigungen, wie verbilligte Mahlzeiten in der Betriebskantine oder die Nutzung von Freizeit- und Gesundheitseinrichtungen oder des Betriebskindergartens. Diese Leistungen müssen nicht zwingend für die Begründung eines weiteren Arbeitsverhältnisses sprechen,[645] sondern können von Gesetzes wegen angeordnet sein (vgl. § 13b AÜG). Sie können auch auf eine Vereinbarung zwischen dem Stammarbeitgeber und der Matrixgesellschaft zurückgehen, der die Arbeitsleistung zugutekommt.

2. Mehrheit von Arbeitgebern

212 Über mehrere Arbeitgeber als Vertragspartner verfügt der Arbeitnehmer in den beiden anderen Konstruktionsmodellen für das „Matrixarbeitsverhältnis": sei es, dass sie ihm wie im Modell **„Einheitsarbeitsverhältnis"** (→ Rn. 102) als gleichberechtigte Vertragsparteien auf Arbeitgeberseite gegenüberstehen, sei es, dass wie im Modell **„Doppel- bzw. Mehrfacharbeitsverhältnis"** (→ Rn. 117) mehrere selbständige Arbeitsverträge mit mehreren Arbeitgebern abgeschlossen wurden.

213 Im **Modell „Einheitsarbeitsverhältnis"** kann einer der beiden Arbeitgeber ausschließlich verpflichtet sein, das Entgelt für die gesamte Tätigkeit zu zahlen, oder beide als Gesamtschuldner oder jeder Arbeitgeber im Verhältnis zu dem durch ihn in Anspruch genommenen Teil der Arbeitskraft. Fehlen klare Abreden, ordnet § 427 BGB für den Fall, dass sich mehrere gemeinschaftlich zu einer teilbaren Leistung verpflichtet haben, die

---

[643] Ebenso allgemein für „Konzern-Arbeitsverhältnisse" *Windbichler* Konzernarbeitsrecht S. 118.
[644] Vgl. BAG 8.7.1971 – 5 AZR 29/71, AP BGB § 611 Leiharbeitsverhältnis Nr. 2.
[645] AA *Windbichler* Konzernarbeitsrecht S. 119.

gesamtschuldnerische Haftung an. Der Arbeitnehmer kann sich also aussuchen, an welchen Arbeitgeber er sich hält, er kann die Vergütung aber insgesamt nur ein einziges Mal fordern (§ 421 S. 1 BGB). Eine davon abweichende Teilschuld müsste eigens vereinbart sein.

Im **Modell „Doppelarbeitsverhältnis",** bei dem das eine Arbeitsverhältnis ruht, das zweite, mit einer anderen Matrixgesellschaft begründete die Basis für den Leistungsaustausch bildet, ist nur die letztere zur Entgeltzahlung verpflichtet.[646] Charakteristisch für das Ruhen des Arbeitsverhältnisses ist es gerade, dass die Rechtsbeziehung im Grundsatz aufrechterhalten bleibt, aber die Hauptpflichten suspendiert sind. 214

II. Haftung nach dem allgemeinen Gleichbehandlungsgrundsatz

Die den Konzern beherrschende Gesellschaft als Matrixleitung haftet für Ansprüche aus dem Arbeitsvertrag, wenn sie eine entsprechende Zusage erteilt hat, etwa im Falle von Aktienoptionen. Aus dem Gesichtspunkt des allgemeinen arbeitsrechtlichen Gleichbehandlungsgrundsatzes wird die Matrixleitung grundsätzlich nicht verpflichtet.[647] Er richtet sich an den Arbeitgeber, der eine abstrakt-generelle Regel aufstellt. Sein organisatorischer **Bezugspunkt** ist deshalb das **Unternehmen.**[648] Da der Arbeitgeber als Normadressat für das Unternehmen in seiner Gesamtheit verantwortlich ist, spricht das dafür, dass er alle Arbeitnehmer des Unternehmens gleichzubehandeln hat.[649] 215

Eine über das Unternehmen hinausgehende **konzernweite Geltung** hat der Gleichbehandlungsgrundsatz regelmäßig nicht.[650] Der Konzern selbst ist nicht Arbeitgeber, sondern ein Verbund rechtlich selbständig bleibender Unternehmen; nur diese kommen als Adressaten des Gleichbehandlungsgrundsatzes in Betracht.[651] Konzernbezogen gilt der Gleichbehandlungsgrundsatz jedoch dann, wenn die Konzernleitung eine Vergütungsregel konzernweit aufstellt.[652] Das gilt natürlich auch im Matrix-Konzern. 216

III. Haftung aus Erklärungen des Matrixmanagers

1. Problemstellung

Eine andere Frage ist, ob die Matrixleitung, andere Matrixgesellschaften oder der Vertragsarbeitgeber **für Erklärungen haften,** die ein **Matrixmanager in ihrem Namen** gegenüber einem ihm unterstellten Arbeitnehmer **abgibt, ohne hierzu befugt** zu sein. Eine Bindung an solche Erklärungen könnte von Bedeutung sein, wenn der Matrixmanager seinen Leuten Prämien wegen des erfolgreichen Abschlusses eines für die Matrixleitung oder für eine andere Matrixgesellschaft durchgeführten Projektes verspricht und sich die Mitarbeiter auf diese Erklärung verlassen, weil sie über die Reichweite der Erklärungsbefugnisse des ihnen übergeordneten Matrixmanagers im Unklaren sind. Fehlt es an der entsprechenden Vertretungsmacht des Matrixmanagers, ist zu prüfen, ob die Erklärungen des Matrixmanagers der Matrixleitung, anderen Matrixgesellschaften oder dem Ver- 217

---

[646] *Windbichler* Konzernarbeitsrecht S. 118.
[647] BAG 20.8.1986 – 4 AZR 272/85, AP TVG § 1 Seniorität Nr. 6; *Bachner* ArbR 2009, 31.
[648] BAG 3.12.2008 – 5 AZR 74/08, NZA 2009, 367 (369) mwN; MünchArbR/*Richardi*, 3. Aufl., § 9 Rn. 12; ZLH/*Loritz* § 20 Rn. 8; ErfK/*Preis* BGB § 611a Rn. 584.
[649] ErfK/*Preis* BGB § 611a Rn. 584.
[650] BAG 20.8.1986 – 4 AZR 272/85, AP TVG § 1 Seniorität Nr. 6; *Bachner* ArbR 2009, 31; Schaub ArbR-HdB/*Linck* § 112 Rn. 11 mwN; ErfK/*Preis* BGB § 611a Rn. 588; *Rüthers/Bakker* ZfA 1990, 284 ff.; *Windbichler* Konzernarbeitsrecht S. 420 ff.
[651] Vgl. auch BGH 14.5.1990 – II ZR 122/89, NJW-RR 1990, 1313.
[652] ErfK/*Preis* BGB § 611a Rn. 588; MünchArbR/*Richardi* § 23 Rn. 27 f.

tragsarbeitgeber nach den Grundsätzen der Duldungs- bzw. Anscheinsvollmacht zugerechnet werden können.

218 Eine **Duldungsvollmacht** liegt vor, wenn es der Vertretene willentlich geschehen lässt, dass ein anderer für ihn wie ein Vertreter auftritt, und der Geschäftspartner dieses Dulden nach Treu und Glauben dahin verstehen darf, dass der andere hierzu bevollmächtigt ist.[653] Eine **Anscheinsvollmacht** ist gegeben, wenn der Vertretene das Handeln des „Scheinvertreters" zwar nicht kennt, er dessen Auftreten aber bei pflichtgemäßer Sorgfalt hätte erkennen und verhindern können, und der Geschäftspartner annehmen durfte, der Vertretene kenne und billige dies.[654] Im Regelfall ist dazu ein Auftreten „von gewisser Dauer und Häufigkeit" erforderlich.[655] Außerdem muss der Geschäftspartner gutgläubig sein. Weiß er, dass keine Vertretungsmacht besteht, oder ist ihm dieses aus Gründen, die er zu vertreten hat, unbekannt geblieben, so verdient er keinen Schutz. Die Grundsätze der Duldungs- und Anscheinsvollmacht gelten auch im Arbeitsrecht.[656] Auch hier muss sich der Vertragsarbeitgeber Willenserklärungen und rechtsgeschäftsähnliche Handlungen eines Dritten zurechnen lassen, wenn die genannten Voraussetzungen erfüllt sind.

2. Vertrauenstatbestand (Rechtscheinträger)

219 Ausgangspunkt für die Zurechnung ist das Bestehen eines Vertrauenstatbestandes. Der vollmachtlose Vertreter muss beim Geschäftspartner den Rechtsschein erweckt haben, er sei vom Vertretenen bevollmächtigt worden.[657] Dazu genügt es nicht, dass der Handelnde nur schlicht behauptet, er sei zur Vertretung berechtigt.[658] Hinzukommen müssen **weitere Umstände,** die berechtigterweise auf eine Bevollmächtigung schließen lassen. Diese können darin liegen, dass der Vertretene dem Handelnden eine **Stellung** oder Funktion eingeräumt hat, **die normalerweise mit einer entsprechenden Vollmacht verbunden ist.**[659] Wer einem anderen Aufgaben überträgt, deren ordnungsgemäße Erfüllung eine bestimmte Vollmacht voraussetzt, muss diesen als bevollmächtigt gelten lassen, auch wenn er tatsächlich keine oder eine zu geringe Vollmacht erteilt hat.[660]

220 Im **Handelsrecht** finden sich hierzu einige gesetzlich normierte Fälle. Nach § 54 HGB erstreckt sich die sog. Handlungsvollmacht einer Person auf alle Geschäfte und Rechtshandlungen, die zu dem Handelsgewerbe gehören, das der Kaufmann betreibt. **Ladenangestellte** gelten zu Verkäufen und Empfangnahmen ermächtigt, die in einem derartigen Laden gewöhnlich erfolgen (§ 56 HGB). Auch die **Ausstattung mit bestimm-**

---

[653] StRspr, vgl. BGH 11.5.2011 – VIII ZR 289/09, NJW 2011, 2421 Rn. 15; 10.1.2007 – VIII ZR 380/04, NJW 2007, 987 Rn. 19; 14.5.2002 – XI ZR 155/01, NJW 2002, 2325 (2327).
[654] StRspr., vgl. BGH 26.1.2016 – XI ZR 91/14, NJW 2016, 2024 Rn. 61; 11.5.2011 – VIII ZR 289/09, NJW 2011, 2421 Rn. 16.
[655] StRspr, BGH 13.7.1977 – VIII ZR 243/75, WM 1977, 1169; 10.1.2007 – VIII ZR 380/04, NJW 2007, 987; 5.3.1998 – III ZR 183/96, NJW 1998, 1854.
[656] StRspr, vgl. zB BAG 20.7.1994 – 5 AZR 627/93, NZA 1995, 161; 9.12.2009 – 4 AZR 495/08, NZA 2010, 895; 24.8.2011 – 4 AZR 565/09, NJOZ 2012, 693 Rn. 24; 16.4.2015 – 6 AZR 242/14, NZA-RR 2015, 532 Rn. 30; Staudinger/*Schilken* BGB § 167 Rn. 36 mwN.
[657] BGH 15.12.1955 – II ZR 181/54 NJW 1956, 460; Staudinger/*Schilken* BGB § 167 Rn. 29, 34; MüKoBGB/*Schubert* § 167 Rn. 108, 153.
[658] StRspr vgl. nur BGH 5.3.1998 – II ZR 183/96, NJW 1998, 1854 (1855); OLG München 9.10.1996 – 7 U 3625/96, WM 1997, 2249 (2250); OLG Frankfurt a.M. 10.5.2006 – 9 U 73/05, WM 2006, 2207; Staudinger/*Schilken* BGB § 167 Rn. 34; Bamberger/Roth/*Valentin* BGB § 167 Rn. 17; *Bork* BGB AT Rn. 1560; *Köhler* BGB AT § 11 Rn. 44; MüKoBGB/*Schubert* § 167 Rn. 108.
[659] BGH 28.11.2001 – VIII ZR 38/01, NJW 2002, 1041; 14.1.2010 – III ZR 173/09, NJW 2010, 1203; 27.1.2011 – VII ZR 186/09, BGHZ 188, 128 Rn. 18; Palandt/*Ellenberger* BGB § 172 Rn. 19; Staudinger/*Schilken* BGB § 167 Rn. 35; MüKoBGB/*Schubert* § 167 Rn. 113.
[660] BGH 28.11.2001 – VIII ZR 38/01, NJW 2002, 1041; BGH 14.1.2010 – III ZR 173/09, NJW 2010, 1203 Rn. 8; BAG 9.12.2009 – 4 AZR 495/08, NZA 2010, 895 Rn. 65; 24.8.2011 – 4 AZR 565/09, NJOZ 2012, 693; 16.4.2015 – 6 AZR 242/14, NZA-RR 2015, 532; Palandt/*Ellenberger* BGB § 172 Rn. 19 mwN.

ten **Betriebsmitteln** kann als Rechtsscheinträger von Belang sein.[661] Nach der Rechtsprechung genügt der Besitz von Briefbögen mit Firmenaufdruck für sich allein jedoch nicht, weil sie auch anderweitig beschafft worden sein können.[662] Hinzukommen muss deren wiederholte Verwendung.[663] Ob der Besitz eines Faksimilestempels als Rechtsscheinträger taugt, wird unterschiedlich beurteilt. Immerhin erlaubt er ein „Zeichnen" für den Vertretenen.[664]

Im **Arbeitsrecht** gilt Entsprechendes. Stattet der Arbeitgeber eine Führungskraft aus Sicht eines ihr unterstellten Mitarbeiters mit einer Vertretungsmacht aus, die aber tatsächlich nicht besteht, muss sich der Arbeitgeber die von der Führungskraft abgegebenen Willenserklärungen zurechnen lassen, wenn der Mitarbeiter berechtigterweise darauf vertrauen darf, dass der Arbeitgeber eine Vollmacht erteilt hat oder er das Handeln seiner Führungskraft billigt.[665] Das hat die Rechtsprechung zB für das **Leitungspersonal einer Klinik** bejaht, das einer Ärztin eine bestimmte Aufgabe übertragen hatte. Die Ärztin musste im Fall davon ausgehen, dass der Arbeitgeber die Klinikleitung zu diesen Anordnungen ermächtigt habe. Es konnte ihr nicht zugemutet werden, jeweils zu prüfen, wie der Arbeitgeber die Zuständigkeit für sein Leitungspersonal geregelt hatte und ob diese Vorgaben stets eingehalten wurden.[666] Entsprechendes hat die Rechtsprechung für die Erklärungen eines mit umfangreichen Personalbefugnissen ausgestatteten **Personalleiters** angenommen. Nach Ansicht des BAG darf der Arbeitnehmer grundsätzlich darauf vertrauen, dass sich der Arbeitgeber dessen Wissen und die von ihm abgegebenen Erklärungen zurechnen lässt.[667] Er hat auch bei ungewöhnlichen Sachverhalten regelmäßig keine Veranlassung, unmittelbar an die Geschäftsführung heranzutreten.[668] Ferner gibt es eine reiche Kasuistik zu der Frage, welche **Personen** bereits aufgrund ihrer Stellung als bevollmächtigt gelten, **Kündigungen auszusprechen,** mit der Folge, dass eine Kündigung nicht wegen unterbliebener Vorlage der Vollmachtsurkunde zurückgewiesen werden darf (§ 174 Satz 1 BGB). Bejaht hat das die Rechtsprechung für Personalleiter,[669] Prokuristen,[670] und unter besonderen Umständen auch für Abteilungsleiter,[671] nicht aber bei einfachen Sachbearbeitern[672] oder Referatsleitern.[673]

221

Bei **Matrixmanagern** hat sich bislang **keine solche Aufgabenverteilung** herausgebildet. Im Schrifttum wird zwar darauf hingewiesen, dass ihnen im Regelfall nur das fachliche Weisungsrecht übertragen wird, nicht aber die Befugnis, weitergehende Erklärungen für und gegen den Vertragsarbeitgeber abzugeben.[674] Eine entsprechende Verkehrssitte be-

222

---

[661] MüKoBGB/*Schubert* § 167 Rn. 109.
[662] OLG Düsseldorf 18.4.1950 – 2 U 9/50, BB 1950, 490; OLG Hamburg 27.12.1963 – 1 U 83/63, BB 1964, 576; Staudinger/*Schilken* BGB § 167 Rn. 35; MüKoBGB/*Schubert* § 167 Rn. 109.
[663] StRspr, vgl. BAG 5.2.2004 – 8 AZR 112/03, NZA 2004, 540; BGH 24.1.1978 – VI ZR 264/76, BGHZ 70, 247 (249); 24.1.1991 – IX ZR 121/90, NJW 1991, 1225; 8.7.1999 – IX ZR 338/97, WM 1999, 1846 (1847).
[664] OLG Hamburg 27.12.1963 – 1 U 83/63, BB 1964, 576; MüKoBGB/*Schubert* § 167 Rn. 109.
[665] BAG 9.12.2009 – 4 AZR 495/08, NZA 2010, 895 Rn. 65; 24.8.2011 – 4 AZR 565/09, AP TVG § 1 Tarifverträge: Arzt Nr. 55; 16.4.2015 – 6 AZR 242/14, NZA-RR 2015, 532.
[666] BAG 9.12.2009 – 4 AZR 495/08, NZA 2010, 895 Rn. 65; anders aber für die Beförderungsentscheidung des Leiters einer Dienststelle der Wehrbereichsverwaltung, für die er nach dem Geschäftsverteilungsplan nicht zuständig war, BAG 16.4.2015 – 6 AZR 242/14, NZA-RR 2015, 532.
[667] BAG 28.8.2008 – 2 AZR 15/07, NZA 2009, 193.
[668] Etwas anderes kann dann gelten, wenn auf Grund erheblicher Verdachtsmomente ein evidenter Missbrauch der Vertretungsmacht naheliegt, vgl. BAG 28.8.2008 – 2 AZR 15/07, NZA 2009, 193.
[669] StRspr, vgl. BAG 30.5.1972 – 2 AZR 298/71, AP BGB § 174 Nr. 1; 29.10.1982 – 2 AZR 460/92, NJW 1993, 1286; 25.9.2014 – 2 AZR 567/13, AP BGB § 174 Nr. 23.
[670] BAG 11.7.1991 – 2 AZR 107/91, AP BGB § 174 Nr. 9.
[671] BAG 7.11.2002 – 2 AZR 493/01, AP BGB § 620 Kündigungserklärung Nr. 18.
[672] BAG 30.5.1978 – 2 AZR 633/76, AP BGB § 174 Nr. 2; BAG 29.6.1989 – 2 AZR 482/88, AP BGB § 174 Nr. 7.
[673] BAG 20.8.1997 – 2 AZR 518/96, AP BGB § 620 Kündigungserklärung Nr. 11.
[674] *Bodenstedt/Schnabel* BB 2014, 1525; *Braun/Wisskirchen/Lützeler* Konzernarbeitsrecht Teil I Abschn. 3 Rn. 184; *Dörfler/Heidemann* AiB 2012, 196 (198); *Kort* NZA 2013, 1318 (1319); *C. Meyer* NZA 2013,

steht jedoch nicht. In der Praxis ist eher die gegenteilige Tendenz feststellbar. Nicht selten ziehen Matrixmanager Befugnisse an sich und überschreiten ihre Kompetenzen. Sie „regieren durch", ohne auf Widerstand zu stoßen. Als Vertrauenstatbestand taugt die Stellung des Matrixmanagers deshalb nur, wenn sich im Einzelfall zeigen lässt, dass dem Manager eine Aufgabe übertragen wurde, deren ordnungsgemäße Erfüllung mehr als nur die Übertragung des fachlichen Weisungsrechts voraussetzt. Gibt der Manager dann Erklärungen im Namen des Vertragsarbeitgebers ab, muss dieser als bevollmächtigt gelten, auch wenn tatsächlich keine Vollmacht besteht.[675] Allerdings lässt sich seine Zuständigkeit für Personalentscheidungen, die nichts mit der unmittelbaren Erbringung der geschuldeten Arbeitsleistung zu tun haben, nur schwer behaupten, wenn diese nach wie vor von der Personalabteilung getroffen werden.[676]

223 In diesem Fall kommt als Rechtsscheinträger nur in Betracht, dass der **Matrixmanager** für den Vertragsarbeitgeber wirkende **Erklärungen** innerhalb **längerer Zeit** mit einer **gewissen Häufigkeit** und Stetigkeit abgibt.[677] Eine verbindliche Richtschnur, in welchem Umfang und mit welcher Intensität dies geschehen muss, besteht nicht. Hatte der Vertretene Kenntnis vom Auftreten des in seinem Namen Handelnden, kann bereits ein einmaliges Gewährenlassen eine Duldungsvollmacht begründen.[678] In diesem Fall kommt sogar eine Bevollmächtigung durch schlüssiges Verhalten in Betracht, wenn die Überschreitung der Vollmacht mit rechtsgeschäftlichem Willen gebilligt wird.[679] Als hinreichend wird es weiter bewertet, wenn der Vertreter gegenüber dem Geschäftspartner früher bereits wiederholt als wirklicher Bevollmächtigter auftreten durfte.[680]

224 Umgekehrt fragt es sich, ob eine nach außen bekanntgemachte **Zuständigkeitsregelung** mit klar definierten Vertretungsbefugnissen bereits die **Entstehung eines Rechtsscheins verhindern** kann. Die hM beantwortet dies mit Recht zurückhaltend. Nach Ansicht der Rechtsprechung[681] sollen sich zumindest gesetzlich bestimmte Vertretungsvorschriften nicht mittels Rechtsscheinvollmachten überspielen lassen. Das gilt jedenfalls für die Zuständigkeitsregelungen der Organe öffentlich-rechtlicher Körperschaften, weil deren Einhaltung im öffentlichen Interesse liegt. Würden Willenserklärungen trotz Nichtbeachtung der einschlägigen Kompetenz- und Formvorschriften bindende Wirkung entfalten, liefe der Schutz dieser Regelungen leer.[682] Das hat die Rechtsprechung beispielsweise für die Kommunalordnungen von politischen Gemeinden[683] und die entsprechenden Zuständigkeitsregelungen von Kirchengemeinden[684] angenommen.

225 Anderes gilt im **Privatrecht.** Dort finden sich für die juristischen Personen und Personengesellschaften zwar ebenfalls gesetzliche Zuständigkeits- und Vertretungsregelungen (zB § 76 AktG, § 35 GmbHG, §§ 26, 714 BGB, § 125 HGB). Sie dienen aber nur dazu,

---

1326 (1329); *Müller-Bonanni/Mehrens* ZIP 2010, 2228 (2229); *Neufeld/Michels* KSzW 2012, 49 (53); *Reinhard/Kettering* ArbRB 2014, 87; *Wisskirchen/Bissels* DB 2007, 340.
[675] BGH 28.11.2001 – VIII ZR 38/01, NJW 2002, 1041; 14.1.2010 – III ZR 173/09, NJW 2010, 1203.
[676] Vgl. BAG 16.4.2015 – 6 AZR 242/14, NZA-RR 2015, 532 Rn. 30.
[677] BGH 13.7.1977 – VIII ZR 243/75; WM 1977, 1169, 5.3.1998 – II ZR 183/96, NJW 1998, 1854; 16.3.2006 – III ZR 152/05, NJW 2006, 1971; 10.1.2007 – VIII ZR 380/04, NJW 2007, 987; 27.1.2011 – VII ZR 186/09, NJW 2011, 1965 Rn. 18.
[678] Palandt/*Ellenberger* BGB § 172 Rn. 9; Bamberger/Roth/*Valenthin* BGB § 167 Rn. 15.
[679] Staudinger/*Schilken* BGB § 167 Rn. 29.
[680] RG 1.4.1911 – I 60/10, RGZ 76, 202; BGH 8.5.1978 – II ZR 208/76, WM 1978, 1046.
[681] StRspr, vgl. BGH 13.10.1983 – III ZR 158/82, NJW 1984, 606; 20.9.1984 – III ZR 47/83, NJW 1985, 1778 (1780); 6.7.1995 – III ZR 176/94, NJW 1995, 3389 (3390).
[682] Da es um den Schutz der Willensfreiheit der zuständigen Organe geht, ist es konsequent, der öff.-rechtl. Körperschaft die Berufung auf die Verletzung einer Zuständigkeitsregelung dann zu verbieten, wenn das zuständige Organ den Abschluss eines Rechtsgeschäfts gebilligt hat. Ihr Verhalten wäre dann wegen widersprüchlichen Verhaltens nämlich treuwidrig iSd § 242 BGB, so zutreffend BGH 6.7.1995 – II ZR 176/94, NJW 1995, 3389 (3390) mwN.
[683] BGH 13.10.1983 – III ZR 158/82, NJW 1984, 606; 20.9.1984 – III ZR 47/83, NJW 1985, 1778 (1780); 6.7.1995 – III ZR 176/94, NJW 1995, 3389 (3390).
[684] OLG Frankfurt 5.9.2000 – 14 U 174/99, NVwZ 2001, 958f.; LAG Hessen 6.12.2005 – 1 Sa 1018/05, BeckRS 2006, 44069.

die Handlungsfähigkeit dieser Rechtssubjekte sicherzustellen, nicht jedoch eine bestimmte Zuständigkeitsordnung zu sichern. Die Sicherheit des Rechtsverkehrs verlangt hier gerade umgekehrt die Anwendung der **Grundsätze über die Rechtsscheinsvollmachten.** Die Übertragung von Aufgaben, deren ordnungsgemäße Erfüllung eine bestimmte Vollmacht erfordert, wird deshalb vom Rechtsverkehr regelmäßig dahin verstanden, dass diese auch tatsächlich erteilt wurde.[685]

Nach außen hin kommunizierte **Vertretungsregelungen** sind deshalb aber keinesfalls wertlos. Sie können zwar nicht von vornherein das Entstehen von Rechtsscheinstatbeständen verhindern, wenn ein im Namen eines anderen Handelnder sich (häufiger) über sie hinwegsetzt; wohl aber können sie den **Geschäftspartner bösgläubig** machen. Dieser muss sich möglicherweise vorwerfen lassen, die fehlende Vertretungsbefugnis aus Achtlosigkeit nicht bemerkt zu haben. Gelingt es dem Vertretenen, dies im Einzelfall nachzuweisen, haftet er nicht. 226

3. Zurechnung

Der Rechtsschein der Bevollmächtigung muss dem Vertretenen auch zurechenbar sein. Dazu muss es der Vertretene unterlassen haben, gegen das Handeln seines „Scheinvertreters" vorzugehen, obwohl er in der Lage gewesen wäre, die Wirkungen eines Rechtsscheines zu zerstören.[686] Bei der **Duldungsvollmacht** setzt dies die **Kenntnis des Vertretenen** voraus, bei der **Anscheinsvollmacht** genügt ein bloßes Kennenmüssen, dh die mindestens **fahrlässige Unkenntnis.**[687] 227

Da der kaufmännische Verkehr Rechtssicherheit sowie einfache und klare Verhältnisse verlangt, geht die Verantwortlichkeit für den eigenen Geschäftsbereich bei Unternehmen weiter als bei Privatpersonen.[688] Stets bedarf es einer **sorgfältigen Auswahl und Anleitung** derjenigen, die für die Firma bindende Erklärungen abgeben dürfen. Für Klarheit können Aufgaben- und Stellenbeschreibungen sorgen. Diese müssen die jeweiligen Vertretungsbefugnisse eindeutig regeln und im Unternehmen entsprechend bekannt gemacht werden. Das allein genügt jedoch nicht. Vorstand oder Geschäftsführung haben **die für sie Handelnden auch hinreichend zu überwachen.**[689] Wichtig ist dies vor allem dann, wenn sich die Geschäftsleitung und die für sie Handelnden an verschiedenen Orten aufhalten oder wenn sich die Mitarbeiterkontrolle aus sonstigen Gründen als schwierig erweist. Stets muss die Geschäftsleitung im Rahmen des ihr Möglichen und Zumutbaren Vorsorgemaßnahmen treffen. Unterlässt sie dies, muss sich das Unternehmen den Rechtsschein, den ein in seinem Namen Handelnder geschaffen hat, zurechnen lassen.[690] Keinesfalls darf die Geschäftsleitung allein darauf vertrauen, dass ihre Vertreter stets nach bestimmten Vorgaben handeln und jedes weisungswidrige Verhalten unterlassen.[691] 228

Da die Voraussetzungen für die Zurechenbarkeit des Rechtsscheins in der Sphäre des Vertretenen liegen, ist es seine Sache, die fehlende Zurechenbarkeit darzulegen und zu be- 229

---

[685] BGH 28.11.2001 – VIII ZR 38/01, NJW 2002, 1041; 14.1.2010 – III ZR 173/09, NJW 2010, 1203 Rn. 8; Palandt/*Ellenberger* BGB § 172 Rn. 19 mwN.
[686] StRspr, vgl. nur BGH 12.2.1952 – I ZR 96/51, BGHZ 5, 111 (116); 12.3.1981 – III ZR 60/80, NJW 1981, 1727 (1728); 5.3.1998 – III ZR 183/96, NJW 1998, 1854; 21.6.2005 – XI ZR 88/04, NJW 2005, 2985 (2987); 9.5.2014 – V ZR 305/12, NJW 2014, 2790; Palandt/*Ellenberger* BGB § 172 Rn. 11, 14; *Köhler* BGB AT § 11 Rn. 44; Staudinger/*Schilken* BGB § 167 Rn. 40 mwN; Bamberger/Roth/*Valenthin* BGB § 167 Rn. 16; *Wolf/Neuner* BGB AT § 50 Rn. 88 ff. 95.
[687] BGH 12.2.1952 – I ZR 96/51, BGHZ 5, 111; 27.9.1956 – II ZR 178/55, LM Nr. 9 zu § 164 BGB; 9.2.1970 – II ZR 137/69, BGHZ 53, 210; 30.5.1975 – V ZR 206/73, BGHZ 65, 13; 13.7.1977 – VIII ZR 243/75, WM 1977, 1169; 11.5.2011 – VIII ZR 289/09, BGHZ 189, 346; Staudinger/*Schilken* BGB § 167 Rn. 40; MüKoBGB/*Schubert* § 167 Rn. 113; Bamberger/Roth/*Valenthin* BGB § 167 Rn. 16.
[688] Baumbach/*Hopt* HGB § 346 Rn. 1; MüKoBGB/*Schubert* § 167 Rn. 113.
[689] BGH 5.3.1998 – III ZR 183/96, NJW 1998, 1854 (1855); Staudinger/*Schilken* BGB § 167 Rn. 41 f.; MüKoBGB/*Schubert* § 167 Rn. 114.
[690] MüKoBGB/*Schubert* § 167 Rn. 115.
[691] MüKoBGB/*Schubert* § 167 Rn. 115.

weisen.[692] Die Anforderungen hierfür liegen allerdings hoch. Eine Zurechenbarkeit soll sogar dann in Betracht kommen, wenn Angestellte geschickt die internen Kontrollen umgehen und allein deswegen die Geschäftsleitung nichts von ihrem Handeln weiß.[693]

4. Keine Bösgläubigkeit des Arbeitnehmers

230 Sowohl bei der Duldungs- als auch bei der Anscheinsvollmacht muss der Geschäftspartner (nicht der Vertretene)[694] gutgläubig sein. **Schutzwürdig ist er nicht,** wenn er den **Mangel der Vertretungsmacht positiv kennt** oder er ihn bei hinreichender Sorgfalt **hätte erkennen können.**[695] Dies ordnet § 173 BGB für die gesetzlich geregelten Fälle einer Rechtsscheinsvollmacht (§§ 170 ff. BGB) an. Nichts anderes gilt bei der Duldungs- und Anscheinsvollmacht. Auf diese kann sich ebenfalls nur berufen, wer ohne Fahrlässigkeit annehmen darf, dass der Vertretene das Verhalten des für ihn Auftretenden kennt und duldet.[696] Für das Vertrauen bestehen keine besonderen Voraussetzungen. Es genügt, wenn der Geschäftspartner aus den ihm bekannten Umständen sein Vertrauen in die Vollmacht ableitet und gutgläubig ist.[697] Dabei bezieht sich das Kennen bzw. Kennenmüssen auf das Fehlen der Vertretungsmacht selbst, nicht auf die Umstände, die den Mangel der Vertretungsmacht begründen, also zB eine Vollmachtsüberschreitung oder ein Verstoß gegen ein Verbotsgesetz iSd § 134 BGB bei der Vollmachtserteilung.[698] Stets ist hierfür der Vertretene darlegungs- und beweispflichtig (vgl. § 173 BGB).[699] Entsprechendes gilt im Arbeitsrecht.[700]

231 Für die rechtsgeschäftliche Bindung des Vertragsarbeitgebers in einer Matrixorganisation bedeutet das: **Weiß der Mitarbeiter,** dass der **Matrixmanager** zur Abgabe von Erklärungen, die den Vertragsarbeitgeber verpflichten sollen, **nicht berechtigt ist,** kann er sich weder auf eine Duldungs- noch auf eine Anscheinsvollmacht berufen. Das Bestehen einer solchen Kenntnis hätte der Vertragsarbeitgeber darzulegen und ggf. zu beweisen.[701] Dazu genügt es jedoch nicht, dass er dem Matrixmanager nur im Innenverhältnis untersagt, verbindliche Erklärungen in seinem Namen abzugeben. Auch den Arbeitnehmer muss er hierüber informieren.[702]

232 Fehlt es daran, darf der **Arbeitnehmer** nach dem äußeren Anschein **annehmen,** dass der Vertragsarbeitgeber das Verhalten des in seinem Namen handelnden Matrixmanagers billigt. Eine Nachforschungs- oder Erkundigungspflicht besteht grundsätzlich nicht. Im Regelfall kann dem Mitarbeiter nämlich nicht zugemutet werden, über die Befugnisse seiner Vorgesetzten Ermittlungen anzustellen.[703] Anders liegt es, wenn der Arbeitnehmer **Anlass zu Misstrauen** oder erhöhter Vorsicht haben muss. Dann besteht eine Obliegen-

---

[692] Vgl. BGH NJW 1955, 985; BGH 15.12.1955 – II ZR 181/54, NJW 1956, 460; BGH WM 1960, 1326 (1329); MüKoBGB/*Schubert* § 167 Rn. 171.
[693] BGH 9.5.2014 – V ZR 305/12, NJW 2014, 2790 (2791).
[694] BAG 6.9.2012 – 2 AZR 858/11, NJW 2013, 2219 (2221).
[695] BGH 9.5.2014 – V ZR 305/12, NJW 2014, 2790 (2791); 26.1.2016 – XI ZR 91/14, NJW 2016, 2024.
[696] StRspr, vgl. nur BGH 8.10.1986 – IVa ZR 49/85, Palandt/*Ellenberger* BGB § 172 Rn. 15; Staudinger/*Schilken* BGB § 167 Rn. 43; Bamberger/Roth/*Valenthin* BGB § 167 Rn. 17; *Wolf/Neuner* BGB AT § 50 Rn. 92, 96.
[697] MüKoBGB/*Schubert* § 167 Rn. 117.
[698] BGH 2.12.2003 – XI ZR 53/02, NJW-RR 2004, 632; Palandt/*Ellenberger* BGB § 173 Rn. 2.
[699] Allg. M., vgl. Palandt/*Ellenberger* BGB § 173 Rn. 3; MüKoBGB/*Schubert* § 167 Rn. 121.
[700] Vgl. LAG Hessen 6.12.2005 – 1 Sa 1018/05 Rn. 40 BeckRS 2006, 44069.
[701] Maßgeblich ist hierfür der Zeitpunkt, zu dem die Erklärung wirksam wird, dh der Termin, zu dem der Arbeitnehmer eine mündliche Erklärung akustisch zutreffend vernimmt oder eine schriftliche Erklärung so in seinen Machtbereich gelangt, dass er von ihr Kenntnis nehmen kann, Palandt/*Ellenberger* BGB § 173 Rn. 2.
[702] BGH 24.1.1991 – IX ZR 121/90, NJW 1991, 1225; 5.3.1998 – III ZR 183/96, NJW 1998, 1854 (1855); Staudinger/*Schilken* BGB § 167 Rn. 42.
[703] Vgl. allgemein BGH 9.5.2014 – V ZR 305/12, NJW 2014, 2790 (2791 f.).

heit zur Nachfrage.[704] Begründete Zweifel sind vor allem bei aufwändigen und ungewöhnlichen oder einmaligen Erklärungen angebracht.[705] Auch bei nicht eilbedürftigen Rechtsgeschäften kann eine **Rückfrage geboten** sein. Irrtümer (auch Rechtsirrtümer) begründen eine Bösgläubigkeit nur, wenn sie verschuldet sind.[706] Die Aussicht, dass ein Arbeitnehmer, der sich über die Befugnisse seines Vorgesetzten, ihm Zusagen zu machen, nicht genau unterrichte, stets bosgläubig sei,[707] ist in dieser Allgemeinheit unzutreffend. Vielmehr ist im Einzelfall zu prüfen, ob es einem vernünftigen Dritten als Geschäftspartner möglich wäre, die fehlende Vertretungsmacht zu erkennen.[708]

5. Rechtsfolgen

a) Grundsatz

Sind die Voraussetzungen einer Rechtsscheinvollmacht erfüllt, wird der Vertretene wirksam rechtsgeschäftlich gebunden. Die Rechtsfolgen sind im Wesentlichen dieselben wie bei einer ausdrücklichen (zB schriftlichen) Bevollmächtigung. Aus einer Rechtsscheinhaftung kann niemand weitergehende Ansprüche geltend machen, als diejenigen, die bestünden, entspräche der Rechtsschein der Wirklichkeit.[709]

233

b) Anfechtung

Bindet die vom Matrixmanager abgegebene Erklärung den Vertragsarbeitgeber, fragt es sich, ob der Vertragsarbeitgeber hiervon durch eine **Anfechtung** loskommt. Die Frage der Anfechtbarkeit von Rechtsscheinvollmachten ist umstritten. Die wohl hM **lehnt dies im Ergebnis ab**.[710] Zwar wird mit Recht darauf hingewiesen, dass der durch ein tatsächliches Verhalten begründete Rechtsschein einer Bevollmächtigung nicht stärker wirken kann als eine wirksame Vollmacht:[711] deren Erteilung kann im Falle eines Willensmangels angefochten werden. Bei Rechtsscheinvollmachten dürfte aber ein solcher Willensmangel kaum jemals vorliegen.[712] Einigkeit herrscht jedenfalls dahin, dass eine Anfechtung wegen Irrtums über die Rechtsfolgen des eigenen Verhaltens ausgeschlossen ist.[713] Streiten kann man nur, ob eine Anfechtung auch darauf gestützt werden kann, dass dem Erklärenden gar nicht bewusst war, eine Willenserklärung abzugeben. Das ist bei Rechtsscheinvollmachten im Ergebnis zu verneinen. Wer sich die **Willenserklärung** eines anderen nach **Rechtsscheingrundsätzen zurechnen** lassen muss, weil er es unterlassen hat, das Auftreten eines Dritten in seinem Namen zu unterbinden, **unterliegt keinem Willensmangel**.[714] Eine Anfechtung kommt daher nicht in Betracht.

234

---

[704] Bamberger/Roth/*Valenthin* BGB § 167 Rn. 16; Staudinger/*Schilken* BGB § 167 Rn. 43.
[705] BGH 19.3.1969 – VIII ZR 150/67, LM GenG § 24 Nr. 3; BGH 4.5.1971 – VI ZR 126/69, DB 1971, 1714; OLG Köln 3.4.1992 – 19 U 191/91, NJW-RR 1992, 915 (916); Palandt/*Ellenberger* BGB § 172 Rn. 15; Staudinger/*Schilken* BGB § 167 Rn. 43; Bamberger/Roth/*Valenthin* BGB § 167 Rn. 16.
[706] Palandt/*Ellenberger* BGB § 173 Rn. 2.
[707] Vgl. LAG Düsseldorf 9.11.1960 – 3 Sa 364/60, BB 1961, 132.
[708] BGH 9.11.2004 – XI ZR 315/03, NJW 2005, 668 (669); 15.3.2005 – XI ZR 135/04, NJW 2005, 1576 (1579); 25.4.2006 – XI ZR 29/05, NJW 2006, 1952 (1954).
[709] BGH 20.1.1954 – II ZR 155/52, BGHZ 12, 105 (109); 20.1.1983 – VII ZR 32/82, NJW 1983, 1308; 11.3.1995 – I ZR 82/53, BGHZ 17, 13 (17); Staudinger/*Schilken* BGB § 167 Rn. 44; Bamberger/Roth/*Valenthin* BGB § 167 Rn. *Wolf/Neuner* BGB AT § 50 Rn. 93.
[710] Bamberger/Roth/*Valenthin* BGB § 167 Rn. 19; Erman/*Maier-Reimer* BGB § 167 Rn. 27; *Jauernig* BGB § 167 Rn. 9; *Hübner* BGB AT Rn. 592; *Leipold* BGB AT § 24 Rn. 40 f.; Soergel/*Leptien* BGB § 167 Rn. 22; *Rüthers/Stadler* BGB AT § 30 Rn. 43, Rn. 46; Staudinger/*Schilken* BGB § 167 Rn. 45; aA Palandt/*Ellenberger* BGB § 172 Rn. 8; *Wolf/Neuner* BGB AT § 50 Rn. 90 f.
[711] Palandt/*Ellenberger* BGB § 172 Rn. 16.
[712] So zutreffend Staudinger/*Schilken* BGB § 167 Rn. 45.
[713] Palandt/*Ellenberger* BGB § 172 Rn. 16.
[714] Staudinger/*Schilken* BGB § 167 Rn. 45.

c) Ansprüche gegen den Matrixmanager

235 Handelt der Matrixmanager im Namen des Vertragsarbeitgebers, will er sich nicht selbst verpflichten. In wessen Namen der Matrixmanager Erklärungen abgibt, beurteilt sich aus Sicht des Arbeitnehmers nach dessen objektivem Empfängerhorizont. Im Zweifel ist davon auszugehen, dass Erklärungen mit Bezug auf das Unternehmen nicht im eigenen Namen, sondern im Namen des Betriebsinhabers abgegeben werden. Eine Erfüllungs- oder Schadensersatzhaftung nach § 179 BGB kommt nicht in Betracht, wenn man mit der hM zutreffend davon ausgeht, dass die Wirkungen von Rechtsscheinsvollmachten denen von ausdrücklich erteilten Vollmachten entsprechen.[715]

236 Im Innenverhältnis zwischen dem Vertragsarbeitgeber und dem in seinem Namen aufgetretenen Matrixmanager kann eine Haftung des Handelnden wegen Vertragsverletzung in Betracht kommen.[716] Außerdem können die Vorschriften über die Geschäftsführung ohne Auftrag, unter Beachtung des § 678 BGB, und über die unerlaubte Handlung eingreifen. Ein Mitverschulden des Vertragsarbeitgebers ist dabei gemäß § 254 BGB zu berücksichtigen.

IV. Berücksichtigung von Dienstzeiten für die Geltendmachung von Arbeitnehmerrechten

1. Problem

237 Nicht selten hängen einzelvertraglich, betrieblich oder tariflich zugesagte Leistungen des Arbeitgebers von der Dauer des Arbeitsverhältnisses oder der Betriebszugehörigkeit ab. Dazu gehören bestimmte **Gratifikationen,** wie etwa Jubiläumsgelder und Treueprämien, oder freiwillig gewährter Zusatzurlaub. Auch die Höhe der Abfindung im Falle einer betriebsbedingten Kündigung richtet sich nach der Beschäftigungsdauer. Außerdem knüpfen zahlreiche gesetzliche Vorschriften an diese Zeitmomente an, wie etwa die **Wartezeiten** nach § 1 KSchG, § 173 Abs. 1 Nr. 1 SGB IX, § 3 Abs. 3 EFZG, § 4 BUrlG oder die verlängerten **Kündigungsfristen** in § 622 Abs. 2 BGB. Schließlich hängt auch die **Wählbarkeit eines Arbeitnehmers** zu den diversen Organen der **Belegschaftsvertretung,** wie Betriebsrat, Aufsichtsrat, Schwerbehindertenvertretung, von der Dauer der Betriebszugehörigkeit ab (vgl. § 8 BetrVG, § 7 Abs. 4 S. 1 MitbestG, § 4 Abs. 3 S. 1 DrittelbG § 177 Abs. 3 SGB IX). Werden Arbeitnehmer in der Matrixorganisation nicht nur ganz kurzzeitig betrieb- oder unternehmensübergreifend eingesetzt, fragt es sich, ob die in verschiedenen Betrieben und Matrixgesellschaften zurückgelegten Dienste bei diesen Vorschriften berücksichtigt werden können.

2. Anrechnungsvereinbarung

238 Das Problem lässt sich durch Anrechnungsvereinbarungen lösen,[717] die sogar konkludent getroffen werden können und deren genauer Inhalt ggf. durch **Auslegung** ermittelt werden muss.[718] Solche Abreden finden sich mitunter in speziellen Vereinbarungen, mit denen im Falle einer Entsendung zu einer anderen Matrixgesellschaft (vor allem mit Sitz im Ausland) das „Stammarbeitsverhältnis" zur bisherigen Matrixgesellschaft ruhend gestellt

---

[715] Ebenso BGH 20.1.1983 – VII ZR 32/82, NJW 1983, 1308; Palandt/*Ellenberger* BGB § 177 Rn. 1; für ein Wahlrecht, den Vertreter oder den Vertretenen in Anspruch zu nehmen, *Canaris,* Anm. zu BGH 24.6.1991 – II ZR 293/90, NJW 1991, 2628; *Wolf/Neuner* BGB AT § 51 Rn. 112.
[716] Staudinger/*Schilken* BGB § 167 Rn. 45a.
[717] So zB für die Wartezeit nach § 1 KSchG APS/*Kiel* KSchG § 1 Rn. 48a.
[718] *Windbichler* Konzernarbeitsrecht S. 121.

und die Rückkehr dorthin garantiert wird.[719] In solchen Vereinbarungen können auch die Bedingungen, unter denen eine Anrechnung erfolgen soll, näher bestimmt werden.

Beispiel:
„Für die Berechnung der Betriebszugehörigkeit werden frühere Beschäftigungszeiten bei den XY-Gesellschaften oder im Konzern der Y-AG nur dann angerechnet, wenn die zeitliche Unterbrechung zwei Jahre nicht übersteigt."

Solche Vereinbarungen sind **zulässig**, soweit sie der Disposition der Parteien unterliegen. Das ist der Fall, wenn sie die **Rechtsposition des Arbeitnehmers verbessern.** Das gilt zB für die sechsmonatige Wartefrist nach § 1 Abs. 1 KSchG[720] und die gesetzlichen Kündigungsfristen.[721] Bestimmte Vorschriften verbieten allerdings allzu großzügige Anrechnungen. So regelt zB § 7 Abs. 4 S. 2 MitbestG, dass für die Wählbarkeit von unternehmensangehörigen Arbeitnehmervertretern in einem paritätisch mitbestimmten Unternehmen auf die dazu notwendige Vorbeschäftigungszeit von einem Jahr zwar auch Zeiten der Angehörigkeit in andern Konzernunternehmen berücksichtigt werden; diese Zeiten müssen aber unmittelbar vor dem Zeitpunkt liegen, ab dem der Kandidat zur Wahl von Aufsichtsratsmitgliedern des Unternehmens berechtigt ist. **Unzulässig** sind **Anrechnungsvereinbarungen,** wenn sie **zu Lasten Dritter** gehen. Dazu kann es bei der Sozialauswahl nach § 1 Abs. 3 KSchG im Zuge betriebsbedingter Kündigungen kommen. Frühere Beschäftigungszeiten bei einem anderen Arbeitgeber dürfen dann nicht berücksichtigt werden, wenn sie der Umgehung der Sozialauswahl dienen. Das liegt nahe, wenn sie im engen zeitlichen Zusammenhang mit dem Kündigungsereignis getroffen werden. Um der Gefahr von Manipulationen entgegenzuwirken, müssen sie in diesen Fällen durch einen sachlichen Grund gerechtfertigt sein.[722] Im Einzelnen → Rn. 354. 239

3. Fehlende Anrechnungsvereinbarung

Fehlen entsprechende Vereinbarungen, muss über die Berücksichtigung von Vorbeschäftigungszeiten von Fall zu Fall entschieden werden. 240

Im matrixtypischen Normalfall des **Einzelarbeitsverhältnisses,** bei dem der Matrixmanager einen ihm unterstellten Mitarbeiter anweist, seine Tätigkeit vorübergehend in einem anderen Betrieb derselben oder einer anderen Matrixgesellschaft auszuüben, ergeben sich keine Anrechnungsfragen, wenn eine Vorschrift mit „Vorbeschäftigungsrelevanz" auf den rechtlichen Bestand des Arbeitsverhältnisses abstellt, da nur die Vertragserfüllung bei einem anderen Unternehmen erfolgt. So liegt es zB bei § 1 KSchG, § 173 Abs. 1 Nr. 1 SGB IX, § 3 Abs. 3 EfzG, § 4 BUrlG. Die dort zurückgelegten Zeiten unterbrechen jedoch dann die Betriebszugehörigkeit beim Vertragsarbeitgeber, wenn die tatsächliche Beschäftigung maßgebend ist. 241

Im Falle einer dauerhaften **„Versetzung"** zu einer anderen Matrixgesellschaft, die zu einem **konzerninternen Arbeitgeberwechsel** führt, ist nach der Form, in der sich der Wechsel von der einen Gesellschaft zu anderen vollzieht, zu differenzieren. Geschieht er im Wege der **Vertragsübernahme,** stellen sich keine Anrechnungsfragen, da der neue Arbeitgeber in das Arbeitsverhältnis in der Gestalt eintritt, die es durch den früheren Arbeitgeber erhalten hat; es bleibt unberührt in seiner Identität erhalten.[723] Allenfalls der Wechsel in einen anderen Betrieb des neuen Arbeitgebers kann Auswirkungen haben, falls eine Regelung auf die tatsächliche Beschäftigung abstellt, die hierdurch unterbrochen wird. Anders liegt es, wenn der konzerninterne Arbeitgeberwechsel durch Beendigung 242

---
[719] Vgl. *Mauer* Personaleinsatz Rn. 439 ff.
[720] BAG 27.6.2002 – 2 AZR 270/01, NZA 2003, 145.
[721] BAG 18.9.2003 – 2 AZR 330/02, NZA 2004, 319.
[722] BAG 2.6.2005 – 2 AZR 480/04, NZA 2006, 207 (210).
[723] *Windbichler* Konzernarbeitsrecht S. 126.

des alten und Begründung eines neuen Arbeitsverhältnisses erfolgt. In diesem Fall kommt es zur **Unterbrechung der Fristen.** Sollen die bisherigen Beschäftigungszeiten angerechnet werden, bedarf es entsprechender **Vereinbarungen.** Sie können individuell verabredet werden oder sich aus allgemeinen Arbeitsbedingungen ergeben. Da solche Abreden nicht schriftlich getroffen werden müssen, kann sich ihr konkludenter Abschluss auch aus den Umständen ergeben. Maßgebend können sein: der Verlauf des bisherigen Arbeitsverhältnisses, die allgemeine Handhabung solcher Angelegenheiten in der Matrix und die Frage, auf wessen Betreiben die Versetzung erfolgt ist. Der Anrechnungswille darf aber ohne eine solche Prüfung nicht ohne weiteres unterstellt werden.[724] Die Anrechnung scheidet jedenfalls dann aus, wenn sie auch bei einer Wiedereinstellung bei demselben Arbeitgeber unterbleiben müsste,[725] wie zB bei der Wartezeit des § 1 Abs. 1 KSchG, bei der nur kurzzeitige Unterbrechungen von wenigen Tagen unschädlich sind.[726]

243   Bei einem **einheitlichen Arbeitsverhältnis mit mehreren Arbeitgebern,** das auch im Wege des Beitritts eines Arbeitgebers zu einem bereits bestehenden Arbeitsvertrag begründet werden kann, muss der hinzukommende Arbeitgeber das Arbeitsverhältnis in der Ausprägung, die es bisher erfahren hat, hinnehmen.[727] Lehnt es der Hinzugekommene ab, die bereits im bestehenden Arbeitsverhältnis zurückgelegten Dienstzeiten zu berücksichtigen, bedarf es einer entsprechenden Abrede. Eine solche Vereinbarung nährt allerdings die Vermutung, dass der neue Arbeitgeber gar nicht Partei des bereits bestehenden Arbeitsvertrags werden, sondern einen eigenen Vertrag schließen will.

244   Im Modell „**Doppelarbeitsverhältnis**", bei dem das eine Arbeitsverhältnis ruht, das zweite, mit einer anderen Matrixgesellschaft begründete die Basis für den Leistungsaustausch bildet, werden im **ruhenden Arbeitsverhältnis** solche **Wartezeiten und Fristen nicht unterbrochen,** die an den **Bestand** des Arbeitsverhältnisses – im Gegensatz zur reinen Betriebszugehörigkeit oder Beschäftigungsdauer – anknüpfen. Das gilt für die Wartezeiten nach § 1 KSchG und § 4 BUrlG[728] ebenso wie für die verlängerten Kündigungsfristen nach § 622 Abs. 2 Satz 2 BGB. Zwar wird in der Literatur erwogen, dass ein nur „pro forma" fortbestehendes Arbeitsverhältnis die Wartezeit des § 4 BUrlG dann nicht unterbricht, wenn ein ruhendes Arbeitsverhältnis wieder aktiviert wird und ein Arbeitnehmer sogleich nach der Arbeitsaufnahme seine Urlaubsansprüche geltend macht.[729] Allerdings ist im matrixbedingten Modell des „Doppelarbeitsverhältnisses" zu berücksichtigen, dass das Ruhen des ersten Arbeitsverhältnisses zumeist im Interesse des Arbeitgebers vereinbart wird, damit dieser einer Tätigkeit in einem anderen Konzernunternehmen nachgehen kann. Beschäftigungszeiten, die im aktiven Arbeitsverhältnis neben dem zum Ruhen gebrachten Stammarbeitsverhältnis, zurückgelegt werden, sind eigenständig zu berechnen. Der Arbeitnehmer ist damit keinem besonderen Risiko ausgesetzt, da er durch das ruhende Stammarbeitsverhältnis umfassend gesichert ist. Das gilt jedenfalls für die gesetzlichen Schutzrechte (Kündigungsschutz, Kündigungsfristen, Mindesturlaub). Anderes kann für die Gewährung von Zusatzurlaub und Sondervergütungen durch die Matrixgesellschaft gelten, bei der der Arbeitnehmer vorübergehend eingesetzt ist. Zwar können beim Stammarbeitgeber verbrachte Zeiten grundsätzlich nur dann angerechnet werden, wenn dies vereinbart wurde. Fehlt es daran, ist aber davon auszugehen, dass der Arbeitnehmer sich durch seine Beweglichkeit im Konzern nicht verschlechtern wollte, die Matrixgesellschaft ihn in Kenntnis dieser Sachlage beschäftigt hat und ihn deshalb nicht als „Neueingestellten" behandeln darf.[730]

---

[724] *Windbichler* Konzernarbeitsrecht S. 127.
[725] Ebenso *Windbichler* Konzernarbeitsrecht S. 225.
[726] Vgl. zB BAG 22.9.2005 – 6 AZR 607/04, NZA 2006, 429 (430); APS/*Kiel* KSchG § 1 Rn. 39 mwN.
[727] *Windbichler* Konzernarbeitsrecht S. 123.
[728] ErfK/*Gallner* BUrlG § 4 Rn. 4.
[729] ErfK/*Gallner* BUrlG § 4 Rn. 4.
[730] Ebenso *Windbichler* Konzernarbeitsrecht S. 125. Dort auch zur gegenseitigen Berücksichtigung von Beschäftigungszeiten, wenn im Fall eines „Doppelarbeitsverhältnisses" der Arbeitnehmer in beiden Arbeitsverhältnissen aktiv beschäftigt wird.

D. Kündigung im Matrixkonzern

I. Überblick

Die Kündigung von Arbeitsverhältnissen kann in Matrixorganisationen Probleme bereiten. Sie hängen zumeist mit der jeweils gewählten Vertragskonstruktion zusammen. Wurde ein **einheitliches Arbeitsverhältnis mit mehreren Arbeitgebern** als Vertragspartnern begründet, kann es im Regelfalle nur von und gegenüber allen auf einer Vertragsseite Beteiligten gekündigt werden (§§ 429 Abs. 3 iVm § 425 Abs. 2 BGB).[731] Zudem müssen die Kündigungsvoraussetzungen grundsätzlich im Verhältnis zu jedem der Beteiligten gegeben sein.[732] Entsprechendes gilt, wenn der Arbeitnehmer zugleich in mehreren Arbeitsverhältnissen zu verschiedenen Arbeitgebern steht, die zwar selbständig begründet wurden, aber miteinander verbunden sind. Im Regelfall steht der Arbeitnehmer nur in einem einzigen Arbeitsverhältnis, bei dem (nur) das fachliche Weisungsrechtsrecht einem Matrixmanager übertragen wurde. Zwar kann hier allein der Vertragsarbeitgeber das Arbeitsverhältnis einseitig beenden; fraglich sind aber die Konsequenzen, wenn der Matrixmanager kündigt. Ferner muss der für den zu Kündigenden zuständige Betriebsrat angehört werden. Das wirft schwierige Fragen des Betriebsbegriffs und der Betriebszugehörigkeit im Sinne des Mitbestimmungsrechts auf.

245

Die **matrixtypische Aufspaltung der Arbeitgeberfunktionen** hat auch **Auswirkungen auf den Kündigungsschutz**. Kündigungsgründe, die zunächst nur im Verhältnis zu einem der Arbeitgeber bestehen, können sich auf das Verhältnis zum anderen Arbeitgeber auswirken.[733] Nicht selten werden nämlich in der Person und zuweilen auch im Verhalten des Arbeitnehmers liegende Gründe im Verhältnis zu beiden Arbeitgebern gleichermaßen Gewicht haben. Allerdings werden die arbeitsvertraglichen Rechte und Pflichten nicht bereits durch die Konzernbindung der Arbeitgeber als solche berührt.[734] Hinzukommen müssen besondere Umstände, die das **„Durchschlagen" von Pflichtverletzungen** gegenüber dem einen Konzernunternehmen auf das Arbeitsverhältnis mit dem anderen Konzernunternehmen begründen.[735]

246

Das für die Matrixorganisation typische „Durchregieren" von Matrixleitung und Matrixmanagern in die Matrixgesellschaften zeigt schließlich auch **Folgen für die Arbeitsplätze in den Matrixgesellschaften**. Wegen der zentralen Leitungsstruktur lassen sich **Beschäftigungsmöglichkeiten** leicht von einer Matrixgesellschaft zur nächsten oder ins Ausland **verlagern**. Arbeitnehmer sind daher einem **erhöhten Beschäftigungsrisiko ausgesetzt**. Das kann nicht ohne Folgen für die Zulässigkeit von **betriebsbedingten Kündigungen** bleiben. Diese sind jedoch auch in Matrixorganisationen in den bekannten drei Stufen zu prüfen, bei denen allerdings die matrixtypischen Besonderheiten zu berücksichtigen sind. Daher gehört – unter gewissen Voraussetzungen – die Obliegenheit zur Weiterbeschäftigung des zu Kündigenden auf einem freien Arbeitsplatz bei einer anderen Matrixgesellschaft. Bei der Sozialauswahl, die auch in Matrixorganisationen betriebs- und nicht konzernweit zu erfolgen hat, kann erneut die Bestimmung von Betrieb und Betriebszugehörigkeit Probleme bereiten, die aber anders als im Mitbestimmungsrecht zu lösen sind.

247

---

[731] APS/*Kiel* KSchG § 1 Rn. 552; *Lange* NZA 2012, 1121 (1123); Braun/Wisskirchen/*Röhrborn* Konzernarbeitsrecht Teil I Abschn. 3 Rn. 120; *Windbichler* Konzernarbeitsrecht S. 139.
[732] BAG 27.3.1982 – 7 AZR 523/78, NJW 1984, 1703 (1705).
[733] Vgl. zu der ähnlich gelagerten Problematik bei einer Beteiligtenmehrheit auf Arbeitnehmerseite BAG 21.10.1971 – 2 AZR 17/71, AP BGB § 611 Gruppenarbeitsverhältnis Nr. 1.
[734] BAG 20.9.1984 – 2 AZR 233/83, NZA 1985, 286; BAG 27.11.2008 – 2 AZR 193/07, NZA 2009, 671 Rn. 24; APS/*Preis* Grundlagen C. Rn. 88, MünchArbR/*Richardi* § 23 Rn. 18, 30; *Windbichler* Konzernarbeitsrecht S. 152.
[735] Braun/Wisskirchen/*Röhrborn* Konzernarbeitsrecht Teil I Abschn. 3 Rn. 147.

II. Kündigungserklärung durch den richtigen Arbeitgeber

248 Nur der **Vertragsarbeitgeber** kann das Arbeitsverhältnis **kündigen.** Die Kündigung durch einen Dritten im eigenen Namen, der nicht Vertragspartei ist, geht grundsätzlich ins Leere.[736] Freilich liegen die Dinge in einer Matrixorganisation kompliziert, weil in einem einheitlichen Arbeitsverhältnis die Arbeitgeberbefugnisse aufgespalten sind oder auf Arbeitgeberseite gleich mehrere Vertragspartner stehen oder weil der Arbeitnehmer gleichzeitig mehrere Arbeitsverhältnisse mit mehreren Arbeitgebern geschlossen hat, die über die Matrixorganisation verbunden sind. Von daher muss **zunächst der kündigungsberechtigte Arbeitgeber bestimmt** werden. Das wird zumeist der Vertragsarbeitgeber sein. Sodann ist zu prüfen, ob dieser die Kündigungserklärung einer anderen Person gegen sich gelten lassen muss. Das beurteilt sich nach dem Recht der Stellvertretung.[737]

1. Einzelarbeitsverhältnis mit aufgespaltenem Weisungsrecht

249 Im Grundfall des Matrix-Arbeitsverhältnisses wird nur das fachliche Weisungsrecht dem **Matrixmanager** zur Ausübung überlassen, während der Vertragsarbeitgeber die Disziplinarbefugnisse und auch alle anderen vertraglichen Rechte behält. Schon deshalb kann **regelmäßig nicht** davon ausgegangen werden, dass ein Dritter, dem der Arbeitgeber die Ausübung des Weisungsrechts überlässt, auch **zur Kündigung befugt** wäre.[738] Aus der Befugnis, nur bestimmte Arbeitgeberrechte wahrzunehmen, folgt nicht das Recht, insgesamt über den Bestand des Arbeitsverhältnisses zu disponieren.[739]

250 Allerdings kann dem **Dritten** das **Recht eingeräumt** werden, die **Kündigung im eigenen Namen** zu erklären.[740] Diese Einwilligung kann grundsätzlich gegenüber dem Dritten wie gegenüber dem Arbeitnehmer erklärt werden (§ 182 Abs. 1 BGB). An sich kann das formlos geschehen (§ 182 Abs. 2 BGB). Für einseitige Rechtsgeschäfte, wie etwa die Kündigung, bestimmt § 182 Abs. 3 BGB allerdings die Anwendbarkeit des § 111 S. 2, 3 BGB. Soll der Arbeitnehmer die Unwirksamkeit der Kündigung nicht bereits durch unverzügliche Zurückweisung der Erklärung geltend machen können, muss die Ermächtigung des Dritten in schriftlicher Form vorgelegt werden. Denkbar ist auch die nachträgliche Genehmigung der Kündigungserklärung eines nichtberechtigten Dritten durch den Vertragsarbeitgeber gemäß der allgemeinen Vorschrift des § 185 Abs. 2 BGB. In diesem Fall wird man § 180 S. 2 entsprechend anzuwenden und dem Arbeitnehmer ein Recht zur Beanstandung einzuräumen haben.[741]

251 Hat der anweisende Matrixmanager eine **Kündigung im Namen des Vertragsarbeitgebers** erklärt – was durch Auslegung seiner Erklärung nach dem objektiven Empfängerhorizont zu ermitteln ist –, kommt es darauf an, ob dieser mit **Vollmacht** des Vertragsarbeitgebers gehandelt hat. Fehlt es daran, kann diesem die Erklärung **nicht** nach den **Grundsätzen der Anscheinsvollmacht zugerechnet** werden. Die gewohnheitsrechtlich anerkannte Figur der Anscheinsvollmacht[742] dient dem Schutz des Erklärungsempfängers, bei der Kündigung also des Arbeitnehmers. In dessen Interesse liegt eine Zurechenbarkeit der Kündigung zum Arbeitgeber gerade nicht.[743]

---

[736] *Windbichler* Konzernarbeitsrecht S. 136.
[737] *Windbichler* Konzernarbeitsrecht S. 137.
[738] So mit Recht *Windbichler* Konzernarbeitsrecht S. 136; aA KR/*Wolf,* 2. Aufl. 1984, Grunds. Rn. 93.
[739] *Windbichler* Konzernarbeitsrecht S. 136.
[740] *Windbichler* Konzernarbeitsrecht S. 136.
[741] *Windbichler* Konzernarbeitsrecht S. 136.
[742] Vgl. statt aller Palandt/*Ellenberger* BGB § 172 Rn. 6.
[743] So mit Recht BAG 6.9.2012 – 2 AZR 858/11, NZA 2013, 524 Rn. 25; ähnlich *Windbichler* Konzernarbeitsrecht S. 137.

D. Kündigung im Matrixkonzern

Anderes kann gelten, wenn sich der **Arbeitgeber gerade auf die Unwirksamkeit** einer Kündigung **beruft,** etwa wenn ein Matrixmanager einem ihm unterstellten Arbeitnehmer vorschnell gekündigt hat. In diesem Fall muss sich der Vertragsarbeitgeber einen ihm zurechenbar gesetzten Vertrauenstatbestand bezüglich der Vollmacht des Matrixmanagers entgegenhalten lassen.[744] Ansonsten bleibt es bei der Grundregel des § 180 BGB. Wird die Kündigung ohne Vertretungsmacht im Namen des Vertragsarbeitgebers erklärt und weist sie der Arbeitnehmer aus diesem Grunde unverzüglich zurück, so ist sie unwirksam (§ 180 S. 1, 2 BGB).[745] Andernfalls finden die §§ 177 ff. BGB Anwendung. Dann hängt die Wirksamkeit der – zunächst schwebend unwirksamen – Kündigung von der Genehmigung des Vertragsarbeitgebers ab.[746] Diese kann er gemäß §§ 182 Abs. 1, 177 Abs. 2 BGB sowohl gegenüber dem Kündigenden als auch gegenüber dem Arbeitnehmer erklären. Das kann sogar konkludent geschehen, etwa indem er die Kündigungsbefugnis des Matrixmanagers behauptet und die Rechtmäßigkeit der Kündigung in einem späteren Kündigungsschutzprozess verteidigt.[747] Fordert allerdings der Arbeitnehmer den Vertragsarbeitgeber auf, sich zu der Kündigung seines vollmachtlos handelnden Vertreters zu erklären, kann dieser die Genehmigung nur noch gegenüber dem Arbeitnehmer erteilen.

252

Für die Kündigung als einseitiges Rechtsgeschäft gelten außerdem die §§ 180, 174 BGB. Ob der Arbeitnehmer eine **Kündigung** wegen **nicht ordnungsgemäß nachgewiesener Vertretungsmacht nach § 174 Satz 1 BGB zurückweisen darf,** ist eine Frage, die Gerichte häufig beschäftigt.[748] Die Grundsätze zum Nachweis und zur Bekanntgabe der Vollmacht gelten entsprechend, wenn ein (Konzern-)Unternehmen für ein anderes auftritt[749], aber auch dann, wenn ein nicht beim Vertragsarbeitgeber angestellter Matrixmanager einem Mitarbeiter kündigt. Da diesem in der Regel nur das fachliche, nicht aber das disziplinarische Weisungsrecht übertragen wird und er deshalb kein Recht zur Kündigung hat, kann er auch nicht mit einem Personalchef verglichen werden, der bereits durch seine Stellung im Unternehmen als zum Ausspruch von Kündigungen bevollmächtigt gilt.[750] **Kündigt der Matrixmanager,** so kann der Arbeitnehmer die Unwirksamkeit der Kündigung schon dadurch herbeiführen, dass er **den fehlenden Nachweis der Kündigungsbefugnis moniert.**

253

Die **Unwirksamkeit** einer Kündigung **wegen fehlender Kündigungsbefugnis** des Erklärenden muss der Gekündigte **nicht innerhalb der 3-Wochen-Frist des § 4 KSchG** geltend machen.[751] Nach der Rechtsprechung gilt diese nämlich nur für eine dem Arbeitgeber zurechenbare Kündigung. Kündigt ein vollmachtloser Vertreter oder ein sonstiger Nichtberechtigter das Arbeitsverhältnis, liegt keine Kündigung des Arbeitgebers iSd § 4 S. 1 KSchG vor.[752] Die Klagefrist soll den Arbeitgeber schützen, der nach – klaglosem – Ablauf der drei Wochen darauf vertrauen darf, dass „seine" Kündigung das Arbeitsverhältnis aufgelöst hat. Dieser Gesetzeszweck ginge ins Leere, wäre die Klagefrist auch auf Kündigungen anwendbar, die dem Arbeitgeber wegen eines der Kündigungserklärung selbst anhaftenden Mangels überhaupt nicht zugerechnet werden können.[753] Eine ohne Billigung (Vollmacht) des Arbeitgebers ausgesprochene Kündigung ist dem Arbeit-

254

---

[744] Vgl. *Windbichler* Konzernarbeitsrecht S. 137.
[745] BAG 16.12.2010 – 2 AZR 485/08, NZA 2011, 571 Rn. 13.
[746] BAG 10.4.2014 – 2 AZR 684/13, NZA 2014, 1197 Rn. 32.
[747] Vgl. BAG 10.4.2014 – 2 AZR 684/13, NZA 2014, 1197 Rn. 33.
[748] Vgl. die Nachweise bei Palandt/*Ellenberger* BGB § 174 Rn. 7.
[749] *Windbichler* Konzernarbeitsrecht S. 137.
[750] BAG 30.5.1972 – 2 AZR 298/71, AP BGB § 174 Nr. 1; BAG 29.10.1992 – 2 AZR 460/92, NJW 1993, 1286.
[751] SPV/*Vossen,* Kündigung und Kündigungsschutz, Rn. 1832 mwN.
[752] BAG 26.3.2009 – 2 AZR 403/07, NZA 2009, 1146 Rn. 21; so auch: KR/*Friedrich* KSchG § 13 Rn. 289; HWK/*Quecke* KSchG § 4 Rn. 7; *Raab* RdA 2004, 321 (324); *Bender/Schmidt* NZA 2004, 358 (362); *Hanau* ZIP 2004, 1169 (1175); *Ulrici* DB 2004, 250 (251).
[753] *Bender/Schmidt* NZA 2004, 358 (362); *Fornasier/Werner* NJW 2007, 2729 (2733); MüKoBGB/*Hergenröder* KSchG § 4 Rn. 1; ErfK/*Kiel* KSchG § 4 Rn. 6.

geber erst durch eine (nachträglich) erteilte Genehmigung zurechenbar. Die dreiwöchige Klagefrist kann deshalb frühestens mit Zugang der Genehmigung zu laufen beginnen.[754]

255 Eine andere Frage ist, ob der **Matrixmanager** einen ihm zeitweilig unterstellten Mitarbeiter zumindest **abmahnen** darf. Bekanntlich beanstandet der Arbeitgeber mit der Abmahnung in einer für den Arbeitnehmer hinreichend deutlich erkennbaren Art und Weise die Verletzung einer Vertragspflicht und verbindet damit den Hinweis, dass im Wiederholungsfall der Inhalt oder der Bestand des Arbeitsverhältnisses gefährdet ist.[755] Das Verhältnismäßigkeitsprinzip verbietet eine Kündigung, wenn mildere Mittel zur Wahrung der Interessen des Arbeitgebers ausreichend sind. Deshalb hat der Arbeitgeber den Arbeitnehmer bei Störungen im Leistungsbereich sowie bei Verstößen gegen die betriebliche Ordnung grundsätzlich abzumahnen, bevor er eine verhaltensbedingte Kündigung ausspricht. Eine fruchtlose Abmahnung rechtfertigt zugleich die Prognose, dass der Arbeitnehmer sich auch in Zukunft nicht vertragsgerecht verhalten wird.[756] Diese Prognose ist Voraussetzung für eine verhaltensbedingte Kündigung.

256 **Abmahnungsberechtigt** sind der Arbeitgeber und die von ihm Bevollmächtigten. Dazu gehören regelmäßig die kündigungsberechtigten Personen und die Mitarbeiter, die nach ihrer Aufgabe befugt sind, Anweisungen zu Ort, Zeit und Art und Weise der Arbeitsleistung zu erteilen, dh sowohl die zu Personalentscheidungen befugten Dienstvorgesetzten („Disziplinarvorgesetzter") als auch die Fachvorgesetzten[757]. Soweit der **Matrixmanager befugt** ist, Arbeitgeberrechte wahrzunehmen, also insbesondere das fachliche Weisungsrecht auszuüben, kann er auch eine **Abmahnung erteilen.** Denn er bestimmt über den Inhalt der Arbeit der ihm weisungsmäßig unterstellten Mitarbeiter, kontrolliert deren Arbeitsleistung und die Einhaltung der Arbeit verbundenen Nebenpflichten und muss daher auch die Nicht- und Schlechterfüllung per Abmahnung beanstanden können.[758] Das gilt auch und erst recht, wenn die Arbeitsleistung nicht dem Vertragsarbeitgeber, sondern dem Unternehmen zugute kommt, dem der Matrixmanager angehört, in dessen Betrieb der Arbeitnehmer womöglich sogar vorübergehend abgeordnet ist.[759]

2. Einheitliches Arbeitsverhältnis mit mehreren Arbeitgebern

257 Ein einheitliches Arbeitsverhältnis kann nur **von allen Arbeitgebern gemeinschaftlich gekündigt** werden.[760] Das gilt jedenfalls dann, wenn die Parteien nichts anderes vereinbart haben.[761] Die an einem einheitlichen Arbeitsverhältnis beteiligten Arbeitgeber bilden eine Rechtsgemeinschaft iSd § 741 BGB.[762] Das hat zur Folge, dass über den Gegenstand, der die Rechtsgemeinschaft bildet – hier also das Arbeitsverhältnis –, nur gemeinschaftlich verfügt werden kann (§ 747 S. 2 BGB). Das gilt auch für Gestaltungsrechte,[763] wie zB

---

[754] BAG 6.9.2012 – 2 AZR 858/11, NZA 2013, 524.
[755] BAG 4.3.1981 – 7 AZR 104/79, AP LPVG BW § 77 Nr. 1; vgl. auch §§ 326, 541, 1234 BGB.
[756] BAG 17.1.1991 – 2 AZR 375/90 AP KSchG 1969 § 1 Verhaltensbedingte Kündigung Nr. 25.
[757] BAG 18.1.1980 – 7 AZR 75/78, AP KSchG 1969 § 1 Verhaltensbedingte Kündigung Nr. 3.
[758] So für den vergleichbaren Fall der Befugnis eines Entleihers zur Abmahnung eines an ihn überlassenen Arbeitnehmers *Windbichler* Konzernarbeitsrecht S. 144.
[759] AA für den Fall der gewerblichen Arbeitnehmerüberlassung Schüren/Hamann/*Schüren* AÜG Einl. Rn. 290 und *Ulber* AÜG § 1 Rn. 96, die nur den Vertragsarbeitgeber für abmahnberechtigt halten. Der Entleiher könne den an ihn überlassenen Arbeitnehmer nur auf die Pflichtverletzung hinweisen und den Verleiher entsprechend informieren.
[760] BAG 27.3.1982 – 7 AZR 523/78, NJW 1984, 1703 (1704); APS/*Kiel* KSchG § 1 Rn. 552; *Henssler* Arbeitsvertrag S. 62; *Rid* NZA 2011, 1121 (1122); Braun/Wisskirchen/*Röhrborn* Konzernarbeitsrecht Teil I Abschn. 3 Rn. 118; *Windbichler* Konzernarbeitsrecht S. 139.
[761] BAG 27.3.1982 – 7 AZR 523/78, NJW 1984, 1703 (1704).
[762] *Lange* NZA 2012, 1121 (1123). Für die Annahme einer BGB-Innengesellschaft wird es an dem dafür notwendigen gemeinsamen Zweck fehlen, den die beteiligten Arbeitgeber mit dem Abschluss des einheitlichen Arbeitsverhältnisses verfolgen müssen, vgl. zur Abgrenzung zwischen Gesellschaft und Rechtsgemeinschaft Palandt/*Sprau* BGB § 741 Rn. 1.
[763] Statt aller Palandt/*Sprau* BGB § 741 Rn. 10.

eine Kündigung. Erforderlich ist eine schriftliche Kündigungserklärung (§ 623 BGB) durch jeden Arbeitgeber. Das muss **nicht unbedingt gleichzeitig** geschehen. Kündigen die Arbeitgeber also jeweils für sich, wird die Kündigung erst mit Zugang der letzten Kündigungserklärung wirksam. Denkbar ist, dass nur ein Arbeitgeber kündigt und dabei die Kündigung zugleich im Namen und in Vollmacht der anderen Arbeitgeber erklärt.[764] Im Innenverhältnis zwischen den Arbeitgebern eines einheitlichen Arbeitsverhältnisses hat jeder Beteiligte einen Anspruch auf Aufhebung der Gemeinschaft nach § 749 Abs. 1 BGB. Der Anspruch ist vor den ordentlichen Gerichten geltend zu machen, die inzident die Erfolgsaussichten einer Kündigung zu beurteilen haben.[765]

Vor diesem Hintergrund ist eine ausdrückliche **Vereinbarung** empfehlenswert, die es jedem **Arbeitgeber** erlaubt, **mit Wirkung für alle Arbeitgeber Kündigungen auszusprechen.**[766] § 747 BGB lässt eine solche Regelung ausdrücklich zu. Sie wird auch von der Rechtsprechung akzeptiert.[767] Das einseitige „Herauskündigen" eines oder mehrerer einzelner Arbeitgeber aus dem einheitlichen Arbeitsverhältnis kommt nur dann in Betracht, wenn ein solches Recht zur Teilkündigung im Arbeitsvertrag vereinbart wurde.[768] 258

3. Doppel- und Mehrfacharbeitsverhältnis

Die für die Matrixorganisation typische gleichzeitige Unterstellung des Arbeitnehmers unter das Weisungsrecht mehrerer Personen lässt sich auch durch Doppel- oder Mehrfacharbeitsverhältnisse konstruieren. Anders als im Fall eines einheitlichen Arbeitsverhältnisses mit mehreren Arbeitgebern **schließt** der **Arbeitnehmer** hier **mit jedem Arbeitgeber einen eigenen Arbeitsvertrag.** Im Ergebnis stehen damit mehrere Arbeitsverhältnisse nebeneinander. 259

Im einfachsten Fall sind die **Arbeitsverhältnisse nicht miteinander verbunden.** Dann unterliegt jedes einzelne der Kündigung durch den jeweiligen Arbeitgeber. Beendet wird nur das Arbeitsverhältnis, für das die Kündigung ausgesprochen wurde. Wird nur eines der beiden Arbeitsverhältnisse gekündigt, liegt darin mangels rechtlicher Verbindung zwischen beiden auch keine unzulässige Teilkündigung.[769] Werden beide Arbeitsverhältnisse gekündigt, ist die Wirksamkeit jeder Kündigung jeweils getrennt zu beurteilen.[770] 260

Bei **rechtlich miteinander verbundenen Arbeitsverhältnissen** ist die Rechtslage dieselbe, wie wenn beide Arbeitsverhältnisse gekündigt werden. Das wird in der Praxis jedoch selten der Fall sein, weil es häufig keinen Grund gibt, beide Arbeitsverhältnisse gleichzeitig zu kündigen. Ein **Kündigungsgrund,** der allein in dem einen Arbeitsverhältnis besteht, wird nur ausnahmsweise auf das andere **durchschlagen** (Einzelheiten → Rn. 270 ff.). Wird lediglich eines der beiden Arbeitsverhältnisse gekündigt, richten sich die Auswirkungen auf das andere, ungekündigte Arbeitsverhältnis nach der jeweiligen Absprache, durch die die beiden Arbeitsverhältnisse miteinander verknüpft sind.[771] 261

Ist der Bestand des einen Arbeitsverhältnisses mit dem des anderen durch eine Bedingung (§ 158 BGB) miteinander verbunden, kann die Beendigung des einen zur automatischen Beendigung des anderen führen. Die **Zulässigkeit** einer solchen Verknüpfung hängt davon ob, ob es hinsichtlich der dafür notwendigen **auflösenden Bedingung** einen **sachlichen Grund** iSv §§ 21, 14 Abs. 1 S. 1 TzBfG gibt. Wie gesehen, halten 262

---

[764] *Lange* NZA 2012, 1121 (1123).
[765] *Lange* NZA 2012, 1121 (1123).
[766] *Lange* NZA 2012, 1121 (1123).
[767] Vgl. BAG 27.3.1982 – 7 AZR 523/78, NJW 1984, 1703 (1704); s. auch BAG 21.10.1971 – 2 AZR 17/71, AP Nr. 1 zu § 611 BGB Gruppenarbeitsverhältnis.
[768] *Lange* NZA 2012, 1121 (1123).
[769] *Windbichler* Konzernarbeitsrecht S. 139.
[770] *Lange* NZA 2012, 1121 (1122); Braun/Wisskirchen/*Röhrborn* Konzernarbeitsrecht Teil I Abschn. 3 Rn. 107.
[771] *Lange* NZA 2012, 1121 (1123); *Windbichler* Konzernarbeitsrecht S. 140.

Rechtsprechung und hL[772] die auflösende Bedingung eines zusätzlich zum bestehenden Arbeitsverhältnis abgeschlossenen zweiten Arbeitsverhältnisses dann für zulässig, wenn der Arbeitnehmer nach dessen Beendigung wieder auf seinen Stammarbeitsplatz zurückkehren soll, es also eine **„Rückkehrklausel"** (→ Rn. 123 ff.) gibt. Anders beurteilt die hM die auflösende Bedingung des ersten Arbeitsverhältnisses auch für den Fall, dass das zweite Arbeitsverhältnis beendet wird.[773] Die Bedenken bestehen zum einen darin, dass sich der Arbeitnehmer nicht auf den **Bedingungseintritt** einstellen kann; zum anderen ließe sich durch diese Vertragsgestaltung der **Kündigungsschutz umgehen.** Beide Einwände verfangen jedoch nicht. Der Bedingungseintritt – die Beendigung des zweiten Arbeitsverhältnisses – kommt für den Arbeitnehmer nicht überraschend, da er im Falle eines Aufhebungsvertrags von seinem Einverständnis abhängt und bei einer Kündigung erst nach Ablauf der einschlägigen Frist erfolgt und zudem nach § 15 Abs. 2, 21 TzBfG dem Arbeitnehmer gegenüber angezeigt werden muss.[774] Soweit es um Bestandsschutzinteressen geht, muss die Tatsache, dass mit der Kündigung im Ergebnis mehr als ein Arbeitsverhältnis beendet wird, bei dieser Kündigung voll berücksichtigt werden. Das muss bereits in der Formulierung der auflösenden Bedingung zum Ausdruck gebracht werden. Fehlt es daran, ist die Auflösungsbedingung unwirksam. Das erste Arbeitsverhältnis besteht dann fort. Einseitig kann es durch eine Kündigung, die allen gesetzlichen und vertraglichen Anforderungen entspricht, beendet werden.[775] Das gilt selbst dann, wenn es ruhend gestellt ist. Auch ruhende Arbeitsverhältnisse können bei Vorliegen der allgemeinen gesetzlichen Voraussetzungen gekündigt werden. Das gilt insbesondere für betriebsbedingte Kündigungen.[776] Der Arbeitnehmer im ruhenden Arbeitsverhältnis kann – ohne besondere gesetzliche oder tarifvertragliche Anordnung – nicht allein um des Ruhens seines Arbeitsverhältnisses willen besser geschützt sein als der „aktive" Arbeitnehmer.[777]

263 Sind die mehreren Arbeitsverhältnisse nur als **Geschäftsgrundlage** miteinander verknüpft, bedarf es bei der Beendigung des einen einer Kündigung oder sonstigen Aufhebung des anderen (§ 313 Abs. 2 BGB). Ob die Beendigung des zweiten Arbeitsverhältnisses zugleich einen in der Person des Arbeitnehmers liegenden Grund oder ein dringendes betriebliches Erfordernis iSd § 1 Abs. 2 KSchG für die Kündigung des anderen Arbeitsverhältnisses darstellt, ist eine Frage des Einzelfalls. Soweit der Bestand des einen Arbeitsverhältnisses nicht nur zum Zeitpunkt der Begründung, sondern auch noch zum Zeitpunkt der Kündigung als Geschäftsgrundlage für den Bestand des anderen Arbeitsverhältnisses angesehen werden kann, ist das zu bejahen.[778]

III. Verhaltensbedingte Kündigung im Matrixkonzern

1. Grundsatz

264 Eine verhaltensbedingte Kündigung kommt in Betracht, wenn ein Arbeitnehmer seine vertraglichen **Haupt- oder Nebenpflichten** erheblich und in der Regel **schuldhaft verletzt** hat und eine dauerhaft störungsfreie Vertragserfüllung in Zukunft nicht mehr zu

---

[772] BAG 22.3.1985 – 7 AZR 487/84, AP BGB § 620 Befristeter Arbeitsvertrag Nr. 89; 28.8.1996 – 7 AZR 849/95, AP BGB § 620 Befristeter Arbeitsvertrag Nr. 181; 6.12.2000 – 7 AZR 641/99, ZTR 2001, 525; 4.7.2005 – 8 AZR 392/04, AP BGB § 611 Ruhen des Arbeitsverhältnisses Nr. 4; *Windbichler* Konzernarbeitsrecht S. 76 f.
[773] Statt aller Preis/*Preis* Vertragsgestaltung II A 140 Rn. 45.
[774] *Windbichler* Konzernarbeitsrecht S. 77.
[775] *Windbichler* Konzernarbeitsrecht S. 141.
[776] Dazu *Windbichler* Konzernarbeitsrecht S. 149.
[777] BAG 9.9.2010 – 2 AZR 493/09, AP KSchG 1969 § 1 Betriebsbedingte Kündigung Nr. 185; Braun/Wisskirchen/*Röhrborn* Konzernarbeitsrecht Teil I Abschn. 3 Rn. 123.
[778] *Lange* NZA 2012, 1121 (1123).

erwarten steht.[779] Ebenso kann eine erhebliche Verletzung der **Pflicht zur Rücksichtnahme** auf die Interessen des Arbeitgebers (§ 241 Abs. 2 BGB) eine verhaltensbedingte Kündigung rechtfertigen.[780] In beiden Fällen ist bei Matrixorganisationen wieder danach zu unterscheiden, ob in einem einheitlichen Arbeitsverhältnis die Arbeitgeberbefugnisse aufgespalten sind bzw. auf Arbeitgeberseite mehrere Vertragspartner existieren oder ob der Arbeitnehmer gleichzeitig in mehreren Arbeitsverhältnissen mit mehreren Arbeitgebern steht, von denen nur eines aktiv betrieben, die anderen aber ruhend gestellt sind.

2. Einzelarbeitsverhältnis mit aufgespaltenem Weisungsrecht

Wird – wie im Regelfall des Matrix-Arbeitsverhältnisses – nur das fachliche Weisungsrecht dem **Matrixmanager** zur Ausübung überlassen, während der Vertragsarbeitgeber die Disziplinarbefugnisse und auch alle anderen vertraglichen Rechte behält, richtet sich der **Maßstab** für die Kündigung nach dem **Vertrag mit dem Vertragsarbeitgeber,** und zwar selbst dann, wenn der Arbeitnehmer seine Pflichten nicht in dessen eigenen Betrieb, sondern in einem fremden Betrieb bei einem unternehmensexternen Dritten erfüllt. Verletzt der Arbeitnehmer Pflichten gegenüber dem Matrixmanager, so ist das auch für das Verhältnis zum Vertragsarbeitgeber von Belang, weil der Vertrag mit ihm die Grundlage für die Haupt- und Nebenpflichten gegenüber dem Matrixmanager bildet: sei es, dass dieser das Weisungsrecht im Namen des Vertragsarbeitgebers geltend macht, sei es, dass die Arbeitsleistung darüber hinausgehend einem anderen Konzernunternehmen zugute kommt, in dessen Betrieb er vorübergehend arbeitet oder in den er im Wege der Abordnung – wie bei der Arbeitnehmerüberlassung[781] – sogar längerfristig eingegliedert ist. 265

Stimmen in der Literatur wollen bei Pflichtverletzungen, die im Betrieb eines anderen (Konzern-)Unternehmens geschehen, die **dort geltenden Regeln als Maßstab** heranziehen.[782] Allerdings müsse der einem anderen Betrieb überlassene Arbeitnehmer wie ein dort neu eingestellter Stammarbeitnehmer behandelt werden. Verhaltenspflichten, die nicht selbstverständlich seien, könnten nur dann eingefordert werden, wenn der Überlassene zuvor eindeutig auf sie hingewiesen wurde.[783] Außerdem sei Zurückhaltung geboten, wenn der Arbeitnehmer im Zuge der Abordnung andere, vor allem schwierigere Aufgaben übertragen bekomme, denen er nicht gewachsen sei. Vor einer Kündigung wegen mangelnder Eignung oder Leistung müsse der Vertragsarbeitgeber prüfen, ob statt der Beendigung des Arbeitsverhältnisses der Rückruf und die Weiterbeschäftigung beim Vertragsarbeitgeber oder eine Abordnung an ein drittes Unternehmen in Betracht kommen.[784] 266

3. Einheitliches Arbeitsverhältnis mit mehreren Arbeitgebern

Da ein einheitliches Arbeitsverhältnis jedenfalls im Regelfalle nur von und gegenüber allen auf einer Vertragsseite Beteiligten gekündigt werden kann (§§ 429 Abs. 3 iVm § 425 Abs. 2 BGB),[785] müssen die **Kündigungsvoraussetzungen** grundsätzlich im Verhältnis **zu jedem der Beteiligten** gegeben sein.[786] Freilich ist stets zuvor zu prüfen, ob es sich 267

---

[779] StRspr, vgl. BAG 19.11.2015 – 2 AZR 217/15, AP KSchG 1969 § 1 Verhaltensbedingte Kündigung Nr. 75; 15.12.2016 – 2 AZR 42/16, NZA 2017, 703; 29.6.2017 – 2 AZR 302/16, NZA 2017, 1121.
[780] StRspr, vgl. BAG 3.11.2011 – 2 AZR 748/10, AP KSchG 1969 § 1 Verhaltensbedingte Kündigung Nr. 65 Rn. 20; 15.12.2016 – 2 AZR 42/16, NZA 2017, 703.
[781] Schüren/Hamann/*Schüren* AÜG Einl. Rn. 289; ErfK/*Wank* AÜG Einl. Rn. 27; *Windbichler* Konzernarbeitsrecht S. 143.
[782] Schüren/Hamann/*Schüren* AÜG Einl. Rn. 289.
[783] Schüren/Hamann/*Schüren* AÜG Einl. Rn. 289.
[784] *Windbichler* Konzernarbeitsrecht S. 143.
[785] APS/*Kiel* KSchG § 1 Rn. 552; *Lange* NZA 2012, 1121 (1123); Braun/Wisskirchen/*Röhrborn* Konzernarbeitsrecht Teil I Abschn. 3 Rn. 120; *Windbichler* Konzernarbeitsrecht S. 139.
[786] BAG 27.3.1982 – 7 AZR 523/78, NJW 1984, 1703 (1705).

wirklich um ein einheitliches Arbeitsverhältnis handelt. Daran könnte es schon deshalb fehlen, weil sich die mehreren Arbeitgeber ein Recht zu Teilkündigung ausbedungen haben.[787] Dann kann nicht mehr ohne weiteres davon ausgegangen werden, dass die arbeitsrechtlichen Beziehungen des Arbeitnehmers zu beiden Arbeitgebern nach dem allseitigen Parteiwillen nur zusammen bestehen sollen.[788]

268 **Gilt** bei einem einheitlichen Arbeitsverhältnis hinsichtlich der Beziehung **bereits zu einem** der beteiligten **Arbeitgeber** das **KSchG**, so ist die **Kündigung insgesamt** an ihm zu messen. Eine Kündigung muss also im Verhältnis zu allen Parteien auf Arbeitgeberseite sozial gerechtfertigt sein.[789] Dabei können sich **Kündigungsgründe,** die zunächst nur im Verhältnis zu einem der Arbeitgeber bestehen, auf das Verhältnis zum anderen Arbeitgeber **auswirken.**[790] Regelmäßig werden nämlich in der Person und oft auch im Verhalten des Arbeitnehmers liegende Gründe im Verhältnis zu beiden Arbeitgebern gleichermaßen Gewicht haben.

269 **Ausnahmen** können sich aber bei Verfehlungen ergeben, die sich auf persönlicher Ebene gerade gegen einen bestimmten Arbeitgeber richten, etwa bei Beleidigungen.[791] Dann besteht der Kündigungsgrund an sich nur gegenüber dem betroffenen Arbeitgeber. Der andere könnte aber deshalb kündigen, weil er nach den vertraglichen Vereinbarungen nicht verpflichtet ist, den Arbeitnehmer allein zu beschäftigen.[792] Etwas anderes gilt wiederum dann, wenn den mehreren Arbeitgebern die Beschäftigung des Arbeitnehmers gesamtschuldnerisch oder als gemeinschaftliche Schuld obliegt. Unter diesen Umständen hat jeder Arbeitgeber den Arbeitnehmer nämlich auch allein zu beschäftigen und kann sich deshalb nicht auf den Wegfall des anderen Arbeitgebers als Vertragspartei berufen. Das hat das BAG für den Fall bejaht, dass ein Arbeitnehmer nach dem Sinn und Zweck des einheitlichen Arbeitsverhältnisses ein existenzielles Interesse daran hatte, seine Arbeitskraft beiden Arbeitgebern nur gemeinsam zur Verfügung zu stellen, weil es nur so möglich war, seinen gesamten Lebensunterhalt (in der vereinbarten Höhe) aus dem vorliegenden Vertragswerk zu ziehen.[793]

4. Doppel- und Mehrfacharbeitsverhältnis

270 Im Grundsatz gehen Rechtsprechung[794] und hL[795] davon aus, dass ein erhebliches Fehlverhalten des Arbeitnehmers gegenüber einem anderen, mit dem Arbeitgeber konzernrechtlich verbundenen Unternehmen, eine ordentliche oder sogar außerordentliche Kündigung des Arbeitsverhältnisses rechtfertigen kann. Notwendig ist allerdings, dass das zu **kündigende Arbeitsverhältnis durch das Fehlverhalten selbst konkret und erheblich beeinträchtigt wird.** Dabei kommt eine verhaltensbedingte Kündigung in Betracht, auch wenn die Pflichtwidrigkeit im Verhältnis zu dem anderen Konzernunternehmen im zu kündigenden Arbeitsverhältnis eine schwerwiegende Vertragsverletzung darstellt.[796] Denkbar ist aber auch eine personenbedingte Kündigung wegen fehlender Eignung, und

---

[787] So mit Recht *Windbichler* Konzernarbeitsrecht S. 142.
[788] Vgl. BAG 27.3.1982 – 7 AZR 523/78, NJW 1984, 1703 (1705).
[789] BAG 27.3.1982 – 7 AZR 523/78, NJW 1984, 1703 (1705).
[790] Vgl. zu der ähnlich gelagerten Problematik bei einer Beteiligtenmehrheit auf Arbeitnehmerseite BAG 21.10.1971 – 2 AZR 17/71, AP BGB § 611 Gruppenarbeitsverhältnis Nr. 1.
[791] *Lange* NZA 2012, 1121 (1123).
[792] BAG 27.3.1982 – 7 AZR 523/78, NJW 1984, 1703 (1705); *Lange* NZA 2012, 1121 (1123); *Windbichler* Konzernarbeitsrecht S. 142.
[793] BAG 27.3.1982 – 7 AZR 523/78, NJW 1984, 1703 (1705).
[794] BAG 20.9.1984 – 2 AZR 233/83, NZA 1985, 286; 27.11.2008 – 2 AZR 193/07, NZA 2009, 671; LAG Köln 28.3.2001 – 8 Sa 405/00, NZA-RR 2002, 85.
[795] KR/*Fischermeier* BGB § 626 Rn. 430; *Lunk* ArbRB 2009, 232; *Neufeld* BB 2009, 1868; (1871); Braun/Wisskirchen/*Röhrborn* Konzernarbeitsrecht Teil I Abschn. 3 Rn. 146; APS/*Vossen* BGB § 626 Rn. 76a. *Windbichler* Konzernarbeitsrecht S. 142; krit. aber *Preis* Prinzipien S. 469; differenzierend MünchArbR/*Richardi* § 23 Rn. 30.
[796] BAG 20.9.1984 – 2 AZR 233/83, NZA 1985, 286.

D. Kündigung im Matrixkonzern

zwar dann, wenn der Arbeitgeber wegen des groben Fehlverhaltens gegenüber dem anderen Konzernunternehmen nicht mehr mit einer sachgerechten Vertragserfüllung durch den Arbeitnehmer rechnen kann.[797]

Dabei ist zu beachten, dass die kündigungsrelevanten Pflichten nicht bereits durch die Konzernbindung als solche berührt werden.[798] Hinzukommen müssen besondere Umstände, die das **„Durchschlagen" von Pflichtverletzungen** auf das Arbeitsverhältnis mit dem anderen Konzernunternehmen begründen können.[799] Dazu müssen die versprochenen Dienste in einem engen Zusammenhang stehen, beispielsweise aufgrund entsprechender arbeitsvertraglicher Pflichtenumschreibungen (Konzernversetzungs-, Abordnungs-, Matrixklausel), Anrechnungsabreden[800] oder vorübergehenden Arbeitseinsätzen bei den anderen Unternehmen.[801]

Besteht eine solche Verknüpfung, hängt es von dem Inhalt der getroffenen Vereinbarungen ab, ob und inwieweit ein pflichtwidriges Verhalten des Arbeitnehmers für sein (Stamm-)Arbeitsverhältnis kündigungsrelevant werden kann.[802] Das ist im jeweiligen Einzelfall anhand der konkreten Pflichtenstruktur zu beurteilen.[803] Maßgeblich ist dabei (nur) die Perspektive des Vertragsarbeitgebers.[804] Dabei kann es durchaus einen Unterschied machen, ob der Arbeitnehmer in Erfüllung der seinem Vertragsarbeitgeber – der Konzerngesellschaft A – geschuldeten Dienste vorübergehend bei Konzerngesellschaft B arbeitet, die er pflichtwidrig schädigt, oder ob das Arbeitsverhältnis mit Gesellschaft A ruhend gestellt wird, damit der Arbeitnehmer allein aus Gründen der Konzerngesellschaft B, die nichts mit der Gesellschaft A zu tun haben, bei dieser tätig werden kann, wo er die Pflichtverletzung begeht.[805]

271

272

Beispiele:

Fall 1[806]

273

A ist bei der B-AG als leitender Angestellter beschäftigt. Später wird er zum Geschäftsführer der C-GmbH bestellt, die zum selben Konzern wie die B-AG gehört. Das Arbeitsverhältnis stellen die Parteien ruhend. A verstößt in seiner Funktion als Geschäftsführer gegen interne Zustimmungserfordernisse und Aufsichtsratsvorbehalte. Er wird deshalb abberufen, und sein Dienstvertrag als Geschäftsführer wird gekündigt. Zusätzlich soll das ruhende Arbeitsverhältnis gekündigt werden. Dagegen wendet sich A, weil er meint, dass die ihm als Geschäftsführer vorgeworfenen Pflichtverletzungen nicht automatisch die Kündigung seines ruhenden Arbeitsvertrags rechtfertigen könnten.

Fall 2[807]

274

D arbeitet bei der Noris Bank als Karteiführerin in der Abteilung „Ratenkredit – Adressenwesen". Im zum selben Konzern gehörenden „Quelle"-Warenhaus in Nürnberg entwendet sie eine Packung Waschlotion und Zahnpasta, ein Herrenhemd, einen Binder und einen Schal im Gesamtwert von 69,26 DM. Als der Diebstahl entdeckt wird, erstattet das Warenhaus Strafanzeige gegen sie und erteilt ihr ein Hausverbot. Die Noris Bank kündigt ihr daraufhin fristlos mit der Begründung, dass sie als Bank durch den Diebstahl zwar nicht unmit-

---

[797] BAG 27.11.2008 – 2 AZR 193/07, NZA 2009, 671 Rn. 24.
[798] BAG 20.9.1984 – 2 AZR 233/83, NZA 1985, 286; 27.11.2008 – 2 AZR 193/07, NZA 2009, 671 Rn. 24; APS/*Preis* Grundlagen C. Rn. 88, MünchArbR/*Richardi* § 23 Rn. 18, 30; *Windbichler* Konzernarbeitsrecht S. 152.
[799] Braun/Wisskirchen/*Röhrborn* Konzernarbeitsrecht Teil I Abschn. 3 Rn. 147.
[800] LAG Köln 28.3.2001 – 8 Sa 405/00, NZA-RR 2002, 85.
[801] BAG 27.11.2008 – 2 AZR 193/07, NZA 2009, 671 Rn. 25.
[802] BAG 27.11.2008 – 2 AZR 193/07, NZA 2009, 671 Rn. 25.
[803] *Lunk* ArbRB 2009, 232; *Neufeld* BB 2009, 1868 (1871); *Windbichler* Konzernarbeitsrecht S. 152.
[804] MünchArbR/*Richardi* § 23 Rn. 30; *Windbichler* Konzernarbeitsrecht S. 152.
[805] So mit Recht Braun/Wisskirchen/*Röhrborn* Konzernarbeitsrecht Teil I Abschn. 3 Rn. 148.
[806] BAG 27.11.2008 – 2 AZR 193/07, NZA 2009, 671.
[807] BAG 20.9.1984 – 2 AZR 233/83, NZA 1985, 286.

telbar geschädigt werde, weil sie im Quelle-Konzern als rechtlich selbständige Gesellschaft verfasst sei. Gleichwohl könne nicht so getan werden, als habe die D während ihrer Freizeit ein x-beliebiges Warenhaus bestohlen. Zum einen seien beide Unternehmen konzernrechtlich verbunden, zum anderen befinde sich in jedem Quelle-Warenhaus eine Filiale der Noris Bank, bei der die meisten Quelle-Mitarbeiter ein Konto unterhielten. Außerdem werde eine konzerneinheitliche Personalpolitik betrieben.

275 **Fall 3**[808]

E arbeitet lange Jahre als Vertriebsleiterin bei der Muttergesellschaft eines Konzerns. Dann wechselt sie zu einer Tochtergesellschaft, wo sie ein Auslandsprojekt leiten soll. Im Auslandsvertrag wird der E die sofortige (ordentliche) Unkündbarkeit unter Berücksichtigung der anrechnungsfähigen Vordienstzeiten im Konzern zugesagt. E überschreitet im Ausland ihre Vollmachten, um eigene Interessen durchzusetzen. Außerdem bringt sie die Konzernmutter bei polizeilichen Ermittlungsmaßnahmen in Misskredit. Daraufhin kündigt die Tochtergesellschaft das mit E bestehende Arbeitsverhältnis außerordentlich.

276 Im **ersten Beispielsfall** stehen das Arbeitsverhältnis zu B und das Geschäftsführerverhältnis zu C zwar nicht beziehungslos nebeneinander, sondern sind wegen der zu C erfolgten Entsendung unter Ruhendstellung des Arbeitsverhältnisses zu B miteinander verbunden. Allerdings muss nicht jede Verletzung des Geschäftsführervertrags zugleich eine Verletzung des fortbestehenden Arbeitsvertrags mit der B bedeuten. Zu einem „**Durchschlagen**" **der Pflichtverletzung** käme es, wenn B dem A genaue Vorgaben gemacht hätte, wie er sein Amt als Geschäftsführer der C zu führen habe.[809] Dass die ordnungsgemäße Erfüllung der Geschäftsführerpflichten gegenüber der C zugleich auch im Interesse der B gelegen haben mag, führt für sich allein jedenfalls noch nicht zu einem Durchschlagen. Dagegen streitet nämlich das gegenläufige Interesse des A, sich den Arbeitsplatz bei der B unabhängig vom Schicksal des Geschäftsführerdienstverhältnisses zu erhalten.

277 Für eine **Trennung** beider Vertragsverhältnisse spricht es, wenn eine „**Rückkehroption**" zu B nicht davon abhängig gemacht wird, **aus welchem Grund der Geschäftsführerdienstvertrag sein Ende findet.** Allerdings hat auch der Arbeitnehmer eines ruhenden Arbeitsverhältnisses die Pflicht zur Rücksichtnahme auf die Rechte, Rechtsgüter und Interessen des anderen Vertragsteils (§ 241 Abs. 2 BGB). Aus diesem Grund hat er alles zu unterlassen, was das Wiederaufleben des Arbeitsverhältnisses gefährden könnte. Außerdem hat er sich gegenüber seinem Arbeitgeber weiterhin loyal zu verhalten.[810] Diese Rücksichtnahmepflichten im Verhältnis zu B verletzt der A aber nicht schon dann, wenn er bei C seine Dienste als Geschäftsführer nicht ordnungsgemäß verrichtet. Selbst wenn er C als Geschäftsführer geschädigt haben sollte, verletzt er damit nicht seine zu B fortbestehende arbeitsvertragliche Nebenpflicht, Schäden von seinem Arbeitgeber abzuhalten,[811] laut BAG jedenfalls dann nicht, wenn er die **Geschäftsführertätigkeit** nicht bei weiter aktivem Arbeitsverhältnis **im Nebenamt** erledigt, sondern bei **ruhendem Arbeitsverhältnis** aufgrund einer neben dem Arbeitsvertrag geschlossenen Entsendevereinbarung.[812] Eine verhaltensbedingte Kündigung scheidet deshalb aus.

278 In Betracht kommt allenfalls eine **personenbedingte Kündigung wegen eines Eignungsmangels oder Vertrauensverlustes.** Dabei ist zu berücksichtigen, dass die Stellung eines GmbH-Geschäftsführers nicht der eines persönlich abhängigen Arbeitnehmers

---

[808] LAG Köln 28.3.2001 – 8 Sa 405/00, NZA-RR 2002, 85.
[809] In der Literatur wird deshalb angeraten, bei Ruhens- oder Entsendevereinbarungen vorsorglich die maßgeblichen Pflichten vertraglich zu fixieren, die später ein Durchschlagen der Kündigungsgründe begründen sollen, so zB *Lunk* ArbRB 2009, 232; *Neufeld* BB 2009, 1868 (1872).
[810] Vgl. *Sauerzapf* Ruhendes Arbeitsverhältnis S. 105.
[811] Diese besteht auch in einem ruhenden Arbeitsverhältnis, s. im Einzelnen *Hager* Ruhendes Arbeitsverhältnis S. 254.
[812] BAG 27.11.2008 – 2 AZR 193/07, NZA 2009, 671 Rn. 35; vgl. weiter *Hager* Ruhendes Arbeitsverhältnis S. 254.

entspricht, auch dann nicht, wenn dieser in leitender Funktion beschäftigt wird. Wegen der unterschiedlichen Pflichtenstruktur indiziert ein Fehlverhalten als Geschäftsführer deshalb nicht automatisch die Ungeeignetheit als leitender Angestellter. So kann der Vorwurf einer Kompetenzüberschreitung in der Funktion des Geschäftsführers, der an sich eigenverantwortlich entscheiden kann, anders zu bewerten sein als die „Eigenmächtigkeiten" eines leitenden Angestellten, der weisungsgebunden tätig wird. Hatte also A als leitender Angestellter bislang weder seine Kompetenzen überschritten, noch den Vorstand der B übergangen, fehlen Anhaltspunkte dafür, dass mit künftigen Vertragsstörungen im Arbeitsverhältnis zu rechnen ist. Eine personenbedingte Kündigung würde dann bereits an der nicht vorhandenen negativen Prognose[813] scheitern. **Anders** kann es allerdings liegen, wenn der A als GmbH-Geschäftsführer **Straftaten** oder **Täuschungshandlungen** begangen hätte, weil diese auch Zweifel an seiner Zuverlässigkeit als leitender Angestellter begründen.[814]

Im **zweiten Beispielsfall** (→ Rn. 274) waren zwar die betreffenden Unternehmen – Bank und Warenhaus – konzernrechtlich miteinander verbunden. Anders als im ersten Fall **verletzte** die Arbeitnehmerin D ihre **Pflichten** gegenüber dem Warenhaus jedoch nicht bei der Verrichtung von Diensten gegenüber der Bank als ihrem Vertragsarbeitgeber – etwa bei einer Abordnung oder Versetzung dorthin –, sondern nur außerdienstlich, also **„bei Gelegenheit"**. Mit Recht betont die Rechtsprechung,[815] dass wegen der mangelnden Konzerndimensionalität des Kündigungsschutzes eine strafbare Handlung zum Nachteil eines anderen Konzernunternehmens grundsätzlich keine unmittelbare Verletzung von Dienstpflichten gegenüber dem Konzernunternehmen bedeutet, bei dem der Arbeitnehmer angestellt ist. Zu einem „Durchschlagen" der Pflichtverletzung könnte es allenfalls dann kommen, wenn die von der Rechtsprechung formulierten Bedingungen für einen konzerndimensionalen Kündigungsschutz bei betriebsbedingten Kündigungen erfüllt wären (→ Rn. 316 ff.). Unter diesen Umständen könnte die von der D begangene Straftat kündigungsrechtlich so beurteilt werden, als wäre sie eine Verletzung von Dienstpflichten zum Nachteil ihres Vertragsarbeitgebers. Daran fehlte es jedoch, weil weder der Arbeitsvertrag der D einen Konzern- oder Matrixbezug aufwies, noch die D vorübergehend im Warenhaus eingesetzt war.[816] 279

Denkbar ist daher lediglich eine **Kündigung wegen eines außerdienstlichen Fehlverhaltens.** Da der Arbeitnehmer in seiner Freizeit an sich tun und lassen kann, was er will, liefert ein außerdienstliches Fehlverhalten allerdings nur dann einen Kündigungsgrund, wenn es das Arbeitsverhältnis konkret berührt.[817] Das setzt zunächst voraus, dass der Arbeitnehmer auch in seiner Freizeit verpflichtet bleibt, auf die berechtigten Interessen des Arbeitgebers Rücksicht zu nehmen. In der Tat bejaht die hM eine solche außerdienstliche Rücksichtnahmepflicht.[818] Relevant wird diese Pflicht aber nur dann, wenn sich der Arbeitnehmer rechtswidrig verhält und damit zugleich negative Auswirkungen auf den Betrieb oder auf das Arbeitsverhältnis verbunden sind.[819] Begeht der Arbeitnehmer in seiner Freizeit eine Straftat, ist eine **verhaltensbedingte Kündigung** nur dann 280

---

[813] Vgl. BAG 20.5.1988 – 2 AZR 682/87, NZA 1989, 464; 18.1.2007 – 2 AZR 731/05, NZA 2007, 680.
[814] BAG 27.11.2008 – 2 AZR 193/07, NZA 2009, 671 Rn. 45.
[815] BAG 20.9.1984 – 2 AZR 233/83, NZA 1985, 286 Rn. 17.
[816] BAG 27.11.2008 – 2 AZR 193/07, NZA 2009, 671 Rn. 25.
[817] BAG 20.6.2013 – 2 AZR 583/12, NZA 2013, 1345 Rn. 26; BAG 26.9.2013 – 2 AZR 741/12, NZA 2014, 529 Rn. 14; BAG 10.4.2014 – 2 AZR 684/13, NZA 2014, 1197 Rn. 14; KDZ/*Däubler* Rn. 286 ff; KR/*Fischermeier* BGB § 626 Rn. 430; vHHL/*Krause* KSchG § 1 Rn. 618; KR/*Griebeling/Rachor* KSchG § 1 Rn. 450 ff.; SPV/*Preis* Kündigung und Kündigungsschutz Rn. 639; APS/*Vossen* KSchG § 1 Rn. 327.
[818] BAG 20.6.2013 – 2 AZR 583/12, NZA 2013, 1345 Rn. 26; BAG 26.9.2013 – 2 AZR 741/12, NZA 2014, 529 Rn. 14; BAG 10.4.2014 – 2 AZR 684/13, NZA 2014, 1197 Rn. 14.
[819] BAG 27.11.2008 – 2 AZR 98/07, NZA 2009, 604 Rn. 21; BAG 10.9.2009 – 2 AZR 257/08, NZA 2010, 220 Rn. 21.

gerechtfertigt, wenn er dabei Betriebsmittel oder betriebliche Einrichtungen benutzt[820] oder wenn sich der Arbeitgeber, Kollegen, Vorgesetzte oder Mitarbeiter staatlichen Ermittlungen ausgesetzt sehen oder wenn sie in der Öffentlichkeit mit der Straftat in Verbindung gebracht werden.[821]

281 Fehlt es daran, kommt allenfalls **eine personenbedingte Kündigung** in Betracht, und zwar dann, wenn die außerdienstlich begangene Straftat darauf hindeutet, dass dem Arbeitnehmer die **Eignung** für die vertraglich geschuldete Tätigkeit **fehlt**. Das hängt von der Art des Delikts und den konkreten Arbeitspflichten des Arbeitnehmers und seiner Stellung im Betrieb ab.[822] So kann eine strafbare Trunkenheitsfahrt während der Freizeit bei einem Berufskraftfahrer für seine mangelnde Zuverlässigkeit sprechen.[823] Bei Arbeitnehmern des öffentlichen Dienstes, die hoheitliche Aufgaben wahrnehmen, sollen außerdienstlich begangene Straftaten selbst dann einen Eignungsmangel darstellen, wenn sie keinen unmittelbaren Bezug zum Arbeitsverhältnis aufweisen.[824] Im zweiten Beispielsfall kam das BAG im Jahre 1984 zu dem Ergebnis, dass der gegenüber der „Konzernschwester" in der Freizeit begangene Diebstahl durchaus geeignet war, auch das Vertrauensverhältnis zum Vertragsarbeitgeber so nachhaltig zu beeinträchtigen, dass es eine personenbedingte Kündigung als gerechtfertigt ansah. Für maßgeblich hielt das Gericht zum einen, dass der Arbeitnehmerin ein Personalrabatt im Warenhaus als zusätzliche vermögenswerte Leistung des Vertragsarbeitgebers eingeräumt war, zum anderen, dass sie Waren entwendet hatte, auf die sie nicht wirklich angewiesen war, was ihr Verhalten als vollkommen unverständlich erscheinen ließ.[825] Ob dieses Fehlverhalten heutzutage noch eine Kündigung zu rechtfertigen vermag, ist allerdings zweifelhaft.[826]

282 Im dritten Beispielsfall (→ Rn. 275) bejahte die Rechtsprechung ein **„Durchschlagen" von E's Fehlverhalten gegenüber der Konzernmutter auf das mit der Tochtergesellschaft** begründete Arbeitsverhältnis.[827] Dort war nämlich die sofortige Unkündbarkeit vor allem deshalb vereinbart worden, weil die E zuvor bei der Konzernmutter lange Jahre in führender Position tätig war. Obwohl dieses Arbeitsverhältnis nicht bloß ruhend gestellt, sondern beendet wurde, es also gegenüber der Konzernmutter keinerlei vertragliche Pflichten mehr gab, erachtete das LAG das Fehlverhalten ihr gegenüber trotzdem für so gravierend, dass es die außerordentliche Kündigung durch die Tochtergesellschaft als gerechtfertigt ansah. Wegen der aus Eigennutz überschrittenen Vollmacht zum Nachteil der Konzernmutter und der Verletzung **„berechtigter Loyalitätserwartungen"** sei auch das notwendige Vertrauen für eine Weiterbeschäftigung bei der Tochtergesellschaft zerstört.[828]

---

[820] BAG 10.9.2009 – 2 AZR 257/08, NZA 2010, 220 Rn. 24.
[821] BAG 28.10.2010 – 2 AZR 293/09, NZA 2011, 112 Rn. 19.
[822] BAG 10.4.2014 – 2 AZR 684/13, NZA 2014, 1197 Rn. 26.
[823] BAG 30.5.1978 – 2 AZR 630/76, AP BGB § 626 Nr. 70; 4.6.1997 – 2 AZR 526/96, NZA 1997, 1281 (1282f.); 30.5.1978 – 2 AZR 630/76, AP BGB § 626 Nr. 70.
[824] BAG 10.4.2014 – 2 AZR 684/13, NZA 2014, 1197 Rn. 26.
[825] BAG 20.9.1984 – 2 AZR 233/83, NZA 1985, 285 Rn. 19f.; vgl. weiter BAG 27.11.2008 – 2 AZR 193/07, NZA 2009, 671. Die Entscheidung hat im Schrifttum ein geteiltes Echo erfahren, vgl. bejahend APS/*Kiel* BGB § 626 Rn. 284; KR/*Fischermeier* BGB § 626 Rn. 430; krit. Erman/*Belling* BGB § 626 Rn. 62; *Dütz* Anm. zu BAG 20.9.1984, EzA § 626 BGB nF Nr. 91; *Preis* Prinzipien S. 469.
[826] Zur Kündigung wegen der Entwendung eines geringwertigen Gegenstands BAG 10.6.2010 – 2 AZR 541/09, NZA 2010, 1227 („Emmely"); weitere Judikatur nachgewiesen bei APS/*Kiel* BGB § 626 Rn. 275.
[827] LAG Köln 28.3.2001 – 8 Sa 405/00, NZA-RR 2002, 85.
[828] LAG Köln 28.3.2001 – 8 Sa 405/00, NZA-RR 2002, 85 (87).

IV. Betriebsbedingte Kündigung im Matrixkonzern

1. Überblick

Das für die Matrixorganisation typische „**Durchregieren**" von Matrixleitung und Matrixmanagern in die Matrixgesellschaften kann **Auswirkungen auf den Umfang der Beschäftigung in den Matrixgesellschaften** haben. Arbeitsplätze lassen sich schneller auf- und abbauen oder in andere Länder verlagern, wenn darüber nicht die Betriebs- oder Geschäftsleitungen vor Ort entscheiden, sondern Matrixmanager, die an einer kostengünstigen und effizienten Allokation der Produktionsfaktoren interessiert sind. Besonders betroffen sind davon Mitarbeiter, die selbst betriebs- oder unternehmensübergreifend in der Matrix tätig werden, etwa wenn die Matrixleitung beschließt, bestimmte **Hierarchieebenen abzubauen** oder die **Führungsstruktur stärker den Erfordernissen des Marktes** anzupassen. Stellen können auch dann wegfallen, wenn nach dem Erwerb neuer Betriebe und Unternehmen diese in die Matrixorganisation integriert werden mit der Folge, dass bestimmte Verwaltungs- und Servicefunktionen (Personalwesen, Finanzwesen, Rechenzentrum, IT usw.) von anderen Matrixgesellschaften bezogen werden (müssen). 283

Beispiele:

Fall 1: Verlagerung betrieblicher Aktivitäten ins Ausland 284

A ist als Softwareingenieur bei der L-GmbH beschäftigt, die auf Verfahren und Prozesse zur systematischen Analyse von Daten in elektronischer Form im Bereich Abrechnungen im Luftverkehr spezialisiert ist. Er entwickelt Software für die DL-AG, die Muttergesellschaft der L-GmbH. Dazu arbeitet er wochenlang mit den Softwareentwicklern der DL-AG in den dortigen Teams zusammen. Als die DL-AG beschließt, die bisher an die L-GmbH vergebenen Aufträge an konzernangehörige Gesellschaften im Ausland zu vergeben, trifft A die Kündigung.[829]

Fall 2: Aufgabe eines deutschen Standortes 285

B arbeitet als Bankangestellter in einem Frankfurter Betrieb eines deutschen Tochterunternehmens einer US-amerikanischen Brokerfirma. Dort ist er mit dem An- und Verkauf von Wertpapieren beschäftigt. Von einer Londoner Niederlassung aus erhält er hierfür seine Anweisungen. Dieser fließen auch sämtliche Geschäftserlöse – dh Provisionen der Bankgeschäfte – zu, sie bestreitet auch die laufenden Kosten des Bürobetriebs und der Gehälter der Frankfurter Angestellten. Wegen Verlagerung der bisher von Frankfurt aus getätigten Rentengeschäfte nach London kündigt der deutsche Arbeitgeber das Arbeitsverhältnis.[830]

Fall 3: Wegfall einer Hierachieebene 286

Das deutsche Tochterunternehmen einer ausländischen Holding hat innerhalb des weltweiten Konzerns die Funktion einer europäischen Zwischenholding. Daneben existieren in allen europäischen Ländern entsprechende Landesgesellschaften, deren Geschäfte auf die jeweiligen europäischen Länder begrenzt sind. C wird bei der deutschen „Europe-GmbH" als Senior Vice President Central Region (Deutschland, Österreich, Schweiz) angestellt. Wegen einer veränderten Marktsituation in den europäischen Ländern entscheidet die ausländische Konzernzentrale, die Central Region zu zerschlagen und die Verantwortung an die Landesgesellschaften zu übertragen. Für die deutsche Tochtergesellschaft wird ein neuer Vertriebsleiter eingestellt – zum halben Gehalt.[831]

In all diesen Fällen hängt der Stellenabbau auch mit der Matrixorganisation zusammen. Das kann nicht ohne Folgen für die Zulässigkeit von betriebsbedingten Kündigungen 287

---

[829] Vgl. den Sachverhalt in BAG 19.10.2017 – 8 AZR 63/16, NJW 2018, 885.
[830] BAG 27.11.1991 – 2 AZR 255/91, AP KSchG 1969 § 1 Konzern Nr. 6.
[831] Fall nach *Rid* NZA 2011, 1121.

sein, zumal dann nicht, wenn sie von der Matrixleitung oder von den zuständigen Matrixmanagern betriebs- und unternehmensübergreifend koordiniert und verantwortet werden. Freilich sind **betriebsbedingte Kündigungen auch in Matrixorganisationen** in den bekannten **drei Stufen** zu prüfen: **Wegfall einer Beschäftigungsmöglichkeit** infolge einer (freien) Unternehmerentscheidung, **keine anderweitige Beschäftigungsmöglichkeit, Sozialauswahl.** Die Besonderheiten der Matrixorganisation sind dann bei den jeweiligen Prüfungsstationen zu berücksichtigen.

288 So ist in der **ersten Stufe** die **Notwendigkeit eines matrix- bzw. konzernweiten Kündigungsschutzes** zu diskutieren, falls der Stellenabbau auf einer konzerninternen Organisationsentscheidung beruht. Dieser wird von der hM mit Recht abgelehnt, weil es funktional gleichwertige Alternativen gibt, die dem Umstand, dass es sich bei den zur Matrix gehörenden Unternehmen um rechtlich selbständige Einheiten handelt, besser gerecht werden. Sodann ist in der **zweiten Prüfungsstufe** zu klären, ob eine Verpflichtung des Vertragsarbeitgebers besteht, den von einer betriebsbedingten Kündigung betroffenen **Mitarbeiter matrixweit auf einem anderen Arbeitsplatz unterzubringen,** falls sein eigener Arbeitsplatz wegfällt. Hier werden die verschiedenen Ausgestaltungsformen für einen Arbeitsvertrag mit Matrixbezug relevant.

289 Bei der im letzten Prüfungsschritt vorzunehmenden Sozialauswahl stellt sich die Frage, welche Personen für eine betriebsbedingte Kündigung in Betracht kommen. Die **Sozialauswahl** erfolgt auch in Matrixorganisationen **betriebsweit.** Zu klären ist aber, welche organisatorischen Einheiten in der Matrixorganisation einen **Betrieb** im kündigungsschutzrechtlichen Sinne bilden und wonach sich die **Betriebszugehörigkeit** richtet. Außerdem ist zu diskutieren, ob auch **Beschäftigungszeiten,** die im Zuge eines matrixweiten Arbeitseinsatzes nicht beim Vertragsarbeitgeber, sondern bei anderen Matrixgesellschaften absolviert wurden, **berücksichtigt** werden können. Ob dabei auch in Matrixorganisationen die Möglichkeit besteht, Arbeitnehmer aus betrieblichen Gründen von der Sozialauswahl auszunehmen und nach welchen Kriterien sich dies bestimmt, bildet den Abschluss der folgenden Betrachtungen.

2. Kontrolle der Unternehmerentscheidung in der Matrix

290 Die angeführten Beispiele legen den Gedanken eines matrix- bzw. konzernweiten Kündigungsschutzes zumindest für die Fälle nahe, in denen der für eine betriebsbedingte Kündigung relevante **Wegfall einer Beschäftigungsmöglichkeit** nicht die Folge des vom Arbeitnehmer zu tragenden allgemeinen Marktrisikos ist, sondern auf einer **konzerninternen Organisationsentscheidung beruht.** Zu denken ist dabei vor allem an die Verlagerung von Tätigkeiten auf andere Konzernunternehmen und die Stilllegung eines Konzernunternehmens oder einer Abteilung bei gleichzeitiger Neugründung eines Konzernunternehmens mit identischen arbeitstechnischen und wirtschaftlichen Zielsetzungen.[832]

a) Literatur

291 In der Tat hat es in der **Literatur** nicht an Versuchen gefehlt, den **Kündigungsschutz konzernweit** in der Weise **auszudehnen,** dass dem Arbeitnehmer zwar nicht das allgemeine Arbeitsplatzrisiko, wohl aber die konzernspezifischen Risiken interner Organisationsverschiebungen genommen werden sollen. Sofern der Arbeitsplatzverlust auf einer Maßnahme der Konzernspitze beruhe, also auf konzerninterne Gründe und nicht auf solche der allgemeinen Marktsituation zurückzuführen sei, solle eine konzernpolitische und rechtlich im Wege der „Durchgriffshaftung" auch durchsetzbare Verpflichtung bestehen,

---

[832] BAG 26.9.2002 – 2 AZR 636/01, NZA 2003, 549 (552); *Rost* FS Schwerdtner, S. 169 (176).

den freigesetzten Arbeitnehmern auf einem freien Arbeitsplatz in einem anderen Konzernbetrieb weiterzubeschäftigen.[833]

Martens[834] und ihm folgend *Konzen*[835] wollen diese Verpflichtung auf den **Fürsorge- und den Gleichbehandlungsgrundsatz** stützen. *Etzel* wiederum will die rechtliche Selbständigkeit der Konzernunternehmen ignorieren und von einem **„einheitlichen Unternehmen"** im kündigungsrechtlichen Sinne ausgehen, wenn das herrschende Unternehmen das gesamte Stamm- und Grundkapital des abhängigen Konzernunternehmens auf sich vereinige und plädiert sodann für eine konzernweite Weiterbeschäftigungspflicht. Wieder andere stellen darauf ab, ob ein rechtlich selbständiges Unternehmen von einem herrschenden Unternehmen angewiesen werde, bestimmte unternehmerische Aktivitäten und damit auch betriebliche Kapazitäten auf ein anderes Unternehmen des Konzerns zu verlagern.[836] Daraus leiten sie entweder unmittelbar die Unwirksamkeit der Kündigung her – weil ja kein Arbeitsplatz entfallen sei – oder zumindest einen Anspruch des Gekündigten gegen das herrschende Unternehmen auf Verschaffung einer Weiterbeschäftigungsmöglichkeit dort, wohin der bisherige Arbeitsplatz verlagert worden sei.[837] *Temming*[838] will schließlich einen Weiterbeschäftigungsanspruch des Arbeitnehmers gegen die Konzernmutter aus dem Gesichtspunkt einer **Sonderverbindung iSd § 311 Abs. 2, 3 BGB** zwischen beiden herleiten, weil das Arbeitsverhältnis wegen der gesellschaftsrechtlichen Weisungsrechtsrechte der **Konzernmutter gegenüber dem Tochterunternehmen „drittbeherrscht"** sei.

292

b) Rechtsprechung

Die **Rechtsprechung** hat diesen **Versuchen bislang widerstanden.**[839] Dafür gibt es **gute Gründe.** Gegen eine Konzerndimensionalität des KSchG spricht nicht nur der **Wortlaut,** sondern auch die **rechtliche Selbständigkeit** der konzernverbundenen Unternehmen, die trotz ihrer Weisungsabhängigkeit nicht einfach überspielt werden darf. Von einem Unternehmen, das nicht der vertragliche Arbeitgeber ist, kann nicht ohne weiteres die „Weiterbeschäftigung" eines Arbeitnehmers verlangt werden. Auch ist nicht immer klar ersichtlich, wann sich bei einer Kündigungsentscheidung ein „konzernveranlasstes" Risiko ausgewirkt hat, das dem Arbeitnehmer abgenommen werden muss. Das wäre nur dann der Fall, wenn die abhängige Gesellschaft wie eine Betriebsabteilung geführt würde. Trotzdem müsste neben der Kausalität auch bewiesen werden, dass das herrschende Unternehmen nachteilig auf die Unternehmensführung der abhängigen Gesellschaft eingewirkt hätte. Im Ergebnis liefe ein konzerndimensionaler Kündigungsschutz auf eine **„Einstandspflicht"** lediglich bei straff organisierten Unternehmensgruppen nach Maßgabe der jeweiligen Arbeitsplatzlage hinaus. Das wäre ein wenig holzschnittartig und letztlich **kaum begründbar.** Denn einen allgemeinen Rechtssatz, der einem Arbeitnehmer einen Sonderschutz gegen sämtliche konzernbedingte Organisationsnachteile gewähren würde, gibt es nicht. Vielmehr kann auch für ihn nur der allgemeine Schutz gelten,

293

---

[833] Vgl. etwa *Bayreuther* NZA 2006, 819 ff.; *Coen* RdA 1983, 348 (352); *Karamarias* RdA 1983, 353; *Kiel* Anderweitige Beschäftigung S. 137 ff.; *Konzen* ZHR 1987, 566 (601); *Konzen* ZfA 1982, 259 (307); *Konzen* RdA 1984, 65 (82 ff.); *Martens* FS BAG, 367 (375); *Preis* Prinzipien S. 319 ff.; monografisch *Helle* Konzernbedingte Kündigungsschranken; *Silberberger* Weiterbeschäftigungsmöglichkeit und Kündigungsschutz im Konzern.
[834] FS BAG, 1979, S. 367 (376 ff.).
[835] ZfA 1982, 259 (305 ff.).
[836] Vgl. APS/*Kiel* KSchG § 1 Rn. 550 mwN; DKZ/*Kittner* KSchG § 1 Rn. 397.
[837] Vgl. *Rost* FS Schwerdtner, S. 169 (177) mwN.
[838] *Temming*, Der vertragsbeherrschende Dritte, Kap. 4 C und Kap. 5 B; *Temming* RdA 2018 84, (100); vgl. auch SPV/*Preis* Kündigungsrecht Rn. 1000a.
[839] Grundlegend BAG 14. 10. 1982 – 2 AZR 568/80, AP KSchG 1969 § 1 Konzern Nr. 1, dann stRspr, vgl. zuletzt BAG 22. 9. 2016 – 2 AZR 276/16, NZA 2017, 175 Rn. 66.

den das Gesellschaftsrecht allen Gläubigern durch Aufbringung und Erhaltung des Garantiekapitals und notfalls durch Ausgleichspflicht und Verlustübernahme bietet.[840]

294 Freilich bedeutet das nun umgekehrt nicht, dass die Matrix- bzw. Konzernverbundenheit von Abteilungen, Betrieben und Unternehmen kündigungsrechtlich ohne jede Bedeutung wäre. Allerdings **genügt es,** auf die unternehmensübergreifenden Sachverhalte zunächst einmal die **„gewöhnlichen" arbeitsrechtlichen Grundsätze und Kategorien anzuwenden,** bevor man einer konzernspezifischen Vertrauenshaftung das Wort redet.[841] Deshalb muss sorgfältig im Einzelfall überprüft werden, wie der Matrix- bzw. Konzernbezug eines Arbeitsverhältnisses vertraglich ausgestaltet ist. Dabei bietet es sich an, wieder danach zu unterscheiden, ob ein Einzelarbeitsverhältnis mit aufgespaltenem Weisungsrecht vorliegt oder ein Arbeitsvertrag gleichzeitig mit mehreren Arbeitgebern geschlossen wurde oder ob mehrere Arbeitsverträge nebeneinander bestehen.[842]

c) Kündigungsverbot wegen Betriebsübergangs

295 Kündigungsrelevanten Verlagerungen von Arbeitsplätzen innerhalb eines Konzernverbunds lässt sich überdies mit dem **Verbot der Kündigung wegen eines Betriebsübergangs (§ 613a Abs. 4 S. 1 BGB)** beikommen, das Rechtsprechung und Lehre mittlerweile detailliert ausgearbeitet haben. Bekanntlich gilt die Vorschrift auch im Konzern,[843] und zwar dann, wenn ein Betrieb oder Betriebsteil den ihn führenden Inhaber wechselt, dh auf ein anderes Unternehmen im Konzernverbund übergeht. Allerdings bedeutet **die bloße Fortführung einer Arbeitsaufgabe** durch ein anderes Unternehmen – die sog. **Funktionsnachfolge** – ebenso wenig einen Betriebsübergang wie der Verlust des Dienstleistungsauftrags einer Fremdfirma an einen Mitbewerber.[844] Das gilt jedoch nicht, wenn sich das andere Unternehmen die zur Erfüllung der übernommenen Aufgabe bereits vorhandene Arbeitsorganisation zunutze macht, etwa indem es freiwillig eine „organisierte Gesamtheit von Arbeitnehmern" übernimmt,[845] denen eine gemeinsame Aufgabe auf Dauer zugewiesen ist.[846] Unter diesen Umständen kann sogar eine betriebsmittellose Funktionsnachfolge das Kündigungsverbot des § 613a Abs. 4 BGB auslösen. Für dieses ist nämlich die Wahrung der Identität der wirtschaftlichen Einheit maßgeblich.[847] In **betriebsmittelarmen,** personalintensiven Betrieben kommt es im Wesentlichen auf die menschliche Arbeitskraft an. Identitätsprägend sind die Tätigkeiten, das Personal, die Führungskräfte und die Arbeitsorganisation.[848] Deshalb kann bereits die freiwillige Weiterbeschäftigung eines **nach Zahl und Sachkunde wesentlichen Teils des Personals in seiner bisherigen Funktion** die Rechtsfolgen des § 613a BGB auslösen.[849] Wann das zu bejahen ist, hängt von der Struktur eines Betriebes oder Betriebsteiles ab.[850] Sind die Arbeitnehmer nur gering qualifiziert, muss eine hohe Anzahl von ihnen weiterbeschäftigt werden, um auf den Fortbestand der bisherigen Arbeitsorganisation schließen zu können.[851] Bei qualifizierten Dienstleistungen (IT-Dienste, Rechtsberatung, Buchhaltung

---

[840] *Wiedemann,* Anm. zu BAG, AP Nr. 1 zu § 1 KSchG 1969 Konzern; im Ergebnis ebenso MünchArbR/*Richardi* § 23 Rn. 18; *Windbichler* Konzernarbeitsrecht S. 583.
[841] Ebenso MünchArbR/*Richardi* § 23 Rn. 19 f.
[842] Ebenso MünchArbR/*Richardi* § 23 Rn. 19.
[843] BAG 19.1.1988 – 3 AZR 263/86, NZA 1988, 501 mwN; Konzernunternehmen sind also nicht privilegiert.
[844] EuGH 11.3.1997 – C 13/95 Rn. 16, AP EWG-Richtlinie Nr. 77/187 Nr. 14 – Ayse Süzen; BAG 25.9.2008 – 8 AZR 607/07, NZA-RR 2009, 469.
[845] BAG 11.12.1997 – 8 AZR 729/96, NZA 1998, 534.
[846] EuGH 10.12.1998 – verb. Rs. C-173/96 u. C-247/96, NZA 1999, 189.
[847] EuGH 11.3.1997 – C 13/95, AP EWG-Richtlinie Nr. 77/187 Nr. 14 – Ayse Süzen.
[848] BAG 17.7.1997 – 8 AZR 156/95, NZA 1997, 1050; 22.1.1998 – 8 AZR 243/95, NZA 1998, 536.
[849] BAG 25.9.2008 – 8 AZR 607/07, NZA-RR 2009, 469.
[850] BAG 21.1.1999 – 8 AZR 680/97, BeckRS 1999, 15052.
[851] 85% reichen aus, 60% sind zu wenig, vgl. BAG 24.5.2005 – 8 AZR 333/04, NZA 2006, 31 (33); ähnlich BAG 25.9.2008 – 8 AZR 607/07, NZA-RR 2009, 469: kein Betriebsübergang bei der Über-

usw.), bei denen es auf das Spezialwissen und die besondere Qualifikation einzelner Mitarbeiter ankommt, die häufig nur schwer austauschbar sind, kann – neben anderen Kriterien – auch die Übernahme der Know-How-Träger genügen, um die Rechtsfolgen des § 613a BGB auszulösen.[852] Um ein allzu leichtes Unterlaufen des § 613a BGB zu verhindern, stellt die Rechtsprechung ferner darauf ab, ob für die Erbringung einer Dienstleistung die Verwendung bestimmter **Betriebsmittel wesentlich** ist. Stellen diese bei wertender Betrachtung „den eigentlichen Kern des zur Wertschöpfung erforderlichen Funktionszusammenhangs" dar,[853] löst bereits die Verlagerung der Dienste auf ein anderes Unternehmen unter Einsatz der bisherigen Anlagen und Gerätschaften die Rechtsfolgen des § 613a BGB aus.[854] Einer zusätzlichen Übernahme des Personals bedarf es dann nicht mehr.

Eine Zeitlang konnte der Erwerber eines Betriebs oder Betriebsteiles die **Rechtsfolgen des § 613a BGB** auch dadurch **vermeiden,** dass er den übernommenen Betrieb oder Betriebsteil nicht bei sich als eigene **Organisationseinheit** fortführte, sondern **zerschlug.** Dazu genügte es bereits, wenn er das freiwillig übernommene Personal in einen bei ihm bestehenden Betrieb eingliederte.[855] Dem hat der EuGH durch die Klarenberg-Entscheidung[856] einen Riegel vorgeschoben. Danach soll es nun nicht mehr darauf ankommen, ob der Erwerber die bisherige Betriebsstruktur fortführt,[857] sondern darauf, ob er die **übernommenen Ressourcen in ihrer funktionellen Verknüpfung weiter nutzt.** Dass der Erwerber die konkrete Organisation der übernommenen Einheit ändert, schadet nicht, solange er derselben oder einer gleichartigen wirtschaftlichen Tätigkeit wie der Veräußerer nachgeht. § 613a BGB ist deshalb auch dann anwendbar, wenn der Erwerber nur materielle und immaterielle Betriebsmittel und einzelne Mitarbeiter übernimmt, um mit ihnen – ohne die bisherige Betriebsorganisation fortzuführen – dieselben oder vergleichbare Betriebszwecke zu erreichen. Maßgeblich ist also letztlich die Fortführung des Betriebszwecks. Bei betriebsmittelarmen Dienstleistungsbetrieben würde damit auch eine bloße Funktionsnachfolge einen Betriebsübergang auslösen – eine Konsequenz, die der EuGH selbst bisher immer abgelehnt hat[858]. Die Rechtsprechung ist jedoch weiter im Fluss.

Allerdings ist **§ 613a BGB** auch unter diesen – erleichterten – Voraussetzungen **nicht anwendbar,** wenn schon beim **Veräußerer keine organisatorisch abgegrenzte und**

296

297

---

nahme eines Auftrags zur Bewachung eines Bundeswehr-Truppenübungsplatzes, wenn der neue Auftragnehmer von 36 Vollzeitkräften des bisherigen Bewachungsunternehmens nur 14 und von den 12 Aushilfskräften nur 5 übernimmt.

[852] BAG 9.2.1994 – 2 AZR 781/93, NZA 1994, 612; 21.8.2008 – 8 AZR 201/07, NZA 2009, 33.
[853] BAG 6.4.2006 – 8 AZR 222/04, NZA 2006, 723; 13.6.2006 – 8 AZR 271/05, NZA 2006, 1101 (1104).
[854] Das ist zu bejahen, wenn die zu bedienenden, benutzenden, oder zu überwachenden Anlagen besonders kapitalintensiv und wertvoll sind oder wenn die für die Dienstleistung zur Verfügung gestellte technische Ausstattung nicht frei am Markte erhältlich ist und der Auftraggeber ihren Einsatz zwingend vorschreibt, vgl. BAG 13.12.2007 – 8 AZR 937/06, NZA 2008, 1021.
[855] Beispiele: Statt des Verkaufs und der Lieferung von Markenmöbeln werden im übertragenen Betrieb Möbel zum Selbstabholen und Selbstaufbau zu Discountpreisen vertrieben (BAG 13.7.2006 – 8 AZR 331/05, NZA 2006, 1357). Ein von einem Sozialverband übernommenes Frauenhaus wird nicht mehr als geschützte Unterbringungsstätte für misshandelte Frauen in Form eines selbständigen Betriebs geführt, sondern organisatorisch und personell mit anderen Beratungsstellen zusammengefasst, mit denen der übernehmende Sozialträger ein andersartiges, sehr viel umfassenderes Hilfskonzept verfolgt, bei dem die Unterbringung im Frauenhaus nur als letztes Hilfsangebot in Betracht kommt (BAG 4.5.2006 – 8 AZR 299/05, NZA 2006, 1096 (1100)). Ein von der britischen Royal Air Force übernommener Schießplatz in Norddeutschland wird in die voll funktionsfähige und mit eigenem Personal ausgestattete Militärorganisation der Bundeswehr eingegliedert (BAG 25.9.2003 – 8 AZR 421/02, NZA 2004, 316).
[856] EuGH 12.2.2009 – C-466/07, NZA 2009, 251 (253).
[857] So bereits AR/*Bayreuther* BGB § 613a Rn. 19.
[858] EuGH 11.3.1997 – C-13/95, NZA 1997, 433 – Ayse Süzen. Auch das BAG ist bislang davon ausgegangen, dass der Verlust eines Auftrags an einen Mitbewerber für sich allein keinen Betriebsübergang begründe, da die wirtschaftliche Einheit nicht auf eine bloße Tätigkeit reduziert werden könne, s. BAG 25.6.2009 – 8 AZR 258/08, NZA 2009, 1412.

hinreichend selbständige Funktionseinheit bestand.[859] Das Vorhandensein einer solchen hatte die Rechtsprechung für eine Reinigungsabteilung in einem Krankenhaus bejaht.[860] In dem vom BAG entschiedenen Fall bildete diese eine betriebliche Teilorganisation, weil für die Reinigung nur bestimmte Arbeitnehmer eingesetzt wurden, denen ein konkret abgegrenztes Aufgabengebiet – die Krankenhausreinigung – zugewiesen war, für das genaue Anweisungen bestanden und das auf eine dauerhafte Erfüllung angelegt war. Anders hat die Rechtsprechung bei Anwaltsgehilfinnen entschieden, die in einer Sozietät überwiegend für einen Partner gearbeitet hatten, nachdem die Kanzlei aufgelöst wurde und die Partner ihre bisherigen Mandate fortgeführt hatten.[861] Die organisatorische Arbeitszuteilung rechtfertige für sich allein noch nicht die Annahme eines organisatorisch abgrenzbaren Betriebsteils, weil eine Anwaltssozietät eine einheitliche, unteilbare Organisation darstelle. Auch ein „Fuhrpark", der lediglich aus einem LKW und einem Fahrer besteht, bildet nach der Rechtsprechung noch keinen selbständig übertragbaren Betriebsteil.[862]

298 Es genügt auch nicht, dass ein **Erwerber mit einzelnen,** bislang nicht teilbetrieblich organisierten **Betriebsmitteln** erst einen **Betrieb oder Betriebsteil gründen will.** Der Übergang eines Betriebsteils ist nämlich von der bloßen Übertragung einzelner Betriebsmittel (Anlagen, Maschinen usw.) zu unterscheiden. § 613a BGB ist nur anwendbar, wenn nicht eine Summe von Wirtschaftsgütern übertragen wird,[863] sondern eine Organisationseinheit, mit der der Inhaber den Betriebsteil im Wesentlichen unverändert fortführt.[864] Die bloße Veräußerung einzelner Maschinen und Einrichtungsgegenstände aus einer größeren Gesamtheit oder die Veräußerung des Betriebsgrundstücks ohne Maschinen und Einrichtungsgegenstände kann für den Bestand und die Weiterführung des Betriebs ohne jede Bedeutung sein. Stets kommt es darauf an, ob mit den veräußerten Betriebsmitteln der bisherige (Teil-)Zweck fortgeführt wird[865] oder zumindest fortgeführt werden könnte.[866] Die **„funktionelle Verknüpfung" zwischen den übertragenen Betriebsmitteln und den sonstigen Produktionsfaktoren** (zB den Arbeitskräften, den immateriellen Betriebsmitteln, dem Kundenstamm) **muss beibehalten werden.** Sie muss es dem Erwerber erlauben, mit den übernommenen Faktoren derselben oder einer gleichartigen wirtschaftlichen Tätigkeit nachzugehen.[867] Ist das der Fall, kommt es nicht darauf an, ob der verbleibende Restbetrieb fortgesetzt werden könnte oder noch lebensfähig ist. Der Betriebsübergang folgt aus der Wahrung der Identität des übernommenen Betriebs beim Erwerber und nicht aus dem Untergang der früheren Identität des Gesamtbetriebs.[868]

299 Diese Grundsätze gelten **auch in der Matrixorganisation.** Wie die Beispielsfälle (→ Rn. 284 ff.) zeigen, spielt dort aber eher die bloße Verlagerung von Geschäftsaktivitäten auf andere Matrixgesellschaften eine Rolle, ohne dass Betriebsmittel in einem deutschen Betrieb genutzt werden. Das Kündigungsverbot des § 613a Abs. 4 BGB greift deshalb allenfalls dann, wenn die Gesellschaft, auf die die Aktivitäten verlagert werden, nicht nur eine Funktionsnachfolge antritt, sondern zudem einen nach **Zahl und Sachkunde wesentlichen Teils des Personals in seiner bisherigen Funktion** freiwillig weiterbe-

---

[859] BAG 16.2.2006 – 8 AZR 204/05, NZA 2006, 794 (796) mwN.
[860] BAG 21.5.2008 – 8 AZR 481/07, NZA 2009, 144 (146).
[861] BAG 30.10.2008 – 8 AZR 397/07, NZA 2009, 485 (488).
[862] BAG 3.9.1998 – 8 AZR 306/97, NZA 1999, 147.
[863] BAG 22.5.1985 – 5 AZR 30/84, NZA 1985, 775; BGH 30.10.1986 – 2 AZR 696/85, NZA 1987, 382.
[864] BAG 22.5.1985 – 5 AZR 30/84, NZA 1985, 775.
[865] EuGH 10.12.1998 – verb. Rs. C-173/96 u. C-247/96, NZA 1999, 189 (190); BAG 12.11.1998 – 8 AZR 282/97, NZA 1999, 310.
[866] EuGH 12.2.2009 – C-466/07, NZA 2009, 251.
[867] EuGH 12.2.2009 – C-466/07, NZA 2009, 251 (253) mwN.
[868] BAG 18.4.2002 – 8 AZR 346/01, NZA 2002, 1207.

schäftigt.[869] Wann das zu bejahen ist, hängt, wie gesagt, von der Struktur eines Betriebes oder Betriebsteiles ab.[870] Sind die Arbeitnehmer nur gering qualifiziert, muss eine hohe Anzahl von ihnen weiterbeschäftigt werden, um auf den Fortbestand der bisherigen Arbeitsorganisation schließen zu können.[871] Bei qualifizierten Dienstleistungen (IT-Dienste, Rechtsberatung, Buchhaltung usw.), bei denen es auf das Spezialwissen und die besondere Qualifikation einzelner Mitarbeiter ankommt, die häufig nur schwer austauschbar sind, kann – neben anderen Kriterien – auch die Übernahme der Know-How-Träger genügen, um die Rechtsfolgen des § 613a BGB auszulösen.[872]

Im Fall 1 (→ Rn. 284) dürfte der Gekündigte zwar in seiner Funktion als Softwareingenieur als „Know How"-Träger in diesem Sinne anzusehen sein. **Trotzdem scheitert die Kündigung nicht an § 613a Abs. 4 BGB.** Die **Verlagerung der Entwicklungstätigkeit** auf eine andere Matrixgesellschaft erfolgte nämlich **ohne Übernahme von Betriebsmitteln oder Personal.** Zudem vollzog sie sich zu einem im **Ausland** gelegenen Betrieb. Für diesen Fall findet § 613a BGB nur dann Anwendung, wenn die Identität des Betriebes trotz der Verlagerung seines Standortes gewahrt bleibt.[873] Freilich hätte der A auch dann keinen über § 613a BGB vermittelten Kündigungsschutz genossen, wenn sich der Fall außerhalb einer Matrixorganisation zugetragen hätte, dh die geschäftliche Aktivität auf einen nicht zur Matrix gehörenden Betrieb verlagert worden wäre. Ein für die Matrixorganisation typisches Beschäftigungsrisiko hat sich bei ihm also gerade nicht realisiert. 300

Ähnliches gilt im Fall 2 (→ Rn. 285). Selbst wenn man zugunsten von B seine Position als „Know Träger" unterstellt, löst die vollständige Verlagerung der geschäftlichen Aktivitäten von Frankfurt nach London nicht das Kündigungsverbot des § 613a Abs. 4 BGB aus. Es liegt eine **bloße Funktionsnachfolge** vor, die sich im Wesentlichen **ohne Übernahme von Material und Personal vollzieht.** Nur der Kundenstamm bleibt erhalten. Das allein genügt jedoch nicht, um einen Betriebsübergang zu bejahen. Hinzu kommt, dass auch hier die geschäftlichen Aktivitäten ins Ausland verlagert wurden. Dieses Risiko trifft B aber unabhängig von dem Umstand, dass die Entscheidung zur Geschäftsverlagerung von der Matrixleitung getroffen wurde. Das Kündigungsverbot des § 613a BGB hätte nämlich auch dann nicht gegriffen, wenn die Geschäfte auf einen außerhalb der Matrixorganisation stehenden Dritten verlagert worden wären. 301

d) Rechtsmissbräuchliche Unternehmerentscheidung

Stellt die Verlagerung von Arbeitsaufgaben auf andere Konzernunternehmen bzw. die Stilllegung von Betrieben bei gleichzeitiger Neugründung eines Konzernunternehmens mit identischen arbeitstechnischen und wirtschaftlichen Zielsetzungen keinen Betriebsübergang dar, bleibt als **Notnagel** eine Überprüfung der der Kündigung zugrundeliegenden Unternehmerentscheidung auf **Rechtsmissbrauch.**[874] 302

---

[869] BAG 25.9.2008 – 8 AZR 607/07, NZA-RR 2009, 469.
[870] BAG 21.1.1999 – 8 AZR 680/97, BeckRS 1999, 15052.
[871] 85% reichen aus, 60% sind zu wenig, vgl. BAG 24.5.2005 – 8 AZR 333/04, NZA 2006, 31 (33); ähnlich BAG 25.9.2008 – 8 AZR 607/07, NZA-RR 2009, 469: kein Betriebsübergang bei der Übernahme eines Auftrags zur Bewachung eines Bundeswehr-Truppenübungsplatzes, wenn der neue Auftragnehmer von 36 Vollzeitkräften des bisherigen Bewachungsunternehmens nur 14 und von den 12 Aushilfskräften nur 5 übernimmt.
[872] BAG 9.2.1994 – 2 AZR 781/93, NZA 1994, 612; 21.8.2008 – 8 AZR 201/07, NZA 2009, 33; 22.5.2014 – 8 AZR 1069/12, NZA 2014, 1335.
[873] Davon geht die Rechtsprechung dann aus, wenn die räumliche Entfernung zwischen alter und neuer Betriebsstätte nicht so erheblich ist, dass allein aus diesem Grunde bereits die Wahrung der Identität bezweifelt werden kann. Das hat das BAG für einen Fall bejaht, in dem die Wegstrecke zur neuen Betriebsstätte von den Arbeitnehmern in weniger als einer Autostunde bewältigt werden konnte, BAG 26.5.2011 – 8 AZR 37/10, NZA 2011, 1143.
[874] BAG 26.9.2002 – 2 AZR 636/01, NZA 2003, 549 (552); *Rost* FS Schwerdtner, S. 169 (176).

303 Die unternehmerische Entscheidung ist stets daraufhin zu überprüfen, ob **sie offensichtlich unsachlich, unvernünftig oder willkürlich** ist.[875] Die Missbrauchskontrolle hat sich ua daran zu orientieren, ob der **Zweck** einer bestimmten Maßnahme allein oder ganz wesentlich darin liegt, den **Kündigungsschutz zu umgehen.**[876] Das hat die Rechtsprechung beispielsweise für den Fall angenommen, dass der Arbeitgeber seinen an sich einheitlichen Betrieb nur deshalb in mehrere Teile aufgespalten hatte, um den Arbeitnehmern den Kündigungsschutz zu entziehen und ihnen „frei" kündigen zu können.[877] Entsprechendes soll gelten, wenn der Arbeitgeber ein unternehmerisches Konzept zur Kostenreduzierung wählt, das keine Änderungen in den betrieblichen Abläufen bewirkt, jedoch bei allen Arbeitnehmern der betroffenen Abteilungen zum Verlust ihres Arbeitsplatzes führt, obwohl nach wie vor ein – allenfalls leicht reduzierter – Beschäftigungsbedarf besteht.[878]

304 **Rechtsmissbräuchlich** ist deshalb die Gründung einer **Organgesellschaft** iSd § 2 Abs. 2 Nr. 2 UStG, die finanziell, wirtschaftlich und organisatorisch in das Unternehmen des Arbeitgebers eingegliedert ist, wenn auf sie die Arbeit einzelner Abteilungen nur deshalb übertragen wird, um den Arbeitnehmern der betroffenen Bereiche ihren Kündigungsschutz zu nehmen und sich von ihnen „frei" zu trennen, damit die Arbeit in Zukunft von anderen, schlechter bezahlten Arbeitnehmern verrichtet werden kann.[879] Eine solche **„Austauschkündigung"** ist **unwirksam.**[880] Im Ergebnis nähert sich die Lösung der Rechtsprechung der in der Literatur geforderten konzerneinheitlichen Betrachtung der Weiterbeschäftigungsmöglichkeiten zumindest für die Fälle an, in denen die Verlagerung von Beschäftigungsmöglichkeiten durch eine kündigungsrechtlich motivierte „Vermeidungsstrategie" der Konzernleitung veranlasst wurde. Freilich muss dazu die strikt unternehmensbezogene Beschränkung des KSchG nicht zugunsten einer konzerndimensionalen Betrachtungsweise aufgegeben werden.[881]

305 **Nicht rechtsmissbräuchlich** ist allerdings die in Matrixorganisationen häufiger anzutreffende Entscheidung, eine **Hierarchieebene abzubauen** oder **einzelne Arbeitsplätze zu streichen,** oft verbunden mit einer **Umverteilung** der dem betroffenen Arbeitnehmer bisher zugewiesenen Aufgaben. Allerdings muss dann der Arbeitgeber konkret erläutern, in welchem Umfang und auf Grund welcher Maßnahmen die bisher vom gekündigten Arbeitnehmer ausgeübten Tätigkeiten für diesen zukünftig entfallen. Dazu muss er die Auswirkungen seiner unternehmerischen Vorgaben und Planungen auf das erwartete Arbeitsvolumen anhand einer schlüssigen Prognose im Einzelnen darstellen und angeben, wie die anfallenden Arbeiten vom verbliebenen Personal ohne überobligationsmäßige Leistungen, dh im Rahmen ihrer vertraglich geschuldeten regelmäßigen wöchentlichen Arbeitszeit erledigt werden können.[882]

306 Rechtsmissbräuchlich ist es dabei nicht, wenn der Arbeitgeber bestimmte Tätigkeiten nur von Arbeitnehmern mit bestimmten Qualifikationen ausführen lassen will. Auch die Festlegung des sog. **Anforderungsprofils** einer Stelle ist eine im Grundsatz **freie Unternehmerentscheidung,** die gerichtlich ebenfalls nur daraufhin **überprüfbar** ist, ob sie **willkürlich** getroffen wurde.[883] Schafft der Arbeitgeber neu zugeschnittene Arbeitsplätze,

---

[875] Vgl. etwa BAG 30.4.1987 – 2 AZR 184/86, NZA 1987, 776.
[876] BAG 26.9.2002 – 2 AZR 636/01, NZA 2003, 549; Rost JbArbR Bd. 39, S. 83 (87).
[877] BAG 12.11.1998 – 2 AZR 459/97, NZA 1999, 590; BAG 29.4.1999 – 2 AZR 352/98, NZA 1999, 932; BAG 10.11.1994 – 2 AZR 242/94, NZA 1995, 566.
[878] BAG 26.9.2002 – 2 AZR 636/01, NZA 2003, 549.
[879] BAG 26.9.2002 – 2 AZR 636/01, NZA 2003, 549 (551).
[880] Ganz hM, vgl. BAG 26.9.2002 – 2 AZR 636/01, NZA 2003, 549 (551); KR/*Griebeling/Rachor* KSchG § 1 Rn. 544; APS/*Kiel* KSchG § 1 Rn. 595f.; *Rost* FS Schwerdtner, S. 169 (178f.).
[881] Ebenso *Rost* FS Schwerdtner, S. 169 (179).
[882] Zu Vorstehendem BAG 23.2.2012 – 2 AZR 548/10, NZA 2012, 852 Rn. 18 mwN; BAG 24.5.2012 – 2 AZR 124/11, NZA 2012, 1223 Rn. 23 mwN.
[883] BAG 18.3.2010 – 2 AZR 337/08, NZA-RR 2011, 18 Rn. 19; BAG 24.5.2012 – 2 AZR 124/11, NZA 2012, 1223 Rn. 23 mwN.

ist dies jedenfalls dann zu respektieren, wenn die Qualifikationsmerkmale einen nachvollziehbaren Bezug zur Organisation der auszuführenden Arbeiten haben.[884] Der Arbeitgeber muss deshalb, will er dem Vorwurf des Missbrauchs entgehen, dartun, dass es sich bei der zusätzlich geforderten Qualifikation für die Ausführung der Tätigkeit nicht nur um eine „wünschenswerte Voraussetzung", sondern um ein sachlich gebotenes, arbeitsplatzbezogenes Kriterium für das Stellenprofil handelt. Die Änderung des Anforderungsprofils muss im Zusammenhang mit einer organisatorischen Maßnahme des Arbeitgebers stehen, die nach ihrer Durchführung angesichts eines veränderten Beschäftigungsbedarfs – etwa auf Grund von Änderungen des Arbeitsvolumens oder des Inhalts der Tätigkeit – auch die Anforderungen an den Arbeitsplatzinhaber erfasst.[885] **Gestaltet der Arbeitgeber lediglich Arbeitsabläufe** um, **ohne dass sich die Tätigkeit inhaltlich ändert,** und ist der bisherige Stelleninhaber auf Grund seiner Fähigkeiten und Ausbildung in der Lage, die künftig anfallenden Arbeiten zu verrichten, so ist eine auf betriebliche Gründe gestützte Kündigung selbst dann nicht sozial gerechtfertigt, wenn der Arbeitgeber die Änderungen zum Anlass nimmt, die Stelle in eine „Beförderungsstelle" umzuwandeln.[886] Das gleiche gilt, wenn der Arbeitgeber die auf dem Arbeitsplatz bislang zu verrichtende Tätigkeit um zusätzliche Aufgaben erweitert, der dadurch veränderte Arbeitsplatz aber nach Bedeutung und Verantwortung nicht um so viel anspruchsvoller ist, dass insgesamt ein anderer Arbeitsbereich entstanden wäre.[887]

Im dritten Beispielsfall (→ Rn. 286) wird die Hierarchieebene „Führung" der deutschen Europe-GmbH für die Central Region (Deutschland, Österreich, Schweiz) aufgegeben. Stattdessen wird die Verantwortung auf die ursprünglich von der Europe-GmbH geführten Landesgesellschaften in der Central Region übertragen. Diese Entscheidung ist selbst dann nicht rechtsmissbräuchlich, wenn dem bisherigen Leiter der „Central Region" gekündigt und für die deutsche Tochtergesellschaft ein neuer Vertriebsleiter mit deutlich niedriger Vergütung eingestellt wird. Entscheidend ist, dass die bisherige Aufgabe „Führung der Central Region" entfällt. Werden aber nur die Arbeitsabläufe umgestaltet, ohne dass sich der Inhalt der bisherigen Tätigkeit wesentlich ändert, wäre die Kündigung des früheren Leiters unwirksam, wenn er ebenfalls in der Lage wäre, die künftig anfallenden Arbeiten zu verrichten. 307

3. Konzern- bzw. matrixweite Weiterbeschäftigungspflicht

a) Grundsatz

Ist der Arbeitsplatz eines in einer Matrixorganisation Beschäftigten aufgrund einer nicht rechtsmissbräuchlichen Unternehmerentscheidung weggefallen, ist eine betriebsbedingte Kündigung trotzdem unwirksam, wenn der Betreffende auf einem freien Arbeitsplatz weiterbeschäftigt werden kann. Ob im Falle eines Konzernbezugs auch die Möglichkeit zur **Weiterbeschäftigung** bei einem **anderen Konzernunternehmen** einer Kündigung des Einstellungsunternehmens entgegensteht, wird seit langem kontrovers diskutiert. 308

Der Kündigungsschutz nach § 1 KSchG ist im Grundsatz **nicht konzerndimensional** ausgestaltet. Davon gehen Rechtsprechung[888] und hL[889] seit langem aus. Für dieses Ergeb- 309

---

[884] BAG 7.7.2005 – 2 AZR 399/04, NZA 2006, 266 Rn. 33; BAG 10.7.2008 – 2 AZR 1111/06, NZA 2009, 312 Rn. 26.
[885] BAG 10.7.2008 – 2 AZR 1111/06, NZA 2009, 312 Rn. 31.
[886] BAG 24.5.2012 – 2 AZR 124/11, NZA 2012, 1223 Rn. 26 mwN.
[887] BAG 30.8.1995 – 1 ABR 11/95, NZA 1996, 496; 24.5.2012 – 2 AZR 124/11, NZA 2012, 1223 Rn. 26 mwN.
[888] Grundlegend BAG 14.10.1982 – 2 AZR 568/80, AP KSchG 1969 § 1 Konzern Nr. 1, dann stRspr, vgl. 22.5.1986 – 2 AZR 612/85, NZA 1987, 125; 21.1.1999 – 2 AZR 648/97, NZA 1999, 539; 23.3.2006 – 2 AZR 162/05, AP KSchG 1969 § 13 Konzern Nr. 1; 24.5.2012 – 2 AZR 62/11, NZA 2013, 277; 18.10.2012 – 6 AZR 41/11, NZA 2013, 1007 Rn. 56; 22.11.2012 – 2 AZR 673/11, NZA 2013, 730 Rn. 39; 20.6.2013 – 6 AZR 805/11, NZA 2013, 1137; BAG 20.2.2014 – 2 AZR 859/11, NZA

nis spricht bereits der **Wortlaut** des § 1 Abs. 2 KSchG, der bei betriebsbedingten Kündigungen nur eine unternehmens-, aber **keine konzernweite Weiterbeschäftigungspflicht vorsieht.** Der Arbeitgeber ist also vor Ausspruch einer solchen Kündigung nicht gehalten, den Arbeitnehmer in einem anderen Betrieb des Unternehmens „unterzubringen".[890] Dem steht schon die rechtliche Selbständigkeit der Konzernunternehmen entgegen. Trotz des Konzernbezugs kann ein Konzernunternehmen dem anderen nicht die Aufnahme seiner Arbeitnehmer vorschreiben, um deren sonst drohende Kündigung aus betrieblichen Gründen abzuwenden.[891]

310 Eine zwischen den Arbeitsvertragsparteien vereinbarte konzernweite Weiterbeschäftigungspflicht, die Teile der Literatur[892] einer Konzernversetzungsklausel entnehmen wollen, wäre deshalb ein **Vertrag zu Lasten Dritter,**[893] der im Regelfall unzulässig ist und auf den sich der Arbeitnehmer laut BAG erst recht nicht berufen kann, wenn ihm die inneren Verhältnisse des Konzerns – konkret: die Unmöglichkeit, die Weiterbeschäftigung bei einem anderen Konzernunternehmen durchzusetzen – bekannt sind.[894] Die freien Arbeitsplätze des verbundenen Unternehmens gehören nicht zum Vertragsarbeitgeber, so dass es schon faktisch unmöglich ist, sie zu besetzen. Ist das verbundene Unternehmen in der Rechtsform einer AG verfasst, so handeln dessen Vorstände prinzipiell eigenverantwortlich (§ 76 AktG). Sie sind von Weisungen frei. Weder die Konzernmutter noch ein anderes Konzernunternehmen kann ihnen die Beschäftigung unternehmensfremder Mitarbeiter im Wege der Abordnung vorschreiben, erst recht nicht den Abschluss von Arbeitsverträgen.[895] Einen solchen Kontrahierungszwang gibt es nicht.[896] Auch dem Arbeitnehmer ist die Weiterbeschäftigung bei einem anderen Konzernunternehmen nicht in jedem Falle zumutbar, ist mit ihr doch ein Wechsel des Vertragspartners verbunden.[897] Diese Grundsätze gelten auch in der Matrixorganisation.[898]

b) Ausnahmen

311 Trotz dieser Bedenken hat die Rechtsprechung in der Vergangenheit schon häufiger die **Konzerndimensionalität** des Kündigungsschutzes **anerkannt.** Teils gehen diese **Ausnahmen** auf ausdrückliche oder konkludente **Zusagen** anderer Konzernunternehmen zurück, teils beruhen sie auf dem Gesichtspunkt des **Vertrauensschutzes.**[899] Diesen

---

2014, 1083; 24. 9. 2015 – 2 AZR 562/14, NZA 2016, 366 Rn. 44; 22. 9. 2016 – 2 AZR 276/16, NZA 2017, 175 Rn. 66.

[889] *Bauer/Herzberg* NZA 2011, 714; *Bayreuther* NZA 2006, 819 mwN. in Fußn. 1 und 2; *Feudner* DB 2002, 1106; *Fuhlrott* DB 2014, 1198; *Gallner* FS Düwell, S. 208 (209); KR/*Griebling/Rachor* KSchG § 1 Rn. 539; APS/*Kiel* KSchG § 1 Rn. 550; *Lingemann* FS Bauer, S. 662; *Lingemann/v. Steinau-Steinrück* DB 1999, 2161; ErfK/*Oetker* KSchG § 1 Rn. 246; MünchArbR/*Richardi* § 23 Rn. 18 f. *Rid* NZA 2011, 1121 (1122); Braun/Wisskirchen/*Röhrborn* Konzernarbeitsrecht Teil I Abschn. 3 Rn. 70; *Rost* FS Schwerdtner, S. 169 (170); *Vogt* Arbeitsrecht im Konzern § 3 Rn. 21 ff.; *Wisskirchen/Bissels* DB 20007, 340 (343); *Windbichler* Konzernarbeitsrecht S. 259 ff.; kritisch SPV Kündigung/*Preis* Rn. 999 ff.

[890] StRspr, vgl. zuletzt BAG 24. 9. 2015 – 2 AZR 562/14, NZA 2016, 366 Rn. 44; 22. 9. 2016 – 2 AZR 276/16, NZA 2017, 175 Rn. 66.

[891] BAG 14. 10. 1982 – 2 AZR 568/80, AP KSchG 1969 § 1 Konzern Nr. 1.

[892] *Lingemann/v. Steinau-Steinrück* DB 1999, 2161 (2163); SPV Kündigung/*Preis* Rn. 999.

[893] *Bayreuther* NZA 2006, 819 (822); APS/*Kiel* KSchG § 1 Rn. 552; *Lingemann* FS Bauer, S. 661 (666); MünchArbR/*Richardi* § 23 Rn. 32.

[894] Vgl. BAG 10. 1. 1994 – 2 AZR 489/93, AP KSchG 1969 § 1 Konzern Nr. 8; 23. 3. 2006 – 2 AZR 162/05 Rn. 27, NZA 2007, 30; *Rost* FS Schwerdtner, S. 169 (173); ähnlich BAG 27. 11. 1991 – 2 AZR 255/91, AP KSchG 1969 § 1 Konzern Nr. 6.

[895] Braun/Wisskirchen/*Röhrborn* Konzernarbeitsrecht Teil I Abschn. 3 Rn. 81.

[896] *Berkowsky* Betriebsbedingte Kündigung § 2 Rn. 49.

[897] BAG 23. 11. 2004 – 2 AZR 24/04, NZA 2005, 929 Rn. 30; APS/*Kiel* KSchG § 1 Rn. 550; *Rost* FS Schwerdtner S. 169 (172).

[898] Braun/Wisskirchen/*Röhrborn* Konzernarbeitsrecht Teil I Abschn. 3 Rn. 98 ff.; *Maywald* Matrixstrukturen S. 145 ff.; *Vogt* Arbeitsrecht im Konzern § 3 Rn. 14 ff., 21 ff.

[899] BAG 27. 11. 1991 – 2 AZR 255/91, AP KSchG 1969 § 1 Konzern Nr. 6 im Anschluss an *Preis* Prinzipien S. 322; BAG 23. 11. 2004 – 2 AZR 24/04, NZA 2005, 929 Rn. 33 im Anschluss an *Rost* FS Sch-

bringt die Rechtsprechung vor allem dann ins Spiel, wenn das Arbeitgeberunternehmen über einen **beherrschenden Einfluss im Konzern** verfügt.[900] Anfänglich hat das BAG die Konzerndimensionalität auch auf den Gesichtspunkt der Fürsorge- und Gleichbehandlungspflicht gestützt;[901] davon ist es aber wieder abgekommen.[902] Heute ist häufiger von einer „**Selbstbindung**" die Rede, etwa aufgrund einer formlosen Zusage oder eines vorangegangenen Verhaltens.[903] Nach wie vor stellt die Konzerndimensionalität des Kündigungsschutzes den Ausnahmefall dar, der strengen Anforderungen unterliegt.[904] So soll es nach der Rechtsprechung nicht genügen, dass sich ein anderes Konzernunternehmen ausdrücklich zur Übernahme des Arbeitnehmers bereiterklärt hat oder sich eine solche Verpflichtung aus einer vertraglichen Absprache – etwa einer Konzernversetzungsklausel – oder einer in der Vergangenheit geübten Praxis ergibt. Stets müsse hinzukommen, dass der **Vertragsarbeitgeber** auf die „Versetzung" einen **bestimmenden Einfluss** habe. Die Entscheidung hierüber dürfe nicht dem zur Übernahme bereiten Unternehmen vorbehalten bleiben.[905] Vielmehr müsse sie der Vertragsarbeitgeber notfalls auch gegen den Willen des anderen Konzernunternehmens durchsetzen können.[906] Dabei soll es keine Rolle spielen, ob sich die Möglichkeit der Einflussnahme aus eindeutigen Vereinbarungen ergibt oder nur faktisch besteht.[907]

Es liegt auf der Hand, dass das BAG bei den rechtlichen Regelungen an **(konzern-) gesellschaftsrechtliche Vereinbarungen** denkt, also an **Beherrschungsverträge**.[908] In der Praxis kommt eine solche Einflussnahme im Grunde nur dann in Betracht, wenn es das herrschende Unternehmen ist, das einen Arbeitnehmer entlassen will. Aber selbst das bereitet mitunter Probleme. In einem GmbH-Konzern kann die Obergesellschaft nur die Geschäftsführer der Tochtergesellschaft nach § 37 GmbHG zur Vertragsübernahme oder zur Neueinstellung des Arbeitnehmers anweisen.[909] Anweisungen an Schwestergesellschaften sind schwierig,[910] Weisungen der Tochtergesellschaft an die Geschäftsführer der Obergesellschaften regelmäßig ausgeschlossen. Geschützt sind also nur Arbeitnehmer der Obergesellschaft, nicht die von Tochter- oder Schwestergesellschaften.[911] Handelt es sich bei dem abhängigen Unternehmen, zu dem der Arbeitnehmer „versetzt" werden soll, um eine Aktiengesellschaft, kann die Versetzung nur durchgesetzt werden, wenn ein Beherrschungsvertrag existiert (§ 308 AktG),[912] weil ansonsten der Vorstand die Geschäfte weisungsfrei und eigenverantwortlich führt.[913] Im faktischen Konzern unterliegt der Vorstand einer AG keinen Weisungen. Handelt es sich bei dem Tochterunternehmen um eine Per-

312

---

werdtner, S. 169 (172) und *Windbichler* RdA 1999, 146 (149); *Windbichler* Anm. zu BAG AP KSchG 1969 Konzern Nr. 6.
[900] BAG 27.11.1991 – 2 AZR 255/91, AP KSchG 1969 § 1 Nr. 6.
[901] BAG 14.10.1982 – 2 AZR 568/80, AP KSchG 1969 § 1 Nr. 1.
[902] Vgl. zuletzt BAG 24.9.2015 – 2 AZR 562/14, NZA 2016, 366 Rn. 44; 22.9.2016 – 2 AZR 276/16, NZA 2017, 175 Rn. 66.
[903] BAG 18.9.2003 – 2 AZR 139/03, AP KSchG 1969 § 1 Konzern Nr. 13; 18.10.2012 – 6 AZR 41/11, NZA 2013, 1007 Rn. 57.
[904] BAG 27.11.1991 – 2 AZR 255/91, AP KSchG 1969 § 1 Nr. 6.
[905] StRspr, vgl. BAG 26.6.2008 – 2 AZR 1109/06, AP KSchG 1969 § 1 Betriebsbedingte Kündigung Nr. 180 Rn. 34; 23.4.2008 – 2 AZR 1110/06, AP KSchG 1969 § 1 Betriebsbedingte Kündigung Nr. 177 Rn. 22; 24.5.2012 – 2 AZR 62/11, NZA 2013, 277 Rn. 27; 24.9.2015 – 2 AZR 562/14, NZA 2016, 366 Rn. 44; 22.9.2016 – 2 AZR 276/16, NZA 2017, 175 Rn. 66.
[906] KR/*Griebeling*/*Rachor* KSchG § 1 Rn. 540; APS/*Kiel* KSchG § 1 Rn. 551.
[907] BAG 23.4.2008 – 2 AZR 1110/06, AP KSchG 1969 § 1 Betriebsbedingte Kündigung Nr. 177 Rn. 22; 24.5.2012 – 2 AZR 62/11, NZA 2013, 277 Rn. 27; 22.11.2012 – 2 AZR 673/11, NZA 2013, 730 Rn. 39.
[908] BAG 23.11.2004 – 2 AZR 24/04, NZA 2005, 929 Rn. 32; *Bayreuther* NZA 2006, 819 (820); KR/*Griebeling*/*Rachor* KSchG § 1 Rn. 542.
[909] *Rid* NZA 2011, 1121 (1125 f.).
[910] Vgl. BAG 23.3.2006 – 2 AZR 162/05, NZA 2007, 30.
[911] BAG 23.3.2006 – 2 AZR 162/05, NZA 2007, 30.
[912] BAG 23.11.2004 – 2 AZR 24/04, NZA 2005, 929 Rn. 32; *Rid* NZA 2011, 1121 (1126).
[913] *Braun*/*Wisskirchen*/*Röhrborn* Konzernarbeitsrecht Teil I Abschn. 3 Rn. 81.

sonengesellschaft, könnten Weisungen nur faktisch erteilt werden, was Kopfzerbrechen bereitet, falls Minderheitsgesellschafter vorhanden sind, die die Weisung nicht akzeptieren.[914]

313 Allerdings **genügt** nach der Rechtsprechung auch ein **rein tatsächlicher Einfluss des Vertragsarbeitgebers auf das „Zielunternehmen"**.[915] Dieser kann gegeben sein, wenn die Geschäftsführung des Vertragsarbeitgebers personenidentisch mit der Geschäftsführung einer anderen Konzerngesellschaft ist. Mangels anderslautender Weisung des Gesellschafters könnte die (personenidentische) Geschäftsführung eine Weiterbeschäftigung auch in Schwesterunternehmen und sogar bei der Obergesellschaft durchsetzen.[916] Ob unter diesen Umständen der Vertragsarbeitgeber eine Pflicht hat, den bei ihm zu entlassenden Arbeitnehmern freie Arbeitsplätze in dem anderen Unternehmen anzubieten, nur weil der Arbeitsvertrag eine **Konzernversetzungsklausel** enthält, hat die Rechtsprechung noch nicht abschließend geklärt. Im Urteil vom 23.3.2006[917] hat das BAG diese Frage offen gelassen, weil der Geschäftsführer eines seiner Ämter vor Ausspruch der Kündigung aufgegeben hatte. In der Entscheidung vom 23.11.2004[918] hatte das BAG indes Anlass, die Weiterbeschäftigungspflicht beim Zielunternehmen zu prüfen, weil deren Geschäftsführung und die des Vertragsarbeitgebers **personenidentisch** waren. Im Ergebnis hilft das BAG dem Arbeitnehmer in solchen Fällen mit einer **abgestuften Darlegungs- und Beweislast**.[919] Trägt dieser vor, wie er sich eine (Weiter-) Beschäftigung im Zielunternehmen vorstellt[920] und dass die Geschäftsführung des Vertragsarbeitgebers auf Grund der Personenidentität einen bestimmenden Einfluss auf das andere Konzernunternehmen hat, ist es Sache des Vertragsarbeitgebers, darzutun, weshalb die Durchsetzung der Beschäftigung trotzdem ausgeschlossen ist.[921] Wegen der geringeren Erkenntnismöglichkeiten des Arbeitnehmers trägt der Arbeitgeber hinsichtlich fehlender Übernahmemöglichkeiten des zu Kündigenden eine gesteigerte Darlegungslast.[922]

314 In der **Literatur** wird diese zusätzliche Voraussetzung allerdings mit unterschiedlichen Argumenten **kritisiert.** Zum einen wird beanstandet, dass die Erfüllung einer freiwillig eingegangenen Verpflichtung, für einen konzerndimensionalen Kündigungsschutz zu sorgen, nicht von den Einflussmöglichkeiten des konzernabhängigen Vertragsarbeitgebers abhängen könne; vielmehr müsse sich der Arbeitnehmer auf das ihm gegebene Versprechen verlassen können, zumal der Arbeitgeber auf sein Recht zum Ausspruch einer betriebsbedingten Kündigung auch ganz verzichten oder dieses von vornherein ausschließen könne. Zum anderen müsse den Vertragsarbeitgeber wegen der mit dem konzernweiten Einsatz eines Mitarbeiters verbundenen Pflichterweiterung selbst eine erhöhte Verantwortlichkeit treffen, der er sich nicht durch die Verweigerung einer konzernweiten Weiterbeschäftigungspflicht entziehen dürfe.[923] Diese sei zumindest dann unbeachtlich, wenn sich die vertraglichen Rechte und Pflichten des Arbeitnehmers auf den Konzernbereich erstreck-

---

[914] Zur Einflussmöglichkeit auf abhängige Personengesellschaften *Emmerich/Habersack* Konzernrecht § 33 Rn. 9 ff. und § 34 Rn. 3 ff.
[915] BAG 23.4.2008 – 2 AZR 1110/06, AP KSchG 1969 § 1 Betriebsbedingte Kündigung Nr. 177 Rn. 22; 24.5.2012 – 2 AZR 62/11, NZA 2013, 277 Rn. 27; 22.11.2012 – 2 AZR 673/11, NZA 2013, 730 Rn. 39.
[916] *Rid* NZA 2011, 1121 (1126).
[917] BAG 23.3.2006 – 2 AZR 162/05, NZA 2007, 30 Rn. 27.
[918] BAG 23.11.2004 – 2 AZR 24/04, NZA 2005, 929.
[919] Dazu APS/*Kiel* KSchG § 1 Rn. 553; Braun/Wisskirchen/*Röhrborn* Konzernarbeitsrecht Teil I Abschn. 3 Rn. 90 f.
[920] BAG 10.1.1994 – 2 AZR 489/93, AP KSchG 1969 § 1 Konzern Nr. 8; 10.5.2007 – 2 AZR 626/05, NZA 2007, 1278 Rn. 46; 18.10.2012 – 6 AZR 41/11, NZA 2013, 1007 Rn. 58; 24.5.2012 – 2 AZR 62/11, NZA 2013, 277 Rn. 28.
[921] *Rid* NZA 2011, 1121 (1126).
[922] KR/*Griebeling*/*Rachor* KSchG § 1 Rn. 539; APS/*Kiel* KSchG § 1 Rn. 553; HK-KSchG/*Mestwerdt*/*Zimmermann* Rn. 698; SPV Kündigung/*Preis* Rn. 999.
[923] *Bayreuther* NZA 2006, 819 (822); SPV Kündigung/*Preis* Rn. 999; Braun/Wisskirchen/*Röhrborn* Konzernarbeitsrecht Teil I Abschn. 3 Rn. 98 ff.

ten oder wenn der Arbeitnehmer bereits mehrfach außerhalb des Zuständigkeitsbereichs seines Vertragsarbeitgebers in anderen Konzerngesellschaften beschäftigt worden sei.[924]

In diese Richtung gehen auch **einzelne Judikate des BAG.**[925] Diese stellen darauf ab, ob sich das **Drittunternehmen durch sein vorheriges Verhalten zurechenbar gebunden habe,** etwa durch eine wiederholte Beschäftigung des Arbeitnehmers in der Vergangenheit und sogar zum Zeitpunkt des Wegfalls des Arbeitsplatzes beim vertragsschließenden und kündigenden Arbeitgeber; damit könne laut BAG ein Tatbestand geschaffen werden, der ein Vertrauen auf die Übernahme des Arbeitsverhältnisses rechtfertige.[926] Offen ist freilich, ob den Vertragsarbeitgeber in diesen Fällen eine **Verschaffungsobliegenheit** trifft oder er sich nur **ernsthaft um eine Unterbringung** beim Drittunternehmen zu bemühen hat oder ob der Arbeitnehmer einen **klagbaren Anspruch gegen das Drittunternehmen** erwirbt, der bei Nichterfüllung zur Unwirksamkeit der Kündigung durch den Vertragsarbeitgeber führt.[927] Nicht zuletzt wegen dieser Ungereimtheiten hält die Rechtsprechung – auch und gerade in neueren und neuesten Entscheidungen – am Kriterium des bestimmenden Einflusses des Vertragsarbeitgebers auf das andere Konzernunternehmen fest.[928]

315

c) Fallgruppen

Mustert man die verschiedenen vom BAG diskutierten Ausnahmefälle durch, lassen sich folgende **Fallgruppen** unterscheiden:[929]

316

(1) Der Arbeitnehmer wurde nach dem Arbeitsvertrag von vornherein für den Unternehmens- und Konzernbereich eingestellt.[930]
(2) Ein anderes Konzernunternehmen hat sich ausdrücklich zur Übernahme des Arbeitnehmers bereit erklärt.[931]
(3) Eine anderes Konzernunternehmen wurde durch eine kollektivrechtliche Regelung – etwa in einer Betriebsvereinbarung, einem Interessenausgleich, Sozialplan oder Tarifvertrag – zu einer Übernahme verpflichtet.[932]
(4) Der nur für einen bestimmten Betrieb eingestellte Arbeitnehmer hat sich arbeitsvertraglich mit einer Versetzung innerhalb der Unternehmens- bzw. Konzerngruppe einverstanden erklärt.[933]
(5) Der Arbeitnehmer wurde wiederholt zu einem anderen Konzernunternehmen abgeordnet.[934]

---

[924] So *Preis* Prinzipien S. 321; ähnlich *Lingemann* FS Bauer, S. 661 (673).
[925] Vgl. zB BAG 27.11.1991 – 2 AZR 255/91, AP KSchG 1969 § 1 Nr. 6; 21.2.2002 – 2 AZR 749/00, BB 2002, 2335; 23.11.2004 – 2 AZR 24/04, NZA 2005, 929 Rn. 32 f.
[926] BAG 23.11.2004 – 2 AZR 24/04, NZA 2005, 929 Rn. 33 im Anschluss an *Windbichler* Anm. zu BAG AP KSchG 1969 § 1 Konzern Nr. 6; *Windbichler* RdA 1999, 146 (149); *Rost* FS Schwerdtner S. 169 (172).
[927] Vgl. im Einzelnen *Bayreuther* NZA 2006, 819 (825); *Lingemann* FS Bauer S. 661 (671 ff.); *Rid* NZA 2011, 1121 (1126 ff.).
[928] BAG 24.5.2012 – 2 AZR 62/11, NZA 2013, 277 Rn. 27; 22.11.2012 – 2 AZR 673/11, NZA 2013, 730 Rn. 39; 24.9.2015 – 2 AZR 562/14, NZA 2016, 366 Rn. 44; 22.9.2016 – 2 AZR 276/16, NZA 2017, 175 Rn. 66.
[929] Dazu auch *Lingemann* FS Bauer, S. 661 (663); SPV Kündigung/*Preis* § 2 Rn. 998a; Braun/Wisskirchen/ *Röhrborn* Konzernarbeitsrecht Teil I Abschn. 3 Rn. 74.
[930] BAG 14.10.1982 – 2 AZR 568/80, AP KSchG 1969 § 1 Konzern Nr. 1; 27.11.1991 – 2 AZR 255/91, NZA 1992, 644; 21.1.1999 – 21.1.1999, NZA 1999, 539.
[931] BAG 18.10.1976 – 3 AZR 576/75, AP KSchG 1969 § 1 Betriebsbedingte Kündigung Nr. 3; 18.10.2012 – 6 AZR 41/11, NZA 2013, 1007 Rn. 57; vgl. *Bachner* NZA 2006, 1309 (1311); *Fuhlrott/Hoppe* BB 2012, 253 (257).
[932] BAG 14.10.1982 – 2 AZR 568/80, AP KSchG 1969 § 1 Konzern Nr. 1; dazu auch *Lingemann* FS *Bauer* S. 661 (664 ff.).
[933] BAG 14.10.1982 – 2 AZR 568/80, AP KSchG 1969 § 1 Konzern Nr. 1.
[934] BAG 23.11.2004 – 2 AZR 24/04, NZA 2005, 929 Rn. 33; 24.5.2012 – 2 AZR 62/11, NZA 2013, 277 Rn. 27; 22.11.2012 – 2 AZR 673/11, NZA 2013, 730 Rn. 39.

317 Dass ein Arbeitnehmer – wie in der ersten Fallgruppe – für den **gesamten Konzernbereich eingestellt** wurde, ist vertragsrechtlich schwierig umzusetzen, weil der Konzern nicht selbst rechtsfähig ist und sich deshalb auch nicht verpflichten kann.[935] Gemeint sein kann nur die über eine einfache Versetzungsklausel hinausgehende Befugnis des Vertragsarbeitgebers, den Arbeitnehmer konzernweit einsetzen zu können. Dieser korrespondiert bei einer betriebsbedingten Kündigung eine entsprechende **Unterbringungspflicht.** Diese ist freilich nur dann erfüllbar, wenn es sich beim Vertragsarbeitgeber um die **Konzernmutter** handelt oder um eine **Personalführungsgesellschaft,** die die Arbeitnehmer für den gesamten Konzern einstellt und sie dann den einzelnen Konzernunternehmen überlässt.[936] Fehlt es trotz der Versetzungsklausel an einer Unterbringungsmöglichkeit, ist unklar, ob der Arbeitnehmer einen unmittelbar gegen das andere Konzernunternehmen gerichteten Einstellungsanspruch geltend machen kann.[937] Das ist wohl nur dann zu bejahen, wenn das andere Unternehmen beim Arbeitnehmer **Vertrauen** auf eine dauerhafte Weiterbeschäftigung bei einem Wegfall seines Arbeitsplatzes bei seinem bisherigen Arbeitgeber geweckt hat.[938] In diesem Fall wäre die Kündigung an sich unwirksam, weil ja die Möglichkeit einer Weiterbeschäftigung auf einem freien Arbeitsplatz gegeben ist, und es bestünde zusätzlich ein Einstellungsanspruch gegenüber dem anderen Konzernunternehmen.[939] Der Arbeitnehmer muss dann nach § 12 KSchG wählen, welche der beiden Arbeitsverhältnisse er fortsetzen möchte. Er hat nach der Entscheidung des Gerichts über den Fortbestand des Arbeitsverhältnisses zum Vertragsarbeitgeber das Recht, dieses durch eine entsprechende Erklärung aufzulösen.[940] Im Interesse einer unverzüglichen Klärung aller mit der Kündigung zusammenhängenden Fragen soll der Einstellungsanspruch gegen das andere Konzernunternehmen innerhalb der Dreiwochenfrist des § 4 KSchG geltend gemacht werden.[941]

318 Hat sich – wie in Fallgruppe 2 – ein **anderes Konzernunternehmen ausdrücklich zur Übernahme** des Arbeitnehmers bereiterklärt, wäre eine Kündigung des Vertragsunternehmens wegen Vermeidbarkeit unwirksam.[942] Der Arbeitsplatz steht damit zwar nicht zur unmittelbaren Disposition des Vertragsunternehmens, ist also kein „freier Arbeitsplatz" iSd § 1 Abs. 2 KSchG. Allerdings kann der Arbeitnehmer aufgrund der Zusage verlangen, dass ihm sein Vertragsarbeitgeber diesen bei dem anderen Konzernunternehmen verschafft.[943] Wird dieser nicht erfüllt, ist die Kündigung unwirksam.[944] Die Rechtsprechung verlangt zwar auch in diesem Fall als weitere Voraussetzung einer unternehmensübergreifenden Weiterbeschäftigungspflicht den bestimmenden Einfluss des vertragsschließenden Unternehmens auf die „Versetzung".[945] Das ist aber an sich nicht mehr erforderlich. Denn entscheidend ist hier die durch die ausdrücklich erklärte Übernahmebereitschaft bewirkte Selbstbindung des anderen Konzernunternehmens. Im Zweifel muss der Arbeitnehmer auch zu den bisherigen Arbeitsbedingungen weiterbeschäftigt werden. Hält sich das ande-

---

[935] Braun/Wisskirchen/*Fedder/Braner* Konzernarbeitsrecht Teil I Abschn. 3 Rn. 4; MünchArbR/*Richardi* § 23 Rn. 1; *Windbichler* Konzernarbeitsrecht S. 68.
[936] *Rid* NZA 2011, 1121 (1123f.).
[937] Vgl. BAG 27.6.2002 – 2 AZR 749/00, BB 2002, 2335 (2337f.).
[938] In diese Richtung BAG 27.6.2002 – 2 AZR 749/00, BB 2002, 2335 (2337f.); *Bayreuther* NZA 2006, 816 (824); *Konzen* FS 50 Jahre Arbeitsgerichtsbarkeit Rh.-Pf., S. 171 (183); *Lingemann* FS Bauer, S. 661 (673); *Rost* FS Schwerdtner, S. 169 (175) mwN.
[939] Nach *Rid* NZA 2011, 1121 (1127) soll nur ein Anspruch auf Verschaffung eines Arbeitsvertrags mit dem dritten Unternehmen bestehen.
[940] Ebenso *Rid* NZA 2011, 1121 (1127).
[941] *Bayreuther* NZA 2006, 819 (824); *Lingemann* FS Bauer, S. 661 (673); aA *Gallner* FS Düwell, S. 208 (221): Grenze der Verwirkung.
[942] BAG 18.10.1976 – 3 AZR 576/75, AP KSchG 1969 § 1 Betriebsbedingte Kündigung Nr. 3; 18.10.2012 – 6 AZR 41/11, NZA 2013, 1007 Rn. 57.
[943] BAG, 23.11.2004 – 2 AZR 24/04, NZA 2005, 929; 23.3.2006 – 2 AZR 162/05, NZA 2007, 30.
[944] KR/*Griebeling/Rachor* KSchG § 1 Rn. 542f.; APS/*Kiel* KSchG § 1 Rn. 597; *Rost* FS Schwerdtner, S. 169 (174).
[945] BAG 18.10.2012 – 6 AZR 41/11, NZA 2013, 1007 Rn. 57.

re Konzernunternehmen nicht an die Zusage, muss es der Arbeitnehmer auf Erfüllung in Anspruch nehmen. Die Kündigung wäre aber trotzdem unwirksam. Der Arbeitnehmer muss dann auch gegen sie vorgehen, zur Vermeidung widersprüchlicher Ergebnisse zweckmäßigerweise im selben Verfahren.[946]

Eine konzernweite Weiterbeschäftigungspflicht lässt sich – wie in Fallgruppe 3 – auch durch eine **kollektivrechtliche Regelung** begründen.[947] Ein korrespondierender Anspruch, auf den sich der Arbeitnehmer berufen kann, setzt allerdings eine das einzelne Arbeitsverhältnis normativ gestaltende Rechtsgrundlage voraus, weshalb ein Interessenausgleich von vornherein ausscheidet. Eine entsprechende Weiterbeschäftigungsregelung in einem Interessenausgleich wirkt sich deshalb auch nicht auf die Wirksamkeit der Kündigung aus.[948] Hinzukommen muss aber auch hier, dass die den Kollektivvertrag auf **Arbeitgeberseite** abschließende **Gesellschaft** die **Macht** hat, das **kollektivrechtlich Versprochene durchzusetzen.** Fehlt es daran, kommt ein Weiterbeschäftigungsanspruch nur dann in Betracht, wenn die relevanten Gesellschaften am Vertrag beteiligt sind.[949] Das kann der Fall sein, wenn der zur Kündigung bereite Vertragsarbeitgeber des Arbeitnehmers Inhaber mehrerer Unternehmen ist oder konzernangehörige Schwesterunternehmen sich gegenüber dem Arbeitgeber zu einer Übernahme von Personal verpflichten oder ihr zugestimmt haben.[950]

319

In der Fallgruppe 4 enthält der Arbeitsvertrag eine **Konzernversetzungsklausel.** Auf deren Unwirksamkeit wegen Intransparenz und unangemessener Benachteiligung (→ Rn. 73 ff.; 97) darf sich der Arbeitgeber aber nicht berufen,[951] weil er sich sonst widersprüchlich verhielte.[952] Deshalb hält das BAG den Vertragsarbeitgeber für verpflichtet, bei Wegfall des Arbeitsplatzes im eigenen Unternehmen zunächst die Unterbringung in einem Konzernunternehmen zu versuchen. Aus dieser **Prüf- und Suchverpflichtung** erwirbt der Arbeitnehmer aber nach der Rechtsprechung noch keinen Anspruch auf Verschaffung eines Arbeitsverhältnisses mit einem dritten Unternehmen.[953] **Hinzukommen muss, dass bei diesem überhaupt eine Weiterbeschäftigungsmöglichkeit besteht,** dh ein freier Arbeitsplatz vorhanden ist, auf dem der Arbeitnehmer eingesetzt werden kann. Überdies muss auch hier der **Vertragsarbeitgeber einen bestimmenden Einfluss** auf das dritte Unternehmen ausüben können, mit dem er in der Lage ist, den Arbeitgeberwechsel notfalls auch gegen den Willen des anderen Konzernunternehmens durchzusetzen.[954] Fehlt es daran, hilft auch die Konzernversetzungsklausel dem Arbeitnehmer nicht.[955]

320

Ferner kann von Bedeutung sein, ob sich das Drittunternehmen selbst gebunden hat, beispielsweise indem es den Arbeitnehmer – wie in der Fallgruppe 5 – schon im Wege der Abordnung in seinem Betrieb beschäftigt hat.[956] Ist das **Drittunternehmen vor allem durch eine wiederholte Beschäftigung** des Arbeitnehmers in der Vergangenheit

321

---

[946] *Bayreuther* NZA 2006, 819 (824); KR/*Griebeling/Rachor* KSchG § 1 Rn. 543.
[947] BAG 14.10.1982 – 2 AZR 568/80, AP KSchG 1969 § 1 Konzern Nr. 1; dazu auch *Lingemann* FS *Bauer* S. 661 (664 ff.).
[948] *Lingemann* FS Bauer, S. 661 (664); vgl. weiter *Windbichler* SAE 1987, 133 f.
[949] *Lingemann* FS Bauer, S. 661 (664) dort auch zur Frage der Erzwingbarkeit entsprechender Regelungen.
[950] BAG 24.5.2012 – 2 AZR 62/11, NZA 2013, 277 Rn. 27; BAG 22.11.2012 – 2 AZR 673/11, NZA 2013, 730 Rn. 39.
[951] Die Inhaltskontrolle schafft lediglich einen Ausgleich für die einseitige Inanspruchnahme der Vertragsfreiheit durch den Klauselverwender, sie dient dagegen nicht dessen Schutz vor den von ihm selbst eingeführten Formularbestimmungen, vgl. BAG 22.9.2016 – 2 AZR 509/15, NZA 2016, 1461.
[952] BAG 3.4.2008 – 2 AZR 879/06, NZA 2008, 1060 Rn. 36; KR/*Griebeling/Rachor* KSchG § 1 Rn. 220. Braun/Wisskirchen/*Röhrborn* Konzernarbeitsrecht Teil I Abschn. 3 Rn. 78.
[953] Braun/Wisskirchen/*Röhrborn* Konzernarbeitsrecht Teil I Abschn. 3 Rn. 79.
[954] BAG 23.3.2006 – 2 AZR 162/05, NZA 2007, 30 Rn. 24 f.
[955] *Bayreuther* NZA 2006, 819 (821); Braun/Wisskirchen/*Röhrborn* Konzernarbeitsrecht Teil I Abschn. 3 Rn. 87.
[956] *Windbichler* Anm. zu BAG, AP KSchG 1969 § 1 Konzern Nr. 6; *Windbichler* RdA 1999, 146 (149); *Rost* FS Schwerdtner, S. 169, 173; *Lingemann* FS Bauer, S. 661 (673).

und sogar zum Zeitpunkt des Wegfalls des Arbeitsplatzes beim vertragsschließenden und kündigenden Arbeitgeber **bereits erheblich eingebunden,** kann so ein Tatbestand geschaffen worden sein, der ein Vertrauen auf Übernahme des Arbeitsverhältnisses rechtfertigt. Das Drittunternehmen hat sich dann durch sein Tun gebunden.[957] Der Vertragsarbeitgeber muss vor einer Kündigung diese Weiterbeschäftigungsmöglichkeit allerdings nur dann berücksichtigen, wenn er in diese Zusage eingebunden ist.[958] Unverhältnismäßig kann seine Kündigung nämlich nur dann sein, wenn auch ihn die Pflicht trifft, dem Arbeitnehmer beim Drittunternehmen einen Arbeitsplatz zu verschaffen. Hat er an der Zusage des Drittunternehmens nicht mitgewirkt, bleibt es bei der bloßen unternehmensweiten Weiterbeschäftigungspflicht. Zurechnen lassen muss er sich aber zumindest seine Bereitschaft, den Arbeitnehmer immer wieder beim Drittunternehmen tätig werden zu lassen.

d) Einzelarbeitsverhältnis mit aufgespaltenem Weisungsrecht

322 Die Grundsätze hinsichtlich eines konzerndimensionalen Kündigungsschutzes gelten auch in der Matrixorganisation.[959] Den Grundfall der Beschäftigung in einer solchen Organisation stellt das Einzelarbeitsverhältnis dar, bei dem das **Weisungsrecht aufgespalten** ist. Das disziplinarische Weisungsrecht wird vom Vertragsarbeitgeber ausgeübt, das fachliche von einem unternehmensfremden Matrixmanager. Es fragt sich, ob diese **Aufspaltung** für sich allein bereits einen **konzerndimensionalen Kündigungsschutz** zu begründen vermag.

323 In einem 1991 entschiedenen Fall hat das das **BAG verneint.**[960] Dort war ein Bankangestellter in einem Frankfurter Betrieb eines deutschen Tochterunternehmens einer US-amerikanischen Brokerfirma mit dem An- und Verkauf von Wertpapieren beschäftigt. Von einer Londoner Niederlassung aus erhielt er hierfür seine Anweisungen. Ihr flossen sämtliche Geschäftserlöse – dh Provisionen der Bankgeschäfte – zu, sie bestritt auch die laufenden Kosten des Bürobetriebs und der Gehälter der Frankfurter Angestellten. Wegen einer Verlagerung der bisher von Frankfurt aus getätigten Rentengeschäfte nach London kündigte der deutsche Arbeitgeber das Arbeitsverhältnis. Das **LAG Hessen** hielt die **Kündigung** für sozial **ungerechtfertigt,** weil es der **Arbeitgeber versäumt** habe, dem Arbeitnehmer bei der **Suche nach einer anderweitigen Beschäftigung im Konzern behilflich** zu sein. Keine Rolle spiele, ob und inwieweit der Arbeitgeber tatsächlich in der Lage sei, bei der Konzernmutter eine Versetzung des deutschen Mitarbeiter nach London oder in die USA durchzusetzen. **Maßgeblich** sei, dass die **wesentlichen Arbeitgeberfunktionen bereits vor der Kündigung auf die Niederlassung der Konzernmutter** in London übergegangen seien. Bei der räumlichen Verlagerung des Arbeitsplatzes nach London habe es sich nur um eine konsequente Fortführung der durch die vertraglichen Abreden begonnenen Politik gehandelt.

324 Das BAG folgte dieser Argumentation nicht.[961] Vielmehr war es der Ansicht, dass die **Übertragung eines Teiles der Arbeitgeberfunktionen auf einen Dritten** – nämlich der fachlichen Weisungsrechte bezüglich der Arbeitsleistung des gekündigten Arbeitnehmers – **nicht ohne weiteres zum Wechsel der Arbeitgeberstellung** führe. Dieser Umstand könne für sich allein noch keinen konzerndimensionalen Kündigungsschutz begründen.[962] Das gelte erst recht, wenn der Betreffende weiterhin in den Betrieb seines Vertragsarbeitgebers eingegliedert bleibe, der auch die formellen Arbeitgeberfunktionen

---

[957] BAG 23.11.2004 – 2 AZR 24/04, NZA 2005, 929 Rn. 33; BAG 24.5.2012 – 2 AZR 62/11, NZA 2013, 277 Rn. 27; BAG 22.11.2012 – 2 AZR 673/11, NZA 2013, 730 Rn. 39.
[958] Ebenso *Gallner* FS Düwell, S. 208 (216).
[959] Braun/Wisskirchen/*Röhrborn* Konzernarbeitsrecht Teil I Abschn. 3 Rn. 98 ff.; *Maywald* Matrixstrukturen S. 145 ff.; *Vogt* Arbeitsrecht im Konzern § 3 Rn. 14 ff., 21 ff.; *Wisskirchen/Bissels* DB 2007, 340 (343).
[960] BAG 27.11.1991 – 2 AZR 255/91, AP KSchG 1969 § 1 Konzern Nr. 6.
[961] BAG 27.11.1991 – 2 AZR 255/91, AP KSchG 1969 § 1 Konzern Nr. 6 mAnm *Windbichler*.
[962] Für den Spezialfall einer Matrixorganisation ebenso *Wisskirchen/Bissels* DB 2007, 340 (341).

weiterhin wahrnehme, wie zB die Gewährung von Urlaub oder die Entgegennahme von Krankmeldungen. **Die Bindung an fachliche Weisungen** einer im Ausland ansässigen Niederlassung lasse sich **nicht mit einer Versetzung oder Abordnung in ein anderes Konzernunternehmen vergleichen,** die unter besonderen Umständen einen konzernweiten Kündigungsschutz begründen könne. Verbleibe der Arbeitnehmer in seinem bisherigen Betrieb, wo er die Weisungen der ausländischen Niederlassung entgegennehme, entstehe noch keine vergleichbare sachliche Verknüpfung, wie die bei einer Versetzung. Hinzukomme im entschiedenen Fall, dass sich der Arbeitgeber kein konzernweites Versetzungsrecht ausbedungen habe. Auch aus den Preisvorgaben der Londoner Niederlassung für den Rentenhandel folge kein kündigungsrechtlich erheblicher Konzernbezug. Vielmehr sei es für Maklertätigkeiten typisch, dass der Auftraggeber enge Grenzen für die Art und Weise des Abschlusses der zu vermakelnden Geschäfte setze. Die **Bindung eines Arbeitgebers an gewisse Vorgaben des Auftraggebers** – damit aber auch die entsprechenden Bindungen des von ihm mit der Durchführung beauftragten Arbeitnehmers – sei sachimmanent. Sie **führe für sich allein noch zu keiner Abhängigkeit des Arbeitnehmers vom Auftraggeber seines Arbeitgebers,** die irgendwelche arbeitsrechtlichen Bindungen schaffen könnte. Die Kündigung sei deshalb wegen des Wegfalls der Beschäftigungsmöglichkeit beim Vertragsarbeitgeber sozial gerechtfertigt.

Die Argumentation ist konsequent. Auch bei anderen Formen einer **gespaltenen Arbeitgeberstellung** – etwa im Rahmen einer Arbeitnehmerüberlassung –, in denen der Arbeitnehmer seine Arbeitsleistung nicht ausschließlich für seinen Vertragspartner erbringt, **führt** dieser Umstand für sich betrachtet **noch nicht dazu, dass arbeitsvertragliche Bindungen zu einem anderen Unternehmen entstehen.** Nach wie vor besteht nur ein Arbeitsverhältnis mit der Anstellungsgesellschaft, das allein durch seine konkrete Ausgestaltung in einer vom klassischen Arbeitsverhältnis abweichenden Weise praktiziert wird. In kündigungsschutzrechtlicher Hinsicht ist und bleibt der Vertragsarbeitgeber verantwortlich. Nur er ist zur Suche nach Weiterbeschäftigungsmöglichkeiten verpflichtet.[963]

Eine andere Wertung ergibt sich auch nicht daraus, dass der einem fremden Weisungsrecht unterstellte Arbeitnehmer **Tätigkeiten in einem Betrieb des anweisenden Unternehmens ausübt.** Hier besteht zwar die Möglichkeit, dass es zur Fiktion eines Arbeitsverhältnisses nach Maßgabe von § 10 iVm § 9 Abs. 1 Nr. 1a AÜG 2017 kommt, wenn in dieser Art der Arbeitsorganisation eine nicht offengelegte Arbeitnehmerüberlassung zu erblicken wäre. Das ist, wie bereits oben (→ Rn. 53 ff.) ausgeführt, regelmäßig nicht der Fall. Solange der Vertragsarbeitgeber mit der matrixbedingten Unterstellung seines Mitarbeiters unter das Weisungsrecht eines anderen (Konzern-)unternehmens auch eigene betriebliche Zwecke verfolgt, liegt darin keine die Anwendung des AÜG auslösende reine Personalgestellung.[964] **Maßgeblich ist, wem letztlich die konkrete Arbeitsleistung zugutekommt.** Dies wird in aller Regel der Vertragsarbeitgeber sein, für die der Arbeitnehmer seine Arbeit zum überwiegenden Teil erbringt.[965] Nur er ist letztlich befugt, die Arbeitsleistung zu fordern, auch wenn diese vornehmlich durch die Weisungen der anderen Konzerngesellschaft konkretisiert wird.[966] Solange der Arbeitseinsatz nur „gelegentlich" geschieht, ist die Anwendbarkeit des AÜG nach § 1 Abs. 3 Nr. 2a AÜG ausdrücklich ausgeschlossen.[967] Anderes gilt allerdings dann, wenn der Arbeitnehmer gerade

---

[963] *Wisskirchen/Bissels* DB 2007, 340 (341).
[964] BAG 25.10.2000 – 7 AZR 487/99, NZA 2001, 259 (260).
[965] *Maywald* Matrixstrukturen S. 133; *Wisskirchen/Bissels* DB 2007, 340 (341).
[966] *Wisskirchen/Bissels* DB 2007, 340 (344).
[967] Die Grenze ist erst überschritten, wo die Einbindung in die Arbeitsabläufe so erheblich ist, dass ein Vertrauenstatbestand auf Übernahme geschaffen wurde, vgl. BAG 23.11.2004 – 2 AZR 24/04, NZA 2005, 929 (931); *Windbichler* Anm. zu BAG, AP KSchG 1969 § 1 Konzern Nr. 6; *Rost* FS Schwerdtner, S. 172. Das verlangt ein Zeit- und ein Umstandsmoment. 4,5 Monate genügen hierfür noch nicht, vgl. BAG 27.11.1991 – 2 AZR 255/91, AP KSchG 1969 § 1 Konzern Nr. 1. Hinsichtlich des Umstandsmoments kann es eine Rolle spielen, dass die Personen, die für den Vertragsarbeitgeber und das Unternehmen, in

zum Zweck der Überlassung bei einer **Personalführungsgesellschaft** eingestellt und beschäftigt wird, weil dann wegen § 1 Abs. 3 Nr. 2 AÜG das Konzernprivileg gerade nicht greift. Aber selbst dann wird das Unternehmen, das den Betrieb führt, in dem der Arbeitnehmer unter Anleitung eines nicht beim Vertragsarbeitgeber beschäftigten Matrixmanager tätig wird, nicht nach § 10 Abs. 1 AÜG zu dessen neuen Vertragsarbeitgeber, wenn die Arbeitnehmerüberlassung offengelegt und die Personalführungsgesellschaft über eine AÜG-Erlaubnis verfügt.

327 Etwas anderes kann auch dann gelten, wenn **der Arbeitnehmer nicht in die betrieblichen Strukturen seines Vertragsarbeitgebers eingebunden ist,** sondern er seine Dienste an ständig wechselnden Einsatzorten verrichtet. Kommt darüber hinaus seine Arbeitsleistung nicht primär dem Vertragsarbeitgeber, sondern einer anderen Konzerngesellschaft zugute, steht die rechtliche Verbindung zwischen ihm und seinem Vertragsarbeitgeber regelmäßig „nur auf dem Papier". Unter diesen Umständen kann wegen der engen materiell-rechtlichen Anbindung an das den Arbeitseinsatz steuernde Unternehmen, für das der Arbeitnehmer seine Dienste im Rahmen seiner Konzernfunktionen erbringen will, der konkludente Abschluss eines Arbeitsvertrags mit der anderen Konzerngesellschaft in Betracht kommen, der neben die mit dem Vertragsarbeitgeber bestehende Vereinbarung tritt.[968] Freilich muss man – wie gesehen – mit dieser Annahme aber eher zurückhaltend sein, weil mit diesen zusätzlichen Vereinbarungen für alle Vertragsparteien intensivere Pflichten verbunden sind (→ Rn. 104 ff.), deren freiwillige Übernahme nicht ohne weiteres unterstellt werden kann (→ Rn. 113 ff.).

328 **Wegfallen** kann auch die **Stelle des anweisenden Matrixmanagers.** Dann fragt sich, ob durch die **bloße Erteilung von Weisungen** an Arbeitnehmer, die nicht beim Vertragsarbeitgeber des Matrixmanagers, sondern bei einem anderen Konzernunternehmen angestellt sind, eine **Konzerndimensionalität des Kündigungsschutzes begründet** wird. Das dürfte in der Regel zu verneinen sein. Zwar können – wie die Fälle des „Interim Managements" zeigen – auch Führungskräfte an andere Unternehmen zur Arbeitsleistung überlassen werden, so dass die Anwendbarkeit des AÜG naheliegen kann. Diese dürfte aber zu verneinen sein, wenn der Matrixmanager nicht zumindest vorübergehend in den Betrieb eingegliedert wird, dessen Mitarbeiter er führt. Und selbst dann ist zu prüfen, wem die Arbeitsleistung des Matrixmanagers zugute kommt. Ist das im Wesentlichen der Vertragsarbeitgeber des Matrixmanagers – also zB die Konzern-Holding –, kommt eine Vertragsbindung zum Träger des Betriebs, in dem der Matrixmanager zumindest vorübergehend eingegliedert ist, nicht in Betracht.

329 Ein **konzerndimensionaler Kündigungsschutz** kommt jedoch ausnahmsweise dann in Betracht, wenn die Voraussetzungen einer der vom BAG anerkannten Fallgruppen erfüllt sind. Am ehesten ist dabei an den Fall zu denken, dass ein anderes **Konzernunternehmen** sich ausdrücklich **zur Übernahme des Matrixmanagers bereiterklärt** hat. So liegt es, wenn der Matrixmanager einen Arbeitsvertrag mit der Konzerngesellschaft schließt, deren Arbeitnehmer er Weisungen erteilen soll, etwa um deren Widerspruchsrechte nach § 613 S. 2 BGB auszuschließen.[969] Das andere Konzernunternehmen kann dann nicht mit dem Einwand gehört werden, dieser zusätzliche Arbeitsvertrag sei nur „vorgeschoben" worden, zumal es richtiger Ansicht nach zum Ausschalten des Widerspruchsrechts nach § 613 S. 2 BGB nicht erforderlich ist, dass Anweisungen von einem Unternehmensangehörigen erteilt werden, solange nur die Arbeitsleistung im Wesentlichen dem Vertragsarbeitgeber zugute kommt. Das andere Konzernunternehmen verhielte sich nämlich widersprüchlich, wenn es die Wirksamkeit der vertraglichen Anstellung in Zweifel zieht, weil diese – jedenfalls aus seiner Sicht – die Grundlage des Weisungsrechts

---

dem die Arbeitsleistung erbracht wird, identisch sind, vgl. dazu BAG 23.11.2004 – 2 AZR 24/04, NZA 2005, 929.
[968] *Wisskirchen/Bissels* DB 2007, 340 (344).
[969] LAG BW 28.5.2014 – 4 TaBV 7/13, BB 2014, 2298.

e) Einheitliches Arbeitsverhältnis mit mehreren Arbeitgebern

Die zweite Erscheinungsform eines Arbeitsverhältnisses in der Matrix bildet das Einheitsarbeitsverhältnis mit mehreren Arbeitgebern (→ Rn. 102 ff.). Ein solches wird begründet, wenn mehrere natürliche oder juristische Personen – meist desselben Konzerns – in arbeitsrechtlichen Beziehungen zu demselben Arbeitnehmer stehen und ein rechtlicher Zusammenhang der arbeitsvertraglichen Beziehungen besteht, der es verbietet, diese rechtlich getrennt zu behandeln. Ein solcher Zusammenhang kann sich aus der Auslegung der geschlossenen Verträge, aber auch aus zwingenden rechtlichen Wertungen ergeben.[970] Denkbar ist auch ein nachträgliches Zustandekommen durch einen konkludenten Vertragsbeitritt.[971] Das kann anzunehmen sein, wenn der **Arbeitnehmer** über längere Zeit mehrfach **in einem anderen Konzernunternehmen beschäftigt wird und kein Fall echter Leiharbeit** vorliegt.[972] Für die Annahme eines einheitlichen Arbeitsverhältnisses ist nicht Voraussetzung, dass die Arbeitgeber zueinander in einem bestimmten – insbesondere gesellschaftsrechtlichen – Rechtsverhältnis stehen, einen gemeinsamen Betrieb führen oder den Arbeitsvertrag gemeinsam abschließen.[973]

330

Da ein einheitliches Arbeitsverhältnis im Regelfalle nur von und gegenüber allen auf einer Vertragsseite Beteiligten gekündigt werden kann, müssen die Kündigungsvoraussetzungen grundsätzlich im Verhältnis zu jedem der Beteiligten gegeben sein.[974] Besteht ein **einheitliches Konzernarbeitsverhältnis,** sind daher zur Vermeidung einer betriebsbedingten Kündigung **unbesetzte Arbeitsplätze in den Betrieben aller Vertragsarbeitgeber** zu berücksichtigen.[975] Die betriebsbedingte Kündigung ist folglich nur dann gerechtfertigt, wenn für den betroffenen Arbeitnehmer in **keinem der nach dem Arbeitsvertrag verpflichteten Unternehmen weitere Beschäftigungsmöglichkeiten** bestehen.[976]

331

Die **Unterbringungsverpflichtung** ergibt sich hier unmittelbar aus dem **Arbeitsvertrag.** Auf den nach der Rechtsprechung stets notwendigen Einfluss des Vertragsarbeitgebers auf das Zielunternehmen[977] kann hier verzichtet werden. Durch die Stellung aller vertragsschließenden Personen auf Arbeitgeberseite als Vertragspartei hat sich jeder ausdrücklich zur Übernahme des Arbeitnehmers bereiterklärt. Aus dieser „Selbstbindung" resultiert letztlich die konzernweite Weiterbeschäftigungspflicht.[978] Sie ist allerdings auf die Vertragsparteien selbst sowie auf die Konzerngesellschaften beschränkt, die von ihnen so beherrscht werden, dass sie bei ihnen die Übernahme oder Neueinstellung des Arbeitnehmers durchzusetzen in der Lage sind. Beruft sich in diesem Fall der Arbeitgeber darauf, für den Arbeitnehmer sei die bisherige Beschäftigungsmöglichkeit bei dem konzernzugehörigen Unternehmen weggefallen, so hat er dies nach allgemeinen Grundsätzen substan-

332

---

[970] Vgl. BAG 20.6.2013 – 6 AZR 805/11, NZA 2013, 1137 Rn. 34; 19.4.2012 – 2 AZR 186/11, NZA 2013, 27; APS/*Kiel* KSchG § 1 Rn. 552.
[971] *Maywald* Matrixstrukturen S. 72 ff. Liegen die Voraussetzungen eines Vertragsbeitritts nicht vor, kann ein Wiedereinstellungsanspruch nach § 242 BGB in Betracht kommen, wenn der Arbeitgeber einen entsprechenden Vertrauenstatbestand gesetzt oder wenn er in treuwidriger Weise widersprüchlich gehandelt hat, APS/*Kiel* KSchG § 1 Rn. 552.
[972] APS/*Kiel* KSchG § 1 Rn. 552.
[973] BAG 27.3.1982 – 7 AZR 523/78, NJW 1984, 1703, Ls. 2.
[974] BAG 27.3.1982 – 7 AZR 523/78, NJW 1984, 1703 (1705).
[975] Vgl. BAG 21.1.1999 – 2 AZR 648/97, NZA 1999, 539; *Wisskirchen/Bissels* DB 2007, 340 (341); kritisch dazu *Lingemann/v. Steinau-Steinrück* DB 1999, 2161 (2165).
[976] BAG 21.1.1999 – 2 AZR 648/97, NZA 1999, 539 zu II 3b der Gründe; vgl. auch KR/*Griebeling/Rachor* KSchG § 1 Rn. 591; APS/*Kiel* KSchG § 1 Rn. 552; *Lange* NZA 2012, 1121 (1123); ErfK/*Oetker* KSchG § 1 Rn. 286; *Rid* NZA 2011, 1121 (1122); *Schrader/Straube* NZA-RR 2003, 337 (346).
[977] BAG 18.10.2012 – 6 AZR 41/11, NZA 2013, 1007 Rn. 57.
[978] BAG 18.10.2012 – 6 AZR 41/11, NZA 2013, 1007 Rn. 57; APS/*Kiel* KSchG § 1 Rn. 551.

tiert darzulegen und gegebenenfalls zu beweisen. Auch für fehlende Einsatzmöglichkeiten bei anderen zum Konzern gehörenden Unternehmen, bei denen der Arbeitnehmer vereinbarungsgemäß beschäftigt werden könnte, obliegt dem Arbeitgeber eine gesteigerte Darlegungslast.[979]

f) Doppel- und Mehrfacharbeitsverhältnis

333 Ähnlich gestaltet sich die Situation bei Doppelarbeitsverhältnissen. Sie werden meist dann begründet, wenn der Arbeitnehmer für eine längere Zeit, aber nicht auf Dauer bei einem anderen Konzernunternehmen im Ausland beschäftigt werden soll. Denkbar sind auch Fälle, in denen ein Arbeitnehmer als Matrixmanager im Inland die Führung über die bei einem anderen Konzernunternehmen beschäftigten Arbeitnehmer erhalten soll und deshalb mit ihm auch dort ein Arbeitsvertrag geschlossen wird. Da der Arbeitnehmer nicht beide Arbeitsverträge voll erfüllen kann, wird – soweit nicht ausnahmsweise mehrere Teilzeitarbeitsverhältnisse begründet werden – **das erste Arbeitsverhältnis ruhend gestellt.** Damit wird der Arbeitnehmer nur dann einverstanden sein, wenn ihm zugesagt wird, nach seiner Rückkehr auf einer Stelle weiter arbeiten zu können, die seinen Kenntnissen und Fähigkeiten entspricht.[980] Ohne eine solche **Rückkehrklausel**[981] müsste ein Mitarbeiter befürchten, zu einem anderen Konzernunternehmen oder ins Ausland „abgeschoben" zu werden. Ob eine solche **„Re-Entry-Klausel"** einen **temporären Ausschluss einer betriebsbedingten Kündigung enthält,** wie die frühere Rechtsprechung angenommen hat[982], ist allerdings zweifelhaft. Gesicherter Erkenntnis entspricht es jedenfalls, dass die Ruhensvereinbarung hinsichtlich des zuerst abgeschlossenen Arbeitsverhältnisses ohne eine solche Rückkehrklausel den Arbeitnehmer unangemessen benachteiligt.[983] Deshalb hat der Arbeitgeber aus dem ruhenden Arbeitsverhältnis die **Pflicht,** alles ihm Zumutbare zu tun, es ggf. zu reaktivieren.[984]

334 Das kann mit **Schwierigkeiten** verbunden sein, wenn der bisherige oder der zugesagte **Arbeitsplatz** gerade anderweitig **besetzt** oder zwischenzeitlich **entfallen** ist. Der Arbeitgeber wird daher die Nichterfüllung der Rückkehrklausel oder eine betriebsbedingte Kündigung in Erwägung ziehen. Beide Strategien führen allerdings nicht zum Ziel. Eine Rückkehrklausel wäre in sich widersprüchlich und wenig plausibel, wenn eine Pflicht zur Unterbringung nur nach Maßgabe der jeweils mehr oder minder zufällig gegebenen Verfügbarkeit eines passenden Arbeitsplatzes bestünde.[985] Insoweit hat das BAG mit Recht in der Abordnung zu einer Konzerntochter mit Rückkehrvereinbarung zur Muttergesellschaft einen vertraglichen Verzicht auf den Kündigungsgrund dringender betrieblicher Erfordernisse erblickt.[986] Freilich kann die Rückkehr eines Arbeitnehmers aus einem anderen Unternehmen aufgrund einer verbindlichen Rückkehrklausel für sich allein die betriebsbedingte Kündigung eines anderen Arbeitnehmers nicht begründen, wenn dieser einen geeigneten Arbeitsplatz innehat, auf dem der Rückkehrer beschäftigt werden könnte. Auch dort müssen alle vertraglichen und gesetzlichen Anforderungen erfüllt sein.[987]

---

[979] BAG 21.1.1999 – 2 AZR 648/97, NZA 1999, 539 Ls. 2.
[980] MaSiG/*Göpfert* Auslandseinsatz Rn. 26; *Mauer* Personaleinsatz Rn. 493, Preis/*Preis* Vertragsgestaltung II A 140 Rn. 45; *Windbichler* Konzernarbeitsrecht S. 75 (99).
[981] Muster bei *Mauer* Personaleinsatz Rn. 440.
[982] Vgl. BAG 28.11.1968 – 2 AZR 76/86, NJW 1969, 679; anders aber LAG Düsseldorf 8.10.1997 – 4 Sa 1061/97 nv.
[983] Hümmerich/Reufels/*Borgmann* Gestaltung von Arbeitsverträgen, § 1 Rn. 1018; MaSiG/*Göpfert* Auslandseinsatz Rn. 26; *Grosjean* DB 2004, 2425; BLDH/*Lingemann*, 5. Aufl. 2014, S. 481 Fn. 29; Preis/*Preis* Vertragsgestaltung II A 140 Rn. 32.
[984] BAG 3.9.1963 – 3 AZR 115/62, AP BGB § 611 Ruhen des Arbeitsverhältnisses Nr. 1. Entsprechendes gilt, wenn das erste Arbeitsverhältnis einvernehmlich beendet wurde und statt einer „Re-Entry-Klausel" eine „Re-Contacting-Klausel" vereinbart wird, vgl. *Maurer* Personaleinsatz Rn. 439.
[985] *Windbichler* Konzernarbeitsrecht S. 146 mwN.
[986] BAG 3.9.1963 – 3 AZR 115/62, AP BGB § 611 Ruhen des Arbeitsverhältnisses Nr. 1.
[987] Ebenso *Windbichler* Konzernarbeitsrecht S. 147 f.

Umgekehrt kann die **Rückkehrklausel** – auch wenn sie Gefährdungen des Arbeitsplatzes wegen der Abwesenheit vom Betrieb oder wegen des Ruhens des Arbeitsverhältnisses vermeiden soll – den Arbeitnehmer **nicht vor jeder Änderung der Arbeitsbedingungen im Stammbetrieb schützen.** Wie weit der Arbeitnehmer auf einem bestimmten Arbeitsplatz bestehen kann, richtet sich nach den getroffenen Vereinbarungen, aber auch danach, welche Art und Weise der Weiterbeschäftigung für den Arbeitgeber im konkreten Einzelfall zumutbar ist. So kann, wenn es an einem gleichen oder gleichwertigen Arbeitsplatz fehlt, auch eine **neuerliche Entsendung** zu einem anderen Konzernunternehmen in Betracht kommen. Sorgt der Arbeitgeber für eine angemessene Beschäftigungsmöglichkeit, kann das die Vertragswidrigkeit der betriebsbedingten Kündigung entfallen lassen, wenn der Arbeitnehmer dieses Angebot ausschlägt.[988] Dabei gelten dieselben Grundsätze wie im allgemeinen Kündigungsschutzrecht hinsichtlich der Möglichkeit der Weiterbeschäftigung zu geänderten Vertragsbedingungen.[989] Eine **Änderungskündigung** als gegenüber der Beendigungskündigung milderes Mittel kommt nicht in Betracht,[990] weil sie sich grundsätzlich nicht zur Erzwingung von Mobilität über die Unternehmensgrenzen hinaus eignet.[991]

335

Endet die Beschäftigung bei dem anderen Konzernunternehmen **früher als geplant,** hängt die Reichweite des nach der Rechtsprechung mit der Rückkehrklausel verbundenen Verzichts auf eine betriebsbedingte Kündigung von den Umständen des Einzelfalls ab. Stand es dem Unternehmen, zu dem der Arbeitnehmer „versetzt" wurde, frei, die Beschäftigung jederzeit und ohne Vorliegen von Gründen zu beenden, gehört die vorzeitige Rückkehr zum Risikobereich des Stammarbeitgebers, der dann für die Unterbringung der Arbeitnehmer zu sorgen hat.[992] Ist es dagegen der Arbeitnehmer, der – möglicherweise vorwerfbar – den Grund für eine vorzeitige Abberufung liefert, wäre es treuwidrig, wenn er sich uneingeschränkt auf die Rückkehrklausel beruft, sofern sein Verhalten nicht ohnehin einen Grund zur Kündigung beider Arbeitsverhältnisse darstellt.[993]

336

Stets hat der Stammarbeitgeber bei der Planung von Restrukturierungsmaßnahmen die Rückkehroption eines vorübergehend versetzten Arbeitnehmers im Auge zu behalten. Misslingt eine betriebsbedingte Kündigung, führen die beschriebenen Erschwernisse zuweilen zu **„Abstellgleispositionen".** Der Arbeitnehmer kann dann zwar einen Anspruch auf vertragsgemäße Beschäftigung geltend machen. Ist das für den Arbeitgeber aber auf Dauer unzumutbar, kann sogar eine außerordentliche Kündigung in Betracht kommen. Wird das zweite Arbeitsverhältnis zum Stammarbeitsverhältnis umgestaltet, indem etwa die Befristung entfällt, kann die Aufrechterhaltung der Rückkehroption betrieblich nicht mehr vertretbar erscheinen. Im weitesten Sinne ist auch das ein dringendes betriebliches Erfordernis, die Weiterbeschäftigung zu beenden.[994]

337

4. Sozialauswahl

a) Überblick

Ist die Kündigung unvermeidlich, muss der Arbeitgeber die zu kündigende Person nach den Grundsätzen der Sozialauswahl gemäß § 1 Abs. 3 KSchG bestimmen. Zu kündigen ist aus dem Kreis **vergleichbarer,** dh gegeneinander **austauschbarer Arbeitnehmer,** derjenige, dem die Kündigung unter Berücksichtigung der Kriterien Lebensalter, Dauer der Betriebszugehörigkeit, Schwerbehinderung und Unterhaltspflichten am ehesten zugemu-

338

---

[988] Ebenso *Windbichler* Konzernarbeitsrecht S. 147.
[989] Vgl. BAG 25.10.1983 – 1 AZR 260/82, AP BetrVG 1972 § 112 Nr. 18.
[990] *Windbichler* Konzernarbeitsrecht S. 159.
[991] Vgl. ausf. *Maschmann* RdA 1996, 24 ff.
[992] *Windbichler* Konzernarbeitsrecht S. 147.
[993] Ebenso *Windbichler* Konzernarbeitsrecht S. 147.
[994] *Windbichler* Konzernarbeitsrecht S. 150.

tet werden kann.[995] Sie ist **auch** in **Matrixorganisationen betriebsweit** vorzunehmen (→ Rn. 341). Zu klären ist deshalb, welche organisatorischen Einheiten in der Matrixorganisation einen Betrieb im kündigungsschutzrechtlichen Sinne bilden und wonach sich die Betriebszugehörigkeit richtet. Da der Betriebsbegriff im KSchG weitgehend dem des BetrVG entspricht, werden hier nur die kündigungsrechtlichen Abweichungen geschildert, ansonsten wird auf die Ausführungen im Abschnitt zum Mitbestimmungsrecht verweisen (→ Rn. 368 ff.). Bei dem für die Sozialauswahl besonders bedeutsamen Merkmal **„Dauer der Betriebszugehörigkeit"** ist zu erörtern, ob auch Beschäftigungszeiten, die im Zuge eines matrixweiten Arbeitseinsatzes nicht beim Vertragsarbeitgeber, sondern bei anderen Matrixgesellschaften absolviert wurden, berücksichtigt werden können. Abschließend ist zu diskutieren, ob auch in Matrixorganisationen die Möglichkeit besteht, Arbeitnehmer aus betrieblichen Gründen von der Sozialauswahl auszunehmen und nach welchen Kriterien sich dies bestimmt.

b) Betriebsbezogenheit der Sozialauswahl

339   Nach der Konzeption des § 1 Abs. 3 KSchG ist die Sozialauswahl *betriebsbezogen* durchzuführen. Regelmäßig sind deshalb alle vergleichbaren Arbeitnehmer in die Auswahlentscheidung einzubeziehen, die in demselben Betrieb wie der unmittelbar kündigungsbedrohte Arbeitnehmer beschäftigt sind.[996] **Welche Organisationseinheit als Betrieb anzusehen ist,** definiert das KSchG jedoch nicht. Die hM geht von einem für das gesamte KSchG einheitlich geltenden Begriff aus[997] und versteht ihn im Wesentlichen wie im **Betriebsverfassungsrecht.**[998] Das hat historische Gründe, die bis auf die Weimarer Zeit zurückreichen. Dort war nämlich der Kündigungsschutz im Betriebsrätegesetz verankert und galt nur in mitbestimmten Betrieben.[999] Der betriebsverfassungsrechtliche Ansatz bedarf heutzutage allerdings gewisser **Modifikationen.** Zum einen sind – **entgegen** der in § 4 Satz 1 Nr. 1 BetrVG für das Mitbestimmungsrecht getroffenen Regelung – **auch räumlich entfernte Betriebsteile** für die Sozialauswahl **zu berücksichtigen,** sofern sie mit dem Hauptbetrieb eine organisatorische Einheit bilden, weil das KSchG den Betrieb als einheitliche Organisationseinheit begreift und nicht wie das BetrVG zwischen bestimmten Teileinheiten differenziert.[1000] Zum anderen ist eine durch **Strukturtarifvertrag nach § 3 BetrVG** geschaffene **Betriebsstruktur** für das **Kündigungsschutzrecht unbeachtlich,**[1001] weil der Gesetzgeber die nach § 3 Abs. 1 Nrn. 1 bis 3 BetrVG gebildeten Organisationseinheiten ausdrücklich nur als Betriebe iSd *Betriebsverfassungsgesetzes* verstanden wissen will und die entsprechende Fiktionswirkung des § 3 Abs. 5 BetrVG streng auf das Mitbestimmungsrecht begrenzt hat.[1002]

340   Von diesen Besonderheiten abgesehen **entspricht der kündigungsrechtliche Betriebsbegriff dem betriebsverfassungsrechtlichen.**[1003] Danach ist unter Betrieb *„die organisatorische Einheit von Arbeitsmitteln zu verstehen, mit deren Hilfe der Arbeitgeber allein oder in Gemeinschaft mit seinen Arbeitnehmern mit Hilfe von technischen und immateriellen Mitteln*

---

[995] BAG 31.5.2007 – 2 AZR 276/06, NZA 2008, 33 Rn. 16.
[996] BAG 14.3.2013 – 8 AZR 154/12, AP KSchG 1969 § 1 Betriebsbedingte Kündigung Nr. 199 Rn. 36 mwN.
[997] BAG 19.7.2016 – 2 AZR 468/15, NZA 2016, 1196 Rn. 12; *Bepler* AuR 1997, 54 (57); *Falder* NZA 1998, 1254 (1257); *Gimmy/Hügel* NZA 2013, 764 (767); APS/*Kiel* KSchG § 1 Rn. 597; SPV Kündigung/*Preis* Rn. 852; *Schmidt* NZA 1998, 169 (172).
[998] StRspr, vgl. nur BAG 17.1.2008 – 2 AZR 902/06, NZA 2008, 872 Rn. 15; 19.7.2016 – 2 AZR 468/15, NZA 2016, 1196 Rn. 12; 2.3.2017 – 2 AZR 427/16, NZA 2017, 859 Rn. 15.
[999] *Joost* Betrieb und Unternehmen S. 355; SPV Kündigung/*Preis* Rn. 852.
[1000] StRspr, vgl. nur BAG 14.3.2013 – 8 AZR 154/12, AP KSchG 1969 § 1 Betriebsbedingte Kündigung Nr. 199.
[1001] Zur Bedeutung von Strukturtarifverträgen für die „Betriebsratslandschaft" in der Matrix → Rn. 433 ff.
[1002] BAG 31.5.2007 – 2 AZR 276/06, NZA 2008, 33 Rn. 18; APS/*Kiel* KSchG § 1 Rn. 668; SPV Kündigung/*Preis* Rn. 1047 mwN.
[1003] StRspr, vgl. nur BAG 2.3.2017 – 2 AZR 427/16, NZA 2017, 859 Rn. 15.

einen bestimmten arbeitstechnischen Zweck fortgesetzt verfolgt, der nicht nur in der Befriedigung von Eigenbedarf liegt".[1004] Entscheidend ist die Reichweite der Leitungsmacht der Betriebsleitung. Eine bestimmte organisatorische Einheit gilt nur dann als Betrieb, wenn dort **„der Kern der Arbeitgeberfunktionen in personellen und sozialen Angelegenheiten im Wesentlichen selbständig ausgeübt wird."** Zu prüfen ist also, wo schwerpunktmäßig über Arbeitsbedingungen und Organisationsfragen entschieden wird und in welcher Weise Einstellungen, Entlassungen und Versetzungen erfolgen.[1005] Für die Qualifizierung als Betrieb genügt es deshalb nicht, dass in einer Einheit bestimmte Personen gewisse Vorgesetztenfunktionen wahrnehmen, wenn sich deren Befugnisse darauf beschränken, fachliche Weisungen zu erteilen, Dienstpläne zu erstellen oder Personal in lediglich geringem Umfang einzustellen.[1006] Erforderlich ist vielmehr eine umfassende Leitungsmacht. Wird diese nur von einem Hauptbetrieb aus ausgeübt, gehören selbst weiter entfernte Betriebsstätten mit anderer arbeitstechnischen Zwecksetzung zum Hauptbetrieb.[1007] Kündigungsrechtlich ist die Sozialauswahl deshalb auch auf d**as dort beschäftigte Personal zu erstrecken.**[1008]

Diese Grundsätze gelten auch für die **Matrixorganisation.**[1009] Auch für sie ist die **Sozialauswahl betriebs- und nicht unternehmens- oder konzernweit durchzuführen.** Nichts spricht dagegen, den **traditionellen Betriebsbegriff** selbst für so komplexe Strukturen wie die einer Matrixorganisation zu gebrauchen.[1010] Schon wegen der Notwendigkeit, das KSchG gleichmäßig auf alle Betriebe anzuwenden, bestehen keine überzeugenden Argumente dafür, einen anderen Betriebsbegriff allein für diese Organisationsform zu entwickeln.[1011] Das gilt umso mehr, als der traditionelle Begriff trotz seiner Abstraktheit so leistungsfähig ist, dass sich mit ihm die personell-organisatorische Reichweite der Sozialauswahl auch für Matrixorganisationen sachgerecht bestimmen lässt. Allerdings müssen dazu die für den Betriebsbegriff maßgeblichen Leitungsstrukturen in jedem Einzelfall sorgfältig analysiert werden (→ Rn. 371 ff.).

341

Ausgangspunkt sind dabei auch in der Matrixorganisation die **realen Betriebsstätten,** also die räumlich erfassbaren Standorte, wo Arbeitnehmer an ihren Arbeitsplätzen in bestimmten Gebäuden mit Maschinen oder Geräten Produkte herstellen oder Dienste leisten. Dabei kann man aber nicht stehenbleiben. Die **Sozialauswahl** hat auch **betriebsstättenübergreifend** zu erfolgen. Sie muss das **gesamte Personal** erfassen, **für das** in der Matrixorganisation eine **Betriebsleitung** besteht, die kraft ihrer Leitungsmacht die maßgeblichen Arbeitsbedingungen und Organisationsfragen bestimmen kann – vor allem solche, die der Mitbestimmung unterliegen – und über alle Einstellungen, Entlassungen und Versetzungen selbst entscheidet und verantwortet.[1012] Das gilt auch dann, wenn sich die Betriebsleitung in bestimmten Fragen bei der Matrixleitung oder anderen Stellen „rückversichern" und deren Zustimmung einholen muss, jedenfalls soweit sie ihre eigenen Entscheidungen im Wesentlichen selbst treffen kann.[1013] Zu den Folgen einer komplexen Verteilung der Arbeitgeberfunktionen für den Betriebsbegriff im mitbestimmungsrechtlichen Sinne → Rn. 415 ff.

342

[1004] BAG 17.1.2008 – 2 AZR 902/06, NZA 2008, 872 Rn. 15.
[1005] StRspr, vgl. BAG 28.10.2010 – 2 AZR 392/08 Rn. 16, AP KSchG 1969 § 23 Nr. 48.
[1006] BAG 21.5.2007 – 2 AZR 276/07 Rn. 24, NZA 2008, 33.
[1007] StRspr, vgl. BAG 28.10.2010 – 2 AZR 392/08 Rn. 17, AP KSchG 1969 § 23 Nr. 48.
[1008] So bereits BAG 26.8.1971 – 2 AZR 233/70, AP KSchG 1969 § 23 Nr. 1 für zentral gelenkte Verkaufsstellen eines Einzelhandelsunternehmens.
[1009] *Bauer/Herzberg* NZA 2011, 713 (716); *Gimmy/Hügel* NZA 2013, 764 (767); *Neufeld* AuA 2012, 219 (221); 219.
[1010] Ebenso *C. Schubert* Betriebliche Mitbestimmung S. 47 (50, 56, 158).
[1011] Dazu ausf. *Berger* Matrixkonzern S. 89 ff.
[1012] StRspr, vgl. BAG 28.10.2010 – 2 AZR 392/08, AP KSchG 1969 § 23 Nr. 48 Rn. 16.
[1013] Das setzt spiegelbildlich voraus, dass Mitglieder der Betriebsleitung leitende Angestellte iSd § 5 Abs. 3 BetrVG sind. Auch dort findet sich in der Begriffsdefinition die Wendung, dass als leitender Angestellt gilt, wer er bei der Wahrnehmung der für das Unternehmen bedeutsamen Aufgaben *„Entscheidungen im Wesentlichen frei von Weisungen trifft oder sie maßgeblich beeinflusst".*

343 Einfach liegt es, wenn die betriebliche Leitungsmacht gegenüber dem gesamten Personal der Matrix oder einer bestimmten Matrixzelle besteht. Dann bildet die **gesamte Matrix bzw. Matrixzelle** einen Betrieb iSd KSchG, innerhalb dem dann die Sozialauswahl durchzuführen ist. Unproblematisch sind dabei vor allem die Fälle, in denen die Matrixzelle rechtsformkongruent gebildet ist und mit einer bestimmten Matrixgesellschaft ist (→ Rn. 381) oder mit einem „realen" Betrieb (→ Rn. 378) zusammenfällt.

344 Schwieriger wird es, wenn die für die Matrixorganisation typische Aufteilung der arbeitgeberseitigen Leitungsmacht auf Matrixmanager und sonstige Vorgesetzte dazu führt, dass die **Struktur der realen Betriebe** von einer **Struktur „virtueller Einheiten" überlagert wird,** in denen bestimmte Mitarbeiter betriebs- oder unternehmensübergreifend dem Weisungsrecht eines Matrixmanagers unterstellt werden. Dann fragt es sich, ob die **Matrixzellen** als eigenständige, **„virtuelle" Betriebe neben die „realen" Betriebe des Unternehmens treten.** Das ist im Regelfall **abzulehnen** (→ Rn. 385 ff.). Den Matrixmanagern wird üblicherweise nur das fachliche, nicht aber das disziplinarische Weisungsrecht übertragen. Den Kern der Arbeitgeberfunktionen in personellen und sozialen Angelegenheiten nehmen nach wie vor die Leitungsapparate der realen Betriebe wahr, wo die Mitarbeiter tatsächlich beschäftigt werden.[1014] Da sich die Befugnisse der Matrixmanager darauf beschränken, die zur Erreichung ihres jeweiligen Projektes notwendigen Anordnungen zu erteilen, **bildet das ihnen unterstellte Personal keinen eigenen Betrieb** im kündigungsschutzrechtlichen Sinne. Dass die Matrixmanager fachliche Weisungen erteilen, Dienstpläne erstellen, Überstunden anordnen usw., und auf diese Weise in die „realen Betriebe" hineinregieren, genügt nicht.[1015] Solange sie gegenüber den ihnen Unterstellten nicht den Kern der Arbeitgeberfunktionen wahrnehmen, bilden diese auch in ihrer Gesamtheit keinen eigenständigen, gleichsam „virtuellen" Betrieb. Daran ändert sich auch dann nichts, wenn die Unterstellten ausnahmsweise keinen physischen Arbeitsplatz in einem realen Betrieb haben, sondern ausschließlich von zu Hause aus oder mobil an verschiedenen Orten (zB bei Lieferanten oder Kunden) tätig werden. Diese Personen gehören zu dem Betrieb, von dem aus ihr Arbeitsverhältnis „abgewickelt"[1016], dh schwerpunktmäßig über ihre Arbeitsbedingungen entschieden wird.

345 Erst recht nicht kommen sie für eine Sozialauswahl in Betracht, wenn sie zwar von Deutschland aus fachliche Weisungen ihres Matrixmanagers erhalten, sie aber in Betrieben im Ausland beschäftigt werden. Nach der Rechtsprechung ist die **Sozialauswahl auf inländische Betriebe beschränkt.**[1017] Das ergibt sich aus § 23 Abs. 1 KSchG, demzufolge der Erste Abschnitt des KSchG nur auf Betriebe anzuwenden ist, die in Deutschland liegen. In diesem Sinne ist auch der Betriebsbegriff in § 1 KSchG zu verstehen.[1018] Bei der Prüfung, welcher Arbeitnehmer bei einer Sozialauswahl Vorrang genießt, ist Bedingung, dass gegenüber allen betroffenen Beschäftigten und dem Arbeitgeber dasselbe – deutsche – Arbeitsrecht und Kündigungsschutzrecht angewendet und durchgesetzt werden kann. Diese Voraussetzung sicherzustellen, ist das Anliegen der Anknüpfung an den Begriff des „Betriebs" in § 23 Abs. 1 KSchG.[1019]

346 Allerdings ist es möglich, dass in einer Matrixorganisation mehrere Unternehmen bzw. Matrixgesellschaften einen **Gemeinschaftsbetrieb** bilden (→ Rn. 408). In diesem Fall muss die **Sozialauswahl unternehmensübergreifend** über alle Arbeitnehmer erfolgen, die dem Gemeinschaftsbetrieb angehören.[1020] Von einem Gemeinschaftsbetrieb geht die

---

[1014] StRspr, vgl. BAG 28. 10. 2010 – 2 AZR 392/08, AP KSchG 1969 § 23 Nr. 48 Rn. 16.
[1015] Vgl. nur BAG 2. 3. 2017 – 2 AZR 427/16, NZA 2017, 859 Rn. 15, 18 ff.
[1016] *Gimmy/Hügel* NZA 2013, 764 (768 f.).
[1017] BAG 29. 8. 2013 – 2 AZR 809/12, NZA 2014, 730 Rn. 32 ff.; 24. 9. 2015 – 2 AZR 2/14, NZA 2015, 1457; APS/*Kiel* KSchG § 1 Rn. 598; ErfK/*Oetker* KSchG § 1 Rn. 319; *Monz* BB 2014, 254.
[1018] BAG 29. 8. 2013 – 2 AZR 809/12, NZA 2014, 730 Rn. 32f.
[1019] Vgl. weiter BAG 17. 1. 2008 – 2 AZR 902/06, NJW 2008, 2665; 26. 3. 2009 – 2 AZR 883/07, NJOZ 2009, 3111; 29. 8. 2013 – 2 AZR 809/12, NZA 2014, 730.
[1020] StRspr, vgl. BAG 5. 5. 1994 – 2 AZR 917/93, NZA 1994, 1023; 29. 11. 2007 – 2 AZR 763/06, AP KSchG 1969 § 1 Soziale Auswahl Nr. 95; 18. 10. 2012 – 6 AZR 41/11, NZA 2013, 1007 Rn. 53;

Rechtsprechung aus, wenn die beteiligten Unternehmen mit ihren Arbeitnehmern arbeitstechnische Zwecke innerhalb der gemeinsamen organisatorischen Einheit fortgesetzt verfolgen. Die Einheit der Organisation ist zu bejahen, wenn ein einheitlicher Leitungsapparat vorhanden ist, der die Gesamtheit der für die Erreichung der arbeitstechnischen Zwecke eingesetzten personellen, technischen und immateriellen Mittel lenkt. Das setzt voraus, dass die beteiligten Unternehmen sich **zur gemeinsamen Führung eines Betriebes rechtlich verbunden** und dazu eine gemeinsame Betriebsleitung eingesetzt haben. Ohne eine solche Vereinbarung wäre nämlich bei einer rechtsträgerübergreifenden Sozialauswahl die Kündigung eines sozial weniger schutzbedürftigen Arbeitnehmers im Verhältnis zu seinem eigenen Vertragsarbeitgeber rechtlich nicht durchsetzbar. Eine solche Vereinbarung muss nicht verabredet sein, sondern kann sich auch aus den tatsächlichen Umständen ergeben.[1021] Eine **unternehmerische Zusammenarbeit genügt** für sich allein jedoch **ebenso wenig**[1022] wie eine **konzernrechtliche Verbundenheit** der Unternehmen.[1023] Selbst wenn die Matrixleitung den von ihr abhängigen Matrixgesellschaften kraft Beherrschungsvertrags oder rein faktisch Anordnungen erteilen kann, ist der Adressat dieser Weisungen allein das Leitungsorgan der abhängigen Gesellschaft. Insofern kann die konzernrechtliche Weisungsmacht zwar bis zur Betriebsebene durchschlagen. Sie erzeugt jedoch für sich allein keinen betriebsbezogenen Leitungsapparat.[1024] Ein Gemeinschaftsbetrieb entsteht auch nicht bereits dadurch, dass einem Matrixmanager Arbeitnehmer verschiedener Matrixgesellschaften unterstellt werden, jedenfalls dann nicht, wenn er nicht den **Kern der Arbeitgeberfunktionen in personellen und sozialen Angelegenheiten ausübt.**

c) Betriebszugehörigkeit

Steht fest, welche organisatorischen Einheiten zum selben Betrieb zählen, ist in einem zweiten Schritt zu prüfen, welche Arbeitnehmer zu diesem Betrieb gehören. In die Auswahlentscheidung sind **alle Arbeitnehmer** einzubeziehen, die in **demselben Betrieb wie der unmittelbar kündigungsbedrohte Arbeitnehmer beschäftigt sind.**[1025] Dies gilt selbst dann, wenn sich der Arbeitgeber ein betriebsübergreifendes Versetzungsrecht vorbehalten hat.[1026] Arbeitnehmer sind im Sinne des § 1 Abs. 3 KSchG „in" einem Betrieb beschäftigt, wenn sie in dessen betriebliche Struktur eingebunden sind. Dafür ist erforderlich, dass sie ihre Tätigkeit für diesen Betrieb erbringen und die Weisungen zu ihrer Durchführung im Wesentlichen von dort erhalten.[1027] 347

Das ist unproblematisch der Fall, wenn sich der **Arbeitsplatz in einem „realen" Betrieb** befindet und die Mitarbeiter nur organisatorisch dem Weisungsrecht eines Matrixmanagers unterstellt sind. Selbst wenn die Matrixmanager „von außen" in diesen Betrieb hineinregieren, ändert das nichts daran, dass die ihm Unterstellten ihre Dienste für den realen Betrieb erbringen. Entsprechendes gilt, wenn sie unter der Leitung des Matrixmanagers an **unternehmensübergreifenden Projekten mit Arbeitnehmern anderer Betriebe oder Matrixgesellschaften zusammenarbeiten, solange** sie damit auch die arbeitstechnischen Zwecke des Betriebs erfüllen, in dem sich ihr Arbeitsplatz befindet. Anders kann es liegen, wenn ein solcher Arbeitsplatz fehlt und die Mitarbeiter ihre Anweisungen von einem Matrixmanager erhalten, der selbst auch keinem realen Betrieb 348

KDZ/*Deinert* KSchG § 1 Rn. 590; KR/*Griebeling/Rachor* KSchG § 1 Rn. 609a; APS/*Kiel* KSchG § 1 Rn. 502; ErfK/*Oetker* KSchG § 1 Rn. 322; SPV Kündigung/*Preis* Rn. 1054; Braun/Wisskirchen/*Röhrborn* Konzernarbeitsrecht Teil I Abschn. 3 Rn. 138 ff.

[1021] Zu Vorstehendem BAG 13. 6. 1985 – 2 AZR 452/84, NZA 1986, 600.
[1022] BAG 13. 6. 1985 – 2 AZR 452/84, NZA 1986, 600.
[1023] BAG 13. 6. 2002 – 2 AZR 327/01, AP KSchG 1969 § 23 Nr. 29 mwN.
[1024] BAG 13. 6. 2002 – 2 AZR 327/01, AP KSchG 1969 § 23 Nr. 29 mwN.
[1025] BAG 31. 5. 2007 – 2 AZR 276/06 , NZA 2008, 33 Rn. 16.
[1026] BAG 2. 6. 2005 – 2 AZR 158/04, NZA 2005, 1175; 18. 10. 2006 – 2 AZR 676/05, NZA 2007, 798.
[1027] StRspr, vgl. zuletzt BAG 19. 7. 2016 – 2 AZR 468/15, NZA 2016, 1196 Rn. 15.

mehr angehört (→ Rn. 395). In diesem Fall kann ein rein virtueller Betrieb bestehen. Die Sozialauswahl beschränkt sich dann auf die vergleichbaren Arbeitnehmer dieser Einheit. Denkbar ist allerdings auch, dass die Arbeitnehmer dem Betrieb angehören, von dem aus ihr Arbeitsverhältnis „abgewickelt" wird,[1028] dh von wo aus der Kern der Arbeitgeberfunktionen in personellen und sozialen Angelegenheiten im Wesentlichen selbständig ausgeübt wird, wo also schwerpunktmäßig über ihre Arbeitsbedingungen und Organisationsfragen entschieden wird.

349 Gehören die Mitarbeiter nach diesen Grundsätzen einem bestimmten Betrieb an, werden sie **nicht** allein dadurch zugleich zu Angehörigen eines **anderen Betriebes,** wenn sie **diesen nur gelegentlich aufsuchen,** zB im Rahmen von Meetings und Präsentationen.[1029] Anderes gilt jedoch dann, wenn sich der dortige Arbeitseinsatz nicht auf eine „flüchtige Begegnung" beschränkt, sondern sich über längere Zeit erstreckt oder „bis auf weiteres" erfolgt. Die dort Tätigen können dann zwar als Personal gelten, das zum Einsatzbetrieb gehört. Bei einer dort notwendig werdenden Sozialauswahl werden die von einem anderen Betrieb aus Eingesetzten trotzdem nicht berücksichtigt, weil sich ihre Kündigung schon dadurch vermeiden lässt, dass sie ihren Arbeitseinsatz beenden und in ihren bisherigen Betrieb zurückkehren.

350 In Fällen eines betriebsübergreifenden Matrixeinsatzes aufgrund eines Doppelarbeitsverhältnisses, bei dem eines der beiden Arbeitsverhältnisse ruhend gestellt wird, damit die Pflichten aus dem anderen erfüllt werden können, kann der **Arbeitnehmer** mit seinem **ruhenden Arbeitsverhältnis zwar prinzipiell für eine Sozialauswahl in Betracht kommen,** weil auch ruhende Arbeitsverhältnisse kündbar sind.[1030] Seine **Berücksichtigung scheitert** aber meist aus anderen Gründen. Zum einen kann mit dem Abschluss des zweiten Arbeitsverhältnisses der **Ausschluss der betriebsbedingten Kündigung** des ersten Arbeitsverhältnisses verbunden sein.[1031] Zum anderen kann der entsandte Arbeitnehmer erst nach dem Ausspruch der betriebsbedingten Kündigung in seinen „Heimatbetrieb" zurückkehren.[1032] Die **Kündigung des ruhenden Arbeitsverhältnisses** kann auch daran scheitern, dass sie sich als **unverhältnismäßig** erweist. Wird ein Arbeitnehmer beispielsweise für zwei Jahre entsandt und muss der Arbeitgeber kurze Zeit danach betriebsbedingte Kündigungen aussprechen, um die Belegschaft dem zurückgegangenen Auftragsvolumen anzupassen, erreicht er dieses Ziel nicht mit der Kündigung des entsandten Arbeitnehmers, weil die gegenseitigen Hauptpflichten ruhen und deshalb dieses Arbeitsverhältnis den Arbeitgeber nicht mit Lohnkosten belastet und er diesen Arbeitnehmer auch nicht beschäftigen muss. Wäre der Arbeitgeber gezwungen, zunächst dem entsandten Arbeitnehmer zu kündigen, stünde er nicht besser als vor der Kündigung: er müsste einem weiteren Arbeitnehmer kündigen, um sein Ziel zu erreichen. Umgekehrt wäre die Kündigung gegenüber dem entsandten Arbeitnehmer sozialwidrig, weil nicht feststeht, ob der Arbeitgeber zum Zeitpunkt der vereinbarten Wiederaufnahme der Arbeit die Belegschaft reduzieren muss.[1033]

351 Ob auch ein **Matrixmanager** in die **Sozialauswahl einzubeziehen** ist, hängt davon ab, ob er in dem Betrieb, in dem er in der Matrixorganisation eine Leitungsfunktion ausübt, eingegliedert ist. Diese Frage war in jüngerer Zeit wiederholt Gegenstand der instanzgerichtlichen Rechtsprechung,[1034] allerdings nur im Hinblick auf die Mitbestim-

---

[1028] *Gimmy/Hügel* NZA 2013, 764 (768 f.).
[1029] BAG 19.7.2016 – 2 AZR 468/15, NZA 2016, 1196 Rn. 15.
[1030] ErfK/*Oetker* KSchG § 1 Rn. 314; HHL/*Krause* KSchG § 1 Rn. 959 f.; SPV Kündigung/*Preis* Rn. 1067; vgl. auch BAG 26.2.1987 – 2 AZR 177/86, NZA 1987, 775.
[1031] Vgl. BAG 28.11.1968 – 2 AZR 76/86, NJW 1969, 679; anders aber LAG Düsseldorf 8.10.1997 – 4 Sa 1061/97 nv.
[1032] Vgl. BAG 26.2.1987 – 2 AZR 177/86, NZA 1987, 775.
[1033] BAG 26.2.1987 – 2 AZR 177/86, NZA 1987, 775 (776).
[1034] LAG BW 28.5.2014 – 4 TaBV 7/13, BeckRS 2014, 70642; LAG BB 17.6.2015 – 17 TaBV 277/15, NZA-RR 2015, 529; LAG Düsseldorf 10.2.2016 – 7 TaBV 63/15, BeckRS 2016, 68795; LAG Düsseldorf 20.12.2017 – 12 TaBV 66/17, BeckRS 2017, 142119.

mungsrechte des für den betreffenden Betrieb zuständigen Betriebsrats, nicht hinsichtlich der kündigungsschutzrechtlichen Problematik. Mit Blick auf die **Beteiligungsrechte nach § 99 Abs. 1 BetrVG** hat es die **Rechtsprechung** für eine Einstellung **genügen** lassen, dass einem **Matrixmanager die Leitungsfunktion** über die in dem Betrieb Beschäftigten übertragen wurde. Während in den vom LAG Baden-Württemberg[1035] und vom LAG Berlin-Brandenburg[1036] entschiedenen Fällen ein Arbeitsverhältnis zwischen dem Matrixmanager und dem betriebsinhabenden Konzernunternehmen bestand, hielten verschiedene Kammern des LAG Düsseldorf selbst das für entbehrlich.[1037] Es sei nicht einmal erforderlich, dass der Matrixmanager die Leitung des gesamten Personals eines Betriebs übertragen werde; eine Bestellung zum Vorgesetzten einiger weniger Arbeitnehmer genüge.[1038] Dass die Matrixmanager nicht im selben Betrieb wie die von ihnen Geführten tätig würden, spiele ebenso wenig eine Rolle wie die Tatsache, dass die Matrixmanager weder von den Geschäftsführern der Matrixgesellschaften noch von den Leitern der Betriebe, in denen die von ihnen Geführten tätig waren, Weisungen erhielten, sondern nur von der Konzernleitung.[1039]

Für die Frage der **Sozialauswahl treffen** diese **Erwägungen nur teilweise zu.** In die Sozialauswahl ist ein Matrixmanager stets nur dann einzubeziehen, wenn er mit dem Rechtsträger des Betriebes, den er leiten soll, einen Arbeitsvertrag geschlossen hat. Das kann zwar auch konkludent geschehen. Abzulehnen ist das allerdings für den Fall, dass der Matrixmanager bereits über einen Arbeitsvertrag mit einer anderen Matrixgesellschaft verfügt (→ Rn. 113).[1040] Die sodann notwendige **Eingliederung** ist zweifelsohne **zu bejahen,** wenn der **Matrixmanager** über einen **eigenen Arbeitsplatz** in dem von ihm geführten Betrieb verfügt, den er regelmäßig aufsucht, um von dort aus Weisungen zu erteilen. Sie besteht aber selbst dann, wenn es an einem solchen Arbeitsplatz fehlt, weil der Matrixmanager den Betrieb von außerhalb leitet. Wiederholt hat die Rechtsprechung betont, dass der **Betriebsbegriff nicht räumlich, sondern funktional** zu verstehen sei.[1041] Er ende nicht an den Grenzen des Betriebsgrundstücks oder der Betriebsgebäude, sondern werde durch den arbeitstechnischen Zweck umrissen, der auch durch Arbeit von zu Hause aus oder mobil im Außendienst erfüllt werden könne.[1042] Deshalb setze eine Eingliederung auch keine Mindestanwesenheitszeiten im Betrieb voraus.[1043] Entscheidend sei, dass ein arbeitstechnischer Zweck auch durch die Führung des Betriebs verwirklicht werden könne. Freilich kann man sich darüber streiten, welche Bedingungen für eine solche „Eingliederung durch Führung" mindestens erfüllt sein müssen. In kündigungsrechtlicher Hinsicht dürfte es – anders als bei § 99 Abs. 1 BetrVG – nicht genügen, dass der Matrixmanager Vorgesetzter von nur wenigen im Betrieb Beschäftigten wird, die er zudem nur selten persönlich trifft, weil er sich mit ihnen überwiegend telekommunikativ austauscht,

---

[1035] LAG BW 28.5.2014 – 4 TaBV 7/13, BeckRS 2014, 70642.
[1036] LAG Bln-Bbg 17.6.2015 – 17 TaBV 277/15, NZA-RR 2015, 529.
[1037] LAG Düsseldorf 10.2.2016 – 7 TaBV 63/15, BeckRS 2016, 68795; LAG Düsseldorf 20.12.2017 – 12 TaBV 66/17, BeckRS 2017, 142119.
[1038] LAG Düsseldorf 10.2.2016 – 7 TaBV 63/15, BeckRS 2016, 68795 = LAGE § 101 BetrVG 2001 Nr. 5.
[1039] LAG Düsseldorf 10.2.2016 – 7 TaBV 63/15, BeckRS 2016, 68795 = LAGE § 101 BetrVG 2001 Nr. 5.
[1040] Im vom LAG BW entschiedenen Fall wurde ein zusätzlicher Arbeitsvertrag mit dem Rechtsträger des von dem Matrixmanager zu leitenden Betrieb gerade deshalb geschlossen, damit der Matrixmanager auch das disziplinarische Weisungsrecht zur Leitung des Betriebs im Namen des Rechtsträgers und nicht der Konzernleitung oder einer Gesellschaft ausüben konnte.
[1041] BAG 5.12.2012 – 7 ABR 48/11, NZA 2013, 793 Rn. 18 mwN.
[1042] Dementsprechend kommt es mitbestimmungsrechtlich nach § 5 Abs. 1 S. 1 BetrVG nicht darauf an, ob die Arbeitnehmer im Betrieb, im Außendienst oder mit Telearbeit beschäftigt werden. Für das KSchG kann nichts anderes gelten.
[1043] LAG BW 28.5.2014 – 4 TaBV 7/13, BeckRS 2014, 70642; LAG BB 17.6.2015 – 17 TaBV 277/15, NZA-RR 2015, 529; LAG Düsseldorf 10.2.2016 – 7 TaBV 63/15, BeckRS 2016, 68795 = LAGE § 101 BetrVG 2001 Nr. 5; LAG Düsseldorf 20.12.2017 – 12 TaBV 66/17, BeckRS 2017, 142119.

und er zugleich noch zahlreiche weitere Arbeitnehmer in anderen Betrieben führt. Die Einbeziehung in die Sozialauswahl wirkt für den davon Betroffenen belastend, weil er damit in den Kreis derer fällt, die für eine betriebsbedingte Kündigung in Betracht kommen. Sie muss daher an tendenziell höhere Voraussetzungen geknüpft sein als die Frage einer mitbestimmungspflichtigen Einstellung. Denn bei ihr geht es weniger um die Interessen des Matrixmanagers, sondern um die Wahrung der berechtigten Belange der von ihm geführten Belegschaft. Zweifelhaft ist daher die Eingliederung, wenn ein Matrixmanager nur wenige Mitarbeiter führt und dabei auch nicht an die Geschäftsführer der betreffenden Matrixgesellschaft zu berichten hat, sondern nur an die Konzernleitung.[1044]

353 Selbst wenn man unter diesen Bedingungen von einer Eingliederung ausgeht, wird die Sozialauswahl in der Praxis daran scheitern, dass der **Matrixmanager mit keiner im Betrieb beschäftigten Person vergleichbar ist**,[1045] weil der Arbeitgeber ihn weder mit Blick auf seine Qualifikationen noch hinsichtlich der arbeitsvertraglich von ihm versprochenen Tätigkeit gegen einen anderen Arbeitnehmer desselben Betriebes austauschen kann.[1046] Wenn überhaupt, wäre ein Matrixmanager wohl nur **mit anderen Matrixmanagern** derselben Hierarchieebene und ähnlichen Funktionen **vergleichbar.** Das würde allerdings eine betriebsübergreifende Sozialauswahl voraussetzen, die das BAG[1047] – anders als einige Instanzgerichte[1048] – bislang grundsätzlich abgelehnt hat, sogar dann, wenn sich der Arbeitgeber ein betriebsübergreifendes Versetzungsrecht vorbehalten hat. Offengelassen hat das BAG[1049] allerdings die Frage, ob Ausnahmefälle denkbar sind, in denen die konkrete Vertragsgestaltung (zB fortlaufende rotierende Beschäftigung der Arbeitnehmer einer bestimmten Führungsebene in allen Betrieben eines Unternehmens) eine betriebsübergreifende Sozialauswahl erfordert. Der Grund für die Ablehnung einer betriebsübergreifenden Sozialauswahl – nämlich die besonderen Schwierigkeiten, Arbeitnehmer möglicherweise weit auseinander liegender Betriebe des Unternehmens hinsichtlich ihrer Austauschbarkeit miteinander vergleichen zu müssen[1050] – dürfte bei den – vergleichsweise wenigen – Matrixmanagern eines Konzerns nicht gegeben sein, zumal dann nicht, wenn über die für sie wichtigen Arbeitsbedingungen ohnehin die Matrixleitung entscheidet.

d) Kriterien der Sozialauswahl

354 Bei den für die Sozialauswahl nach § 1 Abs. 3 KSchG relevanten Kriterien kann in Matrixorganisationen das Merkmal „**Dauer der Betriebszugehörigkeit**" Probleme bereiten. Gemeint ist nach hM in Abweichung von der traditionellen Terminologie der rechtlich ununterbrochene Bestand des Arbeitsverhältnisses, und zwar zum selben Arbeitgeber.[1051] Da mit diesem Gesichtspunkt die Treue des Arbeitnehmers zum Arbeitgeber honoriert werden soll, erscheint es in der Tat angemessen, wie bei der Wartezeit nach § 1 Abs. 1 KSchG auf die **Unternehmenszugehörigkeit** abzustellen, gleichviel ob der Arbeitnehmer tatsächlich in unterschiedlichen Betrieben gearbeitet hat.[1052] Frühere **Beschäftigungszeiten** bei einem **anderen Arbeitgeber** sollen dagegen **nicht berück-

---

[1044] LAG Düsseldorf 10.2.2016 – 7 TaBV 63/15, BeckRS 2016, 68795 = LAGE § 101 BetrVG 2001 Nr. 5.
[1045] Zu den Anforderungen BAG 31.5.2007 – 2 AZR 306/06, NZA 2007, 1362; APS/*Kiel* KSchG § 1 Rn. 684; SPV Kündigung/*Preis* Rn. 1035 ff., 1038 ff. mwN.
[1046] Vgl. nur BAG 20.6.2013 – 2 AZR 271/12, NZA 2013, 837.
[1047] BAG 2.6.2005 – 2 AZR 158/04, NZA 2005, 1175; 18.10.2006 – 2 AZR 676/05, NZA 2007, 798; 31.5.2007 – 2 AZR 276/06, NZA 2008, 33 Rn. 16.
[1048] LAG Köln 9.2.2004 – 2 (10) Sa 982/02, NZA-RR 2005, 26.
[1049] BAG 2.6.2005 – 2 AZR 158/04, NZA 2005, 1175 Rn. 17.
[1050] Vgl. BAG 2.6.2005 – 2 AZR 158/04, NZA 2005, 1175 Os. 3.
[1051] BAG 6.2.2003 – 2 AZR 623/01, NZA 2003, 1295; 2.6.2005 – 2 AZR 158/04, NZA 2005, 1175 Rn. 18 mwN; *Fischermeier* NZA 1997, 1089 (1094); KR/*Griebeling/Rachor* KSchG § 1 Rn. 671 f.; APS/*Kiel* KSchG § 1 Rn. 633 mwN; SPV Kündigung/*Preis* Rn. 1079 mwN.
[1052] BAG 6.2.2003 – 2 AZR 623/01, NZA 2003, 1295 (Ls.).

sichtigt werden. Von diesem Grundsatz macht die Rechtsprechung allerdings zwei Ausnahmen. Berücksichtigungsfähig sind sie, wenn sie der jetzige Arbeitgeber vertraglich anerkennt[1053], aber auch dann, wenn er die gesamte vertragliche Stellung des früheren Arbeitgebers im Wege eines Betriebsübergangs nach § 613a BGB übernommen hat.[1054] Allerdings dürfen solche Abreden nicht zur Umgehung der Sozialauswahl erfolgen, was naheliegt, wenn sie im engen zeitlichen Zusammenhang mit dem Kündigungsereignis getroffen werden. Gerade in diesen Fällen müssen sie durch einen sachlichen Grund gerechtfertigt werden, um Manipulationen vorzubeugen.[1055] Ein solcher kann zB darin bestehen, dass die Parteien einen gerichtlichen Vergleich zur Beendigung eines Rechtsstreits wegen eines zweifelhaften Betriebsübergangs geschlossen haben.[1056] Entsprechendes hat die Rechtsprechung für die Berücksichtigung von Beschäftigungszeiten in einer vorangegangenen Organfunktion in Erwägung gezogen.[1057]

Vor diesem Hintergrund erscheint es nicht vollkommen sachfremd, **Beschäftigungszeiten,** die im Zuge eines matrixweiten Arbeitseinsatzes **bei verschiedenen Matrixgesellschaften** absolviert wurden, jedenfalls dann zu **berücksichtigen,** wenn **dies allgemein in der Matrix geschieht** und nicht erst im Hinblick auf eine konkret bevorstehende Sozialauswahl.[1058] Zum einen kann damit den Besonderheiten der Matrixorganisation Rechnung getragen werden, die nicht zum Nachteil eines dort Beschäftigten gehen dürfen; zum anderen verhindert die gleichmäßige Anerkennung solcher Vorbeschäftigungszeiten bei allen Arbeitnehmern, die entsprechend eingesetzt werden, mögliche Manipulationen. Nicht selten hängt es vom Zufall ab, bei welchen Matrixgesellschaften der Arbeitseinsatz erfolgt. In der Gesamtschau seiner Tätigkeit dürfte aber mit zunehmender Beschäftigungsdauer auch der Beitrag steigen, den der Arbeitnehmer zum Wert des gesamten Konzerns leistet. Außerdem nimmt typischerweise die persönliche Bindung zu, die etwa in einer arbeitsplatzbezogenen Wahl des Wohnortes und der Entwicklung von Freundschaften und Lebensgewohnheiten zum Ausdruck kommen kann. Die Beendigung eines Arbeitsverhältnisses trifft deshalb den langjährig beschäftigten Arbeitnehmer oft besonders hart, und zwar unabhängig davon, in welcher konkreten Funktion und bei welcher Gesellschaft er innerhalb einer Matrixorganisation tätig war.[1059]

355

Umgekehrt kann sich die Kündigung eines in einer Matrixorganisation mit mehreren Arbeitsverhältnissen Beschäftigten geradezu aufdrängen, wenn die Kündigung des einen Arbeitsverhältnis dazu führt, dass das andere aktiviert wird. Freilich setzt das voraus, dass ein Anspruch auf anderweitige Weiterbeschäftigung nicht bestritten wird und kein Kündigungsausschluss vorliegt. Keinesfalls darf das Durchsetzungsrisiko den Wert der anderweitigen Beschäftigungsmöglichkeit als soziale Sicherung schmälern.[1060]

356

e) Herausnahme gewisser Arbeitnehmer aus der Sozialauswahl

Schließlich kann sich die Matrixorganisation auf die Möglichkeit auswirken, bestimmte Arbeitnehmer von der Sozialauswahl auszunehmen. Das ist nach § 1 Abs. 3 S. KSchG allgemein der Fall bei **Personen, deren Weiterbeschäftigung, insbesondere wegen ihrer Kenntnisse, Fähigkeiten und Leistungen, im berechtigten betrieblichen Interesse liegt.** Die vom Arbeitgeber mit der Herausnahme verfolgten Interessen müssen

357

[1053] BAG 2.6.2005 – 2 AZR 480/04, NZA 2006, 207.
[1054] So für die Berücksichtigung von Vorbeschäftigungszeiten bei der Wartezeit BAG 27.6.2002 – 2 AZR 270/01, NZA 2003, 145; 18.9.2003 – 2 AZR 330/02, NZA 2004, 319 für die Berechnung der gesetzlichen Kündigungsfrist.
[1055] BAG 2.6.2005 – 2 AZR 480/04, NZA 2006, 207 (210).
[1056] BAG 2.6.2005 – 2 AZR 480/04, NZA 2006, 207 (210).
[1057] Vgl. LAG RhPf 19.1.2005 – 10 Sa 849/04, BeckRS 2005, 41772; zustimmend APS/*Kiel* KSchG § 1 Rn. 634; vHHL/*Krause* § 1 Rn. 969; zurückhaltend SPV Kündigung/*Preis* Rn. 1079.
[1058] Ebenso *Windbichler* Konzernarbeitsrecht S. 160 f.
[1059] Vgl. BAG 6.2.2003 – 2 AZR 623/01, EzA KSchG § 1 Soziale Auswahl Nr. 51 Rn. 20.
[1060] Zutreffend *Windbichler* Konzernarbeitsrecht S. 161.

dabei auch im Kontext der Sozialauswahl gerechtfertigt sein. Das Interesse des sozial schwächeren Arbeitnehmers ist im Rahmen des § 1 Abs. 3 S. 2 KSchG gegen das betriebliche Interesse des Arbeitgebers an der Herausnahme des so genannten Leistungsträgers abzuwägen. Je schwerer dabei das soziale Interesse wiegt, desto gewichtiger müssen die Gründe für die Ausklammerung des Leistungsträgers sein.[1061] Stets ist dabei das „Regel-Ausnahme-Verhältnis" zwischen Satz 1 und Satz 2 des § 1 Abs. 3 zu beachten,[1062] weshalb im Grundsatz zunächst von der Einbeziehung aller miteinander vergleichbarer – also gegeneinander austauschbarer[1063] – Arbeitnehmer auszugehen ist und hiervon nur unter besonderen Bedingungen Ausnahmen gemacht werden können. Unter welchen konkreten Voraussetzungen die Herausnahme erlaubt ist, wird allerdings kontrovers diskutiert.

358 Die Rechtsprechung verlangt, dass die Weiterbeschäftigung im Sinne eines geordneten Betriebsablaufs erforderlich ist.[1064] Das ist nicht erst dann der Fall, wenn wegen der Nichtweiterbeschäftigung eines an sich sozial stärkeren Arbeitnehmers für den Arbeitgeber eine Zwangslage eintreten würde. Umgekehrt genügen bloße Nützlichkeitserwägungen jedoch nicht.[1065] Offen ist, welche Qualität Kenntnisse, Fähigkeiten und Leistungen eines Arbeitnehmers aufweisen müssen, damit sie einer Sozialauswahl entgegenstehen.[1066] Jedenfalls sollte die Weiterbeschäftigung eines derartigen „Leistungsträgers" dem Betrieb erhebliche Vorteile vermitteln.[1067] Ein anerkennenswertes Interesse kann zB dann vorliegen, wenn es sich bei dem fortbestehenden Arbeitsplatz um eine **Schlüsselposition** handelt, die von herausragender Bedeutung für die Zusammenarbeit innerhalb der Belegschaft oder für den Ertrag des Betriebes ist.[1068] Als Besonderheit kommen bei einer Matrixorganisation die umfassenden Erfahrungen und Kenntnisse eines über mehrere Unternehmen beweglichen Arbeitnehmers in Betracht, die die Matrixleitung dringend benötigt[1069] Denkbar ist ferner, dass ein Arbeitnehmer zugleich Aufgaben bei einer anderen Matrixgesellschaft erfüllt und damit eine Art der Verklammerung verschiedener betrieblicher Aktivitäten bewirkt.[1070] Möglicherweise fallen Arbeitnehmer, die solche Stellungen bekleiden, aber schon von vornherein nicht in die Sozialauswahl, weil sie Tätigkeiten verrichten, die mit denen anderer Arbeitnehmer nicht mehr vergleichbar sind. Die Rechtslage ist in diesem Punkte allerdings unsicher, zumal die Rechtsprechung stets eine Abwägung mit den berechtigten gegenläufigen Interessen eines sozial stärker Schutzbedürftigen verlangt, die im Einzelfall auch zu Ungunsten des Leistungsträgers ausfallen kann.

[1061] Zu Vorstehendem BAG 12.4.2002 – 2 AZR 706/00, NZA 2003, 42; 22.3.2012 – 2 AZR 167/11, NZA 2012, 1040; gegen eine einzelfallbezogene Interessenabwägung aber die hL, vgl. statt aller SPV Kündigung/*Preis* Rn. 1105.
[1062] BAG 24.3.1983 – 2 AZR 21/82, NJW 1984, 78; BAG 25.4.1985 – 2 AZR 140/84, NZA 1986, 64.
[1063] BAG 31.5.2007 – 2 AZR 306/06, NZA 2007, 1362 Rn. 40.
[1064] BAG 24.3.1983 – 2 AZR 21/82, NJW 1984, 78; 25.4.1985 – 2 AZR 140/84, NZA 1986, 64.
[1065] *Kittner* AuR 1997, 182 (188); vHHL/*Krause* KSchG § 1 Rn. 991; SPV Kündigung/*Preis* Rn. 1104.
[1066] Vgl. im einzelnen APS/*Kiel* KSchG § 1 Rn. 670 ff.; SPV Kündigung/*Preis* Rn. 1106 ff.
[1067] BAG 31.5.2007 – 2 AZR 306/06, NZA 2007, 1362.
[1068] SPV Kündigung/*Preis* Rn. 1112 mwN.
[1069] *Windbichler* Konzernarbeitsrecht S. 161.
[1070] *Windbichler* Konzernarbeitsrecht S. 161.

E. Betriebsverfassungsrecht

I. Betriebsverfassungsrechtliche Besonderheiten der Matrixorganisation im Konzern

Das BetrVG geht von drei zentralen Entscheidungsebenen (Betrieb – Unternehmen – Konzern) aus, an die es die Arbeitnehmervertretungsorgane (Betriebsrat – Gesamtbetriebsrat – Konzernbetriebsrat) knüpft.[1071] Dieses gesetzliche Leitbild ist orientiert am *einlinigen* Leitungsaufbau eines klassischen Industrieunternehmens[1072], in dem die Aufgabenverteilung *eindimensional* nach den wichtigsten Verrichtungen (Funktionen) des Unternehmens (Produktion, Absatz, Personal, Finanzen, etc.) organisiert ist (sog. *Funktionalorganisation*[1073]). Die Berichtslinien („vertikale" Hierarchielinien) verlaufen innerhalb des Unternehmens (Rechtsträger) „pyramidenförmig" von oben nach unten, so dass von jeder Stelle im Unternehmen eine direkte Anweisungskette zur Unternehmensleitung geht.[1074] Jede Stelle hat nur einen Vorgesetzten, von dem sie Anweisungen erhält und an den sie berichtet.

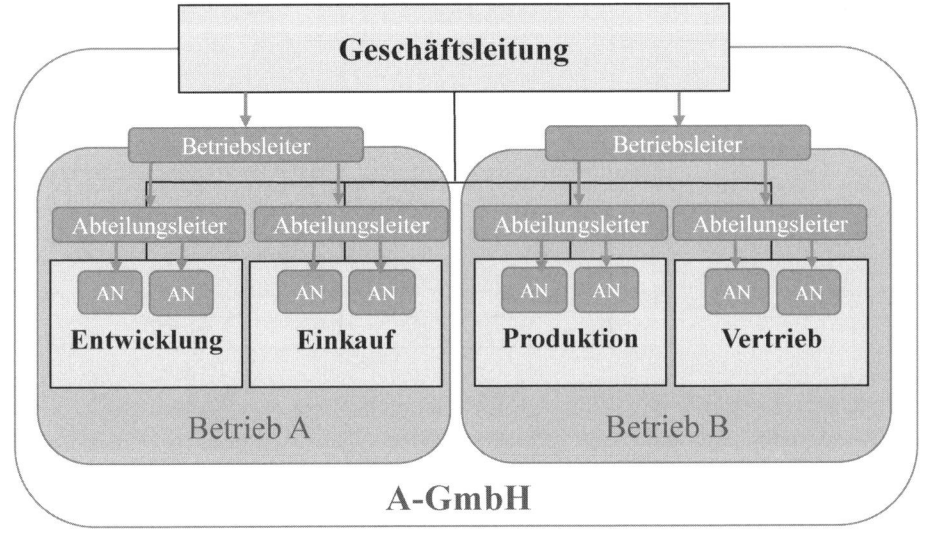

Abbildung 1: Einliniger Leitungsaufbau eines klassischen Industrieunternehmens

Hiervon weicht die Matrixorganisation in mehrfacher Hinsicht ab. In einer Matrixorganisation werden die Organisationseinheiten auf der zweiten Hierarchieebene unter gleichzeitiger Anwendung zweier oder mehrerer struktureller Gliederungskriterien gebildet. Zumeist wird die klassische funktionale Organisation nach Verrichtungen (Funktionen) durch eine objektorientierte Organisationsstruktur nach Produkten, Regionen oder Märkten ergänzt (→ Kap. 1 Rn. 16).

Die Matrixorganisation im Konzern ist durch eine **rechtsforminkongruente Organisation** gekennzeichnet. Die funktions-, produkt- und regionenbezogenen Geschäftsbereiche erstrecken sich ebenso wie die Matrixzellen über Standort-, Betriebs- und Unter-

---

[1071] *Jordan* Arbeitnehmerinteressen S. 48; *Rancke* Betriebsverfassung S. 253 f.
[1072] Vgl. BT-Drs. 14/5741, S. 23.
[1073] In der „Funktionalorganisation" werden auf der zweiten Hierarchieebene funktions- bzw. verrichtungsbezogene Organisationseinheiten („Funktionsbereiche") gebildet. Die Leitung des Unternehmens ist typischerweise nach dem Einlinienprinzip organisiert, vgl. *Schulte-Zurhausen* Organisation S. 261 (263).
[1074] *Kort* NZA 2013, 1318.

nehmensgrenzen hinweg.[1075] Die arbeitstechnischen Einheiten (Betriebe) der Konzernunternehmen und die dort beschäftigten Arbeitnehmer sind nach dem Gegenstand ihrer operativen Aufgaben in eine oder mehrere Matrixzellen eingebunden und den zuständigen Matrixmanagern als Konzernvorgesetzte unterstellt. So können in einer Matrixzelle mehrere arbeitstechnische Einheiten (Betriebe) verschiedener Konzernunternehmen oder sogar nur Teilbereiche dieser organisatorisch unter der Leitung der Matrixmanager verbunden sein.[1076]

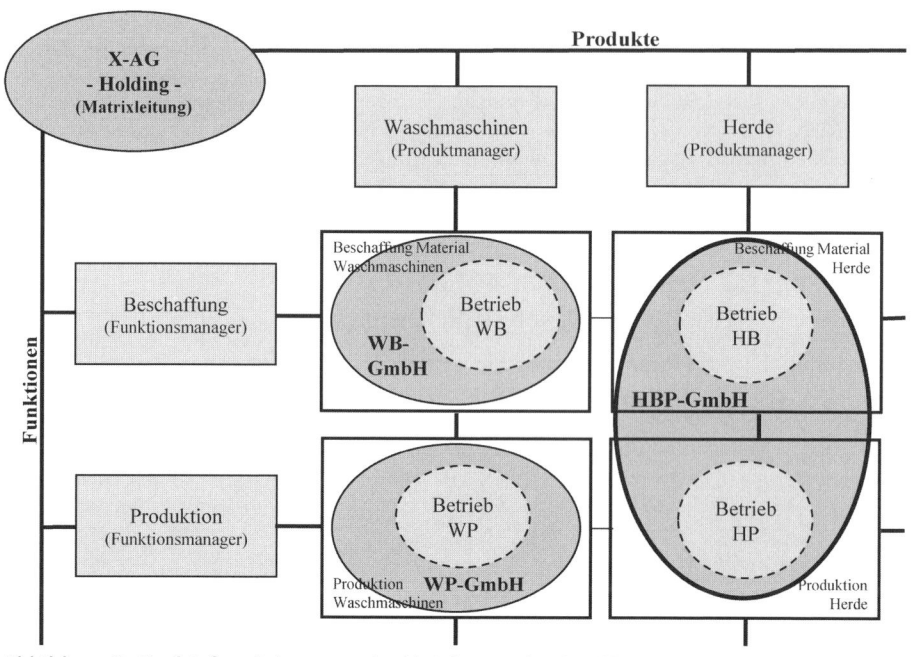

Abbildung 2: Rechtsforminkongruente Matrixorganisation[1077]

362 In den funktions-, produkt- und regionenbezogenen Geschäftsbereichen werden **funktionale Berichtslinien** (Reportinglines) eingerichtet, entlang denen die Matrixmanager die operative Geschäftstätigkeit der Konzernunternehmen unternehmens- und standortübergreifend steuern **(funktionale Aufgabensteuerung)**.[1078] Diese funktionalen („horizontalen") Berichtslinien überlagern die „vertikalen" Hierarchielinien der Konzernunternehmen.[1079]

363 Die funktionale Aufgabensteuerung wird zunächst auf der Ebene der Geschäftsleitung der Konzernunternehmen verwirklicht, indem die Matrixmanager den Leitungsorganen der Konzernunternehmen **gesellschaftsrechtliche Weisungen** erteilen (→ Kap. 2 Rn. 134 ff.).[1080] In der Praxis steuern die Matrixmanager oftmals auch die operative Aufgabenerledigung in den arbeitstechnischen Einheiten (Betrieben) der Konzernunternehmen, indem sie den Arbeitnehmern, die ihnen in der Matrixzelle unterstellt sind, unmit-

---

[1075] *Bauer/Herzberg* NZA 2011, 713 (714); *Henssler* NZA-Beil. 2014, 95 (101); *Kort* NZA 2013, 1318; *Neufeld/Michels* KSzW 2012, 49 f.; *Reinhard/Kettering* ArbRB 2014, 87; *Vogt* Arbeitsrecht im Konzern § 3 Rn. 2 f.; *Witschen* RdA 2016, 38 (41).
[1076] *Berger* Matrixkonzern S. 58.
[1077] *Berger* Matrixkonzern S. 59.
[1078] *Wisskirchen/Bissels* DB 2007, 340.
[1079] *Fitting* § 5 Rn. 226a; *Kort* NZA 2013, 1318; *Reinhard/Kettering* ArbRB 2014, 87.
[1080] *Seibt/Wollenschläger* AG 2013, 229 (232) ff.

telbar **arbeitsbezogene (fachliche) Weisungen** erteilen.[1081] Das disziplinarische Weisungsrecht verbleibt dagegen typischerweise beim Vertragsarbeitgeber (→ Rn. 5 ff.).[1082]

Die Arbeitnehmer stehen daher in mehreren Weisungsbeziehungen **(Mehrfachunterstellung der Arbeitnehmer)**[1083], wobei die funktionale Anbindung an die Matrixmanager im Organigramm üblicherweise als „dotted line" und die disziplinarische Führung durch den Vorgesetzten des Arbeitgebers als „solid line" dargestellt wird.[1084]

364

Die **arbeitsrechtliche Leitungsmacht** ist im matrixorganisierten Konzern in spezifischer Weise zwischen dem Vertragsarbeitgeber und den funktional verantwortlichen Matrixmanagern **„aufgespalten"**[1085].

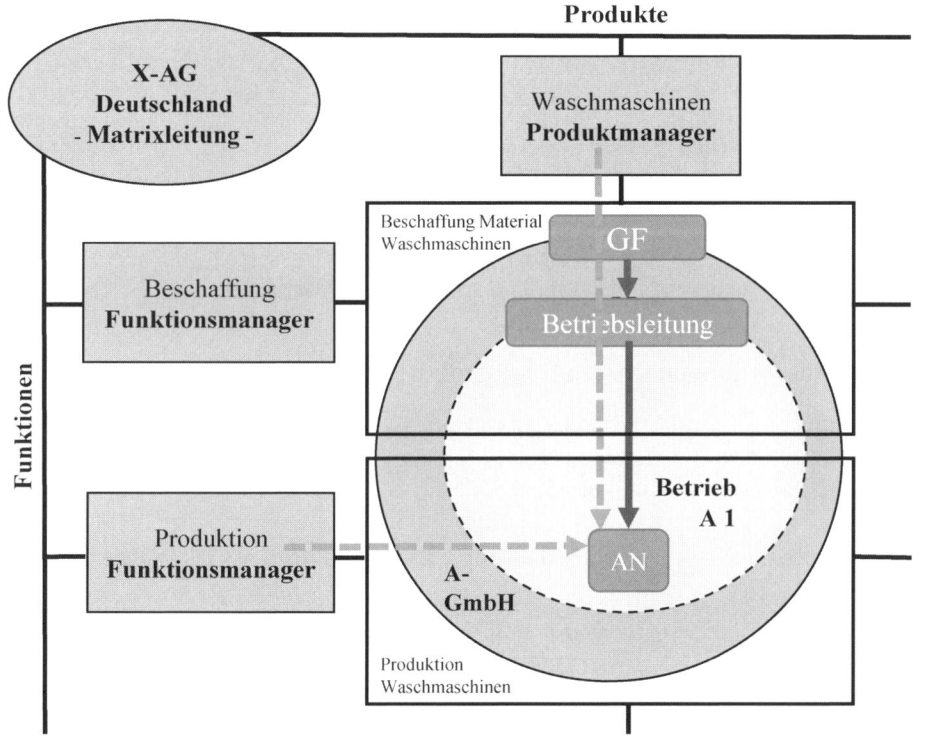

365

Abbildung 3: Mehrfachunterstellung der Arbeitnehmer im matrixorganisierten Konzern[1086]

Die Matrixmanager üben in den Konzernunternehmen häufig auch mitbestimmungsrechtlich relevante Arbeitgeberfunktionen in sozialen und personellen Angelegenheiten aus. Im Einzelfall kann es daher zu einer komplexen **Verteilung der betriebsverfassungsrechtlich relevanten Arbeitgeberfunktionen** zwischen den Matrixmanagern und den Leitungsstellen der Konzernunternehmen (insbes. Betriebs- und Unternehmensleitung) kommen.[1087]

366

[1081] *Bauer/Herzberg* NZA 2011, 713 (714 f.); *Bodenstedt/Schnabel* BB 2014, 1525; *Dörfler/Heidemann* AiB 2012, 196 (198); *Kort* NZA 2013, 1318 (1319 f.); *Neufeld/Michels* KSzW 2012, 49 (51).
[1082] *Fitting* § 5 Rn. 226b; *Bauer/Herzberg* NZA 2011, 713 (715) (Beispiel); *Kort* NZA 2013, 1318 (1319).
[1083] Vgl. *Meyer* NZA 2013, 1326 (1329); *Neufeld/Michels* KSzW 2012, 49 (50); Lambrich/Happ/Tucci/*Tucci/Lambrich* Flexibler Personaleinsatz im Konzern Rn. 12, 26.
[1084] *Neufeld/Michels* KSzW 2012, 49 (53); *Weller* AuA 2013, 344; *Engesser* AuR 2015, 79.
[1085] Lambrich/Happ/Tucci/*Tucci/Lambrich* Flexibler Personaleinsatz im Konzern Rn. 26; *Meyer* NZA 2013, 1326 (1329).
[1086] *Berger* Matrixkonzern S. 64.
[1087] *Berger* Matrixkonzern S. 65.

367 In den Matrixzellen findet unter der Leitung der Matrixmanager regelmäßig eine **unternehmens- und standortübergreifende Zusammenarbeit** im Rahmen von gemeinsamen Aufgaben und Projekten statt.[1088] Die Arbeitnehmer erbringen die Arbeitsleistung zwar grundsätzlich an ihrem Arbeitsplatz im Betrieb (Betriebsstätte) des Vertragsarbeitgebers. Zugleich sind sie aber in der Matrixorganisation in **unternehmensübergreifende Projektteams** oder Arbeitsgruppen eingebunden, in denen sie unter der Leitung der Matrixmanager mittels moderner Informations- und Kommunikationstechnik („IKT") mit Arbeitnehmern anderer Betriebe zusammenarbeiten. Auf eben diesem Weg erhalten sie die notwendigen Weisungen von den Matrixmanagern und berichten an diese. Im Einzelfall kann der „Matrixeinsatz" auch mit einer **kurz- oder langfristigen örtlichen Versetzung** in den Betrieb eines anderen Konzernunternehmens verbunden sein, wenn sich die unternehmensübergreifende Zusammenarbeit auf eine ortsgebundene Tätigkeit bezieht. Soweit die konkrete Aufgabenstellung es zulässt, kann die unternehmensübergreifende Zusammenarbeit in den Matrixzellen ausnahmsweise vollständig im digitalen Raum in einer **rein virtuellen Arbeitsorganisation** – unabhängig von den Arbeitsabläufen in den Betriebsstätten der Konzernunternehmen – ablaufen. Die Arbeitnehmer sind deshalb nicht mehr nur für ihren Vertragsarbeitgeber, sondern auch für konzernweit operierende Organisationseinheiten (Matrixzellen) und gegebenenfalls für andere Konzernunternehmen tätig.[1089] Angesichts dieser Besonderheiten stellt die Matrixorganisation die Betriebsräte bei der Wahrnehmung ihrer Aufgaben vor zahlreiche Schwierigkeiten.

II. Auswirkungen der Matrixorganisation auf die Betriebsstruktur

368 Als problematisch erweist sich insbesondere die Bestimmung und Abgrenzung der betriebsratsfähigen Einheiten, die den organisatorischen Rahmen für die Verwirklichung einer effektiven Mitbestimmung bilden.

1. Anwendbarkeit des traditionellen Betriebsbegriffs im matrixorganisierten Konzern

369 Nach dem überkommenen Betriebsbegriff der Rechtsprechung und herrschenden Lehre ist ein **Betrieb iSd BetrVG** die organisatorische Einheit, innerhalb derer ein Arbeitgeber allein oder mit seinen Arbeitnehmern mit Hilfe von technischen und immateriellen Mitteln bestimmte arbeitstechnische Zwecke fortgesetzt verfolgt.[1090] Das zentrale Merkmal des Betriebs ist die **Einheit der Organisation.** Diese wird wiederum durch eine **einheitliche Leitung** bestimmt, die die Betriebsmittel und die menschliche Arbeitskraft bei der Verfolgung der arbeitstechnischen Zwecke steuert und die Arbeitgeberfunktionen in **personellen und sozialen Angelegenheiten** einheitlich ausübt.[1091]

370 An dem an der Leitung des Arbeitgebers orientierten Betriebsbegriff der Rechtsprechung und herrschenden Lehre ist auch in komplexen Organisationsstrukturen wie der Matrixorganisation festzuhalten. Dass es im Einzelfall zu Abgrenzungsschwierigkeiten kommen kann, ändert nichts daran, dass es sich bei dem Merkmal der einheitlichen Leitung um das grundsätzlich richtige Abgrenzungskriterium bei der Bestimmung der betrieblichen Einheiten handelt. Für dieses sprechen sowohl entstehungsgeschichtliche als auch systematische und insbesondere teleologische Gründe.[1092] Es erscheint ohnehin nicht

---

[1088] *Berger* Matrixkonzern S. 65.
[1089] Braun/Wisskirchen/*Fedder*/Brauer Konzernarbeitsrecht Teil I Abschn. 3 Rn. 7 und 61.
[1090] StRspr. vgl. BAG 9.12.2009 – 7 ABR 38/08, AP BetrVG 1972 § 4 Nr. 19; hM, vgl. *Fitting* § 1 Rn. 63, HWGNRH/*Rose* BetrVG § 1 Rn. 7.
[1091] StRspr, vgl. BAG 23.9.1982 – 6 ABR 42/81, AP BetrVG 1972 § 4 Nr. 3; 9.12.2009 – 7 ABR 38/08, AP BetrVG 1972 § 4 Nr. 19; hM, vgl. *Fitting* § 1 Rn. 71; ErfK/*Koch* BetrVG § 1 Rn. 10.
[1092] *Berger* Matrixkonzern S. 89 ff.

zielführend, für den speziellen Fall der Matrixorganisation einen neuen Betriebsbegriff zu entwickeln, der zwar die Besonderheiten der Matrixorganisation berücksichtigt, aber in den klassischen Organisationsformen, die nach wie vor überwiegend vorzufinden sind, nicht praktikabel ist.[1093] Der richtige Ansatz muss vielmehr sein, den allgemein gültigen Betriebsbegriff im speziellen Fall der Matrixorganisation unter Berücksichtigung des Schutzzwecks des BetrVG anzuwenden und innerhalb der gesetzlichen Organisationsvorschriften eine sachgerechte Lösung zu entwickeln.[1094]

2. Reichweite und rechtliche Grundlagen der funktionalen Aufgabensteuerung

Da der Aspekt der Leitung bei der Anwendung des herrschenden Betriebsbegriffs von entscheidender Bedeutung ist, sind zunächst die Reichweite und die rechtlichen Grundlagen der funktionalen Aufgabensteuerung durch die Matrixmanager zu analysieren. 371

Die funktionale Aufgabensteuerung auf der Ebene der Geschäftsleitung der Konzernunternehmen wird durch die Mittel der Konzernleitung umgesetzt, indem die **gesellschaftsrechtliche Leitungsmacht** des herrschenden Unternehmens bereichsbezogen aufgespalten und auf Grundlage einer sachlich beschränkten **Bevollmächtigung** nach §§ 164 ff. BGB auf die Matrixmanager übertragen wird (→ Kap. 2 Rn. 134 ff.).[1095] 372

Auch auf der arbeitstechnischen Ebene wird die funktionale Aufgabensteuerung durch das Rechtsinstitut der Stellvertretung verwirklicht. Die **arbeitsrechtliche Leitungsmacht** der Matrixmanager beruht auf einer sachlich beschränkten **Bevollmächtigung** nach §§ 164 ff. BGB (→ Rn. 11 ff.) durch das jeweilige Konzernunternehmen, das Träger des Betriebs ist, in dem die Arbeitnehmer die Arbeitsleitung unter der funktionalen Leitung der Matrixmanager erbringen.[1096] 373

3. Erscheinungsformen der Matrixorganisation im Konzern ohne Auswirkungen auf die Betriebsstruktur

Damit können bereits typische Erscheinungsformen identifiziert werden, in denen sich die Matrixorganisation nicht auf die Betriebsstruktur der Konzernunternehmen auswirkt. 374

Dies ist zunächst der Fall, wenn die funktionale Aufgabensteuerung **ausschließlich** auf der Ebene der Geschäftsleitung der Konzernunternehmen auf Grundlage von **gesellschaftsrechtlichen Weisungen** stattfindet. Die Matrixmanager sind dann nicht in die betriebskonstituierenden Arbeitgeberfunktionen einbezogen. Sie steuern lediglich „im Hintergrund" die Entscheidungen der Leitungsstellen der Konzernunternehmen (insbes. der Unternehmens- und Betriebsleitungen).[1097] 375

Die Matrixorganisation wirkt sich auch dann nicht auf die Betriebsstruktur der Konzernunternehmen aus, wenn die Matrixmanager keine Kompetenzen in personellen und sozialen Angelegenheiten haben, sondern nur **strategische und wirtschaftliche Entscheidungen** treffen und/oder **ausschließlich zur fachlichen Leitung und arbeitsbezogenen Weisungen** befugt sind. Die betriebskonstituierenden Arbeitgeberfunktionen 376

[1093] In diesem Sinne auch *Däubler* SR-Sonderausgabe Juli 2016, 1, 42; ebenso *Krause* Verhandlungen B 91.
[1094] *Berger* Matrixkonzern S. 107; so auch ArbG Frankfurt a.M. 21.7.2009 – 12 BV 184/09, BeckRS 2013, 72862.
[1095] Zum Vertragskonzern: *Seibt/Wollenschläger* AG 2013, 229 (232 f.); zum faktischen GmbH-Konzern: *Seibt/Wollenschläger* AG 2013, 229 (234).
[1096] *Berger* Matrixkonzern S. 125 f.; *Rieble* NZA-Beil. 2014, 28 (29); *Seibt/Wollenschläger* AG 2013, 229 (235); *Schumacher* NZA 2015, 587; so wohl auch *Kort* NZA 2013, 1318 (1320), der terminologisch unsauber von einer „Ausübungsermächtigung gemäß §§ 164 ff. BGB" spricht.
[1097] Adressat der gesellschaftsrechtlichen Weisungen der Matrixmanager ist grundsätzlich das Leitungsorgan des abhängigen Unternehmens. Dieser „Umweg" über das Leitungsorgan wird in der Praxis häufig vermieden, indem das Leitungsorgan des abhängigen Unternehmens seine Führungskräfte, insbesondere die Betriebsleiter, zur direkten Entgegennahme und Umsetzung der gesellschaftsrechtlichen Weisungen der Matrixmanager anweist, vgl. *Berger* Matrixkonzern S. 133 ff.; *Seibt/Wollenschläger* AG 2013, 229 (233 f.).

sind damit von der Steuerungskompetenz der Matrixmanager ausgenommen; diese liegen vielmehr bei den Betriebsleitungen der Konzernunternehmen.[1098] Die Betriebsstruktur richtet sich folglich nach der internen Leitungsorganisation der Konzernunternehmen.[1099]

377 Dasselbe gilt, wenn die Matrixmanager lediglich im Einzelfall mitbestimmungsrechtlich relevante Entscheidungen von den grundsätzlich entscheidungsbefugten Betriebsleitungen der Konzernunternehmen an sich ziehen (können) (**Einzelfallkompetenz**).[1100] Auch eine **Richtlinienkompetenz**[1101] oder ein **bloßes Beratungsrecht**[1102] der Matrixmanager wirken sich nicht auf die Betriebsleitungsfunktion und damit auf die Betriebsstruktur der Konzernunternehmen aus.

378 Die Einbindung in die Matrixorganisation hat auch dann keine Auswirkungen auf die Betriebsstruktur, wenn die Entscheidungen der Matrixmanager in mitbestimmungsrechtlich relevanten Angelegenheiten von einem **Letztentscheidungsvorbehalt der Leitung des jeweiligen Betriebs** abhängig sind, in dem sich die beteiligungspflichtigen Entscheidungen der Matrixmanager konkret auswirken. Dies ist insbesondere dann der Fall, wenn die örtliche Betriebs-/Standortleitung des jeweiligen Konzernunternehmens die Weisungen der verschiedenen Matrixmanager entgegennimmt und dann in dem jeweiligen Betrieb umsetzt.

379 Beispiel 1
Wollen die Matrixmanager beispielsweise in einer kritischen Projektphase Überstunden im Betrieb eines Konzernunternehmens anordnen, in dem zentrale Teilaufgaben eines Projekts erledigt werden, müssen sie die beabsichtigte Weisung an die Betriebsleitungen der betroffenen Betriebe adressieren. Die Betriebsleitung setzt die Weisung dann in dem jeweiligen Betrieb um; sie stellt die Beachtung der Beteiligungsrechte des Betriebsrats sicher und durchläuft mit dem Betriebsrat das Mitbestimmungsverfahren, das gegebenenfalls zu einer Modifikation oder sogar zu einer Blockade der beabsichtigten Maßnahme der Matrixmanager (hier: Anordnung von Überstunden) führt.

380 In der Praxis ist diese Form der rechtlichen Implementierung der Matrixorganisation nicht selten vorzufinden, da dadurch ein direktes „Hineinregieren" der Matrixmanager in die Betriebe der Konzernunternehmen und die damit verbundenen (betriebsverfassungs-)rechtlichen Probleme vermieden werden. Die Matrixmanager verfügen in diesem Fall nicht über die erforderliche *eigenständige* Entscheidungsbefugnis in personellen und sozialen Angelegenheiten.[1103] Diese liegt vielmehr bei den Betriebsleitungen der Konzernunternehmen.

381 Schließlich ist die Bestimmung der betrieblichen Einheiten auch dann unproblematisch, wenn die Matrixzelle ausnahmsweise **rechtsformkongruent** gestaltet und mit einem Konzernunternehmen oder einem Betrieb identisch ist.

382 Wird im ersten Fall in Bezug auf eine **Matrixzelle** eine **eigene Tochtergesellschaft** (**„Matrixgesellschaft"**) gegründet, deren Leitungsorgan direkt mit den zuständigen Ma-

---

[1098] In diesem Sinne auch *Reinhard/Kettering* ArbRB 2014, 87 (88 f.).
[1099] Zum Ganzen *Berger* Matrixkonzern S. 136.
[1100] Vgl. *Konzen* Unternehmensaufspaltungen S. 79, wonach ein „gelegentliches und punktuelles Hineinregieren durch die weisungsbefugte Unternehmensleitung" der Annahme eines eigenständigen Leitungsapparats nicht entgegen stehe; ähnlich Richardi BetrVG/*Richardi* § 1 Rn. 27, wonach sich die Unternehmensleitung vorbehalten kann, wichtige Fragen des Betriebs selbst zu entscheiden, ohne dass dies der Annahme eines betriebskonstituierenden Leitungsapparats entgegenstünde.
[1101] Vgl. GK-BetrVG/*Franzen* § 1 Rn. 43; *Fitting* § 1 Rn. 71.
[1102] Vgl. BAG 9.12.2009 – 7 ABR 38/08, AP BetrVG 1972 § 4 Nr. 19; vgl. auch DKKW/*Trümner* BetrVG § 1 Rn. 79.
[1103] Nach den Postulat der Entscheidungsnähe muss die Betriebsleitung die mitbestimmungsrechtlich relevanten Entscheidungen selbst und eigenständig treffen; sie muss einen echten Entscheidungsspielraum haben, vgl. *Konzen* Unternehmensaufspaltungen S. 78 f.

trixmanagern besetzt ist[1104], richtet sich die Betriebsstruktur nach dem internen Leitungsaufbau der „Matrixgesellschaft", an deren Spitze die Matrixmanager als Unternehmensleitung (Vorstand/Geschäftsführung) stehen. Üben die Matrixmanager (Unternehmensleitung) die betriebskonstituierenden Arbeitgeberfunktionen zentral für alle in der Matrixgesellschaft beschäftigten Arbeitnehmer aus, haben sie zugleich die Funktion der Betriebsleitung inne. Der gesamte Tätigkeitsbereich der Matrixgesellschaft ist dann als ein Betrieb iSv § 1 Abs. 1 S. 1 BetrVG zu qualifizieren, der ggf. unter den Voraussetzungen von § 4 Abs. 1 S. 1 BetrVG in mehrere betriebsratsfähige Betriebsteile weiter untergliedert wird. Dies gilt insbesondere, wenn die Matrixgesellschaft an mehreren Standorten operiert, die räumlich weit voneinander entfernt sind.

Denkbar ist auch, dass die Matrixmanager (Unternehmensleitung) die betriebskonstituierenden Arbeitgeberfunktionen an nachgeordnete Stellen der Matrixgesellschaft (Betriebsleitung) „delegiert", so dass nach den allgemeinen Grundsätzen Betriebe innerhalb der Matrixgesellschaft gebildet werden. 383

Ebenfalls unproblematisch ist die Anwendung des herrschenden Betriebsbegriffs, wenn die **Matrixzelle** mit einem **Betrieb eines Konzernunternehmens identisch** ist und die Unternehmensleitung des Konzernunternehmens die betriebskonstituierenden Arbeitgeberfunktionen umfassend auf die Matrixmanager überträgt. Die Matrixmanager üben dann unmittelbar die Funktion der Betriebsleitung aus, so dass die von ihnen beherrschte arbeitstechnische Einheit des Konzernunternehmens den Betrieb iSd § 1 Abs. 1 S. 1 BetrVG konstituiert. 384

4. Matrixzellen als eigenständige (virtuelle) Betriebe *neben* den Betrieben der Konzernunternehmen

Als problematisch erweist sich die Bestimmung der betrieblichen Einheiten im matrixorganisierten Konzern jedoch, wenn die Matrixmanager *neben* den Leitungsstellen der Konzernunternehmen, insbesondere den Betriebsleitungen, zumindest teilweise betriebsverfassungsrechtlich relevante Arbeitgeberfunktionen ausüben. 385

Beispiel 2 386

Der Arbeitnehmer A ist bei der X-GmbH angestellt, einer deutschen Tochtergesellschaft des X-Konzerns, der unternehmensübergreifend in einer Matrixstruktur operiert. A ist im Betrieb M der X-GmbH in München beschäftigt. Dort ist ein Betriebsrat errichtet. Im Zuge der Einbindung in die Matrixorganisation ist A einem unternehmensübergreifenden Projektteam zugeordnet, in dem er mit Arbeitnehmern anderer Konzernunternehmen unter der Leitung des konzernweit verantwortlichen Produktmanagers für Waschmaschinen und des Funktionsmanagers Entwicklung (Matrixmanager) an der Entwicklung eines neuen Prototyps mitarbeitet. Das Projekt ist zunächst auf drei Jahre angesetzt. Bei der Mitarbeit in dem Projektteam ist A den fachlichen Weisungen der Matrixmanager unterstellt. Diese entscheiden im Zuge der Leitung des Projektteams auch über die Anordnung von Überstunden, allgemeine Urlaubsregelungen oder die Ausschüttung und Verteilung von Sonderzahlungen an die Projektmitarbeiter der verschiedenen Konzernunternehmen.

a) Sicherung einer lückenlosen Interessenvertretung durch eine betriebliche Doppelstruktur?

Spiegelbildlich zu dieser Aufspaltung der Arbeitgeberfunktionen könnten die Matrixzellen als von den Matrixmanagern geleitete (virtuelle) „Matrixbetriebe" verstanden werden, die *neben* die herkömmlichen Betriebe der Konzernunternehmen treten. Es entstünde eine 387

[1104] Ähnlich *Witschen* RdA 2016, 38 (42), der aber davon ausgeht, dass die Geschäftsleitung des mit der Matrixzelle kongruenten Tochterunternehmens an die Matrixmanager bei der Muttergesellschaft berichtet.

betriebliche Doppelstruktur, in der die Leitungsmaßnahmen der Matrixmanager der Mitbestimmung durch einen in der Matrixzelle errichteten „Matrixbetriebsrat" unterlägen. Die an das Arbeitsverhältnis und die Tätigkeit im „entsendenden" Betrieb des Vertragsarbeitgebers anknüpfenden Leitungsmaßnahmen der dort eingerichteten Betriebsleitung wären dagegen der Mitbestimmung durch den dort errichteten Betriebsrat unterworfen. Auf diese Weise könnte eine lückenlose Mitbestimmung bei allen Leitungsmaßnahmen sichergestellt werden, gleich ob es sich um eine solche der Matrixmanager oder der Betriebsleitungen der Konzernunternehmen handelt.

388 **– Fortsetzung Beispiel 2**
Soweit die Matrixmanager bei der Leitung des Projektteams gegenüber den Projektmitarbeitern der verschiedenen Konzernunternehmen beteiligungspflichtige Entscheidungen und Anordnungen treffen (zB Überstunden anordnen), nimmt der in der Matrixzelle (hier Projektteam) gebildete „Matrixbetriebsrat" die Mitbestimmungsrechte gegenüber den Matrixmanagern wahr. Soweit die Betriebsleitung des Betriebs M Entscheidungen und Anordnungen trifft, die A im Betrieb M – ungeachtet seiner Einbindung in das Projektteam – betreffen (zB Einführung eines allgemeinen Rauchverbots im Betrieb M), wird A im Betrieb M durch den dort errichteten Betriebsrat vertreten.

b) Matrixzellen als eigenständige (virtuelle) Betriebe neben den Betrieben der Konzernunternehmen

389 Voraussetzung für eine solche betriebliche Doppelstruktur ist, dass die **Matrixzellen** *neben* den herkömmlichen Betrieben der Konzernunternehmen als **eigenständige Betriebe iSd BetrVG** zu qualifizieren sind. Denn die Leitungsfunktion ist für die Betriebsverfassung nicht rein abstrakt zu betrachten. Sie muss sich auf eine organisatorische Einheit beziehen, in der arbeitstechnische Zwecke tatsächlich verfolgt werden.[1105] Die Matrixzellen müssen eine eigene, von den Betrieben der Konzernunternehmen **abgrenzbare arbeitstechnische Organisation** aufweisen, in der unter der einheitlichen Leitung der Matrixmanager eigene arbeitstechnische Zwecke verfolgt werden.

390 **aa) Grundsätzlich keine eigene arbeitstechnische Organisation der Matrixzellen.**
Eine solche eigene arbeitstechnische Organisation der Matrixzellen ist im Regelfall nicht festzustellen. Die **Aufgabenerledigung** erfolgt – trotz der unternehmensübergreifenden Leitungsfunktion der Matrixmanager – **in den Betriebsstätten der Konzernunternehmen** in den dort eingerichteten Arbeitsabläufen und mit den dort vorhandenen Betriebsmitteln. Die Leitungsfunktion der Matrixmanager ist im Regelfall auf eine bloße Koordination der Leistungserstellung in den Betrieben der Konzernunternehmen gerichtet. In den Matrixzellen werden die arbeitstechnischen Zwecke der Konzernunternehmen lediglich organisatorisch unter der konzernweiten Leitung der Matrixmanager zusammengefasst.[1106]

391 **Beispiel 2 – Variante 1 (Grundfall)**
Die Mitarbeit an dem unternehmensübergreifenden Projekt findet in einem arbeitsteiligen Prozess in den einzelnen Betriebsstätten der Konzernunternehmen in den dort eingerichteten Arbeitsabläufen unter der unternehmensübergreifenden Leitung der Matrixmanager statt. A leistet seinen Arbeitsbeitrag bei der Entwicklung des neuen Prototyps somit im Betrieb M mit den dort vorhandenen Betriebsmitteln. Die Mitarbeit an dem unternehmensübergreifenden Projekt ist folglich dem arbeitstechnischen Zweck des Betriebs M zuzuordnen. In der Matrixzelle wird kein eigener, über die arbeitstechnischen Zwecke der

---
[1105] Richardi BetrVG/*Richardi* § 1 Rn. 27: der einheitliche Leitungsapparat muss „für" die arbeitstechnische Einheit bestehen.
[1106] *Berger* Matrixkonzern S. 147 f.

kooperierenden Betriebe hinausgehender arbeitstechnischer Zweck verfolgt. Dort ist auch keine eigene arbeitstechnische Organisation festzustellen.

Etwas anderes gilt nur ausnahmsweise, wenn in der Matrixzelle **übergeordnete (Projekt-) Aufgaben,** die über die arbeitstechnischen Zwecke der Betriebe der Konzernunternehmen hinausgehen, unabhängig von der dort eingerichteten Arbeitsorganisation in einer rein **virtuellen Arbeitsorganisation** verfolgt werden. In diesem Fall ist ausnahmsweise eine eigene virtuelle arbeitstechnische Organisation der Matrixzellen festzustellen.[1107]

392

Beispiel 2 – Variante 2 (Sonderfall)

393

Im Betrieb M der X-GmbH, in dem A seinen (physischen) Arbeitsplatz hat, werden Zubehörteile für Standardfabrikate erstellt. Da A über Sonderwissen zur Beschaffenheit von bestimmten Materialen verfügt, wird er vom Funktionsmanager Entwicklung für die Mitarbeit in dem unternehmensübergreifenden Projekt „Prototyp" angefordert. Der Prototyp gehört zu einer völlig neuen Produktreihe, die nicht in Verbindung mit den im Betrieb M hergestellten Standardfabrikaten steht. In ähnlicher Weise werden Mitarbeiter aus anderen Betrieben rekrutiert. Die Projektarbeit erfolgt rein virtuell mittels moderner Informations- und Kommunikationstechnik in Daten- und Chaträumen und unabhängig von den Arbeitsprozessen im Betrieb M sowie der Betriebe der anderen Konzernunternehmen. Soweit A im virtuellen Daten- und Informationsnetzwerk an der Entwicklung des Prototyps mitarbeitet, ist er nur der Leitung der Matrixmanager unterstellt und nicht in die Arbeitsabläufe im Betrieb M integriert.

bb) Anerkennung eines virtuellen Betriebs nach dem geltenden Betriebsverfassungsrecht. Dies wirft die Frage auf, ob die Figur eines **virtuellen Betriebs** nach dem geltenden Betriebsverfassungsrecht allgemein und speziell im matrixorganisierten Konzern anzuerkennen ist.

394

Eine **ausschließlich im digitalen Medium** operierende und in diesem Sinne virtuelle Arbeitsorganisation, in der die arbeitstechnischen Zwecke völlig **losgelöst von einer physischen Betriebsstätte** verfolgt werden, ist im Allgemeinen aus Schutzzweckgründen als virtueller Betrieb anzuerkennen, wenn die virtuelle Arbeitsorganisation nicht – wie typischerweise im virtuellen Unternehmen – völlig variabel und kurzfristig eingerichtet ist, sondern auf die Verfolgung langfristig anfallender Aufgaben in **dauerhaft bestehenden Arbeitsabläufen** gerichtet ist.[1108] Aus dem zwingenden Charakter des BetrVG und der **gesetzlichen Wertung in § 5 Abs. 1 S. 1 Hs. 2 BetrVG** folgt, dass die Virtualität der Arbeitsorganisation als solche die zwingende betriebliche Mitbestimmung nicht ausschließt. Mit der Neuregelung des § 5 Abs. 1 S. 1 Hs. 2 BetrVG im Rahmen der Betriebsverfassungsreform 2001 bezog der Gesetzgeber „außerbetriebliche" Arbeitnehmer, insbesondere Außendienst- und Telearbeitnehmer, ausdrücklich in die Betriebsverfassung ein.[1109] In der Gesetzesbegründung ist klargestellt, dass für die Zugehörigkeit zu einem Betrieb nicht die Tätigkeit in einer Betriebsstätte in räumlicher Hinsicht entscheidend ist, sondern vielmehr die **funktionale Eingliederung** in die Arbeitsorganisation.[1110] Eine rein funktionale Verbindung von Arbeitnehmern zu einer arbeitstechnischen Organisation muss deshalb für die Begründung eines Betriebs genügen, wenn aufgrund einer rein medialen Realisierung der Arbeitsabläufe keine physische Betriebsstätte existiert.[1111] Schließlich besteht auch in einer virtuellen Arbeitsorganisation ein **schutzwürdiges Bedürfnis**

395

[1107] *Berger* Matrixkonzern S. 149f.
[1108] In diese Sinne *Krause* Verhandlungen B 92; ausführlich *Berger* Matrixkonzern S. 150ff.
[1109] BT-Drs. 14/5741, S. 28.
[1110] BT-Drs. 14/5741, S. 35; ebenso BeckOK ArbR/*Besgen* BetrVG § 7 Rn. 12.
[1111] So zutreffend, Noack/Spindler/*Schlachter* Unternehmensrecht und Internet S. 222.

der Arbeitnehmer nach einer **Teilhabe an den arbeitgeberseitigen Entscheidungen** und einer betrieblichen Interessenvertretung.[1112]

396 Eine sachgerechte und effektive Wahrnehmung der Beteiligungsrechte kann durch eine Anpassung der Betriebsratsarbeit an die Modalitäten der virtuellen Arbeitsorganisation gewährleistet werden. Der Betriebsrat kann für die Erfüllung der Betriebsratsaufgaben auf die vorhandenen weitreichenden Informations- und Kommunikationsmöglichkeiten des virtuellen Betriebs zurückgreifen. Auf dieser Basis sind ein jederzeitiger und gegebenenfalls kurzfristiger Austausch zwischen dem Betriebsrat und den Arbeitnehmern des virtuellen Betriebs und damit ein hinreichend enger Kontakt sichergestellt. In einem virtuellen Betrieb können „virtuelle Betriebsratssitzungen" in Form von Video- oder Telefonkonferenzen abgehalten werden.[1113] Dasselbe gilt für Ausschusssitzungen und Betriebsversammlungen sowie für Verhandlungen mit dem Arbeitgeber. Ebenso kann der Wahlkampf bei einer bevorstehenden (Neu-) Wahl des virtuellen Betriebsrats im Informations- und Kommunikationsnetz des virtuellen Betriebs als „virtueller Belegschaftswahlkampf"[1114] geführt werden. Auch die Betriebsratswahl kann „online" durchgeführt werden. Eine solche „Onlinewahl" kann Kosten sparen, die Wahlbeteiligung verbreitern und zur rechtskonformen Umsetzung des Wahlprozesses beitragen.[1115] Die Information der Arbeitnehmer kann statt durch einen Aushang am Schwarzen Brett durch einen Eintrag auf der Homepage des Betriebsrats im Intranet oder durch eine Rund-Email an die Belegschaft erfolgen.[1116] Wenn man sich einmal von der Vorstellung einer physischen Verankerung des Betriebs in einer (physischen) Betriebsstätte löst, ist letzlich eine vollständige Virtualisierung der Betriebsratsarbeit entsprechend der generellen Funktionsweise des virtuellen Betriebs denkbar.

397 **cc) Anerkennung der Matrixzelle als virtueller Matrixbetrieb.** Die in den Matrixzellen angelegte Arbeitsorganisation ist als virtueller Matrixbetrieb anzuerkennen, wenn die **operative Geschäftstätigkeit des matrixorganisierten Konzerns ausschließlich im digitalen Medium** ohne physische Betriebsstätten und ohne Einsatz von materiellen Betriebsmitteln verfolgt wird (etwa im Bereich von IT- oder Beratungsdienstleistungen), so dass keine „realen" Betriebe existieren. Da eine Matrixorganisation bei jeder Art von Geschäftstätigkeit in Frage kommt, ist eine solche rein virtuelle Arbeitsorganisation auch im matrixorganisierten Konzern denkbar. Es handelt sich hierbei aber um eine Ausnahmeerscheinung, die sich aus der spezifischen Art der Geschäftstätigkeit im Einzelfall ergibt. Eine rein virtuelle Arbeitsorganisation ist indes kein Charakteristikum und nicht der Regelfall des matrixorganisierten Konzerns.

398 IdR ist die Sach- und Interessenlage im matrixorganisierten Konzern jedoch eine andere. Denn es existieren **„reale" Betriebsstätten,** in denen die Arbeitnehmer arbeiten und in denen nach den allgemeinen Grundsätzen ein Betriebsrat errichtet wird. Die Matrixmanager „regieren" vielmehr in die Arbeitsorganisation der herkömmlichen Betriebe der Konzernunternehmen „hinein". Die Leitungsmaßnahmen der Matrixmanager betreffen die Arbeitnehmer bei der Aufgabenerledigung in den herkömmlichen Betrieben der Konzernunternehmen, so dass eine sachgerechte Vertretung der Arbeitnehmer durch die dort

---

[1112] *Berger* Matrixkonzern S. 160 ff.
[1113] Vgl. *Bundesministerium für Arbeit und Soziales* Weißbuch Arbeiten 4.0, S. 160, das angesichts des digitalen Wandels ein Bedürfnis nach Betriebsratssitzungen in Form von Videokonferenzen erkennt, solche aber wegen des Grundsatzes der Nichtöffentlichkeit nur in Ausnahmefällen zulassen will; vgl. zur Zulässigkeit virtueller Betriebsratssitzungen: *Jesgarzewsi/Holzendorf* NZA 2012, 1021 ff.
[1114] Vgl. *Maschmann* NZA 2008, 613 ff., der eine Pflicht des Arbeitgebers zur Duldung eines virtuellen Belegschaftswahlkampfs im Netz des Arbeitgebers jedenfalls in herkömmlichen Betriebsstrukturen ablehnt.
[1115] Vgl. *Harms/v. Steinau-Steinrück/Thüsing* BB 2016, 2677, die sich de lege ferenda ausdrücklich dafür aussprechen, eine Onlinewahl durch eine Anpassung des Wahlverfahrens, insbesondere des § 11 Abs. 1 S. 1 WO, zu ermöglichen.
[1116] Vgl. *Fitting* § 40 Rn. 133 f.

errichteten Betriebsräte sichergestellt ist.[1117] Dies gilt auch insoweit, als sie direkt von den Matrixmanagern Weisungen erhalten. Da die Matrixmanager die Arbeitgeberfunktionen als Bevollmächtigte der Konzernunternehmen ausüben, haben sie die Beteiligungsrechte der dort errichteten Arbeitnehmervertretungen zu beachten (→ Rn. 424ff.). Die Errichtung einer eigenen Arbeitnehmervertretung in den Matrixzellen ist daher weder geboten noch sinnvoll. Es käme vielmehr zu unvermeidbaren Kompetenzkonflikten, weil sich die (mitbestimmungspflichtigen) Maßnahmen der Matrixmanager de facto in den Betrieben der Konzernunternehmen auswirken und damit in den Zuständigkeitsbereich der dort errichteten Betriebsräte fallen.

– Fortsetzung Beispiel 2 – Variante 1 (Grundfall) 399

Ordnet beispielsweise ein Matrixmanager an, dass die Projektmitarbeiter, die in den verschiedenen Betrieben an dem unternehmensübergreifenden Projekt mitarbeiten, Überstunden leisten müssen, fiele diese Entscheidung in den Zuständigkeitsbereich des „Matrixbetriebsrats", weil es sich um eine mitbestimmungspflichtige Entscheidung des Matrixmanagers bei der Steuerung des unternehmensübergreifenden Projekts handelt. Sie fiele aber zugleich in den Zuständigkeitsbereich der Betriebsräte der herkömmlichen Betriebe der Konzernunternehmen, weil die Arbeitnehmer von den Leitungsmaßnahmen der Matrixmanager de facto in den dort eingerichteten Arbeitsabläufen betroffen sind.

Solche Doppelzuständigkeiten und Kompetenzüberschneidungen mehrerer Betriebsräte 400 stehen einer effektiven Betriebsratsarbeit entgegen und sind daher im Interesse einer funktionsfähigen Mitbestimmung zu vermeiden.[1118]

Eine andere Beurteilung ist nur in ausnahmsweise geboten, wenn in der Matrixzelle 401 übergeordnete Projektaufgaben unabhängig von den Arbeitsabläufen der herkömmlichen Betriebe der Konzernunternehmen in einer dauerhaft eingerichteten virtuellen Arbeitsorganisation verfolgt werden. In diesem Fall ist ausnahmsweise eine eigene, von den **Betrieben der Konzernunternehmen abgrenzbare arbeitstechnische Organisation der Matrixzelle** festzustellen. Die Errichtung einer eigenen Arbeitnehmervertretung in der Matrixzelle ist in diesen Fällen zur Sicherung einer lückenlosen Arbeitnehmervertretung geboten. Denn die Arbeitnehmer sind – soweit sie unter der Leitung der Matrixmanager an der übergeordneten Projektaufgabe mitarbeiten – in eine (eigene) virtuelle Arbeitsorganisation eingegliedert, die über die Arbeitsorganisation der herkömmlichen Betriebe und damit über den Wirkungsbereich der dort errichteten Betriebsräte hinausgeht. Da sich die Leitungsmaßnahmen der Matrixmanager nicht auf die Arbeitsabläufe in den herkömmlichen Betrieben beziehen, bestehen hier auch keine Bedenken wegen etwaiger Kompetenzkonflikte.[1119]

Etwas anderes gilt auch dann nicht, wenn die Arbeitnehmer nach wie vor einen physi- 402 schen Arbeitsplatz in einem herkömmlichen Betrieb haben, von dem aus sie in das Informations- und Kommunikationsnetzwerk des virtuellen Matrixbetriebs eingebunden sind. Im Hinblick auf ihre Anwesenheit und ihre Tätigkeit in dem herkömmlichen Betrieb unterliegen sie (nach wie vor) den kollektiven Regelungen der dort eingerichteten Betriebsleitung und sind daher in die dortige Betriebsverfassung einbezogen. Soweit sie in der virtuellen Arbeitsorganisation unter der Leitung der Matrixmanager an den übergeordneten Projektaufgaben mitarbeiten, werden sie von dem dort errichteten Matrixbetriebsrat vertreten. In diesem Sinne können die Zuständigkeiten klar abgegrenzt werden.

Beispiel 2 – Variante 2 (Sonderfall) – Fortsetzung 403

Sofern A in der virtuellen Arbeitsorganisation unter der Leitung der Matrixmanager an der Entwicklung des Prototyps mitarbeitet, wird er von dem für das Projektteam errichteten

---
[1117] *Berger* Matrixkonzern S. 168f.
[1118] BAG 1.2.1963 – 1 ABR 1/62, NJW 1963, 1325.
[1119] Zum Ganzen *Berger* Matrixkonzern S. 170f.

(virtuellen) Matrixbetriebsrat vertreten. Sofern A im Hinblick auf seine physische Anwesenheit und eine etwaige Mitarbeit an den Arbeitsaufgeben im Betrieb M der dort eingerichteten Betriebsleitung untersteht, wird er von dem Betriebsrat des Betriebs M vertreten. Kompetenzkonflikte zwischen dem (virtuellen) Matrixbetriebsrat und dem Betriebsrat des Betriebs M sind hier nicht zu befürchten, da die virtuelle Arbeitsorganisation, in der der Prototyp unter der Leitung der Matrixmanager entwickelt wird, von den Arbeitsabläufen im Betrieb M der X-GmbH abgrenzbar ist und es sich dabei um eine eigenständige Arbeitsorganisationen handelt.

404 Die Errichtung einer eigenen Betriebsverfassung in der Matrixzelle kommt allerdings nur in Betracht, wenn die **virtuelle Arbeitsorganisation** auf eine **gewisse Dauer** angelegt ist.[1120] Ist sie dagegen nur für kurzfristig anfallende Projektaufgaben und damit nur vorübergehend eingerichtet, scheidet die Anerkennung eines virtuellen „Matrixbetriebs" aus. Eine eigene Interessenvertretung in der Matrixzelle ist dann nicht erforderlich. Die Arbeitnehmer erbringen ihre Arbeitsleistung – abgesehen von den vorübergehenden Einsätzen in der kurzfristig eingerichteten virtuellen Arbeitsorganisation – in den herkömmlichen Betrieben der Konzernunternehmen und werden von den dort errichteten Betriebsräten vertreten.[1121]

405 **dd) Zuordnung des virtuellen Matrixbetriebs zu einem Rechtsträger.** Der virtuelle „Matrixbetrieb" wird entweder als gemeinsamer Betrieb der beteiligten Konzernunternehmen geführt oder er ist einem einzelnen („steuernden") Konzernunternehmen als Träger zuzuordnen. Mangels einer eigenen Rechtspersönlichkeit kommt der Konzern als solcher jedenfalls nicht als Träger des „Matrixbetriebs" in Betracht.[1122]

406 Ein **gemeinsamer virtueller „Matrixbetrieb"** ist anzunehmen, wenn die beteiligten Konzernunternehmen die personellen Ressourcen, die Daten- und Informationsbestände, das Know-How und die sonstigen immateriellen Betriebsmittel, die zur Verfolgung der übergeordneten Projektaufgaben in der virtuellen Arbeitsorganisation erforderlich sind, gemeinsam zur Verfügung stellen und einsetzen. Für die Begründung eines gemeinsamen virtuellen Matrixbetriebs ist ferner eine institutionell einheitliche Leitung im personellen und sozialen Bereich[1123] erforderlich. Die einheitliche Leitung wird nach § 1 Abs. 2 Nr. 1 BetrVG vermutet, wenn unter der Leitung der Matrixmanager ein unternehmensübergreifender, gemeinsamer Einsatz der personellen Ressourcen und (immateriellen) Betriebsmittel in der virtuellen Arbeitsorganisation der Matrixzelle stattfindet.[1124]

407 Wird der virtuelle „Matrixbetrieb" nicht als gemeinsamer Betrieb geführt, ist er dem **„steuernden" Konzernunternehmen** zuzuordnen. Dies ist dasjenige Konzernunternehmen, das die Leistungserstellung und die hierauf gerichteten Arbeitsabläufe in der virtuellen Arbeitsorganisation organisiert und die erforderlichen immateriellen Betriebsmittel, insbesondere Daten- und Informationsbestände, Softwaretools und Kommunikationsmittel, zur Verfügung stellt und steuert. Insofern müssen die Matrixmanager nach den Vorgaben des steuernden Konzernunternehmens handeln. Für die Zuordnung des virtuellen „Matrixbetriebs" zum „steuernden" Konzernunternehmen spricht außerdem, wenn dieses die Arbeitsergebnisse nutzt, also den Gewinn aus der Verwertung der Arbeitsergebnisse abschöpft und bilanziell erfasst.[1125]

[1120] Ein Betrieb iSd BetrVG setzt voraus, dass die arbeitstechnische Organisationseinheit auf eine gewisse Dauer angelegt ist. Ausreichend und erforderlich ist, dass die arbeitstechnische Organisationseinheit nicht nur vorübergehend, dh für eine nicht ganz unerhebliche Zeit, errichtet wird, vgl. *Fitting* § 1 Rn. 77.
[1121] *Berger* Matrixkonzern S. 172.
[1122] Richardi BetrVG/*Richardi* § 1 Rn. 10; *Martens* FS 25 Jahre BAG, 1979, S. 367.
[1123] StRspr, BAG 11.2.2004 – 7 ABR 27/03, AP BetrVG 1972 § 1 Gemeinsamer Betrieb Nr. 22.
[1124] Zum Ganzen *Berger* Matrixkonzern S. 175 f.
[1125] *Berger* Matrixkonzern S. 176 f.

5. Matrixzelle als gemeinsamer Betrieb

Nach der ständigen Rechtsprechung liegt ein gemeinsamer Betrieb mehrerer Unternehmen vor, wenn „die in einer Betriebsstätte vorhandenen materiellen und immateriellen Betriebsmittel für einen einheitlichen arbeitstechnischen Zweck zusammengefasst, geordnet und gezielt eingesetzt werden und der Einsatz der menschlichen Arbeitskraft von einem einheitlichen Leitungsapparat gesteuert wird. Die beteiligten Unternehmen müssen sich zumindest stillschweigend zu einer gemeinsamen Führung rechtlich verbunden haben. Die einheitliche Leitung muss sich auf die wesentlichen Funktionen des Arbeitgebers in personellen und sozialen Angelegenheiten erstrecken."[1126]

Die Begründung eines gemeinsamen Betriebs in Bezug auf die in einer Matrixzelle verbundenen arbeitstechnischen (Teil-)Einheiten der Konzernunternehmen ist idR schon deshalb ausgeschlossen, weil die Leitungsfunktion der Matrixmanager nur die **fachliche Leitung** erfasst.[1127] Es fehlt daher an dem erforderlichen institutionell einheitlichen Leitungsapparat, der sich auf den Kern der Arbeitgeberfunktionen in personellen und sozialen Angelegenheiten erstreckt[1128]. Für die Begründung eines gemeinsamen Betriebs genügt es grundsätzlich nicht, wenn nur das fachliche Weisungsrecht unternehmensübergreifend einheitlich ausgeübt wird.[1129]

Nichts anderes gilt, wenn die funktionale Aufgabensteuerung ausschließlich durch **gesellschaftsrechtliche Weisungen** umgesetzt wird. Die gesellschaftsrechtliche Leitung begründet als solche weder einen gemeinsamen Betrieb zwischen dem herrschenden und den abhängigen Unternehmen noch einen gemeinsamen Betrieb mehrerer abhängiger Unternehmen.[1130] Das gilt selbst dann, wenn das herrschende Unternehmen die Entscheidungen der abhängigen Unternehmen im personellen und sozialen Bereich durch die Ausübung der Konzernleitungsmacht tatsächlich beeinflusst.[1131]

Eine institutionell einheitliche Leitung in Bezug auf die Matrixzelle fehlt auch dann, wenn die Kompetenzen der Matrixmanager durch einen **Letztentscheidungsvorbehalt der Betriebsleitungen** der Konzernunternehmen eingeschränkt sind. Die Matrixmanager können die Arbeitgeberfunktionen in personellen und sozialen Angelegenheiten dann nicht einheitlich für die der Matrixzelle verbundenen arbeitstechnischen (Teil-)Einheiten der Konzernunternehmen ausüben.[1132]

In der Praxis sind die Matrixmanager nur **ausnahmsweise mit umfassenden Kompetenzen im sozialen und personellen Bereich** ausgestattet, die sie im Rahmen der funktionalen Aufgabensteuerung unternehmensübergreifend einheitlich ausüben. In diesem Fall konstituieren die Matrixmanager ausnahmsweise einen institutionell einheitlichen Leitungsapparat für die in der Matrixzelle verbundenen arbeitstechnischen (Teil-)Einheiten der Konzernunternehmen.[1133] Ein gemeinsamer Betrieb kommt aber auch dann nur in Betracht, wenn sich die Einheitlichkeit der Leitung auch in tatsächlicher Hinsicht in einem **kooperativen Einsatz der Betriebsmittel und Arbeitnehmer** manifestiert. Denn ein gemeinsamer Betrieb setzt neben einem einheitlichen Leitungsapparat voraus, dass die

---

[1126] StRspr, s. nur BAG 18.1.2012 – 7 ABR 72/10, NZA-RR 2013, 133.
[1127] *Bauer/Herzberg* NZA 2011, 713 (717); *Bodenstedt/Schnabel* BB 2014, 1525 (1527); *Kort* NZA 2013, 1318 (1322); *Reinhard/Kettering* ArbRB 2014, 87 (88f.); *Vogt* Arbeitsrecht im Konzern § 3 Rn. 29.
[1128] StRspr, vgl. BAG 18.1.2012 – 7 ABR 72/10, NZA-RR 2013, 133.
[1129] BAG 15.12.2011 – 8 AZR 692/10, AP BGB § 613a Nr. 424; 9.6.2011 – 6 AZR 132/10, BeckRS 2011, 74719.
[1130] BAG 13.6.2002 – 2 AZR 327/01, AP KSchG 1969 § 23 Nr. 29; LAG Hamburg 20.9.2004 – 8 Sa 109/03, BeckRS 2005, 42784.
[1131] BAG 11.12.2007 – 1 AZR 824/06, NZA-RR 2008, 298; 13.6.2002 – 2 AZR 327/01, AP KSchG 1969 § 23 Nr. 29.
[1132] *Berger* Matrixkonzern S. 194 f.
[1133] *Berger* Matrixkonzern S. 195; ähnlich *Bauer/Herzberg* NZA 2011, 713 (717), die feststellen, dass im Einzelfall eine Zusammenlegung der Personalleitungsfunktion der in einer Matrix(-zelle) verbundenen Unternehmen gewollt sein kann, sodass die Begründung eines einheitlichen Leitungsapparats in Betracht kommt.

Betriebsmittel und die menschliche Arbeitskraft zur Verfolgung eines einheitlichen arbeitstechnischen Zwecks von den beteiligten Unternehmen zusammengefasst, geordnet und gezielt eingesetzt werden.[1134] Eine solche Vergemeinschaftung der arbeitstechnischen Organisation ist idR wegen der **räumlichen Entfernung der arbeitstechnischen (Teil-)Einheiten** der Konzernunternehmen, die unter der Leitung der Matrixmanager in einer Matrixzelle verbunden sind, nicht, jedenfalls nicht in dem erforderlichen quantitativ und qualitativ erheblichen Umfang[1135] festzustellen.

413 Die eigentliche Problematik der standortübergreifenden Erstreckung der Matrixzellen liegt in der betriebsverfassungsrechtlichen „Zergliederung" der arbeitstechnischen Einheiten der Konzernunternehmen, wenn **an einem Standort mehrere Matrixzellen** „bedient" werden. Im Schrifttum wird ein gemeinsamer Betrieb in Bezug auf die Matrixzelle vor diesem Hintergrund abgelehnt, weil sich die Leitungsfunktion der Matrixmanager nur auf einen bestimmten Aufgabenbereich und damit nur auf einen Teil der beteiligten arbeitstechnischen Einheiten beziehe und es keinen „Gemeinschaftsbetriebsteil" gebe.[1136]

414 Diese Annahme ist zu kurz gegriffen. Denn ein gemeinsamer Matrixbetrieb kommt überhaupt nur in Betracht, wenn die Kompetenzen in personellen und sozialen Angelegenheiten bei den Matrixmanagern konzentriert sind. Dies hat nach dem herrschenden Betriebsbegriff zur Folge, dass innerhalb der Konzernunternehmen auf die Matrixzellen bezogene Betriebe entstehen. Erstreckt sich die jeweilige Matrixzelle über mehrere Standorte hinweg, handelt es sich bei den „Ausschnitten" der Matrixzelle an den einzelnen Standorten um selbständige Betriebsteile iSd § 4 Abs. 1 S. 1 Nr. 1 BetrVG, für die jeweils ein eigener Betriebsrat errichtet werden kann. Entgegen der oben erwähnten Literaturauffassung geht es also nicht um die Zusammenfassung von unselbständigen Betriebsteilen zu einem betriebsverfassungsrechtlich nicht anzuerkennenden „Gemeinschaftsbetriebsteil"[1137], sondern um die **Zusammenfassung mehrerer betriebsratsfähiger Einheiten** iSd § 4 Abs. 1 BetrVG zu **einem (standortübergreifenden) gemeinsamen Betrieb**.[1138] Dies ist nach der Systematik der §§ 1 Abs. 1, 4 Abs. 1 BetrVG und nach dem Schutzzweck des § 4 Abs. 1 BetrVG nicht zulässig. Denn die Figur des gemeinsamen Betriebs hebt die Struktur der gesetzlichen Betriebsverfassung im Übrigen nicht auf. Ein gemeinsamer Betrieb setzt voraus, dass es sich bei der zu beurteilenden Einheit überhaupt um einen Betrieb iSd BetrVG handelt.[1139] Ein gemeinsamer Betrieb kommt daher nur in Bezug auf eine **betriebsratsfähige Teileinheit einer Matrixzelle an einem Standort** (iSd § 4 Abs. 1 S. 1 Nr. 1 BetrVG) in Betracht. Voraussetzung hierfür ist, dass mehrere Konzernunternehmen in einer solchen betriebsratsfähigen Teileinheit der Matrixzelle einen einheitlichen arbeitstechnischen Zweck gemeinsam durch einen arbeitgeberübergreifenden Einsatz der Betriebsmittel und Arbeitnehmer verfolgen, der wiederum von den Matrixmanagern als einheitlicher Leitungsapparat gesteuert und koordiniert wird.[1140]

[1134] StRspr, siehe nur BAG 18.1.2012 – 7 ABR 72/10, NZA-RR 2013, 133.
[1135] Der unternehmensübergreifende Einsatz von Betriebsmitteln und Arbeitnehmern darf nicht nur ausnahmsweise oder selten erfolgen, sondern muss den gewöhnlichen Betriebsablauf prägen, vgl. BAG 18.1.2012 – 7 ABR 72/10, NZA-RR 2013, 133.
[1136] *Kort* NZA 2013, 1318 (1322).
[1137] Vgl. DKKW/*Trümner* BetrVG § 1 Rn. 187 f., und HK-BetrVG/*Kloppenburg* § 1 Rn. 73, die die betriebsverfassungsrechtliche Anerkennung eines „Gemeinschaftsbetriebsteils" insbesondere wegen des Risikos rivalisierender Betriebsräte auf engstem Raum ablehnen, wobei offenbar von einem einfachen Betriebsteil („Abteilungen") ausgegangen wird.
[1138] *Berger* Matrixkonzern S. 207 f.
[1139] BAG 18.1.2012 – 7 ABR 72/10, NZA-RR 2013, 133; ErfK/*Koch* BetrVG § 1 Rn. 13; Richardi BetrVG/*Richardi* § 1 Rn. 67; HK-BetrVG/*Kloppenburg* § 1 Rn. 35.
[1140] *Berger* Matrixkonzern S. 210.

6. Bestimmung der betrieblichen Einheiten bei einer komplexen Verteilung der Arbeitgeberfunktionen

Besonders schwierig ist die Bestimmung der betrieblichen Einheiten im matrixorganisierten Konzern, wenn die Arbeitgeberfunktionen vielschichtig zwischen den Betriebsleitungen der Konzernunternehmen und den Matrixmanagern verteilt sind. Voraussetzung für die Erfassung einer solchen komplexen Leitungsstruktur ist eine genaue Analyse, wie die Arbeitgeberfunktionen im Einzelfall zwischen den verschiedenen Stellen verteilt sind.

Ergibt die Analyse, dass die überwiegende Mehrheit der Arbeitgeberfunktionen in personellen und sozialen Angelegenheiten bei den Betriebsleitungen der Konzernunternehmen angesiedelt sind, während die Matrixmanager lediglich vereinzelte Arbeitgeberfunktionen im personellen und sozialen Bereich und insbesondere das fachliche Weisungsrecht ausüben, ist die betriebskonstituierende einheitliche Leitung bei den Betriebsleitungen der Konzernunternehmen zu verorten. Nach der Rechtsprechung muss sich die einheitliche Leitung nicht auf alle mitbestimmungsrechtlich relevanten Entscheidungen beziehen; es genügt vielmehr, dass die **deutliche Mehrheit der Entscheidungen,** die der Mitbestimmung unterliegen, von der betriebskonstituierenden einheitlichen Leitung getroffen wird.[1141]

Die Feststellung, bei welcher Stelle die deutliche Mehrheit der Arbeitgeberfunktionen im personellen und sozialen Bereich konzentriert ist, kann durch eine **Gewichtung der Arbeitgeberfunktionen nach ihrer betriebsverfassungsrechtlichen Relevanz** konkretisiert werden, die sich aus der Reichweite und Bedeutung der insoweit eingeräumten Beteiligungsrechte ergibt.[1142] Diejenigen Kompetenzen, an die das BetrVG ein „echtes" Mitbestimmungsrecht knüpft, sind höher zu gewichten als solche, an die das BetrVG ein „bloßes" Beteiligungsrecht in Form eines Beratungs- oder Informationsrechts knüpft. Innerhalb der Materien der „echten" Mitbestimmung sind die Entscheidungskompetenzen in personellen Angelegenheiten, die den Rechtsstatus der Arbeitnehmer berühren, insbesondere bei Einstellungen und Entlassungen sowie Versetzungen und Umgruppierungen, höher zu gewichten als die Entscheidungskompetenzen im sozialen Bereich, etwa bei Arbeitszeitregelungen oder der Urlaubsplanung.[1143]

Ist im Einzelfall bei keiner Stelle eine quantitative und qualitative Mehrheit der Arbeitgeberfunktionen nach diesen Grundsätzen festzustellen, ist im Rahmen einer schutzzweckorientierten Auslegung des Merkmals der Einheit der Organisation auf die **größte Entscheidungsnähe hinsichtlich der mitbestimmungsrechtlich relevanten Entscheidungen**[1144] abzustellen.

Beispielfall 3:

Die T-GmbH ist ein Tochterunternehmen des T-Konzerns, der international in einer Matrixorganisation operiert. Die T-GmbH unterhält Betriebsstätten an vier Standorten in Deutschland (Frankfurt, München, Düsseldorf, Hamburg), an denen bisher jeweils ein eigener Betriebsrat gewählt wird. Am Standort Frankfurt werden alle vier Geschäftsbereiche („Business Units") des T-Konzerns bedient. Die T-GmbH hat ihren Sitz am Standort München. Die Geschäftsführer halten sich jedoch überwiegend in den USA auf. Am Standort München sitzt auch die als „Legal & Contracts Managerin" tätige Ansprech- und Verhandlungspartnerin der Betriebsräte der vier deutschen Standorte. Die personelle Leitung der Arbeitnehmer der T-GmbH wird geschäftsbereichsbezogen von den Leitern der jeweiligen Business Units, teilweise zusammen mit Verantwortlichen der zentralen Personalabteilung

---

[1141] BAG 23.9.1982 – 6 ABR 42/81, AP BetrVG 1972 § 4 Nr. 3.
[1142] Ebenso wie für die Abgrenzung betrieblicher Einheiten im Rahmen des BetrVG ist für die Annahme einer eigenständigen Dienststelle deren Selbständigkeit in Aufgabenbereich und Organisation maßgebend, vgl. BVerwG 3.7.1991 – 6 P 18.89, PersR 1991, 413.
[1143] *Berger* Matrixkonzern S. 218 f.; vgl. hierzu auch SächsOVG 29.1.2015 – PL 9 A 147/12.
[1144] ArbG Frankfurt a.M. 21.7.2009 – 12 BV 184/09, BeckRS 2013, 72862.

und der Rechtsabteilung des Konzerns wahrgenommen. Die wesentlichen Entscheidungen in sozialen Angelegenheiten werden teilweise geschäftsbereichsbezogen von den Leitern der Business Units und teilweise einheitlich für alle Arbeitnehmer von der Geschäftsführung der T-GmbH getroffen. Das fachliche Weisungsrecht wird ebenfalls geschäftsbereichsbezogen von den Leitern der Business Units oder von den sog. Area Managern ausgeübt, die den Leitern der Business Units in der Matrixorganisation unmittelbar unterstellt sind. In einem Wahlanfechtungsverfahren war die Betriebsratsfähigkeit des Standorts Frankfurt streitig.

420 Obwohl eine einheitliche Leitung in den wesentlichen personellen und sozialen Angelegenheiten aufgrund der vielschichtigen Verteilung der Arbeitgeberfunktionen an keinem Standort in Deutschland festzustellen ist, sah das ArbG Frankfurt a.M.[1145] die Unternehmenszentrale am Standort München als Hauptbetrieb iSd § 4 Abs. 1 BetrVG an. Da dort der Sitz der T-GmbH angesiedelt ist, ordnete das Gericht die Leitungsmaßnahmen der Geschäftsführung der T-GmbH, die zumindest teilweise wesentliche Arbeitgeberfunktionen betrafen, dem Standort M zu. Dort sitzt außerdem die stellvertretend für die Geschäftsführung handelnde Ansprech- und Verhandlungspartnerin der Betriebsräte. Damit ist am Standort München nach zutreffender Auffassung des Gerichts jedenfalls *„deutschlandweit die größte Entscheidungsnähe hinsichtlich der mitbestimmungsrelevanten unternehmerischen Entscheidungen"* festzustellen. Dies ist angesichts der komplexen Leitungsorganisation des T-Konzerns im Rahmen einer schutzzweckorientierten Auslegung als ausreichend zu erachten.

421 Die größte Entscheidungsnähe hinsichtlich der mitbestimmungsrechtlich relevanten Entscheidungen ist mangels anderweitiger eindeutiger Anhaltspunkte im Zweifel bei der **übergeordneten Leitungsinstanz** zu verorten, von der die verschiedenen Stellen ihre punktuellen **Kompetenzen ableiten** und die diese **im Konfliktfall wieder an sich ziehen** und einheitlich (koordiniert) gegenüber den Arbeitnehmern ausüben kann.[1146] Diese Koordinationsaufgabe und damit die Betriebsleitungsfunktion sind **im Zweifel** bei der **Unternehmensleitung** zu verorten. Denn von dieser leiten sowohl die Führungskräfte des jeweiligen Konzernunternehmens mit (jedenfalls partieller) Betriebsleitungsfunktion als auch die Matrixmanager ihre punktuellen Kompetenzen ab.[1147] Die Anknüpfung an die Unternehmensleitung erscheint auch deshalb gerechtfertigt, weil es bei einer vielschichtigen Verteilung der Arbeitgeberfunktionen an irgendeiner Stelle im Unternehmen eine Leitungsinstanz geben muss, an die die gesetzlich vorgeschriebene Betriebsverfassung anknüpfen kann.[1148] Dies ist im Zweifel der Arbeitgeber selbst, bei einer juristischen Person also das Leitungsorgan, mithin die Unternehmensleitung.[1149] Der Arbeitgeber kann die betriebliche Mitbestimmung nach dem BetrVG nicht durch organisatorische Vorgaben ins Leere laufen lassen.[1150]

422 Diese zentrale Anknüpfung an die koordinierende Leitungsinstanz ist in Anwendung von § 4 Abs. 1 BetrVG nach dem Ordnungsprinzip der Arbeitnehmernähe zu „korrigieren". Im Rahmen einer schutzzweckorientierten Auslegung ist für das erforderliche **„Mindestmaß an organisatorischer Selbständigkeit" eines Betriebsteils iSd § 4 Abs. 1 BetrVG** nicht zu verlangen, dass sich die Leitung vor Ort, die jedenfalls mit punktuellen Arbeitgeberfunktionen ausgestattet ist, auf alle Arbeitnehmer des Standorts

---

[1145] ArbG Frankfurt a.M. 21.7.2009 – 12 BV 184/09, BeckRS 2013, 72862.
[1146] Vgl. *Umnuß* Organisation der Betriebsverfassung S. 142.
[1147] Die arbeitsrechtliche Leitungsmacht der Matrixmanager im Rahmen der funktionalen Aufgabensteuerung wird auf Grundlage einer Bevollmächtigung durch die als Vertragsarbeitgeber auftretenden Konzernunternehmen umgesetzt → Rn. 11 ff.
[1148] *Berger* Matrixkonzern S. 227.
[1149] *Kreßel* AuA 1998, 145; *Konzen* Unternehmensaufspaltungen S. 106; *Windbichler* Konzernarbeitsrecht S. 288.
[1150] In diesem Sinne auch ArbG Frankfurt a.M. 21.7.2009 – 12 BV 184/09, BeckRS 2013, 72862, und LAG Hessen 13.4.2011 – 8 Sa 922/10, BeckRS 2011, 75839.

oder ausschließlich auf diese bezieht. Nach den zutreffenden Feststellung des ArbG Frankfurt a.M.[1151] kann dies jedenfalls bei einer vom Arbeitgeber gewählten Organisationsstruktur nicht gefordert werden, bei der an keinem Standort eine einheitliche Leitung gerade für diesen Standort besteht, sondern die Leitungsbefugnisse allein geschäftsbereichsbezogen ausgeübt werden. Danach sind die einzelnen Standorte, die räumlich weit entfernt sind von dem koordinierenden (Haupt-)Betrieb, der im Zweifel bei der Unternehmenszentrale bzw. am Sitz des Unternehmens zu verorten ist, als selbständige Betriebsteile iSd § 4 Abs. 1 S. 1 Nr. 1 BetrVG zu qualifizieren. Für diese kann jeweils ein eigener Betriebsrat errichtet werden.

Beispielfall 3 – Fortsetzung 423

Von dem Hauptbetrieb am Standort München ist der Standort Frankfurt räumlich weit entfernt iSd § 4 Abs. 1 S. 1 Nr. 1 BetrVG. Dort ist nach den Feststellungen des ArbG Frankfurt a.M.[1152] das erforderliche „Mindestmaß an organisatorischer Selbständigkeit" gegeben, da mit den beiden Area Managern des Geschäftsbereichs Sales zumindest zwei Personen mit Leitungsmacht vor Ort sind, die Weisungsrechte ausüben. Dass sich deren Leitungsmacht nicht auf alle Arbeitnehmer des Standorts Frankfurt, sondern nur auf diejenigen der Business Unit Sales bezieht, steht der Annahme eines selbständigen, betriebsratsfähigen Betriebsteils im Rahmen einer schutzzweckorientierten Auslegung des Organisationsbegriffs des § 4 Abs. 1 BetrVG nicht entgegen.

7. Matrixmanager als Ansprech- und Verhandlungspartner der Arbeitnehmervertretungsorgane

Die Abgrenzung der betrieblichen Einheiten im matrixorganisierten Konzern kann insbesondere bei einer komplexen Verteilung der betriebskonstituierenden Arbeitgeberfunktionen dazu führen, dass in einer betrieblichen Einheit sowohl die Führungskräfte des jeweiligen Konzernunternehmens (mit jedenfalls partieller Betriebsleitungsfunktion) als auch mehrere Matrixmanager mitbestimmungsrechtlich relevante Entscheidungen treffen. Dies ist aber letztlich kein Organisationsproblem, sondern vielmehr ein Koordinationsproblem, das es bei der Ausübung der Beteiligungsrechte aufzulösen gilt. Die Lösung hierfür ist im **Rechtsinstitut der Stellvertretung** zu erblicken. Die arbeitsrechtliche Leitungsmacht der Matrixmanager basiert auf einer rechtsgeschäftlichen Bevollmächtigung durch das jeweilige Konzernunternehmen, das Träger des Betriebs ist, in dem die Matrixmanager im Rahmen der funktionalen Aufgabensteuerung jeweils Arbeitgeberfunktionen ausüben (→ Rn. 11 ff.). 424

Eine Stellvertretung des Arbeitgebers bei der Ausübung der Arbeitgeberfunktionen ist auch aus der Perspektive des Betriebsverfassungsrechts zulässig. Dies ergibt sich schon daraus, dass in größeren Unternehmen, in denen die Führungsaufgabe nicht mehr von einer Person allein zu bewerkstelligen ist, eine Leitungsorganisation eingerichtet wird, im Rahmen derer die Arbeitgeberfunktionen nach einem abgestuften System durch Bevollmächtigungen an nachgeordnete Stellen „delegiert" werden.[1153] Eine solche Delegation kann nicht nur „arbeitgeberintern" an (leitende) Angestellte des Arbeitgebers erfolgen, sondern auch an externe Dritte, die nicht in einem Arbeitsverhältnis mit dem Arbeitgeber stehen.[1154] 425

Die Einbeziehung der Matrixmanager in die Arbeitgeberfunktionen der Konzernunternehmen auf Grundlage der oben genannten „Vollmachtlösung" ist somit auch betriebsverfassungsrechtlich beachtlich: Sie hat zur Folge, dass sich die Konzernunternehmen die 426

[1151] ArbG Frankfurt a.M. 21.7.2009 – 12 BV 184/09, BeckRS 2013, 72862; zustimmend *Kort* NZA 2013, 1318 (1321).
[1152] ArbG Frankfurt a.M. 21.7.2009 – 12 BV 184/09, BeckRS 2013, 72862.
[1153] *Birk* Leitungsmacht S. 160 f.; *Konzen* Unternehmensaufspaltungen S. 64.
[1154] *Konzen* Unternehmensaufspaltungen S. 64; *Windbichler* Konzernarbeitsrecht S. 351 f.

Leitungsmaßnahmen der Matrixmanager nach § 164 Abs. 1 S. 1 BGB wie eigene zurechnen lassen müssen. Die Leitungsmaßnahmen der Matrixmanager lösen daher in den arbeitstechnischen Einheiten (Betrieben) der Konzernunternehmen, in denen sie sich konkret auswirken, Beteiligungsrechte der dort errichteten Arbeitnehmervertretungen aus.[1155] Die Übertragung der Arbeitgeberfunktionen auf eine „arbeitgeberinterne" Führungskraft oder externen Dritten durch eine Bevollmächtigung lässt die betriebsverfassungsrechtlichen Beteiligungsrechte und deren materielle Wirksamkeit unberührt. Der Arbeitgeber kann die Einschränkung seiner Entscheidungsmacht durch die im BetrVG geregelten Beteiligungsrechte nicht durch eine Delegation der relevanten Arbeitgeberfunktionen an Bevollmächtigte umgehen.[1156]

427 Soweit die Arbeitgeberfunktionen der betrieblichen Mitbestimmung unterliegen, ist auch ein Bevollmächtigter (hier die Matrixmanager) an die im BetrVG geregelten Beteiligungsrechte gebunden.[1157] Verpflichteter der Arbeitnehmervertretung und Organ der Betriebsverfassung bleibt indessen stets der Arbeitgeber als originärer Inhaber der Arbeitgeberfunktionen.[1158] Er hat sicherzustellen, dass die ihm obliegenden betriebsverfassungsrechtlichen Pflichten trotz der Delegation der Arbeitgeberfunktionen beachtet und erfüllt werden. Bezieht der Arbeitgeber einen Bevollmächtigten in mitbestimmungsrechtlich relevante Arbeitgeberfunktionen ein, muss er diesen zur Erfüllung der betriebsverfassungsrechtlichen Pflichten gegenüber dem (Gesamt-)Betriebsrat anhalten.[1159] Dabei ist zu beachten, dass der Arbeitgeber sich auch bei der Erfüllung seiner betriebsverfassungsrechtlichen Pflichten gegenüber dem Betriebsrat durch einen Vertreter (Bevollmächtigten)[1160] vertreten lassen kann.[1161] Dies ergibt sich bereits aus den §§ 43 Abs. 2 S. 3, 108 Abs. 2 S. 1 BetrVG.[1162]

428 Als (betriebsverfassungsrechtlicher) Arbeitgeber sind die Konzernunternehmen daher verpflichtet, die Beachtung der gesetzlichen Beteiligungsrechte durch die Matrixmanager sicherzustellen.[1163] Die Konzernunternehmen müssen dem zuständigen Arbeitnehmervertretungsorgan den oder die Matrixmanager, die über die erforderlichen Informationen und Entscheidungskompetenzen in der zu regelnden Angelegenheit verfügen, als Ansprech- und Verhandlungspartner (als ihren Vertreter) zur Verfügung stellen.[1164] Sind die Matrixmanager im Einzelfall nicht verfügbar, beispielsweise weil sie im Ausland sitzen, muss der Arbeitgeber dem Arbeitnehmervertretungsorgan jedenfalls einen Ansprechpartner präsentieren, der über die Maßnahmen und Pläne der Matrixmanager hinreichend informiert ist und eine hinreichende Handlungskompetenz hat.[1165] In der Praxis wird dies regelmäßig die Standortleitung des jeweiligen Betriebs oder eine andere Führungskraft des Konzernunternehmens sein, die in dem jeweiligen Betrieb jedenfalls partiell eine Betriebsleitungsfunktion ausübt. Diese Lösung ist nicht zuletzt deshalb vorzugswürdig, weil

---

[1155] Zum Ganzen *Schumacher* NZA 2015, 587 (588), die allerdings von einer Zurechnung der Entscheidungen der Konzernobergesellschaft zu ihren Tochterunternehmen ausgeht.
[1156] *Windbichler* Konzernarbeitsrecht S. 352.
[1157] *Windbichler* Konzernarbeitsrecht S. 86 (352).
[1158] *Windbichler* Konzernarbeitsrecht S. 351.
[1159] Zur vergleichbaren Situation beim (echten) Betriebsführungsvertrag, bei dem der Betriebsführer ebenfalls als Bevollmächtigter des Arbeitgebers (Betriebsinhaber) handelt, vgl. *Windbichler* Konzernarbeitsrecht S. 351 f.; *Wagenhals* Betriebsführungsvertrag S. 59.
[1160] Streitig ist insofern lediglich, ob eine Vertretung nur durch betriebsangehörige Personen (so *Fitting* § 1 Rn. 240; GK-BetrVG/*Franzen* § 1 Rn. 94) oder durch jede beliebige Person und somit auch durch betriebsfremde Personen zulässig ist (so zutreffend *Windbichler* Konzernarbeitsrecht S. 349 (Fn. 82); *Hrubesch* betriebsratsfähige Einheit S. 192).
[1161] BAG 11.12.1991 – 7 ABR 16/91, AP BetrVG 1972 § 90 Nr. 2; *Fitting* § 1 Rn. 240; GK-BetrVG/*Franzen* § 1 Rn. 94; *Hrubesch* betriebsratsfähige Einheit S. 192; *Windbichler* Konzernarbeitsrecht S. 349.
[1162] *Windbichler* Konzernarbeitsrecht S. 349.
[1163] *Berger* Matrixkonzern S. 267.
[1164] Vgl. *Wagenhals* Betriebsführungsvertrag S. 59; *Windbichler* Konzernarbeitsrecht S. 349 f.
[1165] *Berger* Matrixkonzern S. 273; in diesem Sinne auch *Weller* AuA 2013, 344 (345 f.), der für die Einrichtung einer zentralen Stelle „Sozialpartnerkontakte" plädiert, die die Kommunikation mit den Betriebsräten der Konzernunternehmen führt und weitgehend über die Pläne der Matrixmanager informiert ist.

so sichergestellt ist, dass der Betriebsrat mit einem bekannten Ansprechpartner verhandelt, der auch die Besonderheiten des jeweiligen Betriebs kennt.

Stellt das jeweilige Konzernunternehmen dem Betriebsrat entgegen diesen Grundsätzen keinen hinreichend informierten und kompetenten Verhandlungspartner als seinen Vertreter zur Verfügung, kann der Betriebsrat seine Rechte gegenüber dem jeweiligen Konzernunternehmen in einem arbeitsgerichtlichen Beschlussverfahren oder einem Einigungsstellenverfahren durchsetzen.[1166] Gleiches gilt, wenn die Matrixmanager bei der Ausübung der Arbeitgeberfunktionen in den Konzernunternehmen die Beteiligungsrechte der dort errichteten Arbeitnehmervertretungen nicht beachten. Der Betriebsrat muss Verstöße gegen seine Beteiligungsrechte keinesfalls dulden, (nur) weil diese von den Matrixmanagern als „Externe" begangen werden. Zwar kann der Betriebsrat den Matrixmanager nicht direkt belangen. Das jeweils als betriebsverfassungsrechtlicher Arbeitgeber und Vollmachtgeber auftretende Konzernunternehmen muss sich aber die Verstöße eines Matrixmanagers wie das Verhalten eines eigenen unzuverlässigen leitenden Angestellten nach § 164 Abs. 1 S. 1 letzter Hs. 1 BGB zurechnen lassen.[1167] Der (Konzern-/Gesamt-)Betriebsrat kann die Beachtung seiner Beteiligungsrechte daher gegenüber dem als Arbeitgeber auftretenden Konzernunternehmen geltend machen und gegebenenfalls in einem arbeitsrechtsgerichtlichen Beschlussverfahren oder einem Einigungsstellenverfahren durchsetzen.[1168] 429

Beispielfall 4 430
Im X-Konzern, der unternehmensübergreifend in einer Matrixorganisation operiert, wird eine neue Produktserie eingeführt. Hieran arbeiten unter der federführenden Leitung des Matrixmanagers M Mitarbeiter im Betrieb A der A-GmbH, im Betrieb B der B-GmbH und im Betrieb C der C-GmbH mit. Um den rechtzeitigen Projektabschluss sicherzustellen, ordnet der Matrixmanager M an, dass die beteiligten Mitarbeiter in den Betrieben A, B und C Überstunden leisten müssen, ohne die dort errichteten Betriebsräte zu beteiligen. Die Betriebsräte der Betriebe A, B und C können wegen der Verletzung ihres Mitbestimmungsrechts nach § 87 Abs. 1 Nr. 3 BetrVG einen Unterlassungsanspruch gegen das jeweilige Konzernunternehmen, also die A-GmbH, B-GmbH und C-GmbH, geltend machen und diesen ggf. in einem arbeitsgerichtlichen Beschlussverfahren durchsetzen.[1169]

Um die Mitbestimmungsrechte des Betriebsrats zu erfüllen, ist die A-GmbH als Verpflichtete des BetrVG gehalten, dem Betriebsrat des Betriebs A den Matrixmanager M als ihren Vertreter als Ansprech- und Verhandlungspartner zu präsentieren. Ist der Matrixmanager M nicht verfügbar, kann dem Betriebsrat im Einzelfall auch ein anderer Ansprechpartner zur Verfügung gestellt werden, der vom Matrixmanager M hinreichend informiert, instruiert und autorisiert ist. In der Praxis wird dies regelmäßig die Standortleitung des Betriebs A oder eine andere Führungskraft der A-GmbH sein, die im Betrieb A jedenfalls partiell eine Betriebsleitungsfunktion ausübt. Dies gilt gleichermaßen für die Erfüllung der Mitbestimmungsrechte in den Betrieben B der B-GmbH und C der C-GmbH. 431

Dem (Gesamt-/Konzern-) Betriebsrat steht mit dem jeweiligen Konzernunternehmen damit stets ein Adressat für die Durchsetzung der gesetzlichen Beteiligungsrechte zur Verfügung und zwar auch dann, wenn die Arbeitgeberfunktionen de facto von den Matrixmanagern ausgeübt werden.[1170] 432

[1166] Sowohl der Antrag im arbeitsgerichtlichen Beschlussverfahren als auch die Anträge zur Einleitung eines Einigungsstellenverfahrens sind gegenüber dem Rechtsträger des Betriebs zu stellen, mithin gegenüber dem jeweiligen Konzernunternehmen.
[1167] *Windbichler* Konzernarbeitsrecht S. 352; vgl. auch *Wagenhals* Betriebsführungsvertrag S. 59 f., zur Rechtslage beim echten Betriebsführungsvertrag bei Verstößen des Betriebsführers, der – wie hier die Matrixmanager – im Namen des Betriebsinhabers handelt.
[1168] Vgl. *Weller* AuA 2013, 344 (346 f.).
[1169] Vgl. *Weller* AuA 2013, 344 (346 f.).
[1170] *Berger* Matrixkonzern S. 274 f.

III. Anpassung der Betriebsstruktur an die Matrixorganisation auf Grundlage von § 3 BetrVG

433 In den Fällen, in denen die Matrixorganisation bei der Anwendung der gesetzlichen Organisationsvorschriften zu Abgrenzungsschwierigkeiten führt, kann durch eine kollektivvertragliche Vereinbarung der Arbeitnehmervertretungsstruktur nach § 3 BetrVG eine klare und rechtssichere Regelung herbeigeführt werden. Ein Strukturtarifvertrag nach § 3 BetrVG ermöglicht außerdem eine Anpassung der Arbeitnehmervertretungsstruktur an die aufgabenbezogene Organisation des matrixorganisierten Konzerns, wo dies auf Grundlage der gesetzlichen Organisationsvorschriften (§§ 1, 4 BetrVG) nicht möglich ist. Als Anknüpfungspunkt für die gewillkürte Arbeitnehmervertretungsstruktur sind vor allem die Matrixzellen von Bedeutung, weil dort die Erledigung der operativen Aufgaben des Konzerns organisiert ist und die funktionale Aufgabensteuerung durch die Matrixmanager realisiert wird.

1. Errichtung eines unternehmenseinheitlichen Betriebsrats oder Zusammenfassung von Betrieben (§ 3 Abs. 1 Nr. 1 BetrVG)

434 § 3 Abs. 1 Nr. 1 BetrVG ermöglicht die Errichtung eines **unternehmenseinheitlichen Betriebsrats** oder die **Zusammenfassung von Betrieben.** Wegen der Beschränkung des Anwendungsbereichs auf den Bereich des *Unternehmens*[1171] ist dieser Gestaltungstatbestand im matrixorganisierten *Konzern,* in dem die Matrixzellen typischerweise rechtsforminkongruent angeordnet sind und sich über mehrere Unternehmen erstrecken, nur von geringer praktischer Relevanz.[1172] § 3 Abs. 1 Nr. 1 BetrVG ist vor allem für *Unternehmen* von Bedeutung, die ihre operative Geschäftstätigkeit in einer Matrixorganisation organisiert haben und an mehreren Standorten operieren. Durch die Bildung eines unternehmenseinheitlichen Betriebsrats oder die Zusammenfassung einzelner Betriebe gemäß § 3 Abs. 1 Nr. 1 BetrVG können Unsicherheiten hinsichtlich der Betriebs- oder Betriebsteilqualität der einzelnen Standorte behoben werden, die sich aus der Überlagerung der Standorte durch die funktionalen Verantwortlichkeiten der Matrixorganisation ergeben.[1173]

2. Errichtung von Spartenbetriebsräten (§ 3 Abs. 1 Nr. 2 BetrVG)

435 Die Errichtung von Spartenbetriebsräten nach § 3 Abs. 1 Nr. 2 BetrVG wird im Schrifttum auch für die Matrixorganisation in Erwägung gezogen, im Ergebnis aber zu Recht überwiegend kritisch beurteilt.[1174] § 3 Abs. 1 Nr. 2 BetrVG hat im matrixorganisierten Konzern nur einen eingeschränkten Anwendungsbereich. Die Errichtung von **Spartenbetriebsräten** ist nach dem Gesetzeswortlaut nur in ***produkt-*** **oder** ***projekt*bezogenen Geschäftsbereichen** möglich.[1175] Die *funktions-, markt-* oder *region*enbezogenen Geschäftsbereiche der Matrixorganisation können daher von vornherein nicht durch eine Spartenbetriebsstruktur nach § 3 Abs. 1 Nr. 2 BetrVG abgebildet werden.[1176] Die eigentliche Problematik der Anwendung des § 3 Abs. 1 Nr. 2 BetrVG im matrixorganisierten Konzern liegt aber darin, dass die **Zweidimensionalität der Matrixorganisation,** dh

---

[1171] BAG 13.3.2013 – 7 ABR 70/11, AP BetrVG 1972 § 3 Nr. 10; Richardi BetrVG/*Richardi* § 3 Rn. 17.
[1172] *Berger* Matrixkonzern S. 279 f.
[1173] *Witschen* RdA 2016, 38 (44).
[1174] *Bauer/Herzberg* NZA 2011, 713 (718 f.); *Kort* NZA 2013, 1318 (1322); *Rieble* NZA-Beil. 2014, 28 (29); *Vogt* Arbeitsrecht im Konzern § 3 Rn. 31 ff.; *Weller* AuA 2013, 344 (347); *Witschen* RdA 2016, 38 (44).
[1175] *Fitting* § 3 Rn. 39; DKKW/*Trümner* BetrVG § 3 Rn. 64; *Bauer/Herzberg* NZA 2011, 713 (718); *Gaul/Mückl* NZA 2011, 657 (660).
[1176] *Berger* Matrixkonzern S. 281; DKKW/*Trümner* BetrVG § 3 Rn. 64; *Kort* NZA 2013, 1318 (1322); *Vogt* Arbeitsrecht im Konzern § 3 Rn. 32.

die Geschäftsbereichsbildung nach unterschiedlich ausgerichteten strukturellen Gliederungskriterien (nach Funktionen *und* Produkten), die sich in den operativen Aufgaben überschneiden, auf Grundlage von § 3 Abs. 1 Nr. 2 BetrVG nicht erfasst werden kann. § 3 Abs. 1 Nr. 2 BetrVG ist auf eine eindimensionale Spartenbildung ausgerichtet.

Im Schrifttum wird für den typischen Fall einer Funktions-Produkt-Matrix vertreten, dass in Bezug auf die *produktbezogenen* **Geschäftsbereiche Spartenbetriebsräte nach § 3 Abs. 1 Nr. 2 BetrVG** gebildet werden, die in ihrem Geltungsbereich die gesetzlichen Betriebsräte ersetzen, während es in den *Funktionsbereichen* bei der **gesetzlichen Betriebsstruktur** verbleiben soll.[1177] Diese Auffassung ist abzulehnen. Bei einem solchen „Nebeneinander" der gesetzlichen Betriebsräte, die in der Funktionaldimension (fort-)bestehen, und der in der Produktdimension gebildeten Spartenbetriebsräte käme es zu unauflöslichen Kompetenzkonflikten. Es werden deshalb zu Recht Zweifel vorgebracht, ob die Bildung von Spartenbetriebsräten in der Produktdimension einer sachgerechten Wahrnehmung der Betriebsratsaufgaben dient und damit überhaupt die tatbestandlichen Voraussetzungen des § 3 Abs. 1 Nr. 2 BetrVG erfüllt.[1178]

436

Eine **vollständige Ablösung der gesetzlichen Betriebsräte durch die Errichtung von Spartenbetriebsräten in der Produktdimension** scheidet im Grundsatz ebenfalls aus. Die zweidimensionale Matrixorganisation würde dann betriebsverfassungsrechtlich nur halb abgebildet, weil nur die eine (produktbezogene) Dimension erfasst würde, während die andere (funktionsbezogene) Dimension völlig unberücksichtigt bliebe.[1179] Dies kommt allenfalls in Betracht, wenn die Produktmanager bedeutende Kompetenzen in beteiligungspflichtigen Angelegenheiten haben, während die Funktionsmanager lediglich eine beratende Funktion ausüben und diese ebenso wie die Betriebsleitungen der Konzernunternehmen nur vereinzelte und geringfügige Kompetenzen in beteiligungspflichtigen Angelegenheiten haben. Dann handelt es sich aber letztlich nicht um eine (echte) Matrixorganisation, sondern um eine klassische produktbezogene Geschäftsbereichsorganisation (Spartenorganisation), die durch funktionsbezogene Stabsstellen ergänzt ist. Eine solche Geschäftsbereichsorganisation fällt unmittelbar in den Anwendungsbereich von § 3 Abs. 1 Nr. 2 BetrVG.[1180]

437

3. Errichtung einer auf die Matrixzellen bezogenen Arbeitnehmervertretungsstruktur (§ 3 Abs. 1 Nr. 3 BetrVG)

a) Grundsätze

Eine Anpassung der Arbeitnehmervertretungsstruktur an die Matrixorganisation kann indes auf Grundlage von § 3 Abs. 1 Nr. 3 BetrVG verwirklicht werden. Die Vorschrift ermöglicht – über die in § 3 Abs. 1 Nr. 1 und Nr. 2 BetrVG geregelten Fälle hinaus – eine **Anpassung der Arbeitnehmervertretungsstruktur an besondere Formen der Betriebs-, Unternehmens- und Konzernorganisation und der unternehmerischen Zusammenarbeit**.[1181] Die Errichtung einer „anderen Arbeitnehmervertretungsstruktur" nach § 3 Abs. 1 Nr. 3 BetrVG setzt voraus, dass diese einer **wirksamen und zweckmäßigen Interessenvertretung** der Arbeitnehmer dient. Die betriebliche Mitbestimmung muss also in der nach § 3 Abs. 1 Nr. 3 BetrVG gebildeten alternativen Vertretungsstruktur aufgrund von besonderen organisatorischen oder kooperativen Rahmenbedingungen besser verwirklicht werden können als im gesetzlichen Vertretungsmodell.[1182] Dabei sind ins-

438

[1177] *Friese* RdA 2003, 92 (99); *Bauer/Herzberg* NZA 2011, 713 (718), die aber kritisch auf die dann zu erwartenden Kompetenzkonflikte hinweisen.
[1178] *Bauer/Herzberg* NZA 2011, 713 (718); diesen folgend *Vogt* Arbeitsrecht im Konzern § 3 Rn. 33.
[1179] *Witschen* RdA 2016, 38 (45); in diesem Sinne auch *Friese* RdA 2003, 92 (99).
[1180] *Berger* Matrixkonzern S. 286.
[1181] BT-Drs. 14/5741, S. 34.
[1182] BAG 13. 3. 2013 – 7 ABR 70/11, AP BetrVG 1972 § 3 Nr. 10; *Fitting* § 3 Rn. 48; GK-BetrVG/*Franzen* § 3 Rn. 23; *Kania/Klemm* RdA 2006, 22 (23).

besondere folgende Gesichtspunkte zu berücksichtigen: eine entscheidungsnahe Installation der Vertretungsorgane (Grundsatz der Entscheidungsnähe), die (räumliche) Nähe zwischen Belegschaft und Vertretungsorgan (Grundsatz der Ortsnähe), eine klare Funktionsabgrenzung zwischen den Vertretungsorganen (der verschiedenen Repräsentationsebenen), eine möglichst umfassende und lückenlose Vertretung der Arbeitnehmer, dh die Einbeziehung möglichst aller Arbeitnehmer in die Betriebsverfassung, sowie die effektive Ausübung der Beteiligungsrechte durch Freistellung und Spezialisierung.[1183] Jedenfalls bei einer solchen engen Auslegung hält die Vorschrift verfassungsrechtlichen Bedenken stand.[1184]

439 Nach diesen Grundsätzen ist die Bildung einer anderen Arbeitnehmervertretungsstruktur nach § 3 Abs. 1 Nr. 3 BetrVG im matrixorganisierten Konzern jedenfalls dann nicht zweckmäßig, wenn die **Matrixmanager nur punktuelle Kompetenzen in personellen und sozialen Angelegenheiten** haben[1185], während die wesentlichen Arbeitgeberfunktionen bei den Leitungsstellen der Konzernunternehmen (insbes. Betriebs- und Unternehmensleitung) verbleiben. Die Matrixorganisation wirkt sich dann nicht in rechtlich relevanter Weise auf die Betriebsstruktur der Konzernunternehmen aus.[1186]

440 Die Bildung einer auf die Matrixzellen ausgerichteten Arbeitnehmervertretungsstruktur kann einer wirksamen und zweckmäßigen Interessenvertretung dienen, **wenn neben den Matrixmanagern auch die Standort-/Betriebsleitungen der Konzernunternehmen partiell mitbestimmungsrechtlich relevante Arbeitgeberfunktionen** ausüben (→ Rn. 415 ff.). Die damit verbundenen Unsicherheiten bei der Feststellung der betriebskonstituierenden einheitlichen Leitung und damit bei der Betriebsabgrenzung können durch eine kollektivvertragliche Regelung der Arbeitnehmervertretungsstruktur, die die Besonderheiten der Matrixorganisation berücksichtigt, beseitigt werden.[1187]

441 Eine nach § 3 Abs. 1 Nr. 3 BetrVG vereinbarte Arbeitnehmervertretungsstruktur kann sich auch dann als „dienlich" für eine wirksame und zweckmäßige Interessenvertretung der Arbeitnehmer erweisen, wenn die **betriebskonstituierenden Arbeitgeberfunktionen schwerpunktmäßig von den Matrixmanagern** ausgeübt werden. § 3 Abs. 1 Nr. 3 BetrVG ermöglicht in diesem Fall die Bildung von „matrixzellenbezogenen" gemeinsamen Betrieben ohne Rücksicht auf die gesetzlichen Voraussetzungen des § 1 Abs. 1 S. 2 BetrVG (→ Rn. 408 ff.), insbesondere über Standortgrenzen hinweg.[1188] Durch eine kollektivvertragliche Vereinbarung nach § 3 Abs. 1 Nr. 3 BetrVG können alle Arbeitnehmer der verschiedenen Konzernunternehmen, die in der Matrixzelle der unternehmensübergreifenden Leitung der Matrixmanager unterstellt sind, einen Betriebsrat bilden, der ihre Interessen einheitlich gegenüber den Matrixmanagern vertritt.

b) Gestaltungsmöglichkeiten

442 Je nach der Struktur des matrixorganisierten Konzerns sind zahlreiche Möglichkeiten einer tarifvertraglichen Gestaltung der Arbeitnehmervertretungsstruktur auf Grundlage von § 3 Abs. 1 Nr. 3 BetrVG denkbar.

443 In Betracht kommt zunächst die Errichtung einer **einstufigen auf die Matrixzellen bezogenen Arbeitnehmervertretungsstruktur,** indem auf der Betriebsebene „matrixzellenbezogene" Betriebe gebildet werden, die die gesetzliche Betriebsstruktur auf der untersten betriebsverfassungsrechtlichen Repräsentationsebene ersetzen. Werden in einer Be-

---

[1183] *Teusch* NZA 2007, 124 (127); *Kania/Klemm* RdA 2006, 22 (23); DKKW/*Trümner* BetrVG § 3 Rn. 117.
[1184] BAG 13.3.2013 – 7 ABR 70/11, AP BetrVG 1972 § 3 Nr. 10; *Fitting* § 3 Rn. 48; *Annuß* NZA 2002, 290 (291 f.).
[1185] *Rieble* NZA-Beil. 2014, 28 (30).
[1186] *Berger* Matrixkonzern S. 288.
[1187] Ebenso zu § 3 Abs. 1 Nr. 2 BetrVG DKKW/*Trümner* BetrVG § 3 Rn. 74.
[1188] Allgemein zur Errichtung von gemeinsamen Betrieben ungeachtet der gesetzlichen Voraussetzungen des § 1 Abs. 1 S. 2, Abs. 2 BetrVG auf Grundlage von § 3 Abs. 1 Nr. 3 BetrVG, vgl. *Fitting* § 3 Rn. 50; *Gaul/Mückl* NZA 2011, 657 (662); *Richardi* NZA 2014, 232 (234).

triebsstätte (Standort) mehrere Matrixzellen bedient, kann die Betriebsstätte in mehrere gewillkürte „Matrixbetriebe" zergliedert werden, wenn für die einzelnen Matrixzellen jeweils eine dezentrale Leitung an dem Standort eingerichtet ist, die wesentliche Kompetenzen in beteiligungspflichtigen Angelegenheiten ausübt. Sind die Matrixzellen standort- und unternehmensübergreifend organisiert, können auf Grundlage von § 3 Abs. 1 Nr. 3 BetrVG standort- und unternehmensübergreifende gemeinsame „Matrixbetriebe" errichtet werden, wenn für die Matrixzellen jeweils eine standortübergreifende Leitung mit beachtlichen Kompetenzen in beteiligungspflichtigen Angelegenheiten eingerichtet ist.[1189]

Da § 3 Abs. 1 Nr. 3 BetrVG auch auf der Ebene des Gesamt- und Konzernbetriebsrats abweichende Regelungen erlaubt[1190], ist auch die Errichtung einer **mehrstufigen auf die Matrixzellen bezogenen Arbeitnehmervertretungsstruktur** denkbar, wenn die Leitung der Matrixzellen auf mehreren Hierarchieebenen organisiert ist. Existieren unterhalb der obersten Leitung der Matrixzelle, die typischerweise bei den Matrixmanagern angesiedelt ist, dezentrale Leitungsstellen, die die relevanten Arbeitgeberfunktionen für bestimmte Standorte oder für standortübergreifende „matrixzellenbezogene" Einheiten wahrnehmen, kann bei diesen dezentralen Leitungsstellen eine – ggf. standort- und unternehmensübergreifende – „matrixzellenbezogene" Arbeitnehmervertretung auf der untersten Repräsentationsebene gebildet werden, die die gesetzlichen Betriebsräte ersetzt. Auf der zweiten Repräsentationsebene können entweder „matrixzellenbezogene" Gesamtbetriebsräte oder analog § 47 Abs. 9 BetrVG „Unternehmens-Gesamtbetriebsräte" errichtet werden, die wiederum „matrixzellenbezogene" Konzernbetriebsräte bei der obersten Leitung der Matrixzellen, also den Matrixmanagern, bilden. Denkbar ist auch, dass auf der Betriebs- und Unternehmensebene die gesetzliche Betriebsstruktur beibehalten wird und bei den Matrixmanagern in Bezug auf die Matrixzellen „Teil-Konzernbetriebsräte" nach § 3 Abs. 1 Nr. 3 BetrVG errichtet werden.[1191]

4. Errichtung zusätzlicher Arbeitnehmervertretungsorgane (§ 3 Abs. 1 Nr. 4, Nr. 5 BetrVG)

Neben den Möglichkeiten einer Anpassung der Arbeitnehmervertretungsstruktur auf Grundlage von § 3 Abs. 1 Nr. 3 BetrVG ist auch die Errichtung von zusätzlichen Gremien und Vertretungen der Arbeitnehmer nach § 3 Abs. 1 Nr. 4 und Nr. 5 BetrVG zu berücksichtigen. Dies kann ein wichtiges Instrument zur **Abmilderung von Repräsentationslücken** sein, die sich aus den Besonderheiten der Matrixorganisation ergeben.[1192] Die zusätzlichen Gremien und Vertretungen der Arbeitnehmer nach § 3 Abs. 1 Nr. 4 und Nr. 5 BetrVG sind indes keine „echten" Mitbestimmungsorgane. Sie haben keine vollwertige Mitbestimmungsfunktion, sondern treten lediglich ergänzend neben die gesetzlichen oder die nach § 3 Abs. 1 Nr. 1 bis Nr. 3 BetrVG gebildeten Arbeitnehmervertretungen.[1193]

Durch die Errichtung von **Arbeitsgemeinschaften nach § 3 Abs. 1 Nr. 4 BetrVG** können etwa die Kommunikation und der Erfahrungstausch über die spezifischen Probleme, die sich aus der unternehmensübergreifenden Verknüpfung der Matrixzellen ergeben, erleichtert und institutionalisiert werden. In den Fällen, in denen die Voraussetzungen für eine Anpassung der Arbeitnehmervertretungsstruktur an die Matrixorganisation nach § 3 Abs. 1 Nr. 3 BetrVG nicht gegeben sind, kann die Beibehaltung der gesetzlichen Vertre-

---

[1189] *Berger* Matrixkonzern S. 290 f.
[1190] HM, vgl. *Fitting* § 3 Rn. 50; *Annuß* NZA 2002, 290 (292); *Kania/Klemm* RdA 2006, 22 (23 f.); aA *Teusch* NZA 2007, 124 (127); *Thüsing* ZIP 2003, 693 (703 f.).
[1191] Zum Ganzen *Berger* Matrixkonzern S. 292 f.
[1192] *Müller-Bonnani/Mehrens* ZIP 2010, 2228 (2233).
[1193] *Fitting* § 3 Rn. 53, 58; Richardi BetrVG/*Richardi* § 3 Rn. 46.

tungsstruktur verbunden mit der Bildung von Arbeitsgemeinschaften nach § 3 Abs. 1 Nr. 4 BetrVG eine vorzugswürdige Lösung sein.[1194]

447 **Zusätzliche Arbeitnehmervertretungen nach § 3 Abs. 1 Nr. 5 BetrVG** kommen als sinnvolle Ergänzung der gesetzlichen Betriebsräte insbesondere dort in Betracht, wo kein hinreichender Kontakt zwischen dem Arbeitnehmervertretungsorgan und den repräsentierten Arbeitnehmern besteht.[1195] Sind die Arbeitnehmer eines Betriebs verschiedenen Matrixzellen zugeordnet, können für die einzelnen „matrixzellenbezogenen" Arbeitnehmergruppen des Betriebs zusätzliche Arbeitnehmervertretungen nach § 3 Abs. 1 Nr. 5 BetrVG gebildet werden. Diese agieren als wichtiges Bindeglied in der Kommunikation zwischen den Arbeitnehmern der verschiedenen Matrixzellen und dem Betriebsrat und tragen damit zu einer sachgerechten Interessenvertretung bei.[1196]

IV. Betriebszugehörigkeit

1. Betriebszugehörigkeit der Arbeitnehmer im matrixorganisierten Konzern

448 Neben der Bestimmung der betrieblichen Einheiten, die den organisatorischen Rahmen für die betriebliche Mitbestimmung bilden, ist auch die Betriebszugehörigkeit der Arbeitnehmer von grundlegender Bedeutung für eine sachgerechte Vertretung der Interessen der Arbeitnehmer. Von der Betriebszugehörigkeit hängt ab, in welchem Betrieb die Interessen der Arbeitnehmer gegenüber dem Arbeitgeber vertreten werden und welche Betriebsvereinbarungen für sie gelten (→ Rn. 644 ff.). Von ihr hängt ferner ab, in welchem Betrieb die Arbeitnehmer bei den betriebsverfassungsrechtlichen Schwellenwerten berücksichtigt werden, etwa für die Bestimmung der Betriebsratsgröße nach § 9 BetrVG oder der Zahl der Freistellungen nach § 38 Abs. 1 BetrVG.

449 Die Feststellung der Betriebszugehörigkeit im matrixorganisierten Konzern kann im Einzelfall problematisch sein, weil die Arbeitnehmer wegen der Einbindung in die unternehmensübergreifenden Organisationseinheiten der Matrixorganisation (Matrixzellen) häufig nicht mehr (nur) bei bzw. für ihren Vertragsarbeitgeber tätig sind, sondern unter der Leitung der Matrixmanager auch an unternehmensübergreifenden Projekten mitarbeiten und ggf. (auch) für andere Konzernunternehmen oder jedenfalls in deren Interesse tätig sind.

a) Arbeitsleistung im Betrieb des Vertragsarbeitgebers

450 Die Betriebszugehörigkeit ist in einem klassischen „zweipoligen" Arbeitsverhältnis, in dem der Arbeitnehmer die Arbeitsleistung für den Arbeitgeber erbringt, nach der sog. **„Zwei-Komponenten-Lehre"** zu bestimmen. Danach müssen zwei Merkmale gegeben sein, nämlich (1) das Bestehen eines Arbeitsverhältnisses zum Betriebsinhaber und (2) die tatsächliche Eingliederung in die Betriebsorganisation.[1197]

451 Die **Betriebszugehörigkeit** ist unproblematisch nach den Grundsätzen der „Zwei-Komponenten-Lehre" im **Stammbetrieb des Vertragsarbeitgebers** festzustellen, wenn der Arbeitnehmer die **Arbeitsleistung in der Arbeitsorganisation des Vertragsarbeitgebers** erbringt und dabei der übergeordneten Leitung der Matrixmanager unterstellt ist.[1198] In diesem Fall ist und bleibt der Arbeitnehmer in den Betrieb des Vertragsarbeitgebers eingegliedert, da er in der Betriebsstätte des Vertragsarbeitgebers dessen arbeitstechni-

---

[1194] Allgemein hierzu vgl. BT-Drs. 14/5741, S. 34; *Fitting* § 3 Rn. 55.
[1195] *Fitting* § 3 Rn. 61; GK-BetrVG/*Franzen* § 3 Rn. 29.
[1196] *Berger* Matrixkonzern S. 294.
[1197] StRspr, siehe nur BAG 20.4.2005 – 7 ABR 20/04, NZA 2005, 1006; bestätigt für die „Normalfall-Gestaltung" durch BAG 5.12.2012 – 7 ABR 48/11, AP BetrVG 1972 § 5 Nr. 81; hM: *Fitting* § 5 Rn. 16.
[1198] *Berger* Matrixkonzern S. 302; *Witschen* RdA 2016, 38 (45); *Reinhard/Kettering* ArbRB 2014, 87 (88).

E. Betriebsverfassungsrecht

sche Zwecke in den dort eingerichteten Arbeitsabläufen verfolgt. Soweit die Matrixmanager in die Arbeitsabläufe des Betriebs „hineinregieren" und dem Arbeitnehmer bei der Aufgabenerledigung Weisungen erteilen, üben sie die Arbeitgeberfunktionen als Bevollmächtigte des Vertragsarbeitgebers (Betriebsinhaber) aus.[1199] Eigene arbeitstechnische Zwecke werden in der Matrixzelle in diesem Fall nicht verfolgt. Deshalb ist auch eine Arbeitnehmerüberlassung „an die Matrixzelle" oder an ein anderes Konzernunternehmen ausgeschlossen.[1200]

b) Mitarbeit an unternehmensübergreifenden Projekten

Die Einbindung in eine Matrixzelle hat in der Praxis regelmäßig zur Folge, dass die Arbeitnehmer unter der Leitung der Matrixmanager an **unternehmensübergreifenden Projekten** zusammenarbeiten. Die unternehmensübergreifende Zusammenarbeit erfolgt in tatsächlicher Hinsicht dergestalt, dass die Arbeitnehmer in den **kooperierenden Betrieben der Konzernunternehmen** in den dort eingerichteten Arbeitsabläufen **jeweils Teilaufgaben** erbringen. Die Beteiligung an der unternehmensübergreifenden Zusammenarbeit ist daher der arbeitstechnischen Zwecksetzung des jeweiligen kooperierenden Betriebs zuzuordnen. Auch hier werden in der Matrixzelle keine eigenen arbeitstechnischen Zwecke verfolgt, sondern lediglich die arbeitstechnischen Zwecke der kooperierenden Betriebe organisatorisch zusammengefasst und der funktionalen Leitung der Matrixmanager unterstellt.[1201] Dementsprechend üben die Matrixmanager auch in diesem Fall die Arbeitgeberfunktionen im Namen und für die Zwecke des jeweiligen Vertragsarbeitgebers aus. Die Arbeitnehmer bleiben damit in den Stammbetrieb des Vertragsarbeitgebers eingegliedert und sind (allein) dort betriebszugehörig.[1202]

452

Eine **Arbeitnehmerüberlassung an die „Matrixzelle"** scheidet auch hier aus. Die Konzernunternehmen verfolgen bei der Beteiligung an der unternehmensübergreifenden Zusammenarbeit in der Matrixzelle immer (auch) einen eigenen Betriebszweck[1203], zumal der Kooperationsbeitrag in deren eigener Arbeitsorganisation mit deren eigenen Betriebsmitteln erbracht wird. Eine Arbeitnehmerüberlassung setzt dagegen voraus, dass die Überlassung von Seiten des Vertragsarbeitgebers *ausschließlich* zur Förderung der *fremden* Betriebszwecke des Dritten erfolgt. Verfolgt der Vertragsarbeitgeber mit der Überlassung *auch* eigene Betriebszwecke, kommt eine Arbeitnehmerüberlassung nicht in Betracht.[1204]

453

c) Arbeitsleistung im virtuellen Matrixbetrieb

Eine andere Beurteilung ist nur ausnahmsweise geboten, wenn sich die unternehmensübergreifende Zusammenarbeit auf **übergeordnete Projektaufgaben** bezieht, die über die arbeitstechnischen Zwecke der kooperierenden Betriebe hinausgehen, und die in einer rein medial inszenierten und in diesem Sinne **virtuellen Arbeitsorganisation** verfolgt werden. In diese virtuelle Arbeitsorganisation, die einen virtuellen „Matrixbetrieb" konstituiert (→ Rn. 397 ff.), sind die Arbeitnehmer eingegliedert, wenn und soweit sie unter der Leitung der Matrixmanager an den übergeordneten Projektaufgaben mitarbeiten. Maßgeblich ist insofern die Zuweisung einer weisungsgebundenen Tätigkeit, die der Verwirklichung des arbeitstechnischen Zwecks des virtuellen „Matrixbetriebs" zu dienen

454

[1199] *Berger* Matrixkonzern S. 303 f.
[1200] *Berger* Matrixkonzern S. 304 f.
[1201] Lambrich/Happ/Tucci/*Happ/van der Most* Flexibler Personaleinsatz im Konzern Rn. 183; ähnlich *Neufeld/Michels* KSzW 2012, 49 (54), die zutreffend feststellen, dass die in den Matrixzellen verfolgten arbeitstechnischen Zwecke nicht von denjenigen der beteiligten Tochterunternehmen getrennt werden können.
[1202] *Berger* Matrixkonzern S. 306 f.
[1203] Im Ergebnis ebenso Lambrich/Happ/Tucci/*Happ/van der Most* Flexibler Personaleinsatz im Konzern Rn. 183 f.
[1204] BAG 26. 4. 1995 – 7 AZR 850/94, NZA 1996, 92; 3. 12. 1997 – 7 AZR 764/96, NZA 1998, 876; 25. 10. 2000 – 7 AZR 487/99, AP AÜG § 10 Nr. 15.

bestimmt ist.[1205] Auf eine solche rein **funktionale und nicht eine räumliche Eingliederung** kommt es auch bei den bekannten „außerbetrieblichen" Arbeitsformen an, insbesondere bei Außendienstmitarbeitern oder bei Telearbeitnehmern (vgl. § 5 Abs. 1 S. 1 Hs. 2 BetrVG).[1206]

455 Neben der Betriebszugehörigkeit in dem virtuellen „Matrixbetrieb" ist ggf. eine Betriebszugehörigkeit in dem **„realen" (Stamm-)Betrieb des Vertragsarbeitgebers** gegeben, in dem der Arbeitnehmer einen **physischen Arbeitsplatz** hat. Der Arbeitnehmer bleibt im Hinblick auf seine physische Anwesenheit in der Betriebsstätte und die – jedenfalls zeitweise – Tätigkeit in den dort eingerichteten Arbeitsabläufen in den Stammbetrieb des Vertragsarbeitgebers eingegliedert und den kollektiven Regelungen der dort eingerichteten Betriebsleitung unterworfen. Zur Sicherung einer lückenlosen Interessenvertretung ist der Arbeitnehmer nicht nur im virtuellen „Matrixbetrieb" betriebszugehörig, sondern auch im „realen" Stammbetrieb des Vertragsarbeitgebers. Wird der virtuelle „Matrixbetrieb" vom Vertragsarbeitgeber getragen oder als gemeinsamer Betrieb geführt, an dem auch der Vertragsarbeitgeber beteiligt ist (→ Rn. 405 ff.), richtet sich die Betriebszugehörigkeit nach den Grundsätzen der doppelten Betriebszugehörigkeit in mehreren Betrieben des Arbeitgebers.[1207] Ist der virtuelle „Matrixbetrieb" dagegen einem arbeitgeberfremden Konzernunternehmen als Rechtsträger zuzuordnen (→ Rn. 407), richtet sich die Betriebszugehörigkeit nach den Grundsätzen der Arbeitnehmerüberlassung.[1208]

d) Drittbezogener Personaleinsatz im matrixorganisierten Konzern

456 Die Einbindung in die Matrixorganisation kann in bestimmten Fällen auch zur Folge haben, dass die Arbeitnehmer vorübergehend oder sogar dauerhaft in einem Betrieb eines fremden Konzernunternehmens (Drittunternehmen) eingesetzt werden.

457 **aa) Anstellung bei einer konzerninternen Personalführungsgesellschaft oder „Pro forma"-Anstellung bei dem lokal ansässigen Konzernunternehmen.** Als Anwendungsfall dieser Form des „matrixspezifischen" drittbezogenen Personaleinsatzes ist zunächst die **„klassische"** konzerninterne Personalgestellung zu nennen, bei der der Arbeitnehmer bei einer **konzerninternen Personalführungsgesellschaft** angestellt ist, die den alleinigen Zweck verfolgt, den operativ tätigen Konzernunternehmen Arbeitnehmer für den Einsatz in der Matrixorganisation zur Verfügung zu stellen. In diesem Fall ist der „Matrixeinsatz" nach den allgemeinen Grundsätzen als **Arbeitnehmerüberlassung** zu qualifizieren.[1209] Denn für den Arbeitnehmer bedeutet diese Organisationsform, dass er zur Erbringung der Arbeitsleistung in die **Arbeitsorganisation eines arbeitgeberfremden Konzernunternehmens (Drittunternehmen) eingegliedert** wird. Sofern er dort bei der Aufgabenerledigung den Weisungen der Matrixmanagern untersteht, üben diese die Arbeitgeberfunktionen im Namen des Drittunternehmens aus, das Träger des Einsatzbetriebs ist.[1210] Die Personalführungsgesellschaft (Vertragsarbeitgeber) verfolgt mit dem

---

[1205] Zur Eingliederung in die virtuelle Arbeitsorganisation eines virtuellen Unternehmens, vgl. *Aalderks* Virtuelle Unternehmen S. 47 f.; ähnlich Noack/Spindler/*Schlachter* Unternehmensrecht und Internet S. 222 (225), die ebenfalls auf die funktionale Eingliederung des Telearbeitnehmers in die virtuelle Arbeitsorganisation des virtuellen Unternehmens abstellt.
[1206] Vgl. BT-Drs. 14/5741, S. 35; stRspr, vgl. BAG 22.3.2000 – 7 ABR 34/98, AP AÜG § 14 Nr. 8; hM, vgl. *Fitting* § 5 Rn. 188 und § 7 Rn. 70; BeckOK ArbR/*Besgen* BetrVG § 7 Rn. 12.
[1207] *Berger* Matrixkonzern S. 310.
[1208] *Berger* Matrixkonzern S. 310.
[1209] *Neufeld/Michel* KSzW 2012, 49 (54).
[1210] Dem „Matrixeinsatz" liegt in rechtlicher Hinsicht eine Arbeitnehmerüberlassung im Verhältnis zwischen der Personalführungsgesellschaft als Verleiherin und dem operativ tätigen Konzernunternehmen, in dessen Betriebsorganisation die Arbeitsaufgabe konkret verfolgt wird, als Entleiher zugrunde. Nach den Grundsätzen der Arbeitnehmerüberlassung ist das operativ tätige Konzernunternehmen (Entleiher) zur Ausübung des arbeitsbezogenen Weisungsrechts im eigenen Namen und für eigene Zwecke ermächtigt. Die Matrixmanager üben – in einem zweiten gedanklichen Schritt – die übertragene arbeitsrechtliche

„Matrixeinsatz" des Arbeitnehmers dagegen ausschließlich den Zweck, den operativen Unternehmen des matrixorganisierten Konzerns Arbeitskräfte zur Verfügung zu stellen.[1211]

Die Betriebszugehörigkeit richtet sich folglich nach den Grundsätzen der betriebsverfassungsrechtlichen Behandlung der Arbeitnehmerüberlassung. Danach bleibt der Arbeitnehmer nach **§ 14 Abs. 1 AÜG** auch während des Einsatzes beim Drittunternehmen im **„entsendenden" Betrieb des Vertragsarbeitgebers** (Verleiher, hier konzerninterne Personalführungsgesellschaft) betriebszugehörig. 458

Nach der jüngeren Rechtsprechung des BAG zur Aufgabe der „Zwei-Komponenten-Lehre" beim drittbezogenen Personaleinsatz[1212], die nunmehr für die Arbeitnehmerüberlassung in § 14 Abs. 2 S. 4 AÜG gesetzlich fortgeschrieben wurde, ist der Arbeitnehmer zugleich im **Einsatzbetrieb des operativ tätigen Konzernunternehmens** betriebszugehörig. Er hat dort nach § 7 S. 2 BetrVG das aktive Wahlrecht und ist bei den betriebsverfassungsrechtlichen Schwellenwerten nach §§ 9, 38 Abs. 1 BetrVG zu berücksichtigen. Ein passives Wahlrecht im Einsatzbetrieb ist indes nach § 14 Abs. 2 S. 1 AÜG ausgeschlossen.[1213] 459

Da die Anstellung gerade zum Zweck der Überlassung erfolgt, liegen in dieser Konstellation die Voraussetzungen für eine **privilegierte konzerninterne Arbeitnehmerüberlassung nach § 1 Abs. 3 Nr. 2 AÜG** nicht vor.[1214] Es sind also die gesetzlichen Einschränkungen des AÜG, insbesondere die Erlaubnispflicht (§ 1 Abs. 1 S. 1 AÜG), die seit 1.4.2017 geltende Überlassungshöchstdauer (§ 1 Abs. 1b AÜG) sowie der Equal Pay-/Treatment-Grundsatz (§ 8 AÜG) zu beachten.[1215] 460

Dieselbe Beurteilung gilt bei einer **„pro forma"-Anstellung bei einem lokal ansässigen Konzernunternehmen,** ohne dass eine Tätigkeit für dieses Unternehmen beabsichtigt ist, weil die arbeitsvertraglich geschuldete Tätigkeit in der Matrixorganisation für ein anderes Konzernunternehmen erbracht werden soll[1216]. 461

bb) Drittbezogener Personaleinsatz im Rahmen der unternehmensübergreifenden Zusammenarbeit in der Matrixorganisation. (1) Eingliederung in die Arbeitsorganisation des Drittunternehmens. Denkbar ist ein drittbezogener Personaleinsatz im matrixorganisierten Konzern auch dergestalt, dass dem Arbeitnehmer im Rahmen der unternehmensübergreifenden Zusammenarbeit von den Matrixmanagern Arbeitsaufgaben zugewiesen werden, die **ausschließlich den arbeitstechnischen Zwecken eines arbeitgeberfremden Konzernunternehmens** (Drittunternehmen) dienen. Die Matrixmanager üben das arbeitsrechtliche Weisungsrecht dann im Namen des Drittunternehmens aus, das Träger des Einsatzbetriebs ist. Dementsprechend ist der Arbeitnehmer in den Betrieb des Drittunternehmens eingegliedert, dessen arbeitstechnische Zwecke er unter Anweisung der Matrixmanager fördert. Dabei spielt es keine Rolle, ob der Einsatz im Betrieb des Drittunternehmens räumlich durch eine örtliche Versetzung vollzogen wird oder ob die Eingliederung rein funktional durch eine informations- und kommunikationstechnische Verbindung mit der Arbeitsorganisation des Einsatzbetriebs verwirklicht wird.[1217] 462

Leitungsmacht des operativ tätigen Konzernunternehmens (Entleiher) auf Grundlage einer Bevollmächtigung in dessen Namen und zur Förderung von dessen Betriebszwecken aus.
[1211] *Maywald* Matrixorganisationen S. 134.
[1212] BAG 5.12.2012 – 7 ABR 48/11, AP BetrVG 1972 § 5 Nr. 81; 13.3.2013 – 7 ABR 69/11, AP BetrVG 1971 § 9 Nr. 15.
[1213] Zum Ganzen *Berger* Matrixkonzern S. 133.
[1214] Vgl. allgemein hierzu Thüsing/*Waas* AÜG § 1 Rn. 200a.
[1215] *Berger* Matrixkonzern S. 312f.
[1216] Zu dieser Erscheinungsform des „matrixspezifischen" Arbeitnehmereinsatzes, vgl. Braun/Wisskirchen/*Lützeler* Konzernarbeitsrecht Teil II Abschn. 3 Rn. 178ff.
[1217] LAG BW 28.5.2014 – 4 TaBV 7/13, BeckRS 2014, 70642; *Fitting* § 5 Rn. 226c.

463 **(2) Arbeitsverhältnis mit dem Drittunternehmen.** Wird in dieser Konstellation ausnahmsweise für die Dauer des Einsatzes beim Drittunternehmen ein zusätzliches Arbeitsverhältnis mit diesem begründet und das Stammarbeitsverhältnis ruhend gestellt wird (sog. Versetzung)[1218], ist die Betriebszugehörigkeit des Arbeitnehmers im Einsatzbetrieb des Drittunternehmens unproblematisch nach der Zwei-Komponenten-Lehre festzustellen. Dasselbe gilt, wenn ein einheitliches Arbeitsverhältnis[1219] begründet wird, bei dem der Vertragsarbeitgeber und das Drittunternehmen die Arbeitgeberstellung gemeinsam als Gesamtschuldner ausüben.[1220]

464 Daneben ist eine Betriebszugehörigkeit im Stammbetrieb des Vertragsarbeitgebers gegeben. Der Arbeitnehmer bleibt dort idR auch während des Einsatzes beim Drittunternehmen eingegliedert.[1221] Hierfür sprechen insbesondere das Fortbestehen des Arbeitsverhältnisses mit dem Vertragsarbeitgeber[1222], ein Rückrufrecht des Vertragsarbeitgebers[1223] oder eine Rückkehrgarantie zu Gunsten des Arbeitnehmers[1224] sowie die fortbestehende administrative Abwicklung des Arbeitsverhältnisses, insbesondere die Weiterführung der Personalverwaltung[1225]. Zu berücksichtigen sind ferner die zeitliche Beschränkung und der vorübergehende Charakter der Tätigkeit für das Drittunternehmen.[1226]

465 **(3) Kein Arbeitsverhältnis mit dem Drittunternehmen.** In aller Regel wird jedoch **keine arbeitsvertragliche Beziehung zum Drittunternehmen** begründet.[1227] Der drittbezogene Personaleinsatz in der Matrixorganisation ist dann als sog. „echte Leiharbeit" in Form der **Konzernleihe** zu einzuordnen. Diese ist im Allgemeinen dadurch gekennzeichnet, dass der Arbeitnehmer einen „normalen" Arbeitsvertrag hat und grundsätzlich im Stammbetrieb des Vertragsarbeitgebers tätig ist; bei Bedarf, etwa für bestimmte Projekte, wird er gelegentlich zu anderen Konzernunternehmen (Drittunternehmen) „abgeordnet".[1228]

466 Da der Arbeitnehmer in dieser Konstellation regelmäßig nicht zum Zwecke der Überlassung eingestellt wurde oder beschäftigt ist, sondern auch für seinen Stammarbeitgeber im Rahmen eines „normalen" Arbeitsverhältnisses tätig ist[1229], ist diese Form des drittbezogenen Personaleinsatzes im matrixorganisierten Konzern **nach § 1 Abs. 3 Nr. 2 AÜG privilegiert,** so dass die gesetzlichen Regularien und Einschränkungen des AÜG nicht greifen.

467 Auch bei dieser Form des drittbezogenen Personaleinsatzes im matrixorganisierten Konzern wird die **Betriebszugehörigkeit im Stammbetrieb des Vertragsarbeitge-**

[1218] Vgl. *Fitting* § 5 Rn. 222; *Maywald* Matrixorganisationen S. 36 ff.
[1219] Ausführlich hierzu *Lange* NZA 2012, 1121 ff.
[1220] *Maywald* Matrixorganisationen S. 47; *Reiter* NZA-Beil. 2014, 22 (23).
[1221] *Maywald* Matrixorganisationen S. 157 f.; so auch *Lambrich/Schwab* NZA-RR 2013, 169 (170).
[1222] Insofern ist zu berücksichtigen, dass bei einer Entsendung mit einer Vereinbarung des Ruhens des Stammarbeitsverhältnisses lediglich die Hauptleistungspflichten suspendiert werden, während die Nebenpflichten weiterhin volle Geltung haben und die Parteien von einem Wiederaufleben der Hauptleistungspflichten in absehbarer Zukunft ausgehen. Bei einem einheitlichen Arbeitsverhältnis bleiben die arbeitsvertraglichen Pflichten zum Vertragsarbeitgeber sogar voll aufrechterhalten., vgl. *Maywald* Matrixorganisationen S. 158.
[1223] *Maywald* Matrixorganisationen S. 158; *Fitting* § 5 Rn. 226b; *Henssler* NZA-Beil. 2014, 95 (102).
[1224] *Falder* NZA 2000, 868 (869).
[1225] *Maywald* Matrixorganisationen S. 158; *Henssler* NZA-Beil. 2014, 95 (102); *Fitting* § 5 Rn. 226b.
[1226] *Maywald* Matrixorganisationen S. 158; *Kort* NZA 2013, 1318 (1324).
[1227] *Kort* NZA 2013, 1318 (1320); *Neufeld/Michels* KSzW 2012, 49 (54).
[1228] Vgl. *Fitting* § 5 Rn. 232.
[1229] BeckOK ArbR/*Kock* AÜG § 1 Rn. 222; strenger LAG Thüringen 23.11.2016 – 6 Sa 283/15, BeckRS 2016, 111694, wonach ein Arbeitnehmer bereits dann zum Zweck der Überlassung eingestellt und beschäftigt sei, wenn der ihr Arbeitsverhältnis „rechtlich oder tatsächlich prägende regelmäßige Beschäftigungszweck die Tätigkeit unter dem Weisungsrecht eines Dritten und nicht nur die Tätigkeit unter dem Weisungsrecht des Überlassenden umfasst".

bers durch den Einsatz für das Drittunternehmen nicht aufgehoben.[1230] Dabei gelten zunächst dieselben Erwägungen für eine fortbestehende Eingliederung wie oben im Fall der Begründung eines Arbeitsverhältnisses mit dem Drittunternehmen (→ Rn. 464). Die Betriebszugehörigkeit im Stammbetrieb des Vertragsarbeitgebers ergibt sich außerdem aus § 14 Abs. 1 AÜG. Die Vorschrift gilt aufgrund einer analogen Anwendung auch für die nicht unmittelbar durch das AÜG geregelten Erscheinungsformen der Arbeitnehmerüberlassung und insbesondere für die Konzernleihe iSv § 1 Abs. 3 Nr. 2 AÜG.[1231] Nach § 14 Abs. 2 S. 4 AÜG nF und der jüngsten Rechtsprechung ist außerdem eine (vollwertige) **Betriebszugehörigkeit** des „abgeordneten" Arbeitnehmers im **Einsatzbetrieb des Drittunternehmens** anzuerkennen.[1232]

(4) Drittbezogener Personaleinsatz für eine „steuernde Einheit". Ein drittbezogener Personaleinsatz kommt schließlich auch in Betracht, wenn bestimmte operative Aufgaben zentral bei einem Unternehmen des Konzerns als „steuernde Einheit" gebündelt sind. Die Geschäftsleitung oder die leitenden Angestellten dieses Unternehmens steuern als Matrixmanager die Arbeitsprozesse in den Betrieben der abhängigen Konzernunternehmen, in denen die operativen Aufgaben, die bei der „steuernden Einheit" zentral organisiert sind, (ebenfalls) verfolgt werden. Fraglich ist dann, ob die Arbeitnehmer in den Betrieben der abhängigen Konzernunternehmen mit ihrer Arbeitsleistung immer (auch) für die „steuernde Einheit" tätig sind, so dass der Arbeitseinsatz unter der Leitung der Matrixmanager als Arbeitnehmerüberlassung an die „steuernde Einheit" zu qualifizieren wäre. 468

Eine **Arbeitnehmerüberlassung an die „steuernde Einheit"** ist grundsätzlich abzulehnen. Die Arbeitsaufgaben sind zwar bei der „steuernden Einheit" zentral organisiert; sie werden gleichwohl in den Betrieben der Konzernunternehmen in deren eigener arbeitstechnischer Organisation verfolgt und sind deren eigener arbeitstechnischer Zwecksetzung zuzurechnen. Die Arbeitnehmer fördern mit ihrer Tätigkeit nicht oder jedenfalls nicht *ausschließlich* einen *fremden* Betriebszweck[1233] der „steuernden Einheit". Es ist auch keine Eingliederung in die fremde Betriebsorganisation der „steuernden Einheit" festzustellen.[1234] Die Arbeitnehmer erbringen vielmehr eine weisungsgebundene Tätigkeit in der Arbeitsorganisation ihres Vertragsarbeitgebers und sind deshalb allein dort betriebszugehörig; sie werden von dem dort errichteten Betriebsrat vertreten, und zwar auch insofern, als die Matrixmanager in diesen Betrieb „hineinregieren". 469

2. Betriebszugehörigkeit der Matrixmanager

Ob die Matrixmanager in die Betriebe der Konzernunternehmen eingegliedert sind, in denen sie in der Matrixorganisation eine Leitungsfunktion ausüben, war in jüngerer Zeit 470

[1230] Vgl. *Fitting* § 5 Rn. 224.
[1231] Zur nicht „gewerbsmäßigen" Arbeitnehmerüberlassung iSd § 1 Abs. 1 S. 1 AÜG aF: BAG 22.3.2000 – 7 ABR 34/98, AP AÜG § 14 Nr. 8; bestätigt durch BAG 20.4.2005 – 7 ABR 20/04, NZA 2005, 1006; zur Konzernleihe: BAG 10.3.2004 – 7 ABR 49/03, AP BetrVG 1972 § 7 Nr. 8; zustimmend: Thüsing/*Thüsing* AÜG § 14 Rn. 7.
[1232] So auch *Witschen* RdA 2016, 38 (46); vgl. hierzu allgemein Schüren/Hamann/*Hamann* AÜG § 14 Rn. 15, Rn. 22 ff., der bereits unter der alten Rechtsprechung und Rechtslage von einer doppelten Betriebszugehörigkeit der Arbeitnehmer bei aufgespaltener Arbeitgeberstellung ausging und zwar unabhängig davon, ob der Arbeitnehmer „gewerbsmäßig" oder „nichtgewerbsmäßigen" Arbeitnehmerüberlassung (iSd § 1 Abs. 1 S. 1 AÜG aF) überlassen wird; *Lambrich/Schwab* NZA-RR 2013, 169 (170).
[1233] Eine Arbeitnehmerüberlassung liegt nur von, wenn die Überlassung von Seiten des Vertragsarbeitgebers *ausschließlich* zur Förderung der fremden Betriebszwecke des Dritten erfolgt. Verfolgt der Vertragsarbeitgeber mit der Überlassung *auch* eigene Betriebszwecke, ist eine Arbeitnehmerüberlassung ausgeschlossen, vgl. BAG 3.12.1997 – 7 AZR 764/96, NZA 1998, 876; 25.10.2000 – 7 AZR 487/99, AP AÜG § 10 Nr. 15.
[1234] *Berger* Matrixkonzern S. 318.

wiederholt Gegenstand der instanzgerichtlichen Rechtsprechung.[1235] Eine Eingliederung und damit eine Betriebszugehörigkeit der Matrixmanager kommen in Betracht, wenn ihnen die Leitungsfunktion im Rahmen eines **Arbeitsverhältnisses mit dem betriebsinhabenden Konzernunternehmen** übertragen ist.

471 Beispielfall 5:

Das deutsche Tochterunternehmen A-GmbH und ein weiteres deutsches Tochterunternehmen AIS GmbH des A-Konzerns unterhalten in Deutschland mehrere Betriebe, unter anderem in M und S. Im Vorfeld einer geplanten Verschmelzung der beiden deutschen Tochterunternehmen wurde ihre operative Geschäftstätigkeit in einer virtuellen Organisationseinheit „GBU-GER" (Group Business Unit – Germany) organisatorisch zusammengeführt. Innerhalb der virtuellen Organisationseinheit GBU-GER bestehen für die einzelnen Dienstleistungszweige virtuelle „Service Lines", in denen die Arbeitnehmer unternehmensübergreifend an gemeinsamen Projekten zusammenarbeiten. Sie bleiben dabei – jedenfalls physisch – im Stammbetrieb ihres Vertragsarbeitgebers (A-GmbH und AIS-GmbH) zugehörig und erbringen dort ihre Arbeitsleistung.

472 In der Service Line „System Integration" besteht ein Teilsegment „Automotive", dessen Leitung der Führungskraft B der AIS GmbH übertragen ist. In dieser Funktion obliegt B die fachliche und disziplinarische Führung und die Personalverantwortung für rund 60 Mitarbeiter der beiden deutschen Tochterunternehmen (A-GmbH und AIS-GmbH) in den Betrieben M und S. Im Hinblick auf diese unternehmensübergreifende Führungsaufgabe wurde zusätzlich zu dem bereits bestehenden Arbeitsvertrag mit der AIS GmbH ein Arbeitsvertrag mit der A-GmbH geschlossen. B ist örtlich nicht oder jedenfalls nicht in nennenswertem Umfang im Betrieb S tätig, sondern führt das ihm – unmittelbar bzw. mittelbar – unterstellte Team im Betrieb S mittels moderner Telekommunikationstechnik von seinem Arbeitsplatz im Betrieb M.

473 Nach den zutreffenden Feststellungen des LAG Baden-Württemberg[1236] ist die Führungskraft B in dem oben genannten Beispielsfall in den Betrieb S der A-GmbH eingegliedert, da die A-GmbH den B organisatorisch zur Verwirklichung des arbeitstechnischen Zwecks des Betriebs S einplant. Der arbeitstechnische Zweck des Betriebs S liege auch in der Mitwirkung an dem in der „virtuellen Wolke" GBU-GER organisierten unternehmensübergreifenden Projekt. Hierfür stelle die A-GmbH im Betrieb S insgesamt 19 Mitarbeiter zur Verfügung und setze den B als Vorgesetzten zur Steuerung des Arbeitseinsatzes dieser Mitarbeiter im Betrieb S ein. Für die Eingliederung in den Betrieb S sei nicht relevant, dass B die Mitarbeiter im Betrieb S nicht vor Ort steuere, sondern mittels moderner Telekommunikationstechnik von seinem Arbeitsplatz im Betrieb M aus.

474 Ebenso wie im Fall des LAG Baden-Württemberg[1237] bestand auch im Fall des LAG Berlin-Brandenburg vom 17.6.2015[1238] ein **Arbeitsverhältnis** zwischen dem Matrixmanager und dem **betriebsinhabenden Konzernunternehmen.** Für die Eingliederung und damit die Betriebszugehörigkeit des Matrixmanagers ist entscheidend, dass das betriebsinhabende Konzernunternehmen dem Matrixmanager die Führungsaufgabe in seinem Betrieb auf Grundlage des arbeitsrechtlichen Weisungsrechts zuweist. Der Matrixmanager übernimmt die Leitungsfunktion dann im Rahmen einer **weisungsgebundenen Tätigkeit für das betriebsinhabende Konzernunternehmen** und trägt zur **Förderung des arbeitstechnischen Zwecks** des Betriebs bei, in dem er eine Leitungsfunktion

---

[1235] LAG BW 28.5.2014 – 4 TaBV 7/13, BeckRS 2014, 70642; LAG Bln-Bbg 17.6.2015 – 17 TaBV 277/15, NZA-RR 2015, 529.
[1236] LAG BW 28.5.2014 – 4 TaBV 7/13, BeckRS 2014, 70642.
[1237] LAG BW 28.5.2014 – 4 TaBV 7/13, BeckRS 2014, 70642.
[1238] LAG Bln-Bbg 17.6.2015 – 17 TaBV 277/15, NZA-RR 2015, 529.

übernimmt.¹²³⁹ Die Übertragung einer Vorgesetztenfunktion in einer unternehmensübergreifenden Matrixorganisation kann daher zu einer Eingliederung in den Betrieb führen, in dem die dem Matrixmanager unterstellten Mitarbeiter tätig sind, wenn dem Matrixmanager eine Arbeitsaufgabe zugewiesen ist, die zumindest teilweise auch dem arbeitstechnischen Zweck dieses Betriebs entspricht.¹²⁴⁰

Eine Eingliederung und Betriebszugehörigkeit des Matrixmanagers kommt dagegen nicht in Betracht, wenn er die Führungsaufgabe nicht im Rahmen einer weisungsgebundenen Tätigkeit im Verhältnis zum betriebsinhabenden Konzernunternehmen übernimmt. Wie die jüngste Rechtsprechung zur Betriebszugehörigkeit beim drittbezogenen Personaleinsatz zeigt, ist eine weisungsgebundene Tätigkeit notwendige Voraussetzung für die Annahme einer Eingliederung in die Betriebsorganisation des Arbeitgebers, sei es aufgrund einer *originären* Weisungsbefugnis aus einem mit diesem (ausdrücklich oder konkludent) geschlossenen Arbeitsvertrag, sei es aufgrund einer vom Vertragsarbeitgeber *abgeleiteten* Weisungsbefugnis im Fall der Arbeitnehmerüberlassung. Dies kann jedenfalls nicht angenommen werden, wenn der Matrixmanager in der Matrixorganisation *über* der Geschäftsleitung des betriebsinhabenden Konzernunternehmens steht und er dieser gesellschaftsrechtliche Weisungen erteilt oder jedenfalls erteilen kann¹²⁴¹. In diesem Fall wäre die Annahme einer arbeitsrechtlichen Weisungsgebundenheit des Matrixmanagers lebensfremd und widersprüchlich.¹²⁴² 475

Die Übertragung der Führungsaufgabe im Betrieb eines operativen Konzernunternehmens kann auch eine andere rechtliche Grundlage haben als ein Arbeitsverhältnis. Es kommt beispielsweise eine **gesellschaftsrechtliche Vereinbarung der in der Matrixzelle verbundenen Konzernunternehmen** in Gestalt einer BGB-Innengesellschaft in Betracht, die auf die Einrichtung einer koordinierenden Leitungsinstanz in Bezug auf die fachlich-technische Leitung und eine unternehmensübergreifende Zusammenarbeit an gemeinsamen Aufgabenstellungen zur Nutzung von Synergieeffekten gerichtet ist. Wenn die Matrixmanager nach Anweisung der Konzernmutter handeln, ist denkbar, dass die Matrixmanager die Führungsaufgaben in den Betrieben der Konzernunternehmen im Rahmen eines Dienstleistungs- oder Geschäftsbesorgungsvertrags¹²⁴³ zwischen dem Konzernunternehmen und der Konzernmutter als deren Erfüllungsgehilfen übernehmen.¹²⁴⁴ 476

V. Beteiligungsrechte bei der Einführung einer Matrixorganisation

1. Freie Unternehmerentscheidung

Die Einführung der Matrixorganisation liegt ebenso in der freien Entscheidung der Konzernleitung wie die Entscheidung einer Konzerngesellschaft, an einer konzernübergreifenden Matrixstruktur zu partizipieren und damit bestimmte Kompetenzen zu delegieren und Einflussnahmen aus anderen Gesellschaften zuzulassen. Im Allgemeinen wird für die Einführung eine längere Planungs- und Vorbereitungsphase erforderlich sein. Die Freiheit der Unternehmerentscheidung ist sowohl dann gegeben, wenn Produktionsmethoden geändert werden, als auch dann, wenn der Betriebszweck umgestaltet wird, beispielsweise 477

---

¹²³⁹ Zu der sodann zu beantwortenden Frage, ob die Matrixmanager die Stellung eines leitenden Angestellten iSd § 5 Abs. 3 BetrVG haben, vgl. LAG BW 28.5.2014 – 4 TaBV 7/13, BeckRS 2014, 70642, unter IIa 3 der Gründe; *Weller* BB 2014, 2304; *Witschen* RdA 2016, 38 (46).
¹²⁴⁰ LAG BW 28.5.2014 – 4 TaBV 7/13, BeckRS 2014, 70642.
¹²⁴¹ Insofern ist zu berücksichtigen, dass die funktionale Aufgabensteuerung durch die Matrixmanager durch eine (sachlich beschränkte) Bevollmächtigung der Matrixmanager zur Ausübung der gesellschaftsrechtlichen Leitungsmacht gegenüber den operativ tätigen Konzernunternehmen umgesetzt wird → Rn. 12 ff.
¹²⁴² Zum Ganzen, *Berger* Matrixkonzern S. 323 f.
¹²⁴³ In diesem Sinne wohl auch *Rieble* NZA-Beil. 2014, 28 (29), der als schuldrechtliche Grundlage der Bevollmächtigung der Matrixmanager gemäß §§ 164 ff. BGB von Geschäftsbesorgungsverträgen spricht.
¹²⁴⁴ *Berger* Matrixkonzern S. 324 f.

eine Organisation von einem Produktionsunternehmen zu einem Dienstleistungsunternehmen entwickelt wird oder in einer Konzernorganisation nur noch bestimmte Teile einer Wertschöpfung im Betrieb stattfinden und der betriebstechnische Zweck seinen ökonomischen Sinn nur im Zusammenspiel mit Funktionen erreicht, die an anderer Stelle im Konzern angesiedelt sind.

2. Beteiligungsrechte wegen einer Betriebsänderung (§§ 111 ff. BetrVG)

a) Allgemeines

478 Die Einführung einer Matrixstruktur kann durch Änderungen in der betrieblichen Organisation oder durch die entsprechenden Eingriffe in die Arbeitsabläufe auch Auswirkungen auf die betrieblichen Strukturen und das gesamte organisatorische Gefüge haben. In diesem Zusammenhang ist dabei die Frage einer Betriebsänderung zu betrachten und hier im Wesentlichen – aber nicht ausschließlich – die Pflicht zu Verhandlungen über einen Interessenausgleich bei einer grundlegenden Änderung der Betriebsorganisation oder der Einführung neuer Arbeits-/Fertigungsmethoden zu beachten.

479 Keine Betriebsänderung in diesem Zusammenhang sind Betriebsübergänge und Aufspaltungen des Unternehmens. Für den Betriebsübergang (zB durch Veräußerung oder Verpachtung) gilt die Regelung des § 613a BGB. Sie schließt die Anwendung der §§ 111 ff. BetrVG aus, es sei denn, der Inhaberwechsel ist mit weiteren Maßnahmen verbunden, die als solche eine Betriebsänderung darstellen (zB mit einer Betriebsverlegung oder einer Betriebsspaltung bei Veräußerung nur eines Betriebsteils).

480 Die Aufspaltung eines Unternehmens zum Beispiel in je eine rechtlich selbständige Besitz- und Betriebsgesellschaft in der Weise, dass die Betriebsgesellschaft die Betriebsmittel von der Besitzgesellschaft (Anlagegesellschaft) pachtet, löst allein keine Betriebsänderung aus. Die Verpachtung der Betriebsmittel ist ggf. ein Betriebsübergang gemäß § 613a BGB. Das Beteiligungsverfahren nach den §§ 111 ff. BetrVG ist aber dann erforderlich, wenn die Unternehmensaufspaltung mit einer weiteren Maßnahme, die als Betriebsänderung angesehen werden muss (zB einer grundlegenden Änderung der Betriebsorganisation), verbunden ist.

481 Die Mitbestimmungsrechte des Betriebsrates in wirtschaftlichen Angelegenheiten können die Pflicht zur Verhandlung über einen Interessenausgleich beim Übergang in eine Matrixstruktur auslösen. Die Notwendigkeit, für den Aufbau einer Matrixorganisation einen Sozialplan abzuschließen, ist mangels wirtschaftlicher Nachteile im ersten Moment unwahrscheinlich. Der Sozialplan kommt aber in Betracht, wenn durch die Änderungen von Führungsstrukturen, der Reichweite der Führungsspannen oder Hierarchien Arbeitsplätze verändert werden oder wegfallen. In diesem Fall kann es sinnvoll sein, vorsorglich Sozialplanregeln aufzustellen, etwa für den Fall notwendiger Versetzungen auf anders bewertete Arbeitsplätze oder den Wegfall von Führungsaufgaben. Missachtet der Arbeitgeber bestehende Mitbestimmungsrechte, kann der Betriebsrat unter Umständen einen Anspruch auf Unterlassung der Betriebsänderung geltend machen und bzgl. der Aufstellung eines Sozialplans die Einigungsstelle anrufen, die in diesem Zusammenhang verbindlich entscheidet.

482 Die Pflichten aus den §§ 111 ff. BetrVG richten sich an den Unternehmer, dessen Betrieb oder Betriebe von der Betriebsänderung betroffen sind. Das gilt auch im Konzern. Betrifft eine Betriebsänderung also ein konzernangehöriges Unternehmen, so ist dieses und nicht das herrschende oder andere konzernangehörige Unternehmen zur Beteiligung des Betriebsrats nach §§ 111 ff. BetrVG verpflichtet und damit gegebenenfalls der Schuldner eines Nachteilsausgleichs nach § 113 BetrVG.[1245] Die Verantwortung kann daher nicht

---

[1245] BAG 14.4.15 – 1 AZR 794/13, NZA 15, 1147.

b) Einführung einer Matrixorganisation als Betriebsänderung iSd § 111 BetrVG

Die Mitwirkung des Betriebsrats bei der Unternehmerentscheidung zur Einführung einer Matrixorganisation kommt unter den folgenden Gesichtspunkten in Betracht.

aa) Stilllegung des Betriebes oder von wesentlichen Betriebsteilen (§ 111 S. 3 Nr. 1 BetrVG). Werden Aufgaben innerhalb eines Konzerns an bestimmten Stellen konzentriert und unter der unternehmens- und betriebsübergreifenden Organisation in Matrixstrukturen fachlichen Führungen zugeordnet, kann dies mit der Auflösung einzelner Betriebsteile oder ganzer Betriebe einhergehen. Ein Betriebsteil ist nach der ständigen höchstrichterlichen Rechtsprechung[1246] als wesentlich anzusehen, wenn in ihm ein erheblicher Teil der Arbeitnehmer des gesamten Betriebes beschäftigt ist. Die Beurteilung der Wesentlichkeit eines Betriebsteils richtet sich wiederum nach der Anzahl der betroffenen Arbeitnehmer. Auch hier werden die Werte des § 17 Abs. 1 KSchG herangezogen. Es kommt nicht darauf an, ob in dem stillgelegten Betriebsteil bislang ein wesentliches Vorprodukt gefertigt wurde, bzw. welche ökonomische Bedeutung der Betriebsteil im Unternehmen hat. Dies kann aber eine Betriebsänderung nach § 111 S. 3 Nr. 5 BetrVG in Betracht kommen lassen.

bb) Verlegung des ganzen Betriebes oder von wesentlichen Betriebsteilen (§ 111 S. 3 Nr. 2 BetrVG). Mit der Verlagerung von Aufgaben ist ebenfalls zu prüfen, ob im Einzelfall ganze Betriebsteile oder Betriebe betroffen sind. Die Verlegung eines Betriebs(teil) ist jede wesentliche Veränderung der örtlichen Lage des Betriebs bzw. von wesentlichen Betriebsteilen, die mit nicht unerheblichen Erschwerungen für die Belegschaft verbunden ist. Dabei stellt die Rechtsprechung keine hohen Anforderungen an die Entfernung zwischen alter und neuer Betriebsstätte. Die Betriebsverlegung ist dabei von der Betriebsstilllegung abzugrenzen. Nach der Rechtsprechung des BAG stellt eine erhebliche räumliche Verlegung des Betriebs dann auch eine Betriebsstilllegung dar, wenn die alte Betriebsgemeinschaft aufgelöst wird und der Aufbau einer größtenteils neuen Betriebsgemeinschaft am neuen Betriebssitz erfolgt, sich die Arbeitnehmer aber weigern, am neuen Betriebssitz zu arbeiten[1247].

cc) Spaltung oder Zusammenschluss mit anderen Betrieben (§ 111 S. 3 Nr. 3 BetrVG). Auf der anderen Seite kann die Konzentration von Aufgaben und Betriebsteilen zum Zusammenschluss solcher Einheiten führen. Der Zusammenschluss kann in der Weise erfolgen, dass ein Betrieb in einen anderen eingegliedert wird oder mehrere Betriebe zu einem neuen Betrieb mit eigener Identität verschmolzen werden. Auch die Zusammenlegung selbständiger Betriebsabteilungen mit dem eigenen Hauptbetrieb ist eine Betriebsänderung in diesem Sinne.

Die Einführung der fachlichen Führungsordnung einer Matrixstruktur schafft für sich genommen selbst keine neuen Betriebe, sondern verbindet die Betriebe der einzelnen Matrixgesellschaften zu an gemeinsam ausgerichteten arbeitstechnischen Zwecken agierenden Einheiten. Die Identität der einzelnen Betriebe bleibt dabei aber erhalten.

Für das Entstehen eines Gemeinschaftsbetriebes im Sinne der Rechtsprechung des BAG oder der Vermutungsregel des § 1 Abs. 1 S. 2 BetrVG ist erforderlich, dass sich die beteiligten Unternehmen rechtlich verbunden zu einer gemeinsamen Leitung verabreden und einen einheitlichen Leitungsapparat schaffen. Dieser muss zumindest alle wesentli-

---
[1246] Vgl. zuletzt BAG 14.4.2015 – 1 AZR 794/13, NZA 2015, 1147.
[1247] BAG 12.2.1987 – 2 AZR 247/86, NZA 1988, 170.

chen Funktionen in den personellen und sozialen Angelegenheiten ausüben und so die wichtigsten Arbeitgeberfunktionen wahrnehmen.

489 Ein gemeinsamer Betrieb liegt nach Rechtsprechung des BAG vor, wenn die beteiligten Unternehmen die in einer Betriebsstätte vorhandenen materiellen und immateriellen Betriebsmittel für einen oder mehrere einheitliche arbeitstechnische Zwecke zusammenfassen, ordnen, gezielt einsetzen und der Einsatz der menschlichen Arbeitskraft von einem einheitlichen Leitungsapparat gesteuert wird; dazu müssen sich die beteiligten Unternehmen zumindest stillschweigend zu einer gemeinsamen Führung rechtlich verbunden haben[1248].

490 Eine einheitliche Leitung liegt aber nicht schon dann vor, wenn die beteiligten Unternehmen bei der Durchführung ihrer wirtschaftlichen Tätigkeiten aufeinander angewiesen sind und diese aufeinander bezogen oder aufgrund konzernrechtlicher Weisungen ausüben.[1249] In diesen Fällen fehlt noch der einheitliche Ansprechpartner für den Betriebsrat. Vielmehr müssen die betriebsverfassungsrechtlich relevanten Funktionen des Arbeitgebers institutionell einheitlich für die beteiligten Unternehmen wahrgenommen werden.[1250] Das ist innerhalb der Matrixstruktur auch dort nicht der Fall, wo das (disziplinarische und funktionale) Weisungsrecht von verschiedenen Unternehmen, nämlich dem Vertragsarbeitgeber und der Einheit der fachlich steuernden Führungskraft, ausgeübt wird. Zum einen bleiben mit dem disziplinarischen Weisungsrecht doch die wesentlichen personellen und sozialen Angelegenheiten beim Vertragsarbeitgeber, zum anderen wird bei der Ausübung des fachlichen Weisungsrechts von einer Ermächtigung durch den Vertragsarbeitgeber ausgegangen (→ Rn. 5 ff.). Darin liegt keine Verabredung zu gemeinsamen (Betriebs-)Führung der beteiligten Unternehmen.

491 Die Schaffung einer Matrixorganisation wird daher idR auch keine Gemeinschaftsbetriebe schaffen, auch wenn verschiedene Gesellschaften des matrixorganisierten Konzerns an einem Standort operieren. Die überbetriebliche Zusammenarbeit und ein auf bestimmte Prozesse abgestimmter arbeitstechnischer Zweck verschiedener Betriebe genügt der Vermutungsregel des § 1 Abs. 1 S. 2 BetrVG nicht, denn ein gemeinsamer Einsatz von Betriebsmitteln liegt noch nicht vor, wenn ein gemeinsamer Zweck arbeitsteilig mit individuellen Beiträgen der beteiligten Unternehmen verfolgt wird. In der Matrixstruktur wird auch innerhalb der Matrixzelle bzw. der funktionalen Ordnung nach den unternehmensübergreifenden Weisungen der steuernden Einheit gearbeitet. Es fehlt daher auch entlang der funktionalen Weisungslinien an der gemeinsamen und einheitlichen Leitung des Betriebes und der steuernden Einheiten in der Matrix. Dazu kommt, dass die steuernde Einheit zwar funktional Weisungen in einen anderen Matrixbetrieb geben mag, aber idR damit nicht den ganzen Betrieb erfasst, sondern nur die der entsprechenden Funktion nachgeordneten Tätigkeiten und Funktionen.[1251]

492 **dd) Grundlegende Änderung der Betriebsorganisation (§ 111 S. 3 Nr. 4 BetrVG).** Die Einführung einer Matrixorganisation und funktionalen konzernweiten Steuerungsstrukturen kann zu einer wesentlichen Änderung der Betriebsorganisation führen. Eine solche ist dann iSd § 111 S. 3 Nr. 4 BetrVG mitbestimmungspflichtig, wenn eine vollständige Änderung des Betriebsaufbaus erfolgt. Die klassischen Beispiele für die grundlegende Änderung der Betriebsorganisation sind substantielle Änderungen des Betriebes, wenn etwa die Auflösung wichtiger Betriebsabteilungen oder eine vollständige Änderung des Betriebsaufbaus. Die Betriebsorganisation betrifft die Art und Weise, wie Arbeitnehmer und Betriebsanlagen koordiniert werden, damit der gewünschte arbeitstechnische Erfolg eintritt, wenn zB Entscheidungsbefugnisse dezentralisiert werden oder die innere

---

[1248] BAG 11.2.2004 – 7 ABR 27/03, NZA 2004, 618.
[1249] ErfK/*Koch* BetrVG § 1 Rn. 14.
[1250] BAG 25.5.2005 – 7 ABR 38/04, NZA 2005, 1080.
[1251] Zu diesem Ergebnis gelangen auch *Maywald* Matrixorganisationen S. 135 und *Kort* NZA 2013, 1318.

Struktur von Betriebsabteilungen verändert wird. Häufig werden im Zusammenhang mit Matrixstrukturen betriebliche Funktionen und Arbeitsbereiche harmonisiert, zusammengefasst oder zB mit der Einführung flacher und standardisierter Hierarchien so gestaltet, dass eine schematische Zuweisung von Kompetenzen und Entscheidungsverantwortlichkeiten erleichtert wird. Diese Umgestaltungen können eine (grundlegende) Änderung der Betriebsorganisation begründen.

Die alleinige Änderung des Berichtswesens innerhalb des Betriebes und die Neuordnung von Berichtlinien begründet noch keine grundlegende Änderung der Betriebsorganisation.[1252] Die erstmalige Einführung einer Matrixorganisation, ebenso wie ihre spätere Anpassung, wird sich vor allem in der Neuordnung von Berichtslinien und der Zuordnung von vorgesetzten oder steuernden Einheiten vollziehen. Eine mitbestimmungspflichtige Betriebsorganisationsänderung ist auch nicht bereits darin zu sehen, dass mit der Einführung der Matrixstruktur die Zahl der Führungskräfte erweitert oder deren Verantwortungsbereich verändert wird, weil sich die betriebliche Hierarchie in eine überbetriebliche funktionale Führungsorganisation einbettet. Das gleiche gilt, wenn keine neuen betrieblichen Hierarchieebenen eingeführt werden, sondern entweder lediglich das Personal und der Personalbedarf in einer bereits bestehenden Hierarchieebene aufgestockt oder zusätzliche Berichtslinien aus der bestehenden Hierarchie ergänzt werden. Das verändert den Lauf von Weisungen im Unternehmen und den Abstimmungsbedarf mit anderen Konzernfunktionen, ändert aber mit Blick auf den jeweiligen Betrieb oder das einzelne Unternehmen nicht notwendigerweise die Organisation.

Dennoch kann die Umstellung von einer hierarchisch auf eine Betriebs- oder Geschäftsleitung zulaufenden Organisation hin zu einer aus einem Matrixmanagement geführten auf der betrieblichen Ebene eine Betriebsänderung liegen. In Frage kommen dabei Änderungen durch das „Umhängen" von Abteilungen, die Änderung des Zuschnitts von Abteilungen, um sie auf die funktionalen Berichts- und Führungslinien in die Matrixorganisation außerhalb des Betriebes abzustimmen.

ee) Grundlegende Änderung des Betriebszwecks (§ 111 S. 3 Nr. 4 BetrVG). Von einer Änderung des Betriebszwecks ist auszugehen, wenn sich der arbeitstechnische Zweck des Betriebs ändert. Gibt ein Betrieb im Zuge der Verteilung und Konzentration von Aufgaben in den verschiedenen Betrieben der Konzernunternehmen Bereiche ab, die ursprünglich den im betreffenden Betrieb verfolgten arbeitstechnischen Zweck mitgeprägt haben, kann das auch eine wesentliche Änderung des Betriebszwecks in diesem Sinne darstellen. So kann beispielsweise die Einstellung des Bereichs Forschung und Entwicklung in einem Betrieb, der daneben den Hauptzweck Vertrieb verfolgt, eine wesentliche Änderung des gesamten Betriebszwecks iSd § 111 S. 3 Nr. 4 BetrVG herbeiführen.[1253]

Der Betriebszweck ist der mit dem Betrieb verfolgte arbeitstechnische Zweck. Es kommt darauf an, „wie" dort die Einnahmen erzielt werden. Im Bereich der Dienstleistungsbetriebe ändert zum Beispiel sich der Betriebszweck, wenn andere als die bisher angebotenen Dienstleistungen angeboten werden sollen. Bei der Prüfung einer grundlegenden Änderung des Betriebszwecks ist die Bedeutung der Änderung für das betriebliche Gesamtgeschehen ins Auge zu fassen[1254]. Weitere Beispiele sind die Umstellung der Produktion auf Forschung, Dienstleistung oder Handel; nicht dagegen bloße Veränderungen der Produktpalette oder Modellverbesserungen. Der Betriebszweck kann sich auch dadurch ändern, dass dem bisherigen Betrieb eine Abteilung mit einem weiteren arbeitstechnischen Betriebszweck hinzugefügt wird. Nicht entscheidend ist, ob der Betrieb einen prägenden arbeitstechnischen Zweck im Zuge einer übergeordneten Organisation einbringt oder selbst verwertet. Wird mit der Einrichtung der Matrixorganisation bei-

---
[1252] Müller-Bonanni/Mehrens ZIP 2010, 2228 (2231).
[1253] LAG Düsseldorf 20.4.2016 – 4 TaBV 70/15, BeckRS 2016, 71599.
[1254] LAG Düsseldorf 20.4.2016 – 4 TaBV 70/15, BeckRS 2016, 71599.

spielsweise der Betriebsbereich „Produktentwicklung" in die Wertschöpfungskette einer größeren Entwicklungseinheit für Produktkomponenten eingebettet, führt das noch nicht notwendigerweise zu einem geänderten arbeitstechnischen Zweck auf der Ebene des einzelnen Betriebes. Das gilt auch dann, wenn die Produkte und Ergebnisse bei der Weiterverwertung in einem anderen Betrieb der Matrixzelle einen anderen Kontext bekommen, als das im früheren Betriebs oder Unternehmend der Fall war. In diesem Fall wäre wohl die wirtschaftliche Zielsetzung innerhalb einer Wertschöpfungskette verändert, nicht aber der arbeitstechnische Zweck des Betriebes.

Beispiel:
Im Betrieb werden elektronische Steuerelemente für Flugzeuge entwickelt und Verfahren zur Serienproduktionsfähigkeit entwickelt. Nach der Eingliederung in eine Matrixzelle mit Aufgabenbereich Produktentwicklung werden die Entwicklungsergebnisse des Betriebes innerhalb der Matrixzelle, aber in anderen Betrieben des Konzerns auch in der Entwicklung für Schiffe und Landfahrzeuge geteilt und Projekte und Aufträge auf diese vielseitige Verwertbarkeit ausgerichtet. Der arbeitstechnische Zweck des einzelnen vorgenannten Betriebes wird hier noch nicht verändert, wohl aber die Wertschöpfung an anderer Stelle des Konzerns. Anders wird dies sein, wenn sich die Produktausrichtung im Betrieb selbst verändert.

497 **ff) Grundlegend neue Arbeits- und Fertigungsmethoden (§ 111 S. 3 Nr. 5 BetrVG).** Unter den Arbeitsmethoden iSd § 111 S. 3 Nr. 5 BetrVG versteht man die Art und Weise, wie die menschliche Arbeit zur Erfüllung des Betriebszwecks arbeitstechnisch eingesetzt wird, zB der Wechsel von einem Produktions- zum Service und Dienstleistungsunternehmen. Dazu zählt beispielsweise auch die Einführung von Gruppenarbeit, die gesamte organisatorische Gestaltung der Arbeit und deren Ablauf, Maßnahmen der Rationalisierung (soweit diese sich auf den Arbeitsablauf auswirken) und der Einsatz neuer Technologien.[1255] Fertigungsverfahren erfassen dagegen Fabrikationsmethoden, Arbeitsverfahren und -abläufe, zB die Einführung einer vollautomatischen Produktfertigung. Gemeint ist damit jedes planmäßig technische Vorgehen bei der Erzeugung von Gütern.[1256] Eine genaue Abgrenzung zu dem Begriff der Arbeitsmethoden ist weder möglich noch erforderlich, da die Rechtsfolgen identisch sind. Der Betriebsrat hat in diesem Zusammenhang mit Blick auf die Gestaltung des Arbeitsplatzes, -ablaufs und der -umgebung auch ein Beratungsrecht nach § 90 BetrVG, das aber im Falle einer Betriebsänderung von den Verhandlungen mit dem Betriebsrat gem. § 111 BetrVG abgedeckt wird.

498 Der Begriff „Fertigungsverfahren" beschreibt in erster Linie die technische Seite des Arbeitsablaufs. Mit der Einführung von Matrixorganisationen werden jedoch grundsätzlich keine neuen Fertigungsmethoden im technischen Sinn verbunden sein, sondern es werden die existierenden Aktivitäten und Funktionen einer funktionalen Steuerung zugeführt. Dabei wird es gegebenenfalls zu einer Harmonisierung der Arbeitsabläufe im Rahmen der bestehenden Fertigungsverfahren kommen. Eine Notwendigkeit, den Betriebsrat auch unter diesem Gesichtspunkt zu beteiligen, besteht damit grundsätzlich nicht. Dazu kommt, dass es sich gem. § 111 S. 3 Nr. 5 BetrVG um eine „grundlegende" Veränderung handeln muss,[1257] an die im Ergebnis ein hoher Maßstab an die Voraussetzungen für die Beteiligung des Betriebsrats anzulegen ist, so dass § 111 S. 3 Nr. 5 BetrVG erst einschlägig ist, wenn die Grundlage der Arbeits- und Fertigungsprozesse verändert wird.[1258]

[1255] BAG 7.8.1990 – 1 AZR 445/89, NZA 1991, 113; ErfK/*Kania* BetrVG § 111 Rn. 18.
[1256] *Fitting* § 111 Rn. 99.
[1257] Richardi BetrVG/*Annuß* § 111 Rn. 123.
[1258] *Fitting* § 111 Rn. 100.

gg) Wesentliche Nachteile als Folge der Betriebsänderung. Von der Stilllegung oder 499
Einschränkung des Betriebes oder eines wesentlichen Betriebsteils abgesehen, sind Betriebsänderungen nicht zwingend auch mit nachteiligen Folgen für die betroffenen Arbeitnehmer verbunden. Nach Ansicht des BAG bestehen die Beteiligungsrechte des Betriebsrates aber auch dann, wenn im Einzelfall keine wesentlichen Nachteile zu befürchten sind. Nach dem Gesetzeswortlaut kommt es nicht auf den tatsächlichen Nachteil, sondern allein auf dessen Möglichkeit an. Zum anderen geht das Bundesarbeitsgericht davon aus, dass jedenfalls hinsichtlich der in § 111 S. 3 BetrVG aufgeführten Betriebsänderungen ein wesentlicher Nachteil fingiert werde.

In jedem Fall ist aber bei der Aufstellung eines Sozialplans zu prüfen und nötigenfalls 500
von der Einigungsstelle nach billigem Ermessen zu entscheiden, ob solche Nachteile entstehen oder entstanden sind und ganz oder teilweise ausgeglichen werden.

Für die Eröffnung der Beteiligungsrechte des Betriebsrates ist zunächst erforderlich, dass 501
erhebliche Teile der Belegschaft betroffen sind. Ob ein erheblicher Teil der Belegschaft betroffen ist, richtet sich nach dem Verhältnis der Zahl der voraussichtlich von der Betriebsänderung betroffenen Arbeitnehmer zur Gesamtzahl der im Betrieb beschäftigten. Als Richtschnur dazu dienen die Zahlen und Prozentangaben in § 17 KSchG, die über Anzeigepflicht bei Entlassungen herangezogen werden, allerdings mit der Maßgabe, dass mindestens 5% der Belegschaft betroffen sein müssen[1259].

Erhebliche Teile der Belegschaft sind demnach betroffen, wenn 502
– in Betrieben mit idR mehr als 20 und weniger als 60 Arbeitnehmern mehr als 5 Arbeitnehmer
– in Betrieben mit idR mindestens 60 und weniger als 500 Arbeitnehmern 10% der im Betrieb regelmäßig beschäftigten Arbeitnehmer oder aber mehr als 25 Arbeitnehmer
– in Betrieben mit idR mindestens 500 Arbeitnehmern mindestens 30 Arbeitnehmer
– in Betrieben mit idR mehr als 600 Arbeitnehmern mindestens 5% der Arbeitnehmer betroffen sind. Betriebe mit weniger als 21 Arbeitnehmern werden in dieser Staffel nicht erwähnt. Maßgebend ist die Zahl derjenigen Arbeitnehmer, die voraussichtlich von der geplanten Maßnahme betroffen werden. Bei geplanten Organisationsänderungen kommt es daher auf den insgesamt vorgesehenen Umfang an.

Die Implementierung einer Matrixstruktur als tragende Organisationsform einer Unter- 503
nehmensgruppe oder Konzern wird die Betriebe der beteiligten Unternehmen in aller Regel ganz erfassen. Denkbar ist aber auch, dass ein Konzern nur bestimmte Aktivitäten oder nur einzelne Einheiten des Betriebes bündelt, etwa wenn den technischen Kundenservice und Außendienst für den Vertrieb eine Organisationslinie in die Matrix erhalten.

3. Beteiligungsrechte bei Personalplanung und Beschäftigung

In die Entscheidungsprozesse, Planungen und deren Umsetzung ist der Betriebsrat auch 504
neben der Mitbestimmung in den wirtschaftlichen Angelegenheiten an verschiedenen Stellen zu beteiligen. Im Zuge der Einführung einer Matrixstruktur wird es Veränderungen in der Arbeitsorganisation auf der betrieblichen Ebene geben. In diesen Planungsprozess ist der Betriebsrat einzubinden: Nach § 90 Abs. 1 BetrVG muss der Arbeitgeber den Betriebsrat über die Planung von Arbeitsverfahren und Arbeitsabläufen oder der Arbeitsplätze rechtzeitig und unter Vorlage der erforderlichen Unterlagen unterrichten. Nach § 90 Abs. 2 BetrVG hat der Arbeitgeber mit dem Betriebsrat die vorgesehenen Maßnahmen und ihre Auswirkungen auf die Arbeitnehmer, insbesondere auf die Art ihrer Arbeit sowie die sich daraus ergebenden Anforderungen an die Arbeitnehmer so rechtzeitig zu beraten, dass Vorschläge und Bedenken des Betriebsrats bei der Planung berücksichtigt werden können.[1260]

[1259] BAG 28.3.2006 – 1 ABR 5/05, NZA 2006, 932; 31.5.2007 – 2 AZR 254/06, NZA 2007, 1307.
[1260] ErfK/*Kania* BetrVG § 92 Rn. 3–5.

505 Nach § 92 Abs. 1 BetrVG hat der Arbeitgeber, insbesondere über den gegenwärtigen und künftigen Personalbedarf sowie über die sich daraus ergebenden personellen Maßnahmen der Berufsbildung anhand von Unterlagen rechtzeitig und umfassend zu unterrichten. Auch insoweit steht dem Betriebsrat ein Beratungsrecht in auftretenden Härtefällen zu. Zu den Elementen der Personalplanung in diesem Sinne gehören die Personalbedarfsplanung, die Planung des Personaleinsatzes und die Planung der Personalentwicklung

506 Im Rahmen der Personalentwicklungsplanung muss untersucht werden, inwieweit Neueinstellungen bzw. die Beschäftigung von Leiharbeitnehmern oder von Arbeitnehmern von Fremdfirmen notwendig sind oder ob der Bedarf durch interne Umsetzung bzw. Fortbildung oder Ausbildung gedeckt werden kann.[1261] Die Personalplanung und die allgemeine Information über die Beschäftigung von Arbeitskräften nach § 90 Abs. 2 BetrVG schließt auch die Beschäftigung von Personen, die nicht in einem Arbeitsverhältnis zum Arbeitgeber stehen, mit ein. Dies hat der Gesetzgeber im Rahmen der Neufassung des Arbeitnehmerüberlassungsgesetzes[1262] durch die entsprechende Ergänzung von § 80 Abs. 2 S. 1 und § 92 Abs. 1 S. 1 BetrVG mit Wirkung ab dem 1.4.2017 klargestellt.

4. Beteiligungsrecht bei Bildungsmaßnahmen

507 Die Matrixorganisation lebt nach ihrer Philosophie von der Aufteilung der fachlichen Führung nach den funktionalen Matrixlinien einerseits und der disziplinarischen Führung andererseits. Die Führungssituation der Matrixmanager und funktionalen Führungskräfte ist insofern eine besondere, die eine entsprechende Aus- und Fortbildung der Führungskräfte erforderlich machen mag. Insoweit stehen dem Betriebsrat nicht nur Beratungsrechte bei der Berufsbildung nach § 96 BetrVG sondern auch bei den Einrichtungen und Maßnahmen der Berufsbildung zu (§ 97 BetrVG) zu. Bei der Durchführung der Bildungsmaßnahmen wird schließlich der Betriebsrat nach § 98 BetrVG ein erzwingbares Mitbestimmungsrecht haben.

5. Zuständiges Betriebsratsgremium

508 Die funktionale Steuerung der Matrixorganisation durch die Konzerngesellschaften hindurch führt dazu, dass die Konzernmitbestimmung im matrixorganisierten Konzern besondere Bedeutung erlangt, weil die Matrixmanager mit dem Konzernbetriebsrat unternehmensübergreifend einheitliche Regelungen für alle Arbeitnehmer der verschiedenen Konzernunternehmen schaffen können,[1263] die ihnen funktional in der Matrixzelle unterstellt sind. Der Konzernbetriebsrat ist zudem ein wichtiger Informationsträger;[1264] auch deshalb spielt er angesichts der komplexen Organisation der Berichtwege eine wichtige Rolle im matrixorganisierten Konzern.[1265] Nach § 58 Abs. 1 S. 1 BetrVG ist der Konzernbetriebsrat allerdings nur unter engen Voraussetzungen zuständig. Es ist daher zu untersuchen, unter welchen Umständen Mitbestimmungsrechte des Konzernbetriebsrats bei den unternehmensübergreifenden Leitungsmaßnahmen der Matrixmanager zur Einführung einer konzernübergreifenden Matrixstruktur eröffnet sind.

[1261] ErfK/*Kania* BetrVG § 92 Rn. 3–5; GK-BetrVG/*Raab* § 92 Rn. 14 f.; *Fitting* § 92 Rn. 14.
[1262] Art. 1 Gesetz zur Änderung des ArbeitnehmerüberlassungsG und anderer Gesetze vom 21.2.2017, BGBl. I S. 258.
[1263] Vgl. *Nagel/Riess/Theis* Neue Konzernstrukturen S. 171: Der Konzernbetriebsrat ist der für den gesamten Konzernbereich zuständige Ansprech- und Verhandlungspartner der Konzernleitung auf der Arbeitnehmerseite.
[1264] Wegen der im BetrVG verankerten personellen Verflechtungen (vgl. §§ 47 Abs. 2 S. 1, 55 Abs. 1 BetrVG) findet ein dichter Informationsfluss zwischen Betriebsrat, Gesamtbetriebsrat und Konzernbetriebsrat statt, so dass der Konzernbetriebsrat über ein starkes Netz auf allen Ebenen des Konzerns, von der Konzernspitze bis zur örtlichen Betriebsebene, Informationen aufnehmen, bündeln und auswerten kann, vgl. *Nagel/Riess/Theis* Neue Konzernstrukturen S. 190 (196).
[1265] *Berger* Matrixkonzern S. 160.

E. Betriebsverfassungsrecht   Kapitel 3

Der **Konzernbetriebsrat** ist gemäß § 58 Abs. 1 BetrVG **originär zuständig** für die Mitwirkung in Angelegenheiten, die alle oder jedenfalls mehrere Konzernunternehmen betreffen und die nicht sinnvoll durch die Betriebsräte und Gesamtbetriebsräte der Konzernunternehmen geregelt werden können.[1266] Für den Begriff des „Nichtregelnkönnens" gelten die zu § 50 Abs. 1 S. 1 BetrVG entwickelten Grundsätze.[1267] Voraussetzung ist ein zwingendes Erfordernis für eine konzerneinheitliche oder zumindest eine unternehmensübergreifende Regelung. Dieses kann sich sowohl aus objektiven als auch subjektiven Gründen ergeben. Ein objektiv zwingendes Erfordernis kann aus technischen oder rechtlichen Gründen gegeben sein.[1268] Ein subjektiv zwingendes Erfordernis wird nicht bereits aus bloßen Zweckmäßigkeitserwägungen, Kostengründen oder wegen eines Koordinierungsinteresses des Arbeitgebers anerkannt.[1269] Wichtig ist hierfür, dass sich das Ziel der Regelung nur durch eine konzernweite oder jedenfalls unternehmensübergreifend einheitliche Regelung auf der Konzernebene erreichen lässt.[1270] Das kann etwa bei einheitlich betriebenen IT-Systemen der Fall sein oder bei konzernübergreifend durchgeführten Maßnahmen der beruflichen Weiterbildung. 509

Die Organisation eines Konzerns in einer Matrixstruktur hat nicht per se zur Folge, dass für mitbestimmungspflichtige Entscheidungen, die die Matrixmanager im Rahmen der funktionalen Aufgabensteuerung treffen, die Zuständigkeit der Einzel- und Gesamtbetriebsräte der Konzernunternehmen entfällt und auf den Konzernbetriebsrat übergeht. Es ist vielmehr im Einzelfall zu prüfen, ob tatsächlich ein zwingendes Erfordernis für eine unternehmensübergreifende Regelung besteht.[1271] Gleichwohl erhöht die Matrixorganisation die Wahrscheinlichkeit für eine Zuständigkeit des Konzernbetriebsrats. Denn im Zuge der funktionalen Aufgabensteuerung und unternehmensübergreifenden Zusammenarbeit in den Matrixzellen sind häufiger Maßnahmen zu erwarten, die mehrere Konzernunternehmen betreffen und eine unternehmensübergreifende Regelung zwingend erforderlich machen.[1272] In wirtschaftlichen Angelegenheiten kann der Konzernbetriebsrat zum Beispiel zuständig sein, wenn die Matrixmanager im Rahmen der strategischen Leitung eine Zusammenlegung von Betrieben mehrerer Unternehmen, die Verlagerung bzw. Neuzuordnung von Teilbetrieben zu anderen Betrieben oder einen konzernweiten Personalabbau beschließen.[1273] Wegen der unternehmensübergreifenden Erstreckung des Verantwortungsbereichs der Matrixmanager liegt solchen Maßnahmen idR ein unternehmensübergreifendes und konzerneinheitliches Konzept zu Grunde, das die Zuständigkeit des Konzernbetriebsrats begründet.[1274] 510

Die erstmalige Einführung einer Matrixorganisation, ebenso wie ihre spätere Anpassung, wird sich vor allem in der Neuordnung von Berichtslinien und der Zuordnung von vorgesetzten oder steuernden Einheiten vollziehen. Darin kann auf der betrieblichen Ebene eine Betriebsänderung liegen. Je nach Intensität der damit verbundenen organisatorischen Änderungen können dabei also die Betriebsänderungen der betroffenen Betriebe in 511

[1266] *Fitting* § 58 Rn. 9.
[1267] Da § 58 Abs. 1 S. 1 BetrVG der Regelung des § 50 Abs. 1 S. 1 BetrVG nachgebildet ist, sind die dort geltenden Grundsätze für die Abgrenzung der Zuständigkeit des Konzernbetriebsrats entsprechend heranzuziehen, vgl. *Fitting* § 58 Rn. 10; BAG 20.12.1995 – 7 ABR 8/95, AP BetrVG 1972 § 58 Nr. 1; 25.9.2012 – 1 ABR 45/11, NZA 2013, 275.
[1268] Zum Ganzen BAG 22.7.2008 – 1 ABR 40/07, NZA 2008, 1248; *Fitting* § 58 Rn. 11.
[1269] BAG 25.9.2012 – 1 ABR 45/11, NZA 2013, 275; *Fitting* § 58 Rn. 11.
[1270] BAG 20.12.1995 – 7 ABR 8/95, AP BetrVG 1972 § 58 Nr. 1; 25.9.2012 – 1 ABR 45/11, NZA 2013, 275.
[1271] *Henssler* NZA-Beil. 2014, 95, 103; *Kort* NZA 2013, 1318 (1322), bezugnehmend auf LAG BW 12.9.2012 – 19 TaBV 3/12, BeckRS 2013, 66355, und LAG Düsseldorf 4.3.2013 – 9 TaBV 129/12, BeckRS 2013, 67335; ebenso *Witschen* RdA 2016, 38 (48).
[1272] *Berger* Matrixkonzern S. 161, mit Hinweis auf *Reinhard/Kettering* ArbRB 2014, 87, 89; ebenso *Günther/Böglmüller* NZA 2015, 1025 (1026).
[1273] *Berger* Matrixkonzern S. 161.
[1274] Allgemein hierzu vgl. *Fitting* § 58 Rn. 15; Richardi BetrVG/*Annuß* 58 Rn. 15 iVm § 50 Rn. 37; *Christoffer* BB 2008, 951 (953 f.).

einer solchen Abhängigkeit zueinanderstehen, dass dies die ausnahmsweise Zuständigkeit des Konzernbetriebsrates für die mit der Betriebsänderung zusammenhängenden Beteiligungsrechte begründen.

6. Europäischer Betriebsrat (EBRG)

512 Der Europäische Betriebsrat ist nach § 1 Abs. 2 S. 1 EBRG in Angelegenheiten mit grenzüberschreitender Auswirkung zu beteiligen. Er hat dabei, anders als die nationalen Betriebsräte, nur Unterrichtungs- und Anhörungsrechte aber keine Mitbestimmungsrechte. Eine Mitwirkung findet bei allen unternehmerischen Entscheidungen statt, die in einem Mitgliedstaat getroffen werden und sich in mindestens einem anderen auswirken. Wird die Entscheidung in einem Drittstaat getroffen, müssen sich nach § 1 Abs. 2 S. 2 EBRG Auswirkungen in mindestens zwei Betrieben in verschiedenen Mitgliedstaaten ergeben. Die Gegenstände der Beteiligung nach § 29 Abs. 2 EBRG entsprechen im Wesentlichen den wirtschaftlichen Angelegenheiten des § 106 Abs. 3 BetrVG. Genannt werden dort „grundlegende" Änderungen der Organisation und sowie die Einschränkung, Stilllegung und Verlegung von „wesentlichen" Betriebsteilen. Organisatorischen Änderungen, die mit der Implementierung von Matrixstrukturen zusammenhängen, erfüllen diese Voraussetzungen idR. Die Beteiligung eines Europäischen Betriebsrates zu diesen Gegenständen nach § 30 EBRG muss „rechtzeitig" erfolgen. Das heißt, dass Vorschläge und Bedenken der Arbeitnehmervertretung noch berücksichtigt werden können, bevor eine unternehmerische Entscheidung getroffen wird.[1275] Gefasste Beschlüsse des Arbeitgebers müssen noch gestaltbar sein,[1276] so dass eine realistische Möglichkeit die Beiträge der Arbeitnehmervertretungen zu berücksichtigen. Unterrichtung und Anhörung eines europäischen Betriebsrates haben nach § 1 Abs. 7 EBRG im Übrigen spätestens gleichzeitig mit der Information der nationalen Arbeitnehmervertretungen zu erfolgen. Für unternehmerische Konzepte und Planungen hat daher der Zeitpunkt der Information des Wirtschaftsausschusses nach § 106 BetrVG praktische Relevanz für die Planung der Folge von Informationen an die Arbeitnehmervertretungen, da dort die frühesten Informationsrechte der Arbeitnehmervertretungen nach dem BetrVG entstehen.

7. Unterrichtung des Wirtschaftsausschusses

513 In der Mitbestimmung zu den wirtschaftlichen Angelegenheiten sind wesentliche Rechte dem Wirtschaftsausschuss zugewiesen. Der Wirtschaftsausschuss wird auf der Ebene des Unternehmens gebildet und fungiert als ein Hilfsorgan des Betriebsrates bzw. des Gesamtbetriebsrates.[1277] Der Wirtschaftsausschuss hat die Aufgabe, wirtschaftliche Angelegenheiten mit dem Unternehmer zu beraten und den Betriebsrat darüber zu unterrichten (§ 106 Abs. 1 S. 2 BetrVG) sowie diesen bei der Wahrnehmung seiner Informations- und Mitbestimmungsrechte in wirtschaftlichen Angelegenheiten zu unterstützen.

514 Der Wirtschaftsausschuss wird für das Unternehmen gebildet, nicht für einzelne oder mehrere Betriebe. Er ist bewusst klein gehalten, um eine vertrauensvolle Zusammenarbeit zu gewährleisten. Für Konzerne ist die Errichtung eines übergreifenden Wirtschaftsausschusses an der Konzernspitze nicht vorgesehen, obwohl dort in erheblichem Umfang über wirtschaftliche Angelegenheiten entschieden wird. Das BAG lehnt eine entsprechend erweiternde Auslegung des § 106 Abs. 1 ab.[1278] Der Konzernbetriebsrat kann aber

---

[1275] *Fitting* EBRG Rn. 90.
[1276] *Fitting* EBRG Rn. 71. BetrVG.
[1277] BAG 18.11.1980 – 1ABR 31/78, AP BetrVG 1972 § 108 Nr. 2; *Fitting* § 106 Rn. 1–13; Richardi BetrVG/*Annuß* Rn. 4; DKKW/*Däubler* BetrVG § 106 Rn. 2; MhdB ArbR/*Joost*, 3. Aufl. 2009, § 231 Rn. 1; ErfK/*Kania* BetrVG § 106 Rn. 1.
[1278] BAG 23.8.1989 – 7 ABR 39/88, AP BetrVG 1972 § 106 Nr. 7; zust. Richardi BetrVG/*Annuß* § 58 Rn. 14; Braun/Wisskirchen/*Braun/Schreiner* Konzernarbeitsrecht Teil I Abschn. 2 Rn. 181.

einen Konzernbetriebsausschuss und weitere Ausschüsse bilden und ihnen eigene Aufgaben, auch die entsprechend eines Wirtschaftsausschusses, übertragen.[1279]

Die Bildung eines Wirtschaftsausschusses an der Konzernspitze oder in einer Holdinggesellschaft, die etwa in internationalen Konzernen mit ausländischer Konzernobergesellschaft, die deutschen Gesellschaften trägt, scheitert häufig an der zu geringen Größe dieser Gesellschaften. Ist aber in der (deutschen) Konzernobergesellschaft ein Konzernbetriebsrat gebildet,[1280] hat dieser im Rahmen seiner Informations- und Beratungsrechte umfangreichen Zugang zu wirtschaftlichen Informationen über die nachgelagerten Konzerngesellschaften, da diese häufig mit den wirtschaftlichen Angelegenheiten der Konzernobergesellschaft eng verknüpft sind.

Der richtige Adressat für die Beteiligungsrechte in den wirtschaftlichen Angelegenheiten nach § 106 BetrVG sind daher die Wirtschaftsausschüsse, die bei den in die Matrixorganisation einzubeziehenden Unternehmen bestehen. Das Informationsrecht des Wirtschaftsausschusses kann bei der Einführung einer Matrixorganisation aus § 106 Abs. 1 iVm Abs. 3 Nr. 10 BetrVG folgen. Geht mit der Einführung der Matrixorganisation auch eine Änderung der Binnenstruktur des Betriebes einher, kommt auch ein Informationsrecht aus Nr. 9 in Betracht.

Die Informationsrechte des Wirtschaftsausschusses sind aber jeweils unternehmensbezogen, das heißt, sein Informationsrecht geht so weit, wie das Unternehmen, für das der Wirtschaftsausschuss gebildet ist, aktiv Maßnahmen oder Dispositionen zur Einführung der Matrixorganisation ergreift oder passiv von solchen unmittelbar betroffen ist.[1281]

Es ist jeweils der Unternehmer zur Erfüllung der Informations- und Beratungsrechte des für sein Unternehmen gebildeten Wirtschaftsausschusses verpflichtet. Ein Informationsdurchgriff des Wirtschaftsausschusses auf andere Unternehmen wird zu Recht abgelehnt.[1282] Wie in den anderen Fällen der Mitbestimmungsrechte und anderen Beteiligungsrechten bleibt der Arbeitgeber verantwortlich für die damit verbundenen arbeitgeberseitigen Pflichten gegenüber der für seinen Betrieb errichteten Arbeitnehmervertretungen (→ Rn. 620). Die Organisation und Einbindung der Matrixmanager in den funktional übergeordneten Einheiten hat daher vor allem für die Rechte des Wirtschaftsausschusses Relevanz, weil die Informationsrechte bereits in früheren Planungs- und Konzeptphasen bestehen. Regelmäßig wird der Betriebsinhaber selbst erst über die Schnittstellen in den funktionalen Linien des Matrixmanagements darüber informiert, dass sein Betrieb von Planungen und Veränderungen, die auf übergeordneter Ebene des Matrixmanagements entwickelt werden, betroffen sein wird.

VI. Beteiligungsrechte beim Arbeitnehmereinsatz in der Matrixorganisation

Die Beteiligung der Arbeitnehmervertretungen beim – auch unternehmensübergreifenden – Einsatz der Arbeitnehmer in einer Matrixorganisation fokussiert vor allem auf die personellen Einzelmaßnahmen. Denn die unternehmensübergreifende Führung und die Wahrnehmung von Aufgaben und Funktionen im Interessenkreis verschiedener beteiligter Konzernunternehmen innerhalb der Matrix, wirft neben der Frage, welche personellen Maßnahmen im betriebsverfassungsrechtlichen Sinne mit den Veränderungen etwa der Tätigkeiten oder der organisatorischen Anbindungen verbunden sind. Es ist auch jeweils zu

---

[1279] *Fitting* § 59 Rn. 7ff.
[1280] Zum Konzernbetriebsrat bei ausländischer Konzernspitze kommt es darauf an, ob eine inländische Teilkonzernspitze entsprechende Führungsfunktionen hat, BAG 23.5.2018 – 7 ABR 60/16.
[1281] Vgl. *Kort* NZA 2013, 1318, zu grenzüberschreitenden Unternehmen s. Richardi BetrVG/*Annuß* § 106 Rn. 13f.
[1282] *Kort* NZA 2013, 1318; *Müller-Bonanni/Mehrens* ZIP 2010, 2228 (2231).
Vgl. zB *Winstel* Unterrichtung S. 64ff.

prüfen, welche Betriebe und die Rechte welcher Betriebsräte in den entsprechenden Fällen betroffen sind.

1. Einstellung im Einsatzbetrieb

520 Wird eine Person zur Arbeitsaufnahme in den Betrieb eingegliedert, ist der Betriebsrat im Rahmen seiner Rechte aus § 99 Abs. 1 BetrVG zu beteiligen. Vollzogen wird die Einstellung durch die Zuweisung einer Arbeitsaufgabe an die einzustellenden Person und die tatsächliche Arbeitsaufnahme.[1283] Die Einstellung iSd § 99 BetrVG setzt voraus, dass eine Person in den Betrieb eingegliedert wird, um dort zusammen mit den bereits beschäftigten Arbeitnehmern den arbeitstechnischen Zwecks des Betriebes durch eine weisungsgebundene Tätigkeit zu unterstützen.[1284] Eine Eingliederung nach § 99 BetrVG setzt eine Tätigkeit räumlich betrachtet innerhalb des Betriebes nicht voraus. Der Betriebsbegriff ist nicht räumlich zu verstehen, sondern bezieht alle Arbeitnehmer mit ein, die dem Betrieb betriebsverfassungsrechtlich zugeordnet sind. Dem folgend stellt das BAG zum Beispiel bei Außendienstmitarbeitern darauf ab, aus welchem Betrieb die Leitungsmacht bezüglich der Außendienstmitarbeiter ausgeht und Entscheidungen getroffen werden. Eine Mindestanwesenheitszeit sieht das Betriebsverfassungsgesetz nicht vor. Es ist auch möglich, zwei oder mehr Betrieben gleichzeitig anzugehören und auch multipel wahlberechtigt zu sein. Das gilt nicht nur für eigene Arbeitnehmer des Betriebes, sondern in Verbindung mit § 14 Abs. 3 AÜG auch für Leiharbeitnehmer. Im Übrigen soll auch das Arbeitsverhältnis zum Betriebsinhaber als Basis der Beschäftigung nicht entscheidend für die mitbestimmungspflichtige Einstellung sein.[1285] Nach der sog. Zweikomponentenlehre des BAG[1286] setzt die Einstellung zwar noch voraus, dass ein Arbeitsverhältnis zwischen dem einzustellenden Arbeitnehmer und dem Betriebsinhaber besteht und dass der Arbeitnehmer innerhalb der Betriebsorganisation des Arbeitgebers abhängige Arbeitsleistungen erbringt. Das wichtigere Merkmal der Einstellung ist, dass die eingestellte Person eine ihrer Art nach weisungsgebundene Tätigkeit erbringt, mit der der arbeitstechnische Zweck des Betriebes verwirklicht werden soll und die daher notwendigerweise vom Arbeitgeber gesteuert und koordiniert werden soll. Dabei kommt es nicht so sehr darauf an, ob und in welcher Art tatsächlich Weisungen erteilt werden, sondern ob die Tätigkeit nach ihrer Funktion im Betrieb beurteilt in die Prozesse des Betriebes eingebettet ist und so innerhalb der arbeitstechnischen Organisation dem Betriebszweck dient.

521 Die Ordnung der Arbeitsverhältnisse innerhalb einer Matrixorganisation kann so aussehen, dass Arbeitsverhältnisse und Arbeitsverträge zwischen den jeweiligen Betriebsinhabern und Arbeitnehmern sowie (insbesondere der Führungskräfte) jeweils dort geschlossen werden, wo aufgrund der Eingliederung in die betrieblichen Prozesse und Abläufe, mit denen vor Ort die Verfolgung des arbeitstechnischen Zwecks organisiert wird, der Sache nach arbeitsvertragliche Beziehungen bzw. eine betriebsverfassungsrechtliche Betriebszugehörigkeit entstehen. Damit wird freilich auch ein Merkmal eben der Betriebszugehörigkeit geschaffen: die arbeitsvertragliche Verbindung zum Betriebsinhaber.

522 Wenn zwischen Betriebsinhaber und Arbeitnehmer kein Arbeitsverhältnis besteht, kommt es stärker auf die im Betrieb oder übergreifend gemeinsam verfolgten arbeitstechnischen Zwecke an, um auf eine Eingliederung in den Betrieb schließen zu können. Es ist dann nicht leicht festzustellen, ob etwa eine Führungskraft mit Arbeitsvertrag zu einer anderen Konzerngesellschaft, die fachliche Weisungen gegenüber den Arbeitnehmern des Betriebes erteilt, dies „im Namen" des Betriebsinhabers und zur Verfolgung dessen ar-

---

[1283] BAG 27.7.1993 – 1 ABR 11/93, NZA 1994, 952; 13.4.1994 – 7 AZR 651/93, NZA 1994, 1099; es wird nach neuerer Rechtsprechung nicht mehr auf den Vertragsschluss abgestellt, auch nicht alternativ auf das zeitlich frühere Ereignis, vgl. *Fitting* § 99 Rn. 30 ff.
[1284] BAG 12.11.2002 – 1 ABR 1/02, NZA 2003, 513.
[1285] *Fitting* § 99 Rn. 33.
[1286] BAG 5.12.2012 – 7 ABR 48/11, AP BetrVG 1972 § 5 Nr. 81.

beitstechnischen Zwecks tut. Dann würde sich der Betriebsinhaber kraft eigenem Weisungsrecht der Führungskraft bedienen, um Weisungen gegenüber Mitarbeitern seines Betriebes zu organisieren. Die Führungskraft wird damit organisatorisch zur Verwirklichung des arbeitstechnischen Zwecks betrieblich integriert.[1287]

523 Fehlt aber in einer solchen Konstellation der **Arbeitsvertrag zwischen Führungskraft und Betriebsinhaber,** fehlt auch ein **wesentliches Indiz** dafür, **dass sich der Betriebsinhaber,** dessen Arbeitnehmer von der Führungskraft angewiesen werden, eben kraft eigener Weisungen **der Führungskraft bedient.** Der Durchgriff von Führungskräften über die funktionale Führungslinie der Matrix erfolgt in aller Regel entlang der funktionalen Ordnung, in der gesellschaftsübergreifend eine in der Matrix gemeinsam verfolgter arbeitstechnischer Zweck oder Wertschöpfungsprozess verfolgt wird. Der Arbeitgeber der Arbeitnehmer eines Betriebes kann in der Matrix eigene Arbeitnehmer in solche Matrix-Teams einbringen, ohne sich der jeweiligen Führungskräfte zur Verfolgung des Betriebszwecks bedienen zu müssen. Zur Verfolgung eines arbeitstechnischen Zwecks in der Matrix zusammengeschlossene Unternehmen können sich zur Ausübung der fachlichen Weisungen jeweils ermächtigen. Damit treten die Führungskräfte, die die Weisungen ausführen, aber nicht mehr zwingend im organisatorischen Gefüge des Arbeitgebers der angewiesenen Arbeitnehmer auf. So eingesetzte Führungskräfte können ihre fachliche Führungsaufgabe auch kraft Weisung ihres dazu ermächtigten Vertragsarbeitgebers ausführen. Die zur Ausübung von Weisungen bevollmächtigte oder ermächtigte Führungskraft tritt dabei typischerweise auch im eigenen Namen auf. Wenn beide beteiligten Arbeitgeber (der der Führungskraft und der der angewiesenen Arbeitnehmer) einen gemeinschaftlichen wirtschaftlichen und arbeitstechnischen Zweck verfolgen, der in der Matrix funktional gebündelt ist, tut er das auch ausgehend vom Betriebszweck im ureigenen wirtschaftlichen Interesse. Man wird aus den Merkmalen der Einstellung gemäß § 99 BetrVG dann nicht mehr klar zuordnen können, ob die Führungskraft im Betrieb der Arbeitnehmer eingegliedert wird oder die Arbeitnehmer im Betrieb der Führungskraft. Daher ist eine wechselseitige Zuordnung zum Betrieb in solchen Konstellationen nicht zwingend. Die Frage, wer nun wo zustimmungspflichtig eingestellt würde, wäre anhand kleinteiliger Kriterien zu beantworten und in der Praxis kaum gerichtsfest zu gestalten.

524 Die beiden entscheidenden Merkmale der Zweikomponentenlehre des BAG,[1288] die Eingliederung und das Arbeitsverhältnis zum Betriebsinhaber ernstgenommen, helfen für die Frage der Einstellung und Mitbestimmung nach § 99 BetrVG, eine praxisnahe Ordnung aufrechtzuhalten. Man mag mit dem LAG Baden-Württemberg[1289] erkennen, dass, wenn die Führungskraft aus der Matrixorganisation einen Arbeitsvertrag dort schließt, wo die von ihr fachlich angewiesenen Arbeitnehmer beschäftigt sind, ihre Integration und mitbestimmungspflichtige Einstellung nach § 99 Abs. 1 BetrVG erfolgt. Ebenso kann die Führungskraft im Rahmen der Zusammenarbeit in der Matrix aber die Eingliederung in ihren Herkunftsbetrieb behalten und auch gegenüber den in einem anderen Betrieb beschäftigten Arbeitnehmern fachliche Weisungen erteilen, ohne dass eine (wechselseitige Einstellung erfolgt). Ohne das Arbeitsverhältnis fehlt idR das ausreichende Indiz dafür, dass sich der Betriebsinhaber organisatorisch der Führungskraft bedient, um eigene Weisungen zu organisieren und ausführen zu lassen. Für den Fall eines Bereichsleiters erkennt aber auch das LAG Düsseldorf, dass mit Übernahme aller Vorgesetztenfunktionen durch die Führungsaufgabe der Betriebszweck unterstützt wird.[1290] Maßgeblich sei für die Eingliederung, ob ein neuer Mitarbeiter funktional den arbeitstechnischen Zweck des Betriebes verwirklicht und dazu erstmalig eingegliedert wird.[1291]

[1287] So im Fall des LAG BW 28. 5. 2014 – 4 TaBV 7/13, BB 2014, 2298.
[1288] BAG 5. 12. 2012 – 7 ABR 48/11, AP BetrVG 1972 § 5 Nr. 81.
[1289] LAG BW 28. 5. 2014 – 4 TaBV 7/13.
[1290] LAG Düsseldorf 20. 12. 2017 – 12 TaBV 66/17, NZA 2018, 298.
[1291] LAG Düsseldorf 20. 12. 2017 – 12 TaBV 66/17, NZA 2018, 298.

525 Im Rahmen der Beteiligung des Betriebsrates zu personellen Einzelmaßnahmen wird nicht überprüft, ob die jeweilige Ordnung der Weisungsrechte und Weisungsgebundenheit der einzustellenden oder zu versetzenden Arbeitnehmern individualrechtlich ordnungsgemäß vereinbart und gestaltet ist (→ Rn. 8 ff.). Der Betriebsrat führt bei der Beteiligung nach § 99 BetrVG keine Vertragskontrolle durch und ist diesbezüglich nicht zur Zustimmungsverweigerung berechtigt. Daher darf insbesondere die für die individualrechtliche Ordnung der Arbeitsverhältnisse in der Matrix relevante Frage nach den Möglichkeiten der Übertragung von Weisungsrechten und den Grenzen des § 613 S. 2 BGB, keine Rolle spielen.[1292] Für die möglichen Zustimmungsverweigerungsrechte aus § 99 Abs. 2 BetrVG ist bei personellen Maßnahmen innerhalb der Matrixstruktur, die ggf. über den Betrieb und Zuständigkeitsbereich des jeweiligen Betriebsrates hinaus wirken, zu beachten, dass der Schutzzweck des § 99 BetrVG auf die von der Maßnahme unmittelbar betroffenen Arbeitnehmer sowie die anderen Arbeitnehmer des Betriebes gerichtet ist. Die Art und Weise der Zusammenarbeit der Konzerngesellschaften und die Betroffenheit von Arbeitnehmern anderer Matrixgesellschaften, die zwar mit einer funktionalen Linie in dem Betrieb beschäftigt, aber nicht betriebszugehörig sind, wird nicht erfasst und wird daher auch nicht im Rahmen der Zustimmungsverweigerungsgründe des § 99 Abs. 2 BetrVG herangezogen werden können.

2. Eingruppierung und Umgruppierung

526 Die Eingruppierung bei der Einstellung ebenso wie die Umgruppierung bei einem Wechsel der Funktion eröffnet die Mitbestimmung hinsichtlich der Richtigkeit der Einordnung in das jeweilige Lohn- und Gehaltsgefüge, sei es tariflich oder betrieblich.

527 Die Einstufung muss dabei der **Vertragsarbeitgeber** vornehmen. Er schuldet die vertragsgemäße Vergütung aus dem Arbeitsvertrag und damit auch die richtige Eingruppierung in das Lohn- und Gehaltssystem.

528 Nach § 99 Abs. 1 S. 1 BetrVG hat der Betriebsrat *bei jeder individualrechtlichen Eingruppierungsentscheidung ein Mitbestimmungsrecht*. Der Betriebsrat soll dadurch **Richtigkeitskontrolle** der Eingruppierungsentscheidung des Arbeitgebers vornehmen können. Außerdem dient das Mitbestimmungsrecht auch der Verwirklichung der Vergütungstransparenz im Betrieb und damit der Lohngerechtigkeit. Denn der Betriebsrat kann einerseits durch sein Beteiligungsrecht bei der Ein- und Umgruppierung nach § 99 Abs. 1 BetrVG, andererseits durch sein Einsichtsrecht in die Bruttolohn- und Gehaltslisten nach § 80 BetrVG feststellen, inwieweit sich der Arbeitgeber an das tarifliche oder mitbestimmte betriebliche Lohn- und Gehaltssystem hält, oder etwa übertariflich oder ungleich vergütet. Der Arbeitgeber hat darum den Betriebsrat vor jeder Eingruppierung nach § 99 Abs. 1 BetrVG im Einzelnen zu unterrichten und Auskunft über die Person des Arbeitnehmers zu geben. Außerdem hat er dem Betriebsrat die erforderlichen Unterlagen vorzulegen.

529 Die betriebsverfassungsrechtliche Eingruppierung und Umgruppierung ist also immer an die individualrechtliche Entscheidung über die Erfüllung der Vergütungsansprüche nach dem tariflichen oder betrieblichen Lohn- und Gehaltssystem gebunden. Diese Entscheidung **bleibt auch bei der Teilung der Arbeitgeberfunktion** in matrixorganisierten Betrieben **Sache des Vertragsarbeitgebers.** Für die Wahrnehmung der Beteiligungsrechte aus § 99 BetrVG ist demzufolge nur der Betriebsrat des Vertragsarbeitgebers zuständig, bei dem der Arbeitnehmer angestellt ist. Das muss auch dann gelten, wenn der Arbeitnehmer in mehrere Betriebe der Matrixzelle als eingegliedert im betriebsverfassungsrechtlichen Sinne anzusehen ist. Insofern ist die Interessenlage mit der Zuständigkeit der Betriebsräte bei Leiharbeitnehmern im Einsatzbetrieb zu vergleichen.

[1292] *Bauer/Herzberg* NZA 20011, 713; *Witschen* RdA 2016, 38.

3. Versetzung

a) Grundsätze

Die Versetzung des Arbeitnehmers im betriebsverfassungsrechtlichen Sinne ist ein weit gefasster Begriff. Er ist grundsätzlich unabhängig vom individualrechtlichen Versetzungsbegriff. Die Frage, ob eine Versetzung der Zustimmung des Betriebsrates bedarf, ist also unabhängig davon zu beantworten, ob der Arbeitgeber die Versetzung auch im Rahmen des Direktionsrecht nach § 106 GewO einseitig durchsetzen kann, oder ob der arbeitsvertragliche Rahmen der Pflicht zur Arbeitsleistung überschritten wird. 530

Zu der für die nach § 99 Abs. 1 BetrVG zustimmungspflichtigen Versetzung existiert in **§ 95 Abs. 3 BetrVG** eine **gesetzliche Definition des Versetzungsbegriffs.** Nach dieser ist eine Versetzung die Zuweisung eines anderen Arbeitsbereichs, die entweder die Dauer von einem Monat voraussichtlich überschreitet oder mit einer erheblichen Änderung der Umstände verbunden ist, unter denen die Arbeit geleistet werden muss. Die **Versetzung** ist nach der Rechtsprechung des BAG **räumlich und funktional** zu verstehen. 531

Der „Arbeitsbereich" iSd § 95 Abs. 3 BetrVG wird in § 81 Abs. 2 iVm § 81 Abs. 1 S. 1 BetrVG beschrieben als die Aufgabe und Verantwortung des Arbeitnehmers sowie die Art seiner Tätigkeit und ihre Einordnung in den Arbeitsablauf des Betriebes. Der Begriff ist demnach räumlich und funktional zu verstehen. Er umfasst neben dem Ort der Arbeitsleistung auch die Art der Tätigkeit und den gegebenen Platz in der betrieblichen Organisation.[1293] 532

Von der Zuweisung eines anderen Arbeitsbereichs spricht man dann, wenn sich das **Gesamtbild der bisherigen Tätigkeit des Arbeitnehmers so verändert hat,** dass die **neue Tätigkeit** vom Standpunkt eines mit den betrieblichen Verhältnissen vertrauten Beobachters **als eine „andere" anzusehen** ist.[1294] Dies kann sich aus dem Wechsel des Inhalts der Arbeitsaufgaben und der mit ihnen verbundenen Verantwortung oder hierarchischen Einordnung ergeben. Es kann aus einer Änderung der Art der Tätigkeit, dh der Art und Weise folgen, wie die Arbeitsaufgabe zu erledigen ist, und es kann mit einer Änderung der Stellung und des Platzes des Arbeitnehmers innerhalb der betrieblichen Organisation durch Zuordnung zu einer anderen betrieblichen Einheit verbunden sein.[1295] 533

Eine Versetzung im diesem Sinne liegt nach § 95 Abs. 3 S. 2 BetrVG nicht vor, wenn der Arbeitgeber zwar eine neue Tätigkeit zuweist, aber der Arbeitnehmer nach der Art des Arbeitsverhältnisses typischerweise nicht ständig an einem bestimmten Arbeitsplatz beschäftigt ist. Im Folgenden sollen die drei für den Einsatz in der Matrixorganisation wichtigsten Fallgruppen betrachtet werden: die Bestellung zum weisungsberechtigten Matrixmanager (→ Rn. 535 ff.), die Zuweisung zu einem bestimmten Matrixteam bzw. zu einer bestimmten Matrixzelle (→ Rn. 544 ff.) sowie der Wechsel der Matrixgesellschaft (→ Rn. 553 ff.). 534

b) Bestellung zum weisungsberechtigten Matrixmanager

Wenn Führungskräften die Leitung eines Matrixteams übertragen wird, stellt sich die Frage nach einer Versetzung sowohl für die Führungskraft selbst als auch für die unterstellten Arbeitnehmer. Das gilt vor allem dann, wenn Führungskräfte und Mitarbeiter unterschiedlichen Abteilungen bzw. Betrieben innerhalb der Matrix angehören und in der funktionalen Ordnung zusammengeführt werden. 535

Für die Arbeitnehmer in der jeweiligen funktionalen Linie oder in der dem Matrixmanager zugeordneten Betriebsabteilung wird es idR dabei bei einem Vorgesetztenwechsel 536

[1293] BAG 17. 6. 2008 – 1 ABR 38/07, DB 2008, 2771.
[1294] BAG 11. 12. 2007 – 1 ABR 73/06, NZA-RR 2008, 353.
[1295] BAG 17. 6. 2008 – 1 ABR 38/07, DB 2008, 2771.

bleiben, der keine Versetzung im Sinn des § 99 BetrVG darstellt.[1296] Die Übertragung des Weisungsrechts an einen neuen (betriebsfremden) Matrixmanager wird so regelmäßig keine Versetzung der unterstellten Arbeitnehmer, wenn dabei (wie in der funktionalen Führung der Matrixorganisation üblich) nur das fachliche Weisungsrecht übertragen wird und die Arbeitsbereiche der weisungsgebundenen Arbeitnehmer im Übrigen unverändert bleiben.[1297] Erhält die Führungskraft auch disziplinarische Weisungsrechte, ändert sich die Betrachtung unter Umständen bei betriebsfremden Matrixmanagern. Bei einer im Wesentlichen unverändert bleibenden Tätigkeit kann ein Vorgesetztenwechsel nur dann als Versetzung eingestuft werden, wenn damit ein spürbar anderes „Arbeitsregime" verbunden ist. Das setzt zumindest voraus, dass der neue Vorgesetzte erhebliche eigene disziplinarische Befugnisse hat, die er eigenverantwortlich wahrnehmen kann.[1298]

537 Soweit sich aber an der Verfolgung der arbeitstechnischen Ziele durch die betreffenden Arbeitnehmer unter der neuen Führung aus der Matrix nicht viel ändert, insbesondere diese weiter dem Vertragsarbeitgeber zugeschrieben werden, dann wird eine Versetzung eher auf der Seite der Führungskraft in Betracht zu ziehen sein. Bei unternehmensübergreifenden Matrixstrukturen kann allein die organisatorische Maßnahme der Bestellung eines Mitarbeiters zum Vorgesetzten zur Eingliederung des Vorgesetzten in den Betrieb bzw. zu einer Versetzung dorthin führen, dem die Mitarbeiter zugeordnet sind, die diese Führungskraft zu führen hat. Dies gilt jedenfalls dann, wenn der Führungskraft eine Arbeitsaufgabe im Konzern zugewiesen ist, die zumindest teilweise dem arbeitstechnischen Zweck, der in diesem Betrieb verfolgt wird, zu dienen bestimmt ist.[1299]

538 In dem Konzern P arbeitet die Leiterin IT Projekte. Sie hat ein Arbeitsverhältnis zur Produktions-GmbH und berichtet in ihrer Funktion an ihren funktionalen Vorgesetzten, den Leiter IT in derselben Gesellschaft und ist zuständig für die Einführung und Weiterentwicklung der IT-Infrastruktur in der Produktions-GmbH. Sie übernimmt für den Roll-Out eines konzernweiten IT Systems als Projektleiterin die Verantwortung für die Implementierung des IT Systems in allen deutschen Gesellschaften des Konzerns. Dazu wird ein Projektteam an sie berichten, das aus Arbeitnehmern der anderen Gesellschaften gebildet wird, unter anderem der „Marketing und Vertriebs-GmbH". Die Projektleiterin berichtet ihrerseits in dieser Rolle an den globalen Projektleiter in der Konzernobergesellschaft, der die weltweite Einführung des Systems steuert. Die Projektleiterin soll in dieser Rolle auch mit den Betriebsräten der deutschen Betriebe und Gesellschaften verhandeln und die Einhaltung der Beteiligungsrechte sicherstellen.

539 In dem Beispiel kommt die dritte Dimension innerhalb der Matrix zum Tragen. Über die bereits funktional aufgestellte Zuständigkeit für die IT Infrastruktur innerhalb des Konzerns wird eine anwendungsbezogene Projektmatrix gelegt, die sich temporär der Matrixfunktionen bedient, die funktionale Linie aber in Richtung einer temporären Projektleitung ablenkt.[1300] Mit Blick auf die personellen Maßnahmen iSd § 99 BetrVG ergibt sich dabei folgendes:

540 Für den Betriebsrat der Produktions-GmbH ist die Übernahme der Projektleitung eine Versetzung der Projektleiterin IT nach § 95 Abs. 3 BetrVG, für die seine Zustimmung nach § 99 Abs. 1 BetrVG einzuholen ist. Zwar ist ihre funktionale Unterstellung unter den globalen Projektleiter als **Wechsel des Fachvorgesetzten allein keine Versetzung**

[1296] BAG 10.4.1984 – 1 ABR 67/82, NZA 1984, 2233; *Maywald* Matrixorganisationen S. 161.
[1297] *Witschen* RdA 2016, 38 (47).
[1298] BAG 17.6.2008 – 1 ABR 38/07, DB 2008, 2771; ErfK/*Kania* BetrVG § 99 Rn. 14.
[1299] LAG BW 28.5.2014 – 4 TaBV 7/13, BB 2014, 2298; LAG Düsseldorf 20.12.2017 – 12 TaBV 66/17, NZA-RR 2018, 198.
[1300] Solche projektorientiert flexiblen Veränderungen einer Arbeitsstruktur sind auch Ausdruck sog. „agiler" Arbeitsorganisationen, die als einer der großen Organisationstrends in vielen Unternehmen anzutreffen sind.

iSd § 95 Abs. 3 BetrVG,[1301] die Übernahme der Führungsrolle für ein Projektteam aus Mitarbeitern anderer Gesellschaften kann aber eine Änderung der Arbeitsumstände darstellen. Die Einführung von IT Systemen in der „Marketing und Vertriebs-GmbH" gehörte bis dahin nicht zu den Aufgaben der Projektleiterin. Für den Betriebsrat spielt dabei aber keine Rolle, ob die Weisungsbefugnis der Projektleiterin gegenüber den Mitarbeitern der anderen Gesellschaften einerseits und ihre eigene Weisungsgebundenheit gegenüber dem globalen Projektleiter andererseits individualrechtlich zulässig sind.[1302]

Nach der Rechtsprechung des BAG kann der Betriebsrat seine Zustimmung zu einer personellen Maßnahme gem. § 99 Abs. 2 Nr. 1 BetrVG nur dann verweigern, wenn die Maßnahme selbst gegen ein Gesetz, einen Tarifvertrag oder eine sonstige Norm verstößt. Der Zweck einer betreffend verletzten Norm, die Aufnahme der Tätigkeit selbst zu verhindern, muss dann hinreichend deutlich zum Ausdruck kommen. Dazu genügt es nicht, dass einzelne Vertragsbedingungen des eingestellten oder übernommenen Arbeitnehmers rechtswidrig sind. Das Mitbestimmungsrecht des Betriebsrats bei Einstellungen ist kein Instrument zur umfassenden Vertragsinhaltskontrolle.[1303] 541

Der Betriebsrat der „Marketing und Vertriebs-GmbH" ist **bei der Übernahme der Projektleitung durch die Projektleiterin** einschließlich der Erteilung von Weisungen gegenüber Arbeitnehmern dieser Gesellschaft aber **nicht zu einer Einstellung** nach § 99 BetrVG zu beteiligen. Die Projektleiterin erteilt zwar Weisungen gegenüber Arbeitnehmern dieser Gesellschaft, sie ist ihrerseits aber zum einen gegenüber ihrem Vorgesetzten in der Produktions-GmbH weisungsgebunden, ferner gegenüber dem globalen Projektleiter in der Konzernobergesellschaft. Weisungsgebunden gegenüber dem „Marketing und Vertriebs-GmbH" ist sie nicht. Dies gilt auch, wenn man annimmt, dass die „Marketing und Vertriebs-GmbH" im gemeinsamen Interesse aller Konzerngesellschaften die Produktions-GmbH (als weisungsberechtigte Vertragsarbeitgeberin der Projektleiterin) ermächtigt hat, über die Projektleiterin auch Weisungsrechte gegenüber den eigenen Arbeitnehmern auszuüben. 542

Eine **Einstellung** iSd § 99 Abs. 1 BetrVG **läge vor,** wenn die **Projektleiterin** derart in die Arbeitsorganisation der „Marketing und Vertriebs-GmbH" **eingegliedert wird,** dass diese die für eine weisungsgebundene Tätigkeit typischen Entscheidungen (Zeit und Ort der Tätigkeit) zu treffen hat. Auf ein Arbeitsverhältnis kommt es dabei nicht zwingend an. Für eine Einstellung genügt aber nicht, dass die von der Projektleiterin durchzuführenden Aufgaben ihrer Art nach weisungsgebundene Tätigkeiten darstellen und im Zusammenwirken mit den im Betrieb schon beschäftigten Arbeitnehmern der Verwirklichung eines arbeitstechnischen Zwecks des Betriebs, hier der Einführung eines konzernweit genutzten IT-Systems, dienen. **Maßgeblich** ist, ob der **Betriebsinhaber die Personalhoheit** in Form der Entscheidungsbefugnis hinsichtlich Zeit und Ort der Tätigkeit besitzt.[1304] Zu einem anderen Ergebnis kann man an dieser Stelle aber kommen, wenn zwischen der Projektleiterin und der „Marketing und Vertriebs-GmbH" ein Arbeitsverhältnis geschlossen würde, aus dem ein Direktionsrecht entstünde.[1305] 543

c) Zuweisung zum Matrixteam

Sollen Arbeitnehmer **Aufgaben außerhalb ihres Stammbetriebs** übernehmen, führt diese Veränderung des Aufgabenprofils idR zu einer **Versetzung** iSd § 95 Abs. 3 BetrVG. Der Wechsel in einen Betrieb eines anderen Konzernunternehmens oder der Wechsel in eine andere funktionale Linie der Matrixstruktur wird üblicherweise in Zuordnungsakten 544

[1301] BAG 10.4.1984 – 1 ABR 67/82, NZA 1994, 233.
[1302] BAG 25.1.2005 – 1 ABR 61/03, NZA 2005, 1199; 21.7.2009 – 1 ABR 35/07, NZA 2009, 1156.
[1303] BAG 21.7.2009 – 1 ABR 35/07, NZA 2009, 1156.
[1304] BAG 13.12.2005 – 1 ABR 51/04, NZA 2006, 1369.
[1305] Vgl. *Witschen* RdA 2016, 38.

zu den fest gegliederten Funktionen erfolgen und daher das zeitliche Kriterium der Versetzung, die Dauer von mindestens einem Monat, überschreiten.

545 **Kürzere Einsätze** sind etwa im Rahmen von **Projekten** innerhalb der Matrixorganisation denkbar. Vor allem interne Aktivitäten innerhalb des Konzerns werden in der Matrixstruktur häufig über eine Projektorganisation abgebildet werden. Der Grund besteht darin, dass Aktivitäten der Konzernleitung, beispielsweise die Einführung neuer IT-Systeme für eine konzernweit harmonisierte Anwendung, ebenfalls in der funktionalen Organisation unter einer zentralen Projektleitung stattfinden. Sie bilden damit kleine temporäre zusätzliche Matrixzellen innerhalb der Organisation.

546 Die Mitarbeiter des Finanzcontrolling sind mit Arbeitsverhältnissen in den jeweiligen Gesellschaften beschäftigt. Sie berichten an den jeweiligen Leiter des Controlling der Matrixzelle und sind damit funktional an die Matrixmanager unter der Leitung der zentralen Matrixlinie in der Konzernleitung angebunden, um einheitliche Vorgehensweisen und Berichtwesen im Controlling sicherstellen. Für die Einführung, dh die Mitarbeit bei der Entwicklung der Anforderungen und bei der späteren Implementierung eines zentralen IT Systems für das Finanzwesen und Controlling, wird für eine veranschlagte Dauer von einem Jahr ein Projekt unter Leitung eines IT-Projektmanagers bei der Konzernleitung errichtet. Diesem werden weltweit ein bis zwei Mitarbeiter des Controlling in den einzelnen Matrixzellen zugeordnet. Für die Projektphase wird die Mitarbeit zwischen 50 % und 80 % der Tätigkeit ausmachen. Die Mitarbeiter sind auch angewiesen, den Weisungen des Projektleiters zu folgen.

547 Die **Einbindung** der Arbeitnehmer in solche zusätzlichen (Projekt-)Organisationen erfolgt idR dadurch, dass die zur harmonisierten Umsetzung jeweils lokal benötigten Kompetenzen zusammengefügt werden. Die betreffenden Arbeitnehmer werden sich also fachlich und mit Blick auf ihre Arbeitsinhalte im Rahmen ihrer üblichen Aufgaben und Anforderungen bewegen. Es tritt aber die fachliche Führung der Projektleitung hinzu.

548 Wird die **Mitarbeit in der temporären Projektstruktur zum Schwerpunkt der Arbeitstätigkeit** oder ändern sich die Arbeitsinhalte, liegt in der Zuweisung der Projektaufgaben eine nach § 99 BetrVG zustimmungspflichtige **Versetzung.** Ebenso findet eine nach § 99 BetrVG zustimmungspflichtige Versetzung statt, wenn durch die Zuweisung einer anderen Funktion oder Tätigkeit die Betriebszugehörigkeit zum Matrixbetrieb endet oder die Betriebszugehörigkeit zu einem anderen Matrixbetrieb begründet wird (→ Rn. 448).

549 Für den Betriebsrat des bisherigen Heimatbetriebes stellt das eine **Versetzung** dar, wenn die Betriebszugehörigkeit oder zumindest die arbeitsvertragliche Bindung an den Heimatbetrieb bzw. an die anstellende Matrixgesellschaft aufrechterhalten bleibt, etwa weil der Arbeitnehmer in den Betrieb eines anderen Konzernunternehmens entsandt wird.[1306]

550 Wechselt der Arbeitnehmer innerhalb der Matrixgesellschaft den Betrieb, ist dabei sowohl der **Betriebsrat des abgebenden als auch der Betriebsrat des aufnehmenden Betriebes zu beteiligen.** Aus der Sicht des abgebenden Betriebes handelt es sich um eine **Versetzung,** aus der des aufnehmenden Betriebes um eine **Einstellung.** Die Pflicht nach § 99 Abs. 1 BetrVG, eine Zustimmung des Betriebsrates im abgebenden Betrieb einzuholen, entfällt nur dann, wenn der Wechsel des Arbeitsplatzes dem Wunsch des Arbeitnehmers entspricht.

551 Hat also der Betriebsrat des abgebenden Betriebes bei einer Versetzung auch dann mitzubestimmen, wenn ein Arbeitnehmer auf Dauer in einen anderen Betrieb des Arbeitgebers versetzt werden soll, so entfällt dieses Mitbestimmungsrecht jedoch dann, wenn in Fällen der vorliegenden Art die Versetzung im Einverständnis des Arbeitnehmers im dargelegten Sinne erfolgt, weil in diesem Falle der Zweck dieses Mitbestimmungsrechts –

[1306] BAG 19.2.1991 – 1 ABR 36/90, NZA 1991, 565.

Schutz der verbleibenden Belegschaft – nicht erreicht werden kann und das Mitbestimmungsrecht daher im Ergebnis leerliefe[1307]. Die **Unterrichtungspflicht** gegenüber dem Betriebsrat bleibt aber auch in diesem Fall bestehen[1308]. Mit der Auflösung des Arbeitsvertrages zum abgebenden Betrieb und bisherigen Vertragsarbeitgeber bzw. der Vertragsübernahme durch eine andere Konzerngesellschaft wird die arbeitsvertragliche Bindung an den bisherigen Betrieb beendet, so dass mit einer Rückkehr des Arbeitnehmers in den Betrieb nicht mehr gerechnet wird.

Die **Zuweisung** von Arbeitnehmern zu Matrix- oder Projekteinheiten kann auch kurzfristiger erfolgen und die **Dauer von einem Monat unterschreiten.** Eine Versetzung kann dann nach § 95 Abs. 3 S. 1. 2. Alt. BetrVG vorliegen, wenn sich die **Arbeitsumstände erheblich ändern.** Eine erhebliche Änderung der Arbeitsumstände kann zum Beispiel dann vorliegen, wenn ein Arbeitnehmer aus einer normalen Arbeitsumgebung auf einen Arbeitsplatz mit starken äußeren Einflüssen (Hitze, Nässe, Lärm usw.) wechselt. Ob die Verpflichtung zur **Arbeitsleistung an einem anderen Ort** eine erhebliche Veränderung der Arbeitsumstände mit sich bringt, hängt unter anderem von der Entfernung und den Verkehrsverbindungen im Einzelfall ab[1309]. Ein auch kurzfristiger Einsatz in Ausland kann aber eine erhebliche Änderung der Arbeitsumstände bedeuten.

552

d) Wechsel der Matrixgesellschaft

Die Anordnung der Arbeitsverhältnisse in der Matrixorganisation strebt eine möglichst weitgehende Deckung der funktionalen Einheiten auf der Betriebsebene mit der (gesellschaftsrechtlichen) Einheit des Vertragsarbeitgebers an, um die Konflikte um das Auseinanderfallen von Weisungsrechten und Vertragsbindung möglichst klein zu halten. Daraus entstehen verschiedene arbeitsvertragliche Konstellationen für den Wechsel von Arbeitnehmern in andere Konzerngesellschaften, sei es dauerhaft bzw. zumindest ohne die fixierte Planung einer Rückkehr oder sei es temporär durch eine befristete Entsendung oder Übertritt in eine andere Konzerngesellschaft.

553

Die Wahl der arbeitsvertraglichen Abwicklung solcher Wechsel hat mit Blick auf die personellen Einzelmaßnahmen auch Auswirkungen auf die Beteiligung der betreffenden Betriebsratsgremien. Für eine **Abordnung oder Entsendung** eines Arbeitnehmers in ein anderes Konzernunternehmen wird der Betriebsrat der abgebenden Einheit zu einer Versetzung iSd § 95 Abs. 3 BetrVG zu unterrichten und seine Zustimmung nach § 99 Abs. 1 BetrVG einzuholen sein. In diesen Fällen wird auch meist die **Betriebszugehörigkeit** des Arbeitnehmers **erhalten** bleiben. Dafür ist die fortgesetzte Einbindung des Arbeitnehmers in den abgebenden Betrieb nötig. Die Beurteilung dessen erfolgt nach der Rechtsprechung[1310] unter Gesamtwürdigung aller Umstände wobei die vertragliche Bindung an den Arbeitgeber des abgebenden Betriebes, der Umfang dessen Weisungsrechts und ein arbeitgeberseitiges Rückrufrecht[1311] als Kriterien eine wichtige Rolle spielen.

554

Das gleiche gilt im Zusammenhang mit **agilen Organisationformen** und **Projektorganisationen,** die im kleinen Maßstab die Vorteile nutzen, die Matrixstrukturen auf der Ebene der Konzernorganisation erzeugen. Sie sind typisch für die Organisation der Arbeit in bestimmten Bereichen, etwa der Forschung und Entwicklung. Für solche Aufgabenbereiche setzen Unternehmen typischerweise verschiedene Disziplinen und Fachrichtungen von Arbeitnehmern zu interdisziplinären Kompetenzteams zusammen. Die Aufgabenstellungen sind vergleichbar mit denen einer Abteilung innerhalb einer mehr statischen Organisation. Die Führung der Teams erfolgt typischerweise nicht aus der

555

[1307] BAG 20. 9. 1990 – 1 ABR 37/90, NZA 1991, 195.
[1308] ErfK/*Kania* BetrVG § 99 Rn. 15.
[1309] *Fitting* § 99 Rn. 146.
[1310] BAG 22. 3. 2000 – 7 ABR 34/98, NZA 2000, 1119.
[1311] BAG 7. 12. 1989 – 2 AZR 228/89, NZA 1990, 658; zum Auslandseinsatz ErfK/*Koch* BetrVG § 1 Rn. 4.

Hierarchie, sondern aus einer Matrixfunktion. Bei der Zuweisung sowie dem Wechsel solcher Teams ist aber für die betreffenden Arbeitnehmer zu prüfen, ob sie im Rahmen ihrer regelmäßigen Arbeitsaufgabe einem neuen Projekt, einer neuen Entwicklungs- oder Forschungsaufgabe zugewiesen werden. In diesen Fällen wäre der Vorgang vergleichbar mit dem Vorgesetztenwechsel auf der Seite der fachlichen Führung. In anderen Fällen gelten die Grundsätze zum Matrixteam (→ Rn. 544).

VII. Zuständiges Betriebsratsgremium im Matrixkonzern

1. Grundsätze

556 Das Interesse an weitgehender Harmonisierung der Arbeits- und Beschäftigungsbedingungen und den Personalinstrumenten, deren Einführung und Verwendung vor allen die Mitbestimmungsrechte in den sozialen Angelegenheiten berührt, lässt matrixorganisierte Konzerne häufig auf **standardisierte Prozesse** und dazugehörige einheitliche (oder gemeinsame) IT Infrastruktur und Umgebung zurückgreifen. Personalprozesse, insbesondere um die Leistungskontrolle und sog. Benefits, Total Rewards und Compensation sowie Zielvereinbarungen und Entwicklung werden daher regelmäßig **so harmonisiert aufgesetzt,** dass sich im Rahmen der Mitbestimmung die **Frage nach der zuständigen Vertretungsebene** auf Betriebsratsseite stellt.

a) Zuständigkeit des Betriebsrats der Anstellungs-Matrixgesellschaft

557 Die Zuständigkeit des Betriebsrates der anstellenden Matrixgesellschaft ist für die Angehörigen des jeweiligen Betriebes grundsätzlich umfassend und betrifft insofern die Arbeitnehmer mit Arbeitsverhältnis zum jeweiligen Betriebsinhaber. Das gilt auch bei den regelmäßig unternehmensübergreifenden Einsätzen der Arbeitnehmer in der Matrixorganisation. Die Kompetenz des Betriebsrats ist gegenständlich auf die **dem jeweiligen Betriebsinhaber zukommenden Befugnisse** bezogen[1312].

558 Auch im Fall der doppelten Betriebszugehörigkeit kann die Abgrenzung der Zuständigkeit(en) des Betriebsrates kompetenzbezogen erfolgen. Eine am Regelungsgegenstand orientierte Abgrenzung der Kompetenzen der Betriebsräte nach der Kompetenz des jeweiligen Betriebsinhabers stellt sicher, dass eine konkurrierende Zuständigkeit verschiedener Betriebsräte insoweit ausgeschlossen ist, als Gegenstand der Beteiligungsrechte nicht das **Arbeitsverhältnis als Verpflichtungsgrund** ist. Ausgehend von § 311 Abs. 1 BGB sind für rechtsverbindliche Einwirkungen auf das Arbeitsverhältnis allein dessen Parteien zuständig. Auf Arbeitgeberseite ist dies der Vertragsarbeitgeber – in der Matrixorganisation die Anstellungsgesellschaft.

559 Wenn der Vertragsarbeitgeber die auf das Arbeitsverhältnis bezogenen disziplinarischen Befugnisse – anders als die Wahrnehmung des Weisungsrechts – betriebsfremden Matrixmanagern nicht überlässt, besteht insoweit auch ausschließlich eine Einwirkungsmöglichkeit des Betriebsrats bei der Anstellungsgesellschaft.

b) Zuständigkeit des Gesamtbetriebsrats und Konzernbetriebsrats

560 Die Zuständigkeiten des Gesamtbetriebsrates und des Konzernbetriebsrates hängen von der Notwendigkeit einer **überbetrieblichen Regelung** des jeweiligen Gegenstandes ab. Ist der Gesamtbetriebsrat originär zuständig, tritt er mit der Befugnis zur Wahrnehmung der Mitbestimmungsrechte an die Stelle des Betriebsrates. Das ist der Fall, wenn Angelegenheiten zu behandeln sind, die das Gesamtunternehmen oder mehrere Betriebe betref-

---

[1312] Vgl. zur vergleichbaren Rechtslage bei Arbeitnehmerüberlassung BAG 7. 6. 2016 – 1 ABR 25/14, NZA 2016, 1420; 26. 1. 2016 – 1 ABR 68/13, NZA 2016, 498; 19. 6. 2001 – 1 ABR 43/00, NZA 2001, 1263; Hromadka/Maschmann ArbR Bd. 2 § 16 Rn. 531; Thüsing/*Thüsing* AÜG § 14 Rn. 100.

fen und die nicht durch die einzelnen Betriebsräte innerhalb ihrer Betriebe geregelt werden können. Beide Voraussetzungen müssen kumulativ vorliegen[1313].

Eine überbetriebliche Regelungsfrage liegt vor, wenn **mindestens zwei Betriebe des Unternehmens** betroffen sind. Nicht erforderlich ist, dass alle Betriebe betroffen sind. Eine Zuständigkeit des Gesamtbetriebsrats gibt es nur dort, wo dem Arbeitgeber und dem Betriebsrat eine Regelungsbefugnis eröffnet ist. Dies folgt aus dem Wortlaut des § 50 Abs. 1 S. 1 BetrVG. So obliegt die Wahrnehmung des Überwachungsrechts aus § 80 Abs. 1 S. 1 BetrVG allein dem örtlichen Betriebsrat[1314]. 561

Ein **zwingendes Erfordernis** für eine unternehmensübergreifende Regelung in sozialen Angelegenheiten kann sich im Allgemeinen aus **produktionstechnischen Notwendigkeiten** ergeben, wenn ohne eine einheitliche Regelung technische Störungen eintreten würden, die unangemessene betriebliche oder wirtschaftliche Auswirkungen hätten[1315]. Solche produktionstechnischen Verknüpfungen können im matrixorganisierten Konzern insbesondere vorzufinden sein, wenn eine unternehmensübergreifende Zusammenarbeit der in der Matrixzelle verbundenen arbeitstechnischen (Teil-)Einheiten der Konzernunternehmen stattfindet. 562

So ist etwa der Konzernbetriebsrat für Regelungen über Beginn und Ende der **Arbeitszeit** nach § 87 Abs. 1 Nr. 2 BetrVG zuständig, wenn die arbeitstechnischen Abläufe der arbeitstechnischen (Teil-)Einheiten der Konzernunternehmen so eng miteinander verknüpft sind, dass nur eine einheitliche Regelung in Betracht kommt, weil andernfalls untragbare technische Störungen zu befürchten wären[1316]. Dasselbe gilt, wenn die Arbeitsabläufe der arbeitstechnischen (Teil-)Einheiten der Konzernunternehmen bei der unternehmensübergreifenden Zusammenarbeit zeitlich derart miteinander verknüpft und voneinander abhängig sind, dass es ohne eine unternehmensübergreifende Regelung und Koordinierung zu unzumutbaren Störungen bei der Leistungserstellung käme (→ Rn. 574 ff.).[1317] Im Einzelfall kann sogar bei der Aufstellung von **Urlaubsplänen** nach § 87 Abs. 1 Nr. 5 BetrVG die Zuständigkeit des Konzernbetriebsrats begründet sein. Dies ist anzunehmen, wenn die Verflechtung der Arbeitsabläufe unter der Leitung der Matrixmanager so eng ist, dass eine Abstimmung der Urlaubspläne zur Vermeidung von produktionstechnischen Störungen in den kooperierenden arbeitstechnischen (Teil-)Einheiten der Konzernunternehmen zwingend erforderlich ist[1318]. Auch bei der Einführung und Anwendung von **technischen Kontrolleinrichtungen** nach § 87 Abs. 1 Nr. 6 BetrVG kann sich aus der unternehmensübergreifenden Zusammenarbeit und Arbeitsteilung in der Matrixzelle eine technische Notwendigkeit für eine unternehmensübergreifende Regelung ergeben (→ Rn. 577 ff.). Dies gilt etwa, wenn bei der Anwendung der technischen Kontrolleinrichtung in den Betrieben mehrerer Konzernunternehmen Daten erhoben und verarbeitet werden, die aufgrund der unternehmensübergreifenden Verknüpfung der Arbeitsabläufe auch in den Betrieben der anderen Konzernunternehmen verwendet werden müssen.[1319] Bei **Vergütungsfragen** iSd § 87 Abs. 1 Nr. 10 BetrVG kann der Konzernbetriebsrat zuständig sein, wenn die Arbeitnehmer verschiedener Konzernunternehmen von der Konzernmutter eine erfolgsab- 563

[1313] BAG 26.1.1993 – 1 AZR 303/92, NZA 1993, 714; 14.12.1999 – 1 ABR 27/98, NZA 2000, 98.
[1314] BAG 16.8.2011 – 1 ABR 22/10, NZA 2012, 342; zur Einhaltung der Schwerbehindertenquoten s. LAG Nürnberg 18.8.2016 – 1 TaBV 2/16, BeckRS 2016, 116549.
[1315] BAG 9.12.2003 – 1 ABR 49/12, NZA 2005, 234; 19.6.2012 – 1 ABR 19/11, NZA 2012, 1237; *Fitting* § 50 Rn. 22 iVm § 58 Rn. 10.
[1316] BAG 23.9.1975 – 1 ABR 122/73, AP BetrVG 1972 § 50 Nr. 1; allgemein hierzu Richardi BetrVG/ *Annuß* § 58 Rn. 5 iVm § 50 Rn. 21; *Fitting* § 58 Rn. 10 und § 50 Rn. 38.
[1317] BAG 9.12.2003 – 1 ABR 49/12, NZA 2005, 234; allgemein hierzu *Fitting* § 58 Rn. 10 und § 50 Rn. 38.
[1318] Vgl. allgemein *Fitting* § 58 Rn. 10 iVm § 50 Rn. 40.
[1319] Vgl. allgemein BAG 14.11.2006 – 1 ABR 4/06, NZA 2007, 399; *Fitting* § 58 Rn. 10 und § 50 Rn. 41; *Christoffer* BB 2008, 951 (952).

hängige Vergütung erhalten, die von den Matrixmanagern nach einem einheitlichen Bonussystem verteilt werden soll (→ Rn. 585 ff.).[1320]

564 Die Zuständigkeit des Konzernbetriebsrats ist bei **internationalen Strukturen** aber nicht ausreichend, um auf Entscheidungen der Konzernleitung oder der Matrixmanager Einfluss zu nehmen. Der **territoriale Geltungsbereich** des Betriebsverfassungsgesetzes beschränkt die Bildung von Betriebsräten und die Ausübung ihrer Mitbestimmung auf **Betriebe im Inland.** Hat die **Konzernmutter ihren Sitz im Ausland,** also selbst keinen inländischen Betrieb, **kann** der **Konzernbetriebsrat** (wie auch die anderen Betriebsratsgremien) **nicht direkt mitbestimmen.** Dem Konzernbetriebsrat steht nicht, wie in rein nationalen Konzernen, ein Ansprechpartner im Sinne einer Konzernleitung zur Verfügung. Dennoch kann der Konzernbetriebsrat ein **pragmatischer Ansprechpartner für die Matrixleitungsfunktionen sein,** wenn es darum geht, Entscheidungen aus dem Matrixmanagement entlang der funktionalen Führungslinie des Matrixmanagers mehreren Betrieben im Inland zu implementieren[1321].

2. Mitbestimmungsrechte in sozialen Angelegenheiten (§ 87 BetrVG)

565 Die Mitbestimmung in den sozialen Angelegenheiten erfasst in erster Linie die § 87 BetrVG aufgeführten Arbeits- und Beschäftigungsbedingungen, wobei vor allem die Aspekte der Ausgestaltung der Beschäftigungsbedingungen, wie die Entlohnungsgrundsätze (§ 87 Abs. 1 Nr. 10 BetrVG) die leistungsabhängige Entlohnung (§ 87 Abs. 1 Nr. 11 BetrVG), Fragen der Arbeitszeit im Betrieb (Nr. 2, 3) sowie der betrieblichen Ordnung (Nr. 1) von Bedeutung sind.

566 Der Betriebsrat hat in den sozialen Angelegenheiten des § 87 BetrVG seine stärksten Beteiligungsrechte. Einige Gegenstände aus dem Katalog des § 87 BetrVG betreffen Arbeitsbedingungen und Gegenstände, bezüglich derer in Matrixorganisationen typischerweise ein starkes Interesse an einer Harmonisierung besteht. Da die Führungsstrukturen aus dem Matrixmanagement eine Vielzahl von Betrieben (und Unternehmen) überspannen, sind vor allem die für die Führung der Arbeitnehmer relevanten Personalinstrumente in der Regel soweit harmonisiert und aufeinander abgestimmt, dass die Matrixmanager die Angelegenheiten der Arbeitnehmer in den nachgeordneten Organisationen möglichst schematisch behandeln können. Die Beteiligung des Betriebsrates hängt dabei von der konkreten Ausgestaltung ab. Im Folgenden sollen daher die typischen Fragen, die Arbeitgeber und Arbeitnehmervertretung diskutieren müssen, erörtert werden.

a) Veränderung der Arbeitsabläufe: Ordnungs- oder Arbeitsverhalten

567 Die Ausrichtung einer im Betrieb wahrgenommenen Funktion, zum Beispiel die des Einkaufs, Marketingmaßnahmen oder die Zurverfügungstellung von Servicedienstleistungen für Kunden einerseits oder die technische Weiterentwicklung von Produktionsverfahren und Produktentwicklung andererseits werden im Zuge einer Matrixorganisation typischerweise Matrixzellen zugeordnet. Damit werden derartige Funktionen stärker an den Interessen und dem Bedarf des Matrixmanagers ausgerichtet und idR arbeitsteilig mit entsprechenden Einheiten in anderen Betrieben und Konzernunternehmen organisiert. So können beispielsweise Marketingmaßnahmen zu einem Teil generalisiert für einen Konzern vorbereitet werden und über die nationale Matrixeinheit „nur" noch für die dortigen Kunden- und Zielgruppen lokalisiert werden. Das kann damit einhergehen, dass Arbeitsabläufe und Aufgabenspektren in den Betrieben sich verändern und aufgeteilt werden und in der Folge immer wieder verändert werden.

568 Nach § 87 Abs. 1 Nr. 1 BetrVG ist der Betriebsrat bei der Gestaltung der Ordnung des Betriebs durch die Schaffung allgemeingültiger, verbindlicher Verhaltensregeln zu beteili-

---

[1320] *Bauer/Herzberg* NZA 2011, 713 (718); *Reinhard/Kettering* ArbRB 2014, 87 (89 f.).
[1321] *Berger* Matrixkonzern S. 168.

gen sowie bei allen Maßnahmen, durch die das Verhalten des Arbeitnehmers beeinflusst werden soll, um die vorgegebene betriebliche Ordnung zu gewährleisten.[1322]

Solche Vorschriften können in matrixorganisierten Betrieben im Interesse bestimmter Matrixmanager mit Verantwortung für einzelne Abteilungen oder Arbeitnehmer des Betriebes sein, ohne für den ganzen Betrieb relevant zu sein. Dazu zählen beispielsweise Vorschriften über eine bestimmte Arbeitskleidung[1323]. Nach Auffassung des BAG erfasst § 87 Abs. 1 Nr. 1 auch Verhaltensanweisungen, die sich auf *Tätigkeiten in einem Kundenbetrieb* beziehen[1324]. 569

Für die Internetnutzung kann ein Mitbestimmungsrecht gemäß § 87 Abs. 1 Nr. 1 unter der Voraussetzung bestehen, dass der Arbeitgeber bzw. der Matrixmanager die Möglichkeit der Privatnutzung erlaubt; mitbestimmt sind dann die näheren Modalitäten der erlaubten Nutzung[1325]. Das gilt auch in Bezug auf die Nutzung sozialer Netzwerke[1326]. 570

Das mitbestimmte **Ordnungsverhalten** ist vom mitbestimmungsfreien **Arbeitsverhalten** zu trennen. Das Arbeitsverhalten ist betroffen, wenn der Arbeitgeber durch die Ausübung seines Direktionsrechts näher bestimmt, welche Arbeiten wie auszuführen sind. Zum *nicht mitbestimmungspflichtigen Arbeitsverhalten* zählen alle Maßnahmen, die sich auf die arbeitsvertragliche Leistungsverpflichtung der Arbeitnehmer beziehen und keinen Bezug zur betrieblichen Ordnung haben. Der Arbeitgeber kann mitbestimmungsfrei Anordnungen treffen, die unmittelbar die Arbeitspflicht konkretisieren, also etwa Weisungen erteilen, welche Arbeitsabläufe und -schritte in einer bestimmten Zeit und in einer gewissen Weise zu erledigen sind. Beispiele hierfür sind etwa Arbeitsanweisungen, die Weisung an einen Krankenpfleger, an Arzneimittelprüfungen teilzunehmen[1327] oder die Anordnungen über die Führung und Ablieferung arbeitsbegleitender Papiere und Tätigkeitsberichte.[1328] Im Betrieb innerhalb der Matrixorganisation kann die fachliche Weisungsgebung zum Arbeitsverhalten ohne weitere Auswirkung auf die Frage der Mitbestimmung dem Matrixmanager zufallen. 571

b) Verhaltensrichtlinien

Für die Steuerung einer Matrixorganisation, in der die beteiligten Konzernunternehmen und Betriebe vielschichtig in einer neben dem gesellschaftsrechtlichen Gefüge stehenden, funktionalen Leitungsordnung zusammenwirken, gibt es praxisrelevante Gegenstände mit übergeordnetem Regelungsbedarf. Dazu gehören vor allem die Aufstellung von Compliance Systemen, **Business Ethik Richtlinien (Code of conduct), die Einrichtung sog. Speak-Up-Lines oder Anlaufstellen für Whistleblower.** Das BAG[1329] erkennt für die Einführung dieser Systeme weitgehend die **originäre Zuständigkeit** des **Konzernbetriebsrates** und damit ein besonderes Interesse an einer harmonisierten und übergreifenden Regelung an. Der sog. Honeywell-Entscheidung des Bundesarbeitsgerichts aus dem Jahr 2008 lag zugrunde, dass die US-amerikanische Konzernmutter aufgrund ihrer so lautenden Verpflichtung aus dem amerikanischen Sarbanes-Oxley-Act einen Verhaltenskodex für alle Mitarbeiter aufstellte. Der Konzernbetriebsrat ist für die Wahrnehmung des Mitbestimmungsrechts nach § 87 Abs. 1 Nr. 1 BetrVG zuständig, wenn durch eine Verhaltensregel für den gesamten Konzern eine **konzerneinheitliche „Unternehmensphilosophie"** umgesetzt und für ein „ethisch-moralisch einheitliches Erscheinungsbild" und 572

[1322] BAG 24.3.1981 – 1 ABR 32/78, AP BetrVG 1972 § 87 Arbeitssicherheit Nr. 2.
[1323] BAG 17.1.2012 – 1 ABR 45/10, NZA 2012, 687; 30.9.2014 – 1 ABR 1083/12, NZA 2015, 121.
[1324] BAG 27.1.2004 – 1 ABR 7/03, NZA 2004, 556.
[1325] Zum Diensttelefon LAG Nürnberg 29.1.1987 – 5 TaBV/4/86, NZA 1987, 572; ErfK/*Kania* BetrVG § 87 Rn. 19.
[1326] *Oberwetter* NJW 2011, 417.
[1327] BAG 10.3.1998 – 1 AZR 509/97, AP ArbGG 1979 § 84 Nr. 5.
[1328] BAG 24.11.1987 – 1 ABR 108/79, AP BetrVG 1972 § 87 Ordnung des Betriebes Nr. 3.
[1329] BAG 22.7.2008 – 1 ABR 40/07, NZA 2008, 1248; 17.5.2011 – 1 ABR 121/09, NZA 2012, 112.

eine konzernweite Identität gesorgt werden soll.[1330] Soweit Verhaltensregeln oder Compliance Instrumente nicht in die originäre Zuständigkeit des Konzernbetriebsrates fallen, ist eine Wahrnehmung der Mitbestimmungsrechte auf dieser Ebene aber durch entsprechende Delegation durch die lokalen Betriebsräte anzustreben. Denn für diese Regeln wird in der **Praxis ein starkes Interesse an gleichlautenden Regeln** bestehen, wenn Führungskräfte und Arbeitnehmer organisationüberspannend zusammenarbeiten und Weisungen in der funktionalen Ordnung aus der Sphäre verschiedener Konzernunternehmen kommen können.

573 Gegenstand des Mitbestimmungsrechts ist dabei das betriebliche Zusammenleben und Zusammenwirken der einzelnen Arbeitnehmer[1331]. Sind Konzernmitarbeiter im Rahmen ihrer Tätigkeit in der Matrix in die betriebliche Organisation der Einsatzbetriebe eingegliedert und unterliegen sie somit dem arbeitsbezogenen Weisungsrecht dieser Konzerngesellschaft, gelten für sie gleichermaßen die allgemeinen, die betriebliche Ordnung betreffenden Verhaltensregeln dieses Betriebs wie etwa Torkontrollen oder Vorgaben hinsichtlich der Internetnutzung.[1332] Dies rechtfertigt es, die Zuständigkeit des Betriebsrats des Einsatzbetriebes für überlassene Konzernmitarbeiter in Bezug auf § 87 I Nr. 1 BetrVG zu bejahen.[1333]

c) Regelungen zur Arbeitszeit (§ 87 Abs. 1 Nr. 2, Nr. 3 BetrVG)

574 Bei den betrieblichen Regelungen zu Verteilung sowie **Beginn und Ende der Arbeitszeit** oder ihre **vorübergehende Änderung** handelt es sich um typische betriebsbezogene Regelungsgegenstände, deren Mitbestimmungstatbestände die Zuständigkeit der **lokalen Betriebsräte** begründen. Zweck der Mitbestimmung ist, die Interessen der Arbeitnehmer an der Lage ihrer Arbeitszeit und damit zugleich ihrer Freizeit für die Gestaltung des Privatlebens zur Geltung zu bringen.[1334] Bei einer **engen Verzahnung der Arbeitsabläufe** kann eine Zuständigkeit des **Gesamtbetriebsrates** gegeben sein.[1335] Eine solche technische Verknüpfung der Arbeitsabläufe ist aber nicht schon dann anzunehmen, wenn aufgrund eines betriebsübergreifenden Personaleinsatzes oder einer engen Zusammenarbeit über die Betriebsgrenzen hinweg eine einheitliche Regelung praktisch sinnvoll wäre.[1336] Vielmehr müssen die Abläufe der arbeitstechnischen (Teil-)Einheiten der Betriebe so eng miteinander verknüpft sein, dass nur eine einheitliche Regelung in Betracht kommt, weil andernfalls untragbare technische Störungen zu befürchten wären.[1337]

575 Das *BAG* geht davon aus, dass der **Betriebsrat des Einsatzbetriebs** im Rahmen einer **konzerninternen Überlassung** diesen Mitbestimmungstatbestand auch für überlassene Arbeitnehmer wahrzunehmen hat[1338]. Soweit sich das vom verleihenden Unternehmen übertragene Direktionsrecht auf Beginn und Ende der täglichen Arbeitszeit sowie auf deren Verteilung bezieht, sind entsprechende Maßnahmen von der Zustimmung des Betriebsrats des Einsatzbetriebs abhängig.[1339]

576 Eine **umfassende Zuständigkeit des Betriebsrats** des **Einsatzbetriebs** für sämtliche arbeitszeitbezogene Angelegenheiten **lehnt das *BAG* aber ab**.[1340] Die Beteiligung zu den Fragen der vorübergehenden Verlängerung (insbesondere Mehrarbeit) oder Verkür-

---

[1330] *Fitting* § 58 Rn. 12.
[1331] BAG 22.7.2008 – 1 ABR 40/07, NZA 2008, 1248.
[1332] *Schüren*/*Hamann*/*Hamann* AÜG § 14 Rn. 247.
[1333] *Schüren*/*Hamann*/*Hamann* AÜG § 14 Rn. 247.
[1334] *BAG* 15.12.1992 – 1 ABR 38/92, NZA 1993, 513.
[1335] BAG 23.9.1975 – 1 ABR 122/73, AP BetrVG 1972 § 50 Nr. 1.
[1336] Vgl. BAG 9.12.2003 – 1 ABR 49/02, NZA 2005, 234.
[1337] BAG 23.9.1975 – 1 ABR 122/73, AP BetrVG 1972 § 50 Nr. 1; allgemein hierzu Richardi BetrVG/*Annuß* § 58 Rn. 5 iVm § 50 Rn. 21; *Fitting* § 58 Rn. 10 und § 50 Rn. 38.
[1338] BAG 15.12.1992 – 1 ABR 38/92, NZA 1993, 513.
[1339] BAG 15.12.1992 – 1 ABR 38/92, NZA 1993, 513; *Lambrich*/*Schwab* NZA-RR 2013, 169.
[1340] BAG 19.6.2001 – 1 ABR 43/00, NZA 2001, 1263.

zung der werktäglichen Arbeitszeit nach § 87 Abs. 1 Nr. 3 BetrVG muss der Betriebsrat beim Vertragsarbeitgeber mitbestimmen. Das gilt auch, wenn auf Grund der Entsendeentscheidung oder Zuweisung zu einem Projekt oder Matrixteam eines anderen Betriebes feststeht, dass sich die vertraglich geschuldete Arbeitszeit des überlassenen Konzernmitarbeiters wegen einer davon abweichenden betriebsüblichen Arbeitszeit im Einsatzbetrieb vorübergehend verlängert oder verkürzt[1341].

d) Datenverarbeitung und Überwachung durch technische Einrichtungen (§ 87 Abs. 1 Nr. 6 BetrVG)

In matrixorganisierten Konzernen besteht vor allem in den Systemen zur Administration, aber auch zur Steuerung vieler Prozesse ein großes Bedürfnis an einheitlichen Betriebsprozessen bzw. sogar einheitlichen betriebenen **IT-Systemen.** Das gilt insbesondere für die Personaladministration und Personalinformationssysteme, weil der übergreifende Einsatz und Austausch von Personal so geplant werden kann. Es gilt ebenso für das Finanzwesen, weil die Verantwortung und Planung der Budgets, auch wenn sie letztlich auf Unternehmensebene kontrolliert und berichtet werden, regelmäßig in der funktionalen Linie der Matrixmanager (bzw. innerhalb der Matrixzellen) erfolgt. 577

Das Beteiligungsrecht nach § 87 Abs. 1 Nr. 6 BetrVG dient insbesondere auch dem **Persönlichkeitsschutz.** Von technischen Einrichtungen, die dazu bestimmt sind, das Verhalten oder die Leistung der Arbeitnehmer zu überwachen, sind auf Grund ihrer tatsächlichen Eingliederung in den Betrieb einer Konzerngesellschaft auch überlassene Arbeitnehmer anderer Konzerngesellschaften betroffen, so dass der im Einsatzbetrieb gebildete Betriebsrat auch im Hinblick auf diese Mitarbeitergruppe die Mitbestimmungsrechte wahrnehmen kann.[1342] 578

Der **Konzernbetriebsrat** ist für die Mitbestimmung bei der Nutzung einer Personalverwaltungssoftware zuständig, wenn damit individualisierte Verhaltens- oder Leistungsdaten von Arbeitnehmern aus unterschiedlichen Konzernunternehmen erhoben und verarbeitet werden können.[1343] Das BAG hat für die Einführung eines SAP Personalinformationssystems angenommen, es handele sich um eine ein Konzernunternehmen betreffende Angelegenheit, da die für die **Personalverwaltung zuständige Konzerngesellschaft für die Mehrzahl der konzernangehörigen Unternehmen tätig ist.** Außerdem bestehe auch ein zwingendes Erfordernis für eine unternehmensübergreifende Regelung. Diese ergäbe sich aus der **zentralen Nutzungs- und Überwachungsmöglichkeit** für die zuständige Gesellschaft der konzernweit erhobenen Leistungs- und Verhaltensdaten der Konzernarbeitnehmer. Dementsprechend kann die zentrale Nutzungs- und Überwachungsmöglichkeit weder durch die Einzelbetriebsräte noch durch den Betriebsrat des personalverwaltenden Betriebs geregelt werden.[1344] Ob in diesem Zusammenhang auch die datenschutzrechtlichen Regelungen zwischen Arbeitnehmervertretungen und Arbeitgeber auf der Ebene des Konzernbetriebsrates zu regeln sind, lässt das BAG allerdings noch offen. 579

Der **Bedarf einer unternehmenseinheitlichen Regelung** wird in der Rechtsprechung des BAG auch dann als Begründung **für eine übergeordnete Zuständigkeit** (des Gesamtbetriebsrats oder Konzernbetriebsrates) akzeptiert, wenn im Wege der elektronischen Datenverarbeitung in mehreren Betriebe Daten erhoben und verarbeitet werden, die auch zur Verwendung in mehreren Betrieben bestimmt sind.[1345] 580

Die Mitbestimmung nach § 87 Abs. 1 Nr. 6 BetrVG bei der Einführung eines elektronischen Datenverarbeitungssystems, das zur Verhaltens- und Leistungskontrolle bestimmt 581

[1341] Vgl. BAG 19.6.2001 – 1 ABR 43/00, NZA 2001, 1263; *Lambrich/Schwab* NZA-RR 2013, 169.
[1342] Schüren/Hamann/*Hamann* AÜG § 14 Rn. 272; *Thüsing* AÜG § 14 Rn. 126 mwN.
[1343] BAG 25.9.2012 – 1 ABR 45/11, NZA 2013, 275.
[1344] BAG 25.9.2012 – 1 ABR 45/11, NZA 2013, 275.
[1345] BAG 14.11.2006 – 1 ABR 4/06, NZA 2007, 399.

ist, obliegt nach Rechtsprechung des BAG[1346] gemäß § 50 Abs. 1 S. 1 BetrVG dem **Gesamtbetriebsrat,** wenn das **System betriebsübergreifend** eingeführt werden soll und eine unterschiedliche Ausgestaltung in den einzelnen Betrieben mit der einheitlichen Funktion des Systems nicht vereinbar wäre.

582   Die Entscheidung erging zwar zur Zuständigkeit des **Gesamtbetriebsrates.** Die Grundsätze sind aber auf den Konzernbetriebsrat übertragbar. Darin wurde auch die einheitliche Behandlung der sich aus einem einheitlichen IT System ergebenen Anwendungsfragen bekräftigt. Die nach § 50 Abs. 1 S. 1 BetrVG begründete originäre Zuständigkeit des Gesamtbetriebsrats zur Regelung einer mitbestimmungspflichtigen Angelegenheit sei nicht auf eine Rahmenkompetenz beschränkt. Eine einheitliche mitbestimmungspflichtige Angelegenheit könne nicht aufgespalten werden in Teile, die in die Zuständigkeit des Gesamtbetriebsrats fallen, und solche, für welche die örtlichen Betriebsräte zuständig sind.[1347] Die Zuständigkeit des Gesamtbetriebsrats nach § 50 Abs. 1 S. 1 BetrVG setzt voraus, dass es sich um eine mehrere Betriebe betreffende Angelegenheit handelt und **objektiv ein zwingendes Erfordernis für eine unternehmenseinheitliche oder betriebsübergreifende Regelung** besteht. Das Erfordernis kann sich aus technischen oder rechtlichen Gründen ergeben.

583   Eine **technische Notwendigkeit** für eine betriebsübergreifende Regelung kann vorliegen, wenn der Arbeitgeber für mehrere Betriebe ein **einheitliches elektronisches Datenverarbeitungssystem** einführen will, das die Verwendung eines einheitlichen Programms, einheitlicher Formate und einheitlicher Eingabemasken erfordert.

584   Die Zuständigkeit des Gesamt- oder Konzernbetriebsrat erhält nach diesen Grundsätzen zunehmende Relevanz, da sich Datenverarbeitungssysteme auch im Bereich der Personal- und Finanzverwaltung von Unternehmen, ebenso in der Betriebssteuerung mehr und mehr sog. **Cloud-Technologien** bedienen, dh einzelne Betriebe und Unternehmen nur noch mit notwendigerweise einheitlichen Zugängen an ein zentral vom Unternehmen, Konzern oder auch einem Dienstleister vorgehaltenen System angekoppelt werden.

e) Entgeltgrundsätze und Anreizsysteme (§ 87 Abs. 1 Nr. 10 BetrVG)

585   Bei der Aufstellung von **Vergütungssystemen,** soweit sie nicht aus der Anwendung eines Tarifvertrages heraus bestehen, besteht ein weitgehendes Mitbestimmungsrecht des Betriebsrats. Der Arbeitgeber kann grundsätzlich unternehmerisch frei entscheiden, für welchen Personenkreis er Leistungen erbringt und ob der spezifische betriebliche entgeltwerte Leistungen überhaupt erbringt[1348].

586   Nach § 87 Abs. 1 Nr. 10 BetrVG hat der Betriebsrat bei Fragen der betrieblichen Lohngestaltung mitzubestimmen, insbesondere bei der Aufstellung von **Entlohnungsgrundsätzen** und der **Einführung und Anwendung neuer Entlohnungsmethoden** sowie bei deren Änderung. Zweck des Mitbestimmungsrechts ist, das betriebliche **Lohngefüge angemessen und transparent zu gestalten** und die betriebliche Lohn- und Verteilungsgerechtigkeit zu wahren. Gegenstand des Mitbestimmungsrechts ist dabei zwar nicht die konkrete Höhe des Arbeitsentgelts, mitbestimmungspflichtig sind aber die Strukturformen des Entgelts einschließlich ihrer näheren Vollzugsformen. Mitbestimmungspflichtig ist auch die Änderung bestehender Entlohnungsgrundsätze durch den Arbeitgeber[1349].

587   Die Vergütung und die meisten gängigen Geld- und Sachleistungen gewährt der Vertragsarbeitgeber. Die Mitbestimmung über die Gewährung solcher Leistungen steht daher auch in der Ordnung matrixorganisierter Konzerne dem Betriebsrat beim Betriebsinhaber zu. Die **unternehmensübergreifende Struktur der Matrixzellen** eröffnet zwar ein

---

[1346] BAG 14.11.2006 – 1 ABR 4/06, NZA 2007, 399.
[1347] BAG 14.11.2006 – 1 ABR 4/06, NZA 2007, 399.
[1348] BAG 21.3.2003 – 3 AZR 30/02, NZA 2004, 331.
[1349] BAG 11.6.2002 – 1 AZR 390/01, NZA 2003, 570.

starkes **Interesse,** die **Vergütung** für die Arbeitnehmer **gleichrangig zu gestalten,** insbesondere solche Vergütungsbestandteile neben der Grundvergütung, mit der flexibel Leistungen honoriert werden können. Dazu zählen zum Beispiel Bonussysteme, aus denen die Führungskraft unterjährig aus einem Budget Mitarbeiter nach dem Erreichen von Zielen oder anerkennenswerten Leistungen honorieren kann, ohne dass dies einem zeitlich festgelegten Zeitablauf (etwa zum Ende des Kalenderjahres) folgt. Überbetrieblich zusammengesetzte Matrixteams werden hier ein Interesse am gleichrangigen Zugang zu solchen Leistungen haben. Führungskräfte, die Mitarbeiter in verschiedenen Betrieben bzw. Konzernunternehmen führen, werden solche Leistungen aber jeweils nur im Rahmen der für den betreffenden Mitarbeiter beim Vertragsarbeitgeber bestehenden Regeln anstoßen können. Ein solches **Gleichbehandlungsinteresse genügt** aber nach der Rechtsprechung des BAG **allein noch nicht,** um etwa die **Zuständigkeit des Konzern- (oder Gesamtbetriebsrates)** zu begründen.

Der Fall der **betrieblichen Altersversorgung,** für die das BAG[1350] nur die Zuständigkeit auf Unternehmensebene, nämlich **beim Gesamtbetriebsrat,** nicht aber auf Konzernebene anerkannte, macht deutlich, dass es in einem Konzernverbund weder sozial- oder personalpolitisch noch arbeitsrechtlich notwendig ist, sämtliche konzernangehörigen Mitarbeiter in Bezug auf die betriebliche Altersversorgung gleich zu behandeln. In aller Regel gibt es gute **Gründe für unterschiedliche Versorgungsgrundsätze bei einzelnen Konzernunternehmen.** Für den Fall einer betrieblichen Altersversorgung wird argumentiert, es könnte eine betriebsnahe Lösung auch unter Einschaltung des örtlichen Betriebsrates erzielt werden, zumal es ohne Verstoß gegen den arbeitsrechtlichen Gleichbehandlungsgrundsatz möglich ist, in den einzelnen Betrieben eines Unternehmens unterschiedliche Versorgungsregelungen anzuwenden. Auch eine solche Sonderversorgung für die Mitarbeiter eines einzelnen Betriebes oder Betriebsteiles muss aber unbedingt alle finanziellen steuerlichen Konsequenzen einer solchen Maßnahme für das Unternehmen berücksichtigen; da dies, was auf der Hand liegt, nur aus dem Blickwinkel des Gesamtunternehmens möglich ist, muss auch für derartige Sonderregelungen der Gesamtbetriebsrat zuständig bleiben[1351]. 588

Wenn der Arbeitgeber aber **mitbestimmungsfrei** darüber **entscheiden** kann, **ob er eine Leistung überhaupt erbringt,** kann er sie **von einer überbetrieblichen Regelung abhängig machen** und so die Zuständigkeit des Gesamtbetriebsrats für den Abschluss einer entsprechenden Betriebsvereinbarung herbeiführen. Dies gilt vor allem bei der Gewährung freiwilliger Zulagen,[1352] aber auch bei anderen Gegenständen, die nicht der erzwingbaren Mitbestimmung unterliegen,[1353] also insbesondere bei freiwilligen Betriebsvereinbarungen und Maßnahmen nach § 88 BetrVG. Dagegen gilt dies nicht, soweit die nach § 87 Abs. 1 BetrVG notwendige Mitbestimmung reicht. Hier kann der **Arbeitgeber die Zuständigkeit des Gesamtbetriebsrats nicht dadurch begründen,** dass er eine **betriebsübergreifende Regelung verlangt.** 589

Ein im Zusammenhang mit der funktionalen Steuerung durch das Matrixmanagement regelmäßig auftretendes Instrumentarium ist die **Zielvereinbarung** als Bestandteil verschieden gestalteter Führungsinstrumente mit Prozessen zur Performance- und Leistungsüberprüfung. Durch sie werden die Ziele auf der Grundlage der Ziele und Aufgaben der Matrixzelle festgelegt, die an die persönliche Leistung des Beschäftigten oder einer Arbeitnehmergruppe anknüpfen können. Bei der Ein- und Durchführung von Zielvereinbarungen kann eine Reihe von Mitbestimmungsrechten bestehen. Die Einführung **formalisierter Zielvereinbarungsgespräche** berührt das Mitbestimmungsrecht des Betriebsrates 590

[1350] BAG 19.3.1981 – 3 ABR 38/80, NJW 1982, 2461.
[1351] BAG 19.3.1981 – 3 ABR 38/80, vgl. auch Braun/Wisskirchen/*Braun/Schreiner* Konzernarbeitsrecht Teil I Abschn. 2 Rn. 178.
[1352] BAG 11.11.1998 – 7 ABR 47/97, NZA 1999, 947; 9.12.2003 – 1 ABR 49/02, NZA 2005, 234.
[1353] BAG 13.3.2001 – 1 ABR 7/00, NZA 2002, 111; 21.1.2003 – 5 AZR 162/02, NZA 2003, 992.

nach § 87 Abs. 1 Nr. 1 BetrVG.[1354] IdR werden dazu heutzutage **technische Einrichtungen** eingesetzt, nämlich IT-Systeme und Tools zur Administration und Dokumentation der Zielvereinbarungen und Leistungsüberprüfung, die den Arbeitnehmer bezüglich der Zielerreichung überwachen können, so dass dem Betriebsrat ein Mitbestimmungsrecht gem. § 87 Abs. 1 Nr. 6 BetrVG zusteht.[1355] Da die Zielvereinbarungen, soweit sie mit einem **Bonussystem** gekoppelt und damit entgeltrelevant sind, auch Bestandteil der betrieblichen Lohngestaltung ist, hat der Betriebsrat auch gem. § 87 Abs. 1 Nr. 10 BetrVG mitzubestimmen, ggf. sogar nach § 87 Abs. 1 Nr. 11 BetrVG.[1356] Werden im Rahmen von Zielvereinbarungsgesprächen durch Personalfragebögen Daten über das persönliche Leistungsverhalten des Arbeitnehmers erhoben, kann dies je nach Ausgestaltung gemäß § 94 Abs. 1 BetrVG mitbestimmungspflichtig sein.

591 Entgeltrelevante **Zielvereinbarungssysteme** werden bereits aufgrund ihrer individualrechtlichen Relevanz in erster Linie **durch den Vertragsarbeitgeber** geschaffen. Ihre Durchführung wird aber bei der Bestimmung von Zielen und der späteren Erfolgsbeurteilung maßgeblich die **Matrixmanager beteiligen.** Stehen diese außerhalb des jeweiligen Betriebes, ist fraglich, inwieweit sie durch Betriebsvereinbarungen im Betrieb der ihnen nachgeordneten Arbeitnehmer selbst verpflichtet werden. Mit Blick auf die aus einer entsprechenden Betriebsvereinbarung entstehenden Rechte der Arbeitnehmer des Betriebes, aus denen die Arbeitnehmer auch die Einhaltung der betreffenden Prozesse und Rahmenbedingungen vom Arbeitgeber verlangen können, werden auch **betriebsfremde Führungskräfte de facto mit eingebunden.** Ihre Handlungen werden jedenfalls dem Arbeitgeber und Betriebsinhaber zugerechnet. Dem **Betriebsrat** steht auch bei konzernübergreifenden Leistungen, zum Beispiel im Rahmen eines bestehenden Bonusplans auch ohne ausdrückliche Regelung ein **Auskunftsanspruch** hinsichtlich des Zielerfüllungsgrads gem. § 80 Abs. 2 S. 1 BetrVG zu.[1357]

f) Vorschlagswesen (§ 87 Abs. 1 Nr. 12 BetrVG)

592 Häufig beabsichtigt der Arbeitgeber, das bewusste Mitdenken eines jeden Mitarbeiters anzuregen, der arbeitsbegleitend **Verbesserungsvorschläge** entwickeln soll. Dies wird idR von einem flexiblen und praxisnahen Vorschlagswesen gefördert.

593 Für matrixorganisierte Betriebe, insbesondere solche mit Entwicklungsbereichen können **Vorschlagsregelungen** nicht nur betrieblich, sondern auch **entlang einer funktionalen Linie des Matrixmanagers ausgestaltet** sein. Es kann beispielsweise für administrative Funktionen wie Einkauf oder Vertrieb ein **harmonisiertes überbetriebliches Vorschlagswesen** für Prozessverbesserungen durchaus sinnvoll sein, das von dem der technischen Entwicklung für Produktionsanlagen abweicht, auch wenn dadurch innerhalb eines Betriebes verschiedene Regelungen greifen. Die „Gleichbehandlung" von Vorschlägen innerhalb eines räumlichen Betriebes ist nicht unbedingt sachnäher, als die innerhalb einer (betriebsübergreifenden) Gruppe von Arbeitnehmern in einer Matrixlinie, die zwar nicht durch ihre Betriebszugehörigkeit, aber ihre Funktion im Konzern verbunden sind. Das **Mitbestimmungsrecht** entsteht immer bei dem **Betriebsrat, in dessen Betrieb die Vorschläge gemacht werden,** nicht dort, wo sie verwertet werden.[1358]

594 Der Betriebsrat ist gem. § 87 Abs. 1 Nr. 12 BetrVG bei der **Schaffung oder Veränderung von Systemen** zu beteiligen, die den Umgang mit Verbesserungs- oder Vereinfachungsvorschlägen des Arbeitnehmers regeln. Dies betrifft die Aufstellung allgemeiner Grundsätze über Gremien, deren Zusammensetzung, Aufgaben und das Verfahren, zB im

---

[1354] ErfK/*Kania* BetrVG § 87 Rn. 21a.
[1355] *Annuß* NZA 2007, 290 (296).
[1356] Ob ein Mitbestimmungsrecht aus § 87 Abs. 1 Nr. 11 BetrVG besteht, ist umstritten, vgl. dazu *Annuß* NZA 2007, 290.
[1357] BAG 21.4.2004 – 1 ABR 39/02, NZA 2004, 1936.
[1358] Vgl. BAG 28.4.1981 – 1 ABR 53/79, AP BetrVG 1972 § 87 Vorschlagswesen Nr. 1; 16.3.1982 – 1 ABR 63/80, AP BetrVG 1972 § 87 Vorschlagswesen Nr. 2.

Hinblick auf die Bezeichnung und Form der Vorschläge, Ausschlussfristen, Begutachtung und Behandlung der Vorschläge, Anhörung des Vorschlagsberechtigten vor einem Prüfungsausschuss sowie die Errichtung eines Beschwerdeausschusses.[1359] Die **Bewertung** des konkreten Vorschlags unterfällt dagegen **nicht der Mitbestimmung.**[1360]

Auch im Hinblick auf **qualifizierte technische Verbesserungsvorschläge** (also betriebliche technische Neuerungen, die wegen ihres geringen Neuerungsgrads nicht patent- oder gebrauchsmusterfähig sind) und bei Arbeitnehmererfindungen besteht **kein Mitbestimmungsrecht.**[1361] Sie werden durch das **Gesetz über Arbeitnehmererfindungen** abschließend geregelt.

Die **Mitbestimmungsrechte** werden in diesen Fragen idR den **lokalen Betriebsräten** bzw. Gesamtbetriebsräten zustehen. Eine Zuständigkeit des **Konzernbetriebsrates** für eine vom Arbeitgeber gewollt einheitliche Behandlung der **Verbesserungsvorschläge** der Arbeitnehmer in den Konzerngesellschaften kann sich aber ergeben, wenn der Arbeitgeber Vorschläge **von unternehmensübergreifend eingesetzten Mitarbeitern** etwa durch Geldprämien oder Sachleistungen honorieren will, unabhängig davon, welcher Gesellschaft der konkrete Vorschlag zugutekommt und wo er genutzt wird. Für Arbeitnehmer, deren Tätigkeit sich in übergreifenden **Matrixzellen** oder **Projektteams** entfaltet, kann die einheitliche Wirkung des Vorschlagswesens dann relevant sein. Eine Zuständigkeit des Konzernbetriebsrates kann sich dann aus der Notwendigkeit der konzerneinheitlichen Bewertung und Gegenleistung ergeben.[1362]

g) Besonderheiten bei der Beteiligung nach § 87 BetrVG im Matrixbetrieb

In matrixorganisierten Unternehmen stellt sich auch bei der Mitbestimmung in den sozialen Angelegenheiten des § 87 BetrVG die Frage, **zu welchem Zeitpunkt** die Auswirkungen auf der Betriebsebene dergestalt sind, dass die Beteiligungs- und Mitbestimmungsrechte des Betriebsrats greifen bzw. greifen müssen, damit sie effektiv wahrgenommen werden können. Wenn **vorbereitende Maßnahmen** und Entscheidungen **dezentral** in den Ebenen der Matrixleitung getroffen werden, könnte der Betriebsrat eines Betriebes eine Einbindung reklamieren, bevor die jeweiligen Maßnahmen in seinem eigentlichen Zuständigkeitsbereich, dem Betrieb der Matrixzelle, implementiert und konkret umgesetzt werden soll. Denn die wesentliche Gestaltung der Maßnahmen, auf die der Betriebsrat durch die Ausübung seines Mitbestimmungsrechts einwirken können soll, findet bereits dort statt. Eine solch frühe Einbindung ist zur Sicherung der effektiven Beteiligung im Betriebsverfassungsgesetz konzeptionell **nur in den wirtschaftlichen Angelegenheiten** durch die frühen Rechte des **Wirtschaftsausschusses** vorgesehen.[1363] Das LAG Baden-Württemberg zog in seiner Entscheidung vom 9.4.2014 in Betracht, dass bei der Aufstellung eines Aktienoptionsplanes durch die ausländische Konzernmutter ein Mitbestimmungsrecht des Betriebsrates eines Matrixbetriebes über die betriebliche Lohngestaltung nach § 87 Abs. 1 Nr. 10 BetrVG bereits bei der vorbereitenden Zusammenstellung des Kreises potentiell begünstigter Arbeitnehmer durch die inländischen Führungskräfte besteht. Die Zuteilung der Aktienoptionen durch die ausländische Konzernmutter erfolgt mitbestimmungsfrei, die Aufstellung von Namenlisten im eigenen Betrieb könnte aber als eine Form der Beteiligung an dieser Maßnahme qualifiziert werden, so dass sie für den Betrieb der Matrixzelle als eine vor Ort mitbestimmungspflichtige Maßnahme zur betrieblichen Lohngestaltung zu behandeln wäre.[1364] Jedenfalls habe der Betriebsrat in die-

---

[1359] Richardi BetrVG/*Richardi* § 87 Rn. 925; ErfK/*Kania* BetrVG § 87 Rn. 129.
[1360] Richardi BetrVG/*Richardi* § 87 Rn. 942.
[1361] *Fitting* § 87 Rn. 542; DKKW/*Klebe* BetrVG § 87 Rn. 361 ff.; ErfK/*Kania* BetrVG § 87 Rn. 129, 130.
[1362] Vgl. Richardi BetrVG/*Richardi* § 87 Rn. 945, zur Zuständigkeit in der Vergütungsfrage auch Braun/ Wisskirchen/*Braun/Schreiner* Konzernarbeitsrecht Teil I Abschn. 2 Rn. 180.
[1363] Zur Integrationsfunktion der Betriebsverfassung s. Richardi BetrVG/*Richardi* § 87 Rn. 8.
[1364] LAG BW 9.4.2014 – 19 TaBV 7/13, ArbR 2014, 369.

sem Fall einen **Auskunftsanspruch** nach § 75 Abs. 1 BetrVG, um etwa die Einhaltung des Gleichbehandlungsgrundsatzes bei der Erstellung der Namenslisten zu beurteilen.

598 Darin zeigt sich ein generell für den Konzern typisches **Dilemma des Betriebsrates im Matrixbetrieb.** Zwar werden erkennbar auf Seite des Arbeitgebers Maßnahmen vorbereitet (und Vorbereitungshandlungen dazu abgeschlossen), deren Umsetzung im Betrieb mitbestimmungspflichtig sind. Der Betriebsrat im jeweiligen Betrieb der Matrixzelle ist aber in seinen Mitbestimmungsrechten auf das beschränkt, was tatsächlich in seinem Betrieb stattfindet, auch wenn die Führungskräfte dieses Betriebes gestaltend einbezogen sind und der „Arbeitgeber" im Betrieb der Matrixzelle Einfluss hat.

599 Die Frage nach einem Mitbestimmungsrecht iSd § 87 Abs. 1 Nr. 10 BetrVG bei der Gewährung von Aktienoptionen durch Dritte[1365] wird in der Praxis regelmäßig im Rahmen eines Streits um **Auskunftsansprüche des Betriebsrates** diskutiert. Ausgangspunkt ist dabei meist § 80 Abs. 2 BetrVG. So hat das LAG Nürnberg[1366] einen solchen Auskunftsanspruch mit der Begründung angenommen, der Betriebsrat müsse prüfen können, ob ein Mitbestimmungsrecht bestehe. Das LAG Baden-Württemberg wählt mit dem Bezug auf § 75 Abs. 2 BetrVG dogmatisch einen anderen Ansatz, allerdings mit dem im Wesentlichen gleichen Ergebnis. Bei der Gewährung von Leistungen durch Dritte, etwa einer Konzernmutter oder einer in der Matrix in funktionaler Linie höherstehenden Gesellschaft kann der Betriebsrat des Betriebes mit den letztlich betroffenen Arbeitnehmern regelmäßig darauf verwiesen sein, Auskünfte **bei der Leitung seines Betriebes** geltend zu machen.[1367]

600 Bei **drittbezogenen Personaleinsätzen** stellt sich ein ähnlich gelagertes Problem, wenn die Beziehungen zwischen Arbeitnehmern und Vertragsarbeitgeber, in der die Leistungen erbracht werden und die funktionale Linie, auf der durch die operative Führung Maßnahmen mit Berührungspunkten zu den mitbestimmungspflichtigen sozialen Angelegenheiten getroffen werden, auseinander fallen. Dazu wird vertreten, in diesen Fällen die **Mitbestimmungsrechte** für die sozialen Angelegenheiten, **die das Grundverhältnis Arbeitgeber – Arbeitnehmer betreffen,** beim **Betriebsrat des Vertragsarbeitgebers** zu sehen.[1368] Es ergäbe wenig Sinn, in diesen Fällen die Mitbestimmungsrechte in der steuernden Einheit, also im Einsatzbetrieb zu verorten.[1369] Die organisatorische Ordnung der meisten Matrixstrukturen wird jedoch nicht eine genügend konstante Aufteilung zwischen solchen Arbeitnehmern, die eine arbeitsvertragliche Bindung zum Matrixbetrieb haben, und solchen, die über eine funktionale Ordnung in den betrieblichen Abläufen mitwirken, aufweisen. Letzteres betrifft regelmäßig die Führungskräfte in der funktionalen Linie. Die Mitbestimmung in den sozialen Angelegenheiten (teilweise) strikt dem Vertragsarbeitgeber zuzuordnen, wird im Ergebnis oftmals richtig sein. Aber als maßgebliche Kriterien müssen unabhängig davon auch in der Mitbestimmung nach § 87 BetrVG der Begriff des Betriebes und die Zugehörigkeit der Arbeitnehmer betrachtet werden (→ Rn. 368, 626).

601 Für den zielgerichteten drittbezogenen Personaleinsatz mag diese Ordnung zutreffen. Es ist aber aufgrund der Vielgliedrigkeit der Matrixstruktur und der zahlreichen Richtungen, in die die arbeitsvertraglichen Beziehungen der im Matrixbetrieb eingesetzten Arbeitnehmer weisen, nicht trivial, dies auf mehrdimensionale Matrixstrukturen zu übertragen. Den Erwägungen der Betriebszugehörigkeit der Beschäftigten in der Matrix folgend, muss ergänzend gelten, dass die Mitbestimmung und **Zuständigkeit des Betriebsrates** maßgeblich die **Eingliederung** in diesen Betrieb voraussetzt und dieses Kriterium die Zuständigkeit des Betriebsrates **auch dann eröffnet,** wenn der **Arbeitsvertrag mit ei-**

[1365] Vgl. *Otto/Mückl* DB 2009, 1594ff.
[1366] LAG Nürnberg 22.1.2002 – 6 TaBV 19/01, NZA-RR 2002, 247.
[1367] Zum Informationsdurchgriff und der Möglichkeit der Betriebsleitung, sich auf § 275 BGB zu berufen, vgl. BAG 29.6.2004 – 1 ABR 32/99, NZA 2005, 118; *Winstel* Unterrichtung S. 192ff.
[1368] *Maywald* Matrixorganisationen S. 159, *Witschen* RdA 2016, 46.
[1369] *Maywald* Matrixorganisationen S. 159, *Witschen* RdA 2016, 46.

ner anderen Einheit besteht. Dies kann dann, wie in den vom LAG Nürnberg und LAG Baden-Württemberg entschiedenen oben genannten Fällen, zum Streit darüber führen, ob der Betriebsrat in einem Betrieb mit betroffenen Arbeitnehmern inhaltlich mitbestimmen kann oder auf die schwächeren Auskunftsrechte verwiesen wird.

3. Mitbestimmungsrechte in personellen Angelegenheiten

In Betrieben mit **mehr als 20 wahlberechtigten Arbeitnehmern** muss vor jeder Einstellung, Versetzung sowie Ein- oder Umgruppierung der Betriebsrat unterrichtet und seine Zustimmung zu der jeweiligen Einzelmaßnahme eingeholt werden. Für die **Bestimmung des Schwellenwertes** sind die Regeln des Betriebsverfassungsgesetzes maßgebend und der Begriff des Betriebes nach § 1 Abs. 1 BetrVG anzuwenden (→ Rn. 369). Die Reichweite und Größe des Matrixteams oder der Matrixeinheit kann davon abweichen. Auch hier dominiert die rechtliche Struktur der arbeitsvertraglichen Beziehungen die funktionale Struktur der Matrixorganisation. 602

a) Einstellung und Versetzung

Die Beteiligungsrechte nach § 99 BetrVG bei einer Einstellung respektive Versetzung nimmt der Betriebsrat wahr, in dessen Betrieb die Maßnahme durchgeführt wird bzw. dessen Betrieb der betroffene Arbeitnehmer angehört. Das ist grundsätzlich der Betriebsrat beim Vertragsarbeitgeber des Arbeitnehmers. In den Fällen der Arbeitnehmerüberlassung weist § 14 AÜG aber beispielsweise auch dem Betriebsrat im Einsatzbetrieb die Beteiligungsrechte bei der Einstellung zu. 603

Die Beteiligungsrechte bei Einstellung und Versetzung bestehen nicht, wenn Fremdpersonal als Erfüllungsgehilfe im Rahmen eines Werk- oder Dienstvertrags tätig wird. Um auch dem Betriebsrat im Einsatzbetrieb eine **eigene Beurteilung und Abgrenzung** zu ermöglichen sowie missbräuchliche Gestaltungen (zB durch Scheinwerkverträge) zu verhindern, sieht § 80 Abs. 2 S. 1 BetrVG vor, dass der Arbeitgeber den Betriebsrat **rechtzeitig und umfassend** über jeden Personaleinsatz **zu unterrichten** hat und zwar auch betreffend die Beschäftigung von Personen, die nicht in einem Arbeitsverhältnis zum Arbeitgeber stehen. Dies gilt dann nicht, wenn jede Anhaltspunkte dafür fehlen, dass ein Beteiligungsrecht in Betracht kommt[1370]. Mit Blick auf die Beteiligung nach § 99 BetrVG betrifft dies zum Beispiel offensichtlich kurzfristige Tätigkeiten von Personen, die nur punktuell, zum Beispiel zwecks einer Wartung oder Reparatur, im Betrieb tätig werden[1371]. 604

Die Verpflichtung zur Unterrichtung nach § 80 Abs. 2 S. 3 BetrVG umfasst auch, dass – soweit für die Aufgabenerfüllung des Betriebsrats erforderlich – der Arbeitgeber dem Betriebsrat die wesentlichen Teile der Verträge zur Kenntnis gibt, die der Beschäftigung des Fremdpersonals zu Grunde liegen. 605

b) Eingruppierung/Umgruppierung

Die Eingruppierung und Umgruppierung des Arbeitnehmers dient der Erfüllung der Vergütungsansprüche durch den Arbeitgeber. Sie liegt daher immer in der Kompetenz und Befugnis des Vertragsarbeitgebers. Die betriebsverfassungsrechtliche Eingruppierung und Umgruppierung ist insofern immer an die individualrechtliche Entscheidung über die Zuweisung einer Entgeltstufe und Rangstufe nach dem tariflichen oder betrieblichen Lohn- und Gehaltssystem gebunden. Diese Entscheidung **bleibt auch bei der Teilung der Arbeitgeberfunktion** in matrixorganisierten Betrieben **Sache des Vertragsarbeitgebers.** 606

[1370] Richardi BetrVG/*Thüsing* § 80 Rn. 54.
[1371] BT-Drs. 18/9232, S. 32; Richardi BetrVG/*Thüsing* § 80 Rn. 55.

Für die Wahrnehmung der Beteiligungsrechte aus § 99 BetrVG ist demzufolge nur der Betriebsrat des Vertragsarbeitgebers zuständig, bei dem der Arbeitnehmer angestellt ist.

c) Personalplanung (§§ 92 ff. BetrVG)

607 Die allgemeinen personellen Angelegenheiten iSd §§ 92 ff. BetrVG folgen idR der **betrieblichen oder unternehmerischen Personalplanung,** die Mitbestimmung findet also auf der **Ebene des Betriebsrates oder des Gesamtbetriebsrates** statt. Es kann aber auch der Konzernbetriebsrat originär zuständig werden, wenn die Matrixmanager den Personalbedarf für die Matrixzelle und damit für mehrere Konzernunternehmen einheitlich planen.[1372] Der **Konzernbetriebsrat** ist ferner zuständig, wenn die **Matrixmanager** für die Arbeitnehmer der verschiedenen Konzernunternehmen, die ihnen funktional unterstellt sind, **einheitliche Beurteilungsgrundsätze einführen und eine unterschiedliche Behandlung sachlich nicht gerechtfertigt ist.** Dasselbe gilt, wenn die einheitliche Regelung der Beurteilungsgrundsätze auf einer unternehmensübergreifenden und konzerneinheitlichen Personalplanung beruht.[1373]

608 Praktisch verbreiteter ist die **unternehmensübergreifende Personalplanung** nur dort, wo die in der Matrixzelle koordinierten Matrixgesellschaften kleine Einheiten sind, zB kleine Vertriebsvertretungen oder Serviceeinheiten. Dort, wo Gesellschaften die Einheiten verschiedener Matrixzellen beheimaten, wie das in produzierenden, idR größeren Unternehmen der Fall ist, ist die Praxis verbreiteter, eine **lokale Personalplanung unter Einschluss des aus den Matrixzellen eingebrachten Bedarfs** aufzustellen und diese durch eine lokale Personalführung federführend umzusetzen. In diesen Fällen bleiben auch die betriebsverfassungsrechtlichen Zuständigkeiten auf der Ebene der Betriebe und der Unternehmen, führen also bestenfalls die Zuständigkeit des Gesamtbetriebsrates herbei.

4. Mitbestimmungsrechte in wirtschaftlichen Angelegenheiten

609 Für die Wahrnehmung von Informationsrechten und Beratungsrechten in den wirtschaftlichen Angelegenheiten bilden Gesamtbetriebsräte oder Betriebsräte in Unternehmen mit mehr als 100 Beschäftigten zu ihrer Unterstützung den **Wirtschaftsausschuss** gemäß § 106 BetrVG. Die Bildung eines Konzernwirtschaftsausschusses ist im Betriebsverfassungsgesetz nicht vorgesehen.[1374]

610 Im Mittelpunkt der betrieblichen Mitbestimmung in den wirtschaftlichen Angelegenheiten steht die **Betriebsänderung** nach §§ 111 ff. BetrVG. Mit Blick auf die Wahrnehmung der damit im Zusammenhang stehenden Mitbestimmungsrechte ergeben sich für die Zuständigkeitsebene und die Differenzierung zwischen dem Betriebsrat oder Gesamtbetriebsrat und unternehmensübergreifend dem Konzernbetriebsrat Unterschiede zwischen dem **Interessenausgleich** und dem **Sozialplan.**

611 Die Komplexität einer Reorganisation in der Matrixstruktur liegt aber vor allem darin, dass nicht erst bei unternehmensübergreifenden Reorganisationsplanungen unterschiedliche **unternehmerische Interessen aufeinander abgestimmt** werden müssen, sondern dass diese Situation schon **auf der Betriebsebene** eintreten kann.[1375] Wenn im Betrieb eines Konzernunternehmens Teile unterschiedlicher Matrixzellen angesiedelt sind (zum Beispiel die Forschung und Produktentwicklung einerseits und die Produktion andererseits), betreffen die betriebsverfassungsrechtlichen und arbeitsrechtlichen Folgen den Ver-

---

[1372] Wenn es eine gemeinsame Personalplanung der Konzerngesellschaften gibt, ist grundsätzlich auch von einer Zuständigkeit des Konzernbetriebsrats auszugehen, vgl. Fitting § 58 Rn. 10 und § 50 Rn. 51; *Christoffer* BB 2008, 951 (953).
[1373] Allgemein hierzu Fitting § 58 Rn. 10 und § 50 Rn. 52.
[1374] BAG 23. 8. 1989 – 7 ABR 39/88, NZA 1990, 863.
[1375] Zu den strategischen Fragen der Reorganisation in Konzern vgl. Engelhardt/Wagenseil/*Spieler* Der mittelständische Konzern S. 213 ff.

antwortungsbereich funktional voneinander getrennter Matrixmanagementbereiche. Je nachdem, wie autark die Matrixzellen in Fragen der Budgetplanung und wirtschaftlichen Planung, aber auch in Fragen der Personalplanung operieren, kann es dabei auf Ebene des Betriebes zu Interessenkonflikten kommen, die sonst nur bei unternehmensübergreifenden Reorganisationskonzepten auftreten. Auf der Betriebsebene kann dem durch eine entsprechende Gestaltung der unternehmerischen Planung aber kaum mehr effektiv begegnet werden.

Liegt einer **Betriebsänderung** ein **konzerneinheitliches unternehmerisches Konzept** mit entsprechend unternehmensübergreifenden Maßnahmen zugrunde, erkennt die Rechtsprechung die Zuständigkeit des **Gesamtbetriebsrates** oder des **Konzernbetriebsrates** für die Beratungen und den Abschluss eines Interessenausgleichs an.[1376] Praktische Beispiele sind der konzernweite Personalabbau im Zusammenhang mit konzernübergreifenden Eingliederungen und Übernahmen, die Zusammenlegung von Betrieben mehrerer Konzernunternehmen.[1377] 612

Matrix-Struktur

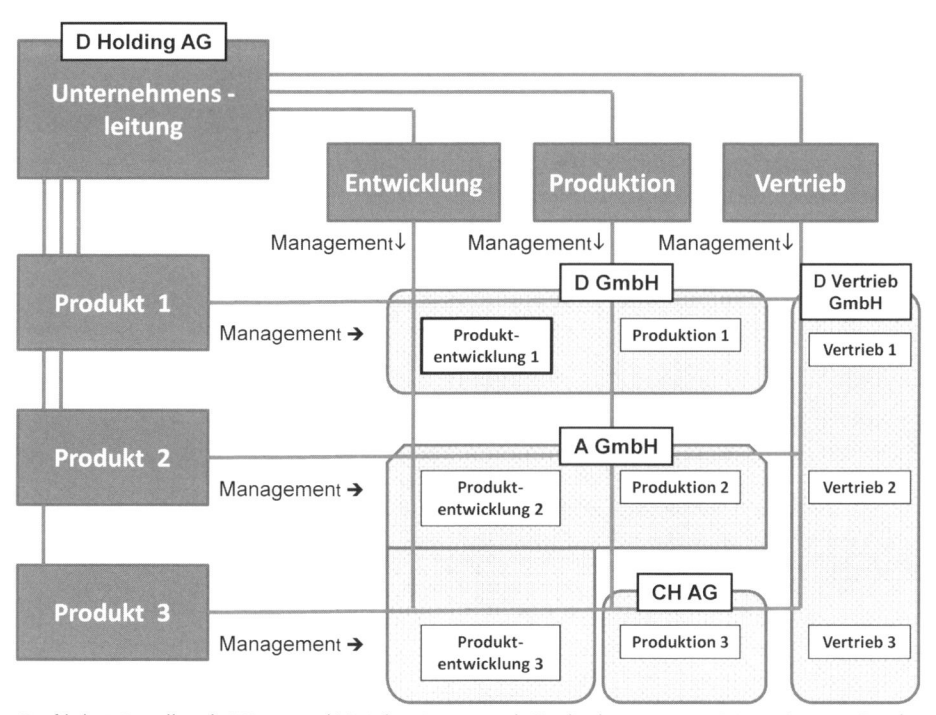

Grafik bei Engelhardt/Wagenseil/*Spieler, Der mittelständische Konzern,* 2015, S. 209; *Spieler* EuZA 2012, 168

Das ermöglicht es dem **Arbeitgeber,** durch entsprechende unternehmerische Planung **auf die Ebene der Mitbestimmung Einfluss zu nehmen.** Es kann auf der Ebene der unternehmensübergreifenden Reorganisation also darauf Rücksicht genommen werden, ob bestimmte Bereiche des Konzerns bewusst aus den Wirkungen der arbeitsrechtlichen Umsetzung und ggf. korrespondierenden Konflikten (zB der Forderung des Betriebsrates nach der Schaffung oder Nutzung von Weiterbeschäftigungsmöglichkeiten) herausgehal- 613

[1376] BAG 11.12.2001 – 1 AZR 193/01, NZA 2002, 688 (zum Gesamtbetriebsrat); LAG Düsseldorf 12.2. 2014 – 12 TaBV 36/13, BeckRS 2014, 72366.
[1377] Braun/Wisskirchen/*Braun/Schreiner* Konzernarbeitsrecht Teil I Abschn. 2 Rn. 183.

ten werden. Das funktioniert auf der Ebene des Betriebes nicht. Führt eine Reorganisation der Produktion in einer Gesellschaft zum Personalabbau mit dem Erfordernis betriebsbedingter Kündigungen, dann wird die betriebsbezogen durchzuführende Sozialauswahl auch die Arbeitnehmer der Produktentwicklung und Forschung einschließen. In einem hierarchisch unter der Geschäftsführung der Gesellschaft organisierten Betrieb entspricht dies der üblichen Interessenverteilung. Im **matrixorganisierten Betrieb besteht uU keine gemeinsame Personal- und Budgetplanung** zwischen den Matrixmanagern der Produktion für eine bestimmte Produktgruppe und dem Matrixmanager der Forschung und Entwicklung. Das führt bereits in der Planung des unternehmerischen Konzepts zu möglichen Interessenkonflikten, die sowohl bei der Planung als auch bei Verhandlung mit dem Betriebsrat und der Verantwortlichkeit auf der Arbeitgeberseite berücksichtigt werden. Eine betriebliche Abgrenzung der Matrixzellen auf Betriebsebene ist oft nicht möglich (→ Rn. 367, 385 ff.). Umgekehrt ist es aber denkbar, die **Reorganisationspläne einer Matrixzelle** (zB der Produktion einer bestimmten Produktgruppe) in einem **einheitlichen Konzept** auf der Ebene des Konzernbetriebsrates zu beraten, wenn davon die der Matrixzelle funktional zugeordneten Betriebsteile mehrerer Konzerngesellschaften betroffen sind.

614   Die Wahrnehmung der Mitbestimmungsrechte bei der Aufstellung eines **Sozialplans** folgt nicht zwingend der Mitbestimmung beim **Interessenausgleich,** sondern ist unabhängig davon zu beurteilen. **Maßgebend** ist wiederum die Frage, ob ein **zwingender Bedarf an einer einheitlichen Regelung** zum Ausgleich von Nachteilen für die betroffenen Beschäftigten besteht. Dazu genügt es nicht, dass die Mittel für einen Sozialplan auf Konzernebene budgetiert oder nur von der Konzernobergesellschaft zur Verfügung gestellt werden.[1378] Der Gesamtbetriebsrat ist nach einer Entscheidung des Bundesarbeitsgerichts für den Abschluss eines Sozialplans nur zuständig, wenn ein sachlich zwingendes Erfordernis für eine unternehmenseinheitliche oder zumindest betriebsübergreifende Regelung gegeben ist. Bloße Zweckmäßigkeitserwägungen genügen insoweit nicht. Die Zuständigkeit des Gesamtbetriebsrates für den Abschluss des Interessenausgleichs zu der gleichen Reorganisation begründet für sich genommen nicht auch seine Zuständigkeit auch für den Sozialplan.[1379]

615   Auch der Sozialplan zu den Reorganisationsplänen einer Matrixzelle wird regelmäßig angeschlossene Beschäftigte in mehreren Betrieben betreffen. Daher wird es in der Praxis für den **Arbeitgeber häufig wünschenswert sein,** nicht nur den **Interessenausgleich, sondern auch den Sozialplan mit dem Gesamtbetriebsrat abzuschließen.** Rechtssicher gestalten lässt sich dies ohne weiteres, wenn der **Gesamtbetriebsrat** durch die örtlichen Betriebsräte gemäß § 50 Abs. 2 S. 1 BetrVG **beauftragt** wird.[1380] Erforderlich ist dafür aber das Einverständnis bzw. die Delegation der jeweiligen Arbeitnehmervertretungen. Wenn damit nicht zu rechnen ist, kann es sich empfehlen, ein unternehmenseinheitliches (Sanierungs-)Konzept aufzustellen und es so auszugestalten, dass es nur durch einen für das gesamte Unternehmen geltenden Sozialplan umgesetzt werden kann.[1381] Bei einer solchen Konstellation hat das BAG[1382] die Zuständigkeit des Gesamtbetriebsrats auch für den Abschluss des Sozialplans anerkannt.

616   Die Interessenlage auf der Arbeitgeberseite ist stark beeinflusst von der funktionalen Managementorganisation der Matrixstruktur und den Kompetenzen der lokalen Organisation der Matrixgesellschaft. **Zwei Konstellationen** sind in der Praxis matrixorganisierter Konzerne anzutreffen:

[1378] BAG 3.5.2006 – 1 ABR 15/05, NZA 2007, 1245.
[1379] BAG 3.5.2006 – 1 ABR 15/05, NZA 2007, 1245.
[1380] *Merten* Anm. zu BAG 3.5.2006 – 1 ABR 15/05, Beck Fachdienst-ArbR 2006, 194834.
[1381] *Merten* Anm. zu BAG 3.5.2006 – 1 ABR 15/05, Beck Fachdienst-ArbR 2006, 194834.
[1382] BAG 11.12.2001 – 1 AZR 193/01, NZA 2002, 688; 23.10.2002 – 7 ABR 55/01, AP BetrVG 1972 § 50 Nr. 26.

Liegt die unternehmerische **Planung und Personalplanung** vor allem **in der fachlichen Verantwortung des Managements der Matrixzelle,** wird ein Interesse **an einheitlichen Regelungen** in den einzelnen Betrieben bestehen. Auf der Seite des Betriebsrates wird ebenfalls ein Interesse an betriebsübergreifenden Regeln für einen Sozialplan bestehen. Ein solches Interesse kann zum Beispiel dadurch begründet werden, dass überhaupt ein Sozialplan für alle betroffenen Beschäftigtengruppen aufgestellt werden soll. Da die Frage der Sozialplanpflicht durch das Erreichen der entsprechenden Schwellenwerte ebenfalls auf der Betriebsebene beurteilt wird (→ Rn. 602), muss man anderenfalls davon ausgehen, dass es Arbeitnehmergruppen gibt, die zwar von der Reorganisation betroffen sind, innerhalb des Betriebes ihres Vertragsarbeitgebers aber eine zu kleine Gruppe darstellen, um Mitbestimmungsrechte der dort gebildeten Arbeitnehmervertretung auszulösen. Es bliebe dann nur die Forderung nach einem **freiwilligen Sozialplan**. 617

Die **Variante** ist, dass der Betrieb einer Matrixgesellschaft dergestalt organisiert wird, dass eine **lokale Personalführung** die **Personalplanung koordiniert** und die Umsetzung unternehmerischer Konzepte aus der Matrixorganisation darin einfließen lässt, begleitet und umsetzt. Dies erfolgt dann zwar stark beeinflusst durch die Interessen und Konzepte der Matrixzellen, die im Betrieb „vertreten" sind. Die Umsetzung wird aber durch eine örtliche Personalleitung koordiniert. In der Praxis ist diese Organisationsform vor allem für größere Matrixgesellschaften häufiger anzutreffen, weil eine lokale Koordination vor allem dann erforderlich wird, **wenn ein Betrieb die Einheiten einer größeren Zahl vom Matrixzellen repräsentiert.** Dann besteht aber auf der anderen Seite **kein Interesse mehr an unternehmensübergreifenden Sozialplanlösungen** – weder auf Arbeitgeber- noch auf Betriebsratsseite. Es wird dann eher von Belang sein, die unternehmerischen Konzepte zu betrieblichen Änderungen der verschiedenen Matrixzellen zeitlich zu koordinieren und zu mehr oder weniger stark auswirkenden Betriebsänderungen zu bündeln. Das eröffnet Gestaltungsspielraum für den Arbeitgeber bezüglich der Größe einer Betriebsänderung und dem Erreichen relevanter Schwellenwerte, etwa für die Erzwingbarkeit eines Sozialplans nach §§ 112, 112a BetrVG. 618

Für die **Dotierung eines Sozialplans** wird auf die finanzielle Planung und Ausstattung einer Matrixgesellschaft durch die Budgetplanung der Matrixzellen keine Rücksicht genommen. Die finanzielle Ausstattung eines Sozialplans richtet sich nach § 112 BetrVG nach der wirtschaftlichen Leistungsfähigkeit „des Unternehmens". Ein Berechnungsdurchgriff kann allein aus dem Bestehen eines Konzernverbundes und einer entsprechenden Finanzplanung nicht gerechtfertigt werden[1383]. Das Gleiche gilt auch für andere Formen der Finanzierung von Konzerngesellschaften, wie die Cash-Pool Vereinbarung[1384] oder die Patronatserklärung.[1385] 619

5. Wahrnehmung der Arbeitgeberfunktion

Welche Stelle innerhalb der Matrixorganisation die Arbeitgeberfunktion in mitbestimmungsrechtlicher Hinsicht wahrnimmt, ist zunächst eine rechtliche Frage. Der Betriebsrat kann verlangen, dass der Arbeitgeber ihm einen hinreichend legitimierten und vor allem entscheidungsbefugten Ansprechpartner zur Verfügung stellt, dem gegenüber er seine Beteiligungsrechte geltend machen kann. Das Problem des „kompetenten Arbeitgebervertreters" hat aber auch eine organisatorische Komponente. Die Matrixleitung sollte dem Betriebsrat einen Ansprechpartner präsentieren, der gewährleistet, dass die matrixtypische 620

[1383] BAG 15.3.2011 – 1 ABR 97/09, NZA 2011, 1112; Braun/Wisskirchen/*Braun*/*Schreiner* Konzernarbeitsrecht Teil I Abschn. 2 Rn. 186 mwN.
[1384] BAG 11.11.2014 – 3 AZR 117/13, NZA 2013, 1076.
[1385] BAG 29.9.2010 – 3 AZR 427/08, NZA 2011, 1416 vgl. ferner zum Gewinnabführungs- oder Beherrschungsvertrag im Konzern: Braun/Wisskirchen/*Braun*/*Schreiner* Konzernarbeitsrecht Teil I Abschn. 2 Rn. 188 f.

betriebs- bzw. unternehmensgreifende Personalpolitik so effektiv wie möglich verwirklicht werden kann.

a) Vertretung des Arbeitgebers durch Matrixmanager

621 Die Einbeziehung der Matrixmanager in die fachliche bzw. funktionale Steuerung und damit die gesellschaftsrechtliche und arbeitsrechtliche Leitungsmacht der Konzernunternehmen erfolgt auf Grundlage einer sachlich beschränkten Bevollmächtigung durch das als (Unter-)Konzernspitze auftretende herrschende Unternehmen bzw. durch die als Arbeitgeber auftretenden operativen Konzernunternehmen (→ Kap. 2 Rn. 142 ff.). Daran bemisst sich auch die Frage, inwieweit diese Teilung der Führungsaufgaben und Arbeitgeberfunktion sich auswirkt auf die Verantwortlichkeit gegenüber dem Betriebsrat einerseits und die Möglichkeiten, auch bei den Arbeitgeberpflichten gegenüber dem Betriebsrat eine Aufgabenteilung vorzunehmen.

622 Die Einbindung der Matrixmanager in die Arbeitgeberfunktionen der Konzernunternehmen basiert ebenfalls auf einer Ermächtigungs- bzw. Vollmachtlösung (→ Rn. 20 ff.). Die Konzernunternehmen müssen sich die Entscheidungen und Leitungsmaßnahmen der Matrixmanager gemäß § 164 ff. BGB jeweils als eigene zurechnen lassen.[1386] In der funktionalen Linie einer Matrixorganisation muss es aus diesem Grunde an der „Grenze" vom Matrixmanagement zur Konzerngesellschaft und betrieblichen Organisation eine **Schnittstelle** geben, die einerseits die **Weisungen aus dem Matrixmanagement** aufnimmt und die **lokale Umsetzung verantwortet** und in der anderen Richtung andererseits an den funktionalen Matrixmanager berichtet, welche lokalen Bestimmungen – zum Beispiel die Beteiligungsrechte der Arbeitnehmervertretungen – bei der Umsetzung eingehalten werden müssen. Darin liegt eine der Ursachen für den erhöhten Abstimmungsbedarf in Entscheidungsprozessen in Matrixorganisationen.

623 Eine Stellvertretung des Arbeitgebers bei der Ausübung der Arbeitgeberfunktionen ist auch aus der Perspektive des Betriebsverfassungsrechts zulässig.[1387] Sie wird auch in hierarchischen Organisationen gelebt, in denen die Wahrnehmung der Arbeitgeberfunktion und die Führung eines Unternehmens (ab einer bestimmten Größe) nicht mehr durch den Unternehmer allein erfolgt, sondern sich eines Leitungsapparates bedient. Die Delegation von Unternehmerpflichten an Führungskräfte ist beispielsweise auch im Bereich der Arbeitssicherheit institutionell vorgesehen.

624 Eine **Delegation von Teilen der Arbeitgeberfunktion** ist nicht nur „**arbeitgeberintern**" an (leitende) Angestellte des Arbeitgebers möglich, sondern kann auch **externe Dritte** einbeziehen, die nicht in einem Arbeitsverhältnis mit dem Arbeitgeber stehen.[1388] Denn weder die Einräumung der Vertretungsmacht noch die Verpflichtung zur Leitung bedürfen zwingend einer arbeitsvertraglichen Grundlage mit dem Arbeitgeber.[1389] Die Zulässigkeit der Einbeziehung Dritter in die Ausübung der Arbeitgeberfunktionen ergibt sich auch aus der Anerkennung von (echten) Betriebsführungsverträgen,[1390] auf deren Grundlage der Betriebsführer (Einzelkaufmann oder Betriebsführungsgesellschaft) den gesamten Betrieb als Vertreter des Arbeitgebers in dessen Namen leitet.[1391]

625 Ob die Wahrnehmung von Weisungsrechten durch die Matrixmanager zivilrechtlich durch Delegation oder eine Ausübungsermächtigung erfolgt, wenn innerhalb des Konzerns betriebstechnische Zwecke jeweils in gemeinsamen Interesse verfolgt werden, kann

---

[1386] *Berger* Matrixkonzern S. 169.
[1387] Ausf. *Berger* Matrixkonzern S. 164 ff.
[1388] *Konzen* Unternehmensaufspaltungen S. 64; *Windbichler* Konzernarbeitsrecht S. 351 f.
[1389] *Konzen* Unternehmensaufspaltungen S. 64.
[1390] Beim „echten" Betriebsführungsvertrag tritt der Betriebsführer aufgrund einer Vollmacht des Betriebsinhabers im fremden Namen auf, während der Betriebsführer bei einem „unechten" Betriebsführungsvertrag im eigenen Namen auftritt, vgl. *Rieble* NZA 2010, 1145 (1146); *Wagenhals* Betriebsführungsvertrag S. 13; MüKoAktG/*Altmeppen* § 292 Rn. 143 f.
[1391] *Berger* Matrixkonzern S. 165 *Konzen* Unternehmensaufspaltungen S. 64.

an dieser Stelle dahinstehen, da jedenfalls die **Zurechnung der Maßnahmen zum Vertragsarbeitgeber** erfolgt. Die Zurechnung der Leitungsmaßnahmen des Matrixmanagements führt betriebsverfassungsrechtlich dazu, dass die Leitungsmaßnahmen der Matrixmanager in den Konzernunternehmen, in deren Arbeitsorganisation sich diese **konkret auswirken,** auch die entsprechenden **Beteiligungsrechte der dort errichteten Arbeitnehmervertretungsorgane** auslösen.[1392]

Die **Übertragung der Arbeitgeberfunktionen** auf einen „arbeitgeberinternen" oder externen Dritten durch eine Ermächtigung oder Bevollmächtigung **lässt die** betriebsverfassungsrechtlichen **Beteiligungsrechte** und deren materielle Wirksamkeit grundsätzlich **unberührt.** Der Arbeitgeber kann Einschränkungen seiner Entscheidungsmacht durch die im BetrVG geregelten Beteiligungsrechte nicht dadurch umgehen, dass er Arbeitgeberfunktionen an Bevollmächtigte delegiert.[1393] Soweit die arbeitgeberseitigen Maßnahmen der betrieblichen Mitbestimmung unterliegen, ist auch ein Bevollmächtigter an die Einschränkungen durch das BetrVG gebunden.[1394] Gegenüber dem Betriebsrat und Organen der Betriebsverfassung bleibt indessen stets der Arbeitgeber als originärer Inhaber der Arbeitgeberfunktionen[1395] verpflichtet. Er hat **sicherzustellen,** dass die ihm obliegenden **betriebsverfassungsrechtlichen Pflichten** ungeachtet der Delegation der Arbeitgeberfunktionen beachtet **und erfüllt werden.** Bezieht der Arbeitgeber einen Bevollmächtigten in mitbestimmungsrechtlich relevante Arbeitgeberfunktionen ein, muss er sich an dieser Organisationsentscheidung festhalten lassen und den Bevollmächtigten zur Erfüllung der betriebsverfassungsrechtlichen Pflichten gegenüber dem Betriebsrat anhalten.[1396] Dabei ist zu beachten, dass sich der **Arbeitgeber** auch bei der Erfüllung seiner konkreten betriebsverfassungsrechtlichen Pflichten gegenüber dem Betriebsrat durch einen Stellvertreter[1397] **vertreten lassen kann.**[1398] Dies ergibt sich bereits aus den §§ 43 Abs. 2 S. 3, 108 Abs. 2 S. 1 BetrVG, in denen die Möglichkeit des Arbeitgebers geregelt ist, seine betriebsverfassungsrechtlichen Pflichten durch einen Vertreter zu erfüllen.[1399]

626

Bedürfen die **Maßnahmen des Matrixmanagements einer betrieblichen Umsetzung,** wie zB bei einer Reorganisation, lassen sich die nachgelagerten betrieblichen Maßnahmen im Verantwortungsbereich der als Schnittstellen zwischen Matrix und lokaler betrieblicher Organisation agierenden Manager steuern. Wirken sich Maßnahmen des Matrixmanagements direkt in den Betrieben aus, wie zB bei der Durchführung einer Online-Befragung, müssen die Entscheidungsprozesse des Matrixmanagements gewährleisten, dass die Anforderungen an eine Umsetzung in den einzelnen betroffenen Betrieben abgefragt bzw. berichtet werden.

627

In der Konzernleitung wird das unternehmerische Konzept festgelegt, den Service und die Betreuung der IT Systeme in „Shared-Service Centern" zu bündeln und die IT Service Einheiten in den Konzerngesellschaften entsprechend zu verlagern und zu verkleinern, so

628

[1392] *Berger* Matrixkonzern S. 165.
[1393] *Windbichler* Konzernarbeitsrecht S. 352.
[1394] *Windbichler* Konzernarbeitsrecht S. 83 (352).
[1395] *Windbichler* Konzernarbeitsrecht S. 351.
[1396] Zur vergleichbaren Situation beim (echten) Betriebsführungsvertrag, bei dem der Betriebsführer ebenfalls als Bevollmächtigter des Arbeitgebers (Betriebsinhaber) handelt, vgl. *Windbichler* Konzernarbeitsrecht S. 351 f.; *Wagenhals* Betriebsführungsvertrag S. 59; *Zöllner* ZfA 1983, 93 (97); im Ergebnis auch *Birk* ZGR 1984, 23 (52).
[1397] Streitig ist insofern lediglich, ob eine Vertretung nur durch betriebsangehörige Personen (so *Fitting* § 1 Rn. 240; GK-BetrVG/*Franzen* § 1 Rn. 94) oder durch jede beliebige Person und somit auch durch betriebsfremde Personen zulässig ist (so zutreffend *Windbichler* Konzernarbeitsrecht S. 349 (Fn. 82); *Hrubesch* betriebsratsfähige Einheit S. 192: „jede beliebige Person"; in diesem Sinne wohl auch *Hromadka/Maschmann* ArbR Bd. 2 § 16 Rn. 51, wonach für die Vertretung des Arbeitgebers im Rahmen der Betriebsverfassung die „allgemeinen Regeln gelten").
[1398] BAG 11.12.1991 – 7 ABR 16/91, AP BetrVG 1972 § 90 Nr. 2; *Fitting* § 1 Rn. 240; GK-BetrVG/*Franzen* § 1 Rn. 94; *Hromadka/Maschmann* ArbR Bd. 2 § 16 Rn. 51 f.; *Hrubesch* betriebsratsfähige Einheit S. 192; *Windbichler* Konzernarbeitsrecht S. 349.
[1399] *Windbichler* Konzernarbeitsrecht S. 349.

auch am Standort München. Die Leitungsmaßnahmen zur Umsetzung werden durch den Matrixmanager der Leiter IT Services in die Betriebe getragen. Die aus der unternehmerischen Entscheidung abgeleiteten Maßnahmen in den einzelnen Betrieben setzen aber nicht die Matrixmanager selbst um, sondern in erster Linie die Führungskräfte vor Ort, darunter der Leiter IT München. Dieser steht in einem Arbeitsverhältnis zur Gesellschaft in München und berichtet funktional an den Matrixmanager Leiter IT Services. Er ist die Schnittstelle aus der Gesellschaft in München in die funktionale Matrixlinie in das Konzernmanagement IT Services und als solcher der verantwortliche Ansprechpartner für den Betriebsrat in München. Damit verbunden ist die Verpflichtung gegenüber dem Arbeitgeber, für die Einhaltung der betriebsverfassungsrechtlichen Pflichten zu sorgen und die Verpflichtung gegenüber dem Matrixmanager, alle (mitbestimmungsrechtlichen) Voraussetzungen für die Umsetzung der Reorganisation in seiner Gesellschaft zu schaffen.

629   Ist der **Matrixmanager** im Einzelfall **nicht verfügbar,** ist jedenfalls sicherzustellen, dass der Arbeitnehmervertretung ein hinreichend informierter und entscheidungsbefugter Vertreter des Matrixmanagers präsentiert wird.

b) Effektive Aufgabenverteilung in der Mitbestimmung (Delegation of authority + tasks)

630   Dem **lokalen Betriebsrat** steht nach der betriebsverfassungsrechtlichen Ordnung jeweils der **Betriebsinhaber** als Arbeitgeber gegenüber. Die Konzernunternehmen müssen sich bei der Erfüllung ihrer betriebsverfassungsrechtlichen Pflichten an dieser Organisationsvorgabe festhalten lassen und der zuständigen Arbeitnehmervertretung den für die jeweilige Angelegenheit kompetenten Matrixmanager als ihren **Vertreter** dh Ansprech- und Verhandlungspartner **zur Verfügung stellen.**[1400]

631   Der Grundsatz der vertrauensvollen Zusammenarbeit in § 2 Abs. 1 BetrVG und das betriebsverfassungsrechtliche Behinderungsverbot nach § 78 BetrVG erlaubt es dem Betriebsrat, vom Arbeitgeber eine Wahrnehmung der Beteiligungsrechte durch **Personen** zu fordern, die gegenüber den Arbeitnehmervertretern **aussage- und verhandlungsfähig** sind.[1401] Das bedeutet für den Arbeitgeber, dass er dem Betriebsrat nur solche Ansprech- und Verhandlungspartner als seinen Vertreter gegenüberstellt, die über die notwendige Sachkenntnis und Entscheidungsbefugnis verfügen, um die Beteiligungsrechte des Betriebsrats wirksam zu erfüllen.[1402] Denn der Betriebsrat hat nur dann effektive Einwirkungsmöglichkeiten, wenn er die Beteiligungsrechte unmittelbar gegenüber derjenigen Stelle geltend machen kann, deren Entscheidung er letztlich beeinflussen soll.[1403]

632   Das gilt auch für die Einbeziehung der Matrixmanager in die Arbeitgeberfunktionen der Unternehmen innerhalb der Matrixorganisation. **Überlagern sich verschiedene Organisationsbereiche,** wie dies typischerweise im matrixorganisierten Konzern der Fall ist, beispielsweise Geschäftsbereichs- und Standortleitung, **muss der Arbeitgeber für die lokalen Auswirkungen in seinem Betrieb die Verantwortlichkeiten ent-**

[1400] *Berger* Matrixkonzern S. 169.
[1401] *Windbichler* Konzernarbeitsrecht S. 349; ähnlich *Birk* Leitungsmacht S. 174, der wegen des Gebots der vertrauensvollen Zusammenarbeit ebenfalls auf gewisse Einschränkungen bei der Zulässigkeit einer Stellvertretung des Arbeitgebers hinweist.
[1402] *Joost* Betrieb und Unternehmen S. 248; *Hrubesch* betriebsratsfähige Einheit S. 194; großzügiger *Fitting* § 1 Rn. 240 und GK-BetrVG/*Franzen* § 1 Rn. 84 unter Verweis auf BAG 11.12.1991 – 7 ABR 16/91, AP BetrVG 1972 § 90 Nr. 2: Der Verhandlungspartner müsse jedenfalls über die erforderliche Sachkenntnis verfügen. Ob er darüber hinaus auch Entscheidungskompetenzen haben müsse, hänge von der Art des Beteiligungsrechts und dem Stand der Verhandlungen ab; ähnlich *Windbichler* Konzernarbeitsrecht S. 349, die Sachkenntnis und wenigstens eine Vorentscheidungsbefugnis des Vertreters verlangt, unter Hinweis auf *Rancke* Betriebsverfassung S. 228f., dessen empirische Untersuchungen ergeben haben, dass in der Praxis idR nach diesem Grundsatz verfahren wird.
[1403] Dies gilt insbesondere im Hinblick auf betriebsverfassungsrechtliche Anhörungsrechte und Informationspflichten, vgl. *Hrubesch* betriebsratsfähige Einheit S. 194; *Joost* Betrieb und Unternehmen S. 248.

sprechend ordnen: Er muss dem (Gesamt-)Betriebsrat den jeweils zuständigen Entscheidungsträger als Ansprech- und Verhandlungspartner präsentieren, der über die erforderlichen Informationen und Entscheidungskompetenzen verfügt.[1404]

633 Diese **Koordinierungsfunktion** können zum Beispiel die **Personalabteilungen** haben. Konzernorganisationen sind daher häufig so organisiert, dass eine Personalbetreuung des Managements sowohl auf der Ebene der übergeordnet verantwortlichen Matrixmanager oder der Konzernleitung stattfindet, wie auch auf der Ebene der Betriebe und der als Schnittstelle fungierenden lokal verantwortlichen Manager. Die **Personaladministration ist dann entlang der funktionalen Linie, die eine Entscheidung oder Maßnahme vornimmt, aufgestellt** und kann sowohl die Beteiligung der Arbeitnehmervertretungen im Betrieb unterstützen und arbeitgeberseitig sicherstellen, als auch die Berücksichtigung der damit verbundenen Anforderungen an die unternehmerische Vorgehensweise in die Ebene der Matrixmanager transportieren.

634 Trifft also ein **Matrixmanager** für die Arbeitnehmer, die ihm im Zuge der funktionalen Aufgabensteuerung in den Betrieben der Konzernunternehmen unterstellt sind, eine mitbestimmungspflichtige Entscheidung und eine entsprechende Leitungsmaßnahme, hat er die gesetzlichen **Beteiligungsrechte der Betriebsräte in den betreffenden Betrieben zu beachten** und diese im Namen des jeweiligen Konzernunternehmens zu wahren.[1405] Ist der Matrixmanager im Einzelfall nicht als Ansprechpartner verfügbar, beispielsweise weil er im Ausland sitzt oder seine umfassenden Aufgaben eine Auseinandersetzung mit den (Gesamt-)Betriebsräten der verschiedenen Konzernunternehmen nicht zulassen, hat das jeweilige Konzernunternehmen als betriebsverfassungsrechtlicher Arbeitgeber sicherzustellen, dass dem (Gesamt-)Betriebsrat zumindest ein hinreichend informierter und entscheidungsbefugter Vertreter anstelle des Matrixmanagers zur Verfügung gestellt wird.[1406] Das wird idR der in der funktionalen Linie an der Schnittstelle zur Betriebsebene stehende lokale Manager sein.

635 Für **Matrixorganisationen** ist kennzeichnend, dass die Entscheidungsträger, aus deren Entscheidungen sich mitbestimmungspflichtige Sachverhalte ableiten und der Ansprechpartner des Betriebsrates, nämlich die Leitung des Betriebes, in dem sich die Sachverhalte vollziehen, nicht identisch sind, sondern organisatorisch getrennt. Die **maßgebliche Entscheidung,** zu deren Beeinflussung der Betriebsrat seine Mitbestimmung wahrnehmen soll, **wird idR nicht im Betrieb getroffen.** Die Entscheidungsträger folgen der funktionalen Linie und sind in anderen Gesellschaften bzw. der Konzernführungsgesellschaft beheimatet, in denen die Entscheidungsträger der Funktionslinien gebündelt sind und dort die Leitung einer Matrixzelle, die Konzernleitung oder eine Divisionsleitung bilden. Der Betrieb leitet sich aber nicht aus dieser funktionalen Führungslinie ab, sondern ist dort gebildet, wo der arbeitstechnische Zweck gebündelt ist (→ Rn. 369 ff.), wenn auch unter Führung des Matrixmanagers von außen. Die Mitbestimmungsrechte des Betriebsrates, vor allem in den sozialen Angelegenheiten sollen die Arbeitnehmer an den Entscheidungen des Arbeitgebers mit Auswirkungen auf die Arbeitsbedingungen angemessen beteiligen[1407]

[1404] *Windbichler* Konzernarbeitsrecht S. 349 f.
[1405] In diesem Sinne auch *Krause* Verhandlungen B 91 f., der zutreffend feststellt, dass sich in Organisationsstrukturen ohne eindeutig lokalisierbares Machtzentrum gegebenenfalls verschiedene arbeitgeberseitige Entscheidungsträger mit ein- und demselben Betriebsrat auseinandersetzen müssen.
[1406] Die Funktion, solche Prozesse sicherzustellen, kommt in vielen Konzern auch der Personalorganisationen zu, entweder in dem die Leitungsteams der Matrixmanager einen zugeordneten Personalleiter oder sog. Businesspartner haben oder hierfür Stabsfunktionen „Employee bzw. Labor Relations" eingerichtet sind. In diesem Sinne auch *Weller* AuA 2013, 344 (345 f.), der für die Einrichtung einer zentralen Position „Sozialpartnerkontakte" plädiert, die die Kommunikation mit den Betriebsräten der Konzernunternehmen steuert und weitgehend über die Pläne der Matrixmanager informiert ist.
[1407] Richardi BetrVG/*Richardi* § 87 Rn. 8.

636 **Beispiel Arbeitnehmerbefragung**

In der Konzernmuttergesellschaft in Frankreich sind die globalen Managementfunktionen der verschiedenen Matrixlinien zusammengeführt und bilden dort die Konzernführung. In dieser Gesellschaft findet sich eine mit den weltweiten strategischen Personalfragen beauftragte Personalverwaltung. Diese führt im Auftrag der Konzernführung regelmäßig weltweite Mitarbeiterbefragungen zur Evaluierung der Arbeitnehmerzufriedenheit und dem Anklang verschiedener personalpolitischer Initiativen durch. Dabei wird auch nach Führungsverhalten und -leistung der Führungskräfte gefragt. Die Befragung erfolgt online, die Fragen sind weltweit einheitlich. Die Arbeitnehmer werden zu Beginn der Befragungen per E-Mail informiert und erhalten die Zugänge zu dem Befragungsportal. Die Auswertungen werden den Führungskräften und Matrixmanagern in funktionaler Linie zur Verfügung gestellt.

637 Die Mitbestimmungspflicht nach § 87 Abs. 1 Nr. 1, Nr. 6 BetrVG unterstellt, sind in den einzelnen Betrieben des Konzerns mitbestimmte Regel zu schaffen. Je nach technischer Ausgestaltung kommt für einzelne Themen die Zuständigkeit eines Gesamt – oder Konzernbetriebsrates in Betracht. Die auf Seiten der Konzernunternehmen „**auskunfts- und verhandlungsfähigen**" Ansprechpartner werden sich aber in der **Konzernleitung** finden, weniger in den mit den Mitbestimmungsfragen befassten Betrieben.

638 Dem **Vertragsarbeitgeber,** im besten Fall ist das der **Leiter des betroffenen Betriebes,** sind die **Handlungen der Konzernmutter wie des Matrixmanagements zuzurechnen.** Die Beteiligungsrechte des Betriebsrates richten sich gegen den Inhaber des Betriebes, der aber für Entscheidungen aus dem Matrixmanagement oder der Konzernführung nicht immer verhandlungsfähig ist, sondern in eine Vermittlerrolle zwischen dem Entscheidungsträger und dem zuständigen Betriebsrat gerät.[1408] Der **Betriebsrat** kann seinerseits keine direkte Einbindung durch den Entscheidungsträger erzwingen, sondern muss sich dazu an die **Leitung des Betriebs halten,** für den er gebildet ist. Die **Matrixorganisation muss daher gewährleisten,** dass die arbeitgeberseitigen Verpflichtungen zur **Wahrung der Mitbestimmungs- und Beteiligungsrechte** des Betriebsrates jeweils beachtet werden und rechtzeitig eingehalten werden können.

639 Die **Verantwortung** für die Einhaltung dieser Pflichten muss arbeitgeberseitig meist **lokal** erfolgen, das heißt mit einer Verantwortlichkeit innerhalb der Matrixgesellschaften aufgestellt sein. Einer arbeitgeberseitigen Steuerung nahe der Ebene der Mitbestimmung, also auf der **Ebene des Betriebes oder der Matrixgesellschaft,** bedarf es vor allem aufgrund der in der Betriebsverfassung angelegten Besonderheiten der Zusammenarbeit von Betriebsrat und Arbeitgeber. Die Vielseitigkeit der Themen, in denen der Betriebsrat zu informieren, zu unterrichten oder anzuhören ist, mitbestimmt oder sogar Initiativrechte wahrnimmt, führt dazu, dass relevante Themen und Entwicklungen in aller Regel verschiedene Beteiligungsrechte auslösen, Querverbindungen zu anderen Themen bestehen, die zum einen von zwar funktional steuernden, aber entfernten Einheiten der Matrix nicht überblickt werden können. Zum anderen werden in der betrieblichen Situation regelmäßig Themen mit Betriebsratsbeteiligung die Verantwortungsbereiche verschiedener funktionaler Matrixlinien betreffen. Eine **Abstimmung** oder Koordination **auf höheren Ebenen** der Konzernführung unter verschiedenen Matrixlinien ist **nicht praktikabel.** Die funktionale Steuerung der Matrixzellen ist nicht auf die Abstimmung innerhalb der betrieblichen Ebenen ausgerichtet, außerdem wird es dabei zu Zielkonflikten kommen, wenn Themen mit Betriebsratsbeteiligung sich gegenseitig behindern.

[1408] Vgl. *Schumacher* NZA 2015, 587.

6. Verletzung von Beteiligungsrechten des Betriebsrates

Der Betriebsrat kann Mitbestimmungsrechte mit den Rechtsbehelfen des Betriebsverfassungsgesetzes durchsetzen und die Verletzung betriebsverfassungsrechtlicher Pflichten rügen. **Adressat** ist jeweils der Arbeitgeber als der **Inhaber des jeweiligen Betriebes,** für den die Arbeitnehmervertretung errichtet ist. Stellt das jeweilige Konzernunternehmen dem Betriebsrat entgegen diesen Grundsätzen keinen hinreichend informierten und kompetenten Verhandlungspartner als seinen Vertreter zur Verfügung, kann der Betriebsrat seine gesetzlichen Beteiligungsrechte gegenüber dem Konzernunternehmen im arbeitsgerichtlichen Beschlussverfahren oder einem Einigungsstellenverfahren[1409] durchsetzen. Sowohl der Antrag im arbeitsgerichtlichen Beschlussverfahren als auch die Anträge zur Einleitung eines Einigungsstellenverfahrens sind gegenüber dem Rechtsträger des Betriebs[1410] zu stellen, mithin **gegenüber dem jeweiligen Konzernunternehmen.** Gleiches gilt für den Antrag beim Arbeitsgericht gemäß § 76 Abs. 2 S. 2 und S. 3 BetrVG über die Besetzung der Einigungsstelle, wenn in dem „vorgeschalteten Einigungsverfahren zur Bildung der Einigungsstelle[1411] keine Einigung über die Person des Vorsitzenden oder die Zahl der Beisitzer erzielt wird[1412]. Dem (Konzern-/Gesamt-) Betriebsrat steht folglich mit dem Konzernunternehmen stets ein Adressat für die Durchsetzung der gesetzlichen Beteiligungsrechte zur Verfügung, und zwar **auch dann, wenn die relevanten Arbeitgeberfunktionen** von den **Matrixmanagern** als „externe" Vertreter **ausgeübt** werden.

640

Gleiches gilt, wenn sich die **Matrixmanager** bei der Ausübung der Arbeitgeberfunktionen in den Konzernunternehmen **gegen die Beteiligungsrechte der dort errichteten Arbeitnehmervertretungen hinwegsetzen.** Der Betriebsrat muss Verstöße gegen seine Beteiligungsrechte keinesfalls dulden, (nur) weil diese von externen Bevollmächtigten des Arbeitgebers, hier den Matrixmanagern, begangen werden. Zwar kann der Betriebsrat den Matrixmanager nicht direkt belangen. Das jeweils als betriebsverfassungsrechtlicher Arbeitgeber und Vollmachtgeber auftretende Konzernunternehmen muss sich aber die Verstöße der Matrixmanager ebenso wie das Verhalten von eigenen Angestellten nach § 164 Abs. 1 S. 1 letzter Hs. 1 BGB zurechnen lassen.[1413] Der (Konzern-/Gesamt-) Betriebsrat kann die Beachtung seiner Beteiligungsrechte daher gegenüber dem jeweils als Arbeitgeber auftretenden Konzernunternehmen geltend machen und gegebenenfalls in einem arbeitsrechtsgerichtlichen Beschlussverfahren oder einem Einigungsstellenverfahren durchsetzen. Führen etwa die Matrixmanager, die für die Entwicklung eines neuen Produkts verantwortlich sind, eine mitbestimmungspflichtige Mitarbeiterbefragung bei allen hieran beteiligten Arbeitnehmern der verschiedenen Konzernunternehmen durch, ohne die dort errichteten Betriebsräte zu beteiligen, richten sich die betriebsverfassungsrechtlichen Abwehrrechte des Betriebsrates, zB der **Unterlassungsanspruch, gegen die einzelnen Konzernunternehmen** und können gegenüber diesen gegebenenfalls in einem arbeitsgerichtlichen Beschlussverfahren durchgesetzt werden[1414].

641

Die Instrumente des Betriebsrates aus dem Betriebsverfassungsgesetz zur Durchsetzung seiner Beteiligungsrechte gewährleisten auch im matrixorganisierten Konzern einen hinreichenden Schutz, wenn relevante Arbeitgeberfunktionen von den Matrixmanagern als „externe" Vertreter der Konzernunternehmen ausgeübt werden.

642

[1409] Vgl. *Joost* Betrieb und Unternehmen S. 248.
[1410] Vgl. *Wißmann* NZA 2001, 409 (410), zur betriebsverfassungsrechtlichen Verpflichtung der beteiligten Arbeitgeber eines gemeinsamen Betriebs.
[1411] *Faulenbach* NZA 2012, 953.
[1412] BeckOK ArbR/*Werner* BetrVG § 76 Rn. 22.
[1413] *Windbichler* Konzernarbeitsrecht S. 352; vgl. auch *Wagenhals* Betriebsführungsvertrag S. 59 f., zur Rechtslage beim echten Betriebsführungsvertrag bei Verstößen des Betriebsführers, der – wie hier die Matrixmanager – im Namen des Betriebsinhabers handelt.
[1414] Vgl. *Weller* AuA 2013, 344 (346 f.).

643 Einen eigenen **Unterlassungsanspruch des Europäischen Betriebsrates** hinsichtlich seiner Beteiligungsrechte lehnt die Rechtsprechung ab.[1415] Es wird aber vertreten, dass der Europäische Betriebsrat seine Ansprüche auf Unterrichtung und Anhörung mit einer verpflichtenden einstweiligen Verfügung sichern kann.[1416]

VIII. Anwendbare Betriebsvereinbarungen

1. Tätigkeit im Betrieb der Anstellungs-Matrixgesellschaft

644 Die Anwendung der betriebsverfassungsrechtlichen Regeln wird im Betriebsverfassungsgesetz nach der Ordnung der dem Betrieb angehörenden Arbeitnehmer beschrieben. Wesentliche Vorfrage für die Geltung der Betriebsvereinbarungen ist also die Betriebszugehörigkeit der Arbeitnehmer. Die **Betriebszugehörigkeit der Arbeitnehmer** im matrixorganisierten Konzern ist **abhängig von der Art des „matrixspezifischen" Arbeitseinsatzes** differenziert zu beurteilen. Erschöpft sich der Matrixbezug darin, dass der Arbeitnehmer bei der Erbringung der Arbeitsleistung in der Betriebsorganisation seines Vertragsarbeitgebers der übergeordneten funktionalen Leitung der Matrixmanager unterstellt ist, ist die Betriebszugehörigkeit unproblematisch nach den Grundsätzen der **„Zwei-Komponenten-Lehre"** im (Stamm-)Betrieb des Vertragsarbeitgebers gegeben.[1417] Dies gilt grundsätzlich auch dann, wenn der Arbeitnehmer in der Matrixzelle an unternehmensübergreifenden Projekten mitarbeitet und die unternehmensübergreifende Zusammenarbeit so gestaltet ist, dass in den kooperierenden Betrieben jeweils Teilaufgaben in den dort eingerichteten Arbeitsabläufen erbracht werden. Die Beteiligung an der unternehmensübergreifenden Zusammenarbeit in der Matrixzelle ist dann der arbeitstechnischen Zwecksetzung und der Betriebsorganisation der kooperierenden Betriebe zuzuordnen.

2. Betriebs-/Unternehmensübergreifende Tätigkeit

645 Wenn sich die Tätigkeit des Arbeitnehmers unternehmensübergreifend auf übergeordnete **Projektaufgaben** bezieht, die unabhängig von der Arbeitsorganisation der „realen" Betriebe der Konzernunternehmen in **einer rein virtuellen Arbeitsorganisation** stattfindet, sind diese „Projekteinheiten" idR **nur vorübergehend.** Selbst wenn diese Arbeitnehmer (vorübergehend) in die Betriebsorganisation anderer Konzerngesellschaften integriert werden, erfüllen sie die Voraussetzung der Betriebszugehörigkeit in Bezug auf den Betrieb der Einsatzgesellschaft idR nicht. Sie haben zumeist nur ein Arbeitsverhältnis im Konzern, und zwar zu der Konzerngesellschaft, mit der sie einen Arbeitsvertrag abgeschlossen haben (dies ist auch der Regelfall der Konzernleihe).[1418]

646 Die Einbindung in die Matrixorganisation kann aber auch dergestalt erfolgen, dass der Arbeitnehmer in dem Betrieb eines arbeitgeberfremden Konzernunternehmens (Drittunternehmen) eingesetzt wird. Ein Anwendungsfall dieser Form des **drittbezogenen Personaleinsatzes im matrixorganisierten Konzern** ist die Anstellung bei einer konzerninternen Personalführungsgesellschaft, die den alleinigen Zweck verfolgt, den operativen Konzernunternehmen Arbeitnehmer für den Einsatz in der Matrixorganisation zur Verfügung zu stellen. Dasselbe gilt bei einer „pro forma"-Anstellung bei einem operativen Konzernunternehmen, ohne dass eine Tätigkeit für dieses Unternehmen beabsichtigt ist,

---

[1415] Dafür Schaub ArbR-HdB/*Koch* § 256 Rn. 22; dagegen LAG BW 12.10.2015 – 9 TaBV 2/15, NZA-RR 2016, 358; LAG Köln 8.9.2011 – 13 Ta 267/11, BB 2012, 197.
[1416] *Fitting* EBRG Rn. 90a.
[1417] *Berger* Matrixkonzern S. 186.
[1418] Vgl. *Bauer/Herzberg* NZA 2011, 713; *Neufeld* AuA 2012, 219; *Neufeld/Michels* KSzW 2012, 49.

weil die arbeitsvertraglich geschuldete Tätigkeit in der Matrixorganisation für ein oder mehrere andere Konzernunternehmen erbracht werden soll.

In diesen Fällen ist der Arbeitnehmer nach den Grundsätzen der betriebsverfassungsrechtlichen Behandlung der Arbeitnehmerüberlassung sowohl im „entsendenden" Stammbetrieb des Vertragsarbeitgebers als auch im Einsatzbetrieb des Drittunternehmens (Entleiherbetrieb) betriebszugehörig. Der **„Matrixeinsatz"** ist auch dann als **Arbeitnehmerüberlassung** zu qualifizieren, wenn dem Arbeitnehmer unter der Leitung der Matrixmanager Arbeitsaufgaben zugewiesen werden, die dem arbeitstechnischen Zweck eines fremden Betriebs dienen und der Arbeitnehmer dabei in die Arbeitsorganisation des fremden Betriebs integriert wird, ohne dass ein (zusätzliches) Arbeitsverhältnis mit dem Drittunternehmen begründet wird[1419]. 647

Im Hinblick auf die Frage der **Geltung von im Einsatzbetrieb vereinbarten Betriebsvereinbarungen** ist danach zu differenzieren, ob der Regelungsgegenstand Fragen der **Durchführung** des Arbeitsverhältnisses oder dessen **vertragliche Grundlage** betrifft. Schließt die vertragsschließende bzw. die entsendende Konzerngesellschaft mit dem bei ihr errichteten Betriebsrat in Ausübung eines Mitbestimmungstatbestands eine Betriebsvereinbarung, hinsichtlich derer auch in Bezug auf die überlassenen Konzernmitarbeiter eine Betriebsratszuständigkeit begründet ist, gilt diese gleichermaßen für den überlassenen Arbeitnehmer.[1420] 648

Eine **zweifache (oder sogar mehrfache) Betriebszugehörigkeit** ist durch das BetrVG **nicht ausgeschlossen** und in der Arbeitnehmerüberlassung vom Gesetzgeber planmäßig vorgesehen.[1421] In den Fällen der Arbeitnehmerüberlassung tritt die Besonderheit hinzu, dass sich die Zugehörigkeiten zum Verleiher- und Entleiherbetrieb überlagern. Doch auch eine zeitlich sich überlagernde **doppelte Betriebszugehörigkeit** ist mit dem Betriebsverfassungsgesetz vereinbar. Es handelt sich um eine betriebsverfassungsrechtliche Konsequenz aus der individualrechtlichen Aufspaltung der Arbeitgeberbefugnisse[1422]. Die doppelte Betriebszugehörigkeit ist von einer **partiellen Betriebszugehörigkeit** zu unterscheiden. Denn es wird nicht streng zwischen der grundsätzlichen betriebsverfassungsrechtlichen Zuordnung und den sich aus ihr ergebenden Rechtsfolgen unterschieden. Ein Arbeitnehmer gehört entweder einem Betrieb an, oder er gehört ihm nicht an; der persönliche Geltungsbereich des BetrVG ist prinzipiell nicht teilbar.[1423] 649

Ist der **Arbeitnehmer** ständig **mehreren Betrieben zugeordnet,** kann der jeweilige Betriebsrat sämtliche Mitwirkungsrechte bezogen auf den Mitarbeiter ausüben. Gleichermaßen **unterliegt der Arbeitnehmer sämtlichen im jeweiligen Betrieb geltenden Betriebsvereinbarungen.** Diese finden – bezogen auf das jeweilige Arbeitsverhältnis – unmittelbar und zwingend Anwendung.[1424] 650

Bei einer **matrixtypischen unternehmensübergreifenden Tätigkeit,** bei der die Arbeitnehmer grundsätzlich aus einer vertragsschließenden Einheit durch flexible Zuordnung in einer funktionalen Matrixlinie oder die Übernahme von Aufgaben tätig werden, muss aber differenziert werden. Als **Orientierung** wird auch dabei **§ 14 AÜG** gesehen. Da wie in den Fällen der Arbeitnehmerüberlassung die arbeitsrechtliche Grundlage der Tätigkeit in der Arbeitsvertragsbeziehung zum Vertragsarbeitgeber liegt, wird auf diese Grundsätze entsprechend zurückgegriffen.[1425] Die Beteiligungsrechte werden dann ent- 651

[1419] *Berger* Matrixkonzern S. 195.
[1420] *Lambrich/Schwab* NZA-RR 2013, 169.
[1421] Nach der Gesetzesbegründung zu § 14 AÜG gebietet die Schutzfunktion der Betriebsverfassung eine doppelte Zuordnung der Leiharbeitnehmer, BT-Drs.9/847, S. 8.
[1422] Schüren/Hamann/*Hamann* AÜG § 14 Rn. 502.
[1423] Schüren/Hamann/*Hamann* AÜG § 14 Rn. 46.
[1424] *Lambrich/Schwab* NZA-RR 2013, 169.
[1425] *Windbichler* Konzernarbeitsrecht S. 278, Braun/Wisskirchen/*Braun/Schreiner* Konzernarbeitsrecht Teil I Abschn. 2 Rn. 65.

sprechend ihrem Sinn und Zweck zum Teil im Beschäftigungsbetrieb und zum Teil im Betrieb des Vertragsarbeitgebers relevant.

652 **Betriebsvereinbarungen,** die Ansprüche und Regelungen beinhalten, die sich auf den **Leistungsaustausch** zwischen (vertragsschließenden) Arbeitgeber und Arbeitnehmer beziehen und deren Geltendmachung die arbeitsvertragliche Beziehung voraussetzen, müssen dann dem **Betriebsrat beim Vertragsarbeitgeber** vorbehalten bleiben.

653 **Betreffen Regelungen** einer Betriebsvereinbarung im Einsatzbetrieb das **Grundverhältnis des Arbeitsverhältnisses,** also Regelungsgegenstände, die nicht auf eine andere Konzerngesellschaft übertragen werden können, sondern beim **Vertragsarbeitgeber** verbleiben müssen, entfaltet die Betriebsvereinbarung keine unmittelbare und zwingende Wirkung gegenüber dem überlassenen Arbeitnehmer. Entsprechendes gilt auch für den Abschluss freiwilliger Betriebsvereinbarungen nach § 88 BetrVG. Auch hier ist danach zu differenzieren, ob der Inhalt der Betriebsvereinbarung die Durchführung oder das Grundverhältnis des Arbeitsverhältnisses betrifft. Letzteres schließt die Geltung der Betriebsvereinbarung aus.[1426]

654 Dagegen können **Betriebsvereinbarungen,** die sich auf die **Kontrolle der Arbeitsleistung** und des **Direktionsrechts** beziehen, auch vom **Betriebsrat des Einsatzbetriebes** mit Wirkung für die unternehmensübergreifend tätigen Arbeitnehmer geschlossen werden.

3. Kollidierende betriebliche Regelungen

655 Der **Geltungsbereich** von Betriebsvereinbarung, bzw. Gesamt- oder Konzernbetriebsvereinbarungen ist **begrenzt** durch den **Zuständigkeitsbereich** des jeweils beteiligten Arbeitnehmervertretungsgremiums. Für die Frage, welche Arbeitnehmer von ihr erfasst werden, ist also in erster Linie die Betriebszugehörigkeit entscheidend.

656 Zu einer **echten Normenkollision** kann es kommen, wenn sich die **Zuständigkeit** verschiedener Arbeitnehmervertretungen in Bezug auf einen Betrieb oder in Bezug auf einen Arbeitnehmer **überschneidet.** So können in einem Gemeinschaftsunternehmen die Zuständigkeitsbereiche mehrerer Konzernbetriebsräte sich auf das Unternehmen erstrecken, etwa wenn dieses Teil mehrerer Konzerne ist.[1427]

657 Dem wird nach wohl hM mit Hinweis auf die notwendige Rechtssicherheit durch die Anwendung des **Prioritätsprinzips** begegnet. Das heißt, die zuerst geschlossene Vereinbarung genießt Anwendungsvorrang vor den später geschlossenen Vereinbarungen[1428]. Die Lösung nach den **Grundsätzen der Spezialität** oder dem **Günstigkeitsprinzip** ist wenig praktikabel, weil die entsprechenden Regelungen kaum rechtssicher miteinander vergleichbar und abgrenzbar sein werden.[1429]

658 Eine **Normenkollision** kann aber nur dann entstehen, wenn tatsächlich **auch mehrere Konzernbetriebsräte zur Vereinbarung legitimiert waren,** also ein Gesamtbetriebsrat Vertreter in mehrere Konzernbetriebsräte entsenden darf. Diese Möglichkeit erkennt das Bundesarbeitsgericht grundsätzlich an.[1430] Danach gilt bei mehrfacher Abhängigkeit eines (Gemeinschafts-)Unternehmens die widerlegbare Vermutung nach § 18 Abs. 1 S. 3 AktG jedenfalls für den Regelungsbereich der §§ 54 ff. BetrVG. Der Betriebsrat oder Gesamtbetriebsrat des beherrschten Gemeinschaftsunternehmens haben in sol-

---

[1426] *Lambrich/Schwab* NZA-RR 2013, 169.
[1427] Zur Bildung der Konzernbetriebsräte und Abgrenzung bei Normenkollisionen im Gemeinschaftsunternehmen Braun/Wisskirchen/*Braun/Schreiner* Konzernarbeitsrecht Teil I Abschn. 2 Rn. 162 ff.
[1428] Braun/Wisskirchen/*Braun/Schreiner* Konzernarbeitsrecht Teil I Abschn. 2 Rn. 166, *Weiss/Weigand* AG 1993, 97.
[1429] *Weiss/Weigand* AG 1993, 97, Braun/Wisskirchen/*Braun/Schreiner* Konzernarbeitsrecht Teil I Abschn. 2 Rn. 165.
[1430] BAG 30.10.1986 – 6 ABR 19/85, AP BetrVG 1972 § 55 Nr. 1.

chen Fällen ein Entsendungsrecht nach § 5 Abs. 1 BetrVG zum Konzernbetriebsrat.[1431] Diese Grundsätze sollen auch dann gelten, wenn in Gemeinschaftsunternehmen eine Konzernbetriebsvereinbarung mit einer Gesamt- oder Betriebsvereinbarung kollidiert.[1432]

Für die Anwendungsabgrenzung in Bezug auf den einzelnen Arbeitnehmer sind die für den Drittpersonaleinsatz und die Arbeitnehmerüberlassung entwickelten Grundsätze heranzuziehen → Rn. 456. Die Sachverhalte sind also grundsätzlich **nach dem Geltungsbereich und dem Inhalt der jeweiligen Betriebsvereinbarungen einzuordnen.** In Betrieben, die in eine Matrixorganisation eingebunden sind, müssen für Sachverhalte mit Auswirkungen oder Beteiligten Arbeitnehmern über den eigenen Betrieb hinweg, diese Geltungsbereiche von den Betriebsparteien entsprechend sorgfältig beschrieben werden. 659

Der Matrixmanager mit Führungsverantwortung für die Entwicklung einer bestimmten Produktgruppe stellt für die Neuentwicklung einer Produktkomponente ein Team zusammen und will dabei Arbeitnehmer mit besonderen Erfahrungen und Know-how aus seiner gesamten funktionalen Organisation zusammenführen. Im Auswahlprozess sind daher Arbeitnehmer aus verschiedenen Betriebe und Unternehmen betroffen. 660

Bestehen in den verschiedenen Betrieben, in denen der Matrixmanager Arbeitnehmer für sein Vorhaben akquiriert, jeweils Betriebsvereinbarungen zu Auswahlrichtlinien und Bewerbungsprozessen, ist darauf zu achten, dass in diesen Betriebsvereinbarungen **Regelungen für solche matrixüberschreitenden Rekrutierungsprozesse aufgenommen** werden, etwa welche Regelung hier greifen soll: die im Betrieb des Matrixmanagers, der die Auswahlentscheidung trifft oder jene im Betrieb des sich bewerbenden Arbeitnehmer. 661

IX. Betriebsverfassungsrecht in der internationalen Matrixorganisation

In der internationalen Matrixorganisation stellen sich in betriebsverfassungsrechtlicher Hinsicht mehrere Fragen. Schwerpunktmäßig sind **Zuständigkeit und Beteiligungsrechte des inländischen Betriebsrats** in Bezug auf die Mitarbeiter zu klären, deren Tätigkeit einen matrixbedingten Auslandsbezug, in welcher Form auch immer, hat. Besondere Bedeutung erlangt auch im internationalen Kontext die für die Matrix konstitutive Gestaltung des Auseinanderfallens von Weisungsrechten und Arbeitsvertragsbeziehungen. Dies kann Auswirkungen auf die Beurteilung der Frage haben, ob überhaupt ein **Betrieb** iSd deutschen Betriebsverfassungsrechts gegeben ist und welche Arbeitnehmer ihm angehören. Des Weiteren kann gerade die internationale Matrix zu der für den Betriebsrat oft schwierigen Situation führen, dass er sich einem letztlich **nicht entscheidungsbefugten Vertreter auf Arbeitgeberseite** gegenübersieht. Schließlich soll kurz dargestellt werden, welche Auswirkungen eine internationale Matrixorganisation auf die **betriebsverfassungsrechtlichen Strukturen und Gremien** haben kann. 662

1. Zuständigkeit des inländischen Betriebsrats: Territorialitätsprinzip

Die Frage der Zuständigkeit eines nach dem Betriebsverfassungsgesetz gebildeten inländischen Betriebsrats für Arbeitnehmer, deren Tätigkeit einen Auslandsbezug hat oder gar vollständig im Ausland stattfindet, stellt sich bei der Ausübung von Mitbestimmungsrechten in personellen und sozialen Angelegenheiten, aber zB auch bei der Anhörung des Betriebsrats vor einer Kündigung. Anders als beim internationalen Arbeitsvertragsrecht soll im hier zu behandelnden Zusammenhang allerdings nicht die Frage verfolgt werden, welches Betriebsverfassungsrecht anzuwenden ist, ob also beispielsweise nach ausländi- 663

[1431] BAG 30.10.1986 – 6 ABR 19/85, AP BetrVG 1972 § 55 Nr. 1.
[1432] Braun/Wisskirchen/*Braun/Schreiner* Konzernarbeitsrecht Teil I Abschn. 2 Rn. 167, mit Hinweis auf *Weiss/Weigand* AG 1993, 97.

schem Recht gebildete Arbeitnehmervertretungsstrukturen Mitwirkungsrechte bei einem Auslandseinsatz eines Beschäftigten in einem ausländischen Betrieb haben, sondern im Einklang mit der Rechtsprechung des BAG lediglich, ob der inländische, nach **deutschem Betriebsverfassungsgesetz gebildete Betriebsrat Beteiligungsrechte** hat oder nicht (einseitige Anknüpfung).

664 Nach ständiger Rechtsprechung des BAG[1433] gilt für den räumlichen Anwendungsbereich des Betriebsverfassungsgesetzes das **Territorialitätsprinzip:**[1434] Die Anwendung deutschen Betriebsverfassungsrechts setzt einen im Inland belegenen Betrieb voraus. Danach sind als Anknüpfungspunkt für die Anwendung des BetrVG weder die Staatsangehörigkeit von Arbeitgeber und Arbeitnehmer noch das Arbeitsvertragsstatut, sondern allein der **Sitz des Betriebes** maßgebend.[1435] Als Grund für diese Anknüpfung gilt allgemein der Umstand, dass das BetrVG Rechtsbeziehungen regelt, die nicht im Einzelarbeitsvertrag, sondern im kollektiven Miteinander von Arbeitgeber und Betriebsrat wurzeln. Zudem wird die deutsche Betriebsverfassung als eng mit der deutschen Wirtschaftsverfassung verknüpft angesehen; sie erscheine als ein „Stück der allgemeinen Lebensordnung, in der die Bürger der Bundesrepublik Deutschland leben",[1436] und damit als außerhalb dieser Lebensordnung nicht anwendbar. Auf im Ausland gelegene Betriebe ist das BetrVG also nicht anzuwenden.

665 Entscheidend ist der **Betriebs-, nicht der Unternehmenssitz.** Daher gilt die Mitbestimmung nach deutschem Betriebsverfassungsrecht nicht in einer ausländischen Niederlassung eines inländischen Unternehmens, auch dann nicht, wenn der im Ausland gelegene Betrieb, in dem der Arbeitnehmer beschäftigt wird, ein Betriebsteil oder ein Nebenbetrieb eines in Deutschland liegenden Hauptbetriebes ist.[1437] Ebenso wenig gilt deutsches Betriebsverfassungsrecht in den im Ausland gelegenen Betrieben einer ausländischen Muttergesellschaft einer inländischen Konzerngesellschaft. Nach der Rechtsprechung des BAG kann die Geltung des BetrVG – anders als die des KSchG – auch nicht vereinbart werden, es besteht also nicht die im internationalen Arbeitsrecht durchaus zentrale Möglichkeit der Rechtswahl, da das Gesetz an rein tatsächliche Umstände, nämlich den Sitz des Betriebs in Deutschland und die Zugehörigkeit des betroffenen Arbeitnehmers zu diesem Betrieb, anknüpft.[1438]

2. Ausstrahlungswirkung des deutschen Betriebsverfassungsrechts

666 Dem Territorialitätsprinzip allein lässt sich aber noch nicht die Antwort auf die Frage entnehmen, welche Arbeitnehmer der Mitbestimmung des deutschen Betriebsrats unterfallen, sagt es doch lediglich aus, dass die Anwendung des deutschen Betriebsverfassungsge-

---

[1433] BAG 9.11.1977 – 5 AZR 132/76, NJW 1978, 1124; 25.4.1978 – 6 ABR 2/77, AP Internationales Privatrecht, Arbeitsrecht Nr. 16; vgl. iÜ die zu diesem Abschnitt insgesamt gegebenen Rechtsprechungsnachweise.

[1434] Kritik am Begriff des Territorialitätsprinzips und an der Vorgehensweise der Rechtsprechung, weniger an den Ergebnissen, bei Staudinger/*Magnus* Rom I-VO Art. 8 Rn. 265; Richardi BetrVG/*Richardi* Einl. Rn. 65 ff.; *Junker* Internationales Arbeitsrecht im Konzern S. 367–374 mwN; *Deinert* Int. Arbeitsrecht S. 481 ff. Vieles spricht für die dort vorgebrachten Argumente, aufgrund der gefestigten Rechtsprechung soll hier jedoch aus praktischen Gründen dem Territorialitätsprinzip gefolgt werden, zumal die Ergebnisse meist nicht differieren.

[1435] Eine Anknüpfung nach der Rom I-Verordnung scheidet aus, da die Betriebsverfassung kein vertragliches Schuldverhältnis ist. Das Arbeitsvertragsstatut ist allein für die Arbeitnehmerrechte nach §§ 81–84 BetrVG entscheidend, da es sich hier um Individualrechte des Arbeitnehmers handelt, die unabhängig vom Bestehen eines Betriebsrats gewährt werden und daher nicht betriebsverfassungsrechtlich zu qualifizieren sind, *Junker* Internationales Arbeitsrecht im Konzern S. 386. Besondere praktische Relevanz wird dieser Frage kaum zukommen.

[1436] BAG 25.4.1978 – 6 ABR 2/77, AP Internationales Privatrecht, Arbeitsrecht Nr. 16.

[1437] BAG 30.4.1987 – 2 AZR 192/86, NZA 1988, 135.

[1438] BAG 25.4.1978 – 6 ABR 2/77, AP Internationales Privatrecht, Arbeitsrecht Nr. 16; 21.10.1980 – 6 AZR 640/79, NJW 1981, 1175. Für eine Rechtswahlmöglichkeit tritt dagegen mit beachtlichen Argumenten *Junker* Internationales Arbeitsrecht im Konzern S. 377 ff. ein.

setzes einen Betrieb im Inland voraussetzt. Unter den persönlichen Anwendungsbereich des Gesetzes fallen aber nur solche Arbeitnehmer, die dem Betrieb auch zuzuordnen, die als **betriebszugehörig** anzusehen sind. Auf der Grundlage der Rechtsprechung ist also zunächst im Einklang mit dem Territorialitätsprinzip die **räumliche Anwendbarkeit** des BetrVG zu ermitteln und in einem davon zu unterscheidenden Schritt die **persönliche Anwendbarkeit**[1439] auf im Ausland tätige Arbeitnehmer.[1440]

In diesem Zusammenhang ist zu klären, ob eine **Betriebszugehörigkeit** auch dann zu **bejahen** sein kann, wenn ein Arbeitnehmer **nicht** regelmäßig oder sogar nie räumlich **im Inland tätig** wird. 667

Nach der bisherigen ständigen Rechtsprechung des BAG sind betriebszugehörig iSd BetrVG die Arbeitnehmer, die in einem Arbeitsverhältnis zum Inhaber des Betriebs stehen und innerhalb der Betriebsorganisation des Arbeitgebers abhängige Arbeitsleistungen erbringen („Zwei-Komponenten-Lehre").[1441] Danach bedarf es also eines **Arbeitsvertrages zum Betriebsinhaber** und einer tatsächlichen **Eingliederung des Arbeitnehmers in die Betriebsorganisation.** Für den Fall des drittbezogenen Personaleinsatzes wurde diese Lehre vom BAG mittlerweile zwar aufgegeben;[1442] entscheidend kommt es dort nicht mehr auf das Arbeitsverhältnis zum Betriebsinhaber, sondern auf die betriebliche Eingliederung an. Die mit der Betriebszugehörigkeit aus Sicht des deutschen Rechts zusammenhängenden Rechtsfragen sind oben (→ Rn. 448ff.) ausführlich dargestellt. Im Einklang mit der dargestellten einseitigen Anknüpfung des deutschen Betriebsverfassungsrechts kommt es im internationalen Kontext aber nicht darauf an, ob der Arbeitnehmer evtl. auch einem anderen, ausländischen Betrieb nach dortigem Betriebsverfassungsrecht angehört (sofern die betreffende Rechtsordnung ein solches überhaupt kennt), sondern ob und wenn ja unter welchen Voraussetzungen das **BetrVG trotz Auslandsbezuges anzuwenden** ist. 668

Für die Frage, ob deutsches Betriebsverfassungsrecht auch einen im Ausland tätigen Arbeitnehmer erfasst, ist von Folgendem auszugehen: Die **Eingliederung setzt nicht voraus,** dass der Arbeitnehmer seine **Arbeiten auf dem Betriebsgelände** verrichtet. Der Betriebsbegriff ist nicht in dem Sinne räumlich zu verstehen, dass mit der Grenze des Betriebsgrundstücks oder der Betriebsräume der Betriebsbereich ende. Vielmehr sind betriebszugehörig auch die einem Betrieb zugeordneten Arbeitnehmer, die ihre Tätigkeit außerhalb der Betriebsräume verrichten. Maßgeblich ist, ob der Arbeitgeber mit Hilfe der Arbeitnehmer den arbeitstechnischen Zweck seines Betriebs verfolgt.[1443] Die Betriebszugehörigkeit in diesem Sinne verlangt also nicht, dass der Arbeitnehmer in der Betriebsstätte auch tatsächlich arbeitet; er muss nur organisatorisch in den Betrieb eingegliedert sein. Gem. § 5 Abs. 1 S. 1 BetrVG können auch Arbeitnehmer dem Betrieb zuzurechnen sein, die im Außendienst ohne festen Arbeitsplatz auf dem Betriebsgelände selbst beschäftigt werden. **Entscheidend** kommt es auf die **Einbindung in die betriebliche Organisation,** hier insbesondere die Weisungsgebundenheit des Arbeitnehmers, an, die eine enge Bindung an den inländischen Betrieb erzeugt. Daher gehören auch die klassischen Außendienstmitarbeiter zum Betrieb.[1444] 669

Damit ist nun die Antwort auf die Frage vorgezeichnet, ob das BetrVG auch Anwendung findet, wenn Arbeitnehmer des Betriebs **im Ausland tätig** sind. Diese können von den Normen des deutschen Betriebsverfassungsrechts erfasst sein. Dies wird mit dem – aus 670

[1439] BAG 7.12.1989 – 2 AZR 228/89, NZA 1990, 658; 22.3.2000 – 7 ABR 34/98, NZA 2000, 1119.
[1440] Hier setzt ua die im Schrifttum gegen das Territorialitätsprinzip vorgebrachte Kritik an, zB bei *Deinert* Int. Arbeitsrecht S. 482ff.; *Junker* Internationales Arbeitsrecht im Konzern S. 367ff. (381): In der Tat ist ihr zuzugeben, dass die Ausstrahlungswirkung keine kollisionsrechtliche, sondern eine sachrechtliche ist, nämlich die nach den Anwendungsvoraussetzungen des kollisionsrechtlich berufenen BetrVG im konkreten Fall.
[1441] StRspr, vgl. BAG 20.4.2005 – 7 ABR 200/04, NZA 2005, 1006.
[1442] BAG 13.3.2013 – 7 ABR 69/11, NZA 2013, 789; 5.12.2012 – 7 ABR 48/11, NZA 2013, 793.
[1443] BAG 22.3.2000 – 7 ABR 34/98, NZA 2000, 1119.
[1444] BGA 22.3.2000 – 7 ABR 34/98, NZA 2000, 1119.

dem Internationalen Sozialversicherungsrecht entlehnten – Begriff der „**Ausstrahlung**"[1445] bezeichnet: Bei Sachverhalten mit Auslandsbezug ist das deutsche BetrVG dann anzuwenden, wenn der betroffene Arbeitnehmer zwar im Ausland tätig wird, aber einem **Betrieb mit Sitz in Deutschland zuzuordnen** ist. Dies setzt eine **rechtliche und tatsächliche Bindung** des Arbeitnehmers an den inländischen Betrieb voraus.[1446] Wird der Arbeitnehmer im Ausland im Rahmen der Zwecksetzung des inländischen Betriebs tätig und unterliegt er den von dort ausgehenden Weisungen, gehört er betriebsverfassungsrechtlich zum Betrieb und ist den im Inland tätigen Arbeitnehmern gleichgestellt.[1447] Erhält er jedoch keine Weisungen aus dem Inland und geht die Organisation der Tätigkeit allein von einem im Ausland gelegenen Betrieb aus, entfällt der Anknüpfungspunkt für die betriebliche Mitbestimmung, die insbesondere eine Kompensation für die einseitige Ausübung des Weisungsrechts des Arbeitgebers sein und Verteilungskonflikte in der Betriebsbelegschaft auflösen soll.[1448]

671 Aus rechtlicher Sicht muss **zur Bejahung der Ausstrahlungswirkung ein Arbeitsverhältnis zum inländischen Arbeitgeber** bestehen. Dies kann auch ein **ruhendes** sein. Wurde also im Rahmen des Zweivertragsmodells ein Arbeitsverhältnis mit der ausländischen Konzerngesellschaft geschlossen (→ Rn. 800, 856 ff.), schließt dies nicht per se die Betriebszugehörigkeit im Inland aus. **Indizien für eine tatsächliche fortbestehende Bindung** an den inländischen Betrieb sind: Planung und Zuteilung der Arbeit vom Inland aus, Rückrufrecht und/oder Rückkehrgarantie, deutsches Arbeitsvertragsstatut, Zahlung der Vergütung im Inland. Es ist aber zu betonen, dass es sich dabei lediglich um Indizien handelt, nicht um notwendige oder hinreichende Bedingungen.

672 Ob die Voraussetzungen der Ausstrahlung gegeben sind oder nicht, kann nur im Wege einer **Einzelfallbetrachtung unter Berücksichtigung sämtlicher Umstände** festgestellt werden. Bei einer (dauerhaften) Versetzung unter Aufgabe der Bindung an einen inländischen Betrieb bleibt es in jedem Fall bei der Unanwendbarkeit des BetrVG, ebenso wenn der Arbeitnehmer ausschließlich für einen bestimmten Auslandseinsatz eingestellt wurde und nie im inländischen Betrieb tätig war.[1449] Die **Ausstrahlungswirkung** muss dann **verneint** werden, wenn der **Arbeitnehmer in den ausländischen Betrieb integriert** und die Integration in einen inländischen Betrieb nicht mehr gegeben ist. Die Ausstrahlungswirkung wird dagegen bejaht bei zeitlich beschränkter, vorübergehender Auslandstätigkeit und bei Einsatzplanung durch den inländischen Betrieb.[1450] Damit bleibt der deutsche Betriebsrat weiterhin zuständig für Arbeitnehmer, die eine Einsatzbasis in Deutschland haben, von der aus regelmäßige, aber stets vorübergehende Einsätze in einem oder mehreren anderen Staaten organisiert werden.

673 **Arbeitet ein Arbeitnehmer** in der Matrixstruktur dagegen **an stets wechselnden Orten** im **Ausland,** ohne über eine feste Basis im Inland zu verfügen und ohne sonstige Beziehungen zu dem deutschen Betrieb, von dem er eingestellt wurde und/oder in dem er vor seiner Auslandstätigkeit gearbeitet hat, unterfällt er nicht (mehr) dem Anwendungsbereich des BetrVG. Allein die **„administrative Abwicklung"** in dem Sinne, dass die Eingliederung in den deutschen Betrieb anzunehmen wäre, an dem Gehaltsabrechnung, Urlaub, Arbeitsunfähigkeit etc. administriert werden (zB die Konzernzentrale), **reicht dafür nicht aus.**[1451] Bei einem zu einer Auslandsgesellschaft eines deutschen Konzerns Ent-

---

[1445] BAG 25.4.1978 – 6 ABR 2/77, AP Internationales Privatrecht, Arbeitsrecht Nr. 16; *Boemke* NZA 1992, 112.
[1446] BAG 21.10.1980 – 6 AZR 640/79, NJW 1981, 1175: „Persönliche, tätigkeitsbezogene und rechtliche Bindung an den entsendenden Betrieb".
[1447] BAG 7.12.1989 – 2 AZR 228/89, NZA 1990, 658; *Fitting* § 1 Rn. 22 ff.
[1448] *Schubert* Betriebliche Mitbestimmung S. 100.
[1449] BAG 21.10.1980 – 6 AZR 640/79, NJW 1981, 1175; 30.4.1987 – 2 AZR 192/86, NZA 1988, 135; aA *Boemke* NZA 1992, 115.
[1450] BAG 7.12.1989 – 2 AZR 228/89, NZA 1990, 658.
[1451] BAG 7.12.1989 – 2 AZR 228/89, NZA 1990, 658; Preis/*Preis* Arbeitsvertrag II A 140 Rn. 36; aA *Gimmy/Hügel* NZA 2013, 764 (768).

sandten ist nicht allein deswegen das BetrVG anwendbar, weil dieser seine Vergütung im Inland erhält und eine Rückkehrgarantie besteht, wenn der Arbeitnehmer sämtliche Anweisungen von Vorgesetzten des ausländischen Betriebs erhält, deutschen Vorgesetzten allenfalls mittelbar berichtspflichtig ist und auch sonst keine Beziehungen mehr zu einem inländischen Betrieb bestehen. Auch die **Dauer der Entsendung** ist lediglich ein Indiz, feste zeitliche Grenzen sind hier ebenso abzulehnen wie bei der Bestimmung des Tatbestandsmerkmals der „vorübergehenden" Entsendung gem. Art. 8 Abs. 2 S. 2 Rom I-VO (→ Rn. 797). Entscheidend ist wie gezeigt, ob der Arbeitgeber mit Hilfe der Arbeitnehmer den arbeitstechnischen Zweck seines Betriebs verfolgt.[1452]

Welchem Recht das Arbeitsverhältnis unterliegt, ist für die **Frage der Betriebszugehörigkeit irrelevant.**[1453] Die (vorübergehende) Eingliederung in einen ausländischen Betrieb schließt nicht per se die Betriebszugehörigkeit im Inland aus[1454]; eine mehrfache Betriebszugehörigkeit ist in inländischen wie in grenzüberschreitenden Fällen denkbar.[1455] Ins Ausland zur Arbeitsleistung **überlassene Arbeitnehmer** bleiben für die Zeit ihrer Überlassung Angehörige des überlassenden inländischen Betriebs. Der diese Rechtsfolge enthaltende § 14 Abs. 1 AÜG findet auch bei der grenzüberschreitenden Arbeitnehmerüberlassung im Verhältnis zum inländischen Arbeitgeber Anwendung.[1456]

674

Es kann gerade in Matrixorganisationen aber auch die im Vergleich zu den bisher beschriebenen Konstellationen umgekehrte Situation eintreten, in der ein **bei einer ausländischen Gesellschaft angestellter Arbeitnehmer im inländischen Betrieb eingegliedert ist.** Hier fehlt es an einer rechtlichen Bindung zum Betriebsinhaber, es liegt lediglich eine tatsächliche Beziehung vor. Ein, aber gerade in Matrixstrukturen nicht der einzig denkbare, Fall ist die **Arbeitnehmerüberlassung.** Auch hier besteht eine grundsätzlich gegebene Zuständigkeit des deutschen Betriebsrats, die man in Analogie zur Ausstrahlungswirkung des im Ausland eingesetzten Arbeitnehmers auch als **„Einstrahlung"** bezeichnet; der Begriff ist allerdings irreführend, da hier – anders als bei der sozialversicherungsrechtlichen Einstrahlung gem. § 5 SGB IV – gerade nicht Vorschriften aus dem Ausland „importiert" werden, sondern inländisches Recht zur Anwendung gebracht wird. Zum Umfang der Mitbestimmung in diesen Fällen → Rn. 690. Gerade in der Matrix kann zudem der Fall auftreten, dass ein im Ausland ansässiger Vorgesetzter zum inländischen Betrieb zugehörige Mitarbeiter führt. Zur Eingliederung der Führungskraft und die sich daran anschließenden Mitbestimmungsrechte des Betriebsrats in diesem Fall → Rn. 470 ff., 535 ff.; die Ausführungen dort gelten auch im internationalen Kontext.

675

3. Betriebsbegriff in der internationalen Matrixorganisation

In der internationalen Matrixorganisation kommt nun ein weiteres Problem hinzu, das über die Konstellation des internationalen Konzerns und die Arbeitnehmerentsendung hinausgeht und dadurch gekennzeichnet ist, dass zwar mehrere Arbeitnehmer an einem Ort zusammengefasst arbeiten, aber jeder einer anderen Matrixstruktur mit entsprechenden Weisungsrechten unterstehen kann und die jeweiligen **Berichtspflichten** in unterschiedlicher Weise **ins Ausland** führen können. Hier stellt sich die grundlegende Frage, ob in dieser Situation überhaupt noch ein **Betrieb** iSd Betriebsverfassungsgesetzes vorliegt. Denn der Betrieb ist nach ständiger Rechtsprechung des BAG „die organisatorische Einheit, innerhalb derer ein Arbeitgeber allein oder zusammen mit den von ihm beschäftigten Arbeitnehmern bestimmte arbeitstechnische Zwecke fortgesetzt verfolgt, die sich nicht in der Befriedigung des Eigenbedarfes erschöpfen. Dazu müssen die in einer Be-

676

[1452] BAG 10.3.2004 – 7 ABR 36/03, BeckRS 2004, 30801570.
[1453] BAG 9.11.1977 – 5 AZR 132/76, NJW 1978, 1124.
[1454] BAG 25.4.1978 – 6 ABR 2/77, AP Internat. Privatrecht, Arbeitsrecht Nr. 16; 7.12.1989 – 2 AZR 228/89, NZA 1990, 658.
[1455] *Junker* Internationales Arbeitsrecht im Konzern S. 385.
[1456] BAG 22.3.2000 – 7 ABR 34/98, NZA 2000, 1119.

triebsstätte vorhandenen materiellen und immateriellen Betriebsmittel für den oder die verfolgten arbeitstechnischen Zwecke zusammengefasst, geordnet, gezielt eingesetzt und die menschliche Arbeitskraft von einem **einheitlichen Leitungsapparat** gesteuert werden."[1457]

677 Wie oben dargelegt, ist **auch in** komplexen Organisationsstrukturen wie der **Matrixorganisation an diesem Betriebsbegriff,** der an der Leitung durch den Arbeitgeber orientiert ist, **festzuhalten.** Dies gilt auch für die internationale Matrix. Am *Vorhandensein* einer solchen einheitlichen Leitung im Inland wird man in Matrixorganisationen aber zuweilen zweifeln müssen. Nach einer rechtskräftigen Entscheidung des LAG Hessen[1458] (zu § 23 I KSchG[1459]) steht jedenfalls allein die Tatsache, dass die Leitung von Abteilungen/Arbeitnehmern aus dem Ausland erfolgt, der Annahme eines Betriebes im betriebsverfassungsrechtlichen Sinn nicht entgegen. Es kommt nach dieser Entscheidung allein darauf an, ob **im Inland ein Mindestmaß an Organisation** vorhanden ist. Nicht entscheidend ist demgegenüber, ob die übergreifende Leitungsfunktion in dem Betrieb selbst bzw. in Deutschland angesiedelt ist. Die verfassungsmäßig gebotene enge Auslegung des Betriebsbegriffes verbiete es, die Annahme des Betriebs davon abhängig zu machen, wie ein Unternehmen Berichtslinien organisiert, diese für einzelne Abteilungen oder Bereiche außerhalb ansiedelt und eine umfassende Leitung erst auf höherer Hierarchieebene oder außerhalb Deutschlands etabliert.

678 Dem zu entscheidenden Fall lag eine klassische Matrixstruktur zugrunde: 14 Arbeitnehmer waren in Deutschland tätig, zT in einem Büro mit 5 Arbeitsplätzen, zT auch von häuslichen Arbeitsplätzen aus oder bei Kunden. Die nach Sparten getrennten Leitungsfunktionen wurden von Vorgesetzten in London und Paris ausgeübt. Das Gericht sah es als ausreichend an, dass die in Deutschland beschäftigten 14 Arbeitnehmer das Ziel verfolgten, die Leistungen des Unternehmens zu vertreiben; die verschiedenen (Matrix-)Bereiche seien auch gehalten gewesen, zu diesem Zweck zusammenzuarbeiten. **Entscheidend** war jedoch auch, soweit dies aus der sehr kurzen Urteilsbegründung zu entnehmen ist, dass einer der im Ausland ansässigen **Matrixmanager** wohl doch so etwas wie eine **organisatorische Gesamtverantwortung** (auch in personellen Fragen) **für den deutschen Standort** hatte. Offen ist, wie zu entscheiden wäre, wenn es auch daran fehlt, wenn also zwar mehrere Arbeitnehmer in einem Büro ansässig und/oder in einer gemeinsamen Vertriebsstruktur tätig sind, aber jeder nur seinem Matrixmanager verantwortlich ist und jegliche gemeinsame Leitung fehlt. Konsequenterweise müsste es dann an einem Betrieb iSd BetrVG fehlen. In diese Richtung weist auch eine Entscheidung des BAG[1460] zur Anwendung des KSchG, die einen Inlandsbetrieb voraussetzt (ausführlich → Rn. 894): dort waren in Deutschland tätige Arbeitnehmer bei einer deutschen „Briefkastenfirma" zwar angestellt, wurden aber direkt von der in Großbritannien ansässigen Muttergesellschaft geführt, wobei es in Deutschland nicht einmal Büroräumlichkeiten gab. Konsequenterweise verneinte das Gericht einen Betrieb, ließ aber in einem obiter dictum ausdrücklich offen, welche Sachverhaltsgestaltungen mit Auslandsberührung denkbar seien, die die Annahme eines im Inland gelegenen Betriebs möglicherweise schon bei geringfügig ausgebildeten betrieblichen Strukturen zuließen.

679 Zur Annahme eines in Deutschland gelegenen, dem Anwendungsbereich des BetrVG unterliegenden Betriebs einer internationalen Matrixstruktur bedarf es also eines **Mindestmaßes an Organisation.** Überspannte Anforderungen an ein Mindestmaß an Selb-

---

[1457] StRspr vgl. BAG 18.3.1997 – 3 AZR 729/95, NZA 1998, 97; *Fitting* § 1 Rn. 63.
[1458] LAG Hessen 13.4.2011 – 8 Sa 922/10, BeckRS 2011, 75839.
[1459] Die zum Betriebsbegriff im kündigungsschutzrechtlichen Sinne entwickelte Argumentation kann aber auf den betriebsverfassungsrechtlichen übertragen werden, *Berger* Matrixkonzern S. 225 f.; insoweit zurückhaltender, gleichwohl aber dem Grundgedanken der Entscheidung zustimmend *Schubert* Betriebliche Mitbestimmung S. 49.
[1460] BAG 3.6.2004 – 2 AZR 386/03, NZA 2004, 1380.

ständigkeit der organisatorischen Einheit werden hierbei freilich nicht zu stellen sein[1461]; insbesondere ist nicht erforderlich, dass sich die Leitungsmacht vor Ort auf alle dort tätigen Arbeitnehmer bezieht. Nicht ausreichend ist es aber, wie im Schrifttum vorgeschlagen bereits dann eine inländische Leitung iSd Betriebsbegriffs des BetrVG anzunehmen, wenn die Arbeitnehmer bei einer Gesellschaft mit Sitz im Inland angestellt sind.[1462] Dies vermengt in unzulässiger Weise Fragen des Individual- und Kollektivarbeitsrechts.[1463] So wenig wie die Frage des Arbeitsvertragsstatuts für die Anwendung des BetrVG maßgeblich ist, so wenig ist das einzelne Arbeitsverhältnis von Bedeutung für die Frage, ob ein Betrieb im Sinne dieses Gesetzes anzunehmen ist. Es ist also am Erfordernis einer inländischen Organisationsstruktur festzuhalten. Liegt diese vor, steht es der Annahme eines Betriebs jedoch nicht grundsätzlich entgegen, dass einzelne Abteilungen keine in Deutschland ansässige einheitliche Leitung haben; diese kann auch durch einen im Ausland ansässigen ausländischen Vorgesetzten ausgeübt werden, der das fachliche Weisungsrecht ausübt.[1464] Eine **„Flucht aus dem Betriebsverfassungsrecht"** ermöglicht die internationale Matrixstruktur also nicht.[1465]

4. Im Ausland ansässige Entscheidungsträger und deutsche Mitbestimmung

Die Eigenschaft der Matrixorganisation, Weisungsrechte unabhängig von den vertraglichen Beziehungen zum Unternehmen einzuräumen, stellt eine weitere Herausforderung für das Betriebsverfassungsrecht dar, und dies insbesondere im internationalen Kontext. Vielfach werden die zuständigen Betriebsratsgremien – seien es örtliche Betriebsräte, Gesamt- oder Konzernbetriebsräte – Vertretern der Arbeitgeberseite gegenüberstehen, die **keine eigene inhaltliche Entscheidungsbefugnis** haben, und somit Entscheidungen über die der Mitbestimmung unterliegenden Angelegenheiten gar nicht in dem Betrieb getroffen werden, für die die Zuständigkeit des Betriebsrats gegeben ist. Ansprechpartner und Entscheidungsträger fallen also auseinander. Dies ist in der internationalen Matrix nicht anders als im rein inländischen Sachverhalt. Besondere Schwierigkeiten kann dies gerade in einer internationalen Matrix ergeben, wenn die entscheidungsbefugten Matrixmanager im Ausland ansässig und mit der deutschen Mitbestimmungskultur wenig vertraut sind. 680

Diese Situation führt allerdings **nicht** dazu, dass sich die Beteiligungsrechte des Betriebsrats – **Mitbestimmungsrechte,** aber auch **Informationsrechte** – **auf den (ausländischen) Betrieb** ausdehnen würden, dem die Entscheidungsträger angehören. Ist eine Zuständigkeit des inländischen Betriebsrats gegeben, so beziehen sich seine Beteiligungsrechte gleichwohl nur auf die Angelegenheiten des deutschen Betriebs, nicht auf andere, in die Matrixstruktur eingebundene, aber im Ausland belegene Betriebe. Ein Durchgriff auf die ausländische (Mutter)Gesellschaft ist nicht möglich[1466]; eine grenzüberschreitende Arbeitnehmerbeteiligung kann nur über den Europäischen Betriebsrat im Rahmen des EBRG erreicht werden, dem aber keine echten Mitbestimmungsrechte, sondern lediglich Unterrichtungs- und Beratungsrechte zustehen.[1467] Zu den Auskunftsansprüchen in der internationalen Matrix → Rn. 693. 681

[1461] *Kort* NZA 2013, 1318 (1321); ArbG Frankfurt a.M. 21.7.2009 – 12 BV 184/09, BeckRS 2013, 72862 (dort ging es um einen Betriebsteil gem. § 4 Abs. 1 S. 1 Nr. 1 BetrVG), ausführliche Auseinandersetzung mit der Entscheidung → Rn. 419. S. auch *Witschen* RdA 2016, 38 (42f.).
[1462] So aber *Witschen* RdA 2016, 38 (43).
[1463] Fragwürdig daher auch die Feststellung von *Witschen* RdA 2016, 38 (43), betriebsverfassungsrechtlich schlage „im Zweifel die rechtliche Struktur der Arbeitsvertragsbeziehungen die operative Matrixstruktur."
[1464] *Henssler* NZA-Beil. 2014, 95 (102).
[1465] *Kort* NZA 2013, 1318 (1321); *Henssler* NZA-Beil. 2014, 95 (102).
[1466] *Schumacher* NZA 2015, 587 (588); *Fischer* AuR 2002, 7 (11).
[1467] *Schubert* Betriebliche Mitbestimmung S. 134.

682 Die Einführung einer **internationalen Matrixorganisation** an sich führt also **nicht** zu einer **erweiterten Zuständigkeit** der deutschen Betriebsräte. Sie führt allerdings auch **nicht** zu einer **Beschränkung.** Werden Entscheidungen bei einer schwerpunktmäßig im Ausland getroffenen Matrixorganisation getroffen, die Auswirkungen auf inländische Betriebe haben, sind die Beteiligungsrechte des Betriebsrats uneingeschränkt zu wahren.[1468] Ein kollisionsrechtliches Problem ergibt sich insoweit nicht, da ein im Inland bestehender Betriebsrat betriebsverfassungsrechtliche Ansprüche gegen den inländischen Arbeitgeber stellt.[1469] So hat das BAG in seiner bekannten Entscheidung zur **Einführung von Ethik-Richtlinien**[1470] in einem Konzern mit US-amerikanischer Muttergesellschaft den von dort vorgebebenen umfangreichen Verhaltenskodex (Code of Business Conduct) in seinen mitbestimmungspflichtigen Teilen der Mitbestimmung des deutschen Konzernbetriebsrates unterstellt.[1471] Es hat zudem klargestellt, dass die Mitbestimmungsrechte nach dem BetrVG nicht dadurch ausgeschlossen oder eingeschränkt werden, dass ausländische Bestimmungen in Deutschland tätigen Unternehmen bestimmte Pflichten auferlegen (im entschiedenen Fall der Sarbanes-Oxley-Act[1472]); das BAG spricht lediglich die Möglichkeit der Berücksichtigung dieser Vorgaben durch die Betriebsparteien oder die Einigungsstelle als betriebliche Belange an. Sie sind aber jedenfalls keine die Mitbestimmungsrechte nach § 87 Abs. 1 Eingangshalbsatz BetrVG ausschließende gesetzliche Regelungen, wenn es an einer wirksamen völkerrechtlichen Transformation in das deutsche Arbeitsrecht fehlt.[1473]

683 Ebenso hat das Hess. LAG in einem durchaus paradigmatisch zu nennenden Fall dem Antrag eines Gesamtbetriebsrats gegen den inländischen Arbeitgeber stattgegeben auf Unterlassung einer **Mitarbeiterbefragung,** die durch die US-amerikanische Konzernobergesellschaft in ihren deutschen Betrieben ohne die nach § 94 Abs. 1 BetrVG erforderliche Zustimmung des Betriebsrats durchgeführt wurde.[1474] Das LAG nahm die faktisch fehlenden Einflussmöglichkeiten der deutschen Tochtergesellschaft zur Kenntnis, brachte die Rechtslage aber prägnant auf den Punkt: „Es trifft wohl zu, dass die Arbeitgeberin nicht die Position hat, der amerikanischen Konzernspitze eine Weisung zur Unterlassung der Fragebogenaktion zu erteilen. Vielmehr trifft es zu, dass sie in einem Abhängigkeitsverhältnis zur amerikanischen Muttergesellschaft steht. Die Arbeitgeberin steht aber auch in einem Abhängigkeitsverhältnis zur deutschen Rechtsordnung." Die Einigungsstelle müsse aber die Einbettung des Arbeitgebers in einen internationalen Konzern und die sich daraus ergebenden Implikationen berücksichtigen.

684 Die **Einigungsstelle** muss diesem Umstand in der Tat Rechnung tragen: Das Interesse eines weltweit tätigen Unternehmers an einer einheitlichen Ausrichtung seines Unternehmens ist hier zu berücksichtigen (zB die „Corporate Identity", wenn es um Fragen des äußeren Erscheinungsbildes der Mitarbeiter geht, aber auch weltweite Vergütungsrichtlinien uä). Der Betriebsrat muss gewichtige und spezifische Gründe gegen in anderen Ländern akzeptierte und realisierte Regelungen vorbringen, zumal wenn diese auch eigenen Rechtstraditionen entsprechen. Je mehr Gründe für eine einheitliche Regelung gegeben sind, umso höhere Anforderungen sind für den Betriebsrat zu stellen, zu einer deutschen Sonderregelung zu gelangen.[1475]

685 Die Beachtung deutscher Mitbestimmungsregeln durch im Ausland ansässige Führungskräfte kann in der Praxis zu Schwierigkeiten vielfältiger Art führen. Daher empfiehlt sich hier, besondere Sorgfalt auf **Information und Kommunikation** zu verwenden, zB

[1468] Vgl. *Kort* NZA 2013, 1318 (1321).
[1469] So zutreffend *Fischer* AuR 2002, 7 (10).
[1470] BAG 22.7.2008 – 1 ABR 40/07, NZA 2008, 1248.
[1471] Hierzu auch BAG 17.5.2011 – 1 ABR 121/09, AP BetrVG 1972 § 80 Nr. 73.
[1472] Eingehend zur speziell mit diesem Gesetz verbundenen international-privatrechtlichen Problematik *Reiter* RIW 2005, 168.
[1473] BAG 22.7.2008 – 1 ABR 40/07, NZA 2008, 1248 (1254).
[1474] Hess. LAG 5.7.2001 – 5 TaBV 153/00, NZA-RR 2002, 200.
[1475] *Fischer* BB 2000, 562 (564).

Schulungen für ausländische Führungskräfte in den Grundsätzen des deutschen Betriebsverfassungsrechts, aber auch umgekehrt für Betriebsräte über im Ausland übliche Unternehmens- und Handlungsstrukturen.[1476] Sinnvoll kann es sein, eine freiwillige Kommunikation zwischen den im Ausland ansässigen Entscheidungsträgern und den Betriebsratsgremien aufzubauen, ggf. auch über eine zentrale Funktion in Personalangelegenheiten; dadurch lassen sich möglicherweise Betriebsvereinbarungen mit den formell zuständigen inländischen Arbeitgebervertretern leichter schließen und Verhandlungen erfolgreicher führen, wenn auf Seiten des Betriebsrats das Gefühl vermieden wird, man könne mangels entscheidungsbefugen Gegenübers durch Verhandlungen ohnehin keine Ergebnisse erzielen.[1477] Gerade im internationalen Konzern sind „Fingerspitzengefühl und jeweilige Rücksichtnahme unumgänglich."[1478]

Wirken sich im Ausland getroffene Entscheidungen im Inland aus und wurden gleichwohl die Beteiligungsrechte des Betriebsrats nicht beachtet, so kann dieser auch nur gegen den inländischen Arbeitgeber im Wege des **arbeitsgerichtlichen Beschlussverfahrens** vorgehen, nicht aber – mangels betriebsverfassungsrechtlicher Rechtsbeziehungen – gegen die im Ausland ansässigen Matrixmanager. Darin liegt letztlich auch der Schutz des Betriebsrats in den Fällen, in denen der inländische Arbeitgeber nicht entscheidungsbefugt und eventuell auch gar nicht ausreichend unterrichtet ist, um den Betriebsrat im gesetzlich vorgesehenen Umfang zu beteiligen; denn der Mitbestimmung nach § 87 BetrVG unterliegende Maßnahmen sind unwirksam, der Betriebsrat kann Unterlassung geltend machen, im Falle der Betriebsänderung können sich Ansprüche der Arbeitnehmer aus § 113 BetrVG ergeben etc.[1479] 686

Das deutsche Betriebsverfassungsrecht wird internationalen Matrixstrukturen im Ergebnis insoweit nicht gerecht.[1480] „Mitbestimmung" lässt sich schwerlich dort verwirklichen, wo schon nicht „bestimmt" wird.[1481] Dass sich in naher Zukunft daran etwas ändern wird, steht derzeit jedoch nicht zu vermuten. 687

5. Umfang der Beteiligungsrechte des inländischen Betriebsrats

a) Im Ausland tätige Arbeitnehmer des Inlandbetriebes

Besteht nach dem oben Gesagten eine Zuständigkeit des deutschen Betriebsrats für im Rahmen der internationalen Matrixstruktur **im Ausland tätige Mitarbeiter,** so bestehen die Beteiligungsrechte nach dem BetrVG grundsätzlich uneingeschränkt, Gleiches gilt für aktives und passives Wahlrecht, Mitzählen bei Schwellenwerten etc. Im Falle der Ausstrahlung ist der Betriebsrat vor der Kündigung eines im Ausland eingesetzten Mitarbeiter gem. § 102 BetrVG anzuhören. Versetzungen ins und ggf. auch innerhalb des Auslands bedürfen seiner Zustimmung nach § 99 BetrVG, unter der Voraussetzung, dass die Ausstrahlungswirkung erhalten bleibt; ansonsten hat der Betriebsrat erst wieder bei der Rückkehr in den deutschen Betrieb mitzubestimmen (Einstellung).[1482] Zulagen für vorübergehend ins Ausland Entsandte unterfallen dem Mitbestimmungsrecht nach § 87 Abs. 1 Nr. 10 BetrVG,[1483] Betriebsvereinbarungen gelten auch für diese, wenn sie von deren persönlichen und sachlichen Anwendungsbereich erfasst sind. Kollidieren die in Betriebsvereinbarungen geregelten Rechte und Pflichten der Arbeitnehmer mit ausländischem 688

[1476] Zahlreiche praktische Hinweise bei *Weller* AuA 2013, 344.
[1477] *Schumacher* NZA 2015, 587 (589 f.).
[1478] *Fischer* BB 2000, 562 (564).
[1479] Vgl. *Diller/Powietzka* DB 2001, 1034 (1036 ff.).
[1480] So auch *Reinhard/Kettering* ArbRB 2014, 87 (90); aA *Witschen* RdA 2016, 38 (49).
[1481] Aus diesem Grund hat das BAG auch die Möglichkeit der Bildung eines KBR bei ausländischer Konzernspitze verneint, ausführlich → Rn. 705 ff. Diese Rechtsprechung lässt sich hier aber nicht unmittelbar übertragen, da die Bildung eines KBR – im Gegensatz zu GBR und BR – fakultativ ist.
[1482] *Herfs-Röttgen* NZA 2018, 150 (152); sa *Boemke* NZA 1992, 115.
[1483] BAG 30.1.1990 – 1 ABR 2/89, NZA 1990, 571.

Recht, so ist diese Kollision nach den allgemeinen Regeln aufzulösen (→ Rn. 770). Auch hier geht zwingendes ausländisches Recht nicht per se, sondern nur dann vor, wenn es kollisionsrechtlich, ggf. als Eingriffsnorm, zur Anwendung berufen ist. Ruht der Arbeitsvertrag im abgebenden Unternehmen (wie oft bei der Auslandsentsendung im Konzern), so besitzt der abgebende Betriebsrat zwar keine Mitbestimmungsrechte mehr hinsichtlich solcher personeller Angelegenheiten, die das „Betriebsverhältnis" anbelangen (Versetzung uä), allerdings bleiben die Mitbestimmungsrechte bzgl. des „Grundverhältnisses" hiervon unberührt (zB Kündigung).[1484]

689 Ob der **Betriebsrat im Ausland für dort eingesetzte Mitarbeiter,** die aufgrund der Ausstrahlungswirkung seiner Zuständigkeit unterfallen, **Teilbetriebs- oder Abteilungsversammlungen** durchführen darf, ist umstritten; das BAG verneint eine solche Befugnis, da der Betriebsrat als Organ der territorial beschränkten Betriebsverfassung im Ausland nicht tätig werden könne.[1485] Die betroffenen Mitarbeiter dürfen grundsätzlich an inländischen Betriebsversammlungen teilnehmen, die Kostenlast für die Reisekosten trägt der Arbeitgeber (§ 44 Abs. 1 BetrVG), wobei hier aber eine besondere Prüfung der Verhältnismäßigkeit und Erforderlichkeit angezeigt sein und idR dazu führen dürfte, dass ein Erstattungsanspruch nicht besteht.[1486]

b) Arbeitnehmer ausländischer Arbeitgeber

690 In der entgegengesetzten Konstellation, der **Eingliederung eines Arbeitnehmers,** der einen Arbeitsvertrag mit einem **ausländischen Arbeitgeber hat, in einen deutschen Betrieb,** kommen im Grundsatz die Mitbestimmungsrechte des deutschen Betriebsrats ebenfalls zum Tragen. Das Beteiligungsrecht des Betriebsrats bzgl. im inländischen Betrieb eingesetzter Arbeitnehmer setzt nicht voraus, dass auch ein Arbeitsvertrag zum einstellenden Unternehmen geschlossen wird:[1487] Es handelt sich um eine Einstellung gem. § 99 Abs. 1 S. 1 BetrVG (ggf. iVm § 14 Abs. 3 AÜG), wenn der Arbeitnehmer in den Betrieb eingegliedert wird, um zusammen mit den dort beschäftigten Arbeitnehmern durch weisungsgebundene Tätigkeit den arbeitstechnischen Zweck des Betriebs zu verfolgen. Der **Betriebsinhaber muss die Personalhoheit** erlangen. Daran fehlt es, wenn der Arbeitnehmer aus dem Ausland zwar im Inland tätig, aber keinerlei Weisungen des Betriebsinhabers unterworfen ist.[1488]

691 Ist der **Arbeitnehmer in den inländischen Betrieb eingegliedert,** bestehen die Mitbestimmungsrechte des inländischen Betriebsrats gem. § 87 Abs. 1 BetrVG bzgl. des Verhaltens im Betrieb (Nr. 1), hinsichtlich des Beginnes und Endes der Arbeitszeit (Nr. 2), technischer Überwachungseinrichtungen (Nr. 6) oder Sicherheit und Gesundheit im Betrieb (Nr. 7).[1489] Beteiligungsrechte des Betriebsrats, die sich auf den Bestand des arbeitsrechtlichen Grundverhältnisses beziehen, bestehen dagegen nicht, hierfür fehlt es an der Zuständigkeit des deutschen Betriebsrats.[1490] Daher wäre der inländische Betriebsrat vor einer Kündigung durch den ausländischen Vertragsarbeitgeber nicht nach § 102 BetrVG anzuhören, Entgeltgrundsätze unterfallen nicht seinem Mitbestimmungsrecht. Dies ist allerdings keine durch den internationalen Bezug hervorgerufene Besonderheit, sondern folgt aus den allgemeinen betriebsverfassungsrechtlichen Grundsätzen. Zu trennen ist davon auch das Arbeitsvertragsstatut, also das auf den Arbeitsvertrag anzuwendende Recht; besteht ein Arbeitsverhältnis zum Betriebsinhaber, ist der Betriebsrat vor einer Kündigung anzuhören, unabhängig von dem auf den Arbeitsvertrag selbst anzuwendenden Recht.[1491]

[1484] *Meyer* NZA 2013, 1326 (1328).
[1485] BAG 27.5.1982 – 6 ABR 28/80, NJW 1983, 413; aA Richardi BetrVG/*Annuß* Vor § 42 Rn. 9.
[1486] So auch Richardi BetrVG/*Annuß* Vor § 42 Rn. 9.
[1487] *Fitting* § 99 Rn. 33.
[1488] *Deinert* DB 2016, 349 (350).
[1489] *Deinert* DB 2016, 349 (350).
[1490] *Vogt* Arbeitsrecht im Konzern § 19 Rn. 18.
[1491] BAG 9.11.1977 – 5 AZR 132/76, NJW 1978, 1124; Richardi BetrVG/*Thüsing* § 102 Rn. 36.

Das **Überwachungsmandat** des Betriebsrats gem. § 80 Abs. 1 Nr. 1 BetrVG bezieht sich grundsätzlich auch auf die aus dem Ausland entsandten Arbeitnehmer. Untersteht deren Arbeitsverhältnis aber ausländischem Recht, beschränkt sich das Überwachungsmandat auf die Einhaltung deutscher Eingriffsnormen (dazu → Rn. 825ff.); ausländisches Arbeitsvertragsrecht ist davon ebenso wenig erfasst wie deutsches Aufenthaltsrecht. Davon zu trennen sind die Zustimmungsverweigerungsgründe gem. § 99 Abs. 2 BetrVG. Ein Gesetzesverstoß im Sinne dieser Vorschrift liegt nur dann vor, wenn die Beschäftigung als solche unzulässig ist, nicht aber, wenn die vorgesehenen Arbeitsbedingungen gegen (international) zwingendes Recht verstoßen.[1492]

692

c) Auskunftsansprüche

Besondere Bedeutung kommt den **Auskunftsansprüchen** zu, insbesondere in den Fällen, in denen die den inländischen Betrieb betreffenden Entscheidungen – wie oben behandelt – nicht dort, sondern auf einer im Ausland ansässigen Hierarchieebene fallen. Hier gilt zunächst das Gleiche wie oben: die Beteiligungsrechte des Betriebsrats erfahren durch die Einbindung des inländischen Betriebs in eine internationale Matrixstruktur keine Erweiterung. Auch Auskunftsansprüche können nicht gegenüber im Ausland ansässigen und nicht zum deutschen Betrieb zugehörigen Entscheidungsträgern geltend gemacht werden. Es besteht **kein Informationsdurchgriff** des Betriebsrats gegenüber in- und ausländischen Konzerngesellschaften.[1493] Schuldner dieser Ansprüche ist allein der Betriebsinhaber im Rechtssinn, nicht die Konzernobergesellschaft[1494], auch dann nicht, wenn sie (allein) die maßgeblichen Entscheidungen trifft.[1495] Die in der Literatur teilweise vertretene Ansicht, bei besonders enger Anbindung müsse die **Konzernspitze** direkt einstehen[1496], lässt sich dogmatisch nicht begründen, da Gegenpart des Betriebsrats allein der Arbeitgeber bzw. der Betriebsinhaber ist.[1497] Sie ist auch mit gesellschaftsrechtlichen Grundsätzen nicht vereinbar, wonach auch im Konzern die Konzerngesellschaften ihre rechtliche Selbständigkeit behalten und gerade keine pauschale Einstandspflicht einer Konzerngesellschaft für eine andere besteht.[1498]

693

Die Diskussion verlagert sich daher auf eine andere Ebene, nämlich auf die Frage, zu welchen Anstrengungen der dem Betriebsrat allein zur Verfügung stehende inländische Ansprechpartner verpflichtet ist. Der (inländische) Arbeitgeber/Betriebsinhaber genügt seinen Auskunftspflichten, wenn er die ihm bekannten Informationen an den Betriebsrat weitergibt. Eine **Verpflichtung zur Beschaffung der vom Betriebsrat gewünschten Informationen,** um diesen umfassend unterrichten zu können, besteht nicht.[1499] Dies ergibt sich bereits aus dem betriebsverfassungsrechtlichen Grundsatz, dass der Arbeitgeber nur ihm selbst zur Verfügung stehende Informationen weiterzuleiten hat. Kann der inländische Arbeitgeber die Informationen auch nicht von der Konzernmutter erlangen, entfällt die Informationspflicht gegenüber dem Betriebsrat wegen Unmöglichkeit nach § 275 Abs. 1 BGB; Auskunfts- und Unterrichtungsansprüche, die der Arbeitgeber gegenüber der Konzernobergesellschaft geltend zu machen gehalten wäre, bestehen gesellschaftsrechtlich nicht.[1500]

694

[1492] *Deinert* DB 2016, 349 (350ff.).
[1493] *Schubert* Betriebliche Mitbestimmung S. 143f.
[1494] BAG 15.1.1991 – 1 AZR 94/90, NZA 1991, 681.
[1495] Str.; wie hier *Diller/Powietzka* DB 2001, 1034 (1036); aA *Windbichler* Konzernarbeitsrecht S. 339. Das LAG Nds 3.11.2009 – 1 TaBV 63/09, NZA-RR 2010, 142, lässt die Frage offen, hält aber zumindest die Einigungsstelle aufgrund der ungeklärten Rechtslage hierfür nicht offensichtlich unzuständig.
[1496] DKKW/*Däubler* BetrVG § 111 Rn. 160; *Fitting* § 111 Rn. 104.
[1497] Zutreffend Richardi BetrVG/*Annuß* § 111 Rn. 146; WHSS/*Schweibert* C Rn. 147.
[1498] *Bitsch* NZA-RR 2015, 617 (619).
[1499] *Diller/Powietzka* DB 2001, 1034 (1035); aA *Fischer* AuR 2002, 7 (9).
[1500] WHSS/*Schweibert* C Rn. 148; zu anderslautenden LAG-Entscheidungen → Rn. 701.

695 Das BAG hatte diese Frage in anderem Zusammenhang zu entscheiden.[1501] Streitig war das Bestehen eines **Auskunftsanspruches** nach § 5 Abs. 1 EBRG **im Vorfeld der Errichtung eines Europäischen Betriebsrates.** Die inländische Arbeitnehmervertretung forderte vom deutschen Konzernunternehmen als fingierter zentraler Leitung eines gemeinschaftsweit tätigen Unternehmens (§ 2 Abs. 2 S. 3, 4 EBRG) die in § 5 Abs. 1 EBRG genannten erforderlichen Informationen, um den Prozess zur Errichtung eines Europäischen Betriebsrats einleiten zu können. Dieses berief sich darauf, diese Informationen von der Schweizer Konzernobergesellschaft bzw. den in anderen Mitgliedstaaten gelegenen Konzerngesellschaften nicht zu erhalten. Das BAG nahm gleichwohl eine **Verpflichtung zur Erteilung der Auskunft** an. Die Erfüllung sei ihr nicht unmöglich iSv § 275 Abs. 1 BGB, da sie sich der Mitwirkung Dritter bedienen könne, notfalls müsse sie die anderen Konzerngesellschaften innerhalb der EU auf Auskunftserteilung verklagen **(horizontaler Auskunftsanspruch).** Erst wenn auch die gerichtliche Durchsetzung scheitere, sei dies im Rahmen eines möglichen Vollstreckungsverfahrens zu ihren Gunsten zu berücksichtigen. Ein Leistungsverweigerungsrecht nach § 275 Abs. 2 BGB bestehe ebenfalls nicht, da der mit der Erhebung diverser Auskunftsklagen verbundene finanzielle Aufwand der Arbeitgeberin hinter dem Interesse an der Errichtung eines Europäischen Betriebsrats zurückzustehen habe. Die Entscheidung des BAG **kann aber nicht auf** die hier interessierende Frage der Auskunftsansprüche von Betriebsräten deutscher **Matrixgesellschaften übertragen werden:** denn das BAG ging vom Bestehen entsprechender, zwischen den Gesellschaften bestehender Auskunftsansprüche im Zusammenhang mit der Gründung eines Europäischen Betriebsrats aus; daran fehlt es außerhalb dieses Kontextes aber gerade. Nach bestehender Rechtslage kann nicht von einer auf dem Europarecht beruhenden Verpflichtung des Arbeitgebers ausgegangen werden, sich bei der Unterrichtung der Arbeitnehmervertreter auch Informationen bei anderen konzernangehörigen Unternehmen einzuholen oder notfalls gar einzuklagen.[1502]

696 Mehrfach waren bereits **Auskunftsansprüche** des Betriebsrats im Zusammenhang mit **Aktienoptionen** Gegenstand der Rechtsprechung. Das LAG Baden-Württemberg hatte in ein- und demselben Sachverhalt wiederholt über Auskunftsansprüche im Zusammenhang mit der Gewährung von Aktienoptionen im Matrixkonzern durch eine US-amerikanische Muttergesellschaft[1503] zu entscheiden.

697 Die US-amerikanische Konzernobergesellschaft gewährt Führungskräften des Konzerns, auch den in Deutschland ansässigen, eine aktienbasierte Vergütung in Form von Aktienoptionen (Stock Options) und Nachzugsaktien (Deferred Stock). Sie legt Bezugsrahmen und Verteilungsparameter fest. Der Vertragsarbeitgeber, mit dem keine vertraglichen Vereinbarungen diesbezüglich bestehen, gewährt keine Aktien. Die jeweiligen Matrix-Vorgesetzten, die matrixtypisch nicht zwingend Arbeitnehmer der beklagten deutschen Gesellschaft sein müssen, haben ein Vorschlagsrecht, sowohl bzgl. der vergütungsrelevanten Leistungsbeurteilung als auch der Mitarbeiter, die eine aktienorientierte Vergütung erhalten sollen. Die US-amerikanische Konzernobergesellschaft ist daran in ihrer Entscheidung aber nicht gebunden. Der Gesamtbetriebsrat der deutschen Tochtergesellschaft fordert Auskunft darüber, für welche Mitarbeiter die Gewährung von Stock Options von der Muttergesellschaft vorgegeben wurde, sowie Auskunft über abweichende Vorschläge und über die jeweiligen Entscheidungen.

[1501] BAG 29.6.2004 – 1 ABR 32/99, NZA 2005, 118. Sachverhalt und Entscheidungsgründe sind hier stark verkürzt unter Übergehung der sonstigen Rechtsfragen und Konzentration auf die Frage der Unmöglichkeit der Auskunftserlangung wiedergegeben.
[1502] *Schubert* Betriebliche Mitbestimmung S. 142.
[1503] Ein Mitbestimmungsrecht des Betriebsrats nach § 87 Abs. 1 Nr. 10 BetrVG gegenüber dem inländischen Arbeitgeber besteht in dieser Konstellation mangels Entgeltleistung des Arbeitgebers nicht, ausf. *Otto/Mückl* DB 2009, 1594 (1596 f.) mwN.

E. Betriebsverfassungsrecht   Kapitel 3

In einer ersten Entscheidung aus 2012[1504] **lehnte das Gericht einen Auskunftsan-** 698
spruch des Gesamtbetriebsrates des deutschen Unternehmens mangels Zuständigkeit des
Gesamtbetriebsrats ab. Eine betriebsübergreifend zwingende Regelung folge auch
nicht aus der Matrixorganisation. Das Gericht hielt aber das Bestehen materieller Beteiligungsrechte (der zuständigen Betriebsratsgremien) für möglich (hier aufgrund eventueller Einflussmöglichkeiten der inländischen Vorgesetzten auf die Zuteilung der Aktienoptionen an ihre Mitarbeiter). Das Gericht stellt in den Entscheidungsgründen demgegenüber aber klar, dass die **auf der Ebene der ausländischen Muttergesellschaft getroffenen Entscheidungen** über die Ausgestaltung der Aktienoptionspläne **der Mitbestimmung auf jeden Fall entzogen** seien. Ansprechpartner für den Betriebsrat ist stets die Geschäfts-/Personalleitung des jeweiligen Betriebs bzw. gegenüber dem GBR oder dem Wirtschaftsausschuss des (inländischen) Unternehmens; dass die eigentlichen Entscheidungen im Ausland getroffen worden sein können, ändert hieran nichts. Dies bedeutet, dass allein ihr gegenüber Mitbestimmungsrechte und Informationsrechte geltend gemacht werden können.

Daraufhin verfolgte nun der **örtliche Betriebsrat desselben Konzerns** dieses **Aus-** 699
kunftsbegehren weiter und erhielt zwei Jahre später vor dem LAG Baden-Württemberg Recht: Das Gericht bejahte einen dem Betriebsrat zustehenden Auskunftsanspruch nach § 80 Abs. 2 BetrVG.[1505] Die Entscheidung wurde in der Rechtsbeschwerdeinstanz durch das BAG aufgehoben und zur erneuten Entscheidung zurückverwiesen, aber ausschließlich wegen eines Verfahrensfehlers.[1506] Daraufhin bekräftigte das LAG Baden-Württemberg erneut seine Entscheidung und verurteilte den Arbeitgeber, dem Betriebsrat darüber Auskunft zu erteilen, welchen Mitarbeitern in welchem Umfang Deferred Stock und/oder Aktienoptionen gewährt wurden.[1507] Mitbestimmungsrechte gem. § 87 Abs. 1 Nr. 10 BetrVG bestünden nicht. Denn schließe der Arbeitnehmer eine Vereinbarung über die Gewährung von Aktienoptionen nicht mit seinem Vertragsarbeitgeber, sondern mit der ausländischen Konzernmuttergesellschaft und entscheide allein diese über die Zuteilung, ohne Bindung an die Mitwirkung der (inländischen) Vorgesetzten, habe der Arbeitgeber keinerlei Gestaltungsspielraum und damit der Betriebsrat schon aus tatsächlichen Gründen kein Mitbestimmungsrecht.

Ein **Auskunftsanspruch** ergebe sich aber aus **§§ 80 Abs. 2 S. 1 iVm. 80 Abs. 1, 75** 700
Abs. 1 BetrVG. Die Überwachungsverpflichtung des Betriebsrats bestehe für die betriebsangehörigen Arbeitnehmer auch, wenn die ausländische Muttergesellschaft aufgrund eines rechtlich selbständigen Verpflichtungsgrundes die Vergütung gewähre. Denn Anknüpfungspunkt der Überwachungspflicht sei nicht die Vergütung, sondern die Behandlung der im Betrieb tätigen Personen, nicht nur durch den Vertragsarbeitgeber, sondern auch durch Dritte. Die Auskunftserteilung sei zur Aufgabenwahrnehmung erforderlich, denn nur mit den entsprechenden Informationen könne der Betriebsrat seiner Überwachungspflicht nachkommen. Um die Einhaltung des Gleichbehandlungsgrundsatzes zu prüfen, genüge allerdings die Auskunft, welche Mitarbeiter in welchem Umfang aktienorientierte Vergütung erhalten hätten.

Dass die entsprechenden Informationen gar nicht im Betrieb, sondern **nur bei** 701
der Muttergesellschaft verfügbar seien, lasse den Anspruch weder wegen tatsächlicher oder rechtlicher Unmöglichkeit gem. § 275 Abs. 1 BGB entfallen noch gebe dies ein Leistungsverweigerungsrecht nach § 275 Abs. 2 BGB. **Die (inländische) Arbeitgeberin treffe eine Pflicht,** sich diese **Informationen** bei der ausländischen Muttergesellschaft, ggf. auf dem Rechtsweg, **zu beschaffen.** Erst wenn mit Gewissheit feststehe, dass auch dieses erfolglos bliebe, liege Unmöglichkeit vor. Die Beschaffung sei der Arbeitgeberin

---
[1504] LAG BW 12.9.2012 – 19 TaBV 3/12, BeckRS 2013, 66355.
[1505] LAG BW 9.4.2014 – 19 TaBV 7/13, BeckRS 2014, 70862.
[1506] BAG 7.6.2016 – 1 ABR 26/14, NZA 2016, 1166.
[1507] LAG BW 17.1.2017 – 19 TaBV 3/16, ArbR 2017, 182.

auch zumutbar, zumal die aktienorientierte Vergütung steuerlichen Arbeitslohn darstelle und daher auf der Gehaltsabrechnung der Mitarbeiter erscheinen müsse. Gegen diese Entscheidung wurde erneut Rechtsbeschwerde zum BAG eingelegt;[1508] die weitere Entwicklung in diesem Fall bleibt also abzuwarten.[1509] Sollte sich die Annahme eines Auskunftsanspruches in der Rechtsprechung trotz der genannten Bedenken etablieren, könnte auf die deutschen Gesellschaften innerhalb einer internationalen Matrix diesbezüglich erheblicher Aufwand zukommen.

702 Die Informationsrechte eines nach § 106 BetrVG gebildeten **Wirtschaftsausschusses** beziehen sich nicht auf konzernweite Aktivitäten, sondern nur auf die Angelegenheiten des Unternehmens. Auslandsaktivitäten sind nur dann Gegenstand des Auskunftsrechts, wenn sie das konkrete Unternehmen betreffen.[1510] Besteht eine Pflicht zur Unterrichtung des Betriebsrats, so hat diese in **deutscher Sprache** stattzufinden.[1511] Für die Anwendung des **Sprecherausschussgesetzes** gelten in Bezug auf die hier behandelten Fragen der internationalen Matrixstruktur dieselben Regeln wie für das BetrVG.

6. Betriebsverfassungsrechtliche Strukturen und Gremien in der internationalen Matrix

703 Wie oben gezeigt, unterliegen nach dem Territorialitätsprinzip inländische Betriebe mit den diesen zuzuordnenden Beschäftigten dem deutschen Betriebsverfassungsrecht und der Zuständigkeit der auf dieser Grundlage gebildeten Arbeitnehmervertretungen, während im Ausland keine Betriebsräte nach BetrVG gebildet werden können. Es stellt sich aber die Frage, welche Bedeutung den **übergeordneten Arbeitnehmergremien** nach dem BetrVG, Gesamt- und Konzernbetriebsrat, in der internationalen Matrix zukommt, und ob es ggf. weitere internationale Arbeitnehmervertretungsstrukturen gibt, die zwingend gebildet werden müssen oder deren Errichtung sich als sinnvoll anbietet. Zentral ist dabei immer die Frage, ob mehrere inländische Betriebe in irgendeiner Form durch **eine in Deutschland angesiedelte Ebene zumindest koordiniert** werden. Festzuhalten ist zunächst, dass allein die Einführung einer internationalen Matrixstruktur nicht ohne Weiteres zur Folge hat, dass die Zuständigkeiten bestehender Betriebsräte entfällt oder auf eine höhere Ebene gehoben wird; auch hier bedarf es wie sonst auch der Einzelfallprüfung, ob ein zwingendes Bedürfnis für eine Regelung auf anderer (höherer) Ebene besteht.[1512]

a) Gesamtbetriebsrat

704 Ein **Gesamtbetriebsrat** ist gem. 47 Abs. 1 BetrVG zwingend zu errichten, wenn in einem Unternehmen mehrere Betriebsräte bestehen. **Ausländische Betriebe** eines in Deutschland ansässigen Unternehmens sind **nicht zu beteiligen,** da der Gesamtbetriebsrat für diese mangels Anwendbarkeit des BetrVG keine Mitbestimmungsrechte ausüben kann.[1513] Schwieriger ist die umgekehrte Situation, in der ein **ausländisches Unternehmen über mindestens zwei Betriebe im Inland mit dort errichteten Betriebsräten** verfügt. Einigkeit besteht darin, dass auch hier die Voraussetzungen des § 47 BetrVG zur Bildung eines Gesamtbetriebsrates erfüllt sind, auf die Rechtsform des Unternehmens bzw. das anzuwendende Gesellschaftsrecht kommt es dabei nicht an. Teilweise wird im Schrifttum darüber hinausgehend aber gefordert, dass **im Inland** eine überbetriebliche

---

[1508] Anhängig unter dem Aktenzeichen 1 ABR 15/17.
[1509] Das LAG Nürnberg 22.1.2002 – 6 TaBV 19/01, NZA-RR 2002, 247 bejahte in einer solchen Konstellation ebenfalls einen Auskunftsanspruch des Betriebsrats, allerdings ohne eingehende Auseinandersetzung mit der Auslandsproblematik.
[1510] *Kort* NZA 2013, 1318 (1325).
[1511] LAG Hessen 19.8.1993 – 12 Ta BV 9/93, NZA 1995, 285.
[1512] *Henssler* NZA-Beil. 2014, 95 (103).
[1513] *Fitting* § 47 Rn. 22; Richardi BetrVG/*Annuß* § 47 Rn. 19.

Organisation bestehen müsse, die **als Adressat** einer betriebsübergreifenden Beteiligung der Arbeitnehmer in Frage kommt,[1514] wobei keine gemeinsame Leitung erforderlich ist, sondern eine **koordinierende Organisationsebene** ausreicht.[1515] Für diese Ansicht spricht, dass eine Gesamtvertretung der Arbeitnehmer für mehrere Betriebe wenig Sinn macht, wenn es ihr an einem Gegenüber, der für diese Mehrheit von Betrieben auch entscheidungsbefugt wäre, komplett ermangelt.[1516] Daran wird es in den **Matrixorganisationen ausländischer Obergesellschaften aber zuweilen fehlen;** danach wäre in diesen Fällen, in denen die Matrixleitung für mehrere deutsche Betriebe vom Ausland aus vorgenommen wird, kein Gesamtbetriebsrat zu errichten. Gerichtliche Entscheidungen dazu liegen bislang soweit ersichtlich noch nicht vor.

b) Konzernbetriebsrat

Anders ist dies für den im Unterschied zum Gesamtbetriebsrat freiwilligen **Konzernbetriebsrat** (§§ 54 ff. BetrVG), dessen Errichtung mindestens zwei (inländische) (Gesamt-) Betriebsräte voraussetzt und mit dem sich das BAG wiederholt befasst hat.[1517] 705

Hat das **herrschende Unternehmen seinen Sitz im Inland,** die abhängigen Unternehmen aber im Ausland, kann ein Konzernbetriebsrat für diese Unternehmen nicht gebildet werden; hat das herrschende Unternehmen seinen **Sitz im Ausland** und übt von dort die einheitliche Leitung aus, kann auch für die im Inland liegenden Betriebe bei der ausländischen Gesellschaft kein KBR gebildet werden.[1518] Dies folgt aus dem für das Betriebsverfassungsrecht geltenden Territorialitätsprinzip; ein im Ausland ansässiges Unternehmen fällt nicht unter das deutsche Betriebsverfassungsrecht, dessen Einhaltung auch nicht kontrollier- und durchsetzbar wäre. 706

Gleichwohl blendet auch das deutsche Konzernbetriebsverfassungsrecht internationale Unternehmensverbindungen nicht völlig aus.[1519] Denn **anders** kann die Rechtslage sein bei der **Zwischenschaltung einer in Inland ansässigen Zwischenholding.** Im Falle eines Konzerns mit ausländischer Konzernspitze, aber inländischen Konzerngesellschaften kann für diese ein Konzernbetriebsrat dann gebildet werden, wenn die ausländische Konzernobergesellschaft von ihrer Leitungsmacht zwar in wesentlichem Umfang Gebrauch macht, aber einem im Inland ansässigen abhängigen Unternehmen als inländischer Teilkonzernspitze noch wesentliche Leitungsaufgaben in personellen, sozialen und wirtschaftlichen Angelegenheiten zur eigenständigen Ausübung gegenüber den diesen nachgeordneten Unternehmen verbleiben.[1520] 707

Ein **Konzernbetriebsrat** kommt hier also nur in Betracht bei einem **mehrstufigen Konzern mit einer innerhalb Deutschlands bestehenden Teilkonzernspitze,** wenn diese noch wesentliche Leitungsaufgaben ausübt. Es kommt also darauf an, ob die Voraussetzungen des sog. „**Konzern im Konzern**" gegeben sind, die für in- wie ausländische Konstellationen gleich sind. Eine **analoge Anwendung des § 5 Abs. 3 MitbestG,** der in diesem Fall zum Zwecke der Bildung eines mitbestimmten Aufsichtsrates das der Konzernobergesellschaft am nächsten stehende, der Mitbestimmung zugängliche, Unternehmen als herrschendes Unternehmen fingiert, **lehnt das BAG ab:** Denn der Sitz des herr- 708

[1514] Richardi BetrVG/*Annuß* § 47 Rn. 21.
[1515] WHSS/*Hohenstatt* D 148.
[1516] Zur parallelen Problematik im Rahmen der Unternehmensmitbestimmung → Rn. 763.
[1517] Zuletzt BAG 28.5.2018 – 7 ABR 60/16.
[1518] StRspr, vgl. zuletzt BAG 28.5.2018 – 7 ABR 60/16.
[1519] *Kort* NZA 2009, 464 (469).
[1520] BAG 14.2.2007 – 7 ABR 26/06, NZA 2007, 999; 16.5.2007 – 7 ABR 63/06, NJOZ 2008, 726; 22.7.2008 – 1 ABR 40/07, NZA 2008, 1248; 28.5.2018 – 7 ABR 60/16; LAG Nürnberg 21.7.2016 – 5 TaBV 54/15, BB 2016, 2367; krit. *Fitting* § 54 Rn. 34 ff. In einem durch den zu entscheidenden Fall in keiner Weise veranlassten obiter dictum hat das BAG zwischenzeitlich Zweifel daran gesät, ob es an dieser Rechtsprechung festhält, BAG 27.10.2010 – 7 ABR 85/09, NZA 2011, 524; dort ging es um einen rein inländischen öffentlich-privatrechtlichen Mischkonzern. Die weitere Entwicklung bleibt also abzuwarten.

schenden Konzernunternehmens im Ausland führe bei der betrieblichen Mitbestimmung anders als bei der Unternehmensmitbestimmung nicht zum Wegfall der Beteiligungsrechte der Arbeitnehmer, sondern nur zu ihrer Verlagerung auf eine andere Ebene in den Konzernunternehmen. Die Beteiligungsrechte nach dem BetrVG würden dann von den Gesamtbetriebsräten und Betriebsräten der jeweiligen Tochtergesellschaften wahrgenommen.[1521] Bemerkenswerter Weise stellt das BAG zudem darauf ab, dass die Errichtung eines Konzernbetriebsrats, dem ein Arbeitgeber mangels eigener Leitungsmacht ohne eigene Entscheidungsbefugnis gegenüberstehe, dem Normzweck der §§ 54 ff. BetrVG entgegenstehe, da der Konzernbetriebsrat dadurch keine Einflussmöglichkeiten habe.[1522] An **dieser echten Leitungsmacht durch inländische Gesellschaften,** einer Art „Zwischenebene", **wird es in klassischen Matrixorganisationen ausländischer Obergesellschaften** zuweilen **fehlen,** was dann einen **Konzernbetriebsrat** für die deutschen Betriebe im Ergebnis **ausschließt.** In einer derartigen Fallkonstellation hat das ArbG Düsseldorf[1523] daher die Möglichkeit der Bildung eines Konzernbetriebsrats verneint. Es handelte sich um eine klassische grenzüberschreitende Matrixstruktur, die Leitungsmacht wurde nicht von der bestehenden Holding, sondern von den gesellschaftsübergreifend gebildeten Business Units wahrgenommen; damit sah das Gericht die gesetzliche Konzernvermutung gem. §§ 17 Abs. 2, 18 Abs. 1 S. 3 AktG als widerlegt an.

709   Kann ein Konzernbetriebsrat nach deutschem Betriebsverfassungsrecht nicht errichtet werden, weil aufgrund der internationalen Konzernstruktur die Voraussetzungen dafür nicht gegeben sind, **verlagert sich die Mitbestimmung** nach der Rechtsprechung des BAG auf die darunter liegende Ebene des Gesamtbetriebsrats oder örtlichen Betriebsrats. Davon zu unterscheiden ist die Situation, dass ein Konzernbetriebsrat nach den oben dargestellten Grundsatz gebildet werden *könnte,* aber nicht gebildet worden ist: hier **entfallen die Beteiligungsrechte** ersatzlos für die Angelegenheiten, für die der Konzernbetriebsrat originär zuständig wäre: eine Verlagerung auf die unteren Ebenen findet in dieser Konstellation nicht statt. Eine „subsidiäre Zuständigkeit" gibt es hier nicht,[1524] es kann also eine „Mitbestimmungslücke" entstehen. Doch ist diese hinzunehmen: Fehlt das für die Entscheidung zuständige Mitbestimmungsorgan, kann keine Mitbestimmung stattfinden.[1525] Diese Zuständigkeitssperre tritt auch dann ein, wenn die (fakultative) Errichtung des Konzernbetriebsrats alleine daran scheitert, dass die Betriebsräte des Konzernunternehmens, welches mehr als 50 % der Arbeitnehmer des Konzerns beschäftigt (§ 54 Abs. 1 S. 2 BetrVG), entgegen § 47 Abs. 1 BetrVG pflichtwidrig keinen Gesamtbetriebsrat errichtet haben.[1526] Ein Beschluss der zuständigen (Gesamt-)Betriebsräte zur Bildung eines Konzernbetriebsrats, obwohl es an der Voraussetzung der inländischen Teilkonzernspitze fehlt, ist unwirksam.[1527] Die Errichtung eines solchen Konzernbetriebsrats ist ebenfalls unwirksam, und zwar im Regelfalle nichtig, nur im Ausnahmefall lediglich anfechtbar.[1528]

710   In der **internationalen Matrix** sind die Voraussetzungen für die **Errichtung** eines **Konzernbetriebsrats** daher **genau zu prüfen;** nur so kann festgestellt werden, ob eine Beteiligungspflicht der Arbeitnehmervertretung, ggf. im Wege der Verlagerung auf andere Gremien, besteht oder nicht.

[1521] BAG 14.2.2007 – 7 ABR 26/06, NZA 2007, 999 (1004 ff.).
[1522] BAG 14.2.2007 – 7 ABR 26/06, NZA 2007, 999 (1006).
[1523] ArbG Düsseldorf 29.9.2010 – 8 BV 71/10, BeckRS 2011, 72434, mAnm *Bissels* BB 2011, 1280.
[1524] *Reinhard* NZA 2016, 1233 (1240); *Dzida* NZA 2008, 1265 (1267); Richardi BetrVG/*Annuß* § 58 Rn. 21.
[1525] So ausdrücklich für den Konzernbetriebsrat BAG 14.12.1993 – 3 AZR 618/93, NZA 1994, 554 (556).
[1526] *Reinhard* NZA 2016, 1233 (1240).
[1527] BAG 16.5.2007 – 7 ABR 63/06, NJOZ 2008, 726.
[1528] *Dzida/Hohenstatt* NZA 2007, 945 (949).

E. Betriebsverfassungsrecht

c) Wirtschaftsausschuss

Der nur auf Unternehmens-, nicht auf Konzernebene vorgesehene **Wirtschaftsausschuss** (§§ 106 ff. BetrVG) setzt mehr als 100 in inländischen Betrieben ständig beschäftigte Arbeitnehmer voraus. Für die Bildung eines Wirtschaftsausschusses kommt es **nicht darauf an,** ob die **Unternehmensleitung** vom Inland oder **vom Ausland** aus erfolgt. Deshalb ist bei Vorliegen der sonstigen gesetzlichen Voraussetzungen auch für inländische Unternehmensteile (Betriebe) eines ausländischen Unternehmens ein Wirtschaftsausschuss zu bilden.[1529] In ausländischen Betrieben, auf die sich die Zuständigkeit des Wirtschaftsausschusses nicht bezieht, tätige Arbeitnehmer sind jedoch (außer im Falle der Ausstrahlung) nicht zu berücksichtigen. Folgerichtig können sie auch nicht Mitglieder des Wirtschaftsausschusses werden.[1530] Liegt die **Unternehmensleitung im Ausland,** ist nach der Rechtsprechung des BAG jedoch erforderlich, dass im Inland eine übergeordnete einheitliche Organisation besteht, um die Tatbestandsvoraussetzungen eines Unternehmens (im Inland) zu erfüllen. Unerheblich ist dabei, ob dieser Ebene selbst keine oder nur eine geringe Entscheidungsbefugnis eingeräumt ist; es genügt, dass sich die auf der Unternehmensebene getroffenen wirtschaftlichen Maßnahmen auf die inländischen Betriebe auswirken und die Interessen der dort beschäftigten Arbeitnehmer berühren können. Ist dies der Fall, kann es für die Bildung des Wirtschaftsausschusses nicht darauf ankommen, ob die Unternehmungsführung vom Inland oder Ausland aus erfolgt.[1531]

711

Für die **aus dem Ausland geführte internationale Matrixorganisation** bedeutet dies, dass ein Wirtschaftsausschuss bei einer in Deutschland angesiedelten „**Zwischenebene**" gebildet werden muss. Diese muss aber – anders als dies zur Bildung eines Konzernbetriebsrats erforderlich ist, aber parallel zu den Voraussetzungen der Bildung eines Gesamtbetriebsrats für inländische Betriebe eines ausländischen Arbeitgebers – keine wesentlichen Leitungsbefugnisse ausüben, eine Koordinierungsfunktion reicht auch hier aus. Auch hier beschränkt sich jedoch das Informations- und Beratungsrecht auf unternehmerische Dispositionen, die sich auf die inländischen Betriebe auswirken können.[1532] *Fitting*[1533] nimmt im Konzern (ohne allerdings zwischen rein nationalem und solchem mit ausländischer Konzernspitze zu differenzieren) für den oben besprochenen Fall, dass Maßnahmen allein auf der Ebene der Konzernspitze geplant werden, ohne die betroffene Tochtergesellschaft einzubeziehen, eine Pflicht der Tochtergesellschaft an, sich die erforderlichen Informationen zu beschaffen und dem Wirtschaftsausschuss zur Verfügung zu stellen (→ Rn. 693).

712

d) Europäischer Betriebsrat

Der **Europäische Betriebsrat (EBR)** ist nach § 1 Abs. 2 S. 1 EBRG in Angelegenheiten mit grenzüberschreitender Auswirkung zu beteiligen. Er hat dabei, anders als die nationalen Betriebsräte, nur Unterrichtungs- und Anhörungsrechte, aber keine Mitbestimmungsrechte. Eine Mitwirkung findet zum einen bei allen unternehmerischen Entscheidungen statt, die in einem Mitgliedstaat getroffen werden und sich in mindestens einem anderen auswirken. Wird die Entscheidung in einem Drittstaat getroffen, müssen sich nach § 1 Abs. 2 S. 2 EBRG Auswirkungen in mindestens zwei Betrieben in verschiedenen Mitgliedstaaten ergeben.

713

Europäische Betriebsräte und die Verfahren zu ihrer Beteiligung sind idR in **Unternehmensvereinbarungen zum Europäischen Betriebsrat** festgelegt. Ist der Europäische Betriebsrat qua Gesetz gebildet, hat die zentrale Leitung den Europäischen Betriebs-

714

[1529] BAG 1.10.1974 – 1 ABR 77/73, AP BetrVG 1972 § 106 Nr. 1.
[1530] Str, wie hier Braun/Wisskirchen/*Schiller* Konzernarbeitsrecht Teil II Abschn. 2 Rn. 18 mwN auch zur gegenteiligen Auffassung.
[1531] BAG 31.10.1975 – 1 ABR 4/74, AP BetrVG 1972 § 106 Nr. 2.
[1532] Richardi BetrVG/*Annuß* § 106 Rn. 14.
[1533] *Fitting* § 106 Rn. 31.

rat nach § 29 EBRG einmal im Kalenderjahr unter rechtzeitiger Vorlage der erforderlichen Unterlagen unter anderem über die Entwicklung der Geschäfts-, Produktions- und Absatzlage zu unterrichten (§ 1 Abs. 4 EBRG) und ihn dazu anzuhören (§ 1 Abs. 5 EBRG). Nach § 1 Abs. 7 EBRG müssen **Unterrichtung und Anhörung** spätestens gleichzeitig mit derjenigen der nationalen Arbeitnehmervertretungen erfolgen. Für unternehmerische Konzepte und Planungen hat daher häufig der Zeitpunkt der Information des Wirtschaftsausschusses praktische Relevanz für die Beteiligung des Europäischen Betriebsrats. Die Gegenstände der Beteiligung nach § 29 Abs. 2 EBRG entsprechen im Wesentlichen den wirtschaftlichen Angelegenheiten des § 106 Abs. 3 BetrVG. Genannt werden „grundlegende" Änderungen der Organisation sowie die Einschränkung, Stilllegung und Verlegung von „wesentlichen" Betriebsteilen.

715   Die **Beteiligung** nach § 30 EBRG muss „**rechtzeitig**" erfolgen. Das heißt, dass Vorschläge und Bedenken der Arbeitnehmervertretung noch berücksichtigt werden können, bevor eine unternehmerische Entscheidung getroffen wird.[1534] Gefasste Beschlüsse müssen noch gestaltbar sein.[1535] Zu weiteren Einzelheiten sei auf das einschlägige konzernarbeitsrechtliche und europarechtliche Schrifttum verwiesen.

e) Andere Arbeitnehmervertretungsstrukturen nach § 3 BetrVG

716   Wie oben dargestellt (→ Rn. 433), gibt **§ 3 BetrVG** die Möglichkeit, durch **Tarifvertrag** – unter bestimmten Voraussetzungen auch durch Betriebsvereinbarung – abweichende Arbeitnehmervertretungsstrukturen zu errichten. Dies erweitert aber die Mitbestimmungsrechte nicht über die durch das Territorialitätsprinzip gezogenen Grenzen hinaus.[1536] Die in internationalen Konzernen vorkommenden, auf Basis von § 3 Abs. 1 Nr. 4 BetrVG gebildeten Arbeitsgemeinschaften zwischen inländischen Betriebsräten sind keine Mitbestimmungsorgane.[1537]

[1534] *Fitting* EBRG Rn. 90.
[1535] *Fitting* EBRG Rn. 71.
[1536] *Schubert* Betriebliche Mitbestimmung S. 69.
[1537] Braun/Wisskirchen/*Schiller* Konzernarbeitsrecht Teil II Abschn. 2 Rn. 66 ff., dort auch zum Umfang der Kostentragungspflicht des inländischen Arbeitgebers.

F. Unternehmensmitbestimmung

I. Rechtsgrundlagen

Die Beteiligung der Arbeitnehmer als Vertreter in den Kontrollorganen von Unternehmen wird durch die Unternehmensmitbestimmung bewirkt. Dazu bestehen die gesetzlichen Regelungen des Mitbestimmungsgesetzes (MitbestG),[1538] des Gesetzes über die Mitbestimmung der Arbeitnehmer in den Aufsichtsräten und Vorständen der Unternehmen des Bergbaus und der Eisen- und Stahl erzeugenden Industrie (MontanMitbestG),[1539] des Gesetzes zur Ergänzung des Gesetzes über die Mitbestimmung der Arbeitnehmer in den Aufsichtsräten und Vorständen der Unternehmen des Bergbaus und der Eisen- und Stahl erzeugenden Industrie (MontanMitbestErgG)[1540] und dem Drittelbeteiligungsgesetz (DrittelbG)[1541] sowie die Vorschriften über die Geschlechterquote bei der Besetzung des Aufsichtsrats von börsennotierten Kapitalgesellschaften im Anwendungsbereich des MitbestG.[1542]

1. Paritätische Mitbestimmung (MitbestG)

Das MitbestG gilt für Unternehmen mit eigener Rechtspersönlichkeit, die in der Regel **mehr als 2.000 Arbeitnehmer** beschäftigen. Dazu gehören die Aktiengesellschaft (AG), Kommanditgesellschaft auf Aktien (KGaA), die Gesellschaften mit beschränkter Haftung (GmbH sowie GmbH & Co. KG und AG & Co. KG). Außerdem gilt das MitbestG für die herrschenden Unternehmen von Konzernen und Teilkonzernen, wenn sie in einer vorgenannten Rechtsform bestehen und die Konzernunternehmen in der Regel mehr als 2.000 Arbeitnehmer beschäftigen (§ 5 MitbestG). Auf Unternehmen, die die Größenordnung nicht erreichen, ist das DrittelbG anzuwenden. Ausgenommen sind Unternehmen, die in den Geltungsbereich des MontanMitbestG oder des MitbestErgG, außerdem sog. Tendenzunternehmen im Sinne des § 118 BetrVG, der den Tendenzbetrieb definiert.

Die Unternehmensmitbestimmung erfolgt in **Aufsichtsräten.** In Unternehmen, die nach MitbestG mitbestimmt sind, werden die Aufsichtsräte **paritätisch,** also mit der gleichen Zahl von Aufsichtsratsmitgliedern der Anteilseigner und der Arbeitnehmer besetzt. Die im Unternehmen vertretenen **Gewerkschaften** haben in Unternehmen bis zu 20.000 Arbeitnehmer zwei und in größeren drei Sitze im Aufsichtsrat. Da die Arbeitnehmer von Konzerntochtergesellschaften dem herrschenden Unternehmen als Arbeitnehmer zugerechnet werden, ist dabei unerheblich, ob sie in einem herrschenden oder Tochterunternehmen beschäftigt sind.

2. Drittelbeteiligung (DrittelbG)

Das DrittelbG erfasst vor allem die **Unternehmen,** die unterhalb der Größenordnungen der Mitbestimmungsgesetze liegen. Es regelt die Mitbestimmung der Arbeitnehmer für Aktiengesellschaften mit in der Regel nicht **mehr als 500 Arbeitnehmern,**[1543] außerdem für die KGaA; die GmbH mit in der Regel mehr als 500 Arbeitnehmer, einem Versicherungsverein auf Gegenseitigkeit; einer Erwerbs- und Wirtschaftsgenossenschaft mit in der Regel mehr als 500 Arbeitnehmern. Auch das DrittelbG ist nicht auf Tendenzunterneh-

---

[1538] Vom 4.5.1976, BGBl. I S. 1153.
[1539] Vom 21.5.1951, BGBl. I S. 347.
[1540] Vom 7.8.1956, BGBl. I S. 707.
[1541] Vom 18.5.2004, BGBl. I S. 974.
[1542] Gesetz für die gleichberechtigte Teilhabe von Frauen und Männern an Führungspositionen in der Privatwirtschaft und im öffentlichen Dienst vom 24.4.2015, BGBl. I S. 642.
[1543] Ein Mitbestimmungsrecht besteht auch in einer AktG mit in der Regel weniger als 500 Arbeitnehmer, die vor dem 10.8.1994 eingetragen worden ist mit Ausnahmen für Familiengesellschaften.

men anwendbar. Es gilt außerdem nicht für Unternehmen, auf die eines der anderen Mitbestimmungsgesetze anwendbar ist. An der Wahl der Aufsichtsratsmitglieder für die Arbeitnehmer innerhalb eines Konzerns nehmen auch die Arbeitnehmer der anderen Konzernunternehmen teil. Der **Aufsichtsrat** der genannten Unternehmen im Geltungsbereich der Drittelbeteiligung muss zu einem **Drittel aus Arbeitnehmervertretern** bestehen. Sind nur ein oder zwei Aufsichtsratsmitglieder auf der Arbeitnehmerseite zu wählen, so müssen diese nach § 4 DrittelbG als Arbeitnehmer im betreffenden Unternehmen beschäftigt sein.

3. Europäische Aktiengesellschaft und Europäische Genossenschaft

721 Das Gesetz über die Beteiligung der Arbeitnehmer in einer Europäischen Gesellschaft (SEBG)[1544] regelt die Mitbestimmung der Arbeitnehmer in einer Europäischen Gesellschaft (SE).[1545] Das SEBG gilt für eine SE mit Sitz in Deutschland. Anders als die Mitbestimmungsgesetze für die Unternehmen mit Sitz in Deutschland gilt das SEBG unabhängig vom Sitz der SE auch für Arbeitnehmer einer SE, die im Inland beschäftigt sind sowie für beteiligte Gesellschaften, betroffene Tochtergesellschaften und betroffene Betriebe mit Sitz im Inland (§ 3 Abs. 1 SEBG). Nach § 39 SEBG ist die Anwendung des SEBG auf Tendenzunternehmen eingeschränkt. Das SEBG sieht zur Sicherung der grenzüberschreitenden Beteiligungsrechte der Arbeitnehmer vor, dass in der Europäischen Gesellschaft eine Vereinbarung über die Beteiligung der Arbeitnehmer getroffen wird. Kommt eine solche Vereinbarung nicht zu Stande, wird eine Beteiligung der Arbeitnehmer in der SE kraft Gesetzes sichergestellt (§ 1 Abs. 2 SEBG). In diesem Fall richtet sich die Mitbestimmung der Arbeitnehmer im Aufsichts- oder Verwaltungsrat der SE grundsätzlich nach dem höchsten Anteil der Arbeitnehmervertreter in den Gründungsgesellschaften. Die Beteiligungsrechte der Arbeitnehmer in der **Europäischen Genossenschaft** sind im Gesetz über die Beteiligung der Arbeitnehmer und Arbeitnehmerinnen in einer Europäischen Genossenschaft[1546] vergleichbar denen der Europäischen Gesellschaft geregelt.

4. Anwendbarkeit des deutschen Mitbestimmungsrechts im internationalen Matrixkonzern

722 Das deutsche Recht der Unternehmensmitbestimmung mit seiner sehr weit gehenden Beteiligung der im Unternehmen beschäftigten Arbeitnehmer und externer Gewerkschaftsvertreter stellt im weltweiten Vergleich eine Besonderheit dar. Insbesondere bei aus dem Ausland geführten Matrixorganisationen kann sich ein ähnliches Verständnisproblem auf Seiten ausländischer Führungskräfte stellen wie bei der Begegnung mit der deutschen Betriebsverfassung (→ Rn. 680). Hier wie dort wird es auf umfassende Kommunikation und Vermittlung der jeweiligen Rechts- und Werteordnung ankommen. In einer internationalen Konzernstruktur, an der Gesellschaften in- und ausländischen Rechts beteiligt sind, stellt sich zunächst die Frage der grundsätzlichen Anwendbarkeit des Mitbestimmungs- bzw. Drittelbeteiligungsgesetzes.[1547] Im Gegensatz zur betrieblichen Mitbestimmung nach dem BetrVG, die an den inländischen Betriebssitz anknüpft (→ Rn. 665), ist für die Anwendung der **Mitbestimmungsgesetze** das Personalstatut der Gesellschaft, deren Organe von der Mitbestimmung betroffen sind, ausschlaggebend.[1548] Es kommt also auf das **anwendbare Gesellschaftsrecht** an, dem das Unternehmensmitbestimmungsrecht folgt.

[1544] SE-Beteiligungsgesetz – SEBG vom 22.12.2004, BGBl. I S. 3675 (3686).
[1545] Vorgesehen in der Verordnung (EG) Nr. 2157/2001 des Rates vom 8.10.2001 über das Statut der Europäischen Gesellschaft, ABl. EG 2001 L 294 S. 1.
[1546] SCE-Beteiligungsgesetz – SCEBG vom 14.8.2006, BGBl. I S. 1911 (1917).
[1547] Mangels erkennbarer praktischer Relevanz für internationale Matrixstrukturen soll das Montan-Mitbestimmungsgesetz hier nicht vertieft werden.
[1548] MüKoBGB/*Kindler* IntGesR Rn. 568 mwN.

Gesellschaften ausländischer Rechtsform sind vom sachlichen Anwendungsbereich der Mitbestimmungsgesetze jedoch **nicht erfasst.** Die der Unternehmensmitbestimmung zugänglichen gesellschaftsrechtlichen Rechtsformen finden ihre abschließende Aufzählung in §§ 1 Abs. 1 MitbestG, 1 Abs. 1 DrittelbG. Die **Anwendung der Mitbestimmungsgesetze auf Gesellschaften ausländischen Rechts,** sei es im Wege der Analogie oder der internationalprivatrechtlichen Substitution, ist **ausgeschlossen.**[1549] Die Anwendung der deutschen Mitbestimmungsgesetze würde ansonsten zu „hybriden, aus ausländischem Gesellschaftsrecht und deutschem Mitbestimmungsrecht zusammengesetzten Gesellschaftstypen" und damit zu kaum überwindbaren Anwendungsproblemen führen.[1550] Nicht anzuwenden sind die deutschen Mitbestimmungsgesetze daher auch auf Kommanditgesellschaften mit nach ausländischem Recht gegründeten persönlich haftenden Gesellschaftern. Eine Anwendung des MitbestG auf die nach ausländischem Recht gegründete Komplementärgesellschaft ist zu verneinen,[1551] auch dann, wenn sich deren Tätigkeit auf die Leitung der inländischen Kommanditgesellschaft beschränkt und sie überwiegend im Inland verwaltet wird.[1552]

723

Es kann also festgehalten werden, dass die **internationale Matrixorganisation** die Anwendbarkeit der **Unternehmensmitbestimmung nicht erweitert.** Nur eine deutsche Kapitalgesellschaft ist der Mitbestimmung nach dem MitbestG oder dem DrittelbG zugänglich. Die weiteren Fragen, die sich hinsichtlich der Unternehmensmitbestimmung im internationalen Matrixkonzern stellen, werden im Folgenden im jeweiligen Sachzusammenhang behandelt.

724

II. Feststellung der Schwellenwerte im Matrixkonzern

Für die Unternehmensmitbestimmung sehen sowohl die Mitbestimmungsgesetze als auch die Drittelbeteiligung eine weitgehende Abhängigkeit von der jeweiligen Zahl der beschäftigten **Arbeitnehmer** vor.

725

1. Verweis auf die Regelungen im BetrVG

Hinsichtlich der Frage, wer zu den beschäftigten Arbeitnehmern zu zählen ist, verweist das MitbestG auf die Definitionen der Betriebsverfassung zum Arbeitnehmer und leitenden Angestellten. Mit der in § 3 MitbestG enthaltenen Verweisung auf § 5 Abs. 1 BetrVG für den Arbeitnehmerbegriff und § 5 Abs. 3 BetrVG für den der leitenden Angestellten schließt sich das MitbestG den Legaldefinitionen des BetrVG an. Ausgenommen sind die in § 5 Abs. 2 BetrVG aufgeführten Personen.

726

Soweit Bestimmungen des MitbestG, des Montan-MitbestG, des MitbestErgG, des DrittelbG, des Gesetzes über die Mitbestimmung der Arbeitnehmer bei einer grenzüberschreitenden Verschmelzung, des SE- und des SCE-Beteiligungsgesetzes oder der auf Grund der jeweiligen Gesetze erlassenen Wahlordnungen eine bestimmte Anzahl oder einen bestimmten Anteil von Arbeitnehmern voraussetzen, sind nach § 14 Abs. 2 S. 5 und 6 AÜG **Leiharbeitnehmer** auch im Entleiherunternehmen zu berücksichtigen. Für die Ermittlung von Schwellenwerten für die Anwendung dieser Gesetze sind Leiharbeitneh-

727

[1549] Wie hier MüKoAktG/*Gach* MitbestG § 1 Rn. 6, 14; ErfK/*Oetker* MitbestG § 1 Rn. 5; Raiser/Veil/*Raiser* MitbestG § 1 Rn. 17; UHH/*Ulmer/Habersack* MitbestG § 1 Rn. 8f.; Schaub ArbR-HdB/*Koch* § 260 Rn. 1a.; *Henssler* RdA 2018, 174 (192); aA *Deinert* Int. Arbeitsrecht § 17 Rn. 82ff.: Anknüpfung der Mitbestimmung weiterhin nach der Sitztheorie bzw. als Eingriffsrecht mit der Folge, dass auch ausländische Gesellschaften mit Verwaltungssitz im Inland der deutschen Unternehmensmitbestimmung unterliegen. Ebenso MüKoBGB/*Kindler* IntGesR Rn. 570ff.
[1550] WHSS/*Seibt* F Rn. 156.
[1551] MüKoAktG/*Gach* MitbestG § 1 Rn. 15.
[1552] WHSS/*Seibt* F Rn. 148 mwN, auch zur aA.

mer im Entleiherunternehmen aber nur zu berücksichtigen, wenn die Einsatzdauer sechs Monate übersteigt.

728 Auch hinsichtlich der Definition des Betriebes wird auf die Regeln des BetrVG verwiesen. Die Verweisung in § 3 Abs. 2 MitbestG für die Definition des **Betriebsbegriffs** (→ Rn. 248) gilt nicht nur für den allgemeinen Betriebsbegriff, sondern auch für die Vermutung eines **gemeinsamen Betriebs** in § 1 Abs. 2 BetrVG.[1553] Entsprechendes gilt für die auf Grund Tarifvertrag oder Betriebsvereinbarung nach § 3 BetrVG gebildeten **betriebsverfassungsrechtlichen Organisationseinheiten** (→ Rn. 264). Diese gelten für den Anwendungsbereich des BetrVG und über die Verweisung in § 3 Abs. 2 S. 1 MitbestG auch für das MitbestG als Betrieb.[1554] Außerdem gelten selbständige **Betriebsteile**, welche die Voraussetzungen des § 4 Abs. 1 S. 1 BetrVG erfüllen, als Betriebe im Sinne des MitbestG[1555]. Für die Betriebe innerhalb matrixorganisierter Konzerne gelten daher die Ausführungen sinngemäß auch hier.

2. Allgemeine Grundsätze

729 Die Anwendung des § 1 Abs. 1 MitbestG und des § 1 Abs. 1 DrittelbG auf ein Unternehmen hängt neben der Rechtsform auch von der Zahl der dort beschäftigten Arbeitnehmer ab. Die gesetzlichen Regelungen zur Unternehmensmitbestimmung tragen sowohl im MitbestG als auch im DrittelbG dem Umstand Rechnung, dass in Konzernstrukturen wichtige unternehmerische Entscheidungen auf eine Konzernobergesellschaft verlagert werden. Dem wird dadurch begegnet, dass bei den beherrschenden Konzernobergesellschaften auch dann ein Aufsichtsrat zu bilden ist, wenn die Konzernobergesellschaft für sich betrachtet die Voraussetzungen dafür, insbesondere die erforderliche Zahl der beschäftigten Arbeitnehmer, selbst nicht erfüllt.

730 Im Recht der Unternehmensmitbestimmung gilt der Grundsatz, dass einem herrschenden Konzernunternehmen, das selbst die Anforderungen der Mitbestimmungsgesetze in Bezug auf die Zahl der beschäftigten Arbeitnehmer nicht erfüllt, die Arbeitnehmer der Konzernunternehmen unter bestimmten Voraussetzungen zuzurechnen sind. Im Mitbestimmungsgesetz ist dies in § 5 Abs. 1 MitbestG, für die Drittelbeteiligung ist dies in § 2 Abs. 2 DrittelbG vorgesehen. Die Zurechnung der Arbeitnehmer zum herrschenden Konzernunternehmen ist im Drittelbeteiligungsgesetz sowohl im Hinblick auf die erfassten Zurechnungstatbestände als auch für die Rechtsfolgen weniger weit gefasst, als die entsprechende Regel in § 5 Abs. 1 MitbestG.[1556]

731 Diese Interessenlage, die in Konzernen grundsätzlich gesehen wird, trifft auf die typischen Entscheidungsstrukturen in Matrixstrukturen uneingeschränkt zu. Die funktionale Organisationsstruktur schafft besonders effektive Möglichkeiten, aus einer Konzernspitze unmittelbar auf fachliche und unternehmerische Entscheidungen der nachgeordneten Konzerngesellschaften Einfluss zu nehmen oder durch Weisungen sogar zu steuern. Es besteht also gerade auch in solchen Strukturen ein starkes Interesse der Arbeitnehmer, in der Unternehmensmitbestimmung bei den Konzernobergesellschaften mitzuwirken.

3. Berücksichtigung von Arbeitnehmern einer Gesellschaft im Matrixkonzern

a) DrittelbG

732 In den drittelbeteiligten Unternehmen kommen im Geltungsbereich des DrittelbG folgende Zurechnungstatbestände in Betracht:

[1553] UHH/*Henssler* MitbestG § 3 Rn. 119.
[1554] HM, vgl. UHH/*Henssler* MitbestG § 3 Rn. 115, ErfK/*Oetker* MitbestG § 3 Rn. 3.
[1555] UHH/*Henssler* MitbestG § 3 Rn. 117.
[1556] UHH/*Habersack* DrittelbG § 2 Rn. 12; ErfK/*Oetker* DrittelbG § 2 Rn. 14.

Nach § 2 Abs. 2 DrittelbG gelten die Arbeitnehmer eines Konzernunternehmens als solche des herrschenden Unternehmens, wenn zwischen den Unternehmen ein **Beherrschungsvertrag** besteht oder das abhängige Unternehmen in das herrschende Unternehmen eingegliedert ist. 733

Mit einem Beherrschungsvertrag wird die Leitung eines Unternehmens einem anderen Unternehmen unterstellt. Die Merkmale für das Vorliegen eines Beherrschungsvertrages richten sich nach § 291 AktG. Auf die Rechtsform des herrschenden Unternehmens kommt es nach § 291 AktG nicht an. Für die Anwendung im DrittelbG ist aber eine der in § 1 Abs. 1 DrittelbG genannten Rechtsformen Voraussetzung. In Betracht kommt daher ein herrschendes Unternehmen in der Rechtsform einer AG oder KGaA (§ 1 Abs. Nr. 1 und 2 DrittelbG) bzw. GmbH, VVaG oder Genossenschaft (§ 1 Abs. 1 Nr. 3 bis 5 DrittelbG). Für § 2 Abs. 2 DrittelbG ist die Rechtsform des abhängigen Unternehmens anders als in § 291 AktG nicht relevant.[1557] Voraussetzung ist lediglich ein Vertrag, der die Leitung eines abhängigen Unternehmens auf das herrschende Unternehmen überträgt und damit den inhaltlichen Anforderungen des § 291 AktG genügt. Ein Ergebnisabführungsvertrag mit einem weisungsabhängigen 100%igen Tochterunternehmen reicht hierfür nicht.[1558] 734

Die Arbeitnehmer nur faktisch oder auf Grund anderer als Beherrschungsverträge abhängiger Unternehmen können anders als nach § 5 Abs. 1 MitbestG nicht nach § 2 Abs. 2 DrittelbG dem herrschenden Unternehmen zugerechnet werden.[1559] Eine Zurechnung über einen sog. **faktischen Konzern** gibt es hier nicht. Damit bleibt die Zurechnung zur Ermittlung des Schwellenwertes § 2 Abs. 2, § 1 DittelbG nicht nur hinter § 5 MitbestG zurück, sondern ist auch enger gefasst als die Voraussetzung für die Teilnahme an der Aufsichtsratswahl im herrschenden Unternehmen nach § 2 Abs. 1 DrittelbG, da dieser wegen der Verweisung auf § 18 Abs. 3 AktG zusätzlich auch faktische Unternehmensverbindungen erfasst.[1560] 735

Eine **Eingliederung** ist nach § 319 AktG nur zwischen Aktiengesellschaften möglich. Diese Einschränkung gilt auch im Rahmen des § 2 Abs. 2 DrittelbG, die Zurechnung der Arbeitnehmer aufgrund Eingliederung kommt auch nicht für die KGaA in Betracht.[1561] 736

Neben der Berücksichtigung von Arbeitnehmern konzernabhängiger Unternehmen nach § 2 Abs. 2 DrittelbG bei der Ermittlung der Schwellenwerte für die Bildung eines Aufsichtsrats regelt § 2 Abs. 1 DrittelbG mit der Verweisung auf § 18 Abs. 1 AktG, dass Arbeitnehmer der Konzernunternehmen an der Wahl der Arbeitnehmervertreter für den beim herrschenden Unternehmen zu bildenden Aufsichtsrat teilnehmen können,[1562] dort also aktiv und passiv wahlberechtigt sind. 737

b) MitbestG

Die Zurechnung der Arbeitnehmer in den Konzerngesellschaften zur Konzernobergesellschaft im MitbestG setzt zu allererst voraus, dass die Unternehmen einen Unterordnungskonzern im Sinne des § 18 Abs. 1 AktG bilden. Das ist der Fall, wenn zwischen den beteiligten Unternehmen ein Abhängigkeitsverhältnis besteht (§ 17 Abs. 1 AktG) ferner das herrschende Unternehmen und das bzw. die abhängigen Unternehmen unter einer einheitlichen Leitung stehen. Ein Abhängigkeitsverhältnis im Sinne des § 17 AktG bedeutet, 738

[1557] In § 291 AktG sind an dieser Stelle nur AG oder KGaA vorgesehen; UHH/*Habersack* DrittelbG § 2 Rn. 13.
[1558] OLG Düsseldorf 27.12.1996 – 19 W 4/96, ZIP 1997, 546; UHH/*Habersack* DrittelbG § 2 Rn. 13; *Deilmann* NZG 2005, 659.
[1559] BayObLG 10.12.1992 – 3 Z BR 130/92, NZA 1993, 518; OLG Düsseldorf 27.12.1996 – 19 W 4/96, ZIP 1997, 546; OLG Hamburg 29.10.2007 – 11 W 27/07, DB 2007, 2762; *Habersack* AG 2007, 641.
[1560] ErfK/*Oetker* DrittelbG § 2 Rn. 18.
[1561] OLG Düsseldorf 27.12.1996 – 19 W 4/96, ZIP 1997, 546; OLG Zweibrücken 18.10.2005 – 3 W 136/05, ZIP 2005, 1966, 1967; UHH/*Habersack* DrittelbG § 2 Rn. 14.
[1562] ErfK/*Oetker* DrittelbG § 2 Rn. 14.

dass ein herrschendes Unternehmen unmittelbar oder mittelbar einen beherrschenden Einfluss auf andere rechtlich selbständige Unternehmen ausüben kann. Ist ein Unternehmen mehrheitlich an anderen Unternehmen beteiligt, wird nach § 17 Abs. 2 AktG vermutet, dass es auf diese einen beherrschenden Einfluss ausübt.

739   Die einheitliche Leitung im Konzern wird unterstellt, wenn ein Beherrschungsvertrag nach § 291 AktG besteht oder eine Eingliederung nach § 319 AktG vorliegt. In diesen Fällen ist die Vermutung der einheitlichen Leitung nach § 18 Abs. 1 S. 2 AktG unwiderlegbar. In allen anderen Fällen, in denen ein Unternehmen von einem anderen abhängig ist, wird die einheitliche Leitung nach § 18 Abs. 1 S. 3 AktG widerlegbar vermutet. Diese Vermutung eines Konzerns gilt als widerlegt, wenn die Konzernobergesellschaft nur die Funktion einer reinen Vermögensholding hat und sich ausschließlich auf die Verwaltung der Beteiligungen an den anderen Unternehmen beschränkt, und wenn daneben keine leitende Tätigkeit der Holding feststellbar ist, zB weil die Vorstandsmitglieder der Holding nicht in Vorstand oder Aufsichtsrat der beherrschten Unternehmen vertreten sind[1563].

740   Für die Unternehmensmitbestimmung wird der Begriff der einheitlichen Leitung weit ausgelegt. Ausreichend ist danach, wenn das herrschende Unternehmen einzelne Sparten oder Bereiche der nachgeordneten Unternehmen führt, indem sie insoweit planmäßig und auf Dauer einheitliche Richtlinien der Geschäftspolitik erstellt und deren Einhaltung kontrolliert. Die für den Bereich der Unternehmensmitbestimmung herrschende Meinung stützt sich auch den Normzweck des § 5 MitbestG, der darauf zielt, die Beteiligung der Arbeitnehmer dort einzuräumen, wo die grundlegenden Unternehmerentscheidungen getroffen werden. Daher genügt es für das Eingreifen der Konzernmitbestimmung, dass einzelne Unternehmensbereiche, Funktionen oder Sparten der einheitlichen Leitung durch das herrschende Unternehmen unterstellt werden.[1564]

741   Die einheitliche Leitung kann sich insofern aber auch aus anderen Umständen als aktienrechtlichen Unternehmensverträgen ergeben. Die einheitliche Leitung im sog. **faktischen Konzern** kann sich auch aus anderen Formen der Abhängigkeit oder Verflechtung wie Wertschöpfungsketten und Lieferbeziehungen oder aus engen finanziellen oder personellen Verflechtungen ergeben. Das gleiche gilt bei Vorliegen eines Gewinnabführungs- oder Betriebsüberlassungsvertrages.[1565]

742   Die Formen der Einflussnahme durch die funktionalen Leitungsträger einer Matrixorganisation wird diesen Anforderungen in der Regel gerecht werden, wenn die funktionalen Leitungen in der Konzernspitze gebündelt sind und die Matrixmanager mit der jeweils zentralen Verantwortung für eine Matrixzelle in der Konzernobergesellschaft zusammengezogen werden. Die funktionale Führungsstruktur kann aber auch diversifizierter organisiert sein und die Steuerung eines funktional abgrenzbaren Bereichs, zB die Forschung und Entwicklung zu industriellen Serienreife eines Produkts aus einem entsprechend kompetenten Unternehmen heraus erfolgen. Diese – in der Praxis seltener anzutreffende Organisationsform – wird aber in der Regel nicht als tragendes Organisationsprinzip die Leitungsstruktur prägen, sondern nur einzelne Sparten betreffen. Sollte dies doch der Fall sein, stellt sich bereits die für die Unternehmensmitbestimmung grundsätzlichere Frage, ob ein Unterordnungskonzern angenommen werden kann (→ Kap. 2 Rn. 5 ff.).

c) Zurechnung der Arbeitnehmer zur Konzernspitze

743   Liegen die Voraussetzungen für einen Konzern vor, werden nach § 5 Abs. 1 MitbestG die Arbeitnehmer der Konzerngesellschaften für die Bildung eines Aufsichtsrats an der Konzernspitze der Konzernobergesellschaft zugerechnet. Die Arbeitnehmer der nachgeordne-

---

[1563] BayObLG 6.3.2002 – 3Z BR 343/00, NZA 2002, 691; Braun/Wisskirchen/*Ackermann/Klein* Konzernarbeitsrecht Teil I Abschn. 2 Rn. 306.
[1564] UHH/*Ulmer/Habersack* MitbestG § 5 Rn. 22.
[1565] Braun/Wisskirchen/*Ackermann/Klein* Konzernarbeitsrecht Teil I Abschn. 2 Rn. 302.

ten Konzerngesellschaften sind dann bei der Feststellung der Zahl der beschäftigten Arbeitnehmer mit zu berücksichtigen. Diese Zurechnung kann dazu führen, dass das Mitbestimmungsgesetz auf die Konzernobergesellschaft nach § 1 Abs. 1 MitbestG anzuwenden ist, oder dazu, dass sich die gesetzliche Mindestzahl von Aufsichtsratssitzen nach § 7 Abs. 1 MitbestG erhöht bzw. die Wahl der Arbeitnehmervertreter nicht durch Urwahl, sondern durch Delegierte vorzunehmen ist (§ 9 Abs. 1, 2 MitbestG). Zudem verschafft § 5 Abs. 1 S. 1 MitbestG den Arbeitnehmern abhängiger Konzernunternehmen das aktive und passive Wahlrecht bei der Aufsichtsratswahl an der Konzernspitze.

Arbeitnehmer der Konzernunternehmen, die nach § 2 Abs. 2 DrittelbG dem herrschenden Unternehmen zugerechnet werden, gelten nicht per se für das DrittelbG als Arbeitnehmer des herrschenden Unternehmens. Die Zurechnung der Arbeitnehmer ist in diesem Punkt nicht so weitreichend wie im Bereich des Mitbestimmungsgesetzes (dort § 5 Abs. 1 S. 1 MitbestG) Nach § 2 Abs. 2 DrittelbG ist diese Zurechnung ausdrücklich auf die Feststellung eines nach § 1 Abs. 1 DrittelbG erforderlichen Schwellenwerts beschränkt.[1566] 744

Ob die insoweit dem herrschenden Unternehmen zuzurechnenden Arbeitnehmer darüber hinaus berechtigt sind, an der Wahl zum Aufsichtsrat des herrschenden Unternehmens teilzunehmen, richtet sich nach § 2 Abs. 1 DrittelbG, der auf § 18 Abs. 1 AktG Bezug nimmt.[1567] Voraussetzung ist, dass in der herrschenden Gesellschaft nach den Bestimmungen des Drittelbeteiligungsgesetzes ein Aufsichtsrat gebildet wird. 745

4. Einbeziehung im Ausland tätiger Arbeitnehmer

Im **Ausland tätige Arbeitnehmer der inländischen Gesellschaft** sind bei der Ermittlung der **Schwellenwerte** nach MitbestG bzw. DrittelbG **mitzuzählen** und haben ein **Wahlrecht,** wenn die Voraussetzungen der Ausstrahlung gegeben sind, wenn sie also trotz ihrer Tätigkeit im Ausland weiterhin dem inländischen Betrieb zuzurechnen sind; dies ist nicht mehr der Fall, wenn die Zugehörigkeit zu einem deutschen Betrieb beendet und der Arbeitnehmer in einen ausländischen eingegliedert wird.[1568] Hier sind die gleichen Grundsätze maßgebend wie im internationalen Betriebsverfassungsrecht (ausführlich zu den Voraussetzungen → Rn. 666 ff.). 746

Besonderes Interesse hat aufgrund mehrerer aktueller Entscheidungen die davon zu unterscheidende Frage gefunden, ob die in im Ausland gelegenen Betrieben beschäftigten **Arbeitnehmer ausländischer Konzerngesellschaften** einer deutschen Konzernspitze im Rahmen der bei dieser zu verwirklichenden Unternehmensmitbestimmung zu berücksichtigen sind. 747

Zum einen ist fraglich, ob die Arbeitnehmer ausländischer Tochtergesellschaften **beim Schwellenwert** gem. §§ 1 Abs. 1 Nr. 2 iVm 5 Abs. 1 MitbestG bzw. 1 Abs. 1 DrittelbG **mitzuzählen** sind, was zur Konsequenz haben kann, dass dadurch ein paritätisch besetzter Aufsichtsrat nach dem Mitbestimmungsgesetz bei einer Gesellschaft zu bilden ist, die allein aufgrund ihrer in inländischen Betrieben beschäftigten Arbeitnehmer nur der Drittelbeteiligung unterfiele oder überhaupt nicht mitbestimmt wäre. Zum anderen stellt sich die weitere Frage des **aktiven und passiven Wahlrechts** dieser Arbeitnehmer. Schließlich ist die Arbeitnehmeranzahl bei Anwendung des Mitbestimmungsgesetzes relevant für die Größe und Zusammensetzung des Aufsichtsrates (§ 7 Abs. 1, 2 MitbestG). 748

Die bislang schon hM verlangt die Zugehörigkeit zu einem inländischen Betrieb und **schließt die Berücksichtigung der Arbeitnehmer ausländischer Konzerngesellschaften** unter Berufung auf das völkerrechtliche Territorialitätsprinzip **aus.**[1569] Dafür 749

[1566] ErfK/*Oetker* DrittelbG § 2 Rn. 19.
[1567] ErfK/*Oetker* DrittelbG § 2 Rn. 19.
[1568] WKS/*Wißmann* MitbestG § 3 Rn. 39.
[1569] Statt vieler ErfK/*Oetker* MitbestG § 1 Rn. 3; WKS/*Wißmann* MitbestG § 3 Rn. 26 ff. mwN.

spricht zunächst einmal der im Gesetzgebungsverfahren zum MitbestG im zuständigen Bundestagsausschuss für Arbeit und Sozialordnung festgehaltene eindeutige gesetzgeberische Wille,[1570] der sich auch bei späteren Gesetzesvorhaben nicht geändert hat.[1571]

750 Dagegen wurden in jüngerer Zeit jedoch vor allem **europarechtlich begründete Einwände erhoben:** Es liege ein Verstoß gegen Art. 18 AEUV vor, da im Ausland beschäftigte Arbeitnehmer, wenn auch nicht unmittelbar, so doch mittelbar wegen ihrer Staatsangehörigkeit **diskriminiert** würden. Auch werde die durch Art. 45 AEUV gewährleistete **Arbeitnehmerfreizügigkeit** beschränkt, weil der Verlust des aktiven und passiven Wahlrechts den Wechsel ins Ausland für Arbeitnehmer weniger attraktiv mache.[1572] Zudem führe der Ausschluss der im Ausland Beschäftigten, die von Unternehmensentscheidungen genauso betroffen seien wie die mitbestimmungsrechtlich privilegierten inländischen Arbeitnehmer, zu einem Legitimationsproblem.[1573] Dieser Ansicht hat sich in einer viel beachteten Entscheidung auch das LG Frankfurt/Main[1574] angeschlossen. Die Vertreter dieser Auffassung gelangen im Wege der europarechtskonformen Auslegung der Mitbestimmungsgesetze dazu, dass auch die Mitarbeiter ausländischer Konzerngesellschaften in gleichem Umfang wie inländische Beschäftigte an der Unternehmensmitbestimmung teilhaben.[1575]

751 Trotz dieser Bedenken ist jedoch daran festzuhalten, dass die **Mitbestimmungsgesetze die in ausländischen Betrieben Beschäftigten ausländischer Konzerngesellschaften nicht erfassen.** Zwar ist unbestreitbar, dass der deutsche Gesetzgeber die Anwendung deutschen Rechts nur innerhalb des eigenen Hoheitsgebietes anordnen und durchsetzen kann; das würde ihn aber weder daran hindern, ausländische Beschäftigte bei den Schwellenwerten für das *im Inland* ansässige und daher deutschem Gesellschafts- und somit auch Mitbestimmungsrecht unterliegende Unternehmen mitzuzählen, noch, diesen Arbeitnehmern ein Wahlrecht zum Aufsichtsrat der in Deutschland ansässigen Konzernspitze zuzubilligen.

752 Schwerer wiegt jedoch das Argument, dass die Durchführung der Wahl in ausländischen Betrieben praktisch schwierig umsetzbar und vom Hauptwahlvorstand der Obergesellschaft kaum zu kontrollieren sein wird.[1576] Die komplizierten Vorschriften der Mitbestimmungsgesetze einschließlich der entsprechenden Wahlordnungen sind im Ausland nicht anwendbar.[1577] Besondere Beachtung verdient zudem der eigentliche Grund, warum der historische Gesetzgeber sich bewusst für die Beschränkung der Mitbestimmung auf das Inland entschieden hat: es gibt wohl kaum ein Rechtsgebiet, auf dem die tief verwurzelten rechts-, wirtschafts- und gesellschaftspolitischen nationalen Ansichten allein innerhalb der EU so weit auseinanderliegen. In diese jeweils gewachsene Mitbestimmungskultur würde es erheblich eingreifen, wenn im Ausland deutsche Mitbestimmungspraktiken ein- bzw. durchgeführt würden.[1578]

[1570] BT-Drs. 7/4845, 4: „Im Ausschuss besteht Einmütigkeit darüber, dass (…) sich der Geltungsbereich des Entwurfs auf Unternehmen und Konzernobergesellschaften beschränkt, die ihren Sitz im Geltungsbereich des Grundgesetzes haben (…), und dass die im Gesetzentwurf festgelegten Beteiligungsrechte nur den Arbeitnehmern der in der Bundesrepublik belegenen Betriebe dieser Unternehmen zustehen. Im Ausland gelegene Tochtergesellschaften und deren Betriebe im Inland von unter das Gesetz fallenden Unternehmen zählen bei der Errechnung der maßgeblichen Arbeitnehmerzahl nicht mit."
[1571] Vgl. die Nachweise bei *Winter/Marx/De Decker* NZA 2015, 1111 (1113).
[1572] UHH/*Henssler* MitbestG § 3 Rn. 43; *Hellwig/Behme* AG 2009, 261 (265); *Wansleben* NZG 2014, 213 (214).
[1573] *Rieble/Latzel* EuZA 2011, 145 (149).
[1574] LG Frankfurt a.M. 16.2.2015 – 3-16 O 1/14, NZG 2015, 683; ebenso schon (in einem obiter dictum) OLG Zweibrücken 20.2.2014 – 3 W 150/13, NZG 2014, 740.
[1575] Einschränkend UHH/*Henssler* MitbestG § 3 Rn. 40 ff.: nur aktives Wahlrecht der Auslandsbelegschaft; ebenso bei *Behme* EuZA 2017, 411.
[1576] *Seibt* DB 2015, 912 (914); LG Düsseldorf 5.6.1979 – 25 AktE 1/78, BeckRS 2008, 25087.
[1577] LG Landau/Pfalz 18.9.2013 – HK O 27/13, NZG 2014, 229; WKS/*Wißmann* MitbestG § 3 Rn. 35.
[1578] *Rehberg* EuZA 2015, 369 (375), 378; *Seibt* DB 2015, 1592; *Krause* ZIP 2015, 636 (637).

Aus demselben Grund ist die Unternehmensmitbestimmung als ein Rechtsgebiet anzusehen, das sich allenfalls für behutsame richterliche Rechtsfortbildung eignet. Derart grundlegende Entscheidungen wie die hier in Rede stehende sollten allein dem Gesetzgeber vorbehalten bleiben, v. a. wenn man sich die langwierigen Auseinandersetzungen vor Augen hält, die vor dem Erlass der jeweiligen Mitbestimmungsgesetze standen.[1579]   753

So hat das LG Berlin daher kurze Zeit nach dem Beschluss des LG Frankfurt (→ Rn. 750) entgegengesetzt mit überzeugenden Argumenten entschieden, dass der Ausschluss der Arbeitnehmer ausländischer Konzernunternehmen von der Unternehmensmitbestimmung nicht gegen EU-Recht verstößt: Das Recht der Unternehmensmitbestimmung gehöre nicht zu den europarechtlich harmonisierten Rechtsgebieten, daher sei grundsätzlich hinzunehmen, dass die nationalen Rechte der EU-Staaten ein unterschiedliches Niveau der unternehmerischen Mitbestimmung aufwiesen, ohne dass es aus europarechtlicher Sicht einen verbindlichen Mindeststandard geben müsste, der allen Arbeitnehmern der Union zu gewähren wäre.[1580] Daher verneint das Gericht einen Verstoß gegen Art. 18 AEUV.[1581] Ein Verstoß gegen Art. 45 AEUV sei allenfalls marginal und betreffe, wenn überhaupt, nur einen verschwindend geringen Teil der Konzernbeschäftigten.[1582]   754

Daher ist weiter im Einklang mit der tradierten Auffassung davon auszugehen, dass die **Mitbestimmungsgesetze nur die Beschäftigten inländischer Gesellschaften erfassen.**[1583] Dies wurde nun auch **durch den EuGH bestätigt.** Das Kammergericht Berlin als Beschwerdeinstanz in dem vom LG Berlin erstinstanzlich entschiedenen Verfahren hatte diese Frage dem EuGH gem. Art. 267 AEUV zur Vorabentscheidung vorgelegt.[1584] Der EuGH[1585] hat entschieden, dass die **Nichtgewährung des aktiven und passiven Wahlrechts** zum Aufsichtsrat der Muttergesellschaft für die in ausländischen Konzerngesellschaften tätigen Arbeitnehmer in die Unternehmensmitbestimmung **nicht gegen Art. 45 AEUV** (der gegenüber Art. 18 AEUV spezieller ist) **verstößt.**   755

Bzgl. der im Ausland beschäftigten Arbeitnehmer sei die Vorschrift mangels unionsrechtlichen Bezugs schon nicht anwendbar; allein die Tatsache, dass die Muttergesellschaft ihren Sitz in einem anderen Mitgliedstaat habe, reiche dafür nicht aus. Bei den Arbeitnehmern hingegen, die zu einer im EU-Ausland gelegenen Tochtergesellschaft wechselten, sei Art. 45 AEUV zwar anwendbar, aber nicht verletzt: das Unionsrecht gewähre keine Garantie darauf, dass ein Umzug in einen anderen Mitgliedstaat in sozialer Hinsicht neutral sei; es verschaffe einem Arbeitnehmer nicht das Recht, sich im Aufnahmestaat auf Rechtsvorschriften des Herkunftsstaates zu berufen. Das Recht der Unternehmensmitbestimmung sei nicht harmonisiert, ein Mitgliedstaat sei daher nicht daran gehindert, die entsprechenden Regelungen auf Arbeitnehmer inländischer Betriebe zu beschränken.   756

Die Entscheidung überzeugt. Zwar hatte der EuGH in diesem Verfahren nur über die Frage des Wahlrechts der in ausländischen Konzerngesellschaften tätigen Arbeitnehmer zu entscheiden, nicht dagegen über deren Zurechnung bei den Schwellenwerten. Angesichts der oben wiedergegebenen klaren Aussagen dürfte aber kein Zweifel daran bestehen, dass auch hier die Beschränkung auf Inlandsbetriebe aus den gleichen Gründen nicht gegen Unionsrecht verstößt.[1586] Damit besteht nunmehr für die Praxis Rechtssicherheit, was die   757

[1579] *Rehberg* EuZA 2015, 369 (373); ausdrücklich LG Berlin 1.6.2015 – 102 O 65/14, DB 2015, 1588 (1591): „Rechtspolitische Frage, die nicht von den Gerichten zu beantworten ist"; ebenso LG Düsseldorf vom 5.6.1979 – 25 AktE 1/78, BeckRS 2008, 25087.
[1580] So auch schon LG Landau/Pfalz 18.9.2013 – HK O 27/13, NZG 2014, 229; *Heuschmid/Ulber* NZG 2016, 102.
[1581] LG Berlin 1.6.2015 – 102 O 65/14, DB 2015, 1588 (1590); ebenso *Rehberg* EuZA 2015, 369 (377 f.).
[1582] LG Berlin 1.6.2015 – 102 O 65/14, DB 2015, 1588 (1591); ebenso *Krause* AG 2012, 485 (489); WKS/*Wißmann* MitbestG Vorbem. Rn. 71 („rein theoretisch").
[1583] So auch MüKoBGB/*Kindler* IntGesR Rn. 578.
[1584] KG 16.10.2015 – 14 W 89/15, NZA-RR 2015, 661; zum Verfahren *Behme* EuZA 2016, 411.
[1585] EuGH 18.7.2017 – C-566/15, NZA 2017, 1000 – Erzberger.
[1586] So auch *Monz/Wendler* BB 2017, 1788; *Wienbracke* NZA 2017, 1036 (1039).

Frage der Einbeziehung von Arbeitnehmern ausländischer Konzerngesellschaften in die Unternehmensmitbestimmung nach deutschem Recht anbelangt.[1587]

5. Einbeziehung in Deutschland tätiger Arbeitnehmer von Konzern-Enkelgesellschaften oder in Deutschland belegener Niederlassungen ausländischer Konzerntöchter

758 Verfügt die deutsche Konzernobergesellschaft über ausländische Tochtergesellschaften, die ihrerseits wieder inländische, nach deutschem Recht verfasste Töchter haben, sind die in diesen Konzern-Enkelgesellschaften tätigen Arbeitnehmer uneingeschränkt in die Unternehmensmitbestimmung bei der Obergesellschaft einzubeziehen, da es sich um im Inland ansässige und nach deutschem Recht verfasste Gesellschaft handelt; die Zwischenschaltung einer ausländischen Gesellschaft unterbricht den mitbestimmungsrechtlichen „Zurechnungszusammenhang" also nicht.[1588]

759 Umstritten ist dies dagegen bei Arbeitnehmern einer ausländischen Tochtergesellschaft, die in rechtlich unselbständigen Zweigniederlassungen im Inland beschäftigt sind. Teilweise wird gefordert, diese Arbeitnehmer wegen des inländischen Tätigkeitsortes, der der deutschen Arbeits- und Betriebsverfassung unterliegt, in die Unternehmensmitbestimmung einzubeziehen.[1589] Dies ist jedoch abzulehnen, da die Arbeitnehmer weiterhin solche der ausländischen Tochtergesellschaft bleiben, in deren Personalstatut auch nicht über den Umweg der Anknüpfung an den reinen Tätigkeitsort eingegriffen werden darf.[1590] Im Übrigen entspricht auch dies dem ausdrücklichen Willen des Gesetzgebers (→ Rn. 749).

III. Mitbestimmung in Konzernen mit ausländischer Konzernspitze

760 Im (Matrix-)Konzern mit im Ausland ansässiger (oder nach ausländischem Recht verfasster) Konzernspitze scheidet die Einrichtung eines mitbestimmten Aufsichtsrats bei dieser wie gezeigt (→ Rn. 723) aus. Dies hätte zur Folge, dass eine Mitbestimmung auf Konzernebene in diesen Fällen generell unmöglich wäre.[1591]

761 Dieser Situation kann jedoch die Zurechnungsvorschrift des § 5 Abs. 3 iVm Abs. 1 MitbestG abhelfen. Diese Vorschrift ermöglicht im Falle einer mitbestimmungsfreien Konzernspitze (wie hier bei einer ausländischen Gesellschaft, aber zB auch bei einer Personengesellschaft) die Mitbestimmung auf der dieser Konzernspitze am nächsten stehenden, der Mitbestimmung zugänglichen Ebene, wenn über diese wiederum andere Konzernunternehmen beherrscht werden (sog. „fingierte Teilkonzernspitze"). Erforderlich ist also zunächst ein drei- (oder mehr-)stufiger Konzern.[1592] Die Auslegung des gesetzlichen Tatbestandsmerkmals des **„Beherrschens"** und damit die Anforderungen, die an die Einschaltung der Zwischenebene in die Leitungsstruktur des Konzerns zu stellen sind, sind jedoch umstritten.

762 Eine Meinung und insbesondere die einschlägige obergerichtliche Rechtsprechung lässt die kapitalmäßige Verflechtung der Teilkonzernspitze mit den nachgeordneten Unterneh-

---

[1587] Kritisch *Henssler* ZfA 2018, 174 (181 ff.); dort auch Übersicht über den Meinungsstand und Vorschläge zur Reform.
[1588] *Waldenmaier/Ley* BB 2009, 1694 (1696); UHH/*Ulmer/Habersack* MitbestG § 5 Rn. 55.
[1589] WKS/*Wißmann* MitbestG § 3 Rn. 37; *Duden* ZHR 141 (1977) 184 f.
[1590] Vgl. *Waldenmaier/Ley* BB 2009, 1694 (1696) mwN; MüKoBGB/*Kindler* IntGesR Rn. 580; UHH/*Ulmer/Habersack* MitbestG § 5 Rn. 55.
[1591] So BAG 28.5.2018 – 7 ABR 60/16 zum ähnlich Problem der – unzulässigen – Einrichtung eines Konzernbetriebsrats bei einer im Ausland befindlichen Konzernspitze ohne eine inländische Teilkonzernspitze mit Entscheidungsbefugnissen in den der Mitbestimmung unterliegenden Fragen.
[1592] Raiser/Veil/*Raiser* MitbestG § 5 Rn. 40.

men – Mehrheitsbeteiligung – ausreichen;[1593] die Ausübung eigener Leitungsmacht durch die Teilkonzernspitze sei nicht erforderlich.[1594] Bereits der Gesetzeswortlaut „über" lasse offen, wodurch die Beherrschung vermittelt werde. Zudem spreche das Gesetz von „Beherrschen", nicht von „Leiten": für die Beherrschung sei allein auf die Beteiligungsstruktur abzustellen. Auch aus dem Gesetzeszweck des § 5 Abs. 3 MitbestG folge nichts anderes, da das Mitbestimmungsrecht den Arbeitnehmern nicht nur wegen eines eigenständigen Entscheidungsbereiches gewährt werde, sondern auch Informationsrechte und andere Möglichkeiten, präventiv zu agieren, wahrgenommen werden könnten. Umgehungsmöglichkeiten seien einzuschränken. Schließlich werde der Norm ein mitbestimmungsfreundliches Grundverständnis am ehesten gerecht.

Die Gegenansicht fordert dagegen ein Mindestmaß an tatsächlicher Leitungskompetenz auf der Ebene der Teilkonzernspitze. Diese sei bei Mehrheitsbeteiligung zu vermuten (§ 17 Abs. 2 AktG), könne aber auch auf Delegation beruhen. Eine reine „Briefträgerfunktion" sei aber nicht ausreichend;[1595] die reine kapitalmäßige Verflechtung zwischen der Teilkonzernspitze und des nachgeordneten Konzernunternehmens sei daher weder notwendige noch hinreichende Voraussetzung für das Eingreifen des § 5 Abs. 3 MitbestG.[1596] Angesichts der zitierten Rechtsprechung wird man für die Praxis die **kapitalmäßige Verflechtung** jedoch ausreichen lassen müssen. 763

Anders ist die Rechtslage hingegen, wenn die nach ausländischem Recht gegründete mitbestimmungsfreie Gesellschaft ohne Zwischenschaltung eines der Mitbestimmung zugänglichen inländischen Unternehmens direkt die deutschen Tochtergesellschaften beherrscht. Die Tatbestandsvoraussetzungen des § 5 Abs. 3 iVm Abs. 1 MitbestG sind nicht gegeben, wenn unterhalb der mitbestimmungsfreien Konzernspitze mehrere abhängige Konzernunternehmen auf gleicher Stufe stehen, ohne dass eines von ihnen den anderen in der Leitungsstruktur vorgeordnet ist.[1597] Eine Mitbestimmung auf (Teil-)Konzernebene kann dann nicht erreicht werden. 764

Eine § 5 MitbestG im Umfang vergleichbare Zurechnungsnorm enthält das Drittelbeteiligungsgesetz nicht. Die Zurechnung der Arbeitnehmer von Konzerngesellschaften zur Obergesellschaft ist dort zum einen insoweit restriktiver ausgestaltet, als nach § 3 Abs. 2 DrittelbG diese nur stattfindet, wenn ein Beherrschungsvertrag besteht oder das abhängige Unternehmen in das herrschende eingegliedert ist; der faktische Konzern reicht also nicht aus (→ Rn. 735). Zum anderen besteht keine Regelung zu einer mitbestimmten Teilkonzernspitze für den Fall einer nicht mitbestimmungsfähigen (ausländischen) Konzernobergesellschaft. 765

Davon unabhängig ist die Einrichtung eines mitbestimmten Aufsichtsrats auf der Ebene der jeweiligen (deutschen) Tochtergesellschaft, wenn für diese die gesetzlichen Voraussetzungen erfüllt sind. Hier gelten die deutschen Mitbestimmungsgesetze uneingeschränkt. 766

[1593] OLG Frankfurt a.M. 21.4.2008 – 20 W 8/07, ZIP 2008, 880; OLG Stuttgart 30.3.1995 – 8 W 355/93, NJW-RR 1995, 1067; OLG Düsseldorf 30.10.2006 – 26 W 14/06, NZA 2007, 707; auch das BAG hat sich dem *obiter* angeschlossen, BAG 14.2.2007 – 7 ABR 26/06, NZA 2007, 999 (1006); MüKoBGB/*Kindler* IntGesR Rn. 583.
[1594] WKS/*Wißmann* MitbestG § 5 Rn. 70 ff. mwN.
[1595] AA insoweit OLG Celle 22.3.1993 – 9 W 130/92, BB 1993, 957 (959).
[1596] UHH/*Ulmer/Habersack* MitbestG § 5 Rn. 70 f.: zB kann der Abschluss eines Entherrschungsvertrages zwischen Konzernspitze und nachgeordnetem Unternehmen ein Indiz für das Fehlen einer Leitungsmöglichkeit sein. Ähnlich *Kort* NZG 2009, 81 (85): Die Möglichkeit der Leitungsmacht muss gegeben sein, wenn auch nicht ausgeübt werden.
[1597] UHH/*Ulmer/Habersack* MitbestG § 5 Rn. 68.

IV. Mitbestimmungsvereinbarungen im internationalen Matrixkonzern

767 Das Recht der Unternehmensmitbestimmung ist **zwingendes Recht,** soweit es nicht selbst Abweichungsmöglichkeiten eröffnet.[1598] Vereinbarungen welcher Art auch immer, die darauf abzielen, die Mitbestimmung zu verringern oder sonst zu verändern (statusändernde Mitbestimmungsvereinbarungen), sind bei Anwendung der deutschen Mitbestimmungsgesetze unwirksam. Mitbestimmungserweiternde Vereinbarungen scheitern bei der AG am Grundsatz der Satzungsstrenge (§ 23 Abs. 5 AktG); eine nicht dem MitbestG unterliegende Aktiengesellschaft kann sich daher keinen paritätisch zu besetzenden Aufsichtsrat geben.[1599] Bei der GmbH, die dem Grundsatz der Satzungsstrenge nicht unterworfen ist, sind dagegen privatautonome Vereinbarungen zur Mitbestimmungserweiterung im Gesellschaftsvertrag, zB die Anwendung des MitbestG statt Drittelparität, nach hM in weiterem Umfang zulässig.[1600]

768 Im internationalen Kontext öffnet sich ein größerer Spielraum durch die Rechtform der **Societas Europaea (SE)**, das auf eine Verhandlungslösung zwischen Arbeitgeber und Arbeitnehmerseite für die Mitbestimmung setzt und gesetzliche Regelungen zur Unternehmensmitbestimmung erst als Auffanglösung vorsieht, wenn eine Vereinbarung nicht zustandekommt (§§ 21, 34 ff. SEBG).[1601] Das gleiche Modell ist außerdem bei grenzüberschreitenden Verschmelzungen vorgesehen.[1602]

769 Als weitere Frage stellt sich, ob die Arbeitnehmer ausländischer Tochtergesellschaften, die wie gezeigt nach derzeit geltendem Recht weder bei den Schwellenwerten zu berücksichtigen sind noch ein aktives oder passives Wahlrecht besitzen, über eine Vereinbarung in die Unternehmensmitbestimmung einbezogen werden können. Die oben aufgeführten Gründe sprechen jedoch de lege lata auch gegen die Möglichkeit des freiwilligen Einbezugs der im Ausland tätigen Arbeitnehmer.[1603] De lege ferenda wird dagegen schon seit längerem gefordert, Mitbestimmungsvereinbarungen, zumal in internationalen Konzernstrukturen, in höherem Maße gesetzlich zuzulassen.[1604]

[1598] UHH/*Ulmer/Habersack* MitbestG § 1 Rn. 16.
[1599] UHH/*Ulmer/Habersack* MitbestG § 1 Rn. 20.
[1600] WKS/*Wißmann* MitbestG § 1 Rn. 7; OLG Bremen 22.3.1977 – 2 W 102/75, NJW 1977, 1153; Raiser/Veil/*Raiser* MitbestG § 1 Rn. 58.
[1601] Zur Mitbestimmung in der SE *Lembke/Ludwig* Unternehmensmitbestimmung S. 101 ff.; Braun/Wisskirchen/*Bissels/Wisskirchen* Konzernarbeitsrecht Teil II Abschn. 1 Rn. 215 ff.; WHSS/*Seibt* F Rn. 173 ff.
[1602] § 5 des Gesetzes über die Mitbestimmung der Arbeitnehmer bei einer grenzüberschreitenden Verschmelzung (MgVG); dazu *Henssler* ZfA 2018, 174 (179).
[1603] So auch UHH/*Ulmer/Habersack* MitbestG § 5 Rn. 55; WKS/*Wißmann* § 5 Rn. 62; aA Raiser/Veil/*Raiser* MitbestG § 5 Rn. 30.
[1604] Vgl. *Henssler* ZfA 2018, 174 (185 ff.); *Prinz* SAE 2015, 66 (72 f.).

G. Arbeitsrecht in internationalen Matrixorganisationen

I. Internationaler Arbeitnehmereinsatz in der Matrix: Grundmodelle

Internationale Matrixorganisationen führen zum grenzüberschreitenden Arbeitnehmereinsatz. Dieser ist in der globalisierten Wirtschaft ohnehin keine Ausnahme mehr; insbesondere die Entsendung von Arbeitnehmern ins Ausland ist heute – auch ohne Verbindung zu Matrixstrukturen – keine Seltenheit. Im Folgenden sollen nun die **Grundsätze des internationalen Arbeitsrechts** dargestellt werden, soweit sie für **internationale Matrixstrukturen** von spezifischer Bedeutung sind. Das Hauptaugenmerk soll also auf den Besonderheiten liegen, die durch die Matrixstruktur hervorgerufen werden. Dies ist zum einen der **Einsatz des Arbeitnehmers im Ausland,** wie er auch, aber nicht nur von der klassischen Entsendung her bekannt ist. Zum anderen stellt sich die Frage, welche arbeitsrechtlichen Auswirkungen die **Anbindung inländischer Arbeitnehmer an fachliche und/oder disziplinarische Vorgesetzte** haben, die ihrerseits **im Ausland tätig** sind (und umgekehrt). Hierin liegt auch im internationalen Kontext das Typische an der Matrixstruktur, dass die klassische Bipolarität des Arbeitsverhältnisses aufgehoben und Weisungsrechte quer über gesellschafts- und arbeitsvertragliche und im hier zu behandelnden Kontext auch staatliche Grenzen hinweg ausgeübt werden. Ausländisches Arbeitsrecht kann also auch außerhalb der klassischen Entsendung Relevanz erhalten, und dies unterscheidet den Einsatz in der Matrix von der „einfachen" Entsendung ohne Bezug zu einer solchen spezifischen Konzern- und Organisationsstruktur. Die Behandlung jeder im Zusammenhang mit einem Auslandsbezug möglicherweise auftretenden Rechtsfrage würde dagegen den gegebenen Rahmen sprengen; dazu sei auf die einschlägige Spezialliteratur verwiesen. Vielmehr sollen die Besonderheiten der Berührung mit ausländischem Arbeitsrecht in einer Matrixstruktur in den Blick genommen sowie einige typische in diesem Zusammenhang auftretende Konstellationen dargestellt werden. Die Auswirkungen der **internationalen Matrixstruktur** auf die **Betriebsverfassung** (→ Rn. 662 ff.) und die **Unternehmensmitbestimmung** (→ Rn. 722, 746 ff.) erfahren eine gesonderte Behandlung.

Matrixstrukturen finden sich vielfach in internationalen Konzernen, häufig in solchen mit ausländischer Konzernspitze. Diese internationale Ausrichtung führt zwangsläufig zu der Frage, welches Recht auf ein Arbeitsverhältnis mit – im Folgenden näher zu untersuchender – Auslandsberührung anzuwenden ist. Die Antwort darauf gibt das **Internationale Arbeitsrecht als Teilgebiet des Internationalen Privatrechts (IPR)**, das oft als schwierig empfunden wird. In diesem Abschnitt soll der Versuch unternommen werden, ein **Grundverständnis** der Materie zu vermitteln. Ausgangspunkt ist dabei immer der Bezug des Matrixeinsatzes zum Inland: Wie würde ein deutsches Arbeitsgericht den Fall mit seinen internationalen Bezügen entscheiden, dh welches Recht wäre in einem solchen Rechtsstreit zur Anwendung berufen?

In internationalen Matrixstrukturen können folgende **Grundfallgestaltungen** auftreten,[1605] deren Auslandsbezug in seiner Intensität graduell unterschiedlich ist.

Konstellation 1: Der Arbeitnehmer wird hauptsächlich in Deutschland tätig, er berichtet aber in der Matrixstruktur fachlich/disziplinarisch an einen Vorgesetzten bzw. fachlich an einen Matrixmanager, der im Ausland ansässig ist, und/oder führt fachlich im Ausland tätige Arbeitnehmer. Über gelegentliche kurze Dienstreisen hinausgehende Auslandseinsätze finden nicht statt.

Konstellation 2: Der Arbeitnehmer hat eine Einsatzbasis in Deutschland, von der aus regelmäßige, aber stets vorübergehende Einsätze in einem oder mehreren anderen Staat(en) organisiert werden.

[1605] Vgl. *Gimmy/Hügel* NZA 2013, 764 (765 f.); *Maywald* Matrixstrukturen S. 30 ff.; *Spieler* EuZA 2012, 168.

Konstellation 3: Der Arbeitnehmer arbeitet an stets wechselnden Orten im Ausland, ohne über eine feste tatsächliche Einsatzbasis in Deutschland zu verfügen.

Konstellation 4: Der Arbeitnehmer wird von einer inländischen Konzerngesellschaft als „Expatriate" zu einem ausländischen Konzernunternehmen für einige Zeit entsandt (mit oder ohne Arbeitsvertrag mit der ausländischen Konzerngesellschaft; zu den Vertragsmodellen und den damit verbundenen Rechtsfragen → Rn. 798 ff.).

Konstellation 5: Der Arbeitnehmer arbeitet dauerhaft im Ausland, untersteht aber in der Matrix Führungskräften im Inland bzw. in einem anderen Staat. Eine Versetzung/Rückkehr ins Inland bzw. in diesen anderen Staat ist derzeit aber nicht geplant.

Konstellation 6: Der Arbeitnehmer führt von einem festen Einsatzort im Ausland aus Mitarbeiter im Inland.

773 Im Folgenden wird uns die Frage beschäftigen, welche Auswirkungen der Matrixeinsatz mit internationalem Bezug auf die Bestimmung des auf den jeweiligen Arbeitsvertrag anwendbaren Rechts hat.

II. Die Bestimmung des anwendbaren Rechts: Das Internationale Arbeitsrecht

1. Grundsätze

774 In all diesen Konstellationen ist zunächst das auf den Arbeitsvertrag anzuwendende Recht festzustellen, das **Arbeitsvertragsstatut**. Das anwendbare Recht bestimmt sich nach den Regeln des Internationalen Privatrechts, dessen Teilgebiet das Internationale Arbeitsrecht ist.[1606]

775 Das Arbeitsrecht ist Teil des Schuldvertragsrechts. Das internationale Schuldvertragsrecht, früher auf der Grundlage des Römischen Schuldvertragsübereinkommens (EVÜ) vom 19.6.1980 im Einführungsgesetz zum Bürgerlichen Gesetzbuch (EGBGB) geregelt, ist nun durch die Verordnung (EG) Nr. 593/2008 vom 17.6.2008 **(Rom I-Verordnung)** normiert. Sie gilt gem. Art. 28 Rom I-VO für alle Arbeitsverträge, die ab[1607] dem 17.12.2009 geschlossen wurden. Fraglich ist, welcher Zeitpunkt bei einem Arbeitsverhältnis als Dauerschuldverhältnis, bei dem es während des Laufes des Vertragsverhältnisses typischerweise immer wieder zu Änderungen kommen kann, der entscheidende ist. Der EuGH hat in einer aktuellen Entscheidung den **zeitlichen Anwendungsbereich** der Rom I-VO präzisiert. Das BAG hatte ihm im Wege des Vorabentscheidungsverfahrens die Frage vorgelegt, ob der Begriff des „geschlossen" unionsrechtlich auch so ausgelegt werden könne, dass es gerade bei langfristigen Arbeitsverträgen nicht auf den Zeitpunkt des (erstmaligen) Vertragsschlusses, sondern auf den Zeitpunkt vom Konsens beider Vertragsparteien getragener Änderungen ankomme[1608] (was die Anwendung des neuen Rechts auch auf Altverträge erleichtern würde). Der EuGH[1609] hat diese Frage bejaht. Allerdings genügt nicht jede geringfügige Änderung des Arbeitsvertrages nach diesem Stichtag; erforderlich ist, dass der Vertrag durch eine Vereinbarung zwischen den Arbeitsvertragsparteien in einem solchen Umfang geändert wird, dass diese Änderung keine bloße Aktualisierung oder Anpassung des Vertrages, sondern die Entstehung einer neuen Rechtsbeziehung zwischen den Arbeitsvertragsparteien bewirkt und daher davon auszugehen ist, dass der ursprüngliche Vertrag durch einen neuen Vertrag ersetzt werden sollte. Hinweise darauf, in welchen Fällen von einer solchen Änderung auszugehen ist, gibt der

---

[1606] Umfassend die Darstellung von *Deinert* Int. Arbeitsrecht; grundlegend *Junker* Internationales Arbeitsrecht im Konzern.
[1607] Das in der ursprünglichen Fassung enthaltene „nach" wurde später durch „ab" ersetzt.
[1608] BAG 25.2.2015 – 5 AZR 962/13, NZA 2015, 542.
[1609] EuGH 18.10.2016 – C-135/15, NZA 2016, 1389 – Nikiforidis.

EuGH allerdings nicht. Dies bleibt der weiteren Entwicklung der Rechtsprechung überlassen. Klar dürfte aber sein, dass Änderungen nur bzgl. einzelner Regelungspunkte, wie etwa des Gehalts, nicht ausreichend sind, um die Rom I-VO auf Altverträge anzuwenden.

Für vor dem 17.12.2009 abgeschlossen Verträge bestimmt sich das anwendbare Arbeitsrecht weiterhin nach dem Einführungsgesetz zum BGB (EGBGB), insbes. Art. 27 ff. Inhaltliche Unterschiede ergeben sich dadurch jedoch fast nicht;[1610] Hinweise auf relevante Änderungen werden im Folgenden im jeweiligen Zusammenhang gegeben.

Die Rom I-VO ist **Kollisionsrecht.** Dh sie selbst enthält keine sachrechtlichen Regeln zur Lösung einer konkreten Rechtsfrage, sondern verweist auf die anwendbare Rechtsordnung, der diese Regeln zu entnehmen sind. Solche Verweisungen auf andere Rechtsordnungen gem. Art. 2 der Rom I-VO beziehen sich auf **jede Rechtsordnung,** nicht nur auf solche der EU-Mitgliedstaaten (allseitige Kollisionsnormen). Ein deutsches Arbeitsgericht muss also die Rom I-VO **in allen Fällen mit Auslandsberührung** anwenden, nicht nur in solchen mit Bezug zu EU-Mitgliedstaaten.

Bei den Verweisungen auf fremdes Recht handelt es sich immer um **Sachnormverweisungen** (Art. 20 Abs. 1 Rom I-VO): Das bedeutet, dass das ausländische materielle Arbeitsrecht (das Sachrecht), auf das die Rom I-VO verweist, unmittelbar anzuwenden ist und nicht, wie es der grundsätzlichen Regel gem. Art. 4 Abs. 1 EGBGB entspräche, zunächst sozusagen als „Zwischenstation" das fremde IPR, das dann seinerseits erst wieder über das anwendbare Recht zu entscheiden hätte (Renvoi). Ausländische Kollisionsregeln, also das ausländische IPR, spielen hier somit keine Rolle, was die Rechtsanwendung durchaus erleichtert.

Die Normen, die die Frage regeln, welches Recht anzuwenden ist, nennt man **Kollisionsnormen.** Für das internationale Arbeitsrecht ist die **zentrale Kollisionsnorm Art. 8 Rom I-VO.** Diese Vorschrift regelt das auf den Arbeitsvertrag anzuwendende Recht **(Arbeitsvertragsstatut).** Unabhängig angeknüpft werden daneben die Form, die Geschäftsfähigkeit und die Stellvertretung; dh die anwendbaren Regeln bestimmen sich für diese Fragen nicht nach Art. 8 der Rom I-Verordnung, sondern anderen Kollisionsnormen.

Art. 8. Individualarbeitsverträge

(1) Individualarbeitsverträge unterliegen dem von den Parteien nach Art. 3 gewählten Recht. Die Rechtswahl der Parteien darf jedoch nicht dazu führen, dass dem Arbeitnehmer der Schutz entzogen wird, der ihm durch Bestimmungen gewährt wird, von denen nach dem Recht, das nach den Abs. 2, 3 und 4 des vorliegenden Artikels mangels einer Rechtswahl anzuwenden wäre, nicht durch Vereinbarung abgewichen werden darf.

(2) Soweit das auf den Arbeitsvertrag anzuwendende Recht nicht durch Rechtswahl bestimmt ist, unterliegt der Arbeitsvertrag dem Recht des Staates, in dem oder andernfalls von dem aus der Arbeitnehmer in Erfüllung des Vertrags gewöhnlich seine Arbeit verrichtet. Der Staat, in dem die Arbeit gewöhnlich verrichtet wird, wechselt nicht, wenn der Arbeitnehmer seine Arbeit vorübergehend in einem anderen Staat verrichtet.

(3) Kann das anzuwendende Recht nicht nach Abs. 2 bestimmt werden, so unterliegt der Vertrag dem Recht des Staates, in dem sich die Niederlassung befindet, die den Arbeitnehmer eingestellt hat.

(4) Ergibt sich aus der Gesamtheit der Umstände, dass der Vertrag eine engere Verbindung zu einem anderen als dem in Abs. 2 oder 3 bezeichneten Staat aufweist, ist das Recht dieses anderen Staates anzuwenden.

Vorab ist auch bei der internationalen Matrixorganisation stets zu klären, wer vertraglicher **Arbeitgeber** ist. Diese an sich aufgrund des Arbeitsvertrages im Regelfalle einfach

---
[1610] Dazu *Wurmnest* EuZA 2009, 481.

zu beantwortende Frage kann dann Probleme aufwerfen, wenn der Arbeitnehmer in keinen Betrieb des Vertragsarbeitgebers integriert ist und auch seine Arbeitsleistung nicht diesem zufließt, sondern allein der den Matrixeinsatz steuernden Einsatzgesellschaft. Da diese Fragestellung v. a. in Konstellation 4 (internationaler Matrixeinsatz im Konzern) auftreten wird, soll dort näher darauf eingegangen werden (→ Rn. 804 f.).

2. Freie Rechtswahl

781 Die Bestimmung des Arbeitsvertragsstatuts ist beherrscht vom Grundsatz der **Rechtswahlfreiheit,** der in Art. 8 Abs. 1 S. 1 Rom I-VO für das Internationale Arbeitsrecht bekräftigt wird und auch in Art. 3 Rom I-VO als Grundsatz des internationalen Vertragsrecht insgesamt normiert ist.[1611] Die Rechtswahl erfolgt auf der Grundlage eines eigenen Vertrages, des Verweisungsvertrages, der in seiner Wirksamkeit vom Hauptvertrag unabhängig ist. Er bestimmt die nach dem Willen der Parteien anwendbare Rechtsordnung. Auf ihn findet gem. Art. 3 Abs. 5 iVm Art. 10, 11, 13 Rom I-VO das gewählte Recht Anwendung, anders gewendet: Auf den Verweisungsvertrag selbst ist das Recht anzuwenden, das – Wirksamkeit der Rechtswahl unterstellt – auf das gesamte Arbeitsverhältnis anzuwenden ist (hypothetisches Arbeitsvertragsstatut, Vorwirkung des Arbeitsvertragsstatuts). Vereinbaren die Parteien also deutsches Recht, so gilt dieses auch für den Verweisungsvertrag.

782 Die Parteien können das Arbeitsverhältnis **jeder beliebigen Rechtsordnung** unterstellen; sie sind dabei nicht auf eine der Rechtsordnungen beschränkt, zu der der Sachverhalt einen Berührungspunkt aufweist. Dies kann in einer multinationalen Matrix von Bedeutung sein, wenn zB absehbar ist, dass der Arbeitnehmer mittelfristig **in verschiedenen Ländern tätig** werden soll und damit mit mehr als zwei Rechtsordnungen in Berührung kommen wird, wie dies oben in Konstellation 2 und 3 zugrunde gelegt wurde. Lediglich im reinen Binnensachverhalt unterliegt die Rechtswahl den Grenzen des Art. 3 Abs. 2 Rom I-VO, der aber im hier zu behandelnden Zusammenhang gerade nicht vorliegt.

783 Die Rechtswahl kann auch **konkludent** erfolgen. Die bloße Anknüpfung an einen hypothetischen Parteiwillen genügt dafür allerdings nicht,[1612] da Art. 3 Abs. 1 S. 2 Rom I-VO vorschreibt, dass sich die Rechtswahl „eindeutig aus den Bestimmungen des Vertrags oder aus den Umständen des Falles" ergeben muss.[1613] Das Erfordernis der „Eindeutigkeit" ist eine Verschärfung gegenüber dem vorherigen Recht; Art. 27 Abs. 1 S. 2 EGBGB ließ eine „hinreichende Sicherheit" ausreichen. Damit wollte der europäische Gemeinschaftsgesetzgeber die Hürde für die Annahme einer stillschweigenden Wahl zumeist der lex fori (dh des eigenen Rechts des zur Entscheidung berufenen Gerichts), das sog. „Heimwärtsstreben", durch die Gerichte erhöhen.

784 Einen abschließenden Katalog der einzubeziehenden Kriterien gibt es nicht. Indizien können ua eine Gerichtsstandsvereinbarung[1614] oder eine Schiedsklausel, die Bezugnahme auf einen bestimmten Tarifvertrag[1615] oder auf sonstige Regelungen einer bestimmten Rechtsordnung bzw. die Orientierung maßgeblicher arbeitsvertraglicher Regelungen an einer solchen Rechtsordnung[1616] sein. Auch die Vereinbarung eines für beide Parteien gemeinsamen Erfüllungsortes kann ein typischer Hinweis auf eine stillschweigende Rechts-

---

[1611] Vgl. auch Erwägungsgrund Nr. 11 der Rom I-VO: freie Rechtswahl als „einer der Ecksteine des Systems der Kollisionsnormen im Bereich der vertraglichen Schuldverhältnisse."
[1612] ErfK/*Schlachter* Rom I-VO Art. 9 Rn. 6.
[1613] *Wurmnest* EuZA 2009, 481 (489).
[1614] Die intendierten prozessualen Wirkungen hat diese allerdings nur in sehr eingeschränktem Maße → Rn. 862. Zur damit zusammenhängenden Frage, ob die Gerichtsstandsvereinbarung wirksam sein muss, um Indizwirkung für die Rechtswahl entfalten zu können, *Mankowski* IPRax 2015, 309 (310).
[1615] BAG 26. 4. 2017 – 5 AZR 962/13, RIW 2017, 611; 25. 4. 2013 – 2 AZR 960/11, NJOZ 2013, 1835.
[1616] BAG 15. 12. 2016 – 6 AZR 430/15, NZA 2017, 502; 12. 12. 2001 – 5 AZR 255/00, NZA 2002, 734; 1. 7. 2010 – 2 AZR 270/09, NJOZ 2012, 784.

wahl sein. Das BAG hat – in recht weitgehender Weise – auch die Vertragssprache und die Staatsangehörigkeit als mögliche Indizien gewertet, dagegen dem Sozialversicherungsstatut und der Steuerpflichtigkeit wenig Aussagekraft für die Rechtswahl zugemessen, da dies nicht den arbeitsrechtlichen Kern des arbeitsvertraglichen Pflichtengefüges betreffe.[1617]

Die Rechtswahlvereinbarung kann, muss aber nicht gleichzeitig mit dem Arbeitsvertrag geschlossen werden. Die **nachträgliche Rechtswahl** ist ebenfalls möglich und auch zu empfehlen, wenn erst zu einem späteren Zeitpunkt der Auslandseinsatz in Frage kommt oder sich die Konstellation, die vertraglichen Rahmenbedingungen oder auch die Staaten, in denen der Einsatz stattfinden soll, ändern. Eine einmal getroffene Rechtswahl kann jederzeit nachträglich einvernehmlich geändert werden, Art. 3 Abs. 2 Rom I-VO. Eine Rechtswahl ist auch in einem bereits anhängigen Rechtsstreit möglich; gehen die Parteien übereinstimmend von der Anwendung deutschen Rechts aus, so liegt darin regelmäßig eine stillschweigende Rechtswahl.[1618] 785

Die Rechtswahl kann auch auf einen **abgrenzbaren Teil** des Arbeitsverhältnisses beschränkt werden (Art. 3 Abs. 1 S. 3 Rom I-VO), zB auf die betriebliche Altersversorgung.[1619] Es muss ihr aber eindeutig zu entnehmen sein, für welche abgrenzbaren Teile des Vertrages sie gelten soll, sonst ist die Teilrechtswahl unwirksam.[1620] Die von der Teilrechtswahl nicht erfassten Bestimmungen des Vertrages unterstehen dann dem objektiven Arbeitsvertragsstatut. 786

Die Rechtswahl kann auch durch **AGB** erfolgen. Eine Inhaltskontrolle nach nationalem Recht ist ausgeschlossen, da der kollisionsrechtliche Schutz des Arbeitnehmers durch Art. 8 Rom I-VO, namentlich das Günstigkeitsprinzip, verwirklicht wird. Es wäre auch methodisch falsch, der durch die Rom I-VO unionsrechtlich zugelassenen Rechtswahl Bedingungen eines nationalen Kollisions- oder Sachrechts vorzuschalten.[1621] Die Zulässigkeit der Einbeziehungskontrolle ist dagegen umstritten;[1622] nach richtiger Ansicht ist sie aus den o. g. gleichen Gründen wie die Inhaltskontrolle abzulehnen.[1623] 787

Die grundsätzlich freie Rechtswahl ist gerade im internationalen Arbeitsrecht jedoch in mehrfacher Hinsicht **eingeschränkt,** zuvörderst durch die zwingenden Bestimmungen des Rechts, das objektiv auf den Sachverhalt anzuwenden wäre, also die Rechtsordnung, die kollisionsrechtlich zur Anwendung berufen wäre, hätten die Parteien keine Rechtswahl getroffen (Art. 8 Abs. 1 S. 2 Rom I-VO). Dies ist evident Ausdruck des Schutzgedankens, der das ganze Arbeitsrecht durchzieht, das nationale wie das internationale. Dem strukturell unterlegenen Arbeitnehmer soll nicht durch eine – möglicherweise aufgedrängte – Rechtswahl der Schutz der Rechtsordnung entzogen werden, die objektiv betrachtet die „richtige" und günstigere wäre. Dieses objektive Vertragsstatut soll nun im Folgenden dargestellt werden. 788

3. Objektives Arbeitsvertragsstatut

Nicht immer werden die Parteien von der Möglichkeit der Rechtswahl Gebrauch gemacht haben. Dies kann in Unkenntnis der Rechtslage geschehen sein, oft aber auch, weil bei Abschluss des Arbeitsvertrags ein Auslandseinsatz bzw. die Auslandsberührung in der Matrix noch gar nicht absehbar waren. Für diesen Fall regelt Art. 8 Abs. 2 der Rom 789

[1617] BAG 1.7.2010 – 2 AZR 270/09, NJOZ 2012, 784.
[1618] BAG 15.12.2016 – 6 AZR 430/15, NZA 2017, 502; 23.3.2016 – 5 AZR 767/14, NZA 2017, 78 (nur bei Identität von Vertrags- und Prozessparteien); 12.6.1986 – 2 AZR 398/85, NJW-RR 1988, 482.
[1619] BAG 20.4.2004 – 3 AZR 301/03, NZA 2005, 297.
[1620] Staudinger/*Magnus* Rom I-VO Art. 8 Rn. 62.
[1621] MüKoBGB/*Martiny* Art. 8 Rom I-VO Rn. 33.
[1622] Für die Zulässigkeit MüKoBGB/*Spellenberg* Rom I-VO Art. 10 Rn. 167; v. Westphalen/*v. Westphalen/Thüsing* Vertragsrecht und AGB-Klauselwerke, Rechtswahlklauseln Rn. 6.
[1623] *Deinert* Int. Arbeitsrecht § 9 Rn. 19; MüKoBGB/*Martiny* Rom I-VO Art. 8 Rn. 33; ErfK/*Schlachter* Rom I-VO Art. 9 Rn. 6.

I-VO, welches Recht mangels rechtsgeschäftlicher (subjektiver) Bestimmung durch die Parteien objektiv anzuwenden ist.

a) Gewöhnlicher Arbeitsort (Art. 8 Abs. 2 Rom I-VO)

790 Ausschlaggebend ist im Grundsatz das Recht des gewöhnlichen Arbeitsortes (lex loci laboris). Dies ist der Ort, an dem oder von dem aus der Arbeitnehmer gewöhnlich seine Arbeit verrichtet, an dem also der Schwerpunkt des Arbeitsverhältnisses liegt. Es kommt nicht auf den vereinbarten, sondern auf den tatsächlichen Arbeitsort an. Bei organisatorischer Eingliederung des Arbeitnehmers in einen Betrieb wird vermutet, dass der Betriebsort der gewöhnliche Arbeitsort ist; fehlt es an einer solchen Eingliederung, ist der Ort maßgeblich, an dem die Tätigkeit ihr zeitliches und inhaltliches Schwergewicht hat.[1624] Der Begriff des Arbeitsortes im Rahmen der Rom I-VO meint dabei immer das Staatsgebiet, nicht einzelne politische Gemeinden. In Ermangelung eines Mittelpunktes der Tätigkeit ist gewöhnlicher Arbeitsort der Ort, an dem der Arbeitnehmer den größten Teil seiner Arbeit verrichtet.[1625] Es kommt auf den Ort der Tätigkeit an, nicht darauf, wo der Erfolg der Tätigkeit eintritt.

791 Daher ist in **Konstellation 1,** bei der der Arbeitnehmer gewöhnlich seine Arbeit in Deutschland verrichtet, deutsches Arbeitsrecht objektives Arbeitsvertragsstatut. Allerdings tritt hier eine **matrixtypische Besonderheit** auf: die **Berichtspflicht an einen im Ausland ansässigen,** mit hoher Wahrscheinlichkeit auch durch eine ausländische Gesellschaft angestellten **Vorgesetzten.** Im Ergebnis ändert sich dadurch aber weder der Arbeitsort (der Arbeitnehmer verrichtet weiterhin in Deutschland seine Arbeit) noch generell die Regelanknüpfung.[1626] Es kommt auf den Ort der tatsächlichen Arbeitsleistung an; *woher* der Arbeitnehmer seine Weisungen dazu empfängt, ist irrelevant.[1627] Allein maßgeblich ist die Arbeitsleistung des Arbeitnehmers, daher ist darauf abzustellen, *wo* der Arbeitnehmer Weisungen erhält.[1628] Auch die Entgegennahme von Weisungen ist eine eigene Tätigkeit des Arbeitnehmers.[1629]

792 Deutsches Arbeitsrecht ist objektives Arbeitsvertragsstatut, wenn der in Deutschland tätige Arbeitnehmer bei einer deutschen Zweigniederlassung einer ausländischen Gesellschaft (vgl. §§ 13d ff. HGB) dauerhaft und nicht nur vorübergehend beschäftigt ist. Mangels eigener Rechtspersönlichkeit der Zweigniederlassung besteht der Arbeitsvertrag zum ausländischen Arbeitgeber, dies ändert aber nichts daran, dass der gewöhnliche Arbeitsort im Inland liegt und damit deutsches Recht objektives Vertragsstatut ist. Dies ist schließlich auch der Fall bei in Deutschland dauerhaft eingesetzten Mitarbeitern ausländischer Arbeitgeber ohne Anbindung an einen inländischen Betrieb.

793 Der gewöhnliche Arbeitsort kann nach Art. 8 Abs. 2 Rom I-VO auch der Ort sein, „von dem aus"[1630] der Arbeitnehmer gewöhnlich seine Arbeit verrichtet, zB im Home Office, bei dem der Wohnort der gewöhnliche Arbeitsort ist.[1631] Daher ist auch in **Fallkonstellation 2** auf den Arbeitsvertrag mangels Rechtswahl deutsches Recht anzuwenden, wenn der Arbeitnehmer von der inländischen Basis (zB dem Ort, an dem der Be-

---

[1624] BAG 27.8.1964 – 5 AZR 364/63, NJW 1965, 319; 26.2.1985 – 3 AZR 1/83, NJW 1985, 2910; *Junker* FS Heldrich, S. 719 (733) mwN.
[1625] EuGH 15.3.2011 – C-29/19, NZA 2012, 227 – Koelzsch; BAG 19.3.2014 – 5 AZR 252/12, BeckRS 2014, 70206.
[1626] Zur Frage, ob dadurch ausnahmsweise eine engere Verbindung zu einem anderen Staat anzunehmen ist → Rn. 814 ff.
[1627] Staudinger/*Magnus* Rom I-VO Art. 8 Rn. 100.
[1628] Schlussantrag der Generalanwältin *Trstenjak* v. 16.12.2010 in der Rs. C-29/10 (Koelzsch), BeckRS 2010, 91454.
[1629] *Mankowski* RdA 2017, 273 (274 f.); *Mankowski/Knöfel* EuZA 2011, 521 (529).
[1630] Dies ist eine Erweiterung gegenüber dem zuvor geltenden IPR durch die Rom I-VO, entsprach aber schon der Rechtsprechung des EuGH zum EVÜ, vgl. *Lüttringhaus* IPRax 2011, 554 (555).
[1631] BAG 11.12.2003 – 2 AZR 627/02, NJOZ 2004, 2331.

trieb seinen Sitz hat) seine Auslandsreisen plant und auch dorthin zurückkehrt.[1632] Zu beachten ist, dass alleine dadurch, dass der Arbeitnehmer von einem bestimmten Ort aus startet und nach getaner Arbeit wieder dorthin zurückkehrt, noch kein gewöhnlicher Arbeitsort begründet wird. Es bedarf vielmehr weiterer Faktoren, die auf eine feste Einsatzbasis hindeuten, wie zB die Organisation der Auslandsreisen oder die Bereitstellung der Arbeitsmittel. Die Arbeit „von einem Staat aus" impliziert daher, dass in gewissem Mindestmaß auch *in* diesem Staat gearbeitet wird.[1633] Anderenfalls würde die Anknüpfung an die einstellenden Niederlassung nach Art. 8 Abs. 3 Rom I-VO leerlaufen.[1634]

Auch hier ist die **matrixtypische Besonderheit** in den Blick zu nehmen, dass der Arbeitnehmer zwar in Deutschland arbeitet, aber der Erfolg seiner Arbeit möglicherweise im Ausland, nämlich bei der Einheit, für die sein Matrix-Vorgesetzter verantwortlich ist, eintritt. Darauf kommt es aber ebenfalls nicht an: maßgeblich ist allein, **wo** (und **nicht: für wen**) der Arbeitnehmer tätig wird.[1635] Es kommt wie gesehen auf den Arbeitnehmer an, nicht darauf, an welchem Ort der Arbeitgeber das arbeitsvertragliche Direktions- und Weisungsrechts ausübt (bzw. ausüben lässt). Dieser Ort wird dadurch nicht zum gewöhnlichen Arbeitsort.[1636] Gleiches gilt in der umgekehrten Situation, wenn der Matrixvorgesetzte im Inland angestellt und hauptsächlich tätig ist, aber Mitarbeiter in anderen Ländern führt und dort eventuell auch in Unternehmensstrukturen eingebunden ist. Auch hier bleibt der gewöhnliche Arbeitsort beim Ort der Inlandsgesellschaft, von dem aus die Führung der operativen Geschäfte erfolgt.[1637] Da nicht entscheidend ist, wo der Erfolg der Tätigkeit eintritt, ist in **Fallkonstellation 5 und 6** der gewöhnliche Arbeitsort der im Ausland ansässigen Führungskräfte ebenfalls nicht Deutschland, auch wenn dort die ihnen berichtspflichtigen Mitarbeiter arbeiten.

794

Bei Einsätzen, die ausschließlich im ausländischen Tätigkeitsstaat stattfinden sollen, bei denen der Arbeitnehmer also nur für den Auslandseinsatz eingestellt wurde, und insbesondere bei sog. Ortskräften, die niemals in Deutschland gearbeitet haben und dies auch nicht geplant ist, liegt dagegen der gewöhnliche Arbeitsort im Ausland. Damit ist in **Konstellation 5** objektiv das Recht des Tätigkeitsstaates anzuwenden. Dies ist unabhängig davon, ob der Arbeitnehmer in eine ausländische betriebliche Organisation eingegliedert ist: der gewöhnliche Arbeitsort liegt im Ausland. Ebenso kann sich der gewöhnliche Arbeitsort bei Matrixmanagern verschieben, die für ausländische Einheiten verantwortlich sind, wenn zB der Leiter Marketing, der für verschiedene Weltregionen verantwortlich ist, hauptsächlich und nicht mehr nur vorübergehend in einer dieser Regionen tätig wird und nicht mehr dauerhaft vom Inland aus.[1638]

795

b) Vorübergehende Entsendung

Eine wichtige Regelung enthält Art. 8 Abs. 2 Satz 2 Rom I-VO: danach wechselt der gewöhnliche Arbeitsort nicht, wenn der Arbeitnehmer seine Arbeit vorübergehend in einem anderen Staat verrichtet. Zur Auslegung des Begriffes „vorübergehend" verhält sich der Erwägungsgrund Nr. 36 der Rom I-VO (Erwägungsgründe haben nicht an der normativen Wirkung der Verordnung teil, sind aber bedeutsam für deren Auslegung):

796

„Bezogen auf Individualarbeitsverträge sollte die Erbringung der Arbeitsleistung in einem anderen Staat als vorübergehend gelten, wenn von dem Arbeitnehmer erwartet wird, dass er nach seinem Arbeitseinsatz im Ausland seine Arbeit im Herkunftsstaat wieder aufnimmt."

[1632] EuGH 15.3.2011 – C-29/19, NZA 2012, 227 – Koelzsch; 9.1.1997 – C-383/95, NZA 1997, 225 – Rutten.
[1633] *Lüttringhaus* IPRax 2011, 554 (556).
[1634] *Wurmnest* EuZA 2009, 481 (492).
[1635] *Deinert* Int. Arbeitsrecht § 9 Rn. 87.
[1636] *Mankowski* RdA 2017, 273 (275).
[1637] *Spieler* EuZA 2012, 168 (183).
[1638] *Spieler* EuZA 2012, 168 (180).

797 Das heißt: Ist die Rückkehr zum inländischen Arbeitgeber vorgesehen (wie in Entsendungsfällen), ist der Auslandseinsatz vorübergehend. Feste Zeitgrenzen gibt es nicht[1639]: Der Gegensatz von „vorübergehend" ist nicht „länger dauernd", sondern endgültig.[1640] Zuweilen vorgeschlagene Einschränkungen (zB 1 Jahr oder 3 Jahre)[1641] können sich – jedenfalls bislang – nicht auf gesetzliche Wertungen berufen.[1642] Bei jeder Auslandsentsendung, bei der vertragliche Beziehungen zum Stammarbeitgeber erhalten bleiben und der Arbeitnehmer wieder nach Deutschland zurückkehren soll (**Konstellation 4**), diese also nicht endgültig ist, findet mangels Rechtswahl somit deutsches Recht Anwendung. Dies hat auch in Sonderfällen zu gelten, wenn zB ein Arbeitnehmer nach längerer Betriebszugehörigkeit ins Ausland geschickt wird und sein Vertrag dann wegen Pensionierung ausläuft („last assignment")[1643] oder das Arbeitsverhältnis mit einem vorübergehenden Einsatz im Ausland beginnt (zB zur Einarbeitung in der ausländischen Konzernzentrale), dann aber im Inland fortgesetzt werden soll.[1644] Von einer vorübergehenden Entsendung kann dagegen nicht mehr gesprochen werden, wenn der Rückkehrwille entfällt. Dies kann der Fall sein bei Kettenentsendungen, wenn also der Einsatz des Arbeitnehmers im selben Staat immer wieder verlängert wird oder der Arbeitnehmer in immer neue Tätigkeitsstaaten entsandt wird und eine Rückkehr nach Deutschland nicht (mehr) dem Parteiwillen entspricht. Dann liegt kein inländischer gewöhnlicher Arbeitsort mehr vor.

c) Anwendbares Arbeitsrecht beim grenzüberschreitenden Einsatz im Konzern

798 **aa) Vertragsmodelle.** Besonderheiten ergeben sich bei der Auslandsentsendung im Konzern. Soll der Arbeitnehmer für längere Zeit, wenn auch vorübergehend, zu einer ausländischen Konzerngesellschaft entsandt werden (oft als „Expatriate" bezeichnet), bietet allein der unveränderte deutsche Arbeitsvertrag keine ausreichende Grundlage für den Arbeitseinsatz mehr. Die Konzernentsendung, die in der Praxis eine herausragende Rolle spielt, muss auf eine eigene vertragliche Grundlage gestellt werden. Die sich hierzu anbietenden Vertragsmodelle sollen hier kurz skizziert werden, soweit dies für die Frage des anwendbaren Rechts erforderlich ist; ausführlichere Hinweise zu den Grundmodellen der Vertragsgestaltung → Rn. 853 ff.

799 Die Stammgesellschaft kann den Arbeitnehmer vorübergehend bei der Tochtergesellschaft einsetzen, ohne dass zu dieser arbeitsvertragliche Beziehungen begründet werden (**Einvertragsmodell**). Dies wird oft als Konzernleihe, Abordnung oder auch **Entsendung** (im engeren Sinn) bezeichnet; der gewöhnliche Arbeitsort und damit das objektive Arbeitsvertragsstatut ändern sich wie gezeigt nicht.

800 Daneben steht das weit verbreitete und in der Praxis der Konzernentsendung den Hauptfall bildende **Zweivertragsmodell.** Der Arbeitnehmer schließt hier zusätzlich zu dem bereits bestehenden Arbeitsvertrag eine Entsendevereinbarung, die alle spezifischen Punkte der Entsendung im Verhältnis zum Stammarbeitgeber regelt, und erhält einen **weiteren Arbeitsvertrag mit der Einsatzgesellschaft,** der die Arbeitsbedingungen der Auslandstätigkeit und v. a. die arbeitsvertraglichen Hauptleistungspflichten im Verhältnis zur ausländischen Tochtergesellschaft regelt. Diese Konstellation wird üblicherweise **Versetzung** genannt. Das Stammarbeitsverhältnis (oder „Rumpfarbeitsverhältnis") wird ganz oder teilweise ruhend gestellt, solange der Arbeitnehmer für die Tochtergesellschaft tätig ist.

[1639] MüKoBGB/*Martiny* Rom I-VO Art. 8 Rn. 63; Staudinger/*Magnus* Rom I-VO Art. 8 Rn. 111.
[1640] *Schlachter* NZA 2000, 57 (59 f.); *Thüsing* NZA 2004, 1303; *Junker* Arbeitnehmereinsatz im Ausland S. 24; *Junker* RIW 2006, 401 (406).
[1641] Vgl. ErfK/*Schlachter* Rom I-VO Art. 9 Rn. 14.
[1642] MHdB ArbR/*Oetker* § 11 Rn. 31. Zu möglichen bevorstehenden Änderungen im Anwendungsbereich der EU-Entsenderichtlinie → Rn. 834 ff.
[1643] *Wurmnest* EuZA 2009, 481 (493).
[1644] *Deinert* Beschäftigung S. 27.

Dann bestehen zwei Arbeitsverträge nebeneinander. Auf den Rumpfarbeitsvertrag findet auch hier weiterhin deutsches Recht Anwendung. Dies will Erwägungsgrund Nr. 36 S. 2 Rom I-VO klarstellen: 801

„Der Abschluss eines neuen Arbeitsvertrages mit dem ursprünglichen Arbeitgeber oder einem Arbeitgeber, der zur selben Unternehmensgruppe gehört wie der ursprüngliche Arbeitgeber, sollte nicht ausschließen, dass der Arbeitnehmer als seine Arbeit vorübergehend in einem anderen Staat verrichtend gilt."

bb) Lokaler Arbeitsvertrag. Für den **lokalen Arbeitsvertrag** mit der ausländischen Konzerngesellschaft werden die Parteien meistens das ausländische Recht ausdrücklich wählen. Ob dies allerdings auch das objektive Vertragsstatut ist, wird unterschiedlich beurteilt. Meistens wird diese Frage bejaht[1645]; teilweise wird aber auch darauf verwiesen, dass es bei der vorübergehenden Entsendung beim inländischen Arbeitsort als gewöhnlichem Arbeitsort verbleibe und daher auch auf das lokale Arbeitsverhältnis deutsches Recht anzuwenden sei.[1646] Dies hat dann für den Günstigkeitsvergleich Relevanz. Richtigerweise ist der lokale Arbeitsvertrag selbstständig anzuknüpfen und unterliegt dem **Ortsrecht,** denn aus der Sicht der Auslandsgesellschaft liegt, wenn auch eine befristete, dennoch aber keine vorübergehende Beschäftigung im Sinne von Art. 8 Abs. 2 Rom I-VO *bei ihr* vor. Auch spricht gegen die akzessorische Anknüpfung an das Rumpfarbeitsverhältnis, dass ansonsten vertragsfremde Dritte über die maßgeblichen Anknüpfungsmomente bestimmen könnten.[1647] Eine stillschweigende Rechtswahl kann hier auch nicht aus der Dominanz eines Arbeitgebers abgeleitet werden.[1648] 802

Auch in **Konstellation 4** – der typischen Entsendung in weiterem Sinne – ist daher objektives Arbeitsvertragsstatut für Entsendungsvertrag/Rumpfarbeitsverhältnis das deutsche Recht, unabhängig davon, ob der entsandte Arbeitnehmer zwei Arbeitsverträge oder weiterhin nur einen zur entsendenden Gesellschaft hat. 803

cc) Arbeitgeberstellung im internationalen Matrixkonzern – Doppelarbeitsverhältnis? In diesem Zusammenhang kann nun der arbeitsrechtlichen **Grundfrage der Matrix,** wer **Arbeitgeber** ist, besondere Bedeutung zukommen. Ist nämlich der Arbeitnehmer nicht mehr im Betrieb des eigentlichen Vertragsarbeitgebers integriert und fließt seine Arbeitsleistung ausschließlich der den Matrixeinsatz steuernden Einsatzgesellschaft zu, in deren betriebliche Organisation er tatsächlich eingegliedert und der er weisungsunterworfen ist, mit der aber ausdrücklich nicht (wie im Zweivertragsmodell) ein Arbeitsvertrag geschlossen wurde, fragt sich, ob nicht gleichwohl vom Abschluss eines **konkludenten weiteren Arbeitsvertrages mit der Einsatzgesellschaft** (Doppelarbeitsverhältnis) auszugehen ist.[1649] *Wisskirchen/Bissels* nehmen dies an.[1650] Dem kann – von besonderen Situationen abgesehen – in dieser Allgemeinheit und für den Regelfall jedoch nicht zugestimmt werden. Zunächst einmal bedarf es der vorgelagerten und bisher im dazu vorliegenden Schrifttum gar nicht vorgenommenen **kollisionsrechtlichen Grundentscheidung,** welches Recht der Beantwortung dieser Frage überhaupt zugrunde zu legen ist. Denn das Arbeitsvertragsstatut entscheidet auch über das Zustandekommen eines Vertrages, Art. 10 Abs. 1 Rom I-VO. Ist ausländisches Recht kollisionsrechtlich zur Anwendung berufen, ist 804

[1645] ErfK/*Schlachter* Rom I-VO Art. 9 Rn. 15; *Junker* Internationales Arbeitsrecht im Konzern S. 215; *Mauer* Personaleinsatz S. 429; *Mastmann/Stark* BB 2005, 1849 (1851); *Franzen* IPRax 2000, 507; Preis/*Preis* Arbeitsvertrag II A 140 Rn. 34.
[1646] So MüKoBGB/*Martiny* Rom I-VO Art. 8 Rn. 66; Staudinger/*Magnus* Rom I-VO Art. 8 Rn. 110.
[1647] *Franzen* IPRax 2000, 506 (508).
[1648] *Deinert* Int. Arbeitsrecht § 9 Rn. 29.
[1649] Nicht gemeint ist der Vertragsbeitritt durch dreiseitigen Vertrag, der zu einem neuen (und nicht: weiteren) einheitlichen Arbeitsverhältnis führen würde.
[1650] *Wisskirchen/Bissels* DB 2007, 340 (342, 344).

dieses auf die Voraussetzungen eines konkludenten Arbeitsvertragsschlusses mit der ausländischen Einsatzgesellschaft zu befragen.

805 Ist dagegen zur Entscheidung der Frage, ob mit der Einsatzgesellschaft konkludent ein Arbeitsverhältnis geschlossen wurde, **deutsches Recht** anwendbar, gilt Folgendes: Allein die – der Matrix inhärente – Tatsache, dass der Arbeitnehmer Leistungen erbringt, die teilweise oder sogar ganz einer anderen Gesellschaft zugutekommen, macht diese noch nicht zur Vertragsarbeitgeberin.[1651] Die Annahme eines konkludenten Vertragsschlusses begegnet hier **hohen Hürden.** Es müssen deutliche Anhaltspunkte für einen entsprechenden rechtsgeschäftlichen Willen der Parteien vorliegen (was am ehesten noch bei Führungskräften der Fall sein könnte, die nie bei der eigentlichen Anstellungsgesellschaft tätig waren). Allein die Ausübung der Arbeitsleistung im Interesse ausschließlich der Einsatzgesellschaft reicht dafür jedoch nicht aus[1652], auch nicht die bloße Einwirkung eines Dritten auf das Arbeitsverhältnis oder die Abspaltung einzelner Arbeitgeberrechte.[1653] Verbleibt das Weisungsrecht beim Vertragsarbeitgeber und wird es durch Weisungen der Einsatzgesellschaft lediglich konkretisiert, entsteht ebenfalls kein Arbeitsverhältnis zu dieser. Dies gilt – aus Sicht des deutschen Sachrechts – im nationalen wie im internationalen Kontext. In der Regel wird aber auf dieses lokale Arbeitsverhältnis wie oben dargelegt das Ortsrecht anzuwenden sein[1654] (→ Rn. 802), das diese Rechtsfrage durchaus anders beurteilen kann. Dann können in der Tat mehrere Arbeitsverhältnisse bestehen, wenn das ausländische Arbeitsrecht in dieser Situation vom (konkludenten) Abschluss eines Arbeitsverhältnisses zu der ausländischen Gesellschaft ausgeht, der die Arbeitsleistung zufließt. Konkrete Vorhersagen sind hier unmöglich.[1655] Das dann nicht anwendbare deutsche materielle Arbeits- und Zivilrecht kann dazu jedenfalls keine Aussage treffen. Dies zeigt erneut, wie wichtig es ist, sich mit dem Internationalen Arbeitsrecht, also dem Kollisionsrecht, zu beschäftigen, und nicht vorschnell deutsches Arbeitsrecht anzuwenden, ohne zuvor dessen Anwendbarkeit geklärt zu haben.

806 Für den **vorübergehenden Einsatz des Mitarbeiters einer ausländischen Konzerngesellschaft im Inland** gelten die gleichen kollisionsrechtlichen Regeln, sozusagen mit „spiegelverkehrten" Ergebnissen[1656]: Dann handelt es sich für die ausländische Gesellschaft um eine lediglich vorübergehende Entsendung nach Deutschland, was den gewöhnlichen Arbeitsort im Ausland nach Art. 8 Abs. 2 S. 2 Rom I-VO wie gezeigt unberührt lässt; objektives Arbeitsvertragsstatut ist das jeweilige ausländische Recht. Wird mit diesem Arbeitnehmer für die Dauer seines Einsatzes ein (weiterer) Arbeitsvertrag mit der deutschen Inlandsgesellschaft geschlossen, gilt für diesen objektiv deutsches Recht, mit den oben dargestellten Rechtsfolgen.

[1651] Wie hier *Kort* NZA 2013, 1318 (1320); *Maywald* Matrixstrukturen S. 132 f.; Braun/Wisskirchen/*Lützeler* Konzernarbeitsrecht Teil II Abschnitt 3 Rn. 193; *Bauer/Herzberg* NZA 2011, 712 (714); *Mauer* Personaleinsatz Rn. 483.

[1652] Dies ließe sich allenfalls mit der betrieblichen Eingliederungstheorie begründen, die aber längst überwunden ist, vgl. nur *Boemke* Schuldvertrag und Arbeitsverhältnis S. 221 f.; Staudinger/*Richardi*/*Fischinger* BGB vor §§ 611 ff. Rn. 234 f.

[1653] *Junker* Internationales Arbeitsrecht im Konzern S. 211: „Ein Arbeitsverhältnis wird durch Vertrag begründet, nicht durch tatsächliche Einflussnahme, Übernahme der Lohnzahlung, Führung der Personalakten oder durch Ausübung abgeleiteter Arbeitgeberrechte."

[1654] Selbst wenn man die Ausgangsposition von *Wisskirchen/Bissels* DB 2007, 340 (342, 344) teilt, ist die – jedenfalls ohne Weiteres unterstellte – Anwendung deutschen Arbeitsrechts für dieses konkludent geschlossene Arbeitsverhältnis unzutreffend.

[1655] Einen Überblick über den Arbeitnehmerbegriff in den EU-Staaten bietet *Rebhahn* RdA 2009, 154, der auf die zunehmende Problematik der Arbeitsleistungen hinweist, bei denen die klassische Koordination durch den Vertragspartner geringer sei als früher üblich; die Zahl der schwierig einzuordnenden Fälle steige daher beträchtlich an (173). Und dies gilt nur für die EU-Mitgliedstaaten, andere Rechtsordnungen sind dabei noch gar nicht berücksichtigt.

[1656] Ausführlich dazu *Deinert* ZESAR 2016, 107.

d) Subsidiäre Anknüpfung an die einstellende Niederlassung (Art. 8 Abs. 3 Rom I-VO)

Problematisch kann die Bestimmung des anwendbaren Rechts werden, wenn es wie in **Konstellation 3** an jeglicher Anbindung im Inland fehlt und der Arbeitnehmer zwischen verschiedenen Arbeitsorten im Ausland hin- und herpendelt, ohne eine inländisches Basis im oben beschriebenen Sinn zu haben („entgrenzte Arbeitnehmer"). Erst wenn ein – weit auszulegender – gewöhnlicher Arbeitsort nach Art. 8 Abs. 2 nicht festgestellt werden kann, ist **subsidiär**[1657] auf die **einstellende Niederlassung** abzustellen. Die Anknüpfungen nach Abs. 2 und Abs. 3 schließen sich gegenseitig aus.[1658] Auf Abs. 3 ist auch dann abzustellen, wenn sich die Beschäftigung etwa gleichgewichtig auf zwei gewöhnliche Arbeitsorte aufteilt, von denen keiner allein das Zentrum der Arbeitsbeziehungen bildet oder als Basis zu betrachten ist.[1659]

Die einstellende Niederlassung muss eine **organisatorische Einheit von gewisser Dauerhaftigkeit** darstellen, auch wenn nicht alle Voraussetzungen des Betriebs im Sinne des deutschen Betriebsverfassungsrechts erfüllt zu sein brauchen. Auch eine eigene Rechtspersönlichkeit ist nicht erforderlich. Im Schrifttum ist streitig, ob auch eine organisatorische Eingliederung des Arbeitnehmers in diese Niederlassung erforderlich ist (vgl. etwa § 99 BetrVG) oder ob der reine Arbeitsvertragsschluss genügt.[1660] Dahinter steht die Befürchtung, der Arbeitgeber könne willkürlich ein Recht mit niedrigem Arbeitnehmerschutzniveau zur Anwendung bringen, indem er den Abschluss des Arbeitsvertrages in einer in einem solchen Staat liegenden Niederlassung vornimmt, mit der der Arbeitnehmer im Übrigen aber keinerlei Berührungspunkte hat und die möglicherweise gar nur auf dem Papier besteht. Es liegt auf der Hand, dass die Anknüpfung an die einstellende Niederlassung anders als die daher auch vorrangige Anknüpfung an den gewöhnlichen Arbeitsort manipulationsanfällig ist.[1661] Der EuGH hat nun jedoch klargestellt, dass es allein auf den Ort der Niederlassung ankommt, mit der der Arbeitnehmer den Arbeitsvertrag geschlossen hat, eine **Eingliederung** dort ist **nicht erforderlich.**[1662] Denn die Umstände, die für die tatsächliche Beschäftigung kennzeichnend sind – und darin liegt ja die Eingliederung – sind allein für die vorrangig zu prüfende Frage des gewöhnlichen Arbeitsortes gem. Art. 8 Abs. 2 Rom I-VO zu betrachten. Damit könnten sie aber nicht mehr bei der subsidiären Anknüpfung an die einstellende Niederlassung relevant sein. Folglich dürfen keine Umstände berücksichtigt werden, die die Verrichtung der Arbeit, sondern nur solche, die das Verfahren des Vertragsabschlusses betreffen (Stellenausschreibung, Einstellungsgespräch etc.). Der oben beschriebenen Gefahr der Manipulation begegnet der EuGH dadurch, dass er, wenn eine andere Niederlassung zwischengeschaltet wurde und „im Namen und auf Rechnung eines anderen Unternehmens" beim Arbeitsvertragsschluss aufgetreten ist, das andere (beauftragende) Unternehmen als einstellende Niederlassung ansieht. Damit soll eine Gesetzesumgehung ausgeschlossen werden beispielsweise dergestalt, dass in einem Land mit geringem arbeitsrechtlichem Schutzstandard eine Niederlassung installiert oder beauftragt wird mit dem einzigen Zweck, Einstellungen vorzunehmen ohne Rücksicht darauf, von wo aus die Arbeit organisiert wird.[1663]

In **Konstellation 3** ist daher über die Hilfsanknüpfung in Art. 8 Abs. 3 Rom I-VO ebenfalls deutsches Arbeitsrecht zur Anwendung berufen, wenn der Arbeitsvertrag in einer deutschen Niederlassung geschlossen wurde. Fand der Vertragsschluss in einer in einem anderen Staat gelegenen (Konzern)Niederlassung statt, findet mangels Rechtswahl

---
[1657] EuGH 15.3.2011 – C-29/10, NZA 2012, 227 – Koelzsch.
[1658] Staudinger/*Magnus* Rom I-VO Art. 8 Rn. 93.
[1659] Staudinger/*Magnus* Rom I-VO Art. 8 Rn. 118.
[1660] Vgl. MüKoBGB/*Martiny* Art. 8 Rom I-VO Rn. 73 mwN; ErfK/*Schlachter* Rom I-VO Art. 9 Rn. 16 mwN.
[1661] *Lüttringhaus* IPRax 2011, 554 (555).
[1662] EuGH 15.12.2011 – C-384/10, NZA 2012, 227 – Voogsgeerd.
[1663] *Deinert* Int. Arbeitsrecht § 9 Rn. 122.

das Recht dieses Staates auf das Arbeitsverhältnis Anwendung. Eine Eingliederung in die einstellende Niederlassung ist wie gezeigt nicht erforderlich. Dies kann in der Praxis zu ungewollten und von den Parteien so auch nicht vorhergesehenen Ergebnissen zum anwendbaren Arbeitsrecht führen; daher wird (auch) an diesem Beispiel deutlich, wie wichtig beim **internationalen Matrixeinsatz** eine **sinnvolle Rechtswahlvereinbarung** der Parteien ist.

e) Ausweichklausel (Art. 8 Abs. 4 Rom I-VO)

810 **aa) Engere Verbindung.** Art. 8 Abs. 4 Rom I-VO enthält eine Ausweich- und Ausnahmeklausel[1664], wonach die objektiven Anknüpfungen der Absätze 2 und 3 überspielt werden können, wenn sich aufgrund der Gesamtheit der Umstände ergibt, dass **zu einem anderen Staat eine engere Verbindung** besteht: dann ist das Recht dieses Staates anzuwenden. Die Vorschrift entspricht Art. 4 Abs. 3 Rom I-VO, der allgemein bei Schuldverträgen ein Abweichen von der Anknüpfung an die charakteristische Leistung zulässt. Art. 8 Abs. 4 ist **keine selbstständige Anknüpfung,** sondern eine Korrekturmöglichkeit und damit eine Ausnahme. Sie dient der (internationalprivatrechtlichen) Einzelfallgerechtigkeit und der Flexibilität des Anknüpfungssystems[1665], nicht aber einem einseitigen (sachrechtlichen) Arbeitnehmerschutz etwa dergestalt, dass die Gerichte durch Anwendung der Klausel statt des kollisionsrechtlich berufenen Rechts auf ein anderes ausweichen könnten, weil dies den Arbeitnehmer aus ihrer Sicht besser schützt;[1666] dies wäre allein Aufgabe des ordre public (→ Rn. 822). Auch der EuGH hat nunmehr klargestellt, dass die Ausweichklausel nicht per se zum arbeitnehmerfreundlicheren Recht führen muss.[1667]

811 Fraglich ist, welche Umstände gem. Art. 8 Abs. 4 Rom I-VO Berücksichtigung finden können. Es ist bislang anerkannt, dass ein isolierter Einzelumstand, der in eine andere Richtung weist als die Regelanknüpfung, grundsätzlich nicht genügt, um von dieser Anknüpfung abzuweichen[1668]; darauf deutet schon der Wortlaut („Gesamtheit der Umstände") hin. Allerdings ist allein die Anzahl der für eine Verbindung zu dem einen oder anderen Staat sprechenden Kriterien nicht maßgeblich; vielmehr ist eine Gewichtung der Anknüpfungsmomente vorzunehmen.[1669] Diese Umstände müssen das Gewicht der Regelanknüpfungspunkte des Arbeitsorts bzw. der einstellenden Niederlassung deutlich überwiegen.[1670] Die Regelanknüpfung und die Ausweichklausel stehen nicht gleichberechtigt nebeneinander, sondern es herrscht ein **Regel-Ausnahme-Verhältnis;** das Vorliegen „engerer Verbindungen" ist nur nach Anwendung eines strengen Maßstabs zu bejahen.

812 Ein **wesentliches Kriterium** ist der Ort, an dem der Arbeitnehmer seine Steuern und Abgaben entrichtet und der Sozialversicherung unterliegt. Daneben sind nach der Rechtsprechung der Arbeitsort, der Sitz des Arbeitgebers, die Staatsangehörigkeit der Vertragsparteien, der Wohnsitz des Arbeitnehmers, der Ort des Vertragsschlusses ua zu berücksichtigen.[1671] Vertragsimmanente Gesichtspunkte wie die Vertragssprache, die Währung, in der die Vergütung gezahlt wird, oder die Bezugnahme auf Rechtsvorschriften eines bestimmten Staates haben demgegenüber nachrangige Bedeutung.[1672] Anderenfalls hätte es der Ar-

---

[1664] *Junker* Internationales Arbeitsrecht im Konzern S. 196.
[1665] *Junker* Internationales Arbeitsrecht im Konzern S. 189.
[1666] *Knöfel* EuZA 2014, 375 (379 f.).
[1667] EuGH 12.9.2013 – C-64/12, NZA 2013, 1163 – Schlecker.
[1668] MüKoBGB/*Martiny* Rom I-VO Art. 8 Rn. 79. So zu Art. 30 EGBGB s. BAG 12.12.2001 – 5 AZR 255/00, NZA 2002, 734; 11.12.2003 – 2 AZR 627/02, NJOZ 2004, 2331.
[1669] BAG 22.10.2015 – 2 AZR 720/14, NZA 2016, 473; 10.4.2014 – 2 AZR 741/13, BeckRS 71952. S.a. EuGH 12.9.2013 – C-64/12, NZA 2013, 1163 – Schlecker: das Tatgericht müsse „den- oder diejenigen (Gesichtspunkte) würdigen, die seiner Ansicht nach am maßgeblichsten sind."
[1670] BAG 29.10.1992 – 2 AZR 267/92, NZA 1993, 743; 24.8.1989 – 2 AZR 3/89, NZA 1990, 841.
[1671] BAG 24.8.1989 – 2 AZR 3/89, NZA 1990, 841.
[1672] BAG 22.10.2015 – 2 AZR 720/14, NZA 2016, 473.

beitgeber in der Hand, das vom Gesetzgeber vorgesehene Günstigkeitsprinzip durch die Vertragsgestaltung zu unterlaufen: eine solche Disposition über den zwingenden Arbeitnehmerschutz will Art. 8 Rom I-VO aber gerade verhindern.[1673] Es können also ggf. auch weitere vertragswesentliche Gesichtspunkte im konkreten Fall Bedeutung erlangen, immer unter der Voraussetzung, dass sie ihrer Gesamtheit hinreichendes Gewicht haben, um die Bedeutung der Regelanknüpfung zu überwinden.[1674]

Auch der EuGH befürwortet eine **enge Auslegung** der Ausnahmeklausel und betont die hohe Bedeutung der Regelanknüpfung an den Arbeitsort: ein Gericht dürfe selbst dann, wenn alle anderen Umstände auf einen anderen Staat als den Tätigkeitsstaat hindeuteten, nicht „automatisch" von einer engeren Verbindung zu diesem Staat ausgehen. Es müsse immer im Rahmen einer Gesamtschau die maßgeblichen Gesichtspunkte würdigen. Unter diese rechnet der EuGH den Ort, an dem der Arbeitnehmer steuer- und sozialversicherungspflichtig ist, sowie die Parameter, die mit der Bestimmung des Gehalts und der Arbeitsbedingungen zusammenhängen.[1675] Der Anwendungsbereich der Ausweichklausel ist somit klein und ihr Tatbestand nur in seltenen Ausnahmefällen erfüllt,[1676] ua auch deswegen, weil bereits nach dem Wortlaut des Art. 8 Abs. 4 Rom I-VO, der sich nur auf Abs. 2 und 3 bezieht, eine Rechtswahl stets Vorrang[1677] hat. 813

bb) Bedeutung des Weisungsrechts in der Matrixstruktur. Beim Einsatz in internationalen Matrixstrukturen stellt sich hier nun ebenfalls wieder vorrangig die Frage, ob die **Ausübung des Weisungsrechts** durch einen in einem anderen Land ansässigen Vorgesetzten eine **solche enge Verbindung begründet** mit der Folge, dass dann ausnahmsweise das Recht dieses Staates auf das Arbeitsverhältnis der weisungsunterworfenen Arbeitnehmer anzuwenden wäre trotz abweichenden gewöhnlichen Arbeitsortes **(Konstellation 1, 5 und 6).** Dies ist eine ganz wesentliche Frage des internationalen Arbeitsrechts im Kontext von Matrixstrukturen, die über die übliche Problematik der Auslandsentsendung hinausgeht. 814

Der Ort, von dem aus das Weisungsrecht ausgeübt wird, kann zwar einen berücksichtigungsfähigen Umstand darstellen;[1678] es kann von Bedeutung sein, an welchem Ort wesentliche Entscheidungen, die das Arbeitsverhältnis betreffen, getroffen wurden.[1679] Im Allgemeinen tritt seine Bedeutung aber hinter den Tätigkeitsort zurück[1680], alleine der Ort der Ausübung des Weisungsrechts genügt nicht zur Annahme einer engeren Verbindung.[1681] Durch das Tätigwerden in einer Matrixstruktur wird nicht das Recht des Staates, in dem sich der Vorgesetzte befindet, zur Anwendung berufen, wenn die übrigen Arbeitgeberfunktionen vom inländischen formalen Arbeitgeber wahrgenommen werden und eine Eingliederung in hiesige betriebliche Strukturen vorliegt.[1682] Dafür spricht ua die Gefahr der Manipulation, die sich durch eine solche Möglichkeit ergäbe. Man könnte ansonsten – ähnlich wie dies beim Ort der einstellenden Niederlassung befürchtet wird (→ Rn. 808) – einen Vorgesetzten in einem Land mit geringen arbeitsrechtlichen Schutzstandards installieren und zu diesem die Berichtslinien verlaufen lassen allein mit 815

[1673] BAG 10. 4. 2014 – 2 AZR 741/13, BeckRS 71952.
[1674] BAG 11. 12. 2003 – 2 AZR 627/02, AP EGBGB Art. 27 Nr. 6.
[1675] EuGH 12. 9. 2013 – 64/12, NZA 2013, 1163 – Schlecker.
[1676] Knöfel EuZA 2014, 375 (385).
[1677] Fornasier IPRax 2015, 517 (522).
[1678] BAG 12. 12. 2001 – 5 AZR 255/00, AP EGBGB nF Art. 30 Nr. 10.
[1679] BAG 13. 11. 2007 – 9 AZR 134/07, NZA 2008, 761.
[1680] Deinert Int. Arbeitsrecht § 9 Rn. 137 mwN.
[1681] So auch in BAG 11. 12. 2003 – 2 AZR 627/02, NJOZ 2004, 2331 für einen in (v. a.) Deutschland und Skandinavien tätigen Handlungsreisenden, dessen Arbeitgeberin ihren Sitz in Belgien hatte: keine Anwendung belgischen Rechts über die Ausnahmeklausel, da der Sitz des Arbeitgebers als einziger Anknüpfungspunkt nicht ausreicht.
[1682] Bissels/Wisskirchen BB 2007, 340 (344).

dem Ziel, das (ggf. nur in Ansätzen vorhandene) Arbeitsrecht dieses Staates zur Anwendung zu bringen.

816 Die Erwägungen, mit denen *Mankowski* für die internationale Telearbeit die Regelanknüpfung an den Tätigkeitsort befürwortet und die Anwendung der Ausweichklausel ablehnt, gelten auch hier: „Die organisatorische Betreuung des internationalen Telearbeiters durch die Unternehmenszentrale allein bedeutet noch kein engeres Band zum Sitz der Unternehmenszentrale als zum gewöhnlichen Arbeitsort. Die organisatorische Leistung tritt ebenso wie das Erteilen der Arbeitsaufträge, also die Ausübung des Weisungsrechts, hinter der lokalen Verortung zurück. Die Verbindung zum Sitz des Arbeitgebers ist nicht stark genug."[1683] Etwas anderes kann für Führungskräfte gelten, die als Bindeglied zum im Ausland gelegenen Betrieb (vorübergehend) nach Deutschland entsandt werden und eine enge Bindung an den entsendenden Betrieb beibehalten;[1684] hier wird es beim Recht des Entsendestaates verbleiben, dies betrifft aber eine andere Fallgestaltung (Konstellation 4 → Rn. 772) und folgt bereits aus Art. 8 Abs. 2 S. 2 Rom I-VO, weil es sich dann um eine vorübergehende Entsendung aus dem Ausland handeln wird, durch die sich der – im Ausland gelegene – gewöhnliche Arbeitsort und damit die Regelanknüpfung an das ausländische Recht nicht ändert.

817 Die Regelanknüpfung an den gewöhnlichen Arbeitsort bei der Tätigkeit in der Matrixzelle wird also nicht verdrängt zugunsten des Rechts des Ortes, von dem aus das Weisungsrecht ausgeübt wird. Dasselbe gilt für den Ort, an dem die Administration des Arbeitsverhältnisses stattfindet, und für den Ort, an den Berichte zu senden sind.[1685]

818 **Zusammenfassend** kann an dieser Stelle festgehalten werden: Im Zentrum der Bestimmung des anwendbaren Rechts steht neben der stets möglichen (und zu empfehlenden) **Rechtswahl** vor allem ein Gesichtspunkt: der **tatsächliche bzw. gewöhnliche Arbeitsort**. Andere Organisationskriterien der Matrixstruktur treten im internationalen Arbeitsrecht dahinter zurück.

4. Schranken der Rechtswahl

a) Objektives Arbeitsvertragsstatut

819 Wie eingangs geschildert, kann durch Rechtswahl ein anderes Recht bestimmt werden, und gerade in Matrixstrukturen mit ausländischer Konzernspitze mag auf Arbeitgeberseite die Versuchung bestehen, einem gegenüber dem deutschen Arbeitsrecht vermeintlich „arbeitgeberfreundlicheren" Arbeitsrecht zur Geltung zu verhelfen. Davon ist in der Praxis jedoch abzuraten.

820 Denn die Rechtswahl im internationalen Arbeitsrecht ist in ihrer Wirkung durch vielfältige Schranken begrenzt. Die wichtigste ist Art. 8 Abs. 1 S. 2 Rom I-VO. Danach darf die Rechtswahl der Parteien nicht dazu führen, dass dem Arbeitnehmer der **Schutz zwingender Bestimmungen des objektiven Arbeitsstatuts** entzogen wird. „Zwingende Bestimmungen" im Sinne dieser Vorschrift sind solche, von denen nicht durch Rechtsgeschäft abgewichen werden kann, also die zu Ungunsten des Arbeitnehmers nicht dispositiven Bestimmungen. Aus welcher Rechtsquelle sie sich speisen, ist irrelevant. Zwingende Bestimmungen beschränken sich daher nicht auf formelles Gesetzesrecht und Verordnungen, sondern können auch in Gewohnheitsrecht, Richterrecht und Betriebsvereinbarungen enthalten sein,[1686] außerdem zählen auch zwingende Vorschriften eines Tarifvertrages dazu, an den eine Partei, v. a. aufgrund einer Allgemeinverbindlicherklärung, gebunden ist.[1687] Das bedeutet: Ist deutsches Recht objektiv anzuwenden, so setzen

---

[1683] *Mankowski* DB 1999, 1854 (1856).
[1684] *Mankowski* DB 1999, 1854 (1856).
[1685] *Deinert* Int. Arbeitsrecht § 9 Rn. 137.
[1686] *Mankowski* IPRax 2015, 309 (313).
[1687] MüKoBGB/*Martiny* Rom I-VO Art. 8 Rn. 38.

sich alle zwingenden Bestimmungen dieses Rechts gegenüber einer abweichenden Rechtswahl durch, soweit deren Anwendung im Einzelfall zu günstigeren Ergebnissen führt als das gewählte Recht.[1688] Die Rechtswahl kann also lediglich dispositives Recht (was im Arbeitsrecht aber eher die Ausnahme als die Regel darstellt) „abwählen". Hierin liegt die **überragende Bedeutung des objektiven Arbeitsvertragsstatuts** als Vergleichsordnung oder **Referenzstatut.** Es gilt nicht nur zugunsten des deutschen Rechts (anders als der ordre public, dazu sogleich): ist objektives Vertragsstatut ausländisches Recht, setzen sich zwingende Bestimmungen dieser Rechtsordnung auch gegenüber im Einzelfall ungünstigeren Bestimmungen des deutschen Rechts durch.

Der **Günstigkeitsvergleich** ist – ähnlich wie im Tarifrecht im Rahmen des § 4 Abs. 3 TVG – kein Gesamtvergleich, eine Aussage wie „das Arbeitsrecht (Kündigungsrecht etc.) des Landes A ist günstiger als das des Landes B" auch gar nicht möglich. Vielmehr kommt es immer auf die streitgegenständliche konkrete Frage an; dem Arbeitnehmer wäre auch nicht gedient, wenn das gewählte Recht zwar „alles in allem" das günstigere wäre, sich für den konkreten Streitgegenstand aber als unvorteilhaft erwiese.[1689] Maßgeblich für den Günstigkeitsvergleich sind die Ergebnisse der Anwendung der jeweils berührten Rechtsordnungen im Einzelfall. Andererseits kann die Günstigkeit auch nicht über einen Vergleich von Einzelnormen ermittelt werden, da dies dazu führen könnte, dass der Arbeitnehmer durch Kombination einzelner Vorschriften der jeweiligen Rechtsordnungen am Ende ein Schutzniveau erlangt, das über dem liegt, was beide Rechtsordnungen für sich jeweils gewähren („Rosinenpicken"). Letztlich ist also ein **Sachgruppenvergleich** durchzuführen: zu vergleichen sind die in einem inneren, sachlichen Zusammenhang stehenden Teilkomplexe der fraglichen Rechtsordnungen.[1690] Dies kann dazu führen, dass auf ein und dasselbe Arbeitsverhältnis mehrere Rechtsordnungen nebeneinander anzuwenden sind, was ebenfalls für eine Rechtswahl zugunsten des objektiv anwendbaren Rechts spricht. Oftmals kommt es allerdings gar nicht zum Günstigkeitsvergleich aufgrund des prozessualen *ne ultra petita*-Grundsatzes: sofern bereits eine der beteiligten Rechtsordnungen dem Arbeitnehmer gewährt, was dieser begehrt, reicht dies zur Entscheidung aus, und es muss nicht mehr ermittelt werden, was das andere Recht ihm gewähren würde.[1691]

b) Ordre public

Eine weitere Schranke de Rechtswahl ist der ordre public gem. Art 21 Rom I-VO, in der amtlichen Übersetzung missverständlich mit „öffentlicher Ordnung" wiedergegeben, einem Begriff, der den deutschen Juristen eher an das öffentliche Polizei- als das internationale Privatrecht denken lässt. Gemeint ist der **unantastbare Kernbereich der eigenen Rechtsordnung,** den preiszugeben keine Rechtsordnung bereit ist; fremdes Recht, das dem widerspricht, wird nicht angewandt.[1692] Der ordre public-Vorbehalt gilt für das gesamte Internationale Privatrecht (in Art. 6 EGBGB geregelt für das autonome, also außerhalb des Anwendungsbereiches der Rom I-VO stehende IPR). Das Ergebnis der Anwendung des fremden Rechts im konkreten Fall muss mit den Grundsätzen des deutschen Rechts unvereinbar sein. Der Richter ist also keinesfalls zu einer „abstrakten Rechtskontrolle" des fremden Rechts berufen (wie sollte er diese auch leisten?). Die Anwendung des ordre public bedarf stets eines hinreichenden Inlandsbezuges.

Die Hürde des ordre public ist aber eine recht hohe. So muss die Unvereinbarkeit der Anwendung der fremden Rechtsvorschrift mit unseren Vorstellungen offensichtlich und untragbar sein. Daher ist die Anwendung des ordre public an sich schon ein Ausnahme-

---

[1688] BAG 29.10.1992 – 2 AZR 267/92, NZA 1993, 743.
[1689] MüKoBGB/*Martiny* Rom I-VO Art. 8 Rn. 42.
[1690] BAG 10.4.2014 – 2 AZR 741/13, BeckRS 71952.
[1691] *Mankowski* IPRax 2015, 309 (314).
[1692] *Kegel/Schurig* Internationales Privatrecht S. 516.

fall; hinzu kommt, dass es im Arbeitsrecht angesichts der weiten Anwendung zwingender Vorschriften über Art. 8 Abs. 2 Rom I-VO noch weniger Fälle geben wird[1693], in denen dem ordre public eigenständige Bedeutung zukäme. So hat das BAG beispielsweise das Fehlen kündigungsschutzrechtlichen Bestandsschutzes bei geringem Abfindungsanspruch nach ausländischem Arbeitsvertragsstatut nicht als ordre-public-widrig angesehen.[1694] Daher soll auch hier nicht näher auf die sehr schwierige, gesetzlich nicht geregelte Frage eingegangen werden, welche Rechtsnorm an die Stelle der durch den ordre public verdrängten tritt.[1695]

824 Als abschließende **Empfehlung** kann daher nach dem Gesagten nur gelten, für einen vorübergehenden internationalen Matrixeinsatz aus Deutschland heraus **deutsches Recht zu wählen.**

5. Eingriffsnormen

a) Begriff

825 Das zwingende Recht des objektiven Vertragsstatuts – und dies ist bei den hier betrachteten Einsätzen in der Matrixzelle aus deutscher Sicht in vielen, wenn auch nicht allen Fällen das deutsche Recht – kann eine etwaige abweichende Rechtswahl also massiv beeinträchtigen, da es im Sinne nicht dispositiver arbeitnehmerschützender Normen gleichwohl zu beachten ist. Es gibt aber nun noch zwingendere Normen, die über diese hinausgehen, gleichsam zwingendes Recht „höherer Potenz".[1696] Diese Normen werden als **Eingriffsnormen** bezeichnet und sind in Art. 9 Rom I-VO geregelt.

Art. 9. Eingriffsnormen
(1) Eine Eingriffsnorm ist eine zwingende Vorschrift, deren Einhaltung von einem Staat als so entscheidend für die Wahrung seines öffentlichen Interesses, insbesondere seiner politischen, sozialen oder wirtschaftlichen Organisation, angesehen wird, dass sie ungeachtet des nach Maßgabe dieser Verordnung auf den Vertrag anzuwendenden Rechts auf alle Sachverhalte anzuwenden ist, die in ihren Anwendungsbereich fallen.

(2) Diese Verordnung berührt nicht die Anwendung der Eingriffsnormen des Rechts des angerufenen Gerichts.

(3) Den Eingriffsnormen des Staates, in dem die durch den Vertrag begründeten Verpflichtungen erfüllt werden sollen oder erfüllt worden sind, kann Wirkung verliehen werden, soweit diese Eingriffsnormen die Erfüllung des Vertrags unrechtmäßig werden lassen. Bei der Entscheidung, ob diesen Eingriffsnormen Wirkung zu verleihen ist, werden Art und Zweck dieser Normen sowie die Folgen berücksichtigt, die sich aus ihrer Anwendung oder Nichtanwendung ergeben würden.

826 Eingriffsnormen setzen sich ohne Rücksicht auf das objektiv anwendbare oder gewählte Recht durch. Sie werden in Abgrenzung zum oben dargestellten „negativen" ordre public, der die Anwendung fremden Rechts lediglich verhindert, auch als „positiver" ordre public bezeichnet, der zur zwingenden Durchsetzung und Anwendung einer Bestimmung führt. Während Art. 8 Rom I-VO die Verweisungsfreiheit begrenzt, im Extremfall so weit, dass von der Rechtswahlfreiheit nichts mehr übrig bleibt, bilden die Eingriffsnormen eine weitere Schranke, die nicht nur die Parteiautonomie beschränkt, sondern das ganze Arbeitsvertragsstatut.[1697]

[1693] Vgl. auch Erwägungsgrund 37 der Rom I-VO („außergewöhnliche Umstände").
[1694] BAG 10.4.1975 – 2 AZR 128/74, AP Internationales Privatrecht, Arbeitsrecht Nr. 12.
[1695] Vgl. dazu *Kegel/Schurig* Internationales Privatrecht S. 538 ff.; MüKoBGB/*v. Hein* EGBGB Art. 6 Rn. 210 ff.
[1696] *Junker* Internationales Arbeitsrecht im Konzern S. 314.
[1697] *Junker* Internationales Arbeitsrecht im Konzern S. 313. Zur Frage des Verhältnisses von Art. 9 zu Art. 8 vgl. MHdB ArbR/*Oetker* § 11 Rn. 50 f.; *Martiny* IPRax 2013, 536 (544).

Voraussetzung für die Annahme einer Eingriffsnorm ist deren **universaler Anwen-** 827
dungswille: sie muss nicht nur individualschützend, sondern auch im Gemeininteresse
erlassen sein und staats-, wirtschafts- oder sozialpolitische Zwecke verfolgen; es kommen
vor allem Normen in Betracht, deren Zweck sich nicht im Ausgleich widerstreitender
Interessen der Vertragsparteien erschöpft, sondern auch auf öffentliche Interessen gerichtet
sind.[1698] Bloße Unabdingbarkeit genügt nicht zur Annahme einer Eingriffsnorm, denn
sonst bliebe ja für Art. 8 Rom I-VO, der wie gezeigt das einfach oder intern zwingende
Recht erfasst, kein Anwendungsbereich mehr. Ein *Indiz* für das Vorliegen einer Eingriffsnorm ist, dass die Handlungsfreiheit des Arbeitgebers durch behördliche oder gerichtliche
Verfahren eingeschränkt wird – wie zB das Zustimmungsersetzungsverfahren bei der beabsichtigten Kündigung eines Betriebsratsmitglieds –, wohingegen eine Eingriffsnorm tendenziell dann zu verneinen ist, wenn der Staat die Beachtung/Durchsetzung der Norm
der privaten Initiative überlässt – wie zB die Kündigungsschutzklage des betroffenen Arbeitnehmers bei einer „gewöhnlichen" Kündigung.[1699] Aber es handelt sich nur um Indizien, eine starre Regel kann daraus keinesfalls abgeleitet werden. Auch Normen ohne jeden öffentlich-rechtlichen Bezug können Eingriffsnormen sein, genauso wie jedenfalls
potentiell tarifliche Regeln, bei denen es sich ebenfalls um Gesetze im materiellen Sinn
gem. Art. 2 EGBGB handelt[1700], nicht dagegen Betriebsvereinbarungen. Auf der anderen
Seite bedeutet behördliches Tätigwerden nicht automatisch, dass die zugrundeliegende
Norm eine Eingriffsnorm ist: das Erfordernis der Zustimmung des Integrationsamtes nach
§ 168 SGB IX bei der Kündigung eines schwerbehinderten Menschen setzt nach Auffassung des BAG deutsches Arbeitsvertragsstatut voraus, was den Charakter als Eingriffsnorm
ausschließt; bei abweichendem Wahlstatut ist es als lediglich einfach zwingende Bestimmung iSd Art. 8 Abs. 1 S. 2 Rom I-VO zu beachten.[1701]

b) Beispiele für Eingriffsnormen

Ob es im Arbeitsrecht überhaupt Anwendungsfälle des Art. 9 Rom I-VO gibt, ist ange- 828
sichts der weitgehenden Berücksichtigung zwingender Schutznormen im Rahmen des
Art. 8 Rom I-VO durchaus umstritten.[1702] Manche überantworten das Arbeitsrecht in
toto dieser Norm. Dies ist jedoch zu weitgehend; auch im Arbeitsrecht werden manche
Vorschriften über Art. 9 durchzusetzen zu sein.

So ergeben sich Eingriffsnormen aus der der **EU-Entsenderichtlinie,**[1703] die die EU- 829
Mitgliedstaaten verpflichtet, einen bestimmten „harten Kern" an Arbeitsbedingungen für
Arbeitnehmer zu garantieren, die in das Hoheitsgebiet des jeweiligen Staates zur Erbrin-
gung von Dienstleistungen entsandt sind.[1704] Die Normen nach staatlichem Recht, die in
Umsetzung von Art. 3 Abs. 1 der Entsenderichtlinie zu Mindestlohn, Arbeitszeiten, Min-
destjahresurlaub etc. geschaffen wurden, haben den Charakter von Eingriffsnormen.[1705] In

---

[1698] StRspr, vgl. BAG 18.4.2012 – 10 AZR 200/11, NZA 2012, 1152; 3.5.1995 – 5 AZR 15/94, NZA 1995, 1191.
[1699] BAG 24.8.1989 – 2 AZR 3/89, NZA 1990, 841; *Junker* FS 50 Jahre BAG, 2004, S. 1197 (1213f.).
[1700] BAG 12.1.2005 – 5 AZR 617/01, NZA 2005, 627; 6.11.2002 – 5 AZR 617/01, NZA 2003, 490; abl. dagegen BAG 9.7.2003 – 10 AZR7593/02, AP TVG § 1 Tarifverträge: Bau Nr. 261. Die Frage ist entsprechend umstritten. Eine *gesetzliche* Erstreckung von Tarifverträgen als Eingriffsrecht enthalten §§ 3ff. AEntG.
[1701] BAG 22.10.2015 – 2 AZR 720/14, NZA 2016, 473. Es darf allerdings an der Berechtigung dieser Einordnung gezweifelt werden, näher → Rn. 892.
[1702] Vgl. MüKoBGB/*Martiny* Rom I-VO Art. 9 Rn. 99 mwN.
[1703] RL 96/71/EG des Europäischen Parlaments und des Rates vom 16.12.1996 über die Entsendung von Arbeitnehmern im Rahmen der Erbringung von Dienstleistungen.
[1704] Die Tatbestandsmerkmale der Entsendung im Sinne der Entsenderichtlinie ergeben sich aus Art. 1 Abs. 3; auch die Konzernentsendung ist gem. lit. b der Vorschrift davon erfasst, sofern ein Arbeitsverhältnis zwischen entsendendem Unternehmen und dem Arbeitnehmer besteht, also beim Einvertragsmodell. Auch die Arbeitnehmerüberlassung ist vom Anwendungsbereich erfasst.
[1705] BAG 3.5.2006 – 10 AZR 344/05, NZA-RR 2007, 641; Erwägungsgrund Nr. 34 Rom I-VO; *Junker* EuZA 2015, 8.

Deutschland ist dies durch § 2 AEntG umgesetzt (mit Geltung für alle nach Deutschland entsandten Arbeitnehmer, also nicht nur solche aus EU-Mitgliedstaaten). Das Gesetz erfasst aber nur im Inland beschäftigte Arbeitnehmer. Es erstreckt sich nicht auf Auslandstätigkeiten, auch nicht für die Zeit lediglich vorübergehender Entsendung aus Deutschland heraus.

§ 2 AEntG
Die in Rechts- oder Verwaltungsvorschriften enthaltenen Regelungen über
1. die Mindestentgeltsätze einschließlich der Überstundensätze,
2. den bezahlten Mindestjahresurlaub,
3. die Höchstarbeitszeiten und Mindestruhezeiten,
4. die Bedingungen für die Überlassung von Arbeitskräften, insbesondere durch Leiharbeitsunternehmen,
5. die Sicherheit, den Gesundheitsschutz und die Hygiene am Arbeitsplatz, die Schutzmaßnahmen im Zusammenhang mit den Arbeits- und Beschäftigungsbedingungen von Schwangeren und Wöchnerinnen, Kindern und Jugendlichen und
6. die Gleichbehandlung von Männern und Frauen sowie andere Nichtdiskriminierungsbestimmungen

finden auch auf Arbeitsverhältnisse zwischen einem im Ausland ansässigen Arbeitgeber und seinen im Inland beschäftigten Arbeitnehmern und Arbeitnehmerinnen zwingend Anwendung.

830   Hauptbeispiel für Eingriffsnormen des deutschen Rechts ist das **Arbeitsschutzrecht.** Zu diesem zählen die Höchstarbeitszeiten des ArbZG[1706] (der individualrechtlich geschuldete Umfang der Arbeitszeit untersteht demgegenüber allein dem Arbeitsvertragsstatut). Das ArbZG ist allerdings nur bei Arbeit in Deutschland, nicht bei (auch nur vorübergehender) Arbeit im Ausland anwendbar. Auch der technische und medizinische Arbeitsschutz (ArbeitsstättenVO) und das Verbot von Sonntagsarbeit sind Eingriffsrecht. Des Weiteren sind hier zu nennen die Entgeltfortzahlung im Krankheitsfall gem. § 3 EFZG, da diese die gesetzlichen Krankenkassen und damit mittelbar auch die Beitragszahler entlastet,[1707] allerdings nur, wenn das Arbeitsverhältnis deutschem *Sozialversicherungs*recht unterliegt, denn die Entlastung ausländischer Krankenkassen ist durch die Norm nicht bezweckt[1708]; das MuSchG, der Sonderkündigungsschutz für Betriebsräte und Schwerbehinderte sowie das Massenentlassungsrecht nach § 17 KSchG. **Keine Eingriffsnormen** dagegen sind (ua), weil individual- und nicht gemeinwohlschützend: der allgemeine Kündigungsschutz des KSchG[1709] (→ Rn. 891ff.), § 613a BGB,[1710] der Teilzeitanspruch nach § 8 TzBfG,[1711] das Befristungsrecht, die Grundsätze des innerbetrieblichen Schadensausgleiches, tarifvertragliche Ausschlussfristen[1712]: in allen diesen Fällen gilt allein das Arbeitsvertragsstatut,[1713] dh die genannten Vorschriften sind nur anzuwenden, wenn deutsches Arbeitsrecht maßgibt. Dies gilt ebenso für Regelungen des Arbeitsentgelts und insbesondere gesetzliche Zahlungsverpflichtungen für Überstunden,[1714] die manche Rechtsordnungen kennen. Zu beachten ist jedoch, dass sich die Mindestlohnansprüche entsandter Arbeitnehmer gem. der Entsenderichtlinie nach den Regelungen des Einsatzortes richten. Mindestlohnnormen (einschließlich Urlaubsgeld) – wie in Deutschland nach

---

[1706] BAG 12.12.1990 – 4 AZR 238/90, NZA 1991, 386; eingehend *Wiebauer* EuZA 2012, 485.
[1707] BAG 12.12.2001 – 5 AZR 255/00, NZA 2002, 734.
[1708] BAG 18.4.2012 – 10 AZR 200/11, NZA 2012, 1152.
[1709] BAG 24.8.1989 – 2 AZR 3/89, NZA 1990, 841.
[1710] BAG 29.10.1992 – 2 AZR 267/92, NZA 1993, 743.
[1711] BAG 13.11.2007 – 9 AZR 134/07, AP EGBGB nF Art. 27 Nr. 8.
[1712] BAG 6.11.2002 – 5 AZR 617/01, NZA 2003, 490.
[1713] Übersicht und weitere Nachweise bei ErfK/*Schlachter* Rom I-VO Art. 9 Rn. 23ff.; auch *Deinert* RdA 2009, 144 (152); *Straube* IPRax 2007, 395ff.
[1714] Vgl. BAG 12.12.1990 – 4 AZR 238/90, NZA 1991, 386; LAG München 20.2.1986 – 7 Sa 682/85, BeckRS 1986, 30851892; *Reiter* NZA-Beil. 2014, 22 (25).

§ 1 MiLoG – sind also Eingriffsnormen.[1715] Sie sind daher anders als die sonstigen Regelungen zum Arbeitsentgelt, die dem Arbeitsvertragsstatut unterliegen, bei einer Beschäftigung im Inland ohne Rücksicht auf dieses anzuwenden.[1716] Dies stellt auch § 20 MiLoG für das deutsche Recht klar.[1717]

Der Anspruch auf bezahlten Mindesturlaub nach deutschem Recht ist für die Inlandsarbeit gem. § 2 Nr. 2 AEntG Eingriffsnorm, außerhalb des Anwendungsbereiches des AEntG, also bei Tätigkeit im Ausland bzw. soweit der vertragliche Urlaubsanspruch über den gesetzlichen hinausgeht, untersteht der Urlaubsanspruch aber allein dem Arbeitsvertragsstatut; auch der Mindesturlaubsanspruch ist (lediglich) zwingendes Recht iSd Art. 8 Abs. 1 Rom I-VO.[1718] Vieles ist hier aber umstritten. 831

c) Anwendung

Die Anwendung von Eingriffsnormen bedarf immer eines hinreichenden Inlandsbezugs; denn nur dann besteht auch ein Interesse an der Durchsetzung der genannten sozialpolitischen Zielsetzungen. Allein die Beschäftigung in einer Matrixzelle im Ausland im Rahmen der Organisation eines Konzerns mit Sitz in Deutschland reicht dafür nicht aus. 832

Art. 9 Abs. 2 Rom I-VO meint die **Eingriffsnormen der lex fori,** also die Durchsetzung der zwingenden Normen des Rechts des angerufenen Gerichts. Für die Anwendung von Eingriffsnormen des *deutschen Rechts* durch ein deutsches Arbeitsgericht bedeutet dies Folgendes: Ist deutsches Recht Vertragsstatut, kommen sie – je nach vertretener Ansicht – im Ergebnis ohnehin zur Anwendung, sei es als Teil des Arbeitsvertragsstatuts[1719] oder über Art. 9 Abs. 2 Rom I-VO.[1720] Dies gilt in aller Regel auch für Entsendungen aus Deutschland heraus (→ Rn. 796 f.). Ist das Recht eines anderen Staates anzuwenden, erlangt Art. 9 Abs. 2 Rom I-VO dagegen Bedeutung: Dies ist der Fall bei der Beschäftigung von Arbeitnehmern im Inland, deren Arbeitsvertrag ausländischem Recht unterliegt. Dies kann aufgrund einer Rechtswahl der Fall sein oder auch bei einer vorübergehenden Entsendung aus dem Ausland nach Deutschland, bei der nach Art. 8 Abs. 2 Rom I-VO ja ebenfalls – gewissermaßen spiegelbildlich – weiterhin das Recht des (ausländischen) gewöhnlichen Arbeitsortes maßgibt. Deutsche Eingriffsnormen wendet der deutsche Arbeitsrichter, vor den ein Sachverhalt zur Entscheidung gelangt, also immer an. Die zivilrechtlichen Auswirkungen der heimischen (deutschen) Eingriffsnorm auf das einem fremden Recht unterliegende Schuldverhältnis sind immer der lex fori zu entnehmen.[1721] Zur schwierigen Frage, inwieweit *ausländisches* Eingriffsrecht zur Anwendung berufen sein kann → Rn. 869 ff. 833

d) Geplante Änderungen im Anwendungsbereich der EU-Entsenderichtlinie

An dieser Stelle ist allerdings darauf hinzuweisen, dass im **Anwendungsbereich der EU-Entsenderichtlinie**[1722] in Zukunft erhebliche **Änderungen** zu erwarten sind, was das anwendbare Arbeitsrecht und insbesondere die Frage des Eingriffsrechts angeht. 834

[1715] *Mankowski* RdA 2017, 271 (277); *Junker* EuZA 2015, 399.
[1716] EuGH 12.2.2015 – C-396/13, NZA 2015, 345 – Sähköalojen ammattiliitto.
[1717] Entsprechend gilt § 20 MiLoG nicht bei einer Auslandbeschäftigung. Der aus Deutschland entsandte Arbeitnehmer hat den Mindestlohnanspruch nach dem MiLoG dann nur bei deutschem Arbeitsvertragsstatut, vgl. *Mankowski* RdA 2017, 273 (276).
[1718] *Gamillscheg* ZfA 1983, 307 (360); *Hoppe* Entsendung von Arbeitnehmern S. 252; aA *Deinert* RdA 2009, 144 (153).
[1719] Staudinger/*Magnus* Rom I-VO Art. 8 Rn. 74.
[1720] Zum hier nicht zu vertiefenden dogmatischen Streit, ob Eingriffsnormen Teil des Arbeitsvertragsstatuts sein oder nur im Wege der Sonderanknüpfung berufen sein können: *Deinert* Int. Arbeitsrecht § 10 Rn. 31; Staudinger/*Magnus* Rom I-VO Art. 8 Rn. 74, 203 ff.
[1721] *Freitag* NJW 2018, 430 (431).
[1722] RL 96/71/EG des Europäischen Parlaments und des Rates vom 16.12.1996 über die Entsendung von Arbeitnehmern im Rahmen der Erbringung von Dienstleistungen.

835 Die Entsenderichtlinie enthält bisher keine Bestimmungen zum anwendbaren Recht; sie beschränkt sich wie gezeigt darauf, einen bestimmten „harten Kern" an Arbeitsbedingungen des Tätigkeitsstaates (nicht: des regelmäßigen Arbeitsortes) für Arbeitnehmer zu garantieren, die in das Hoheitsgebiet des jeweiligen Staates entsandt sind. Derzeit bestehen auf EU-Ebene jedoch Bestrebungen, dies auszuweiten. Die EU-Kommission hatte am 8.3.2016 einen Vorschlag zur Änderung der Richtlinie vorgelegt,[1723] wonach bei Entsendungen, die 24 Monate überschreiten (sollen), der Tätigkeitsstaat als gewöhnlicher Arbeitsort gelten soll. Dies hätte erhebliche Auswirkungen auf die Systematik des internationalen Arbeitsrechts, denn damit würde das objektive Arbeitsvertragsstatut auch bei lediglich vorübergehenden Entsendungen nicht mehr des „Heimatstaates", sondern des Tätigkeitsstaates. Kürzlich haben auch das EU-Parlament[1724] und der Rat[1725] zu der vorgeschlagenen Revision der Entsenderichtlinie Stellungnahmen mit abweichenden Vorschlägen abgegeben: diese enthalten die zwingende Anwendung des Arbeitsrechts des Tätigkeitsstaates unabhängig vom Arbeitsvertragsstatut, soweit dieses günstiger ist, ohne allerdings am gewöhnlichen Arbeitsort etwas zu ändern.

836 Auf politischer Ebene wurde nun im Rahmen der sog. Trilogverhandlungen zwischen den europäischen Institutionen eine Einigung erreicht;[1726] diese würde letztlich daraus hinauslaufen, das **Arbeitsrecht des Tätigkeitsstaates** insgesamt zum Eingriffsrecht zu erklären. Sie sieht vor, dass ungeachtet des Arbeitsvertragsstatuts bei einer Entsendedauer **ab 12 Monaten** das gesamte Arbeitsrecht des Tätigkeitsstaates anzuwenden ist, soweit es auf Gesetz oder durch den Tätigkeitsstaat für anwendbar erklärten Tarifverträgen beruht und günstiger für den Arbeitnehmer ist. Davon ausgenommen sind lediglich die Bestimmungen zu Begründung und Beendigung des Arbeitsverhältnisses (einschließlich Wettbewerbsverboten) sowie das Betriebsrentenrecht. Eine **einmalige Verlängerung** der Anwendung des Heimatrechtes durch den Tätigkeitsstaat auf **max. 18 Monate** ist auf begründeten Antrag des Arbeitgebers hin möglich. Wird ein entsandter Arbeitnehmer durch einen anderen ersetzt, werden die Beschäftigungszeiten zur Fristberechnung zusammengerechnet. Eine Sonderregel besteht für die **Vergütung:** hier ist bereits **ab dem ersten Tag der Entsendung** das Recht des Tätigkeitsstaates insgesamt anzuwenden, einschließlich der für anwendbar erklärten Tarifverträge. Bislang bestand nach der Entsenderichtlinie lediglich die Verpflichtung zur Einhaltung der im Tätigkeitsstaat anzuwendenden *Mindestlohn*vorschriften. Die Umsetzungsfrist für die Mitgliedstaaten soll 2 Jahre betragen.

837 Es handelt sich bislang lediglich um eine politische Einigung. Ein rechtlich verbindlicher Richtlinientext wurde im dafür vorgesehenen parlamentarischen Verfahren derzeit noch nicht beschlossen. Offen ist daher zum Zeitpunkt der Drucklegung, ob die Neuregelung tatsächlich kommt, auch wenn vieles dafür spricht. Auch ist derzeit die Art und Weise der Umsetzung in den Mitgliedstaaten noch nicht absehbar.

838 Eine zuverlässige Prognose ist derzeit daher noch nicht möglich. Am anzuwendenden Kollisionsrecht hat sich zum Zeitpunkt der Drucklegung nichts geändert und wird sich auch in den nächsten beiden Jahren sicher noch nichts ändern. Sehr wahrscheinlich scheint jedoch, dass der Rechtsanwender bei der Feststellung der im konkreten Fall anwendbaren arbeitsrechtlichen Bestimmung bei **Entsendungen innerhalb der EU** im Anwendungsbereich der Entsenderichtlinie in nicht allzu ferner Zukunft mit **erheblichen Änderungen** zu rechnen haben wird.

[1723] COM (2016) 128 final.
[1724] Bericht des EMPL-Ausschusses vom 16.10.2017.
[1725] Allgemeine Ausrichtung des Rates vom 23.10.2017.
[1726] Pressemitteilung des Europäischen Parlaments vom 19.3.2018. Daneben sind weitere Änderungen der Entsenderichtlinie vorgesehen, die aber über das hier zu behandelnde Thema des anwendbaren Arbeitsrechts hinausgehen: dies betreffen ua die Kosten für Unterkunft und Verpflegung der entsandten Arbeitnehmer, die Publikation der anzuwendenden Rechtsvorschriften auf einer offiziellen Webseite des Tätigkeitsstaates und Sonderregeln für den Transportsektor.

6. Umfang des Arbeitsvertragsstatuts

Das **Arbeitsvertragsstatut** gilt gem. Art. 12 Abs. 1 Rom I-VO grundsätzlich **umfassend**.[1727] Es gilt auch für nachwirkende Pflichten aus dem Arbeitsverhältnis.

839

a) Tarifliche Normen

Das Arbeitsvertragsstatut erfasst auch **tarifliche Normen,** wenn die Arbeitsvertragsparteien tarifgebunden sind bzw. der Arbeitsvertrag eine Verweisungsklausel enthält. Die Rechtsprechung erkennt eine (normative) Regelungsbefugnis der Tarifvertragsparteien nur für Arbeitsverhältnisse an, die deutschem Recht unterliegen.[1728] Ist der Tarifvertrag danach auf das Arbeitsverhältnis grundsätzlich anwendbar, so sind bei Auslandsarbeit ebenfalls die Grundsätze zur Ausstrahlung (→ Rn. 666 ff.) heranzuziehen.[1729] Damit können bei einer fortbestehenden Zugehörigkeit zu einem deutschen Betrieb weiterhin die tariflichen Regeln zu beachten sein, auch wenn der Arbeitnehmer (vorübergehend) im Ausland tätig wird (zB tarifliche Mehrarbeitszuschläge, Urlaub). Es handelt sich dabei allerdings nicht um ein kollisionsrechtliches Problem („Welches Recht ist anwendbar?"), denn diese Entscheidung richtet sich allein nach den oben dargestellten Regelungen, und führt diese zum deutschen Arbeitsvertragsstatut, so ist dieses umfassend. Vielmehr geht es um eine sachrechtliche Fragestellung („Nach welchen Tatbestandsvoraussetzungen richtet sich die Anwendung der kollisionsrechtlich berufenen Norm?"),[1730] beim Tarifvertrag in der Regel: Ist der räumliche und persönliche Anwendungsbereich des Tarifvertrages eröffnet? Umgekehrt kann es bei einem Einsatz von Mitarbeitern ausländischer Gesellschaften im Inland auch zur „Einstrahlung"[1731] ausländischer Tarifverträge kommen, wenn sie auf die Arbeitsverträge dieser Mitarbeiter anzuwenden sind. Kollidiert der auf den im Ausland tätigen Mitarbeiter anzuwendende deutsche Tarifvertrag mit einem ausländischen Tarifvertrag, der ebenfalls einen Geltungsanspruch erhebt (internationale Tarifkonkurrenz), ist – außerhalb der Anwendungsfälle der Entsenderichtlinie – nach dem Spezialitätsprinzip zu entscheiden.[1732]

840

b) Arbeitsvertragliche Haftung

Die **arbeitsvertragliche Haftung**[1733] richtet sich ebenfalls nach dem Arbeitsvertragsstatut (Art. 12 Abs. 1 lit. c Rom I-VO); dies gilt auch für die Grundsätze des betrieblichen Schadensausgleiches (eingeschränkte Arbeitnehmerhaftung), diese sind keine Eingriffsnormen. Das auf **deliktische Ansprüche** anzuwendende Recht – zB bei einem Arbeitsunfall – ergibt sich aus der **Rom II-Verordnung,** dem Gegenstück zur Rom I-VO, die das auf **außervertragliche Schuldverhältnisse** anzuwendende Recht bestimmt.[1734] Nach Art. 4 Abs. 1 Rom II-VO ist das Recht der unerlaubten Handlungen an den Staat anzuknüpfen, in dem der Schaden eintritt, unabhängig davon, in welchem Staat das schadensbegründende Ereignis oder indirekte Schadensfolgen eingetreten sind. Bei einem Auslandseinsatz würde sich danach ein deliktischer Schadensersatz nach dem jeweiligen ausländischen Recht richten – mit möglicherweise unabsehbaren Haftungsfolgen. Neben Abs. 2, der in Ausnahme davon auf den gemeinsamen gewöhnlichen Aufenthalt abstellt, kommt im internationalen Arbeitsrecht aber v.a. Abs. 3 eine große Bedeutung zu. Diese Vorschrift be-

841

[1727] Zu Einzelheiten MüKoBGB/*Martiny* Rom I-VO Art. 8 Rn. 102 ff.
[1728] BAG 9.7.2003 – 10 AZR 593/02, RdA 2004, 175; 25.6.2002 – 9 AZR 405/00, NZA 2003, 275.
[1729] HMB/*Tillmanns* Tarifvertrag Teil 17, Rn. 50.
[1730] *Junker* Internationales Arbeitsrecht im Konzern S. 444 f.
[1731] HMB/*Tillmannns* Tarifvertrag Teil 17, Rn. 59 f.
[1732] Ausführliche Darstellung dieser umstrittenen Frage bei *Reiter* NZA 2004, 1246 (1251 f.).
[1733] Zu den sich im Zusammenhang mit einem Auslandseinsatz für den Arbeitgeber ergebenden, ggf. erhöhten Fürsorgepflichten *Edenfeld* DB 2017, 2803; *Edenfeld* NZA 2009, 938; *Schliemann* BB 2001, 1302.
[1734] VO (EG) Nr. 864/2007 vom 11.7.2007 über das auf außervertragliches Schuldverhältnisse anzuwendende Recht.

stimmt wie Art. 8 Abs. 4 Rom I-VO, dass bei einer offensichtlichen engeren Verbindung mit einem anderen Staat dessen Recht anzuwenden ist. Eine solche engere Verbindung kann sich nach S. 2 der Vorschrift insbesondere aus einem bereits bestehenden Rechtsverhältnis zwischen den Parteien – wie einem Vertrag – ergeben, das mit der betreffenden unerlaubten Handlung in enger Verbindung steht (**akzessorische Anknüpfung**). Ergeben sich also deliktische Ansprüche aus der Arbeitstätigkeit, so ist letztlich doch dasselbe Recht anzuwenden, das auch für den Arbeitsvertrag gilt, die akzessorische Anknüpfung verdrängt die Anknüpfung nach Abs. 1 und Abs. 2. Im Übrigen ist im Rahmen des Art. 14 Rom II-VO auch hier eine Rechtswahl möglich. Im Sozialversicherungsrecht verankerte Haftungsprivilegien sind dagegen nach dem Recht zu beurteilen, das das sozialversicherungsrechtliche Verhältnis beherrscht.[1735] Die Haftungsausschlüsse der §§ 104, 105 SGB VII setzen also deutsches Sozialversicherungsstatut voraus.

7. Gesonderte Anknüpfung

842 Gesondert angeknüpft, also **unabhängig vom Arbeitsvertragsstatut,** werden insbesondere die **Form** und die **Stellvertretung.**

a) Form

843 Art. 11 der Rom I-VO verfolgt den Zweck, durch sehr großzügige alternative Anknüpfung die Formwirksamkeit von Rechtsgeschäften zu begünstigen (favor negotii); für das Arbeitsrecht sind v. a. die Absätze 1–3 von Bedeutung:

Art. 11. Form
(1) Ein Vertrag, der zwischen Personen geschlossen wird, die oder deren Vertreter sich zum Zeitpunkt des Vertragsschlusses in demselben Staat befinden, ist formgültig, wenn er die Formerfordernisse des auf ihn nach dieser Verordnung anzuwendenden materiellen Rechts oder die Formerfordernisse des Rechts des Staates, in dem er geschlossen wird, erfüllt.

(2) Ein Vertrag, der zwischen Personen geschlossen wird, die oder deren Vertreter sich zum Zeitpunkt des Vertragsschlusses in verschiedenen Staaten befinden, ist formgültig, wenn er die Formerfordernisse des auf ihn nach dieser Verordnung anzuwendenden materiellen Rechts oder die Formerfordernisse des Rechts eines der Staaten, in denen sich eine der Vertragsparteien oder ihr Vertreter zum Zeitpunkt des Vertragsschlusses befindet, oder die Formerfordernisse des Rechts des Staates, in dem eine der Vertragsparteien zu diesem Zeitpunkt ihren gewöhnlichen Aufenthalt hatte, erfüllt.

(3) Ein einseitiges Rechtsgeschäft, das sich auf einen geschlossenen oder zu schließenden Vertrag bezieht, ist formgültig, wenn es die Formerfordernisse des materiellen Rechts, das nach dieser Verordnung auf den Vertrag anzuwenden ist oder anzuwenden wäre, oder die Formerfordernisse des Rechts des Staates erfüllt, in dem dieses Rechtsgeschäft vorgenommen worden ist oder in dem die Person, die das Rechtsgeschäft vorgenommen hat, zu diesem Zeitpunkt ihren gewöhnlichen Aufenthalt hatte.
(…)

844 Nach dieser Vorschrift ist es ausreichend, dass die Formerfordernisse nur eines der genannten Staaten erfüllt sind. Dies hat insbesondere für den Abschluss des Arbeitsvertrages und die Rechtswahlklausel Bedeutung. Es gilt nach Abs. 3 aber auch für die **Kündigung** des Arbeitsverhältnisses. Vorgenommen wird das einseitige Rechtsgeschäft dort, wo die Erklärung abgegeben wird (nicht: zugeht).[1736] Damit kann – in rechtspolitisch nicht unbedenklicher Weise[1737] – die Kündigung eines dem deutschen Recht unterliegenden Ar-

---

[1735] MüKoBGB/*Junker* Rom II-VO Art. 4 Rn. 171.
[1736] MüKoBGB/*Spellenberg* Rom I-VO Art. 11 Rn. 54.
[1737] Vgl. *Deinert* Int. Arbeitsrecht § 8 Rn. 9.

beitsverhältnisses trotz des kollisionsrechtlich zur Anwendung berufenen § 623 BGB, der auch durch Rechtswahl nicht abbedungen werden könnte, letztlich von einem anderen Staat aus wirksam lediglich mündlich erklärt werden, wenn dies nach dem Recht dieses Staates zulässig ist. Dies kann gerade in Matrix-Strukturen bedeutsam sein: Der in einem Land, dessen Recht keine strengen Formvorschriften an die Kündigung eines Arbeitsverhältnisses stellt,[1738] ansässige Matrixmanager in Konstellation 1 könnte (bei vorhandener Vertretungsbefugnis, dazu sogleich) dem in Deutschland tätigen unterstellten Arbeitnehmer am Telefon kündigen. Praktisch wird dies allerdings wohl keine große Rolle spielen, da Derartiges sich aus Beweis- wie aus personalpolitischen Gründen verbietet.

b) Stellvertretung

845 Die kollisionsrechtlichen Regeln zur Bestimmung des auf die **Vollmacht** anzuwendenden Rechts sind jüngst gesetzlich normiert worden im neuen Art. 8 EGBGB,[1739] also im deutschen autonomen IPR. Die Rom I-VO nimmt gem. Art. 1 Abs. 2 lit. g die Stellvertretung ausdrücklich von ihrem Anwendungsbereich aus.[1740] Bislang beruhte das Kollisionsrecht der Stellvertretung allein auf der Rechtsfortbildung durch Rechtsprechung und Lehre, vieles war umstritten. Die gesetzliche Regelung knüpft an die Lösungen der bisherigen hM an. Hier sollen nur einige Grundsätze skizziert werden, soweit für das Internationale Arbeitsrecht relevant;[1741] das dürfte v. a. Kündigungen betreffen,[1742] aber gerade in der internationalen Matrix sind darüber hinaus auch andere Fälle denkbar, in denen eine Vollmacht in arbeitsrechtlichen Fragen grenzüberschreitend wirken soll. Die Kündigung eines in einer Matrix beschäftigen Arbeitnehmers oder andere sich auf den Arbeitsvertrag beziehende Willenserklärungen können **nur durch die Anstellungsgesellschaft** erfolgen, da allein zu ihr arbeitsvertragliche Beziehungen bestehen.

846 Die **rechtsgeschäftlich erteilte Vertretungsmacht** ist **selbständig anzuknüpfen.** Sie unterliegt nicht dem Statut des abzuschließenden Geschäfts (Geschäftsstatut) und ist auch unabhängig von dem auf das Innenverhältnis zwischen Vollmachtgeber und Bevollmächtigtem anwendbaren Recht. Dies war bisher schon hM und wurde nun auch kodifiziert. Nach dem neuen **Art. 8 Abs. 1 EGBGB** ist in erster Linie das gewählte Recht anzuwenden. Die Rechtswahl kann einseitig durch den Vollmachtgeber geschehen, muss aber dem Bevollmächtigten oder Dritten bekannt sein; alle Beteiligten können auch eine dann vorrangige Rechtswahlvereinbarung treffen, was aber wohl im Arbeitsrecht keine große Bedeutung haben dürfte.

847 In Ermangelung einer Rechtswahl regeln die folgenden Absätze der Vorschrift die objektive Anknüpfung. Besondere Bedeutung kommt hierbei in unserem Zusammenhang **Art. 8 Abs. 3 EGBGB** zu: Handelt der Bevollmächtigte als Arbeitnehmer des Vollmachtgebers, so sind die Sachvorschriften des Staates anzuwenden, in dem der **Vollmachtgeber,** also der Arbeitgeber, im Zeitpunkt der Ausübung der Vollmacht seinen **gewöhnlichen Aufenthalt** hat, es sei denn, dieser Ort ist für den Dritten nicht erkennbar. Dies erfasst alle Arbeitnehmer des Vollmachtgebers, auch solche in leitender Funktion und unabhängig davon, um welche Art der Vollmacht (Prokura, Handlungs-, General-

---

[1738] So kennt zB das englische Recht eine konkludente Kündigung, vgl. Employment Appeal Tribunal 27. 6. 2016, UKEAT/0028/16/JOJ, IRLR 2016, 941 – Sandle v. Adecco UK Ltd.
[1739] Art. 5 des Gesetzes zur Änderung von Vorschriften im Bereich des Internationalen Privat- und Zivilverfahrensrechts vom 11. 6. 2017. Darstellung des neuen Rechts, auch mit Gegenüberstellung zur bisherigen Rechtslage, bei *Becker* DNotZ 2017, 835 Zum Referentenentwurf, auf dem die gesetzliche Regelung beruht, *Rademacher* IPRax 2017, 56.
[1740] Das Haager Übereinkommen über das auf die Stellvertretung anzuwendende Recht vom 14. 3. 1978 hat Deutschland nie ratifiziert.
[1741] Zum Folgenden vgl. BeckOK BGB/*Mäsch* EGBGB Art. 8 passim. Eine umfassende Darstellung des IPR der Vollmacht würde Rahmen und Zielsetzung des vorliegenden Werkes weit überschreiten.
[1742] Vgl. BAG 25. 4. 2013 – 6 AZR 49/12, AP InsO § 343 Nr. 1; 13. 12. 2012 – 6 AZR 608/11, AP BGB § 620 Kündigungserklärung Nr. 23.

oder Einzelvollmacht) es sich handelt.[1743] Zur Bestimmung des gewöhnlichen Aufenthalts verweist Art. 8 Abs. 8 EGBGB auf Art. 19 Abs. 1 und 2 erste Alternative der Rom I-Verordnung. Danach ist der gewöhnliche Aufenthalt von Gesellschaften der **Ort der Hauptverwaltung** (effektiver Verwaltungssitz). Nach Art. 8 Abs. 8 S. 2 EGBGB ist allerdings auch dann, wenn eine Vollmacht im Rahmen des Betriebs einer **Zweigniederlassung** ausgeübt wird, diese Zweigniederlassung für die Bestimmung des gewöhnlichen Aufenthaltes nicht maßgebend, wenn sie für den Dritten nicht erkennbar ist. In diesem Fall bleibt es bei der Anknüpfung an den Ort der Hauptverwaltung/-niederlassung.

848 Kann das anwendbare Recht nicht nach Abs. 1 bis 4 bestimmt werden oder war der gewöhnliche Aufenthalt des Vollmachtgebers nicht erkennbar – was in unserem Fall der Vertretungsmacht für Matrixgesellschaften allerdings kaum je der Fall sein dürfte – bestimmt sich das auf die Vollmacht anzuwendende Recht nach der **Hilfsanknüpfung** des Art. 8 Abs. 5 EGBGB. Dann sind die Sachvorschriften des Staates anzuwenden, in dem der Bevollmächtigte von seiner Vollmacht im Einzelfall Gebrauch macht (**Gebrauchsort**). Gebrauchsort ist der Ort, an dem der Vertreter seine Erklärung gegenüber dem Dritten abgibt, dh seine mündliche Erklärung äußert, seine schriftliche auf den Weg bringt, von dem aus er telefoniert oder eine E-Mail abschickt; auf den Zugangsort kommt es nicht an.[1744] Mussten der Dritte und der Bevollmächtigte wissen, dass von der Vollmacht nur in einem bestimmten Staat Gebrauch gemacht werden sollte (**intendierter Gebrauchsort**), gilt das Recht dieses Staates. Ist der Gebrauchsort für den Dritten nicht erkennbar, kommt es wieder auf den gewöhnlichen Aufenthalt des Vollmachtgebers an.

849 Die Hilfsanknüpfung an den Wirkungs- bzw. Gebrauchsort entsprach der bisher von hM und Rechtsprechung angewendeten Grundregel (sog. Wirkungsstatut). Bei kaufmännischen Bevollmächtigten, zB Mitarbeitern der Personalverwaltung, mit fester Niederlassung war Vollmachtstatut das Recht der Niederlassung, auch wenn sie in einem anderen Land tätig werden; bei Fehlen einer festen Niederlassung stellte die hM wiederum auf das Wirkungsstatut ab. Im Einzelnen war vieles streitig. Die bisherigen ungeschriebenen Regeln[1745] sind allerdings auch noch künftig nicht bedeutungslos: Ist vor Inkrafttreten der neuen Regelung am 17.6.2017 eine Vollmacht erteilt oder eine Erklärung im Namen einer anderen Person abgegeben oder entgegengenommen worden, bleiben diese gem. der intertemporalen Regelung des Art. 229 § 41 EGBGB anwendbar. Wurde von der früher erteilten Vollmacht noch kein Gebrauch gemacht, bleibt es gleichwohl bei der Anwendung des alten Rechts, selbst wenn die Vollmacht erst nach diesem Zeitpunkt ausgeübt wird.[1746]

850 Die **organschaftliche Vertretungsmacht** der Geschäftsführer richtet sich nach dem **Gesellschaftsstatut**,[1747] dh nach dem Gründungsrecht bzw. dem Recht am Sitz der Hauptverwaltung, bei im Inland tätigen Gesellschaften also (im Regelfall) nach deutschem Recht. Nicht unter das Gesellschaftsstatut fällt dagegen die Vertretungsbefugnis von Angestellten, auch wenn sie leitende Funktion haben; denn ihre Vertretungsbefugnis beruht auf einer von Gesellschaftsorganen erteilten Vollmacht.

851 Für die Form der Bevollmächtigung gilt nicht Art. 11 Rom I-VO, sondern Art. 11 EGBGB.[1748] Ob Stellvertretung überhaupt zulässig ist, beurteilt sich ebenfalls nicht nach dem Vollmachtstatut, sondern nach dem Recht des vom Vertreter vorgenommenen Rechtsgeschäfts (Geschäftsstatut). Das Vollmachtstatut ist dagegen maßgeblich insbesondere für Erteilung, Wirksamkeit, Auslegung, Umfang, Dauer und Erlöschen der Voll-

---

[1743] BeckOK BGB/*Mäsch* EGBGB Art. 8 Rn. 39.
[1744] BeckOK BGB/*Mäsch* EGBGB Art. 8 Rn. 53.
[1745] Sehr prägnante Zusammenfassung der bisherigen Grundsätze bei *Becker* DNotZ 2017, 835 (836 ff.); s. auch BAG 25.4.2013 – 6 AZR 49/12, AP InsO § 343 Nr. 1; MüKoBGB/*Spellenberg* EGBGB Art. 8 Rn. 1 ff.
[1746] *Becker* DNotZ 2017, 835 (842).
[1747] BGH 5.5.1960 – VII ZR 92/58, BGHZ 32, 256.
[1748] MüKoBGB/*Spellenberg* EGBGB Art. 8 Rn. 174.

macht.¹⁷⁴⁹ Für Vollmachten mit gesetzlich geregeltem Umfang, also nach deutschem Recht v. a. Prokura und Handlungsvollmacht, gelten keine besonderen Regeln; die Anwendung der §§ 49, 54 HGB richtet sich also ebenfalls nach dem Vollmachtsstatut.¹⁷⁵⁰ Alle Verweisungen in Art. 8 EGBGB sind, wie auch im internationalen Schuldvertragsrecht, nach dem ausdrücklichen Gesetzwortlaut Sachnormverweisungen, dh sie verweisen direkt auf das materielle Recht, nicht auf die Kollisionsnormen der anzuwendenden Rechtsordnung (Art. 3a Abs. 1 EGBGB). Im Übrigen sei nochmals betont, dass das IPR des Stellvertretungsrechts im Gegensatz zu dem auf der Rom I-VO beruhenden internationalen Schuldvertragsrecht nicht einheitlich ist, jede Rechtsordnung also über eigene (ggf. abweichende) Regelungen verfügt.

Es ist also wichtig zu erkennen, dass auch bei einer Bevollmächtigung im internationalen Kontext und v. a. bei einer Kündigung durch Bevollmächtigte, was dem Regelfall entspricht, genauso wie einer Kündigung im Inland peinlich genau darauf zu achten ist, das anwendbare Recht zu kennen und dessen Regelungen einzuhalten. 852

III. Vertragsgestaltung beim grenzüberschreitenden Einsatz im internationalen Matrixkonzern

Im Grundsatz gibt es, wie oben bereits bei der Darstellung des anwendbaren Rechts skizziert, zwei hauptsächlich verwendete Vertragsmodelle für den grenzüberschreitenden Mitarbeitereinsatz im Ausland. Das **Einvertragsmodell** (auch Konzernleihe, Abordnung oder Entsendung im engeren Sinne genannt) und das v. a. sich im internationalen Konzern anbietende **Zweivertragsmodell** (oft auch als Versetzung bezeichnet). Hier sollen lediglich die Grundprinzipien dargestellt werden, zu Einzelheiten sei auf die spezielle Handbuchliteratur verwiesen.¹⁷⁵¹ 853

Zu beachten ist **§ 2 Abs. 2 NachwG.** Danach müssen bei einem Auslandseinsatz von über einem Monat schriftlich die Dauer der Auslandstätigkeit, die Währung des Arbeitsentgeltes, ein zusätzliches, mit dem Auslandsaufenthalt verbundenes Arbeitsentgelt und damit verbundene zusätzliche Sachleistungen sowie die vereinbarten Rückkehrbedingungen schriftlich fixiert sein. Die Niederschrift muss dem Arbeitnehmer vor seiner Abreise ausgehändigt werden. Ein Verstoß gegen das – eigenständige Sanktionen nicht vorsehende – Gesetz – führt aber nicht zur Nichtigkeit des Arbeitsvertrages.¹⁷⁵² 854

1. Einvertragsmodell

Beim **Einvertragsmodell,** der Entsendung im engeren Sinne, bei der der entsandte Arbeitnehmer in keinerlei arbeitsvertragliche Beziehungen zu einem ausländischen Arbeitgeber tritt, liegt nur ein Arbeitsvertrag mit der entsendenden Gesellschaft vor. Dies kann auch in einem Konzern der Fall sein, wenn der Entsandte zwar bei einer ausländischen Konzerntochter tätig werden soll, arbeitsvertragliche Beziehungen zu dieser aber nicht gewünscht sind. Es bietet sich an, den bestehenden Grundarbeitsvertrag durch eine Entsendevereinbarung zu ergänzen, die alle wesentlichen Punkte des Auslandseinsatzes regelt. Auf dieses Vertragsverhältnis findet – vorbehaltlich einer Rechtswahl, die im Ergebnis aber wie gezeigt auch nur eingeschränkt wirksam ist – nach Art. 8 Abs. 2 S. 2 Rom I-VO 855

[1749] BeckOK BGB/*Mäsch* EGBGB Art. 8 Rn. 20.
[1750] BeckOK BGB/*Mäsch* EGBGB Art. 8 Rn. 22, 30.
[1751] Zu Einzelheiten der Vertragsgestaltung mit Musterklauseln: MaSiG/*Göpfert* Auslandseinsatz Rn. 6 ff.; Preis/*Preis* Arbeitsvertrag II A 140; *Mauer* Personaleinsatz Rn. 387 ff., Schaub ArbRFV-HdB/*Novak* Rn. 270 ff.; Küttner/*Kreitner,* Personalbuch 2018, Auslandstätigkeit. Eine detaillierte Übersicht über mögliche im Entsendungsvertrag zu regelnde Punkte bei *Balashova/Wedde* AuA 2008, 83; s. auch *Herfs-Röttgen* NZA 2017, 873; *Reichel/Spieler* BB 2011, 2741.
[1752] ErfK/*Preis* NachwG § 1 Rn. 2 f., § 2 Rn. 36 ff. zu den Rechtsfolgen eines Verstoßes.

deutsches Arbeitsrecht Anwendung, da sich der gewöhnliche Arbeitsort bei vorübergehender Entsendung nicht ändert. Diese Entsendevereinbarung ist aber kein zweiter, neben den ursprünglichen Arbeitsvertrag tretendender neuer Vertrag, sondern es handelt sich nur um eine vertragliche Nebenabrede zur befristeten Änderung des bestehenden Arbeitsvertrages. Diese fällt nicht unter das TzBfG, da dieses nur auf Befristungen des Arbeitsvertrages insgesamt Anwendung findet. Die Befristung einzelner vertraglicher Bestimmungen ist nach der Rechtsprechung des BAG einer Wirksamkeitskontrolle nach AGB-Grundsätzen, also nach §§ 305 ff. BGB, zu unterziehen;[1753] insbesondere darf der Arbeitnehmer gem. § 307 Abs. 1 BGB nicht unangemessen benachteiligt werden.[1754] Im Ergebnis wird man sich dabei aber letztlich an den Befristungsgründen gem. § 14 Abs. 1 TzBfG zu orientieren haben.[1755]

2. Zweivertragsmodell

856 Daneben steht das weit verbreitete und in der Praxis der Konzernentsendung den Hauptfall bildende **Zweivertragsmodell** (Versetzung). Bei diesem Modell bestehen zwei Arbeitsverträge nebeneinander: der ursprüngliche Arbeitsvertrag zur entsendenden Gesellschaft und der Arbeitsvertrag zu einem anderen Arbeitgeber, nämlich der ausländischen Einsatzgesellschaft. Ein Grund für die Wahl dieses Modells kann die gewollte betriebliche Eingliederung des Arbeitnehmers in die Auslandsgesellschaft sein, v. a. bei Übernahme einer Führungsposition, und die damit einhergehende Unterstellung unter deren Weisungsrecht.[1756] Auch wird dadurch das Risiko der (nach Ortsrecht möglicherweise illegalen oder an weitere öffentlich-rechtliche Voraussetzungen geknüpften) Arbeitnehmerüberlassung ausgeschlossen. Darunter fällt auch der Abschluss eines Arbeitsvertrages vor Ort lediglich aus formalen Gründen, weil der Einsatzstaat dies verlangt, zB zur Erlangung einer Aufenthalts- und Arbeitserlaubnis. Schließlich können auch steuerrechtliche Gründe eine Rolle spielen (Vermeidung einer ausländischen Betriebsstätte für das inländische Unternehmen).

857 Der Arbeitnehmer schließt hier zumeist zusätzlich zu dem bereits bestehenden Arbeitsvertrag eine **Entsendevereinbarung,** die alle spezifischen Punkte der Entsendung im Verhältnis zum Stammarbeitgeber regelt. Das Stammarbeitsverhältnis (oder „Rumpfarbeitsverhältnis") wird ganz oder teilweise ruhend gestellt, solange der Arbeitnehmer für die Tochtergesellschaft tätig ist. Dh die Hauptleistungspflichten daraus sind suspendiert, die Nebenpflichten bestehen fort, oftmals wird man hier v. a. die Fortführung der betrieblichen Altersversorgung vereinbaren. Auf den Rumpfarbeitsvertrag findet im Fall der Entsendung weiterhin deutsches Recht Anwendung. Endet das Zweitarbeitsverhältnis zur Tochtergesellschaft, so lebt das ruhende Arbeitsverhältnis nach der üblichen Vertragsgestaltung wieder auf. Mangels Rechtswahl gilt nach Art. 8 Abs. 2 Rom I-VO auch hier das Recht des gewöhnlichen Arbeitsortes, der nicht wechselt, wenn der Arbeitnehmer seine Arbeit *vorübergehend* in einem anderen Staat verrichtet; feste Zeitgrenzen sind abzulehnen, erforderlich ist nur, dass die Rückkehr vorgesehen ist (→ Rn. 797).

858 Für den lokalen Arbeitsvertrag mit der ausländischen Einsatzgesellschaft werden die Parteien sinnvollerweise meistens das ausländische Recht wählen. Nach hier vertretener Ansicht ist dies auch das objektive Arbeitsvertragsstatut (→ Rn. 802).

859 Dieses Nebeneinander von zwei Arbeitsverträgen kann eine gewisse Komplexität bedeuten. Es sollte darauf geachtet werden, dass die Verträge keine einander widersprechenden Regelungen enthalten. Problematisch kann es auch sein, wenn die Laufzeiten der

---

[1753] BAG 27.7.2005 – 7 AZR 486/04; 13.3.2007 – 9 AZR 612/05; zur Thematik *Maschmann* RdA 2005, 212.
[1754] Ausführlich dazu *Herfs-Röttgen* NZA 2017, 873 (876).
[1755] *Falder* NZA 2016, 401 (402f.); *Mauer* Personaleinsatz Rn. 420f.; s. auch BAG 23.3.2016 – 7 AZR 828/13, AP BGB § 307 Nr. 73.
[1756] Übersicht über die Gründe für die arbeitsvertragliche Anbindung bei *Spieler* EuZA 2012, 168 (172).

beiden Verträge nicht synchronisiert sind oder nachträglich werden, weil zB der Auslandsvertrag früher als geplant endet oder die Stammgesellschaft von einem vorzeitigen Rückrufrecht Gebrauch macht und damit auch in das Pflichtengefüge des lokalen Vertrags eingreift. Die Verträge sind also unbedingt genauestens aufeinander abzustimmen.[1757]

3. Weitere Gestaltungsmöglichkeiten

Denkbar ist auch ein **dreiseitiger Konzernarbeitsvertrag** zwischen Stammgesellschaft, ausländischer Konzerngesellschaft und Arbeitnehmer.[1758] Hier besteht aber die naheliegende Gefahr des einheitlichen Arbeitsverhältnisses, die man nach Möglichkeit vermeiden sollte (→ Rn. 897 ff.). 860

Als weitere Möglichkeit bietet sich daneben an, den inländischen Arbeitsvertrag nicht nur ruhend zu stellen, sondern gänzlich aufzuheben und stattdessen dem Arbeitnehmer eine **Wiedereinstellungszusage** einzuräumen. Dann findet der Einsatz im Ausland ausschließlich auf der Grundlage des lokalen Arbeitsvertrages statt. Die inländische Wiedereinstellungszusage lässt sich auch modifizieren oder unter bestimmte Voraussetzungen stellen. Dieses Modell wird eher in Ausnahmefällen zu empfehlen sein, zB wenn eine Entsendung in der üblichen Karriereplanung der Arbeitnehmer nicht in die Rückkehr zur entsendenden Gesellschaft mündet, sondern eine anschließende Funktion in einer anderen Konzerngesellschaft wahrscheinlicher ist. Die gleichermaßen enge und gesellschaftsübergreifende Zusammenarbeit in matrixorganisierten Unternehmensgruppen begünstigt solche Entwicklungswege. In diesem Fall kann dem Interesse des Arbeitnehmers an Sicherheit und Bindung an den bisherigen Arbeitgeber dadurch Rechnung getragen werden, dass die Rückkehr als ein vertragliches Optionsrecht auf Wiedereinstellung gestaltet wird. Dabei können, ebenso wie in der Rückkehrklausel eines Entsendevertrages, sowohl die arbeitsvertraglichen Bedingungen mehr oder weniger genau definiert, als auch ein „Zeitfenster" für die Ausübung der Option beschrieben werden. Im Konzern kann eine solche Zusage auch von mehreren Gesellschaften gemeinsam abgegeben werden, etwa für den Fall, dass dem Arbeitnehmer eine Wiedereinstellung zu bestimmten Bedingungen in einer der deutschen Konzerngesellschaften oder an bestimmten Standorten eröffnet werden soll, wobei offen und zur arbeitgeberseitigen Disposition bleibt, bei wem letztlich der Arbeitsvertrag angeboten wird. Für den Arbeitgeber hat diese Variante zum Beispiel den Vorteil, dass sie bei unsicherer Karriereentwicklung des Arbeitnehmers ein breiteres Feld an Anschlussverwendungen eröffnet und die Administration ruhender Arbeitsverhältnisse vermieden wird. Andererseits kann eine solche Klausel Auswirkungen auf den Umfang der Sozialauswahl bei einer betriebsbedingten Kündigung haben. 861

4. Gerichtsstandsvereinbarung

Viele Entsendungsvereinbarungen enthalten auch eine Gerichtsstandsklausel. Deren Wirksamkeit unterliegt jedoch engen Grenzen, die sich zunächst einmal aus der Europäischen Gerichtsstands- und Vollstreckungs-Verordnung (EuGVVO)[1759] ergeben. Die Verordnung geht nationalem Recht vor; soweit ihr nationale Bestimmungen widersprechen, werden diese verdrängt.[1760] Voraussetzung der Gerichtsstandsvereinbarung nach der EuGVVO ist, dass der Arbeitsvertrag einen Auslandsbezug aufweist und die Zuständigkeit eines Gerichts 862

[1757] Dazu ausführlich *Mauer* Personaleinsatz Rn. 426 ff.; MaSiG/*Göpfert* Auslandseinsatz Rn. 6 ff.
[1758] *Mauer* Personaleinsatz Rn. 441 ff.
[1759] Verordnung (VO) Nr. 1215/2012 des Europäischen Parlaments und des Rates vom 12.12.2012 über die gerichtliche Zuständigkeit und die Anerkennung und Vollstreckung von Entscheidungen in Zivil- und Handelssachen. Diese ist 10.1.2015 in Kraft getreten und ersetzt für nach diesem Datum anhängig werdende Rechtsstreitigkeiten die VO (EG) Nr. 44/2001 vom 22.12.2000. Zu hier nicht zu vertiefenden damit verbundenen Änderungen Zöller/*Geimer* EuGVVO Art. 1 Rn. 9.
[1760] BAG 24.9.2009 – 8 AZR 306/08, AP EuGVVO Art. 18 Nr. 1.

oder der Gerichte eines Mitgliedstaates vereinbart ist.[1761] Für die internationale Zuständigkeit[1762] nach der EuGVVO kommt es auf den Wohnsitz oder Sitz (bzw. bei Arbeitgebern auch Zweigniederlassung, Agentur oder sonstige Niederlassung) der beklagten Partei an, der zwingend in einem Mitgliedstaat liegen muss. Der Wohnsitz des Klägers ist demgegenüber irrelevant, er kann also auch in einem Drittstaat liegen. Bei Klagen **gegen einen inländischen Arbeitgeber** mit grenzüberschreitendem Bezug ergibt sich die Zuständigkeit also immer nach der **EuGVVO**. Die Verordnung enthält in Art. 20–23 die Regeln zur gerichtlichen internationalen Zuständigkeit in Individualarbeitsstreitigkeiten (die örtliche Zuständigkeit ergibt sich dann aus dem nationalen Prozessrecht). Der Arbeitgeber kann gem. Art. 21 EuGVVO vor den Gerichten des Staates verklagt werden, in dem er seinen Sitz hat, oder am Gericht des gewöhnlichen Arbeitsort (der wie bei Art. 8 Rom I-VO zu bestimmen ist) oder, wenn der Arbeitnehmer seine Arbeit gewöhnlich nicht in ein und demselben Staat verrichtet oder verrichtet hat, am Ort der einstellenden Niederlassung. Der Arbeitgeber kann den Arbeitnehmer dagegen nur vor den Gerichten des Wohnsitzstaates verklagen (Art. 22 EuGVVO).[1763]

863 Nach Art. 23 EuGVVO kann davon im Wege einer **Gerichtsstandsvereinbarung nur abgewichen** werden, wenn die Vereinbarung nach der Entstehung der Streitigkeit getroffen wird (für die eigentliche Arbeitsvertragsgestaltung also irrelevant) oder wenn sie dem **Arbeitnehmer** die **Befugnis** einräumt, weitere als die durch die Verordnung vorgesehenen Gerichte anzurufen. Die Vereinbarung darf also nicht den Ausschluss eines vorgesehenen Gerichtsstands bewirken, sondern kann lediglich die Befugnis des Arbeitnehmers begründen oder erweitern, unter mehreren zuständigen Gerichten zu wählen.[1764] Sie hat von vornherein nur für den Aktivprozess des Arbeitnehmers Wirkung.[1765] Dies beschränkt sich nicht auf die EU-Staaten, sondern es kann auch die (weitere) Zuständigkeit des Gerichts in einem Drittstaat vereinbart werden.[1766] Eine im Arbeitsvertrag vorgesehene Gerichtsstandsvereinbarung begünstigt also im Anwendungsbereich der EuGGVO (hier: Klagen gegen einen in Deutschland ansässigen Arbeitgeber) allenfalls den Arbeitnehmer, indem sie zu seinen Gunsten gerichtsstandserweiternd wirkt (Prorogation). Die Abwahl des durch die Verordnung vorgesehenen Gerichtsstandes (Derogation) ist überhaupt nicht möglich. Enthält die Vereinbarung im Arbeitsvertrag Zuständigkeitsregeln zum Nachteil des Arbeitnehmers, ist sie nur in diesem Umfang unwirksam. Sieht eine Klausel also vor, dass der Arbeitnehmer am Ort X klagen und verklagt werden kann, obwohl die EuGVVO diesen Ort nicht als Gerichtsstand vorsieht, darf der Arbeitnehmer an diesem Ort nicht verklagt werden, er selbst dort aber klagen.[1767]

864 Die Klausel ist **schriftlich** zu vereinbaren oder bei vorheriger mündlicher Vereinbarung schriftlich zu bestätigen (Art. 25 Abs. 1 S. 3 lit. a EuGVVO). Gleichgestellt sind elektronische Übermittlungen, die eine dauerhafte Aufzeichnung der Vereinbarung ermöglichen (Art. 25 Abs. 2 EuGVVO).

865 Außerhalb des Anwendungsbereiches der Verordnung (zB Klage des Arbeitgebers gegen einen in einem Drittstaat ansässigen Arbeitnehmer) richtet sich die internationale Zuständigkeit nach den Regeln über die örtliche Zuständigkeit.[1768] Die Beurteilung der prozessualen Folgen einer Gerichtsstandsvereinbarung durch ein deutsches Gericht unterliegt,

---

[1761] Preis/*Rolfs* Arbeitsvertrag II G 20 Rn. 34.
[1762] Dazu ErfK/*Schlachter* Rom I-VO Art. 9 Rn. 2.
[1763] Dies gilt auch dann, wenn die Klage neben arbeitsvertraglicher Haftung auch auf unerlaubte Handlung gestützt, die Frage der Rechtswidrigkeit aber nur durch Rückgriff auf die arbeitsvertraglichen Bestimmungen geklärt werden kann (wie zB bei Herausgabeansprüchen nach Ende des Arbeitsverhältnisses), LAG Niedersachsen 29.6.2016 – 13 Sa 1152/15, NZA-RR 2016, 611.
[1764] BAG 10.4.2014 – 2 AZR 741/13, BeckRS 71952.
[1765] *Junker* NZA 2005, 199 (201).
[1766] EuGH 19.7.2012 – C-154/11, NZA 2012, 935 – Mahamdia.
[1767] Braun/Wisskirchen/*Domke*/Raus Konzernarbeitsrecht Teil II Abschn. 3 Rn. 164.
[1768] BAG 20.4.2004 – 3 AZR 301/03, NZA 2005, 297.

soweit kein völkerrechtliches Abkommen einschlägig ist,[1769] dem Recht des Gerichtsortes (lex fori), dh **§§ 46 ArbGG, 38 ZPO;**[1770] das Formerfordernis des § 38 ZPO ist unabhängig vom anwendbaren Recht zu beachten.[1771] Eine Vereinbarung nach § 38 Abs. 1 ZPO scheidet zwar von vornherein aus, da der Arbeitsvertrag keine Vereinbarung unter Kaufleuten ist. Relevant für den Arbeitsvertrag ist aber § 38 Abs. 2 ZPO, der eine – schriftliche bzw. schriftlich zu bestätigende, § 38 Abs. 2 S. 2 ZPO – Gerichtsstandsvereinbarung zulässt, wenn mindestens eine der Vertragsparteien (hier: der Arbeitnehmer) keinen allgemeinen Gerichtsstand im Inland hat. Hat jedoch eine der Parteien (hier: der Arbeitgeber) einen inländischen allgemeinen Gerichtsstand, so kann für das Inland nur ein Gericht gewählt werden, bei dem diese Partei ihren allgemeinen Gerichtsstand hat oder ein besonderer Gerichtsstand begründet ist. Wegen § 17 ZPO kann hier also der Firmensitz als Gerichtsstand vereinbart werden.[1772] Nach § 38 Abs. 3 Nr. 2 ZPO ist die schriftliche Vereinbarung einer Gerichtsstandsklausel im Arbeitsvertrag (also vor Entstehen des Rechtsstreits) für den Fall möglich, dass eine Partei ihren (Wohn)Sitz oder gewöhnlichen Aufenthalt ins Ausland verlegt oder dieser zum Zeitpunkt der Klageerhebung nicht bekannt ist.[1773] Die Fälle dieser „Zukunftsklausel" müssen ausdrücklich bezeichnet werden, eine uneingeschränkte Formulierung genügt nicht.[1774] An die Derogation, also die Abwahl, des inländischen Gerichtsstandes stellt die Rechtsprechung strenge Anforderungen;[1775] sie wird in der Regel aber auch kaum im Interesse des Arbeitgebers liegen.

Denkbar sind schließlich noch tarifliche Zuständigkeitsregelungen, für die die Beschränkungen der § 38 Abs. 2 und 3 ZPO nicht gelten, § 48 Abs. 2 ArbGG. Gem. § 48 Abs. 2 S. 2 ArbGG kann die Zuständigkeit auch über eine Bezugnahme im Arbeitsvertrag begründet werden, wenn sich diese auf den gesamten Tarifvertrag erstreckt. Voraussetzung ist, dass das Arbeitsverhältnis in den fachlichen und örtlichen Geltungsbereich des Tarifvertrages fällt.[1776] Umstritten ist, ob auch im Anwendungsbereich der EuGVVO die Zuständigkeit über eine Bezugnahme auf einen Tarifvertrag vereinbart werden kann oder dies nur in den Grenzen des Art. 23 EuGVVO möglich ist.[1777]

866

Die Wahl ausländischen Prozessrechts ist unwirksam; anzuwendendes Verfahrensrecht ist die lex fori. Eine solche Klausel kann aber als Vereinbarung der internationalen Zuständigkeit ausgelegt werden, deren Zulässigkeit sich nach den dargestellten Regeln bestimmt.[1778]

867

IV. Typische Problemfelder eines internationalen Matrixeinsatzes

Nachdem nun die grundsätzlichen kollisionsrechtlichen Regeln dargestellt wurden, nach denen sich die überwölbende Frage nach der auf den Arbeitsvertrag anzuwendenden Rechtsordnung richten, sollen im Folgenden ausgewählte typische Felder eines Einsatzes im Ausland aufgezeigt werden, die in der Praxis den Rechtsanwender – zumal den, der mit diesen Fragen nur sporadisch zu tun hat – immer wieder vor Probleme stellen und die auch in der Rechtswissenschaft noch nicht alle als abschließend geklärt bezeichnet werden können.

868

[1769] Im Verhältnis zu Norwegen, Island und der Schweiz gilt das Luganer Abkommen.
[1770] Davon zu unterscheiden ist die Frage des wirksamen Zustandekommens der Gerichtsvereinbarung, für die die lex causae maßgibt, also das auf die Vereinbarung anwendbare Recht; BAG 26.7.1978 – 2 AZR 973/77, AP ZPO § 38 Internationale Zuständigkeit Nr. 8.
[1771] BAG 27.1.1983 – 2 AZR 188/81, AP ZPO § 38 Internationale Zuständigkeit Nr. 12.
[1772] Preis/*Rolfs* Arbeitsvertrag II G 20 Rn. 25.
[1773] Weitere Hinweise und Formulierungsvorschläge bei Preis/*Rolfs* Arbeitsvertrag II G 20 Rn. 1ff.
[1774] Zöller/*Vollkommer* ZPO § 38 Rn. 38.
[1775] Zöller/*Vollkommer* ZPO § 38 Rn. 41.
[1776] GMP/*Germelmann* ArbGG § 48 Rn. 141.
[1777] Für letzteres *Mankowski* NZA 2009, 584.
[1778] Preis/*Rolfs* Arbeitsvertrag II G Rn. 36f.

1. Ausländisches Eingriffsrecht

a) Zwingendes Recht des ausländischen Tätigkeitsstaates

869 Die Bedeutung zwingenden Rechts des objektiven Vertragsstatus wurde oben ausführlich dargestellt. Eine der praktisch meistgestellten und im Schrifttum nicht selten ausweichend beantworteten Fragen ist nun die, ob zusätzlich auch noch **im Einsatzstaat geltendes ausländisches (Arbeits-)Recht** zu beachten ist, das ja ebenfalls oft mit dem Etikett „zwingend" versehen ist.[1779]

870 **Beispiel:**

Ein ins Ausland vorübergehend entsandter Arbeitnehmer, dessen Arbeitsvertrag weiterhin deutschem Recht unterliegt, leistet Überstunden und verlangt nun Zuschläge, auf die nach dem Recht des Tätigkeitsstaates ein gesetzlicher Anspruch besteht. Sind diese Zuschläge zusätzlich zur vertraglich vereinbarten Vergütung zu gewähren?

871 Die Frage der Anwendbarkeit ausländischen Eingriffsrechts gehört zu den schwierigsten des internationalen Arbeitsrechts; die Grundsatzproblematik des IPR hier auch nur ansatzweise erschöpfend behandeln zu wollen, wäre vermessen.[1780] Vielmehr soll hier lediglich der Versuch unternommen werden, v. a. die grundsätzliche Problematik zu verdeutlichen und einige Hinweise für die arbeitsrechtliche Praxis zu geben.

872 Ob überhaupt eine Eingriffsnorm vorliegt, ist nach den Regeln der lex fori zu entscheiden, also beim Rechtsstreit vor einem deutschen Arbeitsgericht nach Art. 9 Rom I-VO; es kommt nicht darauf an, welchen Charakter der Tätigkeitsstaat seiner Norm beimisst.[1781] Sähe man dies anders, wären alle Normen des Tätigkeitsstaates unterschiedslos anzuwenden, wenn dieser beispielsweise eine Rechtswahl nicht anerkennen und immer eigenes (Arbeits-)Recht anwenden würde, um seine Regelungsmacht möglichst weit auszudehnen.[1782] Diese kollisionsrechtliche Grundentscheidung lässt sich das eigene IPR nicht aus der Hand nehmen.

873 Nach Art. 9 Abs. 3 Rom I-VO kann (nicht: muss!) die **Eingriffsnorm des Erfüllungsortes** angewendet werden, soweit sie die Erfüllung des Vertrages unrechtmäßig werden lässt; es muss sich also um eine Verbotsnorm handeln. Erfüllungsort ist hier nicht gleichzusetzen mit dem gewöhnlichen Arbeitsort nach Art. 8 Rom I-VO, der sich wie gesehen bei vorübergehender Entsendung nicht ändert, sondern gemeint ist der Tätigkeitsort im Einsatzstaat;[1783] erbringt der Arbeitnehmer seine Arbeitsleistung zum Teil im Ausland, kann es mehrere Erfüllungsorte iSv Art. 9 Abs. 3 Rom I-VO geben.[1784] Gem. Art. 9 Abs. 3 S. 2 Rom I-VO werden bei der Entscheidung, ob diesen Eingriffsnormen Wirkung zu verleihen ist, Art und Zweck dieser Normen sowie die Folgen berücksichtigt, die sich aus ihrer Anwendung oder Nichtanwendung ergeben würden. Beim ersten Tatbestandsmerkmal kommt es darauf an, ob der Forumstaat entsprechende Bestimmungen kennt bzw. Interessenidentität herrscht; bei Unvereinbarkeit der ausländischen Norm mit inländischen Wertungen scheidet eine Berücksichtigung im Sinne der Norm aus. Bei den Folgen kommt es auf die Vereinbarkeit der Rechtsfolgen mit dem Vertragsstatut an sowie allgemeine Gerechtigkeitserwägungen, die faktische Durchsetzbarkeit durch den Drittstaat

---

[1779] Vgl. zum Folgenden insbes. *Junker* Internationales Arbeitsrecht im Konzern S. 294 ff. Ausführlich auch *Reiter* NZA 2004, 1246 (1252); *ders.* RIW 2005, 168 (174 ff.).
[1780] Vgl. nur neben der Lehrbuchliteratur *Freitag* NJW 2018, 430; *Mankowski* IPRax 2016, 485 mwN; zur Grundproblematik *Kegel/Schurig* Internationales Privatrecht S. 152 ff.; *Köhler* Eingriffsnormen S. 168 ff. Speziell für das Arbeitsrecht vgl. *Stoll* Eingriffsnormen im Internationalen Privatrecht, 2002.
[1781] MüKoBGB/*Martiny* Rom I-VO Art. 9 Rn. 10.
[1782] *Mankowski* RIW 2016, 815 (817).
[1783] Rauscher/*Thorn* Rom I-VO Art. 9 Rn. 65.
[1784] *Niksova* EuZA 2017, 555 (566).

sowie die Anerkennungsfähigkeit eines Urteils in den beteiligten Staaten.[1785] Ist ausländisches Eingriffsrecht nicht nach Art. 9 Abs. 3 Rom I-VO zu berücksichtigen, kann es allerdings als tatsächliche Umstände Bedeutung erlangen im Rahmen des Unmöglichkeitsrechts (§ 275 Abs. 1 BGB) oder als Störung der Geschäftsgrundlage (§ 313 BGB).[1786] So hatte das BAG hatte bisher v. a. Fälle faktischer Leistungshindernisse zu entscheiden.[1787]

Die Formulierung des Art. 9 Abs. 3 Rom I-VO kann zB auf Arbeitsverbote zutreffen. Auch die Arbeitsschutznormen des Tätigkeitsstaates lassen sich, insoweit wie im deutschen Recht, als Eingriffsnormen zur Anwendung bringen. Das Mutterschutzrecht ist aus deutscher Sicht Eingriffsrecht, zugleich ist es aber auch Bestandteil des Arbeitsvertragsstatuts, dh bei deutschem Arbeitsvertragsstatut sind die Normen des MuSchG auch bei im Ausland tätigen Arbeitnehmerinnen anzuwenden; gelten dort aber strengere Vorschriften, spricht vieles dafür, diese über Art. 9 Abs. 3 Rom I-VO zur Anwendung zu bringen. Gleiches gilt beim Kinder- und Jugendschutzrecht. Für die allermeisten arbeitsrechtlichen Normen, deren Rechtsfolge gerade nicht die Unrechtmäßigkeit der Erfüllung des Arbeitsvertrages ist, wie die Regelungen zum Entgelt, zum Kündigungsschutz, Urlaub, gesetzliche Abfindungsansprüche bei Vertragsbeendigung etc., trifft dies jedoch nicht zu. Alle diese Fragen richten sich auch bei der Auslandsbeschäftigung allein nach dem **Arbeitsvertragsstatut**. Dieses ist auch maßgebend für Abgeltung und Ausgleich von Überstunden; gesetzliche Vorschriften des Tätigkeitsstaates zu Überstundenzuschlägen, wie im Ausgangsbeispiel, sind nicht anzuwenden,[1788] da es sich dabei nicht um Eingriffsrecht handelt. 874

Ein Problem kann dann auftreten, wenn eine – kollisionsrechtlich nicht berufene – Norm des Tätigkeitsstaates bußgeld- oder strafbewehrt ist und der Arbeitgeber damit faktisch zur Befolgung gezwungen ist. So steht zB in Saudi-Arabien die Nichtzahlung des Überstundenzuschlages unter Strafe. Wenn der Arbeitgeber dem notgedrungen Folge leistet, ist dies aber noch keine *Anwendung* des fremden Rechts: Geleistete Zahlungen, die über dem arbeitsvertraglich bzw. nach dem Arbeitsvertragsstatut Geschuldeten liegen, können als nach § 812 Abs. 1 S. 1 BGB kondiziert werden[1789] (zB im Wege der Verrechnung mit variabler Vergütung), da das Geld ohne Rechtsgrund geleistet wurde.[1790] § 814 BGB steht einer Kondiktion nicht entgegen, wenn lediglich unter Zwang oder zur Vermeidung eines drohenden Nachteils geleistet wird.[1791] 875

Welche Tage gesetzliche Feiertage sind, an denen nicht gearbeitet werden darf, bestimmt das Recht des Tätigkeitsstaates; § 2 EFZG kommt bei ausländischen Feiertagen nicht zur Anwendung, er ist auch keine Eingriffsnorm. Die Entgeltfortzahlung untersteht dagegen dem Arbeitsvertragsstatut. Besonders hier bieten sich ausdrückliche vertragliche Vereinbarungen an.[1792] 876

[1785] MüKoBGB/*Martiny* Rom I-VO Art. 9 Rn. 120 ff. Einen anschaulichen Anwendungsfall bietet die Entscheidung des österreichischen Obersten Gerichtshofes (OGH) vom 29.11.2016 – 9 ObA 53/16h, Tenor und Besprechung bei *Niksova* EuZA 2017, 555. Dort ging es um die Anwendung des deutschen MiLoG auf einen regelmäßig zwischen Salzburg und dem Flughafen München verkehrenden Fahrer für die Zeit der in Deutschland erbrachten Arbeitsleistung. Der OGH lehnte die Anwendung von Art. 9 Abs. 3 Rom I-VO ab, da aus seiner Sicht der Zweck des deutschen MiLoG, der Schutz vor Lohndumping, vorrangig nicht nur vorübergehend in Deutschland tätige Arbeitnehmer betreffe und bei einem geringen Lohnunterschied (im Fall 0,36 EUR pro Stunde) die Gefahr des Lohndumpings nicht evident sei.
[1786] *Freitag* NJW 2018, 430 (432 ff.).
[1787] BAG 22.12.1982 – 2 AZR 282/82, AP BGB § 123 Nr. 23; 7.9.1983 – 7 AZR 433/82, NJW 1984, 575 (Wehrdienst im Ausland).
[1788] MüKoBGB/*Martiny* Rom I-VO Art. 8 Rn. 144; vgl. BAG 16.1.1985 – 7 AZR 501/83, BeckRS 1985, 30712535.
[1789] *Hohloch* RIW 1987, 353 (360).
[1790] *Reiter* NZA-Beil. 2014, 22 (25) mwN.
[1791] BGH 12.7.1995 – XII ZR 95/93, NJW 1995, 3052.
[1792] Dazu *Reiter* NZA-Beil. 2014, 22 (25).

877 Im Zweifel ist bei der Annahme einer Eingriffsnorm generell **Zurückhaltung** geboten,[1793] was auch der Intention des europäischen Gesetzgebers entspricht. Diese findet in Erwägungsgrund Nr. 37 der Rom I-VO ihren deutlichen Ausdruck, wonach die Anwendung von Eingriffsnormen außergewöhnliche Umstände voraussetzt und der Begriff der Eingriffsnorm eng ausgelegt werden sollte. Generell ist also der Anwendungsbereich von Eingriffsnormen des ausländischen Tätigkeitsstaates, die einschlägige Regeln des Arbeitsvertragsstatuts verdrängen, viel kleiner, als zuweilen angenommen wird.

878 Bedeutung erlangt in diesem Zusammenhang auch die Regelung des **Art. 12 Abs. 2 Rom I-VO:**

Art. 12. Geltungsbereich des anzuwendenden Rechts.
(2) In Bezug auf die Art und Weise der Erfüllung und die vom Gläubiger im Falle mangelhafter Erfüllung zu treffenden Maßnahmen ist das Recht des Staates, in dem die Erfüllung erfolgt, zu berücksichtigen.

879 Diese Vorschrift war nicht primär auf das Arbeitsrecht zugeschnitten. Soweit man aber örtliche Vorschriften zu Feiertagen, Höchstarbeitszeiten[1794], Arbeitsschutz etc. nicht bereits als Eingriffsnormen qualifiziert, kann über Art. 12 Abs. 2 Rom I-VO eine Anpassung des an den Arbeitsvertrag anwendbaren Rechts an die unbedingt zwingenden Vorschriften des Arbeitsortes erreicht werden;[1795] insofern werden ähnliche Ergebnisse erzielt wie über die Sonderanknüpfung als Eingriffsnorm über Art. 9 Rom I-VO.[1796] So hat das BAG mehrfach entschieden, dass das ArbZG keine Anwendung bei einer Tätigkeit im Ausland findet, sondern allein das öffentlich-rechtliche Arbeitszeitrecht, insbesondere darin vorgesehene Höchstarbeitsgrenzen, des Tätigkeitsstaates zu beachten sind.[1797] Eng damit verbunden ist die Frage der Anwendung **ausländischen öffentlichen Arbeitsrechts,**[1798] zB zur Erteilung einer Arbeitserlaubnis. Ausgehend vom Territorialitätsprinzip wenden Behörden immer nur ihr eigenes öffentliches Recht auf die Inlandsarbeit an. Das erschöpft aber die Problematik nicht. Denn rechtliche Auswirkungen des öffentlichen Rechts auf das Arbeitsverhältnis können sehr wohl auch kollisionsrechtlich bei der Anwendung der Rom I-VO relevant werden; eine – zuweilen auch zufällig gegebene – Unterscheidung in öffentlich-rechtliche und privatrechtliche Normen ist daher alleine nicht zielführend.

b) Beachtlichkeit ausländischen Eingriffsrechts im Inland?

880 Eine weitere Frage ist die Anwendung **ausländischen Eingriffsrechts bei Einsätzen im Inland unter inländischem Vertragsstatut.**

881 Beispiel:
Ein Arbeitnehmer einer französischen Konzerngesellschaft wird nach Deutschland entsandt; der französische Vertragsarbeitgeber und der Arbeitnehmer vereinbaren die Anwendung deutschen Arbeitsrechts. Kann oder muss auch französisches Eingriffsrecht beachtet werden?

882 Dies wurde bisher als möglich zugelassen: Die Rechtsprechung des BGH und des BAG behilft sich damit, ausländische Eingriffsnormen – vorgeblich – nicht anzuwenden, sondern im Rahmen von **Generalklauseln des deutschen Rechts** wie v. a. § 138 BGB

[1793] BAG 18.4.2012 – 10 AZR 200/11, NZA 2012, 1152.
[1794] MüKoBGB/*Spellenberg* Rom I-VO Art. 12 Rn. 173.
[1795] *Junker* Internationales Arbeitsrecht im Konzern S. 298 ff.
[1796] MüKoBGB/*Martiny* Rom I-VO Art. 8 Rn. 129.
[1797] BAG 16.1.1985 – 7 AZR 501/83, BeckRS 1985, 30712535; 12.12.1990 – 4 AZR 238/90, NZA 1991, 386.
[1798] Vgl. zum Folgenden *Deinert* Int. Arbeitsrecht § 10 Rn. 181 ff.

oder arbeitsvertraglichen Nebenpflichten **zu berücksichtigen.**[1799] Eine gesetzliche Kollisionsnorm dazu gab und gibt es nicht: Art. 34 EGBGB aF betraf nur die Eingriffsnormen des deutschen Rechts. Art. 9 Abs. 3 Rom I-VO regelt ausdrücklich nur die oben dargestellte umgekehrte Situation (Eingriffsrecht des *Tätigkeits*staates, das wäre im o. g. Beispiel das deutsche Recht, nicht das französische), sie verhält sich aber nicht zur hier interessierenden Frage, in der es um das Eingriffsrecht eines Drittstaates geht. Die Bezeichnung „Drittstaat" ergibt sich daraus, dass es weder um Eingriffsrecht des Vertragsstatuts (hier: deutsches Recht) noch um Eingriffsrecht der lex fori (hier: ebenfalls deutsches Recht) geht, sondern um solches einer weiteren, „dritten" Rechtsordnung. Entsprechend umstritten ist daher, ob daneben noch eine Sonderanknüpfung oder materiell-rechtliche Berücksichtigung ausländischen Eingriffsrechts möglich ist.[1800]

Auf eine Vorlage des BAG[1801] hat der EuGH nun im Wege des Vorabentscheidungsverfahrens hierzu Stellung genommen. Streitig war die brisante Frage, ob der griechische Staat einem von ihm in Deutschland und nach deutschem Arbeitsvertragsrecht beschäftigten Lehrer an einer griechischen Schule in Anwendung der in Folge der Finanzkrise erlassenen griechischen Spargesetze einseitig das Gehalt kürzen darf. Der EuGH[1802] stellt klar, dass wegen des Grundsatzes der engen Auslegung des Art. 9 Rom I-VO[1803] und des Harmonisierungsgedankens der Verordnung eine unmittelbare oder mittelbare Anwendung drittstaatlichen Rechts über Abs. 3 der Vorschrift ausgeschlossen ist, der die Anwendung anderen Eingriffsrechts als des Erfüllungsortes (neben dem Eingriffsrecht des Forumstaates, Art. 9 Abs. 2) nicht zulasse. Eingriffsnormen aller anderen forumfremden Rechte sind dagegen nicht im Wege der Sonderanknüpfung zur Anwendung berufen;[1804] die Vorschrift entfaltet also insofern eine gewisse Sperrwirkung. Art. 9 Abs. 3 Rom I-VO verbiete es aber nicht, solche **Eingriffsnormen als tatsächliche Umstände zu berücksichtigen,** soweit das Vertragsstatut dies vorsehe; dieses Ergebnis werde auch nicht durch den in Art. 4 Abs. 3 EUV niedergelegten Grundsatz der loyalen Zusammenarbeit der Mitgliedstaaten in Frage gestellt. Es kann also bei der bisherigen von der Rechtsprechung geübten Methode der tatsächlichen Berücksichtigung ausländischer Eingriffsnormen bleiben.[1805] Der EuGH hat damit eine für die Praxis wegweisende Grundsatzentscheidung getroffen.

883

Das BAG hat nunmehr abschließend entschieden und der Klage stattgegeben.[1806] Auf Basis der bisherigen und vom EuGH sanktionierten Rechtsprechung zog das BAG § 241 Abs. 2 BGB als mögliches „Einfallstor" des deutschen materiellen Rechts für die griechischen Eingriffsnormen heran. Die Pflicht zur Rücksichtnahme auf die Rechte, Rechtsgüter und Interessen des anderen Teils gehe aber nicht so weit, dass der Arbeitnehmer einseitige Gehaltskürzungen ohne entsprechende Änderungskündigung hinnehmen müsse. Eine im Schrifttum vorgeschlagene materiell-rechtliche Berücksichtigung der griechischen Spargesetzgebung über § 313 Abs. 1 BGB (Wegfall der Geschäftsgrundlage)[1807] hat das

884

[1799] BGH 21.12.1960 – VIII ZR 1/60, BGHZ 34, 169; 22.6.1972 – II ZR 113/70, NJW 1972, 1575; 17.11.1994 – III ZR 70/93, BGHZ 128, 41. Übersicht über die Entwicklung der Rechtsprechung bei *Siehr* RdA 2014, 206 (209 ff.); vgl. *Reiter* RIW 2005, 168 (174 f.).
[1800] Vgl. *Mankowski* IPRax 2016, 485; MüKoBGB/*v. Hein* Einl. IPR Rn. 289 ff.; *Deinert* Int. Arbeitsrecht § 10 Rn. 161, mwN.
[1801] BAG 25.2.2015 – 5 AZR 962/13, NZA 2015, 542.
[1802] EuGH 18.10.2016 – C-135/15, NZA 2016, 1389 – Nikiforidis.
[1803] EuGH 17.10.2013 – C 184/12, EuZW 2013, 956 – Unamar.
[1804] *Mankowski* RIW 2016, 815 (817).
[1805] *Pfeiffer* LMK 2016, 382315.
[1806] BAG 26.4.2017 – 5 AZR 962/13, RIW 2017, 611. Das Gericht wandte nicht Art. 9 Rom I-VO, sondern Art. 34 EGBGB an, da es sich um einen Altvertrag handelte; auch unter dessen Geltung war jedoch wie gezeigt die Anwendung drittstaatlichen Rechts nicht ausgeschlossen. Zur zeitlichen Anwendbarkeit der Rom I-VO hatte der EuGH in derselben Entscheidung Stellung genommen, da das BAG dem EuGH nicht nur die Frage der Anwendbarkeit drittstaatlichen Eingriffsrechts, sondern auch des zeitlichen Anwendungsbereiches der Rom I-VO vorgelegt hatte → Rn. 775.
[1807] *Junker* RIW 2017, 397 (406); *Junker* EuZA 2016, 1 (2).

BAG hingegen nicht erwogen, anders als in der Folgeentscheidung.[1808] In dem diesem Urteil zugrundeliegenden, im Übrigen parallelen Sachverhalt hatte der beklagte griechische Staat eine (außerordentliche) Änderungskündigung ausgesprochen, war aber beim Änderungsangebot über die in den griechischen Spargesetzen vorgesehenen Einschnitte hinausgegangen, was die Unverhältnismäßigkeit des Änderungsangebots und damit die Unwirksamkeit der Änderungskündigung zur Folge hatte.

2. Arbeitnehmerüberlassung

885 Wird der Arbeitnehmer für die Zeit des vorübergehenden Einsatzes in die betriebliche Organisation der Tochtergesellschaft eingegliedert und dort Weisungen unterstellt, ohne zu dieser ein Arbeitsverhältnis zu haben, kann es sich um Arbeitnehmerüberlassung handeln.[1809] Nach deutschem Recht wird deren Vorliegen bei Matrixorganisationen zwar überwiegend verneint;[1810] im internationalen Kontext kann die Bewertung jedoch durchaus auch anders ausfallen.[1811] Hierbei sind die folgenden Fragen zu unterscheiden.

886 Unter den Voraussetzungen des § 1 Abs. 3 Nr. 2 AÜG ist die Arbeitnehmerüberlassung im Konzern privilegiert, wenn der Arbeitnehmer nicht zum Zwecke der Überlassung eingestellt und beschäftigt wird; eine solche Einstellung als Leiharbeitnehmer wird in der Regel beim konzerninternen Matrixeinsatz auszuschließen sein. Das **Konzernprivileg** ist allerdings mit dem Zweifel mangelnder Europarechtskonformität behaftet,[1812] da die zugrundliegende EU-Richtlinie zur Leiharbeit ein solches Privileg nicht kennt. Die Vorschrift erfasst auch den internationalen oder multinationalen Konzern, unter der Voraussetzung, dass eines der beteiligten Unternehmen seinen Sitz im Inland hat oder ein sonstiger Bezug zum deutschen Staatsgebiet besteht.[1813] Dann ist das AÜG – trotz kollisionsrechtlicher Berufung des deutschen Rechts – auf den konzerninternen Einsatz weitgehend unanwendbar; nach aA schließt das Konzernprivileg bei internationalen Konzernüberlassungen dagegen nur die Erlaubnispflicht aus, nicht jedoch die übrigen Bestimmungen des AÜG.[1814] Schließt man sich dieser Meinung an, liegen die Voraussetzungen des Konzernprivilegs nicht vor oder scheut man aufgrund der europarechtlichen Problematik davor zurück, sich auf das Konzernprivileg generell zu berufen,[1815] müssen dagegen die Vorschriften des AÜG beachtet werden.

887 Die Erlaubnispflicht nach § 1 Abs. 1 S. 1 AÜG setzt einen Inlandsbezug der grenzüberschreitenden Verleihung voraus. Dieser ist auf jeden Fall gegeben bei einer Überlassung aus Deutschland ins Ausland und umgekehrt.[1816] Ausländische Verleiher, die Arbeitnehmer ins Inland überlassen wollen, bedürfen dazu der Erlaubnis sowohl (ggf.) nach ihrem Heimatrecht als auch nach dem AÜG, wobei diese gem. § 3 Abs. 2 AÜG zu versagen ist, soweit es sich nicht um Unternehmen aus der EU bzw. dem EWR handelt (für diese gilt § 3 Abs. 4 AÜG). Inländische Verleiher bedürfen gleichfalls der Überlassungserlaubnis zur Überlassung von Arbeitnehmern ins Ausland; diese berechtigt auch zur Überlassung in

---

[1808] BAG 20.10.2017 – 2 AZR 783/16, NZA 2018, 440: Kündigungsrecht aber lex specialis gegenüber § 313 BGB.
[1809] Eingehend zur internationalen Arbeitnehmerüberlassung *Reichel/Spieler* BB 2011, 2741 (2744 ff.).
[1810] *Neufeld/Michels* KSzW 2012, 49 (54); *Neufeld* AuA 2012, 219 (220); *Kort* NZA 2013, 1318 (1320); *Maywald* Matrixstrukturen S. 122.
[1811] Zur Arbeitnehmerüberlassung ins Ausland außerhalb von Konzernstrukturen *Behrend/Weyhing* BB 2017, 2485.
[1812] Zur (europarechtlichen), hier nicht weiter zu vertiefenden Problematik der Vorschrift *Lembke* BB 2012, 2497 (2499); *Hamann* ZESAR 2012, 103 (109).
[1813] *Thüsing/Waas* AÜG § 1 Rn. 232 mwN.; *Boemke/Lembke/Lembke* AÜG § 1 Rn. 220.
[1814] *Deinert* ZESAR 2016, 107 (113).
[1815] Vgl. *Boemke/Lembke/Lembke* AÜG § 1 Rn. 213.
[1816] *Brors* DB 2013, 2087, dort auch zu weiteren Fallgestaltungen; s. auch *Hoch* BB 2015, 1717.

Nicht-EU/EWR-Staaten.[1817] Gem. § 2 Nr. 4 AEntG sind die Bedingungen für die Überlassung von Arbeitskräften im Inland international zwingend.[1818]

Auf den Vertrag zwischen verleihender Gesellschaft und Arbeitnehmer ist das nach Art. 8 Rom I-VO berufene Recht anzuwenden, hier ergeben sich keine Besonderheiten gegenüber dem bisher Beschriebenen. Da die Arbeitnehmerüberlassung per se nur vorübergehend ist, wird hier insbesondere Art. 8 Abs. 2 S. 2 Rom I-VO, bei wechselnder Beschäftigung im Ausland Abs. 3 einschlägig sein, so dass bei einem Einsatz aus Deutschland heraus das deutsche Recht objektives Arbeitsvertragsstatut bleibt, bei einer Verleihung nach Deutschland entsprechend das ausländische.[1819] Findet das deutsche Recht bei der Verleihung ins Ausland Anwendung, schuldet der Verleiher gem. § 10 Abs. 4 AÜG auch das gleiche Arbeitsentgelt, wie es der Entleiher vergleichbaren Stammmitarbeitern gewährt (equal pay).[1820] Die Möglichkeit zur Arbeitnehmerüberlassung muss vertraglich vereinbart sein oder werden. 888

Dies ist aber nur die eine Seite der Medaille, denn es ist nicht ausgeschlossen, dass (auch) das Recht des Tätigkeitsstaates für den Fall, dass der Arbeitnehmer keinen Arbeitsvertrag mit der Auslandsgesellschaft hat, Arbeitnehmerüberlassung annimmt. Die grenzüberschreitende Arbeitnehmerüberlassung muss aber die Zulässigkeitsvoraussetzungen beider Staaten erfüllen.[1821] Daher ist genauestens zu prüfen, welchen Rechtsrahmen der Tätigkeitsstaat für eine Arbeitnehmerüberlassung (gewerberechtlich, arbeitsrechtlich, sozialversicherungsrechtlich) vorsieht. 889

Der Vertrag zwischen Ver- und Entleiher ist kein Arbeitsvertrag. Das anzuwendende Recht ergibt sich hier – mangels Rechtswahl – nicht aus Art. 8 der Rom I-VO, sondern aus Art. 4 Abs. 2 der Verordnung. Danach unterliegt der Vertrag (vorbehaltlich einer offensichtlich engeren Verbindung zu einem anderen Staat, Art. 4 Abs. 3) dem Recht des Staates, in dem die Partei, welche die für den Vertrag charakteristische Leistung zu erbringen hat, ihren gewöhnlichen Aufenthalt hat; dies ist die Überlassungspflicht des Verleihers.[1822] 890

3. Kündigungsrecht im internationalen Matrixkonzern

a) Anwendbares Kündigungsschutzrecht

Internationalprivatrechtlich unterfällt der Kündigungsschutz dem **Arbeitsvertragsstatut.** Das anwendbare Recht ist nach Art. 8 der Rom I-VO zu bestimmen, unterliegt also entweder der Rechtswahl der Arbeitsvertragsparteien oder ist in Ermangelung einer solchen nach Art. 8 Rom I-VO objektiv anzuknüpfen.[1823] Kündigungsschutzrecht ist **zwingendes Recht;** entspricht das gewählte Recht nicht dem objektiven Arbeitsvertragsstatut, so ist im Rahmen des Günstigkeitsvergleiches nach Art. 8 Abs. 2 Rom I-VO das dem Arbeitnehmer günstigere Recht anzuwenden. Bei dem als Sachgruppenvergleich durchzuführenden Günstigkeitsvergleich sind im Kündigungsschutzrecht die Anforderungen an das Vorliegen eines Kündigungsgrundes, die Kündigungsfrist, die Möglichkeit des Arbeitnehmers, im Falle einer ungerechtfertigten Kündigung den Erhalt seines Arbeitsplatzes 891

[1817] Thüsing/*Thüsing* AÜG Einf. Rn. 49.
[1818] Ausführlich zur konzerninternen Verleihung ins Inland *Deinert* Beschäftigung S. 17 ff. (55 ff.); *Deinert* ZESAR 2016, 107 (112 ff.).
[1819] Die mag anders beurteilt werden, wenn eine Rückkehr nicht vorgesehen ist, dazu *Bayreuther* DB 2011, 706, (708 f.). Das betrifft aber eher die „echte" Arbeitnehmerüberlassung und nicht den Einsatz in Matrixstrukturen.
[1820] BAG 28.5.2014 – 5 AZR 422/12, NZA 2014, 1264.
[1821] Thüsing/*Thüsing* AÜG Einf. Rn. 45.
[1822] Boemke/Lembke/*Boemke* AÜG Einl. Rn. 23.
[1823] Sa *Gimmy/Hügel* NZA 2013, 764.

und eine Weiterbeschäftigung zu erreichen, sowie mögliche Kompensationen für den Verlust des Arbeitsplatzes in den Blick zu nehmen.[1824]

892 Eine Sonderanknüpfung des allgemeinen Kündigungsschutzrechts als **Eingriffsrecht** gem. Art. 9 Rom I-VO findet **nicht statt**.[1825] Das Kündigungsrecht dient in erster Linie dem Ausgleich zwischen Bestandsschutzinteressen des Arbeitnehmers und Vertragsfreiheit des Arbeitgebers. Der Gesetzgeber überlässt auch die Durchsetzung des Schutzes allein der Initiative des Arbeitnehmers. Über das Individualinteresse hinausgehende Gemeinwohlinteressen werden dagegen mit den Regelungen über die Massenentlassung sowie den Kündigungsschutz der Betriebsverfassungsorgane verfolgt, in deren Rahmen auch staatliche Stellen, Betriebsverfassungsorgane und Gerichte (§§ 15 KSchG, 103 BetrVG) eingeschaltet werden, ebenso wie beim Kündigungsschutz für nach MuSchG, dessen Durchsetzung durch öffentlich-rechtliche Erlaubnisvorbehalte gesichert ist.[1826] Diese Normen des besonderen Kündigungsschutzes haben daher den Charakter von Eingriffsnormen und sind unabhängig vom Arbeitsvertragsstatut anzuwenden, ebenso das Massenentlassungsrecht nach dem Dritten Abschnitt des KSchG (§§ 17 ff.), da dies den deutschen Arbeitsmarkt schützt. Richtigerweise ist hierher auch der Kündigungsschutz für schwerbehinderte Menschen nach § 168 SGB IX zu rechnen. Das BAG sieht dies allerdings anders: das Erfordernis der Zustimmung des Integrationsamtes nach § 168 SGB IX bei der Kündigung eines schwerbehinderten Menschen setzt nach Auffassung des BAG deutsches Arbeitsvertragsstatut voraus (was den Charakter als Eingriffsnorm ausschließt); bei abweichendem Wahlstatut sei es als lediglich einfach zwingende Bestimmung iSd Art. 8 Abs. 1 S. 2 zu beachten.[1827] Es darf allerdings an der Berechtigung dieser Einordnung gezweifelt werden.[1828] Vorzugswürdig ist es, das Schwerbehindertenschutzrecht als Eingriffsrecht und damit als unabhängig vom Arbeitsvertragsstatut anzusehen, in der Anwendung aber begrenzt auf (ggf. auch im Wege der Ausstrahlung) im Inland beschäftigte Arbeitnehmer.[1829]

893 Keine solche Beschränkung auf die Inlandsarbeit enthält dagegen der Sonderkündigungsschutz nach § 17 MuSchG, § 18 BEEG und § 22 BBiG. Kann allerdings mangels Ausstrahlung keine zur Erteilung einer Ausnahmegenehmigung zuständige deutsche Behörde festgestellt werden, muss der besondere, an einen öffentlich-rechtlichen Erlaubnisvorbehalt gebundene Kündigungsschutz bei Auslandsarbeit ausscheiden[1830]; privatrechtliche Vorschriften (zB längere Kündigungsfristen) bleiben demgegenüber anwendbar.[1831] Die Anwendbarkeit der öffentlich-rechtlichen Vorschriften – das behördliche Zustimmungserfordernis – kann für reine Auslandssachverhalte nicht vereinbart werden; dem steht der für das öffentliche Recht geltende Territorialitätsgrundsatz entgegen.

894 Das BAG verlangt in seiner – im Schrifttum kritisierten[1832] – ständigen Rechtsprechung die Zugehörigkeit des Arbeitnehmers, auf dessen Arbeitsvertrag das KSchG Anwendung finden soll, zu einem im **Inland belegenen Betrieb**, da das Gesetz in § 23 KSchG insofern eine sachrechtliche Beschränkung auf Inlandsbetriebe enthalte; die Voraussetzungen des § 23 Abs. 2 KSchG müssen danach im Inland erfüllt sein.[1833] Das BAG betont, dass es dazu einer betrieblichen Struktur in Inland bedarf; lediglich eine Briefkastenfirma, die

---

[1824] BAG 10.4.2014 – 2 AZR 741/13, BeckRS 71952.
[1825] Ausführliche Begründung und Auseinandersetzung mit der Gegenansicht bei *Mankowski* IPRax 2015, 309 (315 ff.).
[1826] BAG 24.8.1989 – 2 AZR 3/89, NZA 1990, 841.
[1827] BAG 22.10.2015 – 2 AZR 720/14, NZA 2016, 473.
[1828] Vgl. *Mankowski* RIW 2016, 383 f.
[1829] *Reiter* NZA 2014, 1246 (1253).
[1830] BAG 30.4.1987 – 2 AZR 192/86, NZA 1988, 135; aA *Deinert* Int. Arbeitsrecht § 13 Rn. 58: dann Unkündbarkeit.
[1831] BAG 30.4.1987 – 2 AZR 192/86, NZA 1988, 135.
[1832] MüKoBGB/*Martiny* Rom I-VO Art. 8 Rn. 116 mwN; Staudinger/*Magnus* Rom I-VO Art. 8 Rn. 237.
[1833] BAG 26.3.2009 – 2 AZR 883/07, NJOZ 2009, 3111; 17.1.2008, NZA 2008, 872; 9.10.1997 – 2 AZR 64/97, 1998, 141. Das BVerfG hat dieses Betriebsverständnis nicht beanstandet, s. BVerfG 12.3.2009 – 1 BvR 1250/08, BeckRS 2009, 45869.

ohne jegliche betriebliche Struktur nur einige Arbeitsverträge hält, reicht zur Anwendung des KSchG nicht aus.[1834] Nur wenn diese Betriebszugehörigkeit zu einem Inlandsbetrieb festgestellt werden kann, ist das KSchG anzuwenden. Der vorübergehende Einsatz im Ausland wird in der Regel den Kündigungsschutz bestehen lassen. Dies gilt auch dann, wenn der Arbeitnehmer seine Arbeitsleistung für ein ausländisches Konzernunternehmen erbringt, die deutsche Stammgesellschaft sich aber weiterhin ein Weisungsrecht vorbehalten hat.[1835] Beschäftigte in- und ausländischer Betriebe sind bei der Bestimmung der kündigungsschutzrechtlichen Schwellenwerte nicht zusammenzurechnen.[1836] Bei der Berechnung der Betriebsgröße sind nur die Arbeitnehmer unter deutschem Arbeitsvertragsstatut mitzuzählen;[1837] lediglich Zeiten der Betriebszugehörigkeit bei Auslandsarbeit unter fremdem Vertragsstatut sind auch bei der Wartezeit nach § 1 KSchG zu berücksichtigen.[1838]

Das Erfordernis der Zugehörigkeit zu einem deutschen Inlandsbetrieb entfällt nach dem BAG nur bei der vertraglichen Vereinbarung deutschen Kündigungsschutzrechts.[1839] 895

Der **Aufhebungsvertrag** unterliegt als actus contrarius zum Arbeitsvertrag ebenfalls dem Arbeitsvertragsstatut. 896

b) Kündigungsberechtigung

Zur Kündigung berechtigt ist auch bei einer Matrixstruktur allein der **Vertragsarbeitgeber**. Der Konzern selbst kann mangels Rechtspersönlichkeit nicht Arbeitgeber sein. Dass der Arbeitnehmer (auch) Weisungen einer anderen Gesellschaft unterlag, ist grundsätzlich irrelevant. Anders kann die Beurteilung ausfallen, wenn ein einheitliches Arbeitsverhältnis vorliegt. Bei diesem wird die Arbeitgeberstellung von beiden Gesellschaften gemeinsam ausgeübt. Das BAG hat diese Rechtsfigur in einer Entscheidung anerkannt:[1840] Mehrere Arbeitgeber können hinsichtlich der Beschäftigungspflicht Gesamtschuldner sein, wenn ein solcher rechtlicher Zusammenhang zwischen den arbeitsvertraglichen Beziehungen besteht, der es verbietet, die Arbeitsverträge rechtlich getrennt zu behandeln. Damit können Arbeitgeberrechte und v. a. die Kündigung nur gemeinsam ausgeübt werden, und die Kündigung muss im Grundsatz auch im Verhältnis zu beiden Arbeitgebern sozial gerechtfertigt sein. Das einheitliche Arbeitsverhältnis, das im Konzernzusammenhang durch Beitritt der Konzerngesellschaft zum bestehenden Arbeitsverhältnis zustande käme, hat sich daher praktisch nicht durchgesetzt.[1841] 897

Die Beteiligten sollte aber Vorsicht walten lassen, dass die Vertragsgestaltung nicht entgegen der Absicht der Parteien von einem Arbeitsgericht als ein einheitliches Arbeitsverhältnis qualifiziert wird, insbesondere im internationalen Kontext. Ein Beispiel dafür liefert eine Entscheidung des ArbG Düsseldorf.[1842] Dort hatten die beiden beteiligten Konzernunternehmen bei einer Auslandsentsendung nicht für die erforderliche Klarheit in den Vertragsbeziehungen gesorgt (zB zahlte die eine Gesellschaft die Vergütung aufgrund einer Beurteilung durch die andere Gesellschaft). Eine später durch eines der beteiligten Unternehmen ausgesprochene betriebsbedingte Kündigung war dann unwirksam: Das Gericht nahm ein einheitliches Arbeitsverhältnis an, daher hätten beide Arbeitgeber kündigen müssen. 898

Zu beachten ist, dass neben dem Arbeitsverhältnis zum Vertragsarbeitgeber ein weiteres Arbeitsverhältnis bestehen kann zur Einsatzgesellschaft. Dies ist bei der Auslandsentsen- 899

[1834] BAG 3. 6. 2004 – 2 AZR 386/03, NZA 2004, 1380.
[1835] BAG 21. 1. 1999 – 2 AZR 648/97, NZA 1999, 539.
[1836] BAG 17. 1. 2008 – 2 AZR 902/06, NZA 2008, 872; 26. 3. 2009 – 2 AZR 883/07, NJOZ 2009, 3111.
[1837] BAG 26. 3. 2009 – 2 AZR 883/07, NJOZ 2009, 3111.
[1838] BAG 7. 7. 2011 – 2 AZR 12/10, NZA 2012, 148.
[1839] BAG 21. 1. 1999 – 2 AZR 648/97, NZA 1999, 539.
[1840] BAG 27. 3. 1982 – 7 AZR 523/78, NJW 1984, 1703.
[1841] Vgl. *Windbichler* Konzernarbeitsrecht S. 71 (142). Zurückhaltend auch BAG 21. 1. 1999 – 2 AZR 648/97, NZA 1999, 539.
[1842] ArbG Düsseldorf 13. 4. 2011 – 8 Ca 4040/10, AE 2012, 24.

dung beim Zweivertragsmodell immer der Fall. Im Schrifttum wird dies zudem vereinzelt als konkludent abgeschlossenes Arbeitsverhältnis für den Fall angenommen, dass die Arbeitsleistung des Arbeitnehmers ausschließlich der Einsatzgesellschaft zugutekommt und der Arbeitnehmer auch nur bei dieser betrieblich eingegliedert ist (Doppelarbeitsverhältnis[1843], Auseinandersetzung damit → Rn. 804 f.). In beiden Fällen folgt daraus aber nicht die Konsequenz, dass nun beide Arbeitgeber – wie beim einheitlichen Arbeitsverhältnis – gemeinsam kündigen müssten,[1844] sondern lediglich, dass im Konzern neben dem Arbeitsverhältnis zum kündigenden Vertragsarbeitgeber eben noch weitere Arbeitsverhältnisse existieren können, die dann auch vom jeweils Kündigungsberechtigten zu beenden sind.[1845] Eine Koppelung der Wirksamkeit der beiden Verträge dergestalt, dass mit der Kündigung des mit der inländischen Gesellschaft bestehenden Vertrages automatisch auch der Auslandsvertrag endet, ist unwirksam. Sie scheitert schon daran, dass auf Arbeitgeberseite unterschiedliche Parteien stehen. Daran ändert auch eine Konzern- und Matrixstruktur nichts. Zur Frage des anwendbaren Rechts auf die **Bevollmächtigung** und die **Form** bei Kündigungen → Rn. 843 ff.

c) Anhörung des deutschen Betriebsrats bzw. Sprecherausschusses

900 Der inländische Betriebsrat ist gem. § 102 BetrVG vor jeder Kündigung anzuhören, ansonsten ist die Kündigung unheilbar nichtig. Welchem Recht der Arbeitsvertrag unterliegt, ist irrelevant.[1846] Der Betriebsrat ist also bei allen betriebsangehörigen Arbeitnehmern anzuhören, auch wenn deren Arbeitsvertrag ausländischem Recht unterliegt. Erforderlich ist allerdings das Bestehen eines Arbeitsvertrages zum Betriebsinhaber. Die Kündigung des mit einem ausländischen Arbeitgeber bestehenden Arbeitsvertrages eines Arbeitnehmers, der im inländischen Betrieb eingesetzt ist, bedarf nicht der Zustimmung des Betriebsrats.

901 Bei im Ausland tätigen Arbeitnehmern ist der deutsche Betriebsrat ebenfalls anzuhören, wenn ein Fall der betriebsverfassungsrechtlichen **Ausstrahlung** vorliegt, der Arbeitnehmer also weiterhin eine tatsächliche und rechtliche Bindung an den Inlandsbetrieb hat (ausführliche Darstellung → Rn. 666 ff.). Handelt es sich um einen leitenden Angestellten nach § 5 Abs. 3 BetrVG, so ist der Sprecherausschuss gem. § 31 Abs. 2 SprAuG anzuhören. Die Regeln zur Anwendung dieses Gesetzes im internationalen Kontext sind die gleichen wie die zum BetrVG. Da der Status als leitender Angestellter oftmals unklar sein kann, ist für die Praxis dringend zu empfehlen, in Zweifelsfällen beide Gremien anzuhören, um das Risiko einer allein aufgrund formeller Fehler erfolgreichen Kündigungsschutzklage auszuschließen.

d) Weiterbeschäftigungspflicht bei ausländischer Matrixgesellschaft und grenzüberschreitende Sozialauswahl?

902 Im Falle der betriebsbedingten Kündigung sind bei der Frage der möglichen **Weiterbeschäftigung** freie Arbeitsplätze in einem im Ausland belegenen Betrieb des Unternehmens grundsätzlich nicht zu berücksichtigen. Dies hat das BAG in zwei Urteilen entschieden.[1847] In seiner Begründung knüpft das BAG an seine o. g. ständige Rechtsprechung an, wonach der erste Abschnitt des KSchG nur auf inländische Betriebe Anwendung findet; schon die Beurteilung, ob freie Beschäftigungskapazitäten in einem ausländischen Betrieb zur Verfügung stünden, könne nicht losgelöst von den Rechtsverhältnissen der dort beschäftigten Arbeitnehmer vorgenommen werden. Bei der Prüfung, welcher Arbeitnehmer betriebsübergreifend bei der Besetzung einer freien Stelle Vorrang habe, sei vorausgesetzt,

---

[1843] *Wisskirchen/Bissels* DB 2007, 340 (342 f.).
[1844] Missverständlich insoweit *Wisskirchen/Bissels* DB 2007, 340 (342).
[1845] Wie in BAG 21.1.1999 – 2 AZR 648/97, NZA 1999, 539.
[1846] BAG 9.11.1977 – 5 AZR 132/76, NJW 1978, 1124.
[1847] BAG 24.9.2015 – 2 AZR 3/14, NZA 2015, 1457; 29.8.2013 – 2 AZR 809/12, NZA 2014, 730.

dass gegenüber allen betroffenen Arbeitnehmern dasselbe – deutsche – Arbeitsrecht und Kündigungsschutzrecht angewendet und durchgesetzt werden könne. Zudem sieht das BAG die Gefahr, dass die Freiheit des Arbeitgebers bei der Auswahl ggf. neu einzustellender Arbeitnehmer eingeschränkt sei, ohne dass dies dem ausländischen Recht entspreche, und dass die Einbeziehung freier Arbeitsplätze im Ausland zulasten der Beschäftigungschancen Dritter gehe, obwohl diese uU nicht die Möglichkeit hatten, einen deutschen Arbeitnehmern vergleichbaren Bestandsschutz zu erwerben.

Allerdings lässt das BAG in seiner ersten Entscheidung[1848] zwei Konstellationen offen:[1849] wenn die Arbeitsverhältnisse der im Auslandsbetrieb tätigen Arbeitnehmer ebenfalls deutschem (Kündigungsrecht) unterliegen (was eher selten der Fall sein dürfte) oder wenn der Arbeitsvertrag eine internationale Versetzungsklausel enthält. Außerdem lässt das BAG die Frage offen, ob der Grundsatz auch bei grenznahen Betrieben Anwendung findet. In der nachfolgenden Entscheidung[1850] hielt das BAG auch die Kündigung bei unterstellter Wirksamkeit einer internationalen Versetzungsklausel für wirksam, da der gekündigte Arbeitnehmer die Versetzung ins Ausland abgelehnt hatte. Unklar bleibt daher weiterhin, ob dies auch dann gilt, wenn der Arbeitnehmer bei Bestehen einer solchen Versetzungsklausel sich ausdrücklich zum Wechsel ins Ausland bereit erklärt oder im Vorfeld der Kündigung eine solche Bereitschaft nicht abgefragt wurde.[1851] 903

Trotz dieser noch ungeklärten Punkte ist jedenfalls die Grundsatzfrage der Nichtberücksichtigung freier Arbeitsplätze im Ausland für den Regelfall nun durch das BAG geklärt. Klar ist zudem: wenn der Arbeitgeber schon nicht dazu verpflichtet ist, im Ausland befindliche Weiterbeschäftigungsmöglichkeiten in eigenen Betrieben zu prüfen, dann besteht diese Pflicht grundsätzlich erst recht nicht hinsichtlich etwaiger Beschäftigungsmöglichkeiten bei ausländischen Konzerngesellschaften, also rechtlich anderen Arbeitgebern.[1852] 904

Gleiches gilt für die **Sozialauswahl,** die ebenfalls auf inländische Betriebe (Betriebsteile) beschränkt bleibt.[1853] Für sie ist ohnehin Voraussetzung, dass auf die in die Vergleichsgruppe fallenden Arbeitnehmer deutsches Kündigungsschutzrecht anwendbar ist.[1854] Dies ist in einer internationalen Matrixorganisation von erheblicher Bedeutung: Der **Kündigungsschutz wird nicht allein dadurch international erweitert,** dass sich die Matrixstruktur über in- und ausländische Betriebe erstreckt. 905

4. Rückruf

Beim internationalen Einsatz, insbesondere im Rahmen einer Entsendung, muss es aber nicht immer zum Äußersten kommen, um den Auslandseinsatz zu beenden. Es kann auch das Erfordernis eines vorzeitigen Rückrufes entstehen. Die Gründe können im Verhalten des Arbeitnehmers liegen, in besonderen Situationen vor Ort, die eine Fortführung des Auslandseinsatzes nicht mehr verantwortbar erscheinen lassen (v. a. in Krisenländern), sie können aber auch aus der betrieblichen Sphäre stammen. Die **Möglichkeit der vorzeitigen Beendigung** der Entsendung durch einen Rückruf ist im Vertrag **zu vereinbaren.** Eine solche Klausel unterliegt der AGB-Kontrolle, dh sie muss, um dem **Transparenzgebot** des § 307 I 2 BGB zu genügen, zunächst einmal so gefasst sein, dass für den Ar- 906

[1848] BAG 29.8.2013 – 2 AZR 809/12, NZA 2014, 730.
[1849] Dazu *Fuhlrott* DB 2014, 1198 (1199).
[1850] BAG 24.9.2015 – 2 AZR 3/14, NZA 2015, 1457.
[1851] *Fuhlrott* GWR 2015, 504.
[1852] *Bodenstedt/Schnabel* BB 2014, 1525 (1528).
[1853] BAG 24.9.2015 – 2 AZR 2/14, NZA 2015, 1457; *Monz* BB 2014, 254; ErfK/*Oetker* KSchG § 1 Rn. 319.
[1854] BAG 26.3.2009 – 2 AZR 883/07, NJOZ 2009, 3111 (3113): „Stets ist also bei Prüfung der Sozialwidrigkeit vorausgesetzt, dass gegenüber allen etwa angesprochenen Arbeitnehmern und gegenüber dem Arbeitgeber dasselbe, nämlich deutsches Arbeitsrecht und insbesondere das Recht des Kündigungsschutzgesetzes angewendet und auch durchgesetzt werden kann."

beitnehmer erkennbar ist, in welchen Fällen er mit einem Rückruf zu rechnen hat. Es empfiehlt sich also, die Widerrufsgründe so genau wie möglich zu umschreiben. Außerdem sollte eine angemessene Frist für die Ausübung des Rückrufes vereinbart werden. Verringert sich durch den Rückruf auch die Vergütung, so ist zudem die Rechtsprechung des BAG zu den Grenzen des zulässigen Widerrufes zu beachten.[1855] Die **Ausübung** des Rückrufrechtes selbst unterliegt der **Billigkeitskontrolle.** Die Vereinbarung eines Rückrufrechtes kann allerdings – genau wie die Konzernversetzungsklausel – eine nicht bedachte Nebenwirkung haben, da sie ein Indiz für die Anwendung des BetrVG im Wege der „Ausstrahlung" (→ Rn. 671) ist.[1856] Der vorzeitige Rückruf kann weitere Nachteile für den Arbeitnehmer mit sich bringen; ein typischer Fall sind Mietmehrkosten, wenn der Arbeitnehmer seine eigene Wohnung im Inland weitervermietet hat, oder steuerliche Nachteile. Einen Erstattungsanspruch lehnt die Rechtsprechung jedoch regelmäßig ab.[1857]

5. Status der leitenden Angestellten

907 Ob Arbeitnehmer leitende Angestellte sind, ergibt sich für das Betriebsverfassungsrecht aus § 5 Abs. 3 BetrVG. Für den Kündigungsschutz enthält § 14 Abs. 2 KSchG eine abweichende Definition, deren Voraussetzungen in der Praxis jedoch selten vorliegen. Wird ein leitender Angestellter grenzüberschreitend eingesetzt, ist zu beachten, dass die Voraussetzungen dieser Stellung **im Verhältnis zum inländischen Vertragsarbeitgeber** bestehen müssen. Nach der Rechtsprechung des BAG kann aus der leitenden Funktion in einem ausländischen Konzernunternehmen nicht geschlossen werden, dass der Arbeitnehmer auch im Inland die Voraussetzungen des § 5 Abs. 3 BetrVG erfüllt. Der Interessengegensatz zwischen Arbeitnehmern, die im Lager des Arbeitgebers stehen, und der durch den Betriebsrat repräsentierten Belegschaft beziehe sich aufs Inland und werde nicht durch eine arbeitgebernahe Stellung in einem anderen Unternehmen ausgelöst.[1858] Somit ist auch ein Geschäftsführer einer Konzerngesellschaft nicht per se leitender Angestellter; es kommt auch hier darauf an, wie sich diese Tätigkeit auf die Muttergesellschaft auswirkt und ob sie diesbezüglich die gesetzlichen Voraussetzungen erfüllt.[1859] Daher kann es durchaus vorkommen, dass ein leitender Angestellter, beispielsweise nach einer Versetzung aus einer Stabsfunktion in der inländischen Konzernzentrale in eine operative Funktion im In- oder Ausland, diesen Status verliert. Bedeutung erlangt dies v.a. im Falle einer Kündigung.[1860]

[1855] Zum ganzen *Falder* NZA 2016, 401 (404f.).
[1856] BAG 7.12.1989 – 2 AZR 228/89, NZA 1990, 658.
[1857] Zum Steuernachteil vgl. BAG 23.8.1990 – 2 AZR 156/90, BeckRS 1990, 30370935; LAG Hessen 17.4.1985 – 10 Sa 419/84, BeckRS 1985, 30449514.
[1858] BAG 20.4.2005 – 7 ABR 20/04, NZA 2005, 1006.
[1859] LAG München 13.4.2000 – 2 Sa 886/99, NZA-RR 2000, 425.
[1860] Ausführlich dazu Braun/Wisskirchen/*Lützeler* Konzernarbeitsrecht Teil II Abschn. 3 Rn. 271 ff.

Kapitel 4: Haftung

A. Grundlagen

Neben betriebswirtschaftlichen Vorteilen bringt die Einführung von Matrixstrukturen auch (zumindest) einen gravierenden Nachteil mit sich: Die Verantwortlichkeitsverteilung und die damit verbunden Haftungsrisiken werden für die einzelnen Beteiligten innerhalb der Matrixorganisation intransparent und komplex. Einerseits werden durch die mit der Einführung von Matrixstrukturen regelmäßig verbundene Konzernierung (→ Kap. 2 Rn. 5) neue Pflichten für die einzelnen Beteiligten geschaffen, andererseits werden diese Pflichten durch die Delegation von Weisungsbefugnissen wieder übertragen bzw. umgewandelt. Hinzu kommt die besondere Gefahr, dass der Einzelne aus organisatorischen Gründen möglicherweise kein Teil einer bestimmten Berichtskette ist und daher keinen Einfluss auf einzelne Maßnahmen und deren Folgen hat, obwohl er für sie haftungsrechtlich verantwortlich ist.

In rechtlicher Hinsicht lässt sich das Haftungsregime in Matrixstrukturen weitgehend aus dem Konzernrecht ableiten (→ Kap. 2 Rn. 3f.). Die hierin enthaltenen Haftungstatbestände werden durch deliktische, vertragliche und arbeitsrechtliche Besonderheiten ergänzt. Die Beantwortung der Frage, welche konkreten Pflichten auf den einzelnen Beteiligten zukommen, richtet sich nach der konkreten gesellschaftsrechtlichen Ausgestaltung der Matrixstruktur. Die Art und der Umfang der Haftung variieren, je nachdem ob eine Aktiengesellschaft oder eine GmbH als Matrixgesellschaft eingesetzt wird und ob die Konzernierung auf unternehmensvertraglicher Vereinbarung beruht oder faktisch erfolgt.[1] Auch wenn man auf den ersten Blick meinen könnte, dass die einzelne Matrixgesellschaft wegen ihrer engen Verflechtungen innerhalb der Struktur und ihrer umfangreichen Bindung an Vorgaben der übergeordneten Leitungsebene kaum eine eigenständige Bedeutung hat, bleibt es in rechtlicher Hinsicht bei der strengen Trennung zwischen den einzelnen juristischen Personen (konzernrechtliches Trennungsprinzip).[2]

Im Mittelpunkt der Haftung der Beteiligten steht die Frage nach der Rechtmäßigkeit und Bindungswirkung von Weisungen. Die Weisungen können von der Muttergesellschaft selbst oder – was häufig der Fall ist – von Matrixmanagern erteilt werden (→ Kap. 2 Rn. 134ff.). In diesem Zusammenhang haben sowohl die Geschäftsleitung der Muttergesellschaft, als auch der Matrixmanager und die Geschäftsleitung der Matrixgesellschaft umfangreiche Prüfpflichten (→ Kap. 2 Rn. 99f.; 127). Um die Struktur der Haftung innerhalb von Konzernen mit Matrixstrukturen abzubilden und einzelne Unterschiede und Besonderheiten personenbezogen aufzuzeigen, wird nachfolgend zwischen den einzelnen Haftungssubjekten unterschieden. Die Darstellung orientiert sich hierbei an der Weisungs- und Verantwortlichkeitskette: Zunächst wird die Haftung der Geschäftsleitung der Muttergesellschaft (→ Rn. 4ff.), dann die der Matrixmanager (→ Rn. 71f.) und der Geschäftsleitung der Matrixgesellschaft (→ Rn. 93ff.), und zuletzt die des einzelnen Arbeitnehmers innerhalb einer Matrixgesellschaft (→ Rn. 190ff.) aufgezeigt.

---

[1] Die folgenden Ausführungen beschränken sich auf diese Gesellschaften. Die Haftung von Personengesellschaften innerhalb eines Konzerns wird nicht behandelt.
[2] Vgl. *Ihrig/Schäfer* Rechte und Pflichten des Vorstands § 32 Rn. 1220.

B. Haftung der Geschäftsleitung der Muttergesellschaft

4 Die Verantwortlichkeitskette in Matrixstrukturen beginnt bei der Geschäftsleitung der Muttergesellschaft. Sie bildet gewissermaßen das „Dach" der Matrixstruktur und ist originär für Weisungen gegenüber abhängigen Gesellschaften verantwortlich. Matrixstrukturen werden in rechtlicher Hinsicht regelmäßig durch die Gründung eines Konzerns umgesetzt (→ Kap. 2 Rn. 5 ff.). Hierdurch erweitert sich der Kreis der Aufgaben der Geschäftsleitung der Muttergesellschaft von den bloß internen Pflichten um gesellschaftsübergreifende, sogenannte konzerndimensionale Pflichten (→ Kap. 2 Rn. 118 ff. zur GmbH-Geschäftsführung). Denn durch die Auslagerung von Geschäftszweigen auf rechtlich unabhängige Matrixgesellschaften ändert sich grundsätzlich nichts an der Gesamtbedeutung einzelner Tätigkeiten für den Konzern – und damit auch nichts an der Bedeutung für das konzernleitende Mutterunternehmen. Sie kann sich im Falle eines Schadenseintritts grundsätzlich nicht darauf berufen, dass eine konkrete Maßnahme ausschließlich von einer untergeordneten Matrixgesellschaft ausgeführt worden sei, sofern dies auf ihre Veranlassung erfolgte. Durch die Einführung von Matrixstrukturen entstehen für die Geschäftsleitung der Muttergesellschaft umfangreiche (neue) Pflichten, die – wegen der erhöhten Verletzungsgefahr – auch ein Haftungsrisiko in sich bergen.

5 Welchen Pflichten die Geschäftsleitung der Muttergesellschaft in einer Matrixstruktur unterliegt, hängt im Einzelnen von der Wahl der gesellschaftsrechtlichen Ausgestaltung des Beherrschungsverhältnisses ab.

6 Bereits die vorgelagerte Frage, ob überhaupt eine Konzerngründung erfolgen kann und welche gesellschaftsrechtliche Ausgestaltung gewählt wird, birgt Haftungsrisiken für die Geschäftsführung der Muttergesellschaft (konzernrechtlicher Präventivschutz). Die Geschäftsleitung der Muttergesellschaft hat sorgfältig zu prüfen, ob eine **Konzerngründungsmaßnahme** ihre Rechtsgrundlage in der Satzung der Muttergesellschaft findet und ob eine im Einzelfall möglicherweise erforderliche Zustimmung der Gesellschafterversammlung vorliegt.[3] Eine Konzerngründungsmaßnahme, die die Geschäftsleitung der Muttergesellschaft ohne Grundlage in der Satzung oder ohne die möglicherweise erforderliche Zustimmung der Gesellschafterversammlung vornimmt, ist wegen der unbeschränkten Vertretungsmacht der Geschäftsleitung im Außenverhältnis zwar grundsätzlich wirksam. Allerdings kann sie im Innenverhältnis eine Pflichtwidrigkeit begründen, die zu Schadensersatzansprüchen nach § 43 Abs. 2 GmbHG oder § 93 Abs. 2 AktG führen kann.[4] Gesellschafter, die bei der Konzerngründungsentscheidung übergangen wurden, können außerdem einen Anspruch auf Rückgängigmachung der Maßnahme, also beispielsweise auf Rückübertragung des ausgegliederten Geschäftsbereichs auf die Mutter gegen die Gesellschaft haben.[5]

7 Da die einzelnen Prüfpflichten und deren gesetzliche Grundlage je nach Gesellschaftsform der Matrixgesellschaft variieren, wird für die nachfolgende Darstellung zunächst zwischen der Aktiengesellschaft als Matrixgesellschaft sowie der GmbH als Matrixgesellschaft unterschieden, wobei bei letzterer nochmals zwischen der faktisch beherrschten GmbH und der vertraglich beherrschten GmbH zu differenzieren ist.

---

[3] Vgl. Oppenländer/Trölitzsch/*Drygala/Leinekugel* § 42 Rn. 69; BGH 25.2.1982 – II ZR 174/80, NJW 1982, 1703 – Holzmüller; BGH 26.4.2004 – II ZR 155/02, AG 2004, 384 – Gelatine I; BGH 26.4.2004 – ZR 154/02, ZIP 2004, 1001 – Gelatine II.
[4] Vgl. Rowedder/Schmidt-Leithoff/*Koppensteiner* GmbHG Anh. § 52 Rn. 54 f., § 37 Rn. 46 ff.; Baumbach/Hueck/*Zöllner/Noack* GmbHG § 35 Rn. 89; Oppenländer/Trölitzsch/*Drygala/Leinekugel* § 42 Rn. 70.
[5] Oppenländer/Trölitzsch/*Drygala/Leinekugel* § 42 Rn. 70; BGH 25.2.1982 – II ZR 174/80, NJW 1982, 1703; LG Stuttgart 8.11.1991 – 2 KfH O 135/91, AG 1992, 236; Rowedder/Schmidt-Leithoff/*Koppensteiner* GmbHG Anh. § 52 Rn. 45.

I. AG als Matrixgesellschaft

Rechtsverbindliche Beherrschungsstrukturen können bei Aktiengesellschaften als Matrix- 8 gesellschaften nur durch den Abschluss von Beherrschungsverträgen im Sinne von § 291 AktG geschaffen werden. Der Vorstand der Aktiengesellschaft handelt gem. § 76 Abs. 1 AktG eigenverantwortlich und ist somit von Gesetzes wegen nicht an Weisungen der Aktionäre oder des Aufsichtsrates gebunden (→ Kap. 2 Rn. 43).[6] Eine Mehrheits- oder Alleinbeteiligung genügt daher – anders als in der GmbH – nicht, um verbindlichen Einfluss auf die Tochtergesellschaft ausüben zu können. Ein faktischer Aktiengesellschaftskonzern ist gesetzlich zwar in §§ 17, 18 AktG vorgesehen, schafft allerdings keine rechtlich verbindliche Weisungsfolgepflicht des Vorstandes der Untergesellschaft. Mangels Eignung für die Schaffung von Matrixstrukturen bleibt der faktische Aktiengesellschaftskonzern daher nachfolgend außer Betracht.

Um belastbare Matrixstrukturen einzuführen, muss die Geschäftsleitung des Mutterun- 9 ternehmens zunächst darauf achten, dass zwischen Matrix-AG und Mutterunternehmen ein wirksamer[7] und verbindlicher Beherrschungsvertrag geschlossen wird **(Konzerngründung)**. Nur dann eröffnet § 308 Abs. 1, 2 AktG dem Mutterunternehmen die Möglichkeit, rechtsverbindliche Weisungen an den Vorstand der Matrix-AG zu erteilen (→ Kap. 2 Rn. 44 ff.).

Im Gegenzug werden das herrschende Unternehmen und deren Geschäftsleitung neu- 10 en gesetzlichen Haftungstatbeständen, insbesondere den §§ 302 und 309 AktG, ausgesetzt.

1. Konzernleitungspflichten

Die Geschäftsleitung des Mutterunternehmens hat die kraft Unternehmensvertrages ge- 11 schaffene Leitungsmacht gegenüber der beherrschten Matrix-AG bereits auf Grund ihrer eigenen Geschäftsführungsverantwortung ordnungsgemäß auszuüben.[8] In diesem Zusammenhang wird diskutiert, ob die Geschäftsleitung der Muttergesellschaft sogar verpflichtet ist, entsprechend § 18 AktG eine **einheitliche Leitung** innerhalb des Konzerns herzustellen.[9] Der Geschäftsleiter der Muttergesellschaft ist im Regelfall zumindest verpflichtet, grundlegende Fragen der Konzernstruktur, der Organisation und der Finanz-, Investitions- und Produktpolitik für den gesamten Matrixkonzern einheitlich zu beantworten.[10] Eine darüber hinausgehende Pflicht zur dichten Konzernleitung kann den gesetzlichen Vorgaben hingegen nicht entnommen werden. Ob die Muttergesellschaft eine zentrale oder dezentrale Leitungsorganisation einführt, bleibt ihrem unternehmerischen Ermessen vorbehalten.[11]

Verfehlungen, die sich in der Matrix-AG auswirken, fallen auf Grund des in § 302 12 Abs. 1 AktG geregelten Verlustausgleichs stets auf das Mutterunternehmen zurück (→ Rn. 22 ff.). Hierdurch entsteht der Muttergesellschaft (auch) ein eigener Schaden, den die Geschäftsleitung im Verschuldensfall kraft ihrer Organstellung gem. § 93 Abs. 2 AktG bzw. § 43 Abs. 2 GmbHG[12] im Innenverhältnis zu ersetzen hat. Die zusätzliche Haftungsregelung des § 309 AktG gewährt einen darüber hinausgehenden Präventivschutz,[13] durch den die Haftung der Geschäftsleitung im Außenverhältnis erweitert wird. Ziel und Zweck des § 309 AktG ist es, die beherrschte Matrix-AG vor nachteiligen Weisungen zu

---

[6] Allgemeine Meinung vgl. Hüffer/*Koch* AktG § 76 Rn. 25 mwN.
[7] ZB *Schriftformerfordernis* gem. § 293 AktG.
[8] Heidel/*Peres* AktG § 309 Rn. 1.
[9] Oppenländer/Trölitzsch/*Drygala/Leinekugel* § 42 Rn. 74.
[10] Vgl. Oppenländer/Trölitzsch/*Drygala/Leinekugel* § 42 Rn. 76.
[11] Vgl. KölnKomm-AktG/*Mertens/Cahn* § 76 Rn. 65; MüKoAktG/*Altmeppen* § 309 Rn. 54; *Reuter* DB 1999, 2250; *Schockenhoff* ZHR 180 (2016), 197 ff.
[12] Je nach Rechtsform des herrschenden Unternehmens.
[13] So Heidel/*Peres* AktG § 309 Rn. 2; Hüffer/*Koch* AktG § 309 Rn. 1.

schützen, die offensichtlich nicht im Konzerninteresse liegen (§ 308 Abs. 2 AktG).[14] Führt die Matrix-AG diese Weisungen aus, kann es zur Schädigung des Gesamtkonzerns kommen. § 309 Abs. 1 AktG soll die Geschäftsleitung des Mutterunternehmens daher zu einer sehr sorgfältigen Prüfung bereits **vor Erteilung der Weisung** anhalten.

2. Legalitätspflicht

13 Die Geschäftsleitung des Mutterunternehmens hat als Organ die Pflicht, sich gesetzestreu zu verhalten und dafür Sorge zu tragen, dass sich die Gesellschaft rechtmäßig verhält und ihren gesetzlichen Pflichten nachkommt (sog. **Legalitätspflicht**).[15] Um dieser konzernweit gültigen Legalitätspflicht Genüge zu tun, hat die Geschäftsleitung des Mutterunternehmens sicherzustellen, dass ihre eigenen **Weisungen rechtmäßig** sind (→ Kap. 2 Rn. 49 ff.). Hierbei sind sowohl die gesetzlichen Rahmenbestimmungen des eigenen Unternehmens, als auch die besonderen aktienrechtlichen Bestimmungen der angewiesenen Matrix-AG zu beachten. Verboten sind insbesondere Weisungen, die der Insolvenzantragspflicht nach § 15a InsO, den steuerrechtlichen und sozialversicherungsrechtlichen Verpflichtungen oder den gesellschaftsrechtlichen Kapitalerhaltungsgrundsätzen zuwiderlaufen.[16] Grundsätzlich darf der Vorstand der Matrix-AG auch nicht angewiesen werden, eigene Aktien zu kaufen, entgegen § 66 AktG Aktionäre von ihren Leistungspflichten zu befreien oder gesetzwidrige Verträge mit Aktionären oder Mitgliedern des Vorstandes oder Aufsichtsrates abzuschließen.[17] Die Geschäftsleitung kann sich nicht durch eine Weisung auf Vorlage nach § 119 Abs. 2 AktG von ihrer eigenen Verantwortlichkeit befreien, da eine solche Vorgehensweise dem Haftungsregime der §§ 308 ff. AktG zuwider läuft.[18] Hinzu kommt, dass die Matrix-AG ohne zusätzlichen Gewinnabführungsvertrag auch nicht zur Abführung von Gewinnen an Mutter- oder Schwestergesellschaften verpflichtet werden kann.[19] **Einzelheiten** zur Rechtmäßigkeit von Weisungen werden bei den korrelierenden Prüfpflichten des Vorstands der Matrix-AG dargestellt (→ Rn. 99 ff.), da dessen Haftung in diesem Zusammenhang regelmäßig von größerer praktischer Bedeutung sein wird.

3. Besondere Sorgfaltspflicht bei nachteiligen Weisungen

14 Um nicht selbst nach § 309 Abs. 1 AktG, § 93 Abs. 2 AktG oder § 43 Abs. 2 GmbHG haftbar zu sein, hat die Geschäftsleitung des Mutterunternehmens besondere Vorsicht bei für die Matrix-AG allgemein **nachteiligen Weisungen** walten zu lassen. § 308 Abs. 1 S. 2 AktG eröffnet dem herrschenden Unternehmen nur dann die Möglichkeit nachteilige Weisungen zu erteilen, wenn sie den Belangen des herrschenden Unternehmens oder der mit ihm und der Matrix-AG konzernverbundenen Unternehmen dienen. Für die Weisung muss die Unternehmensleitung also ein **Konzerninteresse** darlegen können (→ Kap. 2 Rn. 122 ff.).[20] Um zu beurteilen, ob eine Maßnahme im Konzerninteresse liegt, ist umfassend auf die Auswirkungen für sämtliche Konzernunternehmen abzustellen. Es genügt grundsätzlich, wenn ein bestimmter Vorteil für ein anderes Konzernunternehmen sämtliche Nachteile der angewiesenen Gesellschaft ausgleicht.[21] Dies gilt unabhängig

---

[14] Vgl. hierzu → Rn. 28 ff.
[15] BGH 10.7.2012 – VI ZR 341/10, NJW 2012, 3439 Rn. 22; *Drescher* GmbH-Geschäftsführerhaftung Rn. 138.
[16] Im Einzelnen hierzu → Rn. 128 ff.
[17] *Ihrig/Schäfer* Rechte und Pflichten des Vorstands § 32 Rn. 1315; MüKoAktG/*Altmeppen* § 308 Rn. 94.
[18] MüKoAktG/*Altmeppen* § 308 Rn. 91; *Emmerich/Habersack* Aktien- und GmbH-Konzernrecht AktG § 308 Rn. 41; *Ihrig/Schäfer* Rechte und Pflichten des Vorstands § 32 Rn. 1313 mwN.
[19] Vgl. *Ihrig/Schäfer* Rechte und Pflichten des Vorstands § 32 Rn. 1315; MüKoAktG/*Altmeppen* § 308 Rn. 98; *Emmerich/Habersack* Aktien- und GmbH-Konzernrecht AktG § 308 Rn. 43.
[20] *Ihrig/Schäfer* Rechte und Pflichten des Vorstands § 32 Rn. 1316.
[21] Vgl. *Ihrig/Schäfer* Rechte und Pflichten des Vorstands § 32 Rn. 1316.

davon, ob der Konzern eine Matrixstruktur aufweist. Gibt es nur eine alleinherrschende Obergesellschaft, wird ihr eigenes Interesse regelmäßig mit dem Konzerninteresse deckungsgleich sein.²² Durch ihren übergreifenden Einfluss wird die Obergesellschaft den gemeinsamen Kurs vorgeben.

Die Haftung der Geschäftsleitung des Mutterunternehmens ist in diesem Zusammenhang ausnahmsweise unabhängig von der Folgepflicht der Matrix-AG und insoweit strenger als diejenige des Vorstandes der angewiesenen Matrix-AG. Der Vorstand der Matrix-AG darf nämlich nur dann die Befolgung von rechtmäßigen, aber nachteiligen Weisungen ablehnen, wenn diese offensichtlich nicht den Belangen des Konzerns dienen.²³ § 309 Abs. 1 AktG lässt die anweisende Geschäftsleitung des Mutterunternehmens hingegen für jedwede gegen § 308 Abs. 1 S. 2 AktG verstoßende Weisung haften – unabhängig davon, ob dieser Verstoß offensichtlich ist. Eine Haftung ist in subjektiver Sicht bereits begründet, wenn nicht die **Sorgfalt eines ordentlichen und gewissenhaften Geschäftsleiters** eingehalten wurde.

4. Vereinbarkeit des Handelns mit Satzungsbestimmungen

Die Legalitätspflicht zwingt die Unternehmensleitung des herrschenden Mutterunternehmens auch dazu, bei der Erteilung von Weisungen auf Satzungsbestimmungen ihres eigenen Unternehmens und auf **Satzungsbestimmungen der beherrschten Matrix-AG** Rücksicht zu nehmen. Die Durchführung einer Weisung darf daher nicht dem Gesellschaftszweck einer der beiden Unternehmen zuwiderlaufen.²⁴

5. Vereinbarkeit der Weisung mit dem Beherrschungsvertrag

Zusätzlich muss die Geschäftsleitung des herrschenden Unternehmens bei seinen Maßnahmen die vertraglichen Grenzen einhalten, die sich unmittelbar aus dem Beherrschungsvertrag mit der Matrix-AG ergeben. So kann beispielsweise der Beherrschungsvertrag nachteilige Weisungen im Sinne von § 308 Abs. 1 S. 2 AktG gänzlich verbieten oder die Wirksamkeit bestimmter Weisungen von der Zustimmung Dritter (zB Aufsichtsrat oder Aktionärsversammlung) abhängig machen.²⁵ Im Zusammenhang mit Matrixstrukturen ist sorgfältig zu prüfen, ob die Regelungen des Beherrschungsvertrages eine Delegation des Weisungsrechts vorsehen. Um Folgestreitigkeiten zu vermeiden, sollte hierzu eine klarstellende Klausel in den Beherrschungsvertrag aufgenommen werden (→ Kap. 2 Rn. 44, **Fall 1** und Rn. 135, **Fall 5**).

6. Prüfpflicht bei existenzgefährdenden Eingriffen

Der Geschäftsleitung des herrschenden Mutterunternehmens ist bei bestehenden Unternehmensverträgen nicht jedwede existenzgefährdende Weisung an die Matrix-AG untersagt.²⁶ Dies ergibt sich aus der in § 302 AktG geregelten – verschuldensunabhängigen – Ausgleichspflicht des herrschenden Unternehmens für Verluste der vertraglich beherrschten AG. Entstehen der beherrschten Matrix-AG durch eine angewiesene Maßnahme Verluste, hat das Mutterunternehmen diese zu ersetzen. Steht eine Existenzgefährdung im Raum, ist eine Weisung nach überwiegender Ansicht erst dann unzulässig, wenn der Verlustausgleichsanspruch des beherrschten Unternehmens nicht werthaltig ist, oder er den Existenzerhalt des abhängigen Unternehmens auch im Falle eines tatsächlichen Verlustaus-

---

²² So auch MüKoAktG/*Altmeppen* § 308 Rn. 103.
²³ Vgl. daher die insoweit „mildere Haftung" des Vorstands der Matrix-AG unter → Rn. 29.
²⁴ Vgl. *Emmerich/Habersack* Aktien- und GmbH-Konzernrecht AktG § 308 Rn. 56.
²⁵ *Ihrig/Schäfer* Rechte und Pflichten des Vorstands § 32 Rn. 1319.
²⁶ Anders im faktischen GmbH-Konzern, vgl. → Rn. 53.

gleichs nicht mehr sicherstellen könnte.[27] Untersagt sind demgegenüber solche Weisungen, die die Existenz des beherrschten Unternehmens vernichten.[28] Diese können auch nicht mit dem überwiegenden Konzerninteresse gerechtfertigt werden.[29]

7. Pflichten bei Delegation des Weisungsrechts

19 Welche Auswirkungen eine Delegation des Weisungsrechts auf Matrixmanager für den Pflichtenkreis der Unternehmensleitung des herrschenden Unternehmens hat, ist in der gesellschaftsrechtlichen Literatur umstritten. Entscheidend ist hierbei die Frage, welches rechtliche Verhältnis zwischen der Geschäftsleitung des herrschenden Unternehmens und der beherrschten Matrix-AG besteht und welche Rolle hierin der mit dem Weisungsrecht delegierte Matrixmanager einnimmt. Da die Geschäftsleitung des Mutterunternehmens nach der Delegation selbst nicht mehr aktiv bei der Ausübung des Weisungsrechts tätig wird, kann eine Haftung nur kraft einer Zurechnung fremden Handelns konstruiert werden, oder sich auf die Haftung bei der Auswahl und Überwachung des Delegatars konzentrieren (→ Kap. 2 Rn. 144 ff.).

20 Teilweise wird vertreten, dass § 309 AktG ein eigenes gesetzliches Schuldverhältnis zwischen der Geschäftsleitung des Mutterunternehmens und der Matrix-AG begründet.[30] Der aufgrund der Delegation handelnde **Matrixmanager** sei in dieses Schuldverhältnis als **Erfüllungsgehilfe der Geschäftsleitung** einbezogen. Infolgedessen müsse sich die Geschäftsleitung des Mutterunternehmens jegliche Fehlleistungen des Matrixmanagers wie eigene Pflichtverletzungen zurechnen lassen. Diese Ansicht verkennt jedoch, dass das durch § 309 AktG begründete gesetzliche Schuldverhältnis erst in dem Moment entsteht, in dem feststeht, dass die Geschäftsleitung eigene Pflichten gegenüber der abhängigen Matrix-AG verletzt hat. Für diese vorgelagerte, das Schuldverhältnis begründende Pflichtverletzung kann jedoch nicht auf § 278 BGB zurückgegriffen werden, da zu diesem Zeitpunkt noch keine rechtliche Sonderverbindung zwischen der Geschäftsleitung des Mutterunternehmens und der Matrix-AG bestand.[31] Der Beherrschungsvertrag selbst kann nur für das Verhältnis zwischen Matrix-AG und dem Mutterunternehmen herangezogen werden.

21 Überzeugender ist es daher, **§ 278 BGB** auf das Verhältnis zwischen der Geschäftsleitung des Mutterunternehmens und der Matrix-AG **nicht anzuwenden**.[32] Tatsächlich liegt zum Zeitpunkt der Schädigung keine Sonderverbindung vor, in welche der Matrixmanager als Erfüllungsgehilfe der Geschäftsleitung eintreten könnte. Durch eine zulässige Delegation des Weisungsrechts reduziert sich der Pflichtenkreis der Geschäftsleitung im Ergebnis auf eine **Auswahl- und Überwachungsverantwortung** (§ 664 Abs. 1 S. 2 BGB).[33]

8. Pflicht zur Erteilung von Weisungen

22 Auf das **Unterlassen von Weisungen** findet § 309 AktG keine Anwendung,[34] da sich der Wortlaut der Norm auf eine Haftung für die Erteilung von Weisungen beschränkt.

---

[27] MüKoAktG/*Altmeppen* § 308 Rn. 119 ff.; *Emmerich/Habersack* Aktien- und GmbH-Konzernrecht AktG § 308 Rn. 64; *Ihrig/Schäfer* Rechte und Pflichten des Vorstands § 32 Rn. 1321. Nach aA sind im Vertragskonzern wegen der Einheit der Konzernunternehmen stets auch existenzgefährdende Weisungen erlaubt, vgl. KölnKomm AktG/*Koppensteiner* § 308 Rn. 50.
[28] K. Schmidt/Lutter/*Langbucher* AktG, § 308 Rn. 31; Hüffer/*Koch* AktG § 308 Rn. 19; *Sina* AG 1991, 1.
[29] OLG Düsseldorf 31. 1. 1990 – 19 W 13/86, AG 1990, 490 (492).
[30] *Emmerich/Habersack* Aktien- und GmbH-Konzernrecht AktG § 309 Rn. 15; Hüffer/*Koch* AktG § 309 Rn. 4.
[31] MüKoAktG/*Altmeppen* § 308 Rn. 43.
[32] MüKoAktG/*Altmeppen* § 308 Rn. 41 ff.; KölnKomm-AktG/*Koppensteiner* § 308 Rn. 12.
[33] Vgl. *Ihrig/Schäfer* Rechte und Pflichten des Vorstands § 32 Rn. 1328.
[34] Oppenländer/Trölitzsch/*Drygala* § 43 Rn. 48.

E contrario lässt sich hieraus ferner ableiten, dass die beherrschte Matrix-AG auch keinen rechtlichen Anspruch auf die Erteilung von Weisungen hat[35] und die Geschäftsleitung des Mutterunternehmens ihr gegenüber (im Außenverhältnis) nicht verpflichtet ist, einen bestimmten Dichtegrad an Konzernleitung herbeizuführen.[36] Für Verfehlungen auf dieser Ebene kann sie allenfalls im Innenverhältnis von ihrer eigenen Gesellschaft in Anspruch genommen werden (§ 93 Abs. 2 AktG bzw. § 43 Abs. 2 GmbHG).

9. Verlustübernahme gemäß § 302 AktG

Unabhängig von den originären Pflichten der Geschäftsleitung statuiert § 302 AktG einen Verlustausgleichsanspruch der Matrix-AG gegenüber der Muttergesellschaft. § 302 AktG stellt einen Ausgleich für die durch den Beherrschungsvertrag erzeugte Abweichung von der gesetzlichen Verantwortungsverteilung des § 76 Abs. 1 AktG her. Die Möglichkeit zur Einflussnahme nach § 308 AktG, sowie die Lockerungen bei der Vermögensbindung gemäß §§ 57 Abs. 1 S. 2, 291 Abs. 3 AktG werden einerseits durch die Außenhaftung der Geschäftsleitung nach § 309 Abs. 2 AktG (→ Rn. 28 ff.), andererseits durch den Verlustausgleichsanspruch gegen die Gesellschaft nach § 302 Abs. 1 AktG kompensiert. 23

Hiernach hat die herrschende Gesellschaft der abhängigen Matrix-Gesellschaft zwingend jeden während der Vertragsdauer entstehenden Jahresfehlbetrag auszugleichen.[37] Ausgleichspflichtig sind **alle negativen Geschäftsentwicklungen,** unabhängig davon, worauf sie beruhen.[38] Insbesondere kommt es nicht darauf an, ob die Ursache des Verlustes der herrschenden Gesellschaft oder deren Unternehmensleitung zugerechnet werden kann.[39] 24

Gläubigerin des Verlustausgleichsanspruchs ist die beherrschte Matrix-AG. Dritte können den Anspruch zwar gemäß §§ 829, 835 ZPO pfänden und an sich überweisen lassen, sind jedoch – anders als im Rahmen von § 309 Abs. 4 S. 3 AktG – grundsätzlich nicht zur Geltendmachung des Anspruchs befugt.[40] 25

Eine Weisung der Geschäftsleitung des Mutterunternehmens, den Verlustausgleichsanspruch nach § 302 AktG nicht geltend zu machen, ist rechtswidrig und entfaltet daher keine verbindliche Wirkung.[41] Auch Weisungen, eigene Gewinnrücklagen der Matrix-AG aufzulösen, um eine entsprechende Verlustausgleichspflicht der Muttergesellschaft zu verhindern, sind unzulässig.[42] 26

10. Rechtsfolgen einer Pflichtverletzung der Geschäftsleitung

a) Innenverhältnis

Die dargestellten Konzernleitungspflichten sind zuvorderst auf die Organstellung der Geschäftsleitung in ihrer eigenen Gesellschaft zurückzuführen. Verletzt die Geschäftsleitung schuldhaft ihre eigenen Organpflichten, haftet sie ihrer Gesellschaft für den daraus entstehenden Schaden, § 93 Abs. 2 AktG bzw. § 43 Abs. 2 GmbHG. In diesem Zusammenhang können auch unterlassene Maßnahmen eine Haftung begründen, sofern sie aus Konzernsicht erforderlich waren. Erforderlich ist beispielsweise regelmäßig die Einfüh- 27

---

[35] Vgl. *Geißler* GmbHR 2015, 734 (740).
[36] Oppenländer/Trölitzsch/*Drygala* § 43 Rn. 48.
[37] Grigoleit/*Servatius* AktG § 302 Rn. 1 mwN; *Altmeppen* DB 1999, 245; *Altmeppen* DB 2002, 879.
[38] BGH 11.11.1991 – II ZR 287/90, NJW 1992, 505; BGH 10.7.2006 – II ZR 238/04, NJW 2006, 3279; Grigoleit/*Servatius* AktG § 302 Rn. 6.
[39] Grigoleit/*Servatius* AktG § 302 Rn. 6.
[40] Grigoleit/*Servatius* AktG § 302 Rn. 17.
[41] *Ihrig/Schäfer* Rechte und Pflichten des Vorstands § 32 Rn. 1315.
[42] MüKoAktG/*Altmeppen* § 302 Rn. 51; Grigoleit/*Servatius* AktG § 302 Rn. 11.

rung eines konzernweiten Überwachungssystems nach § 91 Abs. 2 AktG (→ Kap. 2 Rn. 50).[43]

b) Außenverhältnis

28 Kraft Gesetzes wird die Haftung der Geschäftsleitung bei bestehenden Beherrschungsverträgen um eine zusätzliche Haftung im Außenverhältnis (gegenüber der Matrix-AG) erweitert. Die Geschäftsleitung des Mutterunternehmens ist als gesetzlicher Vertreter des Unternehmens unmittelbarer Adressat der Haftung nach § 309 Abs. 2 AktG. Überschreitet die Geschäftsleitung die gesetzlichen oder vertraglichen Grenzen des Weisungsrechts, begründet dies im Verschuldensfall regelmäßig eine Haftung gegenüber der Matrix-AG auf Schadensersatz. Das Verschulden der Geschäftsleitung wird – wie bei § 93 Abs. 2 AktG – gesetzlich vermutet. Liegt eine Überschreitung vor, kommt es für die Haftung der Geschäftsleitung auch nicht auf eine Rechtfertigung im Konzerninteresse an.[44]

29 Steht die von ihr erteilte Weisung mit § 308 AktG im Einklang, haftet die Geschäftsleitung des Mutterunternehmens nur dann, wenn sie ihren geschäftspolitischen Ermessensspielraum überschritten hat und die Matrix-AG dadurch geschädigt hat. Dies setzt regelmäßig voraus, dass die Maßnahmen in keiner Weise mehr zu rechtfertigen sind und elementare kaufmännische Vorsichtsmaßnahmen vernachlässigt wurden. Nach überwiegender Ansicht findet auch im Rahmen von § 309 AktG die Business Judgement Rule (§ 93 Abs. 1 S. 2 AktG) entsprechende Anwendung.[45] § 309 Abs. 1 AktG erfüllt insoweit eine Doppelfunktion, in dem er sowohl den Unrechtstatbestand als auch den Verschuldensmaßstab kennzeichnet.[46] Die Rechtswidrigkeit des Handelns ergibt sich in der Folge aus der Sorgfaltspflichtverletzung. Auf haftungsausfüllender Ebene wird diskutiert, ob der Matrix-AG im Hinblick auf die Verlustausgleichpflicht des oben dargestellten § 302 AktG überhaupt ein Schaden entstehen kann. Teilweise wird vertreten, dass dem durch die pflichtwidrige Weisung verursachten Verlust stets ein Ausgleichsanspruch gegen die herrschende Gesellschaft entgegenstünde – das Vermögen der Matrix-AG sei also zu keinem Zeitpunkt gemindert (Differenzhypothese).[47] Dem ist jedoch mit der überwiegenden Ansicht entgegenzuhalten, dass § 309 Abs. 2 AktG bei dieser Auslegung nahezu keine eigenständige Bedeutung hätte. Es kann nicht unterstellt werden, dass der Gesetzgeber eine Haftungsnorm rein theoretischer Natur schaffen wollte. Tatsächlich geht bereits die Annahme, dass dem Verlust gleichzeitig ein Ausgleichsanspruch gegenüberstünde, fehl. Der Ausgleichsanspruch aus § 302 AktG entsteht erst mit Jahresabschluss, wohingegen der Ersatzanspruch aus § 309 Abs. 2 AktG bereits mit Vollendung des Tatbestandes begründet ist.[48] Entscheidend ist in diesem Zusammenhang, dass der von § 309 Abs. 2 AktG verfolgte Präventivschutz nur dann zum Tragen kommen kann, wenn der Geschäftsleitung des Mutterunternehmens im Versagensfall Konsequenzen drohen. § 302 AktG führt nicht dazu, dass die Geschäftsleitung im Außenverhältnis entlastet wird (kein Vorteilsausgleich). Die beiden Pflichten aus § 302 und § 309 Abs. 2 AktG bleiben daher richtigerweise so lange nebeneinander bestehen, bis der Verlust von der einen oder anderen Seite ausgeglichen wurde.[49]

30 Wurde das Weisungsrecht auf einen Matrixmanager delegiert, haftet die Geschäftsleitung des Mutterunternehmens im Außenverhältnis nur noch für ein **Auswahl- oder Überwachungsverschulden** betreffend dieser Person (§ 664 Abs. 1 S. 2 BGB). Eine dar-

---

[43] *Ihrig/Schäfer* Rechte und Pflichten des Vorstands § 32 Rn. 1274.
[44] Vgl. OLG Düsseldorf 7.6.1990 – 19 W 13/86, AG 1990, 490.
[45] Streitig, vgl. Hüffer/*Koch* AktG § 309 Rn. 15; MüKoAktG/*Altmeppen* § 309 Rn. 74; Emmerich/*Habersack* Aktien- und GmbH-Konzernrecht AktG § 309 Rn. 33; aA Grigoleit/*Servatius* AktG § 309 Rn. 8.
[46] Hüffer/*Koch* AktG § 309 Rn. 13 mwN.
[47] KölnKomm-AktG/*Koppensteiner* § 309 Rn. 14 ff.
[48] Vgl. Hüffer/*Koch* AktG § 309 Rn. 18.
[49] So im Ergebnis wohl auch Hüffer/*Koch* AktG § 309 Rn. 18; aA KölnKomm-AktG/*Koppensteiner* § 309 Rn. 15.

überhinausgehende Zurechnung des Handelns des Matrixmanagers nach § 278 BGB findet ihr gegenüber hingegen nicht statt.[50]

Greift die Geschäftsleitung in existenzvernichtender Weise in die von ihr beherrschte Matrix-AG ein, setzt sie sich zusätzlich des Haftungsrisikos aus § 826 BGB aus. Die Haftung aus § 826 BGB wird in der Praxis jedoch nur selten eine tragende Rolle spielen, da er in direkter Konkurrenz mit der Haftung aus § 309 Abs. 2 AktG steht, dessen tatbestandliche Voraussetzungen weit weniger restriktiv sind. Gleiches gilt für eine Haftung aus § 823 Abs. 2 iVm § 266 StGB.[51]

Nimmt die Geschäftsleitung des Mutterunternehmens **vorsätzlich und nachteilig Einfluss** auf die abhängige Matrix-AG, setzt sie sich über § 309 Abs. 2 AktG hinaus auch einer Haftung aus **§ 117 AktG** für den hierdurch entstandenen Schaden der Matrix-AG aus.[52]

II. GmbH als Matrixgesellschaft

Anders als bei Matrixstrukturen mit Aktiengesellschaften besteht bei der GmbH als Matrixgesellschaft die Besonderheit, dass die Beherrschungsstruktur rechtlich auf unterschiedliche Weisen hergestellt werden kann. Einerseits kann auch hier die Konstruktion über einen **Beherrschungsvertrag** gewählt werden. Der Abschluss von Unternehmensverträgen mit GmbHs ist – anders als bei AGs – gesetzlich nicht ausdrücklich geregelt. Unter anderem aus § 30 Abs. 1 S. 2 GmbHG lässt sich jedoch herleiten, dass es nach Vorstellung des Gesetzgebers möglich ist, auch mit GmbHs Unternehmensverträge im Sinne von § 291 AktG abzuschließen.[53] Die Rechtsprechung wendet deshalb die aktienrechtlichen Vorschriften der §§ 291 ff. AktG im Wege einer richterlichen Rechtsfortbildung mittels einer **differenzierten Rechtsanalogie** an.[54] Zu den anwendbaren Vorschriften gehören neben der Verlustausgleichspflicht gem. § 302 AktG analog[55] auch das sich aus § 308 Abs. 1 S. 1 AktG ergebende Weisungsrecht und die damit verbundenen Haftungsvorschriften der §§ 309, 310 AktG.[56] Die vorstehenden Ausführungen zur AG als Matrixgesellschaft gelten dann entsprechend.

Haftungsrechtliche Besonderheiten ergeben sich, wenn die Konstruktion des **faktischen Konzerns,** also eine Beherrschung kraft (Mehrheits-)Gesellschafterstellung, gewählt wird.

Als Alleingesellschafterin steht der Muttergesellschaft auf Grund ihrer Gesellschafterstellung in der Matrix-GmbH ein originäres Weisungsrecht gem. § 37 Abs. 1 GmbHG gegenüber dem Geschäftsführer zu (→ Kap. 2 Rn. 103 ff.). Ist das herrschende Unternehmen Mehrheitsgesellschafter der Matrix-GmbH, ist sie in der Regel kraft ihrer dominierenden Stellung in der Gesellschafterversammlung dazu in der Lage, ihrem Willen entsprechende Weisungsbeschlüsse herbeizuführen. Aufgrund dieser Gesellschafterstellung haben die Muttergesellschaft und deren Geschäftsleitung – gewissermaßen im Gegenzug – eigene gesellschaftsrechtliche Pflichten, deren Verletzung im Einzelfall zu einer Haftung im Innen- und Außenverhältnis führen kann.

---

[50] S. o. zum Streitstand → Rn. 20.
[51] Vgl. *Emmerich/Habersack* Aktien- und GmbH-Konzernrecht AktG § 309 Rn. 53.
[52] Vgl. *Fleischer* VorstandsR-HdB § 18 Rn. 68; *Ihrig/Schäfer* Rechte und Pflichten des Vorstands § 32 Rn. 1332.
[53] *Emmerich/Habersack* Aktien- und GmbH-Konzernrecht § 291 Rn. 41.
[54] BGH 16.6.2015 – II ZR 384/13, BGHZ 206, 74 ff. Rn. 14; OLG Jena 21.9.2004 – 8 U 1187/03, NZG 2005, 716; OLG Zweibrücken 29.10.2013 – 3 W 82/13, DStR 2014, 910; MüKoGmbHG/*Liebscher* Anh. § 13 Rn. 638 ff.
[55] BGH 11.10.1999 – II ZR 120/98, NJW 2000, 210; BGH 23.9.1991 – II ZR 132/90, NJW 1991, 3142.
[56] *Altmeppen* Managerhaftung S. 73.

36 Hierbei ist zwischen solchen Pflichten, die sich aus der Einführung der Konzernstruktur gegenüber der eigenen Gesellschaft ergeben (**Konzerndimensionale Pflichten**) und denjenigen, die aus der auf dem Beherrschungsverhältnis beruhenden Leitungsmacht (**Konzernleitungspflichten**) resultieren, zu differenzieren.

1. Konzerndimensionale Pflichten der Geschäftsleitung

37 Dass sich aus der Ausgliederung von Geschäftsbereichen nichts an der rechtlichen Verantwortlichkeit des Geschäftsführers des konzernleitenden Mutterunternehmens ändert, zeigt sich insbesondere bei der Frage nach der **Zustimmungsbedürftigkeit** des Handelns der Geschäftsführung durch die Gesellschafterversammlung. In der Literatur finden sich Stimmen, die Entscheidungen der Geschäftsführung der Muttergesellschaft, die vor der Auslagerung der Zustimmung ihrer Gesellschafterversammlung bedurft hätten, auch nach Gründung einer nun hierfür zuständigen Matrixgesellschaft als zustimmungsbedürftig einordnen, wenn die Entscheidung tatsächlich bei der Muttergesellschaft getroffen wird und durch Weisung in der Matrixgesellschaft ausgeführt werden soll. Die Zuständigkeit der Gesellschafterversammlung „oben" verlängert sich nach dieser Auffassung folglich in die Tochtergesellschaften hinein.[57] Andererseits wird vertreten, dass es für die Frage der Zustimmungsbedürftigkeit der Einflussnahme der Geschäftsführung der Muttergesellschaft auf die Matrixgesellschaft alleine auf die Sicht der Tochter ankommt.[58] Ein ursprüngliches Zustimmungsbedürfnis für das gleiche Geschäft in der Muttergesellschaft könne allenfalls Indizwirkung haben. Unabhängig davon, welche Ansicht in diesem Zusammenhang tatsächlich zutrifft: Zur Prüfung, ob im Einzelfall eine Zustimmung der eigenen Gesellschafterversammlung notwendig ist, ist die Geschäftsleitung der Muttergesellschaft in jedem Fall verpflichtet. Dem Gebot des sichersten Wegs entsprechend ist es empfehlenswert, in Zweifelsfällen vor Erteilung der Weisung eine entsprechende Zustimmung einzuholen.

2. Konzernleitungspflichten

38 Zusätzlich zu den konzerndimensionalen Pflichten hat die Geschäftsleitung auf Grund der besonderen Stellung ihres Unternehmens innerhalb der Matrixstruktur **Konzernleitungspflichten**[59] wahrzunehmen. Neben dem Gebot, ausschließlich rechtmäßige Konzernleitungsmaßnahmen vorzunehmen, muss die Geschäftsleitung der Muttergesellschaft sicherstellen, dass funktionierende Konzernorganisationsstrukturen eingeführt und unterhalten werden. Das herrschende Unternehmen darf die Tochterunternehmen qua ihrer eigenen Organstellung als Gesellschafter grundsätzlich nicht nur als bloße Finanzholding führen,[60] sondern muss zumindest den Rahmen einer Leitungsorganisation herstellen. Auch im faktischen Konzern besteht keine darüberhinausgehende Pflicht zur dichten Konzernleitung – die Muttergesellschaft wird auch durch ihre herrschende Stellung nicht ipso iure zur faktischen Geschäftsführung des Tochterunternehmens (→ Kap. 2 Rn. 120 f.).[61]

---

[57] Oppenländer/Trölitzsch/*Drygala/Leinekugel* § 42 Rn. 71.
[58] So wohl MüKoGmbHG/*Stephan/Tieves* § 37 Rn. 22.
[59] Der Umfang dieser Pflichten ist im Einzelnen umstritten; die hM geht davon aus, dass die Obergesellschaft im Rahmen ihres unternehmerischen Ermessens entscheiden kann, wie sie die Konzernleitung ausgestaltet, vgl. MüKoAktG/*Altmeppen* § 309 Rn. 54; *Reuter* DB 1999, 2250; *Götz* ZGR 1998, 524.
[60] Vgl. *Götz* ZGR 1998, 524 (526).
[61] So auch Oppenländer/Trölitzsch/*Drygala/Leinekugel* § 42 Rn. 77. Dies wird jedoch im Zusammenhang mit Matrixmanagern diskutiert, vgl. → Rn. 73.

3. Legalitätspflicht

Die Geschäftsleitung des Mutterunternehmens ist ihrer eigenen Gesellschaft gegenüber zum **rechtmäßigen Handeln** verpflichtet **(Legalitätspflicht)**.[62] Dies trifft auch auf solches Handeln zu, das im Zusammenhang mit der Ausübung der Beherrschungsstellung in der Matrixstruktur erfolgt. Die Geschäftsleitung hat sicherzustellen, dass ihre eigenen Weisungen (→ Rn. 42 ff.) sowie Weisungen des Matrixmanagers (→ Rn. 45 ff.) rechtmäßig sind und die Töchter nicht durch sonstiges zurechenbares Verhalten in ihren Existenz vernichtet werden (→ Rn. 53 ff.). 39

Gerade im straf- und ordnungswidrigkeitsrechtlichen Zusammenhang wird überdies diskutiert, ob die Geschäftsleitung der Muttergesellschaft verpflichtet ist, ein rechtmäßiges Handeln der von ihr beherrschten Tochter sicherzustellen **(Compliance-Verantwortlichkeit)**.[63] Da es sich um eine besondere Pflicht gegenüber der Allgemeinheit bzw. Dritten handelt, muss sie auf die gesetzlich ausdrücklich angeordneten Fälle (zB § 25a Abs. 1a KWG, § 62 GmbHG sowie für Vorstände börsennotierter Aktiengesellschaften Ziffer 4.1.3 des DCGK) beschränkt werden und ist daher **im Außenverhältnis abzulehnen**.[64] Im Hinblick auf das Innenverhältnis wurde von Rechtsprechung und Literatur jedoch bereits eine Haftung für den Fall bejaht, dass die Geschäftsleitung der Muttergesellschaft rechtswidriges Handeln der Tochter duldet.[65] So wurde der Geschäftsleitung der Muttergesellschaft von der Rechtsprechung beispielsweise die interne Pflicht auferlegt, ein geeignetes Kontrollsystem in der Buchhaltung zu errichten, das Scheinbuchungen sowohl in der Muttergesellschaft also auch in Tochtergesellschaften eines Konzerns unterbinden kann.[66] 40

4. Rechtmäßigkeit der eigenen Weisungen

Übt die Muttergesellschaft durch ihre Geschäftsleitung das ihr als Alleingesellschafter der Matrix-GmbH zustehende Weisungsrecht nach § 37 Abs. 1 GmbHG selbst aus, hat sie sicherzustellen, dass eine von ihr an die Matrixgesellschaft erteilte **Weisung rechtmäßig** ist (Erfüllungsverantwortung). Die Weisung darf nicht gegen §§ 134, 138 BGB verstoßen. Auf die Einhaltung steuerrechtlicher, sozialversicherungsrechtlicher und insolvenzrechtlicher Vorschriften ist bei der Erteilung von Weisungen besonderes Augenmerk zu richten.[67] Überdies darf die Muttergesellschaft bei der Ausübung ihres Weisungsrechts nicht die Belange der Matrixgesellschaft ignorieren. Sie muss auf die Einhaltung der insolvenzrechtlichen Vorschriften und der Kapitalerhaltungsgrundsätze im Hinblick auf die beherrschte GmbH achten, da sie im faktischen GmbH-Konzern als Gesellschafterin selbst ein Teil der Matrixgesellschaft ist. 41

Dies gilt auch, wenn die Muttergesellschaft nicht Allein-, sondern Mehrheitsgesellschafter der Matrix-GmbH ist. Hinzu kommt in diesem Fall, dass es für die Erteilung einer Weisung stets eines **formellen Weisungsbeschlusses** bedarf (→ Kap. 2 Rn. 106 f.). Die Muttergesellschaft darf etwaige Minderheitsgesellschafter nicht übergehen. Hinzu kommt, dass das herrschende Unternehmen gem. **§ 47 Abs. 4 GmbHG** einem Stimmverbot bei Rechtsgeschäften unterliegt, die der Konzernspitze zugute kommen.[68] Unmittelbare Weisungen des herrschenden Unternehmens entfalten daher **keine Bindungswir-** 42

---

[62] BGH 14. 12. 1959 – II ZR 187/57, NJW 1960, 285; Roth/*Altmeppen* GmbHG § 43 Rn. 8.
[63] Hierzu *Schockenhoff* ZHR 188 (2016), 197 (201); MüKoGmbHG/*Stephan/Tieves* § 37 Rn. 24.
[64] So auch MüKoGmbHG/*Stephan/Tieves* § 37 Rn. 24.
[65] OLG Jena 12. 8. 2009 – 7 U 244/07, NZG 2010, 226 (227 f.); Scholz/*Schneider* GmbHG § 43 Rn. 49; *Spindler* WM 2009, 905 (915 f.); *Verse* ZHR 175 (2011), 401 (407 f.); *Lutter* FS Goette, 2011, 289 (291).
[66] OLG Jena 12. 8. 2009 – 7 U 244/07, NZG 2010, 226.
[67] Vgl. hierzu im Detail die korrelierenden Überprüfungspflichten des Geschäftsführers der Matrixgesellschaft, → Rn. 127 ff.
[68] MüKoGmbHG/*Liebscher* Anh. § 13 Rn. 384.

kung für den Geschäftsführer und entlasten ihn daher auch dann nicht, wenn er auf Grundlage einer solchen Weisung die Gesellschaft schädigt.[69]

43 Ferner statuiert die mitgliedschaftliche **Treuepflicht** gegenüber der Muttergesellschaft als Allein- oder Mehrheitsgesellschafter ein weitreichendes **„Schädigungsverbot".**[70] Der Gesellschafter darf seiner Gesellschaft durch eigenes Verhalten keinen Schaden zufügen – hieran hat er auch die Ausübung seiner Weisungsbefugnis auszurichten. Welche Weisungen die Muttergesellschaft vor diesem Hintergrund zu unterlassen hat, muss auch an dem satzungsmäßigen Gesellschaftszweck der beherrschten GmbH ausgerichtet werden.[71] Die Geschäftsleitung der Muttergesellschaft darf keine ausschließlich eigennützigen Maßnahmen veranlassen, die zwar für sich genommen rechtmäßig wären, aber dem Gesellschaftszweck der Tochter zuwiderlaufen. Hieraus folgt zwar nicht, dass die mitgliedschaftliche Treuepflicht des Gesellschafters jedwede für die Tochtergesellschaft nachteilige Weisungen verbietet, da das Gesetz dem Gesellschafter unternehmerische Freiheit eröffnet. Um allerdings in einem rechtssicheren Rahmen agieren zu können, empfiehlt es sich bereits bei der Konzerngründung darauf zu achten, dass der Gesellschaftszweck der Tochtergesellschaft einerseits hinreichend bestimmt genug ist, andererseits aber auch Einflussnahmemöglichkeiten durch die Gesellschafterin offen hält.

5. Nachwirkende Ingerenzpflichten

44 Wird das originär der Gesellschafterversammlung gem. § 37 Abs. 1 GmbHG zustehende Weisungsrecht auf einen oder mehrere Matrixmanager delegiert, wandelt sich die Erfüllungsverantwortung in eine **Gewährleistungs- und Überwachungsverantwortung** um.[72] Die Delegation schafft für die beherrschte Gesellschaft ein zusätzliches Risiko und begründet daher ausgleichende, nachwirkende Ingerenzpflichten der Muttergesellschaft. Der Gesellschafter kann sich nicht seiner eigenen Verantwortlichkeit dadurch entziehen, dass er seine Einflussnahmemöglichkeiten auf Dritte delegiert.

45 Die Ingerenzpflicht ist von der Geschäftsleitung der Muttergesellschaft wahrzunehmen. Gleichwohl führt dies jedenfalls bei der faktisch beherrschten GmbH nicht dazu, dass sich die Geschäftsleitung auch ein Verschulden des Matrixmanagers als eigenes Verschulden nach § 278 BGB zurechnen lassen muss.[73] Der mit dem Weisungsrecht befähigte Matrixmanager wird **ausschließlich zum Erfüllungsgehilfen der Muttergesellschaft,** da nur diese eine Gesellschafterstellung bei der Matrixgesellschaft innehat. Die zur Ausübung der hiermit verbundenen Rechte und Pflichten zuständige Geschäftsleitung der Muttergesellschaft hat hingegen keine eigenen Pflichten gegenüber der Matrixgesellschaft, zu deren Erfüllung sie sich eines Erfüllungsgehilfen bedienen könnte.

6. Erstattungspflicht für unberechtigte Zahlungen, §§ 30, 31 GmbHG

46 Weisungen, die Zahlungen der Matrixgesellschaft an die Muttergesellschaft oder an Schwestergesellschaften zur Folge haben, sind an den Maßstäben der Kapitalerhaltungsvorschriften der beherrschten Matrix-GmbH zu messen. Für die Muttergesellschaft besteht die Gefahr, dass sie hierbei einem Rückzahlungsanspruch nach § 31 Abs. 1 GmbHG ausgesetzt wird.

---

[69] Oppenländer/Trölitzsch/*Drygala* § 42 Rn. 68.
[70] Vgl. BGH 5.6.1975 – II ZR 23/74, NJW 1976, 191; BGH 16.2.1981 – II ZR 168/79, NJW 1981, 1512; BGH 16.9.1985 – II ZR 275/84, NJW 1986, 188; Oppenländer/Trölitzsch/*Kaltenborn* § 49 Rn. 9.
[71] Oppenländer/Trölitzsch/*Kaltenborn* § 49 Rn. 10 mwN.
[72] Vgl. *Emmerich/Habersack* Aktien- und GmbH Konzernrecht AktG § 308 Rn. 12; *Seibt/Wollenschläger* AG 2013, 229 (233).
[73] Umstritten im Zusammenhang mit dem Vertragskonzern im Aktienrecht: MüKoAktG/*Altmeppen* § 308 Rn. 43; aA *Emmerich/Habersack* Aktien- und GmbH-Konzernrecht AktG § 309 Rn. 15, 376, jeweils mwN.

Gem. § 30 Abs. 1 GmbHG darf das zur Erhaltung des Stammkapitals erforderliche Vermögen der Gesellschaft nicht an die Gesellschafter ausbezahlt werden. Das Zahlungsverbot erfasst im Matrixkonzern nicht nur unmittelbare Auszahlungen an das in der Gesellschafterstellung befindliche Mutterunternehmen. Nach einhelliger Ansicht sind auch Auszahlungen an sog. mittelbare Gesellschafter innerhalb des Konzerns, wie etwa Schwestergesellschaften oder „Großmutter-Gesellschaften" von dem Auszahlungsverbot des § 30 Abs. 1 GmbHG erfasst.[74] Die sich aus § 30 Abs. 1 Satz 2 GmbHG ergebenden Besonderheiten beziehen sich ausschließlich auf Konzernstrukturen mit Beherrschungs- oder Gewinnabführungsverträgen und finden im faktischen GmbH-Konzern keine Anwendung. 47

Der Auszahlungsbegriff ist nach überwiegender Auffassung zwar extensiv, allerdings nach wie vor **vermögensorientiert** auszulegen. Hierunter fallen neben Zahlungen in natura Vermögensgegenstände wie Forderungen, Unternehmensbeteiligungen, Immobilien, sowie nicht-gegenständliches Vermögen wie Dienstleistungen und Nutzungsüberlassungen. Nicht bilanziell aufgeführte „Werte" wie Know-How oder qualifiziertes Personal werden vom Kapitalschutz der §§ 30, 31 GmbHG hingegen nicht erfasst.[75] 48

Sind die Voraussetzungen eines Verstoßes gegen § 30 Abs. 1 oder Abs. 2 GmbHG erfüllt, löst dies als unmittelbare Rechtsfolge die Erstattungspflicht des § 31 Abs. 1 GmbHG aus.[76] Nach allgemeiner Ansicht haftet das Mutterunternehmen als Gesellschafter hierbei nicht nur für Zahlungen, die entgegen § 30 GmbHG an sie erfolgten, sondern auch für solche, die auf ihre Weisung an Dritte, zum Beispiel an Schwesterunternehmen der Matrixgesellschaft, vorgenommen wurden.[77] 49

Die Erstattungspflicht ist hierbei als reine **Innenhaftung** ausgestaltet – Gläubiger der Erstattungspflicht ist die Matrixgesellschaft, Schuldner das herrschende Unternehmen als Gesellschafterin. Ein dem § 62 Abs. 2 AktG entsprechender eigener Anspruch der Gesellschaftsgläubiger findet sich im GmbH-Recht nicht. Gleichwohl besteht die Möglichkeit, dass sich Gesellschaftsgläubiger den Erstattungsanspruch im Krisenfall pfänden und überweisen lassen, um so mittelbar gegen die Muttergesellschaft vorgehen zu können.[78] 50

Die Geschäftsleitung der Muttergesellschaft setzt sich im Falle einer gegen § 30 GmbHG verstoßenden Weisung eines Haftungsrisikos gegenüber ihrer eigenen Gesellschaft aus, da eine solche Weisung rechtswidrig ist und somit gegen die originäre Legalitätspflicht der Geschäftsleitung der Muttergesellschaft verstößt. Im Falle einer schuldhaften Pflichtverletzung bestehen daher möglicherweise Freistellungsansprüche der Muttergesellschaft gegen ihre Geschäftsleitung (im Hinblick auf einen Schaden, der durch die Rückzahlungspflicht entsteht). 51

7. Verbot existenzvernichtender Eingriffe

Maßnahmen der Geschäftsleitung, die für die beherrschte GmbH eine Existenzvernichtung zur Folge haben, können für die Muttergesellschaft (und deren Geschäftsleitung) zur Haftung nach **§ 826 BGB** führen. Eine solche **Durchgriffshaftung** kommt insbesondere dann in Betracht, wenn sich das gesellschaftsrechtliche Kapitalschutzsystem als unzurei- 52

---

[74] Dazu BGH 21.9.1981 – II ZR 104/80, NJW 1982, 383; BGH 5.5.1989 – II ZR 150/85, WM 1986, 789; BGH 20.3.1986 – II ZR 114/85, NJW-RR 1986, 1293; BGH 24.9.1990 – II ZR 174/89, NJW 1991, 357; BGH 16.12.1991 – II ZR 294/90, NJW 1992, 1168; BGH 13.11.1995 – II ZR 113/94, NJW 1996, 589; Baumbach/Hueck/*Fastrich* GmbHG § 31 Rn. 27 mwN.
[75] Zur Schließung dieser Lücke wurde die Existenzvernichtungshaftung aus § 826 BGB entwickelt, vgl. → Rn. 53.
[76] Michalski/*Heidinger* GmbHG § 31 Rn. 3.
[77] Vgl. hierzu BGH 28.9.1981 – II ZR 223/80, NJW 1982, 386; BGH 20.9.1982 – II ZR 268/81, WM 1982, 1402; Rowedder/Schmidt-Leithoff/*Pentz* GmbHG § 31 Rn. 8; Ulmer/Habersack/Löbbe/*Habersack* § 31 Rn. 19; Scholz/*Westermann* GmbHG § 31 Rn. 11 ff.; Baumbach/Hueck/*Fastrich* GmbHG § 31 Rn. 10; Michalski/*Heidinger* GmbHG § 31 Rn. 14 mwN.
[78] Vgl. Baumbach/Hueck/*Fastrich* GmbHG § 31 Rn. 6; Scholz/*Westermann* GmbHG § 31 Rn. 8; Michalski/*Heidinger* GmbHG § 31 Rn. 8.

chend erweist. So greift § 30 GmbHG beispielsweise nicht ein, wenn qualifiziertes Personal aus der beherrschten Matrixgesellschaft abgezogen und einer anderen Matrixgesellschaft zugewiesen wird.[79] Anders als in den Fällen der vertraglich beherrschten Aktiengesellschaft kann sich die Matrix-GmbH nicht durch Kündigung des Beherrschungsvertrages der Einflussnahme der Muttergesellschaft entziehen. Sie ist daher in besonderem Maße schutzbedürftig.

53 Mit seinen beiden Entscheidungen Trihotel[80] und Gamma[81] ist der Bundesgerichtshof von seiner ursprünglich zur Schließung dieser Lücke entwickelten Lehre vom qualifizierten faktischen Konzern abgerückt und ordnet eine eigene Haftung des Gesellschafters für **existenzvernichtende Eingriffe** dogmatisch nunmehr als Fall der vorsätzlichen sittenwidrigen Schädigung gem. § 826 BGB ein (→ Kap. 2 Rn. 125 f.). Der BGH hat hierdurch eine Haftung für missbräuchliche, zur Insolvenz der beherrschten GmbH führende oder diese vertiefende kompensationslose Eingriffe in das dem Zweck der vorrangigen Befriedigung der Gesellschaftsgläubiger dienende Gesellschaftsvermögen geschaffen.[82] Die Haftung ist rechtstechnisch als Innenhaftung des Gesellschafters gegenüber der Gesellschaft ausgestaltet.[83] Die Geschäftsleitung darf daher keine Maßnahmen veranlassen, die tatbestandlich zu einer Existenzvernichtungshaftung führen.

54 Tut sie es dennoch, kommt mittelbar über den Weg der Haftung für Verstöße gegen die Legalitätspflicht (→ Rn. 42) eine **eigene Haftung der Geschäftsleitung** (ggf. auf Freistellung) gegenüber der eigenen Gesellschaft in Betracht. Die Erteilung einer existenzvernichtenden Weisung wird regelmäßig gegen § 138 BGB verstoßen und begründet eine eigene Pflichtverletzung der Geschäftsleitung des herrschenden Unternehmens.

55 Des Weiteren muss das Handeln einen **Vermögensentzug** bei der beherrschten Matrixgesellschaft (Eingriff) verursacht haben, um zu einer Haftung der Muttergesellschaft zu führen. Der Vermögensbegriff ist hierbei weit auszulegen. Die Geschäftsleitung hat zu beachten, dass nicht nur der Entzug des bilanziellen Vermögens Haftungsansprüche begründen kann. Auch die Vernichtung von Geschäftschancen oder Ressourcen[84] bzw. der Entzug von Know-How oder betriebsnotwendigen Arbeitskräften können Eingriffe im Sinne von § 826 BGB darstellen. Geschützt werden soll alles, was zur planmäßigen Fortführung der wirtschaftlichen Tätigkeit der Matrixgesellschaft beiträgt.[85] Der BGH hat in der Rechtssache Gamma ausdrücklich festgestellt, dass ein existenzvernichtender Eingriff nur durch ein positives Tun verwirklicht werden kann; ein Eingriff durch Unterlassen ist nach Ansicht des BGH schon begrifflich ausgeschlossen.[86]

56 Voraussetzung für einen Anspruch aus § 826 BGB ist überdies eine durch den Eingriff verursachte **Vernichtung der Existenz der beherrschten Matrixgesellschaft.** Das ist dann der Fall, wenn die Gesellschaft durch den Eingriff insolvent geworden oder eine bereits vorhandene Insolvenzreife durch die Maßnahme der Muttergesellschaft vertieft worden ist.[87]

57 Ein existenzvernichtender Eingriff wird regelmäßig **sittenwidrig** sein.[88] In subjektiver Hinsicht verlangt § 826 BGB ein **vorsätzliches Handeln** des Gesellschafters bzw. seiner Organe. Da hierfür bereits ein bedingter Vorsatz ausreicht, muss der handelnden Ge-

---

[79] *Strohn* ZInsO 2008, 706 (707); MAH GmbHR/*Römermann* § 20 Rn. 164.
[80] BGH 16.7.2007 – II ZR 3/04, NJW 2007, 2689.
[81] BGH 28.4.2008 – II ZR 264/06, NJW 2008, 2437.
[82] BGH 28.4.2008 – II ZR 264/06, NJW 2008, 2437; vgl. auch MAH GmbHR/*Römermann* § 20 Rn. 167.
[83] BGH 28.4.2008 – II ZR 264/06, NJW 2008, 2437; für eine darüberhinausgehende Außenhaftung Ulmer/Habersack/Löbbe/*Casper* Anh. § 77 Rn. 113 ff.
[84] *Strohn* ZInsO 2008, 706 (708); MAH GmbHR/*Römermann* § 20 Rn. 171.
[85] Vgl. *Strohn* ZInsO 2008, 706 (708).
[86] BGH 28.4.2008 – II ZR 264/06, NJW 2008, 2437.
[87] MAH GmbHR/*Römermann* § 20 Rn. 175.
[88] So auch *Strohn* ZInsO 2008, 706 (709).

schäftsleitung bei Ausübung ihrer Maßnahme nur bewusst gewesen sein, dass der Eingriff zu einer Existenzvernichtung der beherrschten Matrixgesellschaft führen kann.[89]

Einer Durchgriffshaftung für die materielle Unterkapitalisierung und der damit einhergehenden Pflicht der Muttergesellschaft, nur ausreichend kapitalisierte Tochtergesellschaften zu gründen, hat der BGH in seiner Gamma-Entscheidung hingegen eine Absage erteilt.[90] 58

8. Pflicht zur Erteilung von Weisungen in Krisensituation

In der gesellschaftsrechtlichen Literatur wird teilweise erwogen, ob die Unternehmensleitung der Muttergesellschaft **zur Erteilung von Weisungen** an eine sich in der Krise befindliche Tochter **verpflichtet** ist. Hierbei wird übersehen, dass auch § 37 GmbHG dem Grunde nach von einer Eigenverantwortlichkeit der Geschäftsführung der GmbH ausgeht.[91] Selbst in Krisensituationen kann der Gesellschafter daher nicht zu „korrigierenden Eingriffen" verpflichtet sein, sofern nicht das Gesetz ausdrücklich ein anderes vorschreibt (zB eigene Insolvenzantragspflicht). 59

Daher ist auch dem BGH in der oben dargestellten Rechtssache Gamma zuzustimmen, der eine **Haftung des Gesellschafters für Unterlassen** ausdrücklich **abgelehnt** hat.[92] Eine irgendwie geartete Pflicht zur Erteilung von Weisungen besteht nicht – auch in Krisensituationen bleibt der GmbH-Geschäftsführer der Matrix-GmbH für den Lauf der Dinge selbst verantwortlich. 60

9. Rechtsfolgen der Pflichtverletzung

Die dargestellten Pflichten resultieren im Regelfall aus der organschaftlichen Gesellschafterstellung der Muttergesellschaft in der faktisch beherrschten Matrix-GmbH. Insoweit trifft eine Haftung für die Verletzung der Pflichten regelmäßig **originär** die **Muttergesellschaft selbst.** Die Haftung ist hierbei regelmäßig als **Innenhaftung** des Gesellschafters gegenüber der Matrix-Gesellschaft ausgestaltet. Dritte (zB Gläubiger der Matrix-GmbH) können nur in wenigen Ausnahmefällen unmittelbar gegen die Muttergesellschaft vorgehen (sog. **Außenhaftung,** → Rn. 53 ff.). 61

Die **Geschäftsleitung der Muttergesellschaft** ist primär den Haftungsansprüchen ihrer eigenen Gesellschaft (also der Muttergesellschaft) ausgesetzt. Die oben genannten Geschäftsleitungspflichten beruhen auf der **Legalitätspflicht** der Geschäftsleitung gegenüber der von ihr geführten Gesellschaft, wonach die Geschäftsleitung sicher zu stellen hat, dass die eigene Gesellschaft rechtmäßig handelt. Eine eigene Haftung im Innenverhältnis kommt bei schuldhaft rechtswidrigen Weisungen der Muttergesellschaft an die Matrix-GmbH in Betracht, sofern diese von der Geschäftsleitung selbst ausgesprochen werden. Weisungen des Matrixmanagers können zwar regelmäßig der Muttergesellschaft, nicht aber deren Geschäftsleitung zugerechnet werden (hierzu → Rn. 20). Eigene Pflichtverletzungen im Hinblick auf das Handeln des Matrixmanagers kommen nur bei Verstößen gegen **Auswahl- oder Überwachungspflichten** in Betracht. 62

Da die Geschäftsleitung der Muttergesellschaft selbst sicherzustellen hat, dass ihre Gesellschaft rechtmäßig handelt, kommt für den Fall der Erteilung rechtswidriger/treuwidriger Weisungen eine **Innenhaftung** der Geschäftsleitung **aus § 93 Abs. 2 AktG, § 43 Abs. 2 GmbHG und § 280 Abs. 1 BGB,** ggf. auch auf Freistellung von der Gesellschafterhaftung gegenüber der Matrixgesellschaft, in Betracht, sofern die abhängige Ma- 63

---

[89] BGH 16.7.2007 – II ZR 3/04, NJW 2007, 2689; MAH GmbHR/*Römermann* § 20 Rn. 178.
[90] BGH 28.4.2008 – II ZR 264/06, NJW 2008, 2437.
[91] So auch Michalski/*Lenz* GmbHG § 37 Rn. 18.
[92] BGH 28.4.2008 – II ZR 264/06, NJW 2008, 2437.

trixgesellschaft infolge der rechtswidrigen Weisung einen Schadensersatzanspruch gegen das herrschende Unternehmen gemäß § 826 BGB hat.[93]

64 Im Außenverhältnis, also insbesondere gegenüber der Matrix-GmbH oder Dritten (Gläubigern) haftet die Geschäftsleitung der Muttergesellschaft nur ausnahmsweise dann, wenn sie selbst (und nicht als Handelnde für die Muttergesellschaft) drittschützende Normen verletzt. So ist etwa eine eigene **Außenhaftung aus § 823 Abs. 2 BGB iVm einem Schutzgesetz** und aus **§ 826 BGB** denkbar.

65 Für Verbindlichkeiten oder Pflichtverletzungen der Matrix-GmbH haftet die Muttergesellschaft wegen des **konzern- und haftungsrechtlichen Trennungsprinzips**[94] grundsätzlich nicht. Ausnahmen hiervon können sich aus spezialgesetzlichen Regelungen oder vertraglichen Vereinbarungen ergeben. Exemplarisch sei an dieser Stelle auf das Produkthaftungsgesetz hingewiesen, wonach gemäß §§ 1 Abs. 1, 4 Abs. 1 S. 2 ProdHaftG auch die Muttergesellschaft für die Fehlerhaftigkeit eines von der Tochter hergestellten Produktes im Außenverhältnis haftet, wenn sie durch ihren Namensaufdruck Quasi-Hersteller im Sinne des Gesetzes ist.[95] Vertraglich kommt eine Haftung für Verbindlichkeiten der Matrix-GmbH im Außenverhältnis etwa bei **harten Patronatserklärungen** der Muttergesellschaft in Betracht.[96]

III. Ausländische Muttergesellschaft

66 Matrixstrukturen treten häufig in internationalen Konzernen auf. Hierbei ist es nicht selten, dass eine aus deutscher Sicht ausländische Gesellschaft an der Spitze steht. Das deutsche Gesellschaftsrecht schreibt keine besonderen Anforderungen an das herrschende Unternehmen vor. Eine ausländische Gesellschaft kann, wenn ihre Rechtsfähigkeit feststeht, sowohl Gesellschafterin einer deutschen GmbH sein, als auch herrschender Vertragspartner im Rahmen eines Beherrschungsvertrags[97]. Soll eine ausländische Gesellschaft beherrscht werden, setzt dies voraus, dass das Heimatrecht der Auslandsgesellschaft einen entsprechenden Unternehmensvertrag vorsieht.[98]

67 Beherrscht eine ausländische Gesellschaft eine deutsche Matrix-AG oder Matrix-GmbH im Wege eines Unternehmensvertrages, haften ihre gesetzlichen Vertreter für Pflichtverletzungen im Rahmen des Beherrschungsverhältnisses nach den Vorschriften des deutschen Konzernrechts. Die Haftungsadressaten nach § 309 Abs. 1 AktG sind hierbei die nach dem Gesellschaftsstatut des ausländischen Unternehmens zu ermittelnden Personen, die die Funktion des gesetzlichen Vertreters iSv § 309 AktG erfüllen.[99]

68 Im faktischen GmbH-Konzern richtet sich die Haftung des Mutterunternehmens ebenfalls **nach deutschem Recht,** da sich diese Haftung allein aus der rechtlichen Beziehung zwischen Gesellschaft und Gesellschafter ergibt. Insofern ist nur das Innenrecht der deutschen GmbH betroffen; das ausländische Gesellschaftsstatut ist allenfalls für die Frage der Rechtsfähigkeit des Gesellschafters heranzuziehen.

69 Im Einzelnen ergeben sich daher keine Besonderheiten zur oben dargestellten Haftung deutscher Mutterunternehmen und deren Geschäftsleiter.

---

[93] Vgl. hierzu *Wisskircher/Dannhorn/Bissels* DB 2008, 1139 (1141).
[94] Vgl. Baumbach/Hueck/*Fastrich* GmbHG § 13 Rn. 5; Lutter/Hommelhoff/*Lutter/Bayer* GmbHG § 13 Rn. 1, 5; Michalski/*Michalski/Funke* GmbHG § 13 Rn. 305; MüKoGmbHG/*Merkt* § 13 Rn. 332 mwN.
[95] Für Einzelheiten vgl. MüKoBGB/*Wagner* ProdHaftG § 4 Rn. 21 ff.
[96] Zur Zahlungspflicht der Muttergesellschaft nach Ausstellung einer harten Patronatserklärung vgl. BGH 19.5.2011 – IX ZR 9/10, NZG 2011, 913.
[97] Grigoleit/*Servatius* AktG § 308 Rn. 2.
[98] Grigoleit/*Servatius* AktG § 308 Rn. 2.
[99] MüKoAktG/*Altmeppen* § 309 Rn. 14.

C. Haftung der Matrixmanager

Der Matrixmanager nimmt in haftungsrechtlicher Hinsicht eine Sonderstellung ein. Das normierte Gesellschafts- und Konzernrecht geht davon aus, dass das Weisungsrecht tatsächlich von den weisungsbefugten Personen wahrgenommen wird. Eine Delegation ist gesetzlich nicht vorgesehen, gleichzeitig aber auch nicht ausgeschlossen. Art und Umfang der Haftung des Matrixmanagers hängen daher in besonderem Maße von dessen rechtlicher Stellung in der Matrixstruktur ab. Je nach Einflussnahme und Auftreten des Matrixmanagers ist er im Einzelfall gesellschaftsrechtlichen, vertraglichen, arbeitsrechtlichen und deliktischen Ansprüchen ausgesetzt. 70

I. Gesellschaftsrechtliche Haftung

Eine gesellschaftsrechtliche Haftung des Matrixmanagers setzt voraus, dass ihm im Hinblick auf die Muttergesellschaft oder Matrixgesellschaft überhaupt eine gesellschaftsrechtlich relevante Stellung zukommt. Tatsächlich wird der Matrixmanager im Regelfall nicht auch Geschäftsleiter der einzelnen Matrixgesellschaften sein, zumal ihm vielfach gesellschaftsunabhängige, teilweise sogar übergeordnete Aufgaben zukommen. Es entspricht gerade dem Wesen der Matrixstruktur, dass der Matrixmanager neben dem formellen Geschäftsführer der Matrixgesellschaft steht und **gebündelten Einfluss** auf viele unterschiedliche Matrixgesellschaften ausübt. Vereinzelt wird daher einem Dritten bereits durch die auf ihn delegierte Weisungsbefugnis eine **organschaftliche Stellung** in der beherrschten Gesellschaft eingeräumt.[100] 71

1. Haftung als faktisches Organ der Matrixgesellschaft

Die Delegation des Weisungsrechts kann dazu führen, dass der Matrixmanager zum **faktischen Geschäftsführer** oder **faktischen Vorstand** der Matrixgesellschaft wird. Faktische Geschäftsleiter sind nach Ansicht der Rechtsprechung Personen, die nicht in das Amt bestellt wurden, jedoch die Ämterfunktionen tatsächlich wahrnehmen.[101] Die rechtliche Geschäftsleitung wird in diesem Fall nicht durch die faktische Geschäftsleitung verdrängt. Auch bei faktisch fehlender Einflussnahmemöglichkeit und an ihr vorbeilaufenden Informationswegen treffen sie von Gesetzes wegen die Pflichten eines Geschäftsführers bzw. Vorstandes (→ Rn. 93 ff.). 72

Nach Ansicht der Rechtsprechung genügt nicht alleine eine herrschende Stellung, um faktisch die Position des Geschäftsleiters einzunehmen.[102] Tatsächlich müssen von dem faktischen Geschäftsleiter auch **nach außen hin** weitgehend alle Dispositionen ausgehen. Sein Handeln muss über die bloße interne Einwirkung auf die satzungsgemäße Geschäftsführung, etwa durch Weisungen, hinausgehen.[103] 73

Tritt der Matrixmanager für eine **Matrix-GmbH** tatsächlich nach außen auf und kommt ihm auch betriebsintern eine überragende Stellung zu, ist er nach Ansicht der Rechtsprechung als faktischer Geschäftsführer der GmbH anzusehen.[104] Ihn treffen dann 74

---

[100] MüKoGmbHG/*Stephan/Tieves* § 37 Rn. 72, 113.
[101] BGH 21.3.1988 – II ZR 194/87, NJW 1988, 1789; *Drescher* GmbH-Geschäftsführerhaftung Rn. 84.
[102] BGH 2.6.2008 – II ZR 104/07, ZIP 2008, 1329; BGH 21.3.1988 – II ZR 194/87, NJW 1988, 1789; OLG München 8.9.2010 – 7 U 2568/10, ZIP 2010, 2295.
[103] BGH 22.2.2002 – II ZR 196/00, NJW 2002, 1803; aA *Fleischer* GmbHR 2011, 337; *Fleischer/Schmolke* WM 2011, 1009; Lutter/Hommelhoff/*Kleindiek* GmbHG § 43 Rn. 4; Michalski/*Haas/Ziemons* GmbHG § 43 Rn. 30.
[104] Vgl. zu den Anforderungen an einen faktischen Geschäftsführer BGH 2.6.2008 – II ZR 104/07, ZIP 2008, 1329; BGH 21.3.1988 – II ZR 195/87, NJW 1988, 1789; OLG München 8.9.2010 – 7 U 2568/10, ZIP 2010, 2295.

die gleichen Pflichten, die auch ein förmlich bestellter Geschäftsführer zu erfüllen hat (§ 43 Abs. 1 GmbHG). Insbesondere kann er für sein Handeln nach innen und außen[105] hin haftbar gemacht werden. Um dies zu verhindern, hat er bei der Ausübung seiner Befugnisse die Sorgfalt eines ordentlichen Geschäftsmannes anzuwenden. Er hat selbst sicherzustellen, dass sich die Matrixgesellschaft rechtmäßig verhält (**gesellschaftsrechtliche Legalitätspflicht**). Da weder das GmbH-Recht noch die Rechtsprechung unterschiedliche Haftungsmaßstäbe an faktische und „echte" Geschäftsführer anlegen, haftet der Matrixmanager in diesem Fall für Verletzungen der Legalitätspflicht nach den hier dargestellten Grundsätzen der Haftung der Geschäftsleitung der Matrixgesellschaft, wenn seine eigene Weisung rechtswidrig ist.

75 Zwar wird in der aktienrechtlichen Literatur diskutiert, ob die Rechtsprechung des BGH zum faktischen GmbH-Geschäftsführer auch auf Vorstände der AG übertragbar ist.[106] Allerdings ist es bei **Aktiengesellschaften als Matrixgesellschaften** kaum vorstellbar, dass der Matrixmanager durch Delegation des Weisungsrechts zu deren faktischem Organ wird. Eine Weisungsbefugnis kann wegen § 76 Abs. 1 AktG ausschließlich durch einen Beherrschungsvertrag zwischen Mutter- und Matrixgesellschaft hergestellt werden. Der Vorstand der AG handelt hingegen von Gesetzes wegen eigenverantwortlich. Hinzu kommt, dass die Aktionäre der Matrix-AG die Weisungsausübung des Matrixmanagers regelmäßig nur im Hinblick auf den Beherrschungsvertrag dulden werden. Anders als im faktischen GmbH-Konzern handelt der Matrixmanager also nicht im Einverständnis mit dem Gesellschafter der Matrixgesellschaft. Die Übertragbarkeit der Weisungsbefugnis muss insofern im Beherrschungsvertrag vorgesehen sein und die Sorgfaltspflichten bzw. die damit verbundene Haftung bei der Ausübung der Weisungsbefugnisse sind aus Sicht des Matrixmanagers insbesondere an dem mit ihm geschlossenen Übertragungsvertrages zu messen.

2. Haftung im Vertragskonzern gemäß § 309 AktG analog

76 Hat der Matrixmanager im vertraglichen Matrixkonzern keine eigene Organstellung, sondern übt er ein auf dem Beherrschungsvertrag beruhendes Weisungsrecht (§ 308 Abs. 1 AktG) aus, stellt sich die Frage, ob er für Pflichtverletzungen im Zusammenhang mit der Weisungserteilung nach **§ 309 AktG analog** haftet. Eine durch Analogie auszufüllende Regelungslücke entsteht dann, wenn man die eigentlich nach § 309 AktG haftende Geschäftsleitung des Mutterunternehmens auf Grund der Delegation des Weisungsrechts aus ihrer Erfüllungshaftung entlässt.[107] Schließt man sich dieser Auffassung an, haftet die Geschäftsleitung mangels eigenen Verursachungsbeitrages nur für die fehlerhafte Auswahl und Überwachung des Matrixmanagers. Eine Zurechnung über § 278 BGB erfolgt nicht, da der Matrixmanager kein Erfüllungsgehilfe der Geschäftsleitung, sondern allenfalls des Mutterunternehmens selbst ist. Um in dieser Situation gleichwohl auf eine Handelndenhaftung zurückgreifen zu können, gehen namhafte Stimmen in der Literatur davon aus, dass der Matrixmanager (Delegatar) in die Haftungsrolle der Geschäftsleitung des Mutterunternehmens tritt und sich daher der Haftung nach § 309 AktG analog aussetzt.[108]

77 Teilweise wird demgegenüber die analoge Anwendung des § 309 AktG auf Matrixmanager mangels Regelungslücke verneint.[109] Der Anwendungsbereich des § 309 AktG sei ausschließlich auf gesetzliche Vertreter des herrschenden Unternehmens beschränkt. § 309 AktG begründe ein ständiges Schuldverhältnis auch zwischen Geschäftsleitung des Mut-

---

[105] Vgl. BGH 27.6.2005 – II ZR 113/03, NZG 2005, 755.
[106] Wellhöfer/Peltzer/Müller/*Wellhöfer* Haftung von Vorstand, Aufsichtsrat, Wirtschaftsprüfer § 6 Rn. 17.
[107] Vgl. hierzu → Rn. 20 ff. mwN.
[108] So ohne nähere Begründung MüKoAktG/*Altmeppen* § 309 Rn. 150 ff.; Spindler/Stilz/*Veil* AktG § 309 Rn. 42; Hölters/*Leuering/Goertz* AktG § 309 Rn. 17; Henssler/Strohn/*Bödeker* AktG § 309 Rn. 3.
[109] Hüffer/*Koch* AktG § 309 Rn. 4; Grigoleit/*Servatius* AktG § 309 Rn. 5; Emmerich/*Habersack* Aktien- und GmbH-Konzernrecht AktG § 309 Rn. 26; KölnKommAktG/*Koppensteiner* § 309 Rn. 36.

terunternehmens und beherrschter Matrixgesellschaft. Die Delegation des Weisungsrechts führe nur dazu, dass der Matrixmanager (Delegatar) zum Erfüllungsgehilfen der Geschäftsleitung wird. Daher bleibe es dabei, dass die Geschäftsleitung des Mutterunternehmens gem. §§ 309 AktG, 278 BGB für jede Pflichtverletzung des Matrixmanagers hafte.[110]

Die Rechtsprechung hat sich – soweit ersichtlich – zu dieser Streitfrage noch nicht geäußert. Eine klärende Entscheidung steht daher noch aus. Unseres Erachtens ist der Matrixmanager jedoch nicht Erfüllungsgehilfe des Geschäftsleiters, sondern ausschließlich des herrschenden Unternehmens. Eine dauerhafte Sonderverbindung aus § 309 AktG existiert nicht. Zur Begründung der Handelndenhaftung ist die analoge Anwendung des § 309 AktG auf den Matrixmanager mithin geboten.

3. Haftung aus § 117 Abs. 1 AktG

In Einzelfällen kann ein Handeln des Matrixmanagers den deliktischen Sondertatbestand des § 117 Abs. 1 AktG erfüllen.[111] Dies setzt voraus, dass der Matrixmanager vorsätzlich auf die Geschäftsleitung der beherrschten Gesellschaft Einfluss nimmt und hierdurch einen Schaden verursacht. Die Voraussetzungen sind der Haftung aus § 826 BGB nachgebildet.[112]

II. Vertragliche Haftung kraft Delegation[113]

Kommt dem Matrixmanager nur eine interne Leitungsposition zu und tritt er für die Matrixgesellschaft nicht nach außen in Erscheinung, ist er einem GmbH-Geschäftsführer bzw. AG-Vorstand nicht gleichzustellen. Mangels eigener Organstellung treffen ihn von Gesetzes wegen keine gesellschaftsrechtlichen Prüf- und Überwachungspflichten wie sie der Geschäftsleitung oder einem weisungsbefugten Gesellschafter zukommen. Rechtlich ist der Matrixmanager in diesem Fall – sofern er Arbeitnehmer einer der Gesellschaften in der Matrixstruktur ist – allenfalls **leitender Angestellter.** Seine Sorgfaltspflichten richten sich daher nach dem **zugrunde liegenden Anstellungsverhältnis** bzw. sonstiger vertraglicher Vereinbarungen (Geschäftsbesorgungsvertrag). § 43 Abs. 1 GmbHG oder § 93 Abs. 1 AktG finden grundsätzlich keine unmittelbare Anwendung.[114]

1. Vertragliche Haftung gegenüber dem Mutterunternehmen

Hat der Matrixmanager keine Organstellung innerhalb des Mutterunternehmens inne, muss ihm, damit er rechtsverbindliche Weisungen erteilen kann, die Weisungsbefugnis der Gesellschafterversammlung im faktischen GmbH-Konzern bzw. die Weisungsbefugnis aus § 308 Abs. 1 AktG im Vertragskonzern rechtsgeschäftlich delegiert werden.

Das der Delegation zugrundeliegende Schuldverhältnis ist – unabhängig davon, ob dies formell im Rahmen des Arbeitsvertrages erfolgt – rechtlich regelmäßig als **Geschäftsbesorgungsverhältnis**[115] gem. § 662 BGB bzw. § 675 BGB zu qualifizieren, da es die Tätigkeit für einen anderen (das originär weisungsbefugte Organ) beinhaltet.[116] Das delegier-

---

[110] Vgl. hierzu → Rn. 20 mwN.
[111] *Emmerich/Habersack* Aktien- und GmbH-Konzernrecht AktG § 309 Rn. 26 geht von einer Haftung aus § 117 Abs. 3 AktG aus. Tatsächlich wird der Matrixmanager jedoch Alleintäter sein, weshalb § 117 Abs. 1 AktG anwendbar ist.
[112] Für Einzelheiten vgl. Grigoleit/*Grigoleit/Timasic* AktG § 117 Rn. 9 ff.
[113] Zur vertraglichen Delegation des Weisungsrechts vgl. ausführlich → Kap. 2 Rn. 144 ff.
[114] Vgl. zu Betriebs- bzw. Unternehmensführungsverträgen Michalski/*Haas/Ziemons* GmbHG § 43 Rn. 33, *Weißmüller* BB 2000, 1949 ff.; *Huber* ZHR 1988, 123 ff.; Lutter/Hommelhoff/*Lutter* GmbHG Anh § 13 Rn. 75 f.
[115] MüKoAktG/*Altmeppen* § 308 Rn. 55; *Ihrig/Schäfer* Rechte und Pflichten des Vorstands § 32 Rn. 1309.
[116] MüKoBGB/*Seiler* § 662 Rn. 9.

te Weisungsrecht unterliegt denselben Beschränkungen, die auch für die originär zuständigen Geschäftsleiter gelten. Diese müssen die Matrixmanager bei der Erteilung von Weisungen strikt einhalten.

83   Begeht der Matrixmanager bei Ausübung des delegierten Weisungsrechts eine Pflichtverletzung, etwa weil seine Weisung rechtswidrig ist und durch ihre Ausführung ein Schaden verursacht wird, haftet er hierfür der Muttergesellschaft gem. §§ 280 Abs. 1, 662 bzw. 675 BGB **(Innenverhältnis)**. Sein Vertretenmüssen wird grundsätzlich gem. § 280 Abs. 1 S. 2 BGB vermutet. Ist der Matrixmanager gleichzeitig Arbeitnehmer, kommt ihm die gesetzliche Abweichung von dieser Beweislastverteilung nach § 619a BGB zugute.[117] Wegen des Grundsatzes der Relativität der Schuldverhältnisse beschränkt sich die Haftung jedoch – zunächst – auf das Verhältnis zwischen Matrixmanager und weisungsbefugter Muttergesellschaft.

84   Erteilt der Matrixmanager der Geschäftsleitung der Matrixgesellschaft Weisungen aufgrund eines Beherrschungsvertrags seiner Gesellschaft mit der Matrixgesellschaft in unmittelbarer oder analoger Anwendung von § 308 Abs. 1 AktG, haftet die herrschende Gesellschaft des Matrixmanagers der angewiesenen Matrixgesellschaft für dessen Pflichtverletzungen als ihrem Erfüllungsgehilfen nach § 278 BGB wie für eigenes Verschulden. Eine vertragliche Haftung des Matrixmanagers besteht regelmäßig nur im Innenverhältnis zu seiner Gesellschaft.

85   Ihr gegenüber kann sich der Matrixmanager auf die Grundsätze zur beschränkten Arbeitnehmerhaftung berufen, wenn und weil er aufgrund eines Arbeitsvertrags als Arbeitnehmer in die Betriebsorganisation dieser Gesellschaft eingegliedert und als solcher bei seinen Weisungen an die Matrixgesellschaft für seine Gesellschaft betrieblich tätig geworden ist (vgl. dazu ausführlich unten → Rn. 205 ff.).

2. Haftung aus Vertrag mit Schutzwirkung zugunsten der Matrixgesellschaft

86   Eine vertragliche Haftung im **Außenverhältnis,** dh gegenüber der Matrixgesellschaft, lässt sich nur dann herleiten, wenn das Geschäftsbesorgungsverhältnis, das der Delegation des Weisungsrechts zugrunde liegt, nach den von der Rechtsprechung entwickelten Kriterien als **Vertrag mit Schutzwirkung zugunsten Dritter** einzuordnen ist.

87   Der Dritte (dh die Matrixgesellschaft) kommt als Weisungsempfänger typischerweise mit der vertraglichen Hauptleistung, nämlich der Erteilung von Weisungen, in Berührung. Die von der Rechtsprechung geforderte **Leistungsnähe** liegt daher jedenfalls vor.[118]

88   Das erforderliche **Näheverhältnis** zwischen Matrixgesellschaft und Muttergesellschaft lässt sich aus der herrschenden Stellung ableiten. Um eine Gläubigernähe zu bejahen, genügt es nach der Rechtsprechung des BGH, dass der Gläubiger ein besonderes Interesse an der Einbeziehung hat und der Vertrag dahin ausgelegt werden kann, dass der Dritte in Anerkennung dieses Interesses in den vertraglichen Schutz einbezogen werden soll.[119] Anders als bei Darlehensverträgen, bei denen im Zusammenhang mit dem Bankgeheimnis der Drittschutz für Gesellschafter diskutiert und abgelehnt wurde,[120] besteht bei dem Geschäftsbesorgungsverhältnis, welches ausschließlich die Delegation des Weisungsrechts zum Gegenstand hat, ein unbedingtes Interesse des Gläubigers (der Mutter) daran, dass der Dritte (die Tochter) in den Vertrag einbezogen wird. Pflichtverletzungen im Rahmen dieses Geschäftsbesorgungsverhältnisses treffen die beherrschte Matrixgesellschaft, da sie Adressatin der Weisungen ist.

---

[117] *Fritz* NZA 2017, 672.
[118] Vgl. MüKoBGB/*Gottwald* § 328 Rn. 181.
[119] BGH 26.6.2001 – X ZR 231/99, NJW 2001, 3115; OLG Nürnberg 17.12.2003 – 4 U 2129/03, NJW-RR 2004, 1254; ablehnend für Konzernstrukturen *Canaris* ZIP 2004, 1781 (1789).
[120] BGH 24.1.2006 – XI ZR 384/03, NJW 2006, 830.

Für den Matrixmanager ist es in der Regel offenkundig, dass die beherrschte Matrixgesellschaft als Empfängerin seiner Weisungen ein besonderes eigenes Interesse an der pflichtgemäßen Ausübung des Weisungsrechts hat **(Erkennbarkeit für den Schuldner)**.[121]

Einer näheren Einzelfallbetrachtung bedarf das Kriterium der **Schutzbedürftigkeit.** Eine solche entfällt nämlich, wenn das Interesse des Dritten (die Matrixgesellschaft) durch eigene direkte (vertragliche) Ansprüche abgedeckt ist.[122] Verletzt der Matrixmanager eine Pflicht aus dem Geschäftsbesorgungsverhältnis, bedarf es, damit der Matrixgesellschaft überhaupt ein Schaden entsteht, zunächst der Ausführung der Weisung. Die Pflichtverletzung des Matrixmanagers hat jedoch regelmäßig zur Folge, dass die von ihm erteilte Weisung rechtswidrig ist und daher keine Bindungswirkung entfaltet. Führt die Geschäftsleitung der Matrixgesellschaft die Weisung trotzdem aus, beruht dies – meistens – auf dem Umstand, dass die Weisung nicht ordnungsgemäß geprüft wurde. Die Matrixgesellschaft hat demnach gleichzeitig einen eigenen gesellschaftsrechtlichen Anspruch gegen ihren Geschäftsleiter (→ Haftung der Geschäftsleitung der Matrixgesellschaft, Rn. 93 ff.). Darüber hinaus haftet im Vertragskonzern die herrschende Gesellschaft für sorgfaltswidrige Weisungen ihrer Organe bzw. im Falle der Delegation der Matrixmanager aufgrund der hierin liegenden Verletzung des Beherrschungsvertrags.[123] Im faktischen Konzern kommt eine unmittelbare Haftung des herrschenden Unternehmens für die Weisung des Matrixmanagers unter den engen Voraussetzungen der Gesellschafterhaftung in Betracht (→ Rn. 52). Aufgrund dieser zusätzlichen Haftungssubjekte liegen die Voraussetzungen des Vertrags mit Schutzwirkung zugunsten Dritter daher mangels Schutzbedürftigkeit der Matrixgesellschaft regelmäßig nicht vor.

III. Deliktische Haftung

Unabhängig von der gesellschaftsrechtlichen Einordnung der Stellung des Matrixmanagers ist sein Verhalten jedenfalls an den **deliktischen Haftungsregelungen,** insbesondere an **§ 826 BGB,** zu messen. Auch dem Matrixmanager ist es verboten, in existenzvernichtender Art und Weise in die Matrixgesellschaft einzugreifen. Überdies kommt eine deliktische Haftung wegen der Verletzung von Schutzgesetzen gem. **§ 823 Abs. 2 BGB** in Betracht. Daher hat er insbesondere strafrechtliche Normen, für den Fall einer auf den Matrixmanager übertragenen Vermögensbetreuungspflicht beispielsweise § 266 StGB, bei seiner Tätigkeit im Auge zu behalten.[124]

---

[121] Vgl. MüKoBGB/*Gottwald* § 328 Rn. 187 mwN.
[122] BGH 18.2.2014 – VI ZR 383/12, NJW 2014, 2577; BGH 12.1.2011 – VIII ZR 346/09, NJW-RR 2011, 462.
[123] *Emmerich/Habersack* Aktien- und GmbH-Konzernrecht AktG § 309 Rn. 20.
[124] Zu den Voraussetzungen einer Strafbarkeit nach § 266 StGB bei Vorliegen einer Pflichtverletzung gemäß § 93 Abs. 1 S. 2 AktG vgl. BGH 12.10.2016 – 5 StR 134/15, NJW 2017, 578; allgemein dazu *Emmerich/Habersack* Aktien- und GmbH-Konzernrecht AktG § 309 Rn. 26.

D. Haftung der Geschäftsleitung der Matrixgesellschaft

92 Die Geschäftsleitung der Matrixgesellschaft ist trotz ihrer tatsächlich untergeordneten Rolle das gefährdetste Haftungssubjekt in Matrixstrukturen. Anders als in selbstständigen und „freien" Gesellschaften ist die Matrixstruktur dadurch gekennzeichnet, dass die Geschäftsleitung der jeweiligen Matrixgesellschaft umfangreichen Weisungen ausgesetzt ist. Entscheidungen werden an ihrer Person vorbei gefällt. Regelmäßig verbleibt ihnen die Organstellung in der Matrixgesellschaft rein formell. Gerade wegen dieser formellen Organstellung treffen die Geschäftsleitung der beherrschten Gesellschaft jedoch von Gesetzes wegen zahlreiche Pflichten, deren Verletzung eine persönliche Haftung zur Folge haben kann. Da die Matrixgesellschaft die Weisungen ausführt und nach außen gegenüber Dritten handelt, besteht für ihre Geschäftsleitung auch ein erhöhtes Risiko der Außenhaftung.

93 Das Gesetz differenziert dabei nicht zwischen „schwachen" und „starken" Geschäftsleitern und deren faktischen Entscheidungsmöglichkeiten. Auch wenn die Tätigkeit der Geschäftsleitung auf die bloße Ausführung von Weisungen beschränkt ist, muss sie ihr Handeln an den strengen gesetzlichen Haftungsnormen der § 43 Abs. 2 GmbHG bzw. §§ 93 Abs. 2, 310 AktG im Innenverhältnis und des § 823 Abs. 2 BGB im Außenverhältnis ausrichten. Sie ist daher gehalten, Weisungen der Muttergesellschaft oder des Matrixmanagers sorgfältig zu überprüfen und gegebenenfalls deren Ausführung zu verweigern. Auch wenn der Matrixmanager Weisungen unmittelbar an Mitarbeiter der Matrixgesellschaft erteilt, muss der Geschäftsleiter seine Organisations- und Überwachungspflichten erfüllen, da andernfalls die Haftung droht.

94 Der Umfang der Prüfungspflichten der Geschäftsleitung der Matrixgesellschaft hängt von der rechtlichen Organisation der Matrixgesellschaft (GmbH oder AG) und der rechtlichen Ausgestaltung des Beherrschungsverhältnisses zwischen Muttergesellschaft und Matrixgesellschaft ab. Die nachfolgende Darstellung beschränkt sich auf die gängigen Ausgestaltungen durch die vertraglich beherrschten Matrix-AGs (→ Rn. 96 ff.) sowie die vertraglich oder faktisch beherrschten Matrix-GmbHs (→ Rn. 121 ff.).

I. Geschäftsleitung der AG mit Unternehmensvertrag

95 Das Gesetz geht bei der Aktiengesellschaft im Grundsatz davon aus, dass der Vorstand eigenverantwortlich und selbständig handelt, § 76 Abs. 1 AktG. Diese Eigenverantwortlichkeit kann nur dann durch eine Abhängigkeit überlagert werden, wenn die Aktiengesellschaft mit einer anderen Gesellschaft einen wirksamen Beherrschungsvertrag (§ 291 Abs. 1 AktG) geschlossen hat. Bevor überhaupt eine inhaltliche Prüfung von etwaigen Weisungen im Rahmen eines bestehenden Beherrschungsverhältnisses seitens des Vorstandes erfolgt, ist zunächst zu prüfen, ob ein **wirksamer Beherrschungsvertrag** vorhanden ist. Nur dann besteht für den Vorstand – unabhängig von der Rechtmäßigkeit der Weisung – überhaupt eine Bindung an Maßnahmen und Weisungen des Mutterunternehmens, § 308 Abs. 1 AktG.

96 Ist dies der Fall, kehrt § 308 Abs. 2 S. 1 AktG den Grundsatz der Eigenverantwortlichkeit um und schafft eine weitgehende Bindung des Vorstandes an Weisungen der Muttergesellschaft. Gleichwohl wird der Vorstand hierdurch nicht von jedweder Verantwortung befreit. Eine Weisung beansprucht nur dann Bindungswirkung, wenn sie rechtmäßig ist und den Vorgaben des § 308 Abs. 1 AktG entspricht. Um keine eigene Pflichtverletzung zu begehen, indem eine nach § 308 Abs. 2 S. 2 AktG nicht zu befolgende Weisung ausgeführt wird,[125] hat der Vorstand der beherrschten Aktiengesellschaft zu prüfen, ob die Weisung für ihn tatsächlich bindend ist.

---

[125] MüKoAktG/*Altmeppen* § 310 Rn. 20; Hüffer/*Koch* AktG § 310 Rn. 3.

Diese Prüfpflicht ergibt sich einerseits aus der lediglich „überlagerten" eigenen Verantwortlichkeit des Vorstandes, deren Missachtung zur Haftung nach § 93 Abs. 2 AktG führt. Andererseits auch aus dem zusätzlich einschlägigen Haftungstatbestand des § 310 AktG, der den Vorstand der beherrschten Matrix-AG neben der Geschäftsleitung des herrschenden Mutterunternehmens haften lässt. Die von § 310 Abs. 1 AktG geforderte Pflichtverletzung liegt insbesondere dann vor, wenn eine unzulässige, weil rechtswidrige Weisung unter Verletzung der organschaftlichen Prüfungspflicht ausgeführt wird.[126] Dies ist der Fall, wenn die Weisung entweder gegen allgemeine Gesetze verstößt oder – als nachteilige Weisung – nicht den Konzerninteressen entspricht. Hieraus ergibt sich eine zweistufige Prüfung, da sich bei einer rechtswidrigen Weisung die Frage, ob sie vorteilhaft und nachteilig ist, nicht mehr stellt.

1. „Erste Stufe": Vereinbarkeit der Weisung mit Gesetz, Satzung und Beherrschungsvertrag

Der Vorstand der vertraglich beherrschten Aktiengesellschaft hat wegen der ihm obliegenden Legalitätspflicht[127] auf der „ersten Stufe" zu prüfen, ob die ihm gegenüber erteilte Weisung mit dem Gesetz, der Satzung seiner Matrix-AG und dem mit der Muttergesellschaft geschlossenen Beherrschungsvertrag vereinbar ist.[128] Ist das nicht der Fall, ist die Weisung gem. § 134 BGB nichtig und der Vorstand hat ihre Ausführung zu verweigern, um sich nicht selbst im Innen- und/oder Außenverhältnis haftbar zu machen.

Sind Weisungen nicht direkt an den Vorstand der abhängigen Matrix-AG gerichtet, hat er sicherzustellen, dass ihm trotzdem eine Prüfmöglichkeit eröffnet ist.[129] Den Vorstand trifft insoweit eine **Organisationspflicht** (→ Kap. 2 Rn. 79).

a) Verstoß gegen insolvenz-, steuer- und sozialversicherungsrechtliche Bestimmungen

Die Weisungen des Matrixmanagers oder des herrschenden Unternehmens gegenüber einer vertraglich beherrschten Aktiengesellschaft dürfen nicht gegen zwingendes, allgemeines Gesetzesrecht verstoßen. Die Vorstandsmitglieder der Aktiengesellschaft treffen umfangreiche rechtliche Prüfungspflichten, bei deren Ausübung sie die Sorgfalt eines ordentlichen und gewissenhaften Geschäftsleiters anzuwenden haben (§ 93 Abs. 1 S. 1 AktG).

Als Adressat des **§ 15a InsO** hat der Vorstand der beherrschten Aktiengesellschaft zu prüfen, ob die ihm gegenüber ergangene Weisung mit der **Insolvenzantragspflicht** zu vereinbaren ist. Die Besonderheiten, die hierbei in Matrixstrukturen zu beachten sind, decken sich mit denjenigen des GmbH-Geschäftsführers (→ Rn. 129 ff.).

Der Vorstand einer Aktiengesellschaft haftet – wie die Geschäftsführung der GmbH – nach **§§ 34, 69 AO** für Steuerschulden der Gesellschaft,[130] wenn diese infolge einer vorsätzlichen oder grob fahrlässigen Pflichtverletzung nicht erfüllt werden (→ Rn. 144 ff.). Er muss deshalb sicherstellen, dass Weisungen des Matrixmanagers in ihrer Ausführung nicht gegen steuerrechtliche Pflichten verstoßen.

Hat die beherrschte Aktiengesellschaft eigene Arbeitnehmer, treffen den Vorstand als vertretungsberechtigtes Organ der AG die **sozialversicherungsrechtlichen Arbeitgeberpflichten.** Auch hier droht dem zuständigen Vorstand aus §§ 823 Abs. 2 BGB

---

[126] *Fleischer* VorstandsR-HdB § 18 Rn. 93.
[127] MüKoAktG/*Spindler* § 93 Rn. 73 f.; BeckHdB AG/*Liebscher* § 6 Rn. 130.
[128] Spindler/Stilz/*Veil* AktG § 308 Rn. 34; *Ihrig/Schäfer* Rechte und Pflichten des Vorstands § 33 Rn. 1404; MüKoAktG/*Altmeppen* § 308 Rn. 140; *Emmerich/Habersack* Aktien- und GmbH-Konzernrecht AktG § 308 Rn. 66; Hüffer/*Koch* AktG § 308 Rn. 20.
[129] *Ihrig/Schäfer* Rechte und Pflichten des Vorstands § 33 Rn. 1404.
[130] Vgl. Klein/*Rüsken* AO § 34 Rn. 6.

iVm §§ 266a, 14 Abs. 1 Nr. 1 StGB die Inanspruchnahme durch Sozialversicherungsträger, wenn er sozialversicherungsrechtswidrige Weisungen ausführt (→ Rn. 147 ff.).

b) Verstoß gegen originär aktienrechtliche Bestimmungen (AktG)

104 Zur Sicherung der realen Kapitalaufbringung und Kapitalerhaltung ordnet **§ 66 Abs. 1, 2 AktG** ein zwingendes **Befreiungs- und Aufrechnungsverbot** für Forderungen der Aktiengesellschaft gem. §§ 54 und 65 AktG und in vergleichbaren Sachverhalten an.[131] Unter das Befreiungs- und Aufrechnungsverbot fällt grundsätzlich jede Vereinbarung, die der AG nicht das zuführt, was ihr von Gesetzes wegen als Einlage oder Regressforderung gebührt.[132] Rechtsgeschäfte oder Beschlüsse, die gegen § 66 AktG verstoßen, sind gem. § 134 BGB bzw. § 241 Nr. 3 AktG nichtig[133] und begründen keine Befolgungspflicht für den Vorstand der beherrschten Aktiengesellschaft.[134] Daran ändert auch die Regelung des § 291 Abs. 3 AktG nichts, da sie nur eine Durchbrechung der §§ 57, 58, 60 AktG, nicht aber des § 66 AktG vorsieht.[135] Die Ausführung von gegen § 66 AktG verstoßenden Weisungen hat der Vorstand der Matrix-AG daher zu verweigern.

105 Einer besonderen Kontrolle bedürfen Weisungen des Matrixmanagers, die den Vorstand zum Erwerb oder zur Inpfandnahme **eigener Aktien** der beherrschten AG oder zur Unterstützung Dritter beim Erwerb dieser Aktien (financial assistance) verpflichten. Der Vorstand ist in diesen Fällen dem Risiko einer Haftung nach § 93 Abs. 3 Nr. 3 AktG ausgesetzt. Daher bedarf es der sorgfältigen Prüfung, ob die angewiesene Handlung mit §§ 56, 71 ff. AktG vereinbar ist. Besteht ein Beherrschungs- oder Gewinnabführungsvertrag gem. § 291 AktG, darf die AG gem. **§ 71a Abs. 1 S. 3 AktG** ausnahmsweise den Erwerb ihrer Aktien durch den berechtigten Vertragsteil oder auf dessen Veranlassung auch durch Dritte, wie etwa andere (Schwester-)Gesellschaften in der Matrixstruktur, finanziell unterstützen.[136] Da der Wortlaut des § 71a Abs. 1 S. 3 AktG lediglich auf das Bestehen eines Unternehmensvertrages abstellt, ist in der Literatur umstritten, ob es auch nach den Änderungen durch das MoMiG für eine Bindung des Vorstands weiterhin auf die Rechtmäßigkeit einer Weisung nach § 308 AktG ankommt.[137] Verneint man dies, würden auch Fälle, in welchen die zur *financial assistance* verpflichtende Weisung mangels Liquidität des herrschenden Unternehmens als Verstoß gegen § 302 AktG rechtswidrig wäre (→ Rn. 23 mwN), keine Haftung des Vorstands begründen, da § 71a Abs. 1 S. 3 AktG ihn entlasten würde.[138]

106 Wenngleich diese Auslegung möglicherweise noch vom Wortlaut des § 71a Abs. 1 S. 3 AktG getragen wird, ist sie nach hier vertretener Auffassung jedenfalls nicht mit den Grundprinzipien, welche hinter den durch das MoMiG eingeführten Konzernprivilegien stehen, vereinbar.[139] Die Prinzipien des Konzernrechts der Aktiengesellschaft, welche in zahlreichen Fällen Ausnahmen von aktienrechtlichen Kapitalschutzvorschriften vorsehen, werden aus Gläubigersicht von der Verlustausgleichspflicht des herrschenden Unternehmens nach § 302 AktG geprägt. § 302 AktG ist ein Ausgleich für die „Konzernprivilegien". Daraus folgt, dass eine Befreiung von den Kapitalschutzvorschriften nur dann gerechtfertigt ist, wenn der Verlustausgleichsanspruch aus § 302 AktG auch werthaltig ist. Erkennt der Vorstand, dass der Verlustausgleich des herrschenden Unternehmens nicht werthaltig ist, etwa weil diesem Solvenzschwierigkeiten drohen, leben die Kapitalschutz-

---

[131] Vgl. MüKoAktG/*Bayer* § 66 Rn. 1 ff.
[132] So zum Befreiungsverbot MüKoAktG/*Bayer* § 66 Rn. 12.
[133] Grigoleit/*Grigoleit*/*Rachlitz* AktG § 66 Rn. 15; Hüffer/*Koch* AktG § 66 Rn. 12; MüKoAktG/*Bayer* § 66 Rn. 102.
[134] Vgl. MüKoAktG/*Altmeppen* § 308 Rn. 95.
[135] So auch *Verse* ZIP 2005, 1627 (1630).
[136] Hüffer/*Koch* AktG § 71a Rn. 6a.
[137] Hüffer/*Koch* AktG § 71a Rn. 6a; relativierend aber KölnKomm-AktG/*Lutter*/*Drygala* Rn. 47.
[138] Hüffer/*Koch* AktG § 71a Rn. 6a.
[139] So für Erwerbe durch das herrschende Unternehmen selbst wohl auch Hüffer/*Koch* AktG § 71a Rn. 6a.

zwecke wieder auf und § 71a Abs. 1 S. 1 AktG ist anwendbar.[140] Dies wird in systematischer Hinsicht auch mit dem Gleichlauf von § 71a Abs. 1 S. 3 AktG und § 57 Abs. 1 S. 3 AktG, welcher ausdrücklich die Vollwertigkeit des Ausgleichsanspruchs voraussetzt, begründet.[141] Wäre der Vorstand des beherrschten Unternehmens im Rahmen von § 71a AktG von seiner Prüfpflicht befreit, wäre Missbrauch „Tür und Tor" geöffnet.

Um im Hinblick auf diese unklare Rechtslage ein Haftungsrisiko zu vermeiden, sollte der Vorstand der Matrix-AG bei Weisungen, die § 71a Abs. 1 AktG berühren, die Solvenz der Muttergesellschaft genau im Auge behalten. 107

Hat die Weisung des Matrixmanagers eine **Kreditgewährung an Vorstandsmitglieder** zum Gegenstand, muss der Vorstand der beherrschten AG sie anhand von **§ 89 AktG** überprüfen. Für Matrixstrukturen erlangt hierbei § 89 Abs. 2 S. 2 AktG Bedeutung, welcher Besonderheiten für die Beteiligung des Aufsichtsrates vorschreibt und vom Vorstand zu beachten ist. 108

Betrifft die Weisung das **Verhältnis zum Aufsichtsrat,** muss der ausführende Vorstand die aktienrechtlichen Vorschriften der §§ 113 ff. AktG berücksichtigen. Auch eine hiergegen verstoßende Weisung ist nichtig und ihre Ausführung vom Vorstand der Matrix-AG zu verweigern. 109

Rechtswidrig sind auch solche Weisungen, die den Vorstand der Matrix-AG verpflichten sollen, von der **Auffüllung der gesetzlichen Rücklage** (§ 300 AktG) ganz oder teilweise abzusehen.[142] Unzulässig ist es ferner, die Geschäftsleitung anzuweisen, den **Verlustausgleich nach § 302 AktG** nicht geltend zu machen.[143] Der Vorstand der Matrix-AG hat die Ausführung entsprechender Weisungen daher abzulehnen. 110

c) Verstoß gegen bilanzrechtliche Normen (HGB)

Eine Weisung entlastet den Vorstand der Matrix-AG nicht von den bilanzrechtlichen Verpflichtungen der §§ 246 ff., 252 ff. und 279 ff. HGB. Die Vorschriften stehen nicht zur Disposition der Beteiligten, da sie dem Schutz der Allgemeinheit (steuerliche Erfassung) und Dritter (Gläubigern der Gesellschaft) dienen. Weisungen, die den Bilanzierungsgrundsätzen zuwiderlaufen, sind nichtig gem. § 134 BGB und daher vom Vorstand der Matrix-AG nicht zu befolgen. 111

d) Verstoß gegen Satzungsbestimmungen

Eine Weisung ist ebenfalls rechtswidrig und gem. § 134 BGB nichtig, wenn sie gegen Satzungsbestimmungen der Mutter- oder Matrixgesellschaft verstößt. Besondere Beachtung gilt dem satzungsmäßigen Gesellschaftszweck. Weisungen, die gegen den Satzungszweck verstoßen, dürfen vom Vorstand der Matrix-AG nicht ausgeführt werden, da sich die Geschäftsführungsbefugnis des Vorstandes nach den §§ 76 Abs. 1 und 82 Abs. 2 AktG auf den satzungsmäßigen Gegenstand der Gesellschaft beschränkt.[144] Geht eine Weisung darüber hinaus, würde dies auf eine faktische Änderung des Gesellschaftsvertrages hinauslaufen, wozu der Vorstand der Matrix-AG jedoch keine Kompetenzen besitzt, da dies in den Zuständigkeitsbereich der Hauptversammlung fällt (§ 179 AktG). 112

Die Matrix-AG darf daher beispielsweise nicht dazu angewiesen werden, neue Tätigkeiten außerhalb ihres bisherigen Gegenstandes aufzunehmen oder wichtige derartige Tätigkeiten einzustellen, ohne dass zuvor die Satzung geändert wird.[145] Möglich ist es jedoch, den Vorstand der beherrschten Gesellschaft anzuweisen, zusätzliche Sachbearbeiter- 113

---

[140] MüKoAktG/*Oechsler* § 71a Rn. 49b.
[141] MüKoAktG/*Oechsler* § 71a Rn. 49a.
[142] MüKoAktG/*Altmeppen* § 308 Rn. 95.
[143] Vgl. → Rn. 23 mwN.
[144] *Emmerich/Habersack* Aktien- und GmbH-Konzernrecht AktG § 308 Rn. 56a.
[145] *Emmerich/Habersack* Aktien- und GmbH-Konzernrecht AktG § 308 Rn. 57 mwN.

tätigkeiten in der Gesellschaft zu übernehmen, wenn sie anderweitig nicht ausgelastet ist.[146]

e) Vereinbarkeit der Weisung mit Beherrschungsvertrag

114 Die Besonderheit bei Matrixstrukturen mit Aktiengesellschaften besteht darin, dass zu ihrer rechtlichen Schaffung ein wirksamer Unternehmensvertrag erforderlich ist. Liegt ein solcher nicht vor, bleibt es bei der gesetzlichen Verantwortungsverteilung des § 76 Abs. 1 AktG, wonach der Vorstand weisungsfrei und eigenverantwortlich handelt (→ Kap. 2 Rn. 32 ff.).

115 Der Beherrschungsvertrag ist somit Grundlage für die Begründung des Weisungsrechts. Weisungen, die nicht von ihm erfasst sind, sind gem. § 134 BGB wegen Verstoßes gegen § 76 Abs. 1 AktG nichtig.[147] Soweit eine Überlagerung durch den Beherrschungsvertrag nicht eingreift, bleibt es bei der gesetzlichen Regelung. Der Vorstand der beherrschten Matrix-AG hat demnach sorgfältig zu prüfen, ob der Beherrschungsvertrag materielle oder formelle Beschränkungen des Weisungsrechts vorsieht und ob diese eingehalten werden. Ein besonderes Augenmerk ist darauf zu legen, ob die vertraglichen Regelungen eine Delegation des Weisungsrechts auf Matrixmanager vorsehen und wie diese Delegation im Einzelfall ausgestaltet ist.

2. „Zweite Stufe": Bindungswirkung bei nachteiligen Weisungen

116 Ist die Weisung rechtmäßig, hat der Vorstand auf einer „zweiten Stufe" zu prüfen, ob ihre Ausführung für seine Gesellschaft und/oder den Konzern nachteilig ist. Die Nachteiligkeit bestimmt sich danach, ob ein ordentlicher und gewissenhafter Geschäftsleiter einer wirtschaftlich selbstständigen Gesellschaft die gleiche Maßnahme ergriffen oder sie als dem Gesellschaftsinteresse nicht dienlich unterlassen hätte.[148] Folgt anhand dieser Prüfung, dass die Weisung nachteilig ist, hängt ihre Bindungswirkung für den Vorstand der Matrix-AG von den Voraussetzungen des § 308 Abs. 2 S. 2 AktG ab.

117 Das Gesetz geht davon aus, dass eine rechtmäßige Weisung vom Vorstand der beherrschten Aktiengesellschaft nach § 308 Abs. 2 S. 1 AktG zu befolgen ist – und zwar unabhängig davon, ob die Weisung nachteilig ist oder nicht. Dies soll dem Umstand Rechnung tragen, dass der Vorstand des beherrschten Unternehmens regelmäßig nur einen beschränkten Einblick in die gesamten Konzernstrukturen hat und daher selten ohne umfangreiche Prüfung einschätzen kann, ob das Konzerninteresse tatsächlich befriedigt wird.[149] Eine Ausnahme von der Befolgungspflicht ist auf „zweiter Stufe" deshalb nur dann gegeben, wenn die Weisung und die damit verbundene Maßnahme **offenkundig** nicht den Konzernbelangen dient, § 308 Abs. 2 S. 2 AktG. „Offenkundig" bedeutet in diesem Zusammenhang, dass die Nachteiligkeit „für jeden Sachkenner ohne weitere Nachforschungen erkennbar" sein muss.[150]

118 Der Vorstand der beherrschten Matrix-AG hat seine Prüfpflicht auf der „zweiten Stufe" daher bereits dann erfüllt, wenn er die Weisung auf ihre offenkundige Unvereinbarkeit mit den Konzerninteressen überprüft hat. Hieraus folgt allerdings **keine Vermutung für die Rechtmäßigkeit der Weisung**.[151] Verweigert der Vorstand der Matrix-AG die Ausführung einer Weisung, trägt er die Beweislast dafür, dass die Weisung ausnahmsweise

---

[146] So OLG Nürnberg 9.6.1999 – 12 U 4408/98, NJW-RR 2001, 104.
[147] Hüffer/*Koch* AktG § 309 Rn. 13.
[148] Grigoleit/*Servatius* AktG § 308 Rn. 27; Hüffer/*Koch* AktG § 308 Rn. 15.
[149] RegBegr. *Kropff* S. 403; ebenso Spindler/Stilz/*Veil* AktG § 308 Rn. 35.
[150] MüKoAktG/*Altmeppen* § 308 Rn. 152; Hüffer/*Koch* AktG § 308 Rn. 22; Spindler/Stilz/*Veil* AktG § 308 Rn. 35.
[151] MüKoAktG/*Altmeppen* § 308 Rn. 151; Hüffer/*Koch* AktG § 308 Rn. 22; aA *Emmerich/Habersack* Aktien- und GmbH-Konzernrecht AktG § 308 Rn. 53b.

keine Bindungswirkung hatte.¹⁵² Dieser Umstand begründet für den Vorstand der beherrschten Matrix-AG eine besondere Haftungsgefahr: Einerseits ist er gegenüber seiner eigenen Gesellschaft verpflichtet, die Ausführung rechtswidriger Weisungen zu verweigern. Andererseits trägt er im Verhältnis zum herrschenden Mutterunternehmen die Beweislast dafür, dass die Weisung tatsächlich rechtswidrig war.¹⁵³

Hat der Vorstand der Matrix-AG lediglich **Zweifel**, ob eine Weisung dem Konzerninteresse dient, darf er die Ausführung der Weisung nicht verweigern. „Zweifel" sind schon rein sprachlich nicht mit „Offenkundigkeit" im Sinne von § 308 Abs. 2 S. 2 AktG gleichzusetzen. Aus § 310 und § 93 AktG folgt in diesem Zusammenhang, dass der Vorstand der Matrix-AG im Zweifelsfall verpflichtet ist, das herrschende Unternehmen über seine Zweifel zu informieren, um dieses zu einer Überprüfung der Weisung zu veranlassen **(Remonstrationspflicht)**.¹⁵⁴ Beharrt das herrschende Mutterunternehmen auf der Weisung, bleibt es im Falle einer Verweigerung des Vorstandes der Matrix-AG bei oben genannter Beweislastverteilung.¹⁵⁵

II. Geschäftsleitung der GmbH

Ist die Matrixgesellschaft als GmbH organisiert, trifft den Geschäftsführer gegenüber der Gesellschafterversammlung grundsätzlich schon von Gesetzes wegen eine weitreichende Weisungsbindung, § 37 Abs. 1 GmbHG. Eine besondere vertragliche Regelung bedarf es daher dann nicht, wenn die Muttergesellschaft Allein- oder Mehrheitsgesellschafterin der Matrix-GmbH ist und damit eine unanfechtbare Beherrschungsstellung einnimmt. Ein Beherrschungsvertrag nach § 291 AktG analog braucht in diesen Fällen der Matrixorganisation zur Durchsetzung der Leitungsmacht regelmäßig nicht geschlossen zu werden. Zulässig ist dies aber (vgl. dazu oben → Rn. 33 ff.).

Die Geschäftsführung einer vertraglich beherrschten Matrix-GmbH hat – entsprechend der Pflicht des Vorstandes der Matrix-AG – eine **zweistufige Prüfung** durchzuführen.¹⁵⁶ Auch hier gilt es für die Geschäftsführung zunächst zu prüfen, ob die Weisung des Matrixmanagers rechtswidrig ist, also gegen gesetzliche Vorschriften, satzungsmäßige Bestimmungen oder den Beherrschungsvertrag verstößt. Ist die Weisung an sich rechtmäßig, hat die Geschäftsführung bei nachteiligen Weisungen auf einer zweiten Stufe zu prüfen, ob sie offenkundig dem Konzerninteresse widerspricht (§ 308 Abs. 2 S. 2 AktG analog). Auch hierzu wird auf die Ausführungen zur vertraglich beherrschten Matrix-AG verwiesen (→ Rn. 95 ff.).

Erteilt der Matrixmanager dem Geschäftsführer der Matrixgesellschaft im faktischen Konzern unternehmensrechtliche Weisungen, übt er das originäre Weisungsrecht der Gesellschafterversammlung aus. Auch an diese Weisungen ist der GmbH-Geschäftsführer gesetzlich gem. § 37 Abs. 1 GmbHG gebunden.

Trotz dieser Bindung hat der Geschäftsführer die Weisungen vor ihrer Umsetzung in inhaltlicher und formeller Hinsicht zu prüfen, um seinen organschaftlichen Pflichten – insbesondere der Legalitätspflicht – zu genügen. Denn hiervon ist er auch dann nicht befreit, wenn ihm keine eigenen Entscheidungsbefugnisse verbleiben, sondern seine organschaftliche Tätigkeit sich auf die Umsetzung von Weisungen beschränkt.¹⁵⁷ Schließlich sind die gesetzlichen Organpflichten des Geschäftsführers in ihrer Schutzfunktion nicht

---

¹⁵² Hüffer/*Koch* AktG § 308 Rn. 22 mwN.
¹⁵³ Vgl. hierzu *Seibt/Cziupka* AG 2015, 721 ff.
¹⁵⁴ *Emmerich/Habersack* Aktien- und GmbH-Konzernrecht AktG § 308 Rn. 53a; MüKoAktG/*Altmeppen* § 308 Rn. 145; Hüffer/*Koch* AktG § 308 Rn. 21.
¹⁵⁵ Str., vgl. *Emmerich/Habersack* Aktien- und GmbH-Konzernrecht AktG § 308 Rn. 53b, 53c.
¹⁵⁶ Vgl. hierzu im Einzelnen MüKoGmbHG/*Liebscher* Anh. § 13 Rn. 821 ff.
¹⁵⁷ *Mennicke* NZG 2000, 622; zur Frage, ob dem Geschäftsführer ein Mindestbereich autonomer Verantwortung verbleiben muss ausführlich *Karwatzki* Fremdgeschäftsführer S. 91 ff.

nur auf die eigene (Matrix-)Gesellschaft beschränkt, sondern dienen insbesondere auch Verkehrs-, Konzern- und Gläubigerinteressen. Neben der möglichen Innenhaftung birgt die rechtswidrige Umsetzung von Weisungen für den Geschäftsführer erhebliche Haftungsrisiken im Außenverhältnis – sowohl innerhalb des Konzerns, als auch im allgemeinen Geschäftsverkehr (Kunden, Banken, etc.). Verletzt er seine Prüfpflicht und unterlässt er die Umsetzung einer rechtmäßigen Weisung, wird er hierfür regelmäßig von seiner eigenen Gesellschaft in Anspruch genommen werden. Für den Geschäftsführer kann sich die Situation – gerade in Grenzfällen – als Dilemma darstellen (→ Kap. 2 Rn. 122 ff.).[158]

124 Der GmbH-Geschäftsführer ist daher gehalten, unternehmensrechtliche Weisungen der Gesellschafterversammlung – dh der Muttergesellschaft – bzw. im Falle der Delegation des Matrixmanagers und die aus der Ausführung resultierende Folgen anhand seiner gesetzlichen Kernpflichten sorgfältig zu prüfen, um sich anschließend für oder gegen ihre Ausführung entscheiden zu können. Die gesetzlichen Kernpflichten sind für GmbH-Geschäftsführer maßgeblich in §§ 43 Abs. 1, 30, 41 ff. GmbHG und § 15a InsO verankert. Auch bei der bloßen Ausführung von Weisungen hat der GmbH-Geschäftsführer die Sorgfalt eines ordentlichen und gewissenhaften Geschäftsleiters (§ 43 Abs. 1 GmbHG) einzuhalten.

125 Daneben darf er – auch bei Weisungsbindung – die insolvenz-, sozialversicherungs- und steuerrechtlichen Pflichten nicht aus dem Auge verlieren.

1. Überprüfung der Weisung auf ihre Gesetzesmäßigkeit

126 Der Geschäftsführer hat die Pflicht, sich gesetzestreu zu verhalten und dafür Sorge zu tragen, dass sich die Gesellschaft rechtmäßig verhält und ihren gesetzlichen Pflichten nachkommt (sog. **Legalitätspflicht**).[159] Daher darf die Ausführung von Weisungen nicht zum Automatismus werden, sondern erfordert eine **sorgfältige Rechtmäßigkeitskontrolle** und die dafür erforderlichen **organisatorischen Vorkehrungen**.[160] Verstößt eine Weisung oder deren Ausführung gegen ein gesetzliches Verbot, §§ 134, 138 BGB, ist sie nichtig und entfaltet für den Geschäftsführer keine Bindungswirkung.[161] Führt der Geschäftsführer eine solche Weisung trotzdem aus, ist ihm eine **eigene Pflichtverletzung** anzulasten. Es obliegt ihm als Organ sicherzustellen, dass sich die Gesellschaft als solche rechtmäßig verhält – unabhängig davon, ob es sich um eine Entscheidung des Geschäftsführers oder um die bloße Ausführung einer Weisung handelt. Er hat die **Ausführung** einer solchen Weisung daher **zu verweigern**.[162]

127 Aufgrund dieser Organpflichten hat der Geschäftsführer der Matrixgesellschaft die Weisung auf ihre Gesetzesmäßigkeit zu überprüfen (→ Kap. 2 Rn. 125 f.). Von besonderer Bedeutung für die Haftung des Geschäftsführers der Matrixgesellschaft ist insbesondere die Vereinbarkeit der Weisung mit folgenden Vorschriften:

a) Verstoß gegen Insolvenzantragspflicht, § 15a InsO

128 Zu den Kardinalpflichten des GmbH-Geschäftsführers gehört die **Insolvenzantragspflicht**. Nach § 15a Abs. 1 InsO hat der Geschäftsführer ohne schuldhaftes Zögern, spä-

---

[158] Insoweit wird auch von der „Scylla des Mehrheitswillens und der Charybdis der Haftung" gesprochen, vgl. Baumbach/Hueck/Zöllner/Noack GmbHG § 43 Rn. 33.
[159] BGH 10.7.2012 – VI ZR 341/10, NJW 2012, 3439 Rn. 22; Drescher GmbH-Geschäftsführerhaftung Rn. 138.
[160] Seibt/Wollenschläger AG 2013, 229 (233); K. Schmidt/Lutter/Langenbucher AktG § 308 Rn. 38; Hüffer/Koch AktG § 308 Rn. 8; Emmerich/Habersack Aktien- und GmbH-Konzernrecht AktG § 308 Rn. 18; Hölters/Leuring/Goertz AktG § 308 Rn. 6.
[161] BGH 18.3.1974 – II ZR 2/72, NJW 1974, 1088; MüKoGmbHG/Stephan/Tieves § 37 Rn. 118.
[162] BGH 14.12.1959 – II ZR 187/57, NJW 1960, 285; OLG Nürnberg 9.6.1999 – 12 U 4408/98, NJW-RR 2001, 104 (105); Grigoleit/Servatius AktG § 308 Rn. 26; Emmerich/Habersack Aktien- und GmbH-Konzernrecht AktG § 308 Rn. 66.

testens innerhalb von drei Wochen nach Kenntniserlangung von einer Zahlungsunfähigkeit oder Überschuldung der GmbH, einen Insolvenzantrag zu stellen. Um die Erforderlichkeit eines solchen Antrags bewerten zu können, muss der Geschäftsführer nicht nur prüfen, ob eine Unterkapitalisierung vorliegt, sondern gegebenenfalls auch, ob gleichwohl eine positive Zukunftsprognose zu stellen ist.[163] Dies hat der Geschäftsführer zu jeder Zeit – unabhängig von Weisungen – zu beachten. Die Schwierigkeit der Bewertung wird für den Geschäftsführer in der Matrixorganisation dadurch erhöht, dass Kommunikationswege möglicherweise an ihm vorbeilaufen und er oftmals keinen Einblick in die finanzielle Lage seiner eigenen Gesellschaft hat.[164] Nichtsdestotrotz entbindet die aus betriebswirtschaftlichen Gründen vorgenommene Matrixorganisation den Geschäftsführer als Organ der GmbH nicht von seinen originären gesellschaftsrechtlichen Pflichten. Die Grenze der Weisungsgebundenheit ist erreicht, wenn der Geschäftsführer die im Allgemein- und vor allem im Gläubigerinteresse bestehenden Gesetzespflichten zu erfüllen hat.[165] Liegen die Voraussetzungen des § 15a InsO vor, hat er Insolvenzantrag zu stellen und die Ausführung zuwiderlaufender Weisungen zu verweigern.[166]

129 Der Konflikt mit Weisungen des Matrixmanagers ist insbesondere in Fällen denkbar, in denen der Matrixmanager dem Geschäftsführer die Stellung eines Insolvenzantrages untersagt oder ihn – gegenteilig – hierzu verpflichtet. Daneben sind beispielsweise auch Weisungen zur Bestellung von Materialien bei Drittgläubigern, obwohl bereits Insolvenzreife vorliegt, vorstellbar. Im Hinblick auf § 15a InsO sind hierbei zunächst nur solche Weisungen relevant, die gegenüber einer **sich bereits in der Krise befindlichen Matrixgesellschaft** erteilt werden. Die Durchführung von Weisungen, die in einer gesunden Matrixgesellschaft zu deren Existenzgefährdung führen würden, werden hingegen systematisch als Verstöße gegen Kapitalerhaltungsvorschriften eingeordnet (→ Rn. 138 ff.).

130 Weist der Matrixmanager den Geschäftsführer in der Krise des Gesamtkonzerns oder bei Liquiditätsproblemen der Matrixgesellschaft an, **keinen Insolvenzantrag zu stellen,** kann diese Weisung per se keine Bindungswirkung entfalten.[167] Die Voraussetzungen der Antragspflicht stehen nicht zur Disposition der Parteien,[168] sondern sind gesetzlich festgelegt. Die Insolvenzantragspflicht des § 15a InsO besteht im Allgemein- und Gläubigerinteresse.[169] Liegen die gesetzlichen Voraussetzungen vor, steht dem GmbH-Geschäftsführer grundsätzlich keine Handlungsalternative zur Verfügung. Nur wenn er einen freiwilligen Antrag nach § 18 InsO stellen will, muss er wegen der weitreichenden Wirkungen der Eröffnung des Verfahrens zuvor einen zustimmenden Gesellschafterbeschluss einholen.[170] Die negative Weisung in Form einer Ablehnung ist in diesem Fall bindend.

131 Eine Bindungswirkung kann sich möglicherweise auch ergeben, wenn die Muttergesellschaft für die Matrixgesellschaft eine **Patronatserklärung** abgegeben hat. Der Einfluss einer (wirksamen) Patronatserklärung auf die Antragspflicht nach § 15a InsO hängt davon ab, ob der Insolvenzgrund in der objektiven Zahlungsunfähigkeit oder in der Überschuldung liegt. Im Falle der Zahlungsunfähigkeit ist eine an den Gläubiger gerichtete harte Patronatserklärung der Muttergesellschaft für sich genommen nicht geeignet, die Zah-

---

[163] *Drescher* GmbH-Geschäftsführerhaftung Rn. 208.
[164] *Wisskirchen/Dannhorn/Bissels* DB 2008, 1139 (1140).
[165] Vgl. BGH 14.12.1959 – II ZR 187/57, NJW 1960, 285; OLG Frankfurt a. M. 7.2.1997 – 24 U 88/95, NJW-RR 1997, 736; Roth/*Altmeppen* GmbHG § 37 Rn. 6.
[166] Vgl. Roth/*Altmeppen* GmbHG § 37 Rn. 6.
[167] Vgl. *Geißler* GmbHR 2015, 734 (737); zur Nichtigkeit der Weisung vgl. LG Dortmund 23.9.1985 – 9 T 560/85, NJW-RR 1986, 258; MüKoGmbHG/*Müller* § 64 Rn. 51; Scholz/*Bitter* Vor § 64 Rn. 97.
[168] Vgl. Baumbach/Hueck/*Haas* GmbHG § 63 Rn. 123.
[169] MüKoInsO/*Klöhn* § 15a Rn. 8 f.
[170] OLG München 21.3.2013 – 23 U 3344/12, ZIP 2013, 1121 (1124); LG Frankfurt a. M. 13.8.2013 – 3-09 O 78/13, ZIP 2013, 1720 (1724); *Lang/Mutschalie* NZI 2013, 953 (955); *Leinekugel/Skauradszun* GmbHR 2011, 1121 (1123 ff.); *Fölsing* ZInsO 2013, 1325 (1328 f.); *Möhlenkamp* BB 2013, 2828 (2830); *H.-F. Müller* DB 2014, 41 (44); *Saenger/Al-Wraikat* NZG 2013, 1201 (1203 f.); *Thole* ZIP 2013, 1937 (1944); *Wertenbruch* DB 2013, 1592 (1593 ff.); Scholz/*Bitter* Vor § 64 Rn. 98; aA *Hölzle* ZIP 2013, 1846 (1848 ff.).

lungsunfähigkeit der Tochtergesellschaft zu beseitigen.[171] Die Zahlungsunfähigkeit kann nur beseitigt werden, wenn die Patronin ihre gegenüber dem Gläubiger eingegangenen Verpflichtungen durch eine Liquiditätsausstattung der Tochtergesellschaft auch tatsächlich erfüllt.[172] Kommt die Überschuldung als Insolvenzgrund in Betracht, sind Patronatserklärungen für die Bestimmung des Wertes des Aktivvermögens zu berücksichtigen, wenn sie zugunsten aller Gläubiger wirken und einen durchsetzbaren Anspruch begründen.[173] In jedem Fall hat der Geschäftsführer zu prüfen, ob die seitens der Muttergesellschaft abgegebene Patronatserklärung wirksam und nicht ausgelaufen ist.[174] Ist die Erklärung unwirksam oder nicht geeignet, den Insolvenzgrund zu beseitigen, bleibt er auch bei gegenteiliger Weisung zur Insolvenzantragsstellung verpflichtet.

132 Ferner kann sich eine Bindungswirkung hinsichtlich der Weisung ergeben, wenn ein erheblicher Teil der Verbindlichkeiten, derentwegen die Voraussetzungen des § 15a InsO erfüllt sind, als Gesellschafterdarlehen der Muttergesellschaft zu qualifizieren sind und die Muttergesellschaft zusammen mit der Weisung eine **Nachrangserklärung** abgibt. Seit dem 1.11.2008 sind Forderungen auf Rückgewähr von Gesellschafterdarlehen gem. § 19 Abs. 2 S. 2 InsO in der Überschuldungsbilanz nicht als Verbindlichkeiten zu berücksichtigen, wenn für sie gemäß § 39 Abs. 2 InsO zwischen dem Gläubiger und dem Schuldner der Nachrang im Insolvenzverfahren hinter den in § 39 Abs. 1 Nr. 1–5 InsO bezeichneten Forderungen vereinbart wird.[175] Der Geschäftsführer der Matrixgesellschaft hat zu prüfen, ob eine entsprechende Vereinbarung vorliegt und ob sie den gesetzlichen Anforderungen genügt.

133 Ein ähnliches Ergebnis ließ sich nach alter Rechtslage (vor dem 1.11.2008) durch eine **qualifizierte Rangrücktrittserklärung** des Gesellschafters erzielen,[176] deren Wirksamkeit der Geschäftsführer ebenfalls zu prüfen hatte.

134 Besonderheiten ergeben sich für den Geschäftsführer der Matrixgesellschaft in Konzernen mit **Cash-Pooling-Systemen.** Die Problematik entsteht hierbei dadurch, dass der Geschäftsführer der einzelnen (Pool-)Matrixgesellschaft nicht nur seine eigene Liquidität zu überwachen hat, sondern auch ein Auge auf die finanzielle Situation des gesamten Cash-Pools, also des Konzerns, werfen muss. Gerät der Cash-Pool in finanzielle Schieflage, löst dies eigene Pflichten des Geschäftsführers der Poolgesellschaft aus.[177] Die eigene Liquidität hängt regelmäßig entscheidend von der Werthaltigkeit der Cash-Pool-Forderungen gegen die Betreibergesellschaft ab. Eine Forderung ist nur dann werthaltig, wenn im Konzern so viel Liquidität (einschließlich offener Kreditlinien bei Banken) vorhanden ist, dass alle Ansprüche der teilnehmenden Gesellschaften erfüllt werden könnten.[178] Um dies bewerten zu können, muss von dem Geschäftsführer der (Pool-)Matrixgesellschaft eine umfangreiche Konzerninsolvenzprüfung unter Einschluss aller teilnehmenden Gesellschaften vorgenommen werden.[179] Da der einzelne Geschäftsführer selten Einblick in alle Gesellschaften seines Konzerns bekommt, bedarf es der Einführung eines Informations- und Überwachungssystems, welches dem Geschäftsführer Auskunft über die finanzielle Lage des Gesamtpools gibt. Bei einer Weisung, keinen Insolvenzantrag zu stellen, hat der Geschäftsführer der Matrixgesellschaft daher bei Bestehen eines Cash-Pool-Systems die Liquidität des gesamten Konzerns zu überprüfen.

---

[171] BGH 19.5.2011 – IX ZR 9/10, ZIP 2011, 1111; *Drescher* GmbH-Geschäftsführerhaftung Rn. 534.
[172] BGH 19.5.2011 – IX ZR 9/10, ZIP 2011, 1111; *Drescher* GmbH-Geschäftsführerhaftung Rn. 534.
[173] BGH 20.9.2010 – II ZR 296/08, NJW 2010, 3442; OLG Celle 18.6.2008 – 9 U 14/08, ZIP 2008, 2416; *Drescher* GmbH-Geschäftsführerhaftung Rn. 559.
[174] *Wisskirchen/Dannhorn/Bissels* DB 2008, 1139 (1140).
[175] *Drescher* GmbH-Geschäftsführerhaftung Rn. 620.
[176] Vgl. hierzu *Drescher* GmbH-Geschäftsführerhaftung Rn. 607 ff.
[177] *Göcke/Rittscher* DZWIR 2012, 355 (356).
[178] *Rittscher* Cash-Management-Systeme S. 67 f.
[179] Vgl. *Göcke/Rittscher* DZWIR 2012, 355 (359); *Willemsen/Rechel* GmbHR 2010, 349 (352).

Die positive Weisung des Matrixmanagers, **einen Insolvenzantrag zu stellen,** ist grundsätzlich bindend.[180] In formeller Hinsicht reicht hierfür nach vorzugswürdiger und wohl auch herrschender Ansicht trotz der Regelung des § 60 Abs. 1 Nr. 2 GmbHG, wonach ein Auflösungsbeschluss grundsätzlich einer $\frac{3}{4}$-Mehrheit bedarf, eine einfache Mehrheit in der Gesellschafterversammlung aus.[181] Unabhängig davon hat der Geschäftsführer – auch im Falle der Weisungsbindung – jedenfalls vor Antragsstellung zu prüfen, ob tatsächlich ein Rechtsschutzinteresse besteht.[182]

135

Verletzt der Geschäftsführer seine Insolvenzantragspflicht, spielt es für eine mögliche Haftung im **Außenverhältnis** keine Rolle, dass die Rechtsprechung aus der **Legalitätspflicht als solcher keine Garantenstellung** ableitet.[183] Führt der GmbH-Geschäftsführer eine Weisung unter Verstoß gegen § 15a InsO aus, verletzt er nicht nur seine Legalitätspflicht, sondern verstößt auch gegen die gesetzliche Organpflicht aus § 15a InsO; hierbei handelt es sich nach einhelliger Ansicht um ein Schutzgesetz im Sinne des § 823 Abs. 2 BGB.[184] Ein Verstoß gegen § 15a InsO begründet – auch wenn er auf Weisung erfolgt – einen Anspruch der Gesellschaft aus § 43 Abs. 2 GmbHG.[185] Jedenfalls insoweit, wie die **Innenhaftung** zur Befriedigung der Gläubiger erforderlich ist, verbietet sich auch der Einwand der unzulässigen Rechtsausübung.[186]

136

b) Verstoß gegen Kapitalerhaltungsvorschriften, §§ 30, 41 ff., 64 GmbHG

Zu den **Kardinalpflichten** des Geschäftsführers einer GmbH gehört es sicherzustellen, dass die **Kapitalerhaltungsvorschriften** der §§ 30, 41 ff., 64 GmbHG eingehalten werden. Läuft die Ausführung einer Weisung des Matrixmanagers diesen Vorschriften zuwider, ist sie nichtig gem. § 134 BGB oder (zumindest) nicht vollziehbar[187] und der Geschäftsführer der Matrixgesellschaft muss ihre Befolgung verweigern. Daher hat der Geschäftsführer der Matrixgesellschaft die ihm gegenüber erteilten Weisungen auch im Hinblick auf die Vereinbarkeit mit Kapitalerhaltungsvorschriften zu prüfen.

137

Zunächst hat der Geschäftsführer zu prüfen, ob die Weisung mit **§ 30 Abs. 1 GmbHG** vereinbar ist.[188] Hiernach darf das zur Erhaltung des Stammkapitals erforderliche Vermögen der Gesellschaft nicht an die Gesellschafter ausgezahlt werden. Besondere Beachtung findet diese Vorschrift im Zusammenhang mit **Cash-Pooling-Systemen.**[189] Nach § 30 Abs. 1 S. 2 Alt. 2 GmbHG gilt das Auszahlungsverbot des S. 1 nicht, wenn die Leistung durch einen vollwertigen Gegenleistungs- oder Rückgewähranspruch gegen den Gesellschafter gedeckt ist. Der Geschäftsführer hat daher auch in diesem Zusammenhang ständig die Liquidität des Gesamtkonzerns zu prüfen, um feststellen zu können, ob sein Rückgewähranspruch (Forderung gegen Betreibergesellschaft) werthaltig und insoweit gleichwertig ist.[190] Tatsächlicher Auszahlungsempfänger muss im Rahmen von § 30 Abs. 1 GmbHG nicht unmittelbar der Gesellschafter selbst sein. Die Norm findet auch dann Anwendung, wenn aus dem Vermögen der GmbH zwar an einen außenstehenden Dritten gezahlt wird,

138

---

[180] *Drescher* GmbH-Geschäftsführerhaftung Rn. 219; MüKoGmbHG/*Müller* § 64 Rn. 51; Rowedder/Schmidt-Leithoff/*Baumert* GmbHG Vor § 64 Rn. 52.
[181] Baumbach/Hueck/*Haas* GmbHG § 60 Rn. 28; MüKoGmbHG/*Müller* § 64 Rn. 51.
[182] Vgl. hierzu AG Oldenburg 2.4.2002 – 60 IN 10/02, NZI 2002, 391; *Guski* WM 2001, 103.
[183] BGH 10.7.2012 – VI ZR 341/10, NJW 2012, 3439.
[184] Statt aller MüKoInsO/*Klöhn* § 15a Rn. 140 mwN.
[185] MüKoInsO/*Klöhn,* § 15a Rn. 317 unter Hinweis darauf, dass es in der Regel an einem Schaden der Gesellschaft fehlt.
[186] BeckOK GmbHG/*Haas/Ziemons* GmbHG § 43 Rn. 280.
[187] Nach hM zu § 30 Abs. 1 GmbHG ist ein entsprechender Beschluss nur „nicht vollziehbar", Michalski/*Haidinger* GmbHG, § 30 Rn. 140; Rowedder/Schmidt-Leithoff/*Pentz* GmbHG § 30 Rn. 48; Baumbach/Hueck/*Fastrich* GmbHG § 30 Rn. 66.
[188] Vgl. zur Haftung bei Verstoß gegen § 30 Abs. 1 GmbHG vgl. BGH 19.2.1990 – II ZR 268/88, NJW 1990, 1725; Lutter/Hommelhoff/*Kleindiek* GmbHG § 43 Rn. 56 ff.; *Ulmer* ZGR 1985, 598 (601); Rowedder/Schmidt-Leithoff/*Pentz* GmbHG § 30 Rn. 6.
[189] Vgl. zu Cash-Pooling auch → Rn. 135.
[190] Vgl. hierzu *Wicke* GmbHG § 30 Rn. 9.

dies aber auf Geheiß und für Rechnung des Gesellschafters geschieht.[191] Dies kann insbesondere im Hinblick auf die Matrixstrukturen Relevanz erlangen: Da der maßgeblich beteiligte Gesellschafter (Muttergesellschaft) Adressat der Kapitalerhaltungsvorschriften ist, ist er auch dann als Empfänger der Auszahlung anzusehen, wenn er die Auszahlung an eine von ihm ebenfalls beherrschte andere Gesellschaft (zB Schwestergesellschaft) veranlasst hat.[192] Hinsichtlich der möglichen Haftung des Geschäftsführers ist anzumerken, dass § 30 GmbHG nach überwiegender Ansicht **kein Schutzgesetz im Sinne von § 823 Abs. 2 BGB** für Drittgläubiger oder Gesellschafter ist.[193] Gleichwohl hat der Geschäftsführer der Matrixgesellschaft § 30 Abs. 1 GmbHG wegen einer möglichen Haftung nach § 826 BGB und der möglichen drohenden strafrechtlichen Folgen (§ 266 StGB) unbedingt zu beachten.[194]

139 Im engen Zusammenhang mit § 30 Abs. 1 GmbHG steht die Pflicht des Geschäftsführers, seine Gesellschaft vor **existenzgefährdenden Eingriffen** zu schützen. Zwar hat die Rechtsprechung zunächst nur eine Existenzvernichtungshaftung des Gesellschafters aus § 826 BGB hergeleitet,[195] jedoch ist eine die Existenz der Gesellschaft gefährdende Weisung sittenwidrig gem. § 138 BGB und damit nichtig.[196] Der Geschäftsführer kann sich bei Kenntnis des Ansinnens des Gesellschafters und bei Durchführung der Weisung einer Gehilfenhaftung nach § 830 BGB aussetzen.[197] In einer **finanziell gesunden Matrixgesellschaft** hat der Geschäftsführer daher zu prüfen, ob die Durchführung der ihm gegenüber erteilten Weisung zu einer Existenzgefährdung der Matrixgesellschaft führen würde. Dies ist der Fall, wenn die Weisung einen missbräuchlichen, zur Insolvenz der GmbH führenden oder diese vertiefenden kompensationslosen Eingriff in das zweckgebundene zur vorrangigen Befriedigung der Gesellschaftsgläubiger dienende Gesellschaftsvermögen beinhaltet.[198] Die Haftung des Gesellschafters für einen existenzvernichtenden Eingriff und die Haftung des Geschäftsführers stehen ggf. gesamtschuldnerisch (§ 840 BGB) nebeneinander.[199]

140 Der GmbH-Geschäftsführer ist gem. **§§ 41 ff. GmbHG** verpflichtet, für die **ordnungsgemäße Buchführung** der Gesellschaft zu sorgen. Er hat darauf zu achten, dass die Ausführung von Weisungen des Matrixmanagers nicht zur Vermögensintransparenz in seiner GmbH führt. § 41 GmbHG erfordert hierbei nicht, dass der Geschäftsführer die Bücher selbst führt; er hat lediglich dafür Sorge zu tragen, dass eine entsprechende Buchführung gewährleistet ist.[200] In Matrixstrukturen wird die Buchführung in vielen Fällen nicht in der jeweiligen Matrixgesellschaft vorgenommen, sondern auf eine andere Matrixgesellschaft oder auf die Konzernspitze übertragen. Dies ist zwar grundsätzlich zulässig,[201] die Sorgfaltspflicht des Geschäftsführers setzt sich in diesen Fällen allerdings in einer **Aus-**

---

[191] *Wicke* GmbHG § 30 Rn. 16.
[192] Vgl. BGH 24.7.2012 – II ZR 177/11, NJW-RR 2012, 1240; Roth/*Altmeppen* GmbHG § 30 Rn. 57; Michalski/*Heidinger* GmbHG § 30 Rn. 180; MüKoGmbHG/*Ekkenga* § 30 Rn. 179; Scholz/*Verse* GmbHG § 30 Rn. 49.
[193] BGH 25.6.2001 – II ZR 38/99, NJW 2001, 3123 (3124); Baumbach/Hueck/*Fastrich* GmbHG § 30 Rn. 1; Großkommentar GmbHG/*Habersack* § 30 Rn. 22; Lutter/Hommelhoff/*Kleindiek* GmbHG § 37 Rn. 18; Roth/*Altmeppen* GmbHG § 30 Rn. 1.
[194] Zur Strafbarkeit gemäß § 266 StGB bei Zahlungen entgegen § 30 Abs. 1 GmbHG vgl. BGH 30.8.2011 – 3 StR 228/11, NZG 2011, 1238.
[195] So zuletzt BGH 16.7.2007 – II ZR 3/04, NJW 2007, 2689 – Trihotel.
[196] So im Ergebnis auch *Lutter/Banerjea* ZIP 2003, 2177.
[197] MüKoGmbHG/*Liebscher* Anh. § 13 Rn. 599; *Strohn* ZInsO 2008, 706 (709).
[198] Zur Existenzvernichtungshaftung der Gesellschafter, vgl. → Rn. 52 ff.
[199] Vgl. *Drescher* GmbH-Geschäftsführerhaftung Rn. 806; die Frage nach dem Rangverhältnis zwischen Geschäftsführer- und Gesellschafterhaftung hat sich uE nach dem Rückgriff der Rechtsprechung auf § 826 BGB im Wege von § 830 BGB geklärt.
[200] Grundlegend RG 9.1.1886 – Rep. 1070/85, RGSt 13, 235 (237 f.); heute allgemeine Meinung vgl. etwa Lutter/Hommelhoff/*Kleindiek* GmbHG § 41 Rn. 5; Rowedder/Schmidt-Leithoff/*Tiedchen* GmbHG § 41 Rn. 7.
[201] MüKoGmbHG/*Fleischer* § 41 Rn. 18; Rowedder/Schmidt-Leithoff/*Tiedchen* GmbHG § 41 Rn. 7, 64; Henssler/Strohn/*Büteröwe* GmbHG § 41 Rn. 4.

wahl- und **Überwachungspflicht** fort.[202] Der Geschäftsführer der Matrixgesellschaft muss stets in der Lage bleiben, in die Buchführung einzugreifen und sich einen schnellen und zuverlässigen Überblick über die Vermögenslage, die Liquidität und den Geschäftsgang der Gesellschaft zu verschaffen.[203] Dies kann nach der herrschenden Ansicht in der Literatur nur dann gewährleistet werden, wenn mit dem Geschäftsführer wegen des fehlenden arbeitsrechtlichen Weisungsrechts gegenüber der mit der Buchführung beauftragten Person eine gesonderte schuldrechtliche Vereinbarung abgeschlossen wird, die ihm den Zugriff ermöglicht.[204] Soll die Buchführung per Weisung auf eine andere Matrixgesellschaft oder auf die Konzernspitze ausgelagert werden, hat der Geschäftsführer der Matrixgesellschaft daher zu prüfen, ob er seiner Auswahl- und Überwachungspflicht hinreichend nachkommen kann.

Um einer Haftung aus **§ 64 S. 1 GmbHG** zu entgehen, hat der Geschäftsführer sicherzustellen, dass nach Eintritt der Zahlungsunfähigkeit oder Feststellung der Überschuldung keine Zahlungen mehr geleistet werden. Diese Pflicht nimmt eine Stellung zwischen Kapitalerhaltungspflicht und Insolvenzantragspflicht ein: Sie soll den Geschäftsführer einerseits anhalten, die Insolvenzsituation frühzeitig zu bereinigen oder Insolvenzantrag zu stellen, andererseits aber auch sicherstellen, dass die im Zeitpunkt der Insolvenzreife vorhandene Masse erhalten bleibt.[205] Bei § 64 S. 1 GmbHG handelt es sich rechtstechnisch um eine haftungsrechtliche Anspruchsgrundlage, jedoch beinhaltet sie für den Geschäftsführer und die Gesellschafter gleichzeitig einen Verbotstatbestand.[206] Weisungen, die den Geschäftsführer zu Zahlungen nach Insolvenzreife verpflichten würden, sind gem. § 134 BGB nichtig und ihre Ausführung muss verweigert werden.[207] Im Einklang mit § 43 GmbHG statuiert auch § 64 S. 2 GmbHG, dass der Geschäftsführer bei der Prüfung der Weisung die Sorgfalt eines ordentlichen Geschäftsmannes zu wahren hat. 141

§ 64 S. 3 GmbHG erweitert das Zahlungsverbot auf Zahlungen an Gesellschafter, soweit sie zur Zahlungsunfähigkeit der Gesellschaft führen. Hierbei handelt es sich um eine gesetzliche Ausprägung der Geschäftsführerpflichten im Hinblick auf existenzvernichtende Eingriffe.[208] Auch wenn Stimmen in der Literatur dem Zahlungsverbot aus S. 3 keine Verbotsgesetzqualität im Sinne von § 134 BGB zusprechen,[209] muss jedenfalls für die zugrundeliegende Weisung des Matrixmanagers ein anderes gelten: Es wäre systemwidrig, wenn ein Geschäftsführer eine Weisung auszuführen hätte, die ihn zwangsweise der Haftung gegenüber Dritten aussetzt. Eine Weisung, die gegen § 64 S. 3 GmbHG verstößt, ist daher nach hier vertretener Ansicht ebenfalls nichtig. 142

c) Verstoß gegen steuerrechtliche Pflichten, §§ 34, 69 AO

Neben den originär gesellschaftsrechtlichen Pflichten treffen den GmbH-Geschäftsführer der Matrix-GmbH eigene steuerrechtliche Pflichten. Er haftet nach **§§ 34, 69 AO** für Steuerschulden der Gesellschaft, wenn diese infolge einer vorsätzlichen oder grob fahrläs- 143

---

[202] Vgl. BGH 26.6.1995 – II ZR 109/94, NJW 1995, 2850 (2851); BGH 8.7.1985 – II ZR 198/84, NJW 1986, 54 (55); MüKoGmbHG/*Fleischer* § 41 Rn. 17 mwN.
[203] BGH, 26.6.1995 – II ZR 109/94, NJW 1995, 2850 (2851); MüKoGmbHG/*Fleischer* § 41 Rn. 17; Lutter/Hommelhoff/*Kleindiek* GmbHG § 41 Rn. 5.
[204] So etwa MüKoGmbHG/*Fleischer* § 41 Rn. 18; Lutter/Hommelhoff/*Kleindiek* GmbHG § 41 Rn. 5; Rowedder/Schmidt-Leithoff/*Tiedchen* GmbHG § 41 Rn. 64.
[205] Baumbach/Hueck/*Haas* GmbHG § 64 Rn. 1a.
[206] MüKoGmbHG/*Stephan/Tieves* § 37 Rn. 118.
[207] Vgl. BGH 9.10.2012 – II ZR 298/11, GmbHR 2013, 31 Rn. 18; BGH 26.10.2009 – II ZR 222/08, GmbHR 2010, 85 Rn. 10; BR-Drs. 354/07, 95; *Gehrlein* BB 2008, 846 (849); *Haas* NZG 2013, 41 (42); *Kallmeyer* DB 2007, 2755 (2758); MüKoGmbHG/*Stephan/Tieves* § 37 Rn. 118.
[208] Siehe hierzu → Rn. 139. Derartige Weisungen entfalten **keine Bindungswirkung** für den Geschäftsführer und entlasten ihn daher auch dann nicht, wenn er auf Grundlage einer solchen Weisung die Gesellschaft schädigt.
[209] So etwa Scholz/K. *Schmidt* GmbHG § 64 Rn. 83,107; BeckOKGmbHG/*Mätzig* GmbHG § 64 Rn. 72.

sigen Pflichtverletzung nicht erfüllt werden.²¹⁰ Zu diesen Pflichten gehören beispielsweise die ordnungsgemäße Buchführung, die (rechtzeitige) Abgabe einer Steuererklärung oder die Pflicht zur fristgerechten Anmeldung und Abführung von Lohnsteuern (§ 41a Abs. 1 EStG).²¹¹ Auf fehlendes Wissen kann sich der Geschäftsführer der Matrixgesellschaft nicht berufen, da ein solches nach Ansicht der Rechtsprechung regelmäßig auf grober Fahrlässigkeit beruht.²¹²

144 Der Geschäftsführer der Matrixgesellschaft hat zu prüfen, ob eine Weisung mit seinen steuerrechtlichen Pflichten vereinbar ist. Weisungen, deren Ausführung eine Haftung des Geschäftsführers nach §§ 34, 69 AO begründen, sind als Verstöße gegen zwingende gesetzliche Pflichten nichtig gemäß § 134 BGB.

145 Wichtig in Ansehung von Matrixstrukturen ist überdies, dass der Bundesfinanzhof **kein Haftungsprivileg für weisungsgebundene Geschäftsführer** einer GmbH in Konzernstrukturen anerkennt.²¹³ Der BFH führt aus, dass ein Geschäftsführer, der sich in der von ihm vertretenen Gesellschaft oder im Unternehmensverbund nicht durchsetzen kann sowie sich an jeglicher Einflussnahme und an einer Kontrolle des Zahlungsverkehrs gehindert sieht, nicht untätig bleiben darf, sondern zur Vermeidung haftungsrechtlicher Konsequenzen von der Übernahme der Geschäftsführertätigkeit Abstand nehmen und sein Amt niederlegen muss.²¹⁴ Eine interne Aufgabenverteilung könne nur dann haftungsbegrenzende Wirkung haben, wenn die nähere Ausgestaltung der Aufgabenzuweisungen vor Aufnahme der Geschäftsführertätigkeit klar und eindeutig schriftlich festgelegt worden ist.²¹⁵

d) Verstoß gegen sozialversicherungsrechtliche Pflichten, § 266a Abs. 1 StGB

146 Gem. **§ 266a Abs. 1 StGB** wird mit Freiheitstrafe bis zu fünf Jahren oder Geldstrafe bestraft, wer als Arbeitgeber der Einzugsstelle Beiträge des Arbeitnehmers zur Sozialversicherung einschließlich der Arbeitsförderung vorenthält, unabhängig davon, ob Arbeitsentgelt gezahlt wird. Der Geschäftsführer der Matrixgesellschaft muss sicherstellen, dass die GmbH den in § 28e SGB IV normierten Arbeitgeberpflichten bezüglich der sozialversicherungspflichtig beschäftigten Mitarbeiter nachkommt. Da der Geschäftsführer seine GmbH gem. § 35 Abs. 1 GmbHG nach außen vertritt und die Arbeitgeberfunktion wahrnimmt, ist er gem. § 14 Abs. 1 Nr. 1 StGB persönlich Normadressat von § 266a StGB.

147 Da es sich bei § 266a StGB um ein **Schutzgesetz im Sinne von § 823 Abs. 2 BGB** zugunsten des Sozialversicherungsträgers handelt, macht sich der Geschäftsführer schadensersatzpflichtig, wenn er in Wahrnehmung der Arbeitgeberfunktion Sozialversicherungsbeiträge der Einzugsstelle vorenthält.²¹⁶ Ähnlich wie bei den gesellschaftsrechtlichen und steuerrechtliche Pflichten kann sich der Geschäftsführer auch betreffend seiner sozialversicherungsrechtlichen Pflichten nicht mit dem Argument exkulpieren, dass diese Pflichten durch interne Zuständigkeitsverteilung oder durch Delegation auf andere Personen übertragen wurden.²¹⁷ Er ist in diesem Fall zur **Überwachung** verpflichtet und muss bei entsprechender Veranlassung eingreifen, etwa wenn Anhaltspunkte dafür bestehen,

---

[210] *Drescher* GmbH-Geschäftsführerhaftung Rn. 1344.
[211] Vgl. hierzu Koenig/*Koenig* AO § 34 Rn. 17 ff.
[212] *Wisskirchen/Dannhorn/Bissels* DB 2008, 1139 (1140); *Seibt/Wollenschläger* AG 2013, 229 (239).
[213] BFH 12. 5. 2009 – VII B 266/08, BeckRS 2009, 25015411.
[214] BFH 5. 3. 1985 – VII B 69/84, BFH/NV 1987, 422; BFH 12. 5. 2009 – VII B 266/08, BeckRS 2009, 25015411.
[215] BFH 4. 3. 1986 – VII S 33/85, BFHE 146, 23.
[216] BGH 11. 12. 2001 – VI ZR 123/00, NJW 2002, 1122; BGH 18. 4. 2005 – II ZR 61/03, NJW 2005, 2546; OLG Düsseldorf 16. 9. 2014 – I-21 U 38/14, NZI 2015, 517; *Drescher* GmbH-Geschäftsführerhaftung Rn. 987.
[217] BGH 15. 10. 1996 – VI ZR 319/95, NJW 1997, 130; BGH 9. 1. 2001 – VI ZR 407/99, NZI 2001, 194; BGH 2. 6. 2008 – II ZR 27/07, NJW-RR 2008, 1253; OLG Düsseldorf 16. 9. 2014 – I-21 U 38/14, NZI 2015, 517.

dass die Erfüllung von der Gesellschaft obliegenden Aufgaben durch den (intern) zuständigen Geschäftsführer oder den mit der Erledigung beauftragten Arbeitnehmer nicht mehr gewährleistet ist.[218]

Aus eigenem Interesse (§ 266a StGB) und auf Grund seiner Legalitätspflicht ist der Geschäftsführer daher gehalten, Weisungen auf ihre Vereinbarkeit mit sozialversicherungsrechtlichen Pflichten zu überprüfen. Verstößt eine Weisung des Matrixmanagers gegen die Pflicht zur Abführung von Sozialversicherungsbeiträgen, ist sie nichtig gem. § 134 BGB und vom Geschäftsleiter der Matrixgesellschaft nicht zu befolgen.[219]

e) Verweigerung bei Anfechtbarkeit der Weisung?

Ein häufig diskutiertes Problem ist die Frage der Bindungswirkung von Weisungen, wenn der zugrundeliegende Gesellschafterbeschluss zwar nicht nichtig, aber anfechtbar ist. Die wohl herrschende Ansicht geht davon aus, dass den Geschäftsführer **grundsätzlich keine Folgepflicht** trifft, solange der Beschluss tatsächlich noch anfechtbar ist und die Anfechtung nicht völlig unwahrscheinlich ist.[220]

Dies überzeugt, weil der Geschäftsführer andernfalls gezwungen wäre, sehenden Auges vollendete Tatsachen zu schaffen und sich gleichzeitig wissentlich einem vom Zufall abhängigen Haftungsrisiko auszusetzen. Denn: Wird der Beschluss rechtzeitig angefochten, besteht Einigkeit, dass die darauf beruhende Weisung keine Bindungswirkung entfaltet.[221] Die Befolgung der Weisung wäre in diesem Fall rückwirkend rechtswidrig. Wird die fristgerechte Anfechtung hingegen versäumt, entfaltet der Beschluss wegen seiner Unanfechtbarkeit nach einhelliger Ansicht Bindungswirkung und der Geschäftsführer wäre rückwirkend entlastet.[222] Eine solche Rechtsunsicherheit kann dem Geschäftsführer wegen seiner unbeschränkten persönlichen Haftung nicht zugemutet werden.

Bei lediglich anfechtbaren Beschlüssen, die eine Weisung beinhalten, muss der Geschäftsführer daher **prüfen, ob die Anfechtungsfrist noch nicht abgelaufen ist** und ob eine **Anfechtung in der Sache Aussicht auf Erfolg** hat. Ob er die Weisung befolgt, hängt von einer Abwägung ab, ob Ausführung oder Zuwarten eher im Gesellschaftsinteresse liegt. Hierbei steht ihm ein gewisser Ermessensspielraum zu, innerhalb dessen weder Ausführung noch Nichtausführung des Beschlusses pflichtwidrig sind.[223]

Die im Hinblick auf Matrixstrukturen bürgerlich-rechtlich denkbare Anfechtung von Weisungen des Matrixmanagers folgt als rechtsgeschäftsähnliche Handlungen den § 119 BGB oder § 123 BGB[224]. Wegen der im Wesentlichen gleichlaufenden Rechtsfolgen (ex tunc Nichtigkeit, § 142 Abs. 1 BGB und § 241 Nr. 5 AktG analog[225]) sind die zu der Anfechtbarkeit von Gesellschafterbeschlüssen entwickelten Grundsätze entsprechend anzuwenden. Auch eine nach §§ 119, 123 BGB anfechtbare Weisung eines Matrixmanagers begründet für den Geschäftsführer daher grundsätzlich keine Befolgungspflicht, wenn die in § 121 BGB bzw. § 124 BGB normierte Anfechtungsfrist noch nicht abgelaufen ist und die Anfechtung in materieller Hinsicht Erfolgsaussichten hat.

Hieraus ergibt sich zwanglos, dass der GmbH-Geschäftsführer in Matrixstrukturen aus Eigenschutzgründen neben der Prüfpflicht auch eine **Hinweisobliegenheit** hat. Erkennt

---

[218] OLG Düsseldorf 16.9.2014 – I-21 U 38/14, NZI 2015, 517.
[219] Vgl. OLG Naumburg 10.2.1999 – 6 U 1566–97, NJW-RR 1999, 1343.
[220] Baumbach/Hueck/*Zöllner/Noack* GmbHG § 37 Rn. 23; Michalski/*Lenz* GmbHG § 37 Rn. 19; MüKoGmbHG/*Stephan/Tieves* § 37 Rn. 122; Bork/Schäfer/*Jacoby* GmbHG § 37 Rn. 18; *Mennicke* NZG 2000, 622 (624); *Ebert* GmbHR 2003, 444 (447).
[221] Vgl. Baumbach/Hueck/*Zöllner/Noack* GmbHG § 43 Rn. 35, wobei ein Haftung ggf. mangels Verschuldens ausscheidet.
[222] Vgl. Baumbach/Hueck/*Zöllner/Noack* GmbHG § 43 Rn. 35.
[223] Baumbach/Hueck/*Zöllner/Noack* GmbHG § 43 Rn. 35; Rowedder/Schmidt-Leithoff/*Koppensteiner* GmbHG § 43 Rn. 35; Michalski/*Haas/Ziemons* GmbHG § 43 Rn. 62b; Lutter/Hommelhoff/*Kleindiek* GmbHG § 37 Rn. 22; *Pelz* RNotZ 2003, 415 (420).
[224] MüKoGmbHG/*Liebscher* Anh. § 13 Rn. 813; Hüffer/*Koch* AktG § 308 Rn. 11.
[225] Grigoleit/*Ehmann* AktG § 248 Rn. 4.

er, dass der Matrixmanager bei einer Weisung einem Irrtum unterlag und weist er ihn nicht auf diesen Umstand hin, setzt er sich bewusst der Gefahr aus, dass die Weisung zu einem späteren Zeitpunkt wirksam angefochten wird. Stellt die Ausführung der angefochtenen Weisung unter Berücksichtigung des Einzelfalls (Abwägung) eine Pflichtverletzung dar, wird er sich regelmäßig nicht auf ein fehlendes Verschulden berufen können, da sein Handeln nicht mit der Sorgfalt eines ordentlichen Geschäftsmannes (§ 43 Abs. 1 GmbHG) zu vereinbaren ist.

2. Überprüfung der Weisung auf Vereinbarkeit mit Satzung

154 Ist die Weisung inhaltlich mit geltendem Gesetzesrecht zu vereinbaren, muss der Geschäftsführer der Matrixgesellschaft zusätzlich prüfen, ob sie von der Satzung seiner eigenen GmbH abgedeckt ist. Hierbei hat er ein besonderes Augenmerk auf die Frage zu legen, ob die Ausführung der Weisung vom satzungsmäßig festgelegten **Unternehmensgegenstand** (§ 3 Abs. 1 Nr. 2 GmbHG) erfasst ist.[226] Die Ausführung einer Weisung, die nicht den Satzungsregelungen entspricht, liefe auf eine faktische Änderung des Gesellschaftsvertrages hinaus.[227] Für die Änderung des Gesellschaftsvertrages sind die Regelungen der §§ 53 ff. GmbHG, vor allem die Formerfordernisse und die besondere Abstimmungsmehrheit zu beachten. Diese Erfordernisse werden bei Weisungen von kraft Delegation tätigen Matrixmanagern regelmäßig nicht eingehalten sein und sind daher nichtig (§ 241 Nr. 2 AktG analog).[228] Der Geschäftsführer der Matrixgesellschaft hat die Ausführung einer solchen Weisung zu verweigern.

155 Wird der Geschäftsführer durch die Weisung hingegen lediglich angehalten, die statuarischen Grenzen seiner Geschäftsführungsbefugnis zu überschreiten, ist die Weisung inhaltlich unbedenklich und verbindlich,[229] vorausgesetzt, der Matrixmanager war zur Delegation der jeweiligen Aufgabe berechtigt.

3. Überprüfung ordnungsgemäßer Vertretung durch den Matrixmanager

156 Bei Weisungen des Matrixmanagers muss der Geschäftsführer der Matrix-GmbH überdies prüfen, ob der Matrixmanager innerhalb seiner satzungsmäßig und/oder rechtsgeschäftlich eingeräumten Vertretungsmacht handelt. Überschreitet der Matrixmanager den **Umfang seiner Vertretungsmacht,** ist die Weisung rechtswidrig und darf vom Geschäftsführer nicht ausgeführt werden.[230] Anders als bei echten Beschlüssen der Gesellschafterversammlung wird der Geschäftsführer sich bei Matrixstrukturen nicht per se darauf verlassen können, dass die Weisung des Matrixmanagers in formeller Hinsicht ordnungsgemäß ist.[231] Vor diesem Hintergrund hat er bei der Einführung von Matrixstrukturen darauf zu achten, dass der Umfang der Vertretungsmacht des Matrixmanagers in der Vollmacht oder Satzung ausdrücklich und eindeutig definiert wird.

157 Aufgrund seiner **gesellschaftsrechtlichen Treuepflicht** ist der Geschäftsführer bei Überschreitung der Vertretungsmacht durch den Matrixmanager angehalten, den Gesellschaftern das Fehlverhalten des Matrixmanagers anzuzeigen. Nur so kann die Gesellschafterversammlung eine Informationsbasis erlangen, aufgrund derer sie abwägen kann, ob sie dem Matrixmanager zum Schutze der Gesellschaft die Vollmacht entzieht oder ihn auf die Grenzen derselben hinweist oder ihren Umfang erweitert.

---

[226] *Ebert* GmbHR 2008, 444 (445).
[227] So auch *Geißler* GmbHR 2015, 734 (738).
[228] Vgl. Baumbach/Hueck/*Zöllner*/*Noack* GmbHG § 53 Rn. 69.
[229] Vgl. hierzu für die Gesellschafter Roth/*Altmeppen* GmbHG § 37 Rn. 16; BeckOK GmbHG/*Wisskirchen*/ *Kuhn* § 37 Rn. 19.
[230] *Seibt*/*Wollenschläger* AG 2013, 229 (234, 242).
[231] Vgl. zu Gesellschafterbeschlüssen MüKoGmbHG/*Stephan*/*Tieves* § 37 Rn. 121.

4. Nachteiligkeit der Weisung für Matrix-Gesellschaft

Ist die Weisung des Matrixmanagers mit geltendem Gesetzesrecht und der Satzung der GmbH zu vereinbaren und erfolgte sie innerhalb der Vertretungsmacht des Matrixmanagers, hat der Geschäftsführer der Matrixgesellschaft sie zu befolgen. Dies gilt – anders als bei der Aktiengesellschaft mit Beherrschungsvertrag – grundsätzlich **unabhängig** davon, ob die Weisung für die Gesellschaft **wirtschaftlich vor- oder nachteilig** ist.[232]

Das wirtschaftliche Wohl der GmbH als solches steht nicht unter dem Schutz der Rechtsordnung, insbesondere markiert das Gesellschaftsinteresse selbst keine Grenze des Weisungsrechts. Zwar handelt es sich bei der GmbH um eine juristische Person, jedoch führt sie in ihrer Willensbildung kein vom Willen der Gesellschafter unabhängiges Eigenleben. Wie es den Gesellschaftern freisteht, riskante, wirtschaftlich wenig aussichtsreiche Geschäftsentschlüsse zu fassen und umzusetzen,[233] den Geschäftsbetrieb einzustellen und die Gesellschaft aufzulösen, steht es ihnen – erst recht – frei, wirtschaftlich unvorteilhafte Einzelentscheidungen zu treffen.[234] Für die Gesellschaft offensichtlich wirtschaftlich nachteilige Weisungen sind deshalb nach überzeugender Ansicht der Rechtsprechung gesellschaftsvertraglich und gesellschaftsrechtlich unbedenklich.[235]

Eine **analoge Anwendung des § 308 Abs. 1 S. 2 AktG,** der nachteilige Weisungen nur zulässt, wenn sie den Belangen des herrschenden Unternehmens oder der mit ihm und der Gesellschaft konzernverbundenen Unternehmen dienen, **ist** bei der GmbH ohne Unternehmensvertrag **abzulehnen.**[236] Weder liegt im Hinblick auf die „faktisch beherrschte" GmbH eine planwidrige Regelungslücke vor, noch gibt es eine zur vertraglich beherrschten Aktiengesellschaft vergleichbare Interessenlage. Schon der Verantwortlichkeitsansatz beim Vorstand der AG und bei der Geschäftsführung der GmbH sind grundverschieden: Während die GmbH-Geschäftsführung von Gesetzes wegen weisungsgebunden ist (§ 37 Abs. 1 GmbHG), leitet der Vorstand die AG eigenverantwortlich (§ 76 Abs. 1 AktG). Die durch einen Unternehmensvertrag statuierte Weisungsbindung (§ 308 Abs. 1 AktG) weicht bei der AG von dem gesetzlichen Grundsatz ab und bedarf deshalb einer strengen Eingrenzung. Da das Gesetz bei der GmbH dem Grunde nach von einer Weisungsgebundenheit gegenüber der Gesellschafterversammlung ausgeht, besteht kein Bedürfnis, die Befugnisse der Gesellschafterversammlung einzuschränken. Ein anderes kann sich nur dann ergeben, wenn mit der GmbH tatsächlich ein Unternehmensvertrag besteht und daraus ein Spannungsverhältnis zwischen herrschendem Unternehmen und Gesellschafterversammlung resultiert (→ Rn. 168ff.).

Gleichwohl fordert jede wirtschaftlich nachteilige Weisung vom Geschäftsführer eine besonders sorgfältige und wachsame Prüfung. Handlungen, die für die Matrixgesellschaft wirtschaftlich nachteilig sind, bergen für den GmbH-Geschäftsführer immer auch das Risiko, sich der **Untreue nach § 266 StGB** strafbar zu machen. Der GmbH-Geschäftsführer hat eine Vermögensbetreuungspflicht gegenüber seiner eigenen Gesellschaft[237] und darf diese nicht unter Außerachtlassung der Sorgfalt eines ordentlichen Geschäftsmanns (§ 43 Abs. 1 GmbHG) durch nachteilige Vermögensverfügungshandlungen brechen. Die Einwilligung der Gesellschafter, etwa konkludent mittels Weisungen, schließt eine Untreue

---

[232] BGH 26.10.2009 – II ZR 222/08, NJW 2010, 64; BGH 10.12.1984 – II ZR 308/83, BGHZ 93, 146 (148); BGH 16.9.1985 – II ZR 275/84, BGHZ 95, 330 (340); BGH 12.12.1983 – II ZR 14/83, NJW 1984, 1037; OLG Frankfurt a. M. 7.2.1997 – 24 U 88/95, NJW-RR 1997, 736 (737); Michalski/*Lenz* GmbHG § 37 Rn. 20.
[233] OLG Frankfurt a. M. 7.2.1997 – 24 U 88/95, NJW-RR 1997, 736.
[234] BGH 12.4.2016 – II ZR 275/14, NZG 2016, 781.
[235] So zutreffend OLG Frankfurt a. M. 7.2.1997 – 24 U 88/95, NJW-RR 1997, 736 (737).
[236] Heidel/*Meilicke/Kleinertz* Aktienrecht und Kapitalmarktrecht § 308 Rn. 38.
[237] Vgl. BGH 27.8.2010 – 2 StR 111/09, NJW 2010, 3458; *Fischer* StGB § 266 Rn. 48; zur Untreue in Konzernstrukturen BGH 31.7.2009 – 2 StR 95/09, NJW 2009, 366.

nur aus, soweit nicht zwingende gläubigerschützende Regelungen betroffen sind.[238] Der Geschäftsführer darf sich daher auch in strafrechtlicher Hinsicht nicht „blind" darauf verlassen, dass eine Weisung ihn seiner eigenen Pflichten entbindet.

162 Die Grenze der Zulässigkeit von wirtschaftlich nachteiligen Weisungen ist jedenfalls dort erreicht, wo die Gesellschaft durch die Weisung in ihrer wirtschaftlichen Existenz gefährdet wird, § 138 BGB (→ Rn. 52 ff.).

163 **Ändern sich die Verhältnisse** nach Erteilung der Weisung, darf der Geschäftsführer innerhalb der engen Grenzen des § 665 S. 1 BGB von an sich verbindlichen Weisungen abweichen.[239] Gegebenenfalls muss er dies jedoch der weisungsberechtigten Person bzw. dem Matrixmanager anzeigen, um eine neue Weisung herbeizuführen (§ 665 S. 2 BGB).

III. Rechtsfolgen der Verletzung der Prüfungspflichten

164 Hinsichtlich der Rechtsfolgen im Falle einer Verletzung von Prüfungspflichten ist zu unterscheiden, ob der Geschäftsleiter der Matrix-Gesellschaft eine Weisung zu Unrecht ausführt (→ Rn. 166 ff.) oder ihre Ausführung zu Unrecht verweigert (→ Rn. 170 ff.). Hinzu kommt die Möglichkeit, dass die Geschäftsleitung erst im Ausführungsstadium sorgfaltswidrig handelt (→ Rn. 172). Daneben muss nach der Haftung im Innen- und Außenverhältnis unterschieden werden.

1. Befolgung einer rechtswidrigen Weisung

165 Lässt die Geschäftsleitung eine rechtswidrige Weisung ausführen, beruht dies regelmäßig auf dem Umstand, dass sie die ihr obliegenden präventiven Prüfpflichten verletzt hat. Entweder wurde gar keine Prüfung vorgenommen – möglicherweise weil die Geschäftsleitung keine Kenntnis von der Weisung hat (falsche Berichtswege) – oder die Prüfung erfolgte fehlerhaft.

166 Bei Matrixstrukturen, die auf einem Beherrschungsvertrag beruhen, statuiert § 310 Abs. 1 AktG (analog) eine Schadensersatzpflicht der Geschäftsleitung der beherrschten Matrixgesellschaft gegenüber ihrer eigenen Gesellschaft für den Fall, dass eine rechtswidrige Weisung ausgeführt wird. Daneben ist bei Ausführung rechtswidriger Weisungen regelmäßig auch eine Haftung im Innenverhältnis nach § 93 Abs. 2 AktG bzw. § 43 Abs. 2 GmbHG begründet.

167 Im faktischen GmbH-Konzern besteht die Besonderheit, dass die Weisung rechtlich aus der eigenen Gesellschaft, nämlich von der Gesellschafterversammlung gemäß § 37 Abs. 1 GmbHG, stammt. Dies hat zur Folge, dass die Geschäftsführung im Innenverhältnis regelmäßig von der Haftung innerhalb der Grenzen des § 43 Abs. 3 GmbHG befreit ist.

168 Werden rechtswidrige Weisungen ausgeführt, deren Ausführung außenstehende Dritte verletzt, kommt – unabhängig von der gesellschaftsrechtlichen Ausgestaltung der Matrixstruktur – eine persönliche Haftung der Geschäftsleitung der Matrixgesellschaft nach § 823 Abs. 2 BGB in Verbindung mit einem den Dritten betreffenden Schutzgesetz (zB § 15a InsO, § 266 StGB) in Betracht.[240]

---

[238] BGH 30.8.2011 – 3 StR 228/11, NZG 2011, 1238; BGH 27.8.2010 – 2 StR 111/09, ZIP 2010, 1892; BGH 31.7.2009 – 2 StR 95/09, NJW 2009, 366; BGH 13.5.2004 – 5 StR 73/03, NJW 2004, 2248; MüKoGmbHG/*Stephan/Tieves* § 37 Rn. 119; ausführlich dazu Schönke/Schröder/*Perron* StGB § 266 Rn. 21a ff.
[239] Baumbach/Hueck/*Zöllner/Noack* GmbHG § 37 Rn. 25; Michalski/*Lenz* GmbHG § 37 Rn. 20.
[240] Vgl. MüKoGmbHG/*Stephan/Tieves* § 37 Rn. 147, 148; die Frage, ob ein Schutzgesetz vorliegt, wird im Rahmen der Prüfpflichten bei der jeweiligen Norm diskutiert.

2. Nichtbefolgung einer rechtmäßigen Weisung

Verweigern die Matrixgesellschaft und deren Geschäftsleitung die Ausführung einer rechtmäßigen und daher bindenden Weisung, begründet diese Weigerung sowohl gegenüber der Matrixgesellschaft als auch gegenüber deren Geschäftsleitung **Erfüllungs- und Schadensersatzansprüche**.[241] Ein auf Erfüllung gerichtetes Leistungsurteil kann nach § 888 ZPO vollstreckt werden.[242] Bei bestehenden Unternehmensverträgen lässt sich ein Schadensersatzanspruch gegen die Geschäftsleitung der Matrixgesellschaft aus §§ 280 Abs. 1, 675 Abs. 1, 276, 249, 252 BGB herleiten, da durch § 308 Abs. 2 Satz 1 AktG ein eigenes Schuldverhältnis zwischen Muttergesellschaft und Geschäftsleiter der beherrschten Gesellschaft begründet wird.[243]

169

Führt der GmbH-Geschäftsführer im faktischen GmbH-Konzern eine bindende Weisung nicht aus, kann er sich im Innenverhältnis nach § 43 Abs. 2 GmbHG für den dadurch entstandenen Schaden ersatzpflichtig machen. Im Außenverhältnis kann eine Haftung für die unterlassene Ausführung der Weisung nur dann entstehen, wenn hierdurch gleichzeitig eine Handlungspflicht gegenüber Dritten verletzt wird. Denkbar ist ein Gleichlauf von Verweigerung der Ausführung von Weisungen und Verletzung von drittschützender Handlungspflicht, etwa wenn die Geschäftsleitung es trotz Weisung unterlässt, einen erforderlichen Insolvenzantrag (§ 15a InsO) zu stellen. Im diesem Fall haftet die Geschäftsleitung gegebenenfalls auch gegenüber Dritten wegen Insolvenzverschleppung.

170

3. Unsorgfältige Ausführung rechtmäßiger Weisungen

Schließlich sind Fälle denkbar, in denen die Weisung des herrschenden Unternehmens rechtmäßig und daher verbindlich ist, der Vorstand bzw. die Geschäftsführung der Matrixgesellschaft jedoch bei der **Ausführung der Weisung sorgfaltswidrig** handelt. Auch hierdurch kann der Gesellschaft ein Schaden entstehen. Nach der wohl herrschenden Auffassung fällt diese Fallgruppe nicht unter ein besonderes Haftungsregime, sondern ist anhand der allgemeinen Geschäftsleiterhaftungsnormen, § 43 Abs. 2 GmbHG, § 93 Abs. 2 AktG zu lösen.[244]

171

4. Haftungsbefreiung bei verbindlicher unternehmensrechtlicher Weisung

Eine rechtmäßige und daher für die Geschäftsleitung verbindliche Weisung führt dazu, dass die Geschäftsleitung für die Konsequenzen der Ausführung der Weisung von der Haftung befreit ist.[245] Für die Geschäftsleitung der Matrixgesellschaft bei bestehenden Beherrschungsverträgen ergibt sich dies ausdrücklich aus § 310 Abs. 3 AktG (analog). Für den Geschäftsführer der faktischen Matrix-GmbH lässt sich der gleiche Grundsatz im Umkehrschluss aus § 43 Abs. 3 S. 3 GmbHG ableiten.[246]

172

Im Vertragskonzern ergibt sich aus § 310 Abs. 3 AktG überdies, dass die Geschäftsleitung des beherrschten Unternehmens auch im Falle von rechtmäßigen, **nachteiligen**

173

---

[241] Vgl. *Ihrig/Schäfer* Rechte und Pflichten des Vorstands § 33 Rn. 1410.
[242] *Emmerich/Habersack* Aktien- und GmbH-Konzernrecht AktG § 308 Rn. 67.
[243] Vgl. hierzu *Emmerich/Habersack* Aktien- und GmbH-Konzernrecht AktG § 308 Rn. 68.
[244] So *Hüffer/Koch* AktG § 310 Rn. 3; KölnKomm-AktG/*Koppensteiner* § 310 Rn. 1; Grigoleit/*Servatius* AktG § 310 Rn. 5; aA *Emmerich/Habersack* Aktien- und GmbH-Konzernrecht AktG § 310 Rn. 7 f.
[245] BGH 28. 9. 1992 – II ZR 299/91, NJW 1993, 193; BGH 26. 10. 2009 – II ZR 222/08 NJW 2010, 64; *Drescher* GmbH-Geschäftsführerhaftung Rn. 120; *Haas* WM 2006, 1417, 1418; *Pelz* RNotZ 2003, 415; *Konzen* NJW 1989, 2977; *Mennicke* NZG 2000, 622; *Weber/Lohr* GmbHR 2000, 698; *Fleck* GmbHR 1974, 224; *Ebenroth/Lange* GmbHR 1992, 69; *Ebert* GmbHR 2003, 444; *Gehrlein* BB 2004, 2585; Roth/*Altmeppen* GmbHG § 43 Rn. 43, 447; Scholz/*Schneider* GmbHG § 43 Rn. 126; Baumbach/Hueck/*Zöllner/Noack* GmbHG § 43 Rn. 33; ausgenommen hiervon ist der Fall, dass die Ausübung selbst sorgfaltswidrig erfolgt.
[246] Baumbach/Hueck/*Zöllner/Noack* GmbHG § 43 Rn. 33.

Weisungen, die **nicht im Konzerninteresse liegen,** von der Haftung befreit ist, solange letzteres nicht offenkundig ist.

174 Nichtige Weisungen entlasten die Geschäftsleitung grundsätzlich nicht.[247] Die Geschäftsleitung hat eine dahingehende Prüfpflicht und muss die Ausführung von nichtigen Weisungen verweigern bzw. verhindern. Führt sie die Weisung dennoch aus, stellt dies eine Pflichtverletzung dar. Im Einzelfall kann es jedoch am Verschulden der Geschäftsleitung fehlen.[248]

175 Im **Außenverhältnis** führt selbst eine rechtmäßige Weisung nicht zur Exkulpation der Geschäftsleitung. Die Pflichten des Geschäftsleiters gegenüber Dritten obliegen originär ihm selbst und können nicht in haftungsausschließender Weise auf andere Personen übertragen werden. Wird eine drittschützende Pflicht (zB § 15a InsO) verletzt, hat die Geschäftsleitung im Verschuldensfall für den hierdurch verursachten Schaden unabhängig davon einzustehen, ob dies auf einer eigenen Entscheidung der Geschäftsleitung beruht oder ob der Schaden durch die Ausführung einer Weisung herbeigeführt wurde.[249] Freilich ist es in der Praxis nur schwer vorstellbar, dass die Ausführung einer rechtmäßigen Weisung gleichzeitig zu einer Pflichtverletzung der Geschäftsleitung gegenüber Dritten führt – ausgeschlossen ist dies jedoch nicht.

5. Widersprechende Weisungen der Matrixmanager

176 Gibt es in der Matrixstruktur mehrere weisungsbefugte oder mit dem Weisungsrecht delegierte Personen, kann es im Einzelfall zu mehreren Weisungen hinsichtlich desselben Gegenstandes kommen. Probleme entstehen dann, wenn sich diese Weisungen widersprechen. Denkbar ist auch, dass im GmbH-Vertragskonzern Weisungen von Gesellschafterversammlung und herrschendem Unternehmen ausgesprochen werden. Für die Geschäftsleitung der angewiesenen Gesellschaft stellt sich in beiden Konstellationen die Frage, welche Weisung für sie verbindlich ist.

177 Aus § 711 S. 2 BGB und § 115 Abs. 1 HGB lässt sich der allgemeine Grundsatz herleiten, dass sich widersprüchliche Weisungen **gegenseitig aufheben** und daher insgesamt keine Bindungswirkung beanspruchen.[250] Ein anderes kann sich im Einzelfall jedoch aus dem zugrundeliegenden Gesellschaftsvertrag, dem Beherrschungsvertrag oder dem Geschäftsbesorgungsvertrag zwischen Muttergesellschaft und Matrixmanager ergeben.

178 Besteht zwischen Muttergesellschaft und Matrixgesellschaft ein **Unternehmensvertrag,** wird hierdurch eine **Vorrangkompetenz** des herrschenden Unternehmens statuiert.[251] Widerspricht die Weisung des herrschenden Unternehmens der Weisung der Gesellschafterversammlung der Matrix-GmbH, beansprucht nur die Weisung des Mutterunternehmens bindende Wirkung, da die Gesellschafterversammlung der GmbH ihr Weisungsrecht kraft Unternehmensvertrag auf das Unternehmen übertragen hat.[252] Dies muss auch dann gelten, wenn die widersprechenden Weisungen von Matrixmanagern ausgesprochen wurden, auf die das herrschende Unternehmen das Weisungsrecht aus § 308 Abs. 1 AktG und die Gesellschafterversammlung ihr Weisungsrecht aus § 37 Abs. 1 GmbHG delegiert hat. Bei Unklarheit muss der Geschäftsleiter die Ausführung der widersprechenden Weisungen verweigern und den Konflikt „nach oben eskalieren".[253]

---

[247] Baumbach/Hueck/*Zöllner/Noack* GmbHG § 43 Rn. 35 mwN.
[248] So auch Baumbach/Hueck/*Zöllner/Noack* GmbHG § 43 Rn. 35.
[249] Vgl. in diesem Zusammenhang BGH 18.3.1974 – II ZR 2/72, NJW 1974, 1088.
[250] Vgl. *Emmerich/Habersack* Aktien- und GmbH-Konzernrecht AktG § 308 Rn. 7.
[251] MüKoGmbHG/*Liebscher* Anh. § 13 Rn. 791; Henssler/Strohn/*Martin* GmbHG § 13 Rn. 94.
[252] OLG Stuttgart 29.10.1997 – 20 U 8/97, NZG 1998, 601 (602); Roth/*Altmeppen* GmbHG Anh § 13 Rn. 49; *Rottnauer* NZG 1999, 337 (338); Baumbach/Hueck/*Zöllner/Beurksen* GmbHG Schlussanhang Rn. 63.
[253] Zur Auflösung widersprechender Weisungen *Maschmann* NZA 2017, 1560f.

IV. Sonderfälle: Doppelmandate und Geschäftsführer im Nebenamt

In Konzernen mit enger Verflechtung der einzelnen Konzerngesellschaften – die insbesondere bei Konzernen mit Matrixstruktur regelmäßig vorliegt – nehmen einzelne Geschäftsleiter häufig mehrere Funktionen innerhalb des Konzerns wahr. Für die Muttergesellschaft hat dies den Vorteil, dass die Konzerninteressen in mehreren Gesellschaften „platziert" sind. Andererseits birgt es die Gefahr, dass die Muttergesellschaft ihren Einfluss auf die abhängigen Gesellschaften ohne Rücksicht auf deren Eigeninteressen durchsetzt. Die mehrfache Interessenbindung kann im Einzelfall zu **nur schwer lösbaren Interessenkonflikten** führen.[254] Dennoch sind sowohl die Wahrnehmung sog. Doppelmandate als auch die Ausübung eines Amtes im Nebenamt rechtlich zulässig.

1. Doppelmandate in Mutter- und Matrixgesellschaft

Der BGH hat Doppelmandate im Aktienkonzern, also die Organtätigkeit derselben Person sowohl im Vorstand der Mutter- als auch der Tochtergesellschaft, ausdrücklich gebilligt.[255] Auch bei der GmbH spricht nichts dagegen, dass der Geschäftsleiter eines Gesellschafters zu ihrem Geschäftsführer bestellt wird.[256] Hieraus ergibt sich aber in Ansehung der mit Doppelmandaten verbundenen Einflussmöglichkeiten des herrschenden Unternehmens und des mit dem gleichzeitigen Einsatz bei zwei Gesellschaften verbundenen **Loyalitätskonflikts,** der im Konzernverbund eine besondere Zuspitzung erfährt, kein „Freibrief" zugunsten der Konzernspitze. Der Doppelmandatsträger hat vielmehr bei seinen Entscheidungen stets die **Interessen des jeweiligen Pflichtenkreises** wahrzunehmen.[257] Der Doppelmandatsträger darf bei seiner Tätigkeit in der Matrixgesellschaft den Interessen des herrschenden Unternehmens nicht generell den Vorrang einräumen;[258] es verbleibt vielmehr bei den rechtsformabhängigen Organpflichten (→ Rn. 128 ff.). Bei dauerhafter Kollision kann eine Pflicht zur Amtsniederlegung bestehen.[259]

2. „Geschäftsführer im Nebenamt"

Der Anstellungsvertrag muss nicht mit der juristischen Person abgeschlossen werden, zu deren Organvertreter der Dienstnehmer bestellt werden soll. Es ist anerkannt, dass ein bei einer Konzernobergesellschaft beschäftigter Arbeitnehmer zum Geschäftsführer einer konzernabhängigen Gesellschaft bestellt werden kann. Der mit der Konzernmutter abgeschlossene Arbeitsvertrag ist in diesem Fall die Rechtsgrundlage für die Geschäftsführerbestellung bei der Tochtergesellschaft (sog. **Drittanstellung**).[260]

Damit bietet sich der Muttergesellschaft als Arbeitgeber die Möglichkeit, von ihrem Weisungsrecht nach § 611a BGB iVm § 106 GewO Gebrauch zu machen. Das Direktionsrecht kann sie selbst wahrnehmen oder – jedenfalls begrenzt auf das fachliche Weisungsrecht – auf einen Matrixmanager übertragen. In beiden Fällen steht die Versuchung im Raum, mittels dieses Direktionsrechts und der damit korrespondierenden Loyalitätspflicht des angewiesenen Organs in seiner Stellung als Arbeitnehmer etwaige gesellschaftsrechtliche Schranken einer Weisung zu umgehen. Der bei der Muttergesellschaft angestellte Organträger der Matrixgesellschaft findet sich damit unvermittelt in einem Pflichtendilemma: Einerseits ist er gehalten, als Arbeitnehmer der Anweisung Folge zu

---

[254] *Ihrig/Schäfer* Rechte und Pflichten des Vorstands Rn. 1296.
[255] BGH 9.3.2009 – II ZR 170/07, NZG 2009, 744 (745).
[256] *Drescher* GmbH-Geschäftsführerhaftung Rn. 180.
[257] BGH 9.3.2009 – II ZR 170/07, NZG 2009, 744/745.
[258] Vgl. *Emmerich/Habersack* Aktien- und GmbH-Konzernrecht AktG § 308 Rn. 29.
[259] *Ihrig/Schäfer* Rechte und Pflichten des Vorstands § 32 Rn. 1297.
[260] BAG 8.6.2000 – 2 AZR 207/99, NZA 2000, 1013.

leisten, andererseits ist er als Geschäftsführer verpflichtet, in den Angelegenheiten der Matrixgesellschaft die Sorgfalt eines ordentlichen Geschäftsmannes walten zu lassen.²⁶¹

183   Sind beide Weisungen grundsätzlich rechtmäßig, muss der im Nebenamt tätige Geschäftsführer bei kollidierenden Weisungen der gesellschaftsrechtlichen den Vorrang einräumen. Es gilt der **Vorrang der Organstellung**.²⁶² Im Anstellungsverhältnis steht dem Geschäftsführer ein Leistungsverweigerungsrecht gemäß § 275 Abs. 3 BGB zu. Wird der von der Anstellungsgesellschaft ausgeübte Druck zu groß, bleibt dem Geschäftsführer der Matrixgesellschaft auch bei nebenamtlicher Organtätigkeit nur die Möglichkeit, sein Amt niederzulegen.

V. Haftung der Geschäftsleiter bei Handeln nachgeordneter Arbeitnehmer aufgrund einer Weisung der Matrixmanager

184   Erteilen Matrixmanager den Mitarbeitern der Matrixgesellschaft unmittelbar arbeitsrechtliche Weisungen gem. § 611a BGB iVm § 106 GewO, setzt dies voraus, dass die Geschäftsleiter der Matrixgesellschaft ihnen das fachliche Weisungsrecht übertragen haben.²⁶³ Allgemein wird es für zulässig gehalten, dass der Vertragsarbeitgeber sein Weisungsrecht durch Bevollmächtigung (jedenfalls in entsprechender Anwendung der §§ 164 BGB ff.) oder Ermächtigung (§ 185 BGB) – auch konkludent²⁶⁴ – Dritten zur Ausübung überlassen kann (→ Kap. 2 Rn. 148 ff.).²⁶⁵ Der Vertragsarbeitgeber allein hat jedoch das Direktionsrecht in personaler und disziplinarischer Hinsicht gegenüber seinen Mitarbeitern inne, dh beispielsweise die Gestaltungsrechte in Bezug auf die Grundlagen des Arbeitsvertrags und dessen Beendigung durch Abmahnung und Kündigung.

185   Auch bei der Übertragung des fachlichen Weisungsrechts bleibt die Matrixgesellschaft als Vertragsarbeitgeber allein verantwortlich für die Personalstruktur und -organisation des Betriebs sowie für die damit verbundenen Risiken und Schutzpflichten gegenüber den Mitarbeitern. Sie behält das Recht und die Verpflichtung, die Weisungen des von ihm bevollmächtigten bzw. ermächtigten Matrixmanagers zu überprüfen, sie uU zur Nachprüfung des Matrixmanagers bzw. seiner Gesellschaft zu stellen und dem von ihm ermächtigten Matrixmanager gegebenenfalls die Weisungsbefugnis zu entziehen. Außerdem ist die Geschäftsleitung für die sorgfältige Auswahl, Unterrichtung und Überwachung der angewiesenen Mitarbeiter verantwortlich. Sofern die Geschäftsleitung bei der Erfüllung ihrer Sorgfaltspflichten (leitende) Mitarbeiter ihrer Matrixgesellschaft einsetzt, muss sie deren Überwachung gleichermaßen sicherstellen. Sie kann sich deshalb aufgrund der Delegation des Weisungsrechts ihrer Matrixgesellschaft von ihrer haftungsrechtlichen (Mit-)Verantwortung für die dem Mitarbeiter von dem Matrixmanager erteilte Weisung und deren Umsetzung nicht freizeichnen.²⁶⁶

---

²⁶¹ Vgl. ausführlich zu den kollidierenden Weisungsrechten bei nebenamtlicher Organtätigkeit *Karwatzki* Fremdgeschäftsführer S. 146 ff.
²⁶² BGH 29.5.1989 – II ZR 220/88, NJW 1989, 2683 Rn. 10; BGH 10.5.2010 – II ZR 70/09, NZA 2010, 889 Rn. 7.
²⁶³ *Wieneke* VGR 2011, 91 (94).
²⁶⁴ *Wieneke* VGR 2011, 91 (94); *Wisskirchen/Bissels* DB 2007, 340 (342).
²⁶⁵ BAG 10.3.1998 – 1 AZR 659/97, NZA 1998, 1942; *Bauer/Herzberg* NZA 2011, 713 (715); *Cahn* BB 2000, 1477 (1482); *Emmerich/Habersack* Aktien- und GmbH-Konzern AktG § 308 Rn. 12, 15; Grigoleit/*Servatius* AktG § 308, Rn. 7; Hölters/Leuering/*Goertz* AktG Rn. 42; Hüffer/*Koch* AktG § 308 Rn. 4 ff.; KölnKomm-AktG/*Koppensteiner* § 308 Rn. 21; K. Schmidt/Lutter/*Langenbucher* AktG § 308 Rn. 13; HWK/*Lembke* GewO § 106 Rn. 7a; MHdB GesR IV/*Krieger* § 71 Rn. 157; Müller-Bonanni/*Mehrens* ZIP 2010, 2228 (2229); Seibt/*Wollenschläger* AG 2013 229 (232); *Wieneke* VGR 2011, 91 (94, 99); *Wisskirchen/Bissels* DB 2007, 340 (342).
²⁶⁶ *Emmerich/Habersack* Aktien- und GmbH-Konzernrecht AktG § 308 Rn. 19 f.; Grigoleit/*Servatius* AktG § 308 Rn. 7; Lutter/Hommelhoff/*Kleindiek* GmbHG § 43 Rn. 22; MHdB GesR IV/*Krieger* § 70 Rn. 153; K. Schmidt/Lutter/*Langenbucher* AktG § 308 Rn. 18; Seibt/*Wollenschläger* AG 2013, 234; *Wieneke* VGR 2011, 91 (100, 109 f.); *Wisskirchen/Dannhorn/Bissels* DB 2008, 1139 (1140).

Fügt ein Mitarbeiter der Matrixgesellschaft Schaden zu, kommt eine originäre Haftung der Geschäftsleitung der Matrixgesellschaft nach § 43 Abs. 2 GmbHG bzw. §§ 93 Abs. 2, 310 Abs. 1 Satz 1 AktG im **Innenverhältnis** für das Handeln oder pflichtwidrige Unterlassen der Mitarbeiter ihrer Gesellschaft in Betracht. Diese Haftung folgt primär aus der Zuständigkeit der Leitungsorgane für die Einstellung der Mitarbeiter und für die Ausübung des Weisungs- und Direktionsrechts ihrer Gesellschaft in Bezug auf den Einsatz der Mitarbeiter, deren Auswahl und die Organisation ihres Einsatzes, sowie deren Kontrolle. Die Geschäftsleitung der Matrixgesellschaft kann diese Prüfungspflicht weder in Bezug auf die Verbindlichkeit der Anweisung, insbesondere auf deren Rechtmäßigkeit, noch ihre Sorgfaltspflicht bei der Auswahl des Mitarbeiters noch ihre Pflicht zur Überwachung der Umsetzung der Weisung des von ihr ermächtigten Matrixmanagers an den Matrixmanager oder an einen Mitarbeiter der eigenen Gesellschaft haftungsbefreiend delegieren.[267]

186

Die Geschäftsleitung bleibt für die sorgfältige Erfüllung der Pflichten selbst dann haftungsrechtlich verantwortlich, wenn sie von der Anweisung des Matrixmanagers keine Kenntnis erhalten hat. Dies folgt aus der **Garantenstellung aufgrund ihres „vorangegangenen Tuns"** (Ingerenzhaftung) durch die Überlassung des Weisungsrechts zur Ausübung an den Matrixmanager[268] bzw. aus einer Haftung für den von ihr mit der Wahrnehmung ihrer Sorgfaltspflichten beauftragten Mitarbeiter als ihrem Erfüllungsgehilfen nach § 278 BGB.

187

Allenfalls kann sich der einzelne **Mit-Geschäftsleiter** innerhalb des Gremiums der Geschäftsleitung durch Aufgabensplitting nach Maßgabe einer Geschäftsordnung der Geschäftsleitung, verbunden mit einer Freistellungsvereinbarung in Bezug auf seine Haftung für den „fremden" Aufgabenbereich, intern mit den anderen Geschäftsleitern oder mit den Gesellschaftern zu entlasten suchen.[269] Die Geschäftsleitung wird den Matrixmanager zur unmittelbaren Anweisung der Mitarbeiter ihrer Gesellschaft an der Geschäftsleitung „vorbei" in der Regel nur im Rahmen von Leitungsaufgaben ermächtigen, von denen sie sicher sein kann, dass seine Weisungen sich jedenfalls im Rahmen von Gesetz, Satzung und seiner Vertretungsmacht bewegen und daher einer Überprüfung auf ihre Verbindlichkeit, zu der die Geschäftsleitung verpflichtet ist, standhalten werden.

188

---

[267] *Emmerich/Habersack* Aktien- und GmbH-Konzernrecht AktG § 308 Rn. 19 f.; Grigoleit/*Servatius* AktG § 308 Rn. 7; Lutter/Hommelhoff/*Kleindiek* GmbHG § 43 Rn. 22; MHdB GesR IV/*Krieger* § 70 Rn. 153; K. Schmidt/Lutter/*Langenbucher* AktG § 308 Rn. 18; *Seibt/Wollenschläger* AG 2013, 234 Fn. 66; *Wieneke* VGR 2011, 91, (100, 109 f.); *Wisskirchen/Dannhorn/Bissels* DB 2008, 1139 (1140).
[268] *Seibt/Wollenschläger* AG 2013, 234 Fn. 66.
[269] *Wieneke* VGR 2011, 91 (94).

E. Haftung von nachgeordneten Arbeitnehmern

I. Vertragliche Haftung

1. Anstellungsverhältnis mit der Matrix-Gesellschaft

189 Der eine Weisung des Matrixmanagers umsetzende Mitarbeiter der Matrixgesellschaft steht in der Regel allein mit dieser in einem Arbeitsverhältnis im Sinne des § 611a BGB. Dies gilt, obwohl der Mitarbeiter nicht nur für seinen Arbeitgeber tätig wird, sondern zumindest auch für ein anderes Unternehmen im Konzern, das seinen Tätigkeitsbereich durch fachliche Weisungen der Matrixmanager mitsteuert. Denn der Arbeitnehmer der einzelnen Matrixgesellschaft steht bei der Ausübung seiner Tätigkeit häufig zwei (oder auch weiteren) weisungsbefugten Vorgesetzten – neben den Vorgesetzten in seiner Matrixgesellschaft zB einem ihn anweisenden Matrixmanager aus der Muttergesellschaft oder der mit der Produktion oder mit dem Vertrieb zentral befassten anderen Konzernuntergesellschaft – gegenüber, deren Weisungen er zu befolgen und an die er zu berichten hat.[270] Der Mitarbeiter in der Matrixgesellschaft, der so auch unter Weisungsbefugnisse von Matrixmanagern der herrschenden Konzernmutter oder einer anderer Konzernuntergesellschaft gestellt ist, ist funktional auch dieser Gesellschaft zugeordnet.

190 Daher ist die Einbindung des Mitarbeiters in ein **einheitliches Arbeitsverhältnis** mit mehreren Arbeitgebern – der ihn fachlich/sachlich anweisenden Gesellschaft und der die Personalentscheidungen einschließlich Disziplinarmaßnahmen treffenden Gesellschaft (sog. **Doppelarbeitsverhältnis**) – oder in mehreren nebeneinander bestehenden und voneinander getrennten Arbeitsverhältnissen – wie uU bei einer Abordnung oder einer Nebenbeschäftigung – denkbar,[271] die auch konkludent begründet werden können. Indes wird es in der Regel so sein, dass nach dem Willen aller Beteiligten die arbeitsrechtliche Beziehung des Mitarbeiters – nicht zuletzt aus Haftungsgründen – in nur einem Arbeitsverhältnis zu seiner Anstellungsgesellschaft als seinem Vertragsarbeitgeber zivil- und arbeitsrechtlich verwurzelt bleiben sollen. Der Vertragsarbeitgeber bleibt vor allem für die Personalentscheidungen einschließlich des disziplinarischen Direktionsrechts – insbesondere für Abmahnungen und Kündigung – allein zuständig.[272]

2. Pflichtverletzung des nachgeordneten Arbeitnehmers bei Weisungen des Matrixmanagers

a) Ausführung einer Weisung

191 Der Arbeitnehmer ist grundsätzlich dazu verpflichtet, Weisungen seines Arbeitgebers gem. § 611a BGB iVm § 106 GewO auszuführen. Das gilt auch für eine Weisung, die sein Arbeitgeber – in der Regel eine juristische Person vertreten durch ihr Organ – an einen nachgeordneten leitenden Angestellten oder einen betriebsfremden Dritten delegiert. Aus dieser Verpflichtung zur Ausführung von Weisungen folgt, dass der Arbeitnehmer grundsätzlich nicht bei Umsetzung einer Weisung haftet. Anders als die Organe einer juristischen Person treffen den Arbeitnehmer **keine Prüfpflichten auf Grundlage der gesellschaftsrechtlichen Legalitätspflicht.** Ihn trifft daher grundsätzlich auch nicht die

---

[270] Bauer/Herzberg NZA 2011, 713; Kort NZA 2013, 1318 (1319); HWK/Lembke GewO § 106 Rn. 7a; Meyer NZA 2013, 1326 (1329); Neufeld/Michels KSzW 2012, 49 (50).
[271] BAG 27.3.1981 – 7 AZR 523/78, BAGE 37, 1 Rn. 23f.; BAG 21.1.1999 – 2 AZR 648/97, BAGE 30, 353 Rn. 42f.; BAG 25.4.2001 – 7 AZR 376/00, BAGE 97, 317 Rn. 16; 12.12.2001 – 5 AZR 253/00, NZA 2002, 787 Rn. 27; Bauer/Herzberg NZA 2011, 713 (715); Lange NZA 2012, 1121 (1123); Wisskirchen/Bissels DB 2007, 340 (341).
[272] Vgl. BAG 21.1.1999 – 2 AZR 648/97, BAGE 90, 353 Rn. 42f.; Bauer/Herzberg NZA 2011, 713 (714); Kort NZA 2013, 1318 (1320); Lambrick/Schwab NZA-RR 2013, 169 (170); Neufeld/Michels KSzW 2012, 49 (51, 54); Wisskirchen/Bissels DB 2007, 340 (341).

Pflicht zur Prüfung, ob der Matrixmanager wirksam **bevollmächtigt** wurde.[273] Jedoch trifft den Arbeitnehmer gegenüber seinem Vertragsarbeitgeber eine Pflicht zur Unterrichtung über seine Bedenken und zur Nachfrage bei ihm aufgrund seiner arbeitsvertraglich begründeten **Rücksichtnahmepflicht** (§§ 241 Abs. 2, 242 BGB), sofern er eine Weisung eines Matrixmanagers als für den Arbeitgeber schädlich erachtet oder der Matrixmanager für den Arbeitnehmer erkennbar seine Vollmacht überschreitet.[274] Die Rücksichtnahmepflicht beinhaltet, dass der Arbeitnehmer den Arbeitgeber vor Schäden zu bewahren und zu warnen hat.[275] Zudem gebietet es die **nebenvertragliche Treuepflicht** dem Arbeitnehmer alles zu unterlassen, was dem Arbeitgeber oder dem Betrieb abträglich sein könnte.[276]

Schädigt der Arbeitnehmer seinen Arbeitgeber in Ausführung einer Weisung des Matrixmanagers, entfällt die Pflichtwidrigkeit seines Handelns folglich nicht zwingend, weil er auf Weisung handelte. An der Tatsache, dass zunächst eine arbeitsvertragliche Pflichtverletzung des Einzelnen vorliegt, ändert der Umstand nichts, dass ein Vorgesetzter die Pflichtverletzung kannte, billigte oder sogar – wie im Falle einer Weisung – mitträgt.[277]

b) Nichtbefolgen einer Weisung

Gleichermaßen haftet der Mitarbeiter seinem Vertragsarbeitgeber, wenn er eine bindende Weisung nicht befolgt;[278] sei es aus Nachlässigkeit oder weil er die Weisung nicht verstanden und bei dem Anweisenden nicht nachgefragt hat. Resultiert daraus ein Schaden bei seinem Vertragsarbeitgeber, kann dieser ggf. Regress nehmen.

c) Pflichtverletzung bei kollidierenden Weisungen

Denkbar ist, dass innerhalb einer Matrixsparte **kollidierende Weisungen** mehrerer Matrixmanager erteilt werden, die für unterschiedliche Ressorts zuständig sind. In diesem Fall muss der Mitarbeiter die Ausführung beider Weisungen verweigern und beide Matrixmanager auf den Konflikt hinweisen. Gegebenenfalls muss eine „Eskalation nach oben" erfolgen, um eine Entscheidung über die im Einzelfall vorrangige Weisung herbeizuführen. Übergeht der Arbeitnehmer den Konflikt ohne diesen mitzuteilen, läuft er Gefahr, seine arbeitsvertraglichen Nebenpflichten aus § 241 Abs. 2 BGB zu verletzen. Denn der Arbeitnehmer ist allgemein dazu verpflichtet, den Arbeitgeber unaufgefordert und rechtzeitig über Umstände zu informieren, die einer Erfüllung der Arbeitspflicht entgegenstehen.[279]

3. Haftung gegenüber dem Vertragsarbeitgeber

Der angewiesene Mitarbeiter haftet auf vertraglicher Grundlage grundsätzlich nur gegenüber seinem Vertragsarbeitgeber. Gegebenenfalls haftet er als **Gesamtschuldner** neben der Geschäftsleitung der Matrixgesellschaft, wenn diese ihre Prüfungspflicht in Bezug auf die Weisung und/oder ihre Pflicht zur Überwachung der Umsetzung der Weisung durch den Mitarbeiter verletzt hat. Außerdem kommt eine gesamtschuldnerische Haftung neben dem Matrixmanager in Betracht, wenn die Ausführung einer durch ihn erteilten Weisung die Schädigung begründet.

---

[273] *Maschmann* NZA 2017, 1557 (1560); ausführlich zur Begründung der rechtsgeschäftlichen Vollmacht des Matrixmanagers → Kap. 2 Rn. 152 ff.
[274] BAG 28.8.2008 – 2 AZR 15/07, NZA 2009, 193 (196); *Maschmann* NZA 2017, 1557 (1560).
[275] *Eufinger* CCZ 2017, 130 (133).
[276] BAG 16.8.1990 – 2 AZR 113/90, NZA 1991, 141 (142); LAG Düsseldorf 27.11.2015 – 14 Sa 800/15 Rn. 182; *Eufinger* CCZ 2017, 130 (133).
[277] BAG 21.5.2015 – 8 AZR 116/14 Rn. 31; LAG Düsseldorf 27.11.2015 – 14 Sa 800/15 Rn. 182; *Eufinger* CCZ 2017, 130 (133).
[278] *Waltermann* RdA 2005, 98 (107).
[279] BAG 26.3.2015 – 2 AZR 517/14, NZA 2015, 1150 Rn. 24.

Kapitel 4

196 Die etwa geschädigte Konzernmutter oder andere Konzernuntergesellschaften sind für den angewiesenen Mitarbeiter außerhalb seiner Vertragsbeziehungen stehende **Dritte**. Ein etwa anzunehmendes Schuldverhältnis zwischen der Konzernmutter und dem Vertragsarbeitgeber des Mitarbeiters aus einem Beherrschungsvertrag besteht gegenüber dem Mitarbeiter der Matrixgesellschaft nicht. Ihnen gegenüber kommt nur eine Haftung aus Delikt in Betracht (dazu unten Rn. 212 ff.). Etwas anderes gilt nur, wenn ausnahmsweise die Voraussetzungen für ein **einheitliches Arbeitsverhältnis** vorliegen (dazu oben Rn. 191).

4. Verschulden

197 Die Haftung des Arbeitnehmers setzt Verschulden voraus. Abweichend von § 280 Abs. 1 S. 2 BGB hat der Vertragsarbeitgeber gemäß **§ 619a BGB** nachzuweisen, dass der Mitarbeiter durch sein schädigendes Verhalten seine Sorgfaltspflicht iSv § 276 BGB schuldhaft verletzt hat. Das Verschulden des Arbeitnehmers wird folglich nicht gesetzlich vermutet.

5. Einschränkung der Haftung

a) Grundsätze

198 Die Haftung des angewiesenen Mitarbeiters gegenüber seinem Vertragsarbeitgeber ist eingeschränkt. Sie folgt den von BAG und BGH für die Arbeitnehmerhaftung entwickelten richterrechtlichen Grundsätzen. Anfangs für die Haftung des Arbeitnehmers gegenüber seinem Arbeitgeber bei einer Schädigung aus gefahrengeneigter Arbeit aus § 254 BGB hergeleitet, sind diese Grundsätze von der Rechtsprechung seit 1994 im Lichte von Art. 2 Abs. 1 und 12 Abs. 1 GG auf die vertragliche Haftung des Arbeitnehmers aus allen seinen betriebsbezogenen Tätigkeiten anzuwenden. Der Arbeitgeber muss sich in rechtlicher und tatsächlicher Hinsicht nach dem Rechtsgedanken von § 254 BGB bei einer Abwägung der Verursachungsanteile an der Schädigung mit denen des Arbeitnehmers seine Verantwortung für die Organisation des Betriebs und die Gestaltung der Arbeitsbedingungen zurechnen lassen. Er gliedert den Arbeitnehmer für diesen unausweichlich in den Arbeitsprozess ein. Durch diese Eingliederung und durch die faktischen Gegebenheiten der dem Arbeitnehmer übertragenen Tätigkeiten steuert er die Berufsausübung des Arbeitnehmers. Sein Weisungsrecht und seine Betriebsorganisation prägen die Haftungsrisiken des Arbeitnehmers mit. Deshalb sind dem Arbeitgeber diese Risiken entsprechend § 254 BGB zuzurechnen und ist die Haftung des Arbeitnehmers entsprechend zu mildern.[280]

199 Die Beschränkung der Arbeitnehmerhaftung und ihre Modifikationen einschließlich der Beweisregel des § 619a BGB gehören nach der Rechtsprechung des BAG zu den einseitig zwingenden Arbeitnehmerschutzrechten und sind **nicht abdingbar**.[281]

200 Die Grundsätze über die Beschränkung der Arbeitnehmerhaftung gelten für alle Arbeiten, die **betrieblich veranlasst** sind und aufgrund eines Arbeitsverhältnisses geleistet werden. Betrieblich veranlasst ist eine Handlung grundsätzlich, wenn sie zur **Erfüllung der übertragenen Arbeitsaufgabe** oder jedenfalls im **objektiven Interesse des Arbeitgebers** vorgenommen wurde.[282]

201 Die Umsetzung von Weisungen des Matrixmanagers durch den Mitarbeiter des Vertragsarbeitgebers ist daher grundsätzlich betrieblich veranlasst.[283] Zwar stehen diese Wei-

---

[280] BAG 27.9.1994 – GS 1/89 (A), BAGE 78, 56 Rn. 31 ff.; ErfK/*Preis* BGB § 619a Rn. 10 ff.; Staudinger/*Richardi*/*Fischinger* BGB § 619a Rn. 40 ff.
[281] BAG 17.9.1998 – 8 AZR 175/97, BAGE 90, 9; 5.2.2004 – 8 AZR 91/03, BAGE 109, 279; aA ErfK/*Preis* BGB § 619a Rn. 11.
[282] BAG 27.9.1994 – GS 1/89, BAGE 78, 56 Rn. 41; LAG Düsseldorf 27.11.2015 – 14 Sa 800/15 Rn. 241.
[283] Zum Erfordernis der betrieblich veranlassten Tätigkeit BAG 27.9.1994 – GS 1/89 (A), BAGE 78, 56 Rn. 65; 22.4.2004 – 8 AZR 159/03, NZA 2005, 163 Rn. 26 ff.; 28.10.2010 – 8 AZR 418/09, NZA 2011, 345 Rn. 14 ff.

sungen in erster Linie im Zeichen **unternehmensübergreifender betriebswirtschaftlicher Zwecke** der Konzerngesellschaft, für die der Matrixmanager die Weisung an den Mitarbeiter des Vertragsarbeitgebers erteilt. Der Vertragsarbeitgeber nimmt die Durchführung der dem Mitarbeiter angewiesenen Tätigkeit in seinen Betriebszweck auf. Jedenfalls insoweit ist die Tätigkeit mit der betrieblichen Organisation des Vertragsarbeitgebers des angewiesenen Mitarbeiters verbunden.[284]

Erfüllt die Umsetzung der Weisung einen **Straftatbestand,** der beispielsweise das Vermögen oder das Eigentum des Arbeitgebers schützen soll, so ist die Tätigkeit grundsätzlich nicht betrieblich veranlasst, da sie nicht im objektiven Interesse des Arbeitgebers liegt. Dagegen gehört auch **recht-, regel- und weisungswidriges Verhalten** in gewissem Umfang zum betrieblichen Risiko.[285] Für die Frage der betrieblichen Veranlassung einer Tätigkeit und damit der Anwendbarkeit der Grundsätze der beschränkten Arbeitnehmerhaftung kommt es daher nicht darauf an, ob der Arbeitnehmer ohne konkrete Weisung oder sogar gegen eine ausdrückliche Weisung tätig wird.[286] 202

Der von seiner Matrixgesellschaft in Anspruch genommene Mitarbeiter muss die Voraussetzungen für das Eingreifen der Grundsätze zur beschränkten Arbeitnehmerhaftung, insbesondere die betriebliche Veranlassung der schädigenden Tätigkeit, **darlegen und beweisen.**[287] Insoweit greift die Regelung des § 619a BGB nicht ein. 203

Die Rechtsprechung von BAG und BGH gliedert die Haftung des Arbeitnehmers gegenüber seinem Arbeitgeber primär **nach Verschuldensgraden:** Bei leichtester Fahrlässigkeit – einem typischen Abirren, Sich Vergreifen, Sich Versprechen, Sich Vertun – haftet der Arbeitnehmer seinem Arbeitgeber nicht.[288] Bei Vorsatz, wenn dieser sich – zumindest als bedingter Vorsatz – auch auf den Schaden erstreckt, haftet der Arbeitnehmer unbeschränkt.[289] Prinzipiell unbeschränkt haftet der Arbeitnehmer auch bei grober Fahrlässigkeit, dh wenn er dasjenige unbeachtet gelassen hat, was im gegebenen Fall jedem hätte einleuchten müssen, und ihm auch subjektiv vorzuwerfen ist, in nicht entschuldbarer Weise gegen die an ihn im gegebenen Fall zu stellenden Sorgfaltsanforderungen verstoßen zu haben.[290] Indes kann auch in einem solchen Fall insbesondere ein deutliches Missverhältnis zum Schadensrisiko seiner Tätigkeit eine anteilige Verteilung der Haftung zwischen Arbeitgeber und Arbeitnehmer rechtfertigen.[291] Das BAG hat die Orientierung der Belastungsgrenze an dem Jahresnettoeinkommen des Arbeitnehmers gebilligt, das in dem entschiedenen Fall von dem Schaden um ein Vielfaches überstiegen worden war.[292] 204

Bei normaler Fahrlässigkeit ist die Haftung zwischen dem Arbeitnehmer und seinem Arbeitgeber unter Berücksichtigung aller Umstände anteilig zu verteilen. Die Gerichte berücksichtigen für die dem Arbeitnehmer zuzumessende Haftungsquote außer dem Grad des Verschuldens die Gefahrgeneigtheit der Tätigkeit, die Höhe des Schadens, ein vom Arbeitgeber einkalkuliertes oder durch eine Versicherung abdeckbares Risiko, die Stellung des Arbeitnehmers im Betrieb und die Höhe des Entgelts. Darüber hinaus werden auch die persönlichen Verhältnisse des Arbeitnehmers, die Dauer seiner Betriebszugehörigkeit, 205

---

[284] Vgl. BAG 10.3.1998 – 1 AZR 658/97, NZA 1998, 1242 Rn. 25.
[285] BAG 18.4.2002 – 8 AZR 348/01 Rn. 23; LAG Düsseldorf 27.11.2015 – 14 Sa 800/15 Rn. 241.
[286] LAG Düsseldorf 27.11.2015 – 14 Sa 800/15 Rn. 241; Waltermann RdA 2005, 98 (103).
[287] BAG 18.4.2002 – 8 AZR 348/01, BAGE 101,107.
[288] BAG 28.10.2010 – 8 AZR 418/09, NZA 2011, 345 Rn. 17; 21.5.2015 – 8 AZR 116/14, NZA 2015, 1517 Rn. 49; ErfK/*Preis* BGB § 619a Rn. 17.
[289] BAG 18.4.2002 – 8 AZR 348/01, BAGE 101, 107 Rn. 34.
[290] BAG 12.11.1998 – 8 AZR 221/97, BAGE 90, 148 Rn. 17; BAG 4.5.2006 – 8 AZR 311/05, NZA 2006, 1428 Rn. 29.
[291] BAG 12.10.1989 – 8 AZR 276/88, BAGE 63, 127 Rn. 20 f.; BAG 12.11.1998 – 8 AZR 221/97, BAGE 90, 148 Rn. 26; BAG 15.11.2001 – 8 AZR, 95/01, BAGE 99, 368 Rn. 22.
[292] BAG 28.10.2010 – 8 AZR 418/09, NZA 2011, 345 Rn. 26.

sein Lebensalter, seine Familienverhältnisse und sein bisheriges Verhalten mitberücksichtigt.[293]

206 Eine schuldhafte Pflichtverletzung liegt immer dann nicht vor, wenn der Arbeitnehmer aus vertretbaren Gründen annehmen durfte, er handele nicht pflichtwidrig.[294] Dies dürfte immer dann der Fall sein, wenn der Arbeitnehmer keine Ansatzpunkte dafür hat, dass die Ausführung einer Weisung eine Schädigung des Arbeitgebers zur Folge haben kann, etwa, weil ihm bestimmte Sachverhalte nicht bekannt sind und aufgrund seiner Funktion innerhalb des Unternehmens auch nicht bekannt sein müssen. Verstößt die Handlung gegen gesetzliche Vorgaben, auf deren Beachtung ein Arbeitnehmer vom Arbeitgeber zwar hingewiesen wurde, deren Einhaltung jedoch nicht nach Maßgabe des § 130 OWiG kontrolliert wurde, kommt eine grob fahrlässige Begehung in Betracht.[295] Dies muss auch bei einer Handlung auf Grundlage einer Weisung des Matrixmanagers gelten, da der Arbeitnehmer sich – insbesondere bei einer anders lautenden Instruktion seines Arbeitgebers im Vorfeld der Weisung des Matrixmanagers – aufgrund seiner Rücksichtnahmepflicht bei seinem Arbeitgeber vergewissern muss, ob eine Weisung auszuführen ist. Weiß der Arbeitnehmer positiv um die Rechtswidrigkeit einer Weisung und setzt sie dennoch um, handelt er vorsätzlich und profitiert – jedenfalls sofern auch der Schaden von seinem Vorsatz umfasst ist – nicht von den Grundsätzen der beschränkten Arbeitnehmerhaftung.

b) Persönlicher Anwendungsbereich

207 Der persönliche Anwendungsbereich der richterrechtlichen Grundsätze zur Einschränkung der Arbeitnehmerhaftung umfasst alle Mitarbeiter des Vertragsarbeitgebers. Grundsätzlich sind auch seine Angestellten der **Leitungsebene** in die Grundsätze zur beschränkten Arbeitnehmerhaftung einbezogen. Das ist inzwischen unstreitig, wenn ihre schädigende Handlung nicht in Wahrnehmung spezifisch herausgehobener Leitungsfunktionen vorgenommen worden ist. Zutreffend wendet die hL die Grundsätze der eingeschränkten Arbeitnehmerhaftung auch auf den eigentlichen Aufgabenbereich des leitenden Angestellten an.[296] Auch er ist in die Betriebsorganisation eingegliedert und unterliegt den Weisungen seines Arbeitgebers. Er kann die Umstände, unter denen er tätig wird, sowie sein dadurch geprägtes Haftungsrisiko kaum selbst kontrollieren. Allerdings ist bei der Bemessung eines ihn belastenden Haftungsanteils in der Abwägung mit dem seines Arbeitgebers das im konkreten Fall aktualisierte Gewicht seiner herausgehobenen Stellung mit zu berücksichtigen.[297] Nach dieser Maßgabe sind die Grundsätze zur eingeschränkten Arbeitnehmerhaftung auch auf leitende Angestellte des Vertragsarbeitgebers anzuwenden, wenn sie nach den Weisungen eines Matrixmanagers der Konzernmutter oder einer anderen Konzernuntergesellschaft tätig werden.

208 Streitig ist, ob die Grundsätze der beschränkten Arbeitnehmerhaftung auch auf die **Geschäftsleiter einer Matrixgesellschaft** angewendet werden können. Während der BGH nach ständiger Rechtsprechung die Arbeitnehmereigenschaft von Geschäftsführern verneint,[298] geht das BAG davon aus, dass jedenfalls das Anstellungsverhältnis eines Min-

---

[293] BAG 27.9.1994 – GS 1/89, BAGE 78, 56 Rn. 41; BAG 18.1.2007 – 8 AZR 250/06, NZA 2007, 1230 Rn. 41; BAG 28.10.2010 – 8 AZR 418/09, NZA 2011, 345 Rn. 26.
[294] BAG 21.6.2012 – 2 AZR 694/11, NJW 2013, 635 (637).
[295] *Eufinger* CCZ 2017, 130 (135).
[296] MüKoBGB/*Henssler* § 619a Rn. 17; *Joussen* RdA 2006, 129 (130 f.); *Karwatzki* Fremdgeschäftsführer S. 213 f.; ErfK/*Preis* BGB § 619a Rn. 19.
[297] Noch zur gefahrgeneigten Arbeit BAG 11.11.1976 – 3 AZR 266/75, NJW 1977, 598 Rn. 25 ff.; *Drescher* GmbH-Geschäftsführerhaftung Rn. 377; *Hanau* FS Lorenz 2004, S. 283 (284 ff.); ErfK/*Preis* BGB § 619a Rn. 19; *Fischinger*, Haftungsbeschränkungen im Bürgerlichen Recht, 2015, 569 ff.; *Krause* NZA 2003, 577 (581); MüKoBGB/*Henssler* § 619a Rn. 17; *Sandmann*, Die Haftung von Arbeitnehmern, Geschäftsführern und leitenden Angestellten, 2001, 543 ff.; *Schumacher*, Die privilegierte Haftung des Arbeitnehmers, 2012, 29 f.; Staudinger/*Richardi*/*Fischinger* BGB § 619a Rn. 67; *Waltermann* RdA 2005, 98 (100); *Fritz* NZA 2017, 673.
[298] BGH 11.7.1953 – II ZR 126/52; 25.7.2002 – III ZR 207/01, NJW 2002, 3104.

derheitsgesellschafters und Fremdgeschäftsführers als Arbeitsverhältnis qualifiziert werden kann, wenn der Geschäftsführer in einem deutlich über den Rahmen des gesellschaftsrechtlichen Weisungsrechts nach § 37 Abs. 1 GmbHG hinausgehenden Umfang arbeitsbezogene Weisungen erhält.[299] Hiervon geht auch der EuGH aus.[300] Jedenfalls müssen bei der Haftungsverantwortung die organschaftlichen Funktionen und die daran geknüpften gesellschaftsrechtlichen Erfordernisse berücksichtigt werden.[301] Die Anwendung des Arbeitnehmerhaftungsprivilegs kommt daher nur insoweit in Betracht, als zwingendes Gesellschaftsrecht – dh insbesondere § 43 Abs. 3 GmbH – dem nicht entgegensteht.[302] Insoweit gilt der Vorrang der Organverhältnisse vor dem Anstellungsverhältnis.[303]

6. Mitverschulden des Arbeitgebers

Auf der Grundlage der abgestuften Verantwortlichkeit kann in Matrix-Strukturen für die Abwägung der Mithaftungsanteile zwischen dem Vertragsarbeitgeber und seinem Mitarbeiter insbesondere bei einer Schädigung durch die Umsetzung einer rechtswidrigen und deshalb unverbindlichen Weisung des Matrixmanagers bedeutsam sein, ob und inwieweit die Geschäftsleitung des Vertragsarbeitgebers ihrer Pflicht zur Überprüfung der Weisung nachgekommen ist.   209

Ein Mitverschulden des Arbeitgebers iSd § 254 BGB kann insbesondere in einem **Organisationsverschulden** bestehen. Eine juristische Person muss sich das Organisationsverschulden ihrer Organe nach § 31 BGB zurechnen lassen. Das Verschulden eines Organs ist als unmittelbares eigenes Verschulden der Gesellschaft anzusehen.[304] Ein solches liegt etwa in einer fehlerhaften Anweisung, Organisationsmängeln oder der Überforderung des Arbeitnehmers.[305] Eine solche Überforderung des Arbeitnehmers kann beispielsweise bei der Tätigkeit innerhalb der Matrixgesellschaft auch daraus resultieren, dass die Zuständigkeiten nicht eindeutig sind und mehrere Matrixmanager Weisungen erteilen, die nicht aufeinander abgestimmt sind.   210

II. Deliktische Haftung

Neben der vertraglichen Haftung gegenüber seinem Vertragsarbeitgeber gem. § 280 Abs. 1 BGB haftet der Arbeitnehmer auch aus Delikt gem. **§ 823 Abs. 1 und Abs. 2 BGB in Verbindung mit der Verletzung eines Schutzgesetzes** sowie aus **§ 826 BGB**. Verletzt der Arbeitnehmer beispielsweise das Eigentum des Arbeitgebers auf Grundlage einer Weisung des Matrixmanagers, steht der deliktische Anspruch neben dem vertraglichen, was insbesondere im Hinblick auf die längere Verjährungsfrist relevant sein kann. Für die Frage des Mitverschuldens des Arbeitgebers wegen eines Organisationsverschuldens gelten auch hier die für die vertragliche Haftung anwendbaren Grundsätze (dazu oben → Rn. 210 f.).   211

---

[299] BAG 26.5.1999 – 5 AZR 664/98, NZA 1999, 987.
[300] EuGH 11.11.2010 – C-232/09, NZA 2011, 143; EuGH 9.7.2015 – C-229/14.
[301] Baumbach/Hueck/Zöllner/Noack GmbHG § 43 Rn. 6; Goette ZHR 175 (2011) 388, 398; Joussen GmbHR 2005, 441; Jula GmbHR 2001, 806; Lohr NZG 2000, 1204, 1207; Lutter GmbHR 2000, 301, 311; MüKoBGB/Henssler § 619a Rn. 19; Scholz/Schneider GmbHG § 43 Rn. 256 f.; Staudinger/Richardi/Fischinger BGB § 619a BGB Rn. 71 f.; die Arbeitnehmerhaftung grundsätzlich bejahend Brox/Walker DB 1985, 1469 (1477).
[302] Frisch Haftungsprivileg S. 240 (254); Karwatzki Fremdgeschäftsführer S. 229; Köhl DB 1996, 2597 (2604).
[303] BGH 29.5.1989 – II ZR 220/88, NJW 1989, 2683 Rn. 10; 10.5.2010 – II ZR 70/09, NZA 2010, 889 Rn. 7.
[304] BGH 10.12.2009 – VII ZR 42/08 Rn. 54.
[305] LAG Düsseldorf 27.11.2015 – 14 Sa 800/15 Rn. 250; Eufinger CCZ 2017, 130 (135); BeckOK BGB/Joussen § 611 Rn. 382.

212 Die deliktische Haftung besteht auch gegenüber Dritten. Voraussetzung und Umfang der Haftung gegenüber Dritten richten sich nach den **allgemeinen zivilrechtlichen Grundsätzen.**

213 Insbesondere gelten die Beschränkungen der Arbeitnehmerhaftung nur im **Innenverhältnis** zwischen dem Arbeitnehmer und seinem Arbeitgeber. Sie finden nicht auch auf die Haftung des schädigenden Mitarbeiters gegenüber außerhalb des Arbeitsverhältnisses stehenden Dritten Anwendung. Denn sie werden allein durch arbeitsvertragliche Erwägungen gerechtfertigt, die nicht auf haftungsrechtliche Beziehungen außerhalb von Arbeitsverträgen übertragbar sind.[306] Im Verhältnis zu außenstehenden Dritten haften Arbeitnehmer daher für jede Form von Fahrlässigkeit voll.

214 Sofern der **außenstehende Dritte** auch einen Anspruch gegen den Arbeitgeber hat, kann der Arbeitnehmer aufgrund des **Ausgleichs zwischen Gesamtschuldnern** nach §§ 840, 426 Abs. 1 BGB einen Anspruch auf Freistellung von seiner Haftungsbelastung in Höhe des Anteils haben, den sein Arbeitgeber nach Maßgabe der Grundsätze zur beschränkten Arbeitnehmerhaftung in ihrem Verhältnis zueinander zu übernehmen hat.[307]

---

[306] BGH 19.9.1989 – VI ZR 349/88, 12 BGHZ 108, 305 Rn. 7 ff.; 21.12.1993 – VI ZR 103/93, NJW 1994, 852 Rn. 17; ErfK/*Preis* BGB § 619a Rn. 23.

[307] BGH 19.9.1989 – VI ZR 349/88, BGHZ 108, 305 Rn. 9, 11; ErfK/*Preis* BGB § 619a Rn. 26.

Kapitel 5: Schutz von Beschäftigtendaten

A. Datentransfer in der Matrixorganisation

I. Ausgangslage

Matrixorganisationen sind auf den sicheren Transfer von Beschäftigtendaten zwischen den beteiligten Gesellschaften angewiesen. In international agierenden Organisationen erfolgt er zumeist grenzüberschreitend. Die Inanspruchnahme eines **zentralen Rechenzentrums,** das vielerorts in Form des Cloud Computing betrieben wird, dürfte der Regelfall sein. Dort werden auch personenbezogene Daten gespeichert. Dasselbe geschieht, wenn für die elektronische Kommunikation ein **zentraler E-Mail- bzw. Internet-Server** zur Verfügung gestellt wird. In **elektronischen Kommunikationsverzeichnissen** sind häufig die Kontaktdaten aller Beschäftigten matrixweit abrufbar. Nicht selten erfolgt die Personalverwaltung zentralisiert durch Shared-Service-Center „Human Resources". Um Dienste, wie zB Lohn- und Gehaltsabrechnung, Zeitwirtschaft, Reisekosten- und Seminarmanagement, effizient zu erbringen, müssen die Service-Center ebenfalls matrixweit auf die Daten der von ihnen betreuten Mitarbeiter zugreifen. Beim Recruiting unterstützen **Bewerbungsmanagementsysteme,** in denen Bewerberdaten zentral gespeichert und sodann zwischen den Matrixgesellschaften ausgetauscht werden. „Skill"-Systeme helfen Matrixmanagern und Führungskräften, Projektteams zusammenzustellen und die Karrierewege ihrer Mitarbeiter zu planen. Ihr Herzstück sind Datenbanken mit Angaben über Fähigkeiten und Fertigkeiten ihres Personals, die matrixweit genutzt werden können. Auch die **Matrixmanager** können **auf Beschäftigtendaten** zugreifen. Sie sollen mit ihnen vor allem operative Personalentscheidungen treffen. Schließlich benötigt **auch die Matrixleitung** bestimmte Personaldaten, und zwar für strategische Überlegungen, wie zB den Auf- und Abbau von Belegschaften oder die Veräußerung von Betrieben und Gesellschaften, die zur Matrix gehören.

In datenschutzrechtlicher Hinsicht bereiten all diese Übermittlungen Kopfzerbrechen. Da das geltende Datenschutzrecht **kein „Konzernprivileg"** kennt (→ Rn. 32), wird der Austausch von Beschäftigtendaten zwischen konzernangehörigen Matrixgesellschaften genauso behandelt wie die Übermittlung von Daten an einen externen Dritten. Stets ist eine wirksame **Verarbeitungsgrundlage** erforderlich (→ Rn. 33 ff.), ohne die der Transfer rechtswidrig ist und mit hohen Geldbußen bedroht wird. Werden die Daten in Länder außerhalb der EU bzw. des EWR weitergeleitet, ist zusätzlich zu prüfen, ob das Zielland über ein angemessenes Schutzniveau verfügt. Ist das zu verneinen, muss für ausreichende Garantien gesorgt werden (→ Rn. 59 ff.).

II. Überblick über die weitere Darstellung

Im Folgenden wird zunächst das ab 25.5.2018 geltende Beschäftigtendatenschutzrecht in Grundzügen dargestellt. Der Schwerpunkt liegt bei der Frage, unter welchen Voraussetzungen die Übermittlung von Beschäftigtendaten in der Matrixorganisation erlaubt ist. Behandelt werden dabei auch die Probleme der **Auftragsdatenverarbeitung** (→ Rn. 41 ff.) und **des Datentransfers ins Ausland** (→ Rn. 59 ff.). Im Teil C wird die Zulässigkeit typischer Datenflüsse in der Matrixorganisation erörtert. Anhand von ausgewählten Beispielsfällen werden die datenschutzrechtlich relevanten Voraussetzungen geklärt und Argumente für die Interessenabwägung geliefert (→ Rn. 66 ff.). Teil D ist den **mitbestimmungsrechtlichen Problemen** gewidmet. Ausgehend von einer knappen Analyse der einschlägigen Beteiligungsrechte (→ Rn. 126 ff.) und der Frage, wann sie in der Matrixorganisation vom Betriebsrat, Gesamtbetriebsrat oder Konzernbetriebsrat wahrgenommen werden (→ Rn. 133 ff.), wird demonstriert, wie der matrixweite **Datenaustausch durch Betriebsvereinbarung** geregelt werden kann (→ Rn. 140 ff.). Dazu sind am Ende des Kapitels zwei Mustervereinbarungen abgedruckt (→ Rn. 170): eine **Rahmenbetriebsvereinbarung,** die die Grundsätze der matrixweiten Datenvereinbarung bestimmt, und eine **Einzel-Betriebsvereinbarung** zum Thema „Einführung, Anwendung und Nutzung eines Learning-Management-Systems" mit einer Anlage, die festlegt, wer auf welche Daten zugreifen darf.

B. Datenschutzrechtliche Grundlagen

I. Grundsätze

1. Datenschutzrecht im Mehrebenensystem der EU

a) Datenschutz-Grundverordnung (DS-GVO) der EU

Die Zulässigkeit der Erhebung, Verarbeitung, Übermittlung und Nutzung personenbezogener Daten von Beschäftigten richtet sich seit dem 25.5.2018 nach der Datenschutz-Grundverordnung (DS-GVO) der Europäischen Union.[1] Mit ihren 99 Artikeln und 173 Erwägungsgründen (EG) aktualisiert sie das Grundrecht auf informationelle Selbstbestimmung. Dieses wird auf europäischer Ebene durch Art. 8 Abs. 1 EMRK sowie Art. 8 Abs. 1 GRCh gewährleistet. Personenbezogene Daten dürfen danach nur nach Treu und Glauben für festgelegte Zwecke auf einer gesetzlich geregelten legitimen Grundlage verarbeitet werden (Art. 8 Abs. 2 GRCh), die den **Wesensgehalt des Grundrechts** wahrt und den **Grundsatz der Verhältnismäßigkeit** beachtet (Art. 52 Abs. 1 GRCh). Dem dienen die Bestimmungen der DS-GVO. Sie gestalten die grundrechtliche Garantie aus und konkretisieren die Anforderungen an eine zulässige Datenverarbeitung. Ihr Ziel ist ein **unionsweit gleichmäßiges Datenschutzniveau.** Zugleich will sie die Unterschiede beseitigen, die den freien Verkehr personenbezogener Daten im Binnenmarkt behindern (EG 13 S. 1 DS-GVO). Um diese Ziele effektiv zu erreichen, hat sich die EU für die Handlungsform der Verordnung entschieden. Diese bedarf – anders als eine Richtlinie – keiner Umsetzungsgesetze der Mitgliedstaaten, sondern gilt in allen ihren Teilen unmittelbar (Art. 288 Abs. 2 AEUV). Nur eine einheitlich geltende Verordnung vermag es, „natürliche Personen in allen Mitgliedstaaten mit demselben Niveau an durchsetzbaren Rechten auszustatten, dieselben Pflichten und Zuständigkeiten für die Verantwortlichen vorzusehen und eine gleichmäßige Kontrolle der Datenverarbeitung und gleichwertige Sanktionen zu gewährleisten".[2] Allerdings trifft die DS-GVO in den Mitgliedstaaten nicht auf eine „grüne Wiese", sondern auf ein ausdifferenziertes Datenschutzrecht, das sich von Land zu Land zum Teil erheblich voneinander unterscheidet. Um im Prozess der Konvergenz alle Mitgliedstaaten mitzunehmen, erlaubt ihnen die DS-GVO deshalb eigene datenschutzrechtliche Vorschriften, die aber den Vorgaben des Unionsrechts entsprechen müssen. Rechtstechnisch geschieht dies durch rund vier Dutzend mehr oder weniger weit gefasste Öffnungsklauseln[3].

4

b) Bundesdatenschutzgesetz

Mit dem „Datenschutz-Anpassungs- und Umsetzungsgesetz EU" (DSAnpUG-EU)[4] hat der deutsche Gesetzgeber diese Regelungsspielräume genutzt und ebenfalls zum 25.5.2018 das **Bundesdatenschutzgesetz (BDSG) vollständig neu** gefasst. Allerdings durfte er bei der Ausfüllung der Öffnungsklauseln den Wortlaut der DS-GVO weder ganz noch teilweise wiederholen. Mit diesem **Wiederholungsverbot** will die EU vermeiden, dass die unmittelbare Geltung einer Verordnung verschleiert wird und die Normadressaten über den wahren Urheber des Rechtsaktes im Unklaren bleiben.[5] Beide Regelungsebenen

5

---

[1] Verordnung [EU] 2016/679 des Europäischen Parlaments und des Rates vom 27.4.2016 zum Schutz natürlicher Personen bei der Verarbeitung personenbezogener Daten, zum freien Datenverkehr und zur Aufhebung der Richtlinie 95/46/EG, ABl. L EU 119 vom 4.5.2016, S. 1.
[2] So die stRspr zur Harmonisierungswirkung von arbeitsrechtlichen Rechtsvorschriften, vgl. nur EuGH 9.7.2015 – C-229/14, NJW 2015, 2481 Rn. 32 f. – Balkaya.
[3] *Kühling/Martini* EuZW 2016, 448 (449); *Kühling/Martini*, Die DS-GVO und das nationale Recht, 2016, S. 1 f.
[4] V. 30.6.2017, BGBl. I S. 2097.
[5] EuGH 10.10.1973 – C-34/73, Slg. 1973, 981 Rn. 9 ff. – Variola; EuGH 31.1.1978 – C-94/77 Rn. 22/27 – Zerbone.

sollen strikt voneinander getrennt bleiben. Zulässig sind allenfalls punktuelle Wiederholungen, soweit dies aus Gründen der Verständlichkeit und Kohärenz der nationalen Vorschrift notwendig ist.[6] Die Nachteile liegen auf der Hand: Nationales Datenschutzrecht kann künftig nur noch im Zusammenspiel mit den Vorschriften der DS-GVO verstanden werden.[7] Das kompliziert die Rechtsanwendung erheblich. Hinzukommt, dass das **BDSG** in seiner Neufassung durch das DSAnpUG-EU selbst nur einen **eingeschränkten Anwendungsbereich** hat, den man zunächst sorgfältig anhand von § 1 BDSG ermitteln muss. Es gilt nur für Verarbeitung personenbezogener Daten durch öffentliche Stellen des Bundes iSd § 2 Abs. 1 BDSG sowie für nicht öffentliche Stellen, dh für natürliche Personen sowie für juristische Personen und Personenvereinigungen des privaten Rechts (§ 2 Abs. 4 BDSG), wenn sie **Daten automatisiert** iSd § 1 Abs. 1 S. 2 BDSG **verarbeiten.** Außerdem hat das BDSG – wie bisher – den Charakter eines „**Auffanggesetzes**".[8] Bereichsspezifisches Datenschutzrecht des Bundes genießt gegenüber den Vorschriften des BDSG grundsätzlich den Vorrang (§ 1 Abs. 2 S. 1 BDSG). Dazu gehören etwa die Regelungen des Telekommunikationsrechts nach dem TKG und des Sozialdatenschutzrechts nach dem SGB X. Der Vorrang der spezielleren datenschutzrechtlichen Vorschrift gilt jedoch nur, soweit sie einen Sachverhalt, für den an sich das BDSG gilt, abschließend regelt. Ist das nicht der Fall, übernimmt das BDSG seine lückenfüllende Auffangfunktion. Auch eine nicht abschließende (teilweise) Regelung oder das Schweigen eines bereichsspezifischen Gesetzes führt dazu, dass **subsidiär auf die Vorschriften des BDSG zurückgegriffen** werden kann. Die Vorschriften des BDSG finden keine Anwendung, soweit das Recht der Europäischen Union, im Besonderen die DS-GVO in der jeweils geltenden Fassung, unmittelbar gilt. Darauf weist § 1 Abs. 5 BDSG noch einmal ausdrücklich hin, obwohl sich diese Rechtsfolge bereits aus Art. 288 Abs. 2 AEUV ergibt.

c) Beschäftigtendatenschutz

6 Konkrete Regelungen zum Schutz von Beschäftigtendaten treffen weder die DS-GVO noch das BDSG. Art. 88 DS-GVO enthält nur eine Öffnungsklausel für mitgliedstaatliche Regelungen über die „Datenverarbeitung im Beschäftigungskontext", die der deutsche Gesetzgeber durch die neue **Generalklausel des § 26 BDSG** umgesetzt hat, allerdings weitgehend unzureichend.[9] Seitens des Bundesrats wurde deshalb erneut der Erlass eines Beschäftigtendatenschutzgesetzes angemahnt.[10] Der Koalitionsvertrag vom Februar 2018 stellt ein solches für die 19. Legislaturperiode in Aussicht.[11] Die inhaltlichen Vorgaben und Grenzen für ein solches Gesetz bestimmt künftig das Unionsrecht. Dabei kommt dem EuGH eine Schlüsselfunktion zu. Denn er entscheidet nicht nur über die Reichweite der Öffnungsklausel des Art. 88 Abs. 1 DS-GVO, sondern wacht zudem darüber, dass die Mitgliedstaaten beim Erlass ihres nationalen Datenschutzrechts die inhaltlichen Vorgaben des Art. 88 Abs. 2 DS-GVO einhalten.

2. Anwendungsbereich des deutschen Beschäftigtendatenschutzrechts

a) Sachlicher Anwendungsbereich

7 Sachlich gilt § 26 BDSG für die Verarbeitung von „**personenbezogenen Daten für Zwecke des Beschäftigungsverhältnisses**". Der Begriff „**personenbezogene Daten**" ist in **Art. 4 Nr. 1 DS-GVO legaldefiniert.** Darunter sind alle Informationen zu verstehen, die sich auf eine „identifizierte oder identifizierbare natürliche Person bezie-

---

[6] EuGH 28.3.1985 – C- 272/83 Rn. 27 – Kommission/Italien.
[7] Dazu instruktiv *Kühling* NJW 2017, 1985 (1986 f.).
[8] *Kühling* NJW 2017, 1985 (1987).
[9] Zur Kritik s. Kühling/Buchner/*Maschmann* DS-GVO Art. 88 Rn. 63, 65.
[10] BT-Drs. 18/11655, S. 24.
[11] Koalitionsvertrag S. 42.

hen". Identifizierbar ist eine natürliche Personen, die direkt oder indirekt aufgrund gewisser Merkmale bestimmt werden kann, „die Ausdruck der physischen, physiologischen, genetischen, psychischen, wirtschaftlichen, kulturellen oder sozialen Identität dieser natürlichen Person sind". Die Identifizierung kann insbesondere „mittels Zuordnung zu einer Kennung wie einem Namen, zu einer Kennnummer, zu Standortdaten oder zu einer Online-Kennung" geschehen. Der Begriff **„Verarbeitung"** ist in **Art. 4 Nr. 2 DS-GVO** geregelt. Das Unionsrecht versteht darunter – weiter als das bisherige deutsche Recht – „jeden Vorgang im Zusammenhang mit personenbezogenen Daten", wie etwa „das Erheben, das Erfassen, die Organisation, das Ordnen, die Speicherung, die Anpassung oder Veränderung, das Auslesen, das Abfragen, die Verwendung, die Offenlegung durch Übermittlung, Verbreitung oder eine andere Form der Bereitstellung, den Abgleich oder die Verknüpfung, die Einschränkung, das Löschen oder die Vernichtung". Während die DS-GVO nur für die ganz oder teilweise automatisierte Verarbeitung personenbezogener Daten Anwendung findet (Art. 2 Abs. 1 DS-GVO), geht das **deutsche Beschäftigtendatenschutzrecht** des § 26 BDSG – schon wie bisher – darüber hinaus. Es gilt gemäß § 26 Abs. 7 BDSG sogar dann, wenn **personenbezogene Daten nicht automatisiert verarbeitet werden,**[12] wie zB bei Befragungen von Bewerbern und Beschäftigten, Tor-, Taschen- und Spindkontrollen oder bei rein tatsächlichen Beobachtungen von Arbeitnehmern durch Wach- und Sicherheitspersonal.[13] Mit dem den Anwendungsbereich der DS-GVO überschießenden Bereich wird § 26 Abs. 7 BDSG als nationale Sondervorschrift nicht von der DS-GVO verdrängt.[14]

Was unter **„Zwecke des Beschäftigungsverhältnisses"** zu verstehen ist, ergibt sich aus § 26 Abs. 1 S. 1 BDSG, nämlich Datenverarbeitungen zur Entscheidung über die **Begründung** eines Beschäftigungsverhältnisses sowie für seine Durchführung und **Beendigung**. Sollen Beschäftigtendaten zur **Aufdeckung von Straftaten** verarbeitet werden, enthält § 26 Abs. 1 S. 2 BDSG eine Sondervorschrift, die dem § 32 Abs. 1 S. 2 BDSG aF entspricht. Sie gilt – wie bisher – nur für die Aufdeckung, nicht für die Verhinderung von Straftaten und ist unanwendbar, wenn es (nur) um Verletzungen des Arbeitsvertrags geht[15]. Verarbeitungen zu anderen als den in § 26 Abs. 1 S. 1 BDSG bzw. Art. 88 Abs. 1 DS-GVO genannten Zwecken schließt § 26 Abs. 1 nicht aus. Sie können nach Art. 6 Abs. 1 lit. f oder Art. 9 Abs. 2 DS-GVO erlaubt sein. Beispiele sind Übermittlung von Beschäftigtendaten im Rahmen von **„Due-Diligence-Prüfungen"** beim Kauf von Betrieben oder Unternehmen oder die **Ansprache von Mitarbeitern zu Werbezwecken,** die nichts mit dem Beschäftigungsverhältnis zu tun haben,[16] oder für die Konzernrevision.[17]

b) Persönlicher Anwendungsbereich

Persönlich gilt § 26 BDSG für die Verarbeitung personenbezogener Daten von **Beschäftigten.** Wer als Beschäftigter iSd BDSG gilt, bestimmt **§ 26 Abs. 8 BDSG** in abschließender Form. Die Vorschrift übernimmt im Wesentlichen die bisher in § 3 Abs. 11 BDSG aF definierten Begriffe in einer redaktionell überarbeiteten Form. Danach gilt der Beschäftigtendatenschutz außer für Arbeitnehmer iSd § 611a BGB auch für Auszubilden-

---

[12] Ebenso *Kort* ZD 2017, 319 (323); *Wybitul* NZA 2017, 413 (418). Die DS-GVO gilt auch für die nichtautomatisierte Verarbeitung, wenn die Daten in einem Dateisystem gespeichert sind oder werden sollen (Art. 2 Abs. 1 DS-GVO). Zu diesem Begriff Art. 4 Nr. 6 DS-GVO. Laut EuGH muss eine solche Datei nicht aus bestimmten der Recherche dienenden Ordnungssystemen bestehen. Es genügt, dass die Daten nach bestimmten Kriterien so strukturiert sind, dass sie in der Praxis nicht wiederauffindbar sind, EuGH 10.7.2018 – C-25/17, NZA 2018, 991.
[13] S. zum bisherigen Recht BAG 20.6.2013 – 2 AZR 546/12, NZA 2014, 143 Rn. 24; *Gola/Schomerus* BDSG § 32 Rn. 7; *Simitis/Seifert* BDSG § 32 Rn. 14, 100.
[14] *Kort* ZD 2017, 319 (323); *Wybitul* NZA 2017, 413 (418).
[15] Str.; vgl. *Kort* ZD 2017, 319 (321); *Wybitul* NZA 2017, 413 (416).
[16] *Gola/Schomerus* BDSG § 32 Rn. 46.
[17] Dazu ausf. *Ringel/von Buskist* CCZ 2017, 31.

de, Rehabilitanden, Beschäftigte in Behindertenwerkstätten, Personen, die Freiwilligendienste oder Zivildienst leisten, arbeitnehmerähnliche Selbständige, Beamte und Richter des Bundes sowie Soldaten (§ 26 Abs. 8 S. 1 BDSG). **Bewerber** für ein Beschäftigungsverhältnis fallen ebenfalls unter das BDSG (§ 26 Abs. 8 S. 2 BDSG). Dieser sehr weit gefasste Schutzbereich muss im Einklang mit der Öffnungsklausel des Art. 88 Abs. 1 DS-GVO stehen. Ob das der Fall ist, erscheint zweifelhaft. Richtigerweise erlaubt die DS-GVO nationales Beschäftigtendatenschutzrecht nur als „klassisches" Arbeitnehmerdatenschutzrecht.[18] Werden personenbezogene Daten von Personen verarbeitet, die nicht unter § 26 BDSG fallen, wie zB Vorstände und Geschäftsführer, gilt die DS-GVO direkt, jedenfalls bei automatisierter Datenverarbeitung iSd Art. 2 Abs. 1 DS-GVO. Zu beachten sind dann vor allem die allgemeinen Grundsätze des Art. 5 DS-GVO und die Abwägungsklausel des Art. 6 Abs. 1 f. DS-GVO.

10 **Personenbezogene Daten ausgeschiedener Beschäftigter,** die automatisiert iSd Art. 2 DS-GVO verarbeitet wurden, dürfen nach Beendigung des Beschäftigungsverhältnisses so lange in einer Weise gespeichert werden, wie es für die Zwecke, für die sie verarbeitet werden, erforderlich ist (Art. 5 Abs. 1 lit. e DS-GVO). Für manuell verarbeitete Beschäftigtendaten iSd § 26 Abs. 7 BDSG ergibt sich dies aus § 26 Abs. 8 S. 2 BDSG, der ausdrücklich anordnet, dass § 26 BDSG (und damit auch Abs. 5, der auf Art. 5 DS-GVO zurückverweist) sogar für Personen gilt, deren Beschäftigungsverhältnis bereits beendet ist. Die Speicherung personenbezogener Daten Ausgeschiedener kann notwendig sein, um mit der Beendigung des Beschäftigungsverhältnisses entstehende (nachträgliche) Vertragspflichten zu erfüllen, wie zB die **Erstellung eines Zeugnisses.** Sie kann sich aber auch aus spezialgesetzlichen **Aufbewahrungsvorschriften** für bestimmten Schriftstücke und Personalunterlagen geben.[19] Ist die Speicherung nicht mehr erforderlich, kann der Ausgeschiedene verlangen, dass seine Daten unverzüglich gelöscht werden (Art. 17 Abs. 1 lit. a DS-GVO).

c) Internationaler Anwendungsbereich

11 Das BDSG gilt, wenn personenbezogene Daten durch nicht öffentliche Stellen (§ 2 Abs. 4 BDSG) **im Inland** verarbeitet werden (§ 1 Abs. 4 S. 2 Nr. 1 BDSG). Dasselbe gilt, wenn personenbezogene Daten **im Rahmen der Tätigkeit einer inländischen Niederlassung** des Verantwortlichen oder Auftragsverarbeiters verarbeitet werden (§ 1 Abs. 4 S. 2 Nr. 2 BDSG). Der tatsächliche Ort der Datenverarbeitung ist in diesem Falle unerheblich. Das ergibt sich – anders als bei der sonst gleichlautenden Vorschrift des Art. 3 Abs. 1 DS-GVO – zwar nicht direkt aus dem BDSG, dürfte aber „hineinzulesen" sein. Die Übernahme des Niederlassungsprinzips der Art. 3 Abs. 1 DS-GVO soll dem Harmonisierungsgedanken entsprechen.[20] Diesem Ziel dient es, die Vorschrift im Lichte der DS-GVO auszulegen und die dort verwendeten Tatbestandselemente (Niederlassung, Verarbeitung im Rahmen der Tätigkeiten der Niederlassung) genauso wie in der DS-GVO zu verstehen. Zwar wird der Begriff der Niederlassung dort nirgends definiert. Allerdings bestimmt EG 22 DS-GVO gewisse Mindestanforderungen. Danach muss es sich bei einer Niederlassung um eine **„feste Einrichtung"** (engl. „stable arrangement") handeln, von der aus eine **Tätigkeit „effektiv und tatsächlich"** ausgeübt wird. Ob eine solche „feste Einrichtung" vorliegt, ist anhand der tatsächlichen Umstände zu ermitteln. Auf die Rechtsform kommt es ausweislich EG 22 DS-GVO ebenso wenig an, wie auf den Umstand, ob die Einrichtung eine Zweigstelle oder eine Tochtergesellschaft mit eigener Rechtspersönlichkeit darstellt. Erforderlich ist vielmehr ein Zusammenwirken von persönlichen und sachli-

---

[18] Ausf. Kühling/Buchner/*Maschmann* DS-GVO Art. 88 Rn. 11 ff.; ebenso *Körner,* Beschäftigtendatenschutz im Lichte der DS-GVO, S. 55; für eine weite Auslegung *Franzen* EuZA 2017, 313 (349); *Gola* BB 2017, 1462 (1472); *Kort* ZD 2017, 319 (321); BeckOK DatenschutzR/*Riesenhuber* DS-GVO Art. 88 Rn. 13.
[19] Dazu im Einzelnen Kühling/Buchner/*Maschmann* BDSG § 26 Rn. 55 ff.
[20] Begr. RegE, BT-Drs. 18/11325, S. 80.

chen Mitteln, die für die Durchführung der Tätigkeit der Einrichtung erforderlich sind, sowie ein gewisser Grad an Beständigkeit. Niederlassungen können daher auch interne Abteilungen wie Produktionsstätten, Buchhaltung oder Rechenzentren ohne Fähigkeit zum Vertragsschluss sein.[21] Die Anforderungen an eine „effektive und tatsächlich" ausgeübte Tätigkeit sind ebenfalls gering. Selbst eine unbedeutende Aktivität genügt. Keine Rolle spielt, ob diese Tätigkeit mit einem bestimmten Datenverarbeitungsvorgang zusammenhängt oder ob es in der Einrichtung einen datenschutzrechtlich Verantwortlichen gibt. Allerdings muss die **Datenverarbeitung „im Rahmen" der Niederlassung** erfolgen. Das ist zu bejahen, wenn die Niederlassung in die betreffende Datenverarbeitung einbezogen wurde, dh wenn ihre Tätigkeit einen unmittelbar datenverarbeitenden Zusammenhang aufweist.[22]

3. Grundsätze der Verarbeitung

a) Zweckbindung

Im Anwendungsbereich des § 26 Abs. 1 BDSG dürfen Beschäftigtendaten nur zu den dort vorgesehenen Verwendungen verarbeitet werden. Dabei herrscht – wie bisher – der Grundsatz der **strengen Zweckbindung,** der sich unionsrechtlich aus Art. 5 Abs. 1 lit. b DS-GVO ergibt. Dieser verlangt, dass die Daten nur für Zwecke verarbeitet werden, die bereits vor der Erhebung eindeutig festgelegt sind. Eine Weiterverarbeitung zu anderen Zwecken, die mit den ursprünglichen nicht vereinbar sind, ist verboten. Der Zweckbindungsgrundsatz steht vor allem unkontrollierten Big-Data Analysen[23] im Personalbereich entgegen.[24] Werden die Daten bei der betroffenen Person erhoben, müssen ihr die Zwecke zum Zeitpunkt ihrer Erhebung nach Maßgabe von Art. 13 Abs. 1 DS-GVO mitgeteilt werden. Sollen sie für einen anderen als für den ursprünglichen Zweck weiterverarbeitet werden, ist die betroffene Person vorher zu informieren (§ 13 Abs. 3 DS-GVO).

12

b) Verhältnismäßigkeit

Erlaubt ist die Verarbeitung nur, wenn sie **„erforderlich"** ist, um die in § 26 Abs. 1 BDSG genannten Zwecke zu verwirklichen. Das gilt auch für die Datenverarbeitung durch den Betriebsrat.[25] Nach der Gesetzesbegründung[26] sollen bei der Erforderlichkeitsprüfung die widerstreitenden Grundrechtspositionen zur Herstellung praktischer Konkordanz gegeneinander abgewogen werden. Dazu müssen „die Interessen des Arbeitgebers an der Datenverarbeitung und das Persönlichkeitsrecht des Beschäftigten zu einem Ausgleich gebracht werden, der beide Interessen möglichst weitgehend berücksichtigt". Das entspricht der Vorgabe in Art. 88 Abs. 2 DS-GVO. Danach müssen die Mitgliedstaaten beim Erlass von Vorschriften zum Beschäftigtendatenschutz „angemessene und besondere Maßnahmen zur Wahrung der menschlichen Würde, der berechtigten Interessen und der Grundrechte der betroffenen Person" ergreifen. Dabei ist der **Grundsatz der Verhältnismäßigkeit** zu wahren.[27]

13

Da der Gesetzgeber den Wortlaut des § 32 BDSG aF weitgehend in § 26 BDSG übernommen hat und damit – ausweislich der Begründung im Regierungsentwurf[28] und der

14

---

[21] Kühling/Buchner/*Klar* DS-GVO Art. 3 Rn. 43; vgl. neuerdings EuGH 5.6.2018 – C-210/16, NZA 2018, 919.
[22] Kühling/Buchner/*Klar* DS-GVO Art. 3 Rn. 48 ff.; ähnlich EuGH 5.6.2018 – C-210/16, NZA 2018, 919.
[23] Dazu *Bissels/Meyer-Michaelis/Schiller* DB 2016, 3032; *Mau,* Das metrische Wir, 2017.
[24] Ebenso *Franzen* EuZA 2017, 313 (326 f.); *Culik/Döpke* ZD 2017, 226.
[25] *Gola* BB 2017, 1462 (1466).
[26] BT-Drs. 18/11325, S. 96.
[27] *Kort* ZD 2017, 319 (323); *Wybitul* NZA 2017, 413 (415).
[28] BT-Drs. 18/11325, S. 95 f.

Gegenäußerung zur Stellungnahme des Bundesrats[29] – die spezialgesetzliche Regelung des § 32 BDSG aF fortführen wollte, allerdings angepasst an die Terminologie der DS-GVO, ist davon auszugehen, dass **es bei der bisherigen Rechtslage bleiben soll.**[30] Dafür spricht nicht zuletzt, dass sich der Gesetzgeber ausdrücklich vorbehalten hat, konkrete Fragen des Beschäftigtendatenschutzes in einem späteren Gesetz zu regeln.[31] Der Begriff der „Erforderlichkeit" in § 26 BDSG ist daher genauso zu verstehen wie bisher, dh im Sinne einer **strikten Geltung des Grundsatzes der Verhältnismäßigkeit.** Danach muss die vom Arbeitgeber gewählte Art und Weise einer Datenverarbeitung für die Verwirklichung der (zulässigerweise) verfolgten Zwecke überhaupt **geeignet** sein. Sie muss zudem das **mildeste** aller gleich effektiv zur Verfügung stehenden **Mittel** darstellen. Die Verhältnismäßigkeit im engeren Sinne ist gewahrt, wenn die Schwere des mit der Datenverarbeitung bewirkten Eingriffs in die Persönlichkeitsrechte des Arbeitnehmers bei einer **Gesamtabwägung nicht außer Verhältnis** zu dem Gewicht der ihn rechtfertigenden Gründe steht.[32]

c) Beachtung der allgemeinen Verarbeitungsgrundsätze

15 § 26 Abs. 5 BDSG ordnet ferner an, dass der Verantwortliche geeignete technische und organisatorische Maßnahmen ergreifen muss, um die Einhaltung der insbesondere in Art. 5 DS-GVO dargelegten Grundsätze für die Verarbeitung von Beschäftigtendaten sicherzustellen. Die dort in Abs. 1 lit. a-f genannten **sechs Prinzipien** sind bereits aus der DSRL und dem BDSG aF bekannt: **Rechtmäßigkeit der Datenverarbeitung, Zweckbindung, Datenminimierung, Richtigkeit, Speicherbegrenzung, Integrität und Vertraulichkeit.** Die Datenverarbeitung muss nicht nur auf rechtmäßige Weise, nach Treu und Glauben und in einer für den Beschäftigten nachvollziehbaren Weise erfolgen, sondern sich auf das für die Zweckerreichung Notwendige beschränken. Lässt sich der Zweck auch ohne Beschäftigtendaten erreichen – etwa durch entsprechende Technikgestaltung oder Pseudonymisierung (Art. 25 Abs. 1 DS-GVO) –, ist die Verarbeitung unzulässig. Ferner müssen Beschäftigtendaten unverzüglich berichtigt oder gelöscht werden, falls diese fehlerhaft oder unzulässig verarbeitet wurden (Art. 17 Abs. 1 lit. d DS-GVO). Ob damit eine ständige Prüfungspflicht gemeint ist, ist streitig. Es dürfte wohl genügen, eine Pflicht zur Einleitung eines Korrekturprozesses nur dann anzunehmen, wenn eine Datenunrichtigkeit bekannt wird.[33] Beschäftigtendaten, die die Identifizierung des Betroffenen erlauben, dürfen überdies nur so lange gespeichert werden, wie dies zur Erreichung der vereinbarten Zwecke erforderlich ist (Art. 5 Abs. 1 lit. e DS-GVO). Außerdem müssen sie vor unbefugtem Zugriff geschützt werden. Dabei hat der Arbeitgeber sicherzustellen, dass das Personal, das Zugang zu personenbezogenen Daten hat, diese nur nach seinen Anweisungen verarbeitet[34]. Ferner sind die Vorschriften der Art. 32 ff. DS-GVO über die Datensicherheit zu beachten, und es ist der betriebliche Datenschutzbeauftragte (Art. 37 DS-GVO) rechtzeitig vor der Verarbeitung zwecks Folgenabschätzung (Art. 35 DS-GVO) einzubinden.

d) Transparenz der Verarbeitung

16 Weiterhin verpflichtet Art. 88 Abs. 2 DS-GVO die Mitgliedstaaten zu angemessenen und besonderen Maßnahmen im Hinblick auf die Transparenz der Verarbeitung von Beschäf-

---

[29] BT-Drs. 18/11655, S. 53.
[30] Ebenso *Gola* BB 2017, 1462 (1464); *Wybitul* NZA 2017, 413 (415).
[31] BT-Drs. 18/11325, S. 95.
[32] So zum bisherigen Recht BAG 20.6.2013 – 2 AZR 546/12, NZA 2014, 146; BAG 22.9.2016 – 2 AZR 848/15, NZA 2017, 112 (114f.); BAG 17.11.2016 – 2 AZR 730/15, NZA 2017, 394; BAG 27.7.2017 – 2 AZR 681/16, NZA 2017, 1327.
[33] Ebenso *Wybitul/Sürup/Pötters* ZD 2015, 559 (562).
[34] BT-Drs. 18/11325, S. 98.

B. Datenschutzrechtliche Grundlagen

tigtendaten. Gemeint sind damit die allgemeinen **Informationspflichten** nach den Art. 13–15 DS-GVO, über die „in präziser, transparenter, verständlicher und leicht zugänglicher Form in einer klaren und einfachen Sprache" zu unterrichten ist (Art. 12 Abs. 1 S. 1 DS-GVO). Die Unterrichtung muss „in einer für die betroffenen Person nachvollziehbaren Weise" geschehen (Art. 5 Abs. 1 lit. a DS-GVO). Der Beschäftigte muss **klar erkennen und nachvollziehen können,** ob, **von wem und zu welchem Zweck seine personenbezogenen Daten erhoben werden** (vgl. EG 58 S. 3 DS-GVO). Das hat zum **Zeitpunkt der Erhebung** zu erfolgen (Art. 13 Abs. 1 DS-GVO und EG 61 S. 1 DS-GVO).

4. Umgang mit sensiblen Beschäftigtendaten

a) Vorgaben der DS-GVO

Für die Verarbeitung sensibler Daten iSv Art. 9 Abs. 1 DS-GVO, dh **rassische und ethnische Herkunft, politische Meinungen, religiöse oder weltanschauliche Überzeugungen, Gewerkschaftszugehörigkeit, genetische** (Art. 4 Nr. 13 DS-GVO) und **biometrische Daten** zur eindeutigen Identifizierung einer natürlichen Person (Art. 4 Nr. 14 DS-GVO), **Gesundheitsdaten** (Art. 4 Nr. 15 DS-GVO) sowie **Daten zum Sexualleben und zur sexuellen Orientierung,** trifft Art. 9 Abs. 2 DS-GVO eine Sonderregelung, die auch für sensible Daten von Beschäftigten gilt. Danach sind mitgliedstaatliche Regelungen erlaubt, die die Einzelheiten der Verarbeitung regeln, damit der Verantwortliche seinen sich aus dem Arbeits- und Sozialrecht ergebenden Pflichten nachkommen und die betroffene Person die ihr daraus erwachsenden Rechte ausüben kann (Art. 9 Abs. 2 lit. b DS-GVO). Eine Regelung durch Kollektivvereinbarung nach dem Recht der Mitgliedstaaten lässt die Vorschrift ausdrücklich zu. Vorausgesetzt wird nur, dass die Verarbeitung erforderlich ist und geeignete Garantien für die Grundrechte und die Interessen der betroffenen Person vorhanden sind. Soweit die Verarbeitung von genetischen, biometrischen oder von Gesundheitsdaten betroffen ist, können die Mitgliedstaaten sogar zusätzliche Bedingungen, einschließlich Beschränkungen, einführen oder aufrechterhalten (Art. 9 Abs. 4 DS-GVO). Dies gilt ebenfalls für Beschäftigtendaten.

17

b) Umsetzung im BDSG

Vor diesem Hintergrund bestimmt **§ 26 Abs. 3 BDSG** – in bewusst enger textlicher Anlehnung an § 28 Abs. 6 Nr. 3 BDSG aF – dass die Verarbeitung sensibler Daten iSd Art. 9 Abs. 1 DS-GVO für Zwecke des Beschäftigungsverhältnisses zulässig ist, wenn sie zur Ausübung von Rechten oder zur Erfüllung rechtlicher Pflichten aus dem Arbeitsrecht, dem Recht der sozialen Sicherheit und des Sozialschutzes erforderlich ist und kein Grund zu der Annahme besteht, dass das schutzwürdige Interesse der betroffenen Person an dem Ausschluss der Verarbeitung überwiegt. Zulässig ist die Verarbeitung ferner dann, wenn sie durch Kollektivvereinbarung erlaubt wird, weil § 26 Abs. 4 S. 1 BDSG diese ausdrücklich als Befugnisnorm erwähnt.

18

Wegen des Verweises in § 26 Abs. 3 S. 3 BDSG auf § 22 Abs. 2 BDSG sind zur Wahrung der Interessen einer Person, deren sensible Daten verarbeitet werden, „angemessene und spezifische Maßnahmen" vorzusehen, die § 22 Abs. 2 S. 2 BDSG beispielhaft aufzählt. Dazu können **technische Vorkehrungen** gehören, mit denen sich feststellen lässt, von wem sensible Daten eingegeben, verändert oder entfernt wurden, aber auch die Sensibilisierung des Personals und die Beschränkung des zugangsbefugten Personenkreises, die Bestellung eines Datenschutzbeauftragten und die **Anonymisierung bzw. Pseudonymisierung** der sensiblen Daten.

19

Die Zulässigkeit einer Datenverarbeitung **zur Beurteilung der Arbeitsfähigkeit** eines Beschäftigten richtet sich direkt nach Unionsrecht (Art. 9 Abs. 2 lit. h DS-GVO). Art. 9 Abs. 3 DS-GVO ordnet an, dass nur Fachpersonal, das einem unionsrechtlich oder

20

mitgliedstaatlich geregelten Berufsgeheimnis unterliegt, diese Daten verarbeiten darf, also Ärzte und sonstiges Personal, das zu einer entsprechenden Geheimhaltung verpflichtet ist, einschließlich Hilfspersonal, das unter ihrer Verantwortung tätig wird (§ 22 Abs. 1 Nr. 1b BDSG).

5. Einwilligung als Verarbeitungsgrundlage
a) Vorgaben der DS-GVO

21 Grundlage für die Verarbeitung von Beschäftigtendaten kann auch die Einwilligung des Betroffenen sein (Art. 6 Abs. 1 lit. a DS-GVO). Die **Mitgliedstaaten** können im Rahmen von Art 88 DS-GVO hierfür **spezielle Voraussetzungen** festlegen. Das ergibt sich aus EG 155 DS-GVO, der explizit Vorschriften über die Bedingungen erlaubt, „unter denen personenbezogene Daten im Beschäftigungskontext auf der Grundlage der Einwilligung des Beschäftigten verarbeitet werden dürfen". Das kann **auch durch Kollektivvertrag,** insbesondere durch Betriebsvereinbarung geschehen.[35] Unverfügbar für die Mitgliedstaaten sind die durch Art. 4 Nr. 11 DS-GVO unionsrechtlich vorgegebenen Grundelemente einer Einwilligung: eine unmissverständliche („unambiguous") Erklärung oder sonstige eindeutige bestätigende Handlung des Beschäftigten, durch die dieser freiwillig, informiert und für einen bestimmten Fall zu verstehen gibt, dass er mit der Verarbeitung seiner personenbezogenen Daten einverstanden ist. Das Recht des Betroffenen, seine Einwilligung jederzeit zu **widerrufen** (Art. 7 Abs. 3 S. 1 DS-GVO), kann ebenfalls nicht ausgeschlossen werden, auch nicht durch Betriebsvereinbarung. Eine letzte Vorgabe des Unionsrechts ist die **Freiwilligkeit der Einwilligung.** Sie ist nur dann gegeben, wenn der von einer Datenverarbeitung Betroffene in der Lage ist, seine Einwilligung zu verweigern oder zurückzuziehen, ohne Nachteile zu erleiden (EG 42 S. 4 DS-GVO). Die Einwilligung muss auch im nationalen Beschäftigtendatenschutz als Erlaubnistatbestand ausscheiden, wenn sie zur conditio sine qua non für den Abschluss des Arbeitsvertrags oder für den Erhalt bestimmter Leistungen erhoben wird.[36] Die Einwilligung als Verarbeitungsgrundlage vollkommen auszuschließen, ist den Mitgliedstaaten bereits wegen Art. 8 GRCh verboten, der diese ausdrücklich erlaubt. Das gilt auch für die Betriebsparteien.

b) Freiwilligkeit

22 Vor diesem Hintergrund ist angesichts des **Wiederholungsverbots** (→ Rn. 5) verständlich, dass § 26 Abs. 2 BDSG nur einige Aspekte der Einwilligung regelt, namentlich deren Freiwilligkeit und deren Schriftform. Hinsichtlich der Freiwilligkeit ordnet § 26 Abs. 2 S. 1 BDSG an, dass zu ihrer Beurteilung insbesondere die im Beschäftigungsverhältnis bestehende **Abhängigkeit der beschäftigten Person** sowie die **Umstände, unter denen die Einwilligung erteilt worden ist, zu berücksichtigen sind.** Neben der Art des verarbeiteten Datums und der Eingriffstiefe kann auch der Zeitpunkt, zu dem die Einwilligung erteilt wird, maßgebend sein. Vor Abschluss eines (Arbeits-)Vertrages werden Beschäftigte regelmäßig einer größeren Drucksituation ausgesetzt sein, eine Einwilligung in eine Datenverarbeitung zu erteilen, als im laufenden Arbeitsverhältnis.[37] Entsprechendes gilt für Maßnahmen der **Mitarbeiterüberwachung.** In sie kann nicht wirksam vorab eingewilligt werden.[38] Als Beispiel für eine zulässige Einwilligung nennt § 26 Abs. 2 S. 2 BDSG den Fall, dass die Arbeitsvertragsparteien ausnahmsweise einmal gleichgelagerte Interessen verfolgen. Hierzu kann etwa die Aufnahme von Name und Geburtsdatum in eine Geburtstagsliste oder die Nutzung von Fotos für das Intranet zählen.[39] Anders als in

---
[35] *Kort* DB 2016, 711 (715).
[36] Plath/*Stamer*/*Kuhnke* DS-GVO Art. 88 Rn. 13.
[37] BT-Drs. 18/11325, S. 97.
[38] Ebenso *Gola* BB 2017, 1462 (1468).
[39] BT-Drs. 18/11325, S. 97.

§ 26 Abs. 2 S. 2 BDSG bestimmt, genügt es für sich allein jedoch nicht, wenn der Beschäftigte infolge der Datenverarbeitung einen rechtlichen oder wirtschaftlichen Vorteil erlangt, wie zB die Erlaubnis zur Privatnutzung von betrieblichen IT-Systemen.[40] Freiwillig ist die Einwilligung jedenfalls dann nicht, wenn dem Beschäftigten der Vorteil verweigert wird, falls er eine mit der Gewährung des Vorteils verbundene Kontrolle verweigert, bei der personenbezogene Daten erhoben werden.

c) Aufklärung

Ferner bestimmt § 26 Abs. 2 BDSG, dass der Arbeitgeber den Beschäftigten vor einer Einwilligung über den **Zweck der Datenverarbeitung** und über sein **Widerrufsrecht** nach Art. 7 Abs. 3 DS-GVO aufzuklären hat. Das kann in Textform (§ 126a BGB) geschehen, also zB per E-Mail, wenn der Arbeitgeber nachweisen kann, dass sie der Mitarbeiter erhalten hat. Unionswidrig ist, dass § 26 Abs. 2 BDSG für eine wirksame Einwilligung grundsätzlich die Schriftform verlangt. Denn damit geht der deutsche Gesetzgeber unzulässig über die Vorgabe in Art. 4 Nr. 11 DS-GVO hinaus.[41] **Mündliche und konkludente Einwilligungen sind danach möglich,** wenn sie unmissverständlich erteilt wurden.[42] Dass § 26 Abs. 2 BDSG die Schriftform ausnahmsweise für entbehrlich erklärt, soweit nicht wegen besonderer Umstände eine andere Form angemessen ist, genügt nicht, weil damit das Regel-Ausnahme-Prinzip des Art. 7 Abs. 3 DS-GVO in sein Gegenteil verkehrt wird. Allerdings muss der Verantwortliche nachweisen können, dass der Arbeitnehmer die Einwilligung „in Kenntnis der Sachlage" erteilt hat (Art. 7 Abs. 1 DS-GVO). Das verlangt nach EG 42 S. 2 mindestens Informationen über den Verantwortlichen und für welche Zwecke die Beschäftigtendaten erhoben werden, so wie es früher in § 4a BDSG aF angeordnet war.[43] Das reine Schriftformgebot ist hierfür unbehelflich, weil damit dem eigentlichen Defizit der datenschutzrechtlichen Einwilligung nicht begegnet werden kann: der Transparenz in die Reichweite der Erklärung. Pauschale Einwilligungen sind daher stets unwirksam. Sie widersprechen der Vorgabe, dass eine Einwilligung nur für einen bestimmten Zweck erteilt werden kann.[44] Eine **ausdrückliche Einwilligung** ist stets erforderlich bei der **Erhebung sensibler Daten** (Art. 9 Abs. 2 lit. a DS-GVO, § 26 Abs. 3 S. 2 BDSG) sowie beim sog. **Profiling** (Art. 22 Abs. 2 lit. c DS-GVO). Die Einwilligung kann auch vom Arbeitgeber vorformuliert werden. Sie muss dann in einer klaren und einfachen Sprache abgefasst sein und darf keine missbräuchlichen Klauseln enthalten (EG 42 S. 3 DS-GVO). Keinesfalls können die dargelegten Anforderungen abgesenkt werden, auch nicht durch Betriebsvereinbarung.

6. Kollektivvereinbarungen

a) Allgemeines

§ 26 Abs. 4 BDSG gestattet die Verarbeitung von Beschäftigtendaten auch auf der Grundlage von Kollektivvereinbarungen. Diese Befugnis ist von großer Relevanz. Zum einen lassen sich durch Kollektivvertrag die **unbestimmten Rechtsbegriffe des gesetzlichen Datenschutzrechts konzern-, unternehmens- oder betriebsspezifisch konkretisieren,**[45] zum anderen können die Modalitäten eines unternehmens- oder **konzernweiten Datenflusses** geregelt werden. Verarbeitet der Arbeitgeber die Beschäftigtendaten mittels technischer Einrichtungen, die in der Lage sind, Verhalten und Leistung der Arbeitnehmer zu kontrollieren, hat der Betriebsrat ohnehin nach § 87 Abs. 1 Nr. 6 BetrVG **mitzu-**

---
[40] BT-Drs. 18/11325, S. 97.
[41] Ebenso *Krohm* ZD 2016, 368 (371); aA *Kort* ZD 2017, 319 (321).
[42] *Albrecht* CR 2016, 88 (91); *Härting* ITRB 2016, 36 (39); *Kort* DB 2016, 711 (715).
[43] *Kort* DB 2016, 711 (715).
[44] *Kühling/Buchner* DS-GVO Art. 7 Rn. 61 ff.
[45] BT-Drs. 18/11325, S. 98.

bestimmen.[46] Das geschieht meist durch Abschluss von Betriebsvereinbarungen, weil diese aufgrund ihrer normativen Wirkung (§ 77 Abs. 4 BetrVG) nach früherer Rechtslage auch als Rechtsgrundlage für die Datenverarbeitung iSd 4 Abs. 4 BDSG aF dienen konnten.[47]

25 **Dabei bleibt es auch nach neuem Recht.**[48] Art. 88 Abs. 1 DS-GVO gestattet es den Mitgliedstaaten ausdrücklich, den Erlass von Kollektivverträgen zur Verarbeitung von Beschäftigtendaten zuzulassen. Für diese Befugnis hatte sich im Gesetzgebungsverfahren der EU vor allem Deutschland starkgemacht.[49] § 26 Abs. 4 BDSG stellt diese datenschutzrechtliche Kollektivgewalt nun ausdrücklich klar,[50] obwohl sie an sich überflüssig ist, weil sie sich bereits aus § 1 Abs. 1 TVG bzw. § 87 Abs. 1 Nr. 6 BetrVG ergibt.[51] Sie gilt auch für die Verarbeitung sensibler Daten iSd Art. 9 DS-GVO, für die die Mitgliedstaaten aufgrund von Art. 9 Abs. 2 lit. b DS-GVO Regelungen durch Kollektivvereinbarung zulassen dürfen, jedenfalls dann, wenn die Verarbeitung erforderlich ist und geeignete Garantien für die Grundrechte und die Interessen des betroffenen Person vorhanden sind. **Kollektivvereinbarungen** zur Datenverarbeitung, die bei Inkrafttreten der DS-GVO bereits bestehen, **gelten fort.** Sie müssen der Kommission nicht nach Art. 88 Abs. 3 DS-GVO gemeldet werden, weil diese Verpflichtung nur für die von den Mitgliedstaaten selbst erlassene Rechtsvorschriften gilt.[52] Ob sie weiter genutzt werden können, hängt davon ab, ob sie den inhaltlichen Anforderungen der DS-GVO genügen. Das ist im jeweiligen Einzelfall zu prüfen.[53]

b) Inhaltliche Anforderungen

26 Maßgeblich sind vor allem die Direktiven des Art. 88 Abs. 2 DS-GVO. Darauf weist § 26 Abs. 4 S. 2 BDSG ausdrücklich hin. Im deutschen Recht entsprechen ihr die Vorgaben des **§ 75 Abs. 2 S. 1 BetrVG.** Danach sind die **Betriebsparteien** außer zur Wahrung der grundrechtlich geschützten **Freiheitsrechte**[54] auch zur **Beachtung des allgemeinen Persönlichkeitsrechts** verpflichtet, und zwar in allen seinen Ausprägungen, wie zB dem Recht am gesprochenen Wort und dem Recht am eigenen Bild.[55] Das Persönlichkeitsrecht kann zwar kraft Betriebsvereinbarung beschränkt werden.[56] Die Beschränkung muss aber ihrerseits durch schutzwürdige Belange anderer Grundrechtsträger – beispielsweise des Arbeitgebers – gerechtfertigt sein. Ähnlich wie bei Art. 6 Abs. 1 lit. f DS-GVO ist auch bei § 75 Abs. 2 S. 1 BetrVG eine **Güterabwägung** zwischen den Persönlichkeitsrechten des Arbeitnehmers und dem schutzwürdigen Interesse des Arbeitgebers unter Berücksichtigung der Umstände des Einzelfalls erforderlich.[57] Dabei ist der **Grundsatz der Verhältnismäßigkeit** zu wahren.[58] Den Betriebsparteien dürfen zur Erreichung des Verarbeitungszwecks keine anderen, gleich wirksamen und das Persönlichkeitsrecht der Ar-

---

[46] Richardi BetrVG/*Maschmann* § 87 Rn. 475 ff.; *Wisskirchen/Schiller/Schwindling* BB 2017, 2105.
[47] StRspr, zuletzt BAG 17. 11. 2016 – 2 AZR 730/15, NZA 2017, 394; GK-BetrVG/*Franzen* § 83 Rn. 58; *Gola/Schomerus* BDSG § 4 Rn. 10; *Simitis* BDSG § 4 Rn. 17.
[48] BT-Drs. 18/11325, S. 98.
[49] Zur Historie Art. 88 DS-GVO Rn. 2 ff.; krit. *Körner* ZESAR 2015, 153 Fn. 61.
[50] *Kort* ZD 2017, 319 (322); *Kühling* NJW 2017, 1985 (1988).
[51] Ebenso *Gola* BB 2017, 1462 (1469); *Maschmann* DB 2016, 2480 (2482).
[52] *Gola/Pötters/Thüsing* RDV 2016, 57 (59); BeckOK DatenschutzR/*Riesenhuber* DS-GVO Art. 88 Rn. 93; Ehmann/Selmayr/*Selk* DS-GVO Art. 88 Rn. 125; Sydow/*Tiedemann* DS-GVO Art. 88 Rn. 26; *Wolff* in Schantz/Wolff, Das neue Datenschutzrecht Rn. 1341; aA Plath/Stamer/*Kuhnke* DS-GVO Art. 88 Rn. 11.
[53] *Klösel/Mahnhold* NZA 2017, 1428 (1430); *Von dem Bussche* DB 2016, 1359 (1362 f.); *Wybitul/Pötters* ZD 2016, 10 (15).
[54] BAG 19. 1. 1999 – 1 AZR 499/98, NZA 1999, 546.
[55] BAG 29. 6. 2004 – 1 ABR 21/03, NZA 2004, 1278 Rn. 14; BAG 9. 7. 2013 – 1 ABR 2/13 (A), NZA 2013, 1433 Rn. 22.
[56] BAG 21. 8. 1990 – 1 AZR 567/89, NZA 1991, 154; BAG 19. 1. 1999 – 1 AZR 499/98, NZA 1999, 546; BAG 29. 6. 2004 – 1 ABR 21/03, NZA 2004, 1278; 9. 7. 2013 – 1 ABR 2/13 (A), NZA 2013, 1433.
[57] BAG 27. 3. 2003 – 2 AZR 51/02, NZA 2003, 1193.
[58] BAG 19. 1. 1999 – 1 AZR 499/98, NZA 1999, 546.

beitnehmer weniger einschränkenden Mittel zur Verfügung stehen. Eine Regelung ist verhältnismäßig im engeren Sinn, wenn die Schwere des Eingriffs bei einer Gesamtabwägung nicht außer Verhältnis zu dem Gewicht der ihn rechtfertigenden Gründe steht.[59]

Neben Art. 88 Abs. 2 DS-GVO müssen Kollektivvereinbarungen die allgemeinen Grundsätze des Art. 5 DS-GVO beachten, die auch für die Verarbeitung von Beschäftigtendaten gelten. Die in Abs. 1 lit. a bis f genannten sechs Prinzipien sind bereits aus der DSRL und dem BDSG bekannt: **Rechtmäßigkeit der Datenverarbeitung, Zweckbindung, Datenminimierung, Richtigkeit, Speicherbegrenzung, Integrität und Vertraulichkeit.** Besondere Beachtung verlangt der Grundsatz der Zweckbindung. Danach sind in der Kollektivvereinbarung die **Zwecke**, für die die Beschäftigtendaten erhoben, verarbeitet oder genutzt werden, **eindeutig und detailliert zu beschreiben.**[60] Diese müssen sich im Rahmen des durch die Öffnungsklausel Erlaubten bewegen[61]. Eine Verarbeitung zu anderen Zwecken ist grundsätzlich unzulässig, es sei denn, dass die Voraussetzungen des Art. 6 Abs. 4 DS-GVO für eine Weiterverarbeitung erfüllt sind. Die Verarbeitung muss sich auf das für die Zweckerreichung Notwendige beschränken. 27

II. Übermittlung von Beschäftigtendaten in der Matrix

1. Übermittlung als erlaubnispflichtige Datenverarbeitung?

Für die weitere Betrachtung kommt es zunächst auf die Frage an, ob die Übermittlung von Beschäftigtendaten innerhalb der Matrix einer **Verarbeitungsgrundlage** bedarf. 28

a) Frühere Rechtslage

Das bis zum Inkrafttreten der DS-GVO geltende deutsche Datenschutzrecht enthielt hierzu eine differenzierte Regelung. Sie beruhte auf dem Umstand, dass das **BDSG aF** die Datenverarbeitung in verschiedene Phasen untergliederte und dabei zwischen dem Speichern, Verändern, Übermitteln, Sperren und Löschen von Daten unterschied (§ 3 Abs. 4 BDSG aF)[62]. Den Begriff der „**Übermittlung**" definierte § 3 Abs. 4 S. 2 Nr. 3 BDSG aF sodann als „**das Bekanntgeben** gespeicherter oder durch Datenverarbeitung gewonnener personenbezogener **Daten an einen Dritten**"[63]. Als **Dritter** im Sinne dieser Vorschriften galt nach § 3 Abs. 8 S. 2 BDSG aF „jede Person oder Stelle außerhalb der verantwortlichen Stelle". Keine rechtfertigungsbedürfte Datenübermittlung war die Bekanntgabe personenbezogener Daten an den Betroffenen selbst sowie die Weitergabe an einen „Auftragsverarbeiter" iSd § 11 BDSG. Beide Personengruppen wurden von § 3 Abs. 8 S. 3 BDSG aF ausdrücklich als Empfänger von Daten bezeichnet, die nicht als Dritte im Sinne einer Datenübermittlung nach § 3 Abs. 3 S. 2 Nr. 3 BDSG galten. Ebenfalls **nicht rechtfertigungsbedürftig war die Übermittlung** personenbezogener Daten an Personen oder Stellen **innerhalb der verantwortlichen Stelle.** Dazu zählten neben den Mitgliedern der Organe der verantwortlichen Stelle (Vorstände, Geschäftsführer, Aufsichts- und Verwaltungsräte) auch die bei ihnen beschäftigten Mitarbeiter[64] einschließlich ihrer betriebsverfassungsrechtlichen Vertreter. Gehörten zu einem privatrechtlich verfassten Unternehmen (Einzelkaufmann, Personenhandelsgesellschaft, juristische Person) meh- 29

---

[59] BAG 29.6.2004 – 1 ABR 21/03, NZA 2004, 1278. All das entspricht den Vorgaben der Art. 88 Abs. 2, Art. 6 Abs. 1 lit. f DS-GVO.
[60] Beispiele bei *Beckschulze/Fackeldey* RDV 2013, 109 (115f.).
[61] *Wurzberger* ZD 2017, 258 (261); *Wybitul* NZA 2017, 1488 (1492).
[62] Zu ihr traten als weitere Formen eines Umgangs mit personenbezogenen Daten noch das Erheben (§ 3 Abs. 3 BDSG aF) und das Nutzen von Daten (§ 3 Abs. 5 BDSG aF) hinzu.
[63] Die Bekanntgabe konnte dabei in zwei Formen geschehen: entweder dadurch, dass die Daten an den Dritten weitergegeben wurden (§ 3 Abs. 4 S. 2 Nr. 3a BDSG aF), oder dadurch, dass der Dritte Daten, die zur Einsicht oder zum Abruf bereitgehalten wurden, einsah oder abrief.
[64] *Gola/Schomerus* BDSG § 3 Rn. 54.

rere Betriebe, Filialen oder andere rechtlich unselbständige Zweigstellen, so galten auch diese im Verhältnis zueinander nicht als Dritte.[65] Folglich unterfielen Datenübermittlungen zwischen diesen Einheiten nicht dem Rechtfertigungszwang nach § 4 BDSG aF. Dieser galt jedoch dann, wenn die Daten an eine andere verantwortliche Stelle weitergeleitet wurden. Im öffentlichen Bereich traf das bereits für die Übermittlung an eine andere Behörde derselben Körperschaft zu, da bereits die einzelne Behörde und nicht die jeweilige juristische Person des öffentlichen Rechts als verantwortliche Stelle galt.[66] Im nicht-öffentlichen Bereich lagen die Dinge anders. Da hier jede natürliche oder juristische Person oder Personengesellschaft als eigene verantwortliche Stelle anzusehen war, galt im Verhältnis zu ihr jede andere Person oder Gesellschaft als Dritter.[67] Eine Datenübermittlung löste folglich den Rechtfertigungszwang aus. Das sollte selbst für den Fall einer konzernrechtlichen Verbindung zwischen den Beteiligten gelten. **Verbundene Unternehmen** wurden **datenschutzrechtlich** im Verhältnis zueinander **als Dritte** betrachtet, solange sie rechtlich selbstständig waren.[68] Datenübermittlungen zwischen ihn unterlagen folglich dem Rechtfertigungszwang. Ein **„Konzernprivileg"** bestand nach damals hM **nicht**.[69] Vielmehr wurden Datenflüsse zwischen konzernangehörigen Unternehmen denselben Bedingungen unterworfen wie zwischen voneinander unabhängigen Unternehmen.[70]

b) Rechtslage unter Geltung der DS-GVO und des BDSG

30 Den Begriff der **Datenübermittlung** sucht man im **neuen BDSG** vergebens. Das Gesetz enthält – von § 2 abgesehen – **keinerlei Legaldefinitionen.** Wegen des Vorrangs der DS-GVO gegenüber dem BDSG (Art. 288 Abs. 2 AEUV, § 1 Abs. 5 BDSG) sind nun ausschließlich die dort bestimmten Definitionen maßgeblich. Als nach Art. 6 DS-GVO rechtfertigungsbedürftige Datenverarbeitung gilt jetzt – sehr viel weitergehender als das bisherige deutsche Recht – jeder „Vorgang im Zusammenhang mit personenbezogenen Daten" (Art. 4 Nr. 2 DS-GVO), soweit er automatisiert iSd Art. 2 Abs. 1 DS-GVO erfolgt. Art. 4 Nr. 2 DS-GVO führt hierfür – in nicht abschließender Form[71] – die wichtigsten Beispiele an. Als **Datenverarbeitung iSd DS-GVO gelten** ua das „Erheben, das Erfassen, die Organisation, das Ordnen, die Speicherung, die Anpassung oder Veränderung, das Auslesen, das Abfragen, die Verwendung, Verbreitung oder eine andere Form der Bereitstellung, den Abgleich oder die Verknüpfung, die Einschränkung, das Löschen oder die Vernichtung von personenbezogenen Daten."

31 Ausdrücklich erwähnt wird auch die **Übermittlung,** allerdings nur im Zusammenhang mit der *Offenlegung* **von personenbezogenen Daten.** Das liegt daran, dass die DS-GVO die **„Offenlegung" (disclosure)** als Oberbegriff für **alle Vorgänge** verwendet, durch die der Verantwortliche personenbezogene Daten einem **Empfänger so zugänglich** macht, dass dieser **Kenntnis vom Informationsgehalt der übermittelten Daten erlangen** kann.[72] Der Begriff der Übermittlung geht deshalb in dem der Offenlegung auf. Anders als für das frühere deutsche Recht spielt es für das jetzige Unionsrecht keine Rolle mehr, ob es sich bei dem Empfänger der übermittelten bzw. offengelegten Daten um einen „Dritten" handelt oder nicht (vgl. Art. 4 Nr. 9 S. 1 DS-GVO). „Dritter" im Sinne des geltenden Unionsrechts ist zwar – vergleichbar dem früheren deutschen Recht – je-

---

[65] Simitis/*Damann* BDSG § 3 Rn. 233.
[66] Simitis/*Damann* BDSG § 3 Rn. 231.
[67] Simitis/*Damann* BDSG § 3 Rn. 232; Simitis/*Simitis* BDSG § 2 Rn. 142.
[68] Simitis/*Damann* BDSG § 3 Rn. 232; Simitis/*Simitis* BDSG § 2 Rn. 142.
[69] *Gola/Schomerus* BDSG § 32 Rn. 30; *Gola/Pötters/Wronka* Arbeitnehmerdatenschutz-HdB Rn. 927; *Ruppmann* Austausch S. 68ff.; *Vogt* Arbeitsrecht im Konzern § 22 Rn. 10.
[70] *Däubler* Gläserne Belegschaften Rn. 450; *Gola/Pötters/Wronka* Arbeitnehmerdatenschutz-HdB Rn. 928; Simitis/*Simitis* BDSG § 2 Rn. 142; *Schmidl* DuD 2009, 364 (366); *Vogt* BB 2014, 245 (246); DKKW/*Weichert* § 3 Rn. 59.
[71] Kühling/Buchner/*Klar* DS-GVO Art. 4 Nr. 2 Rn. 4, 20.
[72] Kühling/Buchner/*Klar* DS-GVO Art. 4 Nr. 2 Rn. 29.

der, der nicht betroffene Person, Verantwortlicher, Auftragsverarbeiter oder deren weisungsgebundener (Art. 29 DS-GVO) Mitarbeiter ist (vgl. Art. 4 Nr. 10 DS-GVO). Diese Unterscheidung spielt aber für die Frage der Erlaubnispflicht einer Übermittlung keine Rolle (mehr).

Wegen des sehr weiten Begriffs der Offenlegung ist eine nach Art. 6 DS-GVO **rechtfertigungsbedürftige Verarbeitung** auch dann gegeben, wenn **personenbezogene Daten innerhalb des Organisations- und Zuständigkeitsbereichs ein und desselben Verantwortlichen weitergeleitet werden,** etwa an Personen, die unter der unmittelbaren Verantwortung des Verantwortlichen befugt sind, die Daten zu verarbeiten (Art. 29 DS-GVO).[73] Der früher als „Nutzung" iSv § 3 Abs. 5 BDSG rechtfertigungsbedürftige Datenumgang gilt nun als Datenverarbeitung iSv Art. 4 Nr. 2 DS-GVO[74]. Da als Verantwortlicher das Unternehmen als Rechtsträger gilt, ist – ebenfalls anders als bisher – auch die Übermittlung personenbezogener Daten zwischen unselbständigen Organisationseinheiten desselben Rechtsträgers – also zB von einem Betrieb zu einem anderen – gleichfalls rechtfertigungsbedürftig.[75] Erst recht gilt dies, wenn Daten an andere Unternehmen übermittelt werden, und zwar selbst dann, wenn diese mit dem Verantwortlichen konzernrechtlich verbunden sind. **Ob Art. 88 DS-GVO ein Privileg für Konzernunternehmen enthält, ist zweifelhaft.**[76] Immerhin bestimmt EG 48 DS-GVO, der auf Initiative Deutschlands aufgenommen wurde, dass Verantwortliche, die Teil einer Unternehmensgruppe (Art. 4 Abs. 16 DS-GVO) sind oder einer Gruppe von Einrichtungen angehören, die einer zentralen Stelle zugeordnet sind, ein berechtigtes Interesse daran haben können, personenbezogene Daten innerhalb der Unternehmensgruppe für interne Verwaltungszwecke zu übermitteln.[77] Dabei ist die Verarbeitung von Beschäftigtendaten ausdrücklich erwähnt. Prima facie könnte das für die Zulässigkeit entsprechender Weiterleitungen sprechen.[78] Freilich hätte es EG 48 DS-GVO gar nicht bedurft, wenn die DS-GVO sämtliche Unternehmen eines Konzerns oder einer Unternehmensgruppe von vornherein als (unselbständige) Teile der verantwortlichen Stelle angesehen hätte. Das spricht **gegen ein datenschutzrechtliches Konzernprivileg.** Miteinander verbundene Unternehmen eines Konzerns oder einer Unternehmensgruppe gelten daher datenschutzrechtlich weiterhin als Dritte.[79] Die konzerninterne Übermittlung von Beschäftigtendaten bedarf folglich einer Verarbeitungsgrundgrundlage iSd Art. 6 DS-GVO.[80]

---

[73] Kühling/Buchner/*Klar* DS-GVO Art. 4 Nr. 2 Rn. 29; BeckOK DatenschutzR/*Schild* DS-GVO Art. 4 Rn. 102; aA Gola/*Gola* DS-GVO Art. 4 Rn. 63, demzufolge Personen „unterhalb des Verantwortlichen" mit personenbezogenen Daten arbeiten, also die dort beschäftigten Mitarbeiter, nicht als Empfänger gelten.
[74] Ebenso BeckOK DatenschutzR/*Schild* DS-GVO Art. 4 Rn. 102; aA Paal/Pauly/*Ernst* DS-GVO Art. 4 Rn. 57, demzufolge der Wortlaut der Definition wohl vermuten lässt, dass eine gewisse Eigenständigkeit verlangt wird, um von einem Empfänger sprechen zu können; so auch Sydow/*Regenhardt* DS-GVO Art. 4 Rn. 156.
[75] AA Plath/*Schreiber* DS-GVO Art. 4 Rn. 29.
[76] Offen *Kort* DB 2016, 711 (715); Paal/Pauly/*Pauly* DS-GVO Art. 88 Rn. 12; mit Recht verneinend *P. Voigt* CR 2017, 428 (429).
[77] Die Umschreibung in EG 48 entspricht dabei nicht der Konzerndefinition des § 18 AktG, *Kort* DB 2016, 711 (715).
[78] Paal/Pauly/*Pauly* DS-GVO Art. 88 Rn. 12; Sydow/*Tiedemann* DS-GVO Art. 88 Rn. 21; *Traut* RDV 2016, 312 (313); Schantz/Wolff/*Wolff* Das neue Datenschutzrecht Rn. 1340.
[79] Ebenso Gola/Pötters/*Wronka* Arbeitnehmerdatenschutz-HdB Rn. 951; Paal/Pauly/*Pauly* DS-GVO Art. 88 Rn. 12; Ehmann/Selmayr/*Selk* DS-GVO Art. 88 Rn. 142; Plath/Stamer/*Kuhnke* DS-GVO Art. 88 Rn. 20; Sydow/*Tiedemann* DS-GVO Art. 88 Rn. 21; *P. Voigt* CR 2017, 428 (429); *Wurzberger* ZD 2017, 258 (259).
[80] Ebenso Ehmann/Selmayr/*Selk* DS-GVO Art. 88 Rn. 142f. Ob die DS-GVO diesbezüglich geringere Anforderungen als das BDSG stellt, weil sie nicht zwischen Datenverarbeitungen für eigene Zwecke und Datenverarbeitungen zur Wahrung berechtigter Interessen Dritter unterscheidet, ist offen, bejahend *Wybitul* BB 2016, 1077 (1081); ähnlich Gola/*Schulz* DS-GVO Art. 6 Rn. 170.

2. Verarbeitungsgrundlagen

33 Als Verarbeitungsgrundlage nach Art. 6 Abs. 1 DS-GVO kommen in Betracht:
- die Einwilligung des Betroffenen (Art. 6 Abs. 1 lit. a, Art. 4 Nr. 11, Art. 7 DS-GVO)
- die Generalklausel des § 26 Abs. 1 BDSG iVm Art. 88 Abs. 1 DS-GVO
- Kollektivvereinbarungen nach Maßgabe von § 26 Abs. 4 iVm Art. 88 Abs. 2 DS-GVO
- die Generalklausel des Art. 6 Abs. 1 lit. f DS-GVO

a) Einwilligung des Betroffenen (Art. 6 Abs. 1 lit. a, Art. 4 Nr. 11, Art. 7 DS-GVO)

34 Eine Einwilligung des Betroffenen kann zwar grundsätzlich die Übermittlung personenbezogener Daten an Empfänger innerhalb einer Matrix rechtfertigen. Sie **scheidet aber aus praktischen Erwägungen aus.**[81] Zum einen dürfte es wegen der persönlichen und wirtschaftlichen Abhängigkeit des Arbeitnehmers vom Arbeitgeber zumeist an der für die Einwilligung erforderlichen **Freiwilligkeit** ihrer Erteilung (vgl. Art. 4 Nr. 11 DS-GVO) scheitern. Zum anderen kann sie nicht in „Bausch und Bogen" als Generaleinwilligung für jede wie auch immer geartete Übermittlung erklärt werden, sondern nur jeweils für den Einzelfall nach entsprechender Information über den Verarbeitungszweck. Schließlich kommt sie auch deshalb als Verarbeitungsgrundlage kaum in Betracht, weil sie der Betroffene **jederzeit widerrufen** kann (Art. 7 Abs. 3 DS-GVO). Anders mag es liegen, wenn mit der Datenübermittlung lediglich Vorteile für den Mitarbeiter verbunden sind, wie zB die Gewährung von Stock Options im Rahmen von Bonusprogrammen. Doch selbst dann muss für den Betroffenen transparent sein, an wen die Daten zu welchem Zweck übermittelt werden. Freiwilligkeit kann auch bestehen, wenn der Mitarbeiter bei elektronischen „Self-Service-Tools" der Personalabteilung selbst entscheiden kann, welche Daten er in das System eingeben möchte.

b) Generalklausel des § 26 Abs. 1 BDSG

35 Auf die Generalklausel des § 26 Abs. 1 BDSG lässt sich die Übermittlung von Beschäftigtendaten an eine andere Matrixgesellschaft[82] stützen, wenn sie der Entscheidung über die **Begründung eines Beschäftigungsverhältnisses** dient oder danach für dessen **Durchführung** bzw. **Beendigung** erforderlich ist oder der Verantwortliche damit seine Pflichten gegenüber der Belegschaftsvertretung erfüllen will. § 26 Abs. 1 S. 2 BDSG erlaubt die Weiterleitung ferner dann, wenn damit **Straftaten aufgedeckt** werden sollen, die der Betroffene im Beschäftigungsverhältnis begangen hat. Ist keine dieser Fallgruppen einschlägig, kommt eine Übermittlung nur nach Maßgabe von Art. 6 Abs. 1 lit. f DS-GVO in Betracht (→ Rn. 39).

36 Ein **matrixweiter Datenfluss** aus Gründen des Beschäftigungsverhältnisses **setzt** stets eine gewisse **Matrixbezogenheit** oder Konzerndimensionalität **des Arbeitsverhältnisses** voraus.[83] Dazu genügt es nicht, dass das Unternehmen, das den Arbeitnehmer eingestellt hat oder ihn beschäftigt, zu einer Matrixorganisation gehört. Denn der Arbeitsvertrag des betroffenen Arbeitnehmers besteht weder mit der Matrix noch mit dem Konzern, sondern mit einer bestimmten Matrixgesellschaft bzw. einem einzelnen Konzernunternehmen. Dessen Zweckbestimmung erlaubt grundsätzlich keine Übermittlung von Be-

---

[81] So bereits zum alten Recht zutreffend *Däubler* Gläserne Belegschaften Rn. 452; *Nink/Müller* ZD 2012, 505 (507); *Schmidl* DuD 2009, 365 (367); *Simitis/Simitis* BDSG § 2 Rn. 159.
[82] Entsprechendes gilt wegen des weiten Begriffs der „Offenlegung durch Übermittlung" auch für die Weiterleitung an andere Betriebe und Betriebsteile sowie an die dort Beschäftigten und deren Belegschaftsvertretungen.
[83] *Däubler* Gläserne Belegschaften Rn. 454; *Gola/Pötters/Wronka* Arbeitnehmerdatenschutz-HdB Rn. 936; *Nink/Müller* ZD 2012, 505 (506); *Ruppmann* Austausch S. 59 ff.; *Vogt* Arbeitsrecht im Konzern § 22 Rn. 18.

schäftigtendaten an andere Matrixgesellschaften.[84] Die Personaldaten dienen nur der Information des vertraglichen Arbeitgebers. Sie sind dazu bestimmt, dessen Rechte und Pflichten gegenüber dem Arbeitnehmer wahrzunehmen. Konzerngesellschaftsrechtliche Beziehungen zwischen den einzelnen Matrixgesellschaften ändern daran prinzipiell nichts. Selbst ein Beherrschungsvertrag zwischen der Matrixleitung und einer bestimmten Matrixgesellschaft, der es ermöglicht, die Geschäftsleitung des vertraglichen Arbeitgebers anzuweisen, die von ihr erhobenen oder bei ihr gespeicherten Beschäftigtendaten an die Matrixleitung oder an eine andere Matrixgesellschaft weiterzuleiten, erlaubt dies nicht.[85] Ob eine Übermittlung zulässig ist, beurteilt sich allein auf der Grundlage des Arbeitsvertrags zwischen dem Betroffenen und der jeweiligen Matrixgesellschaft.[86] Der Matrixbezug muss deshalb zum Gegenstand des Arbeitsverhältnisses gemacht werden.[87]

Ein solcher **Matrixbezug** kann bestehen, wenn sich der Betroffene ausdrücklich bereiterklärt, auch in einer anderen Matrixgesellschaft bzw. in einem anderen Konzernunternehmen eingesetzt zu werden. In diesem Fall kann es der Zweckbestimmung des Arbeitsvertrages entsprechen, dass seine Daten in einem zentralen „HR-System" der matrixinternen Personalplanung zur Verfügung stehen.[88] Eine solche Bereitschaft kann sich bereits aus einer matrix- bzw. **konzernweiten Abordnungs- oder Versetzungsklausel** ergeben. Fehlt eine solche Klausel, kann der nötige Bezug darauf beruhen, dass der Betroffene eine **Tätigkeit** verrichtet, die an den spezifischen **Matrixinteressen ausgerichtet** ist. Das kann bei **Führungskräften** anzunehmen sein, wenn sie die Matrixorganisation kennen, in die ihr Vertragsarbeitgeber eingebunden ist sie sich deshalb über die Notwendigkeit einer matrix- bzw. konzernweiten Mobilität im Klaren sein müssen und es auch sind.[89] Entsprechendes kann für **Nachwuchskräfte** gelten, die an Führungsaufgaben herangeführt werden sollen. Ihre Personaldaten lassen sich in konzerneinheitlichen Personalfortentwicklungssystemen speichern, um sie sodann an andere Unternehmen oder Betriebe innerhalb der Matrix zu übermitteln.[90] Eine matrixweite Datenübermittlung kann schließlich bei Arbeitnehmern gerechtfertigt sein, deren Arbeitsverhältnis einen deutlich erkennbaren und vom Betroffenen auch in Kauf genommenen Matrix- bzw. Konzernbezug aufweist, insbesondere wenn **bei der Einstellung ersichtlich** ist, dass die **Personaldatenverarbeitung zentral** von einem anderen Unternehmen als dem Vertragsarbeitgeber **erfolgt**.[91] In all diesen Fällen empfiehlt es sich, den Matrixbezug durch eine eindeutige arbeitsvertragliche Regelung herzustellen. Eine solche Bestimmung sollte bereits der Einstellung getroffen werden. Sie kann aber auch nachträglich in den Arbeitsvertrag aufgenommen werden. Das kann erforderlich sein, weil ein Betrieb oder Unternehmen nach einem Inhaber- oder Gesellschafterwechsel in eine Matrixorganisation integriert werden soll.[92] Allerdings stellt der **Matrixbezug** des Arbeitsvertrags nur eine **notwendige, aber keine hinreichende Bedingung** für den matrixinternen Datenfluss dar. Für sich allein rechtfertigt er keine vollkommen freie Datenübermittlung. Vielmehr muss in jedem Einzelfall ausgehend vom jeweiligen Verarbeitungszweck, konkret geprüft werden, ob und inwieweit die Übermittlung personenbezogener Daten tatsächlich erforderlich ist. (→ Rn. 66ff.).

---

[84] *Gola/Pötters/Wronka* Arbeitnehmerdatenschutz-HdB Rn. 929; *Simitis/Simitis* BDSG § 2 Rn. 147; *Vogt* Arbeitsrecht im Konzern § 22 Rn. 18.
[85] Eine entsprechende Weisung wäre rechtswidrig und daher nicht zu befolgen; ebenso *Simitis/Simitis* BDSG § 2 Rn. 148.
[86] Ebenso *Simitis/Simitis* BDSG § 2 Rn. 148; ausf. *Ruppmann* Austausch S. 116 ff.
[87] *Gola/Pötters/Wronka* Arbeitnehmerdatenschutz-HdB Rn. 936; *Ruppmann* Austausch S. 60 ff.
[88] *Gola/Pötters/Wronka* Arbeitnehmerdatenschutz-HdB Rn. 937.
[89] *Gola/Pötters/Wronka* Arbeitnehmerdatenschutz-HdB Rn. 938.
[90] *Gola/Pötters/Wronka* Arbeitnehmerdatenschutz-HdB Rn. 938.
[91] Vgl. für den Fall einer Verarbeitung von Beschäftigtendaten durch ein im Ausland ansässiges Konzernunternehmen *Däubler* CR 1999, 49 (53); *Ruppmann* Austausch S. 60 f. (75 ff.).
[92] *Schmidl* DuD 2009, 364 (365).

c) Kollektivvereinbarungen (§ 26 Abs. 4 BDSG, Art. 88 Abs. 2 DS-GVO)

38 § 26 Abs. 4 BDSG gestattet die Verarbeitung von Beschäftigtendaten auch auf der Grundlage von Kollektivvereinbarungen (Tarifverträge, Betriebs- und Dienstvereinbarungen). Sie kommen daher als **Befugnisnormen** für einen matrixweiten Personaldatenfluss grundsätzlich in Betracht.[93] Allerdings sind die Parteien solcher Vereinbarungen an die Direktiven des Art. 88 Abs. 2 DS-GVO gebunden. Darauf weist § 26 Abs. 4 S. 2 BDSG ausdrücklich hin. Notwendig sind danach „angemessene und besondere Maßnahmen zur Wahrung der menschlichen Würde sowie der berechtigten Interessen und der Grundrechte der betroffenen Person, insbesondere im Hinblick auf die Transparenz der Verarbeitung. Auch die die kraft Betriebsvereinbarung zugelassenen **Datenflüsse müssen erforderlich sein.** Außerdem ist den schutzwürdigen Interessen der Beschäftigten hinreichend Rechnung zu tragen. Das ist in jedem Einzelfall zu überprüfen.[94] Eine Absenkung des Schutzniveaus unter den Standard der DS-GVO wäre unzulässig.[95] Rechtswidrig wäre daher die Einführung eines generellen Konzernprivilegs. Da die Vorgaben der DS-GVO aber auch nicht verschärft, sondern nur präzisiert werden dürfen,[96] wäre umgekehrt auch ein absolutes Verbot einer matrixweiten Datenübermittlung unzulässig.

d) Generalklausel des Art. 6 Abs. 1 lit. f DS-GVO

39 Scheidet § 26 Abs. 1 BDSG iVm Art. 88 Abs. 1 DS-GVO als Verarbeitungsgrundlage aus, weil die Datenübermittlung nicht vorrangig aus Gründen des Beschäftigungsverhältnisses geschieht, kommt die Generalklausel des Art. 6 Abs. 1 lit. f DS-GVO als Befugnisnorm in Betracht. Zu prüfen ist dann, ob berechtigte Interessen des verantwortlichen Arbeitgebers oder eines Dritten einen konzerninternen Datenfluss rechtfertigen. Wie gesehen (→ Rn. 1), kann wegen der rechtlichen und organisatorischen Verflechtungen zwischen den (Konzern-)Matrixunternehmen in der Tat ein **Interesse an einer konzernweiten** Übermittlung von Beschäftigtendaten bestehen, die aber nicht aus Gründen eines konkreten Beschäftigungsverhältnisses veranlasst ist. Dieses **hat der europäische Gesetzgeber** in EG 48 DS-GVO **ausdrücklich anerkannt,** wenn es dort heißt, das Konzernverantwortliche „ein berechtigtes Interesse daran haben [können], personenbezogene Daten innerhalb der Unternehmensgruppe für interne Verwaltungszwecke, einschließlich der Verarbeitung personenbezogener Daten von Kunden und Beschäftigten, zu übermitteln. Allerdings darf diese Wendung nicht so interpretiert werden, dass damit das von der DS-GVO bewusst abgelehnte Konzernprivileg durch die Hintertür wieder eingeführt wird.[97] Erst recht enthält sie keine „Carte blanche" oder gar eine Erlaubnisnorm für einen matrixweiten Datentransfer.[98] Konzerninterne Datenübermittlungen wären jedenfalls dann unzulässig, wenn sie darauf hinausliefen, dass eine Konzerngesellschaft größere Befugnisse als der eigentliche Vertragsarbeitgeber erhielte.[99] **Inakzeptabel** wäre die Bereitstellung von Personaldaten in größerem Umfang für einen vollkommen **frei verfügbaren Datenpool** im Konzern. Sie würde die Grundsatzentscheidung des europäischen Gesetzgebers gegen ein Konzernprivileg vollständig verkennen.[100]

---

[93] *Däubler* Gläserne Belegschaften Rn. 453; *Fischer/Trittin* NZA 2009, 343 (344); *Gola/Pötters/Wronka* Arbeitnehmerdatenschutz-HdB Rn. 947 f.; *Schmidl* DuD 2009, 364 (369); *Simitis/Simitis* BDSG § 2 Rn. 160; angedeutet auch von BAG 20. 12. 1995 – 7 ABR 8/95, DB 1996, 1985.
[94] *Gola/Pötters/Wronka* Arbeitnehmerdatenschutz-HdB Rn. 950 f.
[95] *Klösel/Mahnhold* NZA 2017, 1428 (1430); *Wybitul* ZD 2016, 203 (208).
[96] Dazu ausf. Kühling/Buchner/*Maschmann* DS-GVO Art. 88 Rn. 32 ff., 40.
[97] Str., wie hier vgl. *Gola/Pötters/Wronka* Arbeitnehmerdatenschutz-HdB Rn. 941; aA *Ringel/von Busekist* CCZ 2017, 31 (36).
[98] *Voigt* CR 2017, 428 (429).
[99] *Schmidl* DuD 2009, 364 (369).
[100] *Voigt* CR 2017, 428 (429); vgl. zum früheren Recht Art. 29-Datenschutzgruppe WP 217, S. 53 (zur Abwägung nach Art. 7 lit. f DS-RL 95/46).

Notwendig ist daher stets eine **Abwägung** zwischen den Interessen des verantwortlichen Vertragsarbeitgebers und den Grundrechten und Grundfreiheiten der betroffenen Personen, die nicht überwiegen dürfen. Dabei ist trotz EG 48 DS-GVO das Interesse an einer arbeitsteiligen Zusammenarbeit der Konzernunternehmen nicht per se höher zu bewerten, als die Belange der betroffenen Arbeitnehmer, dass ihre Daten bei ihrem Vertragsarbeitgeber verbleiben.[101] Umgekehrt stehen die schutzwürdigen Belange der Arbeitnehmer auch nicht stets einer Übermittlung entgegen. Welche Maßnahmen die Konzernunternehmen zugunsten der Betroffenen ergreifen müssen, um deren berechtigte Interessen Rechnung zu tragen, kann nur im Einzelfall entschieden werden. Bleibt es nicht bei der Übermittlung konkreter Beschäftigtendaten an bestimmte Konzernunternehmen oder die Konzernobergesellschaft zu einem ganz bestimmten, von vornherein festgelegten Zweck,[102] sondern kommt es zu einem größeren konzerninternen Datenaustausch, ist ein **konzernweites Datenschutzkonzept** erforderlich.[103] Dieses müsste **einheitliche Standards** zur Gewährleistung und Durchsetzung der Datenschutzrechte der Betroffenen und koordinierte Sicherheitsmaßnahmen verbindlich festschreiben. Aus Gründen der Transparenz wäre dabei auch der **Verarbeitungsverlauf für die Betroffenen offenzulegen.** Außerdem müsste die durch den konzernweiten Datenfluss verursachte „Diversifizierung der Verantwortlichkeiten" kompensiert werden. Das verlangt, dass der **Vertragsarbeitgeber umfassend Ansprechpartner** für den Arbeitnehmer bleibt, gegen den er auch seine Rechte auf Auskunft, Löschung, Berichtigung, Sperrung und Schadensersatz geltend machen kann, und zwar zusätzlich zu den Konzernunternehmen, an die die Daten übermittelt wurden.[104] Entsprechende Regelungen müssten zwischen den beteiligten Konzernunternehmen verbindlich getroffen werden, etwa durch Konzernbetriebsvereinbarungen,[105] durch Verträge zwischen den Konzernunternehmen oder in Form sonstiger verbindlicher Unternehmensregelungen.[106]

3. Auftragsdatenverarbeitung

a) Frühere Rechtslage

Vor Inkrafttreten der DS-GVO **galt die Weiterleitung personenbezogener Daten an** einen Empfänger außerhalb des Verantwortlichen dann **nicht als nach § 4 BDSG aF erlaubnispflichtige Übermittlung,** wenn dieser die Daten nicht eigenverantwortlich zu eigenen Zwecken, sondern im Auftrag des Verantwortlichen zu verarbeiten hatte. In diesem als **„Auftragsverarbeitung"** bezeichneten Konstrukt war nur der Auftraggeber für die Einhaltung der datenschutzrechtlichen Vorschriften verantwortlich, nicht aber der von ihm bestellte Auftragnehmer. Dieser galt nur als Teil der verantwortlichen Stelle. Da er damit nicht als „Dritter" iSd § 3 Abs. 8 BDSG aF anzusehen war (vgl. § 3 Abs. 8 S. 3 BDSG aF), stellte der Datenaustausch zwischen beiden keine erlaubnispflichtige Übermittlung dar. Stattdessen musste ein schriftlicher Verarbeitungsauftrag nach Maßgabe des § 11 Abs. 2 BDSG aF geschlossen werden. Außerdem durfte der Auftragnehmer die Daten nur im Rahmen der Weisungen des Auftraggebers erheben, verarbeiten oder nutzen (§ 11 Abs. 3 BDSG aF). Der durch § 11 BDSG aF privilegierte Datenaustausch galt jedoch nur für die Auftragsverarbeitung. Nach wie vor erlaubnispflichtig blieb die sog.

---

[101] Nach *Gola/Pötters/Wronka* Arbeitnehmerdatenschutz-HdB Rn. 951, sollen „spezielle Konzerninteressen" aber in der Abwägung mit den schutzwürdigen Interessen der Beschäftigten „ein besonderes Gewicht" haben können; ähnlich *Ringel/von Busekist* CCZ 2017, 31 (36); anders *Voigt* CR 2017, 428 (421), nach dem rein wirtschaftliche Erwägungen für sich allein im Grundsatz nicht genügen, um gegenläufige Beschäftigteninteressen zu verdrängen.
[102] Dieses dürfte idR zulässig sein, vgl. Simitis/*Simitis* BDSG § 2 Rn. 158; *Voigt* CR 2017, 428 (431).
[103] Das entspricht auch der Meinung der Aufsichtsbehörden, vgl. *Voigt* CR 2017, 428 (431).
[104] *Schmidl* DuD 2009, 364 (369).
[105] Dazu *Trittin/Fischer* NZA 2009, 343 *Schmidl* DuD 2009, 364 (369).
[106] Ebenso *Voigt* CR 2017, 428 (429); vgl. auch *Ruppmann* Austausch S. 116.

Funktionsübertragung. Bei dieser wurde der Empfänger nicht nur als „verlängerter Arm des Auftraggebers" tätig. Vielmehr wurde ihm eine über die reine Datenverarbeitung hinausgehende Funktion übertragen, die er eigenverantwortlich zu erfüllen hatte.[107] Der Datentransfer, der zur Erledigung dieser Aufgabe diente, war nicht mehr privilegiert, sondern unterfiel der Erlaubnispflicht nach § 4 BDSG. Der Empfänger wurde damit selbst zur für die Datenverarbeitung verantwortlichen Stelle, weil ihm die Entscheidungsbefugnis über die Zwecke und Mittel des Umgangs mit den ihm zugeleiteten Daten zustand.

42 Die **Abgrenzung** zwischen Auftragsdatenverarbeitung und „Funktionsübertragung" gestaltete sich in der Praxis häufig schwierig. Als wichtigstes Kriterium für die **Auftragsdatenverarbeitung** galt das **Fehlen einer eigenen Entscheidungsbefugnis des Auftragnehmers** über die Daten sowie eigener rechtlicher Beziehungen zum Betroffenen. Stattdessen musste der Auftragsschwerpunkt auf die Durchführung einer Verarbeitung gerichtet sein, die der Auftraggeber nach außen als „Herr der Daten" zu verantworten hatte[108], so wie es beispielsweise bei der Beauftragung eines externen Rechenzentrums der Fall war.[109] Für eine Funktionsübertragung sprach die Überlassung von eigenständigen Nutzungsrechten an den vom Auftraggeber zur Verfügung gestellten Daten und die fehlende Möglichkeit des Auftraggebers, auf Teilbereiche der Datenverarbeitung Einfluss zu nehmen, wodurch die Verantwortung für die Zulässigkeit der Datenverarbeitung und Richtigkeit der Daten auf den Empfänger abgewälzt wurde. Das wurde bei einem Meinungsforschungsinstitut angenommen, das ein fremdes Institut mit der Durchführung einer Meinungsbefragung beauftragt hatte, ohne hierfür spezielle Vorgaben zu machen.[110] Entsprechendes galt, wenn die Zentralisierung der Datenverarbeitung die einheitliche Führung des Konzerns gewährleisten sollte.[111]

b) Jetzige Rechtslage

43 Auch die DS-GVO enthält das Institut der **Auftragsverarbeitung.** Es wird in Art. 4 Nr. 8 DS-GVO legaldefiniert. Die in Art. 28 DS-GVO bestimmten Regelungen ähneln dem aus § 11 BDSG aF bekannten Konstrukt. Hier wie dort **verbleibt die Verantwortung** für die Einhaltung der datenschutzrechtlichen Vorschriften **bei dem Verantwortlichen,** weil dieser die über „Zwecke und Mittel der Verarbeitung von personenbezogenen Daten" entscheidet (Art. 4 Nr. 7 DS-GVO) und den Auftragnehmer nur als seinen **„verlängerten Arm"** und als quasi interne Stelle benutzt. Folgerichtig wird er von der DS-GVO auch **nicht als „Dritter" qualifiziert** (vgl. Art. 4 Nr. 10 DS-GVO). Allerdings kennt die DS-GVO nicht mehr den Tatbestand der „Übermittlung", sondern spricht allgemeiner von „Offenlegung". Sie verwendet ihn als Oberbegriff für alle Vorgänge, durch die der Verantwortliche personenbezogene Daten einem Empfänger so zugänglich macht, dass dieser Kenntnis vom Informationsgehalt der übermittelten Daten erlangen kann.[112] Wie gesehen, spielt es für das Unionsrecht jedoch keine Rolle mehr, ob es sich bei dem Empfänger der übermittelten bzw. offengelegten Daten um einen „Dritten" handelt (vgl. Art. 4 Nr. 9 S. 1 DS-GVO). Deshalb kann ein **Datentransfer** bereits dann **erlaubnispflichtig** sein, wenn er **innerhalb** des Organisations- und Zuständigkeitsbereichs **des Verantwortlichen** erfolgt, zB an Personen, die unter der unmittelbaren Verantwortung des Verantwortlichen befugt sind, die Daten zu verarbeiten (Art. 29 DS-GVO).[113]

---

[107] Gola/*Schomerus* BDSG § 11 Rn. 9; Simitis/*Simitis* BDSG § 2 Rn. 154.
[108] Gola/*Schomerus* BDSG § 11 Rn. 9.
[109] Gola/*Schomerus* BDSG § 11 Rn. 7; Simitis/*Simitis* BDSG § 2 Rn. 151; *Wächter* CR 1991, 333.
[110] Gola/*Schomerus* BDSG § 11 Rn. 9.
[111] Gola/*Pötters*/*Wronka* Arbeitnehmerdatenschutz-HdB Rn. 932; vgl. weiter *Däubler* RDV 1999, 243; *Breinlinger* RDV 1995, 211 (213); Simitis/*Simitis* BDSG § 2 Rn. 139.
[112] Kühling/Buchner/*Klar* DS-GVO Art. 4 Nr. 2 Rn. 29.
[113] Kühling/Buchner/*Klar* DS-GVO Art. 4 Nr. 2 Rn. 29; BeckOK DatenschutzR/*Schild* DS-GVO Art. 4 Rn. 102; aA Gola/*Gola* DS-GVO Art. 4 Rn. 63, demzufolge Personen „unterhalb des Verantwortlichen"

Insofern wird diskutiert, ob die **Einschaltung** eines **Auftragsverarbeiters** gem. Art. 28 **44** DS-GVO als Verarbeitungsvorgang einer besonderen **Rechtfertigung** nach Art. 6 DS-GVO bedarf.[114] Im Ergebnis wird das von der hM **abgelehnt**.[115] Dem ist zuzustimmen. Das Konstrukt der Auftragsverarbeitung soll gerade dazu dienen, die Einschaltung eines iSv Art. 29 DS-GVO „weisungsgebundenen" Auftragsverarbeiters ohne die zusätzlichen Anforderungen des Art. 6 DS-GVO zu ermöglichen, wenn die strengen Anforderungen des Art. 28 DS-GVO eingehalten werden. Dafür spricht der gegenüber der DSRL unveränderte Wortlaut der DS-GVO sowie der Sinn und Zweck der Norm, die der Auftragsverarbeitung eine gewisse Privilegierung zukommen lassen will. Unter systematischen Gesichtspunkten lässt sich hierfür auch Art. 28 Abs. 10 DS-GVO ins Feld führen. Nach dieser Vorschrift gilt ein Auftragsverarbeiter, der unter Verstoß gegen die Vorschriften des DS-GVO die Zwecke und Mittel der Verarbeitung selbst bestimmt, in Bezug auf diese Verarbeitung als Verantwortlicher iSd DS-GVO. Im Umkehrschluss kann das nur bedeuten, dass der **Auftragsverarbeiter,** der sich an die Vorgaben der Art. 28 und 29 DS-GVO hält und die Weisungen des Auftraggebers strikt befolgt, **nicht selbst Verantwortlicher** ist. Konsequenterweise kann die Übermittlung von Daten an ihn auch nicht der Erlaubnispflicht des Art. 6 Abs. 1 DS-GVO unterliegen.[116] Im Ergebnis bedeutet dies folgendes: Ist der Verantwortliche nach Art. 6 DS-GVO zur Verarbeitung berechtigt, kann er sich dazu auch eines Auftragsverarbeiters bedienen, solange beide die Vorgaben der Art. 28, 29 befolgen. Freilich **gilt der Auftragsverarbeiter** nach Art. 4 Abs. 9 DS-GVO weiterhin als **„Empfänger" von Daten.** Deshalb sind sämtliche Vorschriften zu beachten, die für die Weitergabe von Daten an solche „Empfänger" gelten, wie etwa die Pflicht zur Benachrichtigung der betroffenen Person nach Art. 13 Abs. 1 lit. e und Art. 14 Abs. 1 lit. e und Art. 15 Abs. 1 lit. c DS-GVO.

Als Auftragsverarbeiter definiert Art. 4 Nr. 8 DS-GVO „eine natürliche oder juristische **45** Person, Behörde, Einrichtung oder andere Stelle, die personenbezogene Daten im Auftrag des Verantwortlichen verarbeitet". Kern dieses Auftragsverhältnisses ist, dass der Beauftragte die Daten nicht selbständig verarbeitet, sondern nach Weisung des Verantwortlichen. Unter einem **Verantwortlichen** versteht Art. 4 Nr. 7 S. 1 DS-GVO denjenigen, der „allein oder gemeinsam mit anderen über die Zwecke und Mittel der Verarbeitung von personenbezogenen Daten entscheidet".[117] Begreift man den Terminus **„Auftragsverarbeiter"** als (allerdings nicht vollständig) komplementären Gegenbegriff hierzu, so ist für ihn – negativ – prägend, dass der Auftragnehmer eben gerade nicht verantwortlich über den Zweck und die Mittel der Datenverarbeitung entscheidet, weil er – positiv – **einem Weisungsrecht des Auftraggebers unterliegt** (vgl. Art. 29 DS-GVO), das aus dem Auftragsverhältnis resultiert[118]. Gerade wegen dieser Weisungsgebundenheit trifft die Haftung für die Verletzung der DS-GVO auch in erster Linie den Auftraggeber als Verantwortlichen und nicht den Auftragnehmer (vgl. Art. 82 Abs. 2 S. 1 DS-GVO). Dieser haftet nur dann, wenn er seine speziellen Pflichten als Auftragsverarbeiter verletzt oder Anweisungen des Verantwortlichen nicht befolgt (vgl. Art. 82 Abs. 2 S. 2).[119] Da es für die Qualifikation als Verantwortlicher iSv Art. 4 Nr. 7 S. 1 DS-GVO vor allem darauf ankommt, ob der Betreffende frei über den Zweck der Verarbeitung bestimmen kann und

---

mit personenbezogenen Daten arbeiten, also die dort beschäftigten Mitarbeiter, nicht als Empfänger gelten.

[114] Ausf. Kühling/Buchner/*Hartung* DS-GVO Art. 28 Rn. 15 ff.

[115] Gola/*Gola* Art. 4 DS-GVO Rn. 58; Kühling/Buchner/*Hartung* DS-GVO Art. 28 Rn. 15; *Hartung/Büttgen* DuD 2017, 549 (551); Plath/*Plath* DS-GVO Art. 28 Rn. 3; *Voigt* CR 2017, 428 (430); *von Holleben/Knaut* CR 2017, 299 (301); aA *Härting* ITRB 2016, 137 (139); *Koos/Englisch* ZD 2014, 276 (284); *Roßnagel/Kroschwald* ZD 2014, 495 (497).

[116] Ebenso Gola/*Gola* DS-GVO Art. 4 Rn. 58.

[117] Der Begriff ist weit zu verstehen, um einen wirksamen und umfassenden Schutz der Betroffenen zu gewährleisten, so EuGH 5. 6. 2018 – C-210/66, NZA 2018, 919 (920).

[118] *Entzer* in Maschmann, Beschäftigtendatenschutz in der Reform, 2012, 77 f.

[119] Plath/*Plath* DS-GVO Art. 28 Rn. 6.

damit über alle Fragen, die die Rechtmäßigkeit der Verarbeitung betreffen,[120] **schadet** es für die **Qualifikation als Auftragsverarbeiter** nicht, wenn diesem bei der Entscheidung hinsichtlich der technischen und organisatorischen Mittel zur Erfüllung seines Auftrags ein gewisser **Spielraum** gewährt wird.[121] Die Wahl dieser Verarbeitungsmittel ist für die datenschutzrechtliche Einordnung zweitrangig.

46 Vor diesem Hintergrund sprechen folgende **Kriterien für eine Auftragsverarbeitung:**[122]
– ausführliche, dem Auftragsverarbeiter wenig Spielraum gebende Weisungen des Auftraggebers
– vertraglich vorgesehene und tatsächlich ausgeführte permanente sorgfältige Aufsicht durch den Auftraggeber
– im Wesentlichen vollständige, alleinige Kontrolle des Auftraggebers über die Verarbeitungsvorgänge
– Auftreten gegenüber den betroffenen Personen, bei dem der Eindruck vermittelt wird, man sei nicht für die Verarbeitung verantwortlich
– Verarbeitung dient im Wesentlichen der Erfüllung der Aufgaben und Geschäftszwecke des Verantwortlichen.

47 Unter Geltung der DS-GVO sollte man den bisherigen **Begriff der Funktionsübertragung aufgeben.**[123] Er passt nicht (mehr) in die dichotome Begriffsstruktur, die nur zwischen Verantwortlichem (Art. 4 Nr. 7 DS-GVO) und Auftragsverarbeiter (Art. 4 Nr. 8 DS-GVO) unterscheidet. Maßgeblich ist nach geltendem Recht, wem die Entscheidungsbefugnis über den Zweck und die Mittel der Datenverarbeitung zusteht. Nur wenn dem Empfänger diese Befugnis fehlt, kann ein Fall der Auftragsverarbeitung vorliegen. Umgekehrt gilt: Verfolgt der Empfänger mit der Verarbeitung eigene Interessen, die er eigenverantwortlich und gerade nicht weisungsgebunden iSv Art. 29 DS-GVO wahrnimmt, stellt der Datentransfer eine erlaubnispflichtige Verarbeitung iSv Art. 4 Nr. 2 DS-GVO dar, die der Rechtfertigung nach Art. 6 Abs. 1 DS-GVO bedarf.[124]

48 Hat der Auftragnehmer oder sonstiger Vertragspartner über die Zweckbestimmung einer Datenverarbeitung (mit-)zubestimmen, wird er neben dem Auftraggeber zu einem für den Datenschutz Verantwortlichen. Das ergibt sich aus Art. 28 Abs. 10 DS-GVO. Dann ist weiter zu prüfen, ob die Voraussetzungen einer **„gemeinsamen Verantwortlichkeit"** iSv Art. 26 DS-GVO gegeben sind. In diesem Fall wäre in einer Vereinbarung hinreichend transparent zu regeln, wer von den beiden Verantwortlichen die Verpflichtungen der DS-GVO gegenüber den Betroffenen und den Aufsichtsbehörden übernimmt (Art. 26 Abs. 1 DS-GVO).[125] Eine gemeinsame Verantwortlichkeit wird man allerdings nur dann bejahen können, wenn die **Beteiligten bewusst und gewollt zusammenarbeiten.** Ein rein zufälliges Zusammenwirken genügt nicht.[126] Erst recht kommt sie nicht in Betracht, wenn der Auftragsverarbeiter gegen seine vertraglichen Verpflichtungen oder eine ihm erteilte Weisung verstößt. Liegen die Voraussetzung einer gemeinsamen Verantwortlichkeit vor, wird damit nur der „Ist"-Zustand der Verantwortlichkeit beschrieben, nicht aber die Zulässigkeit des Datenaustausches zwischen beiden geregelt. Es ist daher davon auszuge-

---

[120] Wie zB die zu bearbeitenden Daten, die Dauer der Aufbewahrung und den Zugang zu den Daten.
[121] Art. 29 Datenschutzgruppe, WP 169 S. 40; Kühling/Buchner/*Hartung* DS-GVO Art. 28 Rn. 30.
[122] Kühling/Buchner/*Hartung* DS-GVO Art. 28 Rn. 47 ff.; *Hartung/Büttgen* DuD 2017, 549 (551).
[123] Str.; wie hier Gola/*Gola* DS-GVO Art. 4 Rn. 57; Kühling/Buchner/*Hartung* DS-GVO Art. 28 Rn. 44; aA Sydow/*Ingold* DS-GVO Art. 28 Rn. 15, der der Ansicht ist, dass die Unterscheidung zwischen Auftragsverarbeitung und Funktionsübertragung wegen der verschärften Haftungs- und Bußgeldfolgen künftig sogar an Bedeutung zunehmen werde.
[124] Kühling/Buchner/*Hartung* DS-GVO Art. 28 Rn. 44.
[125] Zum Mindestinhalt von Joint-Controller-Verträgen Kühling/Buchner/*Hartung* DS-GVO Art. 26 Rn. 21.
[126] Kühling/Buchner/*Hartung* DS-GVO Art. 26 Rn. 12; Paal/Pauly/*Martini* DS-GVO Art. 26 Rn. 21; Plath/*Plath* DS-GVO Art. 26 Rn. 3; vgl. weiter EuGH 5.6.2018 – C-210/16, NZA 2018, 919.

hen, dass die Datenübermittlung zwischen gemeinsam Verantwortlichen einer Rechtfertigung nach Art. 6 Abs. 1 DS-GVO bedarf.[127]

c) Rechtsfolgen

Im Falle einer Auftragsdatenverarbeitung haben Verantwortlicher wie Auftragsverarbeiter besondere Pflichten zu erfüllen. 49

Der **Verantwortliche hat den Auftragsverarbeiter sorgfältig auszuwählen.** Beauftragt werden dürfen nur Personen, die hinsichtlich ihres Fachwissens, ihrer Zuverlässigkeit und der ihnen zur Verfügung stehenden Ressourcen die Gewähr dafür bieten, dass ihre Datenverarbeitung in technischer und organisatorischer Hinsicht den Anforderungen der DS-GVO genügt und die Betroffenenrechte wahrt (Art. 28 Abs. 1 DS-GVO, EG 81 S. 1 DS-GVO). Art. 28 DS-GVO schließt dabei die Auswahl eines anderen Konzernunternehmens als Auftragsverarbeiter nicht aus. Ganz im Gegenteil dürfte sich gerade eine **matrix- bzw. konzerninterne Auftragsdatenverarbeitung besonders eignen,** um den Ansprüchen an einen ordnungsgemäßen Datenaustausch zu genügen, da sie einer stärkeren Überwachung unterliegt als die Verarbeitung durch einen externen Anbieter.[128] Fehlt in einem Konzern eine solche Auswahlmöglichkeit, weil ein Auftragsverhältnis gleichsam „aufgezwungen" wird, dürfte dies einer Auftragsverarbeitung schon im Ansatzpunkt entgegenstehen. Die Beteiligten haben daher sorgfältig darauf zu achten und ggf. gegenüber der Aufsichtsbehörde auch zu begründen, dass einem abhängigen Unternehmen als für die Datenverarbeitung Verantwortlichem gegenüber dem herrschenden Unternehmen die erforderlichen Entscheidungsbefugnisse über die Zwecke der Datenverarbeitung verbleiben.[129] Art. 28 DS-GVO verlangt dabei keine Auswahl unter Wettbewerbsbedingungen oder gar eine öffentliche Ausschreibung. Es genügt ist die Bestimmung eines Auftragnehmers, der hinreichend sicher gewährleistet, die gesetzlichen Anforderungen einzuhalten und die Vorgaben des Verarbeitungsauftrags ordnungsgemäß zu erfüllen. 50

Sodann haben beide einen **schriftlichen Vertrag** zu schließen (Art. 28 Abs. 9 DS-GVO), in dem Gegenstand und Dauer der Verarbeitung, Art und Zwecke der Verarbeitung, die Art der personenbezogenen Daten und die Kategorien von betroffenen Personen sowie die Pflichten und Rechte des Verantwortlichen zu regeln sind (Art. 28 Abs. 3 S. 1 DS-GVO). Dazu können sie **Standardvertragsklauseln** verwenden (Art. 28 Abs. 6 DS-GVO), die entweder unmittelbar von der Kommission erlassen werden (Art. 28 Abs. 7 DS-GVO) oder von der Aufsichtsbehörde, die das Kohärenzverfahren nach den Art. 63 ff. DS-GVO einzuhalten hat. Die Pflichten des Auftraggebers erschöpfen sich aber nicht nur in der ordnungsgemäßen Auswahl und Anleitung des Auftragnehmers;[130] er muss sich auch davon überzeugen, dass der Auftragnehmer die vereinbarten technischen und organisatorischen Maßnahmen einhält. Dazu sind stichprobenartige **Kontrollen** notwendig. Diese Verpflichtung war vor Inkrafttreten der DS-GVO ausdrücklich in § 11 Abs. 2 S. 4 BDSG aF bestimmt, gilt aber auch im neuen Recht. Sie ergibt sich aus dem allgemeinen Verantwortlichkeitsprinzip des Art. 5 Abs. 2 iVm Art. 24 DS-GVO.[131] Erfolgt die Auftragsverarbeitung im Ausland, sind zusätzlich die Vorgaben der Art. 44 ff. DS-GVO über die Übermittlung von Beschäftigtendaten in Drittländer zu beachten. (→ Rn. 59 ff.). 51

Darüber hinaus treffen den Auftragsverarbeiter **eigene Verhaltensanforderungen** nach der DS-GVO. Dazu gehören die Pflicht zur Bestellung eines „Vertreters" unter den in Art. 27 DS-GVO geregelten Bedingungen, die Pflicht zur Führung eines Verfahrens- 52

---

[127] Ebenso *Dovas* ZD 2016, 512 (515); Kühling/Buchner/*Hartung* DS-GVO Art. 26 Rn. 27; *Voigt* CR 2017, 428 (431).
[128] *Vogt* Arbeitsrecht im Konzern § 22 Rn. 28.
[129] Kühling/Buchner/*Hartung* DS-GVO Art. 26 Rn. 55; *Petri* ZD 2015, 305 (307).
[130] *Vogt* Arbeitsrecht im Konzern § 22 Rn. 28.
[131] Kühling/Buchner/*Hartung* DS-GVO Art. 26 Rn. 60; *Müthlein* RDV 2016, 74 (77).

verzeichnisses (Art. 30 Abs. 2 DSVGO), die Pflicht zur Zusammenarbeit mit der Aufsichtsbehörde (Art. 31 DS-GVO), die Pflicht zur Meldung von Datenschutzverletzungen nach Art. 33 Abs. 2 DS-GVO sowie die Pflicht zur Bestellung eines Datenschutzbeauftragten unter den Voraussetzungen des Art. 37 DS-GVO. Da der Auftragsdatenverarbeiter zudem als „Empfänger" von Daten iSd Art. 4 Abs. 9 DS-GVO gilt, hat er ferner alle Pflichten zu beachten, die für die Weitergabe von Daten an solche „Empfänger" gelten, wie zB die Pflicht zur Benachrichtigung der betroffenen Person (Art. 13 Abs. 1 lit. e, Art. 14 Abs. 1 lit. e und Art. 15 Abs. 1 lit. c).

4. Transparenz

53 Sollen Beschäftigtendaten **weitergeleitet** werden, so hat der Verantwortliche der betroffenen Person neben dem **Namen des Verantwortlichen** und den **Verarbeitungszwecken** auch den vorgesehenen **Empfänger** mitzuteilen, der die übermittelten Daten erhalten soll. Das ergibt sich aus Art. 13 Abs. 1 lit. e DS-GVO, wenn die Daten beim Betroffenen erhoben werden, und aus Art. 14 Abs. 1 lit. e DS-GVO falls dies bei einem Dritten geschieht.

54 **Empfänger** iSd DS-GVO ist jede Stelle, der personenbezogene Daten offengelegt werden (Art. 4 Nr. 9 S. 1 DS-GVO). Da der Empfänger **kein Dritter** iSv Art. 4 Nr. 10 DS-GVO zu sein braucht, besteht eine Informationspflicht auch hinsichtlich von Datenflüssen zwischen verschiedenen Untereinheiten des Verantwortlichen[132] und erst recht bei Übermittlungen an andere Unternehmen des Konzerns bzw. andere Gesellschaften der Matrix. Das gilt selbst dann, wenn die Voraussetzung einer privilegierten Auftragsverarbeitung iSd Art. 4 Nr. 8, Art. 28 DS-GVO vorliegen. Denn auch Auftragsverarbeiter sind als Empfänger anzusehen.[133]

55 Der Verantwortliche muss dem Betroffenen die absehbaren Empfänger[134] oder **Kategorien von Empfängern** mitteilen.[135] Der Begriff „Kategorien von Empfängern" meint dabei die Zusammenfassung von Empfängern, die auf Grund eines ähnlichen Sachverhalts die Daten erhalten (zB alle Abteilungsleiter eines Unternehmens, Matrixmanager, Auftragsdatenverarbeiter).[136] Dabei sind die Empfänger nicht namentlich zu erwähnen, sondern abstrakt: Personalabteilung, Abteilungsleiter, Konzernleitung usw.[137] Sind bei der Datenerhebung bereits konkrete Empfänger bekannt, sind sie zu benennen. Ist das nicht der Fall, muss der Verantwortliche den geplanten Datentransfer so genau beschreiben, dass der Betroffene möglicherweise damit verbundene Risiken abschätzen kann.[138]

56 Zur **Form** macht Art. 13 DS-GVO keine Angaben. Deshalb ist auf Art. 12 DS-GVO zurückzugreifen.[139] Die Vorschrift enthält kein spezielles Formerfordernis, sondern überlässt es dem Verantwortlichen, in welcher Art und Weise er den Betroffenen informiert.[140] Da die Vorschrift technikneutral gestaltet ist, kann die **Unterrichtung schriftlich oder elektronisch** – zB durch E-Mail – geschehen (Art. 12 Abs. 1 S. 2 DS-GVO). Allerdings

---

[132] Kühling/Buchner/*Bäcker* DS-GVO Art. 13 Rn. 28.
[133] Kühling/Buchner/*Bäcker* DS-GVO Art. 13 Rn. 28; Gola/*Franck* DS-GVO Art. 14 Rn. 15; Sydow/*Ingold* DS-VGO Art. 13 Rn. 19.
[134] Im Gesetzgebungsverfahren wurden Bedenken geäußert, ob die Formulierung zu vage sei und deshalb etwa auch Mitarbeiter des Verantwortlichen erfasst sein können (s. Rat, 7978/1/15 REV 1, S. 23 Fn. 77). Das ist nicht von der Hand zu weisen.
[135] Kühling/Buchner/*Bäcker* DS-GVO Art. 13 Rn. 30; Paal/*Pauly* DS-GVO Art. 13 Rn. 18.
[136] Vgl. Simitis/*Dammann* EG-DatSchRL Art. 19 Rn. 6.
[137] Gola/*Franck* DS-GVO Art. 13 Rn. 16; BeckOK DatenschutzR/*Schild* DS-GVO Art. 4 Rn. 104; aA *Härting*, Datenschutz-Grundverordnung, 2016, Rn. 59, der die Angabe der Kategorie nur genügen lassen will, sofern die Empfänger noch nicht genau feststehen.
[138] Kühling/Buchner/*Bäcker* DS-GVO Art. 13 Rn. 30.
[139] Gola/*Franck* DS-GVO Art. 13 Rn. 34; Sydow/*Ingold* DS-VGO Art. 13 Rn. 14.
[140] Sydow/*Ingold* DS-GVO Art. 12 Rn. 16.

muss sie **individuell** und **gezielt** erfolgen und kann daher nicht durch Hinweise in allgemeinen Geschäftsbedingungen ersetzt werden.[141]

Im Gegensatz zum früheren Recht spielt es unter der Geltung der DS-GVO keine Rolle mehr, ob der Betroffene mit dem Datentransfer rechnen musste.[142] Die Einschränkung des § 4 Abs. 3 S. 1 BDSG aF fehlt im neuen Recht.[143] Die **Hinweispflicht entfällt** allerdings dann, wenn der Betroffene bereits über die notwendigen Informationen verfügt (Art. 13 Abs. 4 DS-GVO). Dazu genügt es jedoch nicht, dass der Betroffene, wenn er sich nur vage vorstellen kann, wer seine Daten erhält, mit etwas Zusatzwissen auf die an sich exakt mitzuteilende Information schließen könnte. Im Anwendungsbereich von Art. 13 DS-GVO werden ihm solche Schlussfolgerungen gerade nicht zugemutet. Erst recht nicht muss er sich fehlende Informationen auf eigene Faust beschaffen.[144] Der Ausnahmetatbestand des Art. 13 Abs. 4 DS-GVO greift nur bei positiver Kenntnis; bloßes Kennenmüssen genügt nicht. 57

Teilt der Verantwortliche dem Betroffenen die für die Übermittlung relevanten Informationen nicht, unvollständig oder fehlerhaft mit, kann dies eine **Geldbuße** nach sich ziehen (Art. 83 Abs. 5 lit. b DS-GVO.[145] Eine andere Frage ist, ob auch die Datenübermittlung wegen des Verstoßes rechtswidrig wird. Das ist zu verneinen. War die betroffene Person **verpflichtet, die Datenübermittlung zu dulden,** so hätte der Verantwortliche die Daten letztlich auch bei ordnungsgemäßer Information weiterleiten dürfen. Die Informationspflicht dient dann nur dazu, dass der Betroffene Kenntnis über den Übermittlungsempfänger sowie über den Zweck und das Ausmaß der Verarbeitung erlangt, um seine Rechte geltend zu machen. Diese Funktion kann auch eine nachgeholte Information erfüllen. Folglich berührt der Pflichtverstoß die Rechtmäßigkeit der Datenübermittlung nicht.[146] 58

5. Übermittlung in Drittländer

Sollen Beschäftigtendaten an einen Empfänger im Ausland übermittelt werden, gelten zusätzliche Bedingungen, wenn es sich dabei um Staaten handelt, die außerhalb der EU[147] oder des Europäischen Wirtschaftsraum (EWR)[148] liegen.[149] Bei solchen „Drittländern" sind nach Art. 44 S. 1 DS-GVO **zusätzlich zwei Anforderungen** zu erfüllen. Datenübermittlungen müssen zunächst sämtlichen allgemeinen Voraussetzungen für eine Übermittlung an einen Empfänger innerhalb der EU entsprechen („1. Stufe"). Sodann müssen sie den besonderen Bedingungen des Kapitel V der DS-GVO (Art. 44–50 DS-GVO) genügen („2. Stufe").[150] Das Ziel dieser zweiten Stufe beschreibt Art. 44 S. 2 DS-GVO wie folgt: „Alle Bestimmungen dieses Kapitels sind anzuwenden, um sicherzustellen, dass das durch diese Verordnung gewährleistete Schutzniveau für natürliche Personen nicht unter- 59

---

[141] Sydow/*Ingold* DS-GVO Art. 12 Rn. 17.
[142] Kühling/Buchner/*Bäcker* DS-GVO Art. 13 Rn. 31.
[143] Gola/*Franck* Art. 14 DS-GVO Rn. 14.
[144] Kühling/Buchner/*Bäcker* DS-GVO Art. 13 Rn. 84.
[145] Gola/*Franck* Art. 14 DS-GVO Rn. 36; Ehmann/Selmayr/*Knyrim* DS-GVO Art. 13 Rn. 65.
[146] Kühling/Buchner/*Bäcker* DS-GVO Art. 13 Rn. 64.
[147] Für den Datentransfer innerhalb der EU schafft die DS-GVO eine einheitliche Verarbeitungsgrundlage. Ausweislich Art. 1 Abs. 1 DS-GVO soll sie – auch – den freien Verkehr personenbezogener Daten gewährleisten. Vgl. dazu auch EG 13 S. 1 DS-GVO.
[148] Der EWR umfasst die Mitgliedstaaten der Europäischen Union, ferner Island, Liechtenstein und Norwegen. Die Schweiz ist zwar Mitglied der Europäischen Freihandelszone (EFTA), gehört aber nicht zum EWR.
[149] Der Begriff des Drittlandes wird zwar nirgends in der DS-GVO definiert; welche Länder dazugehören, ergibt sich aber aus der Systematik der Art. 44ff. DS-GVO, vgl. Kühling/Buchner/*Schröder* DS-GVO Art. 44 Rn. 16.
[150] Das gilt auch für den Datentransfer für eine Auftragsverarbeitung, *von Holleben/Knaut* CR 2017, 299 (304).

graben wird." Dazu dient die Unterscheidung in „sichere" und „unsichere" Drittländer.[151]

a) Sicheres Drittland

60 Ein **sicheres Drittland** ist ein Staat außerhalb der EU/des EWIR, der über ein von der Europäischen Kommission als angemessen anerkanntes Schutzniveau verfügt. Der Datentransfer in ein solches sicheres Drittland bedarf keiner besonderen Genehmigung (Art. 45 Abs. 1 S. 2 DS-GVO). Die materiellen Anforderungen sowie das Verfahren zur Feststellung der Angemessenheit regelt Art. 45 Abs. 2 bis 8 DS-GVO. Die Bestimmungen entsprechen im Wesentlichen den Anforderungen, die der EuGH in seiner Safe-Harbor-Entscheidung[152] aufgestellt hat. Danach muss in einem sicheren Drittstaat zwar kein identischer, wohl aber ein zumindest im Wesentlichen gleichwertiger Schutz geboten werden. Das setzt voraus, dass Eingriffe in das Grundrecht auf Datenschutz (Art. 8 GRCh) nur nach klaren und präzisen Regeln erfolgen dürfen und sich auf das absolut Notwendige beschränken müssen. Daran fehlt es, wenn Behörden personenbezogene Daten schrankenlos zum Zweck der öffentlichen Sicherheit speichern oder verdachts- und anlassunabhängig auf die Inhalte elektronischer Kommunikation zugreifen dürfen. Von der Europäischen Kommission als sichere Drittländer anerkannte Staaten werden im Amtsblatt der EU veröffentlicht (Art. 45 Abs. 8 DS-GVO). Drittländer, die die Kommission bereits vor Inkrafttreten der DS-GVO nach Art. 25 Abs. 6 DSRL als sicher eingestuft hatte, gelten bis auf weiteres[153] als sicher (Art. 45 Abs. 9 DS-GVO). Dazu gehören:
– Andorra (ABl. EU v. 21.10.2010, Nr. L 277/27)
– Argentinien (ABl. EU v. 5.7.2003, Nr. L 168/19)
– Australien, Sonderfall PNR-Daten (ABl. EU v. 8.8.2008, Nr. L 213/47)
– Färöer (ABl. EU v. 9.3.2010, Nr. L 58/17)
– Guernsey (ABl. EU v. 25.11.2003, Nr. L 308/27)
– Isle of Man (ABl. EU v. 30.4.2004, Nr. L 151/51 sowie Berichtigung in ABl. EU v. 10.6.2004, Nr. L 208/47)
– Israel (ABl. EU v. 1.2.2011, Nr. L 27/39)
– Jersey (ABl. EU v. 28.5.2008, Nr. L 138/21)
– Kanada (ABl. EG v. 4.1.2000, Nr. L 2/13), Sonderfall PNR-Daten (ABl. EU v. 29.3.2006, Nr. L 91/49)
– Neuseeland (ABl. EU v. 30.1.2013, Nr. L 28/12)
– Schweiz (ABl. EG v. 25.8.2000, Nr. L 215/1)
– Uruguay – Eastern Republic of Uruguay (ABl. EU v. 23.8.2012, Nr. L 227/11).

61 Daten an Unternehmen in den USA können seit dem 18.8.2016 übermittelt werden, wenn sie dem EU/US Privacy Shield beitreten, sich freiwillig verpflichten, die dort erwähnten Bestimmungen einzuhalten, und sich entsprechend zertifizieren lassen. Die Europäische Kommission hat diese Regelungen für angemessen erklärt,[154] will aber den Datenschutzschild jährlich daraufhin überprüfen, ob er auch weiterhin ein angemessenes Datenschutzniveau gewährleistet. In ihrer Entscheidung vom 18.10.2017 hat sie ihre bisherige Einschätzung bekräftigt, jedoch eingeräumt, dass die Regelungen verbesserungsbe-

---

[151] Kühling/Buchner/*Schröder* DS-GVO Art. 44 Rn. 7 f.
[152] EuGH 6.10.2015 – C-362/14, EuZW 215, 881 (882) – Schrems.
[153] Die Kommission hat am 16.12.2016 beschlossen, sämtliche bisher ergangenen Angemessenheitsentscheidungen zu prüfen und zu ergänzen, um zumindest die in der Safe-Harbor-Entscheidung vom EuGH kritisierte Beschränkung der Befugnisse der mitgliedstaatlichen Aufsichtsbehörden zur Prüfung der Kommissionsentscheidung aufzuheben, vgl. ABl. 2016 L 344/83.
[154] Commission Implementing Decision (EU) 2016/1250 of 12 July 2016 pursuant to Directive 95/46/EC of the European Parliament and of the Council on the adequacy of the protection provided by the EU-U.S. Privacy Shield, OJ L 207, 1.8.2016, p.1.

dürftig seien.[155] Nach wie vor steht das Vorgehen der EU in der Kritik.[156] Deshalb hat die irische Datenschutzorganisation Digital Rights Ireland Nichtigkeitsklage nach Art. 263 AEUV gegen diese Entscheidung beim Gericht der Europäischen Union (EuG) erhoben. Der EuG hat die Klage am 22.11.2017 abgewiesen, allerdings nur aus formalen Gründen.[157]

b) Unsicheres Drittland

Sollen Daten in ein **„unsicheres" Drittland** übermittelt werden, dh in einen Staat, für den ein Angemessenheitsbeschluss nach Art. 45 DS-GVO fehlt, ist das nur dann erlaubt, wenn der Verantwortliche oder der Auftragsverarbeiter geeignete Garantien zur Gewährleistung eines angemessenen Schutzniveaus vorgesehen hat und den Betroffenen durchsetzbare Rechte und wirksame Rechtsbehelfe zur Verfügung stehen (Art. 46 Abs. 1 DS-GVO). Folgende Garantien sind denkbar: 62
– Verbindliche interne Datenschutzvorschriften, sogenannte Binding Corporate Rules (BCR)
– Standarddatenschutzklauseln der Kommission oder einer Aufsichtsbehörde oder
– genehmigte Verhaltensregeln und genehmigter Zertifizierungsmechanismus

aa) Binding Corporate Rules (Art. 46 Abs. 2 lit. b, Art. 47). Bei international tätigen Konzernen kommen vor allem „verbindliche interne Datenschutzvorschriften" – sog. Binding Corporate Rules – nach Art. 47 DS-GVO in Betracht. Sie waren schon vor Inkrafttreten des DS-GVO anerkannt[158] und werden nun in Art. 46 Abs. 2 lit. b DS-GVO ausdrücklich als Grundlage für den internationalen Datentransfer genannt. Art. 4 Nr. 20 enthält sogar eine Legaldefinition[159]. In ihnen kann der Konzern, genauer: die Unternehmensgruppe iSd Art. 4 Nr. 19 DS-GVO die Bedingungen für die Verarbeitung von Beschäftigtendaten auch in den unsicheren Drittländern regeln. Diese müssen von ihrem Standard her auf einem Niveau liegen, der dem der DS-GVO entspricht. Der Mindestinhalt ist in Art. 47 Abs. 2 DS-GVO vorgeben.[160] Die BCR müssen für alle Mitglieder der Unternehmensgruppe rechtlich verbindlich sein[161] und den betroffenen Personen durchsetzbare Rechte gewähren (Art. 47 Abs. 1 lit. a und b DS-GVO). Sie werden sodann von den Datenschutzaufsichtsbehörden in einem koordinierten Verfahren – dem sog. Kohärenzverfahren nach den Art. 63 ff. DS-GVO – gemeinsam überprüft. Bei ihm übernimmt die nach Art. 47 Abs. 1 DS-GVO zuständige Aufsichtsbehörde die Federführung[162] und 63

---

[155] Report from the Commission to the European Parliament and the Council on the first annual review of the functioning of the EU-U.S. Privacy Shield v. 18.10.2017 COM (2017) 611 final.
[156] Kühling/Buchner/*Schröder* DS-GVO Art. 45 Rn. 44 ff.
[157] EuG 22.11.2017, T-670/16.
[158] Vgl. § 4c Abs. 2 S. 2 Hs. 2 Alt. 2 BDSG aF: dort als „verbindliche Unternehmensregelungen genannt; dazu *Filip* ZD 2013, 51.
[159] Als verbindliche interne Datenschutzvorschriften gelten danach „Maßnahmen zum Schutz personenbezogener Daten, zu deren Einhaltung sich ein im Hoheitsgebiet eines Mitgliedstaats niedergelassener Verantwortlicher oder Auftragsverarbeiter verpflichtet im Hinblick auf Datenübermittlungen oder eine Kategorie von Datenübermittlungen personenbezogener Daten an einen Verantwortlichen oder Auftragsverarbeiter derselben Unternehmensgruppe oder derselben Gruppe von Unternehmen, die eine gemeinsame Wirtschaftstätigkeit ausüben, in einem oder mehreren Drittländern".
[160] Dazu im Einzelnen Kühling/Buchner/*Schröder* DS-GVO Art. 47 Rn. 26 ff.
[161] Nach Art. 47 Abs. 2 lit. c DS-GVO ist dabei die sowohl die interne als auch die externe Verbindlichkeit der BCR zu gewährleisten. Unter interner Verbindlichkeit wird die praktische Wirksamkeit und die Verbindlichkeit für das Verhalten der Gruppenmitglieder und ihrer Mitarbeiter verstanden, unter externer die rechtliche Durchsetzbarkeit der BCR durch Dritte, namentlich durch die betroffenen Personen und die Datenschutzbehörden, vgl. Kühling/Buchner/*Schröder* DS-GVO Art. 47 Rn. 18 f.
[162] Welche Datenschutzbehörde die Federführung übernimmt, hängt davon ab, wo der europäische Hauptsitz der Unternehmensgruppe liegt. Fehlt es daran, kann auch der Sitz des Unternehmens maßgeblich sein, das innerhalb der Gruppe die delegierten Datenschutzverantwortlichkeiten wahrnimmt, aber auch der Ort, an dem die meisten Entscheidungen in Bezug auf die Zwecke und Mittel der Verarbeitung getroffen werden oder das EU-Land, von dem aus die meisten Transfers außerhalb des EWR erfolgen.

beteiligt zwei weitere Aufsichtsbehörden aus anderen Mitgliedstaaten der EU als Mitprüfer. Kommen die Behörden zu dem Ergebnis, dass die BCR dem geltenden europäischen Datenschutzrecht entsprechen und bei ihrer Beachtung ausreichende Datenschutzgarantien beim Datentransfer in unsichere Drittstaaten vorhanden sind, müssen die dann erfolgenden **Datenübermittlungen nicht mehr einzeln genehmigt werden**.[163] Unternehmen, die über genehmigte BCR verfügen, werden auf einer Webseite der Europäischen Kommission veröffentlicht[164]. In Deutschland haben inzwischen zehn Unternehmensgruppen BCR erstellt, die von den Datenschutzaufsichtsbehörden geprüft und als ausreichende Datenschutzgarantien anerkannt wurden, ua BMW, Continental, DHL, Deutsche Telekom, Siemens, OSRAM. Die Art. 29 Datenschutz-Gruppe hat für die Einzelheiten des Verfahrens hilfreiche Arbeitspapiere erstellt, an denen sich die Aufsichtsbehörden orientieren, zuletzt im Februar 2018 (WP 256 und WP 257).

64 bb) **Standarddatenschutzklauseln der Kommission oder einer Aufsichtsbehörde (Art. 46 Abs. 2 lit. c und d).** Eine zweite Möglichkeit für einen Datentransfer in ein unsicheres Drittland ist die Vereinbarung von Standarddatenschutzklauseln zwischen dem Datenexporteur und dem Datenimporteur. Schließen beide einen Vertrag unter Verwendung solcher Klauseln, ist der darauf basierende Datentransfer ohne weitere Genehmigung durch die Aufsichtsbehörde zulässig, wenn die allgemeinen Voraussetzungen der DS-GVO nach der „1. Stufe" erfüllt sind. Neben der EU-Kommission können auch die nationalen Aufsichtsbehörden Standarddatenschutzklauseln erlassen. Diese bedürfen der Abstimmung im Kohärenzverfahren und sind anschließend von der Kommission förmlich zu genehmigen. Bereits unter Geltung der DSRL hatte die EU-Kommission Standardvertragsklauseln erlassen. Diese gelten gemäß Art. 46 Abs. 5 S. 2 DS-GVO ausdrücklich fort. Werden die **Standarddatenschutzklauseln so verwendet, wie** sie von der Kommission oder der nationalen Aufsichtsbehörde **erlassen wurden,** ist der **Datentransfer genehmigungsfrei.**[165] Allerdings hindert Art. 46 Abs. 2 lit. c und d DS-GVO die Beteiligten nicht, die Standardklauseln auch in umfangreicheren Verträgen (zB in international-multilateralen Abkommen zum konzerninternen Datenaustausch) zu verwenden. Erlaubt ist ferner, den Standardmustern weitere Klauseln oder zusätzliche Garantien hinzuzufügen. Allerdings dürfen diese weder mittelbar noch unmittelbar im Widerspruch zu den von der Kommission oder einer Aufsichtsbehörde erlassenen Standarddatenschutzklauseln stehen oder die Grundrechte und Grundfreiheiten der betroffenen Personen beschneiden (EG 109 DS-GVO).

65 cc) **Genehmigte Verhaltensregeln und genehmigter Zertifizierungsmechanismus (Art. 46 Abs. 2 lit. e und f).** Eine dritte Möglichkeit ist der Datentransfer auf Grundlage von branchenspezifischen Verhaltensregeln gemäß Art. 40 DS-GVO. Diese müssen rechtsverbindliche und durchsetzbare Verpflichtungen des Verantwortlichen bzw. des Auftragsverarbeiters im Drittland enthalten und von der zuständigen Aufsichtsbehörde genehmigt sein. Entsprechendes gilt für Zertifizierungen nach Art. 42 DS-GVO, wenn der Zertifizierungsmechanismus zuvor genehmigt wurde. Wie alle anderen Garantien iSv Art. 46 DS-GVO müssen auch diese **rechtsverbindliche** und durchsetzbare **Verpflichtungen** des **Verantwortlichen** oder des Auftragsverarbeiters aufweisen.

---

[163] Kühling/Buchner/*Schröder* DS-GVO Art. 46 Rn. 24.
[164] Internet-Adresse: https://ec.europa.eu/info/law/law-topic/data-protection/data-transfers-outside-eu/binding-corporate-rules_en.
[165] Kühling/Buchner/*Schröder* DS-GVO Art. 46 Rn. 33.

C. Zulässigkeit typischer Datenflüsse in der Matrix

I. Vorbemerkung

Im folgenden Abschnitt werden die Voraussetzungen für den datenschutzrechtlich zulässigen Transfer von Beschäftigtendaten in Matrixorganisationen anhand von **acht Beispielsfällen** entfaltet. Die Darstellung beginnt jeweils mit einer kurzen Beschreibung des Sachverhalts, an die sich im zweiten Schritt die datenschutzrechtliche Bewertung anschließt. Behandelt werden die **folgenden Situationen:**
– Nutzung eines zentralen Rechenzentrums
– Zentraler E-Mail-/Internet-Server
– Elektronische Kommunikationsverzeichnisse
– Matrixweites Recruiting
– Shared-Service-Center „Human Resources"
– Übermittlung von Beschäftigtendaten an Matrixmanager
– Übermittlung von Beschäftigtendaten an die Matrixleitung
– Skill-Management

Die datenschutzrechtliche Bewertung beginnt jeweils mit der Prüfung, ob es sich **bei den übermittelten Angaben um personenbezogene Daten von Beschäftigten handelt,** da nur diese rechtlich geschützt sind. Das bemisst sich nach der Legaldefinition in § 4 Nr. 1 DS-GVO. Die übermittelten Daten müssen sich auf eine „identifizierte oder identifizierbare natürliche Person beziehen". In einem zweiten Schritt ist die **Rechtsgrundlage zu bestimmen,** die die Datenübermittlung iSv Art. 6 Abs. 1 DS-GVO erlaubt. Die Einwilligung des Betroffenen, die Art. 6 Abs. 1 lit. a DS-GVO als Verarbeitungsgrundlage vorsieht, wird regelmäßig ausscheiden, weil es zumeist an der Freiwilligkeit ihrer Erteilung (Art. 4 Nr. 11 DS-GVO) fehlt und sie jederzeit widerrufen werden kann (Art. 7 Abs. 3 DS-GVO). Als Übermittlungsgrundlage kommt **§ 26 Abs. 1 BDSG** in Betracht, wenn die Daten zum Zwecke der Begründung, Durchführung oder Beendigung des Beschäftigungsverhältnisses ausgetauscht werden. Erfolgt die Übermittlung, um andere Ziele zu erreichen, bemisst sich die Zulässigkeit nach **Art. 6 Abs. 1 lit. f DS-GVO.** In diesem Fall ist das Übermittlungsinteresse der Matrixorganisation gegen das Unterlassungsinteresse der Beschäftigten abzuwägen. Maßstab hierfür ist der Grundsatz der Verhältnismäßigkeit. Zusätzlich müssen die in Art. 5 DS-GVO genannten Grundsätze beachtet werden, wobei vor allem dem **Transparenzprinzip** Rechnung zu tragen ist. Dieses verlangt, dass der Verantwortliche die Betroffenen vor der Übermittlung darüber informiert, wer seine Daten für welchen Zweck erhält. Zu den Bedingungen für einen Datentransfer ins Ausland → Rn. 59 ff. Zum Schutz sensibler Daten → Rn. 17 f.

II. IT-Infrastruktur in der Matrix

1. Nutzung eines zentralen Rechenzentrums

a) Beschreibung

In (Konzern-)Matrixstrukturen dürfte die Inanspruchnahme eines zentralen Rechenzentrums wohl der Regelfall sein. Dieses stellt für alle Matrixgesellschaften oder zumindest einen Teil von ihnen die IT-Infrastruktur bereit. Das Rechenzentrum kann organisatorisch zu einer bestimmten Matrixgesellschaft gehören oder rechtlich zu einem Unternehmen mit eigener Rechtspersönlichkeit verselbständigt sein. Die Dienste können auch von einem Fremdanbieter außerhalb des Konzerns bezogen werden. Eine Sonderform stellt das „Cloud-Computing" dar. Bei ihm wird die IT-Infrastruktur bedarfsorientiert, dynamisch und skalierbar zumeist über das Internet bezogen. Das Angebot der externen

Dienstleister ist vielfältig. Es reicht von der bloßen Zurverfügungstellung von Rechenzeit bis hin zum Hosting ganzer Datenbanken und Anwendungsprogramme. Nach der Reichweite der Dienste lässt sich zwischen **„Infrastructure as a Service (IaaS)"**, **„Platform as a Service (PaaS)"** und **„Software as a Service (SaaS)"** unterscheiden.[166] Zur Steuerung der technischen Infrastruktur der konzernweit operierenden Rechenzentren, aber auch der externen Datennetzwerke sind Instrumente wie **Directories, Tools** und ähnliche Applikationen notwendig. Für deren Betrieb werden die Stammdaten der Beschäftigten benötigt. Nicht selten leisten die Rechenzentren auch Hilfestellung bei der Lösung von IT-Problemen. Über **„Help-Desks"** bieten sie ihre Unterstützung zumeist per Telefon oder Mobilfunk an. Sie ist aber auch im Wege der Fernwartung mit Hilfe technischer Geräte und entsprechender Software möglich. Über die **Remote-Funktion** wird dann unmittelbar auf den Inhalt des PC Zugriff genommen, der sich am Arbeitsplatz des Mitarbeiters befindet und nicht selten zahlreiche, teilweise sogar sensible personenbezogene Daten des Beschäftigten enthält.

b) Datenschutzrechtliche Beurteilung

69 Dass bei all diesen Prozessen **Beschäftigtendaten** durch Übermittlung offengelegt und damit an sich **erlaubnispflichtig verarbeitet** werden, ist evident. Das gilt sogar dann, wenn diese im Rahmen von Betreuungs-, Service oder Reparaturtätigkeit nur „beiläufig" zur Kenntnis genommen werden.[167] Eine erlaubnispflichtige Übermittlung zur Offenlegung liegt jedoch erst dann vor, wenn ein anderer, der nicht unbedingt Dritter iSd Art. 4 Nr. 10 DS-GVO zu sein braucht, die Daten tatsächlich abruft[168], wozu er – eigenhändig – die dazu notwendigen Schritte unternehmen muss.[169]

70 Maßgeblich für die datenschutzrechtliche Beurteilung ist zunächst, **wer als Verantwortlicher** für den Verarbeitungsprozess zu gelten hat. Bei der Inanspruchnahme eines zentralen Rechenzentrums für alle Matrixgesellschaften liegt die Annahme einer datenschutzrechtlich privilegierten **Auftragsverarbeitung** (Art. 28 DS-GVO) nahe. Das hätte nach hM zur Folge, dass die Übermittlung an die im Rechenzentrum Tätigen keiner weiteren Rechtfertigung nach Art. 6 DS-GVO bedarf. Stattdessen wären die rigiden Vorgaben des Art. 28 DS-GVO zu beachten (→ Rn. 43 ff.).

71 **Auftragsverarbeiter** ist aber nur, wer nicht selbst über die Zwecke der von ihm erhobenen, gespeicherten oder genutzten Daten befindet, sondern nach Weisung des Verantwortlichen im Rahmen des Verarbeitungsauftrags tätig wird. Dass ihm hinsichtlich der Wahl der technischen und organisatorischen Mittel zur Erfüllung seines Auftrags ein gewisser Spielraum zusteht, schadet nicht,[170] solange es der Verantwortliche ist, der letztlich über die wesentlichen Fragen entscheidet, die die Rechtmäßigkeit der Verarbeitung ausmachen. Nimmt dagegen ein Dienstleister mehr als nur eine **„Hilfsfunktion"** wahr, weil ihm neben der Datenverarbeitung weitere Aufgaben oder Funktionen übertragen wurden, liegt eine Datenübermittlung vor, die durch eine Erlaubnisnorm zu rechtfertigen ist. Das lässt sich nur im konkreten Einzelfall beurteilen. Für eine Auftragsdatenverarbeitung spricht, dass das Auftreten der Servicekräfte des Rechenzentrums im Wesentlichen **der Erfüllung der Aufgaben** und Geschäftszwecke **des Verantwortlichen dient** und den Betroffenen nicht der Eindruck vermittelt wird, dass es der Betreiber des Rechenzentrums ist, der maßgeblich über den Verarbeitungsprozess zu entscheiden hat.[171]

72 Von einer Auftragsverarbeitung ist auszugehen, wenn Mitarbeiter des Rechenzentrums tätig werden, um Fehler am IT-System im Rahmen des vom Verantwortlichen erteil-

---

[166] *Gaul/Köhler* BB 2011, 2229; *Nägele/Jacobs* ZUM 2010, 281 (282); Plath/*Plath,* 2. Aufl. 2016, BDSG § 11 Rn. 46; *Schuster/Reichl* CR 2010, 38.
[167] So zutreffend zum alten Recht Gola/*Schomerus* BDSG § 11 Rn. 14.
[168] Kühling/Buchner/*Klar* Art. 4 Nr. 2 DS-GVO Rn. 31.
[169] EuGH 6.11.2003 – C-101/01, EuZW 2004, 245 Rn. 60 – Lindqvist.
[170] Art. 29 Datenschutzgruppe, WP 169 S. 40; Kühling/Buchner/*Hartung* DS-GVO Art. 28 Rn. 30.
[171] Kühling/Buchner/*Hartung* DS-GVO Art. 28 Rn. 47 ff.

ten Verarbeitungsauftrags zu beheben. Soweit ihnen dabei Beschäftigtendaten zur Kenntnis gelangen, dürfen diese nur zu den nach den im Verarbeitungsauftrag bestimmten Zwecken verwendet werden. Dass **Wartungen** und **Instandsetzungen** notgedrungen eigenständig vom Servicepersonal durchgeführt werden, ist unschädlich. Die hierfür notwendigen Entscheidungsbefugnisse werden sich im Regelfall in den Bahnen des Verarbeitungsauftrags bewegen. Solange das Personal nicht eigenverantwortlich über die Verarbeitung und Nutzung der Daten zu anderen als den im Rahmenvertrag bestimmten Zwecken entscheiden kann, bleibt es bei einer Auftragsdatenverarbeitung iSv Art. 28 DS-GVO.

Liegt keine Auftragsdatenverarbeitung vor, sondern eine „Übermittlung", ist zu prüfen, ob diese durch die Erlaubnistatbestände der DS-GVO bzw. des BDSG gedeckt ist. Diese Möglichkeit steht auch im Matrix-Konzern offen, wobei sich der Umstand der konzernrechtlichen Verflechtung im Rahmen der Interessenabwägung nach **§ 26 Abs. 1 BDSG** bzw. Art. 6 Abs. 1 lit. f DS-GVO wegen EG 48 DS-GVO positiv auswirken kann.[172] Geht man davon aus, dass die technische Infrastruktur zu den Arbeitsmitteln zählt, die der Arbeitgeber den Arbeitnehmern zur Verfügung stellt, kann die Verwendung von Beschäftigtendaten, die man zur Steuerung der IT-Systeme benötigt, der Erfüllung der arbeitsvertraglichen Pflichten und damit der Durchführung des Beschäftigungsverhältnisses dienen. Die datenschutzrechtliche Zulässigkeit wäre dann anhand von § 26 Abs. 1 BDSG zu beurteilen. Verneint man die Dienlichkeit, wäre eine Abwägung nach **Art. 6 Abs. 1 lit. f DS-GVO** notwendig. Dabei wäre zu prüfen, ob berechtigte Interessen des verantwortlichen Arbeitgebers oder eines Dritten einen konzerninternen Datenfluss rechtfertigen. Dabei dürften aber die Interessen, Grundrechte oder Grundfreiheiten des Betroffenen nicht überwiegen. Das lässt sich nicht pauschal beantworten. Maßgeblich sind der **Umfang und die Art** der **personenbezogenen Daten, auf die ein zentrales Rechenzentrum Zugriff hätte.** Außerdem sind die allgemeinen Anforderungen des Art. 5 DS-GVO für die Datenverarbeitung zu beachten, dh die Rechtmäßigkeit der Datenverarbeitung, sowie die Zweckbindung, Datenminimierung, Richtigkeit, Speicherbegrenzung, Integrität und Vertraulichkeit (§ 26 Abs. 5 BDSG). Erfolgt die **Datenverarbeitung** eigenverantwortlich **im Ausland,** sind zusätzlich die Vorgaben der Art. 44 ff. DS-GVO über die Übermittlung von Beschäftigtendaten in Drittländer zu beachten (→ Rn. 59 ff.).

2. Zentraler E-Mail-/Internet-Server

a) Beschreibung

Nutzen Beschäftigte die Betriebs-IT, um damit im Internet zu surfen oder E-Mails zu versenden, **speichert der E-Mail-/Internet-Server**[173] **die ID- und Zugriffsdaten (Verkehrsdaten) aller Benutzer** sowie Daten zur Nutzungshistorie. Damit sollen vor allem die Verteilung, die richtige Zuordnung und die Überprüfung der Zugriffsbefugnisse gewährleistet werden. Daneben werden auch Inhaltsdaten auf dem Server gespeichert. In (Konzern-) Matrixstrukturen wird häufig ein zentraler E-Mail-/Internet-Server eingesetzt und von einem Konzern-Service-Provider (KSP) betrieben. Dieser kann sich auch im Ausland befinden.

b) Datenschutzrechtliche Beurteilung

Der Datentransfer an den Service-Provider bzw. der dortige Datenumgang bedürfen einer **Verarbeitungsgrundlage.** Dient die Beauftragung des Service-Providers der Erfüllung von Pflichten aus dem Beschäftigungsverhältnis, ist **§ 26 Abs. 1 BDSG** einschlägig. An-

---

[172] So zum bisherigen Recht Plath/*Plath*, 2. Aufl. 2016, BDSG § 11 Rn. 45.
[173] Internet-Server können mit verschiedenen Funktionalitäten betrieben werden, zB als Proxy-Server oder Web-Server.

derenfalls müsste die verantwortliche Stelle ein berechtigtes Interesse iSv **Art. 6 Abs. 1 lit. f DS-GVO** geltend machen. Grundsätzlich können auch Regelungen in Betriebsvereinbarungen oder die Einwilligung des Beschäftigten die Weitergabe von Beschäftigtendaten an den Service-Provider legitimieren, wenn die Beschäftigten über dessen Wirken hinreichend informiert werden (Art. 13 DS-GVO). Befindet sich der konzerninterne Dienstleister **im Ausland** sind zusätzlich die Voraussetzungen der Art. 44 ff. DS-GVO zu beachten (→ Rn. 59 ff.). Liegt dessen Sitz in einem Drittland ohne angemessenes Datenschutzniveau, kommen zur Herstellung eines angemessenen Datenschutzniveaus iSv Art. 44 S. 2 DS-GVO wieder innerbetrieblichen Regelungen zum Mitarbeiterdatenschutz in Betracht (→ Rn. 62 ff.). Denkbar ist auch die Verwendung eines von der EU-Kommission akzeptierten Standardvertrags (Controller to Processor).

76   Ein **weiteres datenschutzrechtliches Problem** liegt darin, dass E-Mails, die an Beschäftigte gerichtet sind, vom Arbeitgeber zur Kenntnis genommen werden können, wenn sie auf ein betriebliches E-Mail-Konto eingehen („Hans.Meier@Firma.de"). Solange sie sich auf dem Mailserver des Arbeitgebers oder eines von ihm beauftragten Providers befinden, fehlen dem Beschäftigten die technischen Möglichkeiten, den Zugriff, die Vervielfältigung oder die Weitergabe an Dritte zu verhindern.[174] Ferner werden **personenbezogene Daten gespeichert,** wenn über den betrieblichen Festnetz-, Mobilfunk- oder Breitband-Internetanschluss Bilder oder SMS ausgetauscht werden. Dasselbe gilt, wenn über die sog. OTT- („Over The Top"-) Dienste – wie etwa Whats-App und Facebook – Nachrichten gesendet werden. Werden auf betrieblichen Endgeräten Internetseiten aufgerufen, **lassen sich die Aufrufe protokollieren.** Ferner können die vom Nutzer in Suchmaschinen eingegebenen Begriffe gespeichert und ihm persönlich zugeordnet werden.[175] Damit liegen erneut personenbezogene Daten vor. Ob der Arbeitgeber die Nutzung der von ihm zu dienstlichen Zwecken bereitgestellten Betriebs-IT (PC, Tablet-PC, Smartphone usw.) überwachen darf, hängt davon ab, ob er eine **Privatnutzung** durch den Arbeitnehmer ausdrücklich **gestattet** oder zumindest **geduldet** hat.[176]

77   **aa) Untersagte Privatnutzung.** Hat der Arbeitgeber den **Privatgebrauch kraft Weisungsrechts generell untersagt,**[177] sind Kontrollen grundsätzlich zulässig, schon um die Einhaltung des Verbots zu überprüfen.[178] Beschränkungen durch das Telekommunikationsrecht bestehen nicht.[179] Grenzen für die Überwachung der Internetnutzung zieht nur § 26 BDSG.[180] In jedem Fall muss der **Verhältnismäßigkeitsgrundsatz** gewahrt bleiben.[181] Eine dauerhafte Kontrolle ist unzulässig. Möglich sind nur Stichproben, etwa um die rechtswidrige Nutzung des Internets zu verhindern.[182] Diese können auch anlasslos und verdachtsunabhängig erfolgen.[183] Sollen Straftaten aufgedeckt werden, ist § 26 Abs. 1 S. 2

---

[174] Zu den praxisrelevanten Fallgruppen des POP3-Verfahren und des IMAP-Verfahrens ausf. *Hoppe/Braun* MMR 2010, 80 (82).

[175] Vgl. nur BVerfG 6.7.2016 – 2 BvR 1454/13, ZD 2017, 132 mAnm *Bär*.

[176] S. im Einzelnen *Bloesinger* BB 2007, 2177; *Füllbier/Splittgerber* NJW 2012, 1995; *Hoppe/Braun* MMR 2010, 80; *Kempermann* ZD 2017, 12; *Mengel* NZA 2017, 1494 (1495 ff.); *Singelnstein* NStZ 2012, 593; *Wybitul/Böhm* CCZ 2015, 133.

[177] Streitig ist, ob das Verbot der Privatnutzung ausdrücklich ausgesprochen werden muss (so wohl *Däubler* Internet und Arbeitsrecht Rn. 184 m. Bsp. mit konkludenten Einwilligungen) oder ob die Beschäftigten selbst beim Schweigen des Arbeitgebers nicht ohne weiteres von einer stillschweigenden Gestattung ausgehen können (so wohl die hM *Beckschulze* DB 2003, 277; *Dickmann* NZA 2004, 1009; *Mengel* BB 2004, 1445; *Gola/Pötters/Wronka* Arbeitnehmerdatenschutz-HdB Rn. 1280 mwN).

[178] EGMR 22.2.2018 – 588/13, ZD 2018, 263 mAnm *Hembach*; BAG 27.7.2017 – 2 AZR 681/16, NZA 2017, 1327.

[179] AllgM, vgl. nur *Gola/Pötters/Wronka* Arbeitnehmerdatenschutz-HdB Rn. 1267, 1542; *Härting* ITRB 2008, 88 (89); *Hermann/Zeidler* NZA 2017, 1499 (1500); *Kempermann* ZD 2017, 12; *Mengel* NZA 2017, 1494 (1495)).

[180] *Kramer* ArbRAktuell 2010, 164.

[181] Ausf. dazu *Wybitul* BB 2010, 1085; vgl. weiter *Füllbier/Splittgerber* NJW 2012, 1995 (1997).

[182] BAG 27.7.2017 – 2 AZR 681/16, NZA 2017, 1327; HWK/*Lembke* BDSG Vorb. Rn. 92.

[183] *Kempelmann* ZD 2017, 12 (15).

BDSG zu beachten. Die vorübergehende Speicherung und stichprobenartige Kontrolle der Verlaufsdaten eines Internetbrowsers kann zulässig sein, um die **Einhaltung des Verbots** oder einer Beschränkung der Privatnutzung von IT-Einrichtungen des Arbeitgebers **zu kontrollieren,**[184] wenn dabei lediglich die Adressen und Titel der aufgerufenen Seiten und der Zeitpunkt des Aufrufs protokolliert und damit nicht mehr Daten gespeichert als benötigt werden, um einen möglichen inhaltlichen oder zeitlichen Missbrauch der Nutzungsrechte festzustellen.[185] Würden die gespeicherten Verlaufsdaten nicht zumindest stichprobenartig überprüft, könnten Zuwiderhandlungen gegen das Verbot oder die Beschränkung der Privatnutzung von IT-Einrichtungen des Arbeitgebers nicht geahndet werden und könnte die Datenerhebung ihre verhaltenslenkende Wirkung nicht entfalten. **Chat-Protokolle,** die der Arbeitgeber von der Internetkommunikation seiner Beschäftigten erstellt, sind nur zulässig, wenn er diese vorab über die Möglichkeit von Kontrollen sowie über deren Art, Anlass und Ausmaß informiert. Die Kontrolle darf nicht grundlos geschehen und muss das mildeste Überwachungsmittel darstellen.[186]

Von ein- und ausgehenden **dienstlichen E-Mails** seiner Mitarbeiter darf der Arbeitgeber im selben Maße Kenntnis nehmen wie von deren dienstlichem Schriftverkehr.[187] Verfügt das Unternehmen nur über eine elektronische Firmenadresse (zB info@firma.de), so ist die gesamte über die Adresse abgewickelte Post als betriebliche Korrespondenz zu werten. Der Vorgesetzte darf also anordnen, dass ihm jede ein- oder ausgehende E-Mail seiner Mitarbeiter zur Kenntnis zu geben ist. Gleiches gilt, wenn eine Adresse eindeutig als Adresse einer bestimmten Unterabteilung der Firma zu qualifizieren ist (zB personalabteilung@firma.de). Bei **E-Mail-Adressen, die den Namen eines Arbeitnehmers enthalten** (zB hans.schulze@firma.de), wird der Mitarbeiter zwar direkt und unmittelbar angesprochen; das nimmt dieser E-Mail jedoch ebenfalls nicht ihren dienstlichen Charakter. Enthält die E-Mail-Adresse einen Firmenzusatz, handelt es sich jedenfalls stets um eine dienstliche Adresse, die nur direkt zu bestimmten Accounts der Mitarbeiter weitergeleitet wird.[188] Will der Absender eine Einsicht durch den Arbeitgeber vermeiden, muss er die E-Mail als „persönlich/vertraulich" kennzeichnen und entsprechend verschlüsseln. Fehlt es an solchen ausdrücklichen Vermerken, ist vom dienstlichen Charakter der E-Mail auszugehen. Einem umfassenden Kontrollverbot unterliegen allerdings die **E-Mail-Adressen von Geheimnisträgern** wie dem Betriebsrat und – sofern vorhanden – einem Betriebsarzt bzw. Betriebspsychologen. Auch diese dürfen ihre Stellungnahmen per E-Mail abgeben, insbesondere wenn sie bereits zuvor vom Mitarbeiter angeschrieben wurden. Aus Gründen des besonderen Geheimnisschutzes darf der Arbeitgeber hier auch nicht erfassen, wer Absender und Adressat der Korrespondenz ist.[189]

bb) Erlaubte Privatnutzung. Hat der Arbeitgeber die **private Nutzung ausdrücklich gestattet oder sie zumindest widerspruchslos geduldet,** gilt er als Anbieter von Telekommunikationsdiensten iSd § 3 Nr. 6 TKG bzw. von Telemedien iSd § 2 Nr. 1, § 11 TMG. Inhalts- sowie Verbindungsdaten der elektronischen Kommunikation unterfallen damit dem Fernmeldegeheimnis nach § 88 TKG, § 206 StGB.[190] Das entspricht der hM

---

[184] BAG 27.7.2017 – 2 AZR 681/16, NZA 2017, 1327 Ls. 5.
[185] LAG Berlin-Brandenburg 14.1.2016 – 5 Sa 657/15 zu B I 4 a aa (8) (d) der Gründe.
[186] EGMR (Große Kammer) 5.9.2017 – Rs. 61496/08, NZA 2017, 1443 Rn. 121 – Barbulescu gegen Rumänien.
[187] *Thüsing* Arbeitnehmerdatenschutz und Compliance Rn. 322.
[188] So mit Recht *Beckschulze* DB 2001, 1491; aA *Ernst* NZA 2002, 585 (589).
[189] *Ernst* NZA 2002, 585 (590) mwN; *Gola/Pötters/Wronka* Arbeitnehmerdatenschutz-HdB Rn. 1299.
[190] Str.; wie hier LAG Hamm 4.2.2004 – 9 Sa 502/03; ArbG Hannover 28.4.2005 – 10 Ca 791/04, NZA-RR 2005, 420; *Dann/Gastell* NJW 2008, 2945; *Deutsch/Diller* DB 2009, 1462 (1465); *Hoppe/Braun* MMR 2010, 80 (81); *Koch* NZA 2008, 911 (912); *Kratz/Gubbels* NZA 2009, 652 (654f.); *Mengel* BB 2004, 2014 (2017); *Schmidl* MMR 2005, 343; aA LAG Berlin-Brandenburg 16.2.2011 – 4 Sa 2132/10, NZA-RR 2011, 342; LAG Nds 31.5.2010 – 12 Sa 875/09, NZA-RR 2010, 406 (408); *Scheben/Klos/*

im telekommunikationsrechtlichen Schrifttum.¹⁹¹ Bestätigt wird diese Ansicht durch einen Kammerbeschluss des Bundesverfassungsgerichts¹⁹², der den Schutzbereich der durch Art. 10 GG auch grundrechtlich abgesicherten Telekommunikationsfreiheit sogar noch weiter zieht. Nach Ansicht des BVerfG fallen sogar das **„Surfen" und das „Googlen" in den Schutzbereich von Art. 10 GG,** weil das für die Auslösung des Art. 10 GG notwendige spezifische Gefährdungspotential für die Privatheit der Kommunikation vorhanden sei. Durch die Speicherung sämtlicher angewählter Internetseiten und der bei Google eingegebenen Suchbegriffe ließen sich umfassende „Kommunikationsprofile" der Nutzer erstellen. Obendrein könnten „Akte der höchstvertraulichen Kommunikation" gespeichert werden, die den Kernbereich der Persönlichkeit des Internetnutzers beträfen, in den unter keinen Umständen eingegriffen werden dürfe. Dass dies nur selten der Fall sei und die aufgerufenen Seiten nur sehr kurz und oberflächlich zu Kenntnis genommen würden, stünde dieser Bewertung nicht grundsätzlich entgegen. Denn auch davor soll Art. 10 Abs. 1 GG den Nutzer jedenfalls im Grundsatz schützen.¹⁹³

80 Freilich macht das BVerfG bei dem Schutz von E-Mails eine feinsinnige Unterscheidung. Da das Fernmeldegeheimnis nur den laufenden Kommunikationsvorgang betreffe, ende der Schutz von Art. 10 GG **in dem Moment, in dem die E-Mail beim Empfänger angekommen und der Übertragungsvorgang beendet sei.**¹⁹⁴ Zur Begründung verweist das Gericht auf das ebenfalls unter Art. 10 Abs. 1 GG fallende Briefgeheimnis. Dort entspricht es allgemeiner Ansicht, dass der grundrechtlich vermittelte Schutz nur so lange währt, wie sich der Brief im Herrschaftsbereich des Beförderers befindet, also zwischen Absendung und Ankunft. Sobald der Empfänger den Brief erhalten habe, bestünden die spezifischen Gefahren, die mit einer räumlich-distanzierten Kommunikation einhergehen, nicht mehr. Der Adressat könne in seinem Herrschaftsbereich eigene Schutzvorkehrungen treffen, um zu verhindern, dass Dritte ungewollt auf seine Daten zugriffen.¹⁹⁵ Übertragen auf den Versand von E-Mails bedeutet dies: Solange diese auf dem Server des Arbeitgebers oder eines von ihm beauftragten Providers gespeichert sind, liegen sie außerhalb des Herrschaftsbereichs des Arbeitnehmers, und zwar auch dann, wenn sie auf dem Server des Arbeitgebers nur zwischengespeichert werden, dort also nur „ruhen".¹⁹⁶ Der Kommunikationsprozess ist noch nicht abgeschlossen. Der Arbeitgeber, aber auch die Ermittlungsbehörden können die auf dem Mailserver gespeicherten E-Mails jederzeit abrufen. Der Adressat ist daher auf den Schutz des Fernmeldegeheimnisses angewiesen.¹⁹⁷ Der **Schutz des Fernmeldegeheimnisses endet erst,** wenn der **Arbeitnehmer** von einer eingehenden E-Mail tatsächlich Kenntnis genommen hat und er einen **Zugriff des Arbeitgebers verhindern kann.**¹⁹⁸ Das ist der Fall, wenn er empfangene E-Mails an einer selbst gewählten Stelle im betrieblichen TK-System archiviert oder speichert.¹⁹⁹

81 Noch nicht abschließend geklärt ist, ob es **Normen** gibt, die dem **Arbeitgeber einen Zugriff** auf die an sich von Art. 10 GG geschützten Daten **erlauben.** Weitgehend einig ist man sich darin, dass eine **Betriebsvereinbarung keine solche Erlaubnisnorm** dar-

---

Geschonneck CCZ 2012, 13; *Löwisch* DB 2009, 2782; *Thüsing* Arbeitnehmerdatenschutz und Compliance Rn. 220 ff.; *Walther/Zimmer* BB 2013, 2933.
[191] S. nur *Auernhammer/Heun* TKG § 88 Rn. 25 sowie vor § 88 TKG Rn. 62 ff.; *Barton* CR 2003, 839 (840); Beck TKG/*Bock* § 88 Rn. 24; Spindler/Schuster/*Eckhardt* TKG § 88 Rn. 27; *Härting* CR 2007, 311 (312); Plath/*Jenny* TKG § 88 Rn. 15.
[192] BVerfG 6.7.2016 – 2 BvR 1454/13, NJW 2016, 3508 (3510) Rn. 32 ff.
[193] BVerfG 6.7.2016 – 2 BvR 1454/13, NJW 2016, 3508 (3510) Rn. 47 ff.
[194] BVerfG 16.6.2009 – 2 BvR 902/06, NJW 2009, 2431 Rn. 45.
[195] BeckOK GG/*Ogorek* GG Art. 10 Rn. 45.1.
[196] BVerfG 16.6.2009 – 2 BvR 902/06, NJW 2009, 2431 Rn. 47.
[197] BVerfG 16.6.2009 – 2 BvR 902/06, NJW 2009, 2431 Rn. 46.
[198] *Hoppe/Braun* MMR 2010, 80 (82).
[199] Ebenso VG Frankfurt a. M. 6.11.2008 – 1 K 628/08.F, WM 2009, 948; *Nolte/Becker* CR 2009, 125; *Schöttler* juris-PR_ITR 4/2009 Rn. 2.

stellt. Sie kann die individuelle Zustimmung zu Eingriffen in die TK-Freiheit nicht ersetzen, sondern ist das Instrument zur Ausübung und Wahrung der Mitbestimmungsrechte nach § 87 Abs. 1 Nr. 6 BetrVG.[200] Anders sieht es mit der **Einwilligung** aus. Sowohl in Beschränkungen von Art. 10 GG als auch in § 88 TKG kann eingewilligt werden. Nach hM ist der Schutz des Fernmeldegeheimnisses nämlich verzichtbar.[201] Umstritten ist allerdings, ob für Zugriffe des Arbeitgebers auf die Kommunikationsinhalte des E-Mail-Verkehrs nur die Einwilligung des Empfängers oder auch die des Absenders nötig ist. Letzteres wird von einem Teil der Literatur verlangt.[202] Andere[203] bestreiten das mit Recht. Wer einen Arbeitnehmer unter seiner dienstlichen E-Mail-Adresse kontaktiert, muss damit rechnen, dass der Arbeitgeber auf diese E-Mail zugreifen kann, wenn sie unverschlüsselt versendet wird. Die Rechtsprechung hat – soweit ersichtlich – über diese Frage noch nicht entscheiden.[204] Telekommunikationsrechtlich enthält § 94 TKG zwar eine Sondernorm für die notwendige Einwilligung. Mit Inkrafttreten der DS-GVO gelten aber für die Unterrichtung und die Einwilligung – auch soweit die Verarbeitung von Beschäftigtendaten zu Überwachungszwecken betroffen ist – die Vorschriften der DS-GVO. Zwar ermöglicht Art. 95 TKG die weitere Anwendung der §§ 91 ff. TKG. Allerdings gilt dies nur für Vorschriften, die auf der Datenschutzrichtlinie für die elektronische Kommunikation[205] beruhen. Die Regelung über die elektronische Einwilligung (§ 94 TKG) gehört nicht dazu, weil sie sich darauf beschränkt, auf die Vorgaben der DSRL zu verweisen. Auch die e-Privacy-RL enthält keine eigenständige Regelung.

Maßgeblich für die Einwilligung ist also **Art. 7 DS-GVO**.[206] Knackpunkt ist dabei – wie so oft – die Freiwilligkeit (Art. 4 Nr. 11 DS-GVO, § 26 Abs. 2 BDSG). An dieser fehlt es, wenn der Beschäftigte außerstande ist, seine Einwilligung ohne Rechtsnachteile zu verweigern. Problematisch ist daher der auch von der Konferenz der unabhängigen Datenschutzbehörden des Bundes und der Länder vorgeschlagene Weg, die Privatnutzung der Betriebs-IT von vornherein davon abhängig zu machen, dass die Beschäftigen durch individuell erteilte Einwilligungserklärungen dem Arbeitgeber den Zugriff auf das E-Mail-Konto zu Kontrollzwecken zu erlauben.[207] Auch **§ 26 BDSG scheidet als Erlaubnisnorm aus.** Das ergibt sich aus § 88 Abs. 3 S. 3 TKG. Danach ist es dem Arbeitgeber als Anbieter von TK-Leistungen nur soweit erlaubt, sich Kenntnis vom Inhalt der TK verschaffen, wie dies für die Erbringung der Dienstleistung erforderlich ist. Für andere Zwecke dürfen diese Kenntnisse nicht verwendet werden, es sei denn, dass das TKG selbst oder eine andere gesetzliche Vorschrift dies erlaubt. Diese andere Vorschrift muss sich auf ausdrücklich auf TK-Vorgänge beziehen. Das ist aber nur selten der Fall. Das „kleine Zitiergebot" des § 88 Abs. 3 S. 3 TKG[208] wird derzeit lediglich vom „G-10-Gesetz", den §§ 100a, 100b und 100g ZPO und dem ZollfahndungsG beachtet. § 26 Abs. 1 BDSG erwähnt das TKG nicht und kommt deshalb als Zugriffsgrundlage nicht in Betracht. Das-

82

---

[200] *Gola/Pötters/Wronka* Arbeitnehmerdatenschutz-HdB Rn. 1330; *Kempermann* ZD 2012, 12 (14); *Kort* DB 2011, 2092 (2093); aA *Schaar* RDV 2002, 4 (10).
[201] Maunz/Dürig/*Durner* GG Art. 10 Rn. 1; Sachs/*Pagenkopf* GG Art. 10 Rn. 43; BeckTKG/*Bock* § 8 Rn. 44.
[202] BeckTKG/*Bock* § 8 Rn. 44; Maunz/Dürig/*Durner* GG Art. 10 Rn. 127; Spindler/Schuster/*Eckhardt* TKG § 88 Rn. 28 mwN; Sachs/*Pagenkopf* GG Art. 10 Rn. 43.
[203] Plath/*Jenny* TKG § 88 Rn. 11; *Kempermann,* ZD 2012, 12 (14).
[204] In der „Fangschaltungsentscheidung" ist das BVerfG allerdings zu dem Ergebnis gekommen, dass der eine Partner eines Telefongesprächs nicht mit Wirkung für den anderen ohne dessen Einverständnis auf die Wahrung des Fernmeldegeheimnisses verzichten kann. Jedenfalls folge dies nicht bereits daraus, dass jeder Fernsprechteilnehmer ohne Grundrechtsverstoß Dritte von seinen Telefongesprächen unterrichten dürfe, vgl. BVerfG 25. 3. 1992 – 1 BvR 1430/88, NJW 1992, 1875.
[205] Richtlinie 2002/58/EG vom 12.7.2002 über die Verarbeitung personenbezogener Daten und den Schutz der Privatsphäre in der elektronischen Kommunikation (ePrivacy-Richtlinie; EK-DSRL).
[206] Buchner/Kühling/*Kühling/Raab* DS-GVO Art. 95 Rn. 10.
[207] DSK, Orientierungshilfe zur datenschutzgerechten Nutzung von E-Mail und anderen Internetdiensten am Arbeitsplatz, Stand: Jan. 2016, S. 8 ff.
[208] Spindler/*Schuster* TKG § 88 Rn. 35.

selbe gilt für die Regelungen im TKG. **§ 88 Abs. 4 TKG scheidet regelmäßig aus,** weil er nur die Anzeige bevorstehender Verbrechen erfasst, nicht aber die Aufklärung von Vergehen, zu denen die Delikte im Bereich der Wirtschaftskriminalität überwiegend gehören. Ebenso wenig zielführend ist **§ 100 Abs. 3 TKG.** Nach hM ist die Kontrolle des Inhalts von E-Mails nur dann erlaubt, wenn tatsächliche Anhaltspunkte für eine Leistungserschleichung iSv § 265a StGB oder eine sonstige rechtswidrige Inanspruchnahme von Telekommunikationsnetzen und – diensten bestehen. Nicht erfasst ist damit die Verwendung des betrieblichen Accounts zur Planung, Ausführung und Vorbereitung von anderen Straftaten zulasten des Arbeitgebers oder Dritten.[209]

83 Im Ergebnis führt also die **Erlaubnis der Privatnutzung** zu einer **massiven Beschränkung der arbeitgeberseitigen Kontrollbefugnisse.** Befinden sich auf dem Rechner eines Mitarbeiters sowohl dienstliche als auch private E-Mails, die unter den Schutz von Art. 10 GG fallen, schlägt das Kontrollverbot für die privaten E-Mails auf die im Übrigen zulässige Kontrolle der dienstlichen E-Mails durch.[210] Für den kontrollierenden Arbeitgeber bleibt zumeist unklar, welche Art von E-Mail bei einer Kontrolle betroffen ist. Das gilt jedoch nicht, wenn die Beschäftigten angehalten werden, dienstliche und private E-Mails in getrennten Postfächern abzuspeichern. Unter dieser Bedingung kann der Arbeitgeber auf das Postfach mit den dienstlichen E-Mails so wie im Falle einer verbotenen Privatnutzung zugreifen. Entsprechendes gilt, wenn bei einer erlaubten Privatnutzung private E-Mails gesondert gekennzeichnet oder nach bestimmten Fristen gelöscht werden müssen.[211]

3. Elektronische Kommunikationsverzeichnisse

a) Beschreibung

84 In vielen Matrixorganisationen bestehen elektronische Namens-, Telefon- und E-Mail-Verzeichnisse, auf die Mitarbeiter matrixweit über das Intranet zugreifen können. Solche häufig als „Corporate Directory" bezeichneten Systeme sollen eine effiziente Kommunikation über die Grenzen der einzelnen Matrixgesellschaft hinweg ermöglichen. Bei international agierenden Matrixorganisationen erlauben sie auch die Kontaktaufnahme zu im Ausland beschäftigten Arbeitnehmern. Im Regelfall enthalten diese Verzeichnisse nur die für die Kontaktaufnahme erforderlichen **Basisdaten der Mitarbeiter**, dh deren Vor- und Nachnamen, ihre Betriebsadresse, die Mobil- und Festnetznummer sowie ihre E-Mail-Adresse. Komplexere Verzeichnisse können darüber hinaus auch die Funktion des Mitarbeiters enthalten sowie seine Zugehörigkeit zu einer speziellen Abteilung oder einem bestimmten Team. Zuweilen finden sich auch **fotografische Portraitaufnahmen** in den Verzeichnissen. Manche Directories lassen Suchanfragen mit abstrakten Kriterien zu, die auch kombiniert werden können, zB „alle HR-Businesspartner in München". Die datenschutzrechtliche Zulässigkeit solcher Kommunikationsverzeichnisse hängt vom Umfang ihrer Funktionalität und der Reichweite des Kreises des Zugriffsberechtigten ab.

b) Datenschutzrechtliche Beurteilung

85 Dass es sich bei den Informationen, auf die in den Verzeichnissen zugegriffen werden kann, um personenbezogene Daten handelt, liegt auf der Hand. Die Voraussetzungen des Art. 4 Nr. 1 DS-GVO sind zweifellos erfüllt. Es handelt sich um Informationen, die sich auf eine „identifizierte oder identifizierbare natürliche Person beziehen". Das **Einspeichern dieser Daten** in das Kommunikationsverzeichnis bedeutet eine nach Art. 6 Abs. 1

---

[209] *Mengel* NZA 2017, 1494 (1497).
[210] *Mengel* NZA 2017, 1494 (1496).
[211] So auch EGMR 22.2.2018 – 588/13, ZD 2018, 263. Nach dem EGMR gilt das aber nur dann, wenn die privaten Dateien ausdrücklich als solche bezeichnet sind, EGMR 22.2.2018 – 588/13, ZD 2018, 263.

DS-GVO **erlaubnispflichtige Datenverarbeitung** iSd Art. 4 Nr. 2 DS-GVO, weil der Tatbestand der „Offenlegung durch Übermittlung" gegeben ist. Darunter ist jeder Vorgang zu verstehen, durch den der Verantwortliche personenbezogene Daten einem Empfänger so zugänglich macht, dass dieser Kenntnis vom Informationsgehalt der übermittelten Daten erlangen kann.[212] Ob es sich bei dem Empfänger um einen „Dritten" (Art. 4 Nr. 10 DS-GVO) handelt oder nicht, ist gleichgültig. Eine **rechtfertigungsbedürftige Verarbeitung** ist deshalb auch dann gegeben, wenn **personenbezogene Daten innerhalb** des Organisations- und Zuständigkeitsbereichs des **Verantwortlichen weitergeleitet** werden, etwa an Personen, die unter der unmittelbaren Verantwortung des Verantwortlichen befugt sind, die Daten zu verarbeiten (Art. 29 DS-GVO).[213] Der früher als „**Nutzung**" iSv § 3 Abs. 5 BDSG erlaubnispflichtige Datenumgang **gilt nun als Datenverarbeitung** iSv Art. 4 Nr. 2 DS-GVO.[214]

Eine Erlaubnis nach **§ 26 Abs. 1 BDSG** dürfte **regelmäßig ausscheiden.**[215] Sie käme nur dann in Betracht, wenn das Einspeichern der Daten zur Begründung, Durchführung oder Beendigung des Beschäftigungsverhältnisses des Betroffenen notwendig ist. Es ist kaum ersichtlich, aus welchem Grund es für die Erbringung der *eigenen* Arbeitsleistung eines Mitarbeiters erforderlich sein sollte, dass andere Personen auf seine dienstlichen Kommunikationsdaten (Name, Abteilung, dienstliche Telefon- und Telefax-Nummer, E-Mail-Adresse) zugreifen können müssen.[216] Das kann ausnahmsweise anders liegen, wenn der Betroffene regelmäßig Dienste für andere Mitarbeiter erbringt, zB als Servicetechniker. Dazu würde es aber ausreichen, wenn seine Daten nur denjenigen zugänglich gemacht werden, die seine Dienste in Anspruch nehmen. Dass jeder mit jedem kommunizieren kann, genügt für § 26 Abs. 1 BDSG sicher nicht. 86

In Betracht kommt deshalb nur eine Rechtfertigung nach **Art. 6 Abs. 1 lit. f DS-GVO.** Zu prüfen ist dann, ob berechtigte Interessen des verantwortlichen Arbeitgebers oder eines Dritten bestehen, die das Einspeichern der Kommunikationsdaten in das Verzeichnis erforderlich machen. Zwar hat der europäische Gesetzgeber grundsätzlich anerkannt, dass Verantwortliche „ein berechtigtes Interesse daran haben [können], personenbezogene Daten innerhalb der Unternehmensgruppe für interne Verwaltungszwecke, einschließlich der Verarbeitung personenbezogener Daten von Kunden und Beschäftigten, zu übermitteln" (EG 48 DS-GVO). Notwendig bleibt aber stets die Abwägung zwischen den Interessen des verantwortlichen Vertragsarbeitgebers und den Grundrechten und Grundfreiheiten der betroffenen Personen, die nicht überwiegen dürfen. Ein berechtigtes Interesse des Arbeitgebers oder anderer Matrixgesellschaften setzt zumindest voraus, dass ein vernünftiger Grund für ein solches matrixweites Verzeichnis besteht. Dazu hätte der Arbeitgeber nachzuweisen, dass dieses für die Kommunikation zwischen den Mitarbeitern verschiedener Matrixgesellschaften wirklich notwendig ist, etwa um E-Mails zur zeitgleichen Information aller Mitarbeiter zentral zu versenden. Die Aufsichtsbehörden sind zuweilen großzügiger und halten solche Verzeichnisse für grundsätzlich erlaubt, denn sie entsprächen „der legitimen Erwartung, eine ebenso schnelle wie **reibungslose konzerninterne Kommunikation** herzustellen."[217] Ausschlaggebend für diese eher aufgeschlosse- 87

---

[212] Kühling/Buchner/*Klar* DS-GVO Art. 4 Nr. 2 Rn. 29.
[213] Kühling/Buchner/*Klar* DS-GVO Art. 4 Nr. 2 Rn. 29; BeckOK DatenschutzR/*Schild* DS-GVO Art. 4 Rn. 102; aA Gola/*Gola* DS-GVO Art. 4 Rn. 63, demzufolge Personen „unterhalb des Verantwortlichen" mit personenbezogenen Daten arbeiten, also die dort beschäftigten Mitarbeiter, nicht als Empfänger gelten.
[214] Ebenso BeckOK DatenschutzR/*Schild* DS-GVO Art. 4 Rn. 102; aA Paal/Pauly/*Ernst* DS-GVO Art. 4 Rn. 57, demzufolge der Wortlaut der Definition wohl vermuten lässt, dass eine gewisse Eigenständigkeit verlangt wird, um von einem Empfänger sprechen zu können; so auch Sydow/*Regenhardt* DS-GVO Art. 4 Rn. 156.
[215] AA *J. Fischer* NZA 2018, 8 (9).
[216] Ebenso Gola/Pötters/*Wronka* Arbeitnehmerdatenschutz-HdB Rn. 985.
[217] Bericht der Hess. Landesregierung über die Tätigkeit der Aufsichtsbehörden für den Datenschutz im nicht öffentlichen Bereich v. 26.11.2001, LT-Drs. 15/4659.

88 Manche Stimmen halten die **Aufnahme von Mitarbeitern für bedenklich,** bei denen ein matrixweites Publikationsinteresse weitgehend auszuschließen ist, wie zB bei **Boten, Gärtnern, oder Putzkolonnen.**[218] Abgesehen davon, dass ein solcher **Ausschluss diskriminierend wirkt,** wenn das Verzeichnis allen Beschäftigten zur Verfügung stehen muss, wenn jeder mit jedem kommunizieren können soll, dürfte sich der Personenkreis in der Praxis kaum trennscharf abgrenzen lassen. Außerdem darf man bei aller Sorge um die Vertraulichkeit der Daten nicht vergessen, dass es sich um **„Basisdaten"** handelt. Ist deren Bekanntgabe wegen ihrer Relevanz für die Matrix in herkömmlicher Form zulässig – etwa in gedruckten und matrixweit verbreiteten Verzeichnissen –, kann das beim Einsatz elektronischer Medien nicht grundsätzlich anders sein.[219] Dass diese auch zweckwidrig genutzt werden können – etwa indem Angehörige der Matrix E-Mail-Verteilerlisten erstellen, die sie an Externe (Gewerkschaften, Werbetreibende) weiterleiten[220] –, steht dem nicht entgegen, da sich solche Verzeichnisse auch dann unzulässig weitergeben lassen, wenn sie in Papierform vorliegen.

89 Anderes gilt für **Portraitaufnahmen der Betroffenen.** Ihre Veröffentlichung wird im Regelfall nicht erforderlich sein.[221] Falls dies trotzdem geschehen soll, ist dies nur mit ausdrücklicher Einwilligung des Abgebildeten erlaubt. Das ergibt sich aus **§ 22 KUG.** Danach dürfen Bildnisse nur mit Einwilligung des Abgebildeten verbreitet oder öffentlich zur Schau gestellt werden. Als Bildnis gilt dabei jede Wiedergabe des äußeren Erscheinungsbildes einer identifizierbaren Person. Die auf dem Foto abgebildete Person muss erkennbar sein. Für die Identifizierbarkeit genügt ein mit dem Foto veröffentlichter Text. Die **Einwilligung** muss **schriftlich erteilt** werden und **freiwillig** erfolgen,[222] wobei der Arbeitnehmer auch nicht kraft arbeitgeberseitigen Weisungsrechts angehalten werden kann, der Veröffentlichung zuzustimmen. Anderes gilt nur, wenn eine Abbildung reinen Illustrationszwecken dient und keinen auf die individuelle Person des Arbeitnehmers Bezug nehmenden Inhalt transportiert. Das ist aber bei Portraitfotos in Kommunikationsverzeichnissen gerade nicht der Fall.[223]

III. Personalmanagement in der Matrix

1. Human Resources Shared Service Center (HR SSC)

a) Beschreibung

90 Nicht selten trifft man in Matrixorganisationen „HR Shared Service Center" (HR SSC) an. Ein solches HR SSC stellt in einer **zentralen Einheit** („Center") **Dienstleistungen** („Services") im Bereich des Personalmanagements („HR") zur Verfügung, die **von allen Matrixgesellschaften genutzt** („shared") werden können. Die Dienste werden vom HR SSC gebündelt und müssen nicht mehr von jeder Gesellschaft selbst erbracht werden. Davon verspricht man sich Kostenvorteile. Diese ergeben sich aus Skaleneffekten bei der Durchführung der Prozesse, die auf Automatisierung und Lerneffekten beim eingesetzten Personal beruhen. Die Spezialisierung der Mitarbeiter soll zudem die Arbeitsergebnisse verbessern und Freiräume für das übrige Personal schaffen, die für die Beratung der Führungskräfte oder für strategische Aufgaben genutzt werden können. Besonders geeignet

---

[218] *Gola/Pötters/Wronka* Arbeitnehmerdatenschutz-HdB Rn. 986.
[219] Ebenso *Gola/Pötters/Wronka* Arbeitnehmerdatenschutz-HdB Rn. 985.
[220] BAG 20.1.2009 – 1 AZR 515/08, NZA 2009, 615.
[221] Ebenso *Gola/Pötters/Wronka* Arbeitnehmerdatenschutz-HdB Rn. 985.
[222] BAG 11.12.2014 – 8 AZR 1010/13, NZA 2015, 604; 19.2.2015 – 8 AZR 1011/13, ZD 2015, 380 Rn. 25.
[223] Zu den zusätzlich zu wahrenden Urheberrechten des Fotografen aA *J. Fischer* NZA 2018, 8 (9f.).

für die Durchführung durch ein HR SSC sind Dienste mit gleichartigen Arbeitsschritten, die einen hohen administrativen Anteil aufweisen und nur wenig strategisch ausgerichtet sind. Das ist zB der Fall beim **operativen Bewerbungsmanagement,** bei der **Zeitwirtschaft,** beim **Abrechnungswesen** sowie beim **Reisekosten- und Seminarmanagement.** HR SSC bilden im Regelfall **organisatorisch selbständige Einheiten,** die zuweilen sogar rechtlich verselbständigt sind, ihre Dienste aber nur den zur Matrix gehörenden Gesellschaften anbieten. Die Gesellschaften, die die Dienstleistungen in Anspruch nehmen, stehen in einer Art Kunden-Dienstleister-Verhältnis zum HR SSC. Im Unterschied zum Outsourcing, bei dem externe Dienstleister bestimmte Unternehmensfunktionen erfüllen, handelt es sich bei der Shared-Service-Konstruktion um eine **Art internes Outsourcing.**

Mit der Einführung eines HR SSC geht beinahe zwangsläufig eine weitere Arbeitsteilung im HR Bereich einher. Die strategische Beratung der Führungskräfte und Linienvorgesetzten nehmen „**HR Business Partner**" wahr, die außerdem die Vorgaben des Geschäfts personalwirtschaftlich umzusetzen haben. Nicht selten übernehmen sie auch die Funktion des klassischen Personalreferenten, der die operativen Themen des HR-Alltags bearbeitet. Für schwierige Fachfragen wird mitunter ein „**HR Expertise Center**" geschaffen. Seine Aufgabe besteht darin, juristisches und personalwirtschaftliches Know How zu bündeln und den Entscheidungsträgern in den Matrixgesellschaften bedarfs- und zeitgerecht zur Verfügung zu stellen. 91

b) Datenschutzrechtliche Beurteilung

Dass bei all diesen Prozessen Beschäftigtendaten durch Übermittlung offengelegt und damit iSd Art. 4 Nr. 2 DS-GVO verarbeitet werden, ist anzunehmen. Die **Erlaubnispflicht nach Art. 6 DS-GVO** setzt allerdings erst dann ein, wenn ein anderer, der nicht unbedingt Dritter iSd Art. 4 Nr. 10 DS-GVO zu sein braucht, die **Daten tatsächlich abruft**[224], wozu er – eigenhändig – die dazu notwendigen Schritte unternehmen muss.[225] 92

Für die datenschutzrechtliche Beurteilung ist entscheidend, wer als **Verantwortlicher** für den Verarbeitungsprozess zu gelten hat. Das ist derjenige, der allein oder gemeinsam mit anderen über die Zwecke und Mittel der Verarbeitung von Beschäftigtendaten entscheidet (Art. 4 Nr. 7 DS-GVO). Das ist bei einem HR SSC Konzept differenziert zu betrachten und hängt von der Art der Aufgabe ab, die ein Mitarbeiter dort zu erfüllen hat. Maßgeblich sind **die Umstände des Einzelfalles.** 93

Erbringt das HR SSC seine Dienste zur Personalverwaltung zentral für alle Matrixgesellschaften, liegt die Annahme einer datenschutzrechtlich privilegierten **Auftragsverarbeitung** (Art. 28 DS-GVO) nahe. Das hätte nach hM zur Folge, dass die **Übermittlung** an die in einem HR SSC Beschäftigten **keiner weiteren Rechtfertigung** nach Art. 6 DS-GVO bedarf, und zwar selbst dann nicht, wenn das HR SSC in eigener Rechtsform betrieben wird. Stattdessen wären die **rigiden Vorgaben des Art. 28 DS-GVO** zu beachten (→ Rn. 43 ff.). Liegt das HR SSC im Ausland, müssen zudem die Anforderungen für einen Datentransfer ins Ausland (→ Rn. 59 ff.) erfüllt werden. 94

Für eine solche Auftragsverarbeitung spricht, dass das **HR SCC** im Wesentlichen **reine Servicefunktionen** erfüllt und nicht selbst über die Zwecke der von ihm erhobenen, gespeicherten oder genutzten Daten entscheidet. Denn diese werden von den Geschäftsführungen der Matrixgesellschaften oder der Matrixleitung vorgegeben und sind dann vom HR SCC schlicht umzusetzen. So liegt es bei standardisierten Prozessen, wie zB der Lohn- und Gehaltsabrechnung, die zuweilen sogar vollkommen automatisch verlaufen, wie die elektronische Zeitwirtschaft. Selbst bei Verfahren, die das individuelle Eingreifen des HR SCC Mitarbeiter verlangen, wie zB beim Bewerbungsmanagement, bleiben die Matrixgesellschaften die für die Datenverarbeitung Verantwortlichen, weil sie es sind, für 95

---

[224] Kühling/Buchner/*Klar* Art. DS-GVO 4 Nr. 2 Rn. 31.
[225] EuGH 6.11.2003– C-101/01, EuZW 2004, 245 Rn. 60 – Lindqvist.

die die Daten verarbeitet werden. Dass dem HR SCC hinsichtlich der der technischen und organisatorischen Mittel zur Erbringung der Serviceleistungen ein gewisser Spielraum zusteht, schadet nicht,[226] solange es die Matrixgesellschaften sind, die letztlich über die wesentlichen Fragen entscheiden, die die Rechtmäßigkeit der Verarbeitung ausmachen.

96 **Gehen die vom HR SCC geleisteten Dienste über bloße Hilfs- und Unterstützungsfunktionen hinaus,** die zudem auch nicht mit den übernommenen Aufgaben im Zusammenhang stehen, können diese nicht mehr als Auftragsdatenverarbeitung qualifiziert werden.[227] Vielmehr ist eine **erlaubnispflichtige „Übermittlung"** gegeben. Unter diesen Umständen ist zu prüfen, ob die Voraussetzungen § 26 Abs. 1 BDSG bzw. Art. 6 Abs. 1 lit. f DS-GVO erfüllt sind. Außerdem hat der Verantwortliche durch geeignete Maßnahmen sicherzustellen, dass den in Art. 5 DS-GVO niedergelegten Grundsätzen für die Verarbeitung von Beschäftigtendaten Rechnung getragen wird. Operiert das HR SCC vom Ausland aus, sind zusätzlich die Vorgaben der Art. 44 ff. DS-GVO über die Übermittlung von Beschäftigtendaten in Drittländer zu beachten (→ Rn. 59 ff.).

97 Auf die Generalklausel des **§ 26 Abs. 1 BDSG** lässt sich die **Übermittlung** nur dann stützen, wenn der Datentransfer an das HR SCC **vorrangig aus Gründen des Beschäftigungsverhältnisses erfolgt,** er also für die Begründung, Durchführung oder Beendigung des Beschäftigungsverhältnisses erforderlich ist. Das verlangt einen gewissen **Matrixbezug des Arbeitsverhältnisses.**[228] Dazu genügt es nicht, dass der Arbeitnehmer bei einem Unternehmen beschäftigt wird, das Teil einer Matrixorganisation ist.[229] Der Matrixbezug muss zum Gegenstand des Arbeitsverhältnisses gemacht werden (→ Rn. 36 f.). Ferner muss in jedem Einzelfall geprüft werden, ob und inwieweit die **Übermittlung** personenbezogener Daten tatsächlich **erforderlich** ist, um den damit erstrebten Verarbeitungszweck zu erfüllen.

98 Das ist bei der Übermittlung gewisser **Stammdaten** der von einem HR SCC betreuten Mitarbeiter üblicherweise der Fall. Angaben zu seiner Identifizierung (Name, Wohnsitz, Personalnummer) sowie weitere Informationen, wie etwa Alter, Geschlecht, Familienstand, Schule, Ausbildung in Lehr- und anderen Berufen, Fachschulausbildung/Fachrichtung/Abschluss, Sprachkenntnisse werden im Regelfall nämlich zur Durchführung des Beschäftigungsverhältnisses benötigt.[230] In deren anlassloser Verwahrung liegt dann **keine unzulässige Vorratsdatenspeicherung,** wenn sie für ständig wiederkehrende Aufgaben bereitgehalten werden und bei einer Güterabwägung das Interesse des Arbeitgebers an der mit dem Einsatz von DV-Anlagen bezweckten Verwaltungsvereinfachung das Löschungsinteresse des Arbeitnehmers überwiegt.[231] Das ist für den jeweiligen Verarbeitungszweck am Maßstab der Erforderlichkeit und der Verhältnismäßigkeit zu beurteilen. Entscheidend ist dabei zum einen, ob sich das Arbeitsverhältnis auch ohne die Speicherung der Personaldaten genauso leicht und einfach durchführen ließe, zum anderen, wie sehr die Speicherung die Persönlichkeitsrechte des Arbeitnehmers beeinträchtigt.

99 Dient der Datentransfer an das HR SCC nicht vorrangig der Durchführung eines konkreten Beschäftigungsverhältnisses, sondern anderen Zwecken (zB der Führung der Matrix oder statistischen Auswertungen), ist eine Abwägung nach **Art. 6 Abs. 1 lit. f DS-GVO** notwendig. Dabei ist zu prüfen, ob berechtigte Interessen des verantwortlichen Arbeitgebers oder eines Dritten einen konzerninternen Datenfluss rechtfertigen. Das lässt sich gerade nicht pauschal beantworten. Maßgeblich sind der **Umfang** und die **Art** der **personenbezogenen Daten,** auf die das HR SCC Zugriff hat.

---

[226] Art. 29 Datenschutzgruppe, WP 169 S. 40; Kühling/Buchner/*Hartung* DS-GVO Art. 28 Rn. 30.
[227] Kühling/Buchner/*Hartung* DS-GVO Art. 28 Rn. 47 ff.
[228] *Däubler* Gläserne Belegschaften Rn. 454; *Gola/Pötters/Wronka* Arbeitnehmerdatenschutz-HdB Rn. 936; *Nink/Müller* ZD 2012, 505 (506); *Ruppmann* Austausch S. 59 ff.; *Vogt* Arbeitsrecht im Konzern § 22 Rn. 18.
[229] *Gola/Pötters/Wronka* Arbeitnehmerdatenschutz-HdB Rn. 936; *Ruppmann* Austausch S. 60 ff.
[230] BAG 22.10.1986 – 5 AZR 660/85, NZA 1987, 415 (417).
[231] BAG 22.10.1986 – 5 AZR 660/85, NZA 1987, 415 (417).

2. Matrixweites Recruiting

a) Beschreibung

Synergieeffekte verspricht auch ein **zentrales Bewerbermanagementsystem,** das für den gesamten (Matrix-)Konzern oder für bestimmte Gesellschaften den gesamten Prozess des Recruitings von Mitarbeitern besorgt. Über zentral verwaltete **Recruiting-Suchmaschinen** auf der Homepage des Konzerns können Bewerber deutschland-, europa- oder sogar weltweit nach offenen Stellen suchen und sich sodann online auf konkret ausgeschriebene Stellen bewerben oder elektronische Initiativbewerbungen im System hinterlassen. Die Bewerbung erfolgt über klar strukturierte **Online-Formulare,** durch die alle für die Auswahlentscheidungen nötigen Bewerberdaten erfasst werden. Das zugrundeliegende Anforderungsprofil wird häufig dezentral durch die Personalabteilungen der Matrixgesellschaften erstellt. Dabei können die Bewerber nicht nur nach ihren Qualifikationen befragt werden (Schul- und Hochschulabschlüssen, Fremdsprachenkenntnissen, Berufserfahrung), sondern werden zuweilen auch aufgefordert, ihre Fähigkeiten und Fertigkeiten auf numerischen Skalen einzuschätzen. Papierbewerbungen werden eingescannt. Alle Bewerberdaten werden in einer **relationalen Datenbank gespeichert.** Der jeweilige Stand des Verfahrens (Eingang der Unterlagen, Zwischenbescheid, Telefonat) wird für den Personalmanager transparent festgehalten, so dass er jederzeit gegenüber dem Bewerber und gegenüber der anfordernden Abteilung Auskunft geben kann. Wiedervorlagefunktionen erinnern automatisch an anstehende Prozessschritte. Der **Manager** kann im System nach Kandidaten in den Stellenausschreibungen seiner eigenen Matrixgesellschaft suchen, ist aber auch in der Lage, über die normalen Suchfunktionen (Stammdaten) im **konzernweiten Bewerberdatenpool zu recherchieren.** Dort werden all jene Bewerbungen verwaltet, die bei den anderen Matrixgesellschaften nicht erfolgreich waren, soweit sich die Bewerber zuvor mit der Übermittlung ihrer Daten und deren Freigabe an andere Matrixgesellschaften einverstanden erklärt haben. Die Daten werden häufig nach drei Monaten gelöscht. Bei einem weltweit operierenden Recruitingsystem wird sichergestellt, dass die zugriffsberechtigten Mitarbeiter die Bewerberdaten nur in der im jeweiligen Land erlaubten Form zur Kenntnis nehmen können. HR-Managern in den USA werden deshalb Geburtsdaten, Hinweise zum Geschlecht und Fotos der Bewerber nicht zugänglich gemacht.

Zuweilen sind die Recruitingsysteme auch **mit internen Stellenbörsen vernetzt.** Über diese haben interne Bewerber Zugriff auf Stellenangebote im gesamten Konzern oder bei bestimmten Matrixgesellschaften. Um den Anforderungen des Beteiligungsrechts nach § 93 BetrVG zu genügen, müssen den internen Bewerbern dieselben Informationen zur Verfügung stehen wie den externen. Interne Bewerber bewerben sich online über dieselben Bewerbungsplattformen wie externe Kandidaten. Nicht selten wird ihre Bewerbung aber im System anonymisiert. Die Stammdaten sind für die Personalabteilung erst dann ersichtlich, wenn der Bewerber sie freigibt, was nur geschieht, wenn der Personalbereich wirklich an ihm interessiert ist. Vielerorts können bereits im Konzern Beschäftigte auch eine elektronische Initiativbewerbung hinterlassen. Ihre Daten werden dann anonymisiert in einem **allgemeinen Bewerberdatenpool** abgespeichert und stehen den Geschäftsleitungen bzw. Personalbereichen der Matrixgesellschaften zur Verfügung. In manchen Recruitingsystemen lassen sich auch personenbezogene **Daten von Mitarbeitern** abspeichern, deren **Arbeitsplatz in Gefahr** ist. Die Systeme sorgen dann automatisch dafür, dass bei der Besetzung freier Stellen solche internen Bewerbungen den externen Kandidaten vorgezogen werden. Manche Systeme übernehmen darüber hinaus sogar die **Integration neuer Mitarbeiter,** indem sie Arbeitsverträge und sonstige für die Einstellung notwendige Unterlagen zur Verfügung stellen.

Die Vorteile derartiger Systeme liegen auf der Hand. Durch die **Standardisierung** und **Automatisierung** der Prozesse spart die Matrixorganisation Kosten. Außerdem werden die Verfahren durch die zumeist vollständig digitalisierte Prozesskette beschleunigt, da die Bewerbungsunterlagen nicht mehr in Papierform, sondern elektronisch und übermittelt werden. Die Bewerber erhalten schneller und transparenter Antwort, weil die Daten und alle Transaktionen im System gespeichert werden. Die Prozesse lassen sich auch bei Urlaub und Krankheit des an sich zuständigen Sachbearbeiters weiterführen. Durch automatische Erinnerungen erhalten die Fachabteilungen rascher Antwort von den Personalabteilungen und können so selbst zügiger reagieren. **Alle Informationen** zum jeweiligen Bewerber sind für jeden Verantwortlichen **in einem einheitlichen Format zugänglich** und müssen nicht umständlich aus den eingereichten Bewerbungsunterlagen zusammengesucht werden. Auf diese Weise lassen sich auch **elektronische Quervergleiche** zwischen den Bewerbern anstellen. Haben sich Kandidaten bei verschiedenen Matrixgesellschaften beworben, können zB überzogene Gehaltsvorstellungen leicht aufgedeckt werden. Besteht die Möglichkeit, sich anonym zu bewerben, können wechselwillige Mitarbeiter dank des matrixweiten Recruitingsystems besser gehalten werden. Der Datenpool verschafft allen Personalmanagern maximalen Zugriff auf sämtliche Bewerbungen und hilft so bei der Suche nach dem richtigen Kandidaten. Überdies sind **statistische Auswertungen** möglich.

b) Datenschutzrechtliche Beurteilung

103 Die Erhebung, Speicherung, Auswertung und Weiterleitung von personenbezogener Bewerberdaten stellt eine nach Art. 6 Abs. 1 DS-GVO erlaubnispflichtige Datenverarbeitung iSd Art. 4 Nr. 2 DS-GVO dar. Als Verarbeitungsgrundlage kommt zunächst § 26 Abs. 1 S. 1 BDSG in Betracht, der bereits im Anbahnungsverhältnis gilt, wie § 26 Abs. 8 S. 2 BDSG ausdrücklich anordnet. Eine Verarbeitung ist danach nur dann erlaubt, wenn sie für die Entscheidung über die Begründung eines Beschäftigungsverhältnisses **erforderlich** ist. Nach der Rechtsprechung[232] dürfen hierfür **nur solche Daten** erhoben werden, mit denen die **Eignung des Bewerbers** für die zu besetzende Stelle beurteilt werden soll, und zwar hinsichtlich
– **der fachlichen Qualifikation** für die in Aussicht genommene Tätigkeit; hierzu dienen Angaben über Schulausbildung und -abschlüsse, Studiengang, Prüfungen, Sprachkenntnisse, Berufsausbildung, berufsqualifizierende Tätigkeiten, beruflichen Werdegang und die letzte Tätigkeit
– **der körperlichen und gesundheitlichen Verfassung,** um die Arbeitsaufgabe zum Zeitpunkt des Beginns des Arbeitsverhältnisses und auf absehbare Zeit danach wahrnehmen zu können
– **sonstiger persönlicher Eigenschaften,** soweit sie Voraussetzung für die zu erbringende Arbeitsleistung im Sinne der unternehmerischen Zielsetzung sind; hierzu dienen Angaben über Vorstrafen, Vermögensverhältnisse, und über die Verfügbarkeit (zB kein Wettbewerbsverbot).

104 Hat sich ein Kandidat **erfolglos beworben,** muss der Arbeitgeber an sich dessen Bewerbungsunterlagen zurücksenden (§§ 311 Abs. 2, 241 Abs. 2 BGB) und die gespeicherten Daten löschen (Art. 17 Abs. 1 lit. a DS-GVO). Länger gespeichert werden dürfen die Bewerberdaten nur, wenn dies zur Geltendmachung, Ausübung oder Verteidigung von Rechtsansprüchen des Arbeitgebers erforderlich ist (Art. 17 Abs. 3 lit. e DS-GVO). Das kann der Fall sein, um Entschädigungsklagen wegen Diskriminierung eines abgelehnten Bewerbers zu begegnen.[233] Da diese binnen drei Monaten erhoben werden müssen, nachdem der Anspruch schriftlich geltend gemacht wurde (§ 61b Abs. 1 ArbGG), wozu der Diskriminierte zwei Monate nach Zugang der Ablehnungsentscheidung Zeit hat, dürfte eine über sechs Monate hinausgehende Speicherung regelmäßig unzulässig sein.[234] Entsprechendes gilt für die **Speicherung von Initiativbewerbungen.**

---

[232] BAG 18.10.2000 – 2 AZR 380/99, AP BGB § 123 Nr. 59; BAG 6.12.2004 – 2 AZR 148/04, AP BGB § 123 Nr. 64; BAG 15.11.2012 – 6 AZR 339/11, NZA 2013, 429.
[233] *Greßlin* BB 2015, 117 ff.
[234] BayLDA RDV 2013, 141 f.

Sollen die **Daten länger gespeichert werden,** um auf sie bei künftig zu besetzenden Stellen zurückzugreifen oder sie an andere Matrixgesellschaften weiterzuleiten, ist das nur dann zulässig, wenn der Bewerber hierfür seine **Einwilligung** erteilt (Art. 4 Nr. 11 DS-GVO). Da die Möglichkeit, seine Bewerbung trotz der Absage aufrechtzuerhalten, für ihn lediglich vorteilhaft ist, kann im Regelfall von der **Freiwilligkeit** ihrer Erteilung ausgegangen werden (§ 26 Abs. 2 S. 2 BDSG). Die Einwilligung bedarf an sich der **Schriftform** (§ 26 Abs. 2 S. 3 BDSG). Bei Bewerbungen über online-Portale kann sie auch in elektronischer Form erklärt werden. Art. 4 Nr. 11 DS-GVO verlangt nur eine „unmissverständlich abgegebene Willenskundgebung", mit der der Bewerber zu verstehen gibt, dass er mit der weiteren Verwendung seiner Daten einverstanden ist.[235] Allerdings muss der **Verantwortliche** den Bewerber zuvor **über die mit der weiteren Speicherung seiner Daten verfolgten Zwecke unterrichten.** Dies hat so konkret wie möglich zu geschehen, da die Einwilligung laut Art. 4 Nr. 11 DS-GVO „nur für einen bestimmten Fall und in informierter Weise erteilt werden kann". Pauschaleinwilligungen sind damit ebenso ausgeschlossen wie Verarbeitungen, die über den Verarbeitungszweck hinausgehen, der dem Bewerber mitgeteilt wurde. Die Weiterleitung der Daten an andere Matrixgesellschaften zum Zwecke der Vermittlung sollte dabei ebenso zulässig sein wie das Einpflegen in eine Datenbank, auf die interessierte Geschäfts- und Personalleitungen Zugriff haben, soweit der Grundsatz der Verhältnismäßigkeit gewahrt bleibt (→ Rn. 117 ff.).

Gehen die gespeicherten **Daten über den einfachen Stammdatensatz hinaus,** kann es sich anbieten, sie **zunächst pseudonymisiert** unter einer „Talent-ID" an die Zugriffsberichtigten zu übermitteln. Soll dem Bewerber dann tatsächlich eine Stelle angeboten werden, kann der Name hinter der **Talent-ID** angefragt werden, mit dem der Zugriff auf die weiteren, zumeist viel sensibleren Daten möglich ist. Ob allerdings „**Quervergleiche"** und „**Doublettenabgleiche",** die elektronische Recruitingsysteme häufig ermöglichen, noch von einer Bewerbereinwilligung gedeckt sind, erscheint **zweifelhaft.** Denkbar wäre dann, auf § 26 Abs. 1 S. 1 BDSG abzustellen, wenn geltend gemacht werden kann, dass diese „Querabfragen" noch für Zwecke der Einstellung erfolgen und sie zudem nicht erforderlich sind. Ist das zu verneinen, kommt als Verarbeitungsgrundlage nur Art. 6 Abs. 1 lit. f DS-GVO in Betracht. Dann ist zu prüfen, ob berechtigte Interessen des verantwortlichen Arbeitgebers oder eines Dritten den matrixweiten Zugriff auf die Bewerberdatenbank samt „Querabfragen" erlauben oder ob nicht vielmehr Grundrechte und Grundfreiheiten der Betroffenen entgegenstehen. Das lässt sich nicht pauschal beantworten.

Die Einführung und Anwendung der **Datenbank** unterliegt der **betrieblichen Mitbestimmung nach § 94 BetrVG.** In mitbestimmten Betrieben werden deshalb Betriebsvereinbarungen geschlossen.[236] Sie enthalten genaue Vorgaben über die mit dem Betrieb der der Datenbank verfolgten Ziele die dort gespeicherten Daten, das Verfahren der Datenerfassung, Dateneingabe und Datenauswertung, die Zugriffsrechte und Schnittstellen sowie die weitere Beteiligung des Betriebsrats (→ Rn. 122 ff.). Zu den Bedingungen, falls das Recruiting über ein Shared Service Center abgewickelt wird (→ Rn. 90 ff.).

3. Übermittlung von Beschäftigtendaten an Matrixmanager

a) Beschreibung

Kennzeichen der Matrixorganisation ist, dass die Matrixmanager nicht nur die Geschäftsleitungen der Matrixgesellschaften anweisen können, sondern auch das dort beschäftigte Personal. Dieses wird zum „Diener zweier Herren". Denn es hat sowohl die Weisungen der Führungskräfte der Matrixgesellschaft als auch die Anordnungen der Matrixmanager

---

[235] Für das Vorliegen einer ordnungsgemäßen Einwilligung trägt der für die Verarbeitung Verantwortliche die Darlegungs- und Beweislast, weshalb auf eine gehörige Dokumentation zu achten ist.
[236] Vgl. im Einzelnen *Busse* Skill-Datenbanken S. 14 ff.

zu befolgen. In der Praxis ist in diesem Zusammenhang oft von **„Berichtslinien"** die Rede. Gemeint ist damit, dass der Anordnungsberechtigte von Personen, die ihm unterstellt sind, jederzeit Informationen verlangen kann, um damit weitere Entscheidungen treffen zu können. Mit dem Zuwachs an Vorgesetzten steigt zwangläufig die Zahl der zu übermittelnden Daten.

b) Datenschutzrechtliche Beurteilung

109 Zunächst muss sorgfältig geprüft werden, ob es sich bei den übermittelten Informationen überhaupt um personenbezogene Daten iSd Art. 4 Nr. 1 DS-GVO handelt. Das ist nicht immer der Fall. Werden die Mitarbeiter nämlich nur um Angaben zum Stand der ihnen übertragenen Aufgaben gebeten, stellen die erteilten Auskünfte nicht allein deshalb Beschäftigtendaten dar, weil sie von einer „identifizierten oder identifizierbaren natürlichen Person" iSd Art. 4 Nr. 1 DS-GVO stammen. Vielmehr kann es sich um reine **„sachbezogene Daten"** handeln, deren Verarbeitung keine Erlaubnis nach Art. 6 Abs. 1 DS-GVO erfordert.[237] Für solche Daten spielt der Umstand, dass sie von einer bestimmten Person gesendet wurden, keine Rolle, weil es ausschließlich um Mitteilungen über gewisse Umstände, Vorfälle, Zustände usw. geht. **Beschäftigtendaten** liegen erst dann vor, wenn es um Einzelangaben über bestimmte „persönliche oder sachliche Verhältnisse" des Betroffenen geht (vgl. § 3 Abs. 1 BDSG aF). Das setzt einen *konkreten* Personenbezug voraus.[238] Dieser besteht, wenn die Information auch inhaltlich die Person betrifft, die sie übermittelt. Das ist zu bejahen, wenn der Matrixmanager Angaben über das Verhalten des ihm unterstellten Mitarbeiters oder seiner Kollegen verlangt, gleichviel ob es bereits abgeschlossen oder erst geplant ist, oder wenn es um Informationen über bestimmte persönliche Merkmale und Eigenschaften des Unterstellten geht.

110 Erlaubnispflichtig ist die „Offenlegung von Beschäftigtendaten durch Übermittlung an einen Empfänger" (Art. 4 Nr. 2 DS-GVO). Ob es sich bei dem Empfänger um einen „Dritten" iSd Art. 4 Nr. 10 DS-GVO handelt, ist gleichgültig. Eine **rechtfertigungsbedürftige Verarbeitung** ist auch dann gegeben, wenn **Beschäftigtendaten innerhalb** des Organisations- und Zuständigkeitsbereichs **des Verantwortlichen weitergeleitet werden,** etwa an Personen, die unter der unmittelbaren Verantwortung des Verantwortlichen befugt sind, die Daten zu verarbeiten (Art. 29 DS-GVO).[239] Erst recht ist eine Erlaubnis erforderlich, wenn der Empfänger außerhalb des Organisationsbereichs des Verantwortlichen steht, so wie es bei Matrixmanagern der Fall ist, die einer anderen Matrixgesellschaft oder der Matrixleitung angehören.

111 Auf die Generalklausel des **§ 26 Abs. 1 BDSG** lässt sich die Übermittlung nur dann stützen, wenn sie für die Durchführung oder Beendigung des Beschäftigungsverhältnisses erforderlich ist. Bei Konzernsachverhalten verlangt das an sich eine gewisse „Konzerndimensionalität" des Arbeitsverhältnisses (→ Rn. 36 f.).[240] Als matrixtypische Besonderheit ist aber zu berücksichtigen, dass der Matrixmanager Weisungen auch im Namen des Vertragsarbeitgebers erteilen kann. In diesem Fall spielt die Matrixorganisation keine Rolle. Die Weisung könnte ebenso gut von einem beim Vertragsarbeitgeber angestellten Vorgesetzten erfolgen. Deshalb ist davon auszugehen, dass die **Übermittlung** der Beschäftigtendaten auch **an einen Matrixmanager** vorrangig dem **Zweck** dient, das **Arbeitsverhältnis** mit dem Angewiesenen **durchzuführen.** Auf den Konzernbezug des

---

[237] Gola/*Schomerus* BDSG aF § 3 Rn. 8.
[238] Tager/Gabel/*Buchner* BDSG aF § 3 Rn. 6; Plath/*Schreiber* BDSG § 3 aF Rn. 9; *Schaffland/Wiltfang* BDSG aF § 3 Rn. 8.
[239] Kühling/Buchner/*Klar* DS-GVO Art. 4 Nr. 2 Rn. 29; BeckOK DatenschutzR/*Schild* DS-GVO Art. 4 Rn. 102; aA Gola/*Schomerus* Art. 4 Rn. 63, demzufolge Personen „unterhalb des Verantwortlichen" mit personenbezogenen Daten arbeiten, also die dort beschäftigten Mitarbeiter, nicht als Empfänger gelten.
[240] *Däubler* Gläserne Belegschaften Rn. 454; *Gola/Pötters/Wronka* Arbeitnehmerdatenschutz-HdB Rn. 936; *Nink/Müller*, ZD 2012, 505 (506); *Ruppmann* Austausch S. 59 ff.; *Vogt* Arbeitsrecht im Konzern § 22 Rn. 18.

Arbeitsverhältnisses kommt es allerdings dann an, wenn der Matrixmanager Weisungen im Namen der Matrixleitung oder anderer Matrixgesellschaften erteilt, die Arbeitsleistung des Angewiesenen nicht mehr unmittelbar dem Vertragsarbeitgeber zugutekommt und der Angewiesene obendrein den Betrieb verlassen muss, in dem er bislang tätig war. Die Anforderungen sind jedoch nicht besonders hoch. Es genügt, dass der Arbeitnehmer eine **Tätigkeit verrichtet, die an den spezifischen Konzerninteressen ausgerichtet** ist. Stets muss geprüft werden, ob und inwieweit die Übermittlung der Daten an den Matrixmanager erforderlich ist. Operiert dieser vom Ausland aus, sind zusätzlich die Vorgaben der Art. 44 ff. DS-GVO über die Übermittlung von Beschäftigtendaten in Drittländer zu beachten (→ Rn. 59 ff.).

Dient der Datentransfer an den Matrixmanager nicht vorrangig der Durchführung des Beschäftigungsverhältnisses des ihm Unterstellten, ist eine Abwägung nach **Art. 6 Abs. 1 lit. f DS-GVO** notwendig. Dabei ist zunächst zu prüfen, ob berechtigte Interessen des verantwortlichen Arbeitgebers oder eines Dritten die Übermittlung rechtfertigen. Das ist zu bejahen, wenn ein enger Arbeitszusammenhang zwischen den an der Matrix beteiligten Konzernbereichen besteht, insbesondere bei **Projektarbeit** zwischen den betroffenen Arbeitnehmern, die der Matrixmanager organisiert und koordiniert. Ferner ist eine Abwägung erforderlich, ob möglicherweise gegenläufige Interessen, Grundrechte oder Grundfreiheiten der Datenübermittlung entgegenstehen. Das lässt sich nicht pauschal beantworten. Maßgeblich sind der Umfang und die Art der personenbezogenen Daten, auf die der Matrixmanager Zugriff hätte. Drängt sich allerdings die Matrixorganisation auf Grund des Arbeitsinhaltes geradezu auf, dürften die Interessen der betroffenen Mitarbeiter an einem Ausschluss der Übermittlung geringer zu bewerten sein. 112

4. Übermittlung von Beschäftigtendaten an die Matrixleitung

a) Beschreibung

Zuweilen werden wichtige **Personalentscheidungen** nicht vom Vertragsarbeitgeber getroffen, sondern **von der Matrixleitung.** Das betrifft vor allem die Entwicklung, den Einsatz und die Beförderung von **Führungskräften.** Zu denken ist aber auch an **matrixweite Umstrukturierungen** und Entlassungen, die von der Matrixleitung zentral geplant und anschließend durch Weisungen an die Geschäftsführungen der Matrixgesellschaften umgesetzt werden. Hier kann die Leitung die Übermittlung von Beschäftigtendaten fordern, um über betriebsbedingte Kündigungen in den Matrixgesellschaften zu befinden, insbesondere zur **Vorbereitung der Sozialauswahl.** Entsprechendes gilt, wenn die Matrixleitung die Veräußerung von Betrieben oder Matrixgesellschaften plant und ein kaufwilliger Erwerber bestimmte Auskünfte über das wegen **§ 613a BGB** auf ihn übergehende Personal verlangt, um das mit der Übernahme verbundene Risiko richtig einzuschätzen. 113

b) Datenschutzrechtliche Beurteilung

Die beiden Fallgruppen sind getrennt zu betrachten. Dass bei beiden Beschäftigtendaten durch Übermittlung offengelegt und damit iSd Art. 4 Nr. 2 DS-GVO verarbeitet werden, ist evident. Von einer **Erlaubnispflicht** nach Art. 6 Abs. 1 DS-GVO ist also auszugehen. Unterschiedlich sind jedoch die einschlägigen Verarbeitungsgrundlagen Während sich die Matrixleitung für die Zwecke der matrixweiten **Entwicklung von Führungskräften** ohne weiteres auf **§ 26 BDSG** stützen kann und sich allenfalls über den Umfang der übermittelten Daten diskutieren lässt, liegen die Dinge bei der Vorbereitung von Abbau- und Verkaufsentscheidungen komplizierter. Hier kommt § 26 BDSG als Verarbeitungsgrundlage nur dann in Betracht, wenn der Datentransfer erforderlich ist, um die Beendigung des Beschäftigungsverhältnisses der von einer Abbaumaßnahme konkret Betroffenen vorzubereiten und durchzuführen. Das ist eine Frage des Einzelfalls. Sie ist beispielsweise 114 zu bejahen, wenn die **Verhandlungen** über einen **Interessenausgleich und Sozialplan** von der **Matrixleitung geführt** oder zumindest **maßgeblich koordiniert** werden. Anders liegt es bei der **Vorbereitung von Betriebsübergängen.** Benötigt hier die Matrixleitung personenbezogene Daten von Mitarbeitern, die in Betrieben beschäftigt sind, die ein Kaufinteressierter zu erwerben beabsichtigt, dient die Übermittlung nicht mehr der Durchführung von Beschäftigungsverhältnissen, sondern anderen Zwecken. Sie kann daher nur auf Art. 6 Abs. 1 lit. f DS-GVO gestützt werden. Bei der notwendigen Interessenabwägung dürften in diesem Fall die schutzwürdigen Belange der Betroffenen einer personenbezogenen Übermittlung entgegenstehen. Es besteht die **Gefahr,** dass die **Daten aus dem üblichen Kontext gerissen** in sachlich **nicht gerechtfertigter Weise genutzt** werden. Auch die Übermittlung nur pseudonymisierter Daten ist aus diesen Erwägungen problematisch. Von daher empfiehlt es sich, dem **Erwerber lediglich statistische Daten anzugeben,** also die Gesamtzahl der Beschäftigten, jedoch aufgeschlüsselt nach bestimmten abstrakt-generellen Merkmalen, wie zB Funktion, Ausbildungsstand, Geschlecht, Alter usw.

5. Skill-Management

a) Beschreibung

115 Einen weiteren Baustein im Personalmanagement vieler Matrixorganisationen bildet das „Skill-Management". Dessen Herzstück besteht in einer **Datenbank,** in der Informationen **über arbeitsbezogene Fähigkeiten und Fertigkeiten** von Beschäftigten, freien Mitarbeitern und möglicherweise auch von Projektpartnern oder Bewerbern in strukturierter Form abgelegt sind und über Suchfunktionen matrixweit ausgewertet werden können.[241] Dazu gehören Angaben über **„Hard-Skills",** wie zB durch Zeugnisse nachgewiesene schulische, akademische und berufliche Abschlüsse, Tätigkeitsgebiete, absolvierte Fortbildungen, Sprach- und Programmierkenntnisse, Führerscheine, aber auch **Soft-Skills,** wie Teamfähigkeit, Einfühlungsvermögen, Flexibilität, Belastbarkeit oder Kommunikationsfähigkeit.[242] Skill-Datenbanken enthalten zuweilen auch Daten, die Auskunft über die Arbeitsleistung der Mitarbeiter geben und auf Beurteilungen durch ihre Vorgesetzten oder auf Selbsteinschätzungen der Betroffenen beruhen.[243] Mithilfe dieser internen „Talentpools" können sich die Zugriffsberechtigten in kürzester Zeit einen abteilungs-, betriebs-, unternehmens- oder konzernweiten **Überblick über die Leistungsfähigkeit ihres Personals** verschaffen. Die Einsatzmöglichkeiten für solche Systeme sind vielfältig. Hauptsächlich dienen sie dazu, den richtigen Kandidaten für eine neu geschaffene oder frei gewordene Stelle zu finden. Bei der Zusammenstellung von **Projektteams** helfen sie, Personal mit entsprechendem Expertenwissen im Unternehmen zu suchen. In einer **Übersetzungsabteilung** lässt sich so einfach und schnell nach einem Übersetzer für ein spezielles Fachgebiet finden, in einem **Callcenter** nach einem Experten, an den ein Anrufer gezielt weitervermittelt werden kann.[244] Zuweilen sind Skill-Datenbanken auch in Systeme des Wissens-Managements integriert. Eine solche Datenbank enthält dann nicht nur Sachinformationen („Ist schon einmal ein vergleichbares Projekt gelaufen?" – „Lag dazu schon irgendwo ein vergleichbares Angebot vor?" – „Gibt es bereits eine technische Lösung für dieses Problem?"), sondern sie liefert zugleich Informationen darüber, welcher Mitarbeiter wo und zu welchem Thema gefragt oder eingesetzt werden kann.[245]

---

[241] *Busse* Skill-Datenbanken S. 5; *Kainer/Weber* BB 2017, 2740 (2745); *Kort* NZA-Beil. 2016, 62 (71); *S. Seifert* Beschäftigtendatenschutz im transnationalen Konzern S. 22; *Sommer,* Personalinformationssysteme im radikalen Wandel, CuA 6/2014, S. 4 ff.
[242] *Busse* Skill-Datenbanken S. 5 (7;) *Hüneke/Zimmermann* Skill-Datenbanken, Computer-Fachwissen 8–9/2000, S. 51.
[243] *Kainer/Weber* BB 2017, 2740 (2745).
[244] *Busse* Skill-Datenbanken S. 6.
[245] *Busse* Skill-Datenbanken S. 6.

C. Zulässigkeit typischer Datenflüsse in der Matrix

Ein weiteres Einsatzfeld liegt im Bereich von Personalentwicklung und Personalbeurteilung. Mittels einer strukturierten Bildungsbedarfsanalyse können die Anforderungen an den individuellen Arbeitsplatz des Beschäftigten mit seinen tatsächlich vorhandenen Fähigkeiten und Fertigkeiten, so wie sie in der Skill-Datenbank dokumentiert sind, verglichen werden. Qualifizierungsdefizite lassen sich so rasch erkennen und durch entsprechende Schulungen gezielt beseitigen.[246] Freilich sind auch ganz andere Abfragen möglich: Wer sind die Top-Leister, wer die Potenzialträger? Wer soll gehalten werden, wer nicht? Wer wird gefördert, wer nicht? In wen wird investiert? Wer bekommt welche Gehaltserhöhung?

116

b) Datenschutzrechtliche Beurteilung

Dass in Skill-Datenbanken personenbezogene Daten gespeichert und durch Übermittlung offengelegt werden können, liegt auf der Hand. Nicht auszuschließen ist, dass sich darunter **auch sensible Daten iSd Art. 9 Abs. 1 DS-GVO** befinden, wie zB Gesundheitsdaten iSd Art. 4 Nr. 15 DS-GVO. Das ist anzunehmen, wenn man die „mangelnde körperliche Leistungsfähigkeit, Belastbarkeit usw." als personenbezogenes Datum begreift, das sich – auch – auf die Gesundheit des Betroffenen bezieht. Die **Erlaubnispflicht nach Art. 6 Abs. 1 DS-GVO** setzt nicht erst dann ein, wenn ein anderer, der nicht unbedingt Dritter iSd Art. 4 Nr. 10 DS-GVO zu sein braucht, die Daten tatsächlich abruft,[247] sondern **bereits mit ihrer Erfassung,** die als Verarbeitung iSd Art. 4 Nr. 2 DS-GVO gilt. Diese kann auf verschiedene Weise geschehen: durch die Beschäftigten selbst, durch die Vorgesetzten oder durch beide. Meist existieren Schnittstellen zum Personalverwaltungssystem, bei der Stammdaten der Beschäftigten und weitere relevante Informationen zu ihren Kompetenzen automatisch generiert und in die Skill-Datenbank übertragen werden.[248]

117

Wird den **Beschäftigten freigestellt,** sich am System **zu beteiligen,** liegt die Annahme nahe, dass die Verarbeitung aufgrund einer individuell vom Betroffenen erteilten **Einwilligung** iSd § 26 Abs. 2 BDSG erlaubt ist.[249] Diese bedarf zwar nicht zwingend der Schriftform; sie muss aber „informierter Weise und unmissverständlich" abgegeben werden (Art. 4 Nr. 11 DS-GVO).[250] Problematisch ist allerdings, ob die Einwilligung freiwillig erteilt wurde. Vordergründig scheint das der Fall, wenn die Mitarbeiter frei entscheiden können, welche Daten sie dem Arbeitgeber preisgeben und welche sie für sich behalten. Abgesehen davon, dass mancher Mitarbeiter sich zu einer „offensiven Selbstinszenierung" seiner Person herausgefordert fühlen könnte, weshalb Selbsteinschätzungen – vor allem von Soft-Skills („Konfliktfähigkeit", „Belastbarkeit", Teamfähigkeit" usw.) – in ihrer Aussagekraft stärker als Fremdeinschätzungen begrenzt sind, ist der „latente Zwang" zum Mitmachen doch im Regelfall so groß, dass von **„echter Freiwilligkeit" nicht wirklich** die **Rede** sein kann. Denn entzieht sich ein Beschäftigter dem an ihn gestellten Ansinnen, aus Angst, zum „gläsernen Mitarbeiter" zu werden, **riskiert** er empfindliche **Karrierenachteile.**[251] Zudem kann die Einwilligung jederzeit für die Zukunft widerrufen werden,[252] weshalb sie als dauerhafte Verarbeitungsgrundlage nicht in Betracht kommt.

118

Scheidet § 26 Abs. 2 BDSG als Verarbeitungsgrundlage in der Regel aus, kommt als weiterer Erlaubnistatbestand **§ 26 Abs. 1 S. 1 BDSG** in Betracht. Danach ist die Verarbeitung von Beschäftigtendaten auch zum Zwecke der Durchführung eines Beschäfti-

119

---

[246] *Busse* Skill-Datenbanken S. 9.
[247] *Kühling/Buchner/Klar* DS-GVO Art. 4 Nr. 2 Rn. 31.
[248] *Busse* Skill-Datenbanken S. 17 f. mit praktischen Regelungsbeispielen.
[249] *Kainer/Weber* BB 2017, 2740 (2745).
[250] Der Arbeitgeber muss aber den Betroffenen über die mit der Skill-Datenbank erstrebten Zwecke in Textform aufklären (§ 26 Abs. 2 S. 2 BDSG).
[251] *Busse* Skill-Datenbanken S. 29.
[252] Darüber muss der Arbeitgeber den Betroffenen ausdrücklich aufklären, vgl. § 26 Abs. 2 S. 2 BDSG.

gungsverhältnisses erlaubt. Allerdings muss die Verarbeitung „**erforderlich**" sein, was verbietet, dass der Arbeitgeber in unverhältnismäßiger Weise in das Persönlichkeitsrecht des Mitarbeiters eingreift.[253] Zwar **hält das BAG** den **Arbeitgeber** als Gläubiger der ihm erbrachten Dienstleistung für „an sich" **befugt**, die **Eignung, Befähigung und fachliche Leistung** seiner Mitarbeiter **zu beurteilen** und das **Beurteilungsergebnis in der Personalakte festzuhalten**[254], wobei er zu gewährleisten hat, dass die Beurteilungsdaten „ein richtiges Bild des Arbeitnehmers in dienstlichen und persönlichen Beziehungen vermitteln".[255] Die dauerhafte Speicherung all dieser Daten in einer **Skill-Datenbank** dürfte jedoch nur unter engen Voraussetzungen erlaubt sein. Sie kann noch in Betracht kommen, wenn sie dem unmittelbaren Vorgesetzten und der Personalabteilung eine **sachgerechte Personalplanung ermöglichen** soll, weil sich zumeist nur aus der Zusammenschau mehrerer Leistungsdaten über einen längeren Zeitraum die wahre Leistungsfähigkeit eines Arbeitnehmers beurteilen lässt.[256] Die Daten dürfen dann aber nur als Grundlage für eine individuelle Personalentwicklungsplanung oder für Zwecke der Leistungsvergütung verwendet werden. Doch selbst das kann im Einzelfall problematisch sein: eine Datenbank, die lediglich Abschlüsse und besuchte Fortbildungen enthält und nur von der Personalabteilung eingesehen werden kann, ist ohne weiteres zulässig; eine solche, die die interne Konkurrenz steigern soll, für jedermann zugänglich ist und in der Eigenschaften wie Freundlichkeit und Intelligenz bewertet werden, ist es nicht. **Recherchen nach „Skill-Defiziten"** (sog. Negativlisten) sind **bedenklich.** Sie lassen sich aber in mitbestimmten Betrieben durch entsprechende Regelungen in Betriebsvereinbarungen unterbinden.[257]

120 Dient die Skill-Datenbank nicht vorrangig der Durchführung des Beschäftigungsverhältnisses, sondern anderen Zwecken, zB der **matrixweiten Rekrutierung von Teams** für spezielle Projekte, kommt als Verarbeitungsgrundlage **Art. 6 Abs. 1 lit. f DS-GVO** in Betracht. Dann ist zu prüfen, ob berechtigte Interessen des verantwortlichen Arbeitgebers oder eines Dritten den matrixweiten Zugriff auf die Skill-Datenbank rechtfertigen. Da nicht selten personenbezogene Informationen gespeichert sind, die über den einfachen Stammdatensatz hinausgehen und zuweilen weitreichende Persönlichkeitsprofile enthalten, die auch einen intensiven Eindruck von den Charaktereigenschaften des Mitarbeiters erlauben, muss es im Regelfall genügen, die **Daten zunächst pseudonymisiert** an den Zugriffsberichtigten **zu übermitteln,** etwa unter Verwendung einer „Talent-ID". Soll dem betroffenen Mitarbeiter dann tatsächlich eine Stelle in einem Projektteam oder bei einer anderen Matrixgesellschaft angeboten werden, kann der Name hinter der Talent-ID angefragt werden, mit dem der Zugriff auf die weiteren, uU sensibleren Daten möglich ist. Art. 5 Abs. 1 lit. b DS-GVO verlangt in diesem Zusammenhang, dass die **Zwecke,** für die die Daten, die in der Skill-Datenbank abgespeichert werden, **im Voraus eindeutig festgelegt werden** und nicht ohne weiteres für andere Zwecke verwendet werden dürfen. Ohne eine solche, möglichst präzise Zweckangabe ist die Nutzung der Datenbank ebenfalls unzulässig.

121 Die Einführung und matrixweite Nutzung einer Skill-Datenbank unterliegen der betrieblichen **Mitbestimmung nach § 94 BetrVG.** In mitbestimmten Betrieben werden deshalb Betriebsvereinbarungen geschlossen.[258] Sie enthalten genaue Vorgaben über die mit dem Betrieb der Datenbank verfolgten Ziele (zB Personaleinsatz- und -entwicklungsplanung), die dort gespeicherten Daten, das Verfahren der Datenerfassung, Dateneingabe und Datenauswertung, die Zugriffsrechte und Schnittstellen sowie die weitere Beteiligung

---

[253] BAG 25.4.2017 – 1 ABR 46/15, NZA 2017, 1205 (1209).
[254] BAG 28.3.1979 – 5 AZR 80/77, AP BPersVG § 75 Nr. 3; BAG 18.11.2008 – 9 AZR 865/07, NZA 2009, 206.
[255] BAG 25.2.1959 – 4 AZR 549/57, AP BGB § 611 Fürsorgepflicht Nr. 6.
[256] *Kainer/Weber* BB 2017, 2740 (2746).
[257] *Busse* Skill-Datenbanken S. 20 f. m. Regelungsbeispielen.
[258] Vgl. im Einzelnen *Busse* Skill-Datenbanken S. 14 ff.

des Betriebsrats (Muster → Rn. 170). Der Umgang mit der Skill-Datenbank sollte für die Betroffenen so transparent wie möglich gestaltet werden. Das verlangt bereits Art. 13 DS-GVO. Für sie muss deutlich sein: Wie funktioniert das System? Welche ihrer persönlichen Daten werden von wem zu welchem Zweck erfasst? Wer hat Zugriff auf die Daten? Die Beteiligung an einer Skill-Datenbank sollte freiwillig sein. Das verlangt, dass der Arbeitnehmer jederzeit und ohne Angabe von Gründen seine **Zustimmung zur Erfassung** und **Nutzung der Daten zurückziehen** kann. Ferner sollten Betroffene erfahren, ob jemand Zugriff auf ihre Daten genommen hat[259]. **Keinesfalls dürfen automatisierte Entscheidungen getroffen werden,** die allein auf den Informationen in einer Skill-Datenbank beruhen, wie etwa zum Besuch einer bestimmten Weiterbildungsmaßnahme oder zu personellen Einzelmaßnahmen wie Versetzungen. Das verbietet bereits **Art. 22 DS-GVO.** Stets muss das Ergebnis einer automatisierten Datenabfrage auf Plausibilität und Richtigkeit überprüft und von einem Personalverantwortlichen in eine eigene Entscheidung übersetzt werden.[260] Erst recht darf eine **Einstellungs- oder Beförderungsentscheidung nicht allein** von der Punktzahl, wie zB einem automatisch ermittelten **Score-Wert** abhängig gemacht werden.

---

[259] *Busse* Skill-Datenbanken S. 29.
[260] *Kainer/Weber* BB 2017, 2740 (2747).

D. Mitbestimmung beim Datentransfer

I. Grundsätze

122 In mitbestimmten Betrieben sind bei der Übermittlung von Beschäftigtendaten die Beteiligungsrechte der Belegschaftsvertretung zu beachten. Sie verfolgen zwar dasselbe Ziel wie das gesetzliche Datenschutzrecht, nämlich den Arbeitnehmer vor einer Verletzung seiner Persönlichkeitsrechte zu bewahren, bedienen sich hierzu jedoch eines anderen Instruments. Während das Datenschutzrecht diese Persönlichkeitsrechte durch bestimmte *inhaltliche* Verarbeitungsgrenzen zu gewährleisten sucht, sichert die präventive Einschaltung des Betriebsrats sie *verfahrensmäßig* ab. Die **Beteiligungsrechte** sind dabei als **„kollektivrechtliche Ergänzung des individuellen Persönlichkeitsschutzes"** zu verstehen.[261] Sie schützen die Individualinteressen der Betroffenen, indem sie dem Betriebsrat als demokratisch legitimiertem Organ der Betriebsverfassung das Recht einräumen, über alle Verfahren, mit denen der Arbeitgeber Beschäftigtendaten zu verarbeiten beabsichtigt, informiert zu werden und sie auch inhaltlich mitzugestalten. Die **Beteiligung** hat so **rechtzeitig** und so **umfassend** zu geschehen, dass die Belegschaftsinteressen wirksam geltend gemacht werden können. Dazu hat der Arbeitgeber dem Betriebsrat die erforderlichen Unterlagen zur Verfügung zu stellen (§ 80 Abs. 2 S. 1 BetrVG). Im Bereich der erzwingbaren Mitbestimmung (→ Rn. 126 ff.) muss er sich mit dem Betriebsrat über alle der Mitbestimmung unterliegenden Fragen der Datenverarbeitung zu einigen. Gelingt ihm das nicht, muss er die Einigungsstelle anrufen, die den Regelungsstreit dann für die Betriebsparteien verbindlich entscheidet (§ 87 Abs. 2, 76 BetrVG), oder er muss von der geplanten Datenverarbeitung Abstand nehmen. Verletzt der Arbeitgeber die Beteiligungsrechte, stehen dem Betriebsrat Unterlassungsansprüche aus § 23 Abs. 3 sowie aus § 87 Abs. 1 BetrVG selbst zu. **Gelingt eine Einigung,** kann die zwischen den Betriebsparteien gefundene Regelung auch den **Datentransfer legitimieren,** jedenfalls soweit sie als für alle Beteiligte normativ geltende **Betriebsvereinbarung** abgeschlossen wird (→ Rn. 38).

123 Unabhängig davon hat der Betriebsrat nach **§ 80 Abs. 1 Nr. 1 BetrVG** die Aufgabe, die **ordnungsgemäße Durchführung** aller zugunsten von Arbeitnehmern geltenden **Gesetze** und Betriebsvereinbarungen **zu überwachen.** Für das BDSG aF wurde der arbeitnehmerschützende Charakter der Vorschrift allgemein bejaht, jedenfalls soweit es um Arbeitnehmerdaten ging.[262] Nichts anderes **gilt für die Regelungen der DS-GVO und des BDSG** 2018, da auch sie vor allem dem Schutz der Persönlichkeitsrechte der Betroffenen dienen. Nach der Rechtsprechung[263] hat der Arbeitgeber deshalb den Betriebsrat umfassend über alle Formen der (elektronischen) Verarbeitung personenbezogener Daten der Arbeitnehmer zu unterrichten. Mitzuteilen ist, welche personenbezogenen Daten der Arbeitnehmer gespeichert und zu welchen Zwecken sie verarbeitet werden. Werden die Daten an andere Matrixgesellschaften weitergeleitet, muss der Betriebsrat auch darüber unterrichtet werden, welche Daten welcher Stelle zu welchen Zwecken übermittelt werden. Ferner muss er über alle Maßnahmen informiert werden, die der Arbeitgeber zum Schutz der Beschäftigtendaten ergriffen hat. Das hat so ausführlich zu geschehen, dass der Betriebsrat selbst beurteilen kann, ob diese genügen, um eine rechts- und zweckwidrige Datenverarbeitung zu verhindern. Dass die Datenverarbeitung nicht im Betrieb selbst, sondern bei einem anderen Unternehmen innerhalb der Matrixorganisation oder im Wege der Auftragsdatenverarbeitung erfolgt, steht dem nicht entgegen. Der Arbeitgeber

---

[261] *Däubler* Gläserne Belegschaften Rn. 666; *Jobs* DB 1983, 2308; GK-BetrVG/*Wiese* § 87 Rn. 485.
[262] BAG 17.3.1987 – 1 ABR 59/85, NZA 1987, 747; LAG Nds 28.9.1979 – 3 TaBV 3/79, EzA § 37 BetrVG 1972 Nr. 64; *Boewer* RDV 1985, 24; *Brill* AuR 1981, 207; *Däubler* Gläserne Belegschaften Rn. 630; *Gola/Pötters/Wronka* Arbeitnehmerdatenschutz-HdB Rn. 1804; *Simitis* RDV 1989, 51.
[263] BAG 17.3.1987 – 1 ABR 59/85, NZA 1987, 747.

kann sich seinen Informationspflichten nicht dadurch entziehen, dass er einen Dritten mit der Datenverarbeitung beauftragt.[264]

Der **Betriebsrat** hat vielmehr das Recht, auch das **Verarbeitungsverzeichnis** (Art. 30 DS-GVO) **einzusehen,**[265] und kann überdies verlangen, dass ihm der **Datenflussplan**, der **Pflichtenkatalog** und das **Organisationsschema des Verarbeitungssystems** zugänglich gemacht werden.[266] Außerdem kann er durch gelegentliche Stichproben die Einhaltung aller datenschutzrechtlichen Normen überprüfen.[267] Ein lesender online-Zugriff auf das Datenverarbeitungssystem des Arbeitgebers steht ihm dagegen nicht zu.[268]

Der Arbeitgeber hat den Betriebsrat so zu unterrichten, dass er die erhaltenen Informationen auch tatsächlich verstehen kann.[269] Angesichts der Schwierigkeit und Komplexität der Materie kann das einen größeren Zeitaufwand, Wiederholungen und Einzelerklärungen erforderlich machen. Soweit notwendig, kann der Betriebsrat darüber hinaus verlangen, dass ihm der Arbeitgeber **sachkundige Arbeitnehmer** als Auskunftspersonen zur Verfügung stellt (§ 80 Abs. 2 S. 3 BetrVG). Zu diesen internen Unterrichtungsmöglichkeiten gehört auch die Befragung des betrieblichen Datenschutzbeauftragten.[270] Bleiben nach Ausschöpfung aller internen Informationswege noch Fragen offen, hat der Betriebsrat das Recht, einen **externen Sachverständigen** hinzuziehen.[271] Dazu bedarf es einer vorherigen Vereinbarung mit dem Arbeitgeber (§ 80 Abs. 3 BetrVG). In ihr sind das Thema, zu dessen Klärung der Sachverständige hinzugezogen werden soll, die voraussichtlichen Kosten seiner Hinzuziehung und die Person des Sachverständigen festzulegen. Können sich die Betriebsparteien nicht einigen, entscheidet auf Antrag des Betriebsrats das Gericht.[272]

II. Einschlägige Tatbestände

1. Mitbestimmung nach § 87 Abs. 1 Nr. 6 BetrVG

a) Grundsatz

Dreh- und Angelpunkt der betrieblichen Mitbestimmung bei der Verarbeitung von Beschäftigtendaten ist § 87 Abs. 1 Nr. 6 BetrVG. Er sieht ein erzwingbares Mitbestimmungsrecht für den Fall vor, dass der Arbeitgeber **technische Einrichtungen** einführt oder anwendet, die dazu **bestimmt** sind, das **Verhalten oder die Leistung der Arbeitnehmer zu überwachen**. Das Mitbestimmungsrecht soll die Arbeitnehmer davor bewahren, durch den Einsatz von technischen Überwachungseinrichtungen in ihren Persönlichkeitsrechten verletzt zu werden.[273] Bei solchen Einrichtungen droht stets die Gefahr, dass Arbeitnehmer zum Objekt einer Überwachungstechnik gemacht werden, die anonym personen- oder leistungsbezogene Informationen erhebt, speichert, verknüpft und sichtbar macht. Den davon ausgehenden Gefährdungen des Persönlichkeitsrechts soll das Mitbestimmungsrecht entgegenwirken.[274]

---
[264] BAG 17.3.1987 – 1 ABR 59/85, NZA 1987, 747 (749); *Gola/Pötters/Wronka* Arbeitnehmerdatenschutz-HdB Rn. 1813ff.
[265] Zu Vorstehendem BAG 17.3.1987 – 1 ABR 59/85, NZA 1987, 747 (749).
[266] LAG Hamburg 20.6.1985 – 7 TaBV 10/84, CR 1986, 476 (479).
[267] LAG Hessen 18.3.1993 – 12 TaBV 106/93, LAGE § 80 BetrVG 1972 Nr. 9; DKKW/*Buschmann* § 80 Rn. 12ff.; *Fitting* § 80 Rn. 37.
[268] BAG 16.8.2011 – 1 ABR 22/10, NZA 2012, 342; LAG Nürnberg 2.12.2009 – 4 TaBV 61/07.
[269] BAG 17.3.1987 – 1 ABR 59/85, NZA 1987, 747 (750).
[270] LAG Berlin 30.7.1985 – 3 TaBV 6/85, LAGE § 80 BetrVG 1972 Nr. 4; LAG Hessen 11.1.1985 – 14/5 TaBV 127/84, ARSt 1986, 35; *Gola/Pötters/Wronka* Arbeitnehmerdatenschutz-HdB Rn. 1852; *Linnenkohl* BB 1988, 766; *Matthiesen* CR 1988, 478.
[271] Vgl. OVG NRW 8.11.2000 – 1 A 5943/98.PVL, RDV 2001, 239.
[272] BAG 19.4.1989 – 7 ABR 87/87, NZA 1989, 936.
[273] BAG 13.12.2016 – 1 ABR 7/15, NZA 2017, 657.
[274] BAG 10.12.2013 – 1 ABR 43/12, NZA 2014, 439 Rn. 27.

b) Mitbestimmung bei automatisierter Datenverarbeitung

127 Gestützt auf den Normzweck der Gewährleistung der freien Entfaltung der Persönlichkeit und auf das vom Bundesverfassungsgericht aus dem Persönlichkeitsrecht abgeleitete Recht auf informationelle Selbstbestimmung[275] hat das BAG den Anwendungsbereich von § 87 Abs. 1 Nr. 6 BetrVG schrittweise ausgedehnt[276] und damit den Einsatz von automatisierten Datenverarbeitungssystemen weitgehend der Mitbestimmung unterworfen. Nach Ansicht des BAG

– reicht es aus, wenn ein Teil des Überwachungsvorgangs mittels einer technischen Einrichtung erfolgt. Danach ist sowohl die bloße Erhebung verhaltens- und leistungsbezogener Daten durch eine technische Einrichtung mitbestimmungspflichtig[277] als auch die bloße Auswertung manuell erhobener Daten durch automatische Datenverarbeitung.[278]

– müssen Überwachungsmaßnahmen zwar einzelnen Arbeitnehmern zugeordnet werden können; es genügt aber, wenn das durch Rückschlüsse aus anderen Informationsmitteln geschieht (Anwesenheitsliste, mit deren Hilfe festgestellt werden kann, wer welche Maschine bedient hat.[279]

– genügt es nicht, wenn Kontrolldaten nur einer Gruppe von Arbeitnehmern zugeordnet werden können, der von den Daten ausgehende Überwachungsdruck jedoch auf die Gruppe durchschlägt, weil sie klein und überschaubar ist (zB eine Akkordgruppe).[280]

– muss sich die Überwachung zwar auf Leistung und Verhalten beziehen. Leistung ist aber nicht im naturwissenschaftlichen Sinne als Arbeit pro Zeiteinheit zu verstehen, sondern als Arbeiten zur Erfüllung des Arbeitsvertrags.[281] Verhalten soll jedes Tun oder Unterlassen sein, das für das Arbeitsverhältnis von Bedeutung sein kann[282] (sonst kommen eine Aufzeichnung und Speicherung nach § 26 BDSG ohnedies nicht in Frage). Auch hier soll es ausreichen, wenn die Daten erst in Verbindung mit anderen Daten eine Aussage zulassen. Mitbestimmungspflichtig sind damit grundsätzlich Aufzeichnung und Auswertung der Einzelheiten der Vertragserfüllung, vor allem der Arbeitszeiten und der Fehlzeiten einschließlich der Krankheitszeiten durch automatisierte Datenverarbeitung. Mitbestimmungsfrei sind die Aufzeichnung und Auswertung von Stammdaten.[283]

– ist es nicht erforderlich, dass das Programm die Überwachung der Arbeitnehmer bezweckt. Es genügt, dass es zur Überwachung geeignet ist; es kommt nicht darauf an, ob der Arbeitgeber von der Möglichkeit Gebrauch macht. Nicht einmal die Erklärung des Arbeitgebers, er wolle die Überwachungsmöglichkeit nicht nutzen, schließt das Mitbestimmungsrecht aus.[284]

128 Daraus folgt: Nicht mitbestimmungspflichtig nach § 87 Abs. 1 Nr. 6 BetrVG sind die Installation von Anlagen zur automatisierten Datenverarbeitung und die Einrichtung von Bildschirmarbeitsplätzen an sich.[285] Hier hat der Betriebsrat allenfalls Mitwirkungsrechte nach anderen Vorschriften (v. a. nach § 90 BetrVG). Die Mitbestimmungspflicht wird erst ausgelöst durch die Verwendung von Programmen, die eine Verhaltens- oder Leistungs-

---

[275] BVerfG 22.6.1982 – 1 BvR 1376/79, BVerfGE 61, 1.
[276] BAG 14.9.1984 – 1 ABR 23/82, AP BetrVG 1972 § 87 Überwachung Nr. 9.
[277] BAG 6.12.1983 – 1 ABR 43/81, AP BetrVG 1972 § 87 Überwachung Nr. 7.
[278] BAG 25.4.2017 – 1 ABR 46/15, NZA 2017, 1205.
[279] BAG 10.4.1984 – 1 ABR 69/82, AP BetrVG 1972 § 87 Ordnung des Betriebes Nr. 7.
[280] BAG 26.7.1994 – 1 ABR 6/94, AP BetrVG 1972 § 87 Überwachung Nr. 26.
[281] BAG 23.4.1985 – 1 ABR 2/82, 18.2.1986 – 1 ABR 21/84, AP BetrVG 1972 § 87 Überwachung Nr. 12, 13.
[282] *Fitting* § 87 Rn. 221 mwN.
[283] BAG 22.10.1986 – 5 AZR 660/85, AP BDSG § 23 Nr. 2; zum Streitstand *Fitting* § 87 Rn. 236.
[284] BAG 6.12.1983 – 1 ABR 43/81, 23.4.1985 – 1 ABR 39/81, AP BetrVG 1972 § 87 Überwachung Nr. 7, 11.
[285] LAG Schleswig-Holstein 9.6.1982 – 5 TaBV 4/82, DB 1983, 995; LAG Nds 25.3.1982 – 11 TaBV 7/81, DB 1982, 2039.

D. Mitbestimmung beim Datentransfer

überwachung zulassen.[286] Das können sowohl Anwendungs- als auch Betriebsprogramme sein.[287] Gerade Betriebsprogramme werden häufig schon im Interesse der Fehlersuche so gestaltet sein, dass sie Rückschlüsse auf die Leistung der Arbeitnehmer gestatten. Werden nur **anonymisierte oder pseudonymisierte Daten** verarbeitet, greift das Mitbestimmungsrecht nach § 87 Abs. 1 Nr. 6 BetrVG regelmäßig nicht.[288] Die **Speicherung von reinen Statusdaten,** wie zB Name, Anschrift, Geschlecht, Geburtsdatum, Familienstand, Kinderzahl, unterliegt an sich nicht der Mitbestimmung nach § 87 Abs. 1 Nr. 6 BetrVG, weil diese als solche weder das Verhalten noch die Leistung der Mitarbeiter betreffen.[289] Das Mitbestimmungsrecht greift jedoch dann, wenn durch eine Verknüpfung von reinen Statusdaten mit sonstigen „neutralen" Daten (zB Uhrzeit, Entfernung, Kunden- oder Auftragsnummer) Aussagen über das Verhalten oder die Leistung von Mitarbeitern ermöglicht werden.[290]

c) Reichweite der Mitbestimmung

Der Betriebsrat hat mitzubestimmen bei der **Einführung** von Kontrolleinrichtungen und bei der **Anwendung,**[291] wobei die Einführung das „Ob" und die Anwendung das „Wie" betrifft.[292] Der Betriebsrat hat **kein Initiativrecht** und er kann sich der Abschaffung nicht widersetzen.[293] Bei seinen Überlegungen hat er die berechtigten Belange des Arbeitgebers, wie Abwehr von Gefahren, Sicherung des Eigentums, rationelle Arbeitsgestaltung oder Kosten gegen das Interesse der Arbeitnehmer auf Schutz ihrer Persönlichkeit abzuwägen.[294] Das Mitbestimmungsrecht besteht auch im Falle einer **Auftragsdatenverarbeitung** (→ Rn. 41 ff.) durch eine Drittfirma oder ein anderes Konzernunternehmen.[295] Da der Arbeitgeber „Herr der Daten" bleibt, sind die Mitbestimmungsrechte nach wie vor ihm gegenüber geltend zu machen.[296] Beim Abschluss des nach Art. 28 Abs. 3 DS-GVO erforderlichen Vertrags ist sicherzustellen, dass der Auftragsverarbeiter sämtliche Informationen liefert, die der Arbeitgeber benötigt, um seine gegenüber dem Betriebsrat bestehende Unterrichtungspflicht nach § 80 Abs. 1 Nr. 1 BetrVG zu erfüllen.[297] Die Unterrichtungspflicht entfällt nämlich nicht dadurch, dass die Datenverarbeitung nicht im Betrieb selbst, sondern bei einem anderen Unternehmen erfolgt.[298] Die **Mitbestimmung** bezieht sich auf den **Aufbau des Systems, die erfassten Daten und die zulässigen Auswertungen.**[299] Bei der Speicherung von leistungs- oder verhaltensrelevanten Beschäftigtendaten unterliegt die inhaltliche Gestaltung des Speicherungs- und Verarbeitungsprogramms zur mitbestimmungspflichtigen Anwendung der technischen Überwa-

129

---

[286] BAG 25.9.2012 – 1 ABR 45/11, NZA 2013, 275.
[287] *Fitting* § 87 Rn. 233.
[288] *Beckschulze/Fackeldey* RDV 2013, 109 (117); *Gebhardt/Annuß* NZA 1995, 105; GK-BetrVG/*Wiese/Gutzeit* § 87 Rn. 572.
[289] BAG 22.10.1986 – 5 AZR 660/85, NZA 1987, 415.
[290] BAG 11.3.1986 – 1 ABR 12/84, NZA 1986, 526; GK-BetrVG/*Wiese/Gutzeit* § 87 Rn. 566.
[291] BAG 21.4.2004 – 1 ABR 7/03, NZA 2004, 556.
[292] *Däubler* Gläserne Belegschaften Rn. 768.
[293] BAG 28.11.1989 – 1 ABR 97/88, NZA 1990, 406; *Gola/Pötters/Wronka* Arbeitnehmerdatenschutz-HdB Rn. 2040; krit. *Däubler* Gläserne Belegschaften Rn. 815; *Fitting* § 87 Rn. 245; DKKW/*Klebe* BetrVG § 87 Rn. 155.
[294] Vgl. BAG 11.3.1986 – 1 ABR 12/84, 27.5.1986 – 1 ABR 48/84, AP BetrVG 1972 § 87 Überwachung Nr. 14, 15.
[295] Vgl. BAG 27.1.2004 – 1 ABR 7/03, NZA 2004, 556; *Däubler* Gläserne Belegschaften Rn. 771; *Fitting* § 87 Rn. 250.
[296] *Gola/Pötters/Wronka* Arbeitnehmerdatenschutz-HdB Rn. 2043.
[297] BAG 27.1.2004 – 1 ABR 7/03, NZA 2004, 556; *Fitting* § 87 Rn. 250; *Gola/Pötters/Wronka* Arbeitnehmerdatenschutz-HdB Rn. 2045.
[298] BAG 17.3.1987 – 1 ABR 59/85, NZA 1987, 747.
[299] *Däubler* Gläserne Belegschaften Rn. 769; *Klebe/Roth* RDV 1098, 694.

chungseinrichtung. Damit hat der Betriebsrat auch das Recht, bei der Bestimmung der **Verwendungszwecke** gespeicherter Leistungs- und Verhaltensdaten mitzubestimmen.[300]

2. Mitbestimmung nach § 94 BetrVG

130 Zwei weitere für die Datenerhebung und den Datentransfer bedeutsame Beteiligungsrechte können sich aus § 94 BetrVG ergeben. Danach hat der Betriebsrat sowohl bei der Erstellung von **Personalfragebögen** sowie bei der Aufstellung von allgemeinen **Beurteilungsgrundsätzen.** Während das Mitbestimmungsrecht bei Personalfragebögen helfen soll, die Persönlichkeitsrechte von Bewerbern und Beschäftigten zu schützen, soll es bei der Schaffung von Beurteilungsgrundsätzen für eine objektive Bewertung der Mitarbeiter nach arbeits- und leistungsbezogenen Kriterien sorgen.[301] Unter einem Personalfragebogen iSd § 94 Abs. 1 BetrVG ist nach der Rechtsprechung die **formularmäßige Zusammenfassung von Fragen** über die persönlichen Verhältnisse, Kenntnisse und Fähigkeiten einer Person zu verstehen.[302] Für die Mitbestimmung spielt es dabei keine Rolle, welche Form der Fragebogen besitzt, dh ob dieser in schriftlicher oder elektronischer Form vorliegt, ob er von der befragten Person selbst ausgefüllt und unterschrieben werden muss oder ob der Arbeitgeber die Fragen mündlich anhand eines standardisierten Fragenkatalogs, also einer Art „Checkliste" stellt. Sogar die von einer ausländischen Konzernmutter angeordnete konzernweite Befragung des Personals per Email oder über das Intranet unterliegt der Mitbestimmung nach § 94 Abs. 1 BetrVG.[303] Der Betriebsrat hat dabei nicht nur über den **Inhalt des Fragebogens mitzubestimmen,** sondern auch über den **Verwendungszweck.**[304] Ein Initiativrecht steht ihm – anders als bei § 87 Abs. 1 BetrVG – hier jedoch nicht zu.[305]

131 **Mitbestimmungspflichtig** sind weiter allgemeine **Beurteilungsgrundsätze** (§ 94 Abs. 2 BetrVG). Das sind Regelungen, die durch Verwendung einheitlicher, für die Beurteilung erheblicher Kriterien **eine objektive,** in den Ergebnissen vergleichbare **Bewertung von Leistung** und/oder Verhalten von Bewerbern und/oder Mitarbeitern ermöglichen sollen.[306] Zu den allgemeinen Grundsätzen gehören vor allem die **Merkmale,** an Hand derer Leistung und/oder Verhalten von Arbeitnehmern gemessen werden sollen (zB Quantität und Qualität der Arbeit, Einsatzbereitschaft, soziales Verhalten, Führungskompetenz), die **Beurteilungsstufen** und das **Verfahren zur Durchführung** (Beurteilungsgespräch, psychologischer oder Leistungstest, graphologisches Gutachten, Assessment Center, Person der Beurteiler, Abzeichnen durch Beteiligte usw.).[307] Mitzubestimmen hat der Betriebsrat selbst dann, wenn die Teilnahme an Beurteilungsgesprächen freiwillig ist und der Arbeitgeber dem beurteilenden Vorgesetzten Merkmale und Kriterien nur als unverbindliche Orientierungshilfe an die Hand gibt.[308] **Keine Beurteilungsgrundsätze,** da nicht auf die Person bezogen, sind ua Stellenbeschreibungen, Kriterien für die Arbeitsbewertung, Anforderungsprofile und Führungsrichtlinien. Der Betriebsrat kann die Einführung von Beurteilungsgrundsätzen nicht erzwingen,[309] und er hat kein Mitbestimmungsrecht bei der einzelnen Beurteilung.[310]

---

[300] *Fitting* § 87 Rn. 249; DKKW/*Klebe* BetrVG § 87 Rn. 189; vgl. BAG 11.3.1986 – 1 ABR 12/84, NZA 1986, 526.
[301] Richardi BetrVG/*Thüsing* § 94 Rn. 1.
[302] BAG 21.9.1993 – 1 ABR 28/93, AP BetrVG 1972 § 94 Nr. 4.
[303] LAG Hessen 5.7.2001 – 5 TaBV 153/00, NZA-RR 2002, 200.
[304] Str., wie hier *Däubler* Gläserne Belegschaften Rn. 678; *Fitting* § 94 Rn. 9; *Gola/Pötters/Wronka* Arbeitnehmerdatenschutz-HdB Rn. 1918; DKKW/*Klebe* § 94 Rn. 6; *Simitis* RDV 1989, 58; aA *Ehmann* RDV 1988, 237; MüHdB ArbR/*Matthes* § 347 Rn. 27; Richardi BetrVG/*Thüsing* § 94 Rn. 37.
[305] *Fitting* § 94 Rn. 13; HWK/*Ricken* BetrVG § 94 Rn. 13.
[306] BAG 23.10.1984 – 1 ABR 2/83, AP BetrVG 1972 § 87 Ordnung des Betriebes Nr. 8.
[307] BAG 14.1.2014 – 1 ABR 49/12, NZA-RR 2014, 356.
[308] BAG 17.3.2015 – 1 ABR 48/13, NZA 2015, 885.
[309] BAG 23.3.2010 – 1 ABR 81/08, NZA 2011, 811.

3. Weitere Mitbestimmungsrechte

Ein weiteres Beteiligungsrecht kann sich aus § 111 Abs. 1 S. 3 Nr. 4 und 5 BetrVG ergeben. Grundlegende Änderungen der Betriebsorganisation, des Betriebszwecks oder der Betriebsanlagen gelten nämlich als Betriebsänderung iSd § 111 BetrVG, über die die Betriebsparteien zu beraten haben. **Betriebsorganisation** ist die Ordnung, nach der die im Betrieb vorhandenen Produktionsmittel und die dort tätigen Arbeitnehmer zur Erfüllung des Betriebszwecks eingesetzt werden.[311] **Betriebszweck** ist der mit dem Betrieb verfolgte arbeitstechnische Zweck,[312] also die Erzeugnisse und Dienstleistungen; **Betriebsanlagen** sind die technischen Einrichtungen, die der Erfüllung des Betriebszwecks dienen. Eine **grundlegende Änderung** der Betriebsorganisation liegt vor, wenn der Betriebsaufbau, insbesondere hinsichtlich Zuständigkeiten und Verantwortung, umgewandelt wird und die Änderung insgesamt einschneidende Auswirkungen auf den Betriebsablauf, die Arbeitsweise oder die Arbeitsbedingungen der Arbeitnehmer hat.[313] Im Zweifel ist auf die Zahl der betroffenen Arbeitnehmer[314] (erhebliche Teile der Belegschaft) und auf das Ausmaß nachteiliger Auswirkungen abzustellen. In der Vergangenheit hat die Rechtsprechung bereits die Einführung von Datensichtgeräten samt zugehörigem Textverarbeitungssystem als grundlegende Veränderung gewertet und darin eine **beteiligungspflichtige Betriebsänderung** gesehen.[315] Entsprechendes dürfte anzunehmen sein, wenn die **Arbeitsplätze in datentechnischer Hinsicht miteinander vernetzt** werden und sich dadurch die Arbeitsabläufe wesentlich ändern, etwa indem **virtuelle Teamarbeit** ermöglicht wird.[316]

132

III. Zuständiges Gremium

1. Betriebsrat – Gesamtbetriebsrat – Konzernbetriebsrat

a) Grundsatz

Zuständig für die Wahrnehmung der Mitbestimmungsrechte ist grundsätzlich der für den jeweiligen Betrieb gewählte **Betriebsrat**. Als Interessenvertretung vor Ort agiert er näher am Geschehen und kann daher besser als die Gremien, deren Mitglieder nur entsandt, aber nicht gewählt sind, die Interessen der Belegschaft vertreten. Das gilt auch für die Mitbestimmungsrechte nach § 87 Abs. 1 Nr. 6 BetrVG[317] sowie nach § 94 BetrVG.[318] Auch hier geht das BetrVG von einer **Primärzuständigkeit** des Betriebsrats aus.[319] Der **Gesamtbetriebsrat** bzw. der **Konzernbetriebsrat** sind lediglich dann zuständig, wenn die zu regelnde Angelegenheit nicht auf den einzelnen Betrieb oder ein einzelnes konzernangehörige Unternehmen beschränkt ist und deshalb die **Interessen der Arbeitnehmer nicht mehr auf der betrieblichen Ebene bzw. der des Unternehmens gewahrt** werden können.[320] Nur soweit § 50 Abs. 1 BetrVG einschlägig ist, tritt an die

133

---

[310] *Gola/Pötters/Wronka* Arbeitnehmerdatenschutz-HdB Rn. 1935 mwN.
[311] BAG 22.5.1979 – 1 AZR 848/76, – 1 ABR 17/77, AP BetrVG 1972 § 111 Nr. 3, 4.
[312] BAG 17.12.1985 – 1 ABR 78/83, 16.6.1987 – 1 ABR 41/85, AP BetrVG 1972 § 111 Nr. 15, 19.
[313] BAG 18.3.2008 – 1 ABR 77/06, AP BetrVG 1972 § 111 Nr. 66.
[314] BAG 26.10.1982 – 1 ABR 11/81, AP BetrVG 1972 § 111 Nr. 10.
[315] BAG 26.10.1982 – 1 ABR 11/81, AP BetrVG 1972 § 111 Nr. 10.
[316] *Däubler* Internet und Arbeitsrecht Rn. 130.
[317] BAG 26.1.2016 – 1 ABR 68/13, NZA 2016, 498 Rn. 24.
[318] HWK/*Ricken* BetrVG § 94 Rn. 11; GK-BetrVG/*Raab* § 94 Rn. 7; Richardi BetrVG/*Thüsing* § 94 Rn. 45.
[319] Vgl. BAG 14.11.2006 – 1 ABR 4/06, NZA 2007, 399; BAG 25.9.2012 – 1 ABR 45/11, NZA 2013, 275 Rn. 24; BAG 26.1.2016 – 1 ABR 68/13, NZA 2016, 498.
[320] BAG 26.1.2016 – 1 ABR 68/13, NZA 2016, 498 Rn. 24; BAG 18.7.2017 – 1 AZR 546/15, NZA 2017, 1618.

Stelle des Betriebsrats der Gesamtbetriebsrat,[321] bzw. im Falle des § 58 BetrVG der Konzernbetriebsrat an die Stelle des Gesamtbetriebsrats.[322]

134 Dazu muss die betreffende Angelegenheit zunächst **überbetrieblicher** Natur sein. Fragen, die ausschließlich einen Betrieb berühren, fallen in die Zuständigkeit des örtlichen Betriebsrats. Es müssen also mindestens zwei Betriebe betroffen sein.[323] Hinzukommen muss, dass das Problem nicht auf betrieblicher Ebene gelöst werden kann oder dass eine **zwingende sachliche Notwendigkeit für eine unternehmenseinheitliche oder zumindest betriebsübergreifende Regelung** besteht.[324] Diese Notwendigkeit kann sich aus der Struktur des Unternehmens ergeben[325] – zentralistisch geführt – oder aus wirtschaftlichen, technischen oder sozialpolitischen Bedürfnissen folgen.[326] Bloße **Zweckmäßigkeitserwägungen**[327] oder der **Wunsch der Unternehmensleitung nach Vereinheitlichung,** um zB Kosten zu sparen oder Arbeitsabläufe zu koordinieren, **genügen nicht.**[328] Im Bereich der erzwingbaren Mitbestimmung kann die Unternehmensleitung nicht durch Konzentration der Entscheidungskompetenz auf Unternehmensebene die Zuständigkeit des Betriebsrats vor Ort beseitigen.[329] Maßgebend sind der Gegenstand des jeweiligen Beteiligungsrechts[330] und die konkreten Verhältnisse des Unternehmens und seiner Betriebe.[331] **Soziale Angelegenheiten** iSd § 87 Abs. 1 BetrVG **fallen zumeist** in die Zuständigkeit des **örtlichen Betriebsrats,** es sei denn, dass mehrere Betriebe arbeitstechnisch verzahnt oder auf sonstige Weise organisatorisch verbunden sind und diesem Umstand Rechnung getragen werden soll.[332] Entsprechendes gilt für die Beteiligungsrechte nach § 94 BetrVG. Allein das Verlangen des Arbeitgebers nach einer unternehmenseinheitlichen Regelung von Personalfragebögen und Beurteilungskriterien vermag die Zuständigkeit des Gesamtbetriebsrats nicht zu begründen. Sind diese aber Bestandteil eines unternehmenseinheitlichen Personalentwicklungskonzepts, kann die Zuständigkeit des Gesamtbetriebsrats nach § 50 Abs. 1 S. 1 BetrVG gegeben sein.[333] Betreffen Regelungsmaterien unterschiedliche Mitbestimmungstatbestände, folgt aus der Zuständigkeit des Gesamtbetriebsrats für die eine Regelungsmaterie keine solche für die andere.[334]

b) Zuständigkeit bei DV-Systemen

135 Dass der Arbeitgeber auf allen Rechnern in sämtlichen Betrieben dieselben Programme, Eingabemasken und Formate verwendet, um durch diese **Standardisierung** Kosten zu

---

[321] BAG 16.8.1983 – 1 AZR 544/81, EzA § 50 BetrVG 1972 Nr 9.
[322] Die originäre Zuständigkeit des Konzernbetriebsrats ist nach denselben Kriterien zu bestimmen wie die Zuständigkeit des Gesamtbetriebsrats, so BAG 22.7.2008 – 1 ABR 40/07, NZA 2008, 1248 Rn. 66; BAG 25.9.2012 – 1 ABR 45/11, NZA 2013, 275 Rn. 24 mwN.
[323] BAG 6.12.1988 – 1 ABR 44/87, EzA § 87 BetrVG 1972 Betriebliche Lohngestaltung Nr 23; LAG Berlin-Brandenburg 8.8.2013 – 26 Sa 61/13).
[324] BAG 15.1.2002 – 1 ABR 10/01, EzA § 50 BetrVG 1972 Nr. 19; LAG Berlin-Brandenburg 8.8.2013 – 26 Sa 61/13.
[325] LAG Köln 21.8.2013 – 11 Ta 87/13.
[326] Im Einzelnen *Lunk* NZA 2013, 233.
[327] BAG 23.8.2016 – 1 ABR 43/14, NZA 2016, 1483.
[328] BAG 15.1.2002 – 1 ABR 10/01, EzA § 50 BetrVG 1972 Nr. 19; LAG Köln 21.8.2013 – 11 Ta 87/13; missverständlich BAG 17.1.2012 – 1 ABR 45/10, EzA § 87 BetrVG 2001 Betriebliche Ordnung Nr. 7, wonach die Zuständigkeit des GBR für eine unternehmenseinheitliche Dienstkleidung aus dem Zweck der Bekleidungsvorschrift folgen soll.
[329] BAG 18.10.1994 – 1 ABR 17/94, EzA § 87 BetrVG 1972 Betriebliche Lohngestaltung Nr 47; BAG NZA 2005, 234; BAG 14.11.2006 – 1 ABR 4/06, NZA 2006, Rn. 22 mwN.
[330] BAG 6.12.1988 – 1 ABR 44/87, EzA § 87 BetrVG 1972 Betriebliche Lohngestaltung Nr. 23.
[331] BAG 26.1.1993 – 1 AZR 303/92, EzA § 99 BetrVG 1972 Nr. 109; zu möglichen Strategien des AG *Salamon* NZA 2013, 708.
[332] BAG 9.12.2003 – 1 ABR 49/02, EzA § 50 BetrVG 2001 Nr 3.
[333] BAG 17.3.2015 – 1 ABR 48/13, AP BetrVG 1972 § 94 Nr. 11.
[334] BAG 18.7.2017 – 1 ABR 59/15, NZA 2017, 1615 Rn. 2.

D. Mitbestimmung beim Datentransfer

sparen, **genügt nicht,** um die Zuständigkeit des Gesamtbetriebsrats zu begründen.[335] Eine technische Notwendigkeit zu einer betriebsübergreifenden Regelung kann sich aber daraus ergeben, dass **Daten erhoben** und verarbeitet werden, die auch zur **Weiterverwendung in anderen Betrieben bestimmt** sind.[336] Da die **Datenweiterleitung** von einem Betrieb zum nächsten einen **einheitlichen, untrennbaren Vorgang** bildet, kann sie auch nur durch eine einheitliche Bestimmung geregelt werden, an die sowohl der die Daten übermittelnde als auch der sie empfangende Betrieb gebunden sind.[337] Eine solche Regelung sorgt dafür, dass die in den Betrieben erhobenen und verarbeiteten Daten exportiert und in den anderen Betrieben ohne zusätzlichen technischen Aufwand genutzt werden können. Dies gilt nach der Rechtsprechung sogar dann, wenn die Betriebe nicht unmittelbar miteinander vernetzt sind, sondern der Datentransfer über einen gemeinsamen Server stattfindet. In einem solchen Fall wäre eine unterschiedliche Ausgestaltung des elektronischen Datenverarbeitungssystems in den einzelnen Betrieben mit dessen einheitlicher Funktion nicht vereinbar.[338]

Entsprechendes gilt, wenn ein Personaldatenverwaltungssystem so angelegt ist, dass es einen **unternehmens- oder konzernweiten Zugriff auf die im System gespeicherten Beschäftigtendaten** gewährt, der eine **zentrale Nutzungs- und Überwachungsmöglichkeit erlaubt.** Das hat die Rechtsprechung[339] zB für das System SAP ERP angenommen, das in einem Konzern von der jeweils personalverwaltenden Konzerngesellschaft im „Einmandantenmodell" genutzt wurde. Dort konnten die verarbeiteten Daten auf Grund einheitlicher Formate miteinander verknüpft, exportiert, importiert und für die Konzernunternehmen ohne zusätzlichen technischen Aufwand genutzt werden. Das betraf zB das Einlesen von Stundenkonten, den datenmäßigen Versand von Entgelt- und Zeitnachweisen sowie die Erstellung der DEÜV-Meldungen und der Lohnsteuerbescheinigungen. Außerdem konnten durch benutzerdefinierte Datenbankfelder die von den Arbeitnehmern erhobenen Leistungs- und Verhaltensdaten konzernweit eingegeben, gefiltert und sortiert werden. Mit der eingebauten Protokollierungsfunktion konnten überdies sämtliche Zugriffe auf das System konzerneinheitlich überwacht werden. Ob das System tatsächlich konzernweit genutzt wurde, spielte für die Zuständigkeit des Konzernbetriebsrats keine Rolle,[340] weil das Mitbestimmungsrecht nach § 87 Abs. 1 Nr. 6 BetrVG bereits dann greift, wenn die Möglichkeit zur Mitarbeiterkontrolle besteht. Die Zuständigkeit des Konzernbetriebsrats ist ferner dann gegeben, wenn der Konzern über eine **zentrale Firewall in Verbindung mit einem Proxy-Server** an das Internet angebunden ist. Da ein solcher Firewall-Rechner ua protokolliert, welcher Anwender welche Internetseite aufruft, lässt sich die Internetnutzung eines Mitarbeiters konzernweit überwachen, weshalb der Konzernbetriebsrat mitzubestimmen hat und nicht der Betriebsrat des Betriebs, in dem der Mitarbeiter beschäftigt wird.[341] Allerdings muss die Entscheidung, ob ein DV-System betriebs-, unternehmens- oder konzernweit eingeführt wird, schon aus verfassungsrechtlichen Gründen (Art. 14 GG) in der Hand des Arbeitgebers bleiben. Sie

---

[335] BAG 11.11.1998 – 7 ABR 47/97, NZA 1999, 947 (948); LAG Nds 24.5.2011 – 1 TaBV 55/09, ZD 2011, 84.
[336] BAG 14.11.2006 – 1 ABR 4/06, NZA 2007, 399 Rn. 30 mwN; BAG 25.9.2012 – 1 ABR 45/11, NZA 2013, 275 Rn. 26 f.; s. im Einzelnen *Bachner/Rupp* NZA 2016, 207 m. Bsp.
[337] BAG 20.12.1995 – 7 ABR 8/95, NZA 1996, 945 (947).
[338] BAG 14.11.2006 – 1 ABR 4/06, NZA 2007, 399 Rn. 30 f.
[339] BAG 25.9.2012 – 1 ABR 45/11, NZA 2013, 275 (277).
[340] So BAG 25.9.2012 – 1 ABR 45/11, NZA 2013, 275 (277); aA LAG Nds 24.5.2011 – 1 TaBV 55/09, ZD 2011, 84; *Fischer/Trittin* NZA 2009, 343. Gleichgültig ist deshalb, ob alle Betriebe bzw. Matrixgesellschaften denselben „Mandanten" von SAP nutzen oder auf verschiedene Mandanten aufgeteilt sind. Stets gelangt dieselbe Software zum Einsatz, weshalb bei einem Update alle angeschlossenen Nutzer betroffen sind, vgl. *Bachner/Rupp* NZA 2016, 207 (209).
[341] Ebenso *Bachner/Rupp* NZA 2016, 207 (209); *Beckschulze/Fackeldey* RDV 2013, 109 (112).

ist von der Belegschaftsvertretung bis zur Willkürgrenze zu respektieren[342] und steht auch nicht zur Disposition der Einigungsstelle.

137 In der derzeitigen Praxis besteht ein **Trend zur Zusammenlegung.** Während bis in die 1990er Jahre hinein Datenverarbeitungssysteme überwiegend auf betrieblicher Ebene und zuweilen auch unternehmensweit betrieben wurden, werden seit gut einem Jahrzehnt in größeren (Konzern-)Unternehmen fast sämtliche IT-Anwendungen zentral gesteuert und betrieben.[343] Dazu gehören unternehmensweit vernetzte Systeme zur Betriebsdatenerfassung **(BDE)** sowie zur Produktionsplanung und -steuerung **(PPS)** in produzierenden Betrieben genauso wie Mobile Device Management Systeme **(MDS)** zur zentralen Administration und Überwachung von dienstlich genutzten Mobiltelefonen, Smartphones und Tablets im gesamten Konzern Workflowmanagement-Systeme zur elektronischen Vorgangsbearbeitung in Versicherungen und Banken. Da die Systeme **konzernweit vernetzt sind, zentral administriert** werden und eine **zentrale Datenbank** zur Speicherung von Programmen und Daten, werden die Mitbestimmungsrechte durch den **Konzernbetriebsrat** wahrgenommen.

2. Konsequenzen

138 Bei § 50 Abs. 1 bzw. § 58 Abs. 1 BetrVG gilt das **Prinzip der strikten Zuständigkeitstrennung.** Für die Wahrnehmung von Mitbestimmungsrechten ist danach ausschließlich der örtliche Betriebsrat oder allein der Gesamt- bzw. der Konzernbetriebsrat zuständig. Weder kommt dem Gesamt-/Konzernbetriebsrat eine bloße Rahmenkompetenz zu, noch dürfen die Mitbestimmungsrechte bei einer einheitlichen Maßnahme auf Betriebsrat und Gesamt-/Konzernbetriebsrat aufgeteilt werden. Vielmehr hat der Gesamt-/Konzernbetriebsrat die **Angelegenheit** im Rahmen seiner Zuständigkeit **insgesamt zu behandeln.**[344]

139 Wird eine Betriebsvereinbarung zum Datentransfer mit einer nicht zuständigen Belegschaftsvertretung geschlossen, ist sie unwirksam.[345] Da die Zuständigkeitsgrenzen fließend sind und die Abgrenzung häufig erhebliche Schwierigkeiten bereitet, kann es sich anbieten, **Betriebsvereinbarungen zum Datentransfer mit sämtlichen Gremien** zu vereinbaren.[346] Dieser Weg ist nach der neuesten Rechtsprechung des BAG versperrt, die Klarheit über die Urheberschaft einer Betriebsvereinbarung verlangt. Daran fehlt es, wenn für die Normunterwerfungen bei solchen „mehrseitigen Vereinbarungen" unklar bleibt, wer für diese Voraussetzung wem gegenüber verantwortlich ist.[347] Alternativ kommt die Möglichkeit der Beauftragung des Konzernbetriebsrats oder des Gesamtbetriebsrats durch die örtlichen Betriebsräte nach §§ 50 Abs. 2, 58 Abs. 2 BetrVG in Betracht. Da dann der Gesamt-/Konzernbetriebsrat als Vertreter des Betriebsrats handelt, bleibt dieser zur Kündigung einer in seinem Auftrag geschlossenen Betriebsvereinbarung befugt.[348]

---

[342] LAG Nds 24.5.2011 – 1 TaBV 55/09, ZD 2011, 84 (86); zustimmend *Beckschulze/Fackeldey* RDV 2013, 109 (112).
[343] *Bachner/Rupp* NZA 2016, 207 (209).
[344] BAG 14.11.2006 – 1 ABR 4/06, NZA 2007, 399; BAG 25.9.2012 – 1 ABR 45/11, NZA 2013, 275 (277); NZA 2013, 275.
[345] *Beckschulze/Fackeldey* RDV 2013, 109 (112); ErfK/*Koch* BetrVG § 50 Rn. 8.
[346] So im Fall LAG Nds 24.5.2011 – 1 TaBV 55/09, ZD 2011, 84.
[347] BAG 26.9.2017 – 1 AZR 717/15, NZA 2018, 803.
[348] *Fitting* § 50 Rn. 73; ErfK/*Koch* BetrVG § 50 Rn. 11.

IV. Regelung durch Betriebsvereinbarung

1. Bedeutung und Grenzen

Der Abschluss einer Betriebsvereinbarung zur Regelung des (matrix-)konzernweiten Transfers von Beschäftigtendaten bietet sich aus zwei Gründen an. Zum einen ist eine Verarbeitung von Beschäftigtendaten, die ohne Beachtung der Beteiligungsrechte erfolgt, nicht nur mitbestimmungswidrig,[349] sondern führt nach der Theorie der Wirksamkeitsvoraussetzung auch zu Unzulässigkeit gegenüber dem betroffenen Mitarbeiter.[350] Zum anderen gilt eine als Ergebnis der Beteiligung zustandegekommene **Vereinbarung als Erlaubnisnorm für die Datenverarbeitung** nach § 26 Abs. 4 BDSG, Art. 6 Abs. 1, Art. 88 Abs. 1 und 2 DS-GVO. Sie kommt daher als **Befugnisnorm für einen konzerninternen Personaldatenfluss** grundsätzlich in Betracht.[351] Allerdings sind die Parteien solcher Vereinbarungen an die Direktiven des Art. 88 Abs. 2 DS-GVO gebunden. Darauf weist § 26 Abs. 4 S. 2 BDSG ausdrücklich hin. Notwendig sind danach „angemessene und besondere Maßnahmen zur Wahrung der menschlichen Würde sowie der berechtigten Interessen und der Grundrechte der betroffenen Person, insbesondere im Hinblick auf die Transparenz der Verarbeitung. Nur wenn diese Vorgaben eingehalten sind, können Betriebsvereinbarungen konzernweite Datenflüsse legitimieren. Dazu ist eine **Güterabwägung** zwischen den Persönlichkeitsrechten des Arbeitnehmers und dem schutzwürdigen Interesse des Arbeitgebers unter Berücksichtigung der Umstände des Einzelfalls **erforderlich**.[352] Sind sich die Betriebsparteien darin einig, dass ihre Betriebsvereinbarung den Umgang mit personenbezogenen Beschäftigtendaten erlauben bzw. datenschutzrechtlich legitimieren soll, sollten sie dies ausdrücklich regeln. Aus Gründen der **Transparenz** empfiehlt sich die Klarstellung, dass sich der Arbeitgeber die Verarbeitung von Beschäftigtendaten auch auf der Grundlage gesetzlicher Vorschriften vorbehält, dh nach § 26 BDSG bzw. Art. 6 Abs. 1 lit. f DS-GVO.

Beispiel:[353]

Die Betriebsparteien sind darin einig, dass die folgende Betriebsvereinbarung als datenschutzrechtliche Erlaubnisnorm zur Verarbeitung personenbezogener Daten im Beschäftigungskontext wirkt. Soweit die folgende Betriebsvereinbarung die Verarbeitung personenbezogener Daten regelt oder voraussetzt, gilt sie als Erlaubnistatbestand iSv Art. 6 Abs. 1, Art. 88 Abs. 1 und 2 DS-GVO.

2. Systematischer Aufbau

In der Praxis hat es sich bewährt, die Regelungsmaterie „Datenschutz" auf verschiedene Betriebsvereinbarungen aufzuteilen. In **IT-Rahmenvereinbarungen** werden die für sämtliche Verarbeitungsverfahren geltenden allgemeinen Grundsätze niedergelegt. Geregelt werden zB Fragen zum Geltungsbereich der IT-Regelungen, zur Prozess- und Projektgestaltung, zum Umgang mit Beschäftigtendaten, zu Zugriffs- und Kontrollrechten, zu Rechten der Arbeitnehmervertretungen sowie zur Entwicklung bestehender IT-Ver-

---

[349] Das Mitbestimmungsrecht nach § 87 Abs. 1 Nr. 6 BetrVG kann zwar auch durch formlose Regelungsabrede ausgeübt werden (*Fitting* § 87 Rn. 256; GK-BetrVG/*Wiese* § 87 Rn. 578), im Interesse der Rechtssicherheit empfiehlt sich aber eine Betriebsvereinbarung, weil nur diese eine wirksame Verarbeitungsgrundlage für den matrixweiten Transfer von Beschäftigtendaten darstellt, s. Kühling/Buchner/*Maschmann* BDSG § 26 Rn. 73.

[350] Vgl. BAG 22.10.1986 – 5 AZR 660/85, NZA 1987, 415; Gola/Pötters/*Wronka* Arbeitnehmerdatenschutz-HdB Rn. 2058.

[351] *Däubler* Gläserne Belegschaften Rn. 453; Fischer/*Trittin* NZA 2009, 343 (344); Gola/Pötters/*Wronka* Arbeitnehmerdatenschutz-HdB Rn. 947 f.; *Schmidl* DuD 2009, 364 (369); Simitis/*Simitis* BDSG § 2 Rn. 160; angedeutet auch von BAG 20.12.1995 – 7 ABR 8/95, DB 1996, 1985.

[352] BAG 27.3.2003 – 2 AZR 51/02, NZA 2003, 1193.

[353] *Wybitul* NZA 2017, 1488 (1492).

einbarungen samt Konfliktlösemechanismen. **In Einzel- bzw. „Detail"-Vereinbarungen** erfolgen dann die spezifischen Bestimmungen für das jeweilige Verarbeitungsverfahren. In ihnen werden die konkreten Zwecke des jeweiligen Verfahrens genannt, die dafür verarbeiteten Beschäftigtendaten erwähnt sowie die technischen und organisatorischen Maßnahmen aufgeführt, die der Verantwortliche zum Schutz von Beschäftigtendaten zu ergreifen verspricht. Sie enthalten wiederum **Anlagen,** in der einzelne detaillierte Verfahrensschritte und Datenverarbeitungssysteme genau beschrieben werden. Die Vorteile eines solchermaßen **gestuften Verfahrens** liegen auf der Hand.[354] Zu allgemeinen Fragen müssen sich die Beteiligten nur einmal Gedanken machen. Haben sie hierzu für alle Seiten akzeptable Lösungen gefunden und die datenschutzrechtlichen Standards definiert, bleiben diese auch dann bestehen, wenn neue Verarbeitungsverfahren eingeführt oder vorhandene geändert werden sollen. Die Parteien können sich dann auf die Regelung von konkreten Einzelfragen in den Detail-Vereinbarungen konzentrieren. Im Idealfall ergibt sich auf diese Weise eine **Vereinbarungshierarchie mit aufeinander abgestimmten Einzelregelungen.** Je präziser die Rahmen- und Detailvereinbarungen die einzelnen Datenverarbeitungen regeln, desto eher werden Gerichte und Aufsichtsbehörden diese als gerechtfertigt ansehen.

142 Der Abschluss von **IT-Rahmenbetriebsvereinbarungen unterliegt nicht der zwingenden betrieblichen Mitbestimmung,**[355] weil sie noch keine konkreten Regelungen zur Mitarbeiterkontrolle enthalten. Sie können also nicht im Wege eines Einigungsstellenverfahrens erzwungen werden. Gleichwohl haben beide Parteien Interesse an einem freiwilligen Abschluss. Der Arbeitgeber benötigt sie als datenschutzrechtliche Erlaubnisnorm iSd § 26 Abs. 4 BDSG, Art. 88 Abs. 2 DS-GVO, die Belegschaftsvertretung, um bestimmte Verarbeitungsgrundsätze allgemeinverbindlich durchzusetzen, wie zB den Ausschluss von Leistungs- und Verhaltenskontrollen. In Konzernunternehmen besteht momentan die Tendenz, den Aufwand und die Anzahl der Vereinbarungen zu verringern, um so die Wirtschaftlichkeit von Verhandlungs- und Regelungsprozessen zu erhöhen.[356] Allerdings erweisen sich die derzeit gängigen IT-Systeme als derart komplex, dass eine sachgerechte Lösung der datenschutzrechtlichen Probleme nur bei einer wirklich vertrauensvollen Zusammenarbeit der Betriebsparteien realistisch ist. Ziel ist es dann, den Einsatz der modernen IT-Technik im Sinne eines Verarbeitungsmanagements mitzugestalten, statt ihn bloß zu kontrollieren oder gar zu beherrschen.[357] Vertrauen muss aber auch zu den Systemadministratoren bestehen, denen durch Rahmenvereinbarungen möglichst klare, eindeutige und angemessene Arbeitsanweisungen zu erteilen sind.

3. Typische Inhalte von Rahmenvereinbarungen

a) Präambel

143 In der Präambel der Rahmenvereinbarung werden üblicherweise die von den Betriebsparteien verfolgten Ziele niedergelegt. Diese können Bedeutung erlangen, wenn Bestimmungen in der Rahmen- oder Einzelbetriebsvereinbarung Lücken und Auslegungsspielräume enthalten, die dann im **„Geist der Präambel"** zu schließen sind.[358] Dabei sind diese Ziele meist so allgemein gehalten, dass sie nur einen groben Rahmen abstecken und häufig in einem Spannungsverhältnis zueinander stehen. Schon hier ist zu beachten, dass dem Betriebsrat lediglich die Kompetenz für die Verarbeitung von Beschäftigtendaten des

---

[354] *Beckschulze/Fackeldey* RDV 2013, 109 (111).
[355] Ebenso *Däubler* Gläserne Belegschaften Rn. 817; *Wybitul* NZA 2017, 1488 (1491).
[356] *Böker/Demuth* IKT-Rahmenvereinbarungen S. 126.
[357] *Böker/Demuth* IKT-Rahmenvereinbarungen S. 126.
[358] *Däubler* Internet und Arbeitsrecht Rn. 649.

von ihm vertretenen Personenkreises und nicht für andere Daten (zB von Kunden und Lieferanten) zusteht.[359]

Beispiel:[360]
Ziele dieser Vereinbarung sind
- eine Nutzung der Informatik zur Unterstützung der Unternehmensziele und damit der Wettbewerbsfähigkeit durch Planen, Bereitstellen und Koordinieren von Anwendungen und Infrastrukturen,
- den Schutz der Persönlichkeitsrechte für alle Mitarbeiterinnen und Mitarbeiter, deren Daten erfasst oder verarbeitet werden, und
- die menschengerechte Gestaltung der durch elektronische Techniken unterstützten Arbeitssysteme zu gewährleisten.
Insbesondere werden keine IT-Systeme zum ausdrücklichen Zweck der Mitarbeiterüberwachung eingerichtet."

b) Geltungsbereich

aa) Grundsatz. Der Geltungsbereich der IT-Rahmenvereinbarung bestimmt, für welche Organisationseinheiten (Konzern, Unternehmen, Betrieb), für welche Personengruppen sowie für welche DV-Verfahren die allgemeinen Regelungen Anwendung finden.[361]

bb) Räumlich-organisatorischer Geltungsbereich. In räumlich organisatorischer Hinsicht muss der Geltungsbereich der jeweiligen Zuständigkeit des Belegschaftsgremiums entsprechen, das die Vereinbarung schließt. Geht er darüber hinaus, ist die Vereinbarung unwirksam. Wird sie als **Konzernbetriebsvereinbarung** abgeschlossen, sollte der Hinweis erfolgen, dass sie nur für die in die Zuständigkeit des Konzernbetriebsrats fallenden DV-Verfahren gilt, sofern diese auch im jeweiligen Betrieb bzw. Unternehmen angewendet werden.

Erfolgt die Datenverarbeitung im Ausland oder werden personenbezogene Daten an Konzernunternehmen mit Sitz im Ausland übermittelt, ist zu beachten, dass wegen des Territorialitätsprinzips die deutschen Betriebsräte nur für die Betriebe im Inland und die dort Beschäftigten zuständig sind. Als datenschutzrechtliche Verarbeitungsgrundlage scheidet sie deshalb aus. Notwendig sind Binding Corporate Rules oder vergleichbare Regelungen (→ Rn. 62 ff.). Allerdings **umfasst das Mitbestimmungsrecht** nach § 87 Abs. 1 Nr. 6 BetrVG **auch** die Befugnis, die **Modalitäten eines Datentransfers ins Ausland** mitzugestalten. In einer IT-Rahmenvereinbarung kann dabei nur Grundlegendes geregelt werden, etwa die Verpflichtung des Arbeitgebers, für einen Datenschutz im Ausland zu sorgen, der inländischen Standards genügt.

Beispiel:[362]
Der Arbeitgeber verpflichtet sich, bei Auslandsdatenverarbeitung im internationalen Bereich mit durchaus unterschiedlich ausgeprägten Datenschutz-Anforderungen im […] Konzern eine für die jeweilige Landesgesetzgebung vorbildliche Handhabung des Datenschutzes einzuführen. Bei dem grenzüberschreitenden Umgang mit Daten darf durch die niedrigeren Standards in ausländischen Standorten keine Beeinträchtigung oder Umgehung der deutschen Beschäftigtendatenschutzbestimmungen eintreten.

---

[359] *Beckschulze/Fackeldey* RDV 2013, 109 (113).
[360] *Däubler* Internet und Arbeitsrecht Rn. 649; s. auch *Böker/Demuth* IKT-Rahmenvereinbarungen S. 16 ff.
[361] *Gola/Pötters/Wronka* Arbeitnehmerdatenschutz-HdB Rn. 2077 ff.
[362] *Böker/Demuth* IKT-Rahmenvereinbarungen S. 25.

147 **cc) Persönlicher Geltungsbereich.** Hinsichtlich des persönlichen Geltungsbereichs empfiehlt es sich, auf den Beschäftigtenbegriff iSd **§ 28 Abs. 8 BDSG** zurückzugreifen. IT-Rahmenvereinbarungen wären danach nicht nur auf Arbeitnehmer iSd § 611a BGB anwendbar, sondern auch auf Personen, die der Arbeitgeber zu ihrer Berufsbildung beschäftigt, dh auf Auszubildende, Umschüler und Praktikanten, soweit diese ein freiwilliges Praktikum absolvieren. Sie alle gelten auch als **Arbeitnehmer im mitbestimmungsrechtlichen Sinne (§ 5 Abs. 1 BetrVG),** so dass der Betriebsrat für sie regelungsbefugt ist. Das trifft sogar für ehemalige Beschäftigte zu, für die ebenfalls Regelungen getroffen werden müssen, falls personenbezogene Daten auch nach ihrem Ausscheiden eine Zeitlang weiter gespeichert bleiben sollen (vgl. § 26 Abs. 8 S. 2 BDSG). Das kann zB erforderlich sein, um letzte Entgeltabrechnungen abzuwickeln oder Zeugnisanfragen zu beantworten.[363] Als Beschäftigte gelten nach § 28 Abs. 8 Nr. 1 auch Leiharbeitnehmer im Verhältnis zum Entleiher, für die der Betriebsrat des Einsatzbetriebs zumindest Mitbestimmungsrechte in sozialen Angelegenheiten wahrnehmen kann, soweit diese nicht unmittelbar im Vertragsverhältnis zum Verleiher wurzeln.

148 Für **leitende Angestellte gelten Betriebsvereinbarungen nicht,** weil sie nicht vom Betriebsrat vertreten werden (§ 5 Abs. 3 S. 1 BetrVG). **Als Verarbeitungsgrundlage scheiden sie** daher für diesen Personenkreis **aus.** Da § 26 BDSG aber auch für leitende Angestellte gilt, bedarf es einer anderen Erlaubnisnorm, wenn deren personenbezogene Daten verarbeitet werden sollen. Besteht im Konzern oder Unternehmen ein Sprecherausschuss sollte mit diesem eine im Wesentlichen inhaltsgleiche Regelung in Form einer **Sprechervereinbarung** angestrebt werden, weil diese wegen ihrer normativen Wirkung eine taugliche Verarbeitungsgrundlage bildet.[364] Hierzu kann sich der Arbeitgeber auch gegenüber dem zuständigen Betriebsrat verpflichten.

Beispiel:[365]

Zur Verfolgung des Zieles dieser Vereinbarung verpflichtet sich der Arbeitgeber unwiderruflich, deren Inhalte mit ihren Schutz- und Verantwortungsaspekten auch über den Geltungsbereich des BetrVG hinaus für leitende Angestellte durch entsprechende vertragliche Gestaltungen im gesamten [...] Konzern verbindlich zu machen. Dazu wird eine entsprechende Vereinbarung mit dem Konzernsprecherausschuss geschlossen.

149 Für **GmbH-Geschäftsführer** scheidet auch dieser Weg aus. Sie gelten zwar nicht als Beschäftigte iSd Beschäftigtendatenschutz nach § 26 BDSG, Art. 88 DS-GVO. Gleichwohl unterliegt die Verarbeitung ihrer personenbezogenen Daten der Erlaubnispflicht nach Art. 6 DS-GVO. Hier kommen nur **individuelle Selbstverpflichtungen** des Arbeitgebers in Betracht.

150 **dd) Sachlicher Geltungsbereich.** Den sachlichen Geltungsbereich der IT-Rahmenvereinbarung angemessen zu beschreiben, hängt davon ab, wie konkret ihre Bestimmungen geregelt sind. Beschränkt sich die Rahmenvereinbarung darauf, für alle DV-Verfahren gültige **Grundsätze** niederzulegen und das **Prozedere für den Abschluss von Detailvereinbarungen zu definieren,** genügt es, den sachlichen Geltungsbereich weit und abstrakt zu festzulegen. Dabei kann als Grenze die Reichweite des Mitbestimmungsrechts nach § 87 Abs. 1 Nr. 6 BetrVG dienen. Die Rahmenvereinbarung gilt dann nur für solche DV-Verfahren, die eine Leistungs- und Verhaltenskontrolle der Mitarbeiter ermöglichen:

---

[363] Buchner/Kühling/*Maschmann* BDSG § 26 Rn. 56 f.
[364] Buchner/Kühling/*Maschmann* DS-GVO Art. 88 Rn. 24 ff., 27.
[365] *Böker/Demuth* IKT-Rahmenvereinbarungen S. 27.

Beispiel:[366]

Die Rahmenvereinbarung gilt sachlich für alle technischen Einrichtungen und deren Anwendungen, die über elektronische Verarbeitungs-, Speicherungs- oder Auswertungsmöglichkeiten von Beschäftigtendaten verfügen und geeignet sind, Verhalten oder Leistung von Beschäftigten zu überwachen.

Will man immer wieder vorkommende Fragestellungen konkreter lösen, kommt man nicht umhin, die Informations- und Kommunikationstechnik eines Betriebs, Unternehmens oder Konzerns möglichst umfassend und abschließend zu beschreiben. Während hierzu **früher** alle betrieblich genutzten **IT-Systeme in langen Listen als Anlage** zur Rahmenvereinbarung aufgeführt wurden, die bei jedem Systemwechsel und -neuzugang aktualisiert werden mussten, geht man heute verstärkt dazu über, die **Systemlandschaft** durch spezielle Software **zu dokumentieren** und den Belegschaftsvertretern einen lesenden Zugriff auf die entsprechende Dokumentendatenbank zu gewähren.[367] Will man das vermeiden, bleibt nur, den Begriff des IT-Systems genauer zu definieren.

Beispiel:[368]

IT-Systeme im Sinne dieser Vereinbarung sind Betriebs- und Anwendungssysteme, mit denen personenbezogene Daten iSv Art. 4 Nr. 1 DS-GVO aus Konstruktions-, Vertriebs- und Verwaltungsabläufen unter Verwendung von CPUs oder Rechnernetzwerken erfasst, gespeichert, verarbeitet oder übertragen werden, einschließlich Schnittstellen und Netzwerke. Dazu zählen alle IT-Systeme der Datenerfassung, Datenspeicherung, Datenverarbeitung, und Datenübertragung, wie zB PC (Server, Workstations, Notebooks, PDAs etc.), PC-Netzwerke, Multimedia, Telefonanlagen, Netzwerksysteme sowie Systeme und Geräte zur Kommunikation und Datenübertragung sowie deren Schnittstellen.

Allerdings steht man dann vor dem Problem, die Definition ändern zu müssen, falls der Arbeitgeber neue IT-Systeme einführt, wie zB Software as a Service (Saas) oder Cloud Computing, die nicht zu lokalisieren sind oder die nur als Dienstleistung zur Verfügung stehen, aber trotzdem in der Rahmenvereinbarung abgebildet werden müssen.

c) Vertrauensvolle Zusammenarbeit

Wie erwähnt, lassen sich die komplexen datenschutzrechtlichen Probleme nur bei einer wirklich vertrauensvollen Zusammenarbeit der Betriebsparteien lösen. Um diese zu stärken, empfiehlt sich eine Regelung, die bestimmt, dass noch nicht abgestimmte DV-Verfahren solange von den Beschäftigten und ihren Führungskräften zu ignorieren sind, wie keine entsprechende Regelung zwischen den Betriebsparteien getroffen wurde. Da in der Praxis der Mitbestimmung unterliegende IT-Systeme aber ständig aktualisiert werden und dabei sogar automatische Updates erfahren, sollte die **Beteiligung auf Upgrades beschränkt** werden.

Beispiel:[369]

Der Betriebsrat hat seine Beteiligungsrechte mit dem Abschluss dieser Rahmenvereinbarung ausgeübt. Der Arbeitgeber wird ihn erneut und von sich aus beteiligen, falls er Upgrades mit wesentlichen Änderungen einführt, die die Möglichkeit einer Leistungs- und Verhaltenskontrolle bieten. Unabhängig davon informiert der Arbeitgeber den Betriebsrat über jede Aktualisierung eines im Betrieb angewandten IT-Systems

---

[366] *Beckschulze/Fackeldey* RDV 2013, 109 (114).
[367] *Böker/Demuth* IKT-Rahmenvereinbarungen S. 30.
[368] *Böker/Demuth* IKT-Rahmenvereinbarungen S. 31.
[369] *Beckschulze/Fackeldey* RDV 2013, 109 (114).

154 Zuweilen verlangen Betriebsräte auch **Schulungen** von Führungskräften und Mitarbeitern zum Thema Datenschutz, die nicht vorschnell aus Kostengründen abgelehnt werden sollten. Denkbar ist in diesem Zusammenhang eine Regelung, nach der Inhouse-Schulungen durch den internen Datenschutzbeauftragten Vorrang vor externen Schulungen genießen. Wenn möglich, sollte bereits in der IT-Rahmenvereinbarung der **Mechanismus zur Lösung von Meinungsverschiedenheiten** zwischen Arbeitgeber und Betriebsrat **definiert** werden. Dazu gehören zB Bestimmungen über die Hinzuziehung von Sachverständigen und über **"innerbetriebliche Eskalationswege"**, die vor der Anrufung der externen Einigungsstelle beschritten werden müssen. Denkbar ist ferner die Aufnahme eines **Anspruchs auf Nachverhandlung** für den Fall gesetzlicher Änderungen des bestehenden Datenschutzrechts sowie die Vereinbarung einer umfassenden Nachwirkung der gesamten Betriebsvereinbarung.

d) Umgang mit Beschäftigtendaten

155 **aa) Allgemeines.** Unter diesem Gliederungspunkt bieten sich **Regelungen zu** den sechs in Art. 5 Abs. 1 lit. a–f niedergelegten **Prinzipien der Verarbeitung** von personenbezogenen Daten an,[370] die nach § 26 Abs. 5 BDSG auch für Beschäftigtendaten gelten: Rechtmäßigkeit der Datenverarbeitung, Zweckbindung, Datenminimierung, Richtigkeit, Speicherbegrenzung, Integrität und Vertraulichkeit (→ Rn. 12 ff.). Ferner können hier **Schutzmechanismen** bei der Verarbeitung **sensibler Beschäftigtendaten iSv Art. 9 DS-GVO** beschrieben werden und Vorgaben zur Datenverarbeitung beim Betriebsrat erfolgen. Weiterhin bieten sich Regelungen zu weiteren datenschutzrechtlichen Verpflichtungen, etwa hinsichtlich der Information betroffener Arbeitnehmer über die Erhebung ihrer personenbezogenen Daten nach Art. 13 und 14 DS-GVO, sowie der Erfüllung von Auskunftsansprüchen nach Art. 15 DS-GVO. Dabei können auch die Prozesse zur Auskunftserteilung definiert werden. Denkbar sind darüber hinaus allgemeine Vorgaben für die Datenverarbeitung durch Mitarbeiter. Ein Zugriff auf Beschäftigtendaten darf nur erfolgen, wenn der hierzu befugte Mitarbeiter auf die Einhaltung der allgemeinen Verarbeitungsgrundsätze nach Art. 5 DS-GVO verpflichtet wurde.[371] Welche Mitarbeiter zugriffsberechtigt sind, wird in der Detailbetriebsvereinbarung geregelt, wo die jeweiligen Funktionen und nicht die Namen konkreter Mitarbeiter genannt werden sollten.

156 Weiterhin sollte ein allgemeiner Hinweis darauf erfolgen, dass die Datenverarbeitung auch im Wege der **Auftragsdatenverarbeitung** geschehen kann, wenn die Vorgaben des Art. 28 DS-GVO und die Vorschriften der Rahmenvereinbarung eingehalten werden.[372] Weitergehende Erklärungen sind nicht erforderlich. Auch bei einer Auftragsdatenverarbeitung sind die Beteiligungsrechte des Betriebsrats zu wahren. Allerdings steht es in der freien unternehmerischen Entscheidung des Arbeitgebers, ob die Datenverarbeitung selbst, durch einen Dritten oder durch einen Auftragsverarbeiter durchgeführt wird.[373] Unter mitbestimmungsrechtlicher Perspektive sind ferner zwei Problemkreise besonders relevant: zum einen die Frage der **zulässigen Verarbeitungszwecke,** zum anderen der von Betriebsratsseite nicht selten geforderte **Ausschluss jeder Leistungs- und Verhaltenskontrolle.**[374]

---

[370] *Böker/Demuth* IKT-Rahmenvereinbarungen S. 44.
[371] Nach § 5 S. 2 BDSG aF waren mit der Datenverarbeitung beschäftigte Personen auf die Wahrung des Datengeheimnisses zu verpflichten. Die DS-GVO enthält zwar keine entsprechende Verpflichtung und verwehrt auch dem nationalen Gesetzgeber entsprechende Regelungen (vgl. Plath/*Schreiber* BDSG § 5 Rn. 3). Aus Gründen der internen Organisationsverantwortung dürfte es sich aber auch weiterhin empfehlen, die Mitarbeiter über die Grundsätze einer rechtmäßigen Datenverarbeitung zu unterrichten.
[372] *Beckschulze/Fackeldey* RDV 2013, 109 (117).
[373] Vgl. zur mitbestimmungsfreien Frage, ob ein DV-System betriebs-, unternehmen- oder konzernweit eingeführt wird, LAG Nds 24.5.2011 – 1 TaBV 55/09, ZD 2011, 84.
[374] Zu weiteren Regelungsgegenständen und Musterregelungen *Däubler* Internet und Arbeitsrecht Rn. 642ff.; *Gola/Pötters/Wronka* Arbeitnehmerdatenschutz-HdB Rn. 2086 jeweils mwN.

bb) Verarbeitungszwecke. Bestimmungen in Rahmenvereinbarungen über zulässige 157 Verarbeitungszwecke müssen sich in den Grenzen der gesetzlichen Vorgaben bewegen, die allerdings weit gesteckt sind. So erlaubt die Generalklausel des **§ 26 Abs. 1 BDSG** die Verarbeitung von Beschäftigtendaten, soweit diese für die Begründung, Durchführung oder Beendigung des Beschäftigungsverhältnisses erforderlich ist. **Art. 88 DS-GVO** präzisiert dies durch eine nicht abschließende Aufzählung weitergehender Verarbeitungszwecke, zu denen neben den bereits erwähnten auch „Zwecke des Managements, der Planung und der Organisation der Arbeit, der Gleichheit und Diversität am Arbeitsplatz, der Gesundheit und Sicherheit am Arbeitsplatz, des Schutzes des Eigentums der Arbeitgeber oder der Kunden" zählen. Nicht zuletzt aus Gründen der Transparenz kann es sich empfehlen, die **Zwecke einzelner Datenverarbeitungen** in Betriebsvereinbarungen sogar **noch detaillierter zu regeln.** Darüber hinaus können Betriebsvereinbarungen auch Verarbeitungszwecke regeln, die im Katalog des Art. 88 Abs. 1 DS-GVO fehlen, sofern sie nur einen Zusammenhang mit dem Beschäftigungsverhältnis aufweisen.[375]

Sinn macht eine **Aufzählung konkreter Verarbeitungszwecke** in einer IT-Rah- 158 menvereinbarung nur, wenn damit zugleich bestimmt wird, dass es **keiner weiteren Regelung** in **einer Detailbetriebsvereinbarung bedarf,** wenn Beschäftigtendaten zu der in der IT-Rahmenvereinbarung ausdrücklich erwähnten Zweckbestimmungen verarbeitet werden. Damit wäre das **Mitbestimmungsrecht ausgeübt,**[376] und der Arbeitgeber hätte nur noch das Verzeichnis aller Verarbeitungstätigkeiten nach Art. 30 DS-GVO zu erstellen. Dem steht nicht entgegen, dass jede Betriebspartei verlangen kann, dass einzelne DV-Verfahren in einer Detailbetriebsvereinbarung geregelt werden.

Solche vom Betriebsrat **grundsätzlich gebilligte Verarbeitungszwecke** können bei- 159 spielsweise sein:[377]
– Erfüllung gesetzlicher oder gesetzesgleicher Vorschriften (zB steuerliche Belange, amtliche Statistiken, Sozialversicherung)
– Durchführung und Dokumentation gesetzlich oder betrieblich notwendiger rechtlicher, technischer oder wirtschaftlicher Prüfungen (zB Wirtschaftsprüfer, Innenrevision)
– Lohn- und Gehaltsabrechnung
– Personalaktenführung
– Personaleinsatzplanung und Disposition
– Erfassung von An- und Abwesenheitszeiten sowie Zutrittskontrollen
– Personalverwaltung (zB Darlehensabwicklung, Dienstwagenabwicklung, Versicherungen, betriebliche Altersversorgung)
– Personalberichtswesen
– Personalplanung und Personalcontrolling
– Personalentwicklung (insbesondere Nachwuchssicherung zum Personalaustausch und im Rahmen der Aus- und Weiterbildung)
– Speicherung von Wiedervorlagedaten (zB Ablauf der Probezeit, Befristung, Dauer des Mutterschutzes)
– Kontrollen zur Sicherstellung ordnungsgemäßer Datenverarbeitungen
– Identifikation von Ansprechpartnern (zB Name, Telefonnummern, E-Mail-Adressen)
– Durchführung von Mitarbeiterbefragungen auf freiwilliger Basis
– Reisekostenabrechnung.

Eine andere Frage ist, ob Beschäftigtendaten, die für einen bestimmten Verarbeitungs- 160 zweck erhoben oder gespeichert wurden auch für einen anderen Zweck genutzt werden können. Dazu bestimmt Art. 5 Abs. 1 lit. b S. 1 HS 2 DS-GVO, dass Daten nicht in einer mit den im Voraus festgelegten Zwecken nicht zu vereinbarenden Weise weiterverarbeitet werden dürfen. Dieses **grundsätzliche Weiterverarbeitungsverbot** soll den **Zweck-**

---
[375] *Wybitul* NZA 2017, 1488 (1492).
[376] *Beckschulze/Fackeldey* RDV 2013, 109 (115).
[377] *Beckschulze/Fackeldey* RDV 2013, 109 (116).

bindungsgrundsatz perpetuieren.[378] Eine Weiterverarbeitung ist jedoch dann erlaubt, wenn eine Verarbeitung nach der Abwägungsformel des Art. 6 Abs. 1 DS-GVO zulässig wäre.[379] Das ist eine Frage des Einzelfalls. Stets muss der Verantwortliche den Betroffenen vor der Weiterverarbeitung zu anderen als den ursprünglichen Zwecken alle Informationen zur Verfügung stellen, die notwendig sind, um eine faire und transparente Verarbeitung zu gewährleisten (Art. 13 Abs. 3 DS-GVO). Die Einzelheiten hierzu regelt Art. 13 Abs. 2 DS-GVO. Denkbar ist, in der IT-Rahmenbetriebsvereinbarung die Einziehung der Belegschaftsvertretung und die Information der Betroffenen für den Fall einer Zweckänderung genauer zu regeln.

Beispiel:[380]

Die Änderung einer Ziel- und Zweckbestimmung, die zunächst einer Datenverwendung zugrunde gelegt war, ist nur erlaubt, wenn die folgenden drei Voraussetzungen gemeinsam erfüllt sind:
– unstreitige Erforderlichkeit unter Beachtung datenschutzrechtlicher Vorgaben
– Beteiligung der Interessenvertretungen, Durchführung der kollektivrechtlichen Verfahren
– vorherige schriftliche Information der betroffenen Beschäftigten, zB auch per E-Mail [...].

161 **cc) Leistungs- und Verhaltenskontrolle.** Angesichts des Regelungszwecks des Mitbestimmungsrechts nach § 87 Abs. 1 Nr. 6 BetrVG, die Beschäftigten vor Verletzungen ihrer Persönlichkeitsrechte durch technische Überwachungseinrichtungen zu schützen,[381] finden sich Bestimmungen zur Leistungs- und Verhaltenskontrolle von Mitarbeitern in fast jeder IT-Rahmenbetriebsvereinbarung. Während früher fast immer jegliche Kontrolle ausgeschlossen wurde, gehen die Betriebsparteien vermehrt dazu über, die „Spielregeln" für eine zulässige Mitarbeiterüberwachung zu definieren.[382] Sie tragen damit dem Umstand Rechnung, dass schon nach bisherigem Recht ein vollständiger Ausschluss bestimmter Verarbeitungen nach der **ASNEF-Rechtsprechung** des EuGH[383] unzulässig war. Dies gilt nach zutreffender, aber umstrittener Ansicht auch unter Geltung der DS-GVO.[384] Die Vorgaben der DS-GVO dürfen durch Betriebsvereinbarung nur präzisiert, nicht aber verschärft werden. Ein **absolutes Verwertungsverbot** wäre eine solche **Verschärfung.**[385]

162 Häufig sehen die Vereinbarungen ein **zweistufiges Verfahren** vor. Vor einer personalisierten Überprüfung erfolgt zunächst häufig zunächst ein pseudonymisiertes Verfahren zur Datenanalyse. Erst wenn sich bei einem solchen nicht personalisierten Verfahren konkrete Verdachtsmomente auf eine Straftat ergeben, erfolgt in einer zweiten Stufe eine personalisierte Kontrolle.[386] Hintergrund einer solchen Regelung ist nicht zuletzt, dass **keine Mitbestimmungsrechte** nach § 87 Abs. 1 Nr. 6 BetrVG bestehen, wenn **ausschließlich anonymisierte oder pseudonymisierte Daten verarbeitet werden.** Die Überwachung durch eine technische Einrichtung iSd § 87 I Nr. 6 BetrVG erfordert nämlich, dass die erhobenen Daten einzelnen Arbeitnehmern zugeordnet werden können, sie also individualisierbar sind.[387] Die DS-GVO bindet zwar auch die Verarbeitung pseudonymi-

---

[378] Sydow/Reimer DS-GVO Art. 5 Rn. 24.
[379] Ebenso Sydow/Reimer DS-GVO Art. 5 Rn. 26.
[380] Böker/Demuth IKT-Rahmenvereinbarungen S. 45.
[381] BAG 10.12.2013 – 1 ABR 43/12, NZA 2014, 439 Rn. 27.
[382] Böker/Demuth IKT-Rahmenvereinbarungen S. 59f.
[383] EuGH 24.11.2011 – C-468/10, NZA 2011, 1409 Rn. 36, 47 – ASNEF.
[384] Franzen EuZA 2017, 313 (345); Maschmann DB 2016, 2480 (2482ff.); Spelge DuD 2016, 775 (778); Wybitul NZA 2017, 413; aA Düwell/Brink NZA 2016, 665 (668); Kort ZD 2017, 319 (321); Paal/Pauly/Pauly DS-GVO Art. 88 Rn. 17; Taeger/Rose BB 2016, 819 (831).
[385] Kühling/Buchner/Maschmann BDSG § 26 Rn. 71f. mwN.
[386] Beckschulze/Fackeldey RDV 2013, 109 (116).
[387] BAG 13.12.2016 – 1 ABR 7/15, NZA 2017, 657 Rn. 27.

sierter Daten an die Erlaubnispflicht nach Art. 6 DS-GVO,[388] die notwendige Interessenabwägung wird aber eher zugunsten des Verantwortlichen ausfallen.[389] Da in der Praxis aufgrund der geringen Größe von Abteilungen häufig dennoch Rückschlüsse auf konkrete Personen möglich sind, muss in der Betriebsvereinbarung geregelt werden, ab wann personenbezogene **Daten** als **nicht mehr individualisierbar** anzusehen sind. Das ist üblicherweise der Fall, wenn in einer Gruppe oder Abteilung **mehr als fünf Personen** zusammengefasst sind.[390] Ist es dringend notwendig, Maßnahmen sofort durchzusetzen, etwa im Falle von Gefahr in Verzug oder bei schweren Angriffen auf das System, sollte von diesem zweistufigen Verfahren auch abgewichen werden können.[391] Zu beachten ist dann aber § 26 Abs. 1 S. 2 BDSG, wonach der entsprechende Anfangsverdacht zu dokumentieren ist. Im Regelfall erfolgt eine Auswertung nur gemeinsam mit dem Betriebsrat und dem Datenschutzbeauftragten.

Nicht selten verbieten IT-Rahmenvereinbarungen die Verwertung von Daten und Informationen, wenn diese entgegen den Regeln der Vereinbarung gewonnen wurden. 163

Beispiel:[392]

„Werden Erkenntnisse über Leistung und Verhalten von Beschäftigten unter Missachtung oder Verletzung dieser Vereinbarung gewonnen, so sind sie zur Begründung personeller Maßnahmen als Beweismittel nicht zulässig. Dies gilt auch bei arbeitsgerichtlichen Streitigkeiten. Evtl. hierauf gestützte personelle Maßnahmen werden zurückgenommen."

Mitunter wird das Verwertungsverbot sogar noch verschärft, indem dem Arbeitgeber die Beweispflicht auferlegt wird. 164

Beispiel:[393]

„Missbräuchlich gewonnene Informationen und Erkenntnisse dürfen nicht verwendet werden. Die Beweispflicht dafür, dass Informationen oder Erkenntnisse nicht missbräuchlich gewonnen wurden, liegt bei dem Arbeitgeber."

Das ist vor dem Hintergrund der ASNEF-Rechtsprechung des EuGH[394] problematisch und unter Geltung der DS-GVO wohl unzulässig.[395] 165

4. Typische Inhalte von Detailvereinbarungen

a) Aufbau

In den Detailvereinbarungen finden sich die **konkreten Bestimmungen** zu den einzelnen DV-Verfahren. Sie unterliegen der erzwingbaren Mitbestimmung nach § 87 Abs. 1 Nr. 6 BetrVG. Den **Hauptteil** einer Detailvereinbarung bilden die nach **Art. 30 Abs. 1 DS-GVO erforderlichen Angaben über die jeweilige Verarbeitungstätigkeit.** Weitere technische und organisatorische Einzelheiten können sodann in Anlagen geregelt werden. Dazu gehören zB Listen mit Angaben über die jeweils Zugriffsberechtigten, die zulässigen Abfragen und Erstellung von Reporten und den Schnittstellen zu Auftragsverarbeitern, soweit die Betriebsparteien solche Detailregelungen für geboten halten. Werden Änderungen notwendig, müssen nur die Anlagen neu geregelt werden, nicht die gesamte 166

---

[388] Kühling/Buchner/*Klar/Kühling* DS-GVO Art. 4 Nr. 6 Rn. 11.
[389] *Härting* NJW 2013, 2065 (2067); *Karg* DuD 2015, 520 (524); Kühling/Buchner/*Klar/Kühling* DS-GVO Art. 4 Nr. 6 Rn. 13.
[390] *Beckschulze/Fackeldey* RDV 2013, 109 (116).
[391] *Beckschulze/Fackeldey* RDV 2013, 109 (116).
[392] *Böker/Demuth* IKT-Rahmenvereinbarungen S. 67.
[393] *Böker/Demuth* IKT-Rahmenvereinbarungen S. 68.
[394] EuGH 24. 11. 2011 – C-468/10, NZA 2011, 1409 Rn. 36, 47 – ASNEF.
[395] *Franzen* EuZA 2017, 313 (345); *Maschmann* DB 2016, 2480 (2482 ff.); *Spelge* DuD 2016, 775 (778); *Wybitul* NZA 2017, 413; aA *Düwell/Brink* NZA 2016, 665 (668); *Kort* ZD 2017, 319 (321); Paal/Pauly/*Pauly* DS-GVO Art. 88 Rn. 17; *Taeger/Rose* BB 2016, 819 (831).

Detailvereinbarung. Zu Beginn der Detailvereinbarung sind ihr jeweiliger Regelungsgegenstand sowie Geltungsbereich festzulegen und der Bezug zur Rahmenbetriebsvereinbarung herzustellen. Es empfiehlt sich dringend, das **jeweilige DV-Verfahren** in einer Detailvereinbarung **in mitbestimmungsrechtlicher Hinsicht abschließend zu regeln,** dh auch die Beteiligungsrechte bei der Gestaltung von Arbeitsplatz, Arbeitsablauf und Arbeitsumgebung (§§ 90 ff. BetrVG) sowie hinsichtlich der allgemeinen personellen Angelegenheiten (§ 92 ff. BetrVG) mit zu erfassen.[396]

Nicht geeignet:
„Weitere Mitbestimmungsrechte bleiben unberührt."[397]

b) Angaben zur jeweiligen Verarbeitungstätigkeit

167 Den Kern der Detailvereinbarung bilden, wie gesagt, die Angaben zu der durch sie geregelten Verarbeitungstätigkeit. Sie sollten sich **an Art. 30 Abs. 1 S. 2 DS-GVO orientieren. Notwendig** sind demnach **Informationen zu folgenden Punkten:**
– Name und Kontaktdaten des Verantwortlichen, ggf. des gemeinsam mit ihm Verantwortlichen (Art. 26 DS-GVO), des Vertreters des Verantwortlichen sowie eines etwaigen Datenschutzbeauftragten
– Zwecke der Verarbeitung
– Kategorien betroffener Personen
– Kategorien personenbezogener Daten
– Kategorien von Empfängern, gegenüber denen die personenbezogenen Daten offengelegt worden sind oder noch offengelegt werden, einschließlich Empfängern in Drittländern
– Datentransfer in ein Drittland samt Dokumentation der vom Verantwortlichen ergriffenen Maßnahmen zur Gewährleistung der Datensicherheit in „unsicheren" Drittländern
– Fristen für die Löschung der verschiedenen Datenkategorien
– eine allgemeine Beschreibung der technischen und organisatorischen Maßnahmen gemäß Art. 32 Abs. 1 DS-GVO.

168 Mit **„Kategorien" betroffener Personen** sind die vom DV-Vorgang betroffenen Personengruppen gemeint, ggf. differenziert nach verschiedenen Abteilungen, Betrieben, Unternehmen, zB Mitarbeiter, Bewerber, Auszubildende, Ruheständler), mit **„Kategorien personenbezogener Daten"** die abstrakt formulierten Gruppenbezeichnungen (zB „Kontaktdaten"), wobei auch konkrete Datensätze angegeben werden können (zB Vor- und Zuname, Geburtsdatum, Personalnummer, Funktion). Werden **sensitive Daten** verarbeitet, ist stets eine konkrete Zweckbestimmung anzugeben. Ferner sind die aktuellen oder potenziellen **Empfänger** zu benennen, wobei **nur Funktionsbezeichnungen** anzugeben sind und nicht die Namen bestimmter Funktionsträger, also „Personalabteilung", „Buchhaltung", Auftragsdatenverarbeiter". Hinsichtlich der Festlegung von **Löschfristen** kann die Vorgabe des Art. 17 Abs. 1 lit. a DS-GVO konkretisiert werden, wonach Daten zu löschen sind, soweit sie für die Zwecke, für die sie erhoben oder auf sonstige Weise verarbeitet wurden, nicht mehr erforderlich sind. Das kann unterteilt nach Zwecken, Datenkategorien und einzelnen Verarbeitungen geschehen. Geregelt werden kann auch die Frage, was nach automatisierten Löschroutinen gelöscht wird und was darüber hinaus veranlasst werden kann oder muss.

169 Über die nach Art. 30 Abs. 1 S. 2 DS-GVO verlangten Inhalte können noch weitere Angaben aufgenommen werden, wie zB der genaue Zeitpunkt von Beginn und Ende des jeweiligen DV-Verfahrens oder zumindest die geplante Dauer. Denkbar sind auch Vorgaben für die inhaltliche Ausgestaltung von Kontrollen hinsichtlich der Einhaltung der da-

---
[396] *Beckschulze/Fackeldey* RDV 2013, 109 (119).
[397] AA *Däubler* Internet und Arbeitsrecht Rn. 653b.

tenschutzrechtlichen Bestimmungen in der Detailvereinbarung, aber auch Ansprüche auf Schulungsmaßnahmen.[398]

V. Muster-Betriebsvereinbarungen

Um das Zusammenspiel von Rahmen- und Einzel-Betriebsvereinbarungen zur Regelung datenschutzrechtlicher Fragen zu verdeutlichen, werden im Folgenden zwei Mustervereinbarungen samt Anhang abgedruckt. In der Rahmenvereinbarung werden die Grundsätze über die matrixweite Einführung und Nutzung von Datenverarbeitungssystemen allgemein bestimmt. Kern der Regelung ist eine abstrakte Zuordnung der bereits verwendeten oder neu eingeführten Datenverarbeitungssysteme zu drei Kategorien, die zu einer unterschiedlich intensiven Beteiligung der zuständigen Belegschaftsvertretung führt. Ein weiterer Schwerpunkt liegt in der Bestimmung der Voraussetzungen für eine matrixweite Datenübermittlung, die ebenfalls über die Zuordnung zu bestimmten Kategorien von Transferprojekten erfolgt, für die unterschiedliche Freigaberegelungen definiert sind. Auf dieser Rahmenbetriebsvereinbarung baut dann eine Einzelbetriebsvereinbarung auf. Abgedruckt ist eine Vereinbarung über die matrixweite Einführung und Nutzung einer Skill-Datenbank zur Personalentwicklung, die ua Schulungsmaßnahmen transparent machen und eine Standarddokumentation in Form einer „Trainingshistorie" (Bildungslebenslauf) ermöglichen soll. Diese Einzelvereinbarung wird durch bestimmte Anlagen weiter konkretisiert. Abgedruckt ist eine tabellarische Anlage, aus der sich ergibt, welche Personen in welcher Funktion auf welche Daten zugreifen können. 170

1. Muster einer Rahmenbetriebsvereinbarung

Rahmenbetriebsvereinbarung über die matrixweite Einführung und Nutzung von Datenverarbeitungssystemen

zwischen der Matrix GmbH
– im Folgenden: Arbeitgeber –

und

dem Konzernbetriebsrat des Matrix Konzerns
– nachfolgend „KBR" genannt –

Präambel

Als global operierender Konzern setzen die Konzerngesellschaften in administrativen und operierenden Bereiche IT-Systeme für die Verarbeitung und den Transfer von Daten zwischen den Konzerneinheiten ein. Mit der wirtschaftlichen und wissenschaftlichen Zusammenarbeit und der gegenseitigen Erbringung von Datenverarbeitungsdienstleistungen ist die Erhebung, Verarbeitung und Nutzung von personenbezogenen Daten verbunden, die durch die zunehmende Nutzung moderner Telekommunikationsmedien noch gefördert wird.

Der Konzern sieht sich der Achtung der Persönlichkeitsrechte verpflichtet und hat die Einhaltung der Prinzipien des Datenschutzes in einer – für alle Gesellschaften verbindlichen – Konzernweisung (s. Anlage 1) zu einem unternehmerischen Ziel erklärt. Dabei wird nach dem Grundsatz der Verhältnismäßigkeit ein sparsamer Umgang mit diesen Daten angestrebt.

Die globale Ausrichtung des Konzerns bedingt aus organisatorischer sowie aus personal- und unternehmenspolitischer Sicht ebenfalls einen unumgänglichen Transfer von Arbeit-

---

[398] *Beckschulze/Fackeldey* RDV 2013, 109 (120).

nehmerdaten über Landesgrenzen hinweg. Die Betriebsparteien sind sich daher über die Erarbeitung eines praktikablen und interessengerechten Regelungsinstrumentes einig, das datenschutz- und betriebsverfassungsrechtlichen Erfordernissen dieses Transfers gleichermaßen Rechnung trägt.

Mit der nachfolgenden Vereinbarung werden Rahmenregelungen für den Umgang mit Daten festgelegt.

§ 1 Geltungsbereich

Die Inhalte dieser Betriebsvereinbarung finden Anwendung auf Arbeitnehmer iSd des § 5 BetrVG und alle Datenverarbeitungssysteme.

§ 2 Verwendete Begriffe und Verzeichnis der Datenverarbeitung

2.1 Begriffsbestimmungen

Unter dem Begriff der Datenverarbeitungssysteme werden technische Einrichtungen und deren Anwendungen verstanden, die über Verarbeitungs-, Speicherungs- oder Auswertungsmöglichkeiten von Beschäftigtendaten verfügen und andere technische Einrichtungen, die geeignet sind, Verhalten oder Leistung von Beschäftigten zu überwachen. Insbesondere sind hier sowohl Hardware, zB Computer und Telefone, als auch Software, zB Anwendungen und Programme (Apps), Messaging- oder Chat-Dienste und Daten, wie zB Bilder, Sprache, Video, Ton und Texte gemeint.

Datenverarbeitungssysteme werden von den Betriebsparteien in folgende Kategorien eingeteilt und das Ergebnis dokumentiert:

Kategorisierungen für Datenverarbeitungssysteme

Kategorie 1: Solche Datenverarbeitungssysteme, die auch oder ausschließlich dazu genutzt werden sollen, das Verhalten oder die Leistung der Arbeitnehmer zu überwachen (zB Personalmanagement, Zielvereinbarungen, Zutrittskontrolle, Zeiterfassungen).

Kategorie 2: Solche Datenverarbeitungssysteme, die zwar dazu geeignet sind, das Verhalten oder die Leistung der Arbeitnehmer zu überwachen, zu diesem Zweck aber nicht genutzt werden sollen (zB Auditierungs- und Protokollierungssysteme, Videoüberwachungen).

Kategorie 3: Solche Datenverarbeitungssysteme, die nicht dazu geeignet sind, das Verhalten oder die Leistung der Arbeitnehmer zu überwachen (zB anonym betriebene Steuerungen).

Updates und Release-Wechsel

Updates zur technischen Ausstattung oder ein Hardwareaustausch ohne Funktionsänderung ändern oder erweitern DV-Systeme ohne Änderungen der Funktionalität. Der Begriff Update umfasst die Aktualisierung von Software, Daten oder Datenbanken. Es enthält in der Regel Verbesserungen der Benutzerfreundlichkeit oder Optimierungen in der Programmausführung und beseitigt Fehler oder Sicherheitslücken innerhalb eines bestimmten Programms oder Softwarestands. Hierunter fallen auch Service Update, Patch oder Hotfix.

Release-Wechsel sind sogenannte Upgrades oder ein Hardwareaustausch mit Änderungen oder Erweiterungen der Funktionalitäten. Der Begriff Upgrade bezeichnet dabei die Änderung eines Produkts auf eine höherwertige Konfiguration oder Version mit deutlich neuen Funktionen. Regelmäßig wird es sich dabei um Hard-/Software Produkte handeln, die sodann durch eine Änderung der Versionsnummer gekennzeichnet sind.

2.2 Verzeichnis der Datenverarbeitungssysteme

Zur korrekten und einheitlichen Dokumentation werden die zuständigen Betriebsparteien die nachfolgend aufgeführten Informationen für einzelne oder zusammengefasste Datenverarbeitungssysteme (zB Workday-Funktionalitäten, SAP-Module oder zusammengefasst MS Office), in ein Verzeichnis aufnehmen, das den geltenden Datenschutzbestimmungen genügt (Verzeichnis der Verarbeitungstätigkeiten nach Art. 30 DS-GVO); Anlage 1.

Verantwortliche Stelle (Namen und die Kontaktdaten des Verantwortlichen und gegebenenfalls des gemeinsam mit ihm Verantwortlichen, des Vertreters des Verantwortlichen sowie eines etwaigen Datenschutzbeauftragten)
– Zweckbestimmung (Zweck der Verarbeitung)
– Betroffene Personengruppen und Daten oder Datenkategorien (Beschreibung der Kategorien betroffener Personen und der Kategorien personenbezogener Daten)
– Empfänger oder Kategorien von Empfängern (Kategorien von Empfängern, gegenüber denen die personenbezogenen Daten offengelegt worden sind oder noch offengelegt werden, einschließlich Empfänger in Drittländern oder internationalen Organisationen)
– Zugriffsberechtigungen (funktionsbezogen, auch internationaler Bezug)
– Geplante Datenübermittlung in Drittstaaten ohne anerkanntes EU-Datenschutzniveau (Übermittlungen von personenbezogenen Daten an ein Drittland oder an eine internationale Organisation, einschließlich der Angabe des betreffenden Drittlands oder der betreffenden internationalen Organisation, sowie, falls nach den datenschutzrechtlichen Vorschriften erforderlich – die Dokumentierung geeigneter Garantien (Art. 49 Abs. 1 Unterpunkt 2 DS-GVO)
– Regelfristen für die Löschung bzw. Sperrung der Daten (evtl. Fristen für die Löschung der verschiedenen Datenkategorien)
– Beurteilung der Angemessenheit getroffener Sicherheitsmaßnahmen
– Nachweis/Dokumentation der unabdingbaren Rechte der Betroffenen
– Beschreibung der technischen und organisatorischen Maßnahmen
– Schnittstellen zu anderen Datenverarbeitungssystemen

Optional:
– ggf. mitgeltende Unterlagen, wie bspw. Arbeits-/Verfahrensanweisungen oä.
– Zeitpunkt der Aufnahme und geplante Nutzungsdauer des Systems
– Ergebnis der Datenschutz-Folgenabschätzung (falls erforderlich)

Die Betriebsparteien sind sich darüber einig, dass es für solche Datenverarbeitungssysteme, deren Zwecke in den § 4 aufgeführt sind und deren Beschreibung gemäß dieser Ziffer 2.2 bereits erfolgt ist, keiner gesonderten Betriebsvereinbarung bedarf. Das Verzeichnis wird regelmäßig überprüft und aktualisiert.

2.3 Zugriffsrechte für Beschäftigte

Berechtigung für den Zugriff auf Datenverarbeitungssysteme bzw. auf die sich hierin befindlichen Daten werden nach dem „need-to-know-Prinzip" entsprechend der jeweiligen dienstlichen Tätigkeiten und Aufgaben vergeben und ggf. wieder entzogen. Sie sind auf das zur jeweiligen fachbezogenen Aufgabenerfüllung erforderliche Maß zu beschränken.

Jedes Zugriffskonzept muss den gesetzlichen Vorgaben des Datenschutzes und den jeweils gültigen Richtlinien und Standards des Arbeitgebers entsprechen. Dem zuständigen Betriebsrat wird auf Wunsch Einblick in das jeweilige Zugriffskonzept gegeben.

Personen, die keine Mitarbeiter des Konzerns sind oder in keinem Auftragsverhältnis zum Konzern stehen, haben grundsätzlich auf Daten der Mitarbeiter keinen Zugriff, es sei denn, dies entspricht einem zulässigen Zweck oder ist durch Betriebsvereinbarung gesondert geregelt.

§ 3 Umgang mit Datenverarbeitungssystemen und Zusammenarbeit der Betriebsparteien

3.1 Verfahrensregeln

Über geplante Änderungen und Erweiterungen des Systems wird der KBR rechtzeitig und umfassend informiert.

Ergibt sich aus späteren Anwendungen oder Änderungen des Systems aus Sicht der Betriebsparteien weiterer Konkretisierungsbedarf oder machen sie Abweichungen von den Grundsätzen dieser Vereinbarung (einschließlich sämtlicher Anlagen) geltend, so ist über die Angelegenheit mit dem Ziel einer einvernehmlichen Regelung zu verhandeln. Gelingt keine Einigung, ist jede Konzernbetriebspartei berechtigt, die Einigungsstelle nach § 76 Abs. 5 BetrVG anzurufen. Der Spruch der Einigungsstelle ersetzt die Einigung. Gleiches gilt für Änderungen der Anlagen zu dieser Vereinbarung.

Der Konzernbetriebsrat hat das Recht, über den Personalbereich – maximal einmal im Jahr – ein vom HR Bereich unabhängiges Audit zur Überprüfung dieser Regelungen zu veranlassen.

3.2 Änderungen/Anpassungen bestehender Datenverarbeitungssysteme

Ein neues Mitbestimmungsrecht entsteht nur bei Änderungen von Datenverarbeitungssystemen bzw. bei Release-Wechseln bereits eingeführter Datenverarbeitungssysteme mit neuen wesentlichen Änderungen der Funktionalitäten von Beschäftigtendaten, nicht dagegen bei Anpassungen. Bei solchen Änderungen ist gemäß Ziff. 3.3 vorzugehen.

Updates (einschl. Ersatz von Hardware), die der Fehlerbehebung dienen oder vom Hersteller/Lizenzgeber standardmäßig vorgesehen sind, sind Anpassungen und keine Änderungen im Sinne dieser Betriebsvereinbarung, sofern dadurch der Funktionsumfang nicht geändert wird und sich keine Änderungen der Datenverarbeitungssysteme ergeben. Sofern dadurch die Funktionalitäten nicht wesentlich verändert und keine neuen, über die bisherigen Funktionalitäten hinausreichenden Funktionen genutzt werden, wird der Arbeitgeber den Betriebsrat über diese Anpassungen innerhalb einer Woche vor dem eigentlichen Update informieren.

Vor dem Einspielen von **Release-Wechseln,** die einen Einsatz neuer Funktionalitäten, zB neuer Prozesse, Workflows bzw. einer Änderung bestehender Systemteile enthalten, prüfen die Konzernbetriebspartner, ob die Grundsätze gemäß dieser Vereinbarung sowie der jeweils zu dem Datenverarbeitungssystem bestehenden Betriebsvereinbarungen eingehalten sind, und nehmen Verhandlungen auf mit dem Ziel einer einvernehmlichen Lösung. Eine Freischaltung der neuen Funktionalitäten erfolgt nach Wahrung der gesetzlichen Mitbestimmungsrechte.

3.3 Einführungen neuer Datenverarbeitungssysteme

Bei der Einführung neuer Datenverarbeitungssysteme und mitbestimmungspflichtiger Funktionalitäten soll wie folgt vorgegangen werden:

a) Bei Einführung eines Datenverarbeitungssystems der Kategorie 1 wird der Betriebsrat rechtzeitig vor der Einführung informiert. Die Nutzung der Datenverarbeitungssysteme zur Verhaltens- oder Leistungskontrolle ist nur zu den unter § 4 aufgeführten Zwecken zulässig oder wenn diese gesetzlich erlaubt oder mit dem Betriebsrat abgestimmt ist.

b) Bei Einführung eines Datenverarbeitungssystems der Kategorie 2 ist die Einführung zulässig, wenn der zuständige Betriebsrat vorher das Verzeichnis der Datenverarbeitungssystems erhalten hat.

c) Bei Einführung eines Datenverarbeitungssystems der Kategorie 3 wird der Betriebsrat auf Nachfrage über die Einführung informiert, sofern dem Arbeitgeber dies bekannt ist.

Sowohl die Speicherung der Daten als auch die Übertragungswege der Daten sind unter Beachtung des aktuellen technischen Standes verschlüsselt. Cloud- und Serviceanbieter sowie deren Mitarbeiter haben keinen Systemzugang, sofern er nicht durch den Konzern zu Zwecken der Fehlerbehebung zur Verfügung gestellt wird. Weitergehende Zugriffe bedürfen der Vereinbarung mit dem Konzernbetriebsrat.

3.4 Zugriffsrechte des Betriebsrats

Der Betriebsrat hat das Recht, die Einhaltung der Regelungen dieser Betriebsvereinbarung im Rahmen seiner betriebsverfassungsrechtlichen Überwachungsaufgaben zu prüfen. Die hierzu notwendigen Angaben werden ihm zur Verfügung gestellt.

Ein eingeschränktes, zweckgebundenes Zugriffsrecht kann dem Konzernbetriebsrat bzw. den zuständigen lokalen Betriebsräten im Rahmen ihrer betriebsverfassungsrechtlichen Aufgaben gewährt werden Der Zugriff kann verwehrt werden, wenn der Nachweis datenschutzkonformen Betriebsratsarbeit und die Selbstverpflichtungen auf das Datengeheimnis und weiterer betrieblicher Geheimhaltungspflichten nicht mehr bestehen. Für Auswertungen werden die Zugriffsberechtigungen nach dem „need to know"-Prinzip vergeben, dh der Konzernbetriebsrat bzw. der lokale Betriebsrat erhält Zugriff auf die für seine Arbeit erforderlichen Auswertungen bzw. diese werden ihm aufbereitet zur Verfügung gestellt.

§ 4 Umgang mit Beschäftigtendaten

Bei der Anwendung von Datenverarbeitungssystemen dürfen nur so viele personenbezogene Daten der Beschäftigten verarbeitet werden, wie dies zur Erfüllung der mit den Datenverarbeitungssystemen verfolgten betrieblichen Aufgaben erforderlich ist. Daten, die für die Erreichung der mit der Datenverarbeitung verfolgten Zwecke nicht mehr erforderlich sind, sind zu löschen oder zu sperren. Gesetzliche Aufbewahrungspflichten sind zu beachten.

4.1 Zulässige Zweckbestimmungen

Die Durchführung von Datenverarbeitungssystemen zu nachfolgenden Zwecken ist grundsätzlich zulässig, ohne dass für diese Zweckbestimmungen eine gesonderte Betriebsvereinbarung erforderlich ist:
- zur Erfüllung gesetzlicher oder gesetzesgleicher Vorschriften (zB steuerliche Belange, amtliche Statistiken, Sozialversicherung etc.)
- zur Erfüllung behördlicher Anforderungen (Dokumentationen, Auditierungen, etc.)
- für die Durchführung und Dokumentation gesetzlich oder betrieblich notwendiger rechtlicher, technischer oder wirtschaftlicher Prüfungen (zB Wirtschaftsprüfer, Innenrevision)
- zur Sicherstellung ordnungsgemäßer Datenverarbeitung gemäß IT-sicherheitstechnischer und datenschutzrechtlicher Anforderungen (zB Anmeldedaten, Protokolldateien)
- zum Zwecke der Identifikation von Ansprechpartnern (zB Name, Telefonnummern, E-Mail-Adressen) und Durchführung betrieblicher Kommunikation
- zur Durchführung von (anonymisierten) Mitarbeiterbefragungen auf freiwilliger Basis
- Analyse und Korrektur technischer Fehler
- Gewährleistung der Systemsicherheit und -verfügbarkeit
- Optimierung und Steuerung der Systeme
- Aktualisierung der Liste gesperrter Internetseiten
- Optimierung der Netzdienste

- Datenschutzkontrolle/Datenschutzzwecke
- Gesetzliche Auskunftspflichten
- zur Maschinen- und Anlagensteuerung (zB Betriebs-/Maschinendatenerfassung
- zur Lohn- und Gehaltsabrechnung sowie zur Reisekostenerstattung
- zur Personalaktenführung
- zur Personaleinsatzplanung und Disposition
- zur Erfassung von An- und Abwesenheitszeiten
- zur Durchführung eines betrieblichen Eingliederungsmanagements (BEM)
- zur Entgeltabrechnung per E-Mail
- zur Personalverwaltung (zB Darlehensabwicklung, Dienstwagenabwicklung, Versicherungen, betriebliche Altersversorgung)
- zur Personalplanung und zum Personalcontrolling
- zur Personalentwicklung (insbesondere Nachwuchssicherung, Personalaustausch, Aus- und Fortbildung, gezielte Stellenbesetzung)
- zur Speicherung von Wiedervorlagedaten (zB Ablauf der Probezeit, Befristung, Dauer des Mutterschutzes usw.).
- zur Zugangs-/Zutrittskontrolle
- zur Erfassung der Lenk- und Ruhezeiten mittels digitalem Tachograph/Fahrerkarte
- zur automatisierten Durchführung der Führerscheinkontrolle iR der Halterhaftung.

Der Einsatz von Datenverarbeitungssystemen kann dazu führen, dass Rückschlüsse auf das Verhalten und/oder die Leistung einzelner Beschäftigter möglich werden (zB durch Protokollierungs- oder Log-Dateien, die Aktivitäten der Beschäftigten aufzeichnen oder protokollieren). Für alle vorgenannten Datenverarbeitungen gilt: Es finden keine Auswertungen mit dem Zweck einer Leistungs- und Verhaltenskontrolle statt, es sei denn, dieser Zweck ist in dem Verzeichnis ausdrücklich beschrieben. Weitere Zweckbestimmungen können zwischen Arbeitgeber und dem jeweils zuständigen Betriebsratsgremium vereinbart werden.

4.2 Weitergabe von Beschäftigtendaten an konzerninterne und externe Empfänger

Zu den vorgenannten Zwecken kann die Datenverarbeitung gemeinsam mit oder durch andere Datenverarbeiter erfolgen, soweit die Vorschriften dieser Betriebsvereinbarung eingehalten werden.

Insbesondere können Beschäftigtendaten bei berechtigtem Interesse iSd DS-GVO innerhalb der Unternehmensgruppe übermittelt werden (Erwägungsgrund Nr. 48). Dieses berechtigte Interesse liegt in Konzerngesellschaften und Matrixeinheiten bei allen von dieser Vereinbarung erfassten Datenverarbeitungssystemen vor.

Soweit personenbezogene Daten im Rahmen einer Aufgabenübertragung gemäß Art. 28 DS-GVO als Auftragsverarbeitung oder gemäß Art. 26 DS-GVO als Verarbeitung im Rahmen gemeinsam festgelegter Verantwortlichkeiten durch die Konzernzentrale oder durch andere Konzerngesellschaften verarbeitet werden, erfolgt dies unter Beachtung der jeweiligen Vorschriften zum Schutz personenbezogener Daten, insbesondere der hier vorliegenden Konzernbetriebsvereinbarung.

4.3 Cloud und servicebetriebene Systeme

Datenverarbeitungssysteme können als Cloud-Lösung, Public Cloud oder Software as Service eingeführt und betrieben werden.

Die Serverstandorte müssen sich im geographischen Raum der EU befinden und/oder zumindest geltendem EU-Recht unterliegen.

Die für die Aufgaben des Konzernbetriebsrats erforderlichen Teile der in diesem Zusammenhang abgeschlossenen Verträge können jederzeit – sowohl im Original als auch in einer in die deutsche Sprache übersetzten Version – eingesehen und erläutert werden. Es gilt § 80 BetrVG.

4.4 Rechte der betroffenen Personen

Den Beschäftigten stehen die Betroffenenrechte nach §§ 32–37 BDSG/Artikel 12 ff. DS-GVO zu. Die Informationspflichten des Arbeitgebers entfallen unter anderem, wenn die Speicherung oder Offenlegung der personenbezogenen Daten ausdrücklich durch Rechtsvorschriften geregelt ist oder wenn sich die Unterrichtung als unmöglich erweist oder mit unverhältnismäßig hohem Aufwand verbunden ist.

§ 5 Datentransfer in Matrix- und Projekteinheiten

Der Datentransfer innerhalb von Matrix- und Projekteinheiten des Konzerns erfolgt unter Beachtung der einschlägigen datenschutzrechtlichen Bestimmungen, insbesondere der DS-GVO und des Bundesdatenschutzgesetzes (BDSG) und der verbindlichen „Weisung des Konzerns betreffend Schutz von personenbezogenen Daten" und dieser Vereinbarung. Auf diesen Grundlagen wird die datenschutzrechtliche Zulässigkeit eines Datentransfers durch den Datenschutzbeauftragten des Unternehmens beurteilt.

Für den Transfer von mitarbeiterbezogenen Daten in Matrixeinheiten sowie bei der Einführung bzw. Erweiterung von Projekten und Systemen, mit denen ein Datentransfer verbunden ist, gilt die folgende:
– die Kategorisierung von Datentransferprojekten
– die Freigaberegelungen für definierte Projekt-/Systemkategorien.

5.1. Kategorisierung von Datentransfers in Matrixeinheiten

Datentransfers werden folgenden Kategorien zugeordnet:
– **Kategorie 1**
  Systemtechnisch-, IT-infrastrukturelle Systeme, die zum Betrieb von Basissystemen erforderlich sind und der Zweckbestimmung der konzerninternen elektronischen Kommunikation dienen
– **Kategorie 2**
  lokale, divisionale und globale HR-Projekte/-Systeme
– **Kategorie 3**
  Management-Informations-/Produktions-Systeme, aufgrund betrieblicher bzw. operativer Notwendigkeiten

5.2. Freigabe von Datentransfers in Matrixeinheiten

Der zuständige BR/GBR wird über neue Projekte/Systeme, welche den Transfer von Mitarbeiterdaten zum Gegenstand haben, rechtzeitig unter Angabe der konkreten Zweckbestimmung informiert.

5.2.1 Freigabe von Datentransfers

Alle sonstigen Transfers von mitarbeiterbezogenen Daten, die für den Einsatz und das Betreiben der kategorisierten Projekte/Systeme erforderlich sind, werden wie folgt freigegeben.

Als etwaige Ablehnungsgründe können dabei nur Verstöße gegen die unter Punkt 3 definierten Grundsätze angeführt werden.

(1) Projekte/Systeme der **Kategorie 1**

Datentransfers der Kategorie 1 gelten als freigegeben.

(2) Projekte/Systeme der **Kategorie 2**

Datentransfers der Kategorie 2 gelten mit der Maßgabe als freigegeben, dass arbeitgeberseitig geprüft werden muss, ob es sich um mitbestimmungspflichtige Projekte/Systeme handelt. Sollte es sich um mitbestimmungspflichtige Projekte/Systeme handeln, gilt Ziffer (3) entsprechend.

Wird das Mitbestimmungsrecht ausgeübt, so schließt die diesbezüglich erteilte Zustimmung des Betriebsrates zum Projekt/System den Datentransfer als vereinbart mit ein.

(3) Projekte/Systeme der **Kategorie 3**

Rechtzeitig vor Einführung eines neuen Projektes/Systems mit Transfer mitarbeiterbezogener Daten oder bei für den Datenschutz relevanter Änderung bei bestehenden Systemen/Projekten, ist der zuständige BR/GBR/KBR hierüber sowie über die Zweckbestimmung zu informieren. Der BR/GBR/KBR prüft das Anliegen zügig und entscheidet über seine Zustimmung.

§ 6 Verhaltensgrundsätze bei der Verarbeitung mit Hilfe von DV-Systemen

Die Nutzung der vom Arbeitgeber als Arbeitsmittel zur Verfügung gestellten Datenverarbeitungssysteme ist grundsätzlich nur zu betrieblichen Zwecken mit einem verantwortungsvollen Umgang zulässig.

Jede Verarbeitung mit Hilfe von Datenverarbeitungssystemen ist unzulässig, die
- gegen geltende Rechtsvorschriften und/oder
- lizenz- und urheberrechtliche Bestimmungen verstößt oder
- die geeignet ist, den Interessen des Arbeitgebers oder dessen Ansehen in der Öffentlichkeit zu schaden oder
- die Sicherheit und Funktionsfähigkeit des Firmennetzes und/oder
- der daraus zu erreichenden Dienste zu beeinträchtigen.

Im Umgang mit Datenverarbeitungssystemen sind ferner die entsprechenden Betriebsvereinbarungen, Richtlinien oder Arbeitsanweisungen zu beachten.

Beim Einsatz elektronischer Kommunikationsmittel ist insbesondere jede Nutzung unzulässig, die geeignet ist, den Interessen des Unternehmens oder dessen Ansehen in der Öffentlichkeit zu schaden, oder die gegen geltende Rechtsvorschriften oder gegen Richtlinien und Organisationsanweisungen des Unternehmens verstößt; wie vor allem das Abrufen oder Verbreiten von Inhalten die gegen datenschutzrechtliche, persönlichkeitsrechtliche, urheberrechtliche oder strafrechtliche Bestimmungen verstoßen, das Abrufen oder Verbreiten von beleidigenden, verleumderischen, verfassungsfeindlichen, rassistischen oder pornografischen Äußerungen oder Abbildungen.

§ 7 Zuwiderhandlungen und Konfliktlösungsmechanismus

Werden Informationen unter Verletzung von Bestimmungen dieser Vereinbarung gewonnen, so sind sie zur Begründung personeller Maßnahmen unzulässig. Dies gilt nicht für Informationen über die Verletzung behördlicher Bestimmungen, insbesondere strafbare Handlungen. In diesem Fall muss bei einem begründeten Verdacht auf Vorliegen eines Rechtsverstoßes eine aus Arbeitgeber, Datenschutzbeauftragten und Betriebsrat gebildete lokale Untersuchungsgruppe angerufen werden, um im Einzelfall eine Untersuchung zu überwachen und ggfs. hieraus weitere Maßnahmen abzuleiten.

Meinungsverschiedenheiten im Zusammenhang mit dieser KBV oder einer ergänzenden Betriebsvereinbarung gem. der Präambel sowie allgemein im Zusammenhang mit Datenverarbeitungssystemen, insbesondere ihrer Einführung, Nutzung oder Änderung, sollen einvernehmlich zwischen den zuständigen Betriebsparteien gelöst werden.

Im Falle einer Nichteinigung über mitbestimmungspflichtige Tatbestände kann jede Seite die Einigungsstelle gem. § 76 BetrVG anrufen, die im Rahmen der Zielsetzung dieser BV verbindlich entscheidet. Sie soll innerhalb weiterer sechs Wochen entscheiden.

D. Mitbestimmung beim Datentransfer   Kapitel 5

§ 8 Schlussbestimmungen

Diese Betriebsvereinbarung tritt zum 1.5.2018 in Kraft. Sie gilt unbefristet und kann mit einer Frist von sechs Monaten zum Jahresende schriftlich gekündigt werden. Im Falle der Kündigung entfaltet sie Nachwirkung.

Die Betriebsparteien sind sich darüber einig, dass diese Konzernbetriebsvereinbarung als Kollektivvereinbarungen im Rahmen geltender Rechtsnormen nach Art. 88 DS-GVO und § 26 BDSG einen Erlaubnistatbestand für die sich aus ihr ergebenden Verarbeitungen personenbezogener Daten darstellt. Die Rechte betroffener Mitarbeitenden auf Auskunft, Berichtigung, Löschung, Einschränkung der Verarbeitung und Widerspruch bleiben davon unberührt. Die Wahrnehmung der Rechte erfolgt gegenüber den für die jeweilige Datenverarbeitung Verantwortlichen im Sinne des Art. 4 Nr. 7 DS-GVO.

Diese Konzernbetriebsvereinbarung regelt den Umgang mit personenbezogenen Daten nicht abschließend. Dem Arbeitgeber bleibt vorbehalten, personenbezogene Daten auch auf der Grundlage einschlägiger gesetzlicher Regelungen oder auf der Grundlage sonstiger Betriebsvereinbarungen zu verarbeiten.

Der Arbeitgeber wird geeignete Maßnahmen ergreifen, um die Grundsätze dieser Vereinbarung auch bei den leitenden Angestellten zur Geltung zu bringen.

Ort, Datum
Unterschriften Geschäftsleitung(en)/Konzernbetriebsrat

2. Muster einer Einzel-Betriebsvereinbarung „Personalentwicklung"

Zwischen der Geschäftsführung der Matrix Holding AG
– im Folgenden „Arbeitgeber" genannt –

und dem

Konzernbetriebsrat der Matrix Holding AG
– im Folgenden „Betriebsrat" genannt –

wird folgende Konzernbetriebsvereinbarung geschlossen:

Anlagen
Anlage 1 Schnittstellen [nicht abgedruckt]
Anlage 2 Fragenpool Feedbackbögen [nicht abgedruckt]
Anlage 3 Auswertungen [nicht abgedruckt]
Anlage 4 Zugriffsrechte/Rollenkonzept

Präambel
Der Arbeitgeber plant alle Weiterbildungsmaßnahmen auf eine einheitliche IT-Plattform umzustellen. Das System unterstützt die Verwaltung von internen und externen Schulungsmaßnahmen.

§ 1 Gegenstand und Geltungsbereich

Diese Vereinbarung regelt die Einführung, Anwendung und Nutzung des Learning-Management-Service („Lernsystem"). Das Lernsystem ist über eine Schnittstelle mit dem SAP-System verbunden. Diese Vereinbarung ergänzt insoweit die jeweiligen Vereinbarungen in den Gesellschaften zur Nutzung von „SAP HR" in der jeweils gültigen Fassung in den entsprechenden Abschnitten einschließlich dazugehöriger Anlagen.

Das System wird als Software eines externen IT Dienstleisters (Software as a Service) als Cloud-Lösung für den Arbeitgeber betrieben. Der Arbeitgeber stellt sicher, dass deutsches und EU-Datenschutzrecht uneingeschränkt zur Anwendung kommen. Ein Wechsel des Serverstandorts wird dem Betriebsrat unaufgefordert mitgeteilt.

Diese Vereinbarung gilt für alle Mitarbeiter mit Ausnahme der leitenden Angestellten im Sinne von § 5 Abs. 3 BetrVG.

§ 2 Zweck und Zielsetzung

2.1 Ziel dieser Vereinbarung ist es, den Einsatz des Lernsystems mit dem Schutz der Persönlichkeitsrechte der Arbeitnehmer und insbesondere dem Schutz vor technischer Überwachung ihrer Leistung oder ihres Verhaltens im Sinne von § 87 Abs. 1 Nr. 6 BetrVG zu verbinden.

2.2 Das System soll Trainingsmaßnahmen transparent machen und eine Standarddokumentation in Form einer „Trainingshistorie" (Bildungslebenslauf) ermöglichen. Ebenso können mit diesem System Evaluierungsbögen erzeugt und verwaltet werden. Die Verwaltung und Dokumentation von Schulungsmaßnahmen, Fort- und Weiterbildungsmaßnahmen erfolgen in diesem Lernsystem.

§ 3 Leistungsumfang des Lernsystems

3.1 Im Lernsystem wird der gesamte Trainingskatalog inklusive interner und externer Bildungsmaßnahmen für alle Lernmethoden und Verwaltungsfunktionen zur Handhabung des Systems zur Verfügung gestellt.

3.2 Der Trainingskatalog enthält verpflichtende, freiwillige, durch die Führungskraft genehmigungspflichtige und nicht genehmigungspflichtige Trainingsmaßnahmen; diese Unterscheidung wird im System gekennzeichnet.

3.3 Innerhalb des Systems ist das Buchen, Umbuchen und Stornieren direkt für die Mitarbeiter möglich.

3.4 Alle im System dokumentierten Trainingsaktivitäten werden im Bildungslebenslauf angezeigt: geplante, laufende sowie abgeschlossene Trainings. Wünscht der Mitarbeiter keine Dokumentation dieses Trainingsbesuchs, so kann er/sie dies durch einen Vermerk auf der Teilnehmerliste veranlassen.

3.5 Fortbildungsmaßnahmen von Mitarbeitern, die nicht im Trainingskatalog enthalten sind, können auf Wunsch der Mitarbeiter mittels dieses Systems dokumentiert werden.

3.6 Die Führungskraft erhält mittels des Systems eine Information über die Buchung zu einem Training durch Mitarbeitende. Dies ersetzt nicht die Genehmigung von entsprechend gekennzeichneten Trainings.

3.7 In der Historie der Trainingsmaßnahmen wird nur die erfolgreiche Teilnahme, nicht eine Bewertung des Erfolgs dokumentiert. Die Mitarbeiter können die Historie ihrer eigenen Qualifizierungsmaßnahmen einsehen. Gleiches gilt für die Führungskräfte dieser Mitarbeiter.

3.8 Alle Schnittstellen zu anderen Systemen sind in Anlage 1 [nicht abgedruckt] vereinbart.

§ 4 Personenbezogene Tests

4.1 Trainingseinheiten können eingebaute oder alleinstehende (zB während oder nach einem Präsenztraining) elektronische Tests enthalten. Soweit diese den Erfolg bewerten (zB durch eine Prozentzahl richtig beantworteter Fragen), dient dies nur zur Information der betroffenen Person. Im System wird nur die erfolgreiche Teilnahme an dem Test ohne weitere Bewertung des Erfolgs ausgewertet. Die Tests können ohne Personenbezug zum Zwecke der Qualitätssicherung auf Fragenebene ausgewertet werden.

4.2 Alle Tests dienen der Sicherstellung der Einhaltung von globalen und lokalen gesetzlichen, behördlichen oder vertraglichen Vorgaben; sie dürfen nicht zur Überprüfung von Leistung oder Verhalten von Mitarbeitenden verwendet werden.

§ 5 Speicherung und Zugriff bei Evaluierung/Rechte der Mitarbeiter

5.1 Für die Lerneinheiten kann ein elektronisch unterstütztes Feedbackverfahren zur Qualitätsbewertung durchgeführt werden. Die Daten werden in anonymer Form erfasst. Das Evaluierungsverfahren darf nicht zur Verhaltens- und Leistungskontrolle der Feedbackgeber herangezogen werden. Die Dokumentation und Auswertung der Feedbackformulare erfolgt über das System und wird dort gemäß der geltenden Richtlinie gespeichert und gelöscht.

5.2 Die Trainings-Evaluierung sieht eine Beurteilung durch die Teilnehmer anhand geeigneter Kriterien vor. Diese Beurteilung soll der/dem Verantwortlichen zur Qualitätskontrolle dienen und eine systematische Grundlage zur Qualitätsverbesserung bieten.

5.3 Werden Erkenntnisse über Leistung und Verhalten von Mitarbeitern unter Missachtung oder Verletzung dieser Vereinbarung gewonnen, so sind sie zur Begründung personeller Maßnahmen als Beweismittel nicht zulässig. Dies gilt auch bei arbeitsgerichtlichen Streitigkeiten. Evtl. hierauf gestützte personelle Maßnahmen werden zurückgenommen.

§ 6 Generische Bewertung von Trainings

Unabhängig davon ermöglicht das System den Teilnehmenden eine anonyme generische Rückmeldung zu den Trainings in Form einer bildhaften Darstellung („Sterne") und Text. Die Benutzung dieser Möglichkeit ist freiwillig und wird nicht personenbezogen ausgewertet.

§ 7 Auswertungen

Auswertungen werden nur für die in Anlage 3 beschriebenen Rollen im Rahmen der vereinbarten Zwecksetzung zur Verfügung gestellt. Auf Wunsch erhält der Betriebsrat die Bildschirmbilder bzw. Druckmuster der Auswertungen.

§ 8 Zugriffsrechte

Das Berechtigungskonzept ist rollenbasiert. Die Zugriffsrechte sind in der Anlage 4 beschrieben. Für die personenbezogenen Auswertungen gemäß Anlage 3 werden die Zugriffsberechtigungen streng nach dem „need to know"-Prinzip vergeben, dh die berechtigten Personen erhalten nur Zugriff auf die für ihre Arbeit unbedingt erforderlichen Auswertungen.

Auf Wunsch erhält der lokale Betriebsrat die Namen der berechtigten Personen einer ausgewählten Rolle und kann sich den Umfang der Berechtigung im Detail erläutern lassen.

§ 9 Änderungen und Erweiterungen

9.1 Der Betriebsrat wird rechtzeitig über Änderungen des Systems informiert. Dies gilt insbesondere auch für neue Funktionalitäten sowie die Nutzung von Social Media-Funktionen.

9.2 Eine Erweiterung des beschriebenen Leistungsumfangs ist nur im Einvernehmen mit dem Betriebsrat zulässig. Gleiches gilt für Anlagen zu dieser Vereinbarung.

9.3 Kommt das Einvernehmen nicht zustande, so entscheidet eine gemäß § 76 Abs. 5 BetrVG zu bildende Einigungsstelle.

Kapitel 5

§ 10 Schlussbestimmungen

Diese Vereinbarung tritt mit Unterzeichnung in Kraft. Sie kann beiderseitig mit gesetzlicher Kündigungsfrist gekündigt werden. Im Falle einer Kündigung wirkt diese Vereinbarung bis zum Abschluss einer neuen Regelung nach.

Datum
Unterschriften Geschäftsführung(en)/Konzernbetriebsrat

3. Anlage „Rollen und Zugriffsrechte"

Rollen und Zugriffsrechte			Daten	
Rolle	Zugriffrechte/ Auswertungen	Konzerntransfer/ Matrix	Daten sichtbar	Daten bearbeiten
Basis-Rolle Mitarbeiter: Mitarbeiter sind dafür verantwortlich, die für ihre Tätigkeit erforderlichen Trainingsanforderungen zu erfüllen und dadurch ihren Compliance-Status zu sichern. Darüber hinaus können sie an Trainingsmaßnahmen für ihre persönliche Entwicklung teilnehmen. Dazu müssen sie entsprechende (erforderte oder optionale) Trainingsmaßnahmen finden, buchen und ausführen können.	Mitarbeiter sehen alle Informationen, zu: • dem eigenen Trainingsstatus, • Teilnahme, • offene (Pflicht-)Trainings Mitarbeiter haben Zugriff auf: • die eigene Trainingshistorie • Teilnehmerlisten für von ihnen gebuchte Trainings	Alle EU-Länder und Einheiten	• Mitarbeiterprofil • Trainings • Trainingshistorie • Trainingsplanung • Trainingsabschluss	• Mitarbeiterprofil • Trainingsplanung
Matrix-Manager: Matrix-Manager (funktionale Führungskraft) stellen sicher, dass ihre Mitarbeiter alle erforderlichen Trainingsmaßnahmen durchgeführt haben, die sie zur Ausführung der Tätigkeit und Erfüllung der Compliance Anforderungen benötigen. Darüber hinaus sind Matrix-Manager dafür verantwortlich, das Potenzial ihrer Mitarbeiter zu fördern, das Trainingsbudget ihrer Einheit zu kontrollieren.	Matrix-Managern stehen Datenauswertungen über ihre Mitarbeitenden insbesondere zu folgenden Themen zur Verfügung: • Trainings • Trainingshistorie • Trainingsplanung • Trainingsabschluss • Trainingskosten • offene Trainingsanforderungen	Alle EU-Länder und Einheiten	Mitarbeiterprofil (nur eigene Berichtslinie) • Trainings • Trainingshistorie • Trainingsplanung • Trainings-abschluss • Trainingskosten	Trainingsplanung
Matrix-Manager (Management-Chain/Berichtslinie)	wie Matrix-Manager	Alle EU-Länder und Einheiten	wie Matrix-Manager	keine

D. Mitbestimmung beim Datentransfer

Rollen und Zugriffsrechte			Daten	
Rolle	Zugriffrechte/ Auswertungen	Konzerntransfer/ Matrix	Daten sichtbar	Daten bearbeiten
System Admin (IT Service): System Administratoren sind verantwortlich für alle Aktivitäten, die vollen System- und Datenzugriff benötigen. Auf der Basis spezifischer Aufträge führen sie Tätigkeiten im Bereich der Systemkonfiguration durch, die aufgrund ihrer hohen Kritikalität nicht von anderen IT Rollen ausgeführt werden dürfen.	System Administratoren benötigen vollständigen System- und Datenzugriff, um die Verfügbarkeit und Stabilität aufrechtzuerhalten sowie um Ursachenanalyse und Fehlerbehebung durchführen zu können.	Nur IT Service Matrix Deutschland GmbH	– alle –	– alle – <u>Nicht:</u> Mitarbeiterprofil

Stichwortverzeichnis

Die fetten Ziffern bezeichnen das Kapitel des Werkes, die mageren Ziffern die jeweiligen Randnummern.

Abhängigkeit **2** 4, 16, 26, 42, 70, 72, 75, 84, 111

Aktiengesellschaft
– Aufsichtsrat **2** 32, 54, 55
– Ausgleichspflicht **2** 65, 78, 87 ff., 95, 100; **4** 23 ff.
– Beherrschte/abhängige Gesellschaft, beherrschtes/abhängiges Unternehmen **2** 48, 50, 52, 59, 63, 65 f., 70, 74, 89
– Beherrschungsvertrag, *s. dort*
– Enkelgesellschaft **2** 72, 77
– Fremdeinfluss, Fremdsteuerung **2** 36 f., 41, 42, 43, 46, 48, 50, 99
– Fremdgeschäftsführung **2** 10, 33, 35, 42, 105
– Herrschende Gesellschaft, herrschendes Unternehmen **2** 25, 36, 45, 47, 48, 51 f., 54, 56, 59, 65, 70, 77, 85
– Konzern, *s. dort*
– Konzernleitungspflicht **4** 11
– Lebensfähigkeit **2** 62, 65 f.
– Leitung, Leitungsmacht, Leitungsverantwortung **2** 32, 34, 35, 36, 38, 39, 41, 48, 50 ff., 59 ff., 74, 76, 77, 85
– Haftung als Matrixgesellschaft **4** 8 ff.
– Mehrmütterorganschaft **2** 77, 82
– Satzung **2** 62 ff.
– Übertragung des Weisungsrechts **2** 76, 77, 93 f.
– Unternehmerisches Ermessen **2** 32, 33, 38 f., 41, 104, 120, 126
– Verlustübernahme **4** 23 ff.
– Vorstand, *s. Aktiengesellschaft, Leitung*
– Weisungen **2** 43, 44, 45, 46, 48, 49 f., 56, *s. auch dort*
– Weisungsdurchgriff **2** 31, 68 ff., 72, 73 ff. (einheitlicher Vertragskonzern), 83 ff. (gemischt-integrierter Vertragskonzern), 93 ff. (nicht voll integrierter Vertragskonzern), 96 ff. (rein faktischer Konzern)
– Weisungsrecht, *s. dort*

Arbeitgeber
– agile Organisation **3** 555
– Betriebsführungsvertrag **3** 624
– Delegation von Arbeitgeberpflichten **3** 628
– Matrixmanager **3** 621
– Organisation **3** 630
– Personalentscheidungen **3** 633, 635
– Unternehmerentscheidung **3** 477
– Verhandlungspartner **3** 630, 637
– Weisungsrecht **3** 522, 535

Arbeitnehmer
– Arbeitnehmerhaftungsprivileg **4** 198 ff.
– Betriebszugehörigkeit **3** 522, 544, 547, 554, 649
– Doppelarbeitsverhältnis **4** 190
– Eingliederung **3** 521, 547
– Einheitliches Arbeitsverhältnis **4** 190, 196
– Einstellung **3** 524, 543
– Entsendung **3** 554
– Prüfpflicht **4** 191
– Verschulden **4** 197
– Versetzung **3** 531. 540, 549
– Vorgesetztenwechsel **3** 540
– Weisungsfolgepflicht **4** 191

Arbeitnehmerüberlassung
– Betriebszugehörigkeit **3** 457 ff., 465 ff.

Arbeitsrechtliches Weisungsrecht
– Anwendbarkeit AÜG bei Übertragung **3** 50 ff.
– arbeitgeberinterne Delegation **3** 11 ff.
– Ausübung durch Matrixmanager *s. dort*
– Ausübungsermächtigung **3** 13
– disziplinarisches **3** 6 ff.
– fachliches **3** 5
– Matrixklausel **3** 43 ff.
– Mitbestimmung bei Übertragung auf Matrixmanager **3** 26 ff.
– Übertragung auf Matrixmanager **3** 16 ff.
– und Konzernleitungsmacht **3** 8
– Zustimmungspflicht beim Matrixeinsatz **3** 39 ff.
– Zustimmungspflicht bei Übertragung **3** 29 ff.

Arbeitsrechtliche Weisungen
– Beachtung eines Verhaltenskodexes **3** 181 ff.
– Befolgung **3** 130
– Disziplinarmaßnahmen **3** 198 ff., 201 ff.
– einander widersprechende **3** 160 ff.
– keine Folgepflicht **3** 132 ff.
– kompetenzwidrige **3** 155 f.
– Nichtbefolgung **3** 120, 150 ff.
– Pflichtenkollision **3** 151
– Pflicht zur Nichtbefolgung? **3** 144 ff.
– Prüfungs- und Remonstrationspflicht **3** 156 ff., 165 ff., 168 ff.
– rechtswidrige **3** 131 ff.
– Risiko bei Nichtbefolgung **3** 142 ff., 200
– Schadensersatz **3** 197
– sittenwidrige **3** 137 ff.
– Strafbarkeit beim Handeln auf Weisung **3** 146 ff.
– und ausländisches Recht **3** 136 ff., 194 ff.
– und Kündigung wegen Straftat **3** 150 ff.
– unwirksame **3** 132 ff.
– wirtschaftlich nachteilige **3** 164 ff.
– zur Begehung einer Straftat **3** 144 ff.

Stichwortverzeichnis

fette Ziffern = Kapitel

Arbeitsverhältnis in der Matrixorganisation
- Arbeitsverhältnis mit mehreren Arbeitgebern *s. dort* und **3** 102 ff.
- Berücksichtigung von Dienstzeiten **3** 237 ff.
- Doppel- und Mehrfacharbeitsverhältnisse *s. dort*
- Einzelarbeitsverhältnis mit aufgespaltenem Weisungsrecht **3** 10 ff.
- Fallbeispiele für Kündigungen **3** 273 ff., 284 ff., 316 ff.
- Gleichbehandlungsgrundsatz **3** 215 ff.
- Haftung für Erklärungen des Matrixmanagers **3** 217 ff.
- konzerndimensionaler Kündigungsschutz **3** 309 ff., 316 ff.
- Kündigung *s. Kündigung im Matrixkonzern* **3** 245 ff.
- Pflichtverstöße **3** 179 ff.
- Sozialauswahl **3** 338 ff.
- Überblick **3** 8
- Verpflichteter Arbeitgeber **3** 209 ff.

Arbeitsverhältnis mit mehreren Arbeitgebern
- Arbeitgeber als Gesamtgläubiger **3** 106
- Arbeitgeber als Mitgläubiger **3** 106
- Arbeitgeber als Teilgläubiger **3** 105
- Begründung durch Vertragsbeitritt **3** 108, 112
- Berücksichtigung von Dienstzeiten **3** 237 ff., 243
- betriebsbedingte Kündigung **3** 330 ff.
- gesamtschuldnerische Haftung **3** 108
- Herauskündigen eines Arbeitgebers **3** 110
- Indizien für konkludenten Abschluss **3** 111, 113 ff.
- Kündigungserklärung **3** 257 ff.
- Struktur **3** 102
- verhaltensbedingte Kündigung **3** 267 ff.
- Verpflichteter Arbeitgeber **3** 212 ff.
- Vertragsbeendigung **3** 109
- Zulässigkeit **3** 103

Arbeitszeit
- Mitbestimmung **3**, 574

Aufsichtsrat
- Aufsichtsrat **3** 720, 722, 745
- Beherrschungsvertrag **3** 733
- Eingliederung (AktG) **3** 736
- faktischer Konzern **3** 735, 741
- Konzernzurechnung **3** 743, 744,
- Leiharbeitnehmer **3** 727

Auskunftsanspruch
- Betriebsrat **3**, 597

Ausländische Muttergesellschaft **4** 66 ff.

Ausstrahlungswirkung
s. Internationales Betriebsverfassungsrecht

BDSG
- internationaler Anwendungsbereich **5** 11
- persönlicher Anwendungsbereich **5** 9
- sachlicher Anwendungsbereich **5** 7
- Wiederholungsverbot **5** 5, 22

Beherrschungsvertrag (Aktiengesellschaft)
- Aufeinander folgende/durchlaufende Beherrschungsverträge (Kette) **2** 70, 72, 73 ff., 95, 99
- Nicht aufeinander folgende Beherrschungsverträge **2** 83 ff., 90 f.
- Teilbeherrschungsvertrag **2** 51, 52
- Weisungsrecht **2** 39, 43 ff. 49 ff.; **4** 17, 95

Beherrschungsvertrag (Gesellschaft mit beschränkter Haftung) **2** 114 ff., 127, 128 f., **4** 33, 95

Beschäftigtendaten
- Anonymisierung **5** 19, 128
- ausgeschiedene Beschäftigte **5** 10
- Beschäftigtendatenschutz **5** 6
- Beurteilung der Arbeitsfähigkeit **5** 20
- Bewerberdaten **5** 7, 9, 100 ff., 115, 130
- Definition **5** 7
- Gesundheitsdaten **5** 17
- Privatnutzung **5** 22, 77 ff.
- Pseudonymisierung **5** 19, 128
- sensible Daten **5** 17 ff., 23, 117, 155
- Statusdaten **5** 128
- Übermittlung in der Matrix **5** 28 ff
- Verarbeitungsgrundlagen **5** 33 ff.
- Verarbeitungsgrundsätze **5** 12 ff.

Betrieb
- Abweichende Regelungen *s. Betrieb, vereinbarte Arbeitnehmervertretungsstruktur*
- Besonderheiten der Matrixorganisation **3** 360 ff.
- Betriebsbegriff **3** 369 f.
- Doppelstruktur **3** 387 ff.
- Dauerhaftigkeit **3** 404
- Gemeinsamer Betrieb **3** 406, 408 ff.
- Gemeinschaftsbetriebsteil **3** 413 f.
- Matrixzelle als Betrieb **3** 389 ff.
- Rechtsträger **3** 405 ff.
- Verhandlungspartner des Betriebsrats **3** 424 ff.
- Verteilung der Leitungsfunktionen **3** 366, 374 ff., 415 ff.
- Virtueller Betrieb **3** 394 ff.

Betrieb iSd KSchG **3** 339 ff.
- Abgrenzung zu § 1 BetrVG **3**
- allgemeine Definiton **3** 340
- Ausland **3** 345
- Betriebszugehörigkeit **3** 347 ff.
- Gemeinschaftsbetrieb **3** 346
- in der Matrixorganisation **3** 341 ff.

Betriebsänderung
- Betriebsübergang **3** 479
- Einführung der Matrix **3** 484
- Fallgruppen **3** 484, 485, 486, 492, 495, 497, 612
- Interessenausgleich **3** 481
- Unternehmerentscheidung **3** 477
- wesentliche Nachteile **3** 499
- zuständiger Betriebsrat **3** 508

Betriebsorganisation
- Aufgaben und Kompetenzen **3** 635

magere Ziffern = Randnummern

Stichwortverzeichnis

- grundlegende Änderung 3 495
- Personalfragen und Mitbestimmung 3 630

Betriebsrat
- Unterlassungsanspruch 3 641, 642
- Zuständigkeit 3 508

Betriebsvereinbarung
- Geltungsbereich 3 648, 652
- Kollision 3 658, 656
- Prioritätsprinzip 3 657

Betriebszugehörigkeit
- Arbeitnehmer 3 522, 544, 547, 554, 649
- Arbeitnehmerüberlassung 3 457 ff., 465 ff., 469
- Arbeitsvertrag 3 523, 535
- Doppelte Betriebszugehörigkeit 3 455, 458 f., 463 f., 466 f.
- Drittbezogener Personaleinsatz 3 456 ff.
- Gemeinschaftsprojekte 3 452
- Konzernleihe 3 465 f.
- Matrixmanager 3 470, 521, 535, 543
- Personalführungsgesellschaft 3 457
- Pro forma Anstellung 3 457
- Steuernde Einheit 3 468 ff.
- Unternehmensübergreifende Zusammenarbeit 3 462 ff.
- Virtueller Matrixbetrieb 3 454
- Zwei-Komponenten-Lehre 3 450, 459, 523, 524

Betrieb, vereinbarte Arbeitnehmervertretungsstruktur
- Andere Arbeitnehmervertretungsstruktur 3 438 ff.
- Arbeitsgemeinschaft 3 446
- Spartenbetrieb 3 435 ff.
- Zusammenfassung von Betrieben 3 434
- Zusätzliche Arbeitnehmervertretung 3 447

Datentransfer in der Matrix
- als Auftragsdatenverarbeitung 5 41 ff.
- als erlaubnispflichtige Datenverarbeitung 5 28 ff.
- Beispiele 5 1
- Berichtslinien 5 108
- Binding Corporate Rules 5 63
- branchenspezifische Verhaltensregeln 5 65
- elektronische Kommunikationsverzeichnisse 5 84
- Funktionsübertragung 5 41
- frühere Rechtslage 5 29
- Grundsätze 5 28 ff.
- Human Resources Shared Service Center (HR SSC) 5 90
- Interessenabwägung 5 40
- IT-Infrastruktur 5 68 ff.
- Konzernprivileg 5 32, 39
- kraft Einwilligung 5 67, 75, 81, 89, 105, 118
- kraft Generalklausel 5 35 ff., 39, 67, 73, 82, 86, 96, 103, 111, 114, 118
- kraft Kollektivvereinbarung 5 38, 75, 81, 107, 121

- Matrixbezug 5 36 f.
- Offenlegung 5 7, 31, 43, 69, 85, 110
- Recruiting 5 100 ff.
- sicheres Drittland 5 60
- Skill-Management 5 115
- Standarddatenschutzklauseln 5 64
- Übermittlung an Matrixleitung 5 113
- Übermittlung an Matrixmanager 5 108
- Übermittlung in Drittländer 5 59 ff.,
- unsicheres Drittland 5 62
- Verarbeitungsgrundlagen 5 33 ff.
- zentraler E-Mail-/Internet-Server 5 74, 137
- zentrales Rechenzentrum 5 68, 137

Datenverarbeitung
- allgemeine Verarbeitungsgrundsätze 5 15, 27
- Auftragsdatenverarbeitung 5 41
- Beschäftigtendaten *s. dort*
- Definition 5 7
- Freiwilligkeit der Einwilligung 5 22
- Funktionsübertragung 5 41, 47
- Grundsätze 5 12 ff
- Informationspflichten 5 16, 23, 53
- Konzernbetriebsrat 3 579
- Konzernprivileg 5 32, 39
- kraft Einwilligung 5 21 ff., 34, 67, 75, 81, 89, 105, 118
- kraft Generalklausel 5 35
- kraft Kollektivvereinbarung 5 24 ff., 38
- Matrixbezug 5 28 ff., 36
- Mitbestimmung 3, 580
- nicht-automatisierte Verarbeitung 5 7
- Profiling 5 23
- Rechtsfolgen der Auftragsdatenverarbeitung 5 49
- technische Überwachung 3, 577
- Transparenz 5 16, 23, 40, 53
- Verantwortlicher 5 29, 45
- Verarbeitungsgrundlagen 5 33 ff.
- Verarbeitungsverzeichnis 5 124, 167
- Verhältnismäßigkeitsgrundsatz 5 4, 13, 26, 67
- Vorratsdatenspeicherung 5 98
- Widerruf der Einwilligung 5 21, 23
- Zweckbestimmung 5 48, 129, 157
- Zweckbindungsgrundsatz 5 12, 23, 27

Direktionsrecht 2 27, 134, 140, 145, 148, 150 f., 156

Disziplinarisches Weisungsrecht
- Inhalt 3 6
- Unübertragbarkeit auf einen Dritten 3 7

Doppelarbeitsverhältnis
- aktives und ruhendes Arbeitsverhältnis 3 120 ff.
- Auflösungsbedingung 3 124 ff.
- Beispiele für Kündigungen 3 273 ff.
- Berücksichtigung von Dienstzeiten 3 237 ff., 244
- betriebsbedingte Kündigung 3 333 ff.
- Kündigungserklärung 3 259 ff.
- Rückkehrklausel 3 123 ff., 333 ff.

Stichwortverzeichnis

fette Ziffern = Kapitel

- Struktur **3** 117 ff.
- verhaltensbedingte Kündigung **3** 270 ff.

DSAnpUG-EU
- Grundsätzliches **5** 5

DSGVO
- Geldbuße **5** 2, 58
- Grundsätzliches **5** 4

Entsendung
- Arbeitnehmerentsendegesetz **3** 829
- Einvertragsmodell **3** 855 ff.
- EU-Entsenderichtlinie **3** 829, 834 ff.
- Lokaler Arbeitsvertrag **3** 802, 858
- Rückruf **3** 906
- Rumpfarbeitsverhältnis **3** 857 f.
- Vertragsmodelle **3** 798 ff., 853 ff.
- vorübergehende **3** 796 f.
- Wiedereinstellungszusage **3** 861
- Zweivertragsmodell **3** 856 ff.

Ethik-Richtlinien s. *Verhaltenskodex*

Europäischer Betriebsrat
- Aufgaben **3** 512
- Unterrichtung und Anhörung **3** 512

Gesamtbetriebsrat
- Mitbestimmung bei IT Systemen **3** 582
- Mitbestimmung zur Arbeitszeit **3** 574
- Zuständigkeit **3** 509, 560

Geschäftsführung, Geschäftsleitung (GmbH)
- Arbeitnehmereigenschaft **4** 182 ff.
- Außenhaftung, **4** 53 ff. *s. auch Haftung*
- Buchhaltung **4** 140
- Doppelmandat **4** 179 ff.
- Drittanstellung **4** 181
- Gesamtverantwortung **2** 13, 181
- Haftung **4** 120 ff., *s. auch dort*
- Innenhaftung **4** 63 ff.
- Kardinalspflichten **2** 104, 124, 181, 186
- Konzern **2** 10 ff.
- Nebenamt **4** 181 ff.
- Plant Manager **2** 181, 187
- Spartenmanager **2** 182, 188
- Weisungsfolgepflicht (GmbH) **2** 41, 47, 60, 63, 78, 150, 106 ff., 117, 122 ff.; **4** 138
- Weisungsgebundenheit (GmbH) **2** 106 ff., 111 ff., 125 ff., 133, 151, 186

Gesellschaft mit beschränkter Haftung (GmbH)
- Beherrschte/abhängige Gesellschaft, beherrschtes/abhängiges Unternehmen **2** 116, 122 ff.
- Beherrschungsvertrag, *s. dort*
- Fremdeinfluss; Fremdsteuerung **2** 105, 111, 123, 131
- Geschäftsführung **2** 104, 106 f., 112, 119, 120 f., 123 f., *s. dort*
- Gesellschafterversammlung **2** 8, 101, 103, 105, 108, 112 f., 115, 117, 123, 127, 128, 130, 132 f., 162, 171 ff., 174, 186
- Gesellschaftsinteresse **2** 123 ff., 147, *s. auch Konzern, Konzerninteresse*
- Haftung, *s. dort*
- Haftungsfreistellung **2** 107, 126, 186
- Herrschende Gesellschaft/herrschendes Unternehmen **2** 118 ff., 124, 126, 127 f.
- Informationspflicht **2** 107
- Kompetenzordnung **2** 103 f., 112, 114 ff., 119
- Konzern, *s. dort*
- Konzernbezug/Konzerndimension **2** 118 ff., 132

Haftung
- Aktiengesellschaft als Matrixgesellschaft **2** 59, 76, 84, 86, 89; **4** 8 ff.
- Arbeitnehmer **4** 190 ff.
- Arbeitnehmerhaftungsprivileg **4** 198 ff.
- Ausländische Muttergesellschaft **4** 66 ff.
- Außenverhältnis **4** 28 ff., 40, 61, 86, 136, 168
- Auswahlverschulden **4** 30, 63, 140
- Cash Pool Systeme **4** 134
- Delikt **4** 91 f., 211 ff.
- Durchgriffshaftung **4** 52
- Existenzgefährdende Eingriffe **2** 65, 107, 121, 125 ff. 126, 165, 170, 186; **4** 18, 52 ff., 56
- Faktischer Konzern **4** 34
- Faktisches Organ **4** 72
- Gesamtschuldnerausgleich **4** 214
- Geschäftsleitung Matrixgesellschaft **4** 92 ff.
- Geschäftsleitung Muttergesellschaft **2** 11; **4** 4 ff.
- Gesellschaft mit beschränkter Haftung als Matrixgesellschaft **2** 106, 109, 121, 185 f.; **4** 33 ff.
- Innenverhältnis **4** 27 f., 40, 50, 63, 186
- Kapitalerhaltung **4** 137 ff.
- Konzerngründungsmaßnahme **4** 6, 9
- Konzernleitungspflichten **4** 11, 38, *s. auch Konzern, Konzernleitung*
- Legalitätspflicht **4** 13, 39 ff., 62, 74, 98, 191
- Matrixmanager **4** 70 ff., *s. auch Matrixstruktur, Matrixmanager*
- Nachteilige Weisungen **4** 14, 158 ff., *s. auch Weisung*
- Prüfpflichten **2** 127, 133, 165, 176, 186; **4** 6 f.
- Satzung **4** 112
- Schutzgesetz **4** 147, 168
- Sorgfaltsmaßstab **2** 11 f., 181, 186; **4** 15
- Sozialversicherungsrechtliche Pflichten **4** 100, 146 ff.
- Steuerrecht **4** 143 f.
- Steuerrechtliche Pflichten **4** 102, 143
- Treuepflicht **4** 43
- Überwachungsverschulden **4** 30, 44, 62, 140, 147
- Untreue **4** 161 f.
- Verlustübernahme **2** 65, 78, 87 ff., 95, 100; **4** 23 ff.
- Vertrag mit Schutzwirkung zugunsten Dritter **4** 86 f.

magere Ziffern = Randnummern

– Vertragskonzern 4 76,
  s. auch Konzern, faktischer Konzern
– Vorsatz 4 57
– Vorstand 4 27 ff.
– Zurechnung 4 30

Internationales Arbeitsrecht
– Arbeitgeberstellung im internationalen Matrixkonzern 3 780, 804
– Arbeitnehmerüberlassung 3 885 ff.
– Arbeitsvertragliche Haftung 3 841
– Arbeitsvertragsstatut 3 774, 779, 789
– Ausländisches Eingriffsrecht 3 869 ff.
– Ausweichklausel 3 810 ff.
– Berichtspflicht an ausländischen Matrixvorgesetzten 3 791 ff., 814 ff.
– Betriebsratsanhörung 3 900 f.
– Deliktische Ansprüche 3 841
– Doppelarbeitsverhältnis 3 804, 899
– EGBGB 3 775
– Eingriffsnormen 3 825 ff., 869 ff.
– Einheitliches Arbeitsverhältnis 3 897 f.
– Einstellende Niederlassung 3 807
– Einstrahlung 3 675
– Engere Verbindung 3 810 ff.
– Entsendung s. dort
– EuGVVO 3 862 ff.
– Form 3 843 ff.
– Gerichtsstandsvereinbarung 3 862 ff.
– Gewöhnlicher Arbeitsort 3 790 ff.
– Grenzüberschreitende Sozialauswahl 3 902 ff.
– Grundfallgestaltungen in der internationalen Matrix 3 772
– Günstigkeitsvergleich 3 821
– Kollisionsrecht 3 777 ff.
– Konzern 3 798 ff.
– Kündigungsrecht in der internationalen Matrix
  s. dort
– Leitende Angestellte 3 907
– Objektives Arbeitsvertragsstatut 3 789, 819 ff.
– Ordre public 3 822 ff.
– Rom I, Rom II-Verordnung s. dort
– Sachnormverweisung 3 778
– Stellvertretung 3 845 ff.
– Tarifnormen 3 840
– Weisungsrecht in der Matrix 3 791 ff., 814 ff.
– Zwingende Bestimmungen 3 820, 869
– Zwingendes Recht des Tätigkeitsstaates 3 869 ff.

Internationales Betriebsverfassungsrecht
– Aktienoptionen 3 696 ff.
– Arbeitnehmer ausländischer Arbeitgeber 3 690 ff.
– Auskunftsansprüche des inländischen Betriebsrats 3 693 ff.
– Ausstrahlungswirkung 3 666 ff.
– Beteiligungsrechte 3 681 ff., 688 ff.
– Betriebsbegriff in der internationalen Matrix 3 676 ff.
– Betriebszugehörigkeit 3 667 ff.
– Einigungsstelle 3 684
– Entscheidungsträger im Ausland 3 680 ff.
– Europäischer Betriebsrat 3 713 ff.
– Gesamtbetriebsrat 3 704
– Konzernbetriebsrat 3 705 ff.
– Rechtswahl 3 665
– Teilkonzernspitze 3 708
– Territorialitätsprinzip 3 663 f.
– Wirtschaftsausschuss 3 711 ff.
– Zuständigkeit des inländischen Betriebsrats 3 663 ff.
– Zwischenholding 3 707

Internationales Privatrecht
s. Internationales Arbeitsrecht

Kardinalpflichten
– Buchhaltung 4 140
– Legalitätspflicht 4 13, 39 ff., 62, 74, 98, 191
– Prüfpflichten 2 127, 133, 165, 176, 186; 4 6 f.
–´Treuepflicht 4 43

Konzern 2 2, 3, 5, 6, 68 ff. (Aktiengesellschaft), 69, 72, 111, 125 ff. (GmbH)
– Beherrschte/abhängige Gesellschaft, beherrschtes/abhängiges Unternehmen (allgemein) 2 42, 133, 146 f., 148 f., s. auch Aktiengesellschaft und Gesellschaft mit beschränkter Haftung
– Faktischer Konzern 2 8, 14, 40, 41, 84, 86 ff., 96, 111, 126
– Herrschende Gesellschaft/herrschendes Unternehmen (allgemein) 2 6 f., 11, 25, 36, 77, 85, 136 f., 138, 142 f., 144, 145 ff., 150, 152, 161, 164, 183, s. auch Aktiengesellschaft und Gesellschaft mit beschränkter Haftung
– Konzernbezug/Konzerndimension 2 11, 39, 86, 113, 118 ff., 132, 145
– Konzerninteresse 2 36, 40, 49, 59, 60, 62, 66, 68, 79, 80, 87, 90, 123, 128 f., 139, 145, 147, 170, 4 14 s. auch GmbH, Gesellschaftsinteresse
– Konzernleitung/Konzernholding/Konzernspitze 2 31, 36, 39 ff., 42, 56, 69, 80, 83, 85, 86, 93, 96, 101, 113, 119, 120 ff., 129, 132, 134, 138, 145, 4 11, s. auch Haftung
– Mehrstufige Unternehmensverbindung 2 9, 12, 51, 68 ff. (Aktiengesellschaft), 117, 128 ff. (Gesellschaft mit beschränkter Haftung), 70, 72, 73 ff. (einheitlicher Vertragskonzern), 83 ff. (gemischt-integrierter Vertragskonzern), 92 ff. (nicht voll integrierter Vertragskonzern), 96 ff. (rein faktischer Konzern), 115 f., 128 ff., 145 f.
– Vertragskonzern 2 7, 14, 36, 40, 41, 72, 73 ff., 75, 83 ff., 92 ff., 104, 111, 116, 127

Konzernbetriebsrat
– Aktienoptionen 3 579
– betriebliche Altersversorgung 3 588
– Cloud IT 3 584
– Gemeinschaftsunternehmen 3 658
– Mitbestimmung bei IT Systemen 3 579

525

Stichwortverzeichnis

fette Ziffern = Kapitel

- originäre Zuständigkeit **3** 509
- Zuständigkeit **3** 509, 560, 614

konzerninterner Arbeitgeberwechsel
- Abgrenzung zur Abordnung **3** 62 ff.
- Abordnungsklausel **3** 64 ff.
- Beendigung- und Neubegründungsmodell **3** 75 ff.
- Begriff **3** 60 ff.
- durch Vertragsübernahme **3** 70 ff., 85 ff.
- Konstruktionsmöglichkeiten **3** 69 ff.
- Konzernversetzungsklausel **3** 72 ff., 91 ff.

Korruptionsbekämpfung **3** 184 f.

Kündigung im Matrixkonzern
- Arbeitsverhältnis mit mehreren Arbeitgebern **3** 257 ff.
- Arbeitsvertrag mit aufgespaltenem Weisungsrecht **3** 249 ff, 322 ff.
- Aufgabe des deutschen Standorts **3** 285, 301
- Betrieb iSd KSchG s. dort **3** 339 ff.
- betriebsbedingte Kündigung **3** 283 ff.
- Betriebszugehörigkeit **3** 347 ff.
- Doppel- und Mehrfacharbeits- verhältnis **3** 259 ff.
- durch Matrixmanager **3** 249 ff.
- Durchschlagen von Pflichtverletzungen **3** 246, 271, 282
- Fallbeispiele **3** 273 ff., 284 ff., 316 ff.
- Herausnahme von Leistungsträgern **3** 357 ff.
- Kontrolle der Unternehmerentscheidung **3** 290 ff.
- konzerndimensionaler Kündigungsschutz **3** 309 ff., 316 ff.
- Konzernversetzungsklausel **3** 320 ff.
- konzernweite Weiterbeschäftigungspflicht **3** 308 ff.
- Kriterien der Sozialauswahl **3** 354 ff.
- Kündigungserklärung **3** 248 ff.
- Kündigungsverbot nach § 613a IV **3** 295 ff.
- matrixweite Weiterbeschäftigungspflicht **3** 308 ff.
- personenbedingte Kündigung **3** 281
- Problemübersicht **3** 245 ff.
- rechtsmissbräuchliche Unternehmerentscheidung **3** 302 ff.
- Sozialauswahl **3** 338 ff.
- verhaltensbedingte Kündigung **3** 264 ff.
- Verlagerung betrieblicher Aktivitäten **3** 284, 299 f., 323 ff.
- Wegfall einer Hierarchieebene **3** 286, 307

Kündigungsrecht in der internationalen Matrix s. auch *Internationales Arbeitsrecht*
- Anwendbares Kündigungsschutzrecht **3** 891 ff.
- Betriebsratsanhörung **3** 900 ff.
- Kündigungsberechtigung **3** 897 ff.
- Sozialauswahl **3** 905
- Weiterbeschäftigungspflicht **3** 902 ff.

Matrixbetrieb
- Betriebsübergreifender Einsatz **3** 544, 645

- Einstellung **3** 520
- Projektorganisation **3** 555, 548

Matrixleitung
- Begriff und Funktionen **1** 10 ff., 30, 33 f., 53, 56

Matrixmanager
- Anstellung beim Vertragsarbeitgeber der Anzuweisenden **3** 98 ff.
- Anwendbarkeit des AÜG bei Unterstellung? **3** 50 ff.
- Arbeitsleistung unter Anweisung eines Matrixmanagers **3** 128 ff.
- Auftreten im Namen der Matrixgesellschaft **3** 15 ff.
- Begriff und Funktionen **1** 10 ff., 15, 23 f., 33 ff., 42 f., 51
- betriebsbedingte Kündigung **3** 328 ff.
- Betriebszugehörigkeit iSd KSchG **3** 351 ff.
- Bevollmächtigung durch Vertragsarbeitgeber **3** 0 ff.
- Eigene Haftung **3** 235 ff.
- Haftung für Erklärungen des Matrixmanagers **3** 217 ff.
- Kündigung durch Matrixmanager **3** 249 ff.
- Kündigungsbefugnis **3** 208
- Matrixklausel **3** 43 ff.
- Mitbestimmung bei Übertragung des Weisungsrechts **3** 26 ff.
- Prüfung der Rechtmäßigkeit seiner Weisungen **3** 168 ff.
- Remonstration gegen rechtswidrige Weisungen **3** 168 ff.
- Übertragung des fachlichen Weisungsrechts **3** 3 ff., 8 ff.
- Zustimmung bei Übertragung des Weisungsrechts **3** 29 ff., 38 ff.

Matrixorganisation, Abgrenzung zu anderen Organisationsformen
- Allgemeiner Konzern **1** 29
- Ausgliederungen **1** 28
- Divisionale Organisation **1** 7 f.
- Einliniensystem **1** 8
- Fachliche vs. disziplinarische Weisungsbefugnis **1** 27, 59
- Funktionale Organisation **1** 7 f.
- Funktionsmeister-Modell **1** 26
- Holding-Organisation **1** 30
- Joint Venture **1** 31
- Stab-Linien-Organisation **1** 27

Matrixorganisation, Arten
- „Dominante" vs. „nachgelagerte" Matrix **1** 22
- „Geplante" vs. „ungeplante" Matrix **1** 21
- Grundform **1** 15 f.
- Internationale Matrixstrukturen **1** 23 f.
- Matrixorganisation als Sekundärorganisation **1** 16, 18, 36 f., 42, 44
- Projekt-Matrixorganisation **1** 18 f., 42 f.
- Tensor-Organisation **1** 17
- Zentralbereiche **1** 20

magere Ziffern = Randnummern

Stichwortverzeichnis

Matrixorganisation, Aufbau
- Fünf-Phasen-Modell 1 40ff.
- Grundsätzliches 1 5ff.
- Matrixkultur 1 45, 54
- Organisationsentwicklung 1 33, 40ff.
- Prozedural-dynamische Bedingungen 1 39
- „Reife" Matrix 1 44
- Statische Bedingungen 1 39
- Stetiger Wandel 1 46
- (Temporäres) Projektmanagement 1 42f.

Matrixorganisation, Herausforderungen
- Allokation/Rotation von Arbeitnehmern und Arbeitsplätzen 1 60
- Auslandsentsendungen von Mitarbeitern bzw. Matrixmanagern 1 24
- Daten- und Informationsflüsse 1 63
- Formalisierung/Festlegung von Rechten und Pflichten der Matrixmanager/Matrixzellen-Mitarbeiter 1 43, 58
- Gewichtung von Projekten 1 19
- Haftung/Compliance 1 62
- Kontrolle 1 61f.
- Mitbestimmung 1 64
- Notwendigkeit zur Kommunikation, Abstimmung und Koordination 1 40
- Unterschiedliche Rechtsordnungen 1 23
- Unterschiedliche Sprachen/Kulturen 1 23
- Verbindlichkeit/Justiziabilität 1 58
- Zuständigkeiten/Weisungsbefugnisse 1 59
- Zusätzliche Aufgaben der Matrixleitung 1 11

Matrixorganisation, Historie
- Funktionsmeister-Modell 1 26, 35
- Prozessorganisation 1 36a
- Taylor 1 26, 36
- TRW Inc. 1 36
- Wachstumsphase der 1950er- bis 1970er-Jahre 1 36

Matrixorganisation, Kompetenzüberschreitungen
- „Durchregieren" / „Hineinregieren" 1 12, 30, 42, 61
- Gleichberechtigte vs. ungleichberechtigte Matrix 1 48
- Lösungen s. dort

Matrixorganisation, Lösung von Kompetenzüberschneidungen
- Allgemeines 1 49ff.
- Begrenzung der Kooperation 1 55
- Ignorierung der Konflikte 1 56
- Personenorientierte Koordinationsinstrumente 1 50
- Rückdelegation von Entscheidungen 1 53
- Selbstabstimmung 1 51
- Standardisierte Entscheidungsregeln 1 52
- Steuerung durch Organisationskultur 1 54
- Strukturelle Koordinationsinstrumente 1 50
- Technokratische Koordinationsinstrumente 1 50

Matrixorganisation, Merkmale
- Definition(en) 1 3f.
- Matrixleitung 1 10ff., 30, 33f., 53, 56
- Matrixmanager 1 10ff., 15, 23f., 33ff., 42f., 51
- Matrixzelle 1 10ff., 23f., 33, 43, 48,
- Mehrdimensionalität 1 7, 12f., 26, 28f., 31, 33
- Mehrfachunterstellung 1 8, 13, 26, 28, 31
- Mehrliniensystem 1 8, 13, 26
- „Shifting matrix" 1 19, 48
- Weitere Unterscheidungskriterien 1 6

Matrixorganisation, Nachteile
- Anspruchsvolle Organisationskultur 1 34, 45, 54
- Bürokratisierung der Organisation 1 34
- Enge Spezialisierung 1 34
- Erhöhte Anforderungen an Menschenbild, Führungsstil, Kommunikations- und Konfliktlösungsfähigkeiten 1 34
- Erhöhter Regelungsbedarf 1 34, 40, 43, 52, 58f.
- Hohe Aufwendungen für Mediation und Moderation 1 34
- Hoher Kommunikationsaufwand 1 34, 63
- Ineffiziente Ressourcenallokation 1 34, 60
- Konflikthaftigkeit 1 47, 64
- Langwierige/schwerfällige Entscheidungsprozesse 1 34
- Überlastung Matrixleitung 1 34, 53
- Unklare Verantwortlichkeiten 1 34, 58f., 64

Matrixorganisation, Vorteile
- Effizientere Ressourcenallokation 1 33, 60
- Entlastung Matrixleitung 1 33
- Organisationale Flexibilität 1 33, 53
- Sachorientierte Diskussionen 1 33, 56
- Stärkung Fachkompetenzen 1 33
- Stärkung Fähigkeitspotential Matrixmanager 1 33
- Zwei kompetente Ansprechpartner 1 33

Matrixstruktur 2 27, 32, 169, 170, 182
- Abweichende Geschäftsorganisation 2 4, 12, 14ff., 24, 30, 133, 152, 178
- Berichtswege 2 4, 32, 152, 160, 163, 164ff., 173
- Matrixmanager 2 26, 137, 165, 172, 175; 4 70ff., 72ff., 80ff., 184ff.; s. auch Haftung, Matrixmanager
- Matrixzelle 2 26
- Mehrdimensionalität, Mehrlinigkeit 2 1, 5, 18, 32f., 68
- Prüf- bzw. Prüfungsrecht 2 43, 140f.
- Remonstration, Rücktrittsrecht 2 152, 160, 164, 165, 172, 184, 186
- Shared Services (-Gesellschaften) 2 37, 76, 161, 181

Matrixweiter Mitarbeitereinsatz
- Anwendbarkeit AÜG 3 53ff.
- aufgrund Abordnungsklausel 3 64ff.

527

Stichwortverzeichnis

fette Ziffern = Kapitel

- aufgrund Konzernversetzungsklausel 3 72 ff.
- aufgrund Matrixklausel 3 44 ff.
- Berücksichtigung von Dienstzeiten 3 237 ff.
- Zustimmungspflicht der Mitarbeiter 3 38 ff.

Matrixzelle
- Begriff 1 10 ff., 23 f., 33, 43, 48,

Mitbestimmung beim Datentransfer
- allgemeine Beurteilungsgrundsätze 5 107, 121, 131
- automatisierte Datenverarbeitung 5 127
- Betriebsänderung 5 132
- Betriebsvereinbarung 5 140 ff.
- Datenweiterleitung 5 135
- Grundsätze 5 122
- IT-Rahmenvereinbarung 5 141 ff.
- konzernweiter Datenzugriff 5 136
- Leistungs- und Verhaltenskontrolle 5 161
- Muster-Betriebsvereinbarungen 5 170 ff.
- Personalfragebögen 5 107, 121, 130
- technische Überwachungseinrichtung 5 126
- Reichweite 5 129
- vertrauensvolle Zusammenarbeit 5 142, 153
- Verwendungszweckbestimmung 5 129, 157
- virtuelle Teamarbeit 5 132
- zentrale Datenbank 5 137
- zentrale Firewall 5 136
- zuständiges Gremium 5 133

Ordnungsverhalten
- Mitbestimmung 3, 567

Personalplanung
- Beteiligung des Betriebsrates 3 614
- Mitbestimmung 3 607

Personenbezogene Daten
- Anonymisierung 5 19, 128
- Definition 5 7

Personelle Angelegenheiten
- Einstellung 3 520, 543, 603
- Harmonisierung 3 572, 580, 586, 593, 613, 635
- Matrixmanager 3 520, 535
- Matrixteam 3 544
- Versetzung 3 544, 530, 553, 603

Prüfpflicht/Prüfungspflicht
- Abhängige Gesellschaft 2 127, 133
- Arbeitnehmer 4 191
- Beherrschungsvertrag 4 17, 95
- Delegation Weisungsrecht 2 165, 176, 186
- Legalitätspflicht 4 13, 39 ff., 62, 74, 98, 191
- Remonstrationspflicht 4 119
- Satzung 4 16, 154 ff.
- Treuepflicht 4 157
- Verletzung 4 164 ff
- Vertretung 4 156 ff.
- Weisungsdurchgriff 2 87, 99, 116

Rechtswahl
s. auch Internationales Arbeitsrecht
- AGB 3 787
- Günstigkeitsvergleich 3 821
- konkludente 3 783 f.
- nachträgliche 3 785
- Rechtswahlfreiheit 3 782
- Schranken 3 788, 819 ff.
- Teilrechtswahl 3 786

Rom I-Verordnung
s. auch Internationales Arbeitsrecht
- Anwendungsbereich 3 775 ff.

Rom II-Verordnung 3 841
s. auch Internationales Arbeitsrecht

Ruhendes Arbeitsverhältnis
- Berücksichtigung von Dienstzeiten 3 237 ff.
- betriebsbedingte Kündigung 3 333 ff., 350
- Kombination aktives und ruhendes Arbeitsverhältnis 3 120 ff.
- Rückkehrklausel 3 123 ff.
- Ruhensvereinbarung 3 121
- und Auflösungsbedingung 3 124 ff.

Strafbarkeit
- bei Handeln auf Weisung 3 145 ff.

Unternehmensmitbestimmung in der internationalen Matrix
- Anwendbarkeit der Mitbestimmungsgesetze 3 722 ff.
- Ausländische Konzerngesellschaften 3 746 ff.
- Ausländische Konzernspitze 3 760 ff.
- Auslandsniederlassungen 3 758
- Einbeziehung im Ausland tätiger Arbeitnehmer 3 746 ff.
- Europarecht 3 750 ff.
- Fingierte Teilkonzernspitze 3 761
- Gesellschaften ausländischer Rechtsform 3 723
- Mitbestimmungsvereinbarungen 3 767 ff.

Unternehmensvertrag 2 4, 7, 8, 46, 96 f., 104, 136 f.

Vergütung
- Mitbestimmung 3, 585

Verhaltskodex
- Bedeutung und Inhalt 3 181 f.
- einseitige Einführung durch Arbeitgeber 3 184
- kraft Konzernbetriebsvereinbarung 3 188 ff.
- matrixweite Verbindlichmachung 3 186 ff.
- Mitbestimmung bei Einführung 3 193, 682
- zur Korruptionsbekämpfung 3 184
- Zuständigkeit des KBR 3 192 ff.

Verlustübernahme 4 23 ff., 33

Versetzung
- Begriff 3 530, 553, 544,
- Führungswechsel 3 540
- Matrixmanager 3 535

magere Ziffern = Randnummern

Versetzungsklausel
- AGB-Kontrolle **3** 73, 91 ff.
- Bedeutung für Kündigungen **3** 311, 313, 316, 320 ff.
- Verhältnis zur Matrixklausel **3** 44

Vorgesetzte
- Eingliederung in den Betrieb **3** 520 ff., 535 ff.
- funktionale Führung **3** 523, 538, 591, 626, 633

Vorstand
- Haftung Außenverhältnis **4** 28 ff.
- Legalitätspflicht **4** 13
- Organisationspflicht **2** 79; **4** 99

Weisung/Weisungsrecht (gesellschaftsrechtlich) **2** 7, 10, 14, 27, 39, 43, 44, 45, 48 ff., 68 ff., 83, 131, 134 ff.
- Anfechtbarkeit **4** 149 ff.
- Ausübung durch Dritte **2** 134 ff.
- Bevollmächtigte **2** 142, 144 ff., 161 ff. (Generalvollmacht), 155, 166 f. (Untervollmacht)
- Bevollmächtigung **2** 142 ff., 152 ff., 159 ff., 167, 172 f.
- Bindungswirkung **4** 42, 116 ff.
- Cash Pool Systeme **4** 134
- Delegation/Übertragung der Ausübung **2** 138 ff., 139, 142 f., 146 f., 155, 157, 159, 161, 163, 171; **4** 19 ff., 80 ff.
- Funktionsträgerschaft **2** 156 ff., 168
- Gesellschafter **4** 35
- Haftung **4** 169, 184 ff.
- Haftungsbefreiung **4** 172 ff.

Stichwortverzeichnis

- Ingerenz **4** 44 f., 187
- Inhaber des Weisungsrechts (herrschendes Unternehmen) **2** 136 f., 152, 161, 164
- Inhalt nach Beherrschungsvertrag **2** 49 ff.
- Insolvenzantragspflicht **4** 126 ff., 168
- Kollidierende Weisungen **4** 194
- Nachteilige Weisungen **2** 60 f., 66, 86 ff., 159, 164 f.; **4** 14, 116 ff., 158 ff.
- Nichtigkeit **4** 41, 57, 144
- Prüfpflichten **4** 6 f., 18, 98 ff. 165 f.
- Remonstrationspflicht **4** 119
- Schädigungsverbot **4** 43
- Sorgfaltspflicht **4** 171
- Treuepflicht **4** 43
- Unterlassen **4** 22
- Weisungsbeschluss **4** 42
- Weisungsfolgepflicht, *s. Geschäftsführung, Geschäftsleitung*
- Weisungsgebundenheit, *s. Geschäftsführung, Geschäftsleitung*
- Weisungslage **2** 11, 27, 31, 32, 68 ff. (Aktiengesellschaft), 99, 101 (Gesellschaft mit beschränkter Haftung), 105, 110, 144, 152, 169, 184, 187, 190
- Widersprechende/widersprüchliche Weisungen **2** 77, 184; **4** 176 ff., 195
- Zustimmungspflichtige Maßnahme **4** 37

Wirtschaftsausschuss
- Informationspflichten **3** 513, 609

Zielvereinbarung
- Mitbestimmung **3**, 590

529